DICCIONARIO
BILINGÜE
GUADAL

ESPAÑOL – INGLÉS
ENGLISH – SPANISH

DICCIONARIO
BILINGÜE
GUADAL

ESPAÑOL - INGLÉS
ENGLISH - SPANISH

EDITORIAL ▸◂ GUADAL

Diccionario Bilingüe Guadal Mayo 2022 / 1a ed.- Ciudad Autónoma de
Buenos Aires : Guadal, 2022.
576 p. ; 17 x 11 cm.

ISBN 978-987-3612-76-3

1. Diccionarios.
CDD 403

Para utilizar mejor este diccionario

Este diccionario está integrado por dos partes:

I. Inglés-Español, y

II. Español-Inglés, más una serie de contenidos para darle más información al lector.

Las entradas están organizadas de la siguiente forma: el vocablo aparece en **negrita**; la función gramatical (abreviada), en *itálica* y, si fuera necesario, su uso y el área a la que corresponde la palabra, se hallan entre paréntesis, en forma abreviada y en *itálica*; el equivalente en la segunda lengua, en redonda, separado por un punto y dos barras verticales de otros equivalentes o acepciones; así también se diferencia de derivados, expresiones idiomáticas y metafóricas, que se ven en **negrita**.

En caso de que la voz sea un verbo, y si este fuera irregular, sus tiempos principales (simple past y past participle) aparecen en **negrita** después del vocablo. Cuando una voz cumple más de una función gramatical, cada una de estas se separa mediante un punto, dos barras verticales, un guion y la abreviatura correspondiente. Cuando la traducción que corresponde a las diferentes funciones coincide, las abreviaturas de dichas funciones se agrupan separadas entre sí por una coma.

Las abreviaturas usadas pueden leerse en una lista ordenada alfabéticamente en las primeras páginas de esta obra.

Con el propósito de brindar a los lectores la mayor información posible, hemos incluido en este diccionario los siguientes contenidos adicionales:

a. Notas sobre gramática elemental.

b. Verbos irregulares más usuales.

c. Frases básicas en inglés que se pueden usar en conversaciones diarias y en situaciones específicas.

Abreviaturas

abrev.	abreviatura	*dep.*	deportes
adj.	adjetivo	*der.*	derecho
adv.	adverbio	*desp.*	despectivo
aer.	aeronáutica	*dib.*	dibujo
agr.	agricultura	*dim.*	diminutivo
alem.	alemán	*dipt.*	diplomacia
dig.	álgebra	*elec.*	electricidad
Am.	América	*electrón.*	electrónica
Am. C.	América Central	*en. atóm.*	energía atómica
anat.	anatomía	*enc.*	encuadernación
ant.	anticuado	*ent.*	entomología
Ant.	Antillas	*e. p.*	economía política
api.	apicultura	*equit.*	equitación
aprox.	aproximado	*esc.*	escultura
Arg.	Argentina	*Esco.*	Escocia
arit.	aritmética	*esgr.*	esgrima
arm.	armamento	*esp.*	especialmente
arq.	arquitectura	*Esp.*	España
arqueol.	arqueología	*estad.*	estadística
art.	artículo	*E. U.*	Estados Unidos
arti.	artillería, armas de fuego	*euf.*	eufemismo
ast.	astronomía, astrología	*f.*	femenino
astronáut.	astronáutica	*fam.*	familiar
Austr.	Australia	*farm.*	farmacia
aul.	automovilismo	*f. c.*	ferrocarriles
aux.	auxiliar	*fig.*	figurado
b. a.	bellas artes	*Fil.*	Filipinas
bact.	bacteriología	*filol.*	filología
blb.	bíblico. Biblia	*filos.*	filosofía
biol.	biología	*fís.*	física
bioquím.	bioquímica	*fisiol.*	fisiología
bol.	botánica	*fon.*	fonética
carp.	carpintería	*fot.*	fotografía
cer.	cerámica	*fr.*	francés
cine.	cinematografía	*frec.*	frecuentemente
cir.	cirugía	*gal.*	galicismo
coc.	cocina	*gen.*	generalmente
com.	comercio	*genét.*	genética
comp.	comparativo	*geog.*	geografía
comput.	computación	*geol.*	geología
conj.	conjunción	*geom.*	geometría
constr.	construcción	*ger.*	gerundio
contr.	contracción	*gram.*	gramática
cost.	costura	*heráld.*	heráldica
def.	definido	*herr.*	herrería
defect.	defectivo	*hidr.*	hidráulica
dem.	demostrativo	*hist.*	historia

hort.	horticultura	*pey.*	peyorativo
hum.	humorístico	*pint.*	pintura
igl.	iglesia	*pl.*	plural
imp.	imprenta	*poét.*	poética
impers.	impersonal	*pol.*	política
impv.	imperativo	*pos.*	posesivo
ind.	industria	*pp.*	participio pasado
indef.	indefinido	*pref.*	prefijo
indic.	indicativo	*prep.*	preposición
inf.	infinitivo	*pret.*	pretérito
ing.	ingeniería	*P. Rico*	Puerto Rico
Ing.	Inglaterra	*pron.*	pronombre
interj.	interjección	*psic.*	psicología
intern.	internacional	*quim.*	química
Irl.	Irlanda	*rad.*	radiocomunicación
irón.	irónico	*radtlf.*	radiotelefonía
irr.	irregular	*radtlg.*	radiotelegrafía
ital.	italiano	*refl.*	reflejo o reflexivo
joy.	joyería	*rel.*	relativo (gram.)
lat.	latín	*relig.*	religión
liter.	literatura	*ret.*	retórica
lóg.	lógica	*S. A.*	Sud América
m.	masculino	*sast.*	sastrería
maq.	maquinaria	*sing.*	singular
mar.	marina	*sociol.*	sociología
mat.	matemática	*subj.*	subjuntivo
mec.	mecánica	*super.*	superlativo
med.	medicina	*t.*	también
met.	metalurgia	*teat.*	teatro
meteor.	meteorología	*tec(n).*	tecnología
Méx.	México	*teo.*	teología
m. f.	masculino y femenino	*term.*	terminación
mil.	milicia	*lint.*	tintorería
min.	minería, mineralogía	*tlf.*	telefonía
mil.	mitología	*tlg.*	telegrafía
mús.	música	*top.*	topografía
N. A.	Norte América	*trig.*	trigonometría
naveg.	navegación	*TV*	televisión
ópt.	óptica	*univ.*	universidad
orn.	ornitología	*ú.*	úsase
pal.	paleontología	*Venez.*	Venezuela
pat.	patología	*vet.*	veterinaria
p. ej.	por ejemplo	*vr.*	verbo reflexivo
period.	periodismo	*vulg.*	vulgarismo
pers.	personal	*zap.*	zapatería
pert.	perteneciente (a)	*zool.*	zoología

El alfabeto inglés

El alfabeto inglés consta de 26 letras:

a	b	c	d	e	f	g	h	i
j	k	l	m	n	o	p	q	r
s	t	u	v	w	x	y	z	

Algunas nociones gramaticales
Uso de las mayúsculas

En inglés las mayúsculas se emplean en los mismos casos que en el español y además en los días de la semana, los meses, los idiomas, los gentilicios, los nombres de partidos y religiones, en los derivados de nombres propios y en el pronombre de primera persona del singular (**I am**).

El artículo

A. El artículo definido

Tiene una forma única e invariable: **the** que equivale a **el**, **la**, **los**, **las**.

B. El artículo indefinido

Presenta la forma **a** tanto en masculino como en femenino, y sólo existe en singular.

Se transforma en **an** delante de las palabras que empiezan con vocal o con **h** muda (**an apple**, **an hour**), excepto en las palabras que empiezan con **u** o **eu** (**a university**, **a European**).

No tiene plural; el plural español **unos**, **unas** se traduce por **some**.

El sustantivo

El género de los sustantivos es masculino cuando designan a varones o animales machos: **the actor** (el actor); **the dog** (el perro).

El género de los sustantivos es femenino cuando designan a mujeres o animales hembras: **the actress** (la actriz); **the bitch** (la perra).

El género neutro corresponde a los nombres de cosas y de animales cuyo sexo es desconocido: **the chair** (la silla); **the mosquito** (el mosquito).

Formación del género femenino

El femenino se forma de las siguientes maneras:

a. Mediante el **sufijo** -ess: **lion/lioness** (león/leona).

b. Mediante una palabra compuesta: **barman/barmaid** (camarero/camarera de bar).

c. Mediante una palabra distinta: **father/mother** (padre/madre).

d. Por el agregado de **female** al vocablo masculino: **female cat** (gata).

Formación del plural

Se forma generalmente añadiendo **s** al singular: **pen**, **pens** (lapicera/lapiceras), pero hay muchas excepciones.

Caso posesivo o genitivo

Se emplea cuando el poseedor es un ser animado o que puede ser personificado. Se forma colocando el nombre del poseedor seguido de apóstrofo y **s** delante del nombre del objeto poseído, sin artículo: **Mary's bag** (la cartera de María). A los nombres que en plural terminan en **s** sólo se les añade un apóstrofo: the **girl's room** (el cuarto de las niñas).

También se encuentra en locuciones que expresan duración, distancia, precio, etc.: **an hour's walk** (una caminata de una hora).

El adjetivo

El adjetivo calificativo

Es invariable en género y número. Generalmente se coloca delante del nombre: **a thin girl** (una chica delgada).

Adjetivos numerales

Cardinales		Ordinales	
0	zero		
1	one	1st	first
2	two	2nd	second
3	three	3rd	third
4	four	4th	fourth
5	five	5th	fifth
6	six	6th	sixth
7	seven	7th	seventh
8	eight	8th	eighth
9	nine	9th	ninth
10	ten	10th	tenth
11	eleven	11th	eleventh
12	twelve	12th	twelfth
13	thirteen	13th	thirteenth
14	fourteen	14th	fourteenth
15	fifteen	15th	fifteenth
16	sixteen	16th	sixteenth
17	seventeen	17th	seventeenth
18	eighteen	18th	eighteenth
19	nineteen	19th	nineteenth
20	twenty	20th	twentieth
21	twenty one	21th	twenty first
30	thirty	30th	thirtieth
40	forty	40th	fortieth
50	fifty	50th	fiftieth
60	sixty	60th	sixtieth
70	seventy	70th	seventieth
80	eighty	80th	eightieth
90	ninety	90th	ninetieth
100	one hundred	100th	one hundredth
1000	one thousand	1000th	one thousandth
1000000	one million	1000000th	one millionth

Adjetivos posesivos

El género y el número de los adjetivos posesivos varían de acuerdo con el poseedor y no con el objeto poseído: **her shoes** (sus zapatos); **their car** (su auto, el auto de ellos).

Los pronombres posesivos son: **My** (mi/s), **your** (tu/s), **his** (su/s, de él), **her** (su/s, de ella), **its** (su/s, neutro), **our** (nuestro/a, nuestros/as), **your** (vuestro/a, vuestros/as), **their** (su/s, de ellos/as).

Adjetivos demostrativos

Los adjetivos demostrativos son los únicos que concuerdan en número con el sustantivo al que determinan: **this** (este, esta); **that** (ese, esa, aquel, aquella): **this book is mine** (este libro es mío); **that house is comfortable** (aquella casa es cómoda); **these** (estos, estas), **those** (esos, esas, aquellos, aquellas): **these books are mine** (estos libros son míos), **those houses are comfortable** (aquellas casas son cómodas).

El pronombre

Pronombres personales

En inglés, no se deben omitir nunca.

Los que tienen función de sujeto siempre preceden al verbo, excepto:

a. En preguntas, **are you a student?** (¿es usted un estudiante?).

b. Después de expresiones negativas que encabezan la oración: **never will he find a better job** (nunca encontrará un empleo mejor).

Los que se usan como complemento van después del verbo o de una preposición. El pronombre sujeto de primera persona singular siempre se escribe con mayúscula. **It** se usa en construcciones impersonales, cuando en español se omite el pronombre: **it is raining** (está lloviendo); **it is difficult** (es difícil).

Sujeto	Complemento	Sujeto	Complemento
I	me	it	it
you	you	we	us
he	him	you	you
she	her	they	them

Pronombres reflexivos

Singular	Plural
myself	ourselves
yourself	yourselves
himself	
herself	themselves
itself	
oneself	

Pronombres relativos

	Sujeto	Complemento	Posesivo
Personas	who	whom	whose
	that	that	
Cosas	which	which	of which
	that	that	whose

Pronombres demostrativos

These (éstos, éstas): **these are her books** (éstos son sus libros).

That (ése, ésa, eso, aquél, aquélla, aquello): that is his mother (ésa es su madre).

Those (ésos, ésas, aquéllos, aquéllas): **those are my friends** (aquéllos son mis amigos).

Se añade **one-s** cuando se omite el nombre: **I like this one** (me gusta éste).

El verbo

En inglés hay verbos regulares, irregulares y verbos defectivos.

Los regulares forman el pretérito indefinido y el participio pasado añadiendo **ed** o **d** al infinitivo: **dress/dressed/dressed** (vestir, vistió, vestido). Los irregulares cambian su radical al formar el pretérito indefinido y el participio pasado: **buy/bought/ bought** (comprar, compró, comprado); otros mantienen la forma del infinitivo: **shut /shut/shut** (cerrar, cerró, cerrado). Los defectivos (**can**, **may**, **must**, **ought to**, **shall**, **will**, **need** y **dare**) no tienen formas terminadas en **s**, ni formas terminadas en **ing** o participios terminados en **ed**. **Can**, **may**, **shall**, **will** tienen formas especiales de pasado (**could**, etc.), pero los restantes (tales como **must**) no tienen pasado.

Modo indicativo

Los verbos tienen la misma forma para el singular y el plural, excepto la tercera persona singular del tiempo presente, que agrega **s** o **es** al infinitivo. Son excepciones el verbo **to be** (ser o estar), tanto en el presente como en el pasado, el verbo **to have** (tener) que en la tercera persona singular del presente cambia **have** por **has** y los verbos defectivos.

Presente
I am
You are

he
she ⎫
it ⎬ is
we ⎫
you ⎬ are
they ⎭

Pretérito indefinido
I was
You were

he
she ⎫
it ⎬ was
we ⎫
you ⎬ were
they ⎭

Pretérito perfecto compuesto
I have been
He has been

Futuro
I will (shall) be

Futuro perfecto
I will (shall) have been

Pretérito pluscuamperfecto (past perfect)
I had been

Potencial / condicional
Simple I would (should) be
Compuesto I would (should) have been

Los verbos cuyo infinitivo termina en **ss**, **ch**, **sh**, **x** y **z** añaden **es** en la tercera persona singular del presente del indicativo: **blesses**, **teaches**, **rushes**, **fixes**, **buzzes** (bendice, enseña, corre, fija, zumba).

Formas negativas

Las formas negativas agregan **not** después del primer auxiliar: **he will not have finished it by then** (no lo habrá terminado para entonces). En el presente y pasado simple del indicativo se usan **do**, **does**, **did**, seguidos de **not** antes del verbo en infinitivo sin **to**: **I do not know Italian** (no sé italiano). Las excepciones a esta regla son el verbo **to be**, el verbo **to have** (uso británico) y los verbos defectivos.

Formas interrogativas

En las formas interrogativas se invierte el lugar del auxiliar respecto del sujeto y el verbo: **did he go to class yesterday?** (¿fue a clase ayer?).

Modo subjuntivo

En inglés, este modo tiende a desaparecer. Tiene las mismas formas del indicativo excepto la tercera persona singular del presente que no lleva **s**. Con el verbo **to be** se usa la forma **be** para todas las personas del presente y **were** para las del pasado: **if I were the President...** (si yo fuera el presidente...).

Modo imperativo

Este modo tiene sólo una forma propia, la segunda persona del singular y del plural, que corresponde al infinitivo sin **to**. Para las demás personas se usa **let**: **let us see** (veamos).

Voz pasiva

Se forma con el auxiliar **to be** (en el tiempo que corresponda) y el participio pasado del verbo principal: **this house was built last year** (esta casa se construyó el año pasado).

Verbos irregulares

Infinitivo	Pretérito	Participio pasado
arise	arose	arisen
awake	awoke	awoke/awaked
be	was/were	been
bear	bore	borne (*nacido* = born)
beat	beat	beat/beaten
become	became	become
begin	began	begun
bend	bent	bent
bet	bet(ted)	bet (ted)
bid	bade/bid	bid(den)
bind	bound	bound
bile	bit	bitten
bleed	bled	bled
blow	blew	blown
break	broke	broken
breed	bred	bred
bring	brought	brought
build	built	built
burn	burnt/burned	burnt/burned
burst	burst	burst
buy	bought	bought
can	could	—
cast	cast	cast
catch	caught	caught
choose	chose	chosen
cling	clung	clung
come	came	come
cost	cost	cost
creep	crept	crept
cut	cut	cut
deal	dealt	dealt
dig	dug	dug
do	did	done
draw	drew	drawn
dream	dreamt/dreamed	dreamt/dreamed
drink	drank	drunk
drive	drove	driven
dwell	dwelt	dwelt

Infinitivo	Pretérito	Participio pasado
eat	ate	eaten
fall	fell	fallen
feed	fed	Ted
feel	felt	felt
fight	fought	fought
find	found	found
flee	fled	fled
fling	flung	flung
fly	flew	flown
forbid	forbad(e)	forbidden
forget	forgot	forgotten
forgive	forgave	forgiven
forsake	forsook	forsaken
free/e	fro/c	frozen
get	got	got (US 1. gotten)
give	gave	given
go	went	gone
grind	ground	ground
grow	grew	grown
hang	hung/hanged	hung/hanged
have	had	had
hear	heard	heard
hide	hid	hid(den)
hit	hit	hit
hold	held	held
hurt	hurt	hurt
keep	kept	kept
kneel	knelt	knelt
know	knew	known
lay	laid	laid
lead	led	led
lean	leaned/leant	leaned/leant
leap	leapt/leaped	leapt/leaped
learn	learnt/learned	learnt/learned
leave	left	left
lend	lent	lent
let	let	let
lie	lay	lain
light	lit/lighted	lit/lighted
lose	lost	lost
make	made	made
may	might	—
mean	meant	meant
meet	met	met
mow	mowed	mown
pay	paid	paid
put	put	put
quit	quit(ted)	quit(ted)
read	read (red)	read (red)
rend	rent	rent
rid	rid(ded)	rid
ride	rode	ridden
ring	rang	rung
rise	rose	risen

Infinitivo	Pretérito	Participio pasado
run	ran	run
saw	sawed	sawn/sawed
say	said	said
see	saw	seen
seek	sought	sought
sell	sold	sold
send	sent	sent
set	set	set
sew	sewed	sewn/sewed
shake	shook	shaken
shall	should	—
shear	sheared/fan/,/ shore	shorn
shed	shed	shed
shine	shone	shone
shoot	shot	shot
show	showed	shown
shrink	shrank	shrunk (en)
shut	shut	shut
sing	sang	sung
sink	sank	sunk
sit	sat	sat
slay	slew	slain
sleep	slept	slept
slide	slid	slid
sling	slung	slung
slit	slit	slit
smell	smelt/smelled	smelt/smelled
sow	sowed	sown
speak	spoke	spoken
speed	speeded/ (ant., lit.) sped	speeded (ant. lit.) sped
spell	spelt/spelled	spelt/spelled
spend	spent	spent
spill	spilled/spilt	spilled/spilt
spin	spun/span	spun
spit	spat/ (ant.) spit	spat/ (ant.) spit
split	split	split
spoil	spoiled/spoilt	spoiled/spoilt
spread	spread	spread
spring	sprang	sprung
stand	stood	stood
steal	stole	stolen
stick	stuck	stuck
sting	stung	stung
stink	stank/stunk	stunk
stride	strode	stridden
strike	struck	struck
strive	strove	striven
swear	swore	sworn
sweep	swept	swept
swell	swelled	swollen
swim	swam	swum
swing	swung	swung
take	took	taken
teach	taught	taught

Infinitivo	Pretérito	Participio pasado
tear	tore	torn
tell	told	told
think	thought	thought
throw	threw	thrown
thrust	thrust	thrust
tread	trod	trodden
wake	woke/waked	woken/woke/waked
wear	wore	worn
weave	wove	woven
weep	wept	wept
will	would	—
win	won	won
wind	wound	wound
wring	wrung	wrung
write	wrote	written

Frases básicas

Estas son algunas frases básicas en inglés que se pueden usar en conversaciones diarias, así como algunas palabras comunes que se pueden observar en señales.

Yes: Sí.
No: No.
Maybe / Perhaps: Tal vez.
Please: Por favor.
Thanks / Thank you: Gracias.
Thanks very much / Thank you very much: Muchas gracias.

Las siguientes son algunas maneras formales para contestar a alguien que agradece por algo:

You're welcome: De nada.
Don't mention it: No tiene importancia.
Not at all: De nada / No pasa nada.

Saludos

Hi: Hola / Buenas (coloquial)
Hello: Hola.
Good morning: Buenos días (se usa antes del mediodía)
Good afternoon: Buenas tardes (se usa entre el mediodía y las 6 de la tarde)
Good evening: Buenas tardes (se usa después de las 6 de la tarde)
Bye / Goodbye: Adiós.
Goodnight: Buenas noches.
See you!: ¡Nos vemos!
See you soon!: ¡Nos vemos pronto!
See you later!: ¡Hasta luego!
Have a nice day!: ¡Que tengas un buen día!
Have a good weekend!: ¡Que tengas un buen fin de semana!
Welcome!: ¡Bienvenido!
Welcome to England: Bienvenido a Inglaterra.
Long time, no see!: ¡Hace tiempo que no nos vemos!
All the best!: ¡Buena suerte! / ¡Te deseo lo mejor!
See you tomorrow!: ¡Nos vemos mañana!

Llamar la atención de alguien y disculparse:

Excuse me: Disculpe / Perdón (se usa para llamar la atención de alguien, para dejar pasar o para disculparse)
Sorry: Perdón.

Si alguien se disculpa, se puede responder con alguna de las siguientes expresiones:

No problem: No pasa nada / No hay problema.
It's OK / That's OK: Está bien.
Don't worry about it: No te preocupes.

Hacerse entender

Do you speak Spanish?: ¿Habla usted español?
I don't speak English: No hablo inglés.
I don't speak much English: No hablo mucho inglés.

I only speak very little English: Solo hablo un poquito de inglés.
I speak a little English: Hablo un poco de inglés.
Please speak more slowly: Por favor, hable más despacio.
Please write it down: Por favor, escríbalo.
Could you please repeat that?: ¿Podría, por favor, repetir eso?
I understand: Comprendo.
I don't understand: No comprendo.
I know: Lo sé.
I don't know: No lo sé.
Excuse me, where's the toilet?: Disculpe, ¿dónde está el baño?
Excuse me, where's the Gents?: Disculpe, ¿donde está el baño de hombres?
Excuse me, where's the Ladies?: Disculpe, ¿donde está el baño de damas?

Señales
Entrance: Entrada.
Exit: Salida.
Emergency exit: Salida de emergencia.
Push: Empujar.
Pull: Tirar.
Toilets: Baños.
Gentlemen (a menudo abreviado como *Gents*): Caballeros.
Ladies: Damas.
Vacant: Libre.
Occupied / Engaged: Ocupado.
Out of order: Fuera de servicio.
No smoking: No fumar.
Private: Privado.
No entry: No pasar.

Expresiones comunes para diferentes situaciones.
OK: OK, de acuerdo.
Of course: Por supuesto.
Of course not: Por supuesto que no.
That's fine: Está bien.
That's right: Es verdad.
Sure: Claro.
Certainly: Seguramente.
Definitely: Definitivamente.
Absolutely: Absolutamente.
As soon as possible: Tan pronto como sea posible.
That's enough: Es suficiente.
It doesn't matter: No importa.
It's not important: No es importante.
It's not serious: No es nada serio.
It's not worth it: No vale la pena.
I'm in a hurry: Tengo prisa.
I've got to go: Tengo que irme.
I'm going out: Voy a salir.
Sleep well: Que duermas bien.
Same to you!: ¡Lo mismo te digo!
Me too: Yo también.
Not bad: No está mal.
I like…: Me gusta…
    …him: …él
    …her: …ella
    …it: …eso
I don't like…:No me gusta…

Dar las gracias y disculparse

Thanks for your…: Gracias por tu…
   …help: …ayuda.
   …hospitality: …hospitalidad.
   …email: …e-mail.
Thanks for everything: Gracias por todo.
I'm sorry: Lo siento.
I'm really sorry: Lo siento mucho.
Sorry I'm late: Perdón por llegar tarde.
Sorry to keep you waiting: Perdón por hacerte esperar.
Sorry for the delay: Perdón por la tardanza.

Exclamaciones

Look!: ¡Mira!
Great!: ¡Genial!
Come on!: ¡Vamos!
Only joking! / Just kidding!: ¡Solo bromeaba!
Bless you!: ¡Jesús! (después de un estornudo)
That's funny!: ¡Es divertido!
That's life!: ¡Así es la vida!
Damn it!: ¡Maldición!

Instrucciones

Come in!: ¡Entre!
Please sit down: Por favor, siéntese.
Could I have your attention, please?: ¿Pueden prestarme atención, por favor?
Let's go!: Vamos.
Hurry up!: ¡Rápido!
Get a move on!: ¡Date prisa!
Calm down: Cálmate.
Steady on!: ¡Tranquilo!
Hang on a second: Espera un segundo.
Hang on a minute: Espera un minuto.
One moment, please: Un momento, por favor.
Just a minute: Dame un minuto.
Take your time: Tómate tu tiempo.
Please be quiet: Por favor, quédate quieto.
Shut up!: ¡Cállate!
Stop it!: ¡Para!
Don't worry: No te preocupes.
Don't forget: No te olvides.
Help yourself: Sírvete tu mismo.
Go ahead: Adelante.
Let me know!: ¡Házmelo saber!
After you!: ¡Pase usted primero!

Palabras relacionadas con lugares

Here: Aquí.
There: Allí.
Everywhere: En todos lados.
Nowhere: En ningún lado.
Somewhere: En algún lado.

Preguntas comunes

Where are you?: ¿Donde estás?
What's this?: ¿Qué es esto?

What's that?: ¿Qué es eso?
Is anything wrong?: ¿Pasa algo malo?
What's the matter?: ¿Qué pasa?
Is everything OK?: ¿Está todo bien?
Have you got a minute?: ¿Tienes un minuto?
Have you got a pen I could borrow?: ¿Podría prestarme un bolígrafo?
Really?: ¿De verdad?
Are you sure?: ¿Estás seguro?
Why?: ¿Por qué?
Why not?: ¿Por qué no?
What's going on?: ¿Qué ocurre?
What's happening?: ¿Qué está pasando?
What happened?: ¿Qué ha pasado?
What?: ¿Qué?
Where?: ¿Dónde?
When?: ¿Cuándo?
Who?: ¿Quién?
How?: ¿Cómo?
How many?: ¿Cuántos?
How much?: ¿Cuánto?

Felicitaciones y condolencias
Congratulations!: ¡Felicitaciones!
Well done!: ¡Bien hecho!
Good luck!: ¡Buena suerte!
Bad luck!: ¡Mala suerte!
Never mind!: ¡No importa!
What a pity! / What a shame!: ¡Qué pena!
Happy birthday!: ¡Feliz cumpleaños!
Happy New Year!: ¡Feliz Año Nuevo!
Happy Easter!: ¡Felices Pascuas!
Happy Christmas! / Merry Christmas!: ¡Feliz Navidad!
Happy Valentine's Day!: ¡Feliz Día de San Valentín!
Glad to hear it: Me alegra oírlo.
Sorry to hear that: Siento oír eso.

Expresando necesidades y sentimientos
I'm tired: Estoy cansado/a.
I'm exhausted: Estoy extenuado/a.
I'm hungry: Tengo hambre.
I'm thirsty: Tengo sed.
I'm bored: Estoy aburrido/a.
I'm worried: Estoy preocupado/a.
I'm looking forward to it: Lo espero con ilusión.
I'm in a good mood: Estoy de buen humor.
I'm in a bad mood: Estoy de mal humor.
I can't be bothered: No me da la gana.

Preguntando y expresando opiniones
What do you think?: ¿Qué opinas?
I think that...: Creo que...
I hope that...: Espero que...
I'm afraid that...: Me temo que...
In my opinion,...: En mi opinión,...
I agree: Estoy de acuerdo.
I disagree / I don't agree: No estoy de acuerdo.

That's true: Es verdad.
That's not true: No es verdad.
I think so: Creo que sí.
I don't think so: Creo que no.
I hope so: Espero que sí.
I hope not: Espero que no.
You're right: Tienes razón.
You're wrong: No tienes razón.
I don't mind: No me importa.
It's up to you: Como quieras.
That depends: Depende.
That's interesting: Interesante.
That's funny,...: Es extraño,...

Emergencias y situaciones difíciles

Help!: ¡Ayuda!
Be careful!: ¡Cuidado!
Look out! / Watch out!: ¡Cuidado!
Please help me: Por favor, ayúdeme.
Call an ambulance!: ¡Llame a una ambulancia!
I need a doctor: Necesito un médico.
There's been an accident: Ha habido un accidente.
Please hurry!: ¡Por favor, rápido!
I've cut myself: Me corté.
I've burnt myself: Me quemé.
Are you OK?: ¿Está usted bien?
Is everyone OK?: ¿Están todos bien?
Stop, thief!: ¡Alto, ladrón!
Call the police!: ¡Llame a la policía!
My wallet's been stolen: Me robaron la cartera.
My purse has been stolen: Me robaron el monedero.
My handbag's been stolen: Me robaron el bolso.
My phone's been stolen: Me robaron el teléfono.
I'd like to report a theft: Quiero denunciar un robo.
Fire!: ¡Fuego!
Call the fire brigade!: ¡Llame a los bomberos!
Can you smell burning?: ¿Huele usted a algo quemado?
The building's on fire: El edificio está en llamas.
I'm lost: Estoy perdido.
We're lost: Estamos perdidos.
I can't find my...: No puedo encontrar...
   ...keys: ...mis llaves.
   ...passport: ...mi pasaporte.
   ...mobile: ...mi teléfono móvil.
I've lost my...: He perdido...
   ...wallet: ...mi cartera.
   ...purse: ...mi monedero.
   ...camera: ...mi cámara.
I've locked myself out of my...: Me he dejado las llaves dentro...
   ...car: ...del coche.
   ...room: ...de la habitación.
Please leave me alone: Por favor, déjame en paz.
Go away!: ¡Vete!

Preguntando cómo está alguien
How are you?: ¿Cómo estás?
How's it going?: ¿Qué tal va? (coloquial)
How are you doing?: ¿Cómo te va la vida? (coloquial)
How's life?: ¿Cómo te va la vida? (coloquial)
How are things?: ¿Cómo van las cosas? (coloquial)
I'm fine, thanks: Estoy bien, gracias.
I'm OK, thanks: No me va mal, gracias.
Not too bad, thanks: No me va mal, gracias.
Alright, thanks: No me va mal, gracias
Not so well: No muy bien.
How about you?: ¿Y tú qué tal?

Preguntando qué hace alguien o qué ha estado haciendo
What are you up to?: ¿Qué andas haciendo?
What have you been up to?: ¿Qué has estado haciendo últimamente?
    ...working a lot: ...trabajando mucho.
    ...studying a lot: ...estudiando mucho.
I've been very busy: He estado muy ocupado.
Same as usual: Lo mismo de siempre.
Not much / Not a lot: No demasiado.
I've just come back from Protugal: Acabo de volver justamente de Portugal.

Preguntando dónde está alguien
Where are you?: ¿Dónde estás?
I'm…: estoy…
    ...at home: ...en casa.
    ...at work: ...en el trabajo.
    ...in town: ...en la ciudad.
    ...in the countryside: ...en el campo.
    ...at the shops: ...de compras.
    ...on a train: ...en un tren.
    ...at Peter's: ...en la casa de Pedro.

Preguntando sobre los planes de alguien
Do you have any plans for the summer?: ¿Qué planes tienes para el verano?
What are you doing for…?: ¿Qué vas a hacer en…?
    ...Christmas: ...Navidad.
    ...New Year: ...Año Nuevo.
    ...Easter: ...Semana Santa.

Estas son algunas frases que pueden usarse con gente nueva, incluyendo presentaciones y algunos temas sencillos para conversar.

Presentaciones
What's your name?: ¿Cómo te llamas?
My name's…: Me llamo…
I'm…: Soy…
This is…: Este/a es…
    ...Lucy: ...Lucía.
    ...my wife: ...mi esposa.
    ...my husband: ...mi marido.
    ...my boyfriend: ...mi novio.
    ...my girlfriend: ...mi novia.
    ...my son: ...mi hijo.
    ...my daughter: ...mi hija.

I'm sorry, I didn't catch your name: Perdón, ¿cuál era tu nombre?
Do you know each other?: ¿Ya se conocían?
Nice to meet you: Encantado/a de conocerte.
Pleased to meet you: Un placer conocerte.
How do you do?: ¿Cómo está usted? (expresión formal que se usa cuando se conoce a una nueva persona)
How do you know each other?: ¿Cómo se conocieron?
    ...we work together: ...trabajamos juntos.
    ...we used to work together: ...solíamos trabajar juntos.
    ...we were at school together: ...íbamos a la escuela juntos.
    ...we're at university together: ...estudiamos juntos en la universidad.
    ...we went to university together: ...fuimos juntos a la universidad.
    ...through friends: ...por amigos en común.
Where are you from?: ¿De dónde eres?
Where do you come from?: ¿De dónde vienes?
Whereabouts are you from?: ¿De dónde vienes?
I'm from England: Soy de Inglaterra.
Where do you live?: ¿Dónde vives?
I live in Argentina: Vivo en Argentina.
I'm originally from Dublin but now live in Edinburgh: Soy originario de Dublín pero ahora vivo en Edinburgo.
I was born in Australia but grew up in England: Nací en Australia pero me he criado en Inglaterra.
What brings you to England?: ¿Qué te trae a Inglaterra?
I'm on holiday: Estoy de vacaciones.
I'm on business: Estoy de viaje de negocios.
I live here: Vivo aquí.
I work here: Trabajo aquí.
I study here: Estudio aquí.
Why did you come to England?: ¿Por qué viniste a Inglaterra?
I came here to work: Vine aquí a trabajar.
I came here to study: Vine aquí a estudiar.
I wanted to live abroad: Quería vivir en el extranjero.
How long have you lived here?: ¿Cuánto tiempo has vivido aquí?
I've only just arrived: Acabo de llegar.
A few months: Unos pocos meses.
About a year: Alrededor de un año.
Just over two years: Un poco más de dos años.
Three years: Tres años.
How long are you planning to stay here?: ¿Cuánto tiempo piensas quedarte aquí?
Until August: Hasta agosto.
A few months: Unos cuántos meses.
Another year: Un año más.
I'm not sure: No estoy seguro/a.
Do you like it here?: ¿Te gusta la vida aquí?
Yes, I love it!: ¡Sí, me encanta!
I like it a lot: Me gusta mucho.
It's OK: No está mal.

Edades y cumpleaños
How old are you?: ¿Cuántos años tienes?
I'm ten: Tengo 10 años.

También es correcto decir las palabras "years old" después de la edad, por ejemplo: *I'm forty-seven years old*, aunque apenas se usa en lenguaje hablado.

When's your birthday?: ¿Cuándo es tu cumpleaños?
It's 16 May: Es el 16 de mayo.

Preguntando detalles de contacto
What's your phone number?: ¿Cuál es tu número de teléfono?
What's your email address?: ¿Cuál es tu dirección de email?
What's your address?: ¿Cuál es tu dirección?
Could I take your phone number?: ¿Puedes darme tu número de teléfono?
Could I take your email address?: ¿Puedes darme tu dirección de email?
Are you on Facebook…?: ¿Tienes Facebook?
What's your username?: ¿Cuál es tu nombre de usuario?

Hermanos y hermanas
Do you have any brothers or sisters?: ¿Tienes algún hermano o hermana?
Yes, I've got a brother / Yes, I've got a sister: Sí, tengo un hermano / una hermana
   …an elder brother: …un hermano mayor.
   …a younger sister: …una hermana más joven.
   …two brothers: …dos hermanos.
   …two sisters: …dos hermanas.
   …one brother and two sisters: …un hermano y dos hermanas.
No, I'm an only child: No, soy hijo único.
Where do your parents live?: ¿Dónde viven tus padres?
What do your parents do?: ¿Qué hacen tus padres?
What does your father do?: ¿A qué se dedica tu padre?
What does your mother do?: ¿A qué se dedica tu madre?
Are your grandparents still alive?: ¿Están tus abuelos aún vivos?
Where do they live?: ¿Dónde viven?

Aficiones e intereses
What do you like doing in your spare time?: ¿Qué te gusta hacer en tu tiempo libre?
I like…: Me gusta…
   …watching TV: …ver la televisión.
   …listening to music: …escuchar música.
   …walking: …pasear.
   …jogging: …hacer jogging.
I quite like…: Me gusta bastante…
   …cooking: …cocinar.
   …playing chess: …jugar al ajedrez.
   …yoga: …el yoga.
I really like…: Me gusta mucho…
   …swimming: …nadar.
   …dancing: …bailar.
I love…: Me encanta…
   …the theatre: …el teatro.
   …the cinema: …el cine.
   …going out: …salir por ahí.
   …clubbing: …ir a la discoteca.
I enjoy travelling: Me gusta viajar.

Hablando de cosas que no gustan
I don't like…: No me gusta…
   …pubs: …los pubs.
   …noisy bars: …los bares ruidosos.
   …nightclubs: …las discotecas.
I hate…: Odio…
   …shopping: …ir de compras.
I can't stand…: No soporto…
   …football: …el fútbol.

Especificando el día
The day before yesterday: Antes de ayer.
Yesterday: Ayer.
Today: Hoy.
Tomorrow: Mañana.
The day after tomorrow: Pasado mañana.

Especificando la hora del día
Last night: La noche pasada.
Tonight: Esta noche.
Tomorrow night: Mañana por la noche.
In the morning: Por la mañana.
In the afternoon: Por la tarde.
In the evening: Por la tarde, por la noche.
Yesterday morning: Ayer por la mañana.
Yesterday afternoon: Ayer por la tarde.
Yesterday evening: Ayer por la tarde / Ayer por la noche.
This morning: Esta mañana.
This afternoon: Esta tarde.
This evening: Esta tarde / Esta noche.
Tomorrow morning: Mañana por la mañana.
Tomorrow afternoon: Mañana por la tarde.
Tomorrow evening: Mañana por la tarde / Mañana por la noche.

Especificando la semana, mes o año
Last week: La semana pasada.
Last month: El mes pasado.
Last year: El año pasado.
This week: Esta semana.
This month: Este mes.
This year: Este año.
Next week: La semana que viene.
Next month: El mes que viene.
Next year: El año que viene.

Decir y preguntar la hora
En inglés, el reloj de 12 horas es el usado normalmente. El reloj de 24 horas se usa solamente en caso de horarios de viaje.

What's the time?: ¿Qué hora es?
What time is it?: ¿Qué hora es?
Could you tell me the time, please?: ¿Me podría decir la hora, por favor?
Do you happen to have the time?: ¿Tiene usted hora?
Do you know what time it is?: ¿Sabe usted qué hora es?
It's…: Es/son…

Exactly...: Exactamente...
About...: Aproximadamente...
Almost...: Casi...
Just gone...: Justo... pasadas
One o'clock: La una en punto

Fechas

What's the date today?: ¿Cuál es la fecha de hoy?
What's today's date?: ¿Cuál es la fecha de hoy?
15 October / October 15: 15 de octubre.
Monday, 1 January: Lunes, 1 de enero.
On 2 February: En el 2 de febrero.
At the beginning of July: A principios de julio.
In mid-December: A mediados de diciembre.
At the end of March: A finales de marzo.
By the end of June: No más tarde del final de junio.

El clima

What's the weather like?: ¿Qué tiempo hace?
It's...: Está...
   ...sunny: ...soleado.
   ...cloudy: ...nublado.
   ...windy: ...ventoso.
   ...foggy: ...con niebla.
   ...stormy: ...tormentoso.
   ...raining: ...lloviendo.
   ...hailing: ...granizando.
   ...snowing: ...nevando.
What a nice day!: ¡Qué día tan bonito hace!
What a beautiful day!: ¡Qué día tan hermoso!
It's not a very nice day: No es un día muy lindo.
What miserable weather!: ¡Qué mal tiempo!
It's starting to rain: Está empezando a llover.
It's stopped raining: Ha parado de llover.
It's pouring with rain: Está lloviendo muy fuerte.
The weather's fine: Hace buen tiempo.
The sun's shining: Está brillando el sol.
There's not a cloud in the sky: El cielo está completamente despejado.
The sky's overcast: El cielo está cubierto de nubes.
It's clearing up: Se está despejando.
The sun's come out: Ha salido el sol.
There's a strong wind: Hay viento fuerte.
That sounds like thunder: Eso parece un trueno.
That's lightning: Hay relámpagos.
We haven't had any rain for a fortnight: No ha llovido en dos semanas.
What's the temperature?: ¿Qué temperatura hace?
It's 22°C: Hace 22°C.
It's...: Hace...
   ...hot: ...calor.
   ...cold: ...frío.
   ...baking hot: ...un calor horrible.
   ...freezing: ...mucho frío.
   ...freezing cold: ...un frío terrible.
It's below freezing: Hace menos cero.

Frases habituales en la casa

Would anyone like a tea or coffee?: ¿Alguien quiere tomar un café o un té?
Would anyone like a cup of tea?: ¿Alguien quiere tomar una taza de té?
I'll put the kettle on: Encenderé la tetera.
The kettle's boiled: La tetera está hirviendo.
Can you put the light on?: ¿Puedes encender las luz?
Can you switch the light on?: ¿Puedes encender la luz?
Can you turn the light off?: ¿Puedes apagar la luz?
Can you switch the light off?: ¿Puedes apagar la luz?
Is there anything I can do to help?: ¿Puedo ayudar en algo?
Could you help me wash the dishes?: ¿Puedes ayudarme a lavar los platos?
I'll wash and you dry: Yo lavo y tu secas.
I'm going to bed: Me voy a la cama.
Is there anything good on TV?: ¿Hay algo bueno en la televisión?
Is there anything good on television tonight?: ¿Hay algo bueno en la televisión esta noche?
There's a good film on later: Dan una buena película más tarde.
Do you want to watch a film?: Quieres ver una película?
Do you want me to put the TV on?: ¿Quieres que encienda la televisión?
Could you pass me the remote control?: ¿Me puedes pasar el control remoto?
Do you want a game of chess?: ¿Quieres jugar una partida de ajedrez?

Conversación de sobremesa

What's for…?: ¿Qué hay para…?
  …breakfast: …desayunar.
  …lunch: …almorzar.
  …dinner: …cenar.
Breakfast's ready: El desayuno está listo.
Lunch is ready: El almuerzo está listo.
Dinner's ready: La cena está lista.
What would you like for…?: ¿Qué te gustaría para…?
  …breakfast: …desayunar.
  …lunch: …almorzar.
  …dinner: …cenar.
Would you like some toast?: ¿Quieres algunas tostadas?
Could you pass the…, please?: ¿Me podrías pasar…, por favor?
  …salt: …la sal.
  …sugar: …el azúcar.
  …butter: …la manteca.
Would you like a glass of…?: ¿Quieres un vaso de…?
  …water: …agua.
  …orange juice: …jugo de naranja.
  …wine: …vino.
Careful, the plate's very hot!: ¡Cuidado, el plato está muy caliente!
Would you like some more?: ¿Quieres algo más?
Would anyone like dessert?: ¿Alguien quiere postre?
What's for dessert?: ¿Qué hay de postre?
I'm full: Estoy satisfecho.
That was…: Estuvo…
  …lovely: …muy rico.
  …excellent: …excelente.
  …very tasty: …muy sabroso.
  …delicious: …delicioso.

Preguntar y dar direcciones

Excuse me, could you tell me how to get to…?: ¿Perdón, me podría decir como llegar a…?
   …the bus station: …la estación de micros.
Excuse me, do you know where the… is?: ¿Perdón, sabe usted dónde está…?
   …post office: …la oficina de correos.
I'm sorry, I don't know: Lo siento, no lo sé.
Sorry, I'm not from around here: Lo siento, no soy de por aquí.
I'm looking for this adress: Estoy buscando esta dirección.
Are we on the right road for Brighton?: ¿Estamos en la carretera correcta para ir a Brighton?
Is this the right way for…?: ¿Es este el camino correcto para ir a…?
Do you have a map?: ¿Tienes un mapa?
Can you show me on the map?: ¿Me lo puede indicar en el mapa?

Dar direcciones

It's this way: Está por aquí.
It's that way: Está por allí.
You're going the wrong way: Está yendo por un camino equivocado.
You're going in the wrong direction: Está yendo en la dirección equivocada.
Take this road: Siga esta calle.
Go down there: Baje hacia allí.
Take the first on the left: Tome la primera a la izquierda.
Take the second on the right: Tome la segunda a la derecha.
Turn right at the crossroads: Gire a la derecha en el cruce.
Continue straight ahead for about a mile: Continúe recto durante aproximadamente una milla (una milla es aproximadamente 1,6 kilómetros).
Continue past the fire station: Continúe más allá de la estación de bomberos.
You'll pass a supermarket on your left: Pasará un supermercado a su izquierda.
Keep going for another half mile: Siga igual durante media milla más.
It'll be…: Lo encontrará a…
   …on your left: su izquierda
   …on your right: su derecha
   …straight ahead of you: justo delante suya
How far is it?: ¿A qué distancia está?
How far is it to…?: ¿A qué distancia está…?
   …the airport: …el aeropuerto
How far is it to… from here?: ¿A qué distancia está… de aquí?
…the beach: … la playa.
Is it far?: ¿Está lejos?
Is it a long way?: ¿Es un largo camino?
It's not far: No, no está muy lejos.
   …quite close: está bastante cerca.
   …quite a long way: es un camino bastante largo.
   …a long way on foot: es un camino largo a pie.
   …a long way to walk: es un camino muy largo para ir caminando.
   …about a mile from here: está a alrededor de una milla de aquí.

Viajar en taxi

Do you know where I can get a taxi?: ¿Sabe usted dónde puedo tomar un taxi?
Do you have a taxi number?: ¿Tienes el número de una compañía de taxis?
I'd like a taxi, please: Me gustaría un taxi, por favor.
Sorry, there are none available at the moment: Lo siento, no hay ninguno disponible en estos momentos.
Where are you?: ¿Dónde está usted?
What's the address?: ¿Cuál es la dirección?
I'm…: Estoy…

...at the Metropolitan Hotel: ...en el Hotel Metropolitan.

...at the train station: ...en la estación de trenes.

...at the corner of Oxford Street and Tottenham Court Road: ...en la esquina entre Oxford Street y Tottenham Court Road.

Could I take your name, please?: ¿Me puede decir su nombre, por favor?

How long will I have to wait?: ¿Cuánto tiempo tengo que esperar?

How long will it be?: ¿Cuánto tiempo tardará?

...quarter of an hour: ...un cuarto de hora.

...about ten minutes: ...unos diez minutos.

...it's on its way: ...está de camino.

Where would you like to go?: ¿Dónde quiere ir?

I'd like to go to...: Me gustaría ir a...

Could you take me to...?: ¿Me podría llevar a...?

How much would it cost to...?: ¿Cuánto costaría un viaje a...?

How much will it cost?: ¿Cuánto me costará?

Could we stop at a cashpoint?: ¿Podríamos parar en un cajero?

Is the meter switched on?: ¿Está el reloj encendido?

Please switch the meter on: Por favor, encienda el reloj.

How long will the journey take?: ¿Cuánto tiempo dura el viaje?

Do you mind if I open the window?: ¿Le importa si abro la ventanilla?

Do you mind if I close the window?: ¿Le importa si cierro la ventanilla?

Are we almost there?: ¿Hemos llegado ya?

How much is it?: ¿Cuánto es?.

Have you got anything smaller?: ¿Tiene algún billete más pequeño?

That's fine, keep the change: Está bien, quédese el cambio.

Would you like a receipt?: ¿Desea un ticket?

Could I have a receipt, please?: ¿Me podría dar un ticket, por favor?

Could you pick me up here at...?: ¿Me podría buscar por aquí a las...?

Could you wait for me here?: ¿Me puede esperar aquí?

Viajar en avión

I booked on the internet: Reservé en Internet.

Do you have your booking reference?: ¿Tiene usted su número de referencia para la reserva?

Your passport and ticket, please: Su pasaporte y pasaje, por favor.

Here's my booking reference: Aquí tiene mi número de referencia para la reserva.

Where are you flying to?: ¿Adónde viaja?

Did you pack your bags yourself?: ¿Ha hecho usted mismo su maleta?

Has anyone had access to your bags in the meantime?: ¿Ha tenido alguien acceso a su maleta una vez hecha?

Do you have any liquids or sharp objects in your hand baggage?: ¿Tiene algún líquido u objeto punzante en su equipaje de mano?

How many bags are you checking in?: ¿Cuántas maletas va a despachar?

Could I see your hand baggage, please?: ¿Puedo ver su equipaje de mano, por favor?

Do I need to check this in or can I take it with me?: ¿Necesito despachar esto o puedo llevarlo conmigo?

You'll need to check that in: Necesita despacharlo.

There's an excess baggage charge of...: Hay un pago por exceso de equipaje de...

Would you like a window or an aisle seat?: ¿Desea ventanilla o pasillo?

Enjoy your flight!: ¡Que disfrute de su vuelo!

Where can I get a trolley?: ¿Dónde puedo conseguir un carrito?

Are you carrying any liquids?: ¿Lleva usted algún líquido?

Could you take off your..., please?: ¿podría quitarse..., por favor?

...coat: su abrigo.

...shoes: sus zapatos.

...belt: su cinturón.

Could you put any metallic objects into the tray, please?: ¿Podría poner todos los objetos metálicos sobre la cesta, por favor?

Please empty your pockets: Por favor, vacíe sus bolsillos.

Please take your laptop out of its case: Por favor, saque su ordenador personal de la bolsa.

I'm afraid you can't take that through: Me temo que no puede llevar eso.

What's the flight number?: ¿Cuál es el número de vuelo?

Which gate do we need?: ¿Cuál es nuestra puerta de embarque?

Last call for passenger Smith travelling to Miami, please proceed immediately to Gate number 32: Última llamada para el pasajero Smith con destino a Miami, por favor diríjase inmediatamente a la puerta de embarque número 32.

The flight's been delayed: El vuelo está demorado.

The flight's been cancelled: El vuelo ha sido cancelado.

We'd like to apologise for the delay: Pedimos disculpas por la demora.

Could I see your passport and boarding card, please?: ¿Podría ver su pasaporte y tarjeta de embarque, por favor?

What's your seat number?: ¿Cuál es el número de su asiento, por favor?

Could you please put that in the overhead locker?: ¿Podría colocar eso en el compartimento superior?

Please pay attention to this short safety demonstration: Por favor, presten atención a la demostración de seguridad.

Please turn off all mobile phones and electronic devices: Por favor, apaguen todos sus teléfonos celulares y demás aparatos electrónicos.

The captain has turned off the Fasten Seatbelt sign: El capitán ha apagado la señal del cinturón de seguridad.

How long does the flight take?: ¿Cuánto dura el vuelo?

Would you like any food or refreshments?: ¿Le gustaría algo de comida o bebida?

The captain has switched on the Fasten Seatbelt sign: El capitán ha encendido la señal del cinturón de seguridad.

We'll be landing in about fifteen minutes: Vamos a aterrizar en unos quince minutos.

Please fasten your seatbelt and return your seat to the upright position: Por favor, abróchese el cinturón de seguridad y pongan sus asientos en posición vertical.

Please stay in your seat until the aircraft has come to a complete standstill and the Fasten Seatbelt sign has been switched off: Por favor, permanezca en su asiento hasta que el aparato se haya detenido totalmente y la señal del cinturón de seguridad se haya apagado.

The local time is…: La hora local es…

Arrivals: Llegadas.

Departures: Salidas.

International check-in: Despacho de vuelos internacionales.

International departures: Salidas internacionales.

Domestic flights: Vuelos nacionales.

Check-in closes 40 minutes before departure: El despacho cierra 40 minutos antes de la salida.

Gates 1-32: Puertas 1-32.

Tax free shopping: Tienda tax free.

Duty free shopping: Tienda duty free.

Flight connections: Conexiones de vuelos.

Baggage reclaim: Reclamo de equipaje.

Passport control: Control de pasaportes.

Customs: Aduana.

Car hire: Alquiler de coches.

Departures board: Información de salidas.

Delayed: Demorado.

Cancelled: Cancelado.

Now boarding: Embarcando ahora.

Last call: Última llamada.
Gate closing: Puerta de embarque cerrándose.
Gate closed: Puerta de embarque cerrada.
Departed: Despegado.
Arrivals board: Información de llegadas.
Landed 09:52: Aterrizado 09:52.

Comer y beber

Do you know any good restaurants?: ¿Sabe donde hay algún buen restaurante?
Where's the nearest restaurant?: ¿Dónde está el restaurante más cercano?
Do you have any free tables?: ¿Tienen alguna mesa libre?
A table for..., please: Una mesa para..., por favor.
I'd like to make a reservation: Me gustaría hacer una reserva.
I'd like to book a table, please: Me gustaría reservar una mesa, por favor.
When for?: ¿Para cuándo?
For what time?: ¿A qué hora?
This evening at...: Para esta tarde a las...
   ...tomorrow at...: ...mañana a las...
   ...noon: ...al mediodía.
For how many people?: ¿Para cuántas personas?
Could I see the menu, please?: ¿Podría ver el menú, por favor?
Could I see the wine list, please?: ¿Podría ver la lista de vinos, por favor?
Can I get you any drinks?: ¿Puedo ofrecerle alguna bebida?
Are you ready to order?: ¿Ha decidido qué pedir?
Do you have any specials?: ¿Tiene algún plato del día?
What's the soup of the day?: ¿Cuál es la sopa del día?
What do you recommend?: ¿Qué me recomienda?
What's this dish?: ¿Cómo es este plato?
I'm on a diet: Estoy a dieta.
I'm allergic to...: Soy alérgico a...
   ...wheat: el trigo.
   ...dairy products: los productos lácteos.
   ...nuts: ...las nueces.
   ...shellfish: ...los mariscos.
I'm a vegetarian: Soy vegetariano/a.
I don't eat...: No como...
   ...meat: ...carne.
   ...pork: ...cerdo.
I'll have the....: Voy a pedir...
   ...chicken breast: ...la pechuga de pollo.
   ...roast beef: ...el bife.
   ...pasta: ...la pasta.
I'll take this: Quiero esto.
I'm sorry, we're out of that: Lo siento, se nos ha terminado.
For my starter I'll have the soup, and for my main course the steak: De primer plato quiero sopa, y de segundo, el filete.
How would you like your steak?: ¿Cómo le gustaría su filete?
   ...rare: ...poco cocido.
   ...medium-rare: ...no muy cocido.
   ...medium: ...a punto.
   ...well done: ...bien cocido.
Is that all?: ¿Esto es todo?
Would you like anything else?: ¿Le gustaría algo más?
Nothing else, thank you: Nada más, gracias.
We're in a hurry: Estamos apurados.
How long will it take?: ¿Cuánto tiempo tardará en estar listo?

It'll take about twenty minutes: Tardará unos veinte minutos.
Enjoy your meal!: ¡Disfruta tu comida!
Could we have …?: ¿Nos podría traer…?
   …another bottle of wine: …otra botella de vino.
   …some more bread: …algo más de pan.
   …some more milk: …más leche.
   …a jug of tap water: …una jarra de agua.
   …some water: …agua.
Still or sparkling?: ¿Mineral o con gas?
Would you like any coffee or dessert?: ¿Les gustaría café o algún postre?
Do you have any desserts?: ¿Tiene algo de postre?
Could I see the dessert menu?: ¿Podría ver el menú de los postres?
Was everything alright?: ¿Estuvo todo bien?
Thanks, that was delicious: Gracias, estuvo delicioso.
This food's cold: La comida está fría.
This is too salty: Esto está demasiado salado.
This doesn't taste right: Esto no sabe bien.
We've been waiting a long time: Esperamos demasiado tiempo.
Is our meal on its way?: ¿Viene ya nuestra comida?
The bill, please: La cuenta, por favor.
Could we have the bill, please?: ¿Podría traérnos la cuenta, por favor?
Can I pay by card?: ¿Puedo pagar con tarjeta?
Do you take credit cards?: ¿Aceptan tarjetas de crédito?
Is service included?: ¿Está incluido el servicio de mesa?
Can we pay separately?: ¿Podemos pagar por separado?
I'll get this: Yo pago esto.
Let's split it: Dividamos la cuenta.
Let's share the bill: Paguemos la cuenta a medias.
Please wait to be seated: Por favor, espere mesa.

Ir de compras
What times are you open?: ¿En qué horario están abiertos?
We're open from 9am to 5pm, Monday to Friday: Abrimos de 9 de la mañana a 5 de la tarde, de lunes a viernes.
We're open from 10am to 8pm, seven days a week: Abrimos de 10 de la mañana a 8 de la noche, los siete días de la semana.
What time do you close?: ¿A qué hora cierran?
What time do you close today?: ¿A qué hora cierran hoy?
What time do you open tomorrow?: ¿A qué hora abren mañana?
Can I help you?: ¿Puedo ayudarlo?
I'm just browsing, thanks: Estoy mirando, gracias.
How much is this?: ¿Cuánto por esto?
How much are these?: ¿Cuánto cuestan estas cosas?
That's cheap: Es barato/a.
That's good value: Tiene un buen precio.
That's expensive: Es caro/a.
Do you sell…?: ¿Venden…?
Do you have any…?: ¿Tiene…?
Sorry, we don't sell them: No, lo siento, no vendemos.
Sorry, we don't have any left: No, lo siento, no nos queda ninguno/a.
I'm looking for…: Estoy buscando…
Where can I find the…?: ¿Dónde puedo encontrar…?
Have you got anything cheaper?: ¿Tiene algo un poco más barato?
It's not what I'm looking for: No, eso no es lo que estoy buscando.
Do you have this item in stock?: ¿Les queda este producto?
Do you know anywhere else I could try?: ¿Sabe usted de algún otro sitio donde podría intentar encontrarlo?

Does it come with a guarantee?: ¿Tiene garantía?
It comes with a one year guarantee: Tiene un año de garantía.
Do you deliver?: ¿Entregan a domicilio?
I'll take it: Me lo llevo.
Anything else?: ¿Alguna cosa más?
Would you like anything else?: ¿Desea alguna cosa más?
Next, please!: ¡El siguiente, por favor!
Do you take credit cards?: ¿Aceptan tarjetas de crédito?
I'll pay in cash: Pagaré en efectivo.
I'll pay by card: Pagaré con tarjeta.
Could I have a receipt, please?: ¿Puede darme la factura, por favor?
Would you be able to gift wrap it for me?: ¿Puede envolverlo para regalo?
Would you like a bag?: ¿Quiere una bolsa?
It doesn't work: No funciona.
It doesn't fit: no ajusta bien.
Open: Abierto.
Closed: Cerrado.
Open 24 hours a day: Abierto 24 horas.
Special offer: Oferta especial.
Sale: Liquidación.
Closing down sale: Liquidación y cierre.
Buy 1 get 1 free: Compre uno y llévese otro gratis.
Buy 1 get 1 half price: Compre uno y consiga otro a mitad de precio.
Half price: A mitad de precio.
Out to lunch: Salí a comer.
Back in 15 minutes: Vuelvo en 15 minutos.

En el supermercado

Could you tell me where the... is?: ¿Podría decirme dónde está...?
  ...milk: ...la leche.
  ...bread counter: ...el pan.
  ...meat section: ...la sección de carnes.
  ...frozen food section: ...los congelados.
Are you being served?: ¿Lo están atendiendo?
I'd like...: me gustaría...
  ...that piece of cheese: ...ese trozo de queso.
  ...a slice of pizza: ...una porción de pizza.
  ...six slices of ham: ...seis fetas de jamón.
  ...some olives: ...algunas aceitunas.
How much would you like?: ¿Cuánto quiere?
Could I have a carrier bag, please?: ¿Me puede dar una bolsa, por favor?
Could I have another carrier bag, please?: ¿Me puede dar otra bolsa, por favor?
Checkout: Caja.
8 items or less: 8 productos o menos.
Cash only: Solo pago en efectivo.
Best before end: Consumir preferentemente antes de.
Use by: Consumir antes de.

En la ciudad

Where can I get a taxi?: ¿Dónde puedo conseguir un taxi?
Excuse me, where's...?: ¿Disculpe, dónde está...?
  ...the tourist information office: ...la oficina de información y turismo.
  ...the bus station: ...la estación de autobuses.
  ...the train station: ...la estación de trenes.
  ...the police station: ...la comisaría de policía.
  ...the harbour: ...el puerto.

Is there a… near here?: ¿Hay algún… cerca de aquí?
   …cashpoint: …cajero.
   …bank: …banco.
   …supermarket: …supermercado.
   …hairdressers: …peluquería.
   …chemists: …farmacia.
Do you know where the… embassy is?: ¿Sabe usted dónde está la embajada de…?
Town centre: Centro de la ciudad.
Bus stop: Parada de autobús.
Taxis: Parada de taxis.
Underground: Metro.
Hospital: Hospital.
Public library: Biblioteca pública.
Post office: Oficina de correos.
Keep off the grass: No pisar el césped.
Wet paint: Recién pintado.
Look left: Mire a la izquierda.
Look right: Mire a la derecha.

A

a *(mús.)* la.

a **an** *an.*, *indef.* un, una.

aback *adv.* hacia atrás, detrás. || *(fig.)* **to be taken a.**, quedar desconcertado.

abacus *n.* ábaco.

abandon *vt.* abandonar, renunciar. || — *n.* abandono. || descontrol.

abase *vt.* humillar, degradar.

abash *vt.* avergonzar.

abate *vt.* disminuir, reducir. || *(der.)* suprimir. || rebajar. || — *vi.* disminuir. || moderarse.

abattoir *n.* matadero.

abbess *n.* abadesa.

abbey *n.* abadía.

abbot *n.* abad.

abbreviate *vt.* abreviar.

abbreviation *n.* abreviatura.

abdicate *vt.*, *vi.* abdicar.

abdomen *n.* abdomen.

abduct *vt.* raptar, secuestrar.

abend *n.* *(comput.)* abon.o.

aberration *n.* aberración.

abet *vt.* incitar. || instigar.

abeyance *n.* suspensión. || **in a.**, en suspenso.

abhor *vt.* aborrecer, detestar.

abide *(pret. y pp. abode o abided) vt.* aguantar, sopon.ar. || permanecer. || **to a. by**, atenerse a.

ability *n.* habilidad, capacidad. || talento.

abject *adj.* abyecto, vil, || rastrero.

abjure *vt.* renunciar (a), abjurar.

ablaze *adv.* en llamas. || *(fig.)* inflamado.

able *adj.* hábil, capaz. || **to be a. to**, saber o poder.

able-bodied *adj.* sano, robusto.

abnormal *adj.* anormal.

aboard *adv.*, *prep,* a bordo. || **to go a.**, embarcarse.

abode *ver* abide. || — *n.* domicilio, morada.

abolish *vt.* abolir.

abominable *adj.* abominable.

abominate *vt.* abominar (de), detestar.

aborigine *n.* aborigen.

abortion *n.* aborto || *(fig.)* malogro, fracaso.

abound *vi.* abundar.

about *adv.* casi, alrededor de, más o menos. || por todas pan.es. || por ahí. || *(fam.)* casi. || — *prep.* acerca de. || con relación a.

above *adv.* encima, por encima de, arriba. || más arriba, más allá. || — *prep.* más arriba, sobre. || por encima de. || — *adj.* susodicho, citado.

above-mentioned *adj.* sobredicho, susodicho.

abrade *vt.* raer, raspar.

abrasion *n.* raedura. || *(med.)* abrasión.

abrasive *adj.*, *n.* abrasivo.

abreast *adv.* de frente. || **to be a. of**, estar al corriente de.

abridge *vt.* compendiar, resumir. || abreviar.

abridgement *n.* compendio, resumen.

abroad *adv.* a o en el extranjero. || *(fam.)* afuera, por todas pan.es.

abrogate *vt.* abrogar.

abrupt *adj.* repentino, brusco. || escarpado.

abscess *n.* absceso.

abscond *vi.* fugarse, huir de la justicia.

absence *n.* ausencia, falta.

absent *adj.* ausente. || *(fig.)* distraído.

absent *vi. (fam.)* ausentarse.

absentee *n.* ausente.

absent-minded *adj.* distraído.

absinth(e) *n.* ajenjo.

absolute *adj.* absoluto. || completo.

absolution *n.* absolución.

absolve *vt.* absolver.

absorb *vi.* absorber. || amon.iguar.

absorbent *adj.* absorbente. || hidrófilo.

absorbing *adj.* absorbente.

absorption *n.* absorción.

abstain *vi.* abstenerse.

abstemious *adj.* sobrio, abstemio.

abstinence *n.* abstinencia.

abstract *adj.* abstracto. || — *n.* resumen.

abstract *vt.* resumir, extractar.

abstracted *adj.* distraído, ensimismado.

abstruse *adj.* abstruso.
absurd *adj.* absurdo, ridículo.
absurdity *n.* absurdo.
abundance *n.* abundancia.
abundant *adj.* abundante.
abuse *n.* improperios, injurias. || abuso.
abuse *vt.* maltratar, injuriar. || abusar.
abusive *adj.* ofensivo, injurioso.
abut *vi.* confinar, estar contiguo.
abysmal *adj.* abismal. || *(fig.)* profundo.
abyss *n.* abismo.
academic *adj.* académico. || universitario. || — *n.* universitario, catedrático.
academy *n.* academia.
accede *vi.* acceder. || tomar posesión.
accelerate *vt., vi.* acelerar(se).
accelerator *n.* acelerador.
accent *n.* acento.
accent *vt.* acentuar.
accentuation *n.* acentuación.
accept *vt.* aceptar. || admitir.
acceptable *adj.* aceptable. || grato.
acceptance *n.* aceptación. || aprobación.
access *n.* acceso.
accessible *adj.* accesible, asequible.
accession *n.* acceso, entrada. || ascenso.
accessory *adj.* accesorio. || *n.* accesorio. || *pl.* **accesories**, accesorios. || *(der.)* cómplice.
accident *n.* accidente.
accidental *adj.* accidental, fon.uito.
acclaim *vt.* aclamar. || — *n.* aclamación.
acclimate *vt.* *(E.U.)* aclimatar.
acclivity *n.* subida, cuesta.
accolade *n.* acolada. || *(mús.)* corchete.
accommodate *vt.* alojar. || contener.
accommodating *adj.* servicial. || acomodadizo.
accommodation *n.* alojamiento. || espacio, sitio.
accompaniment *n.* acompañamiento.
accompanist *n.* **acompañante**.
accompany *vt.* acompañar.
accomplice *n.* cómplice.
accomplish *vt.* acabar. || llevar a cabo.
accomplished *adj.* expen.o. || consumado.
accomplishment *n.* conclusión. || realización. || *pl.* **accomplishments**, talentos, dotes.
accord *n.* acuerdo, convenio. || armonía. || — *vt.* conceder, otorgar. || — *vi.* concordar.
accordance *n.* conformidad.
according según, a medida que.
accordingly *adv.* por consiguiente, en consecuencia.

accordion *n.* acordeón.
accost *vt.* abordar, dirigirse a.
account *n.* cuenta. || factura. || referencia. || impon.ancia. || relato. || — *vi.* responder, dar cuenta.
accountable *adj.* responsable. || explicable.
accountancy *n.* contabilidad.
accountant *n.* contable, contador.
accounting *n.* contabilidad.
accoutrements *n. pl.* equipo.
accredit *vi.* acreditar.
accrue *vi.* aumentarse, acumularse.
accumulate *vi., vi.* acumular(se).
accumulator *n.* acumulador.
accuracy *n.* exactitud, precisión.
accurate *adj.* exacto.
accursed, accurst *adj.* maldito.
accusation *n.* acusación.
accusative *n.* acusativo.
accuse *vt.* acusar.
accustom *vt.* acostumbrar.
ace *n.* as.
acerbity *n.* aspereza.
acetic *adj.* acético.
acetone *n.* acetona.
ache *n.* dolor. *vi.* — *vi.* doler.
achieve *vi.* lograr. || llevar a cabo. || acabar.
achievement *n.* realización. || hazaña.
aching *adj.* dolorido. || — *n.* dolor.
acid *adj., n.* ácido.
acidity *n.* acidez.
ack-ack *n. (fam.)* fuego antiaéreo.
acknowledge *vt.* reconocer, admitir. || acusar recibo de.
acknowledgement *n.* reconocimiento. || agradecimiento. || contestación.
acme *n.* cima, punto más alto.
acolyte *n.* acólito.
acorn *n.* bellota.
acoustic *adj.* acústico.
acquaint *vt.* informar. || **to be acquainted with**, conocer, estar relacionado con.
acquaintance *n.* conocimiento. || conocido.
acquiesce *vi.* consentir. || conformarse.
acquiescense *n.* consentimiento.
acquire *vt.* adquirir.
acquisition *n.* adquisición.
acquit *vt.* absolver, exculpar.
acquittal *n.* absolución.
acre *n.* acre. || *Pl.* **acres**, finca, terrenos.
acrid *adj.* acre. || *(fig.)* mordaz.
acrimonious *adj.* cáustico.
acrobat *n.* acróbata.

A

acrobatics n. pl. acrobacia.
acronym n. sigla.
across adv. en forma de cruz. || transversamente. || — prep. a través. || de ancho.
act vt. (teat.) desempeñar un papel. || — vi. (teat.) actuar, representar. || funcionar, marchar (máquina). || obrar, tomar medidas. || — n. acto. || decreto, ley. || (teat.) acto.
acting adj. interino. || (teat.) representación.
action n. acción, acto. || to take a., tomar medidas. || (mec., etc.) mecanismo. || funcionamiento, movimiento. || (der.) demanda.
active adj. activo.
activist n. activista.
activity n. actividad.
actor n. actor.
actress n. actriz.
actual adj. verdadero, real, efectivo.
actuality n. realidad.
actualize vt. realizar.
actually adv. realmente, en realidad.
actuate vt. mover, animar.
acuity n. acuidad, agudeza.
acumen n. perspicacia.
acupuncture n. acupuntura.
acute adj. agudo.
acuteness n. agudeza.
ad n. (fam.) ver **advertisement**.
adage n. adagio, refrán.
adamant adj. (fig.) firme, inexorable.
adapt vi. adaptar. || (texto) arreglar, refundir.
adaptable adj. adaptable.
adaptation n. adaptación.|| arreglo.
add vt. añadir, agregar. || sumar. || — vi. to a. to, aumentar. || venir a ser, equivaler a.
adder n. víbora. || (comput.) sumador.
addict n. pan.idario. ||drug a., toxicómano.
adiction n. afición. || inclinación morbosa.
adding machine n. sumadora, calculadora.
addition n. adición, suma. || in a., además.
additive n. aditivo.
add-on n. (comput.) expansión.
address n. dirección. || tratamiento. || discurso. || compon.amiento. || — vt. dirigirse a. || pronunciar un discurso ante. || dar el trato de. || dirigir (una carta).

addressee n. destinatario.
adduce vt. alegar, aducir.
adept (adj. expen.o, perito.
adequate adj. suficiente. || adecuado.
adhere vi. pegarse. || adherirse a. || cumplir.
adherent adj. adhesivo. || — n. pan.idario.
adhesive adj. adhesivo, pegajoso.
adjacent adj. adyacente.
adjective n. adjetivo.
adjoin vt. lindar con. || — vi. colindar.
adjourn vt. postergar, suspender. || — vi. suspenderse (sesión).
adjudicate vt. decidir, juzgar.
adjunct n. adjunto, accesorio.
adjust vt. modificar. || arreglar. || ajustar.
adjustment n. modificación. || ajuste.
administer vt. administrar. || gobernar.
administration n. administración. || gobierno.
administrator n. administrador.
admiral n. almirante.
Admiralty n. Almirantazgo.
admiration n. admiración.
admire vt. admirar.
admirer n. admirador. || pretendiente.
admission n. entrada. || admisión.
admit vi. dejar entrar. || admitir. || reconocer. || — vi. to a. of, admitir, permitir.
admittance n. entrada.
admonish vt. amonestar.
ado n. alharaca.
adolescence n. adolescencia.
adolescent adj., n. adolescente.
adopt vt. adoptar.
adoption n. adopción.
adore vt. adorar.
adorn vt. adornar.
adornment n. adorno.
adrift adv. a la deriva, al garete.
adroit adj. diestro, hábil.
adult adj., n. adulto.
adulteration n. adulteración.
adultery n. adulterio.
adumbrate vt. bosquejar. || delinear.
advance n. avance, adelanto. || anticipo. || aumento (precio). || pl. **advances**, propuestas, insinuaciones amorosas. || in a., de antemano. || — adj. anticipado, adelantado. || — vt. avanzar, adelantar. || adelantar (dinero). || — vi. avanzar, crecer.
advanced adj. avanzado. || adelantado.
advantage n. ventaja. || superioridad.
advent n. advenimiento.

adventure n. aventura.
adventurous adj. aventurero.
adverb n. adverbio.
adversary n. adversario, contrario.
adverse adj. adverso, contrario.
adversity n. infortunio.
advertise vt. anunciar. || publicar. || — vi. hacer publicidad.
advertisement n. anuncio.
advertising n. publicidad, propaganda.
advice n. consejo. || informe. || aviso, noticia.
advise vi. aconsejar. || asesorar. || avisar.
adviser n. consejero, asesor.
advocate n. abogado. || partidario.
aerial adj. aéreo. || — n. antena.
aerodrome n. aeródromo.
aerodynamics n. pl. aerodinámica.
aerolite n. aerolito.
aeronautic(al) adj. aeronáutico.
aeronautics n. pl. aeronáutica.
aeroplane n. avión.
aesthete n. esteta.
aesthetic(al) adj. estético.
aesthetics n. pl. estética.
afar adv. lejos.
affair n. asunto. || acontecimiento. || aventura amorosa. || pl. **affairs**, negocios, asuntos.
affect vt. afectar, influir en.
affection n. afecto, cariño. || afición.
affectionate adj. cariñoso, afectuoso.
affiliate vt., vi. afiliar(se).
affiliation n. afiliación. || pertenencia.
affinity n. afinidad. || analogía.
affirmation n. afirmación.
affirmative adj. afirmativo.
affix (gram.) afijo.
affix vt. poner, añadir. || pegar.
afflict vt. afligir.|| atormentar.
affliction n. aflicción, congoja. || desgracia.
affluence n. riqueza, opulencia.
affluent adj. acaudalado. || — n. afluente.
afford vt. (gen. con **can**, **could**, **be able to**) tener con qué comprar, gastar o pagar por.
afforest vi. repoblar (de árboles).
afforestation n. repoblación forestal.
affray n. refriega, riña.
affront n. afrenta. || — vi. afrentar.
afire adv. ardiendo.
aflame adv. en llamas.
afloat adv. a flote.
afoot adv. a pie, en movimiento.

aforementioned, aforesaid adj. susodicho, mencionado.
afraid adj. asustado, atemorizado.
aft adv. en popa. || a popa.
after adv. después. || — prep. después de. || según. || por, en recuerdo de. || — conj. después que. || — adj. posterior, trasero.
after-dinner adj. de sobremesa.
after-effect n. consecuencia.
aftermath n. consecuencias.
afternoon n. tarde.
aftertaste n. dejo, resabio.
afterhought n. idea tardía.
afterwards adv. después, luego.
again adv. otra vez, de nuevo.
against prep. contra. || al lado de, cerca de.
agape adj., adv. boquiabierto.
agate n. ágata.
age n. edad. || vejez, senectud. || época, era. || eternidad. || — vi., vi. envejecer.
aged adj. viejo, anciano. || de edad.
ageless adj. eternamente joven.
agency n. agencia, actividad. || mediación.
agenda n. orden del día.
agent n. representante. || agente.
agglomeration n. aglomeración.
agglutinate vt., vi. aglutinar(se).
aggregate adj. total. || — n. agregado.
aggregate vi. agregar, juntar, reunir.
aggression n. agresión.
aggressive adj. agresivo. || dinámico.
aggressiveness n. agresividad. || energía.
aghast adj. horrorizado. || pasmado.
agile adj. ágil.
agitate vt. poner nervioso, inquieto.
agitator n. agitador.
aglow adj. radiante.
agnostic adj., n. agnóstico.
agnosticism n. agnosticismo.
ago adv. atrás, en el pasado.
agog adj. ansioso, excitado.
agonize vi. luchar, hacer esfuerzos desesperados.
agony n. dolor agudo. || angustia.
agrarian adj. agrario.
agree vi. corresponder. || concordar. || estar de acuerdo. || congeniar. || sentar bien.
agreeable adj. agradable. || conforme.
agreement n. acuerdo, convenio. || concordancia. || conformidad.
agricultural adj. agrícola.

agriculture *n.* agricultura.
agronomist *n.* agrónomo.
agronomy *n.* agronomía.
aground *adv.* encallado, varado.
aha *interj.* ¡ajá!
ahead *adv.* delante. || — *prep.* delante de.
aid *n.* ayuda, auxilio, socorro. || — *vi.* ayudar, auxiliar.
ail *vt.* afligir. || — *vi.* sufrir, estar enfermo.
aileron *n.* alerón.
ailment *n.* enfermedad, malestar.
aim *n.* puntería. || propósito, meta, blanco. || — *vi.* apuntar. || dirigir. || — *vi.* apuntar, aspirar a.
air *n.* aire. || **by a.**, en avión, por avión. || *(mús.)* aire, tonada. || porte. || — *vt.* airear, ventilar.
air base *n.* base aérea.
airborne *adj.* aerotransportado.
air conditioner *n.* acondicionador de aire.
air conditioning *n.* aire acondicionado, climatización.
aircraft *n.* avión.
aircraft carrier *n.* portaviones.
airfield *n.* campo de aviación.
air force *n.* aviación, fuerzas aéreas.
air hostess *n.* azafata.
airline *n.* línea aérea.
airmail *n.* correo aéreo.
airman *n.*, *pl.* **—men** aviador, piloto.
airplane *n.* (E. U.) avión.
air pocket *n.* bache aéreo.
airport *n.* aeropuerto.
air raid *n.* ataque aéreo.
airship *n.* aeronave, dirigible.
airstrip *n.* pista-de aterrizaje.
airtight *adj.* hermético.
airway *n.* línea aérea.
airy *adj.* ventoso. || bien ventilado. || espacioso.
aisle *n.* nave lateral. || pasillo.
ajar *adv.* entreabierto, entornado.
akimbo *adv.* **with the arms a.**, con los brazos en jarras.
akin *adj.* relacionado, semejante.
alabaster *n.* alabastro.
alacrity *n.* presteza, prontitud.
alarm *n.* alarma. || — *vt.* alarmar.
alarm clock *n.* despertador.
alas *interj.* ¡ay!, ¡ay de mí!
albeit *conj.* (fit.) aunque, no obstante.
alchemy *n.* alquimia.
alcohol *n.* alcohol.
alcoholic *adj.*, *n.* alcohólico.

alcove *n.* hueco, apartamento.
alder *n.* aliso.
ale *n.* cerveza.
alert *adj.* alerta. || — *n.* alerta. || — *vt.* alertar.
alexandrine *adj.*, *n.* alejandrino.
alga *n.* alga.
algebra *n.* álgebra.
algorithm *n.* algoritmo.
alibi *n.* coartada. || excusa, pretexto.
alien *adj.* extraño. || — *n.* extranjero.
alienate *vt.* enajenar. || alejar, ofender.
alight *adj.* encendido. || *vi.* apearse. || posarse.
align *vt.* alinear.
alike *adj.* semejantes. || — *adv.* igualmente.
alimentary *adj.* alimenticio. || **a. canal**, tubo digestivo.
alimony *n.* alimentos, pensión alimenticia.
alive *adj.* vivo. || activo. || sensible a.
all *adj.* todo, todos, y cualquiera. || — *n.* (sing.) todo, (pl.) todos. || **not at a.**, de ninguna manera. || — *adv.* completamente, enteramente.
allay *vt.* aliviar. || aquietar.
allege *vt.* pretender. || alegar, pretextar.
allegiance *n.* lealtad.
aliegoric(al) *adj.* alegórico.
allegory *n.* alegoría.
allergy *n.* alergia.
alleviate *vt.* aliviar, mitigar.
alley *n.* callejón. || paseo (en un parque).
alliance *n.* alianza.
allied *adj.* aliado. || conexo.
alligator *n.* caimán.
alliteration *n.* aliteración.
allocate *vt.* asignar. || repartir.
allot *vt.* asignar, adjudicar.
all-out *adj.* acérrimo.
allow [a'lau] *vt.* permitir. || conceder. || admitir. || pagar. || — *vi.* tener en cuenta. || admitir.
allowance *n.* concesión. || subsidio. || pensión. || descuento, rebaja.
alloy *n.* aleación. || (fig.) mezcla.
all-powerful *adj.* omnipotente.
allspice *n.* pimienta inglesa.
allude *vi.* aludir.
allure *n.* atractivo, encanto.|| — *vi.* tentar.
alluring *adj.* atractivo, seductor, tentador.
allusion *n.* alusión.
ally *n.* aliado. || — *vt.* hacer alianza con. || — *vi.* aliarse.

ally n. bolita, canica.
almanac n. almanaque.
almighty adj. omnipotente, todopoderoso.
almond n. almendra. || **sugared a.**, peladilla.
almoner n. asistente social.
almost adj. casi.
alms n. limosna.
aloft adv. arriba. || (naveg.) en la arboladura.
alone adj. solo. || **lo leave** (o **let) a.** (fig.), dejar de molestar. || **let a.**, || mucho menos. || — adv. solamente.
along adv. desde el principio al fin. || **a. with**, junto con. || — prep. a lo largo de.
alongside adv. (naveg.) al costado. || — prep. junto a, al lado de.
aloof adj. reservado, frío, distante.
aloud adv. en voz alta, alto.
alphabet n. alfabeto.
alphameric adj. (comput.) alfanumérico.
already adv. ya.
also adv. también, además.
altar n. altar.
altar boy n. monaguillo.
altarpiece n. retablo.
alter vt. alterar. || reformar. || — vi. cambiar(se).
alteration n. modificación, alteración.
alternate adj. alterno, alternativo.
alternate vi., vi. alternar.
alternative adj. alternativo. || — n. alternativa.
although conj. aunque.
altitude n. altitud, altura.
altogether adv. en conjunto, en total.
altruism n. altruismo.
aluminium n. aluminio.
always adv. siempre.
am ver **be**.
amalgamate vt., vi. amalgamar(se).
amass vt. amontonar, acumular.
amateur n. adj. aficionado.
amaze vt. asombrar, pasmar.
amazing adj. asombroso.
ambassador n. embajador.
amber n. ámbar. || — adj. ambarino.
ambidextrous adj. ambidextro.
ambiguous adj. ambiguo.
ambition n. ambición.
ambitious adj. ambicioso.
ambivalence n. ambivalencia.
amble n. paso de andadura. || — vi. amblar.
ambulance n. ambulancia.

ambush n. emboscada. || — vt. tender una emboscada.
ameliorate vt., vi. mejorar(se).
amenable adj. dócil. || (der.) responsable.
amend vt. enmendar. || rectificar, corregir.
amendment n. enmienda.
amenity n. amenidad.
amethyst n. amatista.
amiable adj. amistoso, simpático.
amicable adj. amistoso, amigable.
amid prep. en medio de, entre.
amiss adv. mal. || inoportunamente.
amity n. amistad, concordia.
ammeter n. amperímetro.
ammonia n. amoníaco.
ammunition n. municiones.
amnesty n. amnistía. || — vt. amnistiar.
amoeba n. amiba.
among(st) prep. entre.
amorous adj. amoroso.
amorphous adj. amorfo.
amount n. cantidad. || suma, importe. || — vi. ascender a, sumar, subir a. || (fig.) equivaler a.
amp, **ampére** n. amperio.
amphibious adj. anfibio.
amphitheatre n. anfiteatro.
ample adj. amplio, espacioso. || abundante.
amplifier n. amplificador.
amplify vt. amplificar. || aumentar.
ampoule n. ampolla.
amputate vt. amputar.
amuse vt. divertir, entretener, distraer.
amusement n. diversión, entretenimiento. || gozo, alegría.
amusing adj. divertido, gracioso.
an art. indef. un, una (ante sonido vocálico).
anachronism n. anacronismo.
anaesthetic adj., n. anestésico.
anaesthetize vt. anestesiar.
analgesic adj., n. analgésico.
analog adj. (comput.) analógico.
analogy n. analogía. || semejanza.
analyse vt. analizar.
analysis n., pl. **analyses**, análisis.
analyst n. analizador. || analista.
anarchist n. anarquista.
anarchy n. anarquía, desorden.
anathema n. anatema.
anatomy n. anatomía.
ancestor n. antepasado.
ancestry n. ascendencia, linaje.
anchor n. ancla. || — vt. anclar. || — vi. echar el ancla, fondear.

A

anchorage n. fondeadero.
anchorite n. anacoreta.
anchovy n. anchoa.
ancient adj. antiguo.
ancillary adj. subordinado, auxiliar.
and conj. y, e.
andiron n. morillo.
anecdote n. anécdota.
anew adv. de nuevo, otra vez.
angel ángel. || persona amorosa.
anger n. cólera. || — vt. enojar, encolerizar.
angle ángulo. || (fig.) punto de vista, opinión. || — vi. pescar con caña.
anglicism n. anglicismo.
angry adj. colérico, enojado. || inflamado.
anguish n. dolor agudo. || angustia.
aniline n. anilina.
animal adj. animal. || animal, bestia.
animate adj. vivo, que tiene vida.
animate vt. animar, dar vida. || estimular.
animated adj. vivo, animado. || **a. cartoon**, película de dibujos.
animosity n. animosidad, rencor.
anise n. anís.
aniseed n. grano de anís.
ankle n. tobillo.
anklet n. ajorca.
annals n. pl. anales, crónica.
annex vt. anexar. || adjuntar, añadir.
annexation n. anexión.
annexe n. dependencia, edificio anexo.
annihilate vt. aniquilar.
annihilation n. aniquilación.
anniversary n. aniversario.
annotate vt. anotar, comentar.
annotation n. anotación, apunte.
announce vt. anunciar.
announcement n. anuncio.
announcer n. locutor.
annoy vt. molestar, fastidiar, enfadar.
annoyance n. enojo, irritación, molestia.
annoying adj. molesto, fastidioso.
annual adj. anual. || — n. anuario.
annuity n. renta anual.
annul vi. anular. || cancelar. || (der.) revocar.
anoint vt. untar. || (relig.) ungir.
anomalous adj. anómalo.
anomaly n. anomalía.
anonymous adj. anónimo.
another adj., pron. otro.
answer n. contestación, respuesta. || — vt., vi. contestar, responder. || corresponder.
ant n. hormiga.

antagonism n. antagonismo.
antagonize vt. enemistarse con.
antecedent adj., n. antecedente.
antechamber n. antecámara.
antedate vt. antedatar. || preceder.
antelope n. antílope.
antenna n., pl. **antennae**, antena.
anthem n. (relig.) antífona. || himno.
ant-hill n. hormiguero.
anthology n. antología.
anthracite n. antracita.
anthropologist n. antropólogo.
anthropology n. antropología.
anti-aircraft adj. antiaéreo.
antibiotic adj., n. antibiótico.
antibody n. anticuerpo.
anticipate vt. esperar, prever. || prometerse. || adelantarse a. || anticiparse.
anticipation n. anticipación.
anticlockwise adv. en dirección contraria a la de las agujas del reloj.
antics n. pl. payasadas. || monerías.
antidote n. antidoto.
antifreeze adj., n. anticongelante.
antimony n. antimonio.
antipathy n. antipatía. || aversión.
antiphony n. antífona.
antiquary n. anticuario.
antique adj. antiguo. || — n. antigüedad.
antiquity n. antigüedad.
anti-rust adj. antioxidante.
anti-semitism n. antisemitismo.
antiseptic adj., n. antiséptico.
anti-tank adj. antitanque.
antithesis n. antitesis.
antler n. cuerna. || cornamenta.
antonym n. antónimo.
anus n. ano.
anvil n. yunque.
anxiety n. inquietud, ansiedad.
anxious adj. inquieto, preocupado.
any adj. algún, cualquier. || —pron. alguno. || cualquiera. || — adv. algo.
anybody pron. alguien, alguno. || cualquiera. || nadie: **I can't see a.**, no veo a nadie.
anyhow adv. de todas formas, de todos modos, con todo. || a pesar de todo.
anyone pron. ver **anybody**.
anything pron. algo, alguna cosa. || cualquier cosa. || nada: **I can't see a.**, no veo nada.
anyway adv. ver **anyhow**.
anywhere adv. dondequiera. || en ninguna parte: **he was not a.**, no estaba en ninguna parte.

apace adv. aprisa, rápidamente.

apart adv. aparte, separadamente.

apartheid n. separación racial.

apartment n. piso, departamento.

apathetic adj. apático, indiferente.

apathy n. apatía, indiferencia.

ape n. mono antropoideo. || — vt. imitar.

apéritif n. aperitivo.

aperture n. abertura, rendija.

apex n. ápice.

aphorism n. aforismo.

apiary n. colmenar.

apiece adv. por pieza, por persona. per cápita.

aplomb n. aplomo, sangre fría, serenidad.

apocopate vt. apocopar.

apogee n. apogeo.

apologize vi. disculparse, pedir perdón.

apoplexy n. apoplejía.

apostasy n. apostasía.

apostle n. apóstol.

apostrophe n. apóstrofo. || apóstrofe.

apotheosis n. apoteosis.

appal vt. aterrar, espantar.

appalling adj. espantoso, aterrador.

apparatus n. aparato.

apparel n. ropaje. || atavío.

apparent adj. aparente. || claro, manifiesto.

apparition n. aparición. || fantasma.

appeal n. convocatoria. || súplica. || (der.) apelación. || atractivo. || — vi. suplicar. || (der.) apelar. || atraer.

appear vi. aparecer (libros, etc.). || presentarse. || (der.) comparecer. || parecer.

appearance n. aparición. || acto de presencia. || (der.) comparecencia. || apariencia, aspecto.

appease vi. apaciguar. || satisfacer, saciar.

appendage n. añadidura, apéndice.

appendix n. apéndice.

appertain vi. pertenecer. || referirse a.

appetite n. apetito. || (fig.) deseo, anhelo.

appetizer n. aperitivo.

appetizing adj. apetitoso.

applaud vt., vi. aplaudir.

applause n. aplausos. || (fig.) aprobación.

apple n. manzana.

appliance n. aparato, instrumento.

applicant n. aspirante, candidato.

application n. aplicación. || solicitud.

apply vi. aplicar. || recurrir a. || (der.) poner en vigor. || — vi. interesar. || presentarse, ser candidato.

appoint (a'paint) vt. señalar. || nombrar, || amoblar, equipar.

appointment n. nombramiento. || cita. || puesto, empleo.

apportion vt. prorratear. || repartir.

apposition n. aposición.

appraisal n. tasación. || (fig.) estimación.

appraise vt. tasar. || (fig.) apreciar.

appreciate vt. apreciar. || estimar. || comprender. || agradecer. || — vi. aumentar en valor.

appreciation n. apreciación. || aprecio. || agradecimiento. || aumento en valor.

apprehend vt. apresar. || comprender. || recelar.

apprehension n. prendimiento. || percepción. || comprensión. || recelo.

apprentice n. aprendiz. || — vt. poner de aprendiz.

apprenticeship n. aprendizaje.

approach vt. acercarse a, aproximarse a. || abordar, dirigirse a. || — vi. acercarse. || — n. acercamiento. || acceso. || proposición.

appropriate adj. apropiado, conveniente.

appropriate vt. apropiarse. || asignar.

approval n. aprobación. || consentimiento.

approve vi., vi. aprobar.

approximate adj. aproximado.

approximate vi. aproximarse.

appurtenance n. dependencia.

apricot n. albaricoque. || (Arg.) damasco.

April n. abril.

apron n. delantal. || mandil.

apropos adv., adj. a propósito.

apse n. ábside.

apt adj. apropiado. || oportuno. || inclinado.

aptitude n. aptitud, capacidad, hábil.

aquarium n. acuario.

aquatic adj. acuático.

aqueduct n. acueducto.

aquiline adj. aguileño.

arbiter n. árbitro.

arbitrary adj. arbitrario.

arbitrate vi. arbitrar.

arbour n. glorieta.

arc n. arco.

arcade n. arcada. || galería.

arch n. arco. || bóveda. || (anat.) empeine. || — vt. arquear. || enarcar (las cejas). || — adj. astuto.

archaeology n. arqueología.

A

archaic *adj.* arcaico.
archangel *n.* arcángel.
archbishop *n.* arzobispo.
archduchess *n.* archiduquesa.
archduke *n.* archiduque.
archery *n.* tiro con arco.
archetype *n.* arquetipo.
archipelago *n.* archipiélago.
architect *n.* arquitecto. || *(fig.)* artífice.
architecture *a.* arquitectura.
archive *n.* archivo.
archway *n.* arco, arcada.
arc lamp *n.* arco voltaico.
arctic *adj.* ártico. || *(fig.)* glacial.
ardent *adj.* caliente, ardiente, apasionado.
ardour *n.* ardor. || ímpetu, arrebato.
arduous *adj.* arduo. || penoso. **||** difícil.
are ver **be**.
area *n.* área, superficie. || región, zona.
argue *vt.* discutir, debatir (un asunto). || convencer. || — *vi.* argumentar, discutir.
argument *n.* argumento. || discusión.
arid *adj.* árido. || *(fig.)* árido, tedioso.
aright *adv.* correctamente, acertadamente.
arise *(pret.* **arose***, pp.* **arisen***.) vi.* surgir. || provenir, resultar. || levantarse, erguirse.
arisen ver **arise**.
aristocracy *n.* aristocracia.
aristocrat *n.* aristócrata.
arithmetic *n.* aritmética.
ark *n.* arca.
arm *n.* brazo *(t. ftg.)*. || arma. || — *vt.* armar.
armament *n.* armamento.
armchair *n.* sillón, butaca.
armful *n.* brazada.
armistice *n.* armisticio.
armour *n.* armadura. || blindaje. || *(zool.)* armadura. || — *vt.* blindar, acorazar.
armour-plated *adj.* blindado.
armoury *n.* armería. || arsenal.
armpit *n.* sobaco, axila.
army *n.* ejército. || *(fig.)* multitud.
aromatic *adj.* aromático, fragante.
arose ver **arise**.
around *adv.* por ahí, alrededor. || a la redonda. || — *prep.* alrededor de, en torno de, a eso de.
arouse *vt.* despertar. || *(fin.)* mover, incitar.
arrange *vi.* arreglar. || *(mús.)* adaptar.
arrangement *n.* arreglo. || acuerdo.

array *n.* orden de batalla. || colección. || atavío. || — *vi.* ataviar, engalanar.
arrears *n. pl.* atrasos.
arrest *n.* detención. || — *vi.* detener, arrestar.
arresting *adj.* llamativo, impresionante.
arrival *n.* llegada. || *(fin.)* advenimiento.
arrive *vi.* llegar.
arrogant *adj.* arrogante.
arrogate *vi.* arrogarse algo.
arrow *n.* flecha.
arrowhead *n.* punta de flecha.
arse *n. (vulg.)* culo.
arsenal *n.* arsenal.
arson *n.* delito de incendiar.
art *n.* arte. || habilidad, destreza.
artery *n.* arteria. || *(fin.)* arteria, vía principal.
artful *adj.* mañoso, astuto. || ingenioso.
arthritic *adj.* artrítico.
arthritis *n.* artritis.
artichoke *n.* alcachofa. *n. (Arg.)* alcaucil.
article *n.* artículo. || objeto, cosa. || — *vt.* articular, formular.
articulate *adj.* articulado. || claro, distinto.
articulate *vt.* articular.
articulation *n.* articulación.
artifice *n.* artificio. || ardid, estratagema.
artificial *adj.* artificial. || afectado.
artillery *n.* artillería.
artisan *n.* artesano.
artist *n.* artista.
artistic *adj.* artístico.
artless *adj.* sencillo. || ingenuo. || torpe.
as *adv.* como: **as usual**, como de costumbre. || — *conj.* como. || de la manera que. || porque. || — *pron.* lo que, como.
asbestos *n.* asbesto, amianto.
ascend *vi.* subir. || — *vi.* elevarse.
ascendancy *n.* ascendiente, influencia.
ascension *n.* ascensión.
ascent *n.* subida, ascensión. || ascenso.
ascertain *vi.* averiguar, descubrir.
ascetic *adj.* ascético. || — *n.* asceta.
asceticism *n.* ascetismo.
ascribe *vi.* atribuir.
aseptic *adj.* aséptico.
ash *n.* ceniza. || *pl.* **ashes**, cenizas de los muertos.
ashamed *adj.* avergonzado.
ashore *adv.* a tierra. || en tierra.
ashtray *n.* cenicero.
aside *adv.* aparte. || — *n. (teat.)* aparte.

ask vi. preguntar. || pedir. || invitar. || — vi. preguntar, pedir: **was only asking**, solo preguntaba.

askance adv. oblicuamente. || con desdén.

askew adv. ladeado, torcido.

aslant adv. a través, oblicuamente.

asleep adj. dormido. || **to fall a.**, dormirse.

asp n. áspid.

asparagus n. espárrago.

aspect n. aspecto. || apariencia.

aspen n. álamo temblón.

aspersion n. calumnia.

asphalt n. asfalto. || — vi. asfaltar.

asphyxiate vt., vi. asfixiar(se).

aspirant n. aspirante, candidato.

aspirate vi. aspirar.

aspiration n. aspiración. || anhelo.

aspire vi. aspirar a, ambicionar.

aspirin n. aspirina.

ass n. asno. || (fig.) imbécil. || (vulg.) culo.

assail vi. acometer, atacar.

assassin n. asesino.

assassinate vi. asesinar.

assault n. asalto, ataque. || — vi. asaltar.

assay n. ensayo. || — vi. ensayar (metales).

assemble vi. reunir, juntar. || (mec.) montar. || — vi. reunirse, juntarse.

assembly n. reunión. || (mec.) montaje.

assembly line n. línea de montaje.

assent n. asentimiento. || — vi. asentir.

assert vi. afirmar. || — vr. imponerse.

assertion n. afirmación, declaración.

assess vt. valorar, tasar. || juzgar. || gravar.

asset n. posesión. || ventaja. || (com.) haber activo.

assign vt. asignar. || señalar. || traspasar.

assignment n. asignación. || tarea.

assimilate vt., vr. asimilar(se).

assist vt. ayudar. || estimular, fomentar.

assistance n. ayuda, auxilio.

assistant n. asistente, ayudante.

associate adj. asociado. || — n. asociado. || compañero. || cómplice. || profesor adjunto.

associate vt. asociar. || — vi. asociarse.

association n. asociación. || sociedad.

assort vi. ir justo con, cuadrar.

assortment n. surtido. || variedad.

assume vt. asumir. || arrogarse. || suponer.

assumed adj. falso, fingido.

assumption n. asunción. || suposición.

assurance n. garantía. || seguro.

assure vt. asegurar, garantizar.

asterisk n. asterisco.

astern adv. a popa, por la popa.

asthma n. asma.

astir adv., adj. activo, en movimiento.

astonish vt. asombrar, sorprender.

astonishing adj. asombroso, pasmoso.

astonishment n. asombro, sorpresa.

astound ver **astonish**.

astray adv. extraviado, por mal camino.

astride adv. a horcajadas. || — prep. a caballo sobre, a horcajadas sobre.

astrology n. astrología.

astronaut n. astronauta.

astronautics n. astronáutica.

astronomer n. astrónomo.

astronomy n. astronomía.

astute adj. astuto.

asunder adv. en pedazos.

asylum n. **asilo.** || **lunatic a.**, manicomio.

asymmetric(al) adj. asimétrico.

at prep. en, en lo de: **at home**, en casa. || por (causa). || por (precio).

ate ver **eat**.

atheism n. ateísmo.

atheist n. ateo.

athlete n. atleta.

athletic adj. atlético.

athletics n. atletismo.

atlas n. atlas.

atmosphere n. atmósfera.

atom n. átomo.

atomic adj. atómico.

atomize vi. atomizar. || pulverizar.

atomizer n. atomizador.

atone vi. expiar, reparar.

atop adv. encima. || — prep. encima de.

atrocious adj. atroz. || (fig.) horrible.

atrocity n. atrocidad.

atrophy n. atrofia. || — vt., vi. atrofiar(se).

attach vt. sujetar. || pegar. || atar. || adjuntar. || **to be attached to**, estar encariñado con.

attaché n. agregado.

attachment n. atadura. || cariño. || (der.) incautación, embargo.

attack n. ataque. || — vt. atacar.

attain vt. alcanzar, lograr.

attainable adj. alcarizable, realizable.

attainment n. logro, consecución.

attempt n. tentativa, intento, conato. || atentado. || — vi. probar, intentar. || emprender.

attend vt. atender, asistir. || estar presente. || — vi. prestar atención. || servir. || estar presente.

A

attendance *n.* servicio, cuidado. || presencia. || compañía. || *(med.)* asistencia.
attendant *adj.* concomitante. || — *n.* sirviente. || mozo. || *(teat.)* acomodador. || cuidador.
attention *n.* atención. || *(mil.)* **a.!**, ¡firme!
attentive *adj.* atento. || cortés.
attenuate *vt.* atenuar.
attest *vi.* atestiguar. || dar fe de. || confirmar.
attic *n.* desván, ático.
attire *n.* traje, vestido. || — *vt.* vestir.
altitude *n.* actitud. || ademán. || postura.
attorney *n.* abogado. || apoderado. || fiscal.
attract *vi.* atraer. || llamar.
attraction *n.* atracción. || atractivo.
altractive *adj.* atractivo. || atrayente.
attribute *n.* atributo.
attribute *vt.* atribuir.
attribution *n.* atribución.
attrition *n.* roce. || desgaste. || atrición.
atypical *adj.* atípico.
aubergine *n.* berenjena.
auburn *adj.* castaño rojizo.
auction *n.* subasta. || — *vt.* subastar.
auctioneer *n.* subastador.
audacious *adj.* audaz, atrevido.
audacity *n.* audacia, atrevimiento.
audience *n.* auditorio. || audiencia.
audit *n.* revisión de cuentas. || — *vt.* intervenir.
audition *n.* audición. || — *vi.* dar una audición.
auditor *n.* censor de cuentas. || auditor.
auditorium *n.* auditorio, sala.
augment *vi., vi.* aumentar(se).
augury *n.* augurio.
August *n.* agosto.
august *adj.* augusto.
aunt *n.* tía.
auspices *n. pl.* auspicios.
austere *adj.* austero. || adusto.
authentic *adj.* auténtico.
authenticate *vi.* autenticar.
author *n.* autor.
authoress *n.* autora.
authoritarian *adj., n.* autoritario.
authority *n.* autoridad.
authorization *n.* autorización.
authorize *vi.* autorizar.
authorship *n.* profesión de autor.
autism *n.* autismo.
autobiography *n.* autobiografía.
autograph *adj., n.* autógrafo. || — *vi.* autografiar, firmar.

automate *vt.* automatizar.
automatic *adj.* automático.
automation *n.* automatización.
automaton *n.* autómata.
automobile *n.* (E. U.) coche, automóvil.
autonomous *adj.* autónomo.
autopsy *n.* autopsia.
autumn *n.* otoño.
auxiliary *adj.* auxiliar.
avail *n.* utilidad. || — *vi., vi.* valer, servir.
available *adj.* disponible. || existente.
avalanche alud, avalancha.
avarice *n.* avaricia.
avaricious *adj.* avaro, avariento.
avenge *vt., vi.* vengar(se).
avenue *n.* avenida.
average *n.* promedio, término medio. || *(mar.)* avería. || — *adj.* medio. || — *vi.* calcular, sacar el promedio.
averse *adj.* contrario, enemigo, adverso.
aversion *n.* aversión. || cosa aborrecida.
avert *vt.* apartar. || desviar. **||** quitar. || impedir.
aviary *n.* pajarera.
aviation *n.* aviación.
avid *adj.* ávido, ansioso.
avocado *n.* aguacate, palta.
avoid *vt.* evitar. || eludir. || salvarse de.
avow *vt.* reconocer, confesar.
await *vt.* esperar, aguardar.
awake *adj.* despierto. || — *(pret.* **awoke**, *pp.* **awoken**, **awaked**) *vi., vi.* despertar(se).
awaken *vi., vi.* despertar(se).
awakening *n.* el despertar.
award *n.* adjudicación. || premio. || condecoración. || — *vi.* conceder. || adjudicar.
aware *adj.* enterado. || consciente.
awareness *n.* conciencia, conocimiento.
away *adv.* lejos. **||** alejado. || incesantemente.
awe *n.* temor reverencial. || — *vi.* atemorizar.
awesome *adj.* imponente, pasmoso.
awful *adj.* tremendo, terrible, espantoso.
awhile *adv.* un rato, algún tiempo.
awkward *adj.* difícil. || incómodo. || torpe.
awl *n.* lezna.
awning *n.* toldo. || marquesina.
awoke ver **awake**.
awry *adv.* torcido, mal.
axe *n.* hacha.
axiom *n.* axioma.
axis *n.* eje.

axle *n.* *(mec.)* eje.

ay(e) *adv.* si. || — *n.* **the ayes and noes**, votos a favor y en contra.

azure *adj. n.* azul celeste.

B

b *n.* b. || *(mús.)* si.
babble *n.* barboteo. || murmullo. || chá-
chara. || — *vt.* balbucear. || revelar (un
secreto).
baboon *n.* mandril.
baby *n.* niño, bebé, crío, nene.
babyish *adj.* infantil.
baby-sitter *n.* persona que cuida a los
niños en ausencia de sus padres.
bachelor *n.* soltero. || licenciado.
back *adj.* trasero, de atrás, posterior. ||
atrasado. || — *n.* espalda. || lomo. ||
respaldo. || reverso, dorso. || final. ||
fondo. || *(dep.)* defensa. || **to be on
one's b.**, estar acostado boca arriba, es-
tar postrado. || **to turn one's b.**, volver
las espaldas. || — *vi.* apoyar, respaldar.
|| apostar por. || dar marcha atrás a. ||
recular. || endosar (un cheque). || **to b.
up**, apoyar, defender. || — *vi.* mover-
se hacia atrás, retroceder, dar marcha
atrás. || **to b. out**, retirarse. || — *adv.*
atrás, hacia atrás.
backache *n.* dolor de espalda.
backbite *vi.* maldecir de. || — *vi.* mur-
murar.
backbone *n.* columna vertebral, espina
dorsal, espinazo. || *(fig.)* firmeza, aga-
llas. || elemento principal. || **to the b.**,
hasta la médula.
backdate *vi.* poner fecha atrasada a. ||
dar efecto retroactivo a.
backer *n.* *(pol.)* partidario.
backfire *n.* *(dul.)* petardeo. || — *vi.*
(aut.) petardear. || *(fig.)* fallar.
background *n.* fondo. || último plano
(fotografía, cuadro). || antecedentes,
historial, educación. || ambiente cultu-
ral, medio.
backhand *n.* revés.
backhanded *adj.* *(fig.)* ambiguo, equi-
voco.
backlash *n.* reacción, contragolpe.
backlog *n.* atrasos. || reserva.
back seat *n.* asiento de atrás. || **to take a
back seat**, pasar al segundo plano.
backside *n.* trasero.

backslide *(ver* **slide)** *vi.* reincidir.
backspacer *n.* tecla de retroceso.
backstage *n.* espacio entre bastidores.
backstairs *n. pl.* escalera de servicio.
backup *n.* *(compul.)* reserva.
backward *adj.* hacia atrás, atrasado.
backwardness *n.* atraso. || timidez.
backwater *n.* agua estancada. || reman-
so.
backyard *n.* patio trasero, traspatio.
bacon *n.* tocino.
bacterium *n., pl.* bacteria.
bad *adj.* malo. || enfermo. || podrido,
pasado. || nocivo, dañoso. || grave. ||
viciado. || descubierto (cheque). || fal-
so. || — *n.* lo malo.
bade *ver* **bid.**
badge *n.* insignia. || distintivo. || chapa,
placa.
badger *n.* tejón. || — *vt.* acosar, ator-
mentar.
badinage *n.* chanzas, bromas.
badly *adv.* mal. || gravemente. || **I want it
b.**, lo deseo muchísimo.
badness *n.* lo malo, mala calidad. ||
maldad.
bad-tempered *adj.* de mal genio. || de
mal humor, malhumorado.
baffle *n.* deflector. || pantalla acústica. ||
— *vi.* impedir. || desconcertar.
bag *n.* saco. || costal. || bolso. || male-
ta. || mochila. || bolsa (debajo de los
ojos). || — *vi.* ensacar. || cazar, pescar,
capturar.
bagful *n.* saco (lleno). || montón.
baggage *n.* equipaje. || *(mil.)* bagaje.
baggy *adj.* muy holgado. || que hace
bolsa.
bagpipes *n. pl.* gaita.
bail (beil) *n.* caución, fianza. || — *vi.* po-
ner en libertad bajo fianza. || *(naveg.)*
achicar.
bailiff *n.* alguacil. || administrador.
bait *n.* cebo, carnada. || *(fix)* aliciente,
señuelo. || — *vi.* cebar, poner cebo en.
|| *(fix.)* acosar.
bake *vi.* cocer al horno. || endurecer.

baker n. panadero.
bakery n. panadería.
baking n. cocción. || hornada. || **baking powder** levadura en polvo. .
balance n. equilibrio. || balanza. || (com.) balance. || resto. || remanente, || saldo: **credit b.**, saldo positivo. || **b. of payments,** balanza de pagos. || **b. of trade**, balanza de comercio. || — vi. equilibrar. || compensar.
balcony n. balcón. || mirador.
bald adj. calvo. || escueto, desnudo.
bald-headed adj. calvo.
baldness n. calvicie.
bale n. bala. || paca, fardo. || — vi. embalar.
baleful adj. funesto, siniestro
ball n. bola, globo, esfera. || pelota. || balón. || (mil.) bala. || ovillo. || baile (gen. de etiqueta).
ball bearing n. cojinete a (o de) bolas.
balloon n. globo. || — vi. subir en un globo.
ballot n. votación. || papeleta. || **b. box,** urna. || — vt. votar. || sortear.
ball-point pen n. bolígrafo.
ballroom n. salón de baile.
balm n. bálsamo.
ban (baen) n. prohibición. || interdicción. || — vt. prohibir, proscribir. || excluir.
banality n. banalidad, vulgaridad.
band n. banda, tira, faja. || (mús.) orquesta. ||(mil.) banda. ||| gripo, pandilla. || — vt. rayar. || vendar. || atar. || — vi. asociarse.
bandage n. venda, vendaje.
bandbox n. sombrerera.
bandit n. bandido.
bandmaster n. director de banda.
bandy vt. cambiar. || pasarse, tirarse. || — adj. **bandy-legged**, estevado, zambo.
bane n. perdición, ruina. || plaga. || veneno.
bang n. estallido, detonación. || portazo. || golpe, estrépito. || — vt. volar, hacer estallar. || cerrar de golpe. || — vi. hacer explosión, estallar. || hacer estrépito.
banish vt. desterrar.
banisters n. pl. barandilla, pasamanos.
bank n. ribera, orilla. || loma. || terraplén. || banco (de arena). || montón. || hilera. || (com.) banco. || banca. || — vt. amontonar. || (com.) depositar, ingresar. || — vi. (aer.) ladearse. || contar con.
banker n. banquero.

banking adj. bancario. || — n. terraplén, rampas. || (com.) banca.
bank rate n. tipo de interés bancario.
bankrupt adj. quebrado, insolvente. || **to go b.**, quebrar, declararse en quiebra. || — n. quebrado. || — vt. hacer quebrar, arruinar.
bankruptcy n. quiebra, bancarrota.
banner n. bandera, estandarte. || pancarta.
banquet n. banquete. || — vi. banquetear.
baptism n. bautismo. || bautizo.
bar n. barra. || tranca. || pastilla. || tableta. || bar. || mostrador. || (mús.) compás. || obstáculo. || (der.) colegio de abogados. || abogacía. || — vt. atrancar. || obstruir.
barb n. lengüeta. || (zool.) púa.
barbarism n. barbarie. || (gram.) barbarismo.
barbarous adj. bárbaro.
barbecue n. barbacoa.
barbed adj. armado de lengüetas. || incisivo.
barber n. peluquero, barbero.
bare (bea) adj. desnudo. || descubierto. || — vi. desnudar. || descubrir. .
barefaced adj. (ftg.) descarado, fresco.
barefoot(ed) adj. descalzo.
barely adv. apenas.
bareness n. desnudez.
bargain n. pacto. || contrato. || ganga, negocio ventajoso. || — vi. regatear.
bargaining n. negociación.
barge n. barcaza. || — vi. transportar en lancha o barcaza.
bark n. corteza. || ladrido. || — vi. ladrar.
barley n. cebada.
barmaid n. camarera.
barman n. barman. || camarero.
barmy adj. espumoso. || (sl.) lelo.
barn n. granero. || (E.U.) establo, cuadra.
barón n. barón. || (fig) magnate, potentado.
baroque adj., n. barroco.
barracks n. pl. cuartel. || caserón.
barrage n. presa. || (mil.) cortina de fuego. || barrera. || (fig.) andanada (de preguntas).
barrel n. tonel, barril. || cañón.
barren adj. estéril. || árido, yermo. || **b. of**, desprovisto de.
barricade n. barricada. || — vi. levantar barricadas. || — vr. **to b. oneself**, parapetarse.

barrier n. barrera.
barring prep. excepto, salvo.
barrister n. abogado.
barrow n. túmulo. || carretilla.
bartender n. barman, camarero.
barter n. permuta, trueque. || — vt. permutar.
base n. base. || — adj. bajo, infame. || de baja ley (metales). || — vt. basar, fundar.
baseball n. béisbol.
baseless adj. infundado.
basement n. sótano.
bash n. (fam.) golpe. || — vi. golpear.
bashful adj. tímido, vergonzoso.
basic adj. básico, fundamental.
basin n. escudilla, tazón. || jofaina, palangana. || lavabo. || taza. || dársena. || (geog.) cuenca.
basis n., pl. **bases** base.
bask vi. tenderse al sol.
basket n. cesta. || cesto. || canasta.
basketball n. baloncesto.
bas-relief n. bajorrelieve.
bass adj. (mús.) bajo. || — n. bajo. || contrabajo.
bastard adj., n. bastardo.
baste vt. (coc.) pringar.
bastion n. baluarte.
bat n. (zool.) murciélago. || (dep.) maza, palo, bate. || (fam.) golpe. || — vi. batear.
batch n. colección, lote. || hornada.
bath n., pl. **baths** baño, bañera. || piscina. || — vi. bañar. || — vi. tomar un baño.
bathe n. baño (en el mar, etc.) || — vt. bañar. || — vi. bañarse.
bather n. bañista.
bathing n. baño (de mar, etc.).
bathroom n. cuarto de baño.
bathtub n. banadera.
baton n. (mil.) bastón. || (más.) batuta.
battalion n. batallón.
batter n. batido (para rebozar). || — vt. apalear. || (mil.) cañonear, bombardear.
battery n. batería. || pila, acumulador.
battle n. batalla, combate. ||
pitched b., batalla campal. || — vi. luchar.
battlefield, **battleground** n. campo de batalla.
battleship n. acorazado.
bawdy adj. obsceno, indecente.
bawl (bal) vt., vi. gritar, vocear, desgastarse.

bay n. (bol.) laurel. || (geog.) bahía, abra, golfo. || **to keep at b.**, mantener a raya. || — adj. bayo. || — vi. ladrar, aullar.
bayonet n. bayoneta.
bazaar n. bazar.
bazooka n. bazuca.
be (pres, **am**, **is**, **are**; pret. **was**, **were**; pp. **been**) ser: **she is a teacher**, ella es maestra. || estar: **he is al school**, está en la escuela. || haber: **there are two dogs in the garden**, hay dos perros en el jardín. || hacer (tiempo): **it's hot**, hace calor. || deber (seguido de un infinitivo): **I am to inform you**, debo informarle. || tener (edad): **how old are you?**, ¿cuántos años tienes? || tener, sentir: **the baby is hungry**, el bebé tiene hambre. || **be about (to do)**, estar por (hacer). || **be up to**, estar a la altura de. || **for the time being**, por el momento.
beach n. playa. || — vt. varar.
beacon n. almenara. || faro, fanal. || baliza.
bead n. cuenta. || abalorio. || gota.
beak n. pico, y nariz (corva). || promontorio.
beaker n. taza alta.
beam n. viga, travesano. || rayo, haz de luz. || sonrisa. || **to be off the b.**, (fam.) estar equivocado. || — vi. emitir, difundir. || — vi. brillar. || sonreír.
bean n. (bol.) judía, habichuela, alubia, (Am.) frijol, poroto. || **broad b.**, haba. || granos (de café).
bear n. oso. || (com.) bajista.
bear (pret. **bore**, pp. **borne**) vt. llevar. || tener. || sostener. || dar, producir. || devengar, || parir. || pagar. || sentir. || soportar, aguantar, resistir. || **I can't b. him**, no puedo aguantarle.
beard n. barba. || (bol.) arista. || — vi. desafiar.
bearer n. mozo. || (com.) portador: **b. cheque**, cheque al portador. || poseedor.
bearing n. porte, comportamiento. || relación. || importancia, alcance. || (mec.) cojinete. || (naveg.) marcación.
beast n. bestia. || (fit) bruto, salvaje.
beastly adj. bestial. || (fam.) detestable, horrible. || condenado, maldito.
beat n. golpe. || redoble. || latido. || (mús.) compás, ritmo. || ronda. || — vi. (pret. **beat**, pp. **beaten**) golpear. || batir. || martillar. || (mús.) tocar. || marcar, llevar (el compás). || vencer, derrotar. || **to b. back**, repeler. || **b. black and blue**, moler a golpes. || — vi. latir, pulsar.

beatify vi. beatificar.

beating n. golpes. || pulsación. || paliza.

beatitude n. beatitud. || bienaventuranza.

beau n. galán. || pretendiente. || novio.

beautiful adj. hermoso, bello. || precioso.

beautify vt. embellecer.

beauty n. belleza, hermosura. || beldad.

beauty parlour n. salón de belleza.

beauty spot n. lunar. || sitio pintoresco.

becalm vt. calmar, sosegar.

became ver **become**.

because conj. porque. || **b. of.,** a causa de.

beck n. gesto, seda. || **to be at the b. and call of,** estar a disposición de.

beckon vi., vi. llamar con señas.

become (ver **come**) vt. sentar a, favorecer. || convenir a. || — vi. hacerse, llegar a ser, transformarse en.

becoming adj. favorecedor, que sienta bien. || decoroso, conveniente.

bed n. cama, lecho, y (geol.) capa, estrato. || **to stay in b.,** guardar cama.

bedbug n. chinche.

bedding n. ropa de cama. || lecho (para animales).

bedhead n. cabecera.

bedlam n. algarabía, alboroto.

bedraggled adj. ensuciado, mojado.

bedridden adj. postrado en cama.

bedrock n. lecho de roca.

bedroom n. dormitorio, alcoba.

bedside n. lado de la cama, cabecera.

bedspread n. colcha, cobertor.

bedtime n. hora de acostarse.

bee n. abeja.

beech n. haya.

beef n. carne de vaca. || ganado vacuno.

beefsteak n. biftec, bistec, (Arg.) bife.

beefy adj. (fam.) fornido, corpulento.

beehive n. colmena.

beeline n. línea recta.

been ver **be**.

beer n. cerveza.

beet n. remolacha.

beetle n. escarabajo. || mazo. || pisón. || — adj. prominente, saliente. || — vi. golpear.

befall (ver **fall**) vt., vi. acontecer a.

befit vt. convenir a, corresponder a.

befog vt. envolver en niebla.

before adv. delante, adelante. || antes. || anteriormente. || —prep. delante de, ante, en presencia de. || — conj. antes (de) que.

beforehand adv. de antemano.

befriend vt. ofrecer amistad a. || favorecer.

beg vt. pedir, suplicar, rogar. || mendigar.

began ver **begin**.

beggar n. mendigo. || (fam.) tío, sujeto.

begin (pret. **began**, pp. **begun**) vt., vi. comenzar, empezar. || emprender.

beginner n. principiante.

beginning n. principio, comienzo.

begrudge vt. escatimar, tener envidia a.

begun ver **begin**.

behalf n. (am.) ayuda. || **on b.,** en nombre de.

behave vi. portarse. || comportarse. || funcionar. || — vt. **to b. oneself,** portarse (bien).

behaviour n. conducta, comportamiento. || funcionamiento.

behest n. orden, mandato.

behind adv. detrás, por detrás. || atrás. || atrasado. || — prep. detrás de. || — n. (fam.) trasero.

behold (ver hold,) vt. contemplar.

beholden adj. obligado (por gratitud).

being n. ser, ente: **human b.,** ser humano.

belated adj. atrasado, tardío.

belch n. eructo. || — vt. (fig.) vomitar, arrojar. || — vi. eructar.

belfry n. campanario.

belie vt. desmentir, contradecir. || defraudar.

belief n. creencia. || opinión. || fe.

believable adj. creíble.

believe vt., vi. creer. || dar crédito a. || **to make b.,** hacer ver, simular.

believer n. creyente, fiel. || partidario.

belittle vt. despreciar. || minimizar.

bell n. campana. || campanilla. || cencerro. || cascabel. || timbre.

bellboy n. botones, cadete.

belligerent adj. beligerante. || agresivo.

bellow n. bramido. || rugido. || — vt. gritar, vociferar. || — vi. bramar. || rugir, aullar (de dolor).

bellows n. pl. fuelle.

bell-shaped adj. acampanado.

belly n. vientre, barriga, panza.

belong vi. pertenecer a. || ser miembro o socio de. || ser propio de, corresponder. || ir, hacer juego.

belongings n. pl. pertenencias, bártulos.

beloved adj., n. querido.

below adv. abajo, (por) debajo. || — prep. bajo, debajo de.

belt n. cinturón. || (med.) faja. || (mec.) correa, cinta. || (geog. y fig.) zona, faja. || — vt. ceñir, fajar. || rodear. || (fam.) golpear (con una correa).

bemoan vt. lamentar.

bench n. banco. || tribunal. || judicatura.

bend n. curva. || recodo, vuelta. || ángulo. || banda. || — (pret. y pp. bent) vt. encorvar. || doblar, torcer. || inclinar. || **to b. someone to one's will**, someter a uno a su voluntad. || — vi. encorvarse. || doblarse.

bender n. dobladora. || (sl.) juerga.

beneath adv., prep. bajo, debajo de, por debajo. || (fig.) indigno, inferior a.

benediction n. bendición.

benefactor n. bienhechor.

beneficial adj. beneficioso, provechoso.

benefit n. beneficio. || provecho, utilidad. || subsidio. || **for the b. of**, a beneficio de, en pro de. || — vt., vi. beneficiarse.

benevolent adj. benévolo.

benign adj. benigno.

bent ver **bend** || adj. encorvado. || doblado, torcido. || empeñado, dispuesto, decidido. || — n. inclinación, propensión, tendencia.

bequeath vt. legar.

bequest n. legado.

bereavement n. aflicción (por la muerte de un pariente), congoja. || luto.

beret n. boina.

berry n. baya.

berserk adj. furioso.

berth n. amarradero. || camarote. || litera. || (fam.) puesto, lugar. || — vt., vi. atracar.

beseech (pret. y pp. **besought**) vt. suplicar.

beset (ver **set**) vt. acosar, asediar. || obstruir.

beside prep. cerca de, junto a, al lado de. || **to be b. oneself**, estar fuera de sí.

besides adv. además. || — prep. además de. || menos, excepto.

besiege vt. asediar. || sitiar.

besought ver beseech.

bespeak (ver speak) vt. apalabrar.

bespoke (ver bespeak) || adj. hecho a la medida. || que confecciona a medida.

best adj. **super**, (el, la) mejor. || — adv. **super**, (lo) mejor. || — n. lo mejor. || **at one's b.**, en plena forma. || **to do one's b.**, hacer todo lo posible. || **to make the b. of**, sacar el mejor partido de. || — vi. derrotar.

bestow vi. otorgar. || dar. || ofrecer.

bestowal n. otorgamiento. || donación.

bestseller n. éxito de librería.

bet n. apuesta. || — || (pret. y pp. **bet** o **belted**) vi., vi. apostar. || **you b.** (**your life**)**!**, ¡ya lo creo!

betimes adv. temprano. || con tiempo.

betoken vt. presagiar, anunciar.

betray vi. traicionar. || revelar, delatar. || dejar ver, demostrar.

betrayal n. traición. || revelación. || engaño.

better adj. comp. mejor. || **the b. part of the day**, la mayor parte del día. || **to get b.**, mejorar. || — adv. comp, mejor. || **had b.**, sería mejor que, más vale que: **we had b. go**, más vale que nos vayamos. || — n. el mejor. || superior. || — vi., vi. mejorar, progresar.

between adv. en medio. || — prep. entre.

bevel adj. biselado. || — n. ángulo oblicuo. || falsa escuadra. || bisel. || — vi. biselar.

beverage n. bebida.

bevy n. bandada. || grupo.

beware vi. tener cuidado.

bewilder vi. desconcertar.

bewitch vt. hechizar ||. (fig.).

beyond adv. más allá, más lejos. || — prep. más allá de. || además de, fuera de. || — n. el más allá.

biannual adj. semestral.

bias n. sesgo, diagonal. || propensión, predisposición. || prejuicio. || — vi. influir en, torcer.

bib n. babero.

Bible n. Biblia.

bibliography n. bibliografía.

bibliophile n. bibliófilo.

bicker n. disputa, pendencia. || — vi. reñir.

bicycle n. bicicleta. || — vi. ir en bicicleta.

bid n. oferta, postura. || (com.) licitación. || (fig.) tentativa, conato. || — (pret. **bade**, **bid**, pp. **bidden**, **bid**) vt. ordenar, mandat. || licitar. || dar (bienvenida). || — vi. hacer una oferta por.

bidder n. licitador. || postor.

biennial adj. bienal. || (bot.) bianual.

bier n. féretro.

big adj. grande. || voluminoso. || importante. || **my b. brother**, mi hermano mayor. || **b. toe**, dedo gordo del pie.

bigamy n. bigamia.

bigheaded adj. (sl.) engreído.

bigoted adj. fanático, intolerante.

bigotry n. fanatismo, intolerancia.

bike n. (fam.) bici. || — vi. ir en bicicleta.

bile n. bilis. || *(fig.)* mal genio.

bilingual adj. bilingüe.

bill n. pico. || cuenta. || factura. || proyecto de ley. || billete. **||** cartel. || **b. of exchange**, letra de cambio. || **b. of sale**, escritura de venta. || — vt. facturar. || — vi. juntar los picos.

billet n. alojamiento. || — vt. alojar.

billfold n. *(E. U.)* billetero, cartera.

billiards n. *sing*, billar.

billion n. billón, *(E. U.)* mil millones.

billposter, **billsticker** n. cartelero.

billy goat n. macho cabrío.

bimonthly adj. bimestral. || bimensual, quincenal.

bin n. hucha, arcón. || cubo. || papelera.

bind *(pret. y pp. bound)* vt. atar, liar. || vendar. || encuadernar. || *(med.)* estreñir. || rodear. || obligar. || — n. ligadura. atadura. || *(mús.)* síncopa.

binder n. *(agr.)* agavilladora. || encuadernador. || argamasa.

binding adj. obligatorio. || *(med.)* que estriñe. || — n. encuadernación. || ribete.

binge n. *(sl.)* borrachera.

binomial n. binomio.

biochemistry n. bioquímica.

biography n. biografía.

biology n. biología.

birch n. abedul. || vara. || — vt. castigar con la vara.

bird n. ave, pájaro. || chica, novia.

birdcage n. jaula, pajarera.

bird call n. reclamo.

bird's-eye view n. vista de pájaro.

birth n. nacimiento. || *(med.)* parto. || *(fig.)* origen, comienzo.|| **to be born**, nacer.

birth control n. control de natalidad.

birthday n. cumpleaños. || aniversario. || fecha de nacimiento. || **in one's b. suit**, en cueros.

birthplace n. lugar de nacimiento.

birth rate n. natalidad.

biscuit n. galleta. || *(E. U.)* bollo.

bisector n. bisectriz.

bishop n. obispo. || alfil.

bison n. bisonte.

bit n. freno, bocado. || barrena. || trozo, pedacito, porción. || unidad de información. || un poco. || **a good b.**, bastante. || **b. actor**, actor secundario. || **b. by b.**, poco a poco. || **not a b.**, en absoluto.

bit ver **bite**.

bitch n. perra. || hembra. || mal genio. || *(fam.)* zorra, prostituta, puta. || *(sl.)* queja.

bite n. mordedura. || dentellada. || picadura. || bocado. || bocadillo, refrigerio. || — *(pret. bit, pp. bitten)* vi. morder. || picar. || — vi. morder. || picar. || *(fig.)* tragar el anzuelo.

biting adj. penetrante, cortante. || mordaz.

bitter adj. amargo. || penetrante, cortante. || encarnizado. || implacable. || — n. cerveza clara.

bi-weekly adj. quincenal. **||** bisemanal.

bizarre adj. extraño, raro. || estrafalario.

blab vt. divulgar. || — vi. chismear. || soplar. .

black adj. negro. || oscuro. || sucio. || funesto. || **b. and blue**, lleno de cardenales. || **b. and white**, por escrito. || — n. negro, color negro. || luto. || — vi. ennegrecer. || embetunar, lustrar. || **to b. out**, apagar las luces. || **to b. out**, *(med.)* perder el conocimiento.

blackbird n. mirlo.

blackboard n. pizarra, encerado.

blacken vi. ennegrecer. || *(fig.)* denigrar.

blackish adj. negruzco.

blackjack n. cachiporra. || pabellón pirata.

blackleg n. rompehuelga, carnero.

blacklist n. lista negra.

blackmail n. chantaje. || — vi. chantajear.

blackout n. apagón. || *(med.)* amnesia temporal.

blacksmith n. herrero.

bladder n. vejiga.

blade n. hoja. || espada. || paleta. || brizna.

blame n. culpa. || — vt. culpar. echar la culpa a. || **to be to b.**, tener la culpa.

blameless adj. inocente.

bland adj. suave. || templado. || cortés.

blank adj. en blanco. || *(verso)* suelto, blanco. || sin expresión. || liso. || falso (puerta, ventana). || mudo (mapa). || — n. espacio en blanco. || formularia.

blanket n. manta. — vt. cubrir, envolver.

blare n. estrépito, sonido fuerte. || trompetazo. || — vt. vociferar. || — vi. resonar, sonar muy fuerte.

blasé adj. hastiado.

blasphemy n. blasfemia.

blast n. ráfaga. || soplo. || chorro. || toque. || carga explosiva. || onda de choque (explosión). || — vt. volar (con explosivo). || *(fig.)* arruinar.

blasted adj. condenado.

blast-off n. lanzamiento (de un cohete, proyectil, etc.).

blatant adj. descarado. || estrepitoso.

blaze n. llamarada, resplandor. || incendio. || — vi. arder en llamas. || (fig.) brillar, resplandecer.

bleach n. lejía. || — vt., vi. (blanquearse).

bleak adj. desierto. || descolorido.

blear adj. turbio, borroso.

bleary adj. legañoso.

bleat n. balido. || — vi. balar, y (fig.) quejarse.

bleed (prel. y pp. bled) vt. (med.) sacar sangre, sangrar. || (fig.) desangrar. || sufrir. || — vi. sangrar.

bleep n. sonido agudo. || (rad.) señal continua.

blemish n. tacha, mancha, y — vi. manchar.

blench vi. retroceder, recular.

blend n. mezcla, combinación. || — vi. mezclar, combinar, armonizar. || — vi. combinarse.

bless vi. bendecir.

blessed adj. bendito, bienaventurado. || (fig.) santo.

blessing n. bendición. || beneficio, ventaja.

blew ver **blow**.

blight n. (bol.) añublo, tizón, roya. || (fig.) plaga, mancha. || — vt. arruinar.

blind adj. ciego. || (arq.) sin salida. || sin visibilidad. || **b. in one eye**, tuerto. || — n. persiana. || — vt. cegar. || deslumbrar.

blindfold adj. con los ojos vendados || (fig.). || — n. venda. || — vt. vendar los ojos a.

blindness n. ceguera, ceguedad.

blink n. parpadeo. || destello. || —vi. parpadear, pestañear. || oscilar.

blinking adj. (fam.) maldito.

bliss n. (relig.) bienaventuranza. || felicidad. || (fig.) éxtasis.

blister n. ampolla. || — vt., vi. ampollar(se).

blistering adj. abrasador. || mordaz.

blithe adj. alegre.

blitz n. guerra relámpago. || (aer.) bombardeo aéreo. || (fig.) campaña. || — vt. bombardear.

blizzard n. ventisca.

bloated adj. hinchado || (fig.), abotagado.

blob n. gota. || burujo. || borrón. || mancha.

block n. bloque. || adoquín. || taco. || tajo. || tarugos. || manzana, cuadra (S. A.). || (fig.) obstáculo. || — adj. **b. letters**, letra de imprenta. || — vt. obstruir, cerrar.

blockade n. bloqueo. || — vt. bloquear.

blockage n. obstrucción. || obstáculo.

blond(e) adj. rubio. || — n. rubia.

blood n. sangre. || linaje. || parentesco. || **in cold b.**, a sangre fría.

blood donor n. donador de sangre.

blood group n. grupo sanguíneo.

bloodhound n. sabueso.

blood pressure n. presión sanguínea, tensión arterial.

bloodshed n. efusión de sangre. || matanza.

bloodstream n. corriente sanguínea.

bloody adj. sangriento, cruento. || sanguinolento. || — adv. (fig., fam.) muy, terriblemente.

bloody-minded adj. (sl.) malintencionado. || de mal genio.

bloom n. flor. || floración. || (fig.) perfección. || lozanía. || vello (en la fruta). || — vi. florecer.

bloomers n. pl. pantalones (de señora).

blossom n. flor. || — vi. florecer.

blot n. borrón. || (fig.) mancha, deshonra. || — vt. manchar, emborronar. || secar. || desacreditar. || **to b. out.**, obscurecer. || — vi. echar borrones.

blotchy adj. manchado. || lleno de erupciones.

blotting paper n. papel secante.

blouse n. blusa.

blow n. golpe. || bofetada. || soplo, soplido. || — (pret. **blew**, pp. **blown**) vt. soplar. || tocar, sonar. || sonarse la nariz. || **to b. out**, apagar (velas). || **to b. up**, inflar. || ampliar (fotos). || volar (con explosivos). || — vi. soplar. || jadear, resoplar. || sonar. || quemarse.

blowlamp n. soplete, lámpara de soldar.

blown ver **blow**.

blow-up n. ampliación (de foto). || explosión. || (fam.) explosión de ira. || riña, pelea.

blowy adj. ventoso.

blubber n. grasa de ballena. || lloriqueo, gimoteo. || — vt. decir lloriqueando. || — vi. lloriquear.

blue adj. azul. || amoratado. || conservador. || noble. || verde (chiste, canción). || deprimido, triste. || — n. azul. || añil. || pl. **blues**, melancolía, morriña. || estilo de jazz. || — vi. azular.

blueprint n. anteproyecto.
bluff adj. escarpado. || brusco, francote. || — n. fanfarronada. || — vi. farolear, fanfarronear.
blunder n. desacierto, error garrafal. || (fam.) metedura de pata. || — vi. cometer un error.
blunt adj. embotado, desafilado. || directo, franco. || terminante. || — vi. embotar.
bluntness n, embotadura. || (fig.) franqueza, brusquedad.
blur n. contorno borroso. || — vi. desdibujar.
blurt vt. **to b. out**, descolgarse con, decir abruptamente.
blush n. rubor, sonrojo. || — vi. ruborizarse, sonrojarse.
bluster n. jactancia. || fanfarronada. || — vi. fanfarronear.
boar n. verraco, cerdo padre. || **wild b.**, jabalí.
board n. tabla. || tablero. || tablón. || mesa. || cartón. || **the boards**, (teat.) las tablas. ‖ **b. and lodging**, comida y casa. || bordo. || junta directiva. || — vt. entablar, enmaderar. || embarcarse en. || subir a (tren, colectivo). || hospedar, dar pensión (completa) a.
boarder n. huésped. || interno (de un colegio).
boarding n. entablado. || pensión.
boast n. baladronada. || — vt. ostentar, presumir de. || — vi. jactarse, hacer alarde de.
boastful adj. jactancioso, fanfarrón.
boat n. barco. || buque, navío. || barca, embarcación. || bote.
boater n. sombrero de paja.
boating n. canotaje.
boatman n., pl. —**men** barquero.
boatswain n. contramaestre.
bob n. pelo corto. || (sl.) chelín. || — vi. menearse, agitarse. || agacharse. || **to b. up**, levantarse, aparecer. || — vt. cortar (el pelo o el rabo).
bobbin n. carrete, bobina.
bodice n. corpiño. || cuerpo de vestido.
bodied adj. de cuerpo.
bodily fbadili] adj. corpóreo, corporal. || — adv. en persona. || en conjunto.
body n. cuerpo. || cadáver. || (fam.) persona. || armazón, bastidor. || (aut.) caja, carrocería. || corporación. || grupo, conjunto. || **main b.**, la parte principal.

bodyguard n. guardaespaldas.
bodywork n. (aut.) carrocería.
bog n. pantano, ciénaga.
boggle vi. sobresaltarse. || vacilar.
bogus adj. falso, fraudulento. || afectado.
boil n. (med.) forúnculo, divieso. || ebullición.
boil n. **to bring to the b.**, calentar hasta el punto de ebullición. || — vt. hervir, hacer hervir. || cocer.
boiler n. caldera.
boiler suit n. mono (para obreros).
boiling adj. hirviendo, en ebullición. || **it's b. hot**, hace un calor terrible. || — n. ebullición.
boisterous adj. borrascoso. || ruidoso, turbulento. || bullicioso. || de excelente humor.
bold adj. valiente, audaz. || enérgico. || escarpado. || (imp.) **b. face**, **b. type**, negrita.
boldness n. audacia, osadía. || temeridad.
bolster n. travesero, cabezal. || — vt. (gen. con up) sostener, apoyar. || reforzar.
bolt n. cerrojo, pestillo. || tornillo, perno. || — vt. echar el cerrojo a. || sujetar con tornillos. || engullir. || — vi. fugarse. || desbocarse (caballo). || precipitarse.
bomb n. bomba. || — vt. bombardear.
bombard vt. bombardear. || (fig.) asediar.
bombastic adj. altisonante, ampuloso.
bomber n. bombardero.
bombshell n. (mil.) obús, granada.
bona fide adj. genuino, auténtico.
bond n. lazo, vínculo. || (com.) obligación, bono. || fianza. || pl. **bonds**, cuerdas, cadenas.
bondage n. esclavitud, cautiverio.
bone n. hueso. || espina. || ballena (en corsé). || semilla, hueso (de las frutas). || pl. **bones**, huesos, restos mortales. || — vt. deshuesar, quitar las espinas a. || (sl.) birlar.
bone-dry adj. enteramente seco.
bone-idle adj. muy perezoso.
bonfire n. hoguera, fogata.
bonhomie n. afabilidad.
bonnet n. gorra, cofia. || toca. || capota.
bonus n. plus. || gratificación, prima.
bony adj. huesudo. || óseo.
boo n. silbido, rechifla, pateo. || — vt. abuchear, silbar, patear.
boob n. (sl.) bobo. || — vi. tirar una plancha.

B

booby trap n. trampa explosiva.

book n. libro. || libreta, librito. || cuaderno. || libro, talonario (de cheques, etc.) || **the books**, (com.) las cuentas, el balance. || **to be in someone's bad books**, estar en la lista negra. || **to bring someone lo b.**, pedir cuentas a uno. || **to go by the b.**, seguir las reglas. || — vt. apuntar. || reservar (habitación, lugar, etc.).

bookbinding n. encuadernación.

bookcase n. estante para libros.

booking office n. despacho de billetes. || taquilla.

bookish adj. libresco. || estudioso, pedantesco.

book-keeping n. teneduría de libros.

booklet n. folleto.

bookmaker n. corredor de apuestas.

bookrest n. atril.

bookseller n. librero. ||

bookseller's, librería.

bookshelf n. estante para libros.

bookshop n. librería.

boom n. estampido, trueno. || alza rápida, auge. || — vi. retumbar, tronar. || — vt. prosperar, estar en auge.

boon n. favor. || bendición. || — adj. alegre. || generoso.

boorishness n. grosería.

boost n. empuje, empujón. || (fig.) estímulo, ayuda. || — vt. empujar (hacia arriba). || aumentar (precios). || hacer publicidad por. || reforzar.

booster n. (elec.) elevador de tensión.

boot n. bota. || (aut.) maleta, portaequipajes. || (fam.) puntapié, patada. || **to die with one's boots on**, morir al pie del cañón. || **to get the b.**, (fam.) ser despedido. || — vt. dar un puntapié **a.** || **to b. out**, poner en la calle.

bootblack n. limpiabotas, lustrabotas.

bootee n. escarpines (para bebé).

booth n. puesto. || barraca. || cabina (telefónica).

bootlace n. cordón.

boot-polish n. betún.

boots n. sing., limpiabotas (de un hotel).

booty n. botín, presa.

booze n. bebida, alcohol. || vino, cerveza, etc. || borrachera. || — vt., vi. beber. || emborracharse.

border n. borde, margen. || (cost.) orla, ribete. || (pol.) frontera. || — vi. ribetear, orlar. || — vi. **to b. on**, lindar con, confinar con. || (fig.) rayar en.

borderland n. zona fronteriza.

borderline n. línea divisoria. || (pol., fig.) frontera. || — adj. dudoso, incierto.

bore n. taladro, barrena. || (geol.) sonda. || agujero, barreno, calibre (de un arma). || perforación. || pelmazo, pesado (persona). || — vi. taladrar, perforar, agujerear. || aburrir.

bore ver **bear.**

boredom n. aburrimiento, fastidio.

boring adj. aburrido, pesado.

bom (ver **bear.**) || adj. de nacimiento. || nato.

borne ver **bear**.

borough n. municipio.

borrow vt. pedir prestado, tomar prestado.

bosom n. seno, pecho. || pechera (ropa). || — adj. íntimo, inseparable.

boss n. jefe. || patrón, amo. || capataz. || gerente. || — vi. dar órdenes a, dominar.

bossy adj. mandón, tiránico.

botany n. botánica.

botch n. chapucería. || — vt. chapucear.

both adj., pron. ambos, los dos. || — adv., conj. tanto... como. || a la vez.

bother n. molestia, lata. || — vt. molestar, fastidiar, incomodar.

bottle n. botella. || frasco. || biberón. || — vt. embotellar. || enfrascar. || contener.

bottleneck n. (fig.) embotellamiento.

bottom n. fondo. || pie (de escaleras, cerro, página). || asiento (de silla). || quilla, casco (de barco). || (anal.) trasero, culo. || — adj. más bajo, inferior. || último.

bottomless adj. sin fondo, insondable.

bough n. rama.

bought ver **buy**.

boulder n. canto rodado.

bounce n. (re)bote. || (fig.) fanfarronería, presunción. || — vi. hacer (re)botar.

bound (ver **bind**) || adj. destinado. || (fig.) obligado. || ligado, vinculado. || encuadernado. || **to be b. to**, estar seguro de, tener que. || — n. límite, frontera, confín. || salto, brinco. || — vt. limitar. || lindar con. || — vi. saltar.

boundary n. límite. || (pol.) frontera.

boundless adj. ilimitado.

bounty n. generosidad, liberalidad.

bouquet n. ramo, ramillete. || aroma (de vino).

bout n. turno, rato. || (med.) ataque. || asalto, lucha, combate. || encuentro.

bow *n.* inclinación, reverencia. || **to make one's b.**, presentarse, debutar. || *(naveg.)* proa. || — *vt., vi.* inclinar, bajar (la cabeza). || hacer una reverencia. || inclinar(se), doblar(se). || someter(se).

bowel *n.* intestino.

bowl *n.* escudilla, tazón. || jofaina, palangana. || cuenco. || *(geog.)* cuenca. || bola, bocha. || — *vt.* rodar, ü arrojar. || — *vi.* arrojar la pelota. || jugar a los bolos.

bow-legged *adj.* estevado.

bowler *n. (dep.)* lanzador. || sombrero hongo.

bowling *n.* bolos (juego). || boliche *(S. A.)*.

box *n.* caja, cajón. || cofre, arca. || estuche. || *(teat.)* palco. || apartado o casilla de correos. || compartimiento (en tren). || bofetón. || — *vt.* embalar, encajonar. || — *vi.* boxear.

boxing *n.* boxeo.

box office *n.* taquilla, *(S. A.)* boletería.

boy *n.* niño. || muchacho, chico. || hijo. || criado.

boycott *n.* boicoteo. || — *vt.* boicotear.

boyfriend *n.* amigo, novio.

boyhood *n.* niñez, infancia.

boyish *adj.* infantil, pueril. || juvenil.

bra *n. (fam.)* sostén.

brace *n.* abrazadera. || *(arq.)* riostra, tirante. || *(impr., mús)* corchete || *(naveg.)* braza. || berbiquí. || par, pareja. || *pl.* **braces**, tirantes (para pantalones). || — *vi.* asegurar, reforzar. || atar, ligar.

bracelet *n.* pulsera, brazalete.

bracing *adj.* tónico, vigorizante.

bracket *n.* abrazadera. || puntal. || *(fig)* clase, categoría. || — *vt.* asegurar con ménsulas *(etc.)*. || *(impr.)* poner entre corchetes. || agrupar.

brag *n.* fanfarronada, bravata. || — *vi.* jactarse, fanfarronear.

braid *n.* trenza. || *(mil.)* galón.

brain *n.* cerebro. || *pl.* **brains** *(anal.)*, sesos. || *(fig.)* inteligencia, cabeza. || capacidad.

brain-child *n.* invento, idea.

brainstorm *n.* frenesí.

brainwash *vt.* lavar el cerebro.

brainwave *n.* idea luminosa.

brainy *adj.* muy inteligente.

braise *vt.* cocer a fuego lento.

brake *n.* freno. || *(fig).* || carruaje. || furgoneta, combi. || — *vt., vi.* frenar.

bran *n.* salvado.

branch *n. (bot.)* rama. || *(fig.)* ramo, sección. || *(com.)* sucursal. || ramal. || — *vi.* ramificarse.

branch-office *n.* sucursal.

brand *n.* marca || *(com.)*. || hierro de marcar. || tizón, tea. || — *vi.* marcar con hierro candente.

brandish *vt.* blandir.

brand-new *adj.* flamante, muy nuevo.

brash *adj.* inculto, tosco. || descarado.

brass *n.* latón. || plancha sepulcral (de latón). || *(sl.)* dinero. || descaro. || **the b.**, *(mús.)* cobres.

brassière *n.* sostén.

brat *n.* mocoso.

bravado *n.* baladronada, bravata.

brave *adj.* valiente, valeroso. || magnífico, vistoso. || — *n.* valiente. || — *vt.* desafiar, arrostrar.

brawl *n.* pendencia, reyerta. || — *vi.* pelearse.

brawny *adj.* fornido, musculoso.

bray *n.* rebuzno. || trompetazo.

brazen *adj.* de latón. || *(fig.)* descarado.

brazier *n.* brasero. || latonero.

breach *n.* abertura, brecha. || ruptura de relaciones. || **b. of faith**, abuso de confianza. || — *vt.* romper. || abrir brecha en.

bread *n.* pan || *(fig.)*. || **to break b. with**, sentarse a la mesa con.

bread-and-butter *n.* pan con mantequilla. || — *adj.* corriente, normal, regular.

bread-crumb *n.* migaja.

breadth *n.* anchura. || *(fig.)* amplitud.

breadwinner *n.* sostén de la familia.

break *n.* ruptura. || abertura, grieta. || espacio, blanco. || intervalo. || vacación, asueto. || recreo (en la escuela). || evasión, fuga. || — *(pret.* **broke**, *pp.* **broken)** *vt.* romper. || *(elec.)* interrumpir, cortar. || amortiguar. || quebrar (un banco). || comunicar. || ba-tir (un récord). || interrumpir (un viaje). || violar (la ley). || — *vi.* romperse, quebrarse. || estropearse (una máquina). || estallar. || quebrantarse (salud). || apuntar (el día). || separarse (boxeo). || **to b. away**, separarse, escaparse. || **to b. down**, derribar, destruir. || perder la salud. || **to b. in**, irrumpir, forzar la entrada. || **to b. into**, escalar, forzar. || **to b. off**, romper, cortar. || interrumpirse, suspender. || **to b. out**, estallar (una guerra). || to b. up, romper(se) a pedazos. || disolver (una reunión).

B

breakdown n. interrupción. || fracaso. || (med.) colapso, crisis nerviosa. || (aut., etc.) avería. || análisis, descomposición.

breaker n. ola grande, rompiente.

breakfast n. desayuno.

breakthrough n. ruptura. || (fig.) avance.

breakwater n. rompeolas.

breast n. pecho. || seno. || pechuga. || (fig.) corazón. || — vt. hacer cara a, arrostrar.

breath n. aliento, respiración. || hálito. || (fig.) fragancia. || **out of b.**, sin aliento.

breathe vt., vi. respirar. || vivir, estar vivo.

breather n. respiro, pausa.

breath-taking adj. punzante, que corta la respiración. || imponente, pasmoso.

bred ver **breed**.

breeches n., pl. calzones, pantalones.

breed n. raza, casta. || — (pret. y pp. **bred**) vt. criar, engendrar. || (fig.) educar, producir.

breeder n. criador, ganadero. || criadero.

breeding n. cría. || crianza, educación.

breeze n. brisa.

breezy adj. ventoso. || jovial, despreocupado.

brethren n. (pl. irr. de **brother**) hermanos.

brevity n. brevedad.

brew n. poción, brebaje. || — vt. hacer, elaborar cerveza, || preparar té. || (fig.) urdir, tramar.

brewery n. fábrica de cerveza.

bribe n. soborno. || — vt. sobornar.

brick n. ladrillo. || bloque de helado. || lingote de oro. || (fig) (sl.) buen chico. || — vt. enladrillar.

bricklayer n. albañil.

bride n. novia.

bridegroom n. novio.

bridge n. puente. || (naveg.) puente de mando. || caballete. || bridge (juego de cartas). || — vt. tender un puente sobre.

bridle n. brida, freno. || — vt. embridar.

brief adj. breve, corto. || fugaz, pasajero. || — n. informe. || sumario, resumen. || (der.) expediente. || (mil.) instrucciones. || pl. briefs, calzoncillos, bragas. || — vt. informar. || dar instrucciones. || resumir.

briefcase n. cartera. || (S. A.) portafolio.

briefing n. sesión de información. || órdenes.

brigadier n. general de brigada.

brigand n. bandido, bandolero.

bright adj. claro, brillante, luminoso. || lustroso. || listo, inteligente.

brighten vt. abrillantar, lustrar. || alegrar. || — vi. animarse, alegrarse. || despejarse (tiempo).

brightness n. claridad. || brillantez. || lustre. || inteligencia, viveza de ingenio.

brilliance, brilliancy n. brillo, brillantez.

brilliant adj. brillante. || (fig.) genial, luminoso.

brim n. borde. || ala de sombrero.

brimful adj. lleno hasta el borde.

brine n. salmuera.

bring (pret. y pp. **brought**) vt. traer. || conducir. || (der.) entablar. || llevar consigo. || persuadir, convencer. || **to b. about**, ocasionar, provocar. || **to b. back**, volver a traer, devolver. || recordar. || **to b. down**, bajar, derribar. || hacer bajar (precios, temperatura). || **to b. in**, presentar, introducir. || producir. || pronunciar (un veredicto). || **to b. on**, causar, provocar. || **to b. out**, publicar, sacar a luz, poner en escena. || **to b. round**, hacer recuperar el conocimiento. || **to b. under**, someter, sojuzgar. || **to b. up**, educar, criar. || subir, hacer subir.

brink n. borde.

brisk adj. enérgico, vigoroso. || rápido. || activo.

bristle n. cerda. || — vi. erizarse.

brittle adj. frágil, quebradizo.

broach vt. espitar, abrir (una botella). || comenzar a hablar de, abordar un tema.

broad adj. ancho. || extenso, amplio. || (fig.) comprensivo. || cerrado (acento).

broadcast adj. (rad.) radiodifundido, transmitido. || — n. emisión, programa. || — vt. (rad.) emitir, radiar.

broadcasting n. radiodifusión. || transmisión, difusión (TV). || **b. station**, emisora.

broaden vt., vi. ensanchar(se).

broadly adv. en general.

broad-minded adj. tolerante, liberal.

brochure n. folleto.

broil n. riña, pelea. || carne asada a la parrilla. || — vt. asar a la parrilla.

broke ver **break**.

broken (ver **break**) adj. accidentado, quebrado. || (sueño) interrumpido. || (tiempo) variable. || quebrantado (promesa). || abatido. || chapurreado.

broken-hearted adj. traspasado de dolor.

broker n. corredor, agente de bolsa. || agente de negocios.

bronze n. bronce. || — adj. de bronce.

brooch *n.* broche, prendedor.

brood *n.* camada, cría. || nidada. || *(fig.)* progenie, prole. || — *vi.* empollar.

brook *n.* arroyo. || — *vt.* aguantar, soportar.

broom *n.* escoba. || *(bot.)* hiniesta, retama.

broomstick *n.* palo de escoba.

broth *n.* caldo.

brothel *n.* prostíbulo, casa de putas.

brother *n.* hermano. || colega. || camarada.

brother-in-law ['braflarinla:] *n.* cuñado.

brought ver **bring**.

brow *n.* ceja. || frente. || cumbre (de una montaña).

brown *adj.* pardo, moreno. || oscuro. || (cabello) castaño. || bronceado. || (azúcar) negro. || — *n.* color pardo. || — *vt., vi.* ponerse) moreno. || broncearse (piel). || *(coc.)* dorar(se).

browse *vt., vi.* pacer. || ramonear. || **to b. through a book**, hojear un libro.

bruise *n.* contusión, cardenal. || daño, machucadura (fruta). || — *vt.* golpear, magullar.

brunette *n., adj.* morena.

brunt *n.* lo más fuerte, lo peor, lo más recio.

brush *n.* cepillado. || cepillo. || escoba. || brocha. || bruza. || pincel. || *(elec.)* escobilla. || rabo, hopo. || *(bot.)* broza, maleza. || *(mil.)* escaramuza. || *(fig.)* encuentro. || — *vt.* cepillar. || pintar. (rozar. | limpiar (zapatos, ropa). || frotar. || *(tec.)* cardar (lana).

brushwood *n.* maleza. || leña menuda.

brusque *adj.* brusco, áspero.

brute *adj.* brutal, bruto. || — *n.* bruto. || bestia.

bubble *n.* burbuja, ampolla. || *(fig.)* estafa. || — *vi.* burbujear, borbotar. || eructar (bebé).

bubble gum *n.* chicle de globo.

buck *n.* macho. || gamo. || macho cabrío. || conejo macho. || *(E. U., sl.)* dólar. || — *vi.* corcovear, ponerse de manos. || **to b. up**, animarse, cobrar ánimo.

bucket *n.* cubo, balde. || cangilón.

buckle *n.* hebilla. || — *vt., vi.* abrochar(se) con hebilla. || torcer(se). combar(se), doblar(se).

bud *n.* brote, yema. || capullo. || — *vi.* brotar, echar brotes.

budding *adj. (fig.)* en ciernes, en embrión.

buddy *n.* *(esp. E. U.)* compañero, compinche.

budge *vt.* mover, hacer que se mueva. || — *vi.* moverse. || ceder.

budget *n.* presupuesto.

buff *adj.* color de ante. || — *n.* piel de ante.

buffer *n.* amortiguador (de choques).

buffet *n.* bofetada. || golpe (de viento, del mar, etc.). || — *vi.* abofetear. || golpear, zarandear.

buffet *n.* aparador. || *(f. c.)* cantina, cafetería.

buffet car *n.* coche-comedor.

buffoon *n.* bufón.

bug *n.* chinche, bicho. || *(med. fam.)* microbio, bacilo. || falla. || micrófono oculto. || afición, vicio. || *(E. U., sl.)* estorbo, traba. || — *vt.* instalar micrófonos secretos. || fastidiar.

bugle *n.* corneta, clarín.

build *n.* talle, tipo. || estructura, forma. || — *(pret. y pp.* **built)** *vt.* construir, edificar, hacer. || **to b. in**, empotrar, incorporar. || **lo b. on**, basar, fundamentar. || **lo b. up**, edificar, urbanizar. || montar, armar. || elaborar (una teoría).

builder *n.* constructor || *(t. fig.)*. || contratista.

building *n.* edificio. || construcción.

build-up *n.* composición. || concentración. || *(fig.)* propaganda previa.

built ver **build**.

built-in *adj. (arq.)* empotrado. || *(mec., rad., etc.)* interior, incorporado.

bulb *n. (bol.)* bulbo. || *(elec.)* bombilla.

bulge *n.* bombeo, pandeo. || protuberancia. || — *vi.* bombearse, pandearse. || sobresalir.

bulk *n.* bulto, volumen. || masa. || grueso. || la mayor parte. || **in b.**, a granel, suelto. || — *vi.* amontonar.

bulkhead *n.* mamparo.

bull *n. (zool.)* toro.

bulldog n. dogo. || *(sl.)* bedel.

bulldozer *n.* motonivcladora, aplanadora.

bullet *n.* bala.

bulletin *n.* anuncio, parte. || boletín.

bulletproof *adj.* a prueba de balas.

bullfight *n.* corrida de toros.

bullion *n.* oro o plata en barras.

bullock *n.* novillo, toro joven castrado.

bull's-eye *n.* centro del blanco. || acierto.

bullshit *n. (si.)* tonterías.

bully n. matón, valentón. || — vi. intimidar, tiranizar.

bum n. (anat., fam.) culo. || (E. U.) holgazán.

bump n. topetón, choque. || sacudida. || abolladura, protuberancia. || — vt. chocar contra, topetar. || — vi. dar sacudidas (vehículo).

bumper n. (aut.) parachoques.

bumpy adj. lleno de baches. || agitado.

bun n. bollo. || rodete, moño.

bunch n. manojo, puñado. || ramo. || racimo. || (llaves) manojo, || haz. || grupo. || pandilla.

bundle n. lío, bulto, fardo. || haz. || legajo. || — vi. **to b. up**, liar, atar, envolver.

bung n. bitoque. || — vt. cerrar, tapar.

bungalow n. casa de un solo piso.

bungle n. chapucería. || — vt. chapucear.

bungling adj. torpe, desmañado.

bunk n. tarima. || litera, camastro. || (fam.) cama. || (sl.) tonterías.

bunker n. carbonera. || (naveg.) pañol del carbón. || (mil.) refugio. || (golf) bunker, arenal.

bunny n. conejito.

bunting n. (zool.) verderón. || tela de colores vivos. || banderas, empavesado.

buoy n. boya. || — vt. aboyar, balizar. || mantener a flote. || (fig.) animar, alentar.

buoyant adj. capaz de flotar. || (fig.) ilusionado, optimista. || (com.) con tendencia al alza.

burble vi, burbujear, hervir. || parlotear.

burden n. carga. || peso. || (naveg.) arqueo. || — vi. cargar (t. fig.).

bureau n. escritorio. || oficina, agencia, departamento.

bureaucracy n. burocracia.

burglar n. ladrón, escalador.

burgle vi. robar, escalar, desvalijar.

burial n. entierro.

burial ground n. cementerio.

burlesque adj. burlesco. || — n. parodia.

burly adj. fornido, corpulento.

burn n. quemadura. || — (pret. y pp. **burned** o **burnt**) vi. quemar. || incendiar. || — vi. quemarse, arder. || **to b. down**, incendiar. || **to b. up**, consumiese) completamente.

burner n. mechero. || quemador.

burning adj. ardiente (t. fig.). || candente. || — n. quemadura. || ardor. || incendio.

burnish n. bruñido, pulido, brillo. || — vi. bruñir, pulir.

burnt ver burn.

burp n. (fam.) eructo. || — vi. eructar.

burrow n. madriguera. || conejera.

bursary n. tesorería (de un colegio). || beca.

burst n. reventón. || estallido, explosión. || ráfaga de tiros. || — (pret. y pp. **burst**) vt. reventar. || — vi. reventar(se). || pincharse. || romperse. || estallar. || **lo b. into a room**, irrumpir en un cuarto. || **to b. into tears**, deshacerse en lágrimas.

bury vi. enterrar (t. fig.). || sepultar. || esconder.

bus n. autobús.

bush n. arbusto. || (tec.) forro de metal.

busily adv. afanosamente, diligentemente.

business n. comercio, negocios: **b. is b.**, los negocios son los negocios. || empresa, casa. || responsabilidad, deber, tarea. || oficio, ocupación, profesión. || cosa, asunto, cuestión. || **to mean b.** (sl.), hablar en serio. || — adj. comercial.

businesslike adj. formal, metódico, serio.

businessman n. hombre de negocios.

bus-stop n. parada de autobús.

bust n. busto. || (anal.) busto. || pecho. || — adj. arruinado. || — vt., vi. romper(se).

bustling adj. activo. || bullicioso. || animado.

busy adj. ocupado. || concurrido, lleno de gente, bullicioso. || — vt. ocupar. || — vr. ocuparse en.

busybody n. entrometido.

but conj. pero, mas. || sino (con "not"). || sin, sin que, sino que. || — prep., conj. excepto, menos. || **b. for**, a no ser por. || **the last b. one**, el penúltimo. || — adv. solo, solamente. || — n. pero, objeción.

butcher n. carnicero (t. fig.). || **butcher's** (shop), carnicería. || — vt. matar.

butler n. mayordomo.

butt n. tonel. || tina. || cabo. || extremo más grueso. || culata (de arma). || colilla (de cigarrillo). || **pl. butts**, campo de tiro al blanco. || cabezada, topetada. || — vt. dar cabezadas contra, topetar.

butter n. mantequilla, manteca. || — vi. untar con mantequilla.

butterfly n. mariposa.

buttery n. despensa. || — adj. mantecoso.

buttocks (bataks) n. pl. nalgas, posaderas, trasero.

button *n.* botón (en todos los sentidos). || *pl.* **buttons**, botones (cadete). || — *vt.*, *vi.* abotonar(se).

buttonhole *n.* ojal. || flor que se lleva en el ojal. || — *vi.* hacer ojales en. || obligar a escuchar.

buttress *n. (arq.)* contrafuerte. || *(geog.)* estribación. || *(fig.)* apoyo, sostén. || — *vt.* apuntalar.

buxom *adj.* (referido a mujeres) rolliza, lozana, jovial.

buy *n.* compra. || — *(pret.* y *pp.* **bought)** *vt.* comprar. || sobornar.

buyer *n.* comprador.

buzz *n.* zumbido. || *(fam.)* murmullo, rumor. || *(E. U.)* telefonazo. || —*vt.* llamar. || *(aer.)* pasar rozando. || *(E. U.)* telefonear. || — *vi.* zumbar.

buzzer *n.* zumbador, vibrador.

by *prep.* junto a, cerca de. || por, de (tiempo). || por (medio, agente). || según, de acuerdo con. || **by all means**, a toda costa. || (contestación) por supuesto. || **by far**, con mucho. || **by oneself**, solo. || — *adv.* cerca, al lado, delante. || a un lado, aparte. || by and by, más tarde, luego. || **by and large**, por regla general.

bye-bye *interj.* ¡adiós!, ¡hasta luego!

by-election *n.* elección complementaria.

bygone *adj.*, *n.* pasado.

by-law *n.* estatuto, reglamento.

by-name *n.* sobrenombre, apodo.

bypass *n.* carretera de circunvalación. || — *vt.* evitar. || desviar.

by-product *n.* subproducto. || derivado.

bystander *n.* espectador, curioso.

byword *n.* refrán. || prototipo.

C

c *n.* c. || *(mús.)* do.
cab *n.* taxi. || cabriolé. || cabina (camión, locomotora).
cabbage *n.* col, *(Arg.)* repollo.
cabby *n. (fam.).* **cabdriver**, *n.* taxista. || cochero.
cabin *n.* cabaña. || camarote. || cabina.
cabin boy *n.* grumete.
cabinet *n.* armario. || vitrina. || bargueño. || caja (radio). || *(pol.)* gabinete.
cabinetmaker *n.* ebanista.
cable *n. (naveg., elec.)* cable. || cablegrama. || — *vt.* cablegrafiar.
cable-car *n.* teleférico. || funicular.
cabman *n.* taxista. || cochero.
cachet *n.* sello, marca de distinción.
cackle *n.* cacareo. || — *vi.* cacarear.
cad *n.* sinvergüenza, canalla.
caddish *adj.* desvergonzado.
cadet *n. (mil.)* cadete. || hijo menor.
cadge *vt., vi.* gorronear, andar pidiendo.
cafeteria *n.* restaurante de autoservicio.
cage *n.* jaula. || — *vt.* enjaular.
cagey *adj. (fam.)* cauteloso, reservado.
cairn *n.* mojón.
cajole *vt.* engatusar.
cake *n.* pastel. || tarta. || torta. || pan (de jabón). || — *vt., vi.* endurecer(se) con una costra.
calamity *n.* calamidad.
calcify *vt., vi.* calcificar(se).
calcine *vt., vi.* calcinar(se).
calculate *vi.* calcular.
calculating *adj.* astuto.
calculation *n.* cálculo, cómputo.
calendar *n.* calendario.
calf *n., pl.* **calves** ternero, becerro. || cría de algunos animales grandes.
calfskin *n.* piel de becerro.
calibre *n.* calibre. || capacidad. || carácter.
call *n.* llamada, grito. || *(tel.)* llamada, conversación. || llamamiento. || *(fig.)* llamado, vocación. || *(com.)* demanda. || — *vt.* llamar, convocar. || citar. || — *vi.* llamar. || **c. after**, llamar a. || **c. aside**, llamar aparte. || **c. back**, hacer volver. || **c. in**, hacer entrar. || **c. off**, cancelar. || **c. over**, pasar lista.

callbox *n.* cabina telefónica.
caller *n.* visita. || el que llama.
call girl *n.* prostituta.
calling *n.* vocación, profesión.
call money *n.* dinero a la vista.
callous *adj.* insensible, cruel. || calloso.
call-up *n.* servicio militar obligatorio.
calm *adj.* tranquilo. || *(mar.)* en calma. || — *n.* calma, tranquilidad. || *vt., vi.* calmar(se).
calorie *n.* caloría.
calve *vi.* parir (la vaca).
calves *n. pl.* de **calf**.
camaraderie *n.* compañerismo.
camber *n.* combadura. || convexidad.
camel *n.* camello.
cameo *n.* camafeo.
camera *n.* máquina (fotográfica). || *(cine, TV)* cámara.
camouflage *n.* camuflaje.
camp *n.* campamento, campo. || **to pitch c.**, armar la tienda, acampar. || — *vi.* acampar(se). || — *adj.* intencionalmente afectado.
campaign *n.* campaña: **election c.**, campaña electoral. || — *vi. (mil.)* luchar. || hacer campaña.
campbed *n.* cama de campaña.
camper *n.* campamentero.
campfire *n.* hoguera de campamento.
campsite *n.* camping. || campamento.
campus *n.* recinto universitario, campus.
can (*pret.* **could**, *defect.*) *vi.* poder. || ser capaz. || estar permitido.
can *n.* lata. || bidón. || — *vt.* enlatar, envasar.
canalize *vt.* canalizar.
canard *n.* noticia falsa.
canary *n.* canario.
cancel *vt.* cancelar. || anular. || invalidar.
cancellation *n.* cancelación. || anulación. || matasellos.
cancerous *adj.* canceroso.
candid *adj.* franco, sincero, abierto.
candidate *n.* aspirante. || candidato.
candied *adj.* azucarado.
candle *n.* vela. || candela. || cirio.

candlelight n. luz de vela.
candlestick n. candelera. || palmatoria.
candour n. franqueza.
candy n. azúcar cande. || bombón, dulce.
cane n. caña. || bastón, || vara. || — vt. castigar con vara.
canine adj. canino: **c. tooth**, diente canino.
canister n. lata, bote.
cankerous adj. ulceroso.
cannabis n. marihuana.
canned adj. (comida) en lata, de lata.
canner || n. fábrica de conservas alimenticias.
cannibal adj. antropófago. || — n. caníbal.
cannibalize vt. desmontar una máquina para usar sus piezas como repuestos.
cannon n. cabón. || carambola. || — vi. (billar) hacer carambola.
cannonball n. bala de cabón.
cannon-shot n. cabonazo.
canny adj. astuto.
canoe n. canoa. || — vi. ir en canoa.
canon n. canon, canónigo.
canonize vt. canonizar.
canopy n. dosel. || baldaquino. || conopeo.
cant n. inclinación, sesgo. || bisel. || hipocresía, gazmoñería. || jerga, germanía. || lenguaje afectado o hipócrita.
can't = cannot.
cantankerous adj. arisco, irritable.
canteen n. cantina. || cantimplora.
canter n. medio galope. || — vi. ir a medio galope.
cantonment n. acantonamiento.
canvas n. lona. || lienzo. || velamen, velas.
canvass n. sondeo. || campaña política. || — vt., vi. escudriñar, sondear. || solicitar votos.
canyon n. cabón.
cap n. gorra. || bonete. || tapa. || cápsula. || capuchón. || — vt. coronar. || terminar. || superar.
capability n. capacidad, aptitud.
capacious adj. grande, espacioso. || capaz.
capacity n. capacidad, cabida.
cape n. (geog.) cabo, promontorio. || capa.
caper n. (bot.) alcaparra. || cabriola. || travesura. | (fam.) lío, embrollo. || — vi. hacer cabriolas. || juguetear, correr.
capillary adj. capilar. || — n. vaso capilar.

capital adj. capital. || primordial. || (fam.) magnífico, estupendo. || **c. punishment**, pena de muerte. || — n. capital. || (letra) mayúscula.
capitalize vt. capitalizar. || escribir con mayúscula.
capitulate vi. capitular.
caprice n. capricho.
capsize vt. volcar. || hacer zozobrar. || — vi. dar una vuelta de campana. || zozobrar.
captain n. capitán. || — vt. capitanear.
caption n. encabezamiento, título. || (en un filme) subtítulo.
captious adj. capcioso. || insidioso, reparón.
captivate vi. cautivar, encantar.
captive adj. cautivo. || — n. cautivo.
capture n. captura. || toma. || presa. || — vt. apresar. || capturar. || atraer, captar. || captarse, ganarse.
car n. coche, automóvil. || tranvía. || vagón. || caja de ascensor. || **dining c.**, coche comedor.
carafe n. garrafa.
caramel n. caramelo.
carat n. quilate.
caravan n. carricoche. || caravana.
carbohydrate n. hidrato de carbono.
carbon n. carbono.
carbon paper n. papel carbónico.
carcass n. cadáver de animal. || armazón.
card n. carta, naipe. || tarjeta postal. || tarjeta. || ficha. || carnet. || cartulina. || **to play cards,** jugar a las cartas. || **to lay one's cards on the table**, poner las cartas sobre la mesa. || **he always has a c. up his sleeve,** siempre tiene un recurso.
cardboard n. cartón, cartulina.
card game n. juego de naipes.
cardinal adj. cardinal. || — n. cardenal.
cardiology n. cardiología.
care n. cuidado, atención. || empeño, obligación. || solicitud, asistencia, protección. || — vt. preocuparse por. || — vi. importarle a uno. || querer.
career n. carrera, profesión. || — vi. correr a toda velocidad.
carefree adj. despreocupado, inconsciente.
careful adj. cuidadoso. || esmerado. || cauteloso, prudente. || económico, ahorrativo.
careless adj. descuidado. || poco atento. || irreflexivo, imprudente.
caress n. caricia. || — vt. acariciar.

C

caretaker n. cuidador. || encargado. || portero. || conserje.

carfare n. pasaje, precio (del boleto).

cargo n. cargamento, carga.

caricature n. caricatura. || — vt. caricaturizar.

carious adj. cariado.

carmine adj. carmíneo. || — n. carmín.

carnage n. carnicería, mortandad.

carnation n. clavel.

carnival n. carnaval.

carol n. villancico. || — vi. cantar villancicos.

carouse vi. jaranear, estar de parranda.

carp vi. criticar.

car park n. aparcamiento. || estacionamiento.

carpenter n. carpintero.

carpet n. alfombra. || — vt. alfombrar.

carriage n. vagón, coche. || carruaje. || cureña. || carro de máquina de escribir. || porte.

carrier n. carrero. || empresa de transportes. || (med.) portador. || portaaviones.

carrier-bag n. bolsa de papel.

carrion n. carroña. || inmundicia.

carrot n. zanahoria.

carry n. alcance. || — vt. llevar, portar, acarrear. || transportar. || continuar, prolongar. || obtener, conseguir. || (mercaderías) tener en stock. | (mat.) llevar. || **to c. back**, devolver. || **to c. off**, llevarse, ganar. | **to c. out**, llevar a cabo.

carry-over n. sobrante. || (com.) suma que pasa de una página a la siguiente.

cart n. carro, carreta. || — vt. llevar, acarrear.

carter n. carretero.

cart-horse n. caballo de tiro.

cartload n. carrada.

carton n. caja de cartón.

cartoon n. dibujos animados.

cartridge n. cartucho.

cartridge paper n. papel de dibujo.

carve vt. trinchar. || esculpir, tallar.

cascade n. cascada.

case n. caja. || cajón. || maleta. || estuche. || marco, bastidor. || cartucho, cápsula. || vitrina. || caso, circunstancia, asunto. || **in any c.**, de todos modos. || (der.) **a leading c.**, un precedente. || (gram.) caso. || — vt. embalar.

case history n. historia clínica.

casework n. asistencia social.

cash n. dinero contante. || (fam.) dinero. || caja. || — vt. cobrar, hacer efectivo.

cashbook n. libro de caja.

cashdesk n. caja.

cashier n. cajero. || — vt. destituir, despedir.

cashmere n. casimir.

cash register n. caja registradora.

casing n. cubierta, envoltura, revestimiento.

cask n. tonel, barril.

casket n. cofre. || joyero.

cassette n. (tec., comput.) casete.

cassock n. sotana.

cast n. lanzamiento. || distancia. || naturaleza, carácter. || caída. || tirada. || (teat.) reparto. || — vi. tirar, arrojar. || proyectar (sombra). || emitir (voto). || (teat.) adjudicar el papel de. || **to c. about for**, buscar. || **to c. aside**, desechar. || **to c. down**, bajar. || **to c. forth**, despedir. || **to c. out**, echar, arrojar. || **to c. up**, vomitar.

castanets n. pl. castañuelas.

castaway n. náufrago.

caste n. casta.

castigate vt. castigar.

casting n. fundido. || vaciado. || (teat.) reparto.

castle n. castillo. || (ajedrez) torre.

cast-off adj. de desecho.

castor n. azucarero.

castor oil n. aceite de ricino.

castrate vt. castrar.

casual adj. fortuito, accidental. || despreocupado, indiferente. || (ropa) informal, de entre casa. || (trabajo) temporario.

casualty n. (mil.) baja. || víctima, herido, muerto.

cat n. gato. || to rain cats and dogs, llover a cántaros.

cataclysm n. cataclismo.

catacombs n. pl. catacumbas.

catalogue n. catálogo. || — vt. catalogar.

catalyst n. catalizador.

catapult n. catapulta. || — vt. catapultar.

cataract n. catarata.

catastrophe n. catástrofe.

cat call n. rechifla. || — vi. rechiflar.

catch n. toma. || captura, presa. || (fig.) botín, ventaja. || gancho, picaporte. || cerradura. || (fig.) trampa, dificultad. || parada (de la pelota). || — vt. (pret. y pp. caught) agarrar, atrapar. || asir. || prender, detener. || parar (pelota). || comprender. || (med.) agarrarse, contagiarse. | — vi. enredarse, engancharse. || prender (fuego). || **to c. at**, tratar de agarrar. || **to c. on**, hacerse popular. || **to c. out**, descubrir en algo. || **to c. up**, llegar a la altura de.

catching *adj.* contagioso. || *(fig.)* pegajoso.

catch phrase *n.* tópico, || slogan.

catechize *vi.* catequizar.

categorize *vt.* clasificar.

category *n.* categoría.

cater *vi.* abastecer, proveer comida.

caterer *n.* abastecedor. || proveedor.

caterpillar *n.* oruga.

cathedral *n.* catedral.

catholic *adj.* católico. || *(fig.)* liberal, de amplias miras.

cattle *n. pl.* ganado. || ganado vacuno.

catty *adj.* malicioso, rencoroso.

caucus *n.* camarilla política.

caught ver **catch**.

cauliflower *n.* coliflor.

cause *n.* causa, motivo, razón. || — *vt.* causar, motivar, provocar.

causeway *n.* calzada.

caustic *adj.* cáustico. || *(fig.)* mordaz.

caution *n.* cautela. || cuidado. || atención. || advertencia. || fianza. || — *vt.* amonestar.

cautious *adj.* cauteloso, prudente, precavido.

cavalcade *n.* cabalgata. || desfile.

cavalier *adj.* arrogante, desdeñoso.

cavalry *n.* caballería.

cave *n.* cueva, caverna. || — *vi.* **to c. in**, derrumbarse, hundirse.

caveman *n.* hombre de las cavernas.

cavern *n.* caverna.

cavil *n.* reparo. || — *vi.* sutilizar, critiquizar.

cavity *n.* cavidad, hueco, hoyo.

cavort *vi.* dar cabrioladas.

caw *n.* graznido. || — *vi.* graznar.

cease *vi.* suspender, cesar. || — *vi.* cesar.

ceasefire *n.* cese de hostilidades.

ceaseless *adj.* incesante, continuo.

cedar *n.* cedro.

cede *vt.* ceder.

ceiling *n.* techo. || *(fig.)* límite, punto más alto.

celebrate *vt.* celebrar. || solemnizar. || — *vi.* celebrar, ir de parranda.

celebrity *n.* celebridad.

celerity *n.* celeridad.

celery *n.* apio.

celibacy *n.* celibato.

cell *n.* celda. || célula. || *(api.)* celda.

cellar *n.* sótano. || bodega.

cello *n.* violoncelo.

cellophane *n.* celofán.

cement *n.* cemento. || — *vt.* cementar. || cubrir (o revestir) de cemento. || *(fig.)* fortalecer.

cementery *n.* cementerio.

censor *n.* censor. || — *vt.* censurar. || tachar.

censorship *n.* censura.

censure *n.* censura. || — *vt.* censurar.

census *n.* censo. || empadronamiento.

cent *n.* cien: **per c.**, por ciento. || centavo.

centenary *n.* centenario.

centigrade *adj.* centígrado.

centigramme *n.* centigramo.

centilitre *n.* centilitro.

centimetre *n.* centímetro.

centipede *n.* ciempiés.

central heating *n.* calefacción central.

centralize *vt.* centralizar. || concentrar.

centre *n.* centro. || núcleo. || — *vt., vi.* centrar(se), concentrar(se).

centre-forward *n.* centro-delantero.

centre-half *n.* centromedio.

centre-piece *n.* centro de mesa.

centuries-old *adj.* secular.

century *n.* siglo.

ceramics *n.* cerámica.

cereal *adj.* cereal. || — *n.* cereal.

cerebrate *vi.* pensar, meditar.

ceremony *n.* ceremonia. || de cumplidos.

cerise *adj.* color cereza. || — *n.* cereza.

certain *adj.* seguro, cierto. || convencido, seguro. || cierto, un tal.

certainly *adv.* ciertamente, desde luego, con toda seguridad.

certainty *n.* certeza, certidumbre.

certificate *n.* certificado. || título. || partida.

certify *vt.* certificar.

cervix *n., pl.,* **cervices,** cerviz.

cessation *n.* cesación, suspensión.

cession *n.* cesión.

chafe *vt.* rozar, raer. || calentar frotando. || *(fig.)* irritar. || — *vi.* desgastarse.

chagrin *n.* mortificación, disgusto.

chain *n.* cadena. || — *vt.* encadenar.

chain store *n.* tienda de una cadena.

chair *n.* silla. || cátedra. || — *vt.* presidir.

chairlift *n.* telesilla.

chairman *n., pl.,* —**men**, presidente.

chalice *n.* cáliz.

chalk *n.* creta. || tiza. || — *vt.* marcar con tiza.

challenge *n.* desafío. || reto. || quién vive. || *(der.)* recusación. || — *vt.* desafiar, retar. || dar el *quién vive.* || *(der.)* recusar.

challenger *n.* desafiador. || competidor.

chamber *n.* cámara. || aposento. || sala.

chambermaid n. camarera.

chamois n. (zool.) gamuza.

champ vt. morder, mordiscar. || tascar.

champion adj., n. campeón.

chance adj. fortuito, casual. || imprevisto. || — n. casualidad. || riesgo. || oportunidad. || perspectiva, posibilidad. || — vt. arriesgar. || probar. || — vi. suceder por suerte.

chancel n. presbiterio.

chancellor n. canciller. || **C. of the Exchequer**, ministro de Hacienda.

chancery n. cancillería.

chandelier n. araña (de luces).

change n. cambio. || modificación. || transformación. || (moneda) cambio, vuelto. || — vt. cambiar. || reemplazar, modificar. || — vi. cambiar(se), mudar. || hacer transbordo.

changeable adj. cambiable, mudable.

changeless adj. inmutable.

changeover n. cambio.

changing-room n. vestuario.

channel n. canal (TV, comput.), canal, cauce. || estrecho. || (fig.) conducto. || medio. || — vi. canalizar. || acanalar.

chant n. canto llano. || (fig.) sonsonete. || — vt. cantar. | (fig.) recitar en tono monótono.

chaos n. caos, desorden.

chap n. grieta, hendedura. || mandíbula. || mejilla. || — vt., vi. agrietarse).

chapel n. capilla.

chaperon n. acompañanta.

chaplain n. capellán.

chaplet n. guirnalda de flores. || rosario.

chapter n. capítulo. || cabildo.

char vi. carbonizar, chamuscar.

character n. carácter, naturaleza, indole, calidad. || recomendación. || (comput.) carácter. || (teat.) personaje. || papel. || **chief c.**, protagonista.

characteristic adj. característico. || — n. característica, carácter.

characterize vi. caracterizar.

charade n. charada.

charcoal n. carbón vegetal.

charge n. carga. || tiro (de cañón). || cargo, custodia. || comisión, encargo. || obligación. || precio, costa. || (der.) cargo. || — vi. cargar, llenar. || cobrar. || cargar (a una cuenta). || atacar. || acusar. || — vi. atacar, embestir. || cobrar.

chargeable adj. cobradero.

charity n. caridad. || comprensión, compasión. || **out of c.**, por caridad. || sociedad benéfica.

charm n. encanto, atractivo. || hechizo. || amuleto. || **like a c.**, perfectamente, a las mil maravillas. || — vi. hechizar, encantar.

charming adj. encantador, simpático.

chart n. tabla, cuadro, esquema. || (naveg.) carta. || — vi. poner en una carta. || bosquejar.

charter n. carta. || fuero. || carta de privilegio. || — vi. privilegiar. || fletar (barco, avión).

charwoman n. encargada de limpieza.

chase n. persecución, caza. || — vt. perseguir. || cazar. || dar caza. || — vi. correr, precipitarse.

chasm n. abismo.

chasten vt. castigar, corregir.

chastity n. castidad.

chat n. charla. || — vi. charlar.

chatter n. charla, cháchara. || — vi. charlar.

chatterbox ['t/tetaboks] n. parlanchín.

chatty adj. hablador, locuaz. || entretenido.

cheap adj. barato. || económico. || (fig.) de mal gusto, cursi, chabacano.

cheapen vt., vi. abaratarse.

cheat n. tramposo, fullero. || (raro) trampa. || — vt. defraudar, timar, trampear.

check n. parada. || contratiempo, revés. || restricción. || impedimento, estorbo. || jaque. || control, inspección, verificación. || talón, billete, boleto, ficha. || — vi. parar, detener. || inspeccionar, examinar. || comprobar, averiguar. || dar jaque. || facturar. || — vi. detenerse, pararse. || **c. in**, registrar (hotel). || **c. off**, chequear.

checkerboard n. tablero de damas.

checking n. control, comprobación.

checkmate n. mate, jaque mate.

checkpoint n. lugar de control.

checkup n. verificación. || (med.) chequeo.

cheek n. mejilla, carrillo. || (fig.) descaro.

cheeky adj. descarado, fresco.

cheer n. grito de entusiasmo. || — vt. alegrar, animar. || aclamar, vitorear.

cheerful adj. alegre. || de buen humor.

cheerless adj. triste, sombrío.

cheery adj. alegre, jovial. || acogedor.

cheese n. queso.

chef n. jefe de cocina.

chemist n. químico. || farmacéutico.

chemistry n. química.

cheque n. cheque. || **crossed c.**, cheque cruzado.

chequered adj. a cuadros. || (fig.) accidentado. || variado.

cherish vi. querer. || proteger. || mimar. || abrigar, acariciar (esperanza).

cherry adj. color cereza. || — n. cereza.

chess n. ajedrez.

chessboard n. tablero de ajedrez.

chessman n. pieza de ajedrez.

chest n. pecho. || cofre, arca.

chestnut adj. castaño. || — n. castaña.

chew vt. mascar, masticar.

chewing gum n. chicle.

chicken n. gallina, pollo.

chickenpox n. varicela.

chickpea n. garbanzo.

chicory n. achicoria.

chief adj. principal, capital. || — n. jefe.

chilblain n. sabañón.

child n., pl., **children** niño, hijo.

childbirth n. parto.

childhood n. niñez, infancia.

childlike adj. como de niño.

children ver **child**.

chill adj. frío. || — n. frío, escalofrío, resfriado. || — vi. enfriar. || helar. || congelar.

chilly adj. frío || friolento, friolero.

chime n. juego de campanas, carillón. || — vt. repicar. || — vi. repicar, sonar.

chimney n. chimenea. || tubo de lámpara.

chimney sweep || n. limpiachimeneas.

chin n. barba, barbilla, mentón.

china n. porcelana.

chink n. grieta. || hendedura. || resquicio. || — n. sonido metálico, tintineo. || — vt. hacer sonar.

chip n. astilla, pedacito. | (comput.) micropastilla. || saltadura. || pl. **chips**, papas fritas. || — vt., vi. astillar(se), picar(se).

chirp n. gorgeo. || chirrido. || — vi. gorjear.

chisel n. formón, escoplo. || cincel. || estafa.

chit n. chica, muchacha. || nota, esquela.

chitchat n. chismes, habladurías.

chivalry n. caballería. || caballerosidad.

chlorine n. cloro.

chock-a-block adj. de bote en bote.

chocolate n. chocolate. || bombón.

choice adj. selecto, escogido. || (vino, etc.) fino. || — n. elección, selección. || preferencia. || surtido.

choir n. coro. || (arq.) coro.

choke n. (mec.) obturador, cierre. || — vt. atascar, obstruir. || estrangular, sofocar. || — vi. sofocarse. || atragantarse.

cholera n. cólera.

choose (pret. **chose**, pp. **chosen**) vt. elegir, escoger. || seleccionar.

chop n. golpe cortante. || chuleta. || — vt. cortar, tajar. || desmenuzar, picar. || — vi. cambiar constantemente de dirección (viento, opinión).

chopper n. hacha. || cuchilla. || helicóptero.

choppy adj. (mar) picado, agitado.

chopstick n. palillo (de los chinos, para comer).

choral adj. coral.

chord n. cuerda. || acorde.

chore n. faena, tarea.

choreographer n. coreógrafo.

chorister n. corista.

chortle n. risa alegre. || — vi. reirse con ganas.

chorus n. (mús.) coro. || conjunto. || estribillo. || — vi. cantar, repetir en coro.

chose ver **choose**.

christen vi. bautizar.

Christendom n. cristiandad.

Christian adj. cristiano. || — n. cristiano.

Christianity n. cristianismo.

Christmas n. Navidad.

Christmas box n. aguinaldo.

chromosome n. cromosoma.

chronic adj. crónico. || (fig.) constante.

chronicle n. crónica. || — vt. historiar.

chronology n. cronología.

chubby adj. gordinflón. || mofletudo.

chuck n. palmadita en el mentón. || — vt. lanzar, arrojar. || **c. out**, tirar, despedir. || **c. up**, abandonar, renunciar.

chuckle n. risita, risa sofocada. || — vi. reirse entre dientes, soltar una risita.

chug vi. bufar. || resoplar.

chum n. compañero. || amiguito.

chunk n. pedazo, trozo.

church n. iglesia. || los fieles. || la jerarquía.

churchman n. sacerdote, eclesiástico.

churchyard n. cementerio, camposanto.

churlish adj. poco afable, grosero.

churn n. mantequera. || tacho para la leche. || — vi. revolverse, agitarse.

chute n. vertedor, rampa de caída.

cicada n. cigarra.

cider n. sidra.

cigar n. puro.

cigarette n. cigarrillo.

cigarette case n. cigarrera.

cigarette holder n. boquilla.

cinder n. carbonilla. || pl., **cinders**, cenizas.

cinema n. cine.

cinnamon n. canela.

cipher n. código. || cifra. || — vt. cifrar.

circle n. círculo. || (teat.) anfiteatro. || grupo (social). || — vt. cercar, rodear. || girar alrededor de.

circuit n. circuito. || gira. || pista. || vuelta.

circuitous adj. tortuoso, indirecto.

circulate vt. poner en circulación. || hacer circular. || divulgar. || — vi. circular.

circulation n. circulación. || tirada.

circumcise vi. circuncidar.

circumscribe vi. circunscribir.

circumspection n. circunspección, prudencia.

circumstance n. circunstancia. || pl., **circumstances**, situación económica.

circumvent vt. burlar, engañar.

circus n. circo. || plaza redonda.

cistern n. tanque, depósito. || cisterna.

cite vi. citar.

citizen n. ciudadano.

citizenship n. ciudadanía.

citrus n. cítrico.

city n. ciudad. || sector financiero.

civil adj. civil. || cortés, atento.

civilian adj. paisano. || civil. || — n. civil.

civility vt. cortesía. || amabilidad.

civilize vt. civilizar.

civvies n. pl. de civil.

claim n. reclamación, petición. || (der.) demanda. || pretensión. || — vt. reclamar, exigir. || pretender, declarar. || necesitar, requerir.

claimant n. (der.) demandante.

clairvoyance n. clarividencia.

clam n. almeja.

clamber vi. trepar, subir gateando.

clammy adj. frío || húmedo.

clamour n. clamor, griterío.

clamp n. abrazadera. || grapa. || tornillo de banco. || — vt. afianzar con abrazadera. || — vi. **to c. down on**, (fig.) tratar de acabar con.

clang n. sonido metálico fuerte, estruendo. || — vt. hacer sonar. || — vi. sonar, hacer estruendo.

clangour n. estruendo.

clank n. sonido metálico seco, golpeo metálico. || — vt. hacer sonar. || — vi. sonar.

clap n. palmoteo. || palmada. || — vt. aplaudir. || poner, || ponerse. || — vi. aplaudir.

clapping n. aplausos.

claptrap n. charlatanería. || (Arg.) macaneo.

clarify vt. aclarar.

clarity n. claridad.

clash n. estruendo, fragor. || choque. || desacuerdo, conflicto. || — vt. batir, golpear. || — vi. (mil.) encontrarse, batirse. || pugnar, chocar.

clasp n. broche, corchete. || cierre. || — vt. abrochar. || abrazar, || apretar, estrechar. || agarrar.

clasp knife n. navaja.

class n. clase: **first c.**, primera clase. || **upper c.**, clase alta. || — vt. clasificar.

class consciousness n. conciencia de clase.

classic adj. clásico. || — n. autor clásico.

classified adj. (información) oficialmente secreto. || clasificado.

classify vt. clasificar.

classmate n. compañero de clase.

classroom n. aula, clase.

class struggle n. lucha de clases.

classy adj. (fam.) de buen tono, de clase.

clatter n. ruido, estruendo, || choque. || martilleo. || — vi. hacer ruido, hacer estruendo.

clause n. cláusula. || (gram.) oración.

claw n. garra. || una. || pinza. || garfio, gancho. || (fam.) mano. || — vt., vi. arañar, agarrar, desgarrar.

clay n. arcilla.

clean adj. limpio. || distinto, bien definido. || bien formado, || despejado. || — n. limpia, limpiadura. || — vt. limpiar. || barrer. || lavar.

clean-cut adj. claro, preciso. || nítido. || de buen parecer, presentable.

cleaner n. persona de limpieza.

cleanse vt. limpiar.

cleanup n. limpieza.

clear adj. claro, trasparente, puro. || preciso, nítido. || sin mezcla. || (com.) neto. || — adv. claramente. || — vt. limpiar, purificar. || vaciar, desocupar. || (com.) pagar, cubrir un cheque. || descifrar. || — vi. aclararse, volverse más claro. || **to c. off**, largarse. || **to c. out**, limpiar. || **to c. up**, limpiar, ordenar.

clearance n. espacio libre. || despeje.

clear-cut adj. claro, bien definido, neto.

clearing n. claro (en el bosque).

clearing bank n. cámara compensadora.

cleave (pret. **clove** o **cleft**, pp. **cloven** o **cleft**, vt. partir, hender.

clef n. (mús.) clave.

clemency n. clemencia.

clench vt. (dientes, pudo) apretar, cerrar.

clergy n. clero.

clergyman n. clérigo. || pastor.

clerical adj. oficinista. || clerical.

clerk n. oficinista, empleado, secretario.

clever adj. inteligente, listo. || hábil.

click n. golpecito seco. || taconeo. || chasquido. || — vt. chasquear. || taconear.

client n. cliente.

cliff n. risco, precipicio. || acantilado.

climactic adj. culminante.

climate n. clima. || (fig.) ambiente.

climax n. punto culminante, colmo.

climb n. subida, escalada, ascenso. || — vt. trepar. || subir, escalar. || vi. subir, trepar.

clinch n. abrazo. || (dep.) **clinch**. || término, conclusión. || — vt. afianzar. || remachar.

cling (pret. || pp. **clung**) vi. adherirse, pegarse, quedar pegado. || estar aferrado, sostener.

clinic n. clínica.

clink n. tintín. || — vt., vi. tintinear.

clip n. tijeretada, esquileo. || prendedor. || — vt. sujetar. || esquilar. || recortar. || cortar (alas).

clippers n. pl. máquina de cortar el pelo. || tijera de podar.

clipping n. recorte.

clique n. pandilla, camarilla.

cloak n. capa, manto. || (fig.) pretexto. || — vt. encapotar. || cubrir. || encubrir, disimular.

cloakroom n. guardarropa. || lavabo.

clobber n. (sl.) cosas, trastos. || equipo. || — vt. cascar. || aporrear.

clock n. reloj. || taxímetro. || velocímetro. || — vt. registrar. || cronometrar.

clockwise adv. en la dirección de las agujas del reloj.

clockwork n. mecanismo de relojería.

clog n. zueco, chanclo. || vt., vi. atascar(se).

cloister n. claustro.

close adv. cerca. || — adj. cercano. || **c. friend**, amigo íntimo. || **c. translation**, traducción exacta. || mal ventilado. || — vt. cerrar. || acabar, terminar. || clausurar. || — vi. cerrarse, concluirse, terminarse.

closed adj. cerrado. || (fig.) estrecho.

close-down n. (rad.) cierre.

close-fisted adj. tacaño.

closeness n. proximidad. || intimidad. || mala ventilación. || tacañería.

closet n. water, lavabo. || armario, ropero. || — adj. oculto, en secreto.

close-up n. primer plano.

closure n. cierre. || conclusión. || clausura.

clot n. grumo, coágulo. || (med.) embolia. | (sl.) papanatas. || — vi. cuajarse, coagularse.

cloth n. paño, tela. || trapo. || mantel.

clothe vt. vestir. || (fig.) cubrir, revestir.

clothes n. pl. ropa, vestidos.

cloud n. nube. || — vt., vi. nublar(se).

cloudburst n. chaparrón.

cloudy adj. nuboso. || turbio.

clout n. tortazo. || — vt. dar un tortazo a.

clove n. clavo de especia.

clove ver **cleave**.

clover n. trébol. || **to be in c.**, estar en jauja.

clown n. payaso. || — vi. hacer el payaso.

cloy vt. empalagar.

club n porra, cachiporra. || palo. || club, casino. || — vt. aporrear.

cluck vi. cloquear.

clue n. indicio. || pista. || indicación.

clump n. grupo. || mata. || pisadas fuertes.

clumsiness n. torpeza, desmaña. || chabacanería.

clung ver **cling**.

cluster n. grupo. || racimo. || — vi. agruparse.

clutch n. agarrón, apretón. || (aut.) embrague. || nidada (de huevos). || — vt. tener asido. || sujetar. || — vi. agarrarse, tratar de asir.

clutter n. desorden, confusión. || montón. || — vi. desordenar. || llenar, atestar.

coach n. coche. || diligencia. || carroza. || coche, vagón. || (dep.) entrenador, instructor. || — vt. entrenar, preparar. || enseñar.

coachman n. cochero.

coagulation n. coagulación.

coal n. carbón. || hulla.

coalesce vi. fundirse. || unirse, incorporarse.

coalfield n. yacimiento de carbón.

coalman n., pl. —**men**, carbonero.

coarse adj. basto, burdo. || grueso. || tosco.

coast n. costa. || litoral. || — vt., vi. hacer cabotaje. || bordear la costa.

C

coaster n. buque costero, barco de cabotaje.

coastline n. litoral.

coat n. chaqueta, saco. || abrigo. || pelo, lana. || capa. || — vt. cubrir, revestir. || bañar.

coating n. capa, baño.

coax vt. engatusar.

cob n. cisne macho. || avellana. || mazorca.

cobbler n. zapatero remendón.

cobbles n., pl. **cobblestones**, guijarros.

cobweb n. telaraña.

cocaine n. cocaína.

cock n. gallo. || (de otras aves) macho. || grifo. || (arm.) percutor. || — vt. erguir, levantar. || amartillar (arma).

cockatoo n. cacatúa.

cockcrow n. canto del gallo.

cockerel n. gallito, gallo joven.

cockle n. berberecho.

cockney n. dialecto de ciertos barrios bajos de Londres.

cockpit n. (aer.) carlinga, cabina del piloto.

cockroach n. cucaracha.

cocktail n. cóctel.

cocoa n. cacao.

coconut n. coco.

cocoon n. capullo.

cod n. bacalao.

code n. código. || (comput.) código. || cifra. || — vt. cifrar, poner en cifra. || (comput.) codificar.

codify vt. codificar.

coeducation n. coeducación, educación mixta.

coerce vt. forzar, obligar.

coexist vi. coexistir.

coffee n. café (semilla, bebida).

coffee bean n. grano de café.

coffee grounds n. borra de café.

coffeepot n. cafetera.

coffin n. ataúd.

cog n. diente. || rueda dentada.

cogent adj. fuerte, convincente, sólido.

cogitate vt. meditar.

cogwheel n. rueda dentada.

cohabit vi. cohabitar.

coheir n. coheredero.

cohere vi. adherirse, pegarse.

coherent adj. coherente. || lógico.

coiffure n. peinado.

coil n. rollo. || espiral. || serpentín. || bobina, carrete. || — vt., vi. arrollar(se), enrollar(se).

coin n. moneda. || — vt. acuñar. || inventar, idear (palabra).

coinage n. moneda. || acuñación.

coincide vi. coincidir. || estar de acuerdo.

coincidence n. coincidencia. || casualidad.

colander n. colador, escurridor.

cold adj. frío. || — n. frío. || resfrío.

cold-blooded adj. (zool.) de sangre fría.|| (fig.) insensible. || desalmado.

cold-shoulder vt. tratar con frialdad.

collaborate vi. colaborar.

collapse n. colapso. || hundimiento. || desplome, || fracaso. || — vi. sufrir colapso.

collapsible adj. plegable.

collar n. cuello. || (animal) collar. || (igl.) alzacuello. || — vt. prender por el cuello. || detener.

collarbone n. clavícula.

collate vt. cotejar. || (comput.) intercalar.

colleague n. colega.

collect n. (igl.) colecta.

collect vt. reunir, acumuiar. || (gente) reunir. || coleccionar. || cobrar, recaudar. || recoger. || — vi. reunirse, acumularse. || congregarse. || coleccionar. || estancarse.

collection n. acumulación, montón. || grupo. || colección. || cobro. || recaudación.

collector n. coleccionista. || recaudador.

college n. colegio.

collide vi. chocar.

collie n. perro pastor.

collision n. choque. || colisión.

colloquial adj. familiar, coloquial.

collusion n. confabulación. || connivencia.

colon n. (anat.) colon. || dos puntos.

colonel n. coronel.

colonial adj. colonial. || — n. colono.

colonialism n. colonialismo.

colonist n. colonizador, colono.

colonize vt. colonizar.

colonnade n. columnata.

coloration n. colorido, colores.

colour n. color, colorido. || tinte. || espíritu, carácter. || pl., **colours**, los colores (bandera de club, país, etc.). || — vt. colorear, pintar, teñir. || — vi. tomar color.

colour blindness n. daltonismo.

colour film n. película en colores.

colourful adj. lleno de color. || vivo, animado. || pintoresco.

colt n. potro.

column n. columna.

columnist n. columnista, articulista.

comb n. peine. || peineta. || cresta. || panal. || — vt. peinar. || cardar. || registrar con minuciosidad.

combat n. combate. || — vt. combatir.

combative adj. agresivo, belicoso.

combine n. (com.) asociación, monopolio.

combine vt., vi. combinar(se). || reunir(-se), fusionar(se).

combustion n. combustión.

come (pret. **came,** pp. **come**) vi. venir. || llegar, acceder. || suceder, llegar a. || aparecer. || hacerse. || resultar. || **c. about**, suceder. || **c. across**, dar con, encontrar. || **c. back**, volver. || **c. by**, conseguir. || **c. down**, bajar. || **c. off**, soltarse. || **c. over**, atacar.

comeback n. (fam.) reaparición, vuelta.

comedian n. cómico.

comedown n. (fam.) revés, humillación.

comedy n. comedia. || comicidad.

comer n. el que llega. || persona que promete.

comet n. cometa.

comfort n. consuelo, alivio. || comodidad. || bienestar. || — vi. consolar. || aliviar. || confortar.

comforter n. consolador. || bufanda.

comic n. cómico. || revista infantil.

comic(al) adj. cómico. || divertido.

coming adj. que viene. || venidero. || prometedor. || — n. venida, llegada. || advenimiento.

command n. orden. || mandato. || mando, dominio. || — vi. mandar, ordenar. || disponer de. || llamar poderosamente (atención).

commander n. comandante. || jefe. || capitán de fragata.

commanding adj. dominante.

commandment n. mandamiento.

commemorate vt. conmemorar.

commence vi., vi. comenzar. || empezar.

commend vt. alabar. || recomendar.

commendation n. elogio, encomio. || recomendación.

comment n. comentario. || observación. || — vi. comentar. || hacer observaciones.

commentary n. comentario.

commercial adj. comercial. || mercantil. || — n. (fam.) propaganda comercial.

commiserate vt., vi. compadecer(se).

commissary n. comisario.

commission n. comisión. || perpetración.

commissionaire n. portero, conserje.

commissioner n. comisario. || comisionado.

commit vt. confiar, entregar. || copiar, recomendar. || obligar, ligar. || (crimen) cometer.

commitment n. compromiso, obligación.

committee n. comisión, comité.

commodity n. artículo. || mercancía.

common adj. común. || general, público. || usual, frecuente. || sencillo, vulgar. || — || n. campo común, ejido.

commoner n. que no pertenece a la nobleza.

commonplace adj. vulgar, trivial. || — n. cosa común, cosa corriente. || lugar común.

commonsense adj., n. sentido común.

commonwealth n. república. || commonwealth.

commotion n. tumulto, confusión.

commune n. comuna.

commune vi. comulgar. || conversar con.

communicate vi. comunicar.

communion n. comunión.

communism n. comunismo.

community n. comunidad. || colectividad. || sociedad.

commute vt. conmutar. || — vi. viajar a diario, ir || venir regularmente (al trabajo).

compact adj. compacto. || apretado, sólido. || breve, conciso. || — vt. comprimir, condensar.

companion n. compañero.

company n. compañía. || empresa.

comparative adj. relativo. || comparativo. || — n. (gram.) comparativo.

compare vt. comparar. || cotejar. || — vi. poderse comparar, compararse.

compartment n. compartimiento.

compass n. brújula. || alcance. || extensión. || ámbito. || — vt. comprender. || rodear.

compassionate adj. compasivo.

compatibility n. compatibilidad.

compel vt. obligar, || exigir.

compelling adj. convincente.

compendious adj. compendioso.

compensate vt. compensar. || recompensar. || indemnizar, resarcir. || — vi. compensar por.

compère n. presentador. || animador.

compete vi. competir, hacer competencia. || tomar parte. || presentarse, concurrir.

competent adj. competente, capaz.

competition n. competencia, rivalidad. || concurso.

compile vt. compilar, recopilar.

complacence, **complacency** n. suficiencia, satisfacción de sí mismo.

complain vi. quejarse.

complaint n. queja, || (der.) querella, demanda. || enfermedad, mal, dolencia.

complaisant adj. servicial, cortés.

complement n. complemento. || (naveg.) dotación, personal.

complete adj. entero, completo. || total. || — vt. completar, || terminar, acabar. || cumplir.

completeness n. integridad. || perfección.

completion n. terminación, conclusión.

complex adj. complejo, complicado, || — n. complejo.

complexion n. tez, cutis, || aspecto.

complexity n. complejidad.

compliance n. condescendencia, sumisión, || conformidad. || **in c. with**, de acuerdo con.

compliant adj. condescendiente, sumiso.

complicate vt. complicar.

complicity n. complicidad.

compliment n. cumplido. || piropo. || saludos. || — vt. felicitar, cumplimentar.

complimentary adj. lisonjero.

comply vi. obedecer, seguir.

component adj., n. componente.

compose vt. componer.

composer n. compositor.

composure n. serenidad, calma.

compound adj. compuesto. || complicado. || — n. compuesto. || recinto. || — vt. componer, mezclar. || — vi. entrar en componendas.

comprehend vt. comprender.

comprehension n. comprensión.

comprehensive adj. extenso. || de conjunto. || integrado.

compress n. compresa.

compress vi. comprimir. || reducir.

comprise vt. comprender. || constar de.

compromise n. transigencia. || componenda, arreglo. || término medio. || — vt. comprometer, poner en peligro. || — vt. transigir.

compulsion n. obligación, fuerza mayor.

compulsory adj. obligatorio. || forzoso.

compunction n. remordimiento.

compute vt. computar, calcular.

computer n. computadora, calculadora.

comrade n. camarada, compañero.

con vt. (sl.) timar, trampear.

con n. ver **pro.**

concave adj. cóncavo.

conceal vt. ocultar. || disimular. || encubrir.

concede vt. conceder.

conceit n. presunción, engreimiento.

conceivable adj. concebible.

conceive vt. concebir. || imaginar, formarse un concepto de. || (afecto, disgusto) tomar, cobrar.

concentrate vt. concentrar. || reunir. || — vi. concentrarse. || reunirse.

concept n. concepto.

conception n. concepción. || idea, concepto.

concern n. asunto. || interés. || preocupación. || empresa, firma. || — vt. tener que ver con, interesar, concernir.

concerned adj. inquieto, preocupado.

concerning prep. sobre, acerca de.

concert n. concierto. || acuerdo. || — vi. concertar. || armonizar, coordinar.

concession n. concesión. || privilegio.

concierge n. conserje.

conciliate vt. conciliar.

concise adj. conciso.

conclude vt. concluir, terminar. || (tratado) hacer, firmar. || — vi. terminar(se).

conclusion n. conclusión, terminación. || consecuencia.

concoct vt. confeccionar. || tramar.

concord n. concordia, armonía.

concordant adj. concordante.

concourse n. (de gente) concurso. || (f. c.) recepción.

concrete adj. concreto. || (tec.) de hormigón. || — n. hormigón.

concupiscence n. concupiscencia.

concur vi. concurrir. || asentir. || convenir.

concurrent adj. concurrente.

concuss vt. (med.) conmocionar.

condemn vt. condenar. || censurar. || (alimentos en mal estado) confiscar.

condense vt., vi. condensar(se).

condescend vi. dignarse.

condition n. condición. || **on this c.**, con esta condición. || condición, estado. || — vt. condicionar, determinar.

conditional adj. condicional. || **to be c. upon**, depender de. || — (gram.) potencial.

condole vt. condolerse.

condolences n. pl. pésame.
condone vt. condonar.
conduce vi. conducir.
conducive adj. conducente.
conduct n. conducta, comportamiento.
conduct vt. conducir, dirigir, guiar. || gestionar. || (elec., fís.) conducir. || (mús.) conducir.
conductor n. (mús.) director. || (ómnibus) guarda. || (elec.) conductor.
conduit n. conducto.
cone n. (geom.) cono. || (helado) cucurucho.
confection n. confección, hechura.
confectioner n. pastelero. repostero. || **confectioner's**, pastelería, confitería.
confederate adj. confederado. || — n. confederado. || (der.) cómplice.
confederate vt., vi. confederar(se).
confer vt. conceder. || — vi. conferenciar.
conference n. conferencia. || congreso.
confess vt. confesar. || reconocer. || — vi. (igl.) confesarse.
confession n. confesión.
confetti n. confeti, papel picado.
confide vt. vi. confiar(se).
confidence n. confianza, intimidad. || convencimiento. || confidencia, secreto.
confidence trick n. estafa.
confident adj. seguro de sí mismo.
confine vt. encerrar. || limitar, circunscribir. || (mil.) arrestar. || to be confined, estar de parto.
confinement n. reclusión. || parto.
confines n. pl. confines. || fronteras.
confirm vt. confirmar.
confirmed adj. inveterado. || firme.
confiscate vt. confiscar, incautarse de.
conflict vi. estar en pugna.
confluence n. confluencia.
conform vi. conformarse. || ajustarse.
conformity n. conformidad.
confound vt. confundir.
confounded adj. condenado.
confront vt. hacer frente a, encararse con. || enfrentarse con. || confrontarse con. || confrontar.
confuse vt. confundir. || desconcertar, dejar confuso a, aturdir.
confusion n. confusión, desorden.
congeal vt., vi. congelar(se) || coagular(se).
congenial adj. simpático, agradable.
congested adj. superpoblado. || lleno.
congestion n. congestión.
conglomerate vt., vi. conglomerar(se).

congratulate vt. felicitar.
congregate vi. congregarse.
congregation n. reunión. || (igl.) fieles.
congress n. congreso.
congressman n. diputado.
conic(al) adj. cónico.
conifer n. conífera.
conjecture n. conjetura.
conjoint adj. conjunto.
conjugal adj. conyugal.
conjugate vt. conjugar.
conjunction n. conjunción.
conjure vt. conjurar, hacer aparecer mágicamente. || — vi. hacer juegos de manos.
conjurer n. prestidigitador.
connect vt. juntar, atar, enlazar. || vincular. || asociar. || (elec.) conectar, intercalar. || — vi. estar en conexión. || (f. c., aer.) empalmar.
connection, **connexion** n. juntura, unión. || conexión. || correspondencia. || (fig.) relación.
connivance n. connivencia. || consentimiento.
connive vi. hacer la vista gorda, aceptar.
connoisseur n. entendido, experto.
connote vt. connotar.
connubial adj. conyugal.
conquer vt. conquistar. || — vi. triunfar.
conquest n. conquista.
conscience n. conciencia.
conscious adj. consciente. || intencional.
consciousness n. conciencia. || (med.) conocimiento: to lose c., perder el conocimiento.
conscript vt. reclutar.
conscription n. servicio militar.
consecrate vt. consagrar.
consecutive adj. sucesivo, seguido.
consensus n. consenso.
consent n. consentimiento. || — vi. consentir.
consequence n. consecuencia.
conservation n. conservación (esp. de recursos naturales).
conservatism n. (pol.) conservatismo.
conservative adj. (pol.) conservador. || cauteloso, moderado. || — n. conservador.
conservatory n. invernadero.
conserve n. conserva. || — vt. conservar.
consider vt. considerar, ponderar. || tener en cuenta, notar. || considerar, respetar. || tener por.

considering adv. teniendo en cuenta todas las circunstancias. || — prep. en consideración a. -

consign vt. consignar (t. com.). || (fig.) enviar. || **to c. to oblivion**, sepultar en el olvido.

consignee n. consignatario.

consist vi. consistir.

consistent adj. consecuente, lógico.

console vt. consolar. | — n. (mús., tec.) consola.

consolidate vt., vi. consolidar(se).

consonance n. consonancia.

consort n. consorte.

consort vi. asociarse. || estar de acuerdo.

consortium n. consorcio.

conspicuous adj. visible, que llama la atención. || (fig.) notable.

conspiracy n. conspiración, conjuración.

conspire vi. conspirar.

constable n. policía, guardia.

constancy n. constancia. || fidelidad.

constipate vt. estreñir, constipar.

constituency n. distrito electoral, circunscripción.

constituent adj. constitutivo, integrante. || — n. componente. || (pol.) elector.

constitute vt. constituir. || componer.

constrain vt. obligar.

constraint n. fuerza. || encierro. || reserva, frialdad.

constrict vt. apretar, estrechar.

construct vt. construir.

constructional adj. estructural.

construe vt. interpretar. || (gram.) construir.

consulate n. consulado.

consult vt. consultar. || — vi. asesorarse.

consultant n. asesor. || especialista.

consulting-room n. consultorio.

consume vt. comerse, beberse. || consumir, utilizar.

consumer n. consumidor.

consummate adj. consumado, completo.

consummate vt. consumar.

consumption n. consumo, destrucción.

contact n. contacto, relación. || — vt. ponerse en contacto con.

contact man n. intermediario.

contagious adj. contagioso.

contain vt. contener.

container n. recipiente. || envase.

contaminate vt. contaminar.

contemplate vt. contemplar. || contar con, esperar. || pensar, intentar, proyectar.

contemporary adj. contemporáneo.

contempt n. desprecio.

contemptuous adj. desdeñoso.

contend vt. afirmar, sostener. || — vi. contender, luchar.

contender n. contendiente.

content adj. contento. || — n. contento, satisfacción. || — vt. contentar, satisfacer.

content n. contenido.

contention n. contienda. || argumento.

contentment n. contento.

contest n. contienda, lucha. || concurso.

contest vt. impugnar, atacar. || — vi. luchar.

contestant n. contendiente. || concursante.

context n. contexto.

continent adj., n. continente.

contingency n. contingencia.

contingent adj. contingente, eventual. || — n. contingente.

continual adj. continuo.

continue vt., vi. continuar, seguir, proseguir. || "**to be continued**", "continuará".

continuous adj. continuo.

confort vi. retorcer, deformar.

contour n. contorno.

contraband n. contrabando.

contraception n. contracepción.

contract n. contrato.

contract vt., vi. contraer(se), encoger(se). || comprometerse por contrato.

contractor n. contratista.

contradict vt. contradecir. || desmentir.

contraption n. aparato, artefacto.

contrary adj. contrario. || terco. || — **adv. c. to**, contrario a. || — n. contrario.

contrast n. contraste.

contrast vt. poner en contraste, comparar. || — vi. contrastar, hacer contraste.

contravene vt. contravenir, oponerse a.

contretemps n. contratiempo, revés.

contribute vt. contribuir, aportar. || colaborar. || — vi. contribuir, colaborar.

contributor n. contribuyente. || colaborador.

contrition n. arrepentimiento, contrición.

contrive vi. inventar, idear, || efectuar. || tramar.

control n. control, mando, gobierno, dirección. || manejo, conducción. || freno. || — vt. controlar, mandar, gobernar. || dirigir.

control panel n. tablero de instrumentos.

controversial *adj.* discutible.
controvert *vt.* contradecir.
contumacy *n.* contumacia.
convalesce *vi.* convalecer.
convene *vt.* convocar. || — *vi.* reunirse.
convenience *n.* comodidad. || ventaja. || **at your c.**, cuando le sea conveniente. || **for the sake of c.**, para ma||or comodidad. || **public conveniences**, baños públicos.
convenient *adj.* cómodo. || práctico, útil. || accesible, a mano. || oportuno.
convent *n.* convento.
convention *n.* convención. || asamblea.
converge *vi.* convergir.
conversant *adj.* versado, entendido. || familiarizado, conocedor.
conversational *adj.* familiar. || locuaz.
converse *adj.* contrario, inverso.
converse *vi.* conversar, hablar.
convert *n.* converso.
convert *vt.*, *vi.* convertir(se), transformar(se).
convertible *adj.* convertible, descapotable. || — *n.* descapotable.
convex *adj.* convexo.
convey *vt.* transportar, llevar. || transmitir, comunicar. || *(der.)* traspasar.
conveyance *n.* transporte. || transmisión, || traspaso. | *(der.)* escritura de traspaso. || vehículo.
conveyor *n.* portador, transportador.
convict *vt.* condenar.
conviction *n.* *(der.)* condena, sentencia, declaración de culpabilidad. || creencia, convicción.
convince *vt.* convencer.
convivial *adj.* sociable. || alegre, festivo.
convoke *vt.* convocar.
convoy *n.* convoy. || — *vt.* escoltar.
convulse *vt.* *(fig.)* convulsionar, sacudir.
coo *vi.* arrullar. || — *interj.* ¡vaya!
cook *n.* cocinero. || — *vt.* guisar, cocinar. || preparar. || *(fam.)* inventar, || — *vi.* cocinar.
cooker *n.* cocina.
cookery *n.* arte de cocinar.
cookie *n.* *(E. U.)* pastelito dulce, bizcochito.
cool *adj.* fresco. || tibio, bastante frío. || tranquilo, imperturbable. || frío, indiferente.|| fresco, descarado. || — *n.* fresco. || — *vt.* enfriar, || refrescar. || refrigerar. || *(fig.)* calmar, moderar el entusiasmo.
cooler *n.* enfriador. || *(sl.)* cafúa, prisión.

coolness *n.* frescor. || frialdad, serenidad. || calma. || sangre fría, || frescura, impertinencia.
coop *n.* gallinero. || — *vt.* encerrar.
cooper *n.* tonelero.
cooperate *vi.* cooperar, colaborar.
cooperative *adj.* cooperativo, servicial. || — *n.* cooperativa.
coordinate *n.* *(mat.)* coordenada.
coordinate *vi.* coordinar.
cop *n.* *(sl.)* policía, cana. || — *vt.* pillar, pescar.
copartner *n.* consocio, co-partícipe.
cope *n.* capa pluvial. || — *vi.* arreglárselas.
co-pilot *n.* copiloto.
copious *adj.* copioso, abundante.
copper *n.* cobre || moneda pequeña.
coppery *adj.* cobrizo.
copulate *vi.* copularse.
copy *n.* copia, ejemplar. || — *vt.* copiar.
copybook *n.* cuaderno.
copyist *n.* copista.
copyright *adj.* protegido por los derechos del autor. || — *n.* propiedad literaria.
coquetry *n.* coquetería.
coral *n.* coral. || — *adj.* coralino, de coral.
cord *n.* cuerda. || cordón, pana, corderoy. || *vt.* atar con cuerda.
cordiality *n.* cordialidad, afecto.
cordon *n.* cordón. || — *vi.* **to e. off**, acordonar.
corduroy *n.* pana, corderoy.
core *n.* centro, núcleo. || corazón. || alma.
cork *n.* corcho. || — *vt.* tapar con corcho.
corkscrew *n.* sacacorchos. || **a c. staircase**, escalera de caracol. || — *vi.* subir en espiral.
cork tree *n.* alcornoque.
com *n.* granos. || trigo. || maíz. || callo.
corncob *n.* mazorca de maíz.
cornea *n.* córnea.
corner *n.* ángulo. || esquina. || rincón. || curva. || *(com.)* monopolio. || — *vt.* acorralar. || acaparar. || — *vi.* tomar una curva.
cornerstone *n.* piedra angular.
cornet *n.* *(mús.)* corneta. || cucurucho.
cornice *n.* cornisa.
corny *adj.* *(fam.)* viejo. || chato. || sin interés. || anticuado.
coroner *n.* juez de primera instancia.
corporal *adj.* corporal. || — *n.* cabo.

C

corporation n. corporación. || sociedad anónima.

corps n., pl., **corps**, cuerpo: **army c.**, cuerpo de ejército. || c. de ballet, cuerpo de baile.

corpse n. cadáver.

corpulent adj. gordo.

corpuscle n. glóbulo. || corpúsculo.

correct adj. correcto, exacto, justo. || — vt. corregir. || rectificar, enmendar. || calificar.

correctness n. exactitud. || corrección.

correlate vt., vi. correlacionar(se).

correlative adj., n. correlativo.

correspond vi. corresponder. || escribirse.

correspondence n. correspondencia.

correspondent n. corresponsal.

corridor n. pasillo, corredor.

corroborate vt. corroborar, confirmar.

corrode vt., vi. corroer(se).

corrugated adj. ondulado.

corrupt adj. corrompido. || viciado. || depravado. || venal. || — vt. corromper. || sobornar.

corsair n. corsario.

cortex n., pl., **cortices**, corteza.

corvette n. corbeta.

cosh n. cachiporra.

cosiness n. comodidad. || lo acogedor.

cosmetic adj., n. cosmético.

cosmography n. cosmografía.

cosmonaut n. cosmonauta.

cosmopolite n. cosmopolita.

cost n. precio, costo. || (der.) **costs**, costas. || **at all costs**, a todo coste. || — vi. calcular el coste. || — (pret. y pp. **cost**) vi. costar, valer.

co-star n. colega de reparto.

costly adj. costoso. || suntuoso.

costume n. traje de cierta época o país. || disfraz.

costumier n. sastre de teatro.

cosy adj. cómodo, agradable. || acogedor, amistoso. || íntimo. || — n. **tea c.**, cubretetera.

cot n. cuna.

coterie n. grupo. || camarilla.

cottage n. casa de campo. || choza.

cotton n. algodón. || algodonero.

cotton wool n. algodón en rama.

couch n. canapé, sofá. || — vt. (fam.) expresar.

cough n. tos. || — vt. **to c. out**, expectorar.

could ver can.

couldn't = **could not.**

council n. consejo, junta. || (igl.) Concilio.

councillor n. concejal.

counsel n. consejo. || — n. abogado.

counsellor n. consejero.

count n. cuenta, cálculo. || escrutinio. || suma, total. || (der.) cargo, acusación. || — vt. contar. || considerar. || calcular. || — vi. contar con.

count n. conde.

countdown n. cuenta regresiva.

countenance n. semblante, rostro.

counter n. mostrador. || ficha de juego. || — adj. contrario. || — vt. contraatacar. || — vi. oponerse. || contrariar.

counteract vt. contrarrestar.

counter-attack n. contraataque.

counterbalance n. contrapeso.

counter-clockwise adv. en sentido contrario al de las agujas del reloj.

counterfeit adj. falso, falsificado. || — n. falsificación. || moneda falsa. || — vt. falsificar.

counterfoil n. talón de cheque.

counterpart n. colega, par.

counterpoint n. contrapunto.

countersign vt. refrendar.

counter-stroke n. contragolpe.

countess n. condesa.

countless adj. incontable, innumerable.

country n. país. || campo (en oposición a la ciudad).

county n. condado. || departamento.

coup n. golpe. || **c. d'état**, golpe de Estado.

couple n. par. || pareja. || — vt. unir, juntar. || asociar. || acoplar. || — vi. copularse.

coupling n. acoplamiento.

coupon n. cupón.

courage n. valor, valentía.

courier n. estafeta, correo diplomático.

course n. dirección, ruta. || trayectoria. || curso. || rumbo. || (fig.) proceder, línea de conducta. || pista (de carrera). || **a three c. dinner**, una comida de tres platos. || **of c.!**, ¡por supuesto! || — vt. cazar con perros.

coursing n. caza con perros.

court n. patio. || sala. || pista, cancha. || corte. || (der.) tribunal, juzgado. || — vt. cortejar. || buscar.

courtesy n. cortesía. || atención. || gentileza.

courthouse n. palacio de justicia.

courtier n. cortesano.
court-martial n. consejo de guerra.
court room n. sala de justicia.
courtship n. cortejo.
courtyard n. patio.
cousin n. primo. || **first c.**, primo carnal.
cove n. (geog.) cala, ensenada.
covenant n. convenio. || — vi. pactar.
cover n. cubierta. || tapa. || cobertor. || funda. || sobre. || forro. || abrigo. || (seguro) cobertura. || — vt. cubrir. || revestir. || tapar. || forrar. || ocultar. || proteger. || recorrer. || incluir, abarcar. || hacer un reportaje, escribir una crónica. || — vi. cubrir.
coverage n. alcance. || reportaje. || fondos. || (seguro) cobertura.
covert adj. secreto, disimulado.
covet vt. codiciar.
cow n. vaca. || — vt. intimidar, acobardar.
coward n. cobarde.
cowboy n. vaquero.
cower vi. encogerse (de miedo), acurrucarse.
cowl n. capucha. || cogulla.
cowman n. pastor de ganado.
co-worker n. colaborador.
cowshed n. establo.
cox n. timonel. || — vt. gobernar.
coy adj. tímido. || remilgado.
crab n. (kraeb) n. cangrejo. || (astr.) cáncer.
crabapple n. manzana silvestre.
crack n. crujido. || chasquido. || detonación. || golpe. || grieta. || (fam.) chiste. || — adj. de primera, excelente. || — vt. restallar, chasquear. || golpear. || romper. || — vi. agrietarse. || romperse. || rajarse. || arruinarse. || charlar, bromear.
cracker n. buscapiés.
crackle n. crepitación. || crujido. || traqueteo. || — vi. crepitar. || crujir. || hacer ruido.
crackling n. chicharrón.
crack-up n. (fam.) caída. || choque. || depresión nerviosa.
cradle n. cuna. || — vt. acunar.
craft n. destreza, habilidad. || arte. || astucia. || (naveg.) barco, embarcación.
craftiness n. astucia. || maña.
craftsman n artesano, artífice.
crafty adj. astuto, taimado.
crag n. peñasco, risco.
cram vt. abarrotar, atiborrar. || cebar. || hartar. || preparar rápidamente para un examen. || — vi. atiborrarse, atracarse.
cramp n. (med.) calambre. || grapa || (fig.) obstáculo. || — vt. poner trabas, obstaculizar.

cramped adj. apiñado. || (escritura) apretado.
crane n. grulla. || grúa. || — vt. levantar con grúa. || estirar el cuello.
crank n. manivela, manubrio. || maniático, chiflado. || — vi. (maq.) dar manija.
crankshaft n. cigüeñal.
cranky adj. maniático, chiflado.
crash n. estruendo. || estallido. || accidente, choque. || (com.) fracaso, quiebra. || — vi. estrellar. || — vi. caer estrepitosamente. || accidentarse. || fracasar. || (com.) quebrar. || — adv. estrepitosamente. || — adj. intensivo, rápido.
crash helmet n. casco protector.
crate n. cajón de embalaje. || coche viejo.
cravat(e) n. corbata.
crave vt. suplicar, implorar. || reclamar.
craving n. deseo vehemente, ansia.
crawl n. arrastramiento. || (natación) crol. || — vi. arrastrarse. || gatear.
crayon n. lápiz de color.
craze n. manía. || moda.
crazy adj. loco, chiflado: **you are driving me c.**, me estás volviendo loco. || (idea) disparatada.
creak n. crujido. || chirrido. || — vi. crujir.
cream n. nata. || (en general) crema. || (fig.) flor || nata. || — adj. colot de crema, || — vt. desnatar. || (fig.) escoger lo mejor de.
crease n. pliegue. || raya del pantalón. || arruga. || — vt., vi. plegar(se), doblar(se). || arrugar(se).
create vt. crear. || producir, motivar. || encarnar. || nombrar. || — vi. (fam.) protestar.
creative adj. creador. || original, inventivo.
creature n. criatura. || animal.
crèche n. guardería infantil.
credence n. crédito.
credentials n. pl. credenciales.
credible adj. creíble.
credit n. crédito, || buena fama, reputación. || honor, mérito. || — vt. creer, dar crédito. || (fig.) atribuir. || depositar en la cuenta.
creditable adj. loable, estimable.
credit card n. tarjeta de crédito.
credulous adj. crédulo.
creed n. credo.
creek n. cala. || riachuelo.
creep vi. (pret. y pp. **crept**) arrastrarse, deslizarse. || andar a gatas. || ir cautelosamente.

C

creeper n. (bot.) enredadera.
creepy adj. horripilante.
cremate vt. incinerar.
crepe n. crespón.
crept ver **creep**.
crescent n. luna creciente. || la media luna.
cress n. berro.
crest n. cresta. || (de pavo) moco. || cumbre.
cretinous adj. cretino. || (fig.) imbécil.
crevice n. grieta, hendedura.
crew n. (naut., aer.) tripulación. || (mil.) dotación. || personal. || banda, pandilla.
crib n. pesebre. || (fam.) copia burda, plagio. || — vt. copiar, plagiar.
crick n. torticolis.
cricket n. (zool.) grillo. || criquet.
crime n. crimen, delito.
criminal adj. criminal. || delictivo. || penal. || — n. criminal, delincuente.
crimson adj., n. carmesí.
cringe vi. agacharse, encogerse.
crinkle n. arruga, || — vt., vi. arrugar(se).
cripple n. lisiado, mutilado, || — vt. lisiar, tullir, mutilar. || (fig.) paralizar, estropear.
crisp adj. crujiente, tostado. || crespo. || seco.
criss-cross n. entrecruzamiento.
critic n. crítico.
criticize vt. criticar. || censurar.
croak n. canto de la rana. || — vi. cantar (la rana). || hablar ronco. || (sl.) estirar la pata.
crock n. vasija de barro. || cacharro.
crocodile n. cocodrilo.
crocus n. azafrán.
croissant n. cruasán, medialuna.
crone n. vieja.
crony n. compinche.
crook n. cayado. || curva. || criminal. || maleante. || — vt., vi. encorvar(se).
crop n. cultivo. || cosecha. || mango. || montón. || — vt. cortar. || recortar. || — vi. (tierra) rendir. || pacer. || **c. up**, aflorar.
cross adj. cruzado. || transversal, oblicuo. || (fig.) malhumorado. || — || cruz. || cruce.|| — vt. marcar con una cruz. || atravesar. || cruzarse con. || contrariar.
crossbow n. ballesta.
cross-country adj. a campo traviesa.
cross-examine vi. (der.) repreguntar.
cross-eyed adj. bizco.
crossfire n. fuego cruzado.

crossing || cruce, || paso para peatones.
cross-legged adj. con las piernas cruzadas.
cross-purposes n. pl. mal entendido, tema diferente.
cross-question vt. (der.) repreguntar.
crossroads n. cruce. || encrucijada. || (fig.) punto crítico, momento decisivo.
cross section n. corte transversal. || (fig.) sector representativo.
crossword n. crucigrama.
crotch n. entrepiernas.
crotchety adj. de mal genio. || contestón.
crouch vi. agacharse, acurrucarse.
crow n. cuervo, grajo, || canto, cacareo. || — vi. cantar, cacarear. || (fig.) jactarse, exultar.
crowbar n. palanca.
crowd n. multitud. || muchedumbre. || público. || el vulgo. || — vt. amontonar. || apretar. || atestar. || — vi. reunirse, congregarse.
crowded adj. lleno, atestado.
crown n. corona. || parte superior. || cumbre. || **c. prince**, príncipe heredero. || — vt. coronar.
crowning adj. supremo.
crow's-foot n. pata de gallo.
crucial adj. decisivo, crítico, crucial.
crucify vt. crucificar.
crude adj. crudo. || tosco. || ordinario.
cruelty n. crueldad.
cruet n. vinagrera, || (igl.) vinajera.
cruise n. crucero, viaje por mar. || — vi. hacer un crucero. || (fig.) ir, andar.
crumb n. migaja. || miga.
crumble vt., vi. desmenuzar(se). || derrumbar(se).
crumpet n. bollo para el té.
crumple vt., vi. ajarfse). || arrugar(se).
crunch n. crujido. || (fig.) crisis. || — vt. mascar, ronzar. || hacer crujir. || —vi. crujir.
crusade n. cruzada.
crush || aglomeración, multitud. || aplastamiento. || — vt. aplastar. || arrugar. || machacar. || apretar. || — vi. apretujarse, amontonarse.
crushing adj. aplastante. || abrumador.
crust n. corteza. || costra.
crutch n. muleta. || horcajadura.
crux n. punto crucial. || lo esencial.
cry n. grito. || pregón. || — vt. gritar. || **to c. out**, pregonar. || **to c. down**, desacreditar. || — vi. gritar. || **to c. for**, clamar por. || **to c. off**, retirarse, no cumplir. || llorar.

crying adj. atroz, enorme.
crypt n. cripta.
cryptic adj. misterioso, secreto.
cryptography n. criptografía.
crystal || cristal. || — adj. cristalino.
crystallize vt., vi. cristalizar(se).
crystallized adj. escarchado.
cub n. cachorro.
cube n. cubo. || terrón. || — vt. elevar al cubo.
cubic adj. cúbico.
cubicle n. cubículo.
cuckoo n. cuclillo.
cucumber n. pepino.
cuddle n. abrazo amoroso. | — vt., vi. abrazar(se) amorosamente.
cue n. (billar) taco. || (teat.) pie, apunte.
cuff n. bofetada. || — vt. abofetear.
cuff n. puño.
cufflinks n. pl., gemelos.
cuisine n. cocina.
cul-de-sac n. callejón sin salida.
culinary adj. culinario.
cull vi. escoger. || elegir. || entresacar.
culminate vi. culminar.
culpability n. culpabilidad.
culprit n. persona culpable. || acusado.
cult n. culto.
cultivate vt. cultivar.
culture n. (agr., biol.) cultivo. || (fig.) cultura.
cultured adj. culto. || de cultivo.
cumbersome adj. molesto, incómodo.
cumulative adj. cumulative.
cunning adj. astuto, taimado. || artificioso, ingenioso. || (fam.) precioso, mono. || — n. astucia.
cup n. taza. || cáliz. || copa. || — vt. formar (esp. las manos) en forma de copa.
cupboard n. armario.
cupidity n. codicia.
cupola n. cúpula.
curate n. teniente cura.
curator n. director, conservador de museo.
curb n. (fig.) freno. || — vt. refrenar, contener.
curd n. cuajada.
curdle vt., vi. cuajar(se).
cure n. cura, curación. || — vi. curar.
curfew n. toque de queda.
curio n. objeto valioso por su antigüedad.
curiosity n. curiosidad.
curl n. rizo. || espiral. || — vt., vi. rizar(se).
curler n. rulero.
curly adj. rizado, ensortijado.
currant n. pasa de Corinto.

currency n. moneda.
current adj. corriente. || general. || actual. || — n. corriente. || curso.
curriculum n. plan de estudios.
curry (coc.) curry. || — vt. preparar con curry. || **curried chicken**, pollo al curry.
curse n. maldición. || palabrota || calamidad. || — vt. maldecir. || — vi. blasfemar, echar pestes.
cursory adj. rápido, superficial.
curt adj. brusco, seco.
curtail vi. acortar, abreviar. || restringir.
curtain n. cortina. || (teat.) telón. || **iron c.**, cortina de hierro. || — vt. proveer de cortina.
curtness n. brusquedad.
curve n. curva. || — vt., vi. curvar(se).
cushion n. cojín. || (billar) banda. || (fig.) colchón. || — vt. amortiguar.
custard n. natillas. || flan.
custody n. custodia.
custom n. costumbre. || (com.) clientela. || pl., **customs**, aduana.
customary adj. acostumbrado.
customer n. cliente. || (fam.) tipo.
custom-made adj. hecho a la medida.
cut n. corte. || muesca. || herida. || tajo. || reducción (de precios). || incisión. || trozo, tajada. || corte de pelo. || **cold cuts**, fiambres. || — vt. (pret. y pp. **cut**) cortar. || segar. || talar. || reducir. || repartir. || excavar. || (fig.) herir, lastimar. || castrar. | tallar. || **to c. and run**, escapar corriendo. || **to c. down**, voltear, matar. || **to c. in**, interrumpir. || **to c. off**, cortar, amputar. || **to c. open**, abrir cortando. || **to c. out**, recortar, suprimir. || **to c. up**, desmenuzar, picar. || — vi. cortar. || hacer una cortada.
cute adj. mono, lindo. || astuto, listo.
cuticle n. cutícula.
cutlery n. cubiertos.
cutlet n. chuleta.
cutout n. diseño para recortar.
cut-price adj. a precio reducido.
cut-throat adj. sanguinario. || — n. asesino.
cutting adj. cortante. || mordaz.
cyanide n. cianuro.
cycle n. ciclo. || — vi. ir en bicicleta.
cyclist n. ciclista.
cymbals n. pl., platillos.
cynical adj. cínico. || escéptico.
cypress n. ciprés.
cyst n. quiste.
czar n. zar.

D

d *n.* d. || *(mús.)* re.

dab *n.* golpe ligero. || pequeña cantidad. || brochazo. || — *vt.* golpear ligeramente.

dabble *vt.* salpicar. || — *vi.* chapotear. || meterse.

dad, **daddy** *n.* papá.

daffodil *n.* narciso.

daft *adj.* imbécil, estúpido.

dagger *n.* puñal, daga. || *(impr.)* cruz.

daily *adj.* diario, cotidiano. || — *adv.* a diario, cada día. || — *n.* diario. || sirvienta cama afuera.

dainty *adj.* delicado, fino. || elegante, precioso. || — *n.* bocado exquisito.

dairy *n.* lechería. || quesería, vaquería.

dais *n.* estrado.

daisy *n.* margarita.

dale *n.* valle.

dally *vi.* tardar, perder el tiempo. || divertirse.

dam *n.* presa. || dique. || — *vt.* represar.

damage *n.* daño, perjuicio. || avería. || — *vt.* dañar, perjudicar. || averiar, estropear.

dame *n.* dama, señora.

damn *vt.* condenar. || maldecir. || — *n.* **I don't give a d.**, maldito lo que me importa.

damnation *n.* condenación. || perdición.

damned *adj.* condenado. || detestable. || — *adv.* muy, extraordinariamente.

damning *adj.* irrecusable.

damp *adj.* húmedo. || mojado. || — *n.* humedad. || — *vt.* || **dampen**, humedecer.

damper *n.* *(mús.)* apagador, sordina.

damsel *n.* damisela, doncella.

dance *n.* baile. || — *vt.*, *vi.* danzar, bailar.

dancer *n.* bailador. || bailarín.

dancing *n.* baile.

dandelion *n.* diente de león.

dandruff *n.* caspa.

danger *n.* peligro. || riesgo.

dangerous *adj.* peligroso, arriesgado.

dangle *vt.* colgar, balancear en el aire. || — *vi.* balancearse, pender.

dank *adj.* húmedo y malsano.

dapper *adj.* apuesto, pulcro.

dappled *adj.* moteado, manchado.

dare *vt.* arriesgar. || hacer frente a. || resistir. || — *vi.* osar. || **how d. you!**, ¡qué cinismo!, ¡qué fresco!

daring *adj.* atrevido. || — *n.* atrevimiento.

dark *adj.* oscuro. || moreno. || *(fig.)* amenazador. || triste, sombrío. || oculto. || — *n.* oscuridad.

darken *vt.*, *vi.* oscurecer(se).

darkness *n.* oscuridad, tinieblas.

darling *n.* querido-a.

darn *n.* zurcido, zurcidura. || — *vt.* zurcir. || — *interj.* ¡maldición!

dart *n.* dardo, saeta. || punzada. || *(cost.)* pinza. || movimiento rápido. || *vt.*, *vi.* lanzar(se).

dash *n.* choque, golpe. || carrera. || pincelada, y chorro. || — *vt.* romper, estrellar contra. || *(fig.)* acabar con: **it dashed my hopes**, eso acabó con mis esperanzas. || — *vi.* ir de prisa, precipitarse.

dashing *adj.* bizarro, gallardo, arrojado.

data *n. pl.* datos *(t. comput.)*. || **d. bank**, banco de datos. || **d. processing**, informática.

date *n.* fecha. || **out of d.**, anticuado. || **up to d.**, al día, moderno. || cita (con una chica). || *(bot.)* dátil. || — *vt.* datar, fechar. || dar cita. || — *vi.* datar, poner la fecha. || quedar anticuado.

dative *n.* dativo.

daub *n.* mancha. || — *vt.*, *vi.* manchar.

daughter *n.* hija.

daughter-in-law *n.* nuera, hija política.

daunt *vt.* acobardar, intimidar, desalentar.

dauntless *adj.* impávido.

davit *n.* pescante.

dawdle *vi.* perder el tiempo. || moverse lentamente. || hacer con desgano.

dawn *n.* alba, amanecer. || — *vi.* amanecer, romper el día. || hacerse la luz: **it suddenly dawned on me**, de pronto me di cuenta.

day *n.* día. || **the d. before yesterday**, anteayer. || **the d. after tomorrow**, pasado mañana. || jornada: **an eight hours d.**, una jornada de ocho horas. || tiempo de gloria. || *pl.* **days**, días, época.

daybreak n. amanecer.
daydream n. ensueño. || — vi. soñar despierto.
daylight n. luz del día.
daytime n. día.
day-to-day adj. cotidiano, rutinario.
daze n. aturdimiento. || — vt. aturdir.
dazzling adj. deslumbrante, deslumbrador.
deacon n. diácono.
deaconess n. diaconisa.
dead adj. muerto. || anticuado, obsoleto. || inútil. || apagado. || — adv. completamente, totalmente.
deaden vi. amortiguar. || aliviar.
dead end n. callejón sin salida.
deadline n. fecha tope, límite, plazo.
deadlock n. parálisis. || punto muerto.
deadly adj. mortal. || fatal.
deadpan adj. inexpresivo.
deadwood n. (fig.) persona inútil.
deaf adj. sordo.
deaf-and-dumb adj. sordomudo.
deafening adj. ensordecedor.
deaf-mute n. sordomudo.
deal n. (com.) transacción, negocio, convenio. || **It's a d.**, trato hecho. || trato, tratamiento. || **a great d. of**, una gran cantidad de. || (cartas) reparto. || — vt. Iprel. y PP **dealt**) (cartas) repartir. || dar, distribuir. || **to d. in**, comerciar en. || **to d. with**, tratar con, vérselas con.
dealer n. comerciante. || distribuidor.
dealings n. pl. transacciones. || relaciones.
deallocate vt. (comput.) desafectar.
dealt ver **deal**.
dean n. (igl.) deán. || (univ.,etc.) decano.
dear adj. querido. || caro. || — n. querido.
dearth n. escasez. || falta.
death n. muerte. || defunción. || fin.
death certificate n. partida de defunción.
deathly adj. mortal, de muerte.
death penalty n. pena de muerte.
death rate n. mortalidad.
death throes n. pl. agonía.
débâcle n. derrota.
debar vt. excluir.
debase vt. degradar, envilecer. || alterar.
debatable adj. discutible.
debate n. discusión. || — vt., vi. discutir.
debauchee n. libertino, disoluto.
debauchery n. libertinaje, corrupción.
debenture n. vale, bono, obligación.
debilitate vt. debilitar.
debility n. debilidad.

debit n. debe. || débito. || — vt. cargar en la cuenta de.
debonair adj. elegante, bien puesto.
debris n. escombros.
debt n. deuda.
debtor n. deudor.
debug vt. (comput.) depurar.
debunk vt. desenmascarar. || desacreditar.
decade n. decenio, década.
decadence n. decadencia.
decadent adj. decadente.
decagram(me) n. decagramo.
decalitre n. decalitro.
decametre n. decámetro.
decanter n. garrafa.
decapitate vt. degollar, descabezar.
decasyllabic n. decasílabo.
decay n. decadencia. || pudrición. || caries. || — vi., vt. deteriorar(se). || pudrir(se). || cariar(se).
decease n. fallecimiento. || — vi. fallecer.
deceit n. engaño, fraude. || mentira.
deceive vt. engañar. || defraudar.
December n. diciembre.
decency n. decencia. || delicadeza.
decent adj. decente. || simpático, bueno.
decentralize vt. descentralizar.
deceptive adj. engañoso.
decide vt., vi. decidir.
decimal adj. decimal. || — n. decimal.
decimate vt. (t. fig.) diezmar.
decipher vt. descifrar.
decision n. decisión. || (der.) fallo. || resolución, firmeza.
decisive adj. decisivo, concluyente.
deck n. cubierta. || piso de ómnibus. || **upper d.**, piso superior. || — vt. engalanar, adornar.
declaration n. declaración.
declare vt. declarar, afirmar.
decline n. declinación, disminución. || decaimiento. || ocaso. || — vt. rehusar. || — vi. declinar. || rehusar.
declivity n. declive.
declutch vi. desembragar.
decode vt. descifrar.
décolletage n. escote.
décolleté(e) adj. escotado.
decompose vt., vi. descomponer(se).
decompression n. descompresión.
decontaminate vt. descontaminar.
décor n. decoración. || (teat.) decorado.
decorate vt. decorar. || condecorar.
decoration n. adorno. || condecoración.
decorator n. decorador.

decorous adj. decoroso, correcto.

decoy n. señuelo. || — vt. atraer con señuelo.

decrease n. disminución. || — vt., vi. disminuir(se), reducir(se).

decree n. decreto. || — vt. decretar.

decrepit adj. decrépito.

decry vt. desacreditar, rebajar.

dedicate vt. dedicar.

deduce vt. deducir.

deduct vt. restar, descontar, rebajar.

deduction n. deducción. || descuento.

deed n. hecho, acto. || hazaña. || escritura.

deem vt. juzgar, creer.

deep adj. profundo, hondo. || hundido, metido. || (color) subido, oscuro. || (problema) difícil. || — adv. profundamente. || — n. profundidad, abismo.

deepen vt. ahondar, profundizar. || intensificar. || — vi. hacerse más profundo. || intensificarse.

deep-rooted adj. fuertemente arraigado.

deep-sea adj. de alta mar.

deep-seated adj. profundamente arraigado.

deer n. ciervo.

deerskin n. piel de ciervo, gamuza.

deface vt. desfigurar, mutilar.

defamatory adj. difamatorio.

defame vt. difamar, calumniar.

default n. omisión, descuido. || falta, ausencia. || (der.) rebeldía, contumacia. || — vi. no pagar.

defeat n. derrota. || — vt. vencer, derrotar.

defecate vt., vi. defecar.

defect n. defecto.

defect vi. desertar.

defective adj. defectuoso, defectivo.

defence n. defensa.

defend vt. defender.

defendant n. (der.) demandado.

defender n. defensor.

defensive adj. defensivo. || — n. defensiva.

defer vt. aplazar, diferir. || dar una prórroga a.

deference n. deferencia, respeto.

defiance n. desafío. || oposición.

defiant adj. provocativo, insolente.

deficiency n. imperfección, deficiencia.

deficient adj. insuficiente. || incompleto.

defile n. desfiladero.

defile vt. manchar, deshonrar. || profanar.

define vt. definir, determinar.

definite adj. claro. || (gram.) definido.

definition n. definición.

deflate vt. desinflar. || quitar los humos.

deflect vt. desviar.

deflower vt. desflorar.

deform vt. deformar.

deformed adj. deforme, mutilado.

defraud vt. estafar.

defray vt. sufragar, pagar.

defrost vt. deshelar, descongelar.

deft adj. diestro, hábil.

defunct adj. (fam.) difunto.

defy vt. desafiar. || oponerse. || resistir.

degenerate adj., n. degenerado.

degenerate vi. degenerar.

degrade vt. degradar, envilecer.

degrading adj. degradante.

degree n. grado. || categoría. || rango académico. || **by degrees**, paso a paso.

dehumanize vt. deshumanizar.

dehydrate vt. deshidratar.

deify vt. deificar.

deign vt. dignarse, condescender.

deity n. deidad. || divinidad.

dejected adj. abatido, desanimado.

delay n. dilación. || retraso, demora. || — vt. aplazar, demorar. || — vi. tardar, demorarse.

delectable adj. delicioso.

delegate n. delegado, diputado.

delegate vt. delegar, diputar.

delete vt. suprimir, tachar.

deliberate adj. intencionado. || prudente.

deliberate vt., vi. meditar, deliberar.

delicacy n. delicadeza. || manjar.

delicatessen n. comestibles finos.

delicious adj. delicioso, exquisito, rico.

delight n. placer, deleite. || encanto, delicia. || — vt., vi. encantar(se), deleitarse.

delightful adj. encantador, delicioso.

delimit vt. delimitar.

delineate vt. delinear. || bosquejar, pintar.

delinquency n. delincuencia.

delirious adj. delirante.

deliver vt. repartir, entregar. || (discurso) pronunciar. || asestar. || ayudar a dar a luz.

delivery n. distribución. || reparto. || entrega. || discurso. || alumbramiento, parto.

delivery room n. sala de partos.

delivery van n. furgoneta de reparto.

dell n. vallecito.

delouse vt. despiojar, espulgar.

delta-winged adj. con alas en delta.

delude vt. engañar.

D

deluge n. diluvio. || — vt. inundar.
delusion n. engaño, ilusión.
delve vi. cavar.
demagogue n. demagogo.
demand n. petición, solicitud. || exigencia. || demanda. || — vt. exigir.
demanding adj. exigente. || absorbente.
demarcate vt. demarcar.
démarche n. gestión, diligencia.
demean vt. rebajar, degradar.
demeanour n. porte, conducta.
demesne n. heredad. || tierras solariegas.
demigod n. semidiós.
demijohn n. damajuana.
demilitarize vt. desmilitarizar.
demimonde n. cortesanas elegantes.
demise n. fallecimiento.
demobilize vt. desmovilizar.
democracy n. democracia.
democrat n. demócrata.
democratic adj. democrático.
democratize vt. democratizar.
demolish vi. derribar, demoler. || destruir.
demon n. demonio.
demoniacal adj. demoníaco.
demonstrate vt. demostrar. || — vi. manifestarse, hacer una manifestación.
demonstration n. demostración.
demonstrative adj demostrativo.
demonstrator n. (pol.) manifestante.
demoralize vt. desmoralizar.
demote vt. degradar.
demur vi. objetar, poner obstáculos.
demure adj. grave, solemne. || modesto.
den n. madriguera, guarida. || estudio, gabinete.
denationalize vt. desnacionalizar.
denial n. denegación. || desmentida.
denigrate vt. denigrar.
denim n. dril de algodón. || pl. **denims**, **jeans**.
denizen n. habitante.
denominate vt. denominar.
denomination n. denominación.
denote vt. denotar. || indicar, significar.
dénouement n. desenlace.
denounce vt. denunciar. || abrogar.
dense adj. denso. || espeso, tupido.
denseness, **density** n. densidad.
dent n. abolladura. || mella. || — vt. abollar.
dentist n. dentista, odontólogo.
dentistry n. odontología.
denture n. dentadura postiza.
denude vt. denudar. || despojar.
denunciation n. denuncia, denunciación, censura.

deny vt. negar. || rechazar. || desmentir.
deodorant n. desodorante.
deodorize vt. desodorizar.
depart vi. partir, irse. || (tren, etc.) salir.
department n. departamento. || sección.
department store n. grandes almacenes.
departure n. partida, ida. || desviación.
depend vi. depender. || contar con. || fiarse.
dependable adj. cumplidor, confiable.
dependence n. dependencia. || confianza.
dependent adj. dependiente. || subordinado. || — n. familiar dependiente.
depict vt. representar, pintar.
deplete vt. (fam.) agotar. || mermar, reducir.
deplorable adj. lamentable, deplorable.
deplore vt. lamentar, deplorar.
deploy vt., vi. desplegar(se).
depopulate vt. despoblar.
deport vt. deportar. || comportarse.
deportment n. conducta. || porte.
depose vt. deponer. || destituir.
deposit n. depósito. || yacimiento. || sedimento. || — vt. depositar. || (huevos) poner.
deposition n. deposición. || declaración.
depot n. depósito, almacén. || estación.
depraved adj. depravado, vicioso.
depravity n. depravación, perversión.
deprecate vt. desaprobar, lamentar.
depreciate vt. depreciar. || — vi. depreciarse, perder valor.
depreciation n. depreciación.
depredation n. estrago.
depress vt. presionar. || rebajar. || deprimir.
depressed adj. deprimido. || abatido.
depressing adj. triste, deprimente.
depression n. depresión. || crisis.
deprive vt. privar, impedir de.
depth n. profundidad. || abismo. || intensidad.
depute vt. delegar.
deputy adj. suplente. || — n. sustituto, suplente. || (pol.) diputado.
derail vt. hacer descarrilar.
derailment n. descarrilamiento.
derange vt. desarreglar, descomponer.
derelict adj. abandonado.
deride vi. ridiculizar, mofarse de.
derision n. irrisión, mofas.
derivation n. derivación.
derive vt., vi. derivar(se).
dermatologist n. dermatólogo.

dermatology n. dermatología.
derogatory adj. (fam.) despectivo.
derrick n. grúa. || torre de perforación.
desalination n. desalación, desalinización.
descend vt., vi. descender, bajar.
descendant n. descendiente.
descent n. pendiente, declive. || descen-
dencia.
describe vt. describir.
description n. descripción.
descry vt. (liter.) columbrar, divisar.
desecrate vt. profanar.
desert adj., n. desierto.
desert vt. desertar. || abandonar, desam-
parar.
deserve vt. merecer, ser digno de.
deserving adj. meritorio.
desiccate vt. desecar.
design n. diseño. || bosquejo. || inten-
ción. || — vt. idear. || proyectar. || dise-
ñar. || bosquejar.
designate adj. designado, nombrado. ||
— vt. denominar. || nombrar. || designar.
designer n. diseñador, proyectista. || di-
bujante. || escenógrafo.
designing adj. intrigante.
desirable adj. apetecible. || deseable.
desire n. deseo. || — vt. desear, querer.
desirous adj. deseoso.
desist vi. desistir de algo.
desk n. mesa de trabajo. || pupitre. ||
escritorio.
desolate adj. solitario. || desierto. || triste.
desolate vt. asolar, arrasar. || afligir.
despair n. desesperación. || — vi. perder
la esperanza, desesperar(se).
despairing adj. desesperado.
desperate adj. desesperado. || muy gra-
ve. || apremiante. || extremo. || arries-
gado. || furioso.
despicable adj. vil, despreciable.
despise vt. despreciar, desdeñar.
despite prep. a pesar de.
despoil vt. despojar.
despondent adj. abatido, deprimido.
despotism n. despotismo.
dessert n. postre.
destination n. destino.
destine vt. destinar.
destiny n. destino.
destitute adj. indigente, desamparado.
destroy vi. destruir. || matar. || exterminar.
destroyer n. destructor.
destruction n. destrucción. || (fig.) ruina.
destructive adj. destructivo. || dañino.

destructor n. incinerador de basuras.
desuetude n. desuso.
desultory adj. poco metódico. || inco-
nexo.
detach vt. separar. || despegar. || (mil.)
destacar.
detachable adj. separable. || desmon-
table.
detached adj. separado, suelto. || inde-
pendiente. || (fig.) imparcial, objetivo.
detail n. detalle, pormenor. || — vt. de-
tallar.
detailed adj. detallado, pormenorizado.
detain vt. detener. || retener.
detect vt. descubrir. || identificar. || de-
tectar.
detective n. detective.
detention n. detención, arresto.
deter vt. desalentar. || disuadir. || impedir.
detergent adj., n. detergente.
deteriorate vi. empeorar, deteriorarse.
determine vt. determinar. || señalar, fijar.
determined adj. resuelto, enérgico.
determining adj. decisivo.
deterrent adj. disuasivo. || — n. freno.
detest vt. detestar, aborrecer.
dethrone vt. destronar.
detonate vt. hacer detonar.
detonator n. detonador.
detour n. rodeo, vuelta.
detract vi. quitar mérito, desvirtuar.
detriment n. perjuicio.
detritus n. detrito.
deuce n. (de naipes o dados) dos.|| —
adv. (tenis) a dos.
deuced adj. maldito. || — adv. terrible-
mente.
devaluate vt. desvalorizar, desvalorar.
devalue vt. desvalorizar, devaluar.
devastate vt. devastar, asolar.
develop vt. desarrollar. || desenvolver. ||
perfeccionar. || (fot.) revelar. || empe-
zar a sufrir de. || — vi. desarrollarse. ||
progresar. || mostrarse.
development n. desarrollo. || progreso.
|| evolución. || (fot.) revelado.
deviate vi. desviarse.
device n. aparato. || invento. || ardid. ||
lema.
devil n. (t. fig.) diablo, demonio. || — vt.
cocer con mucho picante.
devilish adj. endiablado. || muy malo o
difícil.
devilry n. maldad, crueldad. || diablura.
devious adj. tortuoso. || intrincado.
devise vt. idear, inventar.

devoid adj. falto, desprovisto.
devolution n. delegación (de poderes).
devolve vi. recaer en, pasar a.
devote vt. dedicar.
devoted adj. leal, fiel.
devour vt. devorar, comerse.
devout adj. devoto, piadoso.
dew n. rocío.
dewy adj. rociado. || húmedo.
dexterity n. destreza.
diadem n. diadema.
diagnose vt. diagnosticar.
diagnosis n. diagnóstico.
diagonal adj., n. diagonal.
diagram n. diagrama, esquema.
dial n. esfera, cuadrante. || (tlf.) disco. || — vt. marcar, discar.
dialect n. dialecto.
dialectic adj. dialéctico. || — n. dialéctica.
dialogue n. diálogo.
diameter n. diámetro.
diamond n. diamante. || (cartas) rombo.
diaper n. (E. U.) pañal.
diaphragm n. diafragma.
diarrhoea n. diarrea.
diary n. diario. || agenda, diario.
dice n. pl. dados. || cubitos. || — vt. cortar en cubitos. || — vi. jugar a los dados.
dichotomy n. dicotomía.
dictaphone n. dictáfono.
dictate n. mandato. || — vt. dictar.
dictation n. dictado.
dictator n. dictador.
dictatorship n. dictadura.
diction n. dicción. || lengua, lenguaje.
dictionary n. diccionario.
dictum n. sentencia. || (der.) dictamen.
did pret. de do.
didactic adj. didáctico.
diddle vt. (fam.) estafar.
didn't = did not.
die vi. morir, morirse. || (luz) extinguirse. || dejar de funcionar. || desvanecerse, desaparecer.
die n., pl. dice, dado.
diehard n. incondicional, intransigente.
diet n. régimen, dieta. || **to be on a d.**, estar a dieta. || — vi. estar a dieta.
dietetic adj. dietético.
dietician n. dietista.
differ vi. diferir, diferenciarse. || disentir.
difference n. diferencia.
different adj. diferente, distinto.
differentiate vt., vi. diferenciar(se).
difficult adj. difícil.

difficulty n. dificultad. || apuro, aprieto.
diffident adj. tímido.
diffuse adj. difuso. || — vt., vi. difundir(se).
dig n. excavación. || empujón. || (fam.) alojamiento. || — vt. (pret. y pp. **dug**) excavar. || desenterrar. || dar un codazo. || (fam.) estudiar mucho, tragar. || — vi. cavar. || alojarse.
digest n. resumen, digesto.
digest vt. digerir. || meditar, asimilar.
digestion n. digestión.
digger n. cavador. || excavador.
diggings n. pl. excavaciones.
digit n. dígito.
digital adj. (t. comput.) digital.
dignified adj. grave, solemne.
dignitary n. dignatario, dignidad.
dignity n. dignidad.
digress vi. hacer una digresión.
digression n. digresión.
digs n. pl. (fam.) pensión, alojamiento.
dike n. dique. || canal, acequia.
dilapidated adj. derruido.
dilate vt., vi. dilatar(se).
dilatory adj. tardo, lento.
diligence n. diligencia.
dilute adj. diluido. || — vt. diluir.
dim adj. débil. || turbio. || borroso. || oscuro. || — vt. oscurecer. || opacar.
dime n. (E. U.) moneda de 10 centavos.
dimension n. dimensión.
diminish vt., vi. disminuir(se).
diminutive adj., n. (gram.) diminutivo.
dimness n. debilidad. || oscuridad.
dimple n. hoyuelo.
dimwit n. (fam.) imbécil.
din n. estruendo. || — vt. meter en la cabeza.
dine vi. cenar. || **to d. out**, cenar afuera.
diner n. comensal. || (f. c.) coche-comedor.
ding-dong adj., n. (como) sonido de campana. || furioso, reñido.
dingy adj. deslustrado. || sombrío. || sucio.
dining car n. coche-comedor.
dining room n. comedor.
dinner n. cena, comida.
dinner jacket n. smoking.
dinner service n. vajilla.
dinosaur n. dinosaurio.
dint n. fuerza, violencia.
diocese n. diócesis.
dip n. inmersión. || zambullida. || inclinación. || (pintura) baño. || (aer.) picada. || salsa. || — vt. sumergir. || inclinar, || meter. || — vi. sumergirse. || inclinarse. || bajar en picada.

diphthong n. diptongo.
diplomacy n. diplomacia.
diplomat n. diplomático.
dipstick n. varilla para comprobar el nivel del aceite (etc.).
dire adj. horrendo, calamitoso (t. fig.).
direct adj. directo. || continuo. || claro, n franco. || — adv. directamente. || — vt. dirigir. || gobernar.
direction n. dirección. || pl. **directions**, órdenes, instrucciones.
directness n. franqueza.
director n. director.
directorate n. cargo de director.
directory n. (tlf.) guía telefónica.
dirge n. endecha.
dirk n. puñal.
dirt n. suciedad, mugre, basura. || porquería.
dirt-cheap adj. tirado, muy barato.
dirty adj. sucio. || manchado. || verde, indecente. || — vt. ensuciar. || manchar.
disability n. incapacidad. || impedimento.
disable vt. estropear. || inutilizar. || incapacitar. || (computa.) desactivar.
disabled adj. lisiado. || imposibilitado.
disadvantage n. desventaja.
disaffection n. descontento.
disagree vi. no estar de acuerdo, discrepar. || **to d. with**, sentar mal, hacer daño.
disagreeable adj. desagradable. || displicente. || malhumorado, áspero.
disagreement n. desacuerdo, disconformidad. || discrepancia.
disallow vt. desaprobar, no admitir.
disappear vi. desaparecer.
disappoint vt. decepcionar, desilusionar.
disappointing adj. decepcionante.
disappointment n. decepción, desilusión. || contratiempo, **disapprove**, vi. desaprobar.
disarmament n. desarme.
disarrange vt. desarreglar, descomponer.
disarray n. desorden, confusión.
disaster n. desastre.
disavow vt. desconocer, rechazar.
disband vt., vi. disolver(se).
disbelief n. incredulidad.
disbelieve vt. no creer, desconfiar de.
disburse vt. desembolsar.
disc n. disco.
discard vt. descartar, rechazar, desechar.
discern vt. percibir, discernir.
discernment n. perspicacia.

discharge n. descarga. || pago. || desempeño. || (mil.) licenciamiento. || — vt. descargar. || disparar. || pagar. || desempeñar. || licenciar.
disciple n. discípulo.
disciplinary adj. disciplinario.
discipline n. disciplina. || — vt. disciplinar.
disclaim vt. negar, rechazar. || desconocer.
disclose vt. revelar.
discolour vt., vi. descolorar(se).
discomfit vt. desconcertar.
discomfort n. incomodidad. || malestar.
discomposure n. desconcierto.
disconcert vt. desconcertar.
disconcerting adj. desconcertante.
disconnect vt. separar. || desconectar.
disconsolate adj. inconsolable.
discontent n. descontento.
discontinue vt. discontinuar. || suspender.
discord n. discordia. || disonancia.
discount n. descuento, rebaja.
discount vt. descontar. || descartar.
discourage vt. desalentar, desanimar.
discouragement n. desaliento.
discourse n. discurso. || plática. || tratado.
discourtesy n. descortesía.
discover vt. descubrir.
discovery n. descubrimiento.
discredit n. descrédito. || — vt. desacreditar, deshonrar.
discreet adj. discreto, prudente.
discrepancy n. discrepancia, diferencia.
discretion n. discreción, prudencia.
discriminate vt. distinguir.
discrimination n. discernimiento, perspicacia. || buen gusto, finura. || discriminación.
discursive adj. divagador, prolijo.
discuss vt. discutir, hablar de. || tratar.
discussion n. discusión.
disdain n. desdén. || — vt. desdeñar.
disdainful adj. desdeñoso.
disease n. enfermedad. || (fig.) mal.
disembark vt., vi. desembarcar.
disembodied adj. incorpóreo.
disembowel vt. desentrañar.
disenchanted adj. desencantado.
disengage vt. soltar. || desenganchar. || desembragar.
disengaged adj. libre, desocupado.
disentangle vt. desenredar (t. fig.).
disestablish vt. separar Iglesia del Estado.

disfavour n. desaprobación.
disfigure vt. desfigurar. || afear.
disfranchise vt. privar de los derechos civiles.
disgorge vt. vomitar, arrojar.
disgrace n. deshonra. || vergüenza. || desgracia. || — vt. deshonrar.
disgraceful adj. vergonzoso.
disgruntled adj. disgustado.
disguise n. disfraz. || — vt. disfrazar.
disgust n. repugnancia, aversión. || — vt. repugnar, inspirar aversión a, dar asco a. || disgustar.
disgusting adj. repugnante, asqueroso.
dish n. plato. || fuente. || chica sexualmente atractiva. || — vt. **to d. out**, servir, repartir (comida).
disharmony n. discordia. || disonancia.
dish cloth n. repasador.
dishearten vt. desalentar.
dishevelled adj. despeinado, desmelenado.
dishonest adj. falso, deshonesto, tramposo.
dishonesty n. falsedad, deshonestidad.
dishonour n. deshonra. || — vt. deshonrar.
dishrack n. escurridor de platos.
dishwasher n. lavaplatos.
disillusion n. desilusión. || — vt. desilusionar.
disinclination n. adversión.
disinfect vt. desinfectar.
disinfectant n. desinfectante.
disinflationary adj. desinflacionista.
disinherit vt. desheredar.
disintegrate vi. disgregarse, desintegrarse.
disinter vt. desenterrar.
disinterested adj. desinteresado.
disjointed adj. (fig.) inconexo.
disjunctive adj. disyuntivo.
disk n. (comput.) disco.
diskette n. (comput.) diskette.
dislike n. aversión, antipatía. || — vt. tener aversión a, tener antipatía a. || disgustar.
dislocate vt. dislocarse. || interceptar.
dislodge vt. desalojar.
disloyal adj. desleal.
dismal adj. sombrío, tenebroso. || triste.
dismantle vt. desmontar, desarmar.
dismay n. consternación. || — vt. consternar.
dismember vt. desmembrar.
dismiss vt. despedir, destituir. || licenciar. || (der.) desestimar.

dismissal n. despido. || destitución.
dismount vt., vi. desmontar(se).
disobedient adj. desobediente.
disobey vt., vi. desobedecer.
disorder n. desorden. || disturbio. || (med.) trastorno. || — vt. desordenar. || (med.) trastornar.
disorderly adj. desordenado.
disorganize vt. desorganizar.
disorientate vt. desorientar.
disown vt. rechazar, desconocer.
disparage vt. menospreciar, denigrar.
disparate adj. dispar.
disparity n. disparidad.
dispassionate adj. desapasionado.
dispatch n. envío. || prontitud. || despacho. || — vt. consignar, enviar. || despachar.
dispatcher n. despachador.
dispel vt. disipar, dispersar.
dispensary n. dispensario.
dispense vt. dispensar. || (der.) administrar. || (farm.) preparar. || — vt. deshacerse, prescindir.
dispenser n. farmacéutico.
disperse vt., vi. dispersar(se).
dispirited adj. abatido, deprimido.
displace vt. sacar de su sitio. || destituir.
displacement n. cambio. || destitución.
display n. exhibición. || exposición. || presentación. || despliegue. || — vt. exponer. || demostrar. || desplegar. || hacer ostentación de.
displease vt. desagradar. || ofender.
displeasure n. enojo, indignación, disgusto.
disposable adj. descartable.
disposal n. disposición. || ajuste. || arreglo.
dispose vt. disponer, colocar. || determinar. || — vi. disponer. || terminar, acabar con.
disposition n. disposición. || carácter. || inclinación.
dispossess vt. desposeer. || desalojar.
disproportion n. desproporción.
disproportionate adj. desproporcionado.
disprove vt. refutar, confutar.
disputable adj. discutible.
disputation n. disputa.
dispute n. disputa. || — vt. disputar.
disqualification n. inhabilitación. || descalificación.
disqualify vt. inhabilitar. || descalificar.
disquiet n. inquietud. || — vt. inquietar.
disquieting adj inquietante.

D

disregard n. descuido. || — vt. desatender.
disrepair n. mal estado.
disreputable adj. de mala fama.
disrepute n. descrédito.
disrespect n. falta de respeto, desacato.
disrupt vt. romper. || desorganizar.
dissatisfied adj. descontento, insatisfecho.
dissect vt. disecar.
dissemble vt. disimular, encubrir.
disseminate vt. diseminar, difundir.
dissent n. disentimiento. || — vi. disentir.
dissertation n. disertación.
dissident n. disidente.
dissimilar adj. desemejante.
dissimulate vt. disimular.
dissipate vt. disipar. || desvanecer.
dissipated adj. disoluto.
dissociate vt. disociar.
dissoluble adj. disoluble.
dissolute adj. disoluto.
dissolve vt., vt. disolver(se).
dissonant adj. disonante.
dissuade vt. disuadir.
distaff n. rueca.
distance n. distancia. || (fig.) reserva.
distant adj. distante, lejano. || reservado.
distaste n. aversión, repugnancia.
distemper n. pintura al temple. || (vet.) moquillo. || — vt. pintar al temple.
distend vt., vi. dilatar(se), hinchar(se).
distil vt. destilar.
distillery n. destilería.
distinct adj. distinto. || claro.
distinction n. distinción.
distinctive adj. distintivo, característico.
distinguish vt. distinguir.
distinguished adj. distinguido.
distort vt. torcer, deformar.
distortion n. torcimiento, deformación.
distract vt. distraer.
distracted adj. alocado, aturdido.
distrain vt. secuestrar, embargar.
distrait adj. distraído.
distraught adj. muy turbado.
distress n. dolor. || angustia, pena, aflicción. || miseria. || peligro. || — vt. doler. || apenar, afligir.
distressing adj. doloroso, penoso.
distribute vt. distribuir, repartir.
district n. región. || barrio. || distrito.
distrust n. desconfianza. || — vt. recelar.
disturb vt. perturbar, alterar. || molestar.
disturbing adj. perturbador, inquietante.
disuse n. desuso.
disused adj. abandonado.
disyllabic adj. disílabo.

ditch n. zanja. || cuneta. || acequia. || foso. || — vt. (fam.) deshacerse de, zafarse de.
dither n. gran agitación.
dithery adj. nervioso. || indeciso, vacilante.
ditto adj. ídem, lo mismo.
diuretic adj., n. diurético.
dive n. zambullida. || inmersión. || picada. || — vi. zambullirse. || bucear. || (aer.) largarse en picada.
diver n. buzo.
diverge vi. divergir, separarse.
diverse adj. diverso, variado.
diversify vt. diversificar, variar.
diversion n. diversión. || desviación.
diversity n. diversidad.
divert vt. divertir. || desviar.
divest vt. desposeer, despojar.
divide n. (geog.) divisoria. || — vt., vi. dividir(se).
dividend n. dividendo. || (fig.) beneficio.
divination n. adivinación.
divine adj. divino. || — vt. adivinar.
diving n. buceo.
diving board n. trampolín.
divining rod n. vara de rabdomante.
divinity . divinidad. || teología.
divorce n. divorcio. || — vt. divorciarse de.
divorcee n. divorciado.
divulge vt. divulgar, revelar.
dizziness n. vértigo.
dizzy adj. vertiginoso. || atacado de vértigo.
do (pret. **did**, pp. **done**) vt. hacer. || cumplir. || dispensar, otorgar. || preparar, arreglar. || (teat.) representar. || ser suficiente. || engallar. || — vi. obrar, comportarse. || prosperar. || — v. aux. en interrog.: **do you speak English?**, ¿hablas inglés? || en neg.: **I do not speak English**, no hablo inglés. || para dar énfasis al impv.: **do love me**, ámame. || para dar énfasis al verbo: **I do come with you**, ciertamente voy contigo. || para no repetir el verbo: **did you buy it? I did!**, ¿lo compraste?, ¡por supuesto! || **do away with**, suprimir. || **do up**, atar los zapatos. || **do out**, arreglar, decorar. || **do over**, volver a hacer, repetir. || — n. fiesta, acto, recepción. || **the do's and dont's**, las reglas del juego.
doc n. (fam.) = doctor.
docile adj. dócil.

dock n. rabo. || (naveg.) dique, muelle, dársena. || banquillo de los acusados. || — vt. descolar. || descontar. || hacer entrar en dársena. || — vi. atracar.

docker n. trabajador portuario, estibador.

docket n. certificado. || etiqueta. || rótulo.

dockyard n. astillero. || arsenal.

doctor n. médico. || doctor. || — vt. adulterar.

doctorate n. doctorado.

doctrinaire adj. doctrinario, teórico.

doctrine n. doctrina.

document n. documento, || — vi. documentar.

documentary adj., n. documental.

doddering, **doddery** adj. chocho.

dodge n. regate, evasión. || — vt. evadir, esquivar, eludir astutamente. || — vi. hurtar el cuerpo.

dodgems n. pl. autos chocadores.

doe n. gama. || coneja. || liebre.

does ver **do**.

doeskin n. ante, piel de ante.

doesn't = does not.

doff vt. quitarse.

dog n. perro. || macho (de zorro, lobo). || — vt. seguir los pasos, seguir la pista.

dog days n. pl. canícula.

doge n. dux.

dog-eared adj. sobado, muy manoseado.

dogged adj. tenaz, obstinado.

doggerel n. malos versos.

dogmatic adj. dogmático.

dogmatize vi. dogmatizar.

dog-tired adj. rendido.

doily n. individual (para la mesa).

doing n. hecho. || trabajo. || pl. **doings**, chisme, cuestión, asunto.

doldrums n. pl. zona de las calmas ecuatoriales. || estado de abatimiento.

dole n. limosna. || subsidio de paro. || — vt. **to d. out**, repartir, distribuir.

doleful adj. triste, lúgubre.

doll n. muñeca. || — vt. **to d. up**, adornar.

dollar n. dólar.

dolphin n. delfín.

dolt n. imbécil, mastuerzo.

domain n. heredad, propiedad. || dominio.

dome n. cúpula. || bóveda.

domestic adj. n. doméstico.

domesticate vt. domesticar.

domicile n. domicilio.

dominant adj. dominante.

dominate vt., vi. dominar.

domineer vi. dominar, tiranizar.

domineering adj. dominante.

dominion n. dominio.

dominoes n. pl. dominó.

don n. (univ.) catedrático. || don. || — vt. poner.

donate vt. donar.

done ver do. || — adj. **d.!** ¡trato hecho! || **well d.!**, ¡muy bien! || acabado. || **over and done with**, completamente terminado. || rendido. || bien cocido.

donkey n. burro.

donnish adj. de erudito. || pedantesco.

donor n. donante.

doodle n. garabatos. || — vi. hacer garabatos.

doom n. suerte, hado. || perdición, muerte. || (relig.) juicio final. || — vt. condenar. || destruir.

door n. puerta. || entrada. || **next d.**, en la casa de al lado. || **will you answer the d.?**, ¿vas a abrir?

doorbell n. timbre de llamada.

doorkeeper n. conserje, portero.

door knob n. pomo de puerta.

door-knocker n. aldaba, llamador.

doorman n., pl. —men, portero.

doormat n. felpudo, estera.

doorstep n. umbral, peldaño de la puerta.

doorway n. puerta, entrada. || portal.

dope n. droga. || imbécil. || barniz. || — vt. narcotizar, drogar, dopar.

dormant adj. inactivo.

dormer window n. ventana de buhardilla.

dormouse n., pl. **dormice**, lirón.

dosage n. dosificación, dosis.

dose n. dosis. || — vt. administrar una dosis.

dossier n. expediente. || ficha policial.

dot n. punto. || **three dots**, puntos suspensivos. || — vt. poner el punto sobre. || puntear, motear.

doting adj. chocho, tontamente cariñoso.

double adj. doble. || para dos. || — adv. doblemente. || — n. doble. || (cine, bridge) doble. || p. **doubles**, (tenis) juego de dobles. || — vt., vi. doblar(se), duplicar(se). || **d. up**, doblarse, retorcerse.

double bass n. contrabajo.

double-breasted adj. cruzado, con botonadura doble.

double-cross n. engaño. || — vt. engañar.

double-dealing n. duplicidad.

double-decker n. autobús de dos pisos.

double-edged adj. de doble filo.
double-spaced adv. a doble espacio.
doublet n. jubón.
double-talk n. palabras insinceras.
doubt n. duda. || **no d.**, sin duda. || — vt. dudar, desconfiar. || — vi. dudar.
doubtful adj. dudoso, incierto.
doubtless adv. sin duda.
douche n. ducha. || — vt., vi. duchar(se).
dough n. masa, pasta. || (sl.) pasta, guita.
doughnut n. buñuelo.
doughty adj. valiente, esforzado.
doughy adj. pastoso.
dour adj. austero, severo.
douse vt. mojar, lavar, echar agua a.
dove n. paloma.
dovecote n. palomar.
dovetail n. cola de milano. || — vt. ensamblar a cola de milano. || — vi, (fig.) encajar.
dowager n. viuda de un noble con título.
dowel adj. poco elegante, sin gracia.
dowd n. clavija.
down n. plumón. || pelusa. || bozo, vello. || — adv. abajo, hacia abajo. || hacia el sur. || **to put d.**, poner por escrito. || en mala situación. || — prep. hacia abajo: **d. the river**, río abajo. || al fin. || — adj. deprimido. || descendente. || — vt. devorar. || beberse (de un trago). || derribar.
downcast adj. abatido, alicaído.
downfall n. caída, ruina.
downhearted adj. desanimado.
downhill adv. cuesta abajo. || — adj. en declive.
downpour n. aguacero, chaparrón.
downright adj. franco. || manifiesto. || notorio, evidente. || — adv. completamente.
downstairs adv. abajo. || — adj. de abajo.
downstream adv. aguas abajo.
down-to-earth adj. práctico, realista.
downtown adv. hacia el centro de la ciudad, en el centro de la ciudad. || — adj. céntrico.
downturn n. descenso, bajada.
downward adj. descendente. || en declive.
downward(s) adv. hacia abajo.
downy adj. velloso. || blando, suave.
dowry n. dote.
doyen n. decano.
doze n. sueño ligero. || — vi. dormitar. || **to d. off**, quedarse medio dormido.
dozen n. docena.
dozy adj. (fam.) amodorrado.
drab adj. (fig.) gris, monótono, triste.

D

draft n. giro, letra de cambio. || (mil.) conscripción. || borrador. || — vi. redactar. || hacer un borrador de. || (mil.) llamar al servicio militar.
drag n. rastra. || (fig.) obstáculo, estorbo. || cosa pesada. || — vt. arrastrar. || dragar, rastrear. || — vi. arrastrarse por el suelo. || moverse muy despacio.
dragnet n. rastra, red barredera.
dragonfly n. libélula.
dragoon n. dragón. || — vt. tiranizar.
drain n. desaguadero, desagüe. || alcantarilla. || consumo. || — vt. desaguar. || drenar. || escurrir. || agotar. || — vi. escurrirse.
drainage n. desagüe. || drenaje.
drainpipe n. tubo de desagüe.
drake n. pato macho.
drama n. drama.
dramatic adj. dramático.
dramatize vt. dramatizar.
drank ver **drink**.
drape n. colgadura. || cortina. || — vt. adornar con colgaduras, cubrir, drapear.
draper n. pañero, lencero.
drastic adj. drástico. || enérgico. || radical.
draught n. trago. || calado. || corriente de aire. || tiraje. || pl. **draughts**, juego de damas.
draughty adj. que tiene corrientes de aire.
draw n. empate, tablas (ajedrez). || sorteo. || (teat.) función taquillera. || — (pret. **drew**, pp. **drawn**) vt. trazar. || arrastrar. || extraer. || cobrar. || empatar. || extender (un cheque). || calar. || — vi. tirar (chimenea). || dibujar. || empatar. || to d. aside, apartar(se). || **to d. off**, vaciar, trasegar. || **to d. together**, reunir(se), juntar(se).
drawback n. inconveniente, desventaja.
drawbridge n. puente levadizo.
drawer n. (com.) girador, librador. || cajón.
drawers n. pl. calzoncillos. || bragas.
drawing n. dibujo.
drawl n. habla lenta y pesada. || — vt., vi. hablar y decir lentamente.
drawn ver **draw**. || — adj. empatado.
dread n. pavor, terror. || — adj. espantoso. || — vt. tener miedo a, temer.
dreadful adj. terrible, espantoso.

dream n. sueño. || ensueño. || ilusión. || — vt., vi. (pret. y pp. **dreamed** o **dreamt**) soñar.

dreamer n. soñador, fantaseador.

dreamt ver dream.

dreary adj. triste, monótono. || aburrido.

dredge n. draga. || — vt. dragar.

dregs n. pl. heces, sedimento.

drench n. (vet.) poción. || — vt. mojar.

dress n. vestido, indumentaria, ropa. || **evening d.**, traje de etiqueta. || **full d.**, traje de etiqueta. || — vt. vestir. || (coc.) aderezar, aliñar. || (agr.) abonar. || peinar. || adobar, curtir. || (vidriera) poner. || adornar. || (heridas) curar, vendar. || — vi. vestirse.

dresser n. aparador. || tocador.

dressing n. aderezo, aliño. || (med.) vendaje.

dressing case n. neceser.

dressing-down n. reprimenda.

dressing gown n. bata, salto de cama.

dressing room n. vestidor. || camarín.

dressing table n. tocador.

dressmaker n. costurera, modista.

dress rehearsal n. ensayo general.

dress soil n. traje de etiqueta.

dressy adj. (persona) paquete. || (ropa) formal.

drew ver draw.

dribble n. goteo. || — vt. dejar caer gota a gota. || (dep.) regatear. || — vi. gotear. || babear. || (dep.) regatear.

driblet n. pequeña cantidad.

dried adj. seco.

drift n. arrastre. || lo que lleva el viento.

drift ice n. hielo flotante.

driftwood madera de deriva.

drill n. taladro. || broca. || fresadora. || perforadora. || ejercicio, entrenamiento. || (mil.) instrucción. || manera. || sembradora. || surco. || — vt. perforar, taladrar, barrenar. || (agr.) sembrar con sembradora. || (mil.) adiestrar. || — vi. perforar. || (mil.) adiestrarse.

drink n. bebida. || trago. || — vt. (pret drank, pp. drunk) beber. || — vi. beber.

drinkable adj. potable, bebible.

drinking trough n. abrevadero.

drinking water n. agua potable.

drip n. goteo, gola. || (med.) gotero. || — vt. dejar caer gota a gota. || — vi. gotear.

drip-dry adj. de lava y pon.

drive n. paseo en coche. || entrada al garaje. || envión. || iniciativa. || mecanismo. || (comput.) unidad. || — vt. (pret **drove**, pp. **driven**) llevar en vehículo. || arrastrar. || (com.) tratar. || obligar. || abrir, perforar. || clavar (clavo). || hacer

funcionar. || meter. || **you are driving me mad**, me estás volviendo loco. || — vi. conducir, manejar. || pasearse en coche. || golpear. || **to d. at**, insinuar. || **to d. away**, alejar. || **to d. in**, entrar, clavar. || **to d. on**, continuar. || **to d. out**, echar, hacer salir.

drive-in n. (E. U.) parador (de carretera). || autocine.

drivel n. tonterías. || — vi. decir tonterías.

driven ver drive.

driver n. conductor. || chofer. || maquinista.

driveway n. avenida.

driving adj. conductor. || dinámico. || muy fuerte.

driving licence n. permiso de conductor, carnet de conductor.

drizzle n. llovizna. || — vi. lloviznar.

droll adj. divertido, gracioso. || raro.

drone n. zángano. || zumbido. || tono monótono. || — vi. zumbar. || hablar monótonamente.

drool vi. babear.

droop vt. inclinar. || — vi. inclinarse. || caer.

drop n. gota. || pastilla, bombón. || caída, bajada, pendiente. || (teat.) telón de boca. || — vt. dejar caer || soltar. || echar por gotas. || derramar (lágrimas). || dejar. || echar (carta). || desechar. || bajar. || perder. || omitir. || — vi. caer. || dejarse caer. || gotear. || bajar. || disminuir. I calmarse. || caer de visita. || desaparecer.

dropper n. cuentagotas.

droppings n. pl. excremento (de animales).

dross n. escoria.

drought n. sequía.

drove ver drive. || — n. rebaño. || multitud.

drover n. boyero, pastor.

drown vt. anegar. || ahogar. || inundar. || apagar (sonido). || — vi. ahogarse.

drowse vi. dormitar, quedar medio dormido.

drowsy adj. soñoliento. || amodorrado.

drab vt. apalear, vapulear. || (fig.) derrotar.

drudge n. esclavo del trabajo. || — vi. trabajar como un esclavo.

drug n. droga, medicamento, fármaco. || narcótico, estupefaciente. || — vt. narcotizar, drogar.

drug addict n. drogadicto.

drugstore n. (E.U.) farmacia, droguería.

drum n. tambor. || bombo. || (mec.) tambor. || bidón. || (del oído) tímpano. || — vt. machacar hasta el cansancio. || — vi. tocar el tambor. || tamborilear.

drumstick n. palillo, baqueta.

drunk ver drink. || — adj., n. borracho-a.

drunkard n. borracho-a.

drunken adj. borracho-a.

dry adj. seco. || árido. || viejo, rancio. || aburrido. || — vt., vi. secar(se).

dry-clean vt. limpiar en seco.

dry-cleaner's n. tintorería.

dry cleaning n. limpieza en seco.

dryer n. secador de pelo.

dry goods n. (E. U.) mercería.

dryness n. sequedad. || aridez.

dual-purpose adj. de doble finalidad.

dub vt. armar caballero. || apodar humorísticamente. || (filme) doblar.

dubbin n. adobo.

dubbing n. doblaje.

dubious adj. dudoso. || equívoco.

duchess n. duquesa.

duck n. pato. || monada. || zambullida. || — vt. bajar la cabeza. || meter bajo el agua. || esquivar. || — vi. sumergirse. || hurtar el cuerpo.

duckling n. patito.

duct n. conducto, canal.

dud adj. falso. || (cheque) sin fondos. || inútil. || — n. cosa sin valor. || algo que no funciona.

due adj. debido. || conveniente. || pagadero. || fijado: **the train is d. at 5 o'clock**, el tren debe llegar a las 5. || correcto, conveniente, debido. || — adv. directamente. || — n. deuda. || lo que merece uno. || pl. **dues**, derechos.

duel n. duelo. || — vi. batirse a duelo.

duet n. dúo.

dug pret. y pp. de **dig**. || — n. teta, ubre.

dugout n. refugio subterráneo.

duke n. duque.

dull adj. apagado, mate. || (dolor) sordo. || nublado, cubierto. || aburrido. || lerdo, torpe. || insípido. || (mercado) no activo. || — vt. embotar. || deslustrar.

duly adv. debidamente. || a tiempo.

dumb adj. mudo. || (fam.) estúpido, soso.

dumbbell n. pesa.

dumbfound vt. dejar sin habla, pasmar.

dumb show n. pantomima.

dumbwaiter n. mesita de la cual uno se sirve. || (E. U.) montaplatos.

dummy adj. falso, postizo. || — n. objeto de utilería. || chupete. || (bridge) muerto.

dump n. montón. || vaciadero. || (mil.) depósito. || (comput.) vuelco. || — vt. descargar, verter, vaciar. || deshacerse. || (comput.) volcar.

dumping n. (com.) tipo de exportación.

dumpy adj. regordete y bajo.

dun adj. pardo.

dunce n. zopenco.

dune n. duna.

dung n. excremento. || estiércol.

dungarees n. pl. mameluco.

dungeon n. mazmorra, calabozo.

dunk vt. mojar, remojar, sopar.

dupe n. fácil de engañar. || — vt. embaucar.

duplicate adj., n. duplicado.

duplicate vt. duplicar.

duplicator n. multicopiadora, mimeógrafo.

duress n. compulsión.

during prep. durante.

dusk n. crepúsculo, anochecer.

dust n. polvo. || barreduras. || basura. || — vt. quitar el polvo a, desempolvar. || espolvorear.

dustbin n. cubo de la basura.

dust cover n. guardapolvo. || (de libro) sobrecubierta.

duster n. paño, trapo. || plumero. || borrador.

dust jacket n. sobrecubierta, camisa.

dustman n., pl. —**men**, basurero.

dustpan n. pala para la basura.

dusty adj. polvoriento, empolvado.

Dutch adj. holandés. || — n. holandés.

dutiful adj. obediente, sumiso.

duty n. deber, obligación. || **on/off d.**, de, fuera de servicio.

duty-free adj. libre de derechos de aduana.

dwarf adj. enano. || diminuto. || — n. enano. || — vt. achicar, empequeñecer.

dwell vi. (prel. y pp. **dwelt**) morar. || **to d. on**, explicar largamente, explayarse en.

dweller n. habitante. || inquilino.

dwelt ver **dwell**.

dwindle vi. disminuir, menguar.

dye n. tinte. || matiz, color. || — vt. teñir.

dyeing n. tinte, tintura.

dying part. pres. de **die**. || — adj. moribundo.

dynamics n. dinámica.

dynamite n. dinamita. || — vt. dinamitar.

dynasty n. dinastía.

dyspepsia n. dispepsia.

D

E

e *n.* e. || *(mús.)* mi.

each *adj.* cada: **e. and every**, todo. || — *pron.* cada uno. || — *adv.* cada uno, por persona.

eager *adj.* impaciente. || ilusionado. || ambicioso.

eagle *n.* águila.

ear *n.* oreja. y oído. || *(bot.)* espiga.

earache *n.* dolor de oídos.

eardrum *n.* tímpano.

earl *n.* conde.

early *adj.* temprano. || **in his e. days**, en su juventud. || prematuro. || pronto, rápido. || — *adv.* temprano. || pronto: **as e. as possible**, lo antes posible.

earmark *n.* (ganado) serial en la oreja. || — *vt.* marcar. || (dinero) reservar. || poner aparte.

earn *vt.* (dinero) ganar(se), percibir. || (interés) devengar. || merecerse). || adquirir.

earnest *adj.* serio, formal. || (deseo) ardiente.

earnings *n. pl.* sueldo, ingresos. || ganancias, beneficios, utilidades.

earphones *n. pl.* auriculares.

earring *a.* pendiente. || arete, aro, zarcillo.

earshot *n.* alcance del oído.

earth *n.* tierra, suelo. || mundo. || madriguera. || **to come down to e.**, volver a la realidad. || — *vt.* cubrir con tierra, enterrar. || *(elec.)* conectar a tierra.

earthenware *n.* loza de barro, alfarería.

earthly *adj.* terrenal, mundano.

earthquake *n.* terremoto, sismo.

earthworm *n.* lombriz.

earthy *adj.* terroso. || telúrico. || *(fig.)* grosero.

earwax *n.* cerumen.

ease *n.* facilidad. || alivio. || tranquilidad. || comodidad. || naturalidad. || — *vt.* facilitar. || aliviar. || tranquilizar. || aligerar. || soltar, librar. || — *vi.* (viento) amainar, calmarse. || (tensiones) relajarse. || aflojarse, distenderse.

easel *n.* caballete.

easiness *n.* facilidad.

east *n.* este, oriente. || **Far E.,** Lejano Oriente. || — *adj.* del este, oriental. || — *adv.* al este, hacia el este.

Easter *n.* Pascua de Resurrección.

eastern *adj.* del este, oriental.

easy *adj.* fácil, sencillo. || tranquilo. || cómodo. || natural, sin afectación. || lento, pausado. || — *adv. (fam.)* fácilmente, cómodamente. || tranquilamente, sosegadamente. || **to take it e.**, descansar, tomárselo con calma, no preocuparse.

easy chair *n.* butaca, sillón.

easy-going *adj.* acomodadizo, nada severo. || tolerante. || indolente.

eat *(pret.* **ate,** *pp.* **eaten***) vt.* comer. || *(fig.)* consumir, gastar. || corroer, devorar. || — *vi.* comer. || **to e. into**, (metal) corroer. || desgastar.

eatable *adj.* comestible. || *n. pl.* **eatables**, comestibles.

eaten ver **eat**.

eater *n.* fruta de mesa. || comedor, comilón.

eating *n.* el comer. || comida. || **e. house**, restaurante.

eaves *n. pl.* alero.

eavesdrop *vi.* escuchar a escondidas.

ebb *n.* reflujo. || caída, decadencia. || — *vi.* bajar, menguar. || *(fig.)* decaer. || **e. tide**, marea menguante.

ebony *n.* ébano. || — *adj.* de ébano.

ebullient *adj.* exaltado, entusiasta, exuberante.

eccentric *adj., n.* excéntrico.

ecclesiastical *adj.* eclesiástico.

echelon *n.* escalón. || — *vt.* escalonar.

echo *n.* eco. || *(fig.)* resonancia. || repetición. || — *vt.* repetir. || imitar. || hacerse eco de. || — *vi.* resonar, hacer eco.

echo-sounder *n.* sonda acústica.

éclat *n.* brillo, éxito brillante.

eclipse *n.* eclipse. || — *vt.* eclipsar.

eclogue *n.* égloga.

ecology *n.* ecología.

economic(al) *adj.* económico. || equitativo. || rentable.

economics *n.* economía. || economía política.

economize *vt., vi.* economizar, ahorrar.

economy *n.* economía. || **e. class**, clase económica o turista.

ecstasy *n.* éxtasis, || arrebato.

ecstatic *adj.* extático.

eddy *n.* remolino. || — *vi.* arremolinarse.

edge *n.* filo, corte. || borde. || margen. || canto (de moneda). || afueras (de ciudad). || orilla. || — *vt.* afilar. || ribetear, orlar. || poner un borde a. || — *vi.* andar de lado. || avanzar con cautela. || to e. **into**, insinuarse poco a poco.

edgeways *adv.* de lado, de canto. || **not to get a word in e.**, *(fig.)* no poder meter baza.

edging *n.* ribete, orla. || borde.

edgy *adj.* nervioso, inquieto.

edible *adj.* comestible.

edict *n.* edicto.

edifice *n.* edificio (*esp.* grande, imponente).

edify *vt.* edificar.

edit *vt.* dirigir la publicación de. || preparar una edición de. || preparar para la imprenta. || (guión) corregir.

edition *n.* edición. || tirada.

editor *n.* director. || redactor-jefe. || autor de la edición. || **editor's note**, nota de la redacción.

editorial *adj.* editorial. || de la dirección. || **e. staff**, redacción. || — *n.* artículo de fondo, editorial.

educate *vt.* educar. || formar. || instruir.

education *n.* educación. || enseñanza. || instrucción. || formación cultural, cultura.

eel *n.* anguila.

eerie *adj.* misterioso. || extraño, horripilante.

efface *vt.* borrar. ||— *vr.* **to e. oneself**, lograr pasar inadvertido.

effect *n.* efecto, consecuencia. || impresión. || eficacia. || *pl.* **effects**, efectos. || **in e.**, en realidad. || **to be in e.**, *(der.)* estar vigente. || **to this e.**, con este propósito. || **to put into e.**, poner en vigor. || — *vt.* efectuar, llevar a cabo, hacer.

effective *adj.* eficaz. || llamativo. || efectivo, verdadero. || útil. || — *n.*, *pl.* **effectives**, efectivos.

effectuate *vt.* efectuar, lograr.

effeminate *adj.* afeminado.

effervesce *vi.* entrar en efervescencia. || hervir. || *(fig.)* ser muy alegre.

effervescent *adj.* efervescente *(t. fig.)*.

efficacy *n.* eficacia.

efficient *adj.* eficiente. || eficaz. || *(mec.)* de buen rendimiento. || competente, capaz.

effigy *n.* efigie.

effluent *adj.* efluente. || — *n.* corriente efluente.

effluvium *n., pl.* efluvio, emanación, tufo.

effort *n.* esfuerzo. || intento, tentativa. || *(fam.)* resultado, producto.

effortless *adj.* sin esfuerzo alguno, fácil.

effrontery *n.* descaro, desfachatez.

effusion *n.* efusión.

egalitarian *adj.* igualitario.

egg *n.* huevo. || **hard-boiled e.**, huevo duro. || **soft-boiled e.**, huevo pasado por agua. || **scrambled eggs**, huevos revueltos.

eggcup *n.* huevera.

egg-laying *n.* puesta de huevos. || (peces, insectos) desove.

eggplant *n.* berenjena.

eggshell *n.* cáscara de huevo. || — *adj.* frágil.

ego *n.* el yo.

egoism *n.* egoísmo.

egotism *n.* egotismo.

egregious *adj.* notorio. || extra-ordinario. || enorme.

eh *interj.* ¿cómo?, ¿qué? || ¿no?, ¿verdad?

eiderdown *n.* edredón.

eight *adj.* ocho. || — *n.* ocho.

eighteen *adj., n.* dieciocho.

eighth *adj., n.* octavo.

eighty *adj., n.* ochenta. || **the eighties**, **(1980s)**, los años ochenta.

either *adj.* cualquier... de los dos. || — *pron.* cualquiera de los dos, uno u otro. || — *conj.* o...,: **e. you go or I will go**, o te vas tú o me voy yo. || — *adv.* tampoco.

ejaculate *vt.* proferir. || eyacular.

eject *vt.* expulsar. || desahuciar (a un inquilino). || *(aer.)* eyectar, expeler.

ejector *n.* expulsor. || eyector. || **e. seat**, asiento eyectable.

eke *vt.* suplir las deficiencias de. || escatimar.

elaborate *adj.* complicado. || detallado. || primoroso. || exquisito.

elaborate *vt.* elaborar. || — *vi.* explicarse con muchos detalles.

elapse *vi.* pasar, transcurrir.

elastic *adj.* elástico *(t. fig.)*. || — *n.* elástico, goma.

elate vt. regocijar.

elation n. regocijo, júbilo.

elbow n. codo. || recodo. || **at one's e.**, al alcance de la mano. || — vt. dar un codazo. || empujar con el codo.

elbowroom n. espacio para moverse. || libertad de acción.

eider adj. mayor: **his e. son**, su hijo mayor. || — n. mayor: **my elders**, mis mayores. || anciano (t. relig.).

elderly adj. de edad, mayor.

eldest adj. (el, la) mayor.

elect vi. elegir. || — adj. elegido. || electo. ||— n. **the e.**, los elegidos.

electioneering n. campaña electoral.

electorate n. electorado.

electric adj. eléctrico. || (fig.) cargado de electricidad, muy tenso. || **e. eye**, célula fotoeléctrica. || **e. tape**, cinta aisladora.

electrician n. electricista.

electricity n. electricidad.

electrify vt. electrificar. || (fig.) electrizar.

electrocute vt. electrocutar.

electromagnet n. electroimán.

electronics n. electrónica.

electroplate vt. galvanizar.

elegance n. elegancia.

elegy n. elegía.

element n. elemento. || parte. || factor. || (biol., elec.,fís., quím., relig.) elemento. || pl. **elements**, elementos, primeras nociones.

elementary adj. elemental. || rudimentario. || (escuela) primario.

elephant n. elefante. || **e. seal**, elefante marino.

elevate vt. elevar. || alzar. || ascender.

elevator n. elevador de granos. || (aer.) timón de profundidad. || (E .U.) ascensor.

eleven adj. once. || — n. once.

eleventh adj. undécimo, onceno.

elf n., pl. **elves** elfo, duende.

elicit vt. sacar, obtener.

elide vt. elidir.

eligible adj. elegible. || deseable. || **an e. young man**, un buen partido.

eliminate vt. eliminar. || suprimir. || descartar.

elk n. alce.

elm n. olmo.

elocution n. elocución.

elongate vt. alargar, extender.

elope vi. fugarse con su amante.

eloquence n. elocuencia.

else adj., adv. otro, otra. || más: **anything e., madam?**, ¿algo más, señora? || si no, de otro modo: **run or e. you'll be late**, si no te das prisa, llegarás tarde. || **anywhere e.**, en cualquier otra parte. || **everyone e.**, todos los demás. || **something e.**, otra cosa.

elsewhere adv. en otra parte, a otra parte.

elucidate vt. aclarar, elucidar.

elude vt. eludir, esquivar, evitar.

elusive adj. esquivo. || escurridizo.

elves ver **elf**.

emaciate vi. adelgazar. || demacrar.

emanate vi. emanar, proceder.

emancipate vt. emancipar.

emasculate vt. castrar. || (fig.) mutilar.

embalm vt. embalsamar.

embankment n. terraplén.

embark vt. embarcar. || — vi. embarcarse. || (fig.) **to e. up(on)**, emprender.

embarrass vt. desconcertar, turbar. || poner en aprieto.

embarrassment n. desconcierto, turbación. || **financial e.**, dificultades económicas. || estorbo.

embassy n. embajada.

embattle vt. formar en orden de batalla.

embed vt. empotrar. || clavar, hincar.

embellish vt. embellecer. || (fig.) adornar.

embers n. pl. rescoldo, ascua.

embezzle vt. malversar, desfalcar.

embitter vt. amargar. || (fig.) (relaciones) envenenar.

emblem n. emblema.

embody vt. encarnar, personificar. || materializar. || incorporar. || abarcar.

emboss vt. realzar. || estampar en relieve.

embrace n. abrazo. || — vt. abrazar. || abarcar, incluir. || adoptar. || adherirse a. || — vi. abrazarse.

embroider vt. bordar. || (fig.) adornar (un relato).

embroil vt. embrollar, enredar.

embryo n. embrión. || (fig.) germen.

emend vt. enmendar.

emerald n. esmeralda. || — adj. de color de esmeralda, esmeraldino.

emerge vi. salir. || aparecer, dejarse ver (t. fig.). || surgir. || **it emerges that,** resulta que.

emergency n. crisis. || situación imprevista. || — adj. de auxilio. || de urgencia, de emergencia. || **e. landing**, aterrizaje forzoso. || **e. brake**, freno de seguridad. || extraordinario.

E

emergent adj. naciente.

emery n. esmeril. || **e. board**, lima de uñas.

emigrate vi. emigrar.

eminence n. eminencia.

emission n. emisión.

emit vt. (sonido, señal) emitir. || (vapor, etc.) exhalar. || (olor) despedir. || (sonido) producir.

emotion n. emoción.

emotional adj. emocional. || sentimental.

empathy n. empatía.

emperor n. emperador.

emphasis n. énfasis. || importancia.

emphasize vt. (gram.) acentuar. || (fig.) subrayar, recalcar.

empire n. imperio.

empiric(al) adj. empírico.

emplacement n. emplazamiento.

employ n. empleo, servicio. || — vt. emplear, dar trabajo. || usar (una cosa). || ocupar (el tiempo).

employee n. empleado, dependiente.

employer n. patrón.

employment n. empleo. || puesto. || ocupación. || **e. agency**, agencia de colocaciones. || **e. exchange**, bolsa de trabajo.

empower . autorizar, facultar, habilitar.

empress n. emperatriz.

empty adj. vacío. || desocupado. || desierto. || vano. || — n. (gen. pl.) botella (etc.) vacía. ||— vt. vaciar, verter. || descargar. || — vi. vaciarse. || quedar desocupado. || quedar desierto.

empty-headed adj. frívolo, alocado.

emulate vt. emular.

emulsify vt. emulsionar.

enable vt. permitir, autorizar. || habilitar.

enact vt. decretar. || (ley) promulgar. || representar, hacer el papel de.

enamel n. esmalte. || — vt. esmaltar.

enamour vt. enamorar. | (fig.) cautivar, seducir.

encase vt. encajonar. || encerrar.

enchain vt. encadenar.

enchant vt. encantar (t. fig.).

enchanter n. hechicero.

encircle vt. rodear. || ceñir. || (mil.) envolver.

enclose vt. cercar. || incluir, encerrar. || remitir adjunto, adjuntar.

enclosure n. cercamiento. || cercado, recinto. || carta adjunta, documento adjunto.

encompass vt. cercar, rodear. || lograr. || abarcar, incluir, comprender.

encore interj. ¡bis! || — n. bis, repetición. || — vt. pedir la repetición de.

encounter n. encuentro. || — vt. encontrarse con. || tropezar con (dificultad, etc.).

encourage vt. animar, alentar. || fomentar, estimular. || fortalecer. || incitar.

encouraging adj. alentador. || favorable, halagüeño.

encroach vi. invadir, pasar los límites de.

encrust vt. incrustar. || — vi. incrustarse.

encumber vt. estorbar. || gravar. || cargar.

encumbrance n. estorbo. || carga, gravamen.

encyclopaedia, —pedia n. enciclopedia.

end n. final, fin. || extremo, punta. || límite. || cabo (de cuerda). || conclusión, término. || (fig.) propósito, objeto, intención. || **from e. to e.**, desde el principio hasta el final. || — adj. final, del fin. || — vt., vi. acabar(se), terminar(se).

endanger vt. poner en peligro.

endear vt., vi. hacer(se) querer.

endearing adj. simpático, atractivo.

endeavour n. esfuerzo, tentativa. || empeño. || — vi. esforzarse, procurar.

ending n. fin, conclusión. || desenlace. || (gram.) terminación, desinencia.

endless adj. interminable. || (tec.) sin fin.

endorse vi. endosar. || (fig.) aprobar.

endow vt. dotar. || hacer una donación.

endowment n. dotación. || donación. || dote. || (fig.) don, cualidad.

end product n. producto final.

endurance n. resistencia, aguante.

endure vt. aguantar, soportar. || resistir. || — vi. durar, perdurar.

enemy adj., n. enemigo.

enemy vt. activar, dar energía a.

energy n. energía. || vigor.

enervate vt. enervar, debilitar.

enfeeble vt. debilitar.

enfold vt. envolver, y abrazar.

enforce vt. hacer cumplir, poner en vigor. || hacer respetar. || imponer.

enfranchise vt. emancipar. || conceder el derecho de votar a.

engage vt. comprometer, empeñar (honor). || llamar, atraer (atención). || prometer en matrimonio. || contratar (una persona). || (taxi, etc.) alquilar. || (teléfono) ocupar. || (conversación) entablar. || librar una batalla. || — vi. engranar.

engagement n. contrato. || obligación. || cita. || noviazgo, compromiso matrimonial. || (mil.) combate. || (dep.) encuentro. || (mee.) engranaje.

engaging adj. atractivo, simpático.

engender vt. engendrar. || (fig.) suscitar.

engine n. motor. || máquina, locomotora. || **jet e.**, motor de reacción. || **e. driver**, maquinista.

engineer n. ingeniero. || mecánico. || maquinista. || — vt. (caminos, puentes, etc.) construir. || (fig.) lograr. || maquinar.

engineering n. ingeniería. || **electrical e.**, electrotecnia.

English adj. inglés. || — n. (idioma) inglés. || **the E.**, los ingleses.

engrave vt. grabar (t. fig.). || burilar.

engraving n. grabado.

engross vt. absorber. || acaparar. || (com.) hacer una transcripción legal.

engulf vt. tragar. || sumergir, hundir.

enhance vt. realzar, intensificar.

enjoin vt. imponer. || ordenar. || prohibir.

enjoy vt. disfrutar de, gozar de. || tener (la confianza de alguien), || gustar. || pasarlo bien, divertirse.

enjoyment n. disfrute. || placer. || diversión.

enlarge vt. extender, aumentar, ensanchar. || (fot.) ampliar. || — vi. extenderse, aumentarse. || **to e. upon (o on)**, tratar detalladamente.

enlighten vt. aclarar. || informar, instruir. || ilustrar, iluminar (la mente).

enlightenment n. aclaración. || ilustración.

enlist vt. (mil.) alistar, reclutar. || conseguir. || — vi. alistarse.

enmity n. enemistad.

ennoble vt. ennoblecer.

enormous adj. enorme.

enough adj. bastante, suficiente. || — adv. suficientemente, bastante. || — interj. ¡basta!: **e. of your lies!**, ¡basta de mentiras! || **I have had e. of her**, estoy harto de ella.

enquire ver **inquire**, **enrage** vt. enfurecer, hacer rabiar.

enrich vt. enriquecer. || fertilizar (el suelo).

enrol vt., vi. inscribir(se). || matricular(se). || alistar(se).

ensemble n. conjunto.

ensign n. bandera. || insignia. || (E. U.) (mil.) alférez.

enslave vt. esclavizar. || (fig.) dominar.

ensue vi. seguirse. || sobrevenir. || resultar.

ensure vt. asegurar.

entail n. vínculo. || — vt. imponer. || suponer. || acarrear. || (der.) vincular.

entangle vt. enredar, enmarañar.

entanglement n. enredo, embrollo. || intriga amorosa.

enter vt. entrar en. || penetrar en. || (fig.) ingresar en, hacerse socio de. || alistarse en. || anotar. || inscribir, matricular. || — vi. entrar. || **to e. for**, participar en. || presentarse como candidato a. || **to e. into**, tomar parte en (discusión, etc.). || (com.) (contrato, acuerdo) firmar con. || **to e. upon o on**, emprender, empezar. || (cargo, etc.) tomar posesión de.

enterprise n. empresa. || iniciativa.

enterprising adj. emprendedor.

entertain vt. divertir, entretener. || recibir en casa. || agasajar.

entertainer n. artista. || animador. || anfitrión.

enthrall vi. (fig.) encantar, cautivar.

enthrone vt. entronizar.

enthuse vi. entusiasmarse.

enthusiasm n. entusiasmo.

entice vt. tentar, atraer (con maña). || seducir.

entire adj. entero, completo. || total. || todo. || intacto.

entirety n. totalidad. || integridad.

entitle vt. (libro) titular. || dar derecho, autorizar, habilitar.

entity n. entidad, ente.

entomb vt. sepultar.

entourage n. séquito.

entrails n. pl. entrañas.

entrance n. entrada. || ingreso. || (teat.) entrada en escena.

entrance vt. encantar, extasiar.

entrant n. participante, principiante.

entreat vt. rogar, suplicar.

entrench vt., vi. atrincherar(se).

entrenchment n. trinchera.

entrust vt. confiar. || encargar.

entry n. entrada. || acceso. || ingreso (en una profesión). || artículo (de diccionario). || (libro de cuentas) anotación. || (com.) partida.

entwine vt. entrelazar, entretejer.

enumerate vt. enumerar.

enunciate vt. pronunciar, articular. || enunciar.

envelop vt. envolver.

envelop(e) n. sobre. || (aer.) envoltura, cubierta.

envenom vt. envenenar.

enviable adj. envidiable.

envious adj. envidioso.

environment n. medio ambiente, ambiente.

E

environs n. pl. alrededores, inmediaciones.

envisage vt. prever. || concebir, formarse una idea de. || proyectar.

envoy n. enviado.

envy n. envidia. || — vt. tener envidia. || envidiar.

ephemeral adj. efímero.

epic adj. épico. || — n. épica, epopeya.

epicurean adj., n. epicúreo.

epidemic adj. epidémico. || — n. epidemia.

episode n. episodio.

epistle n. epístola.

epitaph n. epitafio.

epitomize vt. compendiar, resumir.

epoch n. época.

equable adj. uniforme, igual. || tranquilo, ecuánime.

equal adj. igual. || equitativo. || uniforme. || — n. igual. || — vt. ser igual a.

equalize vt. igualar. || — vi. (dep.) empatar.

equate vt. considerar equivalente.

equator n. ecuador.

equestrian adj. ecuestre. || — n. jinete.

equilibrate vt., vi. equilibrar(se).

equinox n. equinoccio.

equip vt. equipar, proveer.

equipment n. equipo, material. || (fig.) aptitud, dotes.

equitable adj. equitativo.

equity n. equidad. || **e. securities**, acciones ordinarias.

equivalence n. equivalencia.

equivocal adj. equívoco. || dudoso.

era n. época, era.

eradicate vt. desarraigar. || erradicar.

erase t. borrar (t. fig.).

eraser n. goma de borrar, borrador.

erasure n. borradura. || raspadura.

erect adj. erguido. || derecho. || vertical. || — vi. erigir. || construir. || levantar. || montar.

ermine n. armiño.

erode vt. (geol.) erosionar. || corroer, desgastar. || (fig.) mermar, perjudicar.

erosive adj. erosivo.

eroticism n. erotismo.

err vi. errar, equivocarse. || pecar.

errand n. recado, mandado. || misión. || **e. boy**, recadero, mandadero.

errant adj. errante. || andante.

erratic adj. irregular. || excéntrico. || voluble.

erroneous adj. erróneo.

error n. error, equivocación.

erstwhile adj. antiguo.

erudition n. erudición.

erupt vi. estar en erupción, entrar en erupción. || (med.) hacer erupción. || estallar.

escalate vt., vi. extender(se), intensificar(se).

escalator n. escalera mecánica.

escapade n. aventura.

escape n. escape. || huida, evasión. || fuga. || escapatoria. || — vt. evitar, eludir. || escapar a. || burlar. || — vi. escapar(se). || evadirse, huir. || (gas, líquido) fugarse.

escarpment n. escarpa.

eschew vt. evitar, abstenerse de.

escort vt. acompañar. || (mil.) escoltar.

escutcheon n. blasón, escudo de armas.

especial adj. especial, particular.

espionage n. espionaje.

esplanade n. paseo marítimo, rambla.

espouse vt. adherirse a (una causa).

espy vt. divisar, descubrir.

esquire n. (abrev. esq.) Sr. Don (en sobres).

essay n. ensayo. || redacción, composición. || intento, prueba.

essay vt. probar, ensayar. || intentar.

essence n. esencia. || extracto. || fondo.

essential adj. esencial. || indispensable. || — n. esencial. || elemento vital.

establish vt. establecer, fundar, crear. || verificar. || demostrar, probar. || — vi. **to e. oneself**, establecerse, crearse una reputación.

establishment n. establecimiento, fundación. || (mil.) fuerzas, efectivos. || plantel, personal.

estate n. finca, hacienda. || propiedad. || **real e.**, bienes raíces. || herencia, heredad. || estado.

estate car n. furgoneta.

esteem n. estima. || consideración. || — vt. estimar, apreciar.

estimate n. estimación, apreciación. || tasa, cálculo. || presupuesto.

estimate vt. estimar, apreciar. || calcular, computar, tasar. || — vi. **to e. for**, presupuestar.

estrange vt. enajenar, apartar.

estuary n. estuario, ría.

etcetera adv. etcétera. || — n., pl. **etceteras**, extras, añadidos.

etching n. aguafuerte.

eternity n. eternidad.

ethics n. ética. || moralidad.

ethnic adj. étnico.

etiquette n. etiqueta. || honor profesional.

etymology n. etimología.

eugenics n. eugenesia.

eulogize vt. elogiar, encomiar.

euphemism n. eufemismo.

euphony n. eufonía.

euphoria n. euforia.

European adj., n. europeo.

evacuate vt. evacuar. || desocupar.

evade vt. evadir, eludir. || escaparse de.

evaluate vt. evaluar, calcular (el valor de). || tasar. || interpretar.

evangelize vt. evangelizar.

evaporate vt., vi. evaporarse).

evasion n. evasiva. || evasión.

eve n. víspera. || **Christmas E.**, Nochebuena.

even adj. llano. || liso, uniforme. || a nivel. || uniforme, constante. || (dep.) igual. || (número) par. || ecuánime. || imperturbable. || — adv. hasta, incluso. || aún. || **e. as**, como, del mismo modo que. || **e. if (though)**, aunque, si bien, aun cuando. || **e. so**, aun así, sin embargo. || **not e.**, ni siquiera. || — vt. nivelar, igualar.

evening n. tarde, atardecer. || noche. || — adj. **e. class**, clase nocturna. || **e. dress**, traje de etiqueta (para hombre), traje de noche (para mujer).

event n. suceso, acontecimiento. || resultado, consecuencia. || (en un programa) número. || (dep.) prueba, competición. || **at all events** o **in any e.**, en todo caso. || **current events**, actualidades.

even-tempered adj. ecuánime, apacible.

eventful adj. accidentado, azaroso. || lleno de incidentes, de emoción.

eventual adj. final. || consiguiente, resultante.

eventually adv. finalmente. || con el tiempo, a la larga.

ever adv. siempre. || alguna vez. || nunca, jamás. || **e. after** o **e. since**, desde entonces. || **e. so**, muy.

evergreen adj. de hoja perenne. || — n. árbol o planta de hoja perenne.

everlasting adj. eterno, perdurable. || interminable. || — n. eternidad.

evermore adv. eternamente. || **for e.**, por siempre jamás.

every adj. cada: **e. other day**, cada dos días. || todo, todos. || **e. now and then**, **e. now and again**, de vez en cuando.

everybody pron. todo el mundo.

everyday adj. diario, cotidiano. || corriente, acostumbrado. || vulgar. || rutinario.

everything pron. todo.

everywhere adv. en todas partes, a todas partes, por todas partes.

evict vt. desalojar, expulsar.

evidence n. evidencia. || prueba, indicios. || testimonio. || hechos, datos. || (der.) declaración. || testigo. || — vt. probar. || dar muestras de. || (der.) declarar (un testigo).

evident adj. evidente, manifiesto, claro.

evil adj. malo, pernicioso. || malvado. || diabólico. || funesto. || — n. mal, maldad.

evildoer n. malhechor.

evil-minded adj. malintencionado, mal pensado.

evince vt. dar pruebas de, mostrar.

evoke vt. evocar.

evolution n. evolución. || desarrollo.

evolve vt. desarrollar, producir. || (fís.) desprender. || — vi. evolucionar, desarrollarse. || (mat.) extraer raíces.

ewe n. oveja.

ex adj. antiguo, ex. || — n. el, la ex.

exacerbate vt. exacerbar.

exact adj. exacto. || melódico. || — vt. exigir. || imponer.

exacting adj. exigente. || difícil, arduo.

exactitude n. exactitud.

exaggerate vt. exagerar.

exalt vt. exaltar, elevar. || alabar.

examination n. examen. || (med.) reconocimiento. || (aduana, etc.) inspección, registro. || investigación.

examine vt. examinar. || inspeccionar, escudriñar. || (der.) interrogar. || (equipaje, etc.) registrar. || (med.) hacer un reconocimiento médico.

example n. ejemplo. || ejemplar. || (mat.) problema.

exasperate vt. exasperar. || exacerbar.

excavate vt. excavar.

excavator n. excavador. || (máquina) excavadora.

exceed vt. exceder. || rebasar. || sobrepasar || abusar de. || superar.

exceedingly adv. sumamente, extremadamente.

excellence n. excelencia.

Excellency n. Excelencia.

except vt. exceptuar, excluir. || — prep. excepto, con excepción de, salvo.

excepting prep. = **except**.

excerpt n. extracto.

excess n. exceso (t. fig.). || (com.), excedente. || **in e.**, de sobra. || — adj. excedente.

exchange n. cambio. || canje. || intercambio. || bolsa de trabajo. || (com.) bolsa (de valores). || central telefónica. || **foreign e.**, divisas. || — vt. cambiar. || canjear.

exchangeable adj. cambiable. || canjeable.

exchequer n. hacienda, tesoro, erario.

excise n. impuestos sobre artículos de producción nacional.

excise vt. gravar con impuestos. || cortar, quitar.

excite vt. emocionar. || excitar, estimular. || provocar.

excitement n. emoción, entusiasmo. || excitación. || ilusión. || alboroto.

exciting adj. emocionante, apasionante. || excitante.

exclaim vi. exclamar.

exclude vt. excluir. || exceptuar.

exclusive adj. exclusivo. || único. || selecto. || — adv. exclusive. || **e. of**, excluyendo, sin tener en cuenta.

excommunicate vt. excomulgar.

excrete vt. excretar.

excruciating adj. (dolor) agudísimo, atroz.

exculpate vt. exculpar.

excusable adj. perdonable, disculpable.

excuse n. disculpa, excusa. || razón, justificación. || pretexto.

excuse vi. disculpar, perdonar. || dispensar de, eximir de. || **e. me!**, ¡perdón!, ¡discúlpeme!, ¡con permiso! || — vr. **to e. oneself**, excusarse, pedir disculpa. || pedir permiso.

execrate vt. execrar, abominar (de).

execute vi. (mús.) ejecutar. || cumplir (orden). || realizar. || ejecutar, ajusticiar.

executioner n. verdugo.

executive adj. ejecutivo. || — n. poder ejecutivo. || ejecutivo, gerente, director.

executor n. albacea, testamentario.

exemplary adj. ejemplar.

exemplify vt. ejemplificar. || ilustrar.

exempt adj. exento, libre. || — vt. eximir.

exemption n. exención. || inmunidad.

exercise n. ejercicio. || — vt. ejercer. || valerse de. || preocupar. || entrenar. || llevar de paseo (a un perro). || — vi. ejercitarse, hacer ejercicios.

exercise book n. cuaderno.

exert vt. ejercer, emplear. || — vr. **to e. oneself**, esforzarse, afanarse.

exertion n. ejercicio (de poder). || esfuerzo.

exhale vt. exhalar. || despedir (gas, olor, etc.). || — vi. exhalar.

exhaust n. gases de escape. || — adj. de escape. || — vt. agotar.

exhausting adj. agotador.

exhibit n. objeto expuesto. || pieza de museo. || documento. || — vt. mostrar, manifestar. || exponer. || — vi. organizar una exposición.

exhibitionism n. exhibicionismo.

exhibitor n. expositor.

exhilarate vt. levantar el ánimo de, alegrar, regocijar.

exhilarating adj. tónico, vigorizante.

exhort vt. exhortar.

exhume vt. exhumar, y (fig.) desenterrar.

exigence, exigency n. exigencia. || caso de urgencia.

exiguous adj. exiguo.

exile n. destierro, exilio. || exiliado, desterrado. || — vt. desterrar, exiliar.

exist vi. existir. || vivir.

existence n. existencia, vida. || ser.

existing adj. existente, actual.

exit n. salida. || (teat.) mutis. || — vi. (teat.) hacer mutis.

exonerate vi. eximir de, disculpar.

exorbitant adj. excesivo exorbitante.

exorcise vt. exorcizar, conjurar.

exotic adj. exótico. || — n. planta exótica.

expand vt. extender. || ensanchar. || dilatar. || aumentar. || expandir. || abrir, desplegar (alas). || (mal.) desarrollar.

expanse n. extensión. || envergadura (de alas).

expatriate adj., n. expatriado. || — vt. desterrar.

expect vt. esperar. || suponer. || contar con, confiar en.

expectancy n. expectación. || expectativa. || **life e.**, esperanza de vida.

expectant adj. expectante. || ilusionado. || **e. mother**, mujer embarazada.

expectation n. expectación. || esperanza, expectativa. || **e. of life**, probabilidades de vida, índice vital.

expedience, expediency n. conveniencia, oportunidad.

expedient adj. conveniente, oportuno. || — n. expediente, recurso.

expedite vt. despachar (con prontitud).
expeditious adj. expeditivo.
expel vi. arrojar, expeler. || expulsar.
expend vt. gastar. || consumir, agotar. || dedicar (esfuerzos).
expendable adj. prescindible.
expenditure n. gasto, desembolso.
expense n. gasto, gastos: **overhead expenses**, gastos generales. || **at my e.**, a costa mía. || **at the e. of**, a costa o a expensas de.
expensive adj. caro, costoso.
experience n. experiencia. || — vt. experimentar. || tener, tropezar con (dificultades).
experiment n. experimento. || ensayo.
experiment vi. experimentar, hacer experimentos.
expert adj. experto, perito. || hábil. || — n. experto, perito, || especialista.
expertise n. pericia. || habilidad.
expiate vt. expiar.
expire vi. terminar. || expirar. || (com.) vencer, caducar.
explain vt. explicar. || exponer. || aclarar.
explanation n. explicación. || aclaración.
expletive n. palabrota.
explicit adj. explícito.
explode vt. hacer saltar, explotar. || desacreditar, refutar (teoría, mito). || — vi. estallar, hacer explosión.
exploit n. hazaña, proeza.
exploit vt. explotar.
exploratory adj. exploratorio.
explore vt. explorar. || investigar.
explosion n. explosión (t. fig.).
exponent n. exponente. || intérprete.
export n. exportación. || artículo de exportación. || — adj. exportador.
export vt. exportar.
exporter n. exportador.
expose vt. exponer (t. fot.). || revelar, descubrir. || desenmascarar.
exposed adj. expuesto. || desabrigado.
exposure n. exposición (t. fot.). || revelación. || abandono a la intemperie.
exposure meter n. fotómetro.
expound vt. exponer, explicar.
express adj. expreso, explícito, categórico. || carta (urgente). || — n. rápido. || — adv. por correo urgente (etc.). || — vt. expresar. || exprimir (fruta).
expression n. expresión.
expressive adj. expresivo.
expressly adv. expresamente. || terminantemente.

expropriate vt. expropiar.
exquisite adj. exquisito, primoroso. || (med.) intenso (dolor). || — n. elegante.
extant adj. existente.
extempore adv. de improviso, sin preparación. || — adj. improvisado.
extend vt. extender. || tender (la mano). || ampliar (un edificio). || prolongar. || — vi. extenderse. || prolongarse. || **to e. over**, abarcar, incluir.
extension n. extensión. || ampliación. || prolongación. || (tlf.) línea derivada.
extensive adj. extenso. || dilatado. || frecuente.
extent n. extensión. || alcance. || **to a certain e., to some e.,** hasta cierto punto.
extenuate vt. atenuar, disminuir.
exterior adj. exterior, externo. || — n. exterior. || aspecto.
exterminate vt. exterminar.
external adj. externo, exterior.
extinct adj. (volcán) apagado, extinguido. || (raza) desaparecida.
extinguish vt. extinguir, apagar.
extirpate vt. extirpar.
extol vt. encomiar, alabar.
extort vt. obtener violentamente.
extortion n. exacción.
extra adj. adicional. || de más, de sobra. || extraordinario. || — adv. especialmente, extraordinariamente. || — n. (en recibo, cuenta) extra, suplemento. || (teat.) extra, comparsa. || (diario) edición extraordinaria. || (E. U.) repuesto.
extract n. (liter.) trozo. || extracto, concentrado.
extract vt. sacar. || extraer. || arrancar, obtener (confesión).
extradite vt. permitir la extradición de. || obtener la extradición de.
extradition n. extradición.
extramural adj. de extramuros.
extraordinary adj. extraordinario. || raro.
extravagant adj. derrochador, despilfarrador. || muy lujoso. || exorbitante. || raro, estrafalario.
extreme adj. extremo. || extremado. || excepcional. || — n. extremo, extremidad. || máximo.
extremely adv. sumamente, extremadamente.
extremity n. extremidad, punta. || apuro, necesidad. || pl. **extremities** (anat.), extremidades.
extricate vt. desenredar. || librar.

extrovert *adj., n.* extravertido.
exuberant *adj.* eufórico. || exuberante.
exude *vt.* rezumar, destilar, sudar.
exult *vi.* exultar, regocijarse.
eye *n.* ojo (*t.* de aguja). || vista, visión. || *(bot.)* yema, botón. || **an e. for an e.**, ojo por ojo. || **as far as the e. can see**, hasta donde alcanza la vista. || **to keep an e. on**, vigilar, cuidarse de. || **to turn a blind e.**, hacer la vista gorda. || — *vt.* ojear. || mirar insistentemente.
eyeball *n.* globo del ojo.
eyebrow *n.* ceja.
eye-catching *adj.* llamativo.
eyeful *n.* ojeada, vistazo.

eyeglass *n.* lente (de instrumento óptico). || monóculo.
eyelash *n.* pestaña.
eyelid *n.* párpado.
eye-opener *n.* revelación, sorpresa.
eyeshade *n.* visera.
eyesight *n.* vista. || alcance de la vista.
eyesore *n.* monstruosidad, cosa antiestética.
eyestrain *n.* vista cansada.
eye tooth *n.* colmillo.
eyewash *n.* colirio. || *(sl.)* música celestial.
eyewitness *n.* testigo ocular.

E

F

f *n.* f. || *(mús.)* fa.
fable *n.* fábula.
fabric *n.* tejido, tela. || *(arq.)* fábrica.
fabricate *vt.* *(fig.)* inventar. || falsificar.
fabulous *adj.* fabuloso. || *(fam.)* macanudo.
facade *n.* fachada. || *(fig.)* apariencia.
face *n.* cara, rostro. || semblante. || lado. || cariz. || parte delantera. || lado de página. || prestigio. || **f. to f.**, cara a cara. || — *vt.* mirar hacia, estar orientado. || enfrentar. || soportar, aguantar. || tocar, atañer || — *vi.* dar a, mirar hacia. || **to f. about**, dar media vuelta. || **to f. up to**, enfrentarse con.
face lift *n.* cirugía estética *(t. fig.)*.
face powder *n.* polvos.
face-saving *adj.* para salvar las apariencias.
facet *n.* faceta.
facetious *adj.* chistoso. || festivo, gracioso.
face value *n.* valor nominal. || *(fig.)* valor aparente, significado literal.
facile *adj.* fácil, superficial, ligero.
facility *n.* facilidad.
facing *prep.* de cara a, frente a. || — *adj.* opuesto, de enfrente. || — *n.* revestimiento.
fact *n.* hecho. || verdad, realidad. || **in f.**, de hecho. || **as a matter of f.**, en realidad.
fact-finding *adj.* de investigación.
faction *n.* facción.
factitious *adj.* facticio.
factor *n.* factor, hecho. || *(mat.)* factor.
factory *n.* fábrica.
factual *adj.* objetivo.
faculty *n.* facultad.
fad *n.* *(fam.)* manía. || capricho. || moda.
faddy *adj.* caprichoso, difícil de contentar.
fade *vt.* descolorar, desteñir. || marchitar. || — *vi.* perder color. || marchitarse. || desdibujarse, esfumarse. || **f. in**, *ir in crescendo* (la música de un filme). || **f. out**, ir disminuyendo hasta desaparecer.
faeces *n. pl.* excrementos.

fag *n.* faena, trabajo penoso. || alumno joven que trabaja para otro mayor. || *(sl.)* pitillo. || — *vt.* fatigar, cansar. || — *vi.* trabajar como un negro.
fail *n.* suspenso, aplazo (en examen). || **without f.**, sin falta. || — *vt.* faltar a., faltar en sus obligaciones a. || decepcionar. || no aprobar. || — *vi.* acabarse. || fallar, fracasar. || dejar de. || debilitarse.
failing *prep.* a falta de. || **f. that**, si no es así, en caso contrario. || — *n.* falta, imperfección.
failure *n.* fracaso. || fracasado. || falla, avería.
faint *adj.* débil. || pálido. || borroso. || casi imperceptible, débil. || — *n.* desmayo. || — *vi.* desmayarse, perder conocimiento.
fainthearted *adj.* medroso, pusilánime.
fair *adj.* hermoso. || rubio. || justo, equitativo. || favorable. || razonable. || leal, franco. || bueno. || **f. play**, juego limpio. || **to be f.**, para ser honesto. || — *n.* feria. || parque de atracciones.
fairground *n.* parque de atracciones.
fair-minded *adj.* imparcial.
fair-weather *adj.* en tiempo de prosperidad.
fairy *n.* hada. || *(sl.)* maricón.
fairyland *n.* tierra de las hadas.
fairy lights *n. pl.* bombitas para el árbol de Navidad.
fairy tale *n.* cuento de hadas.
faith *n.* fe. || confianza. || creencia. || religión, secta.
faithful *adj.* fiel. || exacto.
faithless *adj.* desleal, pérfido.
fake *n.* falsificación, impostura. || imitación, impostor, embustero. || — *adj.* falso, fingido. || — *vt.* falsificar, fingir.
falcon *n.* halcón.
fall *n.* caída. || baja. || disminución. || *(mil.)* caída, toma, rendición, y declive, desnivel. || catarata, cascada. || *(E. U.)* otoño. || — *vi.* (*pret.* **fell**, *pp.* **fallen**) caer, caerse. || disminuir. || *(mil.)* caer, rendirse. || amainar. || (rostro) entriste-

F

cerse. || **to f. short**, no alcanzar el resultado buscado. || **to f. about**, perder control de sí mismo. || **to f. back**, retroceder. || **to f. down**, fallar. || **to f. for**, ser engañado por. || **to f. off**, caer-se: || **to f. on**, caer sobre. || **to f. out**, discutir. || **to f. through**, fracasar.

fallacy n. error. || sofisma. || mentira.

fallen ver **fall**.

fall guy n. (E. U. fam.) cabeza de turco.

fallible adj. falible.

fallout n. polvillo radiactivo, lluvia radiactiva.

falsehood n. falsedad. || mentira.

falsify vt. falsificar.

falter vt. decir titubeando. || — vi. vacilar, titubear.

fame n. fama.

familiar adj. familiar. || conocido. || intimo. || **it doesn't sound.**, no me suena.

familiarize vt. familiarizar.

family n. familia.

famine n. hambre. || carestía.

famished adj. (fam.) famélico.

famous adj. famoso, célebre.

fan n. abanico. || ventilador. || aficionado, entusiasta. || (dep.) hincha. || — vt. abanicar.

fanatic n. fanático.

fan bell n. (aut.) correa de ventilador.

fanciful adj. imaginario. || elaborado, caprichoso.

fan club n. club de admiradores.

fancy n. fantasía, imaginación. || capricho. || afición, gusto. || — adj. decorativo. || (fam.) muy caro. || — vt. imaginar, imaginarse. || suponer, creer. || gustar.

fancy dress n. disfraz.

fang n. colmillo.

fantasy n. fantasía.

far adv. lejos. || (tiempo) lejos. || demasiado. || **as f. as**, hasta. || **f. away, f. from**, lejos. || **in so f. as**, en tanto que. || **so f. and no further**, hasta ahí y no más. || — adj. lejano, distante. || extremo. || **a f. cry from**, una pálida sombra de.

faraway adj. lejano. || ausente, perdido.

farce n. farsa.

farcical adj. absurdo, ridículo.

fare n. precio (del viaje, del boleto). || boleto. || (taxi) pasajero. || comida. || — vi. irle bien, tener éxito.

farewell interj. ¡adiós! || — n. despedida.

far-fetched adj. inverosímil, poco probable.

far-flung adj. extenso. || distante.

farm n. granja, finca, estancia. || criadero (de ostras, etc.). || — adj. agrícola, de campo. || — vt. cultivar, labrar. || **f. out**, encargar a otro del trabajo o del cuidado de los chicos.

farmer n. agricultor. || estanciero.

farmhand n. labriego. || peón.

farming n. cultivo, labranza. || agricultura.

farmstead n. alquería.

farmyard n. corral.

far-reaching adj. trascendental, de mucho alcance.

farrow vi. parir (la cerda).

far-sighted adj. clarividente, previsor.

fart n. (vulg.) pedo. || — vi. peer.

farther comp. de **far**, ver **further**.

farthest superl. de **far**, ver **farthest**.

farthing n. cuarto de penique.

fascinate vt. fascinar, encantar.

fascism n. fascismo.

fashion n. uso. || manera, estilo. || moda. || — vt. formar, labrar, forjar.

fashionable adj. de moda, elegante. || de buen tono.

fast adj. rápido, veloz. || fijo, inmutable. || (reloj) adelantado. || — adv. rápidamente. || firmemente. || — n. ayuno. || — vi. ayunar.

fast day n. día de ayuno.

fasten vt. asegurar, sujetar. || atar. || pegar. || echar el cerrojo. || abrochar. || — vi. cerrarse. || agarrarse. | (fig.) atenerse, fijarse.

fastener, fastening n. cerrojo, pestillo. || cierre. || broche. || grapa. || cierre relámpago.

fastidious adj. delicado, quisquilloso. || exigente. || refinado.

fastness n. (mil.) fortaleza. || refugio.

fat adj. gordo. || grueso, repleto. || — n. carnes. || grasa. || manteca. || **to live on the f. of the land**, darse buena vida.

fatalism n. fatalismo.

fatality n. fatalidad.

fate n. hado, destino, sino. || **the Fates**, las Parcas. || suerte.

fateful adj. fatal, fatídico. || decisivo.

father n. padre. || artífice, inventor. || — vt. engendrar. | (fig.) inventar, producir.

fatherhood n. paternidad.

father-in-law n. suegro.

Fatherland n. patria.

fatherless adj. huérfano de padre.

fathom n. (naveg.) braza. || — vt. sond(e)ar. || (fig.) profundizar. || desentrañar.

fatigue n. fatiga, cansancio. || *(mil.)* fajina. || — vt. fatigar, cansar.

fatten vt. engordar, cebar. || — vi. engordar.

fatly adj. graso. || — n. *(fam.)* gordinflón.

fatuous adj. fatuo, necio.

faucet n. *(E. U.)* grifo.

fault n. defecto. || imperfección. || avería. || falla. || culpa. || — vt. encontrar defectos.

faultfinding adj. criticón. || — n. manía de criticar.

faultless adj. impecable, intachable.

favour n. aprobación. || preferencia. || favor, atención. || *(com.)* carta. || **to be in f. of**, aprobar, ser partidario de. || — vt. favorecer. || aprobar, ser partidario.

favoured adj. favorecido. || predilecto.

fawn n. cervatillo. || — adj., n. color marrón amarillento. || — vi. hacer fiestas (a un perro). || adular.

fawning adj. adulador, servil.

fealty n. lealtad.

fear n. miedo, temor. || aprensión. || **for f. of**, temiendo, por miedo de. || — vi. **to f. for**, temer por. || **to f. to**, tener miedo de.

fearful adj. temeroso. || aprensivo. || tremendo, terrible.

fearless adj. intrépido, audaz.

fearsome adj. temible, espantoso.

feasible adj. factible, hacedero, posible.

feast n. banquete, festín. || fiesta. || — vt., vi. banquetear.

feat n. hazaña, proeza.

feather n. pluma. || — vt. emplumar.

feather bed n. plumón. || — vt. favorecer.

featherweight n. peso pluma.

feature n. rasgo distintivo, característica. || artículo, crónica. || película. || — vt. incluir como artista principal. || presentar, promocionar. || — vi. jugar un papel importante.

February n. febrero.

feckless adj. irreflexivo. || casquivano.

fed ver **feed**.

federalism n. federalismo.

fee n. derechos, honorarios. || cuota.

feeble adj.. débil. || flojo. || tenue.

feeble-minded adj. imbécil.

feed n. pienso. || forraje. || comida, alimento. || — vt. (pret. y pp., **fed**) alimentar, nutrir. || dar de comer. || — vi. comer. || pacer.

feedback n. realimentación *(t. comput.)*.

feeder n. alimentador. || afluente.

feel n. tacto. || sensación. || — vt. (pret. y pp., **felt**) tocar, palpar. || acariciar. || sentir. || experimentar. || darse cuenta de. || opinar. || — vi. tantear. || sentirse. || **to f. like**, tener ganas de.

feeler n. antena. || tentáculo. || sondeo.

feeling n. sensación. | opinión. || sensibilidad. || excitación. || sentimiento, comprensión.

feel ver **fool**.

feign vt. fingir, aparentar. || inventar.

feint n. treta, estratagema. || finta.

felicity n. felicidad. || ocurrencia oportuna.

feline adj. felino.

fell ver **fall**.

fell vi. derribar. || talar, cortar. || — adj. *(lit.)* malo, terrible.

fellow n. compañero. || prójimo. || pareja. || tipo, sujeto.

fellow citizen n. conciudadano.

fellowship n. compañerismo. || asociación. || beca.

felony n. crimen, felonía.

felt ver **feel**. || — n. fieltro.

female adj. hembra. || femenino. || — n. hembra.

feminist n. feminista.

fen n. pantano.

fence n. cerca, cercado, valla. || — vt. cercar, cubrir, defender. || — vi. esgrimir.

fencing n. esgrima.

fend vt. **to f. off**, defenderse de, rechazar. || — vi. **to t. for**, mantener (hijos, etc.).

fender n. guardafuego. || paragolpes. || guardabarros.

fennel n. hinojo.

ferment vt. hacer fermentar. || — vi. fermentar.

fem n. helecho.

ferocious adj. feroz.

ferret n. hurón. — vi. **to f. out**, descubrir.

ferrous adj. ferroso.

ferry n. balsa, barca (de pasaje). || — vt. transportar en ferry.

ferryboat n. = **ferry**.

fertilize vt. fecundar, fertilizar.

fervent, **fervid** adj. fervoroso, ardiente, apasionado.

fester vi. ulcerarse. || *(fig.)* amargarse.

festivity n. fiesta, festividad. || regocijo.

festoon n. adorno. || *(cost.)* festón. || — vt. adornar, engalanar.

fetch vt. traer. || ir por, ir a buscar. || *(fam.)* atraer. || (precio) alcanzar. || dar un golpe. || — vi. **to f. and carry**, ir de acá para allá, trajinar.

fetching adj. atractivo.

fetish n. fetiche.

fetters n. pl. grillos. || trabas.

fettle n. (fam.) condición, estado.

fetus n. (E. U.) = **foetus**.

feud n. enemistad heredada (entre dos familias, etc.), odio de sangre. || disputa. || — vi. pelear, luchar.

feudalism n. feudalismo.

fever n. fiebre. || calentura. || **scarlet f.**, escarlatina. || **yellow f.**, fiebre amarilla.

feverish adj. febril, calenturiento.

few adj. pocos. || algunos, unos. || **a f.**, **some f.**, unos pocos, unos cuantos. || **quite a f.**, **not a f.**, no pocos, algunos.

fewer adj. comp. menos.

fewest adj. superl. los menos, las menos, el menor número (de).

fiancée n. novia, prometida.

fib n. mentirilla. || — vi. decir mentirillas.

fibre n. fibra. || (fig.) nervio, carácter.

fickle adj. inconstante, voluble.

fiction n. ficción. || género novelístico.

fiddle n. violín. | trampa, engaño. || maña, habilidad. || — vt. trampear, componer (facturas). || — vi. tocar el violín. || mover algo sin sentido.

fiddler n. violinista.

fiddlesticks interj. ¡tonterías!

fidelity n. fidelidad. || **high f.**, alta fidelidad.

fidget n. persona inquieta. || pl. **fidgets**, agitación nerviosa. || — vt. poner nervioso. || — vi. agitarse nerviosamente.

fief n. feudo.

field n. campo. || prado. || yacimiento. || especialidad. || — vt. parar y devolver la pelota (en cricket y baseball). || presentar (un-equipo).

field glasses n. pl. gemelos, prismáticos.

fieldwork n. trabajo en el campo.

fiend n. demonio. || (fig.) fanático.

fierce adj. feroz, salvaje. || cruel. || violento.

fiery adj. ardiente. || como fuego. || muy picante. || apasionado.

fife n. pífano.

fifteen adj., n. quince.

fifteenth adj. decimoquinto.

fifth adj., quinto. || — n. quinta parte, quinto.

fiftieth adj., quincuagésimo.

fifty adj., cincuenta.

fig n. higo, breva.

fight n. lucha. || combate. || disputa. || pelea. || — vt. (pret. y pp., **fought**), luchar con, combatir. || discutir, impugnar. || **to f. one's way**, abrirse camino. || — vi. luchar, pelear. || boxear. || **to f. out**, soportar.

fighter-bomber n. cazabombardero.

fighting n. lucha, pelea. || (mil.) combate.

fig leaf n. (fig.) hoja de parra.

figment n. ficción, invención.

figure n. figura, estatua. || aspecto. || personaje. || cifra, número. || (gram.) figura, tropo. || — vt. representar. || imaginar. || — vi. figurar. || constar.

figurehead n. mascarón de proa.

file n. lima. || ficha. || carpeta. || fichero. || archivo. || expediente. || (mil.) fila. || — vt. limar. || archivar, clasificar. || (der.) presentar (cargo). || — vi. marchar en fila.

filibuster n. (en el Parl.) obstruccionista.

filigree n. filigrana.

filings n. pl. limaduras.

fill vt. llenar. || ocupar. || (vacante) cubrir. || (comida) llenar. || (dientes) empastar. || tapiar. || (coc.) rellenar. || inflar. || hartura. || terraplén.

fillet n. filete. || — vt. quitar la raspa de (pescado), cortar en filetes.

filling n. (dientes) obturación, empaste.

filling station n. estación de servicio.

film n. película. || capa. || (fig.) velo. || película, filme. || — vt. hacer una película de, filmar. || — vi. hacer un personaje en una película.

film star n. astro, estrella (de cine).

filmstrip n. tira de película.

filmy adj., transparente, diáfano.

filter n. filtro. || — vt. filtrar. || — vi. filtrarse.

filter tip n. boquilla de filtro.

filthy adj. inmundo, sucio. || (fig.) obsceno.

fin n. (pez, avión, etc.) aleta.

final adj. último, final. || terminante, definitivo. || de fin de curso. || — n. final.

finality n. finalidad. || resolución.

finance n. finanzas. || fondos. || — vt. financiar, proveer fondos para.

find vt. (pret. y pp., **found**), encontrar, descubrir. || estar accidentalmente. || dar en el blanco, alcanzar. || obtener con esfuerzo. || **all found**, todo incluido, comida y alojamiento. || — vi. (der.) fallar. || **to f. out**, descubrir. || — n. hallazgo.

finding n. descubrimiento. || (der.) fallo. || pl. **findings**, resultados. || conclusiones.

fine adj. fino, sutil. || delgado. || muy afilado. || delicado. || bueno. || hermoso. || elegante. || — adv. (fam.) muy bien. || en trozos pequeños. || — n. multa. || — vt. multar.

finery n. galas, adornos.

finesse n. maestría, destreza. || finura, tacto. || astucia. || (juego) impase.

finger n. dedo. || **first f., index f.,** dedo índice. || **little f.,** dedo meñique. || **middle f.,** dedo del corazón. || **ring f.,** dedo anular. || — vt. manosear.

fingernail n. uña.

fingerprint n. huella dactilar.

fingertip n. punta del dedo.

finicky adj. delicado, melindroso.

finish n. fin, final, conclusión. || remate. || acabado. || — vt. terminar. || poner los últimos detalles. || (**up, off**) beber, comer lo que falta. || (fam.) acabar a alguien. || — vi. acabar, terminar.

finite adj. finito.

fiord n. fiordo.

fir n. abeto.

fire n. fuego. || incendio. || estufa. || (mil.) fuego, tiroteo. || ardor, pasión. || — vt. disparar (arma). || prender. || enardecer. || despedir (del trabajo). || — vi. encenderse. || disparar. || funcionar (motor).

firearm n. arma de fuego.

firebrand n. tea. || (fig.) agitador.

firebrick n. ladrillo refractario.

fire brigade n. cuerpo de bomberos.

fire engine n. bomba de incendios, coche de bomberos.

fire escape n. escalera de incendios.

fire extinguisher n. extintor.

firefly n. luciérnaga.

fire irons n. útiles de chimenea.

fireman n. bombero. || fogonero.

fireplace n. chimenea. || hogar.

fireproof adj. a prueba de fuego.

fire-raising n. incendio premeditado.

fireside n. hogar.

fire station n. cuartel de bomberos.

firewood n. leña.

firework n. fuego de artificio.

firing n. (mil.) disparo, tiroteo, cañoneo. || (aut.) encendido.

Firing squad n. pelotón de ejecución.

Firm adj. firme. || en firme. || — n. firma, empresa.

first adj. primero. || primitivo, original. || — adv. en primer lugar. || por primera vez. **f. of all, f. and foremost,** ante todo. || — n. primero. || (univ.) primera clase, sobresaliente.

first aid n. primeros auxilios.

first-born n. primogénito.

first-class adj. de primera clase.

First-hand adj. de primera mano.

First-rate adj. de primera clase.

Fish n. pez, pescado. || tipo, bicho. || **to have other f. to fry,** tener cosas más importantes que hacer. || — vt. pescar. || — vi. pescar. || (fam.) buscar.

fisherman n., pl. **—men**, pescador.

fishery n. pesquería, pesquera.

fishing n. pesca.

fishmonger n. pescadero.

fishy adj. como pescado. || rico en peces. || (sl.) sospechoso.

fissile adj. físil. || escindible.

fission n. fisión. || escisión.

fissure n. grieta, hendedura. || fisura.

fist n. puño. || escritura.

fistful n. puñado.

fit adj. conveniente, apto. || hábil, capaz. || apropiado. || en forma. || — vt. caer, sentar bien. || calzar. || adaptar, ajustar. || probar (ropa). || — vi. corresponder. || acomodarse. || ajustarse, adaptarse. || estar de acuerdo. || — n. (vestido) ajuste, caída. || (med.) ataque.

fitful adj. caprichoso. || irregular, inestable.

fitment n. mueble. || instalación.

fitness n. conveniencia. || buena salud.

fitted adj. hecho a medida.

fitting adj. adecuado. || digno. || — n. prueba. || medida. || pl. **fittings**, guarniciones. || **bathroom fittings**, aparatos sanitarios.

five adj. n. cinco.

fix vi. fijar, asegurar, sujetar. || (bayoneta) calar. || decidir. || (fecha) fijar, señalar. || (posición) determinar. || (mirada) dirigir. || cargar (culpa). || ordenar, regular. || (E. U.) preparar, servir. || — vi. fijarse. || **to f. on o upon,** decidirse por, escoger. || — n. aprieto. || (aer., naveg.) posición.

fixings n. (E. U.) accesorio, guarniciones.

fixture n. cosa fija. || instalación fija. || (dep.) partido. || cliente fijo.

fizz n. efervescencia. || (fam.) gaseosa. || — vi. estar en efervescencia.

fizzle vi. hacer un zumbido. || (fig.) fracasar.

flabbergast *vt.* pasmar, dejar sin habla.

flabby *adj.* fláccido, blando. || *(fig.)* flojo.

flag *n.* bandera, pabellón. || banderín. || losa. || — *vi.* empavesar. || hacer señales con una bandera. || — *vi.* colgar flojamente. || *(fig.)* relajarse, cejar, desfallecer.

flagellate *vi.* flagelar.

flagpole *n.* asta de bandera.

flagrant *adj.* notorio, escandaloso.

flagship *n.* buque insignia.

flagstaff *n.* asta de bandera.

flagstone *n.* losa.

flair *n.* instinto, aptitud especial.

flak *n.* fuego antiaéreo.

flake *n.* copo. || escama. || — *vt.* separar en escamas.

flamboyant *adj.* *(arq.)* flamígero. || vistoso. || extravagante.

flame *n.* llama. || llamarada. || destello. || *(fig.)* amor. || — *vi.* *(med.)* flamear, esterilizar. || *(coc.)* flambear. || — *vi.* arder. || brillar.

flaming *adj.* *(fam.)* condenado, maldito.

flamingo *n.* flamenco.

flan *n.* tarta, tarteleta de fruta.

flange *n.* pestaña, reborde.

flank *n.* costado. || *(mil.)* flanco. || — *vt.* lindar con. || flanquear.

flannel *n.* franela. || estropajo. || *pl.* **flannels,** pantalones de franela. || — *vt.* engañar. || adular.

flap *n.* (bolsillo) tapa. || (sobre) solapa. || cartera. || (mesa) hoja. || aletazo. || — *vt.* batir. || sacudir. || agitar. || — *vi.* aletear. | ondear. || *(fam.)* inquietarse.

flare *n.* llamarada. || bengala. || *(cost.)* vuelo. || — *vt.* hacer llamear. || — *vi.* llamear, resplandecer *(t. fig.)*.

flare-up *n.* arranque de cólera. || riña.

flash *n.* relámpago. || destello. ||| fogonazo. || *(fot.)* flash. ||| **in a f.,** en un momento. || noticia breve. || — *vt.* hacer brillar. || trasmitir rápidamente. || — *vi.* relampaguear, destellar.

flashback *n.* escena retrospectiva.

flash bulb *n.* lámpara de magnesio. || flash.

flashlight *n.* *(fot.)* flash. || linterna eléctrica.

flashy *adj.* de relumbrón. || ostentoso.

flask *n.* frasco.

flat *adj.* llano. || liso. || rasante. || en llanta. || extendido. || decidido, categórico. || desabrido, aburrido. || (vino) insípido. || — *adv.* rotundamente. || — *n.* piso, departamento. || palma de la mano. || pinchadura.

flatfooted *adj.* que tiene los pies planos.

flatiron *n.* plancha.

flatlet *n.* piso pequeño.

flatness *n.* llanura. || insipidez, monotonía.

flatten *vt.* allanar, aplanar. || alisar. || extender. || aplastar.

flatter *vt.* adular, halagar. || favorecer.

flatulence *n.* flatulencia. || hinchazón.

flaunt *vt.* ostentar, lucir. || hacer gala de.

flavour *n.* sabor, gusto. || condimento. || — *vt.* sazonar, condimentar. || — *vi.* saber a, recordar a.

flavourless *adj.* insípido, soso.

flaw *n.* imperfección. || grieta. || defecto.

flawless *adj.* intachable, impecable.

flax *n.* lino.

flay *vt.* desollar. || azotar, despellejar.

flea *n.* pulga.

fleabite *n.* picadura de pulga.

fleck *n.* punto, mancha. || — *vt.* salpicar.

flee (*pret.* y *pp.,* **fled**) *vi.* huir de, abandonar. || evitar. || — *vi.* huir, fugarse. || desaparecer.

fleece *n.* vellón. || lana. || **Golden F.,** Vellocino de Oro. || — *vt.* esquilar.

fleet *n.* flota. || escuadra. || — *adj.* veloz, ligero.

fleeting *adj.* fugaz, pasajero.

flesh *n.* carne. || pulpa || **my own f. and blood,** mi familia, mis parientes.

flew ver **fly**.

flex *n.* flexible (para la luz). || — *vt., vi.* doblar(se).

flexibility *n.* flexibilidad.

flick *n.* golpecito rápido. || chasquido. || *(sl.)* película. || — *vt.* dar un golpecito. || rozar levemente.

flicker *n.* parpadeo. || **without** a **f. of,** sin la menor señal de. || — *vi.* brillar con luz mortecina.

flier *n.* aviador.

flight *n.* vuelo. || recorrido de vuelo. || bandada. || escuadrilla. || tramo de escalera.

flighty *adj.* frívolo. || caprichoso. || travieso.

flimsy *adj.* débil, delicado. || diáfano.

flinch *vi.* acobardarse, arredrarse, retroceder.

fling *n.* lanzamiento. || *(fig.)* pulla. || *(fam.)* juerga. || — *vt.* (*pret.* y *pp.,* **flung**) arrojar, tirar. || — *vi.* precipitarse, lanzarse.

flint *n.* pedernal.

flip *n.* acto de tirar al aire. || salto mortal. || — *vt.* tirar al aire con los dedos.

flippant adj. poco serio, ligero.

flipper n. aleta. || (sl.) mano, garra.

flirt n. coqueta. || — vi. flirtear, coquetear.

flirtatious adj. mariposón, coqueta.

flit vi. revolotear.

float n. (pesca) corcho. || flotador. || — vt. hacer flotar. || (empresa) lanzar, fundar. || — vi. flotar. || hacer la plancha. || ondear.

flock n. rebaño || bandada. || multitud. || — vi. congregarse, reunirse.

floe n. témpano de hielo.

flog vt. azotar.

flood n. flujo, marea. ‖ inundación. || (fig.) río, torrente. || — vt. inundar. || llenar de agua. || (río) hacer crecer.

floodgate n. compuerta, esclusa.

floodlight n. foco.

floodtide n. pleamar, marea creciente.

floor n. suelo. || fondo. || pista, piso. || **ground f.**, planta baja. || **top f.**, piso alto. || — vt. poner piso, entarimar. || derribar. || (fig.) confundir.

flop n. (fam.) fracaso. || caída. || — vi. dejarse caer pesadamente. || (fam.) fracasar.

floppy adj. flojo, colgante.

floppy disk n. (comput.) disco flexible.

florescence n. florescencia.

florid adj. florido. || colorado (de cara).

flounce n. (cost.) volante. || — vi. adornar con volados. || moverse violentamente.

flounder vi. tropezar, no saber qué decir.

flour n. harina. || — vt. enharinar.

flourish n. rasgo. || rúbrica. || ademán. || — vt. blandir. || agitar. || (fig.) hacer gala de. || — vi. florecer, prosperar (t. fig.).

flout vt. mofarse de, no hacer caso de.

flow n. corriente. || chorro. || flujo. || curso. || torrente (de palabras). || — vi. huir, correr. || (marea) subir. || ondear. || derramarse. || **to f. away**, irse.

flower n. flor. || (fig.) flor, flor y nata. || — vi. florecer.

flower bed n. cuadro, macizo.

flowerpot n. maceta.

flowery adj. florido (t. fig.).

flowing adj. corriente. || suelto. || fluido.

flown ver **fly**.

flu n. (fam.) gripe.

fluctuate vi. fluctuar. || variar.

flue n. cañón de chimenea. || tubo.

fluency n. fluidez. || elocuencia, facundia.

fluff n. pelusa, lanilla.

fluid adj. n. fluido, líquido.

fluke n. chiripa, racha de suerte.

flummox vt. desconcertar, confundir.

flung ver **fling**.

flunk vt. (E. U.) suspender. || expulsar. || aplazar (en examen). || — vi. ser suspendido.

flunk(e)y n. lacayo (t. fig.).

fluorescent adj. fluorescente.

flurry n. ráfaga. || pedrea. || agitación. || — vt. poner nervioso.

flush n. rubor. || arrebato. || vuelo repentino. || alud. || (dinero) abundancia. || (W. C.) descarga. || — adj. a nivel. || próximo a desbordarse. || abundante. || ruboroso. || — adv. a nivel, en pleno. || — vt. limpiar con agua, baldear. || inundar. || nivelar, ruborizar. || — vi. ruborizarse. || emprender el vuelo. || brotar.

fluster n. confusión, aturdimiento. || — vt. aturdir, poner nervioso.

flute n. flauta.

flutter n. revoloteo, aleteo. || emoción, agitación. || apuesta. || — vi. agitar, menear. || — vi. revolotear, aletear. || ondear.

flux n. flujo.

fly n. mosca. || vuelo. || bragueta ‖ **flies** pl.). || (libro) solapa. || — adj. avispado. || — vi. (pret. **flew**, pp. **flown**) hacer volar. || pilotar. || transportar (en avión). || (bandera) izar. || huir. || — vi. volar. || ir en avión. || pilotar un avión. || ondear. || precipitarse. || huir.

fly-by-night adj. poco serio, algo deshonesto en los negocios. || — n. persona nada confiable.

flycatcher n. papamoscas.

flying adj. volante. || rápido. || muy breve.

flying boat n. hidroavión.

flyover n. paso superior.

flyweight n. peso mosca.

flywheel n. volante (de motor).

foal n. potro. || — vi. parir (la yegua).

foam n. espuma. || — vi. echar espuma.

fob vt. **to f. someone off**, apartar a uno de un propósito con excusas.

focus n. foco. || centro. || — vt. enfocar. || fijar, concentrar.

fodder n. pienso, forraje.

foe n. (lit.) enemigo.

foetus n. feto.

fog n. niebla. || (fig.) confusión. || — vt. (fig.) entenebrecer (asunto). || ofuscar. || (fot.) velar.

fogey n. chapado a la antigua.

foggy adj. nebuloso, brumoso. || de niebla. || (fot.) velado.

foghorn n. sirena (de niebla).

foible n. manía. || debilidad.

foil florete. || hoja fina de metal. || papel aluminio. || contraste. || — vt. frustrar.

fold n. redil. || (relig.) grey. || pliegue, arruga. || — vt. plegar, doblar. || (alas) recoger. || — vi. plegarse, doblarse. || fracasar.

folder n. carpeta. || folleto. || carterita de fósforos.

folding adj. plegable, plegadizo.

foliage n. hojas, follaje.

folk n. nación, pueblo. || gente.

folk dance n. baile popular, danza tradicional.

follow vt. seguir. || perseguir. || dedicarse a. || ejercer (profesión). || seguir (el ejemplo). || — vi. seguir.] resultar, derivarse. || **to f. through**, llevar a cabo. || **to f. up**, seguir de cerca.

follower n. partidario. || seguidor, hincha.

following adj. siguiente. || (viento) a favor. || — n. partidarios. || secuaces.

follow-through n. continuación.

follow-up adj. continuación. || consecuencia. || — adj. complementario.

folly n. locura.

foment vt. fomentar. || provocar.

fond adj. cariñoso, afectuoso. || (fam.) chocho. || gentil, tierno. || demasiado indulgente.

fondle vt. acariciar.

font n. pila (bautismal). || fundición.

food n. alimento, comida. || pasto, pienso.

foodstuffs n. pl. artículos alimenticios.

fool n. tonto, imbécil. || bufón. || **any f.**, cualquiera. || — vt. engañar. || dejar perplejo. || — vi. bromear.

foolhardy adj. temerario.

foolishness n. tontería, necedad. || ridiculez. || imprudencia.

foolproof adj. que no puede fallar. || sencillo.

foot n., pl. **feet** pie. || (animal, mueble) pata. || pie de la media. || (escalera) pie. || (medida) pie. || — vt. pagar la cuenta.

football n. fútbol. || balón, **football pool** n. (Arg.) PRODE.

footboard n. estribo.

footbrake n. freno de pie.

footbridge n. puente para peatones.

footfall n. paso, pisada.

foothills n. pl. estribaciones.

footing n. pie. || equilibrio. || base. || posición.

footle vt. (fam.) hacer el tonto.

footlights n. pl. candilejas.

footling adj. trivial, insignificante.

footloose adj. libre. || andariego.

footman n. lacayo.

footmark n. huella.

footnote n. nota (al pie de la página).

footpath n. senda, sendero. || acera.

footprint n. huella.

footsore adj. con los pies doloridos.

footstep n. paso, pisada.

footstool n. escabel.

footwear n. calzado.

fop n. petimetre.

for prep. para. || finalidad: **what's this knife..?**, ¿para qué sirve este cuchillo? || a favor. || al tiempo, con ocasión. || por, porque. || durante. || hacia. || a lo largo. || **as f.**, en cuanto a. || **f. all that**, a pesar de todo. || **f. the time being**, por el momento. || — conj. ya que, puesto que.

forage n. forraje. || — vi. forrajear.

foray n. correría, incursión.

forbad(e) ver **forbid**.

forbear (irr. ver **bear**) vi. contenerse.

forbears n. pl. antepasados.

forbid (pret. **forbad(e)**, pp., **forbidden**) vt. prohibir.

forbidding adj. formidable. || terrible.

forbore ver forbear.

forborne ver forbear.

force n. fuerza. || violencia. || carácter. || (mil.) cuerpo. || (mil.) **forces: the armed forces**, las fuerzas armadas. || **by sheer f.**, a viva fuerza. || **to be in f.**, estar vigente. || — vt. forzar, obligar. || usar la fuerza. || producir con dificultad.

forceful adj. enérgico, vigoroso.

forcible adj. a la fuerza, a viva fuerza. || forzoso. || enérgico, vigoroso.

ford n. vado. || — vt. vadear.

forearm n. antebrazo.

forebode vt. presagiar, anunciar.

forecast n. pronóstico. || previsión. || acierto. || — (irr. ver **cast**) vt. pronosticar.

foreclose vt. excluir, **forefathers** n. pl. antepasados.

forefinger n. dedo índice.

forefront n. vanguardia.

foregoing adj. anterior, precedente.

foregone adj. conocido de antemano.

foreground n. primer plano, primer término.

forehand n. directo, derechazo.

forehead n. frente.

foreign adj. extranjero. || **F. Minister**, **F. Secretary**, ministro de Asuntos Exteriores.

foreknowledge n. presciencia.

foreland n. cabo, promontorio.

foreleg n. pata delantera.

foreman n. capataz. || maestro de obras.

foremost adj. primero, delantero.

forename n. nombre de pila.

forenoon n. mañana.

forerunner n. precursor.

foresee (irr. ver **see**) vt. prever.

foreshadow vt. prefigurar, anunciar.

foresight n. previsión.

forest n. bosque. || selva.

forestall vt. anticipar, prevenir.

forestry n. silvicultura.

foretaste n. anticipo.

foretell (ver **tell**) vt. predecir, pronosticar.

forethought n. prevención, previsión.

forewarn vt. prevenir.

foreword n. prefacio.

forfeit n. pérdida. || multa. || pena.

forgather vi. reunirse.

forgave pret. de **forgive**.

forge n. fragua. || herrería. || fundición. || — vt. forjar, fraguar. || falsificar. || **to f. ahead**, avanzar constantemente.

forger n. falsificador, falsario.

forget (pret. **forgot**, pp. **forgotten**) vt. olvidar, olvidarse. || — vi. olvidarse. || **to f. oneself**, perder el control.

forgetful adj. olvidadizo. || descuidado.

forgive (ver **give**) vt. perdonar.

forgiveness n. perdón. || misericordia.

forgo (ver **go**) vt. renunciar a, privarse de.

forgot ver **forget**.

forgotten pp. de **forget**.

fork n. tenedor. || horquilla. || bifurcación. || — vt. **to f. out**, desembolsar de mala gana. || — vi. bifurcarse.

forked adj. ahorquillado, bifurcado. || hendido.

forlorn adj. abandonado, desamparado.

form n. forma. || plan, modo. || procedimiento. || estado físico. || formulario. || (ant.) conducta, maneras. || banco (asiento). || — vt. formar. || combinar, formar. || tomar la forma. || constituir. || moverse en cierto orden. || — vi. tomar forma. || (mil.) formar: **f. up!**, ¡formen filas!

formal adj. ceremonioso. || oficial. || protocolario. || de etiqueta.

formality n. ceremonia. || etiqueta.

format n. formato.

former adj. primero, anterior. || antiguo: **the f. king of Greece**, el ex rey de Grecia.

formerly adv. antes, antiguamente.

formless adj. informe.

formulate vt. formular.

fornicate vi. fornicar.

forsake (pret. **forsook**, pp. **forsaken**) vt. abandonar, desamparar. || renunciar a.

forswear (ver **swear**) vt. abjurar de, renunciar a.

fort n. fuerte, fortín.

forth adv. en adelante. || **and so f.**, y así sucesivamente.

forthcoming adj. venidero, próximo. || de próxima aparición. || disponible. || afable, comunicativo.

forthright adj. directo, franco. || enérgico. || terminante. || rotundo.

fortieth adj. cuadragésimo.

fortify vt. (mil.) fortificar. || fortalecer.

fortitude n. fortaleza, valor.

fortnight n. quince días, quincena.

fortress n. fortaleza, plaza fuerte.

fortuitous adj. fortuito, casual.

fortune n. fortuna, suerte. || fortuna, caudal.

fortuneteller n. adivina.

forty adj. cuarenta || **the forties**, los años cuarenta.

forum n. foro. || (fig.) tribunal.

forward adj. delantero. || avanzado. || atrevido, descarado. || — adv. adelante. || hacia adelante. || — n. (dep.) delantero.

forwardness n. precocidad. || descaro.

forwent ver **forgo**.

foster vt. fomentar. || alentar. || criar.

foster brother n. hermano de leche.

foster mother n. madre adoptiva.

fought ver **fight**.

foul adj. muy malo, desagradable. || sucio, inmundo. || (tiempo) feo. || (lit.) cruel. || — n. (dep.) falta. || — vt. (dep.) cometer un foul. || (fam.) ensuciar.

found ver **find**. || — vt. fundar, establecer. || crear. || (técn.) fundir.

founder n. fundador. || — vi. irse a pique, hundirse. || (fig.) fracasar.

foundling n. niño expósito.

foundry n. fundición.

fount n. fuente. || (impr.) fundición, familia de letra.

fountain n. fuente, manantial. || surtidor.

fountain pen n. estilográfica.

four adj., n. cuatro. || **on all fours**, a gatas.

fourfold adj. cuádruple.
fourfooted adj. cuadrúpedo.
four-letter word n. palabrota.
foursome n. grupo de cuatro personas.
foursquare adj. firme. || franco, sincero.
fourteen adj., n. catorce.
fourteenth adj. decimocuarto.
fourth adj. cuarto. || — n. cuarto, cuarta parte.
fowl n., pl. **fowls** o **fowl**, ave de corral.
fox n. zorra, zorro. || — vt. (fam.) confundir.
foxed adj. manchado.
foxy adj. taimado, astuto.
foyer n. hall, vestíbulo.
fracas n. gresca, riña.
fraction n. (mat.) fracción, quebrado.
fractious adj. quejoso. || molesto.
fracture n. fractura. || — vt., vi. fracturar(se).
fragile adj. frágil, quebradizo. || delicado.
fragment n. fragmento. || trozo.
fragrant adj. fragante, oloroso. || dulce.
frail adj. frágil. || delicado. || débil.
frame n. marco. || armazón. || (fig.) estructura. || bastidor. || (aut.) chasis. | (filme) imagen. || — vt. enmarcar. || formular. || (fam.) incriminar. || **f. of mind**, estado de ánimo.
framework n. armazón, esqueleto. || (fig.) sistema, marco.
franchise n. derecho de votar, sufragio.
frank adj. franco. || vt. franquear.
frankfurter n. salchicha.
frankincense n. incienso.
frantic adj. frenético, furioso.
fraternity n. fraternidad. || cofradía.
fraternize vi. confraternizar.
fraud fraude. || impostor, farsante.
fraught adj. cargado de, lleno de.
fray n. combate, lucha. || — vt. desgastar, deshilachar.
freak n. fenómeno. || monstruo. || capricho.
freckle n. peca.
free adj. libre. || no limitado. || gratis. || desocupado. || no comprometido. || generoso. || — adv. gratis. || — vt. poner en libertad. || soltar. || desatar. || librar, salvar.
freebooter n. filibustero.
freedom n. libertad. || exención, inmunidad. || facilidad, soltura.
free-fight, **free-for-all** n. trifulca, riña.
freehand adj. hecho a pulso.
free kick n. golpe franco.

freelance adj. independiente. || — n. periodista (etc.) independiente.
freely adv. libremente. || abiertamente, sin esconder nada. || generosamente.
freeman n. hombre libre. || ciudadano de honor.
freemason n. francmasón.
freethinker n. librepensador.
free trade n. libre cambio.
freewheel n. rueda libre. || — vi. ir en punto muerto.
free will n. libre albedrío.
freeze (pret. **froze**, pp. **frozen**) vt. helar. || congelar. || — vi. helarse. || congelarse. || (fig.) quedar helado. || — n. helada. || congelación.
freezer n. congelador, heladora.
freight n. flete. || carga. || mercancías.
freightage n. flete.
French adj. francés. || **the F.**, los franceses. || — n. francés.
frenzy n. frenesí, delirio.
frequent adj. frecuente.
frequent vt. frecuentar.
fresh adj. fresco. || dulce. || nuevo, recién hecho. || recién llegado. || fresco, atrevido.
freshen vt., vi. refrescar(se).
freshly adv. nuevamente. || recientemente.
freshman n. (univ.) estudiante de primer año.
freshwater adj. de agua dulce.
fret vt. corroer. || irritar. || — vi. inquietarse. || — n. inquietud, desazón.
fretful adj. displicente, quejoso. || inquieto.
friable adj. desmenuzable.
friar n. fraile.
friction n. fricción, rozamiento. || frote, frotamiento. || (fig.) tirantez, desavenencia.
Friday n. viernes.
fridge n. (fam.) = **refrigerator**.
fried adj. frito.
friend n. amigo: **he's no f. of mine**, no es amigo mío.
friendless adj. sin amigos.
friendly adj. simpático. || amable. || amistoso, cordial. || acogedor.
friendship n. amistad.
frieze n. friso.
frigate n. fragata.
fright n. susto, sobresalto. || terror. || **what a f. you gave me!**, ¡qué susto me diste! || adefesio.

frighten vt. asustar, espantar. || alarmar.

frightful adj. espantoso, horrible, horroroso.

frightfulness n. horror.

frigid adj. frío. || frígido.

frill n. volante. || pl. **frills**, chirimbolos.

fringe n. franja, orla, borde. || flequillo. || margen.

frisk vt. palpar, cachear. || — vi. juguetear.

frisky adj. retozón, juguetón. || fogoso.

fritter n. buñuelo.

frivolous adj. frívolo, ligero.

frizz, frizzle n. rizos pequeños.

fro adv. **to and f.**, de un lado a otro.

frock n. hábito de ciertos monjes.

frock coat n. levita.

frog n. rana.

frogman n. hombre rana.

frolic n. juego alegre. || — vi. juguetear. || divertirse.

from prep. de: **where are you f.?**, ¿de dónde es usted? || desde. || a partir. || por: **act f. conviction**, obrar por convicción.

front adj. delantero, anterior. || — n. frente. || parte delantera, parte anterior. || fachada. || (libro) portada. || apariencia. || — vi. mirar hacia. || — vt. afrontar.

frontage n. fachada.

frontier n. frontera.

frontispiece n. portada (de un libro).

front-page adj. de primera plana.

front room n. sala de estar.

front-wheel drive n. tracción delantera.

frost n. helada. || escarcha. || (sl.) fracaso. || — vt. cubrir de escarcha. || quemar.

frostbitten adj. congelado.

frosty adj. muy frío. || de helada. || escarchado.

froth n. espuma. || (fig.) tonterías. || — vi. echar espuma.

frown n. ceño. || — vi. fruncir el entrecejo.

frowzy adj. desaliñado. || sucio.

froze ver **freeze**.

frugality n. frugalidad.

fruit n. fruto. || fruta, frutas.

fruitful adj. (fig.) fructuoso, provechoso.

fruition n. fruición. || cumplimiento, realización.

fruity adj. que sabe a fruta. || (voz) pastosa. || atrevido, verde.

frump n. espantajo.

frustrate vt. frustrar.

fry vt. freír. || — vi. freírse. || asarse de calor. || — n. fritada.

frying pan n. sartén.

fuck vt. (vulg.) coger.

fuddled adj. borracho. || aturdido.

fuel n. combustible, carburante. || carbón. || — vt., vi. aprovisionar(se) de combustible.

fuel oil n. aceite combustible.

fuggy adj. viciado, cargado.

fugitive adj. n. fugitivo.

fugue n. fuga.

fulfil vt. cumplir con (una promesa, una orden). || realizar. || llenar (una condición).

full adj. lleno. || completo. || satisfecho. || **at f. speed**, a toda velocidad. || amplio. || — adv. justo. || completamente. || — n. máximo. || totalidad. || **the moon is at the f.**, es luna llena.

fullback n. defensa.

full-blooded adj. viril, vigoroso.

full-blown adj. (fig.) hecho y derecho.

full-bodied adj. fuerte. || generoso.

full-dress adj. de etiqueta, de gala.

full-grown adj. crecido, maduro.

full-length adj. de cuerpo entero. || de tamaño normal.

fullness n. plenitud. || amplitud.

full-scale adj. extenso. || en gran escala.

full-sized adj. de tamaño normal.

full stop n. punto. || (fig.) **to come to a full stop**, pararse, paralizarse.

full-time adj. de plena dedicación, que trabaja una jornada completa. || — adv. **to work full-time**, trabajar con dedicación exclusiva.

fully adv. completamente, enteramente.

fully-fledged adj. (fig.) hecho y derecho.

fulsome adj. exagerado, excesivo. || servil.

fumble vt. manosear, toquetear. || dejar caer. || — vi. hurgar, tantear.

fume vi. humear. || (fig.) estar furioso.

fumes n. pl. humo, gas, vapor.

fun n. diversión. || **have f.!**, ¡que se diviertan! || alegría. || broma: **for f.**, en broma.

function n. función. || — vi. funcionar.

fund n. (t. **funds** pl.) fondo. || reserva.

fun fair n. parque de atracciones.

fungus n., pl. **fungi**, hongo.

funk (fam.) n. (ant.) miedo, julepe. || **to be in a (blue) f.**, estar muerto de miedo. || (persona) gallina. || — vt. dejar de hacer por miedo.

funnel n. embudo. || (barco, locomotora) chimenea.

funny *adj.* divertido, gracioso. || extraño. || poco honesto. || *(fam.)* raro. || un poco loco.

funny bone *n.* hueso de la alegría.

fur *n.* piel. || saburra. || sarro.

furbish *vi.* **to f. up**, renovar, restaurar.

furious *adj.* furioso. || frenético, violento.

furl *vt.* enrollar. || cerrar (una sombrilla).

furlough *n.* licencia.

furnace *n.* horno.

furnish *vt.* proveer, suministrar, proporcionar. || amueblar.

furnishings *n. pl.* muebles, mobiliario.

furniture *n.* muebles, mobiliario.

furniture van *n.* camión de mudanzas.

furrier *n.* peletero.

furrow *n.* surco. || arruga. || — *vt.* surcar. || arrugar.

furry *adj.* peludo.

further *comp. de* **far**. (*t.* **farther**) *adv.* más lejos. || más, en mayor grado. || además. || — *adj.* otro. || posterior. || más, adicional. || — *vt.* favorecer, fomentar.

furtherance *n.* promoción, fomento.

furthermost *adj.* más lejano.

furthest *superl. de* **far**. *adv.* más lejos. || — *adj.* más lejano. || extremo.

fury *n.* furor, furia. || violencia. || **he flew into a f.**, montó en cólera. || **like f.**, a toda furia.

fuse *n.* fusible. || mecha. || — *vt., vi.* fundir(se), fusionar(se).

fuse box *n.* caja de fusibles.

fusillade *n.* descarga cerrada. || *(fig.)* lluvia, torrente.

fusion *n.* fusión. || fundición.

fuss *n.* conmoción, bulla. || lío, enojo. || trámites, trastorno. || — *vi.* agitarse, preocuparse (por bagatelas).

fussy *adj.* exigente. || nervioso. || nimio. || con muchos adornos.

fusty *adj.* mohoso, rancio. || que huele a cerrado.

futile *adj.* inútil, vano, infructuoso.

future *adj.* futuro. || venidero. || **in f. years**, en los años venideros. || — *n.* futuro, porvenir.

fuze *n.* (*E. U.*) = **fuse**.

fuzz *n.* pelusa. || vello.

fuzzy *adj.* velloso. || muy ensortijado. || borroso.

G

g n. g. || (mús.) sol.

gab n. (fam.) cháchara. || — vi. parlotear.

gabble n. torrente de palabras ininteligibles. || — vi. hablar atropelladamente, cotorrear.

gable n. aguilón (de una pared).

gad vi. viajar mucho || sin razón.

gadget n. artilugio, chisme, aparato.

gaff n. arpón, garfio.

gaffe n. metida de pata.

gaffer n. vejete, tío. || jefe.

gag n. mordaza. || (fam.) chiste. || gag. || — vt. amordazar. || — vi. atorarse.

gaiety n. alegría, regocijo. || animación.

gaily adv. alegremente.

gain n. ganancia, aumento. || ventaja. || — vt. ganar. || aumentar, || recuperar. || granjearse. || — vi. (reloj) adelantar. || mejorar. || ganar terreno.

gainful adj. remunerado, retribuido.

gainsay (ver **say**) vt. contradecir, negar.

gait n. modo de andar, paso.

gaiter n. polaina.

gala n. fiesta, gala.

galaxy n. galaxia, || (fig.) pléyade.

gale n. vendaval. || tempestad.

gal n. bilis, hiel, || — vi. mortificar.

gallant adj. valiente. || gallardo. || galante, cortés.

gal-bladder n. vesícula biliar.

galery n. galería. || (teat.) gallinero. || tribuna.

gallery n. (naveg., impr.) galera. || cocina de barco.

gallon n. (medida) galón.

gallop n. galope, || — vt. hacer galopar. || — vi. galopar.

galows n. horca. || **g. humour**, humor negro.

gallstone n. cálculo biliar.

galore adv. en abundancia (después del n.).

galosh n. galocha.

galvanize vi. galvanizar.

gambit n. gambito, || (fig.) táctica.

gamble n. jugada. || empresa arriesgada. || — vt. jugar, || arriesgar. || apostar. || **to g. on**, confiar en que.

gambling n. juego.

gambol vi. brincar, retozar, juguetear.

game n. juego. || partida. || deporte. || caza. || (fig.) asunto, actividad. || — adj. valiente. || lisiado. || — vi. jugar (por dinero).

gamebag n. morral.

game bird n. ave de caza.

gamekeeper n. guardabosque.

gamester n. jugador, tahúr.

gamin n. golfillo.

gaming n. juego.

gammon n. jamón.

gamut n. gama.

gander n. ganso (macho).

gang n. pandilla, cuadrilla. || brigada.

ganger n. capataz.

gangling adj. larguirucho, desgarbado.

gangster n. pistolero, gángster.

gangway n. pasillo, pasadizo. || pasarela.

gantry n. caballete.

gaol n. ver **jail**.

gap n. vado, hueco. || brecha. || intervalo. || claro.

gape vi. quedarse boquiabierto. || abrirse mucho. || bostezar.

garb n. traje, vestido. || — vi. vestir.

garbage n. basuras, desperdicios.

garble vt. mutilar, falsear (por selección).

garden n. jardín. || **back g., kitchen g.**, huerto. || — vi. cultivar un huerto, trabajar en el jardín.

gardening n. jardinería, horticultura.

gargle n. gárgaras. || gargarismo. || — vi. hacer gárgaras.

garish adj. chillón, llamativo. || cursi.

garland n. guirnalda.

garlic n. ajo.

garment n. prenda (de vestir).

garner vi. (lit.) acumular. || recoger.

garnish n. (coc.) aderezo.

garret n. guardilla, desván.

garrison n. guarnición. || — vi. guarnecer.

garter n. liga.

gas n. gas. || (E. U.) gasolina. || (fam.) entretenido. || sin importancia.

gas cooker n. cocina de (o a) gas.

gash n. hendedura. || cuchillada. || — vt. hender. || acuchillar.

gasmask n. careta antigás.

gasp n. boqueada. || grito de asombro. || jadeo. || — vi. jadear. || — vi. **to g. out**, decir con voz entrecortada.

gas ring n. hornillo de gas.

gassy adj. gaseoso.

gastronomy n. gastronomía.

gate n. puerta. || verja. || barrera. || compuerta.

gatehouse n. casa del guarda.

gatekeeper n. portero. || guardabarreras.

gateway n. puerta, entrada.

gather vt. recoger. || acumular. || cosechar. || recobrar. || deducir. || recaudar. || — vi. reunirse, juntarse. || acumularse.

gathering n. reunión, asamblea.

gauche adj. desmañado. || torpe.

gaudy adj. chillón, llamativo.

gauge n. norma de medida. || calibre. || indicación. || manómetro. || (f. c.) trocha. || — vi. medir, || calibrar.

gaunt adj. delgado, enfermizo.

gauntlet n. guante. || guantelete.

gauze n. gasa.

gave ver **give**.

gavel n. martillo (de rematador, etc.).

gawk n. bobo. || — vi. papar moscas.

gay adj. alegre. || vistoso. || (fam.) homosexual.

gaze n. mirada. || — vi. mirar, observar.

gazelle n. gacela.

gazetteer n. diccionario geográfico.

gear n. equipo, herramientas. || (fam.) bártulos. **||** mecanismo, || engranaje, rueda dentada, || (aut.) marcha, velocidad, || — vt., vi. engranar.

gearbox n. (aut.) caja de cambios.

gear-lever n. palanca de velocidades.

gearwheel n. rueda dentada.

gee interj. ¡caramba! || **g. up!**, ¡arre!

geese n. pl. de **goose**.

gelatin(e) n. gelatina.

geld vi. castrar, capar.

gem n. joya, piedra preciosa.

gen n. (fam.) información completa.

gender n. género.

gene n. gen.

genealogy n. genealogía.

general adj. general. || corriente, usual. || total. || **in g.**, por lo general. || — n. (mil.) general.

generalize vi. generalizar.

generally adv. en general, por lo común.

generalship n. estrategia.

generate vt. generar. || (fig.) producir.

generation n. generación.

generator n. generador.

generosity n. generosidad.

generous adj. generoso. || abundante.

genetics n. pl. genética.

genial adj. simpático, afable.

genitals n. pl. órganos genitales.

genius n. genio. || genialidad.

genocide n. genocidio.

genre n. (arte) género, determinado estilo. || (fam.) clase, especie.

gent n. (fam.) = **gentleman**. || pl. **gents**, baño de hombres.

genteel adj. (iron.) fino, elegante. || de buen tono.

gentility n. (iron.) finura, elegancia. || apariencia.

gentle adj. amable. || suave. || dulce. || manso.

gentleman n. señor. || caballero.

gently adv. suavemente. || dulcemente. || despacio, poco a poco.

gentry n. gente de la sociedad.

genuflect vi. doblar la rodilla.

genuine adj. auténtico, legítimo. || sincero.

geodesy n. geodesia.

geography n. geografía.

geology n. geología.

geometry n. geometría.

geophysics n. geofísica.

germ n. germen. || microbio. || bacilo.

German adj., n. alemán.

germinate vi. germinar.

gesticulate vi. accionar, gesticular.

gesture n. ademán, gesto. || (fig.) demostración. || — vi. hacer un ademán, || llamar con un gesto.

get (pret. **got**, pp. **got**, **gotten**) || vt. recibir, obtener. || conseguir. || tomar: **I g. this bus**, tomo este ómnibus. || llamar: **g. the doctor!**, ¡llame al doctor! || llevar: **why don't you g. me home?**, ¿por qué no me llevas a casa? || preparar: **g. me a cup of tea**, prepáreme una taza de té. || convencer: **he got me to come**, me convenció de que viniera. || oír. || poner nervioso. || fascinar. || comunicar: **g. me Charles on the phone**, comuníqueme con Carlos. || entender: **I don't get it**, no lo entiendo. || **I've got to do it**, tengo que hacer eso. || — vi. ir. || ir a parar. || llegar. || llegar a ser, ponerse a. || **to g. about**, **around**, andar viajando: **she gets around quite a lot**, viaja mucho. || **to g. across**, cruzar. || entender. || **to g. along**, hacer progresos. || llevarse bien: **we g. along together**, nos llevamos bien. || **to g. at**, alcanzar. || llegar. || **to g. away**, escaparse. || separarse. || quitar. || **to g. back**, volver a poner. || regresar. || **to g. behind**, retrasarse. || respaldar. || **to g. by**, arreglárselas. || pasar inadvertido. || **to g. down**, bajar. || deprimir. || anotar. || **to g. in**, entrar. || llegar. || recaudar. || **to g. in the habit of**, tomar la costumbre. || **to g. into**, entrar. || subir a. || ponerse. || meterse. || **to g. off**, apearse. || partir. || enviar. || quedar sin castigo. || quitarse la ropa. || **to g. on**, subir. || ponerse en. || progresar. || llevarse bien. || hacerse tarde. || ponerse ropa. || **how are you getting on?**, ¿cómo andas? || **to g. out**, salir. || escaparse. || **to g. over**, cruzar. || superar. || pasar por alto. || sobreponerse. || acabar. || **to g. round**, dar vueltas. || persuadir. || **to g. through**, pasar por. || acabar. || aprobar. || comunicarse con. || **to g. to**, llegar a. || aprender. || **to g. up**, levantar. || levantarse. || subirse. || preparar. || acicalarse.

getaway n. escape, fuga.

getup n. atavío.

ghastly adj. horrible. || pálido. || cadavérico.

gherkin n. pepinillo.

ghetto n. judería.

ghost n. fantasma, espectro. || **be hasn't the g. of a chance**, no tiene la más remota posibilidad.

ghostly adj. espectral, fantasmal.

ghost writer n. escritor fantasma.

giant n. gigante. || — adj. gigantesco.

gibberish n. galimatías.

gibbet n. horca.

gibe n. pulla, dicterio. ||— vi. mofarse.

giblets n. pl. menudillos.

giddy adj. vertiginoso. || atolondrado. || mareado.

gift n. regalo. || obsequio. || (der.) donación. || talento.

gigantic adj. gigantesco.

giggle n. risilla tonta. || — vi. reírse tontamente.

gild (pret. **gilded**, pp. **gilded** o **gilt?** vt. dorar. || (fig.) embellecer, adornar.

gill n. (medida) cuarta parte de una pinta || (pez) agalla.

gilt ver **gild**. || — n. (lámina, pintura) dorado.

gimmick n. artefacto, artilugio. || truco.

gin n. ginebra. || trampa.

ginger n. jengibre.

gingerly adv. cautelosamente.

gipsy n. gitano.

gird (pret. y pp. **girded** o **girt**) vt. ceñir. || rodear.

girder n. viga.

girdle n. cinto, ceñidor. || cinturón. || — vt. ceñir. || rodear.

girl n. chica, muchacha. || niña. || criada.

girlfriend n. amiga. || novia.

girlhood n. juventud, mocedad.

girth n. cincha. || circunferencia.

gist n. esencia, lo esencial, quid.

give (pret. **gave**, pp. **given**) vt. dar. || regalar. || entregar. **||** conceder. || pronunciar. || condenar. || comunicar por teléfono. || dedicar. || **to g. away**, regalar. || deshacerse. || **to g. back**, devolver. || **to g. in**, entregar. || **to g. off**, arrojar, despedir. || **to g. out**, distribuir. || **to g. over**, **to g. up**, entregar. || — vi. hacer regalos.

give-and-take n. toma || daca.

giveaway n. revelación involuntaria. || algo muy barato.

given ver **give**.

glacier n. glaciar.

glad adj. alegre. || contento. || agradecido.

glade n. claro.

gladiolus n. gladiolo.

glamorize vt. embellecer.

glamour n. encanto, hechizo.

glance n. ojeada, vistazo. || mirada. || **at first g.**, a primera vista. || — vi. echar una mirada. || **to g. off**, rebotar.

glancing adj. oblicuo.

gland n. glándula.

glare n. luz deslumbradora, reverbero. || deslumbramiento. || mirada feroz.

glaring adj. deslumbrador. || chillón. || manifiesto.

glass n. vidrio. || objetos de vidrio. || vaso. || barómetro. || (fam.) catalejos. || pl. **glasses**, anteojos.

glassful n. vaso.

glasshouse n. invernadero.

glassware n. artículos de vidrio, cristalería.

glaze n. (coc.) glaseado. || barniz. || — vt. barnizar. || glasear, abrillantar. || — vi. (ojos) perder brillo.

glazier n. vidriero.

gleam n. rayo, destello. || chispa. || — vi. brillar. || destellar.

glean vt. espigar. || (fig.) espigar, recoger.

gleanings n. pl. (fig.) fragmentos recogidos.

glee n. alegría, júbilo, regocijo.

glen n. cañada.

glib adj. de mucha labia.

glide n. deslizamiento. || planeo. || (mús.) ligadura. || — vi. deslizarse, || (aer.) planear.

glider n. planeador, velero.

glimmer n. luz trémula, luz tenue.

glimpse n. vislumbre. || vista momentánea. || — vt. vislumbrar, ver muy de paso.

glint n. destello, centelleo. || chispa. || — vi. destellar, centellear.

glisten vi. relucir, brillar.

glitter n. brillo, resplandor. || — vi. relucir, brillar.

gloaming n. crepúsculo.

gloat vi. relamerse, regodearse.

globe n. globo, esfera. || globo terráqueo.

globe-trotter n. trotamundos.

gloom, gloominess n. oscuridad, tenebrosidad. || (fig.) pesimismo. || melancolía.

gloomy adj. oscuro. || pesimista. || melancólico.

glorify vt. glorificar. || alabar. || justificar.

glory n. gloria. || (fig.) esplendor. || — vi. **to g. in**, estar feliz de. || gloriarse.

gloss n. glosa. || glosario. || brillo, lustre. || — vi. glosar. || dar brillo, lustrar. || **to g. over**, disculpar.

glossary n. glosario.

glossy adj. suave || brilloso.

glove n. guante.

glow n. luz. || brillo. || calor vivo. || color vivo. || sensación grata. || — vi. brillar. || arder vivamente.

glower vi. mirar con enojo.

glowing adj. candente, incandescente. || brillante. || encendido. || entusiasta.

glow-worm n. luciérnaga.

glue n. pegamento. || cola. || — vt., vi. pegar(se).

glum adj. taciturno, melancólico. || sombrío.

glut n. superabundancia, exceso. || — vi. hartar, saciar. || abarrotar, inundar.

gluttony n. glotonería, gula.

gnarled adj. nudoso, torcido.

gnash vi. rechinar.

gnat n. mosquito, jején.

gnaw vt. roer.

gnome n. gnomo.

go (pret. **went**, pp. **gone**) vi. ir. || viajar. || (actividad) ir a: **I g. to swim.** voy a nadar. || hacerse, ponerse: **he is going old**, se está poniendo viejo. || comenzar: **everything is ready, let's go**, todo está listo, comencemos. || (máquina) funcionar. || alcanzar, llegar. || calzar, caber. || suceder: **the exam went well**, el examen salió bien. || **to be going to**, estar por. || **to g. one better**, hacer mejor. || **to g. about**, circular. || ocuparse de. || salir, n. **to g. after**, perseguir. || seguir. || **to g. against**, ir en contra de. || **to g. ahead**, adelantarse. || proseguir. || **to g. along**, pasar por. || seguir. || **to g. at**, atacar. || **to g. away**, marcharse. || **to g. back**, regresar. || retroceder. || **to g. by**, pasar. || pasar por. || atenerse a. || **to g. down**, descender. || ponerse (el sol). || sucumbir. || **to g. for**, ir por. || atacar. || **to g. in**, entrar. || **to g. into**, entrar en. || **to g. off**, irse. || estallar. || dispararse. || llevarse a cabo. || **to g. on**, seguir. || suceder. || **to g. over**, pasar por encima. || repasar, revisar. || **to g. through**, atravesar. || pasar por. **(to g. under**, arruinarse. || fracasar. || **to g. up**, subir. || estallar. || — n. (pl. **goes**) (fam.) turno. || intento. || éxito.

goad n. aguijón. || (fig.) estímulo. || — vt. aguijonear, picar. || (fig.) incitar.

go-ahed n. permiso para seguir adelante.

goal n. fin, meta. || ambición. || gol, tanto.

goalkeeper n. arquero.

goal n. cabra, macho cabrío.

gobble n. gluglú. || — vt. engullir.

go-between n. mediador. || alcahuete.

goblet n. copa.

goblin n. duende.

god n. dios. || **God**, Dios.

godchild n. ahijado. || ahijada.

goddaughter n. ahijada.

goddess n. diosa.

godfather n. padrino.

god-fearing adj. timorato.

godforsaken adj. (lugar) dejado de la mano de Dios.

godhead n. divinidad.

godless adj. impío, descreído.

godly adj. piadoso.

godmother n. madrina.

godparents n. pl. padrinos.

godsend n. cosa llovida del cielo.

godson n. ahijado.

goggle-eyed adj. con ojos desorbitados.
goggles n. pl. gafas (de conductor, etc.).
going n. salida. || ida. || camino.
going-over n. inspección.
gold n. oro.
goldbrick n. (fam.) estafa.
golden adj. de oro. || dorado. || áureo.
goldfinch n. jilguero.
goldfish bowl n. pecera.
gold mine n. (t. fig.) mina de oro.
goldsmith n. orfebre.
gold standard n. patrón oro.
golf course n. campo de golf.
golfer n. golfista.
gone ver **go**.
good adj. (comp. **better**, superl. **best**) bueno. || útil, conveniente. **||** agradable. || en buen estado. || provechoso. || hábil. || **all in g. time**, todo a su tiempo. || **as g. as gold**, muy educado. || **in g. time**, temprano. || — n. bien, provecho, utilidad. || bien moral. || los buenos. || pl. **goods**, bienes, efectos, mercaderías.
good-bye interj. ¡adiós! || — n. adiós. **|| to say good-bye to**, despedirse de, (fig.) dar por perdido.
good-for-nothing adj., n. inútil.
good-humoured adj. afable, jovial.
good-looking adj. buen mozo.
goodly adj. (ant., hum.) abundante, importante. || agradable, respetable.
good-natured adj. afable, bonachón.
goodness n. bondad. || buena calidad. || **for goodness sake!**, ¡por amor de Dios!
good-tempered adj. afable. || apacible.
goodwill n. buena voluntad. || (com.) clientela, buen nombre.
goody adj. beatón, santurrón. || — n. golosina.
goon n. imbécil, idiota.
goose n., pl. **geese**, ganso.
gooseberry n. grosella.
gooseflesh, goosepimples n. pl. carne de gallina.
gore vt. herir con los cuernos. || — n. (lit.) sangre que mana de una herida. || (cost.) sesgo.
gorge n. cañón, garganta. || — vt., vi. engullir.
gorgeous adj. magnífico. || (fam.) maravilloso.
gormandize vi. glotonear.
gory adj. ensangrentado. || sangriento.
go-slow n. trabajo a reglamento.
Gospel n. Evangelio.

gossip n. charla, chismes. || chistoso. || — vi. chismorrear.
gossip column n. notas sociales.
got ver **get.**
gotten ver **get.**
gourd n. calabaza.
gourmand n. glotón.
gout n. (med.) gota.
govern vt. gobernar. || dominar. || (gram.) regir.
governess n. institutriz.
governing adj. gobernante.
government n. gobierno. || (gram., etc.) régimen.
gown n. vestido, traje. || toga.
grab n. (mec.) cuchara. || arrebatiña. || (fam.) robo. || — vt. agarrar. || asir.
grace n. gracia. || elegancia. || favor. || **Your Grace**, Su Excelencia, etc. || plazo, demora. || — vt. adornar. || embellecer. || honrar.
graceful adj. gracioso. || elegante.
graceless adj. desgarbado. || falto de gracia.
gracious adj. cortés, afable. || gracioso.
grade n. grado. || clase, calidad. || pendiente. || — vt. clasificar. || calificar.
grade crossing n. (E. U.) paso a nivel.
gradient n. pendiente.
gradual adj. gradual. || progresivo.
graduate n. graduado. || licenciado.
graduate vt., vi. graduar(se).
graft n. (agr., med.) injerto. || (fam.) trabajo. || chanchullo. || — vt. injertar.
grain n. grano.|| cereales. || vena, veta.
grammar n. gramática.
grammarian n. gramático.
gram(me) n. gramo.
granary n. graneo, troj.
grand adj. espléndido, impresionante. || poderoso. || (ant., fam.) agradable.
grandchild n. nieto. || nieta.
granddaughter n. nieta.
grandeur n. magnificencia, grandiosidad.
grandfather n. abuelo.
grandiose adj. grandioso. || exagerado.
grandma n. (fam.) abuelita.
grandmother n. abuela.
grandpa n. (fam.) abuelito.
grandparents n. pl. abuelos.
grandson n. nieto.
grandstand n. tribuna.
grange n. finca. || hacienda, estancia.
granny n. (fam.) abuelita.
grant n. concesión. || donación. || beca. || (der.) cesión. || — vt. conceder. || otorgar. || donar. || (der.) ceder. || **to take something for granted**, dar algo por sentado.

granulated adj. granulado.
grape n. uva.
grapefruit n. pomelo.
grapeshot n. metralla.
grapevine n. vid. || parra. || medio de comunicación clandestina.
graph n. gráfica.
graphic adj. gráfico.
grapple vt. **to g. with**, agarrar a alguien, luchar con. || trabajar duro.
grasp n. asimiento. || apretón. || garras. || alcance. || comprensión. || — vt. asir, agarrar. || estrechar, apretar. || comprender. || **to g. at**, intentar agarrar. || aprovechar.
grasping adj. avaro, codicioso.
grass n. hierba. || césped. || pasto. || — vt. cubrir de hierba. || — vi. pasar el dato, delatar.
grasshopper n. saltamontes.
grassland n. pradera, dehesa.
grass-roots n. el vulgo, la gente inculta.
grassy adj. herboso, cubierto de hierba.
grate n. parrilla de hogar. || — vt. rallar. || — vi. rechinar.
grateful adj. agradecido, reconocido.
grater n. rallador.
gratify vt. complacer. || satisfacer.
grating n. reja, enrejado, emparrillado. || — adj. (tono, etc.) áspero.
gratitude n. agradecimiento.
gratuity n. gratificación, propina. || aguinaldo.
grave adj. grave. || serio. || — n. sepultura. || tumba, sepulcro.
gravel n. grava, pedregullo.
gravestone n. lápida sepulcral.
graveyard n. cementerio.
gravitate vi. ser atraído hacia. || caer en.
gravity n. gravedad. || solemnidad.
gravy n. salsa.
gray adj. grey.
graze n. rozadura, roce. || pasto. || apacentamiento. || — vt. rozar. || raspar. || apacentar.
grease n. grasa. || mugre. || sebo. || — vt. engrasar, lubricar.
greasepaint n. maquillaje.
great adj. grande. || enorme, vasto. || importante. || principal. || largo. || mucho. || (fam.) estupendo, excelente. || (fam.) con otro adjetivo de tamaño: grandísimo: **a g. huge tree**, un árbol inmenso.
greatcoat n. sobretodo.
great-grandchild n. bisnieto.
great-grandfather n. bisabuelo.

great-grandmother n. bisabuela.
great-hearted adj. valiente.
greatness n. grandeza.
Grecian adj. griego.
greedy adj. codicioso, avaro. || ávido, || goloso, glotón.
Greek adj., n. griego. || la lengua griega.
green adj. verde. || fresco. || novato. || — n. verde. || césped. || pl. **greens**, verduras.
green-eyed adj. de ojos verdes.
greengrocer n. verdulero.
greenhouse n. invernadero.
greenish adj. verdoso.
greet vt. saludar. || dar la bienvenida. || acoger.
greeting n. saludo, salutación. || bienvenida. || pl. **greetings**, recuerdos (en cartas).
gregarious adj. gregario.
gremlin n. duendecillo.
grenade n. bomba de mano.
grew ver **grow**.
grey adj., n. gris. || rudo. || — vi. encanecer.
grey-haired adj. canoso.
greyhound n. galgo, lebrel.
greyish adj. grisáceo. || entrecano.
grid n. reja. || parrilla. || portaequipajes.
grief n. dolor, pesar, aflicción. || **good g.!**, ¡demonio!
grievance n. motivo de queja. || agravio.
grieve vt. dar pena a. ||— vi. afligirse, acongojarse.
grievous adj. dañino. || ofensivo. || doloroso.
grill n. parrilla. || asado a la parrilla. || — vt. asar a la parrilla. || (fam.) interrogar (sin piedad).
grille n. rejilla. || reja. || verja.
grim adj. feroz, severo. || inflexible. || horrible, || (fam.) desagradable, triste.
grimace n. mueca, visaje, || — vi. hacer muecas.
grime n. mugre, suciedad.
grimly adv. severamente. || inexorablemente.
grin n. sonrisa, || mueca. || — vi. sonreír bonachonamente, burlonamente, etc.
grind n. trabajo pesado. || rutina. || — vt. (pret. y pp. **ground**) moler.
ground coffee, café molido. || hacer rechinar. || afilar. || apretar, oprimir, || — vi. molerse, || triturarse. || pulverizarse. || (fam.) estudiar mucho.
grindstone n. muela, piedra de amolar.

grip n. asimiento. || mango. || empuñadura. || control. || comprensión. || maletín. || — vt. agarrar, || empuñar. || apretar.

gripping adj. absorbente, muy emocionante.

grisly adj. horripilante. || (fam.) horrible.

gristle n. cartílago.

grit n. arena, || polvo. || valor. || firmeza. || — vt. hacer rechinar.

grizzle vi. gimotear.

grizzly adj. gris, canoso.

groan n. gemido, quejido. || — vi. crujir. || quejarse. || gemir.

grocer n. tendero. || almacenero. || **grocer's**, almacén.

grocery n. almacén, tienda de comestibles.

groggy adj. poco seguro. || aturdido, turulato.

groin n. (anat.) ingle.

groom n. mozo de caballos. || novio. || — vt. cuidar caballos. || acicalar.

groove n. ranura, estría, acanaladura. || surco.

grope vi. ir a tientas.

gross adj. bruto, total. || (fam.) grosero, craso, || gordo. || — n. gruesa. || — vt. ganar en bruto.

grotto n. gruta.

grouch vi. (fam.) refunfuñar, quejarse.

ground n. suelo, tierra. || terreno. campo. || superficie, || fondo. || (conocimientos) área, || pl. **grounds**, jardines, parque. || — vt. hacer encallar, varar. || fundamentar. || (elec.) conectar a tierra. || pt. y pp. de **grind**.

grounding n. rudimentos.

groundless adj. infundado.

groundnut n. cacahuete, maní.

groundwork n. trabajo preliminar.

group n. grupo, agrupación. || (mús.) conjunto. || — vt. agrupar.

grouse n. (fam.) queja. || — vi. quejarse.

grove n. arboleda, bosquecillo.

grovel vi. arrastrarse. || (fig.) humillarse.

grow (pret. **grew**, pp. **grown**) vi. cultivar. || dejar crecer. || adquirir. || — vi. crecer. || desarrollarse. || aumentar. || **to g. from**, derivarse de. || **to g. into**, convertirse, llegar a ser. || **to g. on**, llegar a gustar. || **to g. up**, crecer.

grower n. cultivador.

growing adj. creciente.

growl n. gruñido. || — vi. gruñir.

grown ver **grow**.

grown-up adj., n. adulto.

growth n. crecimiento. || desarrollo. || (med.) tumor.

grub n. gusano. || (sl.) comida. || — vi. **to g. up**, arrancar. || desenterrar || — vi. cavar.

grubby adj. sucio, mugriento.

grudge n. rencor, inquina. || — vt. dar de mala gana.

gruelling adj. cansador, penoso.

gruesome adj. horrible, horripilante.

gruff adj. bronco. || brusco, malhumorado.

grumble n. queja. || — vi. refunfuñar, quejarse.

grumpy adj. gruñón, malhumorado.

grunt n. gruñido. || — vi. gruñir.

guarantee n. garantía. || — vi. garantizar. || asegurar.

guarantor n. garante.

guard n. guardia. || centinela. || guardián. || (dep.) defensa. || — vt. vigilar. || custodiar. || proteger. || escoltar. || guardar.

guarded adj. cauteloso, circunspecto.

guardhouse n. prisión militar.

guardsman n., pl. —**men**, guardia.

guard's van n. furgón.

guava n. guayaba.

guerrilla n. guerrillero.

guess n. conjetura, suposición. || **rough g.**, estimación aproximada. || **at a g.**, a poco más o menos. || — vt. adivinar, conjeturar.

guesswork n. conjeturas.

guest n. convidado, invitado. || huésped.

guffaw n. risotada. || — vi. reírse a carcajadas.

guidance n. dirección, gobierno. || consejos.

guide n. guía. || — vt. guiar. || gobernar.

guidebook n. guía (del turista, etc.).

guild n. gremio, cofradía.

guile n. astucia, maña.

guilty adj. culpable. || **to plead g.**, declararse culpable. || **not g.**, inocente.

guinea-pig n. cobayo, conejillo de Indias.

guise n. (fam.) modo, guisa.

guitar n. guitarra.

gulf n. golfo. || (fig.) abismo.

gull n. gaviota. || — vi. engañar, estafar.

gullet n. esófago. || garganta.

gullible adj. crédulo, simplón.

gully n. barranco.

gulp n. trago. || — vi. beber de un trago.

gum n. goma. || caucho. || pegamento. || chicle. || (anat.) encía. || — vi. engomar.

gumboil n. flemón.

gumption n. (fam.) seso, sentido común.

gum tree n. eucalipto.

gun n. arma de fuego. || cañón. || escopeta. || fusil. || pistola. || — vt. **g. down**, disparar, bajar de un tiro.

gunboat n. cañonero.

gunfire n. cañoneo.

gunman n. pistolero, gángster.

gunner n. (mil.) artillero.

gunpowder n. pólvora.

gunrunner n. contrabandista de armas.

gunshot n. disparo, tiro.

gunsmith n. armero.

gurgle n. gorgoteo. || (niño) gorjeo.

gush n. chorro. || torrente (de palabras). || — vi. derramar. || decir efusivamente. || — vi. salir a chorros.

gust n. ráfaga, racha.

gusto n. entusiasmo.

gut n. (anal.) intestino, tripa. || cuerda de tripa. || estrecho. || pl. **guts** (fam.), tripas. || agallas, energía.

gutter n. arroyo, cuneta. || canal.

gutter-press n. prensa sensacionalista.

guy n. mamarracho. || tipo.

guy, guy-rope n. viento, cuerda.

guzzle vt. tragarse, engullir.

gym n. (fam.) gimnasio. || gimnasia.

gymnastics || gimnasia.

gyp n. (sl.) estafa, timo. || estafador, timador. || — vt. estafar, timar.

gypsum n. yeso.

gypsy = gipsy.

gyrate vi. girar.

H

h *n.* h. || **to drop one's h's,** hablar incorrectamente.

ha *interj.* ¡ah! || **ha, ha!**, ¡ja, ja!

haberdasher *n.* mercero. || *(E. U.)* camisero. || **haberdasher's** (shop), mercería.

habit *n.* costumbre, hábito.

habitation *n.* habitación.

habitual *adj.* habitual, acostumbrado, usual. || inveterado, empedernido.

hack *n.* corte, hachazo. || puntapié. || jamelgo. || coche de alquiler. || *(fam.)* taxi. || escritorzuelo. || — *adj.* mercenario. || — *vt.* cortar, acuchillar. || alquilar. || dar un puntapié. || — *vi.* toser. || montar a caballo.

hackney carriage *n.* coche de alquiler.

hackneyed *adj.* trillado, gastado.

hackwork *n.* trabajo de rutina.

had ver **have**.

haddock *n.* *(ict.)* eglefino.

haemorrhage *n.* hemorragia.

haemorrhoids *n. pl.* hemorroides.

haft *n.* mango.

hag *n.* bruja.

haggard *adj.* ojeroso, trasnochado.

haggle *vi.* discutir. || regatear. || — *n.* regateo.

ha-ha *interj.* ¡ja, ja!

hail *n.* granizo. || *(fig.)* lluvia. || grito. || saludo. || — *vi.* llamar. || saludar. || — *vi.* granizar.

hailstorm *n.* granizada, pedrusco.

hair *n.* pelo, cabello. || vello. || crin, cerda. || **grey h., white h.,** canas. || **to make one's h. stand on end**, poner a alguien los pelos de punta. || **to part one's h.,** hacerse la raya. || **to split hairs**, buscar 5 patas al gato.

hair-curler *n.* rulero, rizador.

haircut *n.* corte de pelo.

hairdo *n.* peinado.

hairdresser *n.* peluquero. || **hairdresser's,** peluquería.

hairline *n.* límite del pelo. || rayita (en escritura). || *(tec.)* estría muy delgada.

haimet *n.* redecilla.

hairpin *n.* horquilla.

hair-raising *adj.* espeluznante.

hair-splitting *adj.* nimio. || quisquilloso.

hair style *n.* peinado.

hairy *adj.* peludo, velloso

hake n. merluza

halcyon *adj.* apacible, tranquilo.

hale *adj.* sano, robusto.

half *n., pl.* **halves,** mitad. || *(dep.)* (jugador) medio. || tiempo: **first h.**, primer tiempo. || a medias: **to go halves,** ir a medias. || trimestre (de año escolar). || — *adj.* medio. || a medias. || — *adv.* medio: **h. asleep,** medio dormido. || a medias.

half-baked *adj.* a medio cocer. || *(fig.)* incompleto.

half-bred *adj.* mestizo.

haif-brother *n.* hermanastro.

half-circle *n.* semicírculo.

half-hearted *adj.* poco entusiasta.

half-length *adj.* (retrato) de medio cuerpo.

half-mast *n.* **at half-mast,** a media asta.

half sister *n.* hermanastra.

half-time *n.* *(dep.)* descanso.

halfway *adv.* a medio camino. || — *adj.* intermedio.

half-witted *adj.* imbécil.

hall *n.* vestíbulo. || sala. || comedor. || *(univ.)* residencia, colegio mayor. || **city h.,** palacio municipal.

hallelujah *n.* aleluya.

hallmark *n.* marca del contraste. || *(fig.)* sello.

hallo ver **hullo**.

hallow *vt.* santificar.

Halloween *n.* víspera del día de Todos los Santos.

hallucination *n.* alucinación.

halt *n.* alto, parada. || interrupción. || **to come lo a h.,** pararse, interrumpirse. || — *vt.* parar. || interrumpir. || — *vi.* hacer alto. || pararse.

halter *n.* cabestro, ronsal. || dogal.

hailing *adj.* vacilante, titubeante.

halve *vt.* partir por mitad. || *(dep.)* empatar.

halves ver **half**.

ham n. jamón. || *(anal.)* corva. || *(teat.)* comicastro. || *(rad.)* aficionado. || pl. **hams,** nalgas.

hamlet n. aldea, caserío.

hammer n. martillo *(t. anat.).* || macillo (de piano). || percutor (de arma de fuego). || **to come under the h.,** ser subastado. || — vt. martillar. || clavar. || atacar. || — vi. martillar.

hammock n. hamaca. || *(navig.)* coy.

hamper n. cesto, canasta. || — vt. estorbar.

hamstring n. tendón de la corva. || — (ver **string**) vt. desjarretar.|| *(fig.)* paralizar.

hand n. mano. || manecilla (de reloj). || aguja (de instrumento). || escritura, letra. || ovación. || (medida) palmo. || tripulante. || trabajador, operario. || peón. || (cartas) mano. || **at h.,** a mano. || **by h.,** a mano. || **from h. to mouth,** al día. || **h. in h.,** de la mano. || de común acuerdo. || **hands up!,** ¡manos arriba! || **in h.,** que se está estudiando o discutiendo. || **on the one h... on the other,** por un lado... por otro. || **to bite the h. that feeds you,** ser desagradecido. || **to get o have the upper h.,** llevar ventaja. || **to lay hands on,** echar mano a. || **to lend a (helping) h.,** dar una mano a, ayudar. || **to rule with a heavy o hard h.,** gobernar con mano dura. || **to shake hands,** estrechar la mano. || **to take in h.,** ocuparse de. || — adj. de mano. || — vt. dar, entregar, poner en manos de. || pasar. || **to h. in,** entregar. || presentar (renuncia). || ayudar a subir. || **to h. over,** entregar. || **to h. round,** pasar de mano en mano. || repartir.

handbag n. bolso.

handbook n. manual. || guía.

handcart n. carretilla, carretón.

handcuffs n. pl. esposas.

handful n. puñado, manojo. || unos pocos.

handicap n. desventaja. || *(dep.)* hándicap. || — vt. perjudicar, estorbar.

handicapped adj. minusválido.

handicraft n. artesanía.

handiness n. proximidad. || conveniencia.

handkerchief n. pañuelo.

handle n. mango. || palanca. || manivela. || manubrio. || asa. || **to fly off the h.,** *(fam.)* salirse de sus casillas. || — vt. tocar. || manejar, manipular. || conducir. || gobernar. || comerciar en. || tratar.

handlebar n. manillar.

handout n. limosna. || nota de prensa.

handrail n. pasamano.

handsome adj. hermoso, bello. || elegante. || distinguido. || considerable.

handspring n. voltereta sobre las manos.

hand-to-hand adv./ adj. cuerpo a cuerpo.

handwriting n. escritura, letra.

handy adj. próximo. || conveniente. || manuable. || hábil, diestro.

hang *(pret. y pp.* **hung,** *(der.)* **hanged** || vt. colgar, suspender. || pegar. **I to h. up,** colgaré (teléfono). || *(der.)* ahorcar (criminal). || — vi. colgar, pender. || caer (vestimenta, cabello). || **to h. about, to h. around,** haraganear. || frecuentar. || rondar. || to **h. on,** esperar. || colgar de. || *(fig.)* depender de. || **to h. out,** colgar fuera. || *(fam.)* vivir. || asomarse (por la ventana). || **to h. over,** colgar por el borde. || cernerse sobre. || **to h. up,** *(tlf.)* colgar. || — vr. **to h. oneself,** ahorcarse. || — n. caída (de tela). || funcionamiento. || significado.

hanger n. percha, colgadero.

hang gliding n. aladeltismo.

hanging adj. pendiente, colgante. || — n. colgamiento. || horca. || pl. **hangings,** colgaduras.

hangman n., pl. **—men,** verdugo.

hangnail n. padrastro (del dedo).

hangover n. resaca (después de beber).

hank n. madeja.

hankering n. añoranza. || anhelo.

hankie n. *(fam.)* pañuelo.

haphazard adj. fortuito. || — adv. de cualquier modo, a troche y moche.

hapless adj. desventurado.

happen vi. pasar, suceder, ocurrir: **what happened?,** ¿qué pasó? || producirse. || **how does it h. that...?,** ¿cómo es posible que...? || **I happened to be there,** me encontraba allí (por casualidad).

happening n. suceso, acontecimiento.

happiness n. felicidad, dicha. || alegría.

happy adj. feliz, dichoso. || contento, satisfecho. || alegre.

happy-go-lucky adj. despreocupado.

harangue n. arenga. || — vt. arengar.

harass vt. acosar, hostigar. || *(mil.)* hostilizar.

harbinger n. precursor. || — vt. anunciar.

harbour n. puerto. || — vt. proteger.

hard adj. duro *ft. fig.).* || sólido, firme. || (bebida) espirituoso. || (trabajo) arduo, agotador. || *(fig.)* cruel, rudo. || (lluvia, helada) fuerte. || (invierno) riguroso. || difícil. || innegable, incontestable. || severo. || *(gram.)* (consonante) fuerte. || **h. and fast**, estricto, inflexible. || **h. of hearing**, duro de oído. || — *adv.* mucho, de firme: **to work h.**, trabajar mucho. || violentamente.

hardback *n.* libro con tapa dura.

hardboard *n.* chapa de madera dura.

hard-boiled *adj.* (huevo) duro. || de carácter duro, severo.

hard-core *adj.* resistente al cambio.

harden *vt.* endurecer *(t. com.)*. || solidificar.

hard-headed *adj.* práctico, realista.

hard-hearted *adj.* duro de corazón.

hardly *adv.* duramente. || difícilmente. || apenas. || **h. ever**, casi nunca.

hardness *n.* dureza. || dificultad. || rigor.

hardship *n.* trabajos, penas. || infortunio.

hardtack *n. (naveg.)* galleta.

hardware *n.* ferretería, quincalla. || *(comput.)* equipo (computadora).

hard-working *adj.* trabajador.

hardy *adj.* fuerte, robusto. || *(bot.)* resistente.

hare *n.* liebre.

harelip *n.* labio leporino.

haricot *n.* alubia, judía. || *(Arg.)* chaucha.

hark *vi., vt.* escuchar.

harlot *n.* ramera.

harm *n.* daño, mal. || perjuicio. || — *vt.* hacer daño a. || dañar, estropear. || perjudicar.

harmful *adj.* perjudicial, dañoso, nocivo.

harmless *adj.* innocuo, inofensivo.

harmonious *adj.* armonioso.

harmonize *vt., vi.* armonizar.

harness *n.* guarniciones, arreos. || **to die in h.**, morir con las botas puestas. || — *vt.* enjaezar.

harp *n.* arpa. || — *vi.* tocar el arpa.

harpoon *n.* arpón. || — *vt.* arponear.

harpsichord *n. (mús.)* clavicordio.

harpy *n.* arpía.

harridan *n.* bruja.

harrow *n. (agr.)* grada. || — *vt.* gradar.

harrowing *adj.* desgarrador, angustioso.

harry *vt.* asolar. || acosar.

harsh *adj.* severo, duro, cruel. || áspero.

hart *n.* ciervo.

harum-scarum *adj., n.* tarambana.

harvest *n.* cosecha. || — *vt.* cosechar *(t. fig.)*.

has ver **have.**

hash *n.* picadillo. || — *vt.* picar.

hashish *n.* hachís.

hasp *n.* pasador, pestillo. || broche.

hassock *n. (relig.)* cojín.

haste *n.* prisa, precipitación.

hasten *vt.* acelerar. || — *vi.* darse prisa.

hasty *adj.* apresurado. || impaciente.

hat *n.* sombrero. || **keep it under your h.**, callar.

hatbox *n.* sombrerera.

hatch *n.* escotilla, puerta trampa. || compuerta. || pollada. || — *vi.* empollar, incubar. || tramar.

hatchet *n.* hacha (pequeña).

hatchway *n.* escotilla.

hate *n.* odio. || — *vt.* odiar, detestar, aborrecer.

hateful *adj.* odioso, repugnante.

hatpin *n.* alfiler de sombrero.

hatred *n.* odio, aborrecimiento.

hatter *n.* sombrerero.

haughty *adj.* altanero, arrogante.

haul *n.* tirón. || recorrido, trayecto. || redada. || — *vt.* tirar, arrastrar. || acarrear, transportar.

haulage *n.* acarreo, transporte.

haunch *n.* anca. || *(coc.)* pierna.

haunt *n.* nidal, guarida. || — *vt.* rondar.

haunting *adj.* obsesionante. || inolvidable.

have *(3ª pers. sing. pres.* **has**, *pret. y pp.* **had)** *vt.* tener. || poseer. || recibir. || permitir. || tomar, comer: **h. another drink**, ¡toma otra copa! || encontrar. || hacer. || pasar: **to h. a good time**, pasarlo bien. || mandar hacer: **I had a skirt made**, mandé a hacer una pollera. || *(fam.)* engañar. || parir, dar a luz. || deber. || **had better**, más vale: **you had better do it**, más vale que lo hagas. || **to h. a bath, h. a shave**, bañarse, afeitarse. || **to h. a try**, intentar. || **to h. breakfast, lunch, dinner**: desayunar, almorzar, cenar. || **to h. done with**, haber acabado con. || **h. got**, tener. || — *v. aux.* haber: **I h. not seen her today**, no la he visto hoy. **I to h. back**, recuperar. || **to h. on**, llevar (puesto). || **to h. out**, hacer salir. || **to h. it out with**, poner las cosas en claro.

haven *n.* puerto. || *(fig.)* refugio, asilo.

haversack *n.* mochila.

havoc *n.* estragos, destrucción.

haw *n.* baya del espino. || vacilación al hablar.

hawk *n.* halcón, gavilán. || carraspera. || — *vi.* pregonar. || **to h. up**, expectorar.

hawker n. vendedor ambulante.

hawthorn n. espino.

hay n. heno. || **to hit the h.**, (fam.) acostarse.

haystack n. almiar.

haywire adj. (fam.) en desorden. || loco.

hazard n. riesgo. || oportunidad. || (dep.) (tenis) servicio ganador. || — vt. arriesgar.

haze n. neblina (de vapor). || (fig.) confusión.

hazelnut n. avellana.

hazy adj. calinoso, brumoso. || (fig.) confuso.

he pron. él. || — n. macho. || varón.

head n. cabeza. || jefe. || director (de escuela). || cara (de una moneda). || nacimiento, cabecera (de un río). || cabecera (de mesa, cama). || espuma (de cerveza). || (geog.) punta. || res. || espiga. || encabezamiento. || título (en diario). || capítulo. || principio. || talento. || persona. || **to keep one's h. above water**, ganar apenas lo suficiente para vivir. || **not to make h. or tails of**, no entender ni jota. || **off one's h.**, loco. || **to put heads together**, consultar uno a otro. || — vt. encabezar (lista). || dirigir. || capitanear. || (fútbol) cabecear. || conducir, llevar. || **to h. for**, dirigirse a. || — vi. dirigirse. || — adj. principal: **h. cook**, primer cocinero.

headache n. dolor de cabeza.

headband n. cinta (para la cabeza).

headdress n. toca, tocado.

header n. salto de cabeza. || (dep.) cabezazo.

headgear n. sombrero. || tocado.

heading n. encabezamiento. || membrete.

headland n. promontorio.

headline n. titular (de diario).

headlong, **headfirst**, adj. de cabeza. || precipitado. || — adv. de cabeza. || precipitadamente.

headmaster n. director (de colegio).

headmistress n. directora (de colegio).

head-on adj., adv. de frente.

headphones n. pl. auriculares.

headquarters n. pl. (mil.) cuartel general. || sede. || oficina central, central.

headrest n. reposacabezas.

headship n. jefatura. || dirección.

headstone n. lápida mortuoria.

headstrong adj. voluntarioso. || testarudo.

headway n. progreso.

headwind n. viento contrario.

heal vt. curar, sanar. || (fig.) remediar.

health n. salud. || **(to) your h.!**, ¡a tu salud!

healthy adj. sano, saludable. || salubre.

heap n. pila, (t. fig.) montón. || — vt. amontonar, apilar. || colmar. || **heaps** adv. muchísimo.

hear (pret. y pp. **heard**) vt. oír. || escuchar. || asistir a (conferencias). || saber (noticias). || (der.) dar audiencia a. || — vi. oír. || **to h. about**, enterarse de algo. || **to h. front**, tener noticias de.

heard ver **hear**.

hearing n. oído. || audición. || (der.) audiencia. || **to be within h.**, estar al alcance del oído.

hearing aid n. audífono.

hearsay n. rumores. || **by h.**, de oídas.

hearse n. coche fúnebre.

heart n. (anal.) corazón (t. fig.). || fondo (de una cuestión). || corazón, centro (de una fruta). || pl. **hearts**, corazones (en cartas), copas (en cartas españolas). || **at h.**, en el fondo. || **by h.**, de memoria. || **to have the h. to**, tener valor para. || **h. lo h.**, íntimo, franco. || **to lose h.**, descorazonarse. || **to lake to h.**, tomar a pecho.

heart attack n. ataque cardíaco.

heartbeat n. latido del corazón.

heartbreaking adj. desgarrador.

heartburning n. envidia, rencor.

hearten vt. alentar, infundir ánimo a.

heartfelt adj. sincero. || más mentido.

hearth n. hogar (t. fig.). || chimenea.

heartily adv. sinceramente. || enérgicamente. || a carcajadas. || con buen apetito.

heartless adj. cruel, inhumano.

heartrending adj. conmovedor.

hearty adj. campechano. || cordial. || fuerte. || sano, franco. || (apetito) bueno. || (comida) abundante.

heat n. calor. || calefacción. || (fig.) ardor, vehemencia. || (zool.) celo. || — vt., vi. calentar(se).

heater n. calentador. || (Arg.) calefón.

heath n. brezal. || brezo.

heathen adj., n. pagano.

heather n. brezo.

heating n. calefacción.

heatstroke n. insolación.

heave n. esfuerzo para levantar. || tirón. || — vi. (pret. y pp. **heaved**, (naveg.) pret. y pp. **hove**, tirar de. || levantar. || arrastrar. || llevar. || exhalar (suspiro). || — vi. subir y bajar, agitarse.

heaven n. cielo. || (fig.) gloria. || paraíso. || **for heaven's sake!**, ¡por Dios!

heavenly adj. celestial. || (fig.) maravilloso.

heavily adv. pesadamente. || mucho. || (dormir) profundamente. || (beber) con exceso.

heavy adj. pesado (t. fig.). || (tela, tipo de imprenta) grueso. || (comida, vino, perfume, lluvia) fuerte. || (población, tránsito) denso. || pesado, opresivo. || grave (derrota) || indigesto. || (pérdida) considerable. || lento, torpe. || (teat.) serio. || (sueño, suspiro, silencio) profundo.

heavyweight n. peso pesado.

Hebrew adj., n. hebreo.

heckle vt., vi. interrumpir, molestar con preguntas.

hectic adj. (fig.) febril. || agitado.

hectogramme n. hectogramo.

hectolitre n. hectolitro.

hedge n. seto vivo. || barrera. || — vt. cercar con un seto. || — vi. contestar con evasivas.

hedgehog n. erizo.

hedgerow n. seto vivo.

heed atención. || — vt. prestar atención a.

heedless adj. desatento, descuidado.

heehaw n. rebuzno. || — vi. rebuznar.

heel n. (anal.) talón, calcañar, tacón. || (E. U.) (sl.) canalla. || **to cool one's heels**, hacer antesala. || **to take to one's heels**, poner pies en polvorosa.

hefty adj. pesado. || fuerte, fornido. || grande.

hegemony n. hegemonía.

heifer n. novilla, vaquilla.

height n. altura. || estatura. || cerro. || colmo.

heighten vt. hacer más alto. || — vi. aumentar.

heinous adj. atroz, nefando.

heir n. heredero. || **h. apparent**, heredero forzoso.

heiress n. heredera. || (fam.) soltera adinerada.

heirloom n. reliquia de familia.

held ver **hold**.

helicopter n. helicóptero.

heliport n. helipuerto.

helix n., pl. **helices** hélice.

hell n. infierno. || (fig.) suplicio. || insulto: **go to h. !**, ¡vete al diablo!

hellbent adj. totalmente resuelto.

hellish adj. infernal, diabólico.

hello ver hullo.

helm n. timón. || **to be at the h.**, (fig.) gobernar, estar en el mando.

helmet n. casco.

help n. ayuda, auxilio, socorro: **h.!**, ¡socorro! || remedio. || criada. || empleado. || — vt. ayudar. || auxiliar, socorrer. || promover. || aliviar: **this will h. the pain**, esto aliviará el dolor. || servir: **can I h. you to some meat?**, ¿puedo servirte carne? || evitar: **he couldn't h. laughing**, no pudo evitar reírse. || — vi. ayudar. || — vr. **to h. oneself**, servirse.

helpful adj. útil, provechoso. || servicial.

helping n. porción, ración.

helpless adj. desamparado. || desvalido.

helter-skelter n. confusión. || — adj. ajetreado. || — adv. atropelladamente.

hem n. dobladillo, bastilla. || — vt. hacer un dobladillo en. || — vi. carraspear. || — interj. ¡ejem!

hemisphere n. hemisferio.

hemistich n. hemistiquio.

hemline n. bajo (del vestido).

hemlock n. cicuta.

hemp n. cáñamo. || **Indian h.**, hachís.

hen n. gallina. || hembra (de ave).

hence adv. de aquí, desde aquí. || desde ahora, de aquí a. || por lo tanto, por eso.

henceforth adv. de hoy en adelante.

henchman n. secuaz, partidario.

henhouse n. gallinero.

henpecked adj. dominado por su mujer.

her pron. pers. ella, la. le. || — adj. pos. su(s).

herald n. heraldo. || — vt. anunciar.

heraldry n. heráldica.

herb n. hierba.

herbal adj. herbario.

herd n. rebaño, hato, manada. || multitud. || — vt. reunir en manada. || — vi. reunirse en manada.

herdsman n. vaquero. || pastor.

here adv. aquí. || (para) acá. || **h. and there**, aquí y allá. || **h. you are**, (fam.) aquí lo tiene, tome. || **near h.**, aquí cerca. || — interj.: ¡presente! || ¡toma!

hereabouts adv. por aquí (cerca).

hereafter adv. en el futuro. || — n. futuro.

hereby adv. por este medio. || por la presente.

hereditary adj. hereditario.

herein adv. aquí dentro, incluido aquí.

heretic n. hereje.

hereto adv. a esto. || hasta este momento.

hereupon adv. en seguida.

H

herewith adv. adjunto.
heritage n. herencia. || (fig.) patrimonio.
hermit n. ermitaño.
hero n., pl. **heroes**, héroe.
heroic adj. heroico.
heroin n. heroína.
heroine n. heroína. || protagonista.
heron n. garza real.
herring n. arenque. || **red h.**, pista falsa.
herringbone n. espiga (en tela).
hers pron. pos. (el) suyo, (la) suya, etc.
herself pron. pers. ella misma, sí misma. ||
se (reflexivo): **she washed h.**, || se lavó.
he's = he is; he has.
hesitate vi. vacilar. || titubear (al hablar).
hesitation n. vacilación, irresolución.
hew vt. (pret. **hewed**, pp. **hewed** o
hewn) cortar, tajar. || labrar, tallar. || **to
h. down**, talar.
hex n. (E. U. fam.) bruja. || — vt. embrujar.
heyday n. auge, apogeo, buenos tiempos.
hi interj. ¡oye!, ¡eh! || ¡hola!
hiccough, hiccup n. hipo. || — vi. hipar.
hick adj. (E. U.) rústico. || — n. palurdo.
hickory n. nogal americano.
hid ver **hide**.
hidden ver **hide**. || — adj. escondido.
hide n. piel. || cuero. || pellejo. || escon-
dite, escondrijo. || — vt. (pret. **hid**, pp.
hidden) esconder. || ocultar, encubrir,
disimular. || — vi. esconderse, ocultarse.
hide-and-seek n. escondite.
hidebound adj. conservador.
hideous adj. horrible.
hideout n. escondrijo, guarida.
hierarchy n. jerarquía.
hieroglyph n. jeroglífico.
hi-fi adj. de alta fidelidad.
higgledy-piggledy adv. (fam.) en desor-
den. || — adj. revuelto, desordenado.
high adj. alto. || **how h. is that house?**,
¿qué altura tiene esa casa? || elevado. ||
importante. || (altar, misa, calle) mayor.
|| (tribunal) superior, supremo. || (cali-
dad) bueno. || (nota) agudo. || (viento)
fuerte. || (color) subido. || — adv. alto.
|| a gran altura. || intensamente. || —
n. altura. || extremo. || récord. || (E. U.
aut.) directa, cuarta velocidad.
highbrow adj., n. intelectual, culto.
highfalutin(g) adj. presuntuoso.
high-grade adj. de calidad superior.
high-handed adj. arbitrario, despótico.
high-heeled adj. de tacones altos.
highjack vt. (fam.) atracar. || secuestrar
(avión, tren).

highlands n. pl. tierras altas, montañas.
high-level adj. de alto nivel (t. comput.).
high life n. vida regalada.
highlight n. toque de luz. (fig.) aspecto
notable, aspecto interesante. || — vt.
destacar.
highly adv. muy, muy bien, sumamente.
high-minded adj. noble, magnánimo.
highness n. altura. || (título nobiliario)
alteza.
high-pitched adj. agudo. || (voz) aflau-
tado.
high-powered adj. de gran potencia.
high-pressure adj. de alta presión.
high-ranking adj. de categoría.
high school n. escuela secundaria para
mayores de 14.
high season n. temporada alta.
high-sounding adj. altisonante.
high-spriled adj. brioso, animoso.
high tea n. té-cena.
highway n. carretera.
highwayman n. salteador de caminos.
hike n. caminata. || — vt. aumentar pre-
cios. || — vi. dar una caminata.
hilarious adj. divertido, regocijante.
hill n. colina, cerro, otero. || montaña. ||
cuesta.
hillock n. montículo.
hillside n. ladera.
hilltop n. cumbre.
hilt n. puño, empuñadura. || completa-
mente.
him pron. pers. le, lo, él.
himself pron. pers. él mismo, sí mismo. ||
se (reflexivo): **he dresses h.**, él se viste.
hind n. cierva. || — adj. trasero, posterior.
hinder vt. estorbar, impedir. || dificultar.
hindmost adj. trasero, último.
hindrance n. estorbo, obstáculo.
hinge n. gozne, bisagra. || — vt. engoz-
nar.
hint n. indirecta, insinuación. || consejo.
|| — vt. insinuar. || — vi. soltar indirectas.
hinterland n. interior.
hip n. (anat.) cadera. || (bot.) escaramujo.
hipped adj. (arq.) a cuatro aguas. || triste.
hippopotamus n. hipopótamo.
hire n. alquiler. || contratación. || sala-
rio, jornal. || — vt. alquilar. || contratar,
emplear.
hireling n. mercenario.
hire purchase n. compra a plazos.
his adj. pos. su(s). || — pron. pos. (el)
suyo, (la) suya, etc.
hiss n. silbido, siseo. || — vt., vi. silbar.

historic(al) *adj.* histórico.

history *n.* historia.

histrionics *n. pl.* histrionismo.

hit *n.* golpe. || tiro certero. || impacto. || acierto. || éxito, sensación. || **h. parade**, lista de éxitos. || — *vt. (pret. y pp.* **hit**) golpear, pegar. || herir. || hacer blanco en, acertar. || chocar con. || afectar. || llegar a, alcanzar. || **to h. off**, imitar. || **to h. it off with someone**, hacer buenas migas con uno. || — *vi.* chocar. || **to h. back**, devolver golpe por golpe. || **to h. on the idea**, ocurrírsele a uno (una idea).

hitch *n.* tirón. || vuelta de cabo. || *(fig.)* obstáculo. || — *vt.* mover de un tirón. || alzar. || atar, amarrar. || enganchar. || arremangarse. || **to h. lifts**, hacer autostop. ||— *vi.* andar a tropezones. || engancharse. || hacer autostop.

hitch-hike *vi.* hacer autostop.

hitch-hiking *n.* autostop.

hither *adv. (lit.)* acá. || **h. and thither**, acá y acullá.

hitherto *adv.* hasta ahora.

hive *n.* colmena. || *pl.* **hives** *(med.)*, urticaria.

hoard *n.* acumulación. || provisión. || tesoro. || — *vt.* acumular, amontonar. || atesorar, || retener.

hoarfrost *n.* escarcha.

hoarse *adj.* ronco.

hoary *adj.* cano. || (chiste) viejo.

hoax *n.* trampa. || burla. || — *vt.* engañar.

hobble *n.* cojera. || maniota. || *(fig.)* traba. || — *vt.* manear. || poner trabas. || — *vi.* cojear.

hobby *n.* pasatiempo, afición.

hobby-horse *n.* caballito (de niño). || *(fig.)* tema preferido, idea fija.

hobgoblin *n.* duende.

hobnail *n.* clavo (de bolas).

hobnob *vi.* codearse, alternar con.

hobo *n. (E. U.)* vagabundo.

hock *n. (anat.)* corvejón. || — *vt. (fam.)* empeñar.

hocus-pocus *n.* abracadabra. || trampa.

hoe *n.* azada, azadón.

hog *n.* cerdo, puerco *(t. fig.)*. || — *vt.* devorar.

hogshead *n.* garrafón que contiene 52,5 galones (aprox. 238 litros).

hoist *n.* montacargas. || — *vt.* alzar. || izar.

hoity-toity *adj.* presumido.

hold *n.* asidero. || autoridad, dominio. || *(mil.)* fortificación. || prisión. || *(mús.)* calderón. || *(dep.)* llave. || *(mar.)* bodega (de un barco). || **get h. of**, agarrar. || conseguir. || apoderarse de. || localizar. || — *vi. (pret. y pp.* **held**) tener. || agarrar. || sujetar. || guardar. || tener capacidad para. || mantener. || sostener. || defender. || ocupar (un puesto). || creer. || contener (el aliento). || ocupar (territorio). || presidir. || arrestar. || celebrar (una reunión, un servicio religioso). || — *vi.* mantenerse. || pegarse. || ser válido. || durar. || **to h. water**, parecer cierto. || **to h. back**, contener, guardar, ocultar (la verdad). || **to h. down**, oprimir, sujetar. || **to h. off**, detener el avance. || demorar. || **to h. on**, esperar en el teléfono. || agarrarse. || **to h. out**, durar. || **to h. to**, mantenerse fiel a. || **to h. together**, mantener unido. || **to h. up**, demorar. || asaltar.

holder *n.* poseedor. || accionista (de banca). || titular (de pasaporte, título). || asidero, || mango.

holding *n.* tenencia. || posesión, propiedad. || *pl.* holdings, *(com.)* valores en cartera.

holdup *n.* atraco. || parada, interrupción.

hole *n.* agujero. || *(t. golf)* hoyo. || cavidad, hueco. || bache (en carretera). || madriguera. || *(fig.)* cuchitril. || pueblo de mala muerte. || apuro, aprieto. || **to pick holes in**, sacar defectos. || — *vt.* agujerear. || meter en el hoyo.

holiday *n.* día feriado. || vacaciones.

Holiness *n.* Santidad. || **His H.**, Su Santidad.

holler *vt., vi.* gritar, vocear.

hollow *adj.* hueco, ahuecado. || (sonido) sordo. || (voz) cavernoso. || *(fig.)* falso. || engañoso. || — *adv.* a hueco. || *(fig.)* por completo. || — *n.* hueco. || concavidad. || — *vt.* ahuecar.

holly *n.* acebo.

holm(oak) *n.* encina.

holster *n.* pistolera.

holy *adj.* santo. || sagrado. || bendito.

homage *n.* homenaje.

home *n.* casa. || domicilio. || hogar. || ciudad natal, patria. || *(biol.)* hábitat. || *(dep.)* meta. || asilo. || **make yourself at h.!**, ¡estás en tu casa! || — *adj.* casero, doméstico, de casa. || de familia. || *(dep.)* local: **h. team**, el equipo local. || natal. || nacional. || interior. || del país. || — *adv.* en casa, a casa. || en el blanco. || **nothing to write h. about**, nada del otro mundo.

H

home-grown *adj.* de cosecha propia.
homeland *n.* tierra natal, patria.
homeless *adj.* sin casa ni hogar.
homely *adj.* casero. || llano. || feo.
home-made *adj.* de fabricación casera.
homesick *adj.* nostálgico.
homespun *adj.* tejido en casa.
homestead *n.* caserío. || granja.
homestretch *n.* último tramo.
homeward(s) *adv.* hacia casa.
homework *n.* deberes.
homicide *n.* homicidio. || homicida.
homily *n.* homilía. || *(fig.)* sermón.
homing *adj.* tendencia de aves migratorias de volver a casa. || capacidad de buscar el blanco.
homoeopathy *n.* homeopatía.
homogeneous *adj.* homogéneo.
homonym *n.* homónimo.
hone *n.* piedra de afilar. || — *vt.* afilar.
honest *adj.* honrado, recto. || franco, sincero.
honesty *n.* honradez, rectitud. || franqueza.
honey *n.* miel. || *(E. U.)* querida, mi vida.
honey-bee *n.* abeja (obrera).
honeycomb *n.* panal. || — *vt.* acribillar.
honeyed *adj.* meloso, melifluo.
honeymoon *n.* luna de miel.
honeysuckle *n.* madreselva.
honk *n.* *(orn.)* graznido. || *(aut.)* bocinazo. || — *vi.* graznar. || tocar la bocina.
honorary *adj* honorario. || de honor.
honour *n.* honor. || honra. | honradez. || respeto. || *pl.* **honours**, honores. || título universitario. || — *vt.* honrar. || conferir (honor a). || respetar.
hood *n.* capucha. || *(univ.)* muceta. || *(aut.)* capota. || *(aut.)* capó. || *(sl.)* criminal.
hoodlum *n.* *(E. U. fam.)* gorila, matón.
hoodoo *n.* vudú. || mala suerte.
hoodwink *vt.* burlar, engallar.
hooey *n.* tonterías.
hoof *n.*, *pl.* **hoofs** o **hooves**, casco, pezuña. || **on the h.**, ganado en pie (vivo). || — *vt.* *(fam.)* **to h. it**, ir a pie.
hook *n.* gancho. || garfio. || anzuelo. || *(cost.)* ganchillo. || crochet. || *(tlf.)* horquilla. || percha. || **off the h.** *(tlf.)*, descolgado. || **to swallow the h.**, tragarse el anzuelo. || — *vt.* enganchar. || colgar. || pescar. || encorvar. || abrochar (un vestido). || *(dep.)* dar un gancho. || *(fig.)* pescar. || robar. || **to h. up**, conectar, acoplar. || — *vi.* engancharse. || torcer.

hookah *n.* narguile.
hooked *adj.* ganchudo.
hooky *n.* **to play h.**, hacerse la rata.
hooligan *n.* gamberro. || *(Arg.)* patotero.
hoop *n.* aro. || fleje. || llanta.
hoot *n.* grito, ululato. || bocinazo. || toque de sirena. || — *vi.* ulular, gritar. || — *vt.* abuchear, silbar.
hooves *n. pl.* de **hoof**.
hop *n.* *(bot.)* lúpulo. || saltito, brinco. || *(aer.)* vuelo. || — *vt.* cruzar de un salto. || — *vi.* saltar. || cojear.
hope *n.* esperanza. || confianza. || ilusión, y posibilidad. || **to lose h.**, perder la esperanza, desesperarse. || — *vt.* esperar. || — *vi.* esperar: **I h. so**, espero que sí.
hopeful *adj.* lleno de esperanzas, optimista, ilusionado, y esperanzador, prometedor.
hopeless *adj.* desesperado, sin esperanza. || imposible. || *(med.)* desahuciado. || incurable.
hopper *n.* tolva. || vagón tolva.
hopscotch *n.* rayuela.
horde *n.* horda. || *(fig.)* multitud.
horizon *n.* horizonte.
horizontal *adj.* horizontal.
hormone *n.* hormona.
horn *n.* cuerno. || asta || *(t.* substancia). || antena (de insecto). || tentáculo (de caracol). || *(mús.)* cuerno, trompa. || *(aut.)* bocina, claxon. || — *vt.* dar una cornada. || — *vi.* **to h. in on**, entrometerse.
hornet *n.* avispón.
horny *adj.* córneo. || calloso.
horoscope *n.* horóscopo.
horrid *adj.* horrible, horroroso.
horrify *vt.* horrorizar.
horror *n.* horror. || **h. film**, película de terror.
hors d'oeuvres *n. pl.* entremeses.
horse *n.* caballo. || potro (en gimnasia). || caballete. || caballería. || **to get on one's high h.**, darse ínfulas. || **don't look a gift h. in the mouth**, a caballo regalado no le mires el diente. ||
horseback *adv.* **on h.**, a caballo.
horse chestnut *n.* castaña de Indias.
horsefly *n.* tábano.
horsehair *n.* crin.
horse-laugh *n.* risotada.
horseman *n.*, *pl.* **—men**, jinete.
horsemanship *n.* equitación.
horseplay *n.* payasadas, pelea amistosa.
horsepower *n.* caballo (de fuerza).

horse-sense *n.* sentido común.

horseshoe *n.* herradura.

horsewoman *n.* amazona.

horticulture *n.* horticultura.

hose *n.* medias. || calcetines. || calzas. || manga, manguera. || — *vt.* regar con manguera.

hosiery *n.* calcetería.

hospice *n.* hospicio.

hospital *n.* hospital.

hospitalize *vt.* hospitalizar.

host *n.* multitud. || hueste. || huésped *(t. biol.).* || anfitrión. || mesonero. || *(relig.)* hostia.

hostage *n.* rehén.

hostel *n.* parador. || albergue.

hostess *n.* anfitriona. || *(aer.)* azafata. || cabaretera.

hostile *adj.* enemigo, hostil.

hot *adj.* caliente. || cálido. || caluroso. || *(coc.)* picante. || acalorado. || apasionado. || *(mús.)* (jazz) con mucho ritmo. || (noticias) reciente.

hotbed *n.* *(fig.)* semillero.

hot-blooded *adj.* apasionado, impetuoso.

hotchpotch *n.* mezcolanza. || *(coc.)* ropa vieja.

hot dog *n.* *(coc.)* perro caliente. *(Arg.)* pancho.

hotel *n.* hotel.

hothead *n.* exaltado, fanático, extremista.

hothouse *n.* invernáculo.

hot-water bottle *n.* bolsa de agua caliente.

hound *n.* perro (de caza), podenco, sabueso. || *(fig.)* canalla. || — *vt.* acosar, perseguir.

hour *n.* hora. || ocasión, momento. || **hours on end**, horas enteras. || **to keep late hours**, acostarse tarde. || **rush h.,** hora pico. || **small hours**, altas horas. || **to work long hours**, trabajar muchas horas.

hourglass *n.* reloj de arena.

hourly *adj.* de cada hora. || cada hora. || por hora. || — *adv.* cada hora. || de un momento a otro.

house *n.* casa. || *(com.)* casa, firma: **publishing h.,** casa editorial. || (Congreso) cámara. || *(teat.)* sala. || público. || *(univ.)* residencia de estudiantes. || convento. || linaje. || *(teat.)* **"full h."** lleno, "no hay localidades". || **a good h.,** mucho público. || **to move h.,** mudarse.

house *t.* alojar, hospedar. || proveer viviendas para. || guardar, almacenar. || *(mec.)* encajar.

house arrest *n.* arresto domiciliario.

houseboat *n.* habitación flotante.

housebreaker *n.* ladrón de casas.

houseful *n.* casa llena.

household *n.* casa, familia. || — *adj.* casero, doméstico. || **electrical h. appliances,** aparatos electrodomésticos.

householder *n.* cabeza de familia. || dueño de una casa.

housekeeper *n.* ama de llaves.

housekeeping *n.* gobierno de la casa.

housemaid *n.* criada.

house parent *n.* padre (o madre) sustituta que vive en una casa con varios niños.

house physician *n.* médico residente.

house-to-house *adj., adv.,* de casa en casa.

housetop *n.* tejado.

housewares *n. pl.* utensilios domésticos.

housewife *n., pl.* **—wives**, ama de casa. || madre de familia.

housework *n.* quehaceres domésticos.

housing *n.* alojamiento. || provisión de vivienda. || *(mec.)* caja. || *(arq.)* empotramiento.

hove ver **heave**.

hovel *n.* casucha, tugurio.

hover *vi.* estar suspendido, flotar *(en el aire).* || cernerse (helicóptero). || rondar a uno.

hovercraft *n.* aerodeslizador.

how *adv.* cómo. || cómo, qué tal. || qué (en exclamaciones): **h. big it is!,** ¡qué grande es! || lo... que, cuan (delante de adj. o adv.). || **h. about?,** ¿qué te parece si...? || **h. do you do?,** ¿cómo está usted? || **h. far?,** ¿a qué distancia? || **h. long?,** ¿cuánto tiempo? || **h. many?,** ¿cuántos? || **h. much?,** ¿cuánto? || **h. often?,** ¿cuántas veces? || **h. old are you?,** ¿cuántos años tienes?

however *adv.* como quiera que, de la manera que. || por (muy)... que. || — *conj.* no obstante, sin embargo.

howitzer *n.* obús.

howl *n.* aullido, alarido. || bramido. || — *vt.* decir a gritos. || — *vi.* aullar, chillar. || gritar. || reírse a carcajadas. || bramar.

howler *n.* error garrafal, metida de pata.

hub *n.* cubo de rueda. || *(fig.)* centro.

hubbub *n.* batahola, barullo, alboroto.

hub cap *n.* taza de la rueda.

huckster *n.* vendedor ambulante, buhonero.

huddle *n.* montón, grupo. || corrillo. || — *vt., vi.* amontonar(se), apretar(se). || acurrucar(se).

hue *n.* matiz *(t. fig.).* || clamor, griterío.

huff *n.* rabieta. || — *vt.* amenazar. || — *vi.* resoplar.

hug *n.* abrazo. || — *vt.* abrazar. || apretujar. || no apartarse de (la costa). || aferrarse a (idea).

huge *adj.* enorme, inmenso.

hulk *n.* barco viejo. || casco (arrumbado).

hull *n.* casco.

hullabaloo *n. (fam.)* griterío, tumulto.

hullo *interj.* ¡hola! || (sorpresa) ¡caramba!

hum *n.* zumbido. || tarareo. || ruido confuso. || — *vt.* tararear, canturrear. || — *vi.* zumbar.

human *adj., n.* humano.

humane *adj.* humano, humanitario.

humanitarian *adj., n.* humanitario.

humanity n. humanidad.

humankind *n.* género humano.

human rights *n.* derechos humanos.

humble *adj.* humilde. || — *vt.* humillar.

humbug *n.* embustes. || farsante.

humdrum *adj.* monótono, aburrido.

humid *adj.* húmedo.

humidify *vt.* humedecer.

humidity *n.* humedad.

humiliate *vt.* humillar.

humiliating *adj.* humillante.

humility *n.* humildad.

hummingbird *n.* colibrí.

humorous *adj.* gracioso. || humorístico.

humour *n.* humorismo. || sentido del humor. || comicidad. || humor. || — *vt.* complacer.

hump *n.* joroba, corcova, giba. || montículo.

humpbacked *adj.* corcovado, jorobado.

hunch *n. (anat.)* joroba, giba. || presentimiento. || — *vt.* encorvar.

hunchback *n.* jorobado, corcovado.

hundred *adj.* ciento, cien. || — *n.* ciento, centenar, centena: **hundreds of times**, centenas de veces. || **a h. per cent**, ciento por ciento.

hundredfold *adj., n.* céntuplo. || — *adv.* cien veces.

hundredth *adj., n.* centésimo.

hundredweight *n.* quintal.

hung *ver* **hang**.

hanger *n.* hambre. || — *vi.* tener hambre.

hunger strike *n.* huelga de hambre.

hungry *adj.* hambriento. || *(fig.)* ávido.

hunk *n.* pedazo, trozo.

hunt *n.* caza, cacería. || busca, búsqueda. || persecución. || — *vt.* cazar. || buscar. || — *vi.* cazar.

hunter *n.* cazador.

hurdle *n.* zarzo, valla. || *(fig.)* obstáculo. || — *vi.* saltar un obstáculo.

hurdy-gurdy *n.* organillo.

hurl *vt.* lanzar, arrojar. || proferir (insultos).

hurly-burly *n.* tumulto.

hurrah, hurray *interj.* ¡viva! || ¡hurra! || — *n.* vítor.

hurricane *n.* huracán.

hurry *n.* prisa: **to be in a h.,** tener prisa. || — *vt.* apresurar, dar prisa a. || — *vi.* apresurarse.

hurt *n.* herida. || daño. || — *vt. (pret. y pp.* **hurt**) herir, lastimar. || doler. || dañar. || perjudicar || *(fig.)* herir, ofender. || — *vi.* doler. || sufrir daño. || — *vr.* **to h. oneself**, hacerse daño, lastimarse. || — *adj.* lastimado, lisiado. || ofendido.

hurtle *vi.* lanzarse, precipitarse.

husband *n.* marido. || esposo. || — *vt.* economizar, ahorrar, manejar prudentemente.

husbandry *n. (agr.)* agricultura, labranza. || *(fig.)* buen gobierno, manejo prudente.

hush *n.* silencio. || — *vt.* hacer callar. || **to h. up**, encubrir, echar tierra a. || — *vi.* callar(se).

hush-hush *adj.* muy secreto.

hush money *n.* coima.

husk *n.* cáscara, vaina. || pellejo (de uvas). || (cereales) cascarilla. || — *vt.* descascarar, desvainar.

husky *adj.* con cáscara o vaina. || ronco. || fornido. || — *n.* perro esquimal.

hussy *n.* pícara, fresca.

hustle *n.* actividad febril. || empuje. || — *vt.* empujar. || acelerar. || — *vi.* darse prisa, menearse.

hut *n.* casilla. || cobertizo. || barraca, cabaña.

hymens *n.* hiena.

hybrid *adj., n.* híbrido.

hydrangea *n.* hortensia.

hydrant *n.* boca de riego.

hydrate *n.* hidrato. || — *vt.* hidratar.

hydraulics *n.* hidráulica.

hydroelectric *adj.* hidroeléctrico. || **h. power station**, central hidroeléctrica.

hydrogen *n.* hidrógeno.

hydrography *n.* hidrografía.

hydroplane *n.* hidroplano, hidroavión.

hygienic *adj.* higiénico.

hygienist *n.* higienista.

hymn *n.* himno.

hypertension *n.* hipertensión.
hyphen *n.* guión.
hyphenate *vt.* escribir (o unir, separar) con guión.
hypnosis *n.* hipnosis.
hypnotic *adj., n.* hipnótico.
hypnotize *vt.* hipnotizar.

hypocrisy *n.* hipocresía.
hypocrite *n.* hipócrita.
hypothesis *n.* hipótesis.
hypothetic(al) *adj.* hipotético.
hysterical *adj.* histérico. || *(fam.)* extraordinariamente gracioso.
hysterics *n. pl.* histerismo.

I

i *n*. i.

I *pron.* yo.

iambic *adj.* yámbico.

ibex *n*. íbice.

ice *n*. hielo. || *(fam.)* diamante. || — *vt.* helar. || enfriar. || escarchar, glasear.

ice age *n*. período glacial.

icebound *adj.* bloqueado por el hielo.

icebox *n*. nevera.

icebreaker *n*. rompehielos.

ice cream *n*. helado.

ice cube *n*. cubito de hielo.

iced *adj.* helado. || glaseado.

ice floe *n*. témpano de hielo.

iceman *n*. repartidor de hielo.

ice rink *n*. pista de patinaje.

iceskate *n*. patín de hielo. || —*vi.* patinar sobre hielo.

ichthyology *n*. ictiología.

icicle *n*. carámbano.

icing *n*. formación de hielo. || glaseado.

icing sugar *n*. azúcar impalpable.

icon *n*. ícono.

icy *adj.* helado, glacial.

I'd = I would. || **I had.**

idea *n*. idea. || plan, proyecto.

ideal *adj.* ideal. || perfecto. || — *n*. ideal.

idealism *n*. idealismo.

idealize *vt.* idealizar.

identical *adj.* idéntico.

identification *n*. identificación.

identify *vt.* identificar.

identity *n*. identidad.

ideological *adj.* ideológico

ideology *n*. ideología.

ides *n. pl.* idus.

idiocy *n*. imbecilidad. || estupidez.

idiom *n*. idiotismo, modismo, locución.

idiosyncrasy *n*. idiosincrasia.

idiot *n*. idiota, imbécil, tonto.

idle *adj.* ocioso. || holgazán. || no productivo. || sin fundamento. || mero, puro. || — *vt.* **to i. away,** pasar el tiempo sin hacer nada. || — *vi.* haraganear. || *(tec.)* marchar en vacío.

idol *n*. ídolo.

idolatry *n*. idolatría.

idolize *vt.* idolatrar.

idyll *n*. idilio.

idyllic *adj.* idílico.

if *conj.* si, dado caso, supuesto que. || **if I were you,** yo en tu lugar.

iffy *adj. (fam.)* dudoso, incierto.

igloo *n*. iglú.

ignite *vt., vi.* encender(se), incendiar(se).

ignition *n*. ignición. || *(aut.)* encendido.

ignoble *adj.* innoble, vil.

ignominious *adj.* ignominioso.

ignorance *n*. ignorancia.

ignorant *adj.* ignorante.

ignore *vt.* no hacer caso. || hacer caso omiso.

ikon *n*. ícono.

ilk *n*. clase, tipo.

ill *adj.* enfermo. || malo. || dañino. || — *adv.* mal. y difícilmente. || — *n*. mal.

I'll = I will, I shall.

ill-advised *adj.* mal aconsejado. || imprudente.

ill-at-ease *adj.* molesto. || inquieto.

ill-bred *adj.* mal educado, mal criado.

illegal *adj.* ilegal, ilícito.

illegible *adj.* ilegible.

illegitimate *adj.* ilegítimo.

ill-fated *adj.* malogrado, malhadado.

ill-gotten *adj.* mal adquirido.

illicit *adj.* ilícito.

illiteracy *n*. analfabetismo. || ignorancia.

illiterate *adj.* analfabeto.

ill luck *n*. mala suerte.

ill-mannered *adj.* mal educado.

ill-natured *adj.* malévolo, malicioso.

illness *n*. enfermedad, mal.

ill-omened *adj.* de mal agüero. || nefasto.

ill-starred *adj.* malhadado, malogrado.

ill-tempered *adj.* de mal genio.

ill-timed *adj.* inoportuno, intempestivo.

ill-treat *vt.* maltratar, tratar mal.

illuminate *vt.* iluminar.

illumination *n*. iluminación.

ill-use *vt.* maltratar, tratar mal.

illusive, illusory *adj.* ilusorio.

illustrate *vt.* ilustrar. || aclarar.

illustration *n*. ejemplo. || ilustración.

illustrative adj. ilustrativo, aclaratorio.
illustrious adj. ilustre.
ill will n. mala voluntad.
I'm = I am.
image n. imagen (en general). || reputación.
imagery n. imágenes (esp. liter.).
imaginary adj. imaginario.
imagination n. imaginación.
imaginative adj. imaginativo.
imagine vt. imaginar. || suponer, pensar.
imbalance n. desequilibrio.
imbecile adj., n. imbécil.
imbibe vt., vi. absorber, beber.
imbue vt. empapar. || imbuir.
imitate vt. imitar. || remedar. || copiar.
imitation n. imitación. || remedo. || copia.
immaculate adj. perfecto. || inmaculado.
immanent adj. inmanente.
immaterial adj. inmaterial, incorpóreo.
immature adj. inmaduro, inexperto.
immeasurable adj. inmensurable.
immediate adj. inmediato. || urgente, apremiante. || primero, principal.
immediately adv. inmediatamente.
immemorial adj. inmemorial, inmemorable.
immense adj. inmenso, enorme.
immensity n. inmensidad.
immerse vt. sumergir. || hundir.
immersion n. inmersión, sumersión.
immigrant n. inmigrante.
immigrate vi. inmigrar.
imminence n. inminencia.
imminent adj. inminente.
immobile adj. inmóvil, inmoble.
immobilize vt. inmovilizar.
immoderate adj. excesivo.
immodest adj. deshonesto, impúdico.
immolate vt. inmolar.
immoral adj. inmoral. || ilícito.
immorality n. inmoralidad.
immortal adj., n. inmortal.
immortalize vt. inmortalizar.
immunity n. inmunidad. || exención.
immunize vt. inmunizar.
immure t. emparedar. || (fig.) encerrar.
immutable adj. inmutable, inalterable.
imp n. diablillo.
impact n. impacto, choque.
impair vt. perjudicar, dañar.
impale vt. empalar. || espetar, atravesar.
impalpable adj. impalpable.
impart vt. comunicar.
impartial adj. imparcial.

impassable adj. intransitable.
impasse n. callejón sin salida.
impassioned adj. apasionado, exaltado.
impassive adj. impasible, imperturbable.
impatient adj. impaciente. || intolerante.
impeach vt., acusar (de alta traición).
impeachment n. acusación (de alta traición). || proceso.
impecunious adj. indigente.
impede vt. estorbar. || (fig.) dificultar.
impediment n. obstáculo, estorbo.
impel vt. impulsar, mover.
impend vi. amenazar, ser inminente.
impenetrable adj. impenetrable.
impenitent adj. impenitente.
imperative adj. imperioso. || urgente. || (gram.) imperativo. || — n. (gram.) imperativo.
imperceptible adj. imperceptible.
imperfect adj. imperfecto (t. gram.).
imperfection n. imperfección.
imperialism n. imperialismo.
imperialist n. imperialista.
imperil vt. poner en peligro, arriesgar.
imperious adj. imperioso. arrogante.
imperishable adj. imperecedero.
impersonal adj. impersonal.
impersonate vt. hacerse pasar por.
impersonation n. (teat.) imitación.
impertinence n. impertinencia.
impertinent adj. impertinente.
impervious adj. impermeable, impenetrable. || (fig.) insensible.
impetuous adj. impetuoso, irreflexivo.
impiety n. impiedad.
impinge vi. influenciar, afectar.
impious adj. impío.
impish adj. travieso, endiablado.
implant vt. implantar.
implausible adj. inverosímil.
implement n. herramienta, instrumento. || — vt. poner por obra, llevar a cabo. || realizar.
implementation n. realización.
implicate vt. comprometer. || enredar.
implicit adj. implícito. || incondicional.
implore vt. implorar, suplicar.
imply vt. implicar, suponer. || insinuar. || dar a entender. || significar.
impolite adj. descortés, mal educado.
import n. (com.) artículo importado. || importación: **i. duty**, derechos de importación. || significado, sentido. || (fam.) importancia.
import vt. importar. || significar.
importance n. importancia.

important *adj.* importante. || de categoría.

importation *n.* importación.

importer *n.* importador.

importunate *adj.* importuno. || molesto.

importune *vt.* importunar, fastidiar.

impose *vt.* imponer. || *(com.)* gravar. || — *vi.* **to i. on** o **upon**, engañar, abusar.

imposing *adj.* imponente, impresionante.

imposition *n.* imposición. || carga.

impossible *adj.* imposible, inaguantable.

impost *n.* impuesto.

imposture *n.* impostura, engaño, fraude.

impotence *n.* impotencia.

impotent *adj.* impotente.

impound *vt.* embargar, confiscar.

impoverish *vt.* empobrecer. || agotar.

impoverished *adj.* indigente. || agotado.

impractical *adj.* poco práctico.

imprecation *n.* imprecación.

impregnate *vt.* impregnar. || fecundar.

impresario *n.* empresario.

impress *n.* impresión, señal. || *(fig.)* sello, huella.

impress *vt.* imprimir. || sellar, estampar. || grabar. || impresionar. || *(mil.)* requisar.

impression *n.* impresión. || edición.

impressionism *n.* impresionismo.

impressionist *adj., n.* impresionista.

impressive *adj.* impresionante.

imprint *n.* impresión. || *(imp.)* pie de imprenta.

imprint *vi.* imprimir, estampar.

imprison *vt.* encarcelar.

imprisonment *n.* encarcelamiento.

improbable *adj.* improbable.

impromptu *adj., adv.* de improviso.

improper *adj.* impropio, incorrecto, indebido. || indecoroso. || indecente, deshonesto. || **i. fraction**, fracción impropia.

improve *vt.* mejorar. || perfeccionar. || — *vi.* mejorar, mejorarse. || perfeccionarse.

improvement *n.* mejora, mejoramiento. || perfeccionamiento. || aumento. || progreso. || *(med.)* mejoría.

improvidence *n.* imprevisión.

improving *adj.* edificante, instructivo.

improvise *vt., vi.* improvisar.

imprudent *adj.* imprudente.

impudent *adj.* descarado, insolente.

impugn *vi.* impugnar.

impulse *n.* impulso. || estímulo. || incitación.

impulsive *adj.* irreflexivo, impulsivo.

impunity *n.* impunidad.

impure *adj.* impuro. || adulterado.

impurity *n.* impureza. || deshonestidad.

imputation *n.* imputación. || acusación.

impute *vt.* imputar, achacar, atribuir.

in *prep.* en, dentro. || a: **in the distance**, a lo lejos. || con: **I can't go out in this dress**, no puedo salir con este vestido. || hacia. | (tiempo) en. || de a: **pack them in lens**, empaquételos de a diez. || mientras. || — *adv.* adentro: **put the letters in**, ponga las cartas adentro. || **to be in**, estar en casa. || — *n.* **ins and outs**, recovecos. || detalles.

inability *n.* incapacidad, falta de aptitud.

inaccessible *adj.* inaccesible.

inaccurate *adj.* inexacto, incorrecto.

inactive *adj.* inactivo.

inadequate *adj.* insuficiente, inadecuado.

inadvertent *adj.* inadvertido.

inadvisable *adj.* desaconsejable.

inane *adj.* necio, fatuo, inútil.

inanimate *adj.* inanimado.

inanition *n.* inanición.

inanity *n.* necedad, fatuidad, inutilidad.

inappropriate *adj.* inoportuno, inconveniente, impropio.

inapt *adj.* impropio. || inhábil.

inarticulate *adj.* incapaz de expresarse. || inarticulado.

inasmuch *conj.* **i. as**, puesto que, ya que.

inattentive *adj.* desatento, distraído.

inaudible *adj.* inaudible.

inaugurate *vt.* inaugurar.

in-between *adj.* intermedio.

inborn *adj.* innato. || instintivo.

inbreeding *n.* endogamia.

incalculable *adj.* incalculable.

incandescent *adj.* incandescente.

incantation *n.* conjuro, ensalmo.

incapable *adj.* incapaz. || imposibilitado.

incapacitate *vt.* incapacitar, inhabilitar.

incapacity *n.* incapacidad, insuficiencia.

incarcerate *vt.* encarcelar.

incarnate *vt.* encarnar.

incarnation *n.* encarnación.

incendiary *adj.* incendiario.

incense *n.* incienso.

incense *vt.* indignar, encolerizar.

incentive *n.* incentivo, estímulo.

inception *n.* comienzo, principio.

incertitude *n.* incertidumbre.

incessant *adj.* incesante, constante.

incestuous *adj.* incestuoso.

inch *n.* pulgada. || *(fig.)* pizca. || **i. by i.**, paso a paso. || — *vt.* hacer avanzar un poco.

inchoate *adj.* rudimentario, incompleto.

incidence n. frecuencia. || extensión.

incident n. incidente, episodio, suceso.

incidental adj. incidental. || fortuito.

incinerate vr. incinerar.

incipient adj. incipiente, naciente.

incision n. incisión, corte.

incisive penetrante. || mordaz.

incite vt. incitar, estimular, provocar.

inclemency n. inclemencia. || intemperie.

inclination n. inclinación. || tendencia, propensión.

incline n. cuesta, pendiente.

incline vt. inclinar. || — vi. inclinarse.

inclose vt. ver enclose.

include vt. comprender, incluir. || (hum.) **i. me out!**, ¡no me incluyas! || adjuntar (carta).

including prep, incluso, inclusive.

inclusive adj. inclusivo, completo. || — adv. inclusive.

incognito adj., adv. de incógnito.

incoherence n. incoherencia. || ininteligibilidad.

incoherent adj. incoherente, inconexo. || ininteligible.

income n. ingresos, renta, entrada. || **i. tax**, impuesto a los réditos.

incoming adj. entrante, nuevo. || ascendente.

incomparable adj. incomparable.

incompatible adj. incompatible.

incompetent adj. incompetente, inhábil, incapaz.

incomplete adj. incompleto, defectuoso.

incomprehensible adj. incomprensible.

inconceivable adj. inconcebible.

inconclusive adj. inconcluyente, poco convincente, cuestionable.

incongruity n. incongruencia.

inconsequential adj. sin importancia, insignificante.

inconsiderate adj. desconsiderado.

inconsistent adj. inconsecuente.

inconsolable adj. inconsolable.

inconspicuous adj. apenas visible, que no llama la atención. || (fig.) poco llamativo.

inconstant adj. inconstante, mudable.

incontinent adj. incontinente.

incontrovertible adj. incontrovertible.

inconvenience n. incomodidad, molestia, inconveniente. || — vi. incomodar, molestar.

inconvenient adj. incómodo, poco práctico, molesto. || malo, inoportuno.

incorporate vi. incorporar. || incluir. || comprender, contener. || agregar, añadir.

incorporated adj. en sociedad anónima.

incorrect adj. incorrecto, erróneo.

increase n. aumento, incremento. || crecimiento. || (precio) subida, alza.

increase vt., vi. aumentar(se), acrecentar(se).

increasingly adv. de modo creciente.

incredible adj. increíble.

incredulous adj. incrédulo.

increment n. aumento, incremento.

incriminate vt. acriminar, incriminar.

incrustation n. incrustación.

incubate vt. empollar, incubar.

incubator n. incubadora.

inculcate vt. inculcar.

incumbent adj. de la incumbencia de. || — n. (igl.) beneficiado. || titular.

incur vt. incurrir en.

incurable adj. incurable. || (fig.) irremediable.

incursion n. incursión, invasión.

indebted adj. agradecido.

indecent adj. indecente. || nada decoroso.

indecisive adj. irresoluto, indeciso.

indeed adv. ciertamente, en verdad.

indefatigable adj. incansable.

indefensible adj. indefendible.

indefinable adj. indefinible.

indefinite adj. (t. gram.) indefinido.

indelible adj. indeleble, imborrable.

indemnify vi. indemnizar, resarcir.

indemnity n. indemnidad. || indemnización, reparación.

indent n. (com.) pedido. || requisición.

indent vi. endentar, mellar. || (imp.) sangrar.

indentation n. mella, muesca. || (imp.) sangría.

indenture n. contrato de aprendizaje.

independence n. independencia.

independent adj. independiente.

indescribable adj. indescriptible.

indeterminate adj. indeterminado.

index n. índice. || (mat.) exponente. || — vt. poner índice.

Indian adj., n. indio.

indiarubber n. caucho. || goma de borrar.

indicate vt. indicar.

indication n. indicación, indicio, señal.

indicative adj., n. (t. gram.) indicativo.

indict vt. acusar. || encausar, procesar.

indictable adj. procesable, denunciable.

indifferent adj. indiferente.
indigenous adj. indígena.
indigent adj. indigente.
indigestible adj. indigesto.
indigestion n. indigestión, empacho.
indignant adj. indignado.
indignation n. indignación.
indignity n. indignidad. || ultraje, afrenta.
indigo n. añil. || — adj. color de añil.
indirect adj. indirecto.
indiscernible adj. imperceptible.
indiscreet adj. indiscreto, imprudente.
indisposed adj. indispuesto.
indistinct adj. indistinto. || confuso.
individual adj. individual. || personal. || particular, propio || — n. individuo.
individuality n. individualidad, personalidad.
individualize vt. individualizar.
indoctrinate vt. adoctrinar.
indolent adj. indolente, perezoso.
indomitable adj. indómito, indomable.
indoor adj. interior || de casa.
indoors adv. en casa. || dentro.
indubitable adj. indudable.
induce vt. inducir. || producir, persuadir.
inducement n. incentivo, aliciente.
induct vt. (en un oficio) instalar. || iniciar.
induction n. (fd., elec.) inducción. || (tec.) admisión. || instalación. || iniciación.
indulge vt. satisfacer. || condescender || complacer || mimar. || — vi. tener vicios chicos.
indulgence n. satisfacción, gratificación.
industrial adj. industrial.
industrialism n. industrialismo.
industrialize vt. industrializar.
industrious adj. trabajador, laborioso.
industry n. industria. || laboriosidad.
inebriate n. borracho.
inebriate vt. embriagar, emborrachar.
inedible adj. incomible, no comestible.
ineffable adj. inefable.
ineffective, ineffectual adj. ineficaz, inútil.
inefficient adj. ineficaz, ineficiente.
ineluctable adj. ineludible.
inept adj. inepto. || torpe.
inequality n. desigualdad.
inequity n. injusticia.
ineradicable adj. inextirpable.
inertia n. inercia. || inacción.
inescapable adj. ineludible.
inevitable adj. inevitable, ineludible.
inexact adj. inexacto.

inexcusable adj. imperdonable.
inexhaustible adj. inagotable.
inexorable adj. inexorable, implacable.
inexpedient adj. inoportuno, inconveniente.
inexpensive adj. económico, barato.
inexperience n. inexperiencia, falta de experiencia.
inexplicable adj. inexplicable.
inexpressible adj. inefable.
inextinguishable adj. inextinguible.
infallible dj. infalible. || indefectible.
infamy n. infamia.
infancy n. infancia.
infant adj. infantil. || — n. criatura, niño.
infantile adj. infantil. || anillado, pueril.
infantry n. infantería.
infantryman n. soldado de infantería.
infatuated adj. infatuado.
infect vt. infectar, inficionar. || contagiar.
infection n. infección, contagio.
infectious adj. contagioso. || infeccioso.
infelicity n. inoportunidad. || desacierto.
infer vt. deducir, colegir, inferir.
inference n. deducción, inferencia.
inferior adj., n. inferior.
inferiority n. inferioridad.
infernal adj. infernal.
infertility adj. esterilidad, infecundidad.
infest vt. infestar.
infidel adj., n. infiel, pagano, descreído.
infidelity n. infidelidad.
infiltrate vt., vi. infiltrarse.
infiltration n. infiltración.
infinite adj., n. infinito.
infinitive adj., n. infinitivo.
infinity n. infinito. || infinidad.
infirm adj. enfermizo, achacoso, débil.
infirmary n. hospital. || enfermería.
infirmity n. debilidad. || enfermedad.
inflame vt. inflamar
inflammable adj. inflamable. || explosivo, de gran tirantez.
inflammation n. inflamación.
inflate vt. hinchar, inflar.
inflation n. inflación.
inflect vt. torcer, doblar. || modular. || (gram.) declinar, conjugar.
inflection n. inflexión.
inflexible adj. inflexible. || (fig.) rígido.
inflict vt. infligir, inferir. || imponer.
inflow n. afluencia.
influence n. influencia, ascendiente. — vt. influir, influenciar.
influential adj. influyente, prestigioso.
influenza n. gripe.

influx n. afluencia.

inform vt. informar. || comunicar.

informal adj. informal. || informal, no de gala. || de confianza, íntimo.

informant n. informante, delator.

information n. información. || datos. || (der.) denuncia, acusación. || conocimientos.

infraction n. infracción, violación.

infra dig adj. (fam.) deshonroso, indecoroso.

infrared adj. infrarrojo.

infrequent adj. infrecuente.

infringe vt. infringir, violar. || — vi. **to i. on**, invadir, abusar de.

infringement n. infracción, violación.

infuriate vt. enfurecer, poner rabioso.

infuse vt. infundir.

infusion n. infusión.

ingenious adj. ingenioso, hábil. || genial.

ingenuity n. ingeniosidad, inventiva.

ingenuous adj. ingenuo, candoroso.

ingest vt. ingerir.

inglenook n. rincón de la chimenea.

ingot n. lingote, barra.

ingratiate vt. **to i. oneself with someone**, congraciarse con uno.

ingratiating adj. insinuante. || zalamero.

ingratitude n. ingratitud.

ingredient n. ingrediente, componente.

ingrowing adj. que crece para adentro.

inhabit vt. habitar. || vivir en. || ocupar.

inhabitant n. habitante.

inhale vt. aspirar. || inhalar.

inharmonious adj. inarmónico.

inherent adj. innato, inmanente.

inherit vt. heredar.

inheritance n. herencia.

inhibit vt. inhibir, impedir, imposibilitar.

inhospitable adj. inhospitalario.

inhuman adj. inhumano.

inhumane adj. inhumano.

inhumanity n. inhumanidad.

inimical adj. opuesto a, contrario a.

iniquity n. iniquidad. || perversidad.

initial adj., n. inicial. || pl. **initials**, iniciales, siglas. || — vt. marcar, firmar con las iniciales.

initially adv. al principio, en primer lugar.

initiate vt. iniciar, empezar, dar comienzo.

initiative n. iniciativa.

inject vi. (med., etc.) inyectar.

injection n. inyección.

injudicious adj. imprudente, indiscreto.

injunction n. mandato.

injure vt. herir, lastimar. || ofender.

injurious adj. nocivo, dañoso, perjudicial. || injurioso, ofensivo.

injury n. herida, lesión. || (fig.) daño.

injustice n. injusticia.

ink n. tinta. || — vt. entintar.

inkling n. idea. || impresión. || indicio.

inkpad n. almohadilla de tinta.

inkstand n. escribanía.

inkwell n. tintero.

inky adj. manchado de tinta. || negro.

inlaid pret. y pp. de **inlay**. || — adj. taraceado. || incrustado.

inland adj. interior. || — adv. tierra adentro, hacia el interior. || — n. interior (del país).

in-laws n. pl. parientes políticos.

inlay vt. (ver **lay**) taracear, embutir, incrustar.

inlet n. (geog.) ensenada, cala, entrante.

inmate n. internado. || preso, presidiario.

inmost adj. = **innermost**.

inn n. posada, hostería, mesón. || fonda.

innards n. pl. (fam.) tripas.

innate adj. innato.

inner adj. interior, interno. || íntimo, secreto.

innermost adj. más íntimo, más secreto.

innkeeper n. posadero. || mesonero.

innocent adj. inocente. || honesto.

innovate vi. introducir novedades.

innuendo n. indirecta, insinuación.

innumerable adj. innumerable.

inoculate vi. inocular.

inoffensive adj. inofensivo, apacible.

inopportune adj inoportuno.

inordinate adj. desmesurado, excesivo.

inorganic adj. inorgánico.

impatient n. paciente interno.

input n. (elec., mec.) entrada. || inversión. || — vi. (comput.) entrar (información).

inquest n. investigación. || encuesta.

inquire vt. preguntar. || informarse de, pedir informes sobre. || — vi. preguntar. || **to i. about**, informarse. || **to i. into**, investigar.

inquiry n. interrogación, averiguación. || encuesta. || pregunta.

inquisition n. investigación, inquisición.

inquisitive adj. inquiridor, curioso.

inroad n. incursión, irrupción.

insane adj. loco, demente.

insanity n. locura, demencia. || insensatez.

insatiable adj. insaciable.

inscribe *vt.* inscribir. || dedicar.

inscription *n.* inscripción. || dedicatoria. || rótulo, letrero.

inscrutable *adj.* inescrutable.

insect *n.* insecto.

insecticide *n.* insecticida.

insecure *adj.* inseguro.

insemination *n.* fecundación. || inseminación.

insensible *adj.* insensible. || inconsciente.

insensitive *adj.* insensible.

inseparable *adj.* inseparable, indisoluble.

insert *n.* cosa insertada. || hoja suelta.

insert *vt.* insertar, intercalar. || introducir.

insertion *n.* inserción. || publicación.

inset *n.* grabado, mapa que va en un ángulo de otro mayor.

inshore *adv.* cerca de la orilla. || hacia la orilla. || — *adj.* cercano a la orilla. || costero.

inside *adv.* dentro, adentro. || para adentro. || en la cárcel. || — *prep.* dentro. || — *adj.* interior. || confidencial: **i. information**, información confidencial. || — *n.* interior. || *pl. (fam.)* **insides**, tripas.

inside-forward *n.* delantero interior.

insidious *adj.* insidioso. || pernicioso.

insight *n.* penetración. || perspicacia.

insignificant *adj.* insignificante.

insincere *adj.* poco sincero, nada franco.

insinuate *vt.* insinuar.

insinuation *n.* insinuación, introducción. || indirecta, sugestión.

insipid *adj.* insípido, soso, insulso.

insist *vi.* insistir. || porfiar, empellarse.

insistent *adj.* insistente. || porfiado.

insole *n.* plantilla.

insolent *adj.* insolente, descarado, atrevido.

insolvent *adj.* insolvente.

insomnia *n.* insomnio.

insomuch *adv.* **i. as**, puesto que, ya que. || **i. that**, hasta tal punto que.

insouciance *n.* despreocupación.

inspect *vt.* inspeccionar, examinar.

inspection *n.* inspección, examen.

inspector *n.* inspector, revisor.

inspiration *n.* inspiración.

inspire *vt.* inspirar.

inspired *adj.* genial.

instability *n.* inestabilidad.

install *vt.* instalar.

installation *n.* instalación.

instalment *n.* entrega (de una novela). || capítulo (de una serie de TV). || *(com.)* plazo, cuota.

instance *n.* ejemplo. || caso. || **for i.**, por ejemplo. || — *vt.* citar como ejemplo.

instant *adj.* inmediato. || instantáneo: **i. coffee**, café instantáneo. || — *n.* instante, momento.

instantly *adv.* al instante, inmediatamente.

instead *adv.* en cambio, en lugar de eso. || **i. of**, en lugar de, en vez de.

instep *n.* empeine.

instigate *vt.* instigar.

instil *vt.* infundir, inculcar.

instinct *n.* instinto: **by i.**, por instinto.

instinctive *adj.* instintivo.

institute *n.* instituto. || — *vt.* instituir.

institution *n.* institución. || establecimiento. || asociación. || manicomio. || hospicio.

instruct *vi.* dar instrucciones. || instruir.

instruction *n.* enseñanza. || orden, mandato. || *pl.* **instructions**, instrucciones.

instructive *adj.* instructivo, informativo.

instructor *n.* instructor. || profesor. || *(E. U., univ.)* profesor auxiliar.

instrument *n.* instrumento.

instrumentalist *n.* instrumentista.

instrument panel *n. (aut., aer.)* tablero de instrumentos.

insubordinate *adj.* insubordinado.

insubstantial *adj.* insustancial.

insufferable *adj.* insufrible, inaguantable.

insufficient *adj.* insuficiente.

insular *adj.* insular || *(fig.)* de miras estrechas.

insulate *vt.* aislar.

insulating tape *n.* cinta aisladora.

insulation *n.* aislamiento.

insulin *n.* insulina.

insult *n.* insulto, injuria, ofensa.

insult *vt.* insultar, injuriar. || ofender.

insurance *n.* seguro. || **life i.**, seguro de vida. || **third-party i.**, seguro contra tercero.

insure *vt.* asegurar.

insurer *n.* asegurador.

insurgent *adj., n.* insurrecto, insurgente.

insurmountable *adj.* insuperable.

insurrection *n.* insurrección.

intact *adj.* intacto. || íntegro. || ileso.

intake *n. (mec.)* admisión, toma, entrada.

integral *adj.* integrante. || integral.

integrate *vt., vi.* integrar(se).

integrity *n.* integridad, honradez, rectitud.

intellect *n.* intelecto.

intellectual *adj., n.* intelectual.

intelligence n. inteligencia. || información.

intelligent adj. inteligente.

intelligentsia n. intelectualidad.

intelligible adj. inteligible, comprensible.

intemperate adj. intemperante.

intend vt. tener la intención. || planear.

intended n. (humor.) prometido.

intense adj. intenso. || sumo. || exagerado.

intensify vt., vi. intensificar(se).

intensive adj. intensivo. || detenido.

intent adj. absorto, atento. || — n. intento.

intention n. intención. || propósito.

intentional adj. intencional, deliberado.

inter vt. enterrar, sepultar.

interact vi. obrar recíprocamente.

interaction n. interacción.

interbreed (ver **breed**); vt., vi. entrecruzar(se).

intercede vi. interceder.

intercept vt. interceptar.

interceptor n. interceptor.

intercession n. intercesión, mediación.

interchange n. intercambio.

interchange vt. intercambiar, cambiar.

intercollegiate adj. interuniversitario.

intercom n. (fam.) sistema de intercomunicación.

intercourse n. trato, relaciones. || **sexual i.**, comercio sexual.

interdenominational adj. interconfesional.

interdependent adj. interdependiente.

interdict n. entredicho, interdicto.

interest n. interés. || beneficio, provecho. || (com.) interés, participación. || rédito. || pl. **interests**, industria, negocios. || — vt. interesar.

interesting adj. interesante.

interfere vi. intervenir, entrometerse.

interference n. intervención, intromisión. || interferencia.

interim adj. provisorio. || — n. ínterin.

interior adj., n. interior.

interject vt. interponer.

interjection n. interjección.

interlace vt., vi. entrelazar(se).

interlard vt. salpicar.

interlock vt., vi. trabarse), unir(se).

interloper n. intruso. || entrometido.

interlude n. intervalo. || interludio.

intermediary adj., n. intermediario.

intermediate adj. intermedio, medio.

interment n. entierro.

intermingle vt., vi. entremezclar(se).

intermission n. intermisión. || (teat.) entreacto.

intermittent adj. intermitente.

intern vt. internar, recluir, encerrar.

intern n. interno de hospital.

internal adj. interno, interior.

international adj. internacional.

internecine adj. de aniquilación mutua.

internee n. internado.

interplay n. interacción.

interpolate vt. interpolar.

interpose vt. interponer.

interpret vt. interpretar. || traducir.

interpretation n. interpretación.

interpreter n. intérprete.

interrelate vt. interrelacionar.

interrogate vt. interrogar.

interrogative adj., n. interrogativo.

interrupt vt., vi. interrumpir.

interruption n. interrupción.

intersect vt. cruzar, cortar.

intersection n. intersección. || cruce.

intersperse vt. esparcir, entremezclar.

interstice n. intersticio.

intertwine vt., vi. entrelazar(se).

interval n. intervalo. || entreacto. || pausa.

intervene vi. intervenir. || tomar parte, participar. || surgir, interponerse.

intervention n. intervención.

interview n. entrevista. || — vt. entrevistarse.

interweave (ver **weave**) vt. entretejer.

intestate adj. intestado.

intestine n. intestino.

intimacy n. intimidad. || relaciones íntimas.

intimate vt. indicar, intimar.

intimate adj. íntimo. || personal. || profundo.

intimidate vt. intimidar, acobardar.

into prep, a, dentro. || al: **he translated it i. Latin**, lo tradujo al latín. || en: **to grow i. a man**, convertirse en un hombre. || por (dividido).

intolerant adj. intolerante.

intonation n. entonación.

intone vt. entonar.

intoxicant adj. embriagador. || — n. bebida alcohólica.

intoxicate vt. embriagar. || intoxicar.

intractable adj. intratable.

intransigent adj. intransigente.

intransitive adj. intransitivo, neutro.

intravenous adj. intravenoso.

intrepid adj. intrépido.

intricate adj. intrincado. || complejo.
intrigue n. intriga. || amorío. || — vt. interesar, fascinar. || — vi. intrigar, andar en intrigas.
intriguing adj. interesante. || fascinante.
intrinsic adj. intrínseco.
introduce vt. presentar. || introducir.
introduction n. introducción. || presentación. || prólogo.
introspective adj. introspectivo.
introvert adj., n. introvertido.
intrude vt. introducir, meter. || imponer. || — vi. entrometerse, encajarse. || estorbar, molestar.
intruder n. intruso.
intrusive adj. intruso.
intuition n. intuición.
inundate vt. inundar.
inure vt. acostumbrar, endurecer.
invade vt. invadir.
invalid adj. inválido, nulo.
invalid adj. inválido, enfermo. || — n. inválido.
invalidate vt. invalidar, anular.
invaluable adj. inestimable, inapreciable.
invariable adj. invariable, inalterable.
invasion n. invasión.
invective n. invectiva.
inveigh vi. to i. against, vituperar, hablar en contra de, condenar.
inveigle vt. tentar, inducir a hacer algo.
invent vt. inventar. || idear.
invention n. invención. || invento.
inventor n. inventor.
inventory n. inventario. || — vt. inventariar.
inverse adj. inverso.
invert vi. invertir, volver al revés, trastrocar.
invertebrate adj., n. invertebrado.
invest vt. invertir. || conferir. || — vi. hacer una inversión.
investigate vt. investigar. || examinar.
investigation n. investigación.
investigator n. investigador.
investment n. (com.) inversión.
inveterate adj. empedernido, incurable.
invidious adj. odioso, injusto.
invigilate vi. vigilar.
invigorate vt. vigorizar. || estimular.
invincible adj. invencible.
invisible adj. invisible. || i. ink, tinta simpática.
invitation n. invitación. || convite.
invite vt. invitar, convidar. || solicitar.
inviting adj. atractivo, tentador.

invoice n. factura. || — vt. facturar.
invoke vt. invocar. || suplicar, implorar.
involuntary adj. involuntario.
involve vt. concernir. || suponer, implicar. || comprometer. || mezclar, enredar. || incluir.
involved adj. complicado. || enrevesado.
inward adj. interior. || íntimo.
inward(s) adv. hacia dentro, para dentro.
iodine n. yodo.
ion n. ion.
iota n. iota. || (fig.) jota, ápice.
irate adj. colérico, enojado.
ire n. ira, cólera.
iris n. (anat.) iris. || (bot.) lirio.
Irish adj. irlandés.
irk vt. fastidiar, molestar.
irksome adj. molesto, fastidioso.
iron n. hierro. || plancha. || (golf) hierro. || — vt. planchar. || to i. out, quitar, suprimir.
ironic(al) adj. irónico.
ironing a. planchado, ropa por planchar.
ironmonger n. ferretero.
ironwork n. herraje. || obra de hierro.
irony n. ironía.
irradiate vt. irradiar.
irrational adj. irracional.
irrecoverable adj. irrecuperable, incobrable.
irredeemable adj. irredimible. || (com.) perpetuo, no amortizable.
irrefutable adj. irrefutable, irrebatible.
irregular adj. irregular. || anormal. || ilegal.
irregularity n. irregularidad. || anormalidad.
irrelevance n. impertinencia, inoportunidad.
irrelevant adj. impertinente, inoportuno.
irreligious adj. irreligioso.
irremediable adj. irremediable.
irremovable adj. inamovible.
irreplaceable adj. insustituible.
irrepressible adj. incontrolable.
irreproachable adj. irreprochable.
irresistible adj. irresistible.
irresolute adj. irresoluto, indeciso.
irrespective prep. i. of, aparte de.
irresponsible adj. irresponsable, poco serio.
irretrievable adj. irrecuperable. || irreparable.
irreverent adj. irreverente, irrespetuoso.
irrevocable adj. irrevocable.
irrigate vt. regar. || irrigar.

irrigation *n*. riego. || irrigación.
irritant *n*. irritante.
irritate *vt*. irritar. || sacar de quicio, molestar.
irruption *n*. irrupción.
is ver **be**.
island *n*. isla. || refugio (en la calle).
islander *n*. isleño.
isle *n*. isla.
islet *n*. islote.
isn't = **is not**.
isolate *vt*. aislar.
isolated *adj* aislado, apartado.
isosceles *adj*. isósceles.
isotherm *n*. isoterma.
isotope *n*. isótopo.
issue *n*. resultado, consecuencia. || cuestión, punto. || edición, tirada. || derrame *(fam.)*. || — *vt*. emitir. || distribuir. || publicar. || promulgar. || — *vi*. salir. || ser descendiente.
isthmus *n*. istmo.

it *pron*. él, ella, ello. || eso. || no se traduce en: **it is raining**, está lloviendo. || **it's me**, soy yo.
italicize *vt*. poner en bastardilla, subrayar.
italics *n. pl*. (letra) bastardilla, cursiva.
itch *n*. picazón, comezón. || *(med.)* sarna. || *(fig.)* prurito, ganas. || — *vi*. picar. || *(fig.)* anhelar.
itchy *adj*. que pica.
it'd = **it would**; it had.
item *n*. artículo. || noticia, suelto. || punto.
itemize *vt*. detallar, especificar.
itinerant *adj*. ambulante.
itinerary *n*. ruta, itinerario. || guía.
it'll = **it will**; it shall.
Its *adj*. su, sus. || — *pron*. (el) suyo.
It's = **it is**; it has.
itself *pron*. se. || él mismo. || sí mismo.
I've = **I have**.
ivory *n*. marfil. || pieza de marfil.
ivy *n*. hiedra.

J

j *n.* j.

jab *n.* golpe seco. || pinchazo. || codazo. || — *vt.* pinchar. || dar un codazo. || herir, golpear.

jabber *n.* chapurreo. || — *vi.* chapurrear.

jack *n.* *(mec.)* gato. || sacabotas. || marinero. || *(cartas)* sota. || — *vt.* **to j. up**, levantar.

jackal *n.* chacal.

jackanapes *n.* mequetrefe.

jackass *n.* asno *(t. fig.).*

jacket *n.* chaqueta, saco. || envoltura.

jack-in-the-box *n.* caja sorpresa.

jack-knife *n.*, *pl.* **—knives**, navaja. || — *vi.* colear un acoplado.

jack-of-all-trades *n.* hombre de muchos oficios.

jackpot *n.* bote. || *(fig.)* premio gordo.

jackstraw *n.* pajita.

jade *n.* rocín || mujerzuela. || jade.

jaded *adj.* cansado, hastiado.

jag *n.* *(fam.)* juerga.

jagged *adj.* dentado, mellado, desigual.

jaguar *n.* jaguar.

jail *n.* *(t. gaol)* cárcel. || — *vt.* encarcelar.

jailbird *n.* presidiario.

jailer *n.* carcelero.

jalop(p)y *n.* cacharro, *(Arg.)* catramina.

jalousie *n.* celosía.

jam *n.* mermelada. || agolpamiento. || embotellamiento. || atasco. || *(fam.)* apuro, lío. || — *vi.* meter a la fuerza. || pillar. || apretar. || atascar. || causar embotellamiento. || — *vi.* trancarse. || atascarse.

jamb *n.* jamba.

jamboree *n.* congreso de niños exploradores. || *(fam.)* francachela, juerga.

jam-full *adv.* de bote en bote.

jam session *n.* *(sl.)* concierto improvisado de jazz.

jangle *n.* sonido discordante (metálico). || cencerro. || — *vi.* hacer sonar de manera discordante. || — *vi.* sonar de manera discordante, cencerrear.

January *n.* enero.

Jap = **Japanese**.

japan *n.* laca japonesa. || — *vt.* charolar con laca japonesa.

jar *n.* tarro, pote. || jarra. || tinaja || sacudida. || vibración. || — *vi.* tocar. || sacudir. || — *vi.* chirriar. || vibrar.

jargon *n.* jerigonza. || jerga.

jasmine *n.* jazmín.

jasper *n.* jaspe.

jaundiced *adj.* envidioso. || decepcionado.

jaunt *n.* excursión.

jaunty *adj.* exitoso. || confiado. || suficiente.

javelin *n.* jabalina.

jaw *n.* mandíbula. || quijada. || — *vi.* charlar.

jawbone *n.* mandíbula, maxilar.

jawbreaker *n.* *(fam.)* trabalenguas. || caramelo duro.

jaywalk *vi.* cruzar la calle distraídamente.

jazz *n.* jazz. || *(sl.)* tonterías.

jazzy *adj.* sincopado. || de colores llamativos.

jealous *adj.* celoso. || envidioso.

jeep *n.* jeep.

jeer *n.* grito de sarcasmo. || — *vt., vi.* reírse o gritar irrespetuosamente.

jelly *n.* jalea. || gelatina.

jellyfish *n.* medusa.

jeopardize *vt.* arriesgar, comprometer.

jeopardy *n.* peligro, riesgo.

jerk *n.* tirón, sacudida. || espasmo muscular. || — *vt.* sacudir. || tirar bruscamente de. || arrojar con un movimiento rápido. || — *vi.* sacudirse.

jerky *adj.* que se mueve a sacudidas, que avanza a tirones. || espasmódico, nervioso.

jerry-built *adj.* mal construido.

jersey *n.* jersey.

jest *n.* chanza, broma, chiste. || —*vi.* bromear.

jester *n.* bufón.

jesus *n.* Jesús. || **J. Christ**, Jesucristo.

jet *n.* azabache. || chorro. || *(aer.)* avión de chorro. || surtidor. || mechero. || — *vt.* lanzar en chorro. || — *vi.* viajar en avión de chorro.

jet engine *n.* motor de reacción.

jetsam *n.* echazón.

jet set *n.* gran mundo internacional.

jettison *vt.* echar por la borda. || *(fig.)* desechar, abandonar.

jetty *n.* malecón, muelle, embarcadero.

Jew *n.* judío.

jewel *n.* joya, alhaja. || (reloj) rubí.

jeweller *n.* joyero. || **jeweller's,** joyería.

Jewish *adj.* judío.

jib *(naveg.)* foque. || — *vi.* rehusar.

jiffy *n. (fam.)* instante, momento.

jiggered *adj. (fam.)* muy sorprendido.

jiggery-pokery *n. (fam.)* trampas, embustes.

jiggle *n.* zangoloteo. || — *vt., vi.* zangolotear(se).

jigsaw *n.* sierra de vaivén. || rompecabezas.

jigsaw puzzle *n.* rompecabezas.

jilt *vt.* dar calabazas a.

jingle *n.* tintineo. || cascabeleo. || — *vt.* hacer sonar. || — *vi.* cascabelear.

jingoism *n.* patriotería.

jinx *n. (fam.)* lo que trae mala suerte.

jitters *n. pl. (sl.)* inquietud, nerviosismo.

job *n.* trabajo. || empleo. || asunto. || *(fam.)* delito.

jobber *n.* agiotista. || intermediario.

jobbing *adj.* que trabaja a destajo.

jobless *adj.* sin trabajo.

jockey *n.* jockey. ||— *vt.* persuadir con mañas.

jockstrap *n.* suspensor.

jocose, jocular *adj.* alegre, de buen humor, || jocoso.

jodhpurs *n. pl.* pantalones de equitación.

jog *n.* empujoncito, sacudida. || trote corto. || — *vt.* dar un leve empujón. || refrescar (memoria). || sacudir. || — *vi.* moverse lentamente *(t. fig.).* || ir a trote corto.

joggle *n.* meneo. || — *vt., vi.* menear(se).

jog-trot *n.* trote corto.

join *n.* juntura. || costura. || — *vt.* juntar, unir. || empalmar con. || hacerse socio, incorporarse. || ensamblar. || — *vi.* unirse. || empalmar. || confluir. || hacerse socio.

joinery *n.* carpintería.

joint *adj.* (en) común. || combinado. || colectivo. || conjunto. || — *n.* juntura, unión. || junta. || *(anat.)* articulación, coyuntura. || pedazo grande de carne con hueso.

jointed *adj.* articulado. || plegable.

joist *n.* viga, vigueta.

joke *n.* broma, chiste. || algo fácil. || — *vi.* bromear, chancear, hablar en broma. || **you are joking!,** ¡estás bromeando!

joker *n.* bromista. || (cartas) comodín.

jollity *n.* alegría, regocijo.

jolly *adj.* alegre. || divertido. || jovial. || — *adv. (fam.)* muy, terriblemente. || — *vt.* **to j. into** *(fam.),* persuadir. || **to j. up** *(fam.),* dar colorido, engalanar.

jolt *n.* sacudida. || choque. || *(fam.)* susto. || — *vt.* sacudir *(t. fig.).* || dar un empujón. || — *vi.* moverse a sacudidas.

jolting *n.* traqueteo.

jonquil *n.* junquillo.

joss stick *n.* barrita de incienso.

jostle *n.* empujón, empellón, codazo. || — *vt.* empujar. || — *vi.* empujar, dar empellones, codear.

jot *n.* jota, pizca. || — *vt.* anotar de prisa.

jotter *n.* taco para notas.

jolting *n.* apunte.

journal *n.* periódico. || revista. || diario.

journalism *n.* periodismo.

journalist *n.* periodista.

journey *n.* viaje. || trayecto, camino. || — *vi.* viajar.

joust *n.* justa. || torneo. || — *vi.* participar en una justa.

Jove *n.* Júpiter. || **by J.!,** ¡caramba!

jovial *adj.* jovial.

jowl *n.* quijada. || barba. || carrillo.

joy *n.* alegría, gozo. || *(fam.)* lo que causa alegría. || suerte, éxito.

joyful *adj.* alegre. || jubiloso, regocijado.

joyous *adj.* alegre.

jubilant *adj.* jubiloso.

jubilee *n.* jubileo.

Judaism *n.* Judaísmo.

judge *n.* juez. || árbitro. || experto. || — *vi.* juzgar, declarar. || decidir, resolver. || arbitrar. || — *vi.* juzgar. || opinar.

judg(e)ment *n. (der.)* juicio. || sentencia, fallo. || opinión. || juicio. || criterio.

judicial *adj.* judicial.

judicious *adj.* juicioso. || prudente.

jug *n.* jarro. || — *vi.* estofar.

juggernaut *n.* monstruo destructor de los hombres.

juggle *vi.* hacer juegos malabares.

juggler *n.* malabarista.

jugular *adj.* yugular.

juice *n.* jugo. || *pl.* **juices,** jugos del organismo.

juicy *adj.* jugoso. || *(fam.)* interesante.

jukebox *n.* tocadiscos automático.
July *n.* julio.
jumble *n.* revoltijo, confusión. || embrollo. || mezcolanza. || — *vi.* embrollar. || confundir.
jumble sale *n.* venta de objetos usados.
jumbo *n.* elefante.
jump *n.* salto. || *(dep.)* obstáculo. || — *vi. (fam.)* pasar ilegalmente. || atacar. || — *vi.* saltar. || asustarse, sobresaltarse. || aumentar.
jumper *n.* saltador. || jumper.
junction *n.* juntura, unión. || cruce. || empalme. || confluencia.
juncture *n.* coyuntura.
June *n.* junio.
jungle *n.* selva, jungla. || *(fig.)* maraña, selva.
junior *adj.* menor, más joven. || más nuevo. || subalterno. || juvenil. || — *n. (univ.)* alumno joven.
juniper *n.* enebro.
junk *n. (naveg.)* junco. || cuerda gastada. || *(fam.)* sandeces. || trastos viejos. || — *vi. (fam.)* deshacerse de cosas inútiles.

junket *n.* viaje de funcionarios pagado por el gobierno.
junkie *adj. (fam.)* drogadicto.
junkshop *n.* tienda de trastos viejos.
jurisdiction *n.* jurisdicción.
jurisprudence *n.* jurisprudencia.
juror *n.* jurado (miembro).
jury *n.* jurado.
just *adj.* justo. || recto. || merecido. || lógico. || — *adv.* exactamente. || solo. || recién. || simplemente. || **j. about**, casi. || **j. so**, si. || tal cual.
justice *n.* justicia. || **to do j.**, tratar bien, hacer favor. || juez.
justifiable *adj.* justificable. || justificado.
justification *n.* justificación.
justify *vt.* justificar.
justness *n.* justicia. || rectitud.
jut *vi.* sobresalir.
jute *n.* yute.
juvenile *adj.* juvenil. || — *n.* joven.
juxtapose *vt.* yuxtaponer.
juxtaposition *n.* yuxtaposición.

K

k *n.* k.

Kaffir *n.* cafre.

Kaiser *n.* emperador.

kale, kail *n.* col rizada.

kaleidoscope *n.* calidoscopio.

kangaroo *n.* canguro.

karat *n.* ver **carat**.

keel *n.* quilla. || **on an even k.**, *(fig.)* en equilibrio. || — *vi.* zozobrar.

keen *adj.* concienzudo. || entusiasta. || ansioso. || *(lit.)* agudo. || afilado. || *(fig.)* penetrante, perspicaz. || **as k. as mustard**, *(fam.)* muy ansioso. || muy perspicaz.

keep *(pret. y pp.* **kept**) *vt.* guardar, conservar. || reservar. || tener. || cumplir. || detener, retrasar. || llevar (diario, etc.). || mantener. || — *vi.* quedarse, permanecer: **k. quiet!**, ¡no hagas ruido! || continuar. || conservarse fresco, en buen estado: **food keeps long in the freezer**, la comida se conserva por mucho tiempo en el congelador. || mantenerse. || permanecer. || esperar. || **to k. away**, mantener a distancia. || **to k. back**, contener. || retrasar. || **to k. down**, contener, y mantener bajo. || **to k. from**, impedir. || ocultar. | impedir. || **to k. in**, ocultar. || no salir. || **to k. off**, mantenerse lejos. || mantener a distancia. || **to k. out**, no entrar. || — *n.* torre (del castillo). || sustento. || subsistencia. || **for keeps**, para siempre *(fam.)*.

keeper *n.* guardabosque. || guardián. || cuidador. || encargado.

keeping *n.* cargo. || cuidado. || mantenimiento. || conservación. || **in k. with**, de acuerdo con.

keepsake *n.* recuerdo.

keg *n.* barrilito.

kelp *n.* quelpo (alga marina).

kennel *n.* perrera.

kept ver **keep**.

kerb *n.* cordón de la vereda.

kerchief *n.* pañuelo.

kernel *n.* almendra. || *(fig.)* núcleo, meollo.

ketchup *n.* salsa de tomate.

kettle *n.* tetera, pava.

kettledrum *n.* timbal.

key *n.* llave. || tecla. || pistón. || chaveta, cuña. || interruptor. || *(arq.)* clave. || *(mús.)* tono. || — *vt.* enchavetar. || templar, afinar.

keyboard *n.* teclado.

keyhole *n.* ojo (de la cerradura).

keynote *n.* tónica. || idea fundamental.

key ring *n.* llavero.

keystone *n.* clave. || *(fig.)* piedra angular.

khaki *n.* caqui.

kick *n.* patada, puntapié. || coz. || reacción. || satisfacción. || — *vt.* dar un puntapié, una patada. || *(dep.)* marcar. || dejar (un hábito). || **to k. off**, empezar (un partido). || **to k. out**, echar a patadas. || **to k. up**, hacer lío, armar alboroto.

kickback *n.* culatazo. || *(fig.)* retroceso.

kick-off *n.* saque inicial.

kid (kid) *n.* cabrito. || cabritilla. || niño. || — *vt. (fam.)* engañar. || tomar el pelo. || — *vi. (fam.)* bromear.) **no kidding!**, ¡en serio!

kidnap *vt.* secuestrar, raptar.

kidnapper *n.* secuestrador

kidney *n.* riñón.

kill *vt.* matar. || terminar, poner fin. || destruir. || anular. || — *vi.* matar.

killer *n.* matador. || asesino.

killer whale *n.* orca.

killing *adj. (fam.)* muy cansador. || divertidísimo. || ridículamente gracioso. || — *n.* asesinato. || **to make a k.**, hacer dinero de golpe.

killjoy *n.* aguafiestas.

kiln *n.* horno.

kilogramme *n.* kilo(gramo).

kilolitre *n.* kilolitro.

kilometre *n.* kilómetro.

kilowatt *n.* kilovatio.

kin *n. (ant., fam.)* parientes. || parentela. || **next of k.**, parientes más próximos.

kind adj. amable, cariñoso. || comprensivo. || benigno. || — n. clase, tipo. || género, especie. || **to pay in k.**, pagar en especie. || **k. of**, en cierta manera.

kindergarten n. jardín de infantes.

kind-hearted adj. bondadoso.

kindle vt., vi. encenderse).

kindling n. leña menuda, astillas.

kindly adj. bondadoso, amable. || benigno. || suave. || — adv. bondadosamente, amablemente.

kindness n. bondad, amabilidad.

kindred adj. emparentado. || (fig.) afín, semejante. || — n. parentesco. || familia, parientes.

kinetic adj. cinético.

king n. rey. || (cartas) rey. || (damas) dama.

kingdom n. reino.

kingfisher n. martín pescador.

kingpin n. la persona más importante.

king-size adj. mayor que lo ordinario.

kink n. retorcimiento, torcedura. || arruga, pliegue. || (fig.) peculiaridad, manía, perversión (sexual).

kinsfolk n. pl. familia, parientes.

kinship n. parentesco. || (fig.) afinidad.

kinsman n. pariente.

kinswoman n. parienta.

kiosk n. quiosco. || (fam.) cabina telefónica.

kipper n. arenque ahumado.

kirk n. iglesia escocesa.

kiss n. beso. || merengue. || — vt., vi. besar.

kit n. avíos. || equipaje. || herramientas. || herramental. || botiquín. || equipo.

kitbag n. saco de viaje. || bolso.

kitchen n. cocina.

kitchen garden n. huerto.

kitchenware n. batería de cocina.

kite n. (orn.) milano real. || cometa.

kith n. **k. and kin**, parientes y amigos.

kitten n. gatito.

kitty n. colecta, fondo. || (cartas) puesta, polla.

knack n. facilidad, habilidad, don.

knapsack n. mochila.

knave n. bellaco, bribón. || (cartas) || jota.

knead vt. amasar, sobar. || (fig.) formar.

knee n. rodilla. || **on one's knees**, de rodillas.

kneecap n. rótula.

knee-deep adj. hasta las rodillas.

kneel (pret. y pp. **knelt**) vi. arrodillarse, ponerse de rodillas (t. **k. down**).

knell n. toque de difuntos, doble.

knelt ver **kneel**.

knew ver **know**.

knickerbockers n. pl. pantalones de golf.

knickers n. pl. bragas.

knick-knack n. chuchería, baratija.

knife n., pl. **knives**, cuchillo. || navaja.

knife-grinder n. amolador, afilador.

knight n. caballero. || (ajedrez) caballo. || — vt. armar caballero.

knight-errant n. caballero andante.

knighthood n. caballería.

knit vt. tejer. || juntar, unir. || — vi. hacer punto.

knitting n. labor de punto.

knitting needle n. aguja de hacer calceta.

knitwear n. géneros de punto.

knives pl. de **knife**.

knob n. protuberancia, bulto. || (radio, etc.) botón. || (puerta) tirador. || puño.

knock n. golpe. || choque. || llamada. || (fig.) revés. || (fam.) crítica. || — vt. golpear. || chocar. || dejar inconsciente. || criticar. || — vi. golpear. || chocar. || (maq.) hacer ruido. || **to k. down**, destruir, demoler. || bajar el precio. || **to k. off**, tirar. || romper. || hacer saltar. || **to k. out**, vaciar || dejar K. O. || **to k. over**, tirar. || atropellar.

knockdown adj. (precio) bajísimo.

knocker n. aldaba. || (fam.) detractor.

knock-kneed adj. patizambo.

knockout adj. decisivo, K. O. || (fig.) aniquilador. || deshecho. || — n. (boxeo) knockout, K. O.) (fig.) derrota total. || algo despampanante, muy loco.

knock-up n. (tenis) peloteo.

knoll n. otero, montículo.

knot n. nudo. || lazo. || — vt., vi. anudar(se).

knotty adj. nudoso. || (fig.) difícil, complicado.

know (pret. **knew**, pp. **known**) vt. saber. || entender, poder. || conocer, estar familiarizado. || experimentar. || reconocer. || — vi. saber. || — n. **to be in the k.**, tener noticias.

knowable adj. conocible.

know-how n. pericia, práctica. || conocimiento. || dominio. || experiencia.

knowledge n. conocimiento, noticia. || erudición, ciencia.

knowledgeable adj. entendido, erudito.

known pp. **de know**. || — adj. conocido.

knuckle *n.* nudillo. || — *vi.* **to k. down to something**, dedicarse a algo en serio.

knurl *n.* nudo, protuberancia.

kosher *adj.* preparado según el rito judío.

kowtow *vi.* saludar humildemente.

kudos *n.* gloria, mérito.

L

l *n.* l.
lab *n.* (fam.) ver **laboratory**.
label *n.* etiqueta, rótulo, marbete. || letrero. || calificación. || — *vt.* poner etiqueta a. || rotular.
labial *adj.*, *n.* labial.
laboratory *n.* laboratorio.
laborious *adj.* penoso || difícil, pesado.
labour *n.* trabajo, empello. || pena, fatiga. || obreros, mano de obra. || parto: **l. pains**, dolores de parto. || — *vi.* elaborar. || — *vt.* trabajar duro.
laboured *adj.* fatigoso. || lento, penoso.
labourer *n.* labriego, bracero, peón.
labour-saving *adj.* que ahorra trabajo.
labyrinth *n.* laberinto.
lace *n.* encaje, puntilla. || cordón. || galón. || — *vt.* guarnecer con encajes. || atar, atar el cordón.
lacerate *vt.* lacerar. || herir.
lachrymose *adj.* lacrimoso, lloroso.
lack *n.* falta, ausencia, carencia. || — *vt.* carecer, no tener. || — *vi.* faltar.
lackadaisical *adj.* lánguido. || afectado. || aburrido. || indiferente.
lackey *n.* lacayo. || (fig.) secuaz, servil.
lacking *adj.* falto.
lacklustre *adj.* deslustrado, deslucido.
laconic *adj.* lacónico.
lacquer *n.* laca. || — *vt.* laquear.
lactation *n.* lactancia.
lacteal *adj.* lácteo.
lacuna *n.*, *pl.* **lacunae**, laguna.
lacy *adj.* de encaje.
lad *n.* muchacho, chico.
ladder *n.* escalera (t. fig.). || (media) corrida de punto. || — *vi.* correrse un punto.
la-di-da *adj.* (fam.) afectado.
ladle *n.* cucharón. || — *vt.* **to l. out**, (fam.) repartir generosamente.
lady *n.* señora, dama. || (título) *lady*.
ladybird *n.* vaquita de San Antonio.
tady-in-waiting *n.* dama de honor.
bdykiller *n.* galán irresistible.
ladylike *adj.* elegante, fino, distinguido.
lady-love *n.* amada.

lag *n.* revestimiento. || retraso. || — *vt.* revestir. || — *vi.* retrasarse. || **to l. behind**, estar rezagado.
lager *n.* cerveza tipo Pilsen.
laggard *n.* rezagado. || holgazán.
lagoon *n.* laguna.
laid ver **lay**.
lain ver **lie**.
lair *n.* cubil, guarida.
laity *n.* laicado.
lake *n.* lago. || laca.
lamb *n.* cordero. || carne de cordero.
lambast(e) *vt.* dar una paliza.
lamb chop *n.* chuleta de cordero.
lambskin *n.* piel de cordero.
lame *adj.* cojo, lisiado. || (fig.) débil. || (verso) defectuoso. || — *vt.* lisiar, dejar cojo. || incapacitar.
lament *n.* lamento. || elegía. || — *vi.*, *vt.* lamentar(se).
laminated *adj.* laminado.
lamp *n.* lámpara. || farol. || bombilla, foco.
lampblack *n.* negro de humo.
lamplight *n.* luz de lámpara.
lampoon *n.* pasquín. || — *vt.* satirizar.
lamppost *n.* poste de alumbrado.
lamprey *n.* lamprea.
lampshade *n.* pantalla.
lance *n.* lanza. || arpón. || (med.) lanceta. || — *vt.* lancear. || (med.) abrir con lanceta.
land *n.* tierra. || suelo. || país. || región. || — *vt.* desembarcar. || descargar. || — *vi.* aterrizar. || amerizar. || alunizar. || desembarcar. || dar (en el blanco).
landed *adj.* hacendado. || **l. property**, propiedad rural.
landfall *n.* aterrada.
landholder *n.* terrateniente.
landing *n.* desembarco. || aterrizaje. || amerizaje. || alunizaje. || (escalera) descanso.
landing gear *n.* tren de aterrizaje.
landing strip *n.* pista de aterrizaje.
landlady *n.* ducha. || propietaria.
landlord *n.* propietario. || dueño. || patrón.

landmark n. marca, señal fija. || mojón. || punto de referencia. || (fig.) momento cumbre.

landowner n. terrateniente, hacendado.

landscape n. paisaje. || cuadro de paisaje.

landslide n. derrumbe de tierra. || (pol.) victoria arrolladora.

land tax n. contribución territorial.

landward(s) adv. hacia tierra.

lane n. camino, sendero. || carril. || línea (en una carrera). || ruta (barco, avión).

language n. lenguaje. || lengua, idioma. || (comput.) lenguaje. || (eufem.) malas palabras.

languid adj. lánguido.

languishing adj. lánguido. || amoroso.

languor n. languidez.

languorous adj. lánguido.

lank adj. alto y flaco. || lacio.

lanolin(e) n. lanolina.

latern n. linterna. || faro, farol.

lanyard n. acollador.

lap n. rodillas, regazo. || (fam.) **in the l. of luxury**, rodeado de lujo. || faldón. || solapa (libro). || lamida. || ruido de las olas. || (dep.) vuelta, etapa. || — vt. lamer. || — vi. sorber. || relamer. || (olas) chapalear.

lapdog n. perro faldero.

lapel n. solapa.

lapse n. error. || desliz, falta. || lapso, período. || caída. || (der.) prescripción. || — vi. transcurrir. || (der.) caducar. || caer. || cometer un desliz. || caer en desuso.

larceny n. latrocinio.

larch n. alerce.

lard n. tocino. || — vt. mechar. || adornar.

larder n. despensa.

large adj. grande. || abundante. || amplio. || — adv. a lo grande. || ampulosamente.

largeness n. tamaño. || grosor. || extensión.

largesse n. generosidad, liberalidad.

lariat n. lazo.

lark n. alondra. || (fam.) travesura, broma. || — vi. divertirse, hacer travesuras.

larynx n. laringe.

lascivious adj. lascivo.

lash n. látigo. || azote. || pestaña. || latigazo. || — vt., vi. azotar, golpear. || **to l. down**, caer con fuerza (lluvia, granizo).

lashing n. azotamiento. || pl. **lashings**, montones.

lass n. muchacha, chica.

lasso n. lazo. || — vt. enlazar.

last adj. último: **l. but one**, penúltimo. || **l. but two**, antepenúltimo. || pasado. || definitivo. || el menos pensado. || — n. último, última cosa, lo último. || **we shall never see the l. of that man**, nunca nos podremos deshacer de él. || horma (de zapato). || — adv. por último. || por última vez. || — vt. durar. || — vi. durar, permanecer. || subsistir. || resistir, aguantar. || alcanzar.

lasting adj. duradero, permanente.

last-minute adj. de última hora.

latch n. picaporte, pestillo. || — vt. cerrar con picaporte.

latchkey n. llavín.

late adj. tarde. || tardío: **l. summer**, al fin del verano. || atrasado: **the train is l.**, el tren está atrasado. || último, más próximo. || finado. || — adv. tarde. || **l. of**, hasta hace poco. || **of l.**, últimamente.

latecomer n. recién llegado.

lately adv. últimamente, recientemente.

latent adj. latente.

later adj. (comp. de late) posterior: **his l. works**, sus obras posteriores. || último || más reciente. || — adv. después: **I'll see you l.**, te veo después.

lateral adj. lateral.

latest adj. (superl. de late) último. || más reciente. || — n. lo último, lo más nuevo: **she wore the l. in fashion**, ella llevaba lo último de la moda.

lath n., pl. **laths**, listón.

lathe n. torno.

lather n. espuma de jabón. || sudor (caballo). ||— vt. enjabonar. || — vi. hacer espuma.

Latin adj. latino. || — n. latino. || lengua latina.

latitude n. latitud.

latrine n. letrina.

latter adj. más reciente. || posterior. || último.

lattice n. enrejado. || reja.

lattice work n. enrejado.

laudable adj. loable. || plausible.

laudanum n. láudano.

laudatory adj. laudatorio.

laugh n. risa. || carcajada, risotada. || — vt. expresar riendo. || — vi. reír. || **to l. away**, tomar a risa. || **to l. down**, ridiculizar.

laughable adj. ridículo, absurdo.

laughing gas n. gas hilarante.

L

laughing stock *n.* hazmerreír.
laughter *n.* risa.
launch *n.* botadura. || lancha, falúa. || — *vt.* botar (barco). || lanzar (misil). || echar al mar. || crear, fundar. || lanzar (producto). || — *vi.* **to l. into**, lanzarse.
launching *n.* botadura. || lanzamiento. || inauguración, iniciación. || estreno. || emisión.
launder *vt.* lavar (y planchar). || — *vi.* resistir el lavado.
launderette *n.* lavandería automática.
laundress *n.* lavandera.
laundry *n.* lavadero, lavandería. || ropa sucia, ropa por lavar, ropa lavada.
laureate *n.* laureado.
laurel *n.* laurel. || *(fig.)* gloria, honor.
lava *n.* lava.
lavatory *n.* retrete. || servicios.
lavender *n.* lavanda.
lavish *adj.* pródigo, muy generoso. || lujoso. || — *vt.* gastar generosamente, despilfarrar.
law *n.* ley. || derecho, leyes. || jurisprudencia. || **in l.**, político (pariente): **my brother in l.**, mi cuñado.
law-abiding *adj.* observante de la ley.
lawbreaker *n.* infractor de la ley.
lawful *adj.* legítimo, lícito.
lawless *adj.* ilegal. || rebelde. || sin leyes.
lawn *n.* césped.
lawnmower *n.* cortacésped.
law school *n.* facultad de derecho.
lawsuit *n.* pleito, litigio, proceso.
lawyer *n.* abogado.
lax *adj.* flojo. || negligente. || laxo.
laxative *adj.*, *n.* laxante.
lay ver **lie**. || — *adj.* laico. || profano. || *(relig.)* lego. ||— *n.* endecha. || *(poét.)* canción. || disposición. || *(vulg., sl.)* pareja sexual. || — *vt.* *(pret. y pp.* **laid**) poner, colocar. || disponer. || tender: **to lay the table**, poner la mesa. || acusar. || valorar. || apostar. || tender (trampa). || poner (huevo). || *(sl.)* acostarse con. || — *vi.* poner huevos. || estar situado. || poner la mesa. || **to l. aside**, dejar a un lado. || **to l. down**, deponer, rendir (armas). || dejar a un lado. || ofrendar. || **to l. off**, despedir. || dejar de. || **to l. out**, presentar. || invertir. || desembolsar.
layabout *n.* gandul, vago.
lay brother *n.* hermano lego.
layer *n.* capa. || estrato. || gallina ponedora. || — *vt.* poner en capas. || rebajar (el pelo). || *(agr.)* acodar.

layette *n.* canastilla, ajuar·(de niño).
lay figure *n.* maniquí.
layman *n.* seglar, lego. || *(fig.)* profano.
lay-off *n.* paro involuntario.
layout *n.* plan, distribución, trazado. || disposición. || *(comput.)* formato.
lay sister *n.* hermana lega.
laziness *n.* pereza, holgazanería, indolencia.
lazy *adj.* perezoso, holgazán, vago, indolente.
lea *n.* *(poét.)* prado.
lead *n.* plomo. || *(naveg.)* sonda. || *(lápiz)* mina.
lead *n.* pista, indicación. || iniciativa. || delantera. || primer actor. || *(min.)* veta. || primer lugar. || noticia mis importante. || *(cartas)* mano. || — *vt.* *(pret. y pp.* **led**) conducir. || inducir. || guiar. || remitir. || *(mús.)* dirigir. || encabezar. || llevar la delantera. || ganar. || salir (cartas). || — *vi.* ir delante. || conducir. || dirigir. || **to l. astray**, llevar por mal camino. || **to l. up to**, llevar, conducir a: **what are you leading up to?**, ¿adónde quieres llegar?
leaden *adj.* plúmbeo. || plomizo. || pesado.
leader *n.* guía. || dirigente. || cabecilla. || líder. | caudillo. || director. || editorial (diario).
leading *adj.* primero. || delantero.
leaf *n.*, *pl.* **leaves** hoja. || — *vi.* to **l. through a book**, hojear un libro.
leaflet *n.* folleto, hoja volante. || prospecto.
leafy *adj.* frondoso.
league *n.* legua. || liga. || sociedad, asociación.
leak *n.* agujero. || (barco) vía de agua. || gotera. || escape, fuga, pérdida, salida. || — *vt.* rezumar, dejar perderse, derramar. || — *vi.* hacer agua. || tener agujeros. || tener pérdidas (gas). || gotear. || escaparse. || *(fig.)* colarse: **the news has leaked out**, trascendió la noticia.
lean *adj.* magro. || flaco. || flojo. || — *n.* carne magra. || — *vt.* *(pret. y pp.* **leaned** o **leant**) ladear, dejar perderse. || — *vi.* ladearse, inclinarse, estar ladeado.
leaning *n.* inclinación. || tendencia.
leant ver **lean**.
lean-to *n.* colgadizo.
leap *n.* salto: **a l. in the dark** *(fig.)*, un salto en el vacío. || — *vt.* *(pret. y pp.* **leaped** o **leapt**) saltar. || — *vi.* saltar. || dar saltos. || lanzarse.

leapfrog n. rango.

leapt ver leap.

leap year n. año bisiesto.

learn (pret. y pp. **learned** o **learnt**) vt. aprender. || saber, oír. || deducir: **I l. from your letter that you don't intend to come**, deduzco por tu carta que no tienes intención de venir. || — vi. aprender.

learned adj. docto, sabio, erudito.

learner n. principiante, aprendiz.

learning n. estudio. || saber, conocimientos.

learnt ver **learn.**

lease n. arriendo, contrato de arrendamiento. || finca. || — vt. arrendar, tomar en arriendo.

leasehold n. inmueble arrendado.

leash n. traílla, cuerda.

least adj. (superl. de **little**) muy pequeño. || mínimo, y insignificante. || **I haven't the l. idea**, no tengo la menor idea. || — adv. menos: **he came when I l. expected him**, vino cuando menos lo esperaba. || — n. lo menos, lo más pequeño.

leather n. cuero. || piel.

leave n. permiso: **by your l.**, con permiso. || licencia. || — vt. (pret. y pp. **left**) dejar. || (der.) legar, dejar. || quedar: **there's nothing left to us**, no nos queda nada. || abandonar. || confiar. || — vi. irse, marcharse. || **to l. alone**, dejar solo. || **to l. out**, omitir.

leaven n. levadura. || (fig.) estímulo. || — vt. leudar. || (fig.) penetrar e influenciar.

leaves n. pl. de **leaf.**

leave-taking n. despedida.

lecherous adj. lascivo, lujurioso.

lechery n. lascivia.

lectern n. atril || facistol.

lecture n. conferencia. || clase. || (fig.) sermón, reprimenda. vt. reprender, dar un sermón. || — vi. dar una conferencia, dar una clase.

lecturer n. conferenciante, conferencista. || catedrático. || **assistant l.**, profesor adjunto.

led ver **lead.**

ledge n. saliente. || antepecho. || alféizar.

ledger n. libro mayor.

lee n. sotavento. || (fam.) abrigo.

leech n. sanguijuela.

leek n. puerro.

leer n. mirada (lasciva, de odio, o maliciosa). || — vi. mirar (lascivamente, etc.).

lees n. pl. heces.

leeward adj. a sotavento, de sotavento. || — adv. a sotavento. || — n. sotavento.

leeway n. (naveg.) deriva. || (fig.) atraso.

left (ver **leave**) adj. izquierdo. || izquierdista. || adv. a la izquierda, hacia la izquierda. || — n. izquierda.

left-handed adj. zurdo. || (fig.) torpe.

leftist adj., n. izquierdista.

left-overs n. pl. sobras.

left-wing adj. izquierdista.

leg n. pierna. || pata. || pierna (pantalón). || etapa, fase. || **not to have a l. to stand on** (fig., fam.), no saber dónde pararse. || — vi. echar a correr.

legacy n. legado. || (fig.) herencia, patrimonio.

legal adj. lícito, legítimo. || legal. || jurídico.

legalize vt. legalizar. || autorizar, legitimar.

legate n. legado.

legend n. leyenda.

legerdemain n. juego de manos.

leggings n. pl. polainas.

leggy adj. zanquilargo, zancudo.

legible adj. legible.

legion n. legión.

legislate vt. establecer por ley. || — vt. legislar.

legislation n. legislación.

legislative adj. legislativo.

legitimate adj. legítimo. || admisible, justo.

legume n. legumbre.

leisure n. ocio, tiempo libre. || **people of l.**, gente acomodada. || **a life of l.**, una vida regalada.

lemon n. limón.

lemonade n. limonada.

lemon squeezer n. exprimidor.

lend (pret. y pp. **lent**) vt. prestar. || (fig.) prestar, dar, añadir.

lender n. prestador. || prestamista.

length n. largo, longitud. || extensión. || (dep.) cuerpo, largo. || **at l.**, (fam.) detalladamente.

lengthen vt., vi. alargar(se), prolongar(se), extender(se).

lengthways, lengthwise adj. longitudinal, de largo. || — adv. longitudinalmente.

lengthy adj. largo, extenso. || prolongado.

lenient adj. poco severo. || indulgente.

lens n. (ópt., fot.) lente. || (anat.) cristalino.

lent ver **lend.**

Lent n. Cuaresma.

lentil n. lenteja.

leonine *adj.* leonino.

leopard *n.* leopardo.

leper *n.* leproso.

leprosy *n.* lepra.

lesbian *adj.*, *n.* lesbiana.

lesion *n.* lesión.

less *adj.* (*comp.* de **little**) menor, más pequeño. || menos. || — *adv.* menos. || **and** || cada vez menos. || **much less**, cuanto menos.

lessee *n.* arrendatario.

lessen *vt.*, *vi.* disminuirse), reducir(se).

lesser *adj.* (*comp.* de **less**) menor, más pequeño. || inferior.

lesson *n.* lección. || clase. || experiencia.

lessor *n.* arrendador.

lest *conj.* para que no, de miedo que.

let *n.* alquiler, arrendamiento. || — *vt.* (*pret.* y *pp.* **let**) dejar, permitir. || **let's go!**, ¡vamos! || **l. me see**, déjeme ver. || alquilar: **the house is l. out to a couple**, la casa está alquilada a un matrimonio. || rentar. || **l. alone**, nada digamos. || **to l. oneself go**, obrar libremente, soltarse. || **to l. down**, bajar, dejar bajar. || **to l. into**, empotrar. || revelar (un secreto). || **to l. off**, dispensar. || disparar. || soltar. || **to l. out**, poner en libertad. || dejar salir. || — *vi.* alquilarse. || arrendarse.

let-down *n.* decepción, chasco.

lethal *adj.* mortífero. || mortal.

lethargy *n.* letargo.

letter *n.* carta. || letra: **capital l.**, mayúscula. || **small l.**, minúscula. || texto de una ley, etc. || *pl.* **letters**, (*fam.* o *pomp.*) literatura.

letterbox *n.* buzón.

lettered *adj.* culto.

letterhead *n.* membrete.

lettering *n.* inscripción, rótulo.

lettuce *n.* lechuga.

let-up *n.* calma, respiro, tregua.

level *adj.* llano, plano, horizontal. || parejo. || proporcionado, constante. || — *n.* nivel. || — *vt.* nivelar, allanar. || apuntar, asestar. || — *vi.* nivelarse. || estabilizarse.

level crossing *n.* paso a nivel.

level-headed *adj.* juicioso, sensato.

lever *n.* palanca (*t. fig.*). || — *vt.* apalancar.

levitate *vt.*, *vi.* elevar(se) por levitación.

levity *n.* frivolidad, ligereza, informalidad.

levy *n.* exacción. || impuesto. || sobretasa. || (*mil.*) leva. || — *vt.* recaudar. || (*mil.*) reclutar.

lewd *adj.* impúdico, obsceno. || verde.

lexical *adj.* léxico.

lexicography *n.* lexicografía.

lexicon *n.* léxico.

liability *n.* responsabilidad. || riesgo. || sujeción. || tendencia. || estorbo. || (*com.*) pasivo.

liable *adj.* (*der.*) responsable. || sujeto, sometido. || expuesto. || susceptible. || capaz.

liaison *n.* enlace, conexión, coordinación. || relaciones amorosas. || (*gram.*) ligazón.

liar *n.* mentiroso, embustero.

libation *n.* libación.

libel *n.* difamación, calumnia. || libelo. || — *vi.* difamar, calumniar.

liberal *adj.* liberal (*t. pol.*). || generoso. || tolerante. || — *n.* liberal.

liberalism *n.* liberalismo.

liberalize *vt.* liberalizar.

liberal-minded *adj.* tolerante.

liberate *vi.* libertar, librar.

libertine *n.* libertino.

liberty *n.* libertad. || derecho. || atrevimiento (*fam.*): **I look the l. of reading the letter**, me tomé el atrevimiento de leer la carta.

libidinous *adj.* libidinoso.

libido *n.* libido.

librarian *n.* bibliotecario.

library *n.* biblioteca.

librettist *n.* libretista.

lice *n. pl.* de **louse**.

licence *n.* licencia, permiso, autorización: **driving l.**, licencia de conducir. || libertinaje. || (*arte, poesía*) licencia: **poetic l.**, licencia poética.

licence plate *n.* (*aut.*) patente, placa de matrícula.

license *vt.* licenciar, autorizar, dar permiso a.

licensee *n.* concesionario.

licentious *adj.* licencioso.

lichen *n.* liquen.

lick *n.* lamedura, lengüetada. || — *vt.* lamer. || besar: **the waves licked the beach**, las olas acariciaban la playa.

licorice *n.* regaliz.

lid *n.* tapa. || párpado. || (*sl.*) sombrero.

lido *n.* centro de natación, piscina.

lie *n.* mentira: **to tell lies**, decir mentiras. || **a pack of lies**, un montón de mentiras. || posición. || (*fig.*) estado de las cosas. || — *vi.* mentir. || (*pret.* **lay**, *pp.* **lain**) estar, encontrarse. || echarse, acostarse.

|| estar, permanecer, quedar. || estar situado. || **to l. about**, estar esparcido, estar en desorden. || **to l. behind**, estar oculto: **what lies behind his apparent friendship?**, ¿qué se oculta detrás de su aparente amistad? || **to l. down**, echarse, acostarse.

lie detector n. detector de mentiras.

liege n. señor feudal. || vasallo.

lien n. derecho de retención.

lieu n. lugar. || **in l.** (of), en lugar de.

lieutenant n. lugarteniente. || (mil.) teniente. || (mar.) teniente de navío.

lieutenant-colonel n. teniente coronel.

liutenant-commander n. capitán de corbeta.

lieutenant-general n. teniente general.

life n., pl. **lives**, vida. || vida, duración. || modo de vida. || vivacidad.

life annuity n. renta vitalicia.

life assurance n. seguro de vida.

lifebelt n. cinturón salvavidas.

lifeboat n. bote salvavidas.

lifeguard n. bañero.

lifejacket n. chaleco salvavidas.

lifeless adj. sin vida, muerto, exánime.

lifelike adj. natural, vivo.

lifelong adj. de toda la vida.

life-saving n. salvamento.

life-size(d) adj. de tamaño natural.

lifetime n. vida. || tiempo de vida.

lifeworfc n. trabajo de toda la vida.

lift n. elevación. || porte altivo. || esfuerzo para levantar. || (aer.) sustentación. || estímulo. || viaje gratis: **can you give me a l.?**, ¿me llevas? || ascensor, montacargas. || — vt. levantar, y alzar. || rescindir. || (fam.) plagiar, tomar. || (fam.) robar. || — vi. levantarse, alzarse. || disiparse.

lift attendant, lift boy, liftman n., pl. — **men**, ascensorista.

ligament n. ligamento.

ligature n. ligadura.

light n. luz. || claridad. || brillo. || (pintura) luces. || lumbrera. || fuego. || — adj. claro. || rubio. || ligero. || liviano: **as l. as a feather**, tan liviano como una pluma. || leve. || suave: **l. wine**, vino suave. || fácil. || — (pret. y pp. **lit** o **lighted**), iluminar. || — vi. alumbrarse, encenderse. || bajar, descender: **a fly lighted on his nose**, una mosca se posó en su nariz.

light bulb n. bombilla eléctrica.

light-coloured adj. claro, de color claro.

lighten vi. iluminar. || — vi. clarear. || — vt., vi. aligerar(se), hacer(se) menos pesado.

lighter n. encendedor, mechero. || barcaza.

light-fingered adj. de uñas largas.

light-headed adj. casquivano. || mareado.

light-hearted adj. alegre.

lighthouse n., pl. —**houses**, faro.

lighting n. iluminación.

lightly adv. ligeramente. || alegremente.

lightning n. rayo, relámpago.

lightning conductor, (E. U.) **lightning rod** n. pararrayos.

lightweight adj. ligero, de poco peso. || — n. peso ligero. || (fig.) cero a la izquierda.

light-year n. año luz.

ligneous adj. leñoso.

lignite n. lignito.

like adj. parecido, semejante. || **what is your coat l.?**, ¿cómo es su saco? || igual. || — prep. como, así: **do it l. this**, hágalo así. || del mismo modo.|| **it looks l. rain**, parece que va a llover. || — conj. (vulg.) como. || — n. lo parecido. || lo igual. || **and the l.** || cosas por el estilo. || inclinación, preferencia. || — vi. gustar. || querer. || encontrar, opinar de. || — vi. querer.

likelihood n. probabilidad.

likely adj. probable: **he's not l. to come**, no es probable que venga. || creíble. || prometedor. || **a l. story!**, ¡qué cuento! || — adv. probablemente.

liken vt. comparar, asemejar.

likeness n. parecido, semejanza.

likewise adv. asimismo, igualmente.

liking n. simpatía. || gusto, afición.

lilac n. lila. || adj. color de lila.

lily n. lirio, azucena. || **l. of the valley**, muguete.

lily-livered adj. cobarde, pusilánime.

limb n. (anat.) miembro. || (bot.) rama.

limber adj. ágil. || flexible. || — vi. **to l. up**, hacer ejercicios de precalentamiento. || ejercitarse.

lime n. tilo. || (bot.) lima. || cal.

limelight n. luz de calcio. || bambalinas. || centro de la atención pública.

limestone n. piedra caliza.

lime tree n. tilo.

limit n. límite. || **that's the l.!**, ¡es el colmo! || plazo. || — vt. limitar, restringir.

limited adj. limitado. || mediocre.

limitless *adj.* ilimitado, sin límites.

limousine *n.* limusina.

limp *n.* cojera. || — *vi.* cojear. || — *adj.* flojo, débil. || blando, fláccido. || perezoso.

limpet *n.* lapa.

limpid *adj.* límpido, cristalino, transparente.

linchpin *n.* pezonera. || *(fig.)* pivote, eje.

linden *n.* tilo.

line *n.* línea. || arruga. | rasgo (del rostro). || sedal. || dirección. || *pl.* **lines**, principios. || contornos. || carta breve. || manera, método. || límite. || fila. acuerdo: **to be in l. with**, estar de acuerdo. || linaje. || *(f. c., tlf.)* línea. || **to know where to draw the l.**, saber hasta dónde se puede llegar. || **to read between lines**, leer entre líneas. || — *vt.* rayar; **lined paper**, papel rayado. || surcar. || bordear. || forrar. || llenar. || — *vi.* **to l. up**, ponerse en fila, alinearse.

lineage *n.* linaje.

linear *adj.* lineal.

lined *adj.* arrugado. || forrado. || revestido.

linen *n.* lino, hilo. || lienzo. || mantelería. || ropa blanca. || — *adj.* de lino.

liner *n.* transatlántico, vapor de línea.

linesman *n.* *(dep.)* juez de línea.

linger *vi.* rezagarse. || vagabundear. || tardar.

lingerie *n.* ropa interior (de mujer).

lingering *adj.* lento. || persistente. || fijo.

lingo *n.* *(fam.)* lengua, idioma.

linguist *n.* políglota. || lingüista.

linguistics *n.* lingüística.

liniment *n.* linimento.

lining *n.* forro. || revestimiento. || guarnición.

link *n.* eslabón. || enlace, conexión. || vínculo. || gemelo (camisa). || — *vt.* unir. || enlazar. || vincular. || conectar. || — *vi.* unirse, enlazarse. || acoplarse.

linkage *n.* *(comput.)* enlace.

links *n. pl.* campo de golf.

link-up *n.* *(tlf.)* conexión. || acoplamiento.

linotype *n.* linotipia.

linseed *n.* linaza.

lint *n.* *(med.)* gasa.

lintel *n.* dintel.

lion *n.* león. || *(fig.)* celebridad.

lioness *n.* leona.

lionize *vt.* celebrar, agasajar a alguien.

lip *n.* labio. || *(sl.)* lenguaje rudo, injurioso.

lipread (ver **read**) *vi.* interpretar el movimiento de los labios.

lipstick *n.* lápiz labial.

liquefy *vt., vi.* licuar(se).

liqueur *n.* licor.

liquid *adj., n.* líquido. || *(fon.)* líquida.

liquidate *vt.* liquidar.

liquor *n.* licor, bebida alcohólica.

liquorice *n.* regaliz.

lisle *n.* hilo de Escocia.

lisp *n.* ceceo. || — *vi.* cecear. || balbucear.

lissom *adj.* ágil, ligero.

list *n.* lista. || (vestido) orillo. || catálogo. || *(mar.)* escora. || palestra. || — *vt.* hacer una lista. || enumerar. || poner un orillo.

listen *vi.* escuchar. || prestar atención, dar oídos. || **to l. in**, escuchar radio. || escuchar a hurtadillas. || **to l. on**, escuchar sin permiso.

listener *n.* oyente. || radioyente.

listless *adj.* lánguido, desmayado, apático.

lit ver **light**.

litany *n.* letanía.

literacy *n.* capacidad de leer. ||escribir. || **computer l.**, rudimentos de computación.

literally *adv.* literalmente. || *(fig.)* materialmente.

literary *adj.* literario.

literate *adj.* que sabe leer y escribir.

literature *n.* literatura. || impresos, folletos. || información. || bibliografía.

lithe *adj.* ágil, ligero.

lithography *n.* litografía.

litigate *vi.* litigar, pleitear.

litigation *n.* litigio, litigación.

litmus *n.* tornasol.

litre *n.* litro.

litter *n.* basura. || desorden. || camada. || camilla. || litera. || — *vt.* ensuciar. || esparcir. || cubrir. || desordenar. || parir (animal). || — *vi.* parir (animal).

litter basket *n.* papelera.

little *adj.* pequeño. || corto. || poco: **l. have l. money**, tengo poco dinero. || pequeño, insignificante. || limitado. || — *adv.* poco: **he reads l.**, lee poco. || **a l. better**, un poco mejor. || — *n.* poco.

liturgical *adj.* litúrgico.

liturgy *n.* liturgia.

livable *adj.* llevadero, soportable.

live vt. pasar, llevar (vida). || realizar. || — vi. vivir, estar vivo. || tener experiencia, experimentar. || **l. and lern!**, ¡vive y verás! || habitar. || mantenerse. || **to l. off**, gastar. || consumir (fortuna). || **to l. on**, vivir de. || continuar viviendo. || **to l. out**, vivir hasta el fin. || experimentar, realizar. || **to l. up to**, vivir a la altura de.

live adj. vivo. || ardiente. || (rad., TV) en vivo.

livelihood n. vida. || sustento.

lively adj. vivo. || enérgico. || animado.

liven vt., vi. **to l. up**, animar(e), alegrarse).

liver n. hígado. || **l. complaint**, mal de hígado.

livery n. librea.

lives n. pl. de **life**.

livestock n. ganado, ganadería.

livid adj. furioso. || **l. bruises**, moretones.

living adj. vivo, viviente. || **the l.**, los vivientes. || (carbón) ardiente. || — n. vida. || modo de vida. || (igl.) prebenda.

lizard n. lagarto, lagartija.

lo interj. (ant.) ¡mira! || **l. and behold!**, ¡mira!

load n. carga. || peso. || cantidad. || pl. **loads**, (fam.) montones. || — vt. cargar: **to l. a camera**, cargar una cámara. || (fig.) llenar.

loadstone n. piedra imán.

loaf n., pl. **loaves**, pan. || hogaza. || — vi. haraganear, gandulear.

loafer n. vago, gandul.

loam n. marga.

loan n. préstamo. || crédito. || — vt. prestar.

loan fund n. caja de empréstitos.

loath, loth adj. reacio.

loathe vt. abominar, detestar, aborrecer.

loathsome adj. asqueroso, repugnante.

loaves n. pl. de **loaf**.

lob n. (tenis) voleo alto. || — vt., vi. volear por alto.

lobby n. vestíbulo. || pasillo. || antecámara. || sala de espera. || camarilla. || grupo de presión. || — vt. influir en el poder, hacer presiones.

lobbying n. cabildeo.

lobe n. lóbulo.

lobster n. langosta.

local adj. local. || — n. alguien del lugar. || local.

locale n. lugar, escenario.

localize vt. localizar.

locally adv. localmente. || en el lugar.

location n. situación, posición. || localización. || (comput.) posición de memoria.

loch n. (Esco.) lago. || bahía, caleta.

lock n. mecha, guedeja. || bucle. || cerradura. || traba. || esclusa. || — vt. cerrar con llave. || encerrar. || bloquear, trabar. || abrazar. || — vi. cerrarse con llave. || **to l. away**, guardar bajo llave. || **to l. out**, dejar fuera. || declarar "lock out". || **to l. up**, cerrar. || poner bajo llave.

locker n. armario. || cajón con llave.

locket n. medallón.

lock gate n. puerta de esclusa.

lockout n. cierre por los patronos, lockout.

locksmith n. cerrajero.

locomotive adj. locomotor. || — n. locomotora.

locus n., pl. **loci**, punto, sitio.

locust n. langosta.

locution n. locución.

lode n. filón.

lodestar n. estrella polar.

lodestone n. piedra imán.

lodge n. casa del guarda. || portería. || pabellón. || posada. || logia (masónica). || madriguera. || — vt. alojar. || encajar. || colocar. || clavar. || depositar. || meter (idea). || interponer. || — vi. alojarse.

lodging n. alojamiento, hospedaje, albergue. || habitación. || pl. **lodgings**, pieza amueblada.

loft n. desván. || pajar. || (igl.) galería.

lofty adj. encumbrado. || noble. || altanero.

log n. leño, tronco. || (naveg.) corredera. || (mat.) logaritmo. || — vt. apuntar, anotar. || — vi. cortar y transportar árboles. || **to l. in**, (comput.) entrar en línea. || **to l. off**, (comput.) salir de línea.

logarithm n. logaritmo.

logbook n. (naveg.) cuaderno de bitácora.

log cabin n. cabaña de madera.

logging n. explotación forestal.

logic n. lógica.

logical adj. lógico.

logistics n. logística.

loin n. ijada. || (carne) lomo.

loincloth n. pl. —**cloths**, taparrabo.

loiter vi. vagar, callejear. || holgazanear.

loll vi. colgar. || echarse. || repantigarse.

lollipop n. chupetín. || helado palito.

lollop vi. caminar torpemente, sin gracia.

loneliness n. soledad. || aislamiento.

lonely, **lonesome** *adj.* solitario, solo. ||
aislado, remoto. || desierto.

long *adj.* largo. || *(fig.)* tedioso. || ex-
tenso. || — *adv.* mucho tiempo, desde
hace mucho. || **l. ago**, hace tiempo. ||
as l. as, tanto tiempo como. || larga-
mente. || — *n.* largo tiempo. || — *vi.*
anhelar: **l l. to see you**, anhelo verte.

longbow *n.* arco.

long-dated *adj.* a largo plazo.

long-drawn-out *adj.* muy prolongado.

longed-for *adj.* ansiado, apetecido.

longevity *n.* longevidad.

long-haired *adj.* de pelo largo, melenudo.

longhand *n.* escritura sin abreviaturas.

longing *n.* anhelo, ansia. || nostalgia.

longitude *n.* longitud.

long-lived *adj.* longevo, de larga vida.

long-playing *adj.* (disco) microsurco, de
larga duración.

long-range *adj.* de largo alcance.

longshoreman *n.* estibador.

long-sighted *adj.* présbita. || *(fig.)* pre-
visor.

long-slanding *adj.* de mucho tiempo.

long-term *adj.* a largo plazo *(t. fig.)*

long-wave *adj.* de onda larga.

longways *adv.* longitudinalmente, a lo
largo.

long-winded *adj.* prolijo.

loo *n. (fam.)* baño, WC.

look *n.* mirada. || vistazo, ojeada. || ex-
presión. || aspecto, apariencia. || **I don't
like the l. of it**, la cosa no me gusta.
|| — *vt.* mirar. || — *vi.* mirar, ver. || ir
a ver. || tener aspecto. || **she doesn't l.
her age**, nadie le da la edad que tiene.
|| estar orientado, mirar. || **to l. after**,
cuidar, ser responsable de. || **to l. back**,
recordar. || **to l. down**, despreciar. || **to
l. for**, buscar. || **to l. forward to**, esperar
con deseos. || **to l. out**, tener cuidado,
cuidarse. || **to l. over**, examinar. || **to l.
through**, examinar. || **to l. up**, mejorar.

looking-glass *n. (ant.)* espejo.

look-out *n.* guardia. || centinela. || mi-
rador, atalaya. || *(fam.)* panorama. ||
observación.

loom *n.* telar. || — *vi.* surgir, aparecer,
emerger.

loon *n.* bobo.

loop *n.* lazo, lazada. || sinuosidad, cur-
va. || espiral. || presilla.|| *(aer.)* **loo-
ping**. || — *vt.* hacer un lazo. || arrollar.
|| asegurar con presilla. || *(aer.)* hacer
un **looping**. || — *vi.* serpentear. || hacer
un lazo. || hacer un **looping**.

loophole *n. (mil.)* aspillera, tronera. ||
(fig.) escapatoria, pretexto.

loop line *n.* vía de circunvalación.

loose *adj.* suelto. || desatado. || flojo. ||
movedizo. || poco firme. || holgado. ||
desconectado. || sin envase, suelto. ||
impreciso. || relajado. || disoluto. || —
vi. soltar. || desatar. || aflojar. || desen-
cadenar. || — *vi.* disparar (arma).

loose-leaf *adj.* de hojas sueltas.

loose-limbed *adj.* de movimientos suel-
tos.

loose-living *adj.* de vida airada.

loosen *vt.*, *vi.* desatar(se). || soltar(se).

loot *n.* botín. || *(fam.)* ganancias. || — *vt.*
saquear.

looter *n.* saqueador.

lop *vt.* mochar, desmochar. || podar.

lope *vi.* correr a paso largo.

lop-eared *adj.* de orejas caídas.

lop-sided *adj.* desproporcionado.

loquacious *adj.* locuaz.

lord *n.* señor. || *(fig.)* magnate. || señor
feudal. || *(ret.)* **the L.**, el Señor. || —*vi.*
mandar.

lordliness *n.* lo señorial, carácter seño-
rial. || altivez, arrogancia.

lordship *n.* señoría, señorío.

lore *n.* saber popular. || ciencia, tradi-
ciones.

lorgnette *n.* impertinentes.

lorry *n.* camión.

lose *(pret.* y *pp.* **lost)** *vt.* perder. || de-
jar ir. || no entender. || olvidar. || — *vi.*
perder. || ser vencido. || atrasar (reloj).

loss *n.* pérdida. || **at a l.**, muy barato. ||
confundido, perplejo: **I am at a l. what
to do**, no sé qué hacer.

lost ver **lose**. || — *adj.* perdido.

lot *n.* cantidad, gran número. || total. ||
lote. || solar. || estudio cinematográfico.

lotion *n.* loción.

lottery *n.* lotería.

lotus *n.* loto.

loud *adj.* fuerte. || ruidoso, estrepitoso.
|| turbulento, maleducado. || gritón. ||
cursi.

loudspeaker *n.* altavoz, altoparlante.

lounge *n.* salón. || — *vi.* pasearse des-
pacio.

lounger *n. (fam.)* vago, haragán.

lounge suit *n.* traje de calle.

louse *n.*, *pl.* **lice**, piojo.

lousy *adj.* piojoso. || *(fam.)* muy malo,
desagradable. || lleno, repleto.

lout *n.* patán.

louver n. lumbrera. || persiana.

lovable adj. amable, simpático.

love n. amor. || (persona) cariño. || monada, encanto. || **to make l.**, hacer el amor. || **no l. lost between**, (fam.) no hay cariño entre. || — vt. amar, querer. || — vi. amar.

love affair n. aventura sentimental.

loveless adj. sin amor.

love life n. vida sentimental. || vida sexual.

loveliness n. hermosura, belleza.

lovelorn adj. suspirando de amor.

lovely adj. hermoso. || atractivo. || encantador.

love-making n. galanteo. || trato sexual.

lover n. amante. || aficionado, amigo.

lovesick adj. enfermo de amor.

loving adj. amoroso. || cariñoso, tierno.

low adj. bajo. || profundo. || (fig.) sucio. || deprimido. || escotado. || módico. || (mús.) grave. || — área de baja presión. || mugido. || — vi. mugir.

lowbrow adj. nada intelectual, poco culto. || — n. persona nada intelectual.

low-dass adj. de clase baja.

low-cost adj. económico.

low-cut adj. escotado.

low-down adj. bajo, vil. || — n. (fam.) verdad. || informes confidenciales.

lower adj. (comp. de **low**) más bajo. || inferior. || — vi. bajar. || lanzar. || arriar. || disminuir. || debilitar. || aflojar. || humillar.

lower vi. fruncir el entrecejo, mirar con ceño.

lowering adj. ceñudo. || encapotado.

low-grade adj. de baja calidad.

low-heeled adj. de tacos bajos.

lowland n. tierra baja.

lowliness n. humildad.

low-minded adj. malpensado.

low-necked adj. escotado.

low-spirited adj. deprimido, abatido.

loyal adj. leal, fiel.

lozenge n. (med.) pastilla. || rombo.

lubricant adj., n. lubricante.

lubricate vi. lubricar, engrasar.

lucerne n. alfalfa.

lucid adj. claro, lúcido.

luck n. suerte, fortuna.

lucky adj. afortunado, feliz, que tiene suerte.

lucrative adj. lucrativo, provechoso.

lucubration n. lucubración.

ludicrous adj. absurdo, ridículo.

lug n. oreja, agarradera. || — vi. arrastrar.

luggage n. equipaje.

luggage rack n. (tren, etc.) rejilla, redecilla. || (aut.) portaequipajes.

lugubrious adj. lúgubre, triste.

lukewarm adj. tibio, templado.

lull n. tregua, respiro, intervalo de calma. || — vi. calmar, adormecer, arrullar. || aquietar, sosegar.

lullaby n. canción de cuna.

lumber n. maderos, maderas. || trastos viejos. || — vt. obstruir. || — vi. cortar y aserrar árboles.

lumberjack, lumberman n. maderero, hachero. || trabajador forestal.

luminary n. lumbrera.

luminous adj. luminoso.

lump n. terrón (tierra, azúcar). || bulto. || trozo. || (fam.) zopenco. || **a l. sum**, una suma global. || — vi. **to l. together**, amontonar. || agrupar.

lumpish adj. torpe, pesado.

lumpy adj. aterronado. || lleno de grumos.

lunatic adj. loco, demente. || — n. loco.

lunch, luncheon n. almuerzo, comida. || bocadillo. || — vi. almorzar, comer.

lung n. pulmón.

lunge n. arremetida, embestida. || estocada. || — vi. arremeter, embestir. || dar una estocada.

lurch n. sacudida, tumbo. || (naveg.) bandazo. || — vi. dar sacudidas. || dar un bandazo.

lure n. cebo. || señuelo. || (fig.) atractivo. || encanto. || — vt. atraer (con señuelo). || tentar. || seducir.

lurid adj. chillón. || horripilante.

lurk vi. estar escondido. || estar en acecho.

luscious adj. delicioso, suculento, exquisito. || empalagoso. || atractivo.

lush adj. lozano, exuberante.

lust n. lujuria. || codicia. || — vi. codiciar.

lustre n. lustre, brillo.

lusty adj. vigoroso, fuerte, robusto.

lute n. laúd.

luxuriate vi. crecer con exuberancia.

luxurious adj. lujoso.

luxury n. lujo. || artículo de lujo.

lye n. lejía.

lying adj. mentiroso, falso. || — n. mentiras.

lying-in n. parto.

lymph n. linfa.

lynch vt. linchar.

lynx n. lince.

lyre n. lira.

lyric adj. lírico. || — n. poema lírico, poesía lírica. || lírica. || letra de una canción.

M

m *n.* m.

mac *n.* impermeable.

macaw *n.* (*zool.*) ara, guacamayo.

mace *n.* (*bot.*) macis. || maza.

machine *n.* máquina (*t. fig.*). || maquinaria. || aparato. || (*aut.*) coche. || (*aer.*) avión. || mecánico, (hecho) a máquina. || — *vt.* (*tec.*) mecanizar. || acabar a máquina.

machine gun *n.* ametralladora.

machinery *n.* maquinaria. || mecanismo. || (*fig.*) organización, sistema.

machinist *n.* (*tec.*) operario de máquina. || mecánico. || (*teat.*) tramoyista.

mackerel *n.* caballa.

mackintosh *n.* impermeable.

macroprocessor *n.* (*comput.*) macroprocesador.

mad *adj.* loco. || demente. || (perro) rabioso. || insensato. || furioso. || muy entusiasmado. || **to be m. about something** o **someone**, estar furioso contra algo o alguien. || to **be m. keen on something**, entusiasmarse como un loco. || **to drive someone m.**, enloquecer a alguien. || **to get m.**, ponerse furioso. || **to go m.**, volverse loco. || **like m.**, enormemente.

madam *n.* señora. || patrona (de un prostíbulo).

madcap *adj.* atolondrado.

madden *vt.* volver loco.

made *ver* **make**.

made-up *adj.* hecho. || confeccionado. || ficticio. || pintado, maquillado.

madhouse *n.* manicomio.

madly *adv.* locamente. || furiosamente. || terriblemente.

madman *n., pl.* **—men**, loco.

madness *n.* locura. || furia. || rabia.

madwoman *n.* loca.

maelstrom *n.* vórtice (*t. fig.*), remolino.

magazine *n.* revista. || recámara. || almacén. || (*mil.*) polvorín. || (*fot.*) carga (de una cámara).

maggot *n.* cresa, gusano, larva.

magic *adj.* mágico. || — *n.* magia. || **m. eye**, (*fam.*) célula fotoeléctrica. || **m. wand**, varita mágica.

magician *n.* mago, mágico. || prestidigitador.

magisterial *adj.* magistral.

magistrate *n.* magistrado. || juez de paz.

magnanimous *adj.* magnánimo.

magnet *n.* imán.

magnetism *n.* magnetismo.

magnificent *adj.* magnífico.

magnify *vt.* (*ópt.*) aumentar. || (*fig.*) agrandar, exagerar.

magnifying glass *n.* lupa.

magnitude *n.* magnitud.

magpie *n.* urraca.

mahogany *n.* caoba.

maid *n.* criada, mucama. || doncella, virgen. || **old m.**, solterona.

maiden *n.* doncella. || — *adj.* virginal. || soltera: **m. name**, apellido de soltera. || inaugural.

maidenly *adj.* virginal. || recatado. || — *adv.* recatadamente.

mail *n.* (*mil.*) cota de malla. || correo. || correspondencia. || — *vt.* enviar por correo.

mailbox *n.* (*E. U.*) buzón.

mailing list *n.* lista de personas a quienes se envía (por correo) propaganda comercial (etc.).

mailman *n.* (*E. U.*) cartero.

mail-order *n.* pedido por catálogo.

maim *vt.* mutilar, lisiar (*t. fig.*).

main *adj.* principal. || mayor, || maestro: **m. pipe**, caño maestro. || primero, bajo (piso). || central. || (*coc.*) fuerte: **m. course** o **dish**, plato fuerte. || **m. body**, el grueso. || **m. sewer**, colector. || — *n.* cañería maestra (*t.* **mains**). || (*elec.*) red, cable principal. || **in the m.**, por lo general.

mainland *n.* tierra firme, continente.

mainstay *n.* estay mayor. || (*fig.*) pilar.

mainstream *n.* (*fig.*) corriente principal.

maintain *vt.* mantener. || conservar en buen estado. || sustentar.

maintenance n. Mantenimiento. || conservación. || manutención.

maize n. maíz.

majesty n. majestad.

major adj. mayor (t. mús.) principal. || importante. || (herida, enfermedad) grave. || — n. (der.) mayor de edad. || (mil.) comandante. || (E. U. univ.) especialidad.

majority n. mayoría. || la mayor parte. || (der.) mayoría de edad.

make (pret. y pp. **made**) vt. hacer. || fabricar. || construir. || formar. || crear. || componer. || preparar. || cometer. || pronunciar (discurso). || efectuar (pagos). || poner (caras). || tener (sentido): **this makes no sense,** esto no tiene sentido. || ganar (por trabajo). || totalizar. || obligar. || ser: **she will m. a good teacher,** será una buena maestra. || poner, volver. || pensar: **what do you m. of this?**, ¿qué piensas de esto? || servir (de, para). || recorrer, visitar. || conseguir. || imaginarse: **the situation is not so bad as you m. it,** la situación es menos grave de lo que crees. || poner, estar de acuerdo. || causar. || — vi. ir, dirigirse. || disponerse a. || mostrarse. || formarse (hielo, etc.). || **to be made of,** estar hecho de. || **to m. do** (with/without something), contentarse con. || **to m. for,** dirigirse hacia. || contribuir a. || **to m. into,** convertir en, transformar en. || **to m. it,** triunfar. || **to m. off,** irse, largarse. || **to m. off with,** alzarse con, llevarse. || **to m. out,** llegar a entender. || llenar, extender (cheque, formulario, etc.). || vislumbrar (con dificultad). || arreglárselas. || **to m. over,** ceder, traspasar. || **to m. up,** inventar. || maquillar. || preparar (receta). || constituir, componer. || compensar. || reconciliarse. || **to m. up one's mind,** decidirse. || **to m. up to someone,** tratar de congraciarse con alguien. || —n. marca. || tipo, modelo. || fabricación. || **to be on the m.,** tener deseos de triunfar por todos los medios.

maker n. hacedor, creador. || artífice. || constructor. || fabricante.

makeshift adj. improvisado. || provisional. || — n. improvisación. || expediente. || arreglo provisional.

make-up n. composición. || estructura. || carácter. || confección. || maquillaje.

makeweight n. contrapeso.

making n. fabricación. || construcción. || . elaboración. || **in the m.,** en vías de desarrollo, etc. || pl. **makings,** cualidades indispensables.

maladjustment n. inadaptación. -

maladroit adj. torpe.

malaise n. malestar.

malcontent adj., n. malcontento, revoltoso.

male adj. macho. || varón. || masculino. || viril. || — n. macho. || varón.

malevolent adj. malévolo.

malfeasance n. fechoría.

malfunction n. funcionamiento defectuoso.

malice n. malevolencia. || rencor. || (der.) intención delictuosa.

malign adj. maligno. || — vt. calumniar.

malignant adj. maligno (t. med.).

malinger vi. fingirse enfermo.

mall n. alameda, paseo de árboles. || (E. U.) centro de compras.

malleable adj. maleable.

mallet n. mazo.

mallow n. malva.

malnutrition n. desnutrición.

malodorous adj. maloliente.

malpractice n. procedimientos ilegales.

malt n. malta.

maltreat vt. maltratar.

mammal n. mamífero.

mammary adj. mamario.

mammoth n. mamut. || — adj. gigantesco.

man n., pl. **men,** hombre. || varón. || género humano. || criado. || obrero. || (mil.) soldado. || marinero. || (ajedrez, etc.) pieza. || miembro de un equipo. || **best m.,** padrino de boda. || **m. in the street,** hombre de la calle, ciudadano medio. || **m. of his word,** hombre que cumple sus promesas. || **m. of the world,** hombre de mundo. || **no m.,** nadie. || **no man's land,** tierra de nadie. || **old m.** (fam.), padre. || **to a m.,** todos sin excepción. || **to talk m. to m.,** hablar de hombre a hombre. || — vi. tripular, equipar (nave). || (mil.) guarnecer (con tropas). || hacer funcionar (máquinas). || **manned flight,** vuelo tripulado.

manacle n. manilla. || pl. **manacles,** esposas, grillos. || — vt. esposar. || maniatar.

manage vi. manejar. || manipular. || conducir (auto). || gobernar (barco). || regir, administrar. || falsificar. || — vi. arreglárselas, poder hacer una cosa. || lograr.

M

management n. manejo. || dirección. || administración. || (teat.) empresa.

manager n. (com., etc.) director, gerente. || administrador. || (teat.) empresario.

managerial adj. directivo. || administrativo.

managing adj. que dirige, que gobierna. || **m. director**, director gerente. || (pey.) mandón.

manatee n. manatí.

mandarin n. mandarín. || (bot.) mandarina.

mandate n. (der.) mandato. || territorio bajo mandato.

mandatory adj. obligatorio.

mandible n. mandíbula.

mandrake n. mandrágora.

mane n. melena (de león, persona). || crin.

man-eating adj. antropófago. || que come carne humana.

manful adj. valiente, resuelto.

mange n. sarna.

manger n. pesebre.

mangle n. rodillo, exprimidor de la ropa. || — vt. pasar por el exprimidor. || destrozar. || mutilar.

manhandle vt. mover a mano. || (fig.) maltratar.

manhole n. registro de inspección, boca (de acceso).

manhood n. virilidad. || edad viril. || hombría.

man-hour n. hora-hombre.

manhunt n. caza del hombre.

mania n. manía. || obsesión.

maniac adj., n. maníaco. || maniático.

manicure n. manicura. || — vt. hacer la manicura a.

manifest adj. manifiesto, evidente. || — vt. mostrar, revelar.

manifesto n. manifiesto.

manifold adj. múltiple.

manila n. papel marrón grueso.

manioc n. mandioca.

manipulate vt. manipular, manejar.

mankind n. humanidad, género humano.

manliness n. virilidad, masculinidad.

manly adj. varonil, viril. || valiente.

man-made adj. artificial.

manner n. manera, modo. || forma. || clase: **all m. of things**, toda clase de cosas. || comportamiento, actitud. || estilo (artes). || **in a m.**, en cierto modo. || **in a m. of speaking**, por decirlo así. || **not by any m. of means**, de ninguna manera o forma. || pl. **manners**, modales.

mannerism n. manierismo. || amaneramiento. || peculiaridad.

mannerly adj. bien educado, cortés.

mannish adj. hombruna (mujer).

manoeuvre n. maniobra. || —vt. manipular (t. fig.).

manor n. feudo. || finca. || **manor house**, casa solariega.

manpower n. mano de obra.

manservant n. criado.

mansion n. palacio, hotel. || casa grande.

man-sized adj. de tamaño de hombre.

manslaughter n. homicidio sin premeditación.

mantelpiece, mantelshelf n. repisa de chimenea.

mantle n. manto (t. zool.), capa (t. fig.). || — vt. cubrir, ocultar.

manual adj. manual. || — n. (libro) manual. || (mús.) teclado de órgano.

manufacture n. fabricación. || — vt. fabricar.

manufacturing adj. industrial, manufacturero, fabril. || — n. fabricación.

manure n. estiércol, abono.

manuscript adj., n. manuscrito.

many adj. muchos, muchas. || mucho, mucha: **m. people**, mucha gente. || **a great m. people**, un gran número de personas. || **as m. as**, no menos de. || tantos, tantas. || **how m.?**, ¿cuántos?, ¿cuántas? || **m. a man**, más de uno. || **m. a time, m. is the time**, más de una vez. || **too m.**, demasiado. || — pron. muchos, muchas. || — n. mayoría.

many-sided adj. multilátero. || polifacético.

map n. mapa. || piano. || carta. || — vt. trazar el mapa (o plano) de. || **to m. out**, (fig.) proyectar, planear.

maple n. arce.

mapmaker n. cartógrafo.

mar vt. estropear. || desfigurar.

marathon n maratón. || — adj. (fig.) interminable.

maraud vi. merodear.

marble n. mármol. || pl. **marbles**, canica, bolita.

marbled adj. jaspeado.

March p. marzo.

march n. marcha (t. mús., fig.). ||caminata. || (hist.) frontera, marca. || — vi. marchar. || (fig.) caminar con resolución.

march-past n. desfile.

mare n. yegua.

margarine, marge, n. margarina.

margin n. margen. || reserva. || excedente. || — vt. dejar un margen a. || poner al margen (anotaciones).

marigold n. caléndula.

marijuana n. marihuana.

marina n. centro de deportes acuáticos.

marinade n. escabeche.

marine adj. marino. || marítimo. || — n. marina. || pl. **marines**, infantería de marina

mark n. (moneda) marco. || señal, marca. || llamada. || mancha. || huella. || **to leave one's m.**, dejar memoria de sí. || etiqueta. || calificación, nota. || signo (de puntuación). || — vt. señalar, marcar. || manchar. || desfigurar. || rotular. || señalar, indicar. || advertir, observar. || prestar atención a. || puntuar, calificar. || (com.) cotizar (en bolsa). || caracterizar. || **to m. down**, apuntar. || escoger. || (com.) rebajar el precio de. || **to m. off**, señalar. || distinguir, separar (de). || **to m. out**, trazar, marcar. || jalonar.

marked adj. acusado, marcado. || notable. || fichado (sospechoso).

marker n. (billar, etc.) marcador. || ficha. || registro (en libro).

market n. mercado. || bolsa. || compraventa, tráfico. || salida, demanda. || **Common M.**, Mercado Común. || **home m.**, mercado interior o nacional. || **Stock M.**, Bolsa de Valores. || **on the m.**, (estar) a la venta. || **to play the m.**, jugar a la bolsa. || — vt. vender, poner a la venta. || — vi. ir de compras.

marketable adj. vendible, comerciable.

market garden n. huerto, huerta.

marketing n. investigación de mercado. || comercialización.

market place n. mercado.

marking n. señal, marca. || mancha. || calificación.

marksman n. tirador.

marksmanship n. puntería.

markup n. precio. || aumento de precio.

marmalade n. mermelada (de citrus).

maroon adj., n. marrón. || — vt. abandonar (en una isla desierta).

marquee n. entoldado.

marquetry n. marquetería.

marriage n. matrimonio. || boda. || casamiento.

married adj. casado. || conyugal. || matrimonial.

marrow n. (anat.) médula, tuétano. || (fig.) meollo. || (coc.) tuétano, (Arg.) caracú. || calabacín, zapallito.

marry vt. casar. || casarse con, casar con. || (fig.) unir. || — vi casarse.

Mars n. Marte.

marsh n. pantano. || marisma.

marshal n. (mil.) mariscal. || maestro de ceremonias. || alguacil. || — vt. ordenar. || formar.

marsh fever n. paludismo.

mart n. mercado. || martillo (de rematador).

martial adj. marcial. || castrense. || militar.

Martian adj., n. marciano.

martyrdom n. martirio.

martyrize vt. martirizar.

marvel n. maravilla. || prodigio. || — vi. maravillarse.

marvellous adj. maravilloso.

marzipan n. mazapán.

mascara n. rimel.

masculine adj. masculino, varonil. || — n. (gram.) masculino.

mash n. mezcla. || puré de papas. || — vt. mezclar. || triturar. || machacar.

mask n. máscara. || disfraz. || antifaz. || (med.) barbijo. || — vt. enmascarar. || (fig.) encubrir, ocultar.

masochist n. masoquista.

mason n. albañil. || cantero. || masón.

masonry n. albañilería. || mampostería. || masonería.

masquerade n. baile de máscaras, mascarada. || (fig.) farsa. || vi. disfrazarse de.

mass (relig.) misa. || masa. || bulto informe. || macizo. || montón. || muchedumbre. || **in the m.**, en conjunto. || — adj. de o para grandes cantidades (esp. de personas); **m. production**, fabricación en serie. || **m. media**, medios de comunicación masivos. || — vt., vi. reunir(se) en masa, agrupar(se). || concentrar(se) (tropas).

massage n. masaje. || — vt. dar masaje a.

massif n. (geog.) macizo.

massive adj. macizo. || grande. || imponente. || masivo.

mast n. mástil. || (rad.) torre || asta de bandera. || (bot.) bellota.

master n. señor, amo. || dueño. || capitán (de barco). || patrón. || maestro. || profesor. || licenciado. || **to be one's own m.**, ser independiente. || — adj. maestro: **m. key**, llave maestra. || original: **m. tape**, grabación original. || — vt. vencer, dominar || (fig.). || llegar a ser un experto en.

master builder n. maestro de obras.
masterful adj. dominante. || magistral.
mastermind n. genio, inteligencia. || vt. dirigir, planear.
Master of Arts n. MA (aprox.) Licenciado en Letras.
master piece n. obra maestra.
mastery n. dominio. || autoridad. || maestría.
masturbate vi. masturbarse.
mat n. estera. || felpudo. || posafuente. || — vt., vi. enmarañar(se.) entretejer(se). || — adj. mate.
match n. cerilla, fósforo, || mecha. || igual, pareja. || casamiento, matrimonio. || (dep.) partido, encuentro. || carrera. || lucha. || asalto. || concurso. || — vt. emparejar, parear. || igualar, ser igual a. || hacer juego con. || corresponder a. || competir con.
matchbox n. cajita de cerillas.
matching adj. acompañado, a tono.
matchless adj. sin par, incomparable.
matchwood n. astillas.
mate n. compañero, camarada. || cónyuge. || (zool.) macho, hembra. || ayudante, peón. || (ajedrez) mate. || — vi. (zool.) parear, acoplar. || (fig.) unir. || casar. || dar jaque mate a.
material adj. material. || importante, esencial. || físico. || — n. material (t. fig.). || materia: **raw m.**, materia prima. || datos. || tejido, tela. || pl. **materials**, material, materiales. || **writing materials**, artículos de escritorio.
materialist adj., n. materialista.
materialize vt. materializar. || — vi. tomar forma visible. || realizarse.
maternity n. maternidad
matey adj. (fam.) afable, simpático.
mathematics n. matemática.
mating n. (zool.) apareamiento, acoplamiento. || (fig.) unión.
matriarchy n. matriarcado.
matrimony n. matrimonio.
matrix n. matriz.
matron n. matrona. || enfermera jefa. || ama de llaves.
malt adj. mate.
matted adj. enmarañado, entretejido.
matter n. materia. || sustancia. || material. || importancia: **no m.**, no importa. || asunto, cuestión. || tema. || cuestión. || (med.) pus. || (impr.) plomo. || **as a m. of fact**, en realidad. || **as matters stand**, tal y como están las cosas. || **for**

that m., en cuanto a eso. || **m. of course**, cosa natural, lógica. || **printed m.**, impresos. || **what's the m. with you?**, ¿qué te pasa? || — vi. importar, ser importante: **il doesn't m.**, no importa.
matter-of-fact adj. prosaico. || práctico.
mattress n. colchón.
mature adj. maduro. || madurado, pensado. || — vt., vi. madurar.
maudlin adj. sensiblero. || llorón.
maul n. mazo. || — vt. destrozar, magullar.
Maundy n. **M. Thursday**, Jueves Santo.
mauve adj., n. color malva.
maverick n. (E. U.) res sin marcar. || (desp., pol., etc.) disidente.
maxim n. máxima.
maximum n., adj. máximo.
May n. mayo. || m. (bot.) flor del espino, espino.
may (pret. **might**). vi. poder, ser posible. || tener permiso para: "**m. I come in?**", ¿puedo entrar? || expresión de deseo: **m. you be lucky!**, ¡que tengas suerte! || **come what m.**, pase lo que pasare. || **m. as well**, más vale que.
maybe adv. quizá, tal vez.
mayfly n. efímera.
mayhem n. (der.) mutilación criminal.
mayn't = **may not**.
mayonnaise n. mayonesa.
mayor n. alcalde.
mayoress n. alcaldesa.
maypole n. (palo) mayor.
maze n. laberinto.
me pron. me. || mi. | **with m.**, conmigo. || (fam.) **it's m.**, soy yo.
meadow n. prado, pradera.
meagre adj. escaso, exiguo.
meal n. harina. || comida. || **to have a m.**, comer.
mean adj. inferior. || humilde, pobre. || vil. || mezquino. || medio: **m. temperature**, temperatura media. || — n. medio, promedio. || pl. **means**, medio, manera, método. || recursos, medios. || **by all means**, por supuesto. || **by no means**, de ninguna manera. || — vt. (pret. y pp. **meant**) pretender, intentar. || pensar, proponerse. || querer decir, significar. || **to be meant for**, servir para, nacer para. || **to m. it**, decirlo en serio.
meander n. meandro. || — vi. serpentear. || vagar.
meaning adj. significativo, intencionado. || — n. intención, propósito. || sentido, significado.

meaningful adj. significativo.

meaningless adj. sin sentido.

meanness n. vileza, bajeza. || tacañería.

meant ver **mean.**

meantime, meanwhile adv. entretanto, mientras tanto.

measles n. sarampión. || **German m.,** rubéola.

measly adj. (fam.) miserable, ínfimo.

measure n. medida (t. cost.). || **made to m.,** hecho a medida. || regla. || criterio, norma. || (mús.) compás. || (mat.) divisor. || (fig.) moderación, mesura. || **beyond m.,** excesivamente. || **in a m.,** hasta cierto punto, en cierto modo. || — vi. medir. || tomar las medidas a. || pesar, pensar bien (palabras). || **to m. out,** repartir, distribuir. || — vi. medir.

measured adj. mesurado. || moderado, prudente.

measureless adj. inmensurable, inmenso.

measurement n. medición. || medida.

meat n. carne. || (fit.) sustancia, meollo. || **cold m.,** fiambre, carne fiambre.

meatball n. albóndiga.

meat pie n. pastel de carne, empanada.

meaty adj. carnoso. || (fig.) sustancioso.

mechanics n. mecánica. || mecanismo.

mechanize vt. mecanizar.

medal n. medalla.

medallist n. persona condecorada con una medalla. || (dep.) campeón.

meddle vi. entrometerse.

meddler n. entrometido.

medial adj. intermedio. || central. || medio.

mediate vi. mediar.

medic n. (fam.) médico. || (univ.) estudiante de medicina.

medical adj. médico. || de medicina. || — n. reconocimiento médico.

medicate vt. medicar.

medicine n. medicina. || medicamento. || **patent m.,** específico.

medicine box, medicine chest n. botiquín.

medicine man n., pl. —**men,** hechicero.

mediocrity n. mediocridad.

meditate vt., vi. meditar.

meditative adj. meditabundo.

medium n. medio ambiente. || (espiritismo) médium. || **happy m.,** justo medio. || pl. **media,** medios: **advertising media,** medios de publicidad. || — adj. mediano. || (estatura) regular.

medium-sized adj. de tamaño mediano.

medley n. mezcolanza. || (mús.) popurrí.

meek adj. manso, dócil.

meet vt. (pret. y pp. **met**) encontrar, encontrarse con. || reunirse con. || tropezar con. || recibir, ir a recibir. || conocer. || desembocar en. || unirse con. || satisfacer. || hacer honor a, cumplir con. || conformarse con. || hacer frente a (gastos). || cubrir (déficit). || llegar a. || **to m. someone halfway,** llegar a un arreglo con alguien. || **to m. the eye,** saltar a la vista. || — vi. encontrarse, verse. || reunirse. || unirse. || confluir. || enfrentarse. || — n. (dep.) reunión, encuentro. || partida de caza. || — adj. conveniente.

melancholy adj. melancólico. || triste. || — n. melancolía.

mellow adj. maduro. || dulce. || (vino) añejo. || (color, sonido, voz) suave. || melodioso. || maduro y tranquilo. || — vt. madurar. || suavizar, ablandar.

melody n. melodía.

melon n. melón.

melt vt. fundir (metal). || derretir. || disolver. || (fig.) ablandar. || **to m. down,** fundir. || — vi. fundirse. || derretirse. || ablandarse. || **lo m. away,** esfumarse (dinero, confianza). || — n. colada. || fundición. || fusión.

melting adj. tierno, dulce. || — n. fundición. || derretimiento. || **m. point,** punto de fusión.

melting pol n. crisol.

member n. miembro. || socio (de compañía, sociedad). || (parlamento) miembro, diputado.

membership n. calidad de miembro (o socio). || número de miembros (o socios). || ingreso.

membrane n. membrana.

memento n. recuerdo.

memo n. (fam.) = **memorandum.**

memoir n. memoria. || biografía, autobiografía. || nota biográfica. || pl. **memoirs,** memorias.

memorandum n. memorándum, memorando.

memorial adj. conmemorativo. || — n. monumento conmemorativo.

memorize vt. aprender de memoria.

memory n. memoria. || recuerdo. || (comput.) memoria. || **from m.,** de memoria. || **to the best of my m.,** que yo recuerde.

men n. pl. de **man.**

menace n. amenaza. || — vt. amenazar.
menagerie n. casa de fieras.
mend n. remiendo. || zurcido. || — vt. reparar, componer. || zurcir. || reformar. || — vi. mejorar, reponerse.
mendacious adj. mendaz.
menial adj. doméstico. || (pey.) bajo. || — n. criado.
menstruate vi. menstruar.
mental adj. mental. || (fam.) anormal, tocado. || **m. hospital**, manicomio.
mention n. mención, alusión. || — vt. mencionar, aludir a. || **not to m.**, sin contar. además de. || **don't m. it!**, ¡no hay de qué!, ¡de nada!
menu n. lista de platos, menú, minuta.
meow n. maullido. || — vi. maullar.
mercenary adj., n. mercenario.
merchandise n. mercancías, géneros.
merchant n. comerciante, negociante. || mercante: **m. marine o navy**, marina mercante.
merchantman n. buque mercante.
merciful adj. misericordioso, compasivo. || afortunado.
merciless adj. despiadado.
mercury n. mercurio.
mercy n. misericordia, compasión. || **at the m. of**, a la merced de. || **it is a m. that**..., gracias a Dios que...
mercy killing n. eutanasia.
mere n. (poét.) lago. || — adj. mero. || simple, puro. || solo, no más que.
merely adv. meramente, simplemente. || solo, solamente.
meretricious adj. de oropel. || chillón.
merge vt. unir, combinar. || mezclar. || fundir. || (com.) fusionar.
merger n. (com.) fusión.
meridian n. (astr., geog,.) meridiano.
meringue n. merengue.
merit n. mérito. || pl. **merits**, méritos. || circunstancias. || **on its own merits**, en su justo valor. || — vt. merecer.
mermaid n. sirena.
merman n., pl. —**men**, tritón.
merriment n. alegría. || regocijo.
merry adj. alegre. || regocijado. || (fam.) achispado.
merry-go-round n. tiovivo, calesita.
merrymaking n. festividades. || — adj. alegre, festivo.
mesh n. malla. || (mec.) engranaje. || (fig.) red, trampa. || **to be in m.** (mec.), estar engranado. || — vt. coger con red. || — vi. (mec.) engranar.

mesmerize vt. hipnotizar.
mess n. confusión. || revoltijo. || suciedad. || **to make a m. of it**, estropearlo todo. || desordenar. || **to get into a m.**, meterse en un lío. || (mil.) rancho, comida. || **m. hall**, comedor. || — vt. desordenar. || ensuciar. || estropear. || (mil.) dar el rancho a. || **to m. someone about**, fastidiar a alguien. || — vi. **to m. about o around**, perder el tiempo. || **to m. about o around with**, entretenerse con.
message n. mensaje, recado. || comunicación. || **to get the m.**, (fig.) comprender.
messenger n. mensajero, mandadero.
Messieurs abrev. **Messrs.**, señores.
messy adj. sucio. || desaseado. || en desorden. || confuso.
met ver meet.
metal n. metal. || grava (de caminos). || balasto. || pl. **metals**, rieles. || — adj. metálico, de metal.
metallurgy n. metalurgia.
metalwork n. metalistería.
metamorphosis n. metamorfosis.
metaphor n. metáfora.
metaphysics n. metafísica.
mete t. **to m. out**, repartir. || imponer (castigo).
meteorite n. meteorito, bólido. || meteoro.
meteorology n. meteorología.
meter n. contador. || ver **metre**. || — vt. medir (con contador).
method n. método, sistema, procedimiento.
methodical adj. metódico.
meticulous adj. meticuloso. || minucioso.
metre (E. U.) **meter**, n. metro (t. poét.).
metrics n. métrica.
mettle n. temple. || ánimo. || valor.
mettlesome adj. animoso, esforzado.
mew n. maullido. || — vi. maullar.
mews n. caballeriza. || lugar ocupado primitivamente por caballerizas || en donde ahora hay departamentos o garajes.
mezzanine n. entresuelo.
miaow n. miau. || — vi. maullar.
mice n. pl. de mouse.
microbe n. microbio.
microbiology n. microbiología.
microchip n. (comput.) microchip.
microcomputer n. (comput.) microcomputadora.
microfilm n. microfilme.

microgroove *n.* microsurco.
microphone *n.* micrófono.
microprocessor *n.* *(comput.)* microprocesador.
microprogram *n.* *(comput.)* microprograma.
microscope *n.* microscopio.
microwave *n.* microonda.
mid *adj.* medio. || **in m. air**, en pleno vuelo. || — *prep.* *(liter., poét.)* entre, en medio de.
midday *n.* mediodía. || — *adj.* de mediodía.
midden *n.* muladar, estercolero.
middle *adj.* medio, central. || de en medio. || intermedio. || mediano. || —*n.* medio, centro, mitad. || *(fam.)* cintura.
middle-aged *adj.* de mediana edad.
middlebrow *adj.* de cultura mediana.
middle-class *adj.* de clase media.
middle distance *n.* *(pint., fot.)* segundo plano. || *(dep.)* medio fondo, semifondo.
middleman *n.* intermediario.
middle-of-the-road *adj.* moderado.
middle-sized *adj.* de tamaño mediano.
middleweight *n.* (boxeo) peso medio.
middling *adj.* mediano, regular. || — *adv.* **m.** good, medianamente bueno.
midge *n.* jején, mosquito.
midget *n.* enano. || — *adj.* en miniatura.
midland *adj.* del interior, del centro. || — *n.* región central.
midnight *n.* medianoche. || — *adj.* de medianoche.
midshipman *n.* guardia marina.
midst *n.* medio, centro. || **in our m.**, entre nosotros. || — *prep.* entre.
midstream *n.* medio de la corriente.
midsummer *n.* pleno verano.
midway *adv., adj.* a medio camino.
midweek *adv., adj.* entre semana.
midwife *n.* comadrona, partera.
midwinter *n.* pleno invierno.
might *ver* may. || — *n.* fuerza, poder.
mightn't = **might not.**
mighty *adj.* fuerte. || potente, poderoso. || *(fam.)* enorme. || — *adv.* *(fam.)* muy, terriblemente.
migraine *n.* jaqueca.
migrant *adj.* migratorio. || — *n.* peregrino, nómada. || ave migratoria.
migrate *vi.* emigrar.
migration *n.* migración. || *(comput.)* transferencia.
mike *n.* *(sl. rad.)* micro, micrófono.

milch *n.* (vaca) lechera.
mild *adj.* (carácter) apacible. || (clima) templado. || (gusto, efecto) suave, dulce. || leve. || *(med.)* benigno.
mildew *n.* moho. || añublo (en el trigo). || mildiu (en las viñas).
mile *n.* milla (= 1.609,33 metros). || **nautical m.**, milla marina (= 1.852 m).
mileage *n.* número de millas. || *(aut.)* kilometraje.
milestone *n.* piedra miliaria. || mojón, hito.
milieu *n.* medio ambiente, entorno.
militarize *vt.* militarizar.
military *adj.* militar. || — *n.* **the m.**, los militares.
milk *n.* leche. || — *adj.* de leche. || lácteo. || — *vt.* ordeñar. || *(fig.)* chupar. || — *vi.* dar leche.
milkman *n.* lechero.
milksop *n.* marica.
milk tooth *n.* diente de leche.
Milky Way *n.* Vía Láctea.
mill *n.* molinillo. || fábrica. || hilandería. || acería. || **to put someone through the m.**, someter a uno a un entrenamiento riguroso. || — *vt.* moler. || *(mec.)* fresar. || batir. || — *vi.* **to m. around o about**, moverse por todas partes.
millennium *n.* milenio, milenario.
miller *n.* molinero.
millet *n.* mijo.
milliard *n.* mil millones.
milligram(me) *n.* miligramo.
millilitre, *(E. U.)* —**liter** *n.* mililitro.
millimetre, *(E.U.)* —**meter** *n.* milímetro.
millinery *n.* sombrerería.
milling *n.* molienda. || fábrica de harina. || fresado. || cordoncillo (en moneda).
million *n.* millón.
millipede *n.* miriópodo.
millstone *n.* piedra de molino, muela.
millwheel *n.* rueda de molino.
milometer *n.* cuentakilómetros.
mime *n.* pantomima, mímica. || teatro de mímica. || mimo. || — *vt.* hacer en pantomima, remedar. || — *vi.* actuar de mimo.
mimic *adj.* mímico. || fingido, simulado. || — *n.* imitador. || — *vt.* remedar, imitar.
mimicry *n.* imitación, remedo. || *(biol.)* mimetismo.
minatory *adj.* *(lit.)* amenazador.
mince *n.* carne picada. || — *vt.* desmenuzar. || picar. || — *vi.* andar con pasos menudos.

M

mincemeat *n.* conserva de picadillo de fruta.

minee pie *n.* pastel de picadillo de fruta.

mincer *n.* máquina de picar carne.

mincing *adj.* remilgado. || menudito.

mind *n.* mente. || inteligencia. || entendimiento. || memoria. || espíritu. || mentalidad. || juicio. || voluntad. || opinión, parecer. || intención. || atención: **keep your m. on your work**, pon atención a tu trabajo. || **to bear in m.**, recordar, tener presente. || **to be in two minds**, estar indeciso. || **to be out of one's m.**, haber perdido el juicio. || **to call to m.**, acordarse de, recordar. || **to have in m.**, pensar en. || **to make up one's m.**, decidirse. || **to set one's m. on**, estar resuelto a. || **to speak one's m.**, hablar sin rodeos. || **to my m.**, en mi opinión. || — *vt.* tener cuidado. || cuidar. || vigilar. || procurar. || prestar atención a. || pensar en, acordarse de. || **do you m. if...?**, ¿le importa si...? || **I shouldn't m. a glass of wine**, me gustaría tomar un vaso de vino. || **m. the paint!**, ¡cuidado con la pintura! || **m. you**, en realidad, la verdad es que. || *(fam.)* **m. your own business**, no te metas en lo que no te importa. || — *vi.* preocuparse. || **I don't m.**, no me importa. || **never m.**, no se preocupe, da igual.

minded *adj.* dispuesto, inclinado.

mindful *adj.* consciente de, atento a.

mindless *adj.* estúpido.

mine *pron. pos.* (el) mío, (la) mía, etc.

mine *n.* mina. || *(mil., naveg.)* mina. || — *vt.* extraer, explotar (minerales). || *(mil., naveg.)* sembrar minas en. || hundir por medio de una mina. || — *vi.* extraer minerales.

minefield *n.* campo de minas.

miner *n.* minero.

mineral *adj., n.* mineral.

mineralogy *n.* mineralogía.

minesweeper *n.* dragaminas, barreminas.

mingle *vt.* mezclar. || — *vi.* mezclarse. || confundirse.

mingy *adj. (fam.)* tacaño.

miniature *n.* miniatura. || modelo pequeño. || — *adj.* (en) miniatura.

minibus *n.* microbús.

minicomputer *n.* minicomputadora.

minim *n. (mús.)* blanca.

minimize *vt.* minimizar. || aminorar.

minimum *adj., n.* mínimo, mínimum.

mining *n.* minería. || — *adj.* minero, de minas.

miniskirt *n.* minifalda.

minister *n.* ministro. || *(relig.)* pastor. || — *vi.* **to m. to someone**, atender a alguien.

ministry *n.* ministerio. || *(relig.)* sacerdocio.

mink *n. (zool.)* visón. || piel de visón.

minor *adj.* menor *(t. relig., mús., etc.)*. || menor de edad. || secundario. || pequeño. || sin importancia. || — *n.* menor de edad. || *(mús.)* escala menor.

minority *n.* minoría. || minoridad.

minster *n.* catedral. || iglesia de monasterio.

minstrel *n.* juglar, trovador. || cantor.

mint *n.* casa de moneda. || *(bot.)* menta, hierbabuena. || caramelo de menta. || — *adj.* nuevo, sin usar. || — *vt.* acuñar.

minus *prep.* menos. || sin, falto de. || — *adj.* menos. || negativo. || — *n.* signo menos.

minute *n.* minuto. || *(fig.)* momento. || borrador, minuta. || **at any m.**, de un momento a otro. || **I shan't be a m.**, vuelvo enseguida. || **wait am.!**, ¡un momento! || *pl.* **minutes**, acta, actas. || — *vt.* anotar, apuntar. || minutar.

minute *adj.* diminuto. || minucioso.

miracle *n.* milagro. || **m. play**, *(teat.)* milagro, auto dramático.

miraculous *adj.* milagroso.

mirage *n.* espejismo *(t. fig.)*.

mirror *n.* espejo. || *(aut.)* retrovisor. || — *vt.* reflejar.

mirth *n.* alegría, regocijo. || risa, risas.

misadventure *n.* desgracia, accidente.

misalliance *n.* casamiento desigual.

misanthrope *n.* misántropo.

misapprehend *vi.* comprender mal.

misappropriate *vt.* malversar.

misbegotten *adj.* bastardo, ilegítimo. || llamado a fracasar (plan).

misbehave *vi.* portarse mal. || ser malo.

misbehaviour *n.* mala conducta.

miscalculate *vt., vi.* calcular mal.

miscarriage *n. (med.)* aborto (involuntario). || fracaso. || **m. of justice**, error judicial.

miscellaneous *adj.* vario, diverso.

mischance *n.* mala suerte. || infortunio. || **by some m.**, por desgracia.

mischief *n.* mal, daño. || travesura, malicia. || **to make m.**, sembrar discordia. || **to mean m.**, tener malas intenciones.

mischievous *adj.* malo, dañoso. || malicioso. || travieso.

misconception *n.* concepto erróneo. || equivocación.

misconduct *n.* mala conducta.

misconduct *vt.* administrar mal, dirigir mal. || — *vr.* **to m. oneself**, portarse mal.

misconstrue *vt.* interpretar mal.

miscount *vt., vi.* contar mal.

misdeal *n.* reparto erróneo.

misdeed *n.* delito, crimen, fechoría.

misdemeanour *n.* ofensa, delito.

misdirect *vt.* manejar mal, dirigir mal. || poner señas incorrectas en (carta, etc.).

miser *n.* avaro, tacaño.

miserable *adj.* triste, desgraciado. || indecente, vil. || despreciable. || miserable.

miserly *adj.* avariento, tacaño.

misery *n.* miseria, pobreza. || sufrimiento.

misfire *vi.* fallar.

misfit *n.* cosa mal ajustada. || inadaptado.

misfortune *n.* desgracia, infortunio.

misgiving *n.* recelo, duda, temor. || presentimiento.

misgovern *vt.* gobernar mal.

misguided *adj.* equivocado.

mishandle *vt.* manejar mal.

mishap *n.* desgracia, contratiempo.

mishear (*ver* **hear**) *vt., vi.* oír mal.

mishmash *n.* masa confusa.

misinform *vt.* informar mal, dar informes erróneos a.

misinterpret *vt.* interpretar mal. || tergiversar.

misjudge *vt.* juzgar mal, equivocarse sobre.

mislay (*ver* **lay**) *vt.* extraviar, perder.

mislead (*ver* **lead**) *vt.* llevar a conclusiones erróneas. || engañar.

mismanage *vt.* manejar mal, administrar mal.

misnomer *n.* nombre equivocado.

misplace *vt.* colocar mal. || perder.

misprint *n.* errata, error de imprenta.

mispronounce *vt.* pronunciar mal.

misquotation *n.* cita equivocada.

misread (ver **read**) *vt.* leer mal.

misreport *vt.* hacer un relato incorrecto o falso.

misrepresentation *n.* desfiguración. || tergiversación.

misrule *n.* mala administración, mal gobierno. || — *vt.* gobernar mal.

miss *n.* tiro errado, fallo (en el tiro). || error, desacierto. || fracaso. || algo que por poco no salió bien. || **to give something a m.**, omitir, pasar por alto. || señorita. || — *vt.* errar, fallar, no dar en (el blanco). || perder. || dejar pasar (una oportunidad). || extrañar. || faltar a. || no encontrar. || equivocarse de (camino). || no entender. || omitir: **she missed out a chapter**, omitió un capítulo. || echar de menos, notar la falta de. || escapar de algo (desagradable). || — *vi.* errar el tiro. || estar ausente: **who is missing?**, ¿quién está ausente? || faltar: **what is missing?**, ¿qué es lo que ha desaparecido?

misshapen *adj.* deforme.

missile *n.* proyectil. || arma arrojadiza.

missing *adj.* ausente, (*mil.*, etc.) desaparecido. || perdido, que falta. || **to be m.**, faltar. || haber desaparecido.

mission *n.* misión (todos los sentidos).

missionary *adj.* misional. || — *n.* misionero.

misspelling *n.* error de ortografía.

misspend (*ver* **spend**) *vt.* malgastar, desperdiciar.

misstatement *n.* declaración errónea. || declaración falsa.

mist *n.* niebla. || neblina. || bruma. || velo. || **scotch m.**, llovizna. || — *vi.* empañarse.

mistake *n.* equivocación, error, falta. || **and no m.!**, ¡sin duda alguna! || **make no m.** (about it). || que no queden dudas sobre esto. || — (*ver* **take**) *vt.* entender mal, equivocarse sobre. || confundir a alguien con otro.

mistaken *adj.* equivocado, erróneo. || incorrecto.

mister *n.* (*abrev.* **Mr.**) señor.

mistime *vt.* hacer (o decir, etc.) a deshora, en momento poco oportuno.

mistletoe *n.* muérdago.

mistranslate *vt.* traducir mal.

mistreat *vt.* maltratar, tratar mal.

mistress *n.* señora, ama de casa. || querida, amante. || maestra, profesora.

mistrust *n.* desconfianza, recelo. || — *vt.* desconfiar de, dudar de.

misty *adj.* nebuloso, brumoso. || empañado.

misunderstand (ver **stand**) *vt., vi.* entender mal. || interpretar mal.

misunderstanding *n.* malentendido.

misuse *vt.* abusar de. || emplear mal (palabra). || malversar (fondos).

M

mitigate vi. mitigar.
mitre n. mitra. || (tec.) inglete.
mitten n. mitón.
mix vt. mezclar. || combinar, unir. || confundir. || aderezar. || **to m. it**, (fam.) irse a las manos. || **to m. up**, mezclar, confundir. || — vi. mezclarse. || llevarse bien. || — n. mezcla.
mixed adj. mixto. || mezclado. || variado, surtido.
mixer n. mezcladora. || licuadora. || persona sociable. || **to be a good m.**, tener don de gentes.
mixture n. mezcla. || (med.) medicina.
mix-up n. confusión, lío.
mizzle vi. lloviznar.
mnemonics n. mnemotécnica.
moan n. gemido. || queja, protesta. || — vt. lamentar. || — vi. gemir. || quejarse, protestar.
moat n. foso.
mob n. multitud, gentío. || populacho. || (fam.) grupo, pandilla. || — vt. acosar, atropellar. || atacar en masa. || festejar tumultuosamente.
mobcap n. cofia.
mobile adj. móvil, movible. || ambulante. || portátil. || (antena) orientable. || (rostro) expresivo. || — n. móvil, colgante.
mobile home n. casa rodante.
mobility n. movilidad.
mobilize vt., vi. movilizar(se).
mock n. mofa, burla. || hazmerreír. || — adj. fingido, simulado. || burlesco. || **a m. battle**, un simulacro de combate. || — vt. ridiculizar. || burlarse de. || remedar, imitar. || frustrar, desbaratar. || — vi. mofarse.
mockery n. burlas. || parodia, mal remedo.
mockingbird n. sinsonte.
mock-up n. maqueta.
mode n. modo. || manera. || moda. || (comput.) modalidad.
model n. modelo (t. profesión). || maqueta. || modelo, ejemplo. || — adj. modelo. || en miniatura. || — vt. modelar. || presentar (ropa). || — vi. servir de modelo. || ejercer la profesión de modelo.
modeller n. modelador.
modem n. (comput.) modem: modulador-demodulador.
moderate adj. moderado (t. pol.). || regular, mediocre. || módico (precio).
moderate vt. moderar. || mitigar. || calmar (viento). || — vi. moderarse. || mitigarse. || amainar. || arbitrar.

moderator n. árbitro, asesor.
modern adj., n. moderno.
modernize vt., vi. modernizarse). || actualizar(se).
modest adj. modesto. || moderado. || pudoroso.
modesty n. modestia. || moderación. || pudor.
modicum n. un poquito de.
modifier n. (gram.) modificador.
modify vt. modificar.
modish adj. muy de moda, elegante.
modulate vt., vi. modular.
mogul n. magnate.
mohair n. moer.
moist adj. húmedo, mojado.
moisten vt., vi. humedecer(se), mojar(se).
molar n. muela.
molasses n. melaza.
mold n. ver **mould**.
mole n. (anat.) lunar. || (zool.) topo. || (naveg.) malecón, muelle.
molehill n. topera.
molest vt. faltar al respeto a, importunar.
mollify vt. apaciguar, calmar.
mollusc n. molusco.
mollycoddle n. niño mimado. || — vt. mimar.
molten adj. fundido, derretido.
moment n. momento, instante. || coyuntura. || importancia. || **at any m.**, de un momento a otro. || **at the m.**, de momento, por ahora.
momentary adj. momentáneo.
momentous adj. trascendental, decisivo.
momentum n. momento. || ímpetu.
monarchist adj., n. monárquico.
monastery n. monasterio.
monasticism n. monacato, vida monástica.
Monday n. lunes.
money n. dinero. || fondos. || riqueza. || **m. matters**, asuntos económicos. || **paper m.**, billetes de banco. || **pocket m.**, dinero para gastos pequeños, cambio. || **ready m.**, dinero contante. || **to put m. into**, invertir dinero en. || **to put m. on**, apostar.
moneybag n. cartera, monedero. || pl. **moneybags** (fig.), ricachón.
moneychanger n. cambista.
moneyed adj. adinerado.
moneylender n. prestamista.
money order n. giro postal.
monger n. traficante, tratante. || vendedor (esp. en palabras compuestas): **fishmonger**, vendedor de pescado.

mongrel adj. mestizo. || (perro) cruzado, callejero. || — n. mestizo. || perro mestizo.

monitor n. monitor. || (rad.) escucha (persona). || receptor. || de control (TV). || — vt. controlar (programa de TV).

monk n. monje.

monkey n. mono, mico. || diablillo. || **to make a m. out of someone**, poner a uno en ridículo. || — vi. **to m. about**, hacer travesuras.

monkey business n. trampas.

monkey nut n. (ant.) cacahuete, maní.

monkey tricks n. pl. travesuras.

monkey wrench n. llave inglesa.

monkish adj. monacal. || monástico.

monocle n. monóculo.

monogamy n. monogamia.

monograph n. monografía.

monolith n. monolito.

monologue n. monólogo.

monomial n. monomio.

monopoly n. monopolio.

monorail n. monorriel, monocarril.

monosyllable n. monosílabo.

monotonous adj. monótono.

monotype n. monotipia. || monotipo.

monsoon n. monzón.

monster n. monstruo. || — adj. monstruoso, enorme.

monstrance n. (relig.) custodia.

montage n. montaje.

month n. mes. || **month's pay**, sueldo mensual.

monthly adj. mensual. || — adv. mensualmente. || — n. revista mensual. || pl. **monthlies** (med.) (fam.), mes, menstruación.

monumental adj. monumental. || (ignorancia) terrible. || (error) garrafal.

moo n. mugido. || — vi. mugir, hacer mu.

mooch vi. (fam.) vagar, haraganear. || dar un sablazo, hacer un pechazo.

mood n. humor. || disposición (de ánimo). || capricho. || **I'm not in the m.**, no quiero, no tengo ganas. || (gram., filos.) modo. || pl. **moods**, malhumor, arranque de cólera.

moody adj. de humor cambiadizo. || malhumorado. || triste, melancólico. || caprichoso.

moon n. luna. || (esp. poét.) mes. || **once in a blue m.**, de Pascuas a Ramos, casi nunca. || — vt. pasar el tiempo sin hacer nada. || — vi. **to m. about**, pasar el tiempo sin hacer nada.

moonbeam n. rayo de luna.

moonlight n. luz de la luna.

moonlit adj. iluminado por la luna.

moonscape n. paisaje lunar.

moonshine n. luz de la luna. || (fam.) pamplinas.

moonshot n. viaje lunar.

moonstruck adj. tocado, lunático.

moor n. páramo. || — vt. amarrar. || — vi. echar las amarras.

moorings n. pl. amarras. || amarradero.

moose n. alce de América.

moot n. junta, asamblea. || — adj. discutible.

mop n. lampazo. || mata, greña (de pelo). ||— vt. fregar. || **to m. up**, limpiar, enjugar. || secar.

mope vi. estar deprimido, estar abatido.

moped n. ciclomotor.

moral adj. moral. || virtuoso. || — n. moraleja. || sentido moral. || pl. **morals**, moral, ética. || costumbres.

morality n. moralidad.

moralize vt., vi. moralizar.

morass n. cenagal, pantano.

moratorium n. moratoria.

morbid adj. malsano, enfermizo. || (med.) mórbido. || melancólico.

mordacity n. mordacidad.

more adj. más. || superior: **the debt is m. than last year's**, la deuda es superior a la del año pasado. | — adv. más. || **all the m.**, aún más. || **m. and m.**, cada vez más. || **the m.**, más aún. || — n. más: **the workers asked for m.**, los trabajadores pidieron más. || **the m. the merrier**, cuantos más seamos, mejor. || **and what's m.**, y lo que es más, y además.

moreover adv. además, por otra parte.

mores n. pl. costumbres, tradiciones. || moralidad.

morn n. ver **morning**. || alborada.

morning n. mañana. || **tomorrow m.**, mañana por la mañana. || — adj. matutino, de la mañana. || del alba.

morocco n. marroquí, tafilete.

moron n. imbécil.

morose adj. malhumorado, taciturno.

morphia, morphine n. morfina.

morphology n. morfología.

morrow n. (poét.) día siguiente. || (fig.) porvenir, futuro.

morsel n. pedazo, fragmento. || bocado.

mortality n. mortalidad. || mortandad.

mortally adv. mortalmente.

mortar n. *(tec., mil.)* mortero. || argamasa.

mortgage n. hipoteca. || — vt. hipotecar.

mortify vt. mortificar. || humillar. || — vi. *(med.)* gangrenarse.

mortise, **mortice** n. muesca, mortaja.

mortuary adj. mortuorio. || — n. depósito de cadáveres.

Moslem adj., n. musulmán.

mosque n. mezquita.

mosquito n. mosquito.

moss n. *(bot.)* musgo. || *(geog.)* pantano.

most adj. súper, más. || la mayoría de, la mayor parte de. || — adv. más. || **which do you like m.?**, ¿cuál te gusta más? || m. **likely**, muy probablemente. || **m. of all**, sobre todo. || — n. la mayoría. || la mayor parte. || lo máximo. || **at m.**, como máximo, a lo sumo. || **to make the m. of**, sacar el mejor partido de.

mostly adv. en su mayor parte. || principalmente. || en general.

mote n. átomo, mota.

moth n. mariposa (nocturna). || polilla.

mothball n. bola de naftalina.

moth-eaten adj. apolillado || *(t., fig.)*

mother n. madre. || *(relig.)* madre superiora. || — adj. madre: **m. country**, madre patria. || maternal. || — vt. parir, dar a luz. || servir de madre a.

motherhood n. maternidad.

mother-in-law n. suegra.

motherland n. patria, madre patria.

motherless adj. huérfano de madre.

motherly adj. maternal.

mother-of-pearl n. nácar.

mother-to-be n. futura madre.

motif n. *(mús.)* motivo. || tema. || adorno.

motion n. movimiento. || marcha, funcionamiento. || moción, proposición. || **the m. is carried** se ha aprobado la moción. || *(mec.)* mecanismo. || — vt., vi. hacer señas con la mano.

motionless adj. inmóvil.

motion picture n. película.

motivate vt. motivar.

motive adj. motor. || — n. motivo. || móvil.

motley adj. multicolor. || variado.

motor adj. motor. || **m. industry**, industria automotriz. || — n. motor. || automóvil.

motorbike n. *(fam.)* moto.

motorboat n. motora, lancha.

motorcade n. caravana de automóviles.

motorcar n. coche, automóvil.

motorcycle n. motocicleta.

motoring n. automovilismo.

motorist n. automovilista. || conductor (de coche), chófer.

motor racing n. automovilismo deportivo, carreras de coches.

motor scooter n. motoneta.

motorway n. autopista.

mottled adj. multicolor.

motto n. lema. || consigna.

mould n. mantillo. || molde. || moho. || — vt. moldear. || *(fig.)* amoldar, formar.

moulder n. *(tec.)* moldeador. || — vi. desmoronarse. || *(fig.)* decaer.

mouldy adj. mohoso, enmohecido.

moult n. muda. || — vt. mudar. || — vi. (víbora) mudar la piel, (pájaro) mudar la pluma.

mound n. montón. || terraplén. || túmulo. || montículo.

mount n. monte. || montura, caballería. || base, soporte. || engaste (de joya). || marco. || — vt. montar, subir a (caballo). || armar (máquina). || poner en escena (obra). || poner marco a (cuadro). || engastar (joya). || — vi. subir. || montar. || **to m. up**, subir, aumentar.

mountain n. montaña. || montón. || — adj. montañés.

mountaineer n. montañero, alpinista.

mountainous adj. montañoso.

mountain range n. cordillera.

mountainside n. falda de montaña.

mountebank n. saltimbanqui.

mounting n. montaje. || soporte. || engaste. || marco.

mourn vt. llorar (la muerte de). || llevar luto por. || — vi. afligirse, lamentarse.

mourning n. lamentación. || luto, duelo. || **deep m.**, luto riguroso. || — adj. de luto.

mouse n., pl. **mice** ratón. || *(comput.)* puntero electrónico. || — vi. cazar ratones.

mousetrap n. ratonera (trampa).

moustache n. bigote, mostacho.

mousy adj. tímido. || (color) pardusco.

mouth n. boca *(t. fig.)*. || abertura. || entrada. || desembocadura. || *(mús.)* boquilla (de instrumento). || gollete (de botella). || **to be down in the m.**, estar deprimido. || **to have a big m.**, ser un bocón, hablar de más.

mouthful n. bocado.

mouth organ n. *(mús.)* armónica.

mouthpiece n. *(mús.)* boquilla. || embocadura. || *(tif.)* micrófono.

M

mouthwash n. enjuague bucal.

mouth-watering adj. apetitoso.

movable adj. movible. || n. pl. **movables**, muebles, mobiliario. || (der.) bienes muebles.

move n. movimiento. || paso, gestión, maniobra. || mudanza. || (ajedrez) jugada. || **get a m. on!**, ¡apúrate! || **to be on the m.**, estar en movimiento, estar en camino. || **it's your m.**, te toca a ti. || — vt. mover. || trasladar. || impeler. || mudarse. || cambiar de empleo. || agitar, sacudir. || **to m. the bowels**, desocupar el vientre. || hacer cambiar de opinión. || conmover, enternecer. || proponer, hacer una moción. || mover, jugar (ajedrez). || inducir a. || **to m. someone to anger**, provocar la ira de alguien. || — vi. moverse. || trasladarse. || ir. || mudarse. || hacer una jugada. || adelantar. || funcionar (máquina). || **to m. along**, avanzar, hacer circular. || **to m. in**, instalarse (en una casa). || **to m. off**, alejarse, marcharse. || **to m. on**, progresar. || **to m. up**, subir. || ser ascendido.

movement n. movimiento. || mecanismo. || (med.) evacuación.

mover n. motor. || autor. || promotor.

movie n. película. || **the movies**, el cine.

movie house n. (E .U.) cine.

moving adj. en movimiento. || en marcha. || movedizo. || móvil, mecánico.

mow (pret. **mowed**, pp. **mown** o **mowedy** vt. || cortar. || segar.

mower n. segador. || cortacésped.

mown ver **mow**.

much adj. mucho. || **how m.**, cuánto. || **so m.**, tanto. || **too m.**, demasiado. || — adv. mucho. || muy (delante de pp.): **m. admired**, muy admirado. || con mucho: **m. the oldest**, con mucho el más viejo. || **as m. as**, tanto como. || **ever so m.**, muchísimo. || **however m.**, por mucho que. || **m. as I would like**, por mucho que quisiera. || **m. the same**, poco más o menos lo mismo. || **very m.**, muchísimo. || gran parte. || **as m.**, tanto. || **as m. again**, otro tanto. || **he's not m. of an actor**, dista mucho de ser un actor. || **I thought as m.**, ya me lo figuraba. || **not up too m.**, no vale mucho. || **this, that m.**, tanto como esto.

muchness n. multitud. || **they're much of a m.**, son casi lo mismo.

muck n. estiércol. || suciedad, mierda. || (fig.) porquería. || **to make a m. of**, arruinar, hacer mal. || — vt. echar abono. || **to m. out a stable**, limpiar una cuadra. || **to m. someone about**, fastidiar a uno. **I to m. up**, desordenar. || estropear. || — vi. **to m. about**, perder el tiempo.

muckrake vi. descubrir o revelar escándalos.

mucus n moco, mucosidad.

mud n. lodo, barro, fango. || **to stick in the m.**, (barco) atascarse. || **to sling (o throw) m. at someone**, calumniar a alguien.

mudbath n. baño de lodo.

muddle n. desorden, confusión. || perplejidad. || lío. || — vt. (t. **to m. up**) embrollar, confundir. || introducir desorden en. || **to get muddled**, aturdirse. || armarse un lío. || — vi. **to m. along**, seguir confusamente (sin plan). || **to m. through**, salir del paso sin saber cómo.

muddy adj. fangoso. || cubierto de lodo. || (piel) cetrino. || — vt. enlodar. || enturbiar.

mud flats n. pl. marisma.

mudguard n. guardabarros.

mudpack n. mascarilla facial de barro.

mud-slinging n. injurias, vilipendio.

muff n. manguito (t. tec.). || — vt. dejar escapar. || estropear.

muffin n. (coc.) panecillo, bollito.

muffle n. hocico, morro. || sordina. || — vt. embozar. || amortiguar (ruido). || — vi. = vr. **to m. oneself up**, embozarse, taparse.

muffled adj. sordo, apagado.

mufti n. traje de paisano, ropas de civil.

mug n. taza (sin platillo). || barro, jarra (de cerveza). || (sl.) bobo. || (sl.) jeta, hocico. || — vt. (E. U. sl.) asaltar, pegar. || **to m. up**, (sl.) tragar, estudiar mucho antes de un examen.

mugging n. (E. U. sl.) asalto, ataque.

muggy adj. húmedo y sofocante, bochornoso.

mulberry n. mora. || morera, moral.

mulct vt. multar.

mule n. mulo. || (tec.) máquina de hilar. || babucha.

muleteer n. mulatero, arriero.

mulish adj. terco, testarudo.

mug vi. calentar con especias. || **to m. something over**, reflexionar sobre algo.

multichannel adj. (TV) multicanal.

multicoloured *adj.* **multicolor.**

multifarious *adj.* múltiple.

multilingual *adj.* plurilingüe. || políglota.

multiple *adj.* múltiplo. || múltiple. || — *n.* múltiplo.

multiplicity *n.* multiplicidad.

multiply *vt., vi.* multiplicar(se).

multiprocessor *n.* multiprocesador.

multitude *n.* multitud. || **the m.,** las masas, la plebe.

mam *adj.* silencioso. || **to keep m.,** callarse. || — *n. (fam.)* mamá.

mumble *n.* refunfuño. || — *vt., vi.* refunfuñar, hablar entre dientes.

mummify *vt., vi.* momificar(se).

mummy *n.* momia. || *(fam.)* mamá.

mumps *n.* paperas, parótidas.

munch *vt.* mascar, ronzar.

mundane *adj.* mundano. || vulgar.

municipality *n.* municipio.

munificent *adj.* munífico.

muniments *n. pl.* documentos.

munitions *n. pl.* municiones.

murder *n.* asesinato. || *(der.)* homicidio. || *(fam.)* situación difícil. || **it was m.!,** ¡un horror! || — *vt.* asesinar. || matar. || arruinar (canción, obra teatral).

murderer *n.* asesino, *(der.)* homicida.

murk *n.* oscuridad, tinieblas.

murmur *n.* murmullo. || queja. || — *vt., vi.* murmurar. || susurrar. || quejarse.

muscle *n.* músculo. || *(fig.)* fuerza muscular. || — *vi.* **to m. in,** *(sl.)* introducirse por fuerza (en un negocio).

musclebound *adj.* con los músculos agarrotados (por exceso de ejercicio).

muse *n.* musa. || — *vi.* meditar, reflexionar.

museum *n.* museo.

mushroom *n.* seta, hongo. || *(coc.)* champiñón. || — *adj.* en forma de hongo. || *(fig.)* de crecimiento rápido. || — *vi.* surgir como hongos.

mushy *adj.* pulposo, blando. || *(fig.)* sensiblero.

music *n.* música.

musical *adj.* musical. || melodioso. || **the child is very m.,** el niño tiene mucho talento para la música. || — *n.* comedia musical.

musical box *n.* caja de música.

music hall *n.* teatro de variedades.

musician *n.* músico.

music stand *n.* atril.

musk *n.* almizcle.

musketeer *n.* mosquetero.

M

muslin *n.* muselina. || — *adj.* de muselina.

musquash *n.* rata almizclera.

muss *vi.* (*t.* **to m. up**) desarreglar. || ajar.

mussel *n.* mejillón.

must *n.* mosto. || — *v. aux.* (obligación) deber, tener que. || (probabilidad) deber de: **they m. be in Paris now,** deben de estar en París ahora. || — *n.* cosa imprescindible, imperativo.

mustard *n.* mostaza.

muster *n.* asamblea *(t. mil.)* reunión. || **to pass m.,** pasar revista, *(fig.)* ser aceptable. || — *vi. (mil.)* formar. || juntar, reunir.

mustn't = must not.

musty *adj.* mohoso. || rancio. || que huele a humedad.

mutate *vi.* mudar. || — *vi.* sufrir mutación.

mute *adj.* mudo, silencioso. || — *n.* mudo. || *(mús.)* sordina. || — *vt. (mús.)* poner sordina a. || amortiguar.

mutilate *vi.* mutilar.

mutinous *adj.* amotinado. || rebelde.

mutiny *n.* motín, sublevación. || — *vi.* amotinarse, sublevarse.

mutter *n.* murmullo. || — *vt., vi.* murmurar. || refunfuñar.

mutton *n.* carne de cordero.

mutual *adj.* mutuo. || común. || recíproco. || **m. benefit society,** mutualidad.

muzzle *n.* hocico. || bozal. || boca (de arma). || — *vt.* abozalar. || amordazar.

muzzy *adj.* atontado (por bebida). || borroso.

my *adj. pos.* mi. || — *interj.* ¡caramba!

myopic *adj.* miope.

myriad *n.* miríada. || — *adj.* innumerables.

myrtle *n.* arrayán, mirto.

myself *pron.* yo mismo, yo misma. || me *(reflexivo).* || mí (mismo, misma) *(después de prep.):* **I'm pleased with m.,** estoy satisfecha conmigo misma. || **by m.,** solo: **I did it by m.,** lo hice solo. || *(fam.)* mi estado habitual: **I feel more m. today,** me siento mejor hoy.

mysterious *adj.* misterioso.

mystery *n.* misterio. || *(teat.)* auto, misterio. || novela policíaca.

mysticism *n.* misticismo. || mística.

mystify *vt.* dejar perplejo, desconcertar.

mystique *n.* secretos profesionales, misterio.

myth *n.* mito.

mythology *n.* mitología.

N

n *n.* n. || *(mat.)* número indefinido.

nab *vt.* coger, echar el guante a. || prender.

nacre *n.* nácar.

nag *n.* jaca, rocín. || regañón. || — *vt.* regañar. || importunar. || criticar. || — *vi.* quejarse constantemente. || criticar sin cesar.

nagging *adj.* regañón, criticón. || persistente, continuo. || — *n.* críticas. || quejas.

nail *n.* uña. || garra. || **to bite one's nails**, comerse las uñas. || clavo. || **to hit the n. on the bead**, dar en el clavo. || **to pay on the n.**, pagar inmediatamente. || — *vt.* clavar. || coger, agarrar. || demostrar la falsedad de. || comprometer.

nailbrush *n.* cepillo para las uñas.

nailfile *n.* lima para las uñas.

nail polish, **nail varnish** *n.* esmalte, laca para las uñas. || *n. remover*, quitaesmalte.

nail scissors *n. pl.* tijeras para las uñas.

naive *adj.* ingenuo, cándido, sencillo.

naked *adj.* desnudo. || (llama) expuesto al aire. || (espada) desenvainada. || **the n. truth**, la verdad lisa y llana. || **with the a. eye**, a simple vista.

name *n.* nombre. || designación. || apellido. || apodo. || reputación. || título (de libro, etc.). || **Christian n.**, **first n.**, nombre de pila. || **full n.**, nombre y apellido. || **maiden n.**, apellido de soltera. || **by n.**, de nombre. || **the n. of the game**, la cualidad más importante. || **to call someone names**, poner verde a alguien, insultar. || — *vt.* llamar, poner un nombre a (un producto). || identificar. || bautizar, poner el nombre de. || nombrar (para cargo). || mencionar. || elegir. || fijar. || **n. it**, lo que quieras.

name day *n.* santo, día onomástico.

nameless *adj.* anónimo, sin nombre. || sin nombre, innombrable. || vago, indecible.

namely *adv.* a saber.

nameplate *n.* letrero con nombre (del dueño, *etc.*). || placa del fabricante.

namesake *n.* tocayo, homónimo.

nanny *n.* niñera.

nanny-goat *n.* cabra.

nap *n.* sueñecito. || siesta. || lanilla, pelusa. || — *vi.* dormitar. || dormir la siesta.

nape *n.* nuca, cogote.

napkin *n.* servilleta. || pañal.

nappy *n.* pañal.

narcissism *n.* narcisismo.

narcissus *n.* narciso.

narcotic *adj.*, *n.* narcótico.

nard *n.* nardo.

nark *n. (sl.)* soplón. || — *vt. (sl.)* fastidiar, enfadar. || delatar.

narrate *vt.* narrar, referir, contar.

narrative *adj.* narrativo. || — *n.* narrativa, narración.

narrow *adj.* estrecho, angosto. || reducido, corto. || de miras estrechas, intolerante. || — *vi.* estrechar, angostar. || reducir.

narrow-minded *adj.* de miras estrechas, intolerante.

narrows *n. pl. (naveg.)* estrecho.

nasal *adj.*, *n.* nasal.

nascent *adj.* naciente.

nastiness *n.* repulsión. || indecencia. || grosería. || rencor.

nasty *adj.* sucio. || indecente, obsceno. || asqueroso, repugnante. || (gusto, olor) horrible. || grosero. || feo, malo: **n. weather**, tiempo feo. || grave. || peligroso. || antipático. || rencoroso, malévolo. || **to turn n.**, (situación, tiempo, persona) ponerse difícil, desagradable.

natality *n.* natalidad.

nation *n.* nación.

nationalism *n.* nacionalismo.

nationalize *vt.* nacionalizar.

nationhood *n.* carácter de nación.

nation-wide *adj.* por toda la nación, a escala nacional.

native *adj.* natural, innato. || sencillo. || natal. || materno, nativo. || indígena. || natural, del país. || **to go n.**, *(hum.)* vivir como la gente del lugar. || — *n.* natural, nativo. || indígena, autóctono.

|| *(bot., zool.)* originario.
nativity *n.* natividad. || *(art.)* nacimiento. || belén.
natter *n.* *(fam.)* charla. || — *vi.* charlar.
natural *adj.* natural. || instintivo. || sin afectación. || — *n.* imbécil. || *(mús.)* nota natural. || becuadro.
naturalist *n.* naturalista.
naturalize *vt.* naturalizar. || — *vi.* naturalizarse. || (planta, etc.) aclimatarse.
naturally *adv.* naturalmente. || sin afectación. || instintivamente.
nature *n.* naturaleza. || modo de ser. || esencia. || carácter, temperamento. || género, clase.
naturism *n.* naturismo.
naught *n.* nada, cero. || **to come to n.**, fracasar, malograrse.
naughty *adj.* travieso, malo, pícaro. || verde, escabroso.
nauseate *vt.* dar náuseas a. || *(fig.)* dar asco a, repugnar.
nauseous *adj.* nauseabundo.
nautical *adj.* náutico, marítimo. || **n. mile**, milla marina.
naval *adj.* naval, de marina. || marítimo.
navel *n.* ombligo.
navigate *vt.* (nave) gobernar. || navegar. || *(fig.)* conducir, guiar. || — *vi.* navegar.
navigator *n.* navegador. || navegante.
navvy *n.* peón caminero.
navy *n.* marina de guerra, armada flota.
navy-blue *n.*, *adj.* azul marino.
nay *adv.* *(ant.)* no. || más aún, mejor dicho. || — *n.* negativa. || voto en contra.
neap *n.* (*t.* **n. tide**) marca muerta.
near *adj.* cercano, próximo, inmediato, vecino. || (en relación) íntimo, estrecho. || *(aut. Ingl.)* izquierdo (cuando se maneja de la izquierda) || *(E. U.)* derecho (cuando se maneja de la derecha). || (traducción) literal. || *n.* **silk**, seda artificial. || **n. miss**, accidente que no ocurre por milagro. || intención que casi tiene éxito, pero fracasa. || — *adv.* cerca. || aproximadamente. || casi. || **n. at hand**, al alcance de la mano. || **to bring n.**, acercar. || **to come n.**, to **draw n.**, acercarse. || — *prep.* cerca de. || — *vt.* acercarse a, aproximarse a.
nearby *adv.* cerca.
nearby *adj.* cercano, próximo, inmediato.
nearly *adv.* casi. || de cerca: **it touches me n.**, me toca de cerca. || por poco, casi. || **not n.**, ni con mucho, ni mucho menos.

nearness *n.* cercanía. || intimidad.
near-sighted *adj.* corto de vista, miope.
neat *adj.* pulcro, acicalado. || atractivo, esbelto. || (lugar) bien cuidado. || elegante. || (plan) hábil, ingenioso. || diestro. || (bebida) sin mezcla.
nebulous *adj.* nebuloso. || *(fig.)* vago, impreciso.
necessarily *adv.* necesariamente. || forzosamente.
necessary *adj.* necesario. || esencial, indispensable. || — *n.* cosa necesaria, requisito indispensable. || *pl.* **necessaries**, lo necesario. || **the bare necessaries**, lo estrictamente indispensable.
necessitate *vt.* necesitar, exigir.
necessity *n.* necesidad. || inevitabilidad. || **of n.**, forzosamente. || cosa necesaria, requisito indispensable. || *pl.* **necessities**, artículos de primera necesidad. || indigencia.
neck *n.* *(anal.)* cuello. || garganta. || pescuezo. || cuello, gollete (de botella). *(geog.)* istmo. || escote. || mástil (de guitarra, violín). || **n. and n.**, parejos. || **to stick one's n.**, arriesgarse, dar la cara. || **up to one's n.**, metido hasta el cuello, || — *vi.* *(fam.)* besarse, acariciarse.
neckerchief *n.* pañuelo de cuello.
necklace, **necklet** *n.* collar.
neckline *n.* escote.
necktie *n.* corbata.
necrology *n.* necrología.
necromancy *n.* nigromancia.
née *adj.* nacida (se antepone al nombre de soltera de una mujer casada): **Mrs. Lucy Brown, n. Jones**, la señora Lucy Jones de Brown.
need *n.* necesidad. || escasez. || pobreza, indigencia. || requisito, necesidad. || **no n. to say that**, huelga decir que. || — *vt.* necesitar, sentir necesidad de. || requerir, exigir. || hacer falta. || carecer de, faltar. || — *v. aux.* tener que, deber: **n. I come?**, ¿debo venir?
needle *n.* aguja (en todo sentido). || púa. || — *vi.* pinchar con aguja. || *(fam.)* fastidiar.
needless *adj.* innecesario, superfluo, inútil. || n. to say..., está de más decir que...
needlework *n.* labor de aguja, costura.
needs *adv.* necesariamente, forzosamente. || **if n. must**, si hace falta.
needy *adj.* necesitado, pobre, indigente.

nefarious *adj.* detestable, vil, inicuo.

negate *vt.* anular, invalidar.

negative *adj.* negativo. || — *n.* negativa. || *(gram.)* negación. || *(fot.)* negativo. || *(elec.)* polo negativo. || — *vt.* poner veto a. || rechazar. || negar.

neglect *n.* negligencia, descuido. || incumplimiento. || abandono, dejadez. || — *vt.* descuidar, desatender. || no cumplir.

negligée *n.* salto de cama, bata.

negligence *n.* negligencia, descuido.

negligible *adj.* insignificante. || despreciable.

negotiable *adj.* negociable. || (camino) transitable.

negotiate *vt.* negociar. || gestionar. || (obstáculo) salvar. || (río) cruzar.

Negress *n.* negra.

Negro *adj. n.* negro.

neigh *n.* relincho. || — *vi.* relinchar.

neighbour *n.* vecino. || prójimo. || — *vt., vi.* colindar con, estar contiguo a.

neighbourhood *n.* vecindad. || barrio. || **somewhere in the a.**, por allí, cerca de allí. || cercanías. || vecindario.

neighbourly *adj.* de buen vecino, amable.

neither *adv.* ni. || — *adj., pron.* ninguno, ninguno de los dos. || — *conj.* ni tampoco, tampoco.

neon *n.* neón, neo.

nephew *n.* sobrino.

nerve *n.* nervio. || *(arq.)* nervadura. || *(fig.)* vitalidad, fuerza. || valor. || **nerves** *(fam.)* nerviosismo, excitabilidad. || **to get on someone's nerves**, crisparle los nervios a alguien. || — *vt.* animar, infundir ánimo a. || — *vr.* animarse.

nerve-racking *adj.* que crispa los nervios.

nervous *adj.* nervioso. || tímido. || miedoso. || **n. breakdown**, colapso nervioso.

nervousness *n.* nerviosidad, nerviosismo. || timidez, miedo.

nest *n.* nido. || nidal. || madriguera. || avispero. || hormiguero. || nidada. || cueva, guarida. || **to feather one's n.**, hacer su agosto. || — *vi.* anidar *(t. comput.).* || buscar nidos. || *(tec.)* empalmar. || encajar.

nest egg *n.* nidal. || *(fig.)* ahorros.

nestle *vi.* arrellanarse. || acurrucarse. || recostar la cabeza. || anidar. || — *vt.* recostar. || poner con mimo.

nestling *n.* pajarito.

net *n.* red *(t. fig.).* || malla. || tul. || redecilla. || — *adj.* neto, líquido. || — *vt.* pescar con red. || ganar (o producir) en limpio.

nether *adj.* inferior, de abajo: **n. limbs**, piernas. || **n. regions**, infierno.

netting *n.* red, redes. || (obra de) malla.

nettle *n.* ortiga. || — *vt.* provocar, irritar.

nettle rash *n.* urticaria.

network *n.* red, malla. || *(fig.)* red (de comunicaciones, cadena, *t. computación).*

neurology *n.* neurología.

neuron *n.* neurona.

neurotic *adj., n.* neurótico.

neuter *adj. (gram.)* neutro. || sin sexo, castrado. || — *n. (gram.)* género neutro. || macho castrado, animal sin sexo. || — *vi.* castrar.

neutral *adj.* neutral. || neutro. || débil, indeterminado. || — *n.* neutral. || país neutral. || *(mec.)* punto muerto.

neutralize *vt.* neutralizar.

never *adv.* nunca, jamás. || **n. again** o **n. more**, nunca más. || **n. a one**, ni siquiera uno. || **n. mind!**, ¡no importa!, ¡no se preocupe! || **n. so much as**, ni siquiera.

never-ending *adj.* inacabable, interminable.

nevermore *adv. (poét.)* nunca más.

nevertheless *adv.* sin embargo, no obstante, con todo.

new *adj.* nuevo. || reciente. || (pan) tierno. || **are you n. to this?**, ¿esto es nuevo para ti? || **what's n.?**, *(fam.)* ¿qué hay de nuevo? || **it's as good as n.**, está como nuevo. || — *adv.* recién, recientemente.

newborn *adj.* recién nacido.

newcomer *n.* recién llegado. || nuevo.

newly *adv.* nuevamente, recién.

newly-weds *n. pl.* recién casados.

news *n.* **sing.** noticias, nuevas. || informaciones. || crónica. || actualidad. || *(rad., TV, cine)* noticiero. || **to break the n.**, dar una noticia. || **what n.?**, o **what's the n.?**, ¿qué hay de nuevo?

news agency *n.* agencia de información o de prensa.

newsagent *(E. U.),* **newsdealer** *n.* vendedor de diarios.

newsboy *n.* chico que reparte periódicos.

news bulletin *n.* noticiario. || telediario.

newscast *n.* telediario.

newsletter *n.* hoja informativa, informe.

newsman *n.* periodista, reportero.

N

newspaper n. periódico, diario.
newsprint n. papel prensa.
newsreel n. noticiario, película de actualidades.
newsroom n. sala de lectura de periódicos. || oficina de redacción (en periódico).
news stand n. quiosco de periódicos.
newsworthy adj. de interés periodístico.
next adj. próximo. || contiguo, vecino. || siguiente, que viene, próximo. || **n. best**, el segundo (en calidad). || **n. but one**, el segundo, el siguiente después de éste. || **what n.?**, ¿y ahora qué? || **who is n.?**, ¿a quién le toca? || — adv. después, luego. || la próxima vez. || — prep. al lado de, junto a. || (fig.) casi: **n. to nothing**, casi nada.
next-door adj. de al lado.
nib n. punta. || pico. || plumilla, plumín.
nibble n. mordisco. || (comput.) trozo. || pizca, pedacito. || — vt. mordiscar. || roer. || picar. || — vi. **to n. at**, mordiscar, etc.
nice adj. simpático. || amable. || bonito. || agradable, ameno. || (tiempo) bueno. || fino, sutil, delicado. || minucioso. || **n. and**, bien, bastante (bien): **it's n. and warm here**, aquí hace un calor agradable.
nicely adv. amablemente. || cuidadosamente. || bien: **he speaks very n. about her**, habla muy bien de ella.
nicety n. precisión. || sutileza. || delicadeza.
niche n. nicho. || hornacina. || (fig.) colocación conveniente, puesto ventajoso.
nick n. mella, muesca, corte. || cran. || — vt. mellar, hacer muescas en, hacer cortes en. || cortar. || robar, birlar.
nickel n. níquel. || (E. U.) moneda de 5 centavos.
nickname n. apodo, mote. || — vi. apodar.
niece n. sobrina.
niff n. (sl.) olorcito. || tufillo.
nifty adj. (fam.) elegante. || listo, inteligente. || diestro, hábil, experto.
niggardly adj. tacaño. || miserable.
nigger n. (pey.) negro.
niggling adj. nimio, insignificante. || demasiado meticuloso. || molesto.
night n. noche. || (fig.) obscuridad, tinieblas. || (teat.) representación, función. || velada (musical). || **by n.**, por la noche. || **first n.**, noche de estreno. || **last n.**, anoche. || **n. after n.**, noche tras noche. || **the n. before last**, anteanoche. || — adj. nocturno, de noche.

nightcap n. gorro de dormir. || bebida que se toma antes de acostarse.
night club n. cabaret.
nightdress n. camisón.
nightfall n. anochecer.
nightingale n. ruiseñor.
night light n. lamparilla.
nightly adv. todas las noches. || — adj. de noche, nocturno.
nightmare n. pesadilla (t. fig.).
nightshirt n. turno de noche.
night-time n. noche.
night watchman n. sereno. || vigilante nocturno.
nihilism n. nihilismo.
nil n. cero, nada.
nimble adj. ágil, ligero. || diestro, experto.
nine adj., n. nueve.
ninepins n. pl. bolos. || juegos de bolos.
nineteen adj., n. diecinueve.
nineteenth adj., n. decimonoveno.
ninetieth adj., n. nonagésimo.
ninety adj., n. noventa. || **the nineties**, (1990s) los años noventa.
ninth adj. noveno, nono. || — n. noveno. || novena parte. || día nueve. || nono.
nip n. pellizco. || mordisco. | frío en el aire. || trago. || — vt. pellizcar, pinchar. mordiscar. || cortar. || helar, quemar (planta). || — vi. correr, ir a toda velocidad. || beber a traguitos.
nipper n. chiquillo.
nippers n. alicates, tenazas. || pinzas.
nipple n. (anat.) pezón. || tetilla. || (mec.) boquilla roscada. || boquilla (de biberón).
nippy adj. ágil, listo. || rápido, veloz. || frío, helado.
nitric adj. **n. acid**, ácido nítrico.
nitrogen n. nitrógeno.
no adv. no. || de ningún modo. || **n. longer**, ya no, no... más. || **n. more than**, no más de. || **n. sooner**, apenas, no bien. || — adj. ninguno. || no: **there's n. sugar in the bowl**, no hay azúcar en la azucarera. || prohibido: **n. smoking**, prohibido fumar. || **n. use**, inútil. || **of little or n. interest**, de casi ningún interés. || **there's n. denying it**, es imposible negarlo. || — n. no: **I won't take n. for an answer**, no acepto una respuesta negativa. || voto en contra.
nobility n. nobleza.
noble adj. noble. || de nobleza. || — n. noble, aristócrata.

nobody pron. nadie. || **n. but**, nadie más que. || **n. else**, nadie más. || — **n.**, nadie, don nadie.

nocturne n. nocturno.

nod n. cabezada (al dormir). || señal hecha con la cabeza. || **on the n.**, aprobado sin discusión. || — vi. asentir con la cabeza. || saludar con la cabeza. || dar cabezadas. || — vt. inclinar, mover (la cabeza).

noddle n. (fam.) mollera.

node n. (anat., astron., fís. y med.) nodo. || (bot.) nudo.

nohow adv. (fam.) de ninguna manera.

noise n. ruido. || estrépito. || (rad.) interferencia. || alboroto. || (fig.) escándalo. || **big n.**, (fam.) pez gordo. || — vt. divulgar. || rumorear.

noisome adj. asqueroso. || maloliente.

noisy adj. ruidoso, estrepitoso, clamoroso.

nomadic adj. nómada.

no-man's land n. tierra de nadie.

nominate vt. nombrar. || designar.

nomination n. nombramiento. || propuesta.

nominee n. candidato.

non-acceptance n. rechazo.

non-aligned adj. no alineado.

non-appearance n. ausencia. || (der.) no comparecencia.

nonbelligerent adj., n. no beligerante.

non-breakable adj. irrompible.

nonce adv. **for the n.**, por el momento.

nonchalant adj. indiferente. || negligente.

non-commissioned adj., **non-commissioned officer**, suboficial.

non-committal adj. que no compromete a nada. || (pey.) evasivo.

nonconformist adj., n. inconformista.

nondescript adj. indeterminado, indescriptible. || (pey.) mediocre.

none pron. nadie. || ninguno. || nada. | **n. but**, solamente. || **n. other than**, nada menos que. || — adv. de ningún modo. || **n. the less**, sin embargo, a pesar de todo.

nonentity n. nulidad, cero a la izquierda.

nonetheless adv. no obstante.

non-fiction n. literatura no novelesca.

non-iron adj. que no necesita planchado.

nonpareil adj. sin par. || — n. persona, cosa sin par.

non-payment n. falla de pago.

nonplus vt. dejar perplejo, anonadar.

non-profitmaking adj. no lucrativo.

nonproliferation n. limitación de las armas nucleares.

nonsense n. disparates, tonterías. || **to make n.**, no tener sentido.

non-shrink adj. inencogible.

non-skid adj. antideslizante.

non-smoker n. persona que no fuma.

nonstick adj. utensilio con un tratamiento especial en el que no se pega la comida.

non-stop adj. continuo. || (f. c.) directo. || (aer.) sin escalas. || — adv. sin parar.

non-union adj. no sindicalizado.

noodle n. bobo. || pl. **noodles**, tallarines.

nook n. rincón. || escondrijo.

noon (t. **noonday**) n. mediodía. || (fig.) apogeo, punto culminante.

no-one pron. = **nobody**.

noose n. lazo corredizo. || dogal. || (fig.) lazo, unión. || — vt. coger con lazo.

nor conj. ni. || ni tampoco.

norm n. norma. || pauta. | (biol., etc.) tipo.

normal adj. normal. || corriente. || — n. estado normal. || normalidad.

normalize vt. normalizar.

north n. norte. || — adj. del norte. septentrional. || — adv. al norte, hacia el norte.

North America n. América del Norte, Norteamérica.

northbound adj. que se dirige hacia el norte.

north-east n., adj. nordeste.

north-eastern adj. nordeste.

north-eastward(s) adv. hacia el nordeste.

northern adj. del norte, septentrional. || **n. lights**, aurora boreal.

northerner n. norteño. || nórdico.

northwardf(s) adv. hacia el norte.

north-west n., adj. noroeste. || — adv. hacia el noroeste.

north-western adj. noroeste.

north-westward(s) adv. hacia el noroeste.

nose n. (anat.) nariz. || (pey.) narizota, narices. || (zool.) hocico. || olfato. || (aer.) morro. || (naveg.) proa. || **to follow one's n.**, dejarse guiar por el instinto. || **to poke** (o **stick**) **one's n. into something**, meterse en algo. || **to turn up one's n. at something**, desdeñar algo. || — vi. olfatear algo. || lograr descubrir.

nosebleed n. hemorragia nasal.

nosecone n. (aer.) parte delantera de un navío o cohete espacial.

nose-dive n. *(aer.)* picado vertical. || caída de narices. || — *vi.* descender en picado.

nosey *adj.* curioso, fisgón.

nostril *n.* nariz, ventana de la nariz.

nostrum *n.* panacea *(t. fig.)*.

not *adv.* no. || ¿no?, ¿verdad?; **it's cold, is it n.?**, hace frío, ¿no? || ni: **n. one**, ni uno. || **let me know if n.**, si no, me avisa. || **n. at all**, de nada, no hay de qué. || **n. even**, ni siquiera. || **n. to say**, por no decir. || **n. yet**, aún no.

notable *adj.* notable, memorable.

notary *n.* notario.

notch *n.* muesca, mella, corte. || grado, punto. || desfiladero. || — *vt.* cortar muescas en, mellar.

note *n. (mús., etc.)* nota. || tecla. || sonido. || canto (de pájaro). || billete. || tono. || marca, señal. || **a man of n.**, un hombre notable || renombre. || **promissory n.**, pagaré, || **to take n.**, prestar atención. || *pl.* notes, apuntes. || notas. || — *vt.* notar, observar. || tomar en cuenta. || anotar. || señalar.

notebook *n.* libreta. || cuaderno.

noted *adj.* célebre, conocido, famoso.

notepaper *n.* papel para cartas.

noteworthy *adj.* digno de mención.

nothing *n.* nada. || no... nada: **there is n. in the box**, no hay nada en la caja. || cero. || **for n.**, para nada, en vano. || gratis. || **it's n. to me**, me da igual. || **n. doing**, ni soñarlo, ni hablar. || **n. much**, poca cosa. || **n. for it but**, no hay más remedio que. || **to make n. of**, no sacar nada en limpio. || **to say n. of**, por no hablar de. || — *adv.* de ninguna manera.

notice *n.* aviso, notificación. || despido (de un empleo). || dimisión. || plazo: **al short n.**, a corto plazo. || anuncio. || cartel. || resela, crítica. || atención, interés. || **take n. that**, te advierto que. || **to escape one's n.**, pasarle inadvertido a uno. || — *vt.* prestar atención a, observar. || reparar en. || ver, reconocer. || avisar. || hacer la reseña de.

noticeable *adj.* evidente, obvio. || sensible, perceptible.

notice board *n.* tablón de anuncios.

notifiable *adj.* de declaración obligatoria.

notify *vi.* notificar, comunicar, avisar.

notion *n.* noción, idea. || concepto. || opinión. || idea. || capricho. || *pl.* **notions**, artículos de mercería.

notional *adj.* especulativo. || imaginario.

notorious *adj.* notorio. || célebre.

notwithstanding *adv.* no obstante, sin embargo. ||— *prep.* a pesar de. || — *conj.* a pesar de que, por más que.

nougat *n.* especie de turrón.

nought *n.* nada. || *(mat., etc.)* cero.

noun *n. (gram.)* nombre, sustantivo.

nourish *vi.* nutrir, alimentar. || *(fig.)* fomentar.

nourishment *n.* alimento, sustento.

novel *adj.* nuevo. || original. || — *n.* novela.

novelty *n.* novedad *(t. com.)*.

November *n.* noviembre.

novice *n.* principiante, novato. || novicio.

now *adv.* ahora. || actualmente, hoy día. || luego, entonces (narración de pasado). || **just n.**, ahora mismo, hace un momento. || **n... n.**, ya... ya. || **n. and then**, de vez en cuando. || **right n.**, ahora mismo. || — *conj.* ya que, ahora que. || — *n.* el presente, la actualidad. || **by n.**, ya. || **from n. on**, de ahora en adelante.

nowadays *adv.* hoy día, actualmente.

noway *adv. (fam.)* de ninguna manera.

nowhere *adv.* en ninguna parte. || por ninguna parte. || a ninguna parte. || **n. else**, en ninguna otra parte. || **get n.**, no conseguir nada. || — *n.* nada.

noxious *adj.* nocivo, dañoso.

nozzle *n. (mec.)* tobera, inyector. || boquilla.

nuance *n.* matiz.

nub *n.* parte esencial. || pedazo, trozo.

nubile *adj.* núbil.

nuclear *adj.* nuclear.

nucleus *n.* núcleo || *(comput.)*.

nude *adj.* desnudo. || — *n. (art.)* desnudo.

nudge *n.* codazo (ligero). || — *vt.* dar un codazo. || empujar (ligeramente).

nudist *n.* desnudista, nudista.

nugatory *adj.* insignificante. || ineficaz.

nugget *n. (min.)* pepita.

nuisance *n.* molestia. || fastidio. || pelmazo, pesado.

null *adj.* nulo, inválido. || **n. and void**, nulo y sin efecto.

nullify *vt.* anular, invalidar.

null set *n. (mat.)* conjunto vacío.

numb *adj.* entumecido. || *(fig.)* paralizado, petrificado. || — *vt.* entumecer, paralizar.

number n. número. || grupo. || **any n. of times**, muchas veces. || **beyond n.**, innumerables. || **n. one**, (fam.) uno mismo. || el mejor. || **on a n. of occasions**, en varias ocasiones. || **to have someone's n.**, tener calado a alguien, conocerlo a fondo. || pl. **numbers**, números, cuentas. || versos. || cantidades. || — vi. contar (t. fig). || numerar. || ascender a, sumar.

number piale n. (aut., etc.) placa de matrícula.

numbness n. entumecimiento. || (fig.) insensibilidad, parálisis.

numeral adj. numeral. || — n. número, cifra.l

numerator n. numerador.

numismatics n. numismática.

numskull, numbskull n. tonto, zoquete, lelo.

nun n. monja, religiosa.

nunnery n. convento de monjas.

nurse n. (med.) enfermera. || nodriza, ama de leche. || niñera. || — vt. cuidar, atender. || criar, amamantar. || (fig.) guardar, reservar (fuerza). || abrigar (esperanzas). || acariciar (planes). || fomentar (negocio). || — vi. ser enfermera o niñera. || dar de mamar. || mamar.

nursemaid n. niñera, chacha.

nursery n. cuarto de los niños. || guardería. || (agr., etc.) vivero, semillero. || (fig) plantel.

nursery rhyme n. canción infantil.

nursery school n. jardín de infantes.

nursing home n. clínica de reposo.

nurture n. nutrición. || crianza. || — vt. nutrir. || educar, criar.

nut n. nuez. || (mec.) tuerca. || (sl.) loco, bobo. || pl. **nuts** (sl.), loco, chiflado. || (sl., anat.) huevos, testículos.

nutcase n. (sl.) loco.

nutcrackers n. pl. cascanueces.

nutmeg n. nuez moscada.

nutrient adj. nutritivo. || — n. nutrimento.

nutritious adj. nutritivo, rico.

nutshell n. cáscara de nuez.

nuzzle vt. acariciar con el hocico. || — vi. arrimarse cómodamente. || acurrucarse.

nylon n. nailon. || pl. **nylons**, medias de nailon. || — adj. de nailon.

nymph n. ninfa.

O

o *n.* o. || cero. || — *interj.* ¡oh!

oaf *n.* zoquete, patán.

oak *n.* roble. || madera de roble.

oakwood *n.* robledo.

oar *n.* remo.

oarsman *n.* remero.

oaten *adj.* de avena.

oath *n.* juramento: **to bind by o**, obligar bajo juramento. || blasfemia, palabrota.

oatmeal *n.* harina de avena.

oats *n. pl.* avena.

obdurate *adj.* obstinado. || inflexible.

obedience *n.* obediencia, sumisión.

obeisance *n.* reverencia. || homenaje.

obelisk *n.* obelisco.

obese *adj.* obeso.

obey *vt.* obedecer. || hacer caso a. || acudir a. || cumplir.

obfuscate *vt.* ofuscar.

obituary *n.* necrología. || aviso fúnebre.

object *n.* objeto, cosa. || finalidad, propósito. || *(fam.)* persona o cosa espantosa.

object *vt.* objetar. || oponerse.

objection *n.* objeción, reparo. || inconveniente.

objectionable *adj.* desagradable. || molesto, pesado. || indeseable. || censurable.

objective *adj., n.* objetivo.

object *n.* objetivo.

object lesson *n.* lección práctica, ejemplo.

objector *n.* objetante.

objurgate *vt.* increpar, reprender.

obligation *n.* obligación. || deber. || compromiso.

oblige *vt.* obligar. || hacer un favor. || complacer. || **I'm much obliged to you**, le estoy muy agradecido.

obliging *adj.* servicial, atento.

oblique *adj.* oblicuo. || indirecto, tangencial.

obliterate *vt.* borrar, eliminar. || destruir.

oblivion *n.* olvido.

oblivious *adj.* olvidadizo. || inconsciente.

oblong *adj.* oblongo. || — *n.* rectángulo.

obloquy *n.* injurias, calumnia. || deshonra.

obnoxious *adj.* detestable, repugnante, odioso. || desagradable.

oboe *n.* oboe.

obscene *adj.* obsceno, indecente.

obscure *adj.* oscuro *(t. fig.).* || — *vt.* oscurecer. || eclipsar. || esconder. || entenebrecer, confundir.

obscurity *n.* oscuridad *(t. fig.).*

obsequies *n. pl.* exequias.

obsequious *adj.* servil.

observance *n. (relig., etc.)* observancia. || cumplimiento. || práctica. || costumbre.

observant *adj.* observador, perspicaz. || vigilante. || atento.

observation *n.* observación. || observancia.

observatory *n.* observatorio.

observe *vt.* observar. || cumplir, acatar, guardar. || decir.

observer *n.* observador.

obsess *vt.* obsesionar, causar obsesión a.

obsession *n.* obsesión. || idea fija, manía.

obsolescence *n.* caída en desuso.

obsolete *adj.* anticuado, desusado. || obsoleto. || rudimentario.

obstacle *n.* obstáculo, impedimento, inconveniente.

obstetrics *n.* obstetricia.

obstinate *adj.* obstinado, terco, porfiado. || tenaz.

obstruct *vt.* obstruir. || impedir. || bloquear. || — *vi.* estorbar.

obtain *vi.* obtener, conseguir. || adquirir. || sacar. || valer. || — *vi. (fam.)* estar establecido. || encontrarse: **those people no longer o.**, ya no hay más gente como ésa.

obtainable *adj.* que se consigue, asequible.

obtrude *vi. (fam.)* imponer. || sacar, extender. || — *vi.* manifestarse.

obtrusive *adj.* importuno, molesto. || indiscreto. || demasiado visible. || penetrante.

obtuse *adj. (mat., etc.)* obtuso. || estúpido, duro de mollera.

obverse *adj.* del anverso. || — *n.* anverso.

obviate *vt.* obviar, evitar, eliminar.

obvious *adj.* evidente, obvio, patente. || natural. || poco sutil, transparente.

occasion *n.* ocasión, oportunidad. || motivo. || circunstancia. || —*vt.* ocasionar.

occasional *adj.* ocasional. || que ocurre de vez en cuando. || alguno que otro.

occiput *n.* occipucio, **occlusive** *adj. (gram.)* oclusivo. || — *n.* oclusiva.

occult *adj.* oculto, misterioso. || sobrenatural, mágico.

occupant *n.* ocupante. || habitante, inquilino.

occupation *n.* ocupación. || profesión. || pasatiempo.

occupier *n.* inquilino.

occupy *vt.* ocupar, habitar, vivir en. || emplear, pasar.

occur *vi.* ocurrir, suceder. || presentarse (oportunidad). || ocurrirse.

occurrence *n* acontecimiento. || incidente. || caso: **a common o.**, un caso frecuente. || existencia. || aparición.

ocean *n.* océano. || *pl.* **oceans**, *(fig.)* la mar de.

ocean-going *adj.* de alta mar.

ochre *n.* ocre.

o'clock *adv.* a la hora exacta.

octagonal *adj.* octagonal.

octave *n.* octava.

October *n.* octubre.

octopus *n.* pulpo.

octosyllable *n.* octosílabo.

odd *adj.* raro, inusual, peculiar. || *(mat.)* impar. || suelto (de un par): **an o. shoe**, un zapato suelto. || ocasional: **o. jobs**, trabajos ocasionales. || *(fam.)* y algo más, y pico: **it costs 5 pounds o.**, cuesta 5 libras y pico.

oddity *n.* rareza, singularidad, excentricidad.

oddly *adv.* singularmente, extrañamente.

oddment *n.* artículo suelto, artículo que sobra. || baratija.

odds *n. pl.* desigualdad. || fuerzas superiores. || posibilidades, probabilidades. || diferencia: **that makes no o.**, no hay diferencia. || *(dep.)* ventaja. || apuesta. || *(fam.)* **what's the o.?**, ¿qué más da? || **at o. with**, en desacuerdo con. || **o. and ends**, retazos. || chucherías.

ode *n.* oda.

odious *adj.* odioso, detestable.

odour *n.* olor. || fragancia, perfume.

odourless *adj.* inodoro.

of *prep.* de. || a, para con: **the love of God**, el amor de Dios. || en: **of late years**, en los últimos años.

off *adv.* lejos, a distancia. || **where are you o. to?**, ¿adónde te vas? || fuera: **o. with your hat!**, ¡sáquese el sombrero! || separado, desprendido: **the button is o.**, se soltó el botón. || desde ahora: **Christmas is a week o.**, falta una semana para Navidad. || *(fig.)* acabado: **the whole thing is o.**, todo se acabó. || libre (trabajo): **to take a day o.**, tomarse un día libre. || desconectado. || — *prep.* fuera de: **keep o. the grass**, no pise el césped. || desde: **a street o. Piccadilly**, a una cuadra de Piccadilly. || de, con: **she eats o. silver**, come en vajilla de plata. || — *adj.* alejado. || malo: **this is one of my o. days**, es uno de mis días malos. || pasado: **the meal is o.**, la carne está pasada. || suelto. || equivocado. || apagado: **the light is o.**, la luz está apagada.

offal *n.* asadura, menudencias.

off beat *adj.* excéntrico. || inconformista.

off-colour *adj.* indispuesto. || indecente.

offence *n.* ofensa. || delito, crimen. || transgresión, pecado.

offend *vt.* ofender. || escandalizar. || *(fig.)* lastimar. || — *vt.* **to o. against**, infringir, violar. || pecar contra.

offensive *adj.* ofensivo. || injurioso. || repugnante. || — *n.* ofensiva.

offer *n.* oferta, ofrecimiento. || propuesta. || — *vt.* ofrecer. || ofrecer, convidar con. || proponer. || expresar. || — *vi.* presentarse (ocasión).

offering *n.* ofrecimiento. || *(rel.)* ofrenda. || regalo. || sacrificio.

offhand *adj.* informal, brusco, descortés. || — *adv.* de improviso.

office *n.* oficina. || despacho. || bufete. || sección, departamento. || ministerio. || sucursal. || oficio. || cargo. || **good offices**, *(fam.)* los buenos servicios.

office boy *n.* mandadero. || botones.

officer *n.* oficial. || dignatario, magistrado. || funcionario.

office worker *n.* oficinista.

official *adj.* oficial. || autorizado. || solemne. || — *n.* oficial público, funcionario.

officialese *n.* lenguaje burocrático.

officiate *vi.* oficiar.

officious *adj.* oficioso.

offing *n.* **to be in the o.**, *(naveg.)* estar cerca. || *(fig.)* estar en perspectiva.

off-licence *n.* tienda donde se venden bebidas alcohólicas (sin permitirse su consumo en el local).

off-line *n. (comput.)* fuera de línea.

offprint *n.* separata, tirada aparte.

offset *n.* compensación. || *(imp.)* offset. || — *vt. (ver set),* compensar. || contrarrestar.

offshoot *n. (bot.)* renuevo, vástago.

offshore *adv.* a lo largo. || — *adj.* a poca distancia de la costa.

offside *n. (dep.)* fuera de juego.

offspring *n.* vástago, descendiente. || *(pl.)* descendencia, prole.

offstage *adv.* entre bastidores.

off-white *adj.* de blanco que tira a gris.

often *adv.* muchas veces, a menudo, con frecuencia. || **not o.**, pocas veces. || **how o.?**, ¿cuántas veces?

oft-times *adv. (lit.)* a menudo.

ogive *n.* ojiva.

ogle *vt.* echar miradas amorosas (o incitantes) a.

ogre *n.* ogro.

oh *interj.* ¡oh!

oil *n.* aceite. || petróleo. || *gen., pl.* **oils**, pintura al óleo. || — *vt.* aceitar, lubricar. || engrasar.

oilcan *n.* aceitera.

oilfield *n.* campo petrolífero.

oiliness *n.* oleaginosidad.

oil painting *n.* pintura al óleo.

oil refinery *n.* refinería de petróleo.

oilskin *n.* hule, encerado.

oil tanker *n.* petrolero.

oil well *n.* pozo de petróleo.

oily *adj.* aceitoso, oleaginoso. || grasiento.

ointment *n.* ungüento.

O. K., okay *interj. (fam.)* ¡está bien!, ¡de acuerdo! || — *adj.* aprobado. || satisfactorio. || — *n.* visto bueno. || — *vt.* dar el visto bueno a, aprobar.

old *adj.* de edad: **he is 10 years o.**, tiene 10 años de edad. || viejo. || antiguo. || añejo.

old-established *adj.* viejo.

old-fashioned *adj.* pasado de moda. || chapado a la antigua.

old-style *adj.* antiguo, al estilo antiguo.

old-timer *n.* veterano.

old-world *adj.* del Viejo Mundo.

oleander *n.* adelfa.

olfactory *adj.* olfativo, olfatorio.

oligarchy *n.* oligarquía.

olive *n.* aceituna, oliva. || olivo. || — *adj.* color aceituna: **o. green**, verde oliva.

olive oil *n.* aceite de oliva.

omelet(te) *n.* tortilla.

omen *n.* agüero, presagio.

ominous *adj.* siniestro, de mal agüero.

omission *n.* omisión. || supresión. || descuido.

omit *vt.* omitir. || olvidar, descuidar.

omniscient *adj.* omnisciente, omniscio.

on *adv.* junto con verbos, p. ej.: **to put on**, *etc.* || encima: **he has his coat on**, tiene puesto el saco. || adelante, más: **go on speaking**, siga hablando. || **on and on**, siempre más. || **on and off**, de vez en cuando. || **from now on**, de ahora en adelante. || — *prep,* en, sobre, encima: **on board**, a bordo. || tras: **he sent me letter on letter**, me envió carta tras carta. || de: **he lives on his pension**, vive de su pensión. || tiempo: **on Monday**, el lunes. || hacia: **a blow on the chin**, un golpe al mentón. || situación, estado: **on fire**, en llamas. || tema: **a book on history**, un libro sobre historia. || con gerundio: **on seeing him**, viéndolo. || en comparación con: **sales are up on last year's figures**, las ventas han mejorado en comparación con las cifras del año anterior. || — *adj.* asunto: **what's on?**, ¿qué sucede? ||| encendido, funcionando: **the light is on**, la luz está encendida. || **the tap is on**, la canilla está abierta. || en escena: **the play is on**, están dando la obra, *once adv.* una sola vez. || una vez: **this o. great nation**, esta otrora gran nación. || **o. again**, una vez más. || **o. and for all**, por una última vez. || **o. in a while**, a veces. || **o. upon a time**, (cuento) había una vez. || — *conj.* una vez que.

oncoming *adj.* que se acerca.

one *adj.* uno. || un cierto. || algún. || igual: **I am of o. mind with you**, pienso igual que tú. || **to be o. up**, tener ventaja sobre. || — *n.* uno: **at o. o'clock**, a la una en punto. || — *pron. (pl.* **ones**) en remplazo del nombre: "**lend me a shirt**", "**which o.?**", "préstame una camisa", "¿cuál?".

one-armed *adj.* manco.

one-eyed *adj.* tuerto.

one-handed *adj.* manco.

one-horse *adj.* insignificante.

one-legged *adj.* con una sola pierna.

one-man *adj.* individual.

oneness *n.* unidad.

onerous *adj.* oneroso.

oneself *pron.* uno mismo, una misma. || sí (mismo, misma): **to be by o.**, estar solo, estar a solas.

one-sided *adj.* unilateral. || parcial.

one-time *adj.* antiguo.

one-track *adj.* (f. c.) de vía única.|| que tiene un solo pensamiento.

one-way *adj.* mano única. || (boleto) de ida.

ongoing *adj.* continuo, que continúa.

onion *n.* cebolla. || (sl.) cabeza.

on-line *n.* en línea.

onlooker *n.* espectador. || observador.

only *adv.* solo, solamente. || al menos: **if o. you could trust me!**, ¡si al menos tú pudieras creerme! || — *adj.* solo, único. || — *conj.* (fam.) pero: **I wanted to make you a present, o. I had no money**, quería hacerte un regalo, pero no tenía dinero.

onrush *n.* arremetida, embestida || ímpetu.

onset *n.* ataque, arremetida. || comienzo.

onshore *adv.* hacia la tierra.

onslaught *n.* ataque violento.

onto *prep.,* (fam.) = **on to.**

onus *n.* (no pl.) carga, responsabilidad.

onward(s) *adv.* adelante, hacia adelante.

oodles *n. pl.* (fam.) montones.

ooze *n.* cieno. || — *vt., vi.* exudar. || rezumar.

opal *n.* ópalo.

opaque *adj.* opaco.

open *adj.* abierto. || poco tupido. || destapado. || descubierto. || desplegado, extendido. || franco, manifiesto. || vacante. || **o. and above board**, completamente honesto. || — *vt.* abrir. || desplegar. || comenzar. || emprender, abrir. || revelar. || — *vi.* abrirse. || comenzar. || (teat.) estrenarse. || to **o. into/onto**, dar, abrirse hacia. || **to o. out**, hablar más francamente. || **to o. up**, abrir. || conquistar.

open-air *adj.* al aire libre.

opencast *adj.* a cielo abierto.

open-ended *adj.* sin límites fijos, sin resultados previsibles.

opener *n.* abrelatas.

open-handed *adj.* liberal, generoso.

opening *n.* abertura. || brecha. || (bosque) claro. || comienzo. || (teat.) estreno. || (com.) salida.

open-minded *adj.* libre de prejuicios, imparcial.

open-mouthed *adj.* boquiabierto.

openness *n.* franqueza.

opera *n.* ópera. || teatro de la ópera.

opera glasses *n. pl.* gemelos de teatro.

opera hat *n.* clac.

opera house *n.* teatro de la ópera.

operand *n.* (comput.) operando.

operate *vt.* manejar. || efectuar, realizar. || accionar. || — *vi.* funcionar. || surtir efecto. || obrar, actuar. || (med.) operar.

operatic *adj.* de ópera, operístico.

operating theatre *n.* quirófano.

operation *n.* funcionamiento. || manejo. || explotación, administración. || (mil., fe.) operación. || maniobra. || (med.) operación, intervención quirúrgica.

operative *adj.* operativo. || en vigor. || eficaz.) (med.) operatorio. || — *n.* operario, obrero.

operator *n.* operario. || telefonista, operador. || negociante.

operetta *n.* opereta, zarzuela.

ophthalmologist *n.* oftalmólogo.

opinion *n.* opinión.

opinionated *adj.* porfiado, terco.

opium *n.* opio.

opponent *n.* adversario, contrario.

opportune *adj.* oportuno, a propósito.

opportunity *n.* oportunidad, ocasión.

oppose *vi.* oponerse a. || resistir, combatir.

opposed *adj.* opuesto.

opposite *adj.* en frente. || — *prep.* frente, frente a. || — *adj.* opuesto. || contrario. || — *n.* lo contrario, lo opuesto.

opposition *n.* oposición. || resistencia. || (com.) competencia.

oppress *vi.* oprimir. || agobiar.

oppressive *adj.* opresivo, tiránico, cruel. || agobiante.

opt *vi.* optar. || elegir.

optics *n.* óptica.

optimism *n.* optimismo.

optimize *vi.* (comput.) optimizar.

optimum *adj.* óptimo. || más favorable.

option *n.* opción.

optional *adj.* discrecional, facultativo. || optativo.

opulence *n.* opulencia.

or *conj.* o. || ni (con negación): **with no faith or hope**, sin fe ni esperanza.

oracle *n.* oráculo.

oracular *adj.* profético, fatídico. || sentencioso.

oral oral. || (anat.) bucal. || verbal, hablado. || — *n.* examen oral.

orange n. naranja. || color naranja || — adj. anaranjado.

orange blossom n. azahar.

oration n. oración, discurso.

orator n. orador.

oratory n. oratoria. || (relig.) oratorio.

orb n. orbe. || esfera, globo.

orbit n. órbita (t. fig.). || vt., vi. orbitar, girar.

orchard n. huerto.

orchestra n. orquesta. || (teat.) platea.

orchestrate vt. orquestar, instrumentar.

orchid, orchis, n. orquídea.

ordain vt. ordenar, decretar. || (relig.) ordenar. || — vi. mandar, disponer.

ordeal n. prueba muy dura. || sufrimiento.

order n. orden. || **the telephone is out of o.,** el teléfono está descompuesto. || orden: **law and o.,** el orden público. || regla: **I have my papers in o.,** tengo mis papeles en regla. || orden, condecoración. || (relig.) orden. || mandato. || (fig.) categoría. || (com.) pedido, encargo. || — vt. arreglar, poner en orden. || organizar. || encargar.

orderly adj. ordenado, metódico. || aseado, en buen estado. || disciplinado. || — n. (mil.) ordenanza, asistente. || enfermero.

ordinance n. ordenanza decreto.

ordinary adj. ordinario, común. || vulgar.

ordinance n. ordenanza.

ordure n. inmundicia (t. fig.)

ore n. mineral, mena.

organ n. (todo sentido) órgano.

organ-grinder n. organillero.

organism n. orgasmo.

organist n. organista.

organize vt. organizar, vi. organizarse.

organizer n. organizador.

orgy n. orgía (t. fig.)

oriel n. mirador.

oriental adj., n. oriental.

orientate vi. orientar.

origin n. origen.

original adj. original || primitivo. || — n. original. || versión original. || persona original.

originally adv. originariamente. || de manera original.

originate vt. producir, originar. || inventar, crear. || — vi. originarse, surgir.

ornament n. adorno, ornato. || pl. **ornaments.** (relig.) ornamentos. || — vt. adornar.

ornate adj. muy ornado, vistoso. || florido.

ornithologist n. ornitólogo.

orphan n. huérfano. || — vt. dejar huérfano.

orphanage n. orfanato.

orthodox adj. ortodoxo.

orthography n. ortografía.

orthopaedic adj. ortopédico.

oscillate vi. oscilar. || vacilar. || fluctuar.

osier n. mimbre.

ossify vt., vi. osificarse.

ostensible adj. pretendido, aparente.

ostentation n. ostentación, boato.

osteopathy n. osteopatía.

ostracism n. ostracismo.

ostrich n. avestruz.

other adj. otro. || diferente, distinto. || — pron. otro: **show me the others,** enséñame los otros. || **o. than,** excepto, fuera de.

otherwise adv. de otra manera. || por lo demás, por otra parte.

other-worldly adj. espiritual, alejado del mundo.

otiose adj. ocioso, inútil.

otter n. nutria.

ought v. aux. (negativo: **oughtn't**) deber. || tener que. || ser probable.

ounce n. onza. || (fig.) pizca.

our adj. pos. nuestro.

ours pron. pos. (el) nuestro.

ourselves pron. pos. nosotros mismos.

oust vt. desalojar. || expulsar, echar.

out adv. fuera, afuera. || dislocado. || visible: **the flowers are already o.,** ya han abierto las flores. || en alta voz: **you should speak o.,** tendrías que decir lo que piensas. || completamente: **I'm tired o.,** estoy exhausto. || apagado: **the fire is o.,** el fuego está apagado. || vencido. || fuera de moda. || gastado. || — prep. **o. of,** fuera de. || por: **he jumped o. of the window,** saltó por la ventana. || por causa de: **o. of necessity,** por necesidad. || de: **made o. of marble,** hecho de mármol. || sin: **we are o. of water,** estamos sin agua. || — adj. exterior, externo. || — vt. (fam.) arrojar.

out-and-out adj. completo total.

outback n. (Australia) despoblado, campo.

outbid (ver bid) vt. hacer mejor oferta que. || sobrepujar.

outboard adj. fuera de borda.

outbreak n. erupción. || epidemia, brote. || estallido.

outburst n. explosión. || arranque, acceso.

outcast n. paria, proscrito.

outclass vt. ser netamente superior a.

outcome n. resultado.

outcrop n. afloramiento.

outcry n. grito, protesta ruidosa.

outdated adj. anticuado, fuera de moda.

outdo (ver **do**) vt. exceder, sobrepujar.

outdoors adv. al aire *libre*. || fuera de casa.

outer adj. exterior, externo.

outermost adj. más remoto. || más exterior.

outfall n. desembocadura.

outfit n. equipo. || herramientas. || traje.

outflow n. efusión. || desagüe. || pérdida.

outgoing adj. saliente. || sociable.

outgoings n. pl. gastos.

outgrow (ver **grow**) vt. crecer, más que. || ser ya viejo para.

outing n. paseo. || excursión.

outlandish adj. estrafalario.

outlast vt. durar más tiempo que.

outlaw n. proscrito, forajido. || — vt. proscribir. || declarar fuera de la ley.

outlay n. desembolso, inversión.

outlet n. salida (t. fig., com.). || desagüe, desaguadero. || desembocadura.

outline n. contorno. || perfil, silueta. || bosquejo. || — vt. perfilar. trazar, bosquejar.

outlive vt. sobrevivir a.

outlook n. vista. || perspectivas. || punto de vista.

outlying adj. remoto, aislado. || exterior.

outmatch vi. superar, aventajar.

outmoded adj. anticuado, pasado de moda.

outnumber vi. exceder en número.

out-of-date adj. anticuado.

out-of-the-way adj. remoto, aislado. || inaccesible. || poco común.

outpace vt. dejar atrás.

outpatient n. paciente externo.

outplay vt. superar en táctica, jugar mejor que.

outpost n. avanzada (t. fig.), puesto avanzado.

outpouring n. efusión.

output n. producción. || rendimiento. || (comput.) salida. || — vt. (comput.) dar salida.

outrage n. atrocidad. || atropello. || ultraje. || — vt. ultrajar, atropellar. || violar.

outrageous adj. atroz, terrible. || escandaloso.

outright adj. completo, total. || definitivo.

outright adv. de una vez, de un golpe. || abiertamente.

outrun (ver **run**) vt. correr más que. || (fig.) exceder los límites de.

outset n. principio, comienzo.

outshine (ver **shine**) vt. brillar más que.

outside adv. fuera, afuera. || más allá de. || — prep. fuera de. || al exterior de. || más allá de: **it is quite o. my experience**, está más allá de mi experiencia. || — adj. exterior, externo. || remoto, distante. || ajeno: **thanks to o. influence**, gracias a personas ajenas al asunto. || independiente. || — n., exterior. || superficie. || apariencia. || **at the o.**, como máximo.

outsider n. forastero. || desconocido. || intruso.

outsize adj. de tamaño extraordinario.

outskirts n. pl. afueras. || alrededores.

outspoken adj. franco, abierto.

outspread adj. extendido. || desplegado.

outstanding adj. destacado. || excepcional, sobresaliente. || pendiente.

outstay vt. quedarse más tiempo que.

outstretched adj. extendido. || alargado.

outstrip vt. dejar atrás, aventajar.

outward(s) adv. hacia fuera. || exteriormente.

outwear (ver **wear**) vt. durar más tiempo que. || gastar.

outweigh vt. pesar más que (t. fig.).

outwit vt. ser más listo que, burlar.

oval adj. ovalado. || — n. óvalo.

ovation n. ovación.

oven n. horno.

ovenproof adj. refractario.

over adv. sobre, encima. || por arriba. || de mano en mano: hand it o., páselo. || terminado: **everything is o.**, todo se acabó. || del otro lado: **turn the page o.**, vuelva la página. || más allá: **it lasted one hour o.**, duró una hora más. || de más: **was there any money o.?**, ¿quedó algo de dinero? || allí: **put the books o. there**, ponga los libros allí. || **o. again**, otra vez. || — prep. por encima. || encima. || de un lado a otro. || del otro lado. || de una punta a otra. || durante: **o. several days**, durante varios días. || en, con: **how long will you be o. it?**, ¿cuánto tiempo te va a llevar eso? || más: **they were o. twenty**, eran más de veinte. || — n. (com.) excedente, superávit.

overabundance n. sobreabundancia.

overact vi. exagerar el papel.

overall adj. de conjunto. || total. || global.

overalls n. pl. guardapolvo, mono.

overbalance vi. perder el equilibrio.

overbearing adj. imperioso. || despótico.

overbid (ver **bid**) vt. hacer mejor oferta que.

overblown adj. marchito, pasado.

overboard adv. por la borda.

overcast adj. (cielo) encapotado.

overcharge vt. sobrecargar. || cobrar un precio excesivo a.

overcoat n. abrigo, sobretodo, gabán.

overcome (ver **come**) vt. vencer. || salvar, superar. || — vi. triunfar.

overconfidence n. exceso de confianza.

overcrowded adj. atestado de gente. || superpoblado.

overdeveloped adj. demasiado desarrollado.

overdo (ver **do**) vt. recocer. || exagerar. || usar demasiado. || llevar a extremos.

overdose n. sobredosis.

overdraft n. giro en descubierto.

overdraw (ver **draw**) vt. girar en descubierto.

overdue adj. (com.) vencido y no pagado. || con atraso.

overeat vi. comer con exceso. || atracarse.

overelaborate adj. demasiado complicado. || rebuscado.

overestimate vt. sobreestimar.

overexcite vt. sobreexcitar.

overexposure n. (fot.) sobreexposición.

overflow n. exceso de líquido, líquido derramado. || cañería de desagüe. || (comput.) desborde de capacidad.

overflow vi. rebosar, desbordarse.

overfly (ver **fly**) vt. sobrevolar.

overgrown adj. demasiado grande para su edad. || invadido (maleza, yuyos).

overhand adv. por lo alto.

overhang (ver **hang**) vt. sobresalir por encima de. || estar colgado sobre. || (fig.) amenazar. || — vi. sobresalir. || estar colgado.

overhaul vt. revisar, repasar. || volver a pensar, rehacer. || alcanzar, adelantarse a.

overhead adv. por lo alto, en alto, por encima de la cabeza.

overheads n. pl. gastos generales.

overhear vt. oír por casualidad.

overindulgence n. exceso (comida, bebida). || exceso de tolerancia.

overjoyed adj. **to be o.**, no poder más de contento.

overland adv. por tierra, por vía terrestre.

overlap n. traslapo. || (fig.) coincidencia parcial.

overlap vt., vi. traslapar(se).

overlay n. capa sobrepuesta. || incrustación. || (comput.) superposición.

overleaf adv. a la vuelta: "**see o.**", "véase al dorso".

overload vt. sobrecargar.

overlook vt. dar a, tener vista a. || no advertir. || dejar pasar, perdonar.

overlord n. señor. || jefe supremo.

overmuch adv. demasiado.

overnice adj. melindroso, remilgado.

overnight adv. durante la noche. || de repente, de la noche a la mañana. || — adj. **o.** journey, viaje de noche. || **o. stay**, estancia de una noche.

overpayment n. pago excesivo.

overpower vt. sobreponerse a, vencer. || dominar.

overproduction n. superproducción.

overrate vt. exagerar el valor de.

overreach exceder, rebasar.

override (ver **ride**) vt. no hacer caso de. || anular, invalidar.

overriding adj. predominante, decisivo.

overrule vt. anular. || denegar, rechazar.

overrun (ver **run**) vt. cubrir enteramente, invadir. || exceder. || — vi. rebasar el límite.

overseas adv. en ultramar, allende el mar. || — adj. de ultramar.

oversee (ver **see**) vt. superentender, fiscalizar.

overshadow vt. sombrear, ensombrecer. || (fig.) eclipsar.

overshoot (ver **shoot**) vt., vi. pasar(se), exceder(se).

oversight n. descuido, equivocación. || superintendencia, vigilancia.

oversleep (ver **sleep**) vi. dormir demasiado, no despertar.

overstatement n. exageración.

overstep vt. exceder, pasar de, traspasar.

oversupply vt. proveer en exceso.

overt adj. abierto, público.

overtake (ver **take**) vt. alcanzar. || (aut.) adelantar: **the lorry overtook me on the road**, el camión me pasó en la carretera. || (fig.) sorprender. || — vi. adelantar, pasar: "**no overtaking**", "prohibido adelantar".

overtax vt. exigir contribuciones excesivas a.

overthrow (ver **throw**) *vt.* echar abajo, derribar. || volcar. || derrumbar, derrocar.

overtime *n.* horas extra.

overtone *n. (mús.)* armónico. || *(fig.)* sugestión.

overtop *vt.* descollar sobre.

overture *n. (mús.)* obertura. || *pl.* **overtures**, propuesta.

overturn *vt.* volcar. || derrumbar, derrocar. || — *vi.* volcar, capotar. || zozobrar.

overvalue *vt.* sobrevalorar.

overweening *adj.* arrogante, presuntuoso.

overweight *adj.* demasiado pesado. || — *n.* sobrepeso.

overwhelm *vt.* derrotar, arrollar. || abrumar.

overwhelming *adj.* arrollador, aplastante, contundente.

overwork *n.* trabajo excesivo. || *vi.* trabajar demasiado.

overwrought *adj.* sobreexcitado.

ovine *adj.* ovino.

owe *vt.* deber.

owing *adj.* en deuda, adeudado. || — *prep.* **o. to**, debido: **o. to the rain**, debido a la lluvia.

owl *n.* lechuza. || búho.

own *adj.* propio. || **mind your o. business**, métase en sus cosas. || **of one's o. accord**, *motu proprio*. || — *n.* lo propio: **all my o.**, todo lo mío. || **of one's o.**, de uno mismo. || — *vt.* poseer. || — *vi.* **to o. to** *(fatn.)*, admitir. || **to o. up**, confesar un delito.

owner *n.* dueño, propietario. || poseedor.

ownership *n.* posesión. || propiedad.

ox *n., pl.* **oxen**, buey.

oxide *n.* óxido.

oxygen *n.* oxígeno.

oxygen mask *n.* máscara de oxígeno.

oxygen tent *n.* carpa de oxígeno.

oyster *n.* ostra.

oyster bed *n.* criadero de ostras.

ozone *n.* ozono.

P

p *n.* p.

pa *n. (fam.)* papá.

pace *n.* paso. || marcha, ritmo. || **to keep p. with**, ir al mismo paso que. || *(fig.)* mantenerse al corriente de. || **to set the p.**, dar la pauta. || — *vt.* medir a pasos. || — *vi.* andar al paso. || amblar (caballo).

pacemaker *n.* el que marca el paso.

pacific *adj.* pacífico.

pacifist *adj., n.* pacifista.

pacify *vt.* pacificar. || apaciguar, calmar.

pack *n.* fardo. || carga (sobre animal). || mochila. || paquete. || cajetilla (de cigarrillos). || envase. || baraja. || jauría. || manada. || *(pey.)* montón. || — *vt.* llenar. || empaquetar. || embalar. || envasar. || embotellar. || hacer la maleta, *(Am.)* empacar. || llenar, atestar. || llevar en forma permanente: **to p. a gun**, portar un arma. || *(comput.)* comprimir. || — *vi.* hacer las maletas, *(Am.)* empacar. || volverse compacto, apiñarse.

package *n.* paquete. || bulto, **package deal** || *n.* acuerdo que supone concesiones mutuas.

package tour *n.* viaje todo incluido.

packaging *n.* material para envolver.

packet *n.* paquete (t. comput.). || paquete, cajetilla (de cigarrillos). || sobre. || paquebote.

pack *n.* témpano flotante.

packing *n.* embalaje, envase.

pact *n.* pacto. || — *vi.* pactar.

pad *vi.* **to p. about**, **to p. along**, andar, pisar (sin hacer ruido).

pad *n.* almohadilla, cojinete. || pata. || tampón. || bloc, taco (de papel). || hombrera. || plataforma de lanzamiento. || peto (esgrima). || *(sl.)* casa, guarida. ||— *vt.* almohadillar. || acolchar || rellenar, forrar. || — *vi.* pisar sin hacer ruido.

padding *n.* relleno, almohadilla. || borra (material). || *(fig.)* paja.

paddle *n.* remo grande, canalete. || paleta. || — *vt., vi.* remar con canalete. || mojarse los pies, chapotear.

paddle boat, **paddle steamer** *n.* vapor de ruedas.

paddy *n.* arroz. || arrozal. || *(fam.)* rabieta.

padlock *n.* candado.

padre *n. (fam.)* capellán (esp. militar).

paediatrics *n.* pediatría.

paganism *n.* paganismo.

page *n.* paje. || escudero. || página. || plana. || — *vt.* paginar, foliar.

pageant *n.* espectáculo brillante. || desfile. cortejo, procesión.

pageantry *n.* pompa. || espectáculo.

paging *n. (comput.)* paginación.

paid *ver* pay. || — *adj.* pagado. || asalariado. || remunerado.

pail *n.* cubo, balde.

pain *n.* dolor. || sufrimiento. || *pl.* **pains**, trabajos, esfuerzos. || *(med.)* dolores (del parto). || **on** o **upon** o **under p. of.**, so pena de. || — *vt.* doler. || afligir, apenar, dar lástima.

pained *adj.* afligido. || dolorido.

painful *adj.* doloroso. || difícil, penoso. || desagradable.

painkiller *n.* calmante.

painless *adj.* indoloro, sin dolor.

painstaking *adj.* cuidadoso, esmerado.

paint *n.* pintura. *(ant.)* colorete. || **"wet p."**, "recién pintado". || — *vt., vi.* pintar.

paintbrush *n.* pincel. || brocha.

painter *n.* pintor. || pintor de brocha gorda.

painting *n.* pintura. || cuadro.

pair *n.* par. || pareja. || yunta. || — *vt.* aparear (t. biol.). || — *vi.* aparearse (t. biol.). || **to p. with**, juntarse con.

pajamas *n. pl.* pijama.

pal *n. (fam.)* camarada, compinche. || — *vi.* to p. up, hacerse amigos.

palace *n.* palacio.

palatable *adj.* sabroso, apetitoso. || comible. || *(fig.)* aceptable.

palatal *adj., n.* palatal.

palate *n.* paladar (t. fig.).

palatial *adj.* suntuoso, espléndido.

palaver *n.* palabrería. || lío. || molestias, trámites engorrosos.

pale adj. pálido. || claro. || — vi. palidecer. || — n. estaca.

paleness n. palidez.

palette n. paleta.

palette knife n. espátula.

paling n. estaca. || valla, empalizada.

palisade n. palizada, estacada.

pall n. paño mortuorio. || (relig.) palio. || (fig.) manto, capa. || — vi. dejar de gustar.

pallet n. jergón.

palliate vt. paliar, mitigar.

pallid adj. pálido.

pally adj. (fam.) simpático, afable.

palm n. (bot.) palma, palmera. || ramo. || (anal.) palma (de la mano). || — vt. escamotear.

palmistry n. quiromancia.

palm tree n. palma, palmera.

palmy adj. floreciente. || próspero, feliz.

palpitate vi. palpitar.

palsy n. parálisis.

paltry adj. insignificante, baladí. || vil, miserable.

pamper vt. mimar.

pamphlet n. folleto. || panfleto, libelo.

pan n. cazuela, cacerola. || sartén. || taza (de lavatorio). || cazoleta (de arma de fuego). || — vt., (cine) tomar en panorámicas. || — vi. **to p. out**, salir bien, tener éxito.

pancake n. hojuela, tortita, panqueque (S. A.).

pandemonium n. alboroto, jaleo.

pander n. alcahuete. || — vi. alcahuetear.

pane n. cristal, hoja de vidrio.

panel n. panel. || entrepaño. || (cost.) paño. || (pint.) tabla. || tablero. || (med., etc.) lista de pacientes. || jurado.

panelling n. paneles. || artesonado. || entrepaños.

pang n. punzada, dolor súbito. || **p. of conscience**, remordimiento.

panhandle n. (E. U.) faja angosta de territorio de un estado que entra en el de otro.

panic n. terror pánico, pánico. || — (pret. y pp. **panicked**.) vt. aterrar. || — vi. llenarse de terror.

panic-stricken adj. preso de terror pánico, muerto de miedo.

pannier n. canasto, cesta. || alforja.

panoply n. panoplia. || (fig.) pompa.

panpipes n. zampoña, flauta.

pansy n. (bot.) pensamiento. || (fam.) maricón.

pant n. jadeo. || resuello. || — vi. jadear. || resollar. || palpitar. || **to p. for**, (fig.) suspirar por.

pantheism n. panteísmo.

panther n. pantera.

panties n. pl. bragas, braguitas. || (Am.) bombachas.

pantomime n. pantomima. || revista musical (para Navidad).

pantry n. despensa.

pants n. pl. calzoncillos. || pantalones.

pap n. papilla.

papacy n. papado, pontificado.

paper n. papel. || documento. || periódico, diario. || cuestionario de examen. || artículo, comunicación. || (teat.) pase de favor. || **on p.**, por escrito, pero sin experimentar. || — adj. de papel. || papelero: **p. industry**, industria papelera.

paperback n. libro en rústica.

paperboy n. repartidor de periódicos.

paper knife n. cortapapeles, abrecartas.

paper money n. papel moneda, billetes.

paperweight n. pisapapeles.

paper work n. trabajo administrativo || (pey.) papeleo, trámites burocráticos.

papery adj. parecido al papel.

paprika n. pimienta húngara.

par n. par. || igualdad. || valor nominal. || promedio. || — adj. normal. || (com.) a la par.

parable n. parábola.

parachute n. paracaídas. || — vt. lanzar en paracaídas. || — vi. lanzarse en paracaídas.

parade n. desfile (t. mil.); **fashion p.**, desfile de modas. || paseo público. || revista, inspección. || alarde. || vi. (mil.) formar. || desfilar. || hacer alarde de. || — vi. desfilar (t. mil.).

parade ground n. plaza de armas.

paradise ||. paraíso (t. fig.), gloria, cielo. || **a fool's p.**, ensueño, ilusión.

paradox n. paradoja.

paraffin n. petróleo (de alumbrado). || parafina.

paragon n. dechado.

paragraph n. párrafo. || suelto (en diario). || **"new p."**, "(punto y) aparte".

parallel adj. paralelo. || (elec.) en paralelo. || (fig.) semejante, análogo. || — n. (geom.) paralela. || (geog., t. fig.) paralelo. || — vt. comparar con. || igualar a, ser comparable con.

paralyse vi. paralizar (t. fig.).

paralytic adj., n. paralítico.

paramount adj. supremo, sumo.

paranoiac n. paranoico.

parapet n. parapeto. || brocal.

paraphernalia n. trastos, avíos. || arreos. || molestias.

paraphrase n. paráfrasis. || — vt. parafrasear.

paraplegic adj., n. parapléjico.

parapsychology n. parapsicología.

parasite n. parásito (t. fig.).

paratrooper n. paracaidista.

parboil vt. sancochar.

parcel n. paquete. || parcela. || (com.) lote. || — **vt. lo p. out**, repartir. || parcelar. || **to p. up**, empaquetar, embalar.

patch vt. secar, resecar. || quemar.

parched adj. seco. || **to be p. (with thirst)**, morirse de sed.

parchment n. pergamino.

pardon n. perdón. || (der.) indulto. || (relig.) indulgencia. || **general p.**, amnistía. || **p.?, I beg your p.?** ¿cómo? || — vt. perdonar. || (der.) indultar.

pare vt. cortar. || mondar, pelar.

parent n. padre, madre. || pl. **parents**, padres. || (fig.) madre, causa, origen. || — adj. madre. || **the p. company**, la casa matriz.

parentage n. familia, linaje.

parental adj. de padre y madre, de los padres. || paternal, maternal.

parenthood n. paternidad, maternidad.

parings n. pl. peladuras, mondaduras.

parish n. parroquia. || — adj. parroquial.

parishioner n. feligrés.

parity n. paridad, igualdad.

park n. parque. || jardines. || — vt. (aut.) estacionar. || (fam.) dejar, depositar.

parking n. estacionamiento. || aparcamiento.

parkway n. (E. U.) gran vía adornada de árboles.

parlance n. lenguaje.

parley n. parlamento. || — vi. parlamentar.

parliament n. parlamento. || Cortes.

parliamentary adj. parlamentario.

parlour n. sala de recibo, salón. || (relig.) locutorio.

parochial adj. (relig.) parroquial. || (fig.) de miras estrechas.

parody n. parodia. || — vt. parodiar.

parole n. palabra, palabra de honor. || libertad bajo palabra, libertad condicional.

parquetry n. entarimado.

parricide n. parricidio. || parricida.

parrot n. loro, papagayo. || — vt. repetir, imitar como un loro.

parrot fashion adv. mecánicamente.

parry n. quite, parada. — vt. parar, quitar. || desviar. rechazar.

parse vt. (gram.) analizar.

parsimony n. parquedad. || frugalidad.

parsley n. perejil.

parson n. clérigo, cura. || (esp.) párroco.

part n. parte. || trozo. || porción. || (teat.) papel. || partido, bando. || deber, obligación. || fascículo, número (de revista). || tomo. || entrega. || (tec.) pieza, pieza de repuesto. || (gram.) parte: **parts of speech**, partes de la oración. || (geog.) lugar, comarca, región. || (anat.) partes, genitales. || **for the most p.**, en la mayor, parte. || **in good p.**, sin ofenderse. || — adj. parcial: **p. owner**, copropietario. || — adv. en parte. || — vt. dividir. || separar. || abrirse paso. || to p. company with, separarse. || — vi, separarse. || despedirse. || abrirse. || bifurcarse. || romperse. || desprenderse. || **to p. with**, deshacerse de.

partake (ver take) vt., vi. participar, tomar parte. || **to p. of someone's meal**, compartir la comida con alguien. || comer. || beber.

part exchange n. como parte del pago.

partial adj. parcial. || aficionado.

partially adv. parcialmente, en parte. || con parcialidad.

participant n. partícipe. || concursante. || combatiente.

participate vi. participar, tomar parte.

participle n. participio.

particle n. partícula. || átomo, grano. || (fig.) pizca.

particular adj. particular. || concreto. || especial. || cierto, determinado. || detallado, minucioso. || exigente. || **I'm not p. about it**, me da lo mismo. || — n. detalle, dato.

particularize vi. particularizar, especificar. || — vi. dar todos los detalles.

parting adj. de despedida. || — n. separación. || despedida. || raya (del pelo).

partisan adj. partidista. || (mil.) de partisanos, de guerrilleros. || — n. partidario. || (mil.) partisano, guerrillero.

partition n. partición, división. || (comput.) compartimiento. || — vt. dividir. || **to p. off**, separar con tabique. || (comput.) compartimentar.

partly adv. en parte, en cierto modo.
partner n. compañero (de juego). || (com.) socio. || pareja (de baile). || cónyuge. || **sleeping p.**, **silent p.**, socio comanditario. || — vt. acompañar. || estar asociado con.
partnership n. asociación, (com.) sociedad. || vida conyugal.
partook, ver **partake**.
partridge n. perdiz.
part-time adv., adj. de dedicación parcial.
party (pol.) partido. || **to join the p.**, hacerse miembro del partido. || partida: **hunting p.**, partida de caza. || grupo. || (mil.) pelotón, destacamento. || reunión. || fiesta. || (der.) parte. || equipo. || cómplice. || (fam.) individuo.
pass (geog.) puerto. || desfiladero. || permiso. || pase. || salvoconducto. || aprobado (examen). || situación crítica. **I to bring to p.**, motivar. || **to come to p.**, suceder. || — vt. pasar, atravesar. || cruzarse con. || (aut.) adelantar, pasar. || aprobar (examen). || pasar (tiempo). || transmitir (mensaje). || pasar (la pelota). || dictar (sentencia). || aprobar (proyecto, propuesta, candidato). || — vi. pasar. || suceder, ocurrir, y circular (moneda). || aprobar, ser aprobado. || pasar (tiempo). || terminar (plazo). || **to p. away**, pasar, desaparecer. || morir. || **to p. by**, pasar por. || pasar de largo. || pasar por alto. || **to p. for/as**, pasar por, ser considerado como. || **to p. on**, pasar a. || pasar a mejor vida, morir. || **to p. out**, salir. || desmayarse. || graduarse. || distribuir. || **to p. round**, pasar de mano en mano. || **to p. up**, rechazar (ofrecimiento).
passage n. tránsito. || viaje, travesía. || pasaje. || trámites, aprobación. || paso (tiempo). || corredor, pasillo. || callejón. || (tec.) conducto, tubo, canal. || (lit., mús.) pasaje, trozo.
passageway n. pasillo, galería, pasadizo.
passbook n. libreta de cuenta y razón.
passenger n. pasajero. || viajero.
passer-by n. transeúnte.
passing adj. pasajero. || breve. || superficial. || — n. paso. || aprobación. || desaparición. || (euf.) fallecimiento. || **in p.**, de paso.
passion n. pasión. || cólera, ira.
passionate adj. apasionado. || vehemente. || irascible.
passionflower n. pasionaria.

passive adj. pasivo (t. gram.). || inactivo, inerte. || — n. (gram.) voz pasiva.
passiveness, **passivity** n. pasividad. || inercia.
passkey n. llave maestra.
Passover n. Pascua (de los judíos).
passport n. pasaporte.
password n. santo y seña, contraseña (t. comput.).
past adv. por delante. || — adj. pasado. || anterior, último. || (gram.) pasado: **the p. tense**, pretérito. || — prep. más allá de, después de. || por delante (pasar). || más de. || — n. pasado (gram.) lo pasado. || historia. || antecedentes.
pasta n. pastas (fideos, ravioles, etc.).
paste n. pasta. || masa. || engrudo. || — vi. pegar. || engomar.
pasteboard n. cartón, cartulina.
pastel n. pastel. || pintura al pastel. || — adj. al pastel.
pasteurize vi. pasteurizar.
pastille n. pastilla.
pastime n. pasatiempo.
pastoral adj. pastoral. || pastoril. || — n. (relig.) pastoral.
pastry n. pasta. || pasteles. || pastelería.
pasture n. pasto. || prado, dehesa. || — vt. apacentar, pastorear. || — vi. pastar, pacer.
pasty adj. pastoso. || pálido.
pasty n. pastel (de carne), empanada.
pat n. palmadita, golpecito. || caricia. || porción (de manteca). || — adj. adecuado, oportuno. || demasiado listo y rápido. || — adv. oportunamente, a tiempo. || **to know something (off) p.**, saber algo al dedillo. || **to stand p.**, mantenerse en sus trece.
patch n. pedazo. || remiendo. || parche. || mancha. || parcela. || **eye p.**, parche. || — vt. remendar. || poner un parche a. || **to p. up**, componer de modo chapucero.
patchwork n. labor de retazos.
patchy adj. desigual. || manchado.
patella n. rótula.
patent adj. patente, evidente. || (com.) de patente, patentado. || — n. patente. || — vt. patentar.
patent leather n. charol.
patent medicine n. específico.
paternal adj. paternal. || paterno.
paternity n. paternidad.
path n. senda, sendero. || camino. || órbita. || (fig.) paso: **his p. through life**, su paso por la vida. || trayectoria, curso.

pathetic adj. patético, lastimoso. || horrible, malísimo.

pathfinder n. explorador piloto.

pathology n. patología.

pathos n. patetismo.

pathway n. ver **path**.

patience n. paciencia. || solitario (cartas).

patient adj., n. paciente.

patriarch n. patriarca.

patricide n. parricidio. || parricida.

patriot n. patriota.

patrol n. patrulla. || ronda (de vigilancia). || — vt. patrullar por. || (fig.) rondar. || — vi. patrullar. || (fig.) rondar, pasearse.

patrol car n. coche patrulla.

patrolman n. guardia. || policía.

patrol wagon n. camión celular.

patron n. (com.) parroquiano, cliente. || patrocinador. || mecenas. || **p. saint**, patrono.

patronage n. patrocinio. || mecenazgo. || (relig.) patronato.

patronize vt. patrocinar. || fomentar. || tratar con aire protector. || ser cliente de.

patten n. zueco, chanclo.

patter n. jerga. || parloteo. || golpeteo. || — vt. parlotear. || — vi. charlar. || tamborilear. || andar con paso ligero.

pattern n. modelo. || muestra. || diseño, dibujo. || (cost.) patrón, molde. || (fig.) pauta, norma. || — vt. modelar, diseñar.

pattern recognition n. (comput.) reconocimiento de configuraciones.

patty n. empanada de carne. || **meat p.**, hamburguesa.

paucity n. escasez, insuficiencia.

paunch n. (pey.) panza, barriga.

pauper n. pobre.

pause n. pausa (t. mús.). || intervalo. || interrupción. || silencio. || — vi. hacer una pausa. || detenerse. || vacilar.

pave vt. pavimentar. || enlosar. || empedrar. || enladrillar. || **to p. the way**, (fig.) preparar el terreno.

pavement n. pavimento. || acera, (Am.) vereda. || calzada, camino asfaltado.

pavilion n. pabellón (t. anat.). || quiosco. || vestuario.

paving n. pavimento, adoquinado, enladrillado.

paving stone n. losa.

paw n. pata. || garra. || zarpa. || (f am.) manaza. || — vt. tocar con la pata. || dar zarpazos a. || manosear.

pawky adj. astuto, ladino. || sardónico.

pawn n. (ajedrez) peón. || (fig.) instrumento. || prenda, objeto empeñado. || — vi. empeñar.

pawnbroker n. prestamista.

pawnshop n. casa de empeños.

pay n. paga. || sueldo. || salario. || jornal. || **retirement p.**, jubilación, (mil.) retiro. || — vi. (pret. y pp. **paid**y) pagar. || producir. || prestar (atención). || rendir (homenaje). || compensar. || **to p. a call** o **visit**, hacer una visita. || — vi. pagar. || ser rentable o provechoso. || **to p. back**, reembolsar, devolver. || **to p. down**, dejar una seña, pagar al contado. || **to p. off**, saldar (deuda). || redimir (hipoteca). || despedir (empleado). || licenciar (tropas). || merecer la pena. || **to p. out**, desembolsar. || soltar (cuerda). || **to p. up**, pagar (de mala gana).

payable adj. pagadero.

payday n. día de paga.

payee n. portador, tenedor. || beneficiario.

payer n. pagador. || **slow p.**, moroso.

payload n. carga útil.

payment n. pago. || remuneración. || **advance p.**, anticipo. || **down p.**, pago al contado, desembolso inicial. || **monthly p.**, mensualidad.

payoff n. retribución, liquidación. || (fam.) momento decisivo.

payroll n. nómina.

payslip n. recibo de haberes.

pay station n. teléfono público.

pea n. guisante, (Am.) arveja. || **sweet p.**, alverjilla.

peace n. paz. || tranquilidad. || orden público. || **to hold one's p.**, guardar silencio, callarse.

peaceful adj. pacífico. || tranquilo, sosegado.

peace-keeping adj. de pacificación. || — n. pacificación. || mantenimiento de la paz.

peacemaker n. pacificador. || árbitro.

peace offering n. prenda de paz.

peach n. melocotón, (Am.) durazno. || melocotonero, (Am.) duraznero. || color durazno.

peacock n. pavo real.

peagreen adj. verde claro.

peak n. punta. || cumbre, cima. || pico. || visera (de gorra). || (fig.) apogeo. || — adj. el punto de mayor actividad, valor, poder, etc. || **p. hours**, horas pico. || **p. load**, carga máxima. || **p. season**, temporada alta.

peal *n.* repique. || **p. of laughter**, carcajada. || **p. of thunder**, trueno. — *vt., vi.* repicar, tocar a vuelo.

peanut *n.* cacahuete, *(Am.)* maní. || *pl. (fam.)* **peanuts**, miseria, nada.

pear *n.* pera. || peral.

pearl *n.* perla *(t. fig.).* || nácar. || — *adj.* de perla, de perlas. || color de perla.

peasant *n.* campesino. || labrador. || — *adj.* campesino, rústico.

peashooter *n.* cerbatana.

pea souper *n.* niebla muy densa.

peal *n.* turba.

pebble *n.* guija, guijarro.

pecan *n. (bol.)* pacana (nuez).

peccary n. pecarí.

peck *n.* medida de áridos (= 9,087 litros). || picotazo. || — *vt.* picotear. || besar con poco cariño.

peckerwood *n.* pájaro carpintero.

pecking order *n. (fig.)* orden jerárquico.

peckish *adj. (fam.)* hambriento.

peculation *n.* peculado.

peculiar *adj.* peculiar. || propio, característico. || raro, excéntrico.

peculiarity *n.* peculiaridad, particularidad. || rasgo característico. || rareza. || manía.

peculiarly *adv.* particularmente, especialmente. || de modo raro.

pedagogy *n.* pedagogía.

pedal *n.* pedal *(t. mús.).* || — *vt., vi.* pedalear.

pedantry *n.* pedantería.

peddle *vi.* vender de puerta en puerta. || *(fig.)* difundir.

pedestal *n.* pedestal, basa.

pedestrian *adj.* pedestre, peatonal. || — *n.* peatón.

pediatrics *n.* pediatría.

pedicurist *n.* pedicuro (persona).

pedigree *n.* genealogía, linaje. || árbol genealógico. || — *adj.* de raza, de pura sangre.

pedlar *n.* vendedor ambulante, buhonero.

peek *n.* mirada furtiva. || — *vi.* mirar a hurtadillas.

peel *n.* piel. || monda, peladuras. || corteza. || — *vt.* pelar, mondar. || descortezar. || **to p. off**, desnudar. || — *vi.* despegarse, desprenderse (papel). || desconcharse (pintura).

peep *n.* pío. || mirada rápida, ojeada. || **at p. of day**, al amanecer. || — *vt.* asomar. || — *vi.* mirar rápidamente.

peephole *n.* mirilla.

peer *n.* par (noble). || igual, par. || — *vi.* mirar con atención o con ojos de miope.

peerless *adj.* sin par, incomparable.

peeve *vt. (fam.)* enojar, irritar.

peewit *n.* avefría.

peg *n.* clavija *(t. mús.).* || estaca. || pinza, broche (de tender ropa). || gancho. || *(ant.)* trago (bebida alcohólica). || *(fig.)* punto de apoyo. || **off the p.**, (ropa) de confección. || — *vt.* enclavijar. || estabilizar (precios). || tender (ropa). || — *vi.* **to p. away**, trabajar con ahínco. || *(sl.)* estirar la pata.

pejorative *adj.* peyorativo. || *(gram.)* despectivo.

Pekinese *n.* pequinés.

pelican *n.* pelicano.

pellet *n.* bolita. || píldora. || perdigón.

pellucid *adj.* diáfano, cristalino.

pelota player *n.* pelotari.

pelt *n.* pellejo. || piel. || — *vt.* tirar, arrojar, g apedrear, g acribillar (a preguntas). || — *vi.* llover a cántaros. || ir a toda velocidad.

pen *n.* corral. || redil. || toril, || gallinero. || pocilga. || *(E. U. fam.)* cárcel, || pluma (para escribir). || **ballpoint p.**, bolígrafo, *(Arg.)* birome. || **fountain p.**, estilográfica. || — *vt.* escribir. || redactar. || — *vi.* encerrar, acorralar.

penal *adj.* penal. || **p. servitude**, trabajos forzados. || muy gravoso.

penalty *n.* pena, castigo. || multa. || *(dep.)* castigo. || (fútbol) penal, (golf) penalización, (bridge) multa, castigo.

penance *n.* penitencia.

pence *n. pl.* de **penny**.

penchant *n.* predilección, inclinación.

pencil *n.* lápiz. || lapicero. || lápiz de cejas.

pencil sharpener *n.* sacapuntas.

pendant *n.* pendiente. || colgante. || *(naveg.)* gallardete, banderín.

pending *adj.* pendiente. || — *prep.* hasta.

pendulum *n.* péndulo.

penetrate *vi* penetrar.

penetrating *adj.* penetrante *(t. fig.).* || que taladra los oídos. || perspicaz.

penfriend *n.* amigo por correspondencia.

penguin *n.* pingüino.

penholder *n.* portaplumas.

penis *n.* pene.

penitence *n.* penitencia, arrepentimiento.

penitent *adj.* penitente *(t. relig.).* || arrepentido. ||— *n.* penitente.

P

penitentiary n. cárcel, presidio.

penknife n. navaja, cortaplumas.

penmanship n. caligrafía.

pen name n. seudónimo.

pennant n. banderola. || (naveg.) gallardete.

penniless adj. pobre, sin dinero.

penny n., p **pennies** o **pence**, penique.|| (E. U.) centavo. || a **p. for your thoughts**, ¿en qué estás pensando? || **I'm not a p. the wiser**, no me he enterado todavía.

pennyworth, **penn'orth** n. valor de un penique. || (fig.) pizca.

penologist n. penalista.

pension n. pensión. || (mil.) retiro. || jubilación. || **old age p.**, subsidio de vejez, pensión. || — vi. pensionar, dar una pensión a.

pension fund n. caja de jubilaciones.

pensive adj. pensativo. || triste.

pentagon n. pentágono.

penthouse n. cobertizo. || ático, departamento en la azotea generalmente muy codiciado.

pent-up adj. encerrado. || reprimido.

penultimate adj. penúltimo.

penury n. miseria, pobreza. || falta, escasez.

people n. gente. || personas. || pueblo, nación: **French p.**, los franceses. || súbditos: **the Queen and her p.**, la reina y sus súbditos. || parientes, familia. || **coloured p.**, gente de color. || **people's republic**. república popular. || — vt. habitar. || poblar (t. pey.).

pep n. (sl.) empuje, dinamismo. || **vt. to p. up**, estimular, animar.

pepper n. pimienta. || pimiento. || pimentero. || **sweet p.**, pimiento morrón. || — vt. sazonar con pimienta. || acribillar a tiros.

pepper-and-salt entrecano, mezclado de negro y blanco.

peppercorn n. grano de pimienta. || **p. rent**, (fig.) alquiler nominal.

peppermint n. menta.|| pastilla de menta.

pepperpot n. pimentero.

peppery adj. picante. || (fig.) enojadizo. || mordaz.

peptalk n. (sl.) discurso o palabras destinadas a levantar los ánimos.

per prep. por. || a, por: **p. annum**, al año. || **as p. invoice**, según factura. || **as p. usual**, como de costumbre.

perambulate vt. recorrer. || — vi. deambular.

perambulator n. cochecito de niño.

perceive vt. percibir. || notar, observar. || comprender.

percentage n. porcentaje, tanto por ciento. || proporción. || (sl.) tajada.

perceptive adj. perspicaz. || penetrante, agudo.

perch n. (ict.) perca. || percha, vara (para pájaros). || medida de longitud. || — vt. colocar en sitio elevado. || — vi. posarse. || encaramarse.

percolate vt. filtrar, colar. || (fig.) filtrarse en, por. || preparar (café).

percolator n. Cafetera de filtro.

percussion n. percusión.

peregrine n. halcón común.

peremptory adj. perentorio. || autoritario.

perennial adj. perenne (t. bol.). || eterno, perpetuo. || n. (bot.) planta perenne.

perfect adj. perfecto. || (gram.). || verdadero: **a p. gentleman**, un verdadero caballero. || — n. (gram.) perfecto.

perfect vt. perfeccionar.

perfectly adv. perfectamente. || completamente.

perfidy n. perfidia.

perforate vi. perforar, horadar, agujerear. || **perforated stamp**, sello dentado.

perform vi. hacer. realizar. || representar (obra de teatro). || interpretar. || (mús.) ejecutar. || — vi. (mús.) tocar, cantar. || (teat.) representar, actuar. || (mec.) funcionar.

performance n. cumplimiento, ejecución, realización. || representación (de una obra). || actuación, interpretación. || función. || (mús.) ejecución. || (mec.) funcionamiento, rendimiento.

performer n. actor, actriz. || artista. || (mús.) intérprete, ejecutante.

perfume vt. perfumar.

perfunctory adj. superficial, somero. || mecánico, rutinario.

perhaps adv. tal vez, quizá(s).

peril n. peligro, riesgo.

perilous adj. peligroso, arriesgado.

perimeter n. perímetro.

period n. período. || época. || plazo. || punto. || (dep.) tiempo. || — adj. de época, clásico.

periodic adj. periódico.

periodical adj. periódico. || — n. revista, publicación periódica.

periphery n. periferia.
periscope n. periscopio.
perish vi. perecer. || deteriorarse, echarse a perder. || **p. the thought!**, ¡Dios nos libre! || — vt. estropear, echar a perder.
perishable adj. perecedero. || — n. pl. **perishables**, productos perecederos.
perishing adj. (fam.) (tiempo) helado.
perjure vt. perjurar.
perk, **perquisite** n. gratificación, propina. || — vi. **to p. up**, entonarse, animarse.
perky adj. alegre. || despabilado. || fresco. || desenvuelto.
perm n. (fam.) permanente.
permanency n. permanencia. || arreglo permanente, cosa fija, estabilidad en el empleo.
permanent adj. permanente. || estable, fijo. || inalterable. || — n. permanente (peinado).
permeable adj. permeable.
permeate vt. penetrar. || saturar, impregnar.l
permissible adj. permisible, lícito.
permission n. permiso. || licencia. || autorización.
permit n. permiso, licencia. || pase.
permit vt. permitir. || autorizar. || tolerar. || — vi. permitir. || **to p. of**, permitir, admitir.
permute vt. permutar.
pernicious adj. pernicioso (t. med.). || dañoso. || peligroso.
peroxide n. (quím.) peróxido. || **hydrogen p.**, agua oxigenada. || **p. blonde**, rubia oxigenada.
perpendicular adj., n. perpendicular.
perpetrate vt. cometer. || (der.) perpetrar.
perpetrator n. autor. || responsable. || (der.) perpetrador.
perpetual adj. perpetuo. || incesante, continuo.
perpetuate vt. perpetuar.
perpetuity n. perpetuidad. || (der.) renta perpetua.
perplex vt. dejar perplejo, confundir.
perplexing adj. confuso, que causa perplejidad. || complicado.
perquisite n. gratificación, propinas.
perry n. sidra de peras.
persecute vt. perseguir. || molestar, acosar.
persecutor n. perseguidor.
persevere vi. perseverar, persistir.

persevering adj. perseverante.
persist vi. persistir. || continuar. || porfiar, empeñarse.
persistence, **persistency** n. persistencia. || porfía, empeño.
person n. persona (t. gram.).
personable adj. bien parecido, atractivo.
personal adj. personal. || privado, íntimo. || corporal: **p. injuries**, daños corporales. || individual (libertad). || — n. columna de sociales (diario, revista).
personality n. personalidad. || personaje, figura.
personalty n. (der.) bienes muebles.
personate vt. hacerse pasar por. || (teat.) hacer el papel de.
personify vt. personificar. || representar.
person to person n. (tlf.) llamada de persona a persona.
perspective n. perspectiva.
perspicacity n. perspicacia.
perspire vi. transpirar, sudar.
persuade vt. persuadir. || convencer.
persuasion n. persuasión. || creencia, secta. || opinión.
pert adj. impertinente. || animado.
pertain vi. tener que ver con, estar relacionado con. || pertenecer a.
pertinacious adj. pertinaz.
pertinent adj. pertinente, oportuno.
perturb vt. perturbar, inquietar.
peruse vt. leer atentamente, examinar.
pervade vt. difundirse por. || impregnar, saturar.
pervasive adj. penetrante. || extendido, difundido.
perverse adj. perverso. || terco, contumaz.
perversity n. perversidad. || obstinación.
pervert vt. pervertir (t. med.). || estropear. || desvirtuar (palabras).
pessary n. (med.) pesario.
pessimism n. pesimismo.
pest n. (zool.) plaga. || insecto nocivo, animal dañino. || (fig.) tipo pesado.
pester vt. molestar, acosar.
pestilence n. pestilencia, peste.
pestle n. mano de mortero.
pet adj. (animal) doméstico. || (animal) favorito. || (nombre) cariñoso. || — n. animal doméstico. || favorito. || persona muy mimada. || **to be in a p.**, estar de mal humor. || — vt. acariciar. || mimar.
petal n. pétalo.
petard n. petardo.

peter vi. **to p. out**, agotarse, acabarse. || desaparecer. || (plan) quedar en agua de borrajas.

petite adj. chiquita.

petition n. petición, solicitud. || (der.) demanda. || súplica.

petrify vt. petrificar. | (fig.) pasmar, horrorizar. || — vi. petrificarse.

petrochemistry n. petroquímica.

petrol n. gasolina, (Am.) nafta. || bencina.

petroleum n. petróleo.

petrol pump n. bomba de nafta. || surtidor de nafta.

petrol station n. estación de servicio.

petticoat n. enaguas, combinación.

pettiness n. insignificancia, pequeñez. || mezquindad. || intolerancia.

pettish adj. malhumorado.

petty adj. insignificante, nimio. || **p. cash**, caja chica. || **p. officer**, suboficial de marina. || mezquino. || de miras estrechas. || intolerante.

petulant adj. malhumorado. || irritable.

pew n. (relig.) banco (de iglesia).

pewter n. peltre.

phalanx n. falange.

phallic adj. fálico.

phantasm n. fantasma.

phantom n. fantasma. || — adj. fantasmal.

pharaoh n. faraón.

pharmacy n. farmacia.

pharynx n. faringe.

phase n. fase (t. astr.). || etapa. || — vi. proyectar en una serie de etapas, escalonar.

pheasant n. faisán.

phenomenon n. fenómeno.

phial n. ampolla, frasco.

philander vi. flirtear, mariposear.

philanthropist n. filántropo.

philately n. filatelia.

philharmonic adj. filarmónico.

philology n. filología.

philosopher n. filósofo.

philosophy n. filosofía.

philtre n. filtro.

phlegm n. flema (t. fig.).

phobia n. fobia.

phoenix n. fénix.

phone n. (fam.) teléfono. || **p. book**, guía telefónica. || **p. box**, cabina telefónica. | — vt., vi, telefonear.

phonetics n. fonética.

phoney adj. (fam.) falso, postizo. || sospechoso. || — n. farsante. || cosa falsa.

phonograph n. (E. U.) gramófono, fonógrafo.

phonology n. fonología.

phosphorescent adj. fosforescente.

phosphorus n. fósforo.

photo n. foto. || ver **photograph**.

photocopy n. fotocopia. || — vt. fotocopiar.

photoengraving n. fotograbado.

photo finish n. resultado comprobado por fotocontrol. || (fig.) final muy reñido.

photogenic adj. fotogénico.

photograph n. fotografía (fot.). || **aerial p.**, aerofoto. || — vt. fotografiar.

photography n. fotografía (arte).

photogravure n. fotograbado.

phrase n. frase (t. mús.), expresión, locución. || — vt. expresar. || redactar. || frasear.

phrasebook n. libro de modismos.

phrenetic adj. frenético.

phthisis n. tisis.

phylum n. (biol.) filo.

physic n. (ant.) medicina.

physical adj. físico. || **p. fitness**, buena salud.

physician n. médico.

physics n. física.

physiognomy n. fisonomía.

physiology n. fisiología.

physiotherapy n. fisioterapia.

physique n. constitución (del cuerpo). || aspecto físico.

piano n. piano. || **grand p.**, piano de cola. || **upright p.**, piano vertical. || — adv., adj. (mús.) piano.

piastre n. piastra.

piazza n. plaza. || soportales, pórtico. || (E. U.) galería, porche.

piccolo n. (mús.) flautín.

pick n. pico, piqueta. || selección. || flor y nata. || — vt. picar, hacer (agujero). || mondarse (los dientes). || hurgarse (la nariz). || roer (un hueso). || desplumar (un ave). || abrir con ganzúa. || seleccionar. || coger (flores). || recoger (fruta). || picotear, picar. || deshilachar. || **to p. acquaintance with**, trabar amistad con. || **to p. pockets**, robar billeteras. || — vt. picar (con pico). || picotear. || criticar. || **to p. and choose**, escoger con mucho cuidado. || **to p. at**, picar, comer con poco apetito. || **to p. off**, matar de un tiro. || **to p. out**, escoger. || alcanzar a ver. || hacer resaltar. || tocar de oído. || **to p. up**, levantar. || descolgar (teléfono). || adquirir. || ir a recoger a alguien. || levantar en brazos. || interceptar (mensaje). || encontrar. || detener (prisionero). || (med.) reponerse.

pickaxe n. zapapico, piqueta.

picked adj. escogido, selecto.

picket n. estaca. || piquete. || huelguista. || — vt. cercar con estacas. || piquetear, cercar con un cordón de huelguistas. || — vi, estar de guardia.

picking n. recolección, cosecha. || selección. || pl. **pickings**, sobras, desperdicios. || ganancias (deshonestas). || artículos robados.

pickle n. encurtido. || escabeche. || adobo. || salmuera. || apuro. || pillo. || — vt. encurtir. || adobar. || conservar en vinagre.

picklock n. ganzúa.

pickpocket n. carterista, ratero.

pickup n. pick-up, fonocaptor. || recolección. || recepción, toma (luz, sonido). || receptor. || recuperación (salud, negocios). || camioneta, furgoneta. || arresto, detención. || mujer conocida por casualidad.

picnic n. jira, excursión campestre, merienda en el campo, picnic.

pictorial adj. pictórico. || gráfico, ilustrado. || — n. revista ilustrada.

picture n. cuadro, pintura. || retrato. || fotografía. || lámina, estampa, grabado. || (TV) cuadro, imagen. || (cine) película, filme. || descripción. || imagen. || perspectiva, visión de conjunto. || — vi. representar, pintar. || describir. || imaginar.

picture book n. libro de estampas.

picturesque adj. pintoresco. || típico.

picture window n. ventanal.

piddle vi. (fam.) hacer pipí, orinar.

pidgin n. (t. **p. English**) lengua franca mezcla de chino, inglés, malayo, etc.

pie n. pastel, tarta. || empanada.

piebald adj., n. pío (caballo).

piece n. pedazo, trozo, fragmento. || (mec., mil.) pieza. || moneda. || (lit., teat., mús.) obra, pieza. || (ajedrez, damas) pieza, ficha. || parcela. || **all in one p.**, entero, sin dañar. || **a p. of news**, una noticia. || **by the p.**, a destajo, por pieza. || **in pieces**, destrozado. || desmontado. || **to come** o **to fall to pieces**, caerse a pedazos. || — vt. recomponer, reparar. || **to p. together**, (mec.) montar. || (fig.) atar cabos e ir comprendiendo.

piecemeal adv. poco a poco. || sin sistema fijo.

piece of cake n. (fam.) algo fácil de hacer.

piecework n. trabajo a destajo.

piecrust n. pasta de pastel.

pied adj. pío, de varios colores. || manchado.

pier n. pilar, columna. || malecón, embarcadero, muelle.

pierce vi. penetrar. || atravesar. || pinchar. || brillar súbitamente. || romper el silencio.

piercing adj. cortante (viento). || agudo. || penetrante.

pietism n. piedad, devoción. || (pey.) beatería, mojigatería.

piety n. piedad, devoción.

piffle n. disparates, tonterías.

piffling adj. de poca monta, insignificante.

pig n. cerdo, puerco, cochino. || **to make a p. of oneself**, comer demasiado, darse un atracón. || lingote. || — vi. **to p. it**, vivir como cerdos.

pigeon n. paloma. || pichón. || **carrier** o **homing p.**, paloma mensajera.

pigeonhole n. casilla. || — vt. encasillar, clasificar (t. fig.). || archivar.

pigeon house n. **pigeon loft**, n. palomar.

pigeon-toed adj patituerto.

piggy n. cerdito, lechón. || — adj. glotón.

piggy bank n. hucha, alcancía.

pigheaded adj. terco, testarudo.

pigment n. pigmento.

pigmy adj., n. pigmeo, enano.

pigsty n. pocilga, porqueriza || (t. fig.).

pigtail n. coleta. || trenza.

pike n. (mil.) pica, chuzo. || (zool.) lucio. || (geog.) pico.

pilchard n. sardina arenque.

pile n. (arq.) pilote.

pile n. montón, pila. || (fam.) fortuna. || mole, masa imponente (de edificios). || (fís.) pila. || pelo (de alfombra). || — vt. (t. **to p. up**) amontonar, apilar, juntar en un montón. || acumular.

piles n. pl. (med.) almorranas, hemorroides.

pileup n. (aut., etc.) accidente múltiple.

pilfer vt., vi. ratear, sisar, hurtar.

pilgrim n. peregrino.

pill n. píldora. || (sl.) pelota.

pillage n. pillaje, saqueo. || — vt. pillar, saquear.

pillar n. pilar, columna. || (fig.) sostén.

pillar box *n.* buzón.
pillion *n.* asiento de atrás (de motoci-. cleta).
pillory *n.* picota. || — *vt.* poner en ridículo.
pillow *n.* almohada.
pillowcase *n.* funda de almohada.
pilot *n.* (aer.) piloto. || (naveg.) timonel, piloto. || — *adj.* piloto, experimental. || — *vt.* pilotar.
pilot officer *n.* oficial de aviación.
pimp *n.* alcahuete. || rufián, proxeneta.
pimple *n.* grano.
pin *n.* alfiler. || horquilla. || broche. || insignia. || (dep.) banderín (golf). || bolo. | perno. || clavija (t. mús.). || pl. **pins** (sl.), piernas. || **pins and needles**, hormigueo. || **for two pins**, por menos de nada. || — *vt.* prender con alfiler. || prender o sujetar (con grapas, etc.). || (tec.) enclavijar. || **to p. down** (fig.), obligar a alguien a que se decida, se comprometa, etc. || precisar, definir. || **to p. on**, acusar, echar la culpa a.
pinafore *n.* delantal (de niña). || **p. dress**, mandil.
pinball *n.* billar automático.
pince-nez *n. pl.* quevedos.
pincers *n. pl.* (zool.) pinzas. || (tec.) tenazas.
pinch *n.* pellizco. || pizca. || apuro. || robo. || pesca, captura. || — *vt.* pellizcar. || apretar, aplastar. || (fig.) herir (orgullo). || poner en aprieto. || detener. || robar (idea). || — *vi.* apretar. || economizar.
pinched *adj.* escaso, falto de. || pálido.
pincushion *n.* acerico.
pine *n.* pino. || — *vi.* (t. **to p. away**) languidecer, consumirse.
pineapple *n.* pilla, ananás.
pine marten *n.* (zool.) marta.
pine tree *n.* pino.
ping *n.* silbido (de bala). || sonido metálico. || tintín de cristal. || — *vi.* silbar (como una bala). || hacer un sonido metálico. || tintinear (como el cristal).
pinion *n.* (mec.) piñón. || (poét.) ala. || — *vt.* cortar las alas a. || maniatar.
pink *n.* (bot.) clavel, clavellina. || rosa (color). || **in the p.**, en perfecta salud. || — *adj.* rosado. || (pol.) rojillo, izquierdista. || — *vt.* (cost.) picar, festonear. || herir levemente.
pinking shears *n. pl.* tijeras grandes (de costura) de corte ondulado.

pin money *n.* dinero para gastos menudos.
pinnacle *n.* pináculo. || pico, cima. || cumbre.
pinpoint *n.* punta de alfiler. || (fig.) punto muy pequeño. || — *adj.* preciso, exacto. || — *vt.* indicar con precisión.
pinstripe *adj.* a rayas, rayado.
pint *n.* pinta (= 0,57 litro, E. U.: 0,47 litro). || vaso grande de cerveza.
pinup *n.* foto de muchacha muy atractiva.
pioneer *n.* explorador. || colonizador. || (mil.) zapador. || iniciador, promotor. || — *vt.* iniciar, promover. || colonizar. || — *vi.* explorar, abrir nuevos caminos.
pious *adj.* piadoso, devoto.
pip *n.* (bot.) pepita (de un fruto). || punto, pinta (en naipe, dado). || estrella (de uniforme). || (sl.) mal humor, melancolía. || (rad., tlf.) señal. || — *vt.* vencer. || no aprobar, ser suspendido en. || — *vi.* romper el cascarón. || fracasar.
pipe *n.* tubo, caño, conducto. || pipa. || (mús.) tubo (de órgano). || caramillo. || *pl.* **pipes**, tubería, cañería. || (mús.) gaita, flauta. || — *vt.* conducir por tubería. || transportar por oleoducto. || instalar tuberías en. || — *vi.* (mús.) tocar la gaita o el caramillo. || chillar.
pipe dream *n.* sueño imposible.
pipeful *n.* pipa.
pipeline *n.* tubería, cañería. || oleoducto, gasoducto. || **it is in the p.**, (fig.) está en trámite.
piper *n.* flautista. || gaitero.
piping *n.* tubería. || (cost.) ribete. || (mús.) sonido del caramillo, música de flauta. || — *adv.* **p. hot**, bien caliente, quemando. || — *adj.* agudo. || (voz) aflautado.
piquant *adj.* picante.
pique *n.* pique, resentimiento. || — *vt.* picar, herir.
piracy *n.* piratería. || publicación pirata.
pirate *n.* pirata. || — *adj.* **p. radio**, emisora ilegal. || — *vt.* publicar en una edición furtiva.
pirouette *n.* pirueta. || — *vi.* piruetear.
piss *n.* orina. || — *vt., vi.* mear. || llover mucho.
pistol *n.* pistola, revólver.
piston *n.* pistón, émbolo. || (mús.) llave, pistón.

pit n. hoyo, foso. || trampa. || foso de inspección. || box (en autódromo). || boca (del estómago). || (teat.) platea. || (min.) mina, cantera. || picadura (viruela). || (E. V.) (bot.) hueso (de frutos). || — vt. picar. || hacer hoyos. || almacenar.

pitch n. brea. || resina. || lanzamiento. || puesto (en mercado). || campo de juego. || (mús.) tono. || (tec.) paso (de rueda dentada, etc.). || — vt. arrojar, lanzar. || plantar, fijar. || armar (una tienda). || dar (el tono) para. || — vi. caer(se) violentamente. || (naveg.) cabecear. || **to p. in**, ponerse a trabajar. || empezar a comer.

pitch-black adj. negro como boca de lobo.

pitcher n. cántaro, jarro. || (béisbol) lanzador.

pitchfork n. horca, bielda. || — vt. echar con la horca (heno).

pitch pine n. pino de tea.

piteous adj. lastimoso, patético.

pitfall n. escollo, peligro. || trampa.

pith n. (bot.) médula. || (fig.) meollo, esencia.

pithy adj. substancioso. || sucinto, lacónico.

pitiful adj. lastimero, lastimoso. || lamentable.

pitiless adj. despiadado, implacable.

pittance n. miseria.

pitted adj. (E. V.) (fruta) deshuesado.

pity n. compasión. || lástima. || **for pity's sake**, ¡por amor de Dios! || — vt. compadecerse de.

pitying adj. de lástima, compasivo.

pivot n. pivote. || (fig.) eje, punto central. || — vt. montar sobre un pivote. || — vi. girar.

pixie n. duende.

placard n. cartel. || letrero. || pancarta. || — vt. colocar o pegar carteles. || anunciar en carteles.

placate vt. aplacar, apaciguar.

place n. sitio, lugar. || puesto, empleo. || página, pasaje. || pueblo, ciudad. || casa. || (dep.) lugar, posición. || **all over the p.**, por todas partes. || **any p.**, en cualquier sitio. || **to give p. to**, ceder el paso. || **to take p.**, suceder, tener lugar. || — vt. colocar, poner. || situar. || identificar, recordar. || (com.) hacer un pedido. || emplear, colocar. || invertir (dinero). || depositar (confianza).

placement n. colocación.

place setting n. lugar en la mesa, cubierto.

placid adj. plácido. || apacible.

plagiarize vt. plagiar.

plague n. (med.) peste. || plaga. || (fig.) pesado. || — vt. plagar, infestar. || (fig.) acosar, atormentar.

plaid n. tela a cuadros. || manta escocesa.

plain adj. claro, evidente. || (estilo) sencillo, llano. || sin adornos. || honrado. || (comida) corriente, casero. || puro, sin mezcla. || sin atractivo. || — n. llanura, planicie. || — adv. claramente. || francamente.

plain-clothes adj. **plain-clothes man**, agente de policía que lleva traje de calle.

plain-spoken adj. franco, llano.

plaintiff n. demandante, querellante.

plaintive adj. lastimero, dolorido.

plait n. trenza. || pliegue, frunce. || **in plaits**, trenzado. || fruncido. || plisado.

plan n. plan, proyecto. ||— vt. hacer el plano de. || planificar. || planear. || — vi. hacer planes, hacer proyectos.

plane n. (mat.) plano. || (fig.) nivel. || (aer.) avión. || (tec.) cepillo (de carpintero). || — adj. plano. || — vt. cepillar (carpintero).

planet n. planeta.

plangent adj. plañidero.

plank n. tabla (gruesa), tablón. || (fig. pol.) principio (de un programa político). || — vt. entablar, entarimar.

planking n. tablas, entarimado.

planner n. planificador.

planning n. (pol., econ., etc.) planificación. || **p. permission**, permiso de obra. || proyectos.

plant n. (bot.) planta, y fábrica. || (tec.) equipo, maquinaria, instalación. || — adj. vegetal. || — vt. plantar || sembrar. || poner, colocar. || fijar. || inculcar (idea).

plantation n. plantación. || hacienda. || arboleda. || plantel. || **coffee p.**, cafetal.

planter n. plantador. || colono.

plantpot n. tiesto, maceta.

plaque n. placa.

plaster n. yeso. || argamasa, enlucido. || (med.) emplasto, parche. || escayola. || **adhesive p.**, esparadrapo. || — vt. enyesar. || (med.) emplastar. || **to p. a wall with posters**, llenar (o cubrir) una pared de carteles.

plastic *adj.*, *n.* plástico. || **p. art**, arte plástica.

plasticine *n.* arcilla de moldear. || *(Arg.)* plastilina.

plate *n.* plato. || lámina, chapa, plancha. || placa. || vajilla de plata. || *(relig.)* platillo. || *(imp.)* lámina, grabado. || premio. || *(aut.)* matrícula. || — *vt.* planchear, chapear. || blindar. || platear.

plateau *n.* meseta, altiplanicie. || nivel estable.

plate glass *n.* vidrio cilindrado.

platelet *n.* *(biol.)* plaqueta.

platform *n.* plataforma. || tribuna. || estrado. || tablado. || *(pol.)* programa electoral. andén. || andamio.

plating *n.* enchapado. || capa metálica. || blindaje.

platinum *n.* platino. || **p. blonde**, rubia platinada.

platitude *n.* lugar común, tópico.

platoon *n.* *(mil.)* pelotón.

platter *n.* fuente.

plaudits *n. pl.* aplausos.

plausible *adj.* verosímil, creíble. || convincente pero no confiable.

play *n.* juego, recreo, diversión. || *(dep.)* jugada. || juego, actividad: **to come into p.**, entrar en juego. || *(teat.)* obra de teatro. || *(mec.)* juego, movimiento libre. || juego, efecto (luz). || *(fig.)* rienda suelta. || **at play**, jugando. || **in p.**, en broma. || juego de palabras. || **to bring** o **come into p.**, poner, entrar en juego. || — *vt.* jugar a las cartas. || *(teat.)* representar, poner en escena. || hacer el papel de. || *(mús.)* tocar, interpretar. || mover (ficha). || hacer una broma, chiste. || dirigir (arma, manguera). || apostar por. || *(dep.)* jugar con o contra. || *(com.)* jugar a (la bolsa). || — *vt.* jugar. || fingir. || *(mús.)* tocar. || sonar. || *(teat., cine)* actuar, trabajar. || bromear. || *(mec.)* tener juego. || funcionar, y lo **p. for time**, hacer tiempo. || **to p. it cool**, mantenerse calmo. || **to p. back**, volver a poner (para escuchar o ver). || **to p. down**, quitar importancia a. || **to p. off**, oponer. || **to p. on**, aprovecharse de, explotar. || **to p. out**, acabar, seguir hasta el final. || **to p. up**, exagerar, enfatizar.

playacting *n.* comedia, farsa.

playback *n.* reproducción de sonido o imagen pregrabada.

played-out *adj.* agotado.

player *n.* *(teat.)* actor, actriz. || *(mús.)* músico. || *(dep.)* jugador, jugador profesional.

playful *adj.* juguetón. || alegre. || (comentario) divertido, gracioso.

playground *n.* patio de recreo.

playhouse *n.* teatro. || *(E. U.)* casita de muñecas.

playing card *n.* carta.

playing field *n.* campo de deportes.

playmate *n.* compañero de juego.

play-off *n.* partido de desempate.

playpen *n.* corral (de niño).

plaything *n.* juguete *(t. fig.)*.

playtime *n.* hora de recreo.

playwright *n.* dramaturgo.

plea *n.* súplica, petición. || *(der.)* alegato. || *(ant.)* pretexto, disculpa.

plead *vi.* suplicar, rogar. || *(der.)* hacer un alegato, abogar por. || defender. || declarar. || — *vt.* *(der.)* alegar. || defender.

pleasant *adj.* agradable. || grato. || simpático, afable,.

pleasantry *n.* chiste, broma.

please *vt.* dar gusto a, agradar. || gustar. || caer bien. || complacer. || — *vi.* gustar, agradar. || querer, parecer: **to do as one pleases**, hacer lo que uno quiera. || complacer: **she is easy top.**, es fácil de contentar. || **if you p.**, si te parece. || — *adv.*, *interj.* por favor: **p. help me!**, ¡por favor ayúdame! || gracias: "**would you like a cup of tea?**", ¿quiere una taza de té?, "**yes, p.**", sí, gracias.

pleased *adj.* alegre, contento. || satisfecho. || **p. to meet you**, encantado de conocerlo.

pleasing *adj.* agradable. || halagüeño.

pleasure *n.* placer, gusto, satisfacción. || **to take p. in**, disfrutar. || voluntad: **do it at your p.**, hágalo cuando quiera, || diversión.

pleasure ground *n.* parque de atracciones.

pleat *n.* pliegue. || — *vt.* plegar, plisar.

pleb *n.* *(fam.)* plebeyo, persona ordinaria.

pled *(Esco., E. U.)* pret. y pp. de **plead**.

pledge *n.* prenda. || promesa, voto. || garantía. || compromiso. || *(der.)* pignoración, empeño. || — *vt.* prometer. || comprometer. || jurar. || dar en prenda. || empeñar.

plenary *adj.* plenario.

plenitude *n.* plenitud.

plenteous, plentiful *adj.* copioso, abundante.

plenty n. abundancia. || cantidad suficiente. || **p. of**, bastante. || mucho, muchísimo. || **p. of people do**, hay muchos que lo hacen. || — adv. (fam.) más que: **it's p. big enough**, es más que suficiente.

pleurisy n. pleuresía.

pliable, **pliant** adj. flexible. || plegable. || (fig.) dócil, manejable.

pliers n. pl. alicates, tenazas.

plight n. apuro, aprieto. || crisis. || — vt. dar, empeñar.

plimsolls n. pl. zapatillas de goma.

plod n. caminata lenta y penosa. || trabajo arduo. || — vt., vi. caminar despacio, andar penosamente. || trabajar lentamente pero sin desanimarse.

plodding adj. perseverante, laborioso.

plonk n. (fam.) golpe seco, ruido seco. || adv. **it fell p. to the floor**, cayó al suelo con un ruido seco. || — vt. dejar caer algo pesadamente.

plot n. (agr.) terreno. || parcela. || cuadro (de verduras o flores). || solar. || complot, conspiración. || (lit., teat.) argumento. || trama. || — vt. trazar (sobre gráfico). || urdir, tramar. || — vi. conspirar. || intrigar.

plotter n. conspirador, conjurado. || (comput.) graficadora.

plough n. arado. || — vt. arar. || (fig.) surcar. || **to p. back**, (com.) reinvertir.

ploughshare, **plow** — n. reja del arado.

plow (E. U.) ver **plough**.

ploy n. (fam.) truco, estratagema.

pluck n. valor, ánimo. || agallas. || — vt. coger (flores, fruta). || desplumar. || puntear (guitarra). || — vi. **to p. at**, tirar de, dar un tirón a.

plug n. tapón, taco. || (med.) tampón. || (aut.) bujía. || (elec.) clavija, enchufe, toma. || — vt. tapar, obturar. || (arq.) rellenar. || (diente) empastar. || **to p. in a radio**, conectar una radio. || dar publicidad a. || — vi. **to p. away**, perseverar en.

plughole n. tubo de salida, desagüe.

plum n. ciruela. || ciruelo. || (en empleo) pingüe destino. || — adj. ciruela (color).

plumage n. plumaje.

plumb n. plomada. || — adj. vertical, a plomo. || — adv. verticalmente, a plomo. || (fam.) completamente. || — vt. sondar, sondear (t. fig.).

plumbing n. fontanería, plomería. || instalación de cañerías.

plume n. pluma. || penacho. || — vr. **the bird plumes itself**, el ave se limpia las plumas.

plummet n. plomada. || — vi. caer en picada. || caer a plomo.

plummy adj. (voz) pastoso.

plump adj. regordete, rollizo. || mofletudo. || gordo. || — adv. de lleno. || — vt. engordar. || dejar caer pesadamente. || — vi. caer pesadamente. || **to p. for**, optar por. || votar por.

plunder n. pillaje, saqueo. || botín. || — vt. saquear, pillar. || robar.

plunge n. salto. || zambullida. || inmersión. || baño. || piscina. || (fig.) **to take the p.**, dar el paso decisivo. || — vt. sumergir. || hundir. || — vi. saltar. || zambullirse. || sumergirse. || caer. || (vestido) tener mucho escote. || (barco) cabecear. || (caballo) corcovear. || (com.) arriesgar mucho dinero.

plunger n. émbolo.

pluperfect n. pluscuamperfecto.

plurality n. pluralidad.

plus prep. más. || **3 p. 2**, 3 más 2. || además de. || — adj. (mat., elec.) positivo. || adicional. || deseable. || — n. signo más. || cantidad positiva.

plush n. felpa. || — adj. de felpa.

plushy adj. lujoso, elegante.

plutocracy n. plutocracia.

ply n. cabo: **2 p. wool**, lana de 2 cabos. || chapa. || capa. || — vt. manejar, emplear. || ejercer (comercio). || (mar.) navegar por. || — vi. andar o esperar tratando de conseguir pasajeros (taxi). || **to p. between**, hacer el servicio entre. || **to p. with**, acosar con (preguntas). || ofrecer o dar constantemente (bebida o comida).

plywood n. madera contrachapada. || (Arg.) madera terciada.

poach vt. (coc.) escalfar (huevos). || cazar (o pescar, etc.) en vedado. || (fig.) robar.

poaching n. caza furtiva, pesca furtiva.

pocket n. bolsillo. || (fig., geol., mil.) bolsa. || hoyo, cavidad. || (aer.) pozo de aire. || (min.) filón. || (mil.) foco. || entrada de dinero, dinero. || **p. book**, libro de bolsillo. || **p. money**, dinero para gastos menudos. || **to line one's pockets**, ponerse las botas, enriquecerse. || — adj. de bolsillo. || — vt. meter en el bolsillo. || apropiarse, alzarse con. || meter en la tronera.

pocketbook n. cartera, portamonedas.
pocket knife n. navaja.
pockmarked adj. picado de viruelas. || marcado de hoyos.
pod n. vaina. || (aer.) tanque para combustible.
podgy adj. gordinflón. || mofletudo.
podiatrist n. podólogo, pedicuro.
poem n. poesía. || poema.
poet n. poeta.
poetess n. poetisa.
poetry n. poesía (t. fig.).
poignant adj. conmovedor, patético. || intenso, profundo.
poinsettia n. flor de Pascua. || (Arg.) estrella federal.
point n. punto (cardinal, en el tiempo, en lugar). || (geog.) punta, cabo. || (dep.) tanto, punto. || (elec.) enchufe, toma. || (fig.) aspecto, punto (de una cuestión). || finalidad, objetivo. || lo significativo, lo esencial. || significado, sentido, y gracia, chiste (de una broma). || grado (termómetro). || pl. **points**, (f. c.) agujas. || puntas (ballet). || **at the p. of**, a punto de. || **beside the p.**, que no viene al caso. || **in p.**, que viene al caso. || **in p. of**, en cuanto a. || **in p. of fact**, en realidad, || **to catch** (o **get**) **the p.**, comprender. || **to get** (o **come**) **to the p.**, ir al grano. || **to make a p. of**, creerse en la obligación de. || **to the p.**, pertinente. || — vt. afilar, aguzar. || apuntar (arma). || indicar. || — vi. señalar. || **to p. out**, señalar, hacer notar. || **to p. to/towards**, señalar. || indicar. || **to p. up**, poner de relieve.
point-blank adv. a quemarropa, || boca de jarro. || categóricamente. || — adj. hecho o dicho a quemarropa, a bocajarro (t. fig.). || categórico.
pointed adj. puntiagudo. || afilado, agudo. || (arq.) ojival. || lleno de intención. || inequívoco.
pointer n. indicador, aguja. || fiel (balanza). || puntero. || (comput.) señalador.
pointless adj. inútil. || sin motivo. || sin sentido.
poise n. equilibrio. || porte. || serenidad. || aplomo. || — vt. equilibrar. || balancear. || — vi. cernerse.
poison n. veneno. || tóxico. || ponzoña. || — vt. envenenar. || (fig.) envenenar, emponzoñar. || corromper.
poisonous adj. venenoso. || tóxico. || (fig.) pernicioso. || odioso.

poke n. saco, bolsa. empujón. || codazo. || hurgonazo. || — vt. empujar. || hurgar, atizar, remover (fuego). || asomar. || — vi. hurgar. || asomar. || **p. about**. o **around**, fisgonear. || entrometerse, curiosear.
poker n. atizador. || póquer. || **to have a p. face**, tener una cara inmutable.
poky adj. (pey.) estrecho, muy pequeño.
polar bear n. oso blanco.
polarize vt., vi. polarizar(se).
pole n. palo, vara larga. || asta. || mástil. || (tlf.) poste. || pértiga. || medida de longitud = 5,029 m. || (elec., mat., biol., geog.) polo. || — vt. impeler con una pértiga.
polecat n. turón. || (E. U.) mofeta, (Arg.) zorrino.
polemic adj. polémico. || — n. polémica.
police n. policía. || — vt. vigilar, patrullar por.
police car n. coche de policía. || (Arg.) patrullero.
policeman n. policía, guardia.
police State n. Estado policíaco.
police station n. comisaría.
policy n. política. || principios. || sistema. || programa político. || táctica. || norma. || póliza.
policyholder n. asegurado.
polish n. betún. || cera de lustrar. || líquido para limpiar metales. || esmalte para las uñas. || pulimento. || brillo, bruñido, lustre. || finura, urbanidad. || perfección. || — vt. limpiar. || encerar, sacar brillo a. || pulir. || **to p. off**, despachar, dar cuenta de (bebida, comida). || terminar (trabajo). || acabar con (persona). || **to p. up**, perfeccionar, pulir.
polished adj. pulido. || (estilo) limado, elegante. || culto, fino.
polisher n. pulidor. || (máquina) enceradora.
polite adj. cortés, atento, fino.
politic adj. prudente. || astuto, ingenioso.
politician n. político.
politicize vt. politizar.
politics n. pl. política.
polity n. gobierno. || estado.
polka dot n. tela de lunares.
poll n. votación. || elección. || encuesta, sondeo. || — vt. sondear (opinión pública). || obtener, recibir (votos). || — vi. votar.
pollen n. polen.
pollinate vt. polinizar.

polling n. votación.

polling station n. colegio electoral.

pollster n. encuestador.

poll tax n. capitación.

pollute vt. contaminar. || ensuciar. || (fig.) corromper.

poloneck n. cuello alto volcado.

poltroon n. cobarde.

polyanthus n. (bot.) prímula, primavera.

polygamy n. poligamia.

polyglot adj., n. polígloto.

polyp n. (zool., med.) pólipo.

polysyllable n. polisílabo.

polytechnic n. escuela politécnica. || — adj. politécnico.

polytheism n. politeísmo.

pomade n. pomada.

pomegranate n. (bot.) granada (fruta). || granado (árbol).

pommel n. pomo (espada). || perilla (montura).

pomp n. pompa. || fausto, boato.

pompous adj. pomposo. || presumido. || ampuloso.

pond n. charca. || estanque. || vivero (para peces).

ponder vt. ponderar, meditar. || — vi. reflexionar.

ponderous adj. pesado (t. fig).

poniard n. puñal.

pontiff n. pontífice.

pontificate vi. pontificar.

pontoon n. pontón. || veintiuna (juego de naipes).

pony n. caballito, poney.

ponytail n. trenza, (peinado) cola de caballo.

poodle n. perro de lanas, caniche.

pooh-pooh vt. rechazar con desdén. || negar la importancia de.

pool n. charca. || estanque. || piscina. || pozo, remanso. || charco. || (naipes) pozo, banca. || (com.) fondos comunes. || consorcio. || billar americano. || pl. **pools**, quiniela (de fútbol), (Arg.) PRODE, pronósticos deportivos. || — vt. aunar, unir. || poner dinero en un fondo común.

poop n. popa.

poor adj. pobre. || escaso. || débil, delicado. || (tierra) poco fértil. || desgraciado. || **to be p. at**, ser flojo en. || — n. **the p.**, los pobres.

poorhouse n. asilo de los pobres.

poor law n. ley de asistencia pública.

poorly adv. pobremente. || — adj. mal, enfermo.

poor-spirited adj. apocado, mezquino.

pop n. ligera detonación. || taponazo. || ruido seco. || gaseosa. || (abrev. de popular) música que gusta a la gente joven. || (fam.) papá. || — adj. popular. || — vt. pinchar, hacer reventar. || meter. || asomar. || — vi. estallar, reventar. || **to p. in**, entrar un momento. || **to p. off**, irse. || (fam.) estirar la pata, morir. || **to p. out**, saltar (corcho). || salir. || **to p. up**, aparecer u ocurrir de pronto.

popcorn n. rosetas, palomitas (de maíz), (Arg.) pochoclo.

pope n. (relig.) papa.

popery n. (relig.) papismo.

popish adj. (pey.) papista, católico.

poplar n. (bot.) chopo, álamo.

poplin n. popelina.

poppy n. amapola, adormidera.

poppycock n. tonterías.

populace n. pueblo, plebe, populacho.

popular adj. popular. || corriente, común. || estimado.

popularize vt. popularizar. || vulgarizar.

populate vt. poblar.

population n. población. || habitantes. || **p. explosion**, explosión demográfica.

porcelain n. porcelana.

porch n. pórtico. || entrada. || portal.

porcine adj. porcino.

porcupine n. (zool.) puerco espín.

pore n. poro. || — vi. **to p. over something**, estar absorto en el estudio de algo.

pork n. carne de cerdo.

porker n. lechón, cebón.

porky adj. (fam.) gordo, gordinflón.

pornography n. pornografía.

porous adj. poroso.

porpoise n. (zool.) marsopa.

port n. puerto; **p. of call**, puerto de escala. || (naveg.) babor. || lumbrera, tronera. || (comput.) pórtico. || — vt. presentar: **p. arms.**, ¡presenten armas! || **to p. the helm**, virar a babor.

portable adj. portátil.

portal n. puerta (grande, imponente).

portend vi. presagiar, anunciar.

portent n. presagio, augurio, serial.

porter n. portero, conserje. || mozo de estación. || cerveza negra.

portfolio n. cartera, carpeta. || (pol.) cartera.

porthole n. portilla.

portion n. porción, parte. || ración. || dote. || sección. || porcentaje. || — vi. (t. **to p. out**) repartir.

portly *adj.* gordo, corpulento.

portrait *n.* retrato.

portray *vt.* retratar. || *(fig.)* pintar, describir. || representar.

portress *n.* portera.

pose *n.* postura, actitud. || afectación, pose. || — *vt.* colocar. || hacer posar a modelo. || plantear (problema). || formular (pregunta). || — *vi.* posar (modelo). || darse tono, presumir.

poser *n.* pregunta difícil, problema difícil.

posh *adj.* elegante, lujoso. || afectado. || cursi.

posit *vt.* proponer como principio, postular.

position *n.* posición, situación. || postura, actitud. || sitio. || punto de vista. || categoría, rango. || puesto, empleo. || — *vt.* colocar, situar. || poner en su sitio.

positive *adj.* positivo. || definitivo. || real, verdadero. || seguro. || categórico. || — *n.* *(fot.)* positivo. || *(elec.)* polo positivo. || *(gram.)* positivo.

possess *vr.* poseer, tener. || **to be possessed of**, ser ducho de, poseer. || **to be possessed by**, estar dominado por, estar poseído por (demonios).

possession *n.* posesión. || ocupar, entrar en. || apoderarse de. || *pl.* **possessions**, posesiones, bienes.

possessive *adj.* posesivo (t. gram.). || dominante, tiránico. || — *n.* *(gram.)* posesivo.

possibility *n.* posibilidad. || perspectiva. || *pl.* **possibilities**, posibilidades.

possible *adj.* posible. || **as far as p.**, en la medida de lo posible. || **as soon as p.**, lo antes posible. || **if p.**, de ser posible.

possibly *adv.* posiblemente. || tal vez.

post *n.* poste. || estaca. || meta. || correo (cartas). || casa de correos. || recogida. || entrega. || **by return of p.**, a vuelta de correo. || *(mil.)* puesto. || empleo. || cargo. || *(hist.)* posta. || — *vt.* fijar, pegar. || declarar. || echar al buzón. || mandar, enviar. || *(com.)* pasar (asiento, partida) de un libro a otro. || apostar (centinela). || nombrar, designar.

postage *n.* franqueo. || *pl.* **postages**, gastos de correo.

postal order *n.* giro postal.

postbox *n.* buzón.

postcard *n.* tarjeta postal, postal.

postcode *n.* código postal.

postdate *vt.* poner fecha posterior a.

poster *n.* cartel.

posterity *n.* posteridad.

postern *n.* postigo.

postgraduate *adj.*, *n.* posgraduado.

posthumous *adj.* póstumo.

postman *n.* cartero.

postmark *n.* matasellos.

postmaster *n.* administrador de correos.

post-mortem *n.* autopsia.

post office *n.* (oficina, casa de) correos. || **post office box**, *(Am.)* casilla de correos.

post-paid *adv.* porte pagado.

postpone *vt.* aplazar, diferir, posponer.

postprandial *adj.* de sobremesa.

postscript *n.* posdata. || comentario final.

postulate *vt.* postular.

posture *n.* postura, actitud.

postwar *adj.* de la pos(t)guerra.

posy *n.* ramillete de flores.

pot *n.* olla. || tarro, pote. || maceta. || orinal. || premio. || *(sl.)* marihuana. || **big p.**, pez gordo, personaje. || **pots and pans**, cacharros, batería de cocina. ||H *pl.* **pots**, montones: **to have pots of money**, ser muy rico. || — *vt.* conservar (en botes, *etc.*). || poner en tiesto. || abatir (a tiros).

potash *n.* potasa.

potations *n.* *pl.* libaciones.

potato *n.* patata, papa *(S. Am.)*. || **p. chip** *(E. U.)*, **French fried potatoes**, papas fritas. || **mashed p.**, puré de papas. || **sweet p.**, batata.

potent *adj.* potente, poderoso. || (bebida) fuerte. || (remedio) eficaz.

potential *adj.* potencial. || posible, en potencia. || — *n.* potencial *(t. gram., fís., mat., elec.)*. || potencialidad. capacidad.

pothole *n.* bache (en carretera). || *(geol.)* sima. || cueva, caverna profunda. || **to go potholing**, dedicarse a la espeleología.

potholing *n.* espeleología.

potion *n.* poción, pócima.

potluck *n.* **to take p.**, comer lo que haya.

potshot *n.* tiro al azar.

potted *adj.* en conserva, envasado. || (planta) en tiesto, en maceta.

pottery *n.* alfarería. || cerámica. || cacharros de barro. || loza.

potty *n.* orinal de niño. || — *adj.* insignificante. || chiflado.

pouch n. bolsa (t. anat., zool.). || morral, zurrón. || petaca. || cartuchera.

poulterer n. pollero.

poultice n. cataplasma.

poultry n. aves de corral. || pollos.

pounce n. salto. || ataque súbito. || — vt. atacar súbitamente. || saltar, precipitarse.

pound n. libra (dinero). || peso, 453,6 g. || corral municipal (para animales perdidos). || depósito (de autos). || — vt. machacar. || martillar. || moler. | aporrear. || azotar, batir. || — vi. dar golpes en. || latir violentamente. || resonar.

pour vt. verter, echar. || derramar. || servir. || — vi. diluviar, llover a cántaros. || correr, fluir (abundantemente). || (fig.) entrar o salir en tropel (personas). || aparecer a montones (cosas).

pout n. puchero, mala cara. || — vt., vi. hacer pucheros.

poverty n. pobreza, miseria. || falta, escasez.

poverty-stricken adj. menesteroso, necesitado.

powder n. polvo (t. cosmético). || pólvora. || — vt. reducir a polvo, pulverizar. || espolvorear. ||— vi. pulverizarse. || empolvarse.

powder compact n. polvera.

powder keg n. polvorín (t. fig.).

powder room n. (euf.) baño, tocador.

powdery adj. en polvo, polvoriento. || empolvado.

power n. poder. || fuerza, energía. || facultad. || (fís., elec., tec.) potencia. || poderío. || autoridad. || influencia. || potencia (nación): **the Great Powers**, las grandes potencias. || (mat.) potencia. || (fig.) mucho: **her visit did him a p. of good**, su visita le hizo mucho bien. || — vt. impulsar, accionar.

power cut n. corte de corriente, apagón.

power-driven adj. con motor. || mecánico.

powerful adj. poderoso. || potente. || fuerte. || intenso. || convincente.

powerhouse n. central eléctrica.

powerless adj. impotente, ineficaz.

power station n. central eléctrica.

powwow n. conferencia. || — vi. conferenciar.

pox n. (med.) (fam.) sífilis.

practical adj. práctico. || **p. joke**, broma pesada.

practically adv. prácticamente. || prácticamente, casi.

practice n. costumbre, uso. || práctica. || (dep.) entrenamiento. || ejercicio. || clientela. || (der.) procedimiento, práctica. || bufete.

practise vt. practicar. || ejercer. || hacer ejercicios, prácticas de. || — vi. (mús.) tocar, estudiar. || ejercer.

practising adj. activo, que ejerce, practicante.

practitioner n. practicante. || médico. || **general p.**, médico general, médico clínico.

pragmatism n. pragmatismo.

prairie n. pradera, llanura, (Am.) pampa.

praise n. alabanza, elogio. || **p. be!, p. be to God!**, ¡gracias a Dios! || — vt. alabar, elogiar. || poner algo por las nubes.

praiseworthy adj loable, plausible.

pram n. cochecito de niño.

prance vi. hacer cabriolas, encabritarse. || saltar, bailar. || andar con cierta afectación.

prank n. travesura. || broma.

prattle n. parloteo. || balbuceo. || — vi. parlotear. || balbucear.

prawn n. langostino.

pray vt. rogar, suplicar. || — vi. rezar, orar.

prayer n. oración, rezo. || rezo, oficio. || **Lord's P.**, padrenuestro. || ruego, súplica. || petición.

prayer book n. devocionario, misal.

praying mantis n. (insecto) predicador, (Am.) mamboretá.

preach vt., vi. predicar.

preacher n. predicador, || (E. U.) pastor.

preamble n. preámbulo.

prearrange vt. arreglar de antemano.

prebend n. prebenda. || prebendado.

precarious adj. precario.

precede vt., vi. preceder.

precedence n. precedencia. || prioridad. || primacía.

precedent n. precedente.

precept n. precepto.

precinct n. recinto. || barrio. || (E. U.) distrito electoral, circunscripción.

precious adj. precioso. || inapreciable. || (estilo) preciosista, afectado. || — adv. muy: **he took p. good care of it**, se preocupó muy especialmente de esto.

precipice n. precipicio, despeñadero.

precipitate n. (quím.) precipitado. || — vt. (quím.) precipitar. || acelerar. || causar, motivar.

precipitate *adj.* precipitado, apresurado.
precipitous *adj.* escarpado, cortado a pico.
precise *adj.* preciso, exacto. || meticuloso.
precisely *adv.* precisamente, exactamente. || en punto. || meticulosamente.
preclude *vt.* excluir. || imposibilitar, impedir.
precocious *adj.* precoz.
precocity *n.* precocidad.
preconceived *adj.* preconcebido.
precook *vt.* precocinar.
predate *vt.* preceder, ser anterior a.
predator *n.* animal *(etc.)* de rápida.
predecease *vt.* morir antes que.
predecessor *n.* predecesor, antecesor.
predestine *vt.* predestinar.
predetermine *vt.* predeterminar.
predicament *n.* apuro, situación difícil.
predicate *n.* predicado.
predict *vt.* pronosticar, predecir.
predictive *adj.* profético.
predispose *vt.* predisponer.
predominance *n.* predominio.
predominate *vi.* predominar.
pre-eminence *n.* preeminencia.
pre-empt *vt.* comprar con derecho preferente. || apropiarse de.
preen *vi.* limpiar, arreglar con el pico (plumas). || **to p. oneself**, pavonearse, atildarse.
pre-established *adj.* establecido de antemano.
preexistent *adj.* preexistente.
prefab *n.* casa prefabricada.
prefabricate *vt.* prefabricar.
preface *n.* prólogo, prefacio. || — *vi.* prologar (libro). || introducir (discurso, etc.).
prefatory *adj.* preliminar, a modo de prólogo.
prefect *n.* prefecto. || (escuela) tutor, monitor.
prefer *vt.* preferir. || ascender, promover (esp. en la iglesia). || *(der.)* presentar (cargos).
preference *n.* preferencia, prioridad. || — *adj.* preferente, preferencia.
preferment *n.* ascenso, promoción.
prefigure *vt.* prefigurar.
prefix *n.* prefijo. || *(comput.)* **p. notation**, notación por prefijos.
pregnant *adj.* embarazada. || (animal) preñado. || *(fig.)* muy significativo, lleno de, fecundo: **a p. silence**, un silencio cargado de emoción.

prehensile *adj.* prensil.
prehistory *n.* prehistoria.
prejudge *vt.* prejuzgar.
prejudice *n.* parcialidad. || prejuicio. || prevención, predisposición contra. || perjuicio. || *(der.)* **without p. to**, sin perjuicio de. || — *vt.* prevenir, predisponer contra. || perjudicar.
prejudiced *adj.* parcial, interesado. || estar lleno de prejuicios contra.
prejudicial *adj.* perjudicial.
prelacy *n.* obispado. || episcopado.
preliminary *adj.* preliminar. || — *n.* preliminar. || examen preliminar. || *pl.* **preliminaries**, preliminares, preparativos.
premature *adj.* prematuro. || precoz.
premeditation *n.* premeditación.
premier *adj.* primero, principal. || — *n.* primer ministro.
premise *n.* premisa *(t. lóg.).* || *pl.* **premises**, local. || casa. || edificio. || establecimiento.
premium *n.* premio. || *(com.)* prima. || **to put a p. on something**, estimular algo, fomentar algo.
premonition *n.* presentimiento, premonición.
preoccupied *adj.* preocupado. || absorto.
preoccupy *vt.* preocupar. || absorber, ensimismar.
preordain *vt.* predestinar.
prepackaged, **prepacked** *adj.* envasado, empaquetado, preparado.
prepaid *adj.* franco de porte.
preparation *n.* preparación. || trabajo escolar, deberes. || preparado (cosmético). || *pl.* **preparations**, preparativos.
preparatory *adj.* preparatorio, preliminar. || **p. to**, como preparación para. || con miras a.
prepare *vt.* preparar *(t. coc.).* || disponer. || prevenir. || — *vi.* prepararse, y estar dispuesto.
preparedness *n.* estado de preparación.
prepayment *n.* pago adelantado.
preponderate *vi.* preponderar.
prepossessed *adj.* predispuesto favorablemente. || preocupado.
prepossessing *adj.* atractivo, agradable.
preposterous *adj.* absurdo, ridículo.
prerecord *vt.* grabar de antemano.
prerequisite *n.* requisito previo. || condición imprescindible.
prerogative *n.* prerrogativa.
presage *n.* presagio. || — *vt.* presagiar.

Presbyterian adj., n. presbiteriano
presbytery n. presbiterio.
preschool adj. preescolar.
prescribe vt., vi. prescribir *(t. der.)*. || ordenar. || *(med.)* recetar.
prescription n. prescripción *(t. der.)*. || precepto, norma. || *(med.)* receta.
prescriptive adj. legal. || sancionado por la costumbre.
presealed adj. precintado.
presence n. presencia. || asistencia.
present adj. presente. || actual. || corriente, en curso. || — n. presente, actualidad. || **for the p.**, por el momento, por ahora. || *(gram.)* presente. || regalo.
present vt. dar (regalo, etc.), ofrecer. || presentar (un espectáculo, un actor). || ofrecer (un aspecto, dificultades, características). || exponer (un caso, teoría). || presentar una persona a otra (formalmente). || *(mil.)* **to p. arms**, presentar armas.
presentation n. presentación *(t. med.)*. || exposición. || *(teat.)* representación. || obsequio. || entrega ceremoniosa de un regalo. || **p. copy**, ejemplar regalado por el autor.
present-day adj. actual.
presently adv. luego, dentro de poco. || *(E. U.)* ahora, actualmente.
preserve n. conserva. || confitura. || compota. || coto, vedado. || — vt. conservar. || preservar, proteger.
preserved adj. en conserva.
preside vi. presidir.
presidency n. presidencia.
president n. presidente. || *(E. U. com.)* director. || *(univ.)* rector.
press n. presión. || apretón. || prensa (periódicos, periodistas). || **yellow press**, prensa sensacionalista. || prensa: **hydraulic p.**, prensa hidráulica. || aglomeración (de gente). || — vt. apretar, presionar. || planchar (ropa). || exprimir (frutas). || pisar, prensar. || apretar. || insistir. || hostigar, acosar (enemigo). || seguir muy de cerca. || imponer. || sobar, adobar (cueros). || estampar, embutir (metales). || — vi. apretar. || apiñar, empujar. || apremiar. || ejercer presión.
press agency n. agencia de prensa.
press cutting n. recorte de periódico.
pressing adj. urgente, apremiante. || insistente. || — n. prensado. || planchado.
pressman n. periodista.

pressure n. presión. || peso. || fuerza. || *(med.)* tensión. || *(elec.)* tensión, voltaje. || presión, apremio. || influencia, persuasión.
pressure cooker n. olla a presión.
pressure gauge n. manómetro.
pressurized adj. a presión, altimático.
prestige n. prestigio.
prestressed adj. **p. concrete**, hormigón pretensado.
presume vt., vi. presumir, suponer. || atreverse a. || abusar.
presumption n. presunción *(t. der.)*. || atrevimiento.
presumptuous adj. presumido, presuntuoso. || atrevido.
presuppose vt. presuponer.
pretence n. pretensión. || ostentación. || fingimiento. || afectación. || pretexto.
pretend vt. fingir, aparentar, simular. || pretender. || suponer. || — vi. fingir, disimular.
pretender n. pretendiente.
pretentious adj. pretencioso. || presumido. || ostentoso.
pretext n. pretexto.
prettify vt. embellecer, adornar de modo ridículo.
pretty adj. bonito, precioso. || hermoso. || importante, considerable (suma). || — adv. bastante. || casi: **it's p. well impossible to do i!**, es casi imposible hacerlo.
prevail vi. prevalecer, imponerse. || reinar, imperar. || **to p. upon** (o **on**) **someone**, persuadir, inducir a alguien.
prevailing adj. reinante, imperante. || usual, corriente.
prevalent adj. predominante. || frecuente, común. || de moda. || actual.
prevaricate vi. buscar evasivas, tergiversar. || mentir.
prevent vi. impedir, estorbar. || evitar.
prevention n. prevención. || impedimento.
preventive adj. preventivo. || — n. *(med.)* medida preventiva. || medicamento profiláctico.
preview n. preestreno. || anticipo, exhibición privada.
previous adj. previo, anterior. || — adv. antes de.
prewar adj. de preguerra.
prey n. presa, víctima *(t. fig.)*. || **bird of p.**, ave de rapiña. || — vi. atacar. || alimentarse de (animales). || *(fig.)* preocupar, abrumar, remorder.

price *n.* precio: **cash p.**, precio al contado. || cotización. || valor. || **at a p.**, caro. || **at any p.**, a cualquier precio. || **p. ceiling**, precio tope. || — *vt.* estimar, valorar. || tasar.

priceless *adj.* inapreciable, que no tiene precio.

pricey, pricy *adj.* caro.

prick *n.* pinchazo, punzada. || picadura. || alfilerazo. || aguijonazo. || **p. of conscience**, escrúpulo de conciencia, remordimiento. || (*anat., vulg.*) pene. || — *vt.* pinchar, punzar, picar. || espolear (caballo). || aguijonear. || (*fig.*) remorder. || **to p. out**, plantar. || — *vi.* causar comezón. || pinchar. || (*med.*) hormiguear.

prickle *n.* espina. || púa. || escozor. || — *vt., vi.* pinchar. || picar.

prikly pear *n.* higo chumbo. || (*Am.*) tuna. || chumbera.

pride *n.* orgullo. || soberbia, arrogancia. || amor propio. || **to take p. of place**, ocupar el primer puesto. || — *vi.* **to p. oneself on** (o **upon**), enorgullecerse de.

priest *n.* sacerdote. || cura.

priesthood *n.* sacerdocio. || clero.

priggish *adj.* presumido. || pedante. || mojigato.

prim *adj.* estirado. || remilgado. || gazmoño.

primacy *n.* primacía.

prima facie *adv.* a primera vista. || — *adj.* (*der.*) suficiente para justificar la presunción del hecho.

primary *adj.* primario. || — *n.* (*E. U.*) reunión para elegir candidatos.

primate *n.* (*zool.*) primate.

prime *adj.* primero, principal. || fundamental. || de primera calidad o categoría. || (*mat.*) primo. || — *n.* lo mejor, flor: **the p. of life**, la flor de la vida. || — *vt.* preparar (superficie, etc.) para pintar, etc. || cebar (arma). || informar de antemano.

primer *n.* cartilla, libro de texto elemental. || cebador (de bomba). || fulminante (de explosivos).

primeval *adj.* primitivo.

primitive *adj.* primitivo. || anticuado. || rudimentario. || — *n.* hombre primitivo.

primrose *n.* (*bot.*) primavera. || color amarillo pálido.

prince *n.* príncipe.

princedom *n.* principado.

princess *n.* princesa.

principal *adj.* principal. || mayor. || — *n.* principal, jefe. || director (de colegio). || (*com.*) capital. || mandante.

principle *n.* principio. || **on p.**, por principio.

print *n.* marca, señal. | huella. || impresión. || tipo, letra de molde. || impreso. || estampado. || (*fot.*) positiva, copia. **I to be in p.**, estar impreso, estar en existencia. || **to be out of p.**, estar agotado. || — *vt.* imprimir. || publicar. || tirar, hacer una tirada. || estampar. || dejar huellas. || (*fot.*) sacar copias. || (*fig.*) grabar en la mente. || — *vi.* imprimirse. || escribir con letra de imprenta o de molde.

printed *adj.* impreso. || estampado. || **p. matter**, impresos.

printer *n.* impresor. || (*comput.*) impresora.

printing *n.* tipografía, imprenta. || impresión. || tirada.

printout *n.* (*comput.*) impreso.

prior *adj.* anterior, previo. || preferente. || — **adv. p. to**, antes de. || — *n.* (*relig.*) prior.

priority *n.* prioridad. || antelación.

prise *vt.* ver **prize**.

prism *n.* prisma.

prison *n.* cárcel, prisión. || — *adj.* carcelario. || **p. population**, población reclusa.

prisoner *n.* detenido. || (*der.*) acusado. || preso. || prisionero.

privacy *n.* soledad, aislamiento. || intimidad. || vida privada. || secreto.

private *adj.* privado. || particular. || propio, personal. || secreto, reservado. || íntimo. || confidencial. || particular. || no estatal. || — *n.* (*mil.*) soldado raso. || *pl.* **privates**, partes pudendas. || **in p.**, en privado. || confidencialmente.

privation *n.* miseria, estrechez. || apuro.

privatize *vt.* privatizar.

privilege *n.* privilegio. || prerrogativa. || inmunidad. || honor. || — *vt.* conceder un privilegio, privilegiar.

privy *adj.* privado, secreto. || (*ant.*) retrete.

prize *n.* premio. || (*fig.*) recompensa. || (*mar.*) presa. || (*tec.*) palanca. || — *adj.* premiado. || de primera categoría. || — *vt.* apreciar, estimar. || abrir con palanca.

prizewinner *n.* premiado.

pro *prep.* pro, en pro de. || — *adj.* a favor. || favorable. || profesional. || — *n.* (*fam.*) profesional. || **the pros and cons**, el pro y el contra.

probability n. probabilidad.
probable adj. probable. || verosímil.
probation n. libertad condicional, libertad vigilada.
probe n. sonda, tienta. || cohete, proyectil. || **space p.**, sonda espacial. || investigación, encuesta. || — vt. sondar, tentar. || explorar.
problem n. problema. || — adj. problemático. || difícil.
procedural adj. procesal. || de procedimiento.
procedure n. procedimiento (t. comput.). || trámites, tramitación.
proceed vi. proceder. || ir. || seguir adelante. || pasar, irse. || obrar, actuar. || empezar a hacer. || proceder, provenir. || **to p. against**, (der.) iniciar juicio contra.
proceeding n. procedimiento. || proceder. || pl. **proceedings**, debates. || actas. || (der.) procesó.
proceeds n. pl. ganancias, beneficio.
process n. procedimiento. || proceso. || método, sistema. || **in p.**, en curso. || **in p. of**, en vías de. || — vt. transformar (materias primas). || elaborar. || procesar (t. comput., der.). || (fot.) revelar (un negativo).
process vi. desfilar.
processing n. preparación. || tratamiento. || elaboración.
procession n. desfile. || (igl.) procesión.
processor n. procesador (t. comput.).
proclaim vt. proclamar. || revelar, anunciar.
proclivity n. propensión, inclinación.
procrastinate vi. aplazar una decisión.
procreate vt. procrear.
proctor n. (der.) procurador. || (univ.) oficial que cuida de la disciplina.
procure vt. obtener, conseguir.
procurer n. proxeneta.
prod n. empuje. || codazo. || pinchazo. || (fig.) estímulo. || — vt. empujar. || (fig.) estimular, instar.
prodigal adj., n. pródigo.
prodigious adj. prodigioso. || enorme.
prodigy n. prodigio.
produce n. producto. || producción.
produce vt. presentar, mostrar.|| aducir. || producir, dar. || fabricar. || dar a luz, tener (animal). || (teat.) poner en escena, y causar. || (mat.) prolongar (línea).
producer n. productor (t. cine). || (teat.) director de escena. || (TV) realizador.

product n. producto (t. mat.). || fruto, resultado, consecuencia. .
production n. producción. || fabricación. || producto. || obra. || (teat.) presentación, representación. || dirección.
profane adj. profano. || sacrílego, blasfemo. || (lenguaje) fuerte, indecente. || — vt. profanar.
profess vt. profesar. || afirmar, declarar. || manifestar.
profession n. profesión, declaración. || profesión, oficio, carrera.
professor n. profesor (universitario), catedrático. || **associate p.**, (E. U.) profesor adjunto.
professorship n. cátedra.
proficiency n. pericia, habilidad.
profile n. perfil. || sección, corte. || silueta. || linea. || (fig.) retrato, reseña biográfica.
profit n. ganancia. || provecho, beneficio. || utilidad, ventaja. || **gross p.**, ganancia bruta. || **net p.**, ganancia neta. || **p. and loas**, ganancias y pérdidas. || **at a p.**, con beneficio (o ganancia). || — vt. aprovechar, beneficiar.
profitable adj. provechoso, útil. || ventajoso. || lucrativo.
profiteer n. acaparador, el que hace ganancias excesivas. || — vi. hacer ganancias excesivas.
profitless adj. inútil.
profit-sharing n. participación directa en los beneficios.
profligate adj., n. libertino. || manirroto.
profound adj. profundo.
profusion n. profusión, abundancia. || prodigalidad.
progeny n. progenie, prole.
prognosis n. (med.) pronóstico.
prognosticate vt. pronosticar.
program n. programa (t. comput.). || — vt. programar (t. comput.).
programmer n. programador.
progress n. progreso. || progresos. || marcha, desarrollo.
progress vi. hacer progresos, progresar. || avanzar. || desarrollarse.
progressive adj. progresivo. || (pol.) progresista. || — n. progresista.
prohibit vt. prohibir. || impedir.
prohibitionist adj., n. prohibicionista.
project n. proyecto.
project vt. proyectar. || — vi. salir, sobresalir, resaltar.
projectile n. proyectil.

projection n. proyección. || saliente, resalto. || protuberancia.

projector n. proyector (de películas).

proletarian adj., n. proletario.

proletariat n. proletariado.

proliferate vt., vi. multiplicarse). || extender(se).

prolix adj. prolijo.

prologue n. prólogo.

prolong vi. prolongar, extender.

prom n. (fam.) **promenade concert**. || paseo. || rambla.

promenade n. paseo. || avenida. || paseo marítimo. || **p. concert**, concierto en el que parte del público permanece de pie. || — vt., vi. pasear(se).

prominent adj. prominente, saltón. || visible. || importante, famoso.

promiscuity n. libertad en las relaciones sexuales. || inmoralidad, libertinaje. || promiscuidad.

promise n. promesa. || esperanza. || — vt., vi. prometer.

promising adj. prometedor, que promete.

promontory n. promontorio.

promote vi. promover, fomentar. || promocionar. || ascender (en rango, etc.). || estimular, facilitar. || (parlamento) presentar. || apoyar (campaña).

promoter n. promotor.

promotion n. promoción, fomento. || apoyo. || gestión. || presentación. || fundación, creación. || ascenso.

prompt adj. pronto. || rápido. || puntual. || inmediato. || — adv. en punto: **at five o'clock p.**, a las cinco en punto. || — n. (teat.) apuntador. || — vt. incitar, impulsar. || sugerir. || (teat.) apuntar.

prompter n. apuntador.

promptness n. prontitud, puntualidad.

promulgate vt. promulgar.

prone adj. postrado (boca abajo). || propenso.

prong n. punta, púa, diente.

pronoun n. pronombre.

pronounce vt. pronunciar (t. gram., der.). || — vi. pronunciar: **he pronounces badly**, pronuncia mal. || pronunciarse.

pronounced adj. marcado, fuerte. || decidido.

pronouncement n. declaración. || opinión.

proof n. prueba. || graduación normal (alcohol, etc.). || — adj. de graduación normal (alcohol, etc.). || firme, impermeable. || inmune (t. fig.). || — vt. impermeabilizar

proofreader n. corrector de pruebas.

prop n. apoyo, puntal. || (agr.) rodrigón. || (fig.) sostén. || pl. **props**, (teat.) accesorios, || — vt. (t. **to p. up**) apuntalar.

propagate vt., vi. propagar(se).

propel vt. impulsar, propulsar. || empujar.

propeller n. hélice.

propelling pencil n. lapicero, portaminas.

propensity n. propensión.

proper adj. propio. || conveniente, apropiado. || decente, decoroso. || verdadero, de verdad. || (fam.) hecho y derecho, consumado.

properly adv. correctamente, apropiadamente. || realmente, en realidad. || exactamente. || completamente.

propertied adj. adinerado, acaudalado.

property n. propiedad. || hacienda. || bienes.

prophecy n. profecía.

prophesy vt. profetizar. || (fig.) predecir.

prophet n. profeta.

propinquity n. propincuidad. || consanguinidad, parentesco.

propitiate vt. propiciar.

propitious adj. propicio, favorable.

proportion n. proporción. || relación: **in p. to**, en relación con. || parte, lote. || equilibrio. || simetría. || pl. **proportions**, dimensiones, proporciones. || — vt. (fam.) proporcionar, adecuar.

proportionate adj. proporcionado.

proposal n. propuesta, proposición. || propuesta de matrimonio. || (fig.) proyecto.

propose vt. proponer. || hacer un plan. || (fam.) hacer un brindis. || — vt. proponerse. || **to p. to**, pedir la mano de.

proposition n. proposición. || oferta. || (fam.) empresa, cosa, asunto.

propound vt. proponer, exponer.

proprietor n. propietario, dueño.

propriety n. decoro, decencia, corrección. || conveniencia. || pl. **proprieties**, las convenciones, los cánones sociales, el decoro.

prorogue vt. prorrogar.

proscribe vt. proscribir.

prose n. prosa.

prosecute vt. (der.) procesar. || demandar en juicio. || proseguir, llevar adelante.

prosecutor n. acusador. || fiscal.

proselyte n. prosélito.

prose writer n. prosista.

prosody n. métrica.

prospect n. perspectiva. || vista. || expectativa, esperanza. || probabilidad (de éxito). || cliente, candidato.

prospect vt. explorar. || — vi. **to p. for**, buscar.

prospective adj. eventual, probable. || futuro: **my p. son in low**, mi futuro yerno.

prosper vt. favorecer, fomentar. || — vi. prosperar. || medrar. || florecer.

prosperity n. prosperidad.

prostitute n. prostituta. || — vt. prostituir (t. fig.).

prostrate vt. postrar. || abatir.

prosy adj. prosaico, aburrido.

protean adj. proteico.

protect vt. proteger. || respaldar.

protective adj. protector. || preventivo. || (com.) proteccionista.

protégé n. protegido, ahijado.

protein n. proteína.

protest n. protesta.

protest vt. protestar. || poner reparos. || — vi. protestar.

prototype n. prototipo.

protract vt. prolongar. || extender, alargar.

protractor n. transportador.

protrude vt. sacar fuera. || — vi. salir (fuera), sobresalir.

protuberance n. protuberancia, saliente.

proud adj. orgulloso. || soberbio, engreído, arrogante. || espléndido, imponente.

prove vt. probar. || demostrar. || verificar. || — vi. resultar.

provenance n. origen, punto de origen.

provender n. forraje. || (hum.) provisiones, comida.

proverb n. refrán, proverbio.

provide vt. suministrar. || proveer de, dar. || prestar. || (der.) estipular. || — vi. proveer. || estipular.

provided conj. con tal que, a condición de que.

provident adj. providente, previsor.

province n. provincia. || especialidad.

provision n. provisión. || disposición, estipulación. || pl. **provisions**, provisiones, víveres. || — vt. aprovisionar, abastecer.

provisional adj. provisional. || interino.

proviso n. condición, estipulación.

provoke vi. causar, producir, motivar. || facilitar. || provocar, incitar.

provoking adj. provocativo. || irritante, fastidioso.

provost n. (univ.) rector. || director.

prow n. proa.

prowess n. destreza, habilidad. || valor.

prowl n. ronda (en busca de presa, botín, etc.). || — vt., vi. merodear. || rondar.

proximity n. proximidad.

proxy n. poder, procuración. || apoderado. || sustituto.

prudence n. prudencia.

prudery n. remilgo, gazmoñería.

prune n. ciruela pasa. || — vt. podar. || (fig.) reducir, escamondar.

pruning n. poda.

prurient adj. salaz, lascivo.

pry vi. fisgonear, curiosear. || entrometerse.

psalm n. salmo.

pseudo adj. (fam.) falso, fraudulento. || fingido. || artificial.

pseudonym n. seudónimo.

psychedelic adj. psicodélico.

psychiatrist n. psiquiatra.

psychic(al) adj. psíquico.

psychoanalyst n. psicoanalista.

psychology n. psicología.

psychopath n. psicópata.

psychotic adj., n. psicótico.

pub n. (fam.) taberna, bar.

puberty n. pubertad.

pubescent adj. pubescente.

pubic adj. púbico.

public adj. público: **p. bar**, bar de precios módicos. || **p. convenience**, baño público. || n. público.

publican n. tabernero.

publicity n. publicidad.

publicize vt. publicar, dar publicidad a, anunciar.

public-spirited adj. de buen ciudadano. || lleno de civismo.

publish vt. publicar.

publisher n. editor.

puce n. color castaño rojizo.

pucker n. arruga. || frunce, fruncido. || — vt., vi. fruncir(se). || arrugar(se).

puckish adj. malicioso, juguetón.

pudding n. budín.

puddle n. charco. || — vt. (tec.) pudelar.

pudenda n. pl. partes pudendas.

puerile adj. pueril.

puff n. resoplido, resuello. || soplo, racha de viento. || pastelillo de crema. || — vt. soplar. || (pipa, etc.) chupar. || — vi. jadear, resollar. || soplar.

puffer n. (fam.) locomotora.

puffy adj. (ojo, etc.) hinchado.

pugilist n. púgil.
pugnacity n. pugnacidad, belicosidad, agresividad.
puke vi. vomitar.
pulchritude n. belleza.
pull n. tirón. || estirón. || (am.) chupada. || cuerda (campana). || (impr.) primeras pruebas. || trago. || trecho. || (fam.) influencia. || — vt. tirar de: **p. the door lo open it**, tira de la puerta para abrirla. || arrastrar. || (músculo) torcerse, dislocarse. || sacar: **I got my tooth pulled**, me hice sacar la muela. || atraer. || **to p. away**, separar. || apartar. || **to p. down**, bajar. || derribar. || **to p. in**, llegar (tren). || llevar preso. || (fam.) ganar dinero. || **to p. off** (fam.), tener éxito. || **to p. through**, sacar de un apuro. || llevar a cabo. || **to p. together**, aunar. || serenar. || **to p. up**, levantar. || detener.
pullet n. polla, pollita.
pulley n. polea.
pullulate vi. pulular.
pulp n. pulpa. || (bot.) pulpa, carne (papel, madera). || — vt. hacer pulpa.
pulpit n. púlpito.
pulsate vi. pulsar, latir.
pulse n. pulso. || pulsación, latido. || compás. || legumbres. || — vi. latir, pulsar. || vibrar.
pulsebeat n. latido del pulso.
pulverize vt. pulverizar. || (fig.) hacer polvo. || anonadar. || (fam.) cascar.
pumice, **pumice stone** n. piedra pómez.
pump n. bomba: **airp.**, inflador. || zapatilla de baile. || — vt. sacar, elevar con bomba. || inflar. || (brazo) mover rápidamente de arriba para abajo. || (fam.) pedir, sacar. || sonsacar.
pumpkin n. calabaza, (Arg.) zapallo.
pun n. juego de palabras.
punch n. punzón. || taladro. || puñetazo, golpe. || (fig.) empuje, vigor. || ponche (bebida). || — vt. punzar, taladrar. || perforar (t. comput.).
punch card n. (comput.) tarjeta perforada.
punch-up n. (fam.) riña, pendencia.
punctilious adj. puntilloso, etiquetero, puntual.
punctuality n. puntualidad.
punctuate vt. puntuar. || (fig.) interrumpir.
puncture n. perforación. || puntura, punzada. || (aut.) pinchazo. || (med.) punción. || — vi. perforar. || punzar, pinchar. || (neumático) pinchar.

pundit n. (hum.) erudito, sabio.
pungent adj. acre. || picante. || mordaz.
punish vt. castigar. || (fig.) maltratar.
punishment n. castigo. || **capital p.**, pena de muerte. || (fam.) paliza.
punk n. joven contestatario. || punk.
punt n. batea. || (dep.) patada. || apuesta. || — vt. llevar en batea. || (dep.) patear.
punter n. jugador.
puny adj. (persona, etc.) débil, flojo. || insignificante.
pup n. cachorro. || — vi. parir (la perra).
pupa n., pl. **pupae** crisálida.
pupil n. alumno. || (anat.) pupila.
puppet n. títere. || (fig.) títere, marioneta.
puppy n. cachorro.
purblind adj. cegato. || (fig.) ciego, falto de comprensión.
purchase n. (fam.) compra. || compra (objeto). || — vt. (fam.) comprar, adquirir.
purchaser n. comprador.
purchasing power n. poder de compra, poder adquisitivo.
pure adj. puro.
purgative adj., n. purgante.
purge n. purga. || (med.) purgante. || (pol.) purga, depuración. || — vt. purgar. || purificar, depurar. || (pol.) purgar, depurar.
purifier n. depurador.
purify vt. purificar, depurar. || (metal) acrisolar, refinar.
purist n. purista, casticista.
Puritanism n. puritanismo.
purity n. pureza.
purl n. puntada invertida.
purler n. (fam.) **to come a p.**, caer pesadamente, caer aparatosamente. || (fig.) fracasar rotundamente.
purloin vi. robar, hurtar.
purple adj. purpúreo. || morado. || — n. púrpura. || **born to the p.**, nacido de sangre real.
purport n. significado, sentido. || intención.
purport vt. pretender, intentar ser.
purpose n. propósito, intención. || **on p.**, a propósito. || resolución. || — vi. proponerse, proyectar, intentar.
purposeful adj. resuelto, determinado.
purposeless adj. irresoluto. || indeciso. || sin propósito fijo.
purr n. ronroneo. || — vt. decir suavemente, susurrar. || — vi. (gata, etc.) ronronear.

purse n. bolsa. || **a well lined p.**, una bolsa bien llena. || bolso, monedero. || billetera. || cantidad de dinero para gastar. || **privy p.**, gastos personales del monarca. || — vt. **to p. one's lips**, fruncir los labios.

purser n. contador de navío.

pursuance n. prosecución, cumplimiento: **in p. of.**, con arreglo a, en cumplimiento de.

pursue vt. (caza) seguir, perseguir, cazar, dar caza a. || acosar, asediar. || (línea de conducta) seguir. || (estudio) proseguir. || dedicarse a. || (plan) proceder de acuerdo con.

pursuit n. caza. || perseguimiento, persecución. || busca. || ocupación, carrera, empleo. || pasatiempo.

pursuit plane n. avión de caza.

purvey vt. proveer, suministrar, abastecer.

purview n. alcance, esfera.

push n. empuje, empujón. || (mil.) ofensiva, avance. || (fam.) voluntad de y esfuerzo por triunfar. || **at a p.**, (fam.) si es necesario. || — vt. empujar. || apretar. || promover, fomentar. || (demanda) proseguir. || incitar, obligar. | (fam.) pinchar. || **to p. ahead**, promover. || hacer progresar. || **to p. aside**, apartar. || **to p. forward**, empujar hacia adelante. || **to p. on**, activar (obra). || seguir. || **to p. out**, echar a empujones. || desahuciar. || **to p. up**, levantar. || hacer subir.

push-button n. pulsador, botón (de control, etc.).

push chair n. sillita de ruedas.

pushing adj. emprendedor, vigoroso. || trepador.

pushover n. (fam.) cosa muy fácil. || persona muy fácil de vencer (o convencer, etc.).

pusillanimous adj. pusilánime.

puss n. (fam.) minino, gato.

pustule n. pústula.

put (pret. y pp. **put**) vt. poner. || **to p. to death**, (fig.) matar. || colocar. || meter. || lanzar, arrojar (peso). || hacer (pregunta). || exponer, presentar. || expresar, redactar. || **to p. it mildly**, para ser indulgente. || computar, estimar: **what would you p. it at?**, ¿en cuánto lo estima Ud.? || guiar, dirigir. || **to p. about**, hacer correr, difundir (rumor). || **to p. across**, (fam.) hacer creer. || lograr. || **to p. aside**, ahorrar. ||no considerar. || **to p. away**, poner en su sitio, guardar. || ahorrar. || **to p. back**, volver a poner. || **to p. by**, guardar. || (fig.) eludir. || **to p. down**, matar, sacrificar (animal). || humillar. || dejar (con un vehículo). || **to p. forward**, proponer, someter. || exponer (idea). || adelantar (reloj). || **to p. in**, meter, introducir, (der.) presentar. || elegir. || to **p. off**, quitarse (ropa). || cansar, hartar. || **to p. on**, ponerse (ropa). || poner a calentar. || engordar. || poner en escena. || **to p. out**, apagar. || expulsar. || sacar (lengua). || molestarse. || extender (brazo). || desordenar. || **to p. over**, (fam.) engaitar. || asegurar el éxito popular. || **to p. through**, lograr. || (tlf.) comunicar. || **to p. together**, juntar. || unir. || (mat.) sumar. || (máquina) ensamblar. || **to p. up**, levantar. || aumentar (precio, etc.). || alojar. || poner en venta. || proponer (para un cargo). || **to p. up with**, (fam.) aguantar.

putative adj. supuesto. || putativo.

putrefy vt., vi. pudrirse.

putrid adj. podrido, putrefacto.

putsch n. golpe de estado.

putt n. (golf) put, golpe corto, tiro al hoyo.

puttee n. polaina.

putting green n. campo de golf en miniatura.

putty n. masilla.

puzzle n. problema. || palabras cruzadas. || rompecabezas. || cosa difícil, problema. || confusión, perplejidad. || — vt. confundir, dejar perplejo. || complicar, embarullar. || **to p. out.**, resolver un problema. || — vi. estar confundido. || devanarse los sesos.

puzzled adj. perplejo.

puzzling adj. enigmático, misterioso.

pygmy adj. pigmeo. || (fig.) miniatura, minúsculo. || — n. pigmeo.

pylon n. pilón, poste. || torre de conducción eléctrica.

pyramid n. pirámide.

pyre n. pira. || (fig.) hoguera.

pyrotechnics n. pl. pirotecnia.

Q

q *n.* q.

quack *n.* graznido. || charlatán. || curandero. || — *vi.* graznar.

quad *n. (fam.)* = **quadrangle**.

quadrangle *n.* cuadrángulo. || patio.

quadrant *n.* cuadrante.

quadrille *n.* cuadrilla.

quadruped *n.* cuadrúpedo.

quadruple *adj.* cuádruple. || — *n.* cuádruplo.

quadruplets *n. pl.* cuatrillizos.

quads *n. pl. (fam.)* ver **quadruplets**.

quagmire *n.* ciénaga. **||** *(fig.)* atolladero.

quail *n.* codorniz. || — *vi.* acobardarse.

quaint *adj.* atractivo. || pintoresco.

quake *vi.* temblar, estremecerse.

qualification *n.* calificación. || idoneidad, capacidad. || requisito, condición. || limitación, salvedad.

qualified *adj.* apto, competente. || capacitado, cualificado, habilitado. || que tiene título. || modificado, limitado.

qualify *vi.* calificar. || modificar. || capacitar. || — *vt.* capacitarse. || *(dep.)* clasificarse.

qualitative *adj.* cualitativo.

quality *n.* calidad. || característica. || cualidad.

qualm *n.* escrúpulo. || remordimiento.

quandary *n.* dilema, apuro.

quantity *n.* cantidad.

quarantine *n.* cuarentena. || — *vt.* poner en cuarentena.

quarrel *n.* riña, disputa. || — *vi.* pelearse, reñir. || no condecir: **it quarrels with my principles**, no está de acuerdo con mis principios.

quarrelsome *adj.* pendenciero, peleador.

quarry *n.* presa *(t. fig.)*. || cantera. || — *vt.* sacar, extraer. || — *vi.* explotar una cantera.

quart *n.* cuarto de galón.

quarter *n.* cuarto, cuarta parte. || *(heráld.)* cuartel. || trimestre. || barrio. || *(fig.)* procedencia. || *pl.* **quarters**, vivienda. || *(mil.)* cuartel. || *(fam.)* tregua. || sector.

quarterly *adv.* cada tres meses, trimestralmente. || — *adj.* trimestral. || — *n.* publicación trimestral.

quartermaster *n.* furriel.

quartet(te) *n. (mús.)* cuarteto.

quartz *n.* cuarzo.

quash *vi.* anular, invalidar.

quasi *adv.* cuasi.

quaver *n.* temblor. || vibración. || *(mús.)* trémolo. || — *vi.* temblar. || vibrar. || *(mús.)* trinar. || — *vt.* decir con voz temblorosa.

quay, quayside *n.* muelle.

queasy *adj.* mareado. || con náuseas. || delicado, escrupuloso.

queen *n.* reina. || la esposa del rey. || (ajedrez) reina. || (cartas) dama. || — *vt.* (ajedrez) coronar. || **to q. it**, *(fam.)* pavonearse.

queer *adj.* extraño, raro. || misterioso, sospechoso. || *(fam.)* algo tocado. || *(fam.)* homosexual.

quell *vt.* reprimir. || calmar. || sofocar.

quench *vt.* apagar, extinguir.

query *n.* pregunta. || duda. || signo de interrogación. || *(fig.)* interrogante. || — *vi.* hacer preguntas.

quest *n.* busca, búsqueda. || — *vt., vi.* buscar.

question *n.* pregunta. || asunto, cuestión. || problema. || duda. || **open to q.**, cuestionable. || — *vt.* interrogar, hacer preguntas. || poner en duda, cuestionar.

question mark *n.* punto de interrogación. || *(fig.)* interrogante.

questionnaire *n.* cuestionario.

queue *n.* cola. || **to jump the q.**, salirse de su turno. || — *vi.* hacer cola.

quibble *n.* sofistería, sutileza. || — *vi.* sutilizar, buscar evasivas.

quick *adj.* veloz. || rápido. || **be q. about it,** ¡date prisa! || fácil para reaccionar. || — *n.* carne viva: **it has cut me to the q.**, me dio en lo más vivo.

qukk-eared *adj.* de oído fino.

quicken *vt.* acelerar, apresurar. || avivar.

quick-eyed *adj.* de vista aguda.
quicklime *n.* cal viva.
quickly *adv.* rápidamente. || pronto.
quickness *n.* rapidez, velocidad. || prontitud, presteza. || agilidad. || penetración. || viveza.
quicksand *n.* arena movediza.
quick-sighted *adj.* de vista aguda.
quicksilver *n.* azogue, mercurio.
quick-tempered *adj.* de genio vivo.
quick-witted *adj.* agudo, perspicaz.
quiescent *adj.* quieto, inactivo. || reposado.
quiet *adj.* silencioso, callado. || quieto, tranquilo. || reposado. || sencillo. || — *n.* paz, tranquilidad. || **peace and q.**, paz y sosiego. || **on the q.** *(fam.)* en secreto.
quieten *vt., vi.* calmar(se), tranquilizar(se). || callar(se).
quietness *n.* quietud. || silencio. || sosiego.
quietus *n.* golpe de gracia.
quiff *n.* copete.
quill *n.* pluma. || cañón de pluma. || (puerco espín) púa.
quilt *n.* colcha, edredón. || — *vt.* acolchar.
quince *n.* membrillo.
quintet(te) *n.* quinteto.
quintuplets *n. pl.* quintillizos.
quip *n.* chiste, agudeza, pulla. || — *vi.* hacer un chiste.

quirk *n.* capricho, peculiaridad. || agudeza.
quit (*pret.* y *pp.* **quit** o **quitted**) *vt. (fam.)* dejar, abandonar. || *(ant.)* desocupar, dejar. || — *vi. (fam.)* marcharse. || dimitir.
quite *adv.* totalmente, completamente. || **q. so!**, ¡efectivamente! || **q. that!**, ¡lo menos eso! || bastante.
quits *adv.* a mano.
quitter *n.* remolón, flojo.
quiver *n.* carcaj, aljaba. || temblor, estremecimiento. || — *vi.* temblar, estremecerse.
quixotic *adj.* quijotesco.
quiz *n.* interrogatorio. || examen. || encuesta. || — *vt.* mirar con curiosidad. || interrogar.
quizzical *adj.* burlón.
quoin *n.* esquina, ángulo. || piedra angular.
quoit *n.* aro. || *pl.* **quoits,** juego de aros.
quotation *n.* cita. || citación. || cotización.
quotation marks *n. pl.* comillas.
quote *n.* cita. || *pl.* **quotes,** comillas. || — *vt.* citar. || dar un ejemplo. || *(com.)* cotizar.
quotient *n.* cociente.

R

r *n.* r.

rabbi *n.* rabino. || (antes del nombre) rabí.

rabbit *n.* conejo.

rabbit hutch *n.* conejera.

rabble *n.* canalla, chusma.

rabble-rouser *n.* agitador, demagogo.

rabid *adj. (med.)* rabioso. || *(fig.)* rabioso.

rabies *n.* rabia.

race *n.* raza. || estirpe. || *(dep.)* regata. || carrera. || — *vt.* competir. || llevar corriendo. || — *vi.* correr.

racecourse *n.* hipódromo.

racehorse *n.* caballo de carreras.

racetrack *n.* pista, hipódromo.

racial *adj.* racial. || racista.

raciness *n.* picante, sal, vivacidad.

racing *adj.* de carreras.

rack *n.* estante. || **plate r.**, escurridor de platos. || **magazine r.**, revistero. || *(f. c.)* portaequipaje. || archivador. || potro (tortura). || — *vi.* atormentar. || **to be racked by remorse**, estar atormentado por el remordimiento. || **to r. one's brains**, matarse pensando.

racket, racquet *n.* raqueta. || alboroto, barullo. || *(fam.)* timo, estafa. || chantaje. || tráfico: **drug r.**, tráfico de drogas. || *(hum.)* negocio. || — *vi. (fam.)* armar jaleo, irse de juerga.

racketeer *n.* estafador. || chantajista.

raconteur *n.* narrador.

racoon *n.* mapache.

racquet *n.* = **racket.**

racy *adj.* picante, salado, vivo.

radar *n.* radar.

radiant *adj.* radiante, resplandeciente.

radiate *adj.* radiado. || — *vt.* radiar, irradiar.

radical *adj., n.* radical.

radio *n.* radio, radiofonía. || — *vt.* trasmitir por radio. || — *vi.* enviar un mensaje por radio.

radioactive *adj.* radiactivo.

radio beacon *n.* radiofaro.

radio-controlled *adj.* teledirigido.

radiograph *n.* radiografía. || — *vt.* radiografiar.

radioisotope *n.* radioisótopo.

radiologist *n.* radiólogo.

radio set *n.* radio, receptor de radio.

radiotherapy *n.* radioterapia.

radish *n.* rábano.

radium *n.* radio.

radius *n.* (en general) radio.

radix *n. (bot., gram.)* raíz.

raffle *n.* rifa, sorteo. || — *vt.* rifar, sortear.

raft *n.* balsa.

rafter *n.* viga, cabrio.

rag *n.* harapo, andrajo. || trapo. || — *vt.* tomar el pelo. || — *vi.* armar jaleo. || hacer payasadas.

ragamuffin *n.* granuja.

rag-and-bone man *n.* trapero.

rag doll *n.* muñeca de trapo.

rage *n.* furia, rabia. || moda. || — *vi.* estar furioso. || hacer estrago.

rag fair *n.* feria de objetos usados.

ragged *adj.* roto. || andrajoso, harapiento. || desigual, mellado. || (costa) accidentado.

ragtime *n. (mús.)* tiempo sincopado.

rag trade *n. (fam.)* industria del vestido.

raid *n.* incursión, correría. || bombardeo. || redada. || asalto. || — *vt.* invadir, atacar, hacer una incursión en. || bombardear. || asaltar.

rail *n.* baranda, pasamanos. || riel. || ferrocarril: **I'd sooner travel by r.**, preferiría viajar en tren. || — *vt.* cercar con una baranda. || — *vi.* **to r. at, to r. against**, protestar amargamente contra.

railhead *n.* estación terminal.

railing *n.* baranda, barandilla, pasamanos.

railroad *n.* (E. U.) = **railway**.

railway *n.* ferrocarril. || vía férrea. || línea (de ferrocarril).

raiment *n. (lit.)* hábitos, vestimenta.

rain *n.* lluvia. || una gran cantidad. || — *vt.* hacer llover. || — *vi.* llover.

rainbow *n.* arco iris.

raincoat *n.* impermeable.

rainfall *n.* precipitación.

rain gauge *n.* pluviómetro.

rainproof *adj.* a prueba de lluvia.

rainstorm *n.* tempestad de lluvia.
rainwater *n.* agua de lluvia.
rainy *adj.* lluvioso.
raise *n.* aumento, subida. || aumento de sueldo. || — *vt.* levantar, alzar. || erigir. || subir. || aumentar (producción). || causar, provocar. || reunir: **he raised an army**, reunió un ejército.
raisin *n.* pasa de Corinto.
rake *n.* rastrillo. || hurgón (para el fuego). || inclinación. || disoluto. || — *vt.* rastrillar. || remover (fuego). || hurgar. || *(naveg.)* inclinar.
rally *n.* mitin, demostración. || *(aut.)* rallye. || (tenis) peloteo. || — *vt.* reunir. || recobrar. || reanimar. || *(ant.)* burlarse. || — *vi.* reunirse. || recuperarse.
ram *n.* *(zool.)* carnero. || *(astr.)* Aries. || *(mil.)* ariete. || pisón, pilón. || — *vt.* apisonar. || apretar. || rellenar. || chocar con, dar contra.
ramble *n.* paseo por el campo, excursión. || — *vi.* salir de excursión. || divagar.
rambling *adj.* (discurso) divagador, enmarañado. || (casa) laberíntico.
rambunctious *adj.* *(hum.)* ruidoso, lleno de vida.
ramification *n.* ramificación.
ramp *n.* rampa. || *(fam.)* estafa, timo.
rampage *n.* estampida. || — *vi.* desbocarse.
rampant *adj.* rampante. || exuberante.
rampart *n.* terraplén, defensa. || muralla.
ramrod *n.* baqueta.
ramshackle *adj.* desvencijado.
ran ver **run**.
ranch *n.* *(E. U.)* hacienda. || estancia, rancho.
rancher *n.* *(E.U.)* ganadero.
rancid *adj.* rancio.
rancorous *adj.* rencoroso.
rancour *n.* rencor.
random *adj.* fortuito, casual. || hecho al azar, hecho sin pensar. || sin orden ni concierto. || — *n.* **at r.**, al azar. || sin pensar.
randy *adj.* cachondo.
rang ver **ring**.
range *n.* alcance. || **out of r.**, fuera de alcance. || extensión. || serie. || *(elec.)* gama de frecuencia. || *(com.)* surtido. || sierra, cordillera. || — *vt.* ordenar. || clasificar. || colocar. || recorrer. || — *vi.* extenderse. || variar: **the prices r. between ten and fifty pounds**, los precios varían entre diez y cincuenta libras. || alinearse.

rangefinder *n.* telémetro.
ranger *n.* guardabosques.
rank *n.* línea, hilera. || *(mil.)* grado, jerarquía. || posición social. || calidad, distinción. || *(mil.)* fila. || — *adj.* lozano, exuberante. || rancio. || — *vt.* clasificar, ordenar. || — *vi.* clasificarse. || figurar.
rankle *vi.* guardar rencor.
rankness *n.* lozanía, exuberancia. || fetidez.
ransack *vt.* registrar. || escudriñar. || saquear.
ransom *n.* rescate. || — *vt.* rescatar.
rant *n.* lenguaje declamatorio. || — *vi.* vociferar, despotricar.
rap *n.* golpe seco. || — *vt.* golpear. || criticar. || — *vi.* dar un golpe.
rapacious *adj.* rapaz.
rape *n.* violación, estupro. || — *vt.* violar.
rapid *adj.* rápido.
rapids *n. pl.* rápidos.
rapier *n.* estoque.
rapport *n.* relación. || conformidad.
rapscallion *n.* bribón.
rapt *adj.* arrebatado. || absorto. || extático.
rapture *n.* éxtasis, rapto, arrobamiento.
rare *adj.* raro, poco común, nada frecuente. || (aire) enrarecido. || *(coc.)* poco cocido: **how do you like the meat, r. or well done?**, ¿cómo le gusta la carne, jugosa o bien cocida?
rarefied *adj.* enrarecido. || exclusivo.
rarefy *vt., vi.* enrarecer(se).
rarely *adv.* raramente, rara vez.
rascal *n.* pillo, pícaro.
rash *n.* *(med.)* erupción. || — *adj.* imprudente.
rasher *n.* lonja, loncha.
rasp *n.* escofina. || — *vt.* escofinar || decir con voz áspera. || — *vi.* hacer un sonido desapacible.
raspberry *n.* frambuesa. || *(fam.)* sonido grosero, sonido despectivo, sonido ofensivo.
rat *n.* rata. || *(fam.)* canalla. || — *vi.* cazar ratas.
ratable *adj.* sujeto a contribución municipal.
ratchet *n.* trinquete.
rate *n.* proporción. || índice: **the birth r.**, el índice de natalidad. || velocidad, ritmo. || tasa, precio. || tarifa. || *pl.* **rates**, contribución municipal. || — *vt.* tasar, valorar. | clasificar. || imponer contribución municipal. || — *vi.* ser tenido como.

R

rather adv. bastante, más bien: **it is r. absurd**, es bastante absurdo. ‖ **I r. like him**, diría que lo quiero. ‖ mejor dicho. ‖ preferir: **I'd r. stay at home**, preferiría quedarme en casa. ‖ más exactamente. ‖ ciertamente.

ratify vt. ratificar.

rating n. valuación, rating. ‖ clasificación. ‖ (naveg.) marinero.

ratio n. razón, relación, proporción.

ratiocinate vi. raciocinar.

reactionary adj., n. reaccionario.

ration n. ración. ‖ — vt. racionar.

rational adj. racional. ‖ lógico, razonable.

rationalism n. racionalismo.

rationalization n. racionalización.

rationalize vt. hacer racional. ‖ organizar lógicamente. ‖ racionalizar.

rat poison n. matarratas.

rat race n. lucha por ganar posiciones en una empresa.

rattle n. golpeteo. ‖ traqueteo. ‖ crujido. ‖ matraca. ‖ sonajero. ‖ cascabel (víbora). ‖ — vt. agitar. ‖ sacudir. ‖ (fam.) desconcertar. ‖ **to r. off** (fam.), decir rápido de memoria. ‖ — vi. golpetear. ‖ crujir. ‖ castañetear.

rattlesnake n. serpiente de cascabel.

rattletrap n. armatoste.

raucous adj. estridente, ronco, chillón.

ravage n. estrago, destrozo. ‖ — vt. estragar, destruir, destrozar. ‖ pillar.

rave n. (fam.) desvarío, delirio. ‖ — adj. encomioso. ‖ — vi. delirar, desvariar. ‖ desencadenarse (viento).

raven n. cuervo.

ravenous adj. famélico. ‖ voraz.

ravine n. barranco, garganta.

ravioli n. pl. ravioles.

ravish vt. encantar, embelesar. ‖ raptar.

ravishing adj. encantador, embelesador.

raw adj. crudo: **r. vegetables**, verduras crudas. ‖ puro. ‖ en bruto. ‖ novato. ‖ — n. carne viva.

rawhide adj. de cuero crudo.

ray n. rayo. ‖ (mat.) radio. ‖ (zool.) raya.

raze vt. arrasar, asolar.

razor n. navaja. ‖ máquina de afeitar.

razor blade n. hoja de afeitar.

razor strop n. suavizador.

razzmatazz n. (fam.) alharaca para llamar la atención.

re prep. respecto a, con referencia a.

reach n. alcance. ‖ extensión. ‖ (río) tramo recto. — ‖ vt. alcanzar. ‖ llegar a: **he reached the age of 80**, llegó a la edad de 80 años. ‖ lograr, y alargar. ‖ — vi. extenderse. ‖ llegar.

reach-me-downs n. pl. ropa hecha.

react vi. reaccionar.

reaction n. reacción.

reactor n. reactor.

read (pret. y pp. **read**) vt. leer. ‖ (univ.) estudiar: **he reads philosophy at Cambridge**, estudia filosofía en Cambridge. ‖ interpretar, descifrar. ‖ decir, rezar: **the instruction reads as follows**, la instrucción dice lo siguiente. ‖ marcar. ‖ **to r. out**, leer en alta voz. ‖ — n. (fam.) lectura.

readable adj. legible. ‖ ameno, interesante.

reader n. lector. ‖ corrector. ‖ libro de lectura. ‖ (univ.) profesor adjunto.

readiness n. disponibilidad. ‖ disposición. ‖ habilidad, facilidad.

reading n. lectura. ‖ recitación. ‖ lección.

reading matter n. lectura.

reading room n. sala de lectura.

readjust vt., vi. reajustar(se).

ready adj. listo. ‖ preparado: **are you r. to star?**, ¿estás preparado para empezar? ‖ dispuesto. ‖ disponible. ‖ vivo, agudo: **a man of r. wit**, un hombre de ingenio agudo. ‖ — n. (fam.) dinero contante.

ready-cooked adj. listo para comer.

ready-made adj. hecho, confeccionado.

ready-to-wear adj. hecho, confeccionado. ‖ de confección.

reaffirm vt. reafirmar, reiterar.

reafforest vt. repoblar de árboles.

reagent n. reactivo.

real adj. real, verdadero. ‖ auténtico. ‖ legítimo.

realistic adj. realista. ‖ auténtico.

reality n. realidad: **in r.**, en realidad. ‖ **let's stick to realities**, atengámonos a la realidad.

realization n. realización (proyecto). ‖ comprensión.

realize vt. darse cuenta. ‖ realizar. ‖ sacar, lograr (provecho).

really adv. ¿de veras? ‖ verdaderamente, francamente. ‖ en realidad. ‖ realmente.

realm n. reino. ‖ esfera, campo.

realty n. bienes raíces.

ream n. resma. ‖ montón. ‖ — vt. escariar.

reanimate vt. reanimar.

reap vt. segar. ‖ recoger, cosechar (t. fig.). ‖ — vi. cosechar.

reaper n. segador. ‖ segadora, agavilladora.

reappear vi. reaparecer.
reapply vt. aplicar de nuevo. || dar otra capa de. || — vi. volver a presentarse, mandar una nueva solicitud.
reappraisal n. nueva estimación.
rear adj. trasero, posterior. || de atrás. || (mil.) de retaguardia. || — n. parte posterior. || cola. || (fam.) trasero. || (fam.) **W. C.**, water. || — vt. levantar, erigir. || erguir. || criar. || — vt. encabritarse. || levantarse.
rear admiral n. contraalmirante.
rearguard n. retaguardia.
rearm vt., vi. rearmar(se).
rearmost adj. trasero, último de todos.
rearrange vt. volver a arreglar.
rearward adj. trasero, de atrás, posterior.
reason n. causa, motivo. || razón. || sentido común. || — vt. razonar. || convencer. || — vi. razonar, raciocinar.
reasonable adj. razonable. || sensato.
reasoning adj. racional. || — n. razonamiento. || argumentos.
reassert vt. reafirmar, reiterar.
reassess vt. tasar de nuevo, valorar de nuevo.
reassure vt. tranquilizar. || alentar.
rebarbative adj. repugnante.
rebate n. rebaja, descuento. || — vt. rebajar.
rebel adj., n. rebelde.
rebel vi. rebelarse, sublevarse.
rebellion n. rebelión, sublevación.
rebirth n. renacimiento.
rebound n. rebote. || en pleno choque emocional.
rebound vi. rebotar.
rebuff n. repulsa, desaire. || — vt. rechazar.
rebuild (ver **build**) vt. reconstruir, reedificar.
rebuke n. reprensión. || — vt. reprender.
rebus n. jeroglífico.
rebut vt. rebatir, refutar, rechazar.
rebbutal n. refutación.
recall n. llamada. || revocación. || recuerdo. || retirada (diplomático). || —vi. llamar, hacer volver, y retirar. || recordar.
recant vt., vi. abjurar.
recapitulate vt., vi. recapitular.
recapture n. recobro. || reconquista. || — vt. volver a prender. || reconquistar, volver a tomar.
recede vi. retroceder, retirarse. || (precios, etc.) bajar.

receipt n. recepción. || recibo. || recibo (documento). || receta. || pl. **receipts**, ingresos, recaudación.
receive vt. recibir. || aceptar. || admitir. || cobrar. || experimentar.
receiver n. (tlf.) auricular. || (radio, ant., fam.) receptor. || (en bancarrota) síndico.
recent adj. reciente. || nuevo.
recently adv. recientemente.
receptacle n. receptáculo.
reception n. recepción, recibimiento. || acogida. || fiesta.
receptionist n. recepcionista.
receptive adj. receptivo.
recess n. receso. || vacaciones, descanso. || (arq.) nicho. || pl. **recesses**, (lit.) lo más recóndito.
recession n. retroceso. || recesión.
recharge vt. recargar, volver a cargar.
recherché adj. rebuscado.
recipe n. receta.
recipient n. recibidor, recipiente.
reciprocal adj. recíproco, **mutuo.**
reciprocate vt. corresponder (fam.). || cambiar, intercambiar. || — vi. corresponder.
reciprocity n. reciprocidad.
recital n. relación, narración. || (mús.) recital.
recite vi. narrar, referir. || enumerar. || recitar.
reckless adj. temerario, imprudente.
reckon vt. contar, calcular. || estimar. || pensar (fam.): **I r. it possible**, lo creo posible. || — vi. calcular. || contar. || **to r. on**, contar con.
reclaim n. **to be beyond** (o **past**), **r.**, ser irremediable, no tener remedio. || — vt. reclamar. || reformar. || amansar. || recuperar. || ganar, rescatar.
reclaimable adj. reclamable. || utilizable.
reclamation n. reclamación. || reformación. || domesticación. || recuperación. || utilización.
recline vt., vi. apoyarse). || recostar(se).
recluse n. solitario. || recluso.
recognition n. reconocimiento.
recognizable adj. reconocible. || identificable.
recognize vt. reconocer. || admitir. || aceptar.
recognized adj. reconocido como tal. || conocido. || acreditado, oficial.
recoil n. retroceso. || culatazo. || — vi. recular, retroceder. || (fig.) rechazar, negarse. || (arma) dar culatazo.

recollect vt. recordar, acordarse de.
recollection n. recuerdo.
recommend vt. recomendar.
recompense n. recompensa. || — vt. recompensar.
reconcile vt. reconciliar. || hacer las paces.
recondite adj. recóndito.
reconnaissance n. reconocimiento.
reconnoitre vt., vi. reconocer, explorar.
reconquer vt. reconquistar.
reconsider vt., vi. reconsiderar, repensar.
reconstruct vt. reconstruir. || reedificar.
record n. anotación, inscripción. || registro. || récord. || documento. || expediente. || nota. || grabación, disco. || pl. **records**, anales. || **off the r.**, extraoficialmente. || **on r.**, registrado.
record vt. registrar. || inscribir. || hacer constar, consignar. || grabar, registrar.
record-breaking adj. brillante, excepcional. || que bate todos los récords.
recorder n. registrador, archivero. || (der.) juez municipal. || (mús.) flauta dulce, flauta de pico.
recording n. grabación. || registro.
recording tape n. cinta magnetofónica.
record player n. tocadiscos.
recount vt. contar, referir.
re-count vt. volver a contar.
recoup vt. recobrar, recuperar.
recourse n. recurso.
recover vt. recobrar, rescatar. || **to r. one's health**, recobrar su salud. || — vi. recuperarse, reponerse.
re-cover vt. recubrir.
recoverable adj. recuperable.
recovery n. recobro. || rescate. || mejoría. || (comput.) recuperación.
recreate vt. recrear.
re-create vt. recrear, volver a crear.
recreation n. recreación. || recreo.
recriminate vi. recriminar.
recrudesce vi. recrudecer.
recruit n. recluta. || — vt. reclutar.
recruitment n. reclutamiento.
rectangle n. rectángulo.
rectifier n. rectificador.
rectify vt. rectificar.
rectitude n. rectitud.
rector n. rector. || (relig.) párroco.
rectum n. recto.
recumbent adj. recostado. || yacente.
recuperate vt., vi. recuperar(se).
recur vi. volver a producirse. || volver a la mente.

recurrent adj. recurrente. || constante.
recursive adj. (comput.) recurrente.
recusant adj., n. recusante.
red adj. rojo. || encarnado. || (vino) tinto. || — n. rojo: **in the r.**, (cuenta) en rojo.
red-blooded adj. viril, enérgico.
redbreast n. petirrojo.
redden vt. enrojecer, teñir de rojo. || — vi. enrojecerse. || ruborizarse.
reddish adj. rojizo.
redecorate vt. renovar, volver a decorar.
redeem vt. (fam.) cumplir. || rescatar. || redimir.
redeemer n. redentor.
redemption n. redención. || rescate.
redeploy vt. disponer de otro modo, re-organizar. || utilizar de modo distinto.
red-handed adj. con las manos en la masa.
redhead n. pelirroja.
red-hot adj. candente. || al rojo (vivo).
redirect vt. reexpedir.
redistribute vt. distribuir de nuevo.
red-letter adj. **red-letter day**, día señalado, día especial.
red-light adj. de luz roja.
redo (ver do) vt. rehacer, volverá hacer.
redolent adj. que huele a.
redouble vt., vi. redoblarse). || intensificar(se).
redoubt n. reducto.
redoubtable adj. terrible, formidable.
redound vi. redundar.
redress n. (fam.) compensación. || reparación. || — vt. (fam.) restablecer. || corregir. || reparar.
redskin n. piel roja.
reduce vt. reducir. || rebajar (grado). || (coc.) trabar (salsa). || — vi. reducirse, disminuir. || adelgazar.
redundant adj. excesivo. || redundante.
redwood n. secoya.
reed n. junco, caña. || (mús.) lengüeta. caramillo.
re-edit vt. reeditar.
re-educate vt. reeducar.
reedy adj. (sonido) alto y agudo.
reef n. escollo, arrecife. || — vt. arrizar.
reek n. mal olor, hedor. || — vi. humear. || oler, heder.
reel n. carrete, tambor. || (pesca) carretel. || (fot.) rollo. || — vt. devanar. || — vi. tambalear.
re-elect vt. reelegir.
re-election n. reelección.
re-entry n. reingreso.

reface vt. revestir de nuevo, forrar de nuevo.

refectory n. refectorio.

refer vt. remitir. || enviar. || atribuir. || — vi. referirse. || calificar. || remitirse, consultar.

referee n. árbitro. || — vt., vi. hacer de árbitro.

reference n. referencia. || relación. || alusión, mención. || fuente.

refill n. repuesto, recambio. || mina.

refill vt. rellenar, volver a llenar.

refine vt. refinar. || purificar. || educar.

refined adj. refinado. || fino, culto.

refinement n. refinamiento. || cultura.

refinery n. refinería.

refit n. reparación. || — vt. reparar.

reflect vt. reflejar. || mostrar. || — vi. reflejarse. || reflexionar.

reflection n. reflejo, reflexión. || meditación.

reflective adj. pensativo, meditabundo.

reflex adj., n. reflejo.

reforestation n. repoblación forestal.

reform n. reforma. || — vt., vi. reformar(se).

re-form vt., vi. formar(se) de nuevo.

reformation n. reformación.

reformatory n. reformatorio.

refract vt. refractar.

refractory adj. refractario, obstinado.

refrain n. estribillo. || — vi. abstenerse.

refresh vt. refrescar.

refresher n. **r. course**, curso de repaso.

refreshing adj. refrescante. || (fig.) estimulante.

refreshment n. refresco.

refrigerate vt. refrigerar.

refrigerator n. refrigerador, heladera.

refuel vt. reabastecer de combustible. || — vi. repostar, repostar combustible.

refuge n. refugio, asilo. || (fig.) recurso, amparo.

refugee n. refugiado.

refund n. devolución. || reembolso.

refund vt. devolver, reintegrar, reembolsar.

refurbish vt. restaurar. || renovar.

refusal n. negativa, denegación. || rechazo.

refuse n. basura, desperdicios, desecho.

refuse vt. rechazar. || — vi. negarse.

refuse dump n. vertedero, basurero.

refute vt. refutar, rebatir,.

regain vt. cobrar, recobrar, recuperar.

regal adj. regio, real.

regale vt. agasajar, festejar.

regalia n. insignias.

regard n. respeto, estima. || consideración. || conexión. || **in this r.**, en este aspecto. || **with r. to**, en conexión con.

regardful adj. atento. || respetuoso.

regarding prep. en cuanto a, por lo que se refiere a.

regardless adj. indiferente. || insensible. || — adv. a pesar de todo. || pase lo que pase.

regency n. regencia.

regenerate adj. regenerado.

regenerate vt. regenerar.

regent adj., n. regente.

regicide n. regicidio. || regicida.

régime n. régimen.

regiment n. (mil.) regimiento.

regiment vt. organizar muy estrictamente.

regimental adj. de regimiento.

regimentals n. pl. uniforme.

region n. región. || comarca. || zona.

register n. registro. || lista. || padrón. || matrícula. || — vt. registrar. || inscribir, matricular. || certificar (carta). || retener: **I didn't r. his name**, no retuve su nombre. || — vi. inscribirse, matricularse.

registered adj. registrado: **r. trademark**, marca registrada. || (carta) certificado.

registrar n. registrador, archivero.

registration n. registro. || matrícula.

registry office n. registro civil.

regret n. sentimiento, pesar. || remordimiento. || pl. **regrets**, excusas. || — vt. sentir. || lamentar. || arrepentirse de. || (fam.) extrañar mucho: **I r. my country**, extraño mucho mi país.

regretful adj. pesaroso. || arrepentido.

regrettable adj. lamentable, deplorable.

regroup vt., vi. reagrupar(se).

regular adj. regular. || uniforme. || normal, corriente. || sistemático. || ordinario. || — n. (relig., mil., etc.) regular. || parroquiano.

regulate vt. regular. || arreglar, ajustar.

regulation n. regulación. || arreglo. || regla. || reglamento.

regurgitate vt. volver a arrojar, vomitar (sin esfuerzo). || — vi. regurgitar.

rehabilitate vt. rehabilitar.

rehash n. refrito, refundición. || — vt. repetir, machacar. || refundir.

rehearsal n. enumeración. || (mús., teat., etc.) ensayo.

rehearse vt. enumerar. || (mús., teat., etc.) ensayar.

R

reign n. reinado. || — vi. reinar.
reigning adj. reinante. || (fig.) predominante.
reimburse vt. reembolsar.
rein n. rienda. **|| to give r. to**, dar rienda suelta. || — vt. **to r. in**, **to r. back**, refrenar.
reincarnation n. reencarnación.
reindeer n. reno.
reinforce vt. reforzar (t. fig.).
reinforcement n. reforzamiento. || pl. **reinforcements**, refuerzos.
reinstate vt. reintegrar. || rehabilitar.
reinsure vt. reasegurar.
reinvest vt. reinvertir.
reissue n. nueva emisión. || reimpresión. || reexpedición. || reestreno. || — vt. volver a emitir. || reimprimir. || (filme) reestrenar.
reiterate vt. reiterar, repetir. || subrayar.
reject n. cosa rechazada, cosa defectuosa.
reject vt. rechazar (ofrecimiento).
rejection n. rechazamiento. || denegación.
rejoice vt. alegrar, regocijar, causar alegría a. || — vi. alegrarse, regocijarse.
rejoinder n. réplica.
rejuvenate vt. rejuvenecer.
rekindle vt. reencender. || (fig.) despertar, reavivar.
relapse n. (med.) recaída. || reincidencia. || — vi. (med.) recaer. || reincidir.
relate vt. contar, narrar, relatar. || relacionar, establecer una conexión entre.
related adj. emparentado. || afín, conexo.
relation n. relato, relación. || conexión. || pariente. || pl. **relations**, parientes. || relaciones.
relationship n. amistad, conexión. || conexión. || parentesco.
relative adj. relativo. || — n. (gram.) relativo. || pariente, familiar.
relativity n. relatividad.
relax vt. aflojar. || relajar. || disminuir. || — vi. relajarse. || descansar. || relajarse (moralmente).
relaxation n. relajación, aflojamiento.
relaxed adj. tranquilo, sosegado, ecuánime.
relay n. tanda, relevo (obrero), etc.). || posta (caballos). || (elec. rad.) disyuntor, relé.
relay vt. volver a colocar. || (cable, etc.) volver a tender.

release n. liberación. || excarcelación. || descargo. || (filme) estreno. || (tec.) disparador. || — vt. soltar, poner en libertad. || despedir. || emitir. || (mec.) desenganchar, disparar.
relegate vt. relegar.
relent vi. ablandarse, apiadarse, ceder.
relentless adj. implacable, inexorable.
relevant adj. pertinente. || apropiado.
reliable adj. confiable. || fidedigno.
reliance n. confianza. || dependencia.
relic n. reliquia, vestigio.
relict n. viuda.
relief n. alivio, desahogo. || consuelo. || socorro. || relieve: (t. fig.) **to throw into r.**, poner en relieve.
relieve vt. aliviar. | tranquilizar. || aligerar. || socorrer. || (mil.) relevar. || **to r. oneself**, (fam.) hacer sus necesidades.
religion n. religión.
religious adj., n. religioso.
religiously adv. religiosamente. || (fig.) puntualmente, exactamente, fielmente.
relinquish vt. abandonar, renunciar.
reliquary n. relicario.
relish n. deleite, fruición. || entusiasmo. || salsa, condimento. || — vt. paladear, saborear, disfrutar.
reload vt. recargar, volver a cargar.
relocatable adj. (comput.) reubicable.
relocate vt. volver a colocar, volver a situar.
reluctance n. desgana, renuencia, repugnancia.
reluctant adj. mal dispuesto. || renuente.
rely vi. confiar. || contar con.
remain vi. quedar. || **I r. yours faithfully**, lo saludo atentamente.
remainder n. restos, saldo (esp. de libros).
remains n. pl. sobras. || restos. || (fam) restos mortales.
remake (ver **make**) vt. rehacer.
remand n. **to be on r.**, estar detenido (mientras se investiga una acusación). || — vt. reencarcelar (para que se investigue una acusación).
remark n. observación. || comentario. || — vt. observar, advertir, notar. || — vi. **to r. on something**, hacer una observación sobre algo.
remarkable adj. notable, singular. || extraordinario.
remarry vi. casarse en segundas nupcias.
remedy n. remedio. || (der.) recurso. || — vt. remediar, curar.

remember vt. acordarse de, recordar. || tener presente. || **r. me to him!**, ¡déle mis recuerdos! || — vi. acordarse.
remembrance n. recordación.
remind vi. recordar.
reminder n. recordatorio. || advertencia.
reminisce vi. contar los recuerdos.
reminiscence n. reminiscencia, recuerdo.
remiss adj. negligente, descuidado.
remit vt. perdonar. || remitir, enviar.
remittance n. remesa, envío.
remnant n. resto, residuo. || retazo.
remodel vt. remodelar. || cambiar de forma.
remonstrate vi. protestar, objetar.
remorse n. remordimiento.
remorseful adj. arrepentido, compungido.
remorseless adj. implacable, despiadado.
remote adj. remoto. || distante, lejano. || ligero, leve. || (comput.) remoto.
remote-controlled adj. dirigido a distancia, teledirigido.
remoteness n. distancia. || aislamiento.
remould vi. recauchutar.
remount n. (mil., etc.) remonta. || — vt., vi. subir de nuevo.
removable adj. separable, amovible.
removal n. remoción. || supresión. || separación. || eliminación. || extirpación. || destitución.
removal van n. camión de mudanzas.
remove n. grado. || — vt. quitar, remover. || trasladar. || (cargo) destituir. || (med.) extirpar. || — vi. mudarse, trasladarse.
remunerate vt. remunerar.
renascence n. renacimiento.
renationalize vt. reestatificar.
rend (pret. y pp. **rent**) vt. (lit.) rasgar, desgarrar.
render vt. hacer, volver: **it renders me mad**, eso me pone loco. || (servicio, gracias, etc.) dar. || derretir (grasa). || (tec.) producir.
rendering n. reproducción, representación. || (mús.) interpretación. || traducción, versión.
rendition n. (mús.) interpretación, ejecución.
renegade adj., n. renegado.
renew vt. renovar. || actualizar. || reanudar.
renewable adj. renovable.
renewal n. renovación. || reanudación.

rennet n. cuajo.
renounce vt., vi. renunciar.
renovate vt. renovar.
renowned adj. renombrado, ínclito.
rent ver **rend**. || — n. alquiler. || arrendamiento. || rasgón, rasgadura. || (fig.) escisión, cisma. || — vt. alquilar. || arrendar. || — vi. alquilarse. || arrendarse.
rental n. alquiler, arriendo.
renumber vt. volver a numerar.
reoccupy vt. volver a ocupar.
reopen vt., vi. reabrir(se).
reopening n. reapertura. || (der.) revisión.
reorder vi. ordenar. || (com.) volver a pedir.
reorganize vt., vi. reorganizar(se).
repack vt. reembalar, reenvasar. || (maleta) volver a hacer.
repaint vt. repintar.
repair n. reparación. || **in bad r.**, en mal estado. || **under r.**, en reparación. || **beyond r.**, que no se puede reparar. || remiendo. || — vt. reparar, arreglar, componer. || remendar. || — vi. (fam.) acudir.
repair shop n. taller de reparaciones.
reparation n. reparación. || satisfacción.
repartee n. réplicas agudas. || dimes y diretes.
repast n. comida.
repatriate vt. repatriar.
repay (ver **pay**) vt. devolver, reembolsar. || pagar. || resarcir, compensar. || corresponder.
repayment n. devolución, reembolso.
repeal n. revocación. || — vt. revocar.
repeat n. repetición. || retransmisión. || — vt. repetir. || reiterar (gracias).
repeater n. reloj de repetición. || rifle de repetición.
repel vt. rechazar, repeler. || (fig.) repugnar.
repellent adj. repugnante. || repelente.
repent vt., vi. arrepentirse.
repentance n. arrepentimiento.
repentant adj. arrepentido. || contrito.
repertoire, repertory n. repertorio.
repetition n. repetición. || recitación.
repetitive adj. reiterativo.
repine vi. apurarse, quejarse, afligirse.
replace vt. reponer. || reemplazar.
replacement n. reposición. || devolución. || reemplazo, sustitución. || reemplazo, repuesto. || sustituto, suplente.
replay vt., vi. volver a jugar. || — n. (disco, etc.) repetición.

replenish vt. rellenar. || reaprovisionar.
replete adj. repleto, totalmente lleno.
reply n. respuesta, contestación. || — vi. responder, contestar.
report n. informe (oficial): **a weather r.**, un informe meteorológico. || parte. || relato. || información, reportaje. || — vi. relatar. || informar. || denunciar. || — vi. hacer un informe. || presentarse.
reporter n. reportero.
repose n. reposo. || — vt., vi. reposar.
repository n. depósito, almacén. || guardamuebles. || depositario.
reprehend vt. reprender.
reprehensible adj. reprensible, censurable.
represent vt. representar. || (der.) ser apoderado de. || (fig.) hablar en nombre de.
representation n. representación.
representative adj. representativo. || — n. (com., pol.) representante. || (der.) apoderado.
repress vt. reprimir.
repression n. represión.
reprieve n. (der.) indulto, suspensión. || — vt. indultar. || perdonar la vida.
reprimand n. reprimenda, reprensión. || — vt. reprender, reconvenir.
reprint n. reimpresión. || tirada aparte.
reprint vt. reimprimir.
reprisal n. represalia.
reproach n. reproche, censura. || tacha, baldón. || — vt. reprochar.
reprobate n. réprobo.
reproduce vt., vi. reproducir(se).
reproduction n. reproducción.
reproof n. reprensión, reconvención.
reproval n. reprobación.
reprove vt. reprender, reconvenir.
reptile n. reptil.
republic n. república.
republican adj., n. republicano.
republication n. reedición.
republish vt. reeditar.
repudiate vt. rechazar, negar. || repudiar.
repugnant adj. repugnante.
repulse n. repulsa, repulsión, rechazo. || — vt. rechazar, repulsar.
repulsive adj. repulsivo, repelente.
reputable adj. acreditado. || honroso.
reputation n. reputación, fama.
repute n. (fam.) fama, reputación.
reputed adj. supuesto.
request n. ruego, petición. || instancia. || solicitud. || (com.) demanda. || — vt. pedir. || solicitar.

require vt. necesitar. || exigir. || requerir.
requirement n. requerimiento. || requisito: **he failed to meet the requirements**, no satisfizo los requisitos.
requisite adj. preciso. || — n. requisito.
requisition n. pedido. || (mil.) requisa.
requital n. compensación. || desquite.
requite vt. compensar, devolver.
reredos n. retablo, cortinado detrás del altar.
resale n. reventa.
rescind vt. rescindir.
rescue n. salvamento, rescate. || liberación. || — vt. salvar, liberar. || rescatar.
research n. investigación. || — vt. investigar.
researcher n. investigador.
resemblance n. semejanza, parecido.
resemble vt. parecerse a. || asemejarse.
resent vt. ofenderse por, tomar a mal, resentirse de. || fastidiarse por.
resentful adj. resentido, ofendido.
resentment n. resentimiento.
reservation n. reservación, reserva.
reserve n. reserva. || — vt. reservar.
reserved adj. (todo sentido) reservado.
reservoir n. depósito, represa. || embalse.
reset (ver **set**) vt. reajustar. || recomponer.
resettle vt., vi. restablecer(se).
reshape vt. reformar, rehacer. || reorganizar.
reshuffle n. reorganización (de un gobierno). || — vt. volver a mezclar (cartas). || reorganizar.
reside vi. residir, vivir.
residence n. residencia. || permanencia.
resident adj., n. residente.
residential adj. residencial.
residue n. resto, residuo. || saldo, superávit.
resign vt., vi. dimitir, renunciar.
resignation n. dimisión, renuncia. || resignación, conformidad.
resilient adj. elástico. || (fig.) resistente. || que tiene poder de recuperación.
resin n. resina.
resist vt. resistir. || oponerse a. || oponer resistencia a. || — vi. resistirse, oponer resistencia.
resistance n. resistencia (todo sentido).
resolute adj. resuelto.
resolution n. resolución. || (parl., etc.) acuerdo. || **good resolutions**, buenos propósitos.
resolvable adj. soluble.

R

resolve n. resolución. || — vt. resolver, solucionar (problema). || — vi. resolverse.

resonance n. resonancia.

resort n. estación: **seaside r.**, estación balnearia. || centro: **tourist r.**, centro turístico. || recurso. || **to have r. to**, hacer uso de. || **in the last r.**, como último recurso. || — vi. recurrir. || acudir, frecuentar.

resound vi. resonar, retumbar.

resounding adj. sonoro.

resource n. recurso, expediente. || inventiva.

resourceful adj. inventivo, ingenioso.

respect n. respeto. || respecto: **in r. of**, con respecto a. || pl. **respects**, recuerdos. || — vt. respetar.

respectable adj. respetable, apreciable. || honrado, decente. || pasable, tolerable.

respectful adj. respetuoso.

respectfully adv. respetuosamente. || **yours r.**, le saluda atentamente.

respecting prep. con respecto a. || en cuanto a. || por lo que se refiere a.

respective adj. respectivo.

respiration n. respiración.

respire vt., vi. respirar.

respite n. respiro, respiradero. || (der.) plazo, prórroga. || **without r**, sin tregua.

resplendent adj. resplandeciente.

respond vi. responder. || reaccionar.

response n. respuesta. || (relig.) responsorio.

responsibility n. responsabilidad: **on one's own r.**, bajo su propia responsabilidad. || seriedad. || formalidad.

responsible adj. responsable. || de responsabilidad.

responsive adj. sensible. || acogedor.

rest n. descanso. || reposo. || (mús.) pausa. || apoyo. || tranquilidad. || resto. || **for the r.**, por lo demás. || — vt. descansar, hacer descansar. || apoyar. || (der.) dar término. || — vi. descansar. || holgar. || apoyarse. || (der.) tener término.

restate vt. repetir, reafirmar. || volver a exponer. || volver a plantear.

restaurant n. restaurante.

restaurateur n. propietario de un restaurante.

rest cure n. cura de reposo.

restful adj. descansado, reposado, sosegado.

restitution n. restitución.

restless adj. inquieto, intranquilo. || insomne.

restock vt. reaprovisionar.

restoration n. restauración. || devolución. || restablecimiento. .

restorative adj., n. reconstituyente.

restore vt. restaurar. || devolver.

restrain vt. contener, refrenar, reprimir.

restraint n. comedimiento. || moderación. || restricción.

restrict vt. restringir, limitar.

restriction n. restricción, limitación.

rest room n. cuarto de descanso.

result n. resultado. || consecuencia. || — vi. resultar. || **to r. in**, producir, dar por resultado.

resultant adj. consiguiente, resultante.

resume vt. reanudar, continuar. || reasumir. || — vi. continuar. || comenzar de nuevo.

résumé n. resumen.

resumption n. reanudación, continuación. || reasunción.

resurrect vt. resucitar.

resurrection n. resurrección.

resuscitate vt., vi. resucitar.

retail n. venta al por menor, venta al detalle. || — adj. al por menor.

retail vt. vender al por menor. **||** — vi. venderse al por menor.

retailer n. comerciante al por menor.

retain vt. conservar. || retener. || contratar.

retaliate vi. desquitarse, tomar represalias.

retaliatory adj. vengativo.

retard vt. retardar, retrasar.

retarded adj. retardado, retrasado.

retch vi. vomitar, y esforzarse por vomitar.

retell (ver **tell**) vi. recontar, volver a contar.

retention n. retención.

rethink (ver **think**) vt. repensar.

reticent adj. reticente, reservado.

reticulate, **reticulated** adj. reticular.

retinue n. séquito, comitiva.

retire vt. jubilar. **|** — vi. retirarse (t. mil.). || (fam., hum.) irse a la cama. || jubilarse.

retired adj. jubilado. || (mil.) retirado.

retirement n. retiro. || jubilación. || (mil.) retirada, repliegue. || (fig.) recogimiento.

retort n. (quím.) retorta. || réplica. || — vt. devolver (insulto). || replicar.

retouch vt. retocar.

retrace vt. volver a trazar. || recordar, rememorar. || seguir las huellas de.

retract vt., vi. retractar(se), retirar(se).

retread vt. recauchutar.

retreat n. (mil.) retirada. || retreta. || (relig.) refugio. || retroceso. || — vi. retirarse.

retrench vt. cercenar. || — vi. economizar.

retrial n. nuevo proceso. || revisión.

retribution n. justo castigo. || desquite.

retrieval n. recuperación. || resarcimiento.

retrieve vt. cobrar, recobrar, recuperar. || rescatar. || resarcirse de. || (error) subsanar.

retriever n. perro cobrador, perdiguero.

retrograde adj. retrógrado.

retrogress vi. retroceder. || empeorar.

retrogressive adj. retrógrado.

retrospect n. retrospección.

retrospective adj. retrospectivo.

return n. vuelta, regreso. || devolución. || (med., etc.) reaparición. || respuesta. || informe. || (pol., etc.) elección. || **many happy returns of the day!**, ¡que lo cumpla feliz! || — vt. devolver, restituir. || declarar. || (pol.) elegir, votar. || (der.) dar un veredicto. || — vi. volver, regresar. || responder. || reaparecer.

returnable adj. restituible.

reunion n. reunión.

reunite vt., vi. reunir(se), reconciliar(se).

rev n. (fam., abrev. de **revolution**) revolución: **the revs of an engine**, las revoluciones de un motor. || — vt. (fam.) **to r. up**, acelerar (auto, etc.). || — vi. acelerarse.

revalue vt. revalorizar.

revamp vt. remendar. || (fig.) renovar.

reveal vt. revelar.

reveille n. diana, toque de diana.

revel vi. (ant., humor.) deleitarse, gozar. || estar de juerga. || — vt. **to r. in**, gozarse en, disfrutar.

revelation n. revelación.

revelry n. jolgorio, jarana.

revenge n. venganza. || **to take r.**, vengarse. || — vt. vengar, vengarse de.

revengeful adj. vengativo.

revenue n., t. pl. **revenues**, ingresos. || renta.

reverberate vi. retumbar. || reverberar.

revere vt. reverenciar, venerar.

reverence n. reverencia. || — vt. reverenciar.

reverend adj., n. reverendo.

reverent adj. reverente.

reverie n. ensueño.

revers n. solapa.

reversal n. inversión. || cambio completo.

reverse adj. inverso, invertido. || contrario. || — n. lo contrario. || revés, contratiempo. || reverso. || (tec.) marcha atrás. || — vt. invertir. || cambiar completamente. || trastrocar. || (der.) revocar. || (tec.) poner en marcha atrás. || — vi. dar marcha atrás.

reversion n. reversión.

revert vi. (der.) revertir. || volver.

revetment n. revestimiento.

review n. examen, análisis. || (mil.) revista. || (der.) revisión. || (impr.) revista. || comentario. || (teat.) revista. || — vt. examinar. || (mil.) pasar revista. || (der.) revisar. || — vi. hacer críticas.

reviewer n. crítico.

revile vt. injuriar, vilipendiar.

revise vt. revisar. || repasar. || modificar.

revision n. revisión. || modificación.

revisionism n. revisionismo.

revival n. reanimación, restablecimiento. || vuelta. || (teat.) reposición. || (pol.) resurgimiento.

revivalist n. predicador evangelista.

revive vt. resucitar. || reponer, reestrenar. || — vi. resucitar. || reponerse, restablecerse.

revoke vt. revocar. || — vi. (cartas) renunciar.

revolt n. rebelión, sublevación. || — vt. repugnar. | dar asco. || — vi. rebelarse. || dar asco.

revolting adj. asqueroso, repugnante.

revolution n. (pol.) revolución. || vuelta, rotación.

revolutionary adj., n. revolucionario.

revolve vt. girar, hacer girar. || revolver, meditar. || — vi. girar. || dar vueltas. || rotar.

revolver n. revólver.

revue n. (teat.) revista.

revulsion n. asco, repugnancia. || (med.) revulsión. || reacción, cambio repentino.

reward n. recompensa, premio. || — vt. recompensar, premiar.

rewarding adj. remunerador. || (fit.) provechoso, útil, valioso.

rewind (ver **wind**) vt. rebobinar.

rewrite (ver **write**) vt. escribir de nuevo.

rhapsody n. rapsodia. || (fig.) transporte de admiración.

rhea n. avestruz de la pampa.

rheostat n. reóstato.

rhetoric n. retórica.

rhetorical adj. retórico.

rheumatic adj. reumático.

rheumatism n. reumatismo.

rheumy adj. legañoso.

rhinoceros n. rinoceronte.

rhododendron n. rododendro.

rhomboid adj. romboidal. || — n. romboide.

rhombus n. rombo.

rhubarb n. ruibarbo.

thyme n. rima. || poesía.) — vt., vi. rimar.

rhythm n. ritmo.

rib n. (anat.) costilla. || (bot.) nervio, nervadura. || (arq.) nervadura. || (paraguas) varilla. || (naveg.) cuaderna. || — vt. (fam.) tomar el pelo a uno.

ribald adj. verde, obsceno, escabroso.

ribbon n. cinta. || (mil.) galón. || tira.

rice n. arroz.

rich adj. rico. || suntuoso. || exquisito. || (color) vivo. || sabroso. || (voz) sonoro. || divertido (fam., irón.).

riches n. pl. riqueza, riquezas.

richness n. riqueza. || preciosidad. || exquisitez. || viveza, brillantez. || fertilidad. || sonoridad.

rick n. montón de paja. || — vt. (med.) torcer levemente.

rickets n. raquitismo, raquitis.

rickety adj. raquítico. || desvencijado.

rid (pret. y pp. **rid**, **ridded**) vi. librar, desembarazar. || **to get r. of**, deshacerse de.

riddance n. **good r.!** (fam., pey.), ¡al fin!, ¡por fin!

ridden ver **ride**.

riddle n. acertijo, adivinanza. || (fig.) enigma. || criba. || — vt. cribar. || acribillar. || criticar.

ride n. cabalgata. || paseo a caballo. || paseo en coche, etc. || — (pret. **rode**, pp. **ridden**) vi. montar. || conducir. || surcar. || acosar. || — vi. montar, ir montado. || ir a caballo, bicicleta, etc. || viajar en coche. || **to r. down**, adelantar a caballo, atropellar.

rider n. jinete. || ciclista, motociclista.

ridge n. cadena, sierra. || cresta. || (arq.) cima.

ridge pole n. parhilera, cumbrera.

ridicule n. irrisión. || — vt. ridiculizar.

ridiculous adj. ridículo, absurdo.

rife adj. corriente, frecuente. || general. || endémico. || **r. with**, lleno de.

riffraff n. gentuza, chusma.

rifle n. rifle. || fusil. || — vt. saquear, desvalijar.

rift n. hendedura, grieta. || desavenencia.

rig n. (mar.) aparejo. || equipo. || (fam.) traje, vestimenta. || — vi. (mar.) aparejar. || enjarciar. || equipar. || arreglar: **the election has been rigged**, la elección ha sido arreglada.

rigging n. jarcia, cordaje, aparejo.

right adj. derecho. || correcto. || verdadero. || justo. || debido. || favorable. || bien. || **to be r. to**, hacer bien en. || — adv. derechamente. || directamente. || bien. || completamente. || exactamente: **r. at the end of the book**, exactamente al fin del libro. || **all r.**, correcto, muy bien. || **r. away**, inmediatamente. || — n. derecho: **by r. of birth**, por derecho de nacimiento. || derecha. || título. || privilegio. || bien. || — vt. enderezar. || corregir.

right angle n. ángulo recto.

righteous adj. justo, recto. || virtuoso.

rightful adj. legítimo. || verdadero.

right-hand adj. **right-hand drive**, conducción por la derecha.

right-handed adj. que usa la mano derecha.

rightist adj., n. derechista.

rightly adv. correctamente. || debidamente.

right-minded adj. prudente. || honrado.

right-wing adj. derechista.

rigid adj. rígido. || inflexible. || severo.

rigmarole n. galimatías.

rigorous adj. riguroso.

rile vt. (fam.) sulfurar, sacar de quicio.

rill n. arroyo, riachuelo.

rim n. borde, canto. || llanta. || aro.

rime n. rima. || escarcha.

rind n. (fruta, etc.) corteza, cáscara, piel.

ring n. sonido. || tañido. || toque. || campanilleo. || timbre (voz). || anillo. || hornada. || pista. || (dep.) ring. || círculo. || — (pret. **rang**, pp. **rung**) vt. tocar. || hacer sonar. || rodear, circundar. || — vi. sonar. || repicar. || llamar. || **to r. back**, volver a llamar por teléfono. || **to r. off**, colgar. || **to r. up**, llamar por teléfono.

ring binder n. carpeta de anillos.

ringleader n. cabecilla.

ringlet n. rizo, bucle, tirabuzón.

ringmaster n. director de circo.

ring road n. carretera de circunvalación.

ringside n. (boxeo) costado del cuadrilátero.

ringworm n. tiña.

rink n. pista.

rinse n. enjuague. || — vt. enjuagar.

riot n. motín, disturbio. || — vi. amotinarse.

riotous adj. amotinado. || alborotado. || bullicioso.

rip n. rasgón, rasgadura. || — vt. rasgar, desgarrar. || **to r. up**, desgarrar, romper.

ripe adj. maduro. || (fig.) listo. || en su punto.

ripen vt., vi. madurar.

riposte n. estocada. || respuesta aguda.

ripple n. rizo, onda. || murmullo. || vt., vi. rizar(se).

rise n. subida, alza, elevación. || ascenso. || aumento. || crecida. || cuesta, elevación. || (fig.) origen. || — (pret. **rose**, pp. **risen**) vi. subir. || (fam.) levantarse de la cama. || ponerse en pie. || (sol) nacer, salir. || crecer.

riser n. **to be an early r.**, madrugar, ser madrugador. || **to be a late r.**, levantarse tarde.

rising adj. en aumento. || en ascenso. || nuevo: **the r. generation**, la nueva generación. || — n. sublevación, alzamiento. || — prep. casi.

risk n. riesgo. || peligro. || **to run the r. of**, correr riesgo de. || — vt. arriesgar. || exponerse a.

risky adj. peligroso, arriesgado, aventurado.

risqué adj. verde, indecente, escabroso.

rite n. rito.

ritual adj., n. ritual.

rival adj., n. rival. || — vt. rivalizar con.

rivalry n. rivalidad. || competencia.

riven adj. rajado, hendido.

river río: **down r.**, río abajo. || **up r.**, río arriba.

riverbank n. orilla del río, margen del río.

riverbasin n. cuenca de río.

riverbed n. lecho, cauce (del río).

riverside n. ribera, orilla (del río).

rivet n. roblón, remache. || — vt. remachar.

rivulet n. riachuelo, arroyuelo.

road n. camino. || calle.

roadhouse n. albergue de carretera.

roadside n. borde del camino.

roadster n. coche de turismo. || bicicleta de turismo.

roadway n. calzada.

roam vt. vagar por, recorrer. || — vi. vagar.

roan adj. ruano. || — n. caballo ruano.

roar n. rugido, bramido. || clamor. || **roars of laughter**, carcajadas. || — vi. rugir. || bramar.

roaring adj. tremendo, muy grande.

roast n. carne asada, asado. || —adj. asado. || (café) tostado. || — vt. asar. || (café) tostar. || — vi. asarse. || tostarse.

rob vt. robar.

robber n. ladrón. || salteador (de caminos).

robbery n. robo. || **highway r.**, salteamiento.

robe n. manto, túnica. || (der. t. pl. **robes**) toga. || traje talar. || — vt. vestir.

robin n. petirrojo.

robot n. robot, autómata.

robust adj. robusto. || fuerte, vigoroso.

rock n. roca. || (mar.) escollo. || obstáculo. || (sl.) diamante. || — vt. mecer, balancear. || — vi. mecerse, balancearse.

rock-bottom n. fondo, parte más profunda. || (fig.) punto más bajo.

rocker n. balancín.

rockery, **rock garden** n. jardín rocoso.

rocket n. cohete. || (bot.) jaramago, oruga. || — vi. subir vertiginosamente (t. fig.).

rocking chair n. mecedora.

rock salt n. sal gema.

rocky adj. de roca. || inestable. || débil.

rod n. vara, varilla, barra.

rode ver **ride**.

rodent n. roedor.

roe n. (ict.) hueva.

roebuck n. corzo.

roe deer n. corzo.

rogue n. pícaro, pillo. || (hum.) picaruelo.

roguish adj. picaresco. || travieso, picaruelo.

roister vi. jaranear.

role n. (teat.) papel: **to play a r.**, hacer un papel.

roll n. rollo. || (tec.) rodillo. || panecillo, bollo. || retumbo (trueno). || (naveg.) rolido. || lista. || — vt. hacer rodar. || liar (cigarrillo). || recoger. || — vi. rodar. || revolcarse. || redoblar. || enrollarse. || retumbar (trueno).

roll call n. lista, acto de pasar lista.

roller n. (agr., tec.) rodillo. || ola grande.

rollicking adj. alegre, divertido.

rotting adj. rodante. || ondulado.

rolling mill n. tren de laminación.

rolling pin n. rodillo (de cocina).

rolling stock n. material rodante.

romance n. (lit.) romance. || novela romántica. || amores, idilio. || encanto. || — vt. novelar. || — vi. exagerar, fantasear.

romantic adj., n. romántico.

romanticism n. romanticismo.

romp n. (ant.) cruz. || — vi retozar, jugar.

rompers n. pl. mono, osito (para bebé).

rood n. (ant.) cruz.

roof n. tejado, techo. || — vt. techar.

roof garden n. azotea con flores y plantas.

rook n. grajo. || (fam.) estafador. || (ajedrez) torre. || — vt. estafar. || — vi. enrocar.

room n. cuarto, habitación. || pieza, aposento. || pl. **rooms**, alojamiento. || espacio. || **to make r.**, hacer espacio. || — vt., vi. alojar(se).

rooming house n., pl. —**houses** (E. U.) casa donde se alquilan cuartos. || pensión.

roommate n. compañero de cuarto.

room service n. servicio de restaurante en los cuartos de un hotel.

roomy adj. espacioso, amplio. || holgado.

roost n. percha. || gallinero. || **to rate the r.**, mandar. || — vi. posarse para dormir (pájaros).

rooster n. gallo.

root n. raíz. || — vt. **to r. out/up**, desarraigar, arrancar. || — vi. arraigarse. || hozar.

rootless adj. desarraigado.

rope n. cuerda, soga. || **to know the ropes**, estar al tanto, ser entendido. || — vt. amarrar, atar. || enlazar.

ropy adj. viscoso. || (fam.) deteriorado, malo.

rosary n. rosario.

rose (ver **rise**) n. rosa. || — adj. color de rosa.

roseate adj. róseo, rosado.

rose-coloured adj. color de rosa, rosado.

rosemary n. romero.

rosette n. escarapela. || (arq.) rosetón.

rose water n. agua de rosas.

rose window n. rosetón.

rosewood n. palo de rosa.

roster n. lista.

rostrum n. tribuna.

rosy adj. rosado, sonrosado. || halagüeño.

rot n. putrefacción, podredumbre. || (fig.) corrupción. || — vt., vi. pudrir(se), corromper(se).

rotary adj. rotativo. || giratorio.

rotate vt. hacer girar. || dar vueltas a. || — vi. girar. || dar vueltas. || alternarse.

rotatory adj. rotativo. || giratorio.

rote n. rutina.

rotten adj. podrido, corrompido. || (fam.) malo: **what r. weather!**, ¡qué tiempo espantoso!

rotter n. caradura, sinvergüenza.

rotund adj. rotundo. || gordo.

rouble n. rublo.

rouge n. colorete, carmín. || — vr. **to r. oneself**, ponerse colorete, ponerse carmín.

rough adj. áspero. || tosco. || torpe. || aproximado: **a r. translation**, una traducción más o menos. || grosero. || (material) crudo. || (mar.) bravo. || — n. terreno áspero. || (fam.) matón. || — vt. **to r. it**, pasar apuros.

rough-and-tumble n. riña, pendencia. || actividad frenética.

roughcast n. mezcla gruesa.

roughen vt., vi. poner(se) áspero. || hacer(se) más tosco.

rough-hewn adj. toscamente labrado.

roughly adv. ásperamente. || brutalmente. || casi, poco más o menos: **there were r. 30 people there**, había unas 30 personas allí.

roulette n. ruleta.

round adj. redondo. || **in r. figures**, en números redondos. || rotundo, categórico. || — adv. alrededor, a la redonda. || durante: **all the year r.**, durante todo el año. || — prep. alrededor de. || cosa de, cerca de: **he must be r. 60 years old**, debe tener unos 60 años. || — n. esfera. || círculo. || rutina. || recorrido || ronda. || serie. || (boxeo) round. || (mil) salva. || — vt. redondear. || **to r. off/ out**, redondear, perfeccionar.

roundabout adj. indirecto: **to speak in a r. way**, ir con rodeos. || — n. tiovivo. || rotonda.

rounded adj. redondeado.

round-shouldered adj. cargado de espaldas.

roundsman n. repartidor.

roundup n. rodeo. || detención. || redada.

rouse vt. despertar. || animar. || avivar (fuego). || — vi. despertarse, despertar.

rout n. derrota. || fuga desordenada. || — vt. derrotar. || poner en fuga.

route n. ruta, camino. || itinerario. || rumbo.

routine n. rutina.

rove vt., vi. (lit.) andar por, recorrer.

rover n. vagabundo, andariego.

row n. fila, hilera. || paseo en bote. || — vt. conducir remando. || — vi. remar, bogar.

row n. (fam.) ruido, jaleo, estrépito. || bronca, pelea, camorra. || lío, escándalo: **to kick up a r.**, armar un escándalo. || — vt. pelearse con, reñir.

rowboat n. bote de remos.

rowdy adj. ruidoso. || pendenciero, alborotado, desordenado.

rower n. remero.

rowing boat n. bote de remos.

royal adj. real. || espléndido, regio, magnífico. || — n. (fam.) miembro de la realeza.

royalism n. monarquismo.

royalty n. realeza. || familia real. || (gen. pl. **royalties**) derechos de autor. || regalías.

rub n. (fam.) frotamiento. || — vt. frotar. || estregar. || rozar. || **to r. shoulders with**, tratar de igual a igual. || **to r. along**, (fam.) sobrevivir. || **to r. off**, gastarse por el roce. || **to r. out**, borrar con goma. || borrarse.

rubber n. caucho, goma. || goma de borrar. || (vulg.) preservativo. || pl. **rubbers**, chanclos.

rubberized adj. engomado.

rubber stamp n. sello de goma. || — vt. (fam.) aprobar maquinalmente.

rubbish n. basura. || desperdicios. || desechos. || (fig.) disparates, tonterías. || — vi. (fam.) criticar, desprestigiar.

rubbish bin n. cubo de la basura.

rubble n. escombros, cascote.

rubdown n. masaje.

rubicund adj. rubicundo.

rubric n. rúbrica.

ruby n. rubí. || color de rubí.

ruck n. (carrera) el grueso del pelotón. || (fig.) vulgo. || — vi. **r. up**, formar arrugas.

rucksack n. mochila.

ruckus n. (fam.) jaleo, desorden.

ruction n. (fam.) lío, jaleo.

rudder n. (naveg.) timón, gobernalle.

ruddy adj. rubicundo. || rojizo. || (euf. por **bloody**) condenado, maldito.

rude adj. grosero, descortés: **don't be r.!**, ¡no seas mal educado! || (ant. o lit.) tosco. || (chiste) verde.

rudimentary adj. rudimental. || (fig.) rudimentario.

rudiments n. pl. rudimentos.

rue n. ruda (planta). || arrepentimiento. || — vt. (ant. o hum.) arrepentirse de, lamentar.

rueful adj. triste. || arrepentido.

ruff n. gorguera, gola. || (pájaro) collarín. || (cartas) falla. || — vt. fallar.

ruffian n. matón, criminal.

ruffle n. arruga. || volante fruncido. || rizo. || — vt., vi. arrugar(se), rizarse). || agitar(se).

rug n. alfombra, alfombrilla. || manta (de viaje).

rugby n. rugby.

rugged adj. áspero, escabroso. || vigoroso. || sólido, fuerte. || tosco.

rugger n. (fam.) rugby.

ruin n. ruina. || arruinamiento. || pl. **ruins**, ruinas, restos. || — vt. arruinar. || destruir.

ruinous adj. ruinoso.

rule n. regla, norma. || to **break the rules**, romper las reglas. || **as a r.**, comúnmente. || imperio, gobierno. || (der.) fallo, decisión. || reglamento. || — vt. mandar, gobernar. || regir. || trazar, tirar (línea). || — vi. gobernar, reinar. || controlar. || regir (precios).

ruled adj. papel rayado.

ruler n. gobernante. || soberano. || regla.

ruling n. (der.) fallo, decisión.

rum n. ron. || (E. U.) aguardiente. || — adj. (ant., fam.) extraño, raro.

rumble n. retumbo, ruido sordo. || — vt. (fam.) calar. || — vi. retumbar.

rumbustious adj. bullicioso, ruidoso.

ruminant adj., n. rumiante.

ruminate vt., vi. rumiar (t. fig.).

ruminative adj. (biol.) rumiante. || (fig.) pensativo, meditabundo.

rummage vi. revolver, buscar revolviendo.

rummage sale n. venta de prendas usadas.

rumour n. rumor. || — vt. rumorear.

rump n. ancas. || (hum.) trasero. || (coc.) cuarto trasero.

rumple vt. ajar, arrugar, chafar.

rumpsteak n. filete de lomo de vaca.

rumpus n. (fam.) lío, jaleo. || batahola.

run *n.* carrera. || corrida. || paseo en coche. || trayecto, recorrido: **the train has a r. of 90 miles**, el tren tiene un recorrido de 90 millas. || *(mús.)* glisado, fermata. || *(teat.)* serie de representaciones. || *(com.)* demanda, tendencia. || corrida. || marcha, progreso. || serie. || corral. || curso: **the r. of events**, el curso de los acontecimientos. || moda: **it is all the r.**, es la última moda. || **on the r.**, en desorden. || — *(pret.* **ran**, *pp.* **run**) *vt.* hacer mandados. || correr. || hacer correr. || echar un vistazo. || dejar correr. || hacer funcionar. || tener, poseer: **he runs two shops**, tiene dos negocios. || pasar. || — *vi.* correr. || *(fam.)* llevar en coche. || fluir. || funcionar. || circular. || **to r. away**, escaparse, fugarse. || **to r. down**, atropellar. || echar abajo. || agotar. || **to r. into**, atropellar. || *(fam.)* encontrarse con. || **to r. out**, acabarse. || no tener más.

runaway *adj.* fugitivo. || desertor. || desbocado. || que está en movimiento sin conductor, con frenos inservibles. || — *n.* fugitivo. || caballo desbocado.

run-down *adj.* en decadencia. || cansado.

rundown *n.* (industria, etc.) cierre gradual. || informe detallado.

rung ver **ring**. || — *n.* escalón, peldaño.

runic *adj.* rúnico.

runlet, runnel *n.* arroyuelo.

runner *n.* corredor. || caballo de carrera. || mensajero. || contrabandista. || anillo movible.

running *adj.* (agua) corriente. || (nudo) corredizo. || continuo. || — *n.* carrera. || *(tec.)* marcha, funcionamiento. || administración, dirección.

run-off *n.* *(dep.)* carrera final.

run-of-the-mill *adj.* vulgar y corriente.

runway *n.* *(aer.)* pista de aterrizaje.

rupee *n.* rupia.

rupture *n.* *(med.)* hernia, ruptura. || *(fig)* rompimiento. || — *vt.* quebrarse.

ruse *n.* ardid, treta, estratagema.

rush *n.* ímpetu. || prisa, precipitación. || *(mil.)* acometida. || desbandada. || *(com.)* demanda extraordinaria. || *(bot.)* junco. || — *vt.* despachar de prisa. || apurar. || *(mil.)* asaltar. || — *vi.* precipitarse, lanzarse.

rushy *adj.* juncoso.

russet *n.*, *adj.* bermejo, rojizo.

rust *n.* oxidación, corrosión. || orín, herrumbre, moho. || — *vt.*, *vi.* oxidar(se), corroerse).

rustic *adj.* rústico. || — *n.* rústico, palurdo.

rustiness *n.* herrumbre *(fig.)* torpeza.

rustle *n.* susurro (de hojas). || crujido (de papel). || frufrú (seda). || — *vt.* hacer susurrar. || hacer crujir. || robar ganado. || — *vi.* susurrar, crujir. || robar ganado.

rustless *adj.* inoxidable.

rustproof *adj.* a prueba de herrumbre.

rusty *adj.* oxidado, herrumbroso, mohoso. || color de orín. || *(fig.)* falto de práctica.

rut *n.* carril. || bache. || *(fig.)* rutina, sendero. || celo (del macho). || — *vt.* surcar. || — *vi.* estar en celo.

ruthless *adj.* despiadado. || implacable.

rye *n.* centeno.

S

s *n.* s.
sabbath *n.* sábado (judío).
sable *n.* (animal) cebellina. || *(heráld.)* sable. || — *adj.* negro.
sabot *n.* zueco.
sabotage *n.* sabotaje. || — *vt.* sabotear.
sabre *n.* sable. || — *vt.* herir a sablazos.
sac *n.* saco.
sachet *n.* saquito, bolsita.
sack *n.* saco, costal. || *(fam.)* despido: **to get the s.**, ser despedido. || (vino) jerez. || saqueo. || — *vt.* meter en bolsas. || *(fam.)* despedir. || saquear.
sackcloth *n.* arpillera.
sackful *n.* saco, contenido de un saco.
sacking *n. (fam.)* despido.
sacrament *n.* sacramento.
sacred *adj.* sagrado. || santo. || consagrado.
sacrifice *n.* sacrificio. || víctima. || — *vt.* sacrificar.
sacrilege *n.* sacrilegio.
sacristy *n.* sacristía.
sad *adj.* triste, desdichado. || deplorable.
sadden *vt.* entristecer. || afligir.
saddle *n.* silla (de montar). || (bicicleta) sillín. || collado. || — *vt.* ensillar. || **to s. with**, cargar con.
saddlebag *n.* alforja.
saddler *n.* talabartero.
sadism *n.* sadismo.
sadness *n.* tristeza, melancolía.
safe *adj.* seguro. || salvo. || fuera de peligro. || **s. and sound**, sano y salvo. || no peligroso. || confiable. || — *n.* caja de caudales.
safe-conduct *n.* salvoconducto.
safeguard *n.* protección, garantía. || — *vt.* salvaguardar, defender.
safety *n.* seguridad.
safety belt *n.* cinturón de seguridad.
safety catch *n.* fiador. || (arma) seguro.
safety first *adj.* precavido, cauto.
safety pin *n.* imperdible.
safety razor *n.* maquinilla de afeitar.
saffron *n.* azafrán.

sag *n.* hundimiento. || pandeo. || baja (precios). || — *vi;* hundirse, y combarse. || aflojarse (soga). || caer, bajar (precios). || *(fig.)* venirse abajo.
sagacious *adj.* sagaz.
sage *adj.* sabio. || — *n.* sabio. || *(bot.)* salvia.
said ver **say.** || — *adj.* dicho, antedicho.
sail *n.* vela. || paseo en barco. || — *vt.* navegar. || pilotear. || — *vi.* navegar. || flotar. || andar solemnemente. || **to s. into** *(fig.)*, arremeter contra alguien.
sailing *n.* navegación. || salida, partida.
sailing ship *n.* velero, buque de vela.
sailor *n.* marinero, marino.
sailplane *n.* planeador.
saint *n.* santo. || **St.**, abreviado delante del nombre.
saintly *adj.* santo.
sake *n.* **for the s. of**, por, por motivo de. || **for my s.**, por mí. || **for God's s.**, por el amor de Dios.
salacious *adj.* salaz.
salad *n.* ensalada.
salad dressing *n.* aliño.
salamander *n.* salamandra.
salary *n.* sueldo.
sale *n.* venta. || **for s.**, a la venta. || saldo. || subasta.
saleroom *n.* sala de subastas.
salesman *n.* dependiente, vendedor. || viajante.
salesmanship *n.* arte de vender.
sales tax *n.* impuesto sobre las ventas.
salient *adj.* saliente. || *(fig.)* sobresaliente, destacado, notable. || — *n.* saliente.
salinity *n.* salinidad.
salivate *vi.* salivar.
sallow *adj.* cetrino, amarillento.
sally *n.* salida. || — *vi.* hacer una salida.
salmon *n.* salmón. || — *adj.* color salmón.
saloon *n.* salón. || bar. | *(naveg.)* salón.
salt *n.* sal. || — *vi.* salar.
saltcellar *n.* salero.
saltpetre *n.* salitre.
saltworks *n.* salinas.
salty *adj.* salado. || *(fig.)* salado. picante.

salubrious adj. salubre, sano.

salutary adj. saludable.

salute n. saludo. || beso. || salva. || — vt., vi. saludar.

salvage n. salvamento. || objetos salvados. || — vi. salvar. || recuperar.

salve n. ungüento. || (fig.) bálsamo. || — vi. untar, poner ungüento. || calmar. || salvar.

salver n. bandeja.

salvo n. salva. || salvedad, reserva.

same adj. mismo. || igual, idéntico. || **all the s.**, a pesar de todo. || **by the s. token**, de la misma manera.

sample n. muestra. || prueba. || — vt. probar. || catar.

sampler n. catador. || (cost.) dechado.

sampling n. (mat.) muestreo.

sanctify vt. santificar.

sanctimonious adj. mojigato, santurrón, beato.

sanction n. sanción. || — vi. sancionar.

sanctity n. santidad. || inviolabilidad.

sanctuary n. santuario. || (fit.) refugio, asilo. || (relig.) sanctasanctórum.

sand n. arena. || pl. **sands**, arenas del desierto. || playa. || — vi. enarenar.

sandal n. sandalia.

sandal(wood) n. sándalo.

sandbag n. saco de arena.

sandbank n. banco de arena.

sand fly n. jején.

sandglass n. reloj de arena.

sandpaper n. papel de lija. || — vt. lijar.

sandpit n. arenal.

sandstone n. piedra arenisca.

sandstorm n. simún, tempestad de arena.

sandwich n. sándwich. || **to sit s.**, sentarse todos apretados. || — vt. insertar. || intercalar.

sandy adj. arenoso. || rojizo.

sane adj. cuerdo, sensato. || prudente.

sang ver **sing**.

sanguinary adj sanguinario. || sangriento.

sanguine adj. (fig.) optimista.

sanitary adj. sanitario. || higiénico.

sanitation n. sanidad. || higiene. || instalación sanitaria.

sanity n. cordura, sensatez. || prudencia.

sank ver **sink**.

sap n. savia. || (fam.) tonto, bobo. || (mil.) zapa. || — vt. (mil.) zapar. || minar.

sapling n. pimpollo, árbol nuevo.

sarcastic adj. sarcástico.

sardine n. sardina.

sarky adj. (fam.) sarcástico.

sartorial adj. (fam. o hum.) de sastre, elegante.

sash n. faja. || (mil.) fajín. || marco corredizo de ventana.

sash window n. ventana de guillotina.

sat ver **sit**.

satchel n bolsa, cartera.

sate vt. saciar, hartar.

sateen n. satén.

satiate vt. saciar, hartar.

satin n. raso.

satire n. sátira.

satirize vt. satirizar.

satisfaction n. satisfacción, agrado. || (relig.) penitencia. || disculpa.

satisfy vt. satisfacer. || aplacar (hambre, sed). || cumplir con. || pagar una deuda.

saturate vt. saturar, empapar (t. fig.).

Saturday n. sábado.

satyr n. sátiro.

sauce n. salsa. || (fam.) frescura: **what a s.!**, ¡qué desfachatez!

sauceboat n. salsera.

saucepan n. cacerola, cazo.

saucer n. platillo.

saucy adj. fresco, descarado.

saunter n. paseo lento y tranquilo.

sausage n. embutido. || salchicha.

sauté adj. salteado. || — vi. saltear.

savage adj. salvaje. || feroz, furioso. || — n. salvaje. || — vt. (animal) embestir, atacar, morder.

savant n. sabio, erudito, intelectual.

save vt. salvar. || ahorrar. || evitar. || — vi. ahorrar. || economizar. || — prep. y conj. (esp. liter.) salvo, excepto.

saving adj. económico. || tacaño. || **s. clause**, cláusula con una salvedad. || — n. economía. || pl. **savings**, ahorros.

savings bank n. caja de ahorros.

saviour n. salvador.

savour n. sabor, gusto. || dejo. || — vt. saborear, paladear. || — vi. **to s. of**, saber a, oler a (t. fig.).

savoury adj. sabroso, apetitoso. || recomendable. || — n. entremés salado.

saw ver **see**. || — n. refrán, dicho. || sierra. || — vt. (pret. **sawed**, pp. **sawed** o **sawn**), vi. serrar.

sawdust n. serrín.

sawfish n. pez sierra.

sawmill n. aserradero.

sawn ver **saw**.

saxophone n. saxofón.

say n. dicho, decir. || — vt. (pret. y pp. **said**) decir. || expresar, informar. || afirmar, prometer. || (relig.) decir misa, decir una oración. || — vi. decir. || **it says**, dice lo siguiente (carta, etc.). || **I said to myself**, pensé por mis adentros.

saying n. dicho, refrán.

scab n. costra. || roña. || (fam.) rompehuelgas.

scabbard n. vaina (de espada).

scabies n. sarna.

scabrous adj. escabroso.

scads n. pl. (fam.) montones.

scaffold n. andamio. || cadalso, patíbulo.

scald n. escaldadura. || — vt. escaldar. || calentar. || esterilizar con agua caliente.

scale n. escala. || amplitud. || extensión. || (mús.) escala. || escalafón. || escama (pescado). || sarro. pl. || **scales**, balanza. || — vt. escalar. || — vi. descamarse. || descoharse.

scallop n. (zool.) venera, coquilla. || (cost.) festón. || — vt. (coc.) cocer en coquillas. || (cost.) festonear.

scalp n. cuero cabelludo, cabellera. || — vt. escalpar, quitar el cuero cabelludo a.

scalpel n. escalpelo.

scaly adj. escamoso.

scamp n. tunante, bribón.

scamper n. carrera rápida. || huida precipitada. || — vi. correr, darse prisa.

scan n. (comput.) exploración. || — vt. escudriñar, examinar. || explorar con la vista. || (comput., etc.) explorar, registrar. || medir, escandir.

scandal n. escándalo. || chisme, murmuración.

scandalmonger n. chismoso.

scandalous adj. escandaloso. || calumnioso.

scanner n, (radar) antena direccional giratoria. || (TV) dispositivo explorador.

scanty adj. escaso, insuficiente. || ligero.

scapegoat n. cabeza de turco, víctima propiciatoria.

scapegrace n. pícaro, bribón.

scar n. cicatriz. || señal (t. fig.). || — vt. dejar una cicatriz. || (fig.) dejar una marca.

scarab n. escarabajo.

scarce adj. escaso. || poco común.

scarcely adv. apenas.

scarcity n. escasez. || poca frecuencia. || carestía.

scare n. susto, sobresalto. || — vt. asustar, espantar. || — vi. estar asustado.

scarecrow n. espantapájaros.

scaremonger n. alarmista.

scarf n. bufanda. || pañuelo.

scarify vt. (med., agr.) escarificar. || (fig.) criticar severamente.

scarlet n. escarlata. || — adj. color escarlata.

scarp n. escarpa, declive.

scathing adj. mordaz, duro.

scatter n. (fís.) dispersión. || unos cuantos. || — vt. esparcir, desparramar. || — vi. desparramarse, dispersarse.

scatterbrain n. cabeza de chorlito.

scattering n. desparramo.

scavenger n. basurero, barrendero. || animal, ave que se alimenta de carroña.

scenario n. guión.

scene n. (teat.) escena. || escenario, teatro, lugar. || aspecto, vista. || escándalo.

scenery n. paisaje. || (teat.) decoraciones, decorado.

scene shifter n. tramoyista.

scenic adj. escénico. || pintoresco.

scent n. olor. || perfume, aroma, fragancia. || rastro, pista. || — vt. perfumar. || oler. || percibir, sospechar.

sceptical adj. escéptico.

sceptre n. cetro.

schedule n. lista. || horario: **the train is behind s.**, el tren está retrasado. || programa: **this conference is out of s.**, esta conferencia está fuera de programa. || cuestionario. || — vt. hacer una lista de. || catalogar, inventariar. || redactar el plan de. || establecer el horario de.

scheme n. disposición. || combinación. || esquema. || proyecto, plan. || idea. || intriga. || ardid. || **ahead of, behind s.**, antes del plazo. || — vt. proyectar. || tramar. || — vi. hacer planes. || intrigar.

scheming adj. intrigante. || astuto, mañoso.

schism n. cisma.

schizophrenia n. esquizofrenia.

scholar n. erudito, humanista. || (fam.) sabelotodo. || becario. || (ant.) colegial.

scholarship n. erudición. || beca.

school n. escuela. || instituto: **the high s.**, instituto de enseñanza secundaria. || clase. || alumnos. || facultad. || (ict.) banco, cardumen. || — vt. instruir, enseñar. || disciplinar.

schoolbook n. libro escolar.

schoolboy n. colegial, escolar.

schooling n. instrucción, enseñanza. || disciplina.

schoolmaster n. profesor. || maestro.

schoolroom n. clase.

schoolteacher n. maestro.

schooner n. goleta.

sciatica n. ciática.

science n. ciencia. || arte: **the s. of making money**, el arte de hacer dinero. || **to blind someone with s.**, deslumbrar a uno con sus conocimientos.

scientist n. científico, científica.

scimitar n. cimitarra.

scintillate vi. centellear, chispear. || (fig.) brillar.

scion n. vástago (t. fig., liter.).

scissors n. pl. tijeras. || **a pair of s.**, unas tijeras.

scoff vi. mofarse, burlarse (fam.). comer rápido, devorarse.

scoffing n. mofas, burlas.

scolding n. reprensión, regaño.

scone n. bollo.

scoop n. pala, paleta, cuchara. || gubia. || cuchara de draga. || (med.) espátula. || ganancia grande. || (lotería) grande. || noticia sensacional. || — vt. sacar con pala. || sacar con cuchara. || adelantarse en las noticias. || imponerse.

scoot vi. (fam.) escabullirse, largarse.

scooter n. patinete. || escúter.

scope n. alcance, meta. || extensión. || envergadura. || espacio, campo.

scorch vt. chamuscar. || abrasar. || secar (plantas). || — vi. chamuscarse. || secarse. || (fam.) correr a gran velocidad.

scorching adj. abrasador. || mucho calor.

score n. muesca, incisión. || arañazo. || señal. || (dep.) punto: **to keep the s.**, marcar los tantos. || resultado. || calificación, nota. || (ant.) veintena. || (mús.) partitura. || música de un filme. || (fam.) verdad, hecho negativo. || — vt. hacer una mueca. || rayar. || apuntar. || (mús.) orquestar. || — vi. marcar los tantos. || salir victorioso. || (fam.) tener éxito. || **to s. out** (fam.), tachar.

scoreboard n. tanteador, marcador.

scorer n. marcador. || tanteador.

scorn n. desprecio, desdén. || — vt. despreciar, desdeñar.

scorpion n. escorpión, alacrán.

Scotch n. (fam.) whisky escocés.

scotch vt. frenar, poner término.

scoundrel n. canalla, sinvergüenza.

scour vt. fregar, estregar. || (med.) purgar. || recorrer, registrar. || — vi. **to s. about for something**, buscar algo por todas partes.

scourer n. estropajo.

scourge n. azote (t. fig.). || — vt. azotar, flagelar. || (fig.) hostigar.

scout n. (mil.) explorador. || **boy s.**, explorador, boy scout. || exploración. || — vi. explorar.

scowl n. cello. || — vi. fruncir el ceño.

scrabble vi. garrapatear. || **to s. about**, escarbar.

scrag n. pescuezo.

scraggy adj. flaco, descarnado, escuálido.

scram vi. (sl.) largarse (fam.).

scramble n. subida. || excursión (de montaña, sobre terreno escabroso, etc.). || arrebatiña, pelea. || — vi. revolver: **scrambled eggs**, huevos revueltos. || — vi. trepar. || esforzarse por.

scrap n. pedacito, fragmento. || pizca. || recorte. || chatarra. || (fam.) riña. || pl. **scraps**, sobras, desperdicios. || — vt. desechar. || desguazar. || reducir a chatarra. || descartar. || — vi. (fam.) pelearse, reñir.

scrapbook n. álbum de recortes.

scrape n. raspadura. || raspón. || (fig.) perplejidad, apuro. || — vt. arañar, rasguñar. || raspar, rallar. || **to s. a living**, vivir apretadamente. || **to s. off** o **away**, quitar raspando. || — vi. rozar. || chirriar.

scraper n. rascador, raspador. || niveladora. || limpiabarros.

scrap iron n. chatarra, hierro viejo.

scrappy adj. de restos. || fragmentario. || incompleto.

scratch n. rasguño, arañazo. || raya, marca. || chirrido. || (dep.) línea de salida. || **he has started from s.**, ha comenzado de la nada. || — vt. rasguñar. || rayar. || rascar. || (dep.) retirar. || (comput.) borrar. || — vi. rasguñar. || rascarse. || escarbar. || retirarse.

scratchy adj. que raspa. || áspero. || flojo, irregular.

scrawl n. garabatos. || — vt. escribir a prisa. || — vi. garrapatear.

scrawny adj. descarnado, escuálido.

scream n. grito, alarido. || chillido. || aullido. || — vt., vi. chillar (t. fig.). || gritar.

scree n. guijarro. || trozo de roca suelto.

screech vi. chirriar.

screech owl n. lechuza.

screed n. escrito largo y pesado.

screen n. biombo. || (arq.) pared divisoria. || (igl.) cancel. || (cine, TV) pantalla. || — vt. ocultar, esconder. || tamizar.

screw n. tornillo. || hélice. || **to give another turn to the s.**, (fig.) dar otra vuelta de tuerca. || — vt. atornillar. || (vulg.) tener sexo con. || **to s. out**, sacar por la fuerza. || — vi. torcerse.

screwdriver n. destornillador.

scribble n. garabatos. || — vt. borronear. || garabatear. || — vi. hacer garabatos. || escribir con mucha prisa. || (desp., hum.) ser escritor, ser periodista.

scribe n. escribiente. || amanuense. || copista.

scrimmage n. arrebatiña, pelea.

scrimp vt., vi. escatimar. || ahorrar.

scrip n. vale, bono.

script n. escritura, letra (cursiva). || manuscrito. || examen || escrito. (cine) guión.

Scripture n. Sagrada Escritura.

scriptwriter n. guionista.

scroll n. rollo. || rollo de escritura.

scrounger n. (fam.) gorrón, sablista.

scrub n. maleza, matas. || fregado, fregadura. || — vt. fregar, restregar.

scruff n. **s. of the neck**, pescuezo.

scruffy adj. sucio, piojoso.

scrunch vi. ronzar.

scruple n. escrúpulo. || — vt., vi. no vacilar, no tener escrúpulos.

scrupulous adj. escrupuloso.

scrutinize vt. escudriñar, examinar, || escrutar.

scrutiny n. escrutinio, examen.

scuff vt. dejar marcas. || — vi. estar lleno de marcas, de pisadas.

scuffle n. refriega, pelea. || — vi. pelearse.

scullery n. fregadero.

sculp, sculpt vt. esculpir.

sculptor n. escultor.

sculpture n. escultura. || — vt. esculpir.

scum n. espuma, nata. || (fig.) heces: **the s. of the earth**, las heces de la sociedad.

scupper n. imbornal. || — vt. (naveg.) hundir. || (fig.) arruinar, destruir.

scurf n. caspa.

scurrilous adj. grosero, procaz, chocarrero.

scurry vi. correr, ir a toda prisa.

scurvy adj. vil, canallesco. || ruin.

scuttle n. huida. || carrera. || balde para el carbón. || (naveg.) escotilla. || — vt. (naveg.) barrenar, hundir un barco. || abandonar. || — vi. correr.

scythe n. guadaña. || — vt. segar con guadaña.

sea n. mar: **out at s.**, en alta mar. || **beyond the s.**, a ultramar. || **I was all at s.** (fig.), estaba totalmente perdido. || **to put to s.**, ponerse a la mar.

sea board n. litoral.

seaborne adj. transportado por mar.

sea dog n. lobo de mar.

seafaring adj. marinero. || — n. marinería. || vida del marinero.

seafood n. mariscos.

sea front n. paseo marítimo.

seagirt adj. rodeado por el mar.

seagoing adj. de alta mar, de altura.

seagull n. gaviota.

sea horse n. caballito de mar, hipocampo.

seal n. foca. || sello: **wax s.**, lacre. || junta. || firma, marca. || (fig.) sello, impronta. || — vt. sellar, pegar. || emplomar. || precintar. || impermeabilizar. || — vi. cazar focas.

sea legs n. pl. pie marino.

sealer n. cazador de focas. || barco en que se cazan focas.

seam n. costura. || (tec.) juntura. || arruga. || (anat.) sutura. || (geol.) filón, veta.

seaman n. marinero.

seamanship n. náutica, marinería.

sea mist n. bruma.

seamstress n. costurera.

seamy adj. miserable, vil. || asqueroso.

seaplane n. hidroavión.

seaport n. puerto de mar.

sear vt. secar, marchitar. || cauterizar. || abrasar. || chamuscar, quemar.

search n. búsqueda (t. comput.). || registro. || cacheo. || control de aduana. || — vt. examinar, escudriñar. || explorar, registrar. || — vi. buscar.

searching adj. penetrante. || agudo.

searchlight n. reflector, proyector.

search party n. pelotón de salvamento.

search warrant n. mandamiento judicial de registro.

seascape n. marina.

seashore n. playa. || orilla del mar.

seasick adj. mareado.

seaside n. playa. || orilla del mar.

season n. estación. || temporada. || **in and out of s.**, en todo tiempo. || (com.) temporada. || — vt. sazonar, || secar (madera).

seasonal adj. estacional. || apropiado a la estación.

sea song n. saloma.

seasoning n. condimento.
season ticket || (f. c.) billete de abono. || (teat.) abono (de temporada).
seal n. asiento. || silla. || asiento, lugar. || (f. c.) **take your seats**, suban al tren. || (teat.) localidad. || sede. || campo, teatro: **the s. of war**, el teatro de la guerra. || (pantalones) fondillo. || traste. || (dep.) modo de montar. || — vt. sentarse. || tener lugar para. || cuadrar, caer.
seat belt n. cinturón de seguridad.
seating n. asientos.
sea urchin n. erizo de mar.
seaward(s) adv. hacia el mar.
seaway n. vía marítima.
seaweed n. alga marina.
seaworthy adj. hecho a la mar.
secede vi. separarse.
secession n. secesión, separación.
seclusion n. retiro, apartamiento.
second adj. segundo. || segundo, próximo. || inferior: **he is s. to none**, no es inferior a ninguno. || — n. el segundo. || **to run s.**, salir segundo. || (fam. f. c.) segunda. || segundo: **I'll be back in a s.**, vuelvo en un segundo. || pl. **seconds**, mercadería de segunda. || — adv. en segundo lugar. || en segunda || — vt. apoyar, secundar. | (mil.) destinar, destacar.
second-best adj. segundo.
second hand n. (reloj) segundero.
secondhand adj. de según da mano: **s. bookshop**, librería de viejo.
second-rate adj. de segunda categoría. || inferior.
secrecy n. retiro, soledad. || secreto. || discreción, reserva.
secret adj. secreto. || no declarado. || — n. secreto. || misterio.
secretariat n. secretaría.
secretary n. secretario. || **S. of State**, (C. B.) Ministro, (E. U.) Ministro de Asuntos Exteriores.
secrete vt. esconder, ocultar. || (med.) secretar, segregar.
secretive s. adj. reservado, callado. || sigiloso.
sect n. secta.
sectarian adj., n. sectario.
section n. sección. || parte, porción. || barrio. || región. || tramo. || sector.
sectional adj. seccional. || relativo a una sección. || regional, local. || (mueble) combinado, desmontable.
section mark n. párrafo.

secular adj. secular, seglar.
secure adj. seguro. || firme. || cierto. || tranquilo, despreocupado. || — vt. asegurar, proteger. || sujetar. || pl. **securities**, (com.) títulos, valores, obligaciones.
security n. seguridad. || protección. || fianza. || prenda.
sedate(si'deitj adj. tranquilo, sosegado. || serio.
sedative adj., n. sedante, calmante.
sedentary adj. sedentario.
sedge n. junco.
sediment n. sedimento.
seditious adj. sedicioso.
seduce vt. seducir.
sedulous adj. asiduo, diligente.
see vt. (pret. **saw**, pp. **seen**; ver. || reconocer. || entender: **as I s. it**, como yo lo entiendo. || visitar: **I went to s. her**, la fui a visitar. || acompañar: **he has seen me to the station**, me acompañó a la estación. || **s. you later**, hasta la vista. || **let me s.**, veamos. || **to s. about**, encargarse, ocuparse. || **to s. through**, ayudar a. || — n. sede: **the Holy See**, la Santa Sede.
seed n. semilla, simiente. || germen.
seedbed n. semillero.
seedling n. planta de semillero. || plantón.
seedtime n. siembra.
seedy adj. andrajoso. || raído.
seeing n. vista, visión. || — conj. **s. that**, visto que, puesto que.
seek vt. (pret. y pp. **sought**; buscar. || ir a ver. || apetecer, esforzarse por. || tratar de. || — vi. buscar, preguntar, investigar.
seem vi. parecer. || **it seems that...**, parece que...
seeming adj. aparente.
seemly adj. decoroso, decente, correcto.
seen ver **see**.
seep vi. filtrarse, rezumarse.
seepage n. filtración.
seer n. vidente, profeta.
seesaw n. balancín, columpio. || (fig.) vaivén.
seethe vi. hervir. || **he's seething**, está furioso.
segregate vt. segregar, separar.
seismic adj. sísmico.
seize vt. agarrar, asir, coger. || (der.) detener, prender. || embargar, secuestrar. || (med.) atacar.
seizure n. detención. || prendimiento. || embargo, secuestro. || incautación. || (med.) ataque.

seldom adv. rara vez, raramente.

select vt. escoger, elegir. || seleccionar. || — adj. selecto, escogido. || exclusivista.

selective adj. selectivo.

selector n. selector. || seleccionados.

self n. pl. **selves**, uno mismo, los mismos. || **my better s.**, mi mejor lado. || **my humble s.**, mi humilde persona. || **the study of the s.** (fil.), el estudio del ego. || egoísmo, amor propio. || — adj. unicolor. || — pron. (fam.) = **myself**, etc.: **the house belongs to my mother and s.**, la casa es de mi madre y mía.

self-abasement n. autodegradación.

self-abuse n. masturbación.

self-acting adj. automático.

self-advertisement n. autobombo.

self-appointed adj. que se ha nombrado a sí mismo.

self-assertive adj. presumido. || agresivo.

self-assurance n. confianza en sí mismo.

self-centred adj. egocéntrico.

self-conceit n. presunción, vanidad.

self-confidence n. confianza en sí mismo.

self-conscious adj. cohibido, tímido.

self-contained adj. independiente. || reservado. || completo en sí mismo.

self-control n. control de sí mismo.

self-defeating adj. contraproducente.

self-denial n. abnegación.

self-educated adj. autodidacto.

self-effacement n. modestia, humildad.

self-esteem n. amor propio.

self-evident adj. evidente, patente.

self-government n. autonomía, autogobierno.

self-indulgence n. falta de moderación.

self-interest n. egoísmo.

selfish adj. egoísta. || interesado.

selfless adj. desinteresado.

self-made adj. self-made man, hijo de su propio esfuerzo.

self-pity n. compasión de sí mismo.

self-possessed adj. dueño de sí mismo.

self-preservation n. propia conservación.

self-propelled adj. autopropulsado.

self-reliance n. confianza en sí mismo. || independencia.

self-reproach n. remordimiento.

self-respect n. amor propio, dignidad.

self-righteous adj. santurrón.

selfsame adj. mismo, mismísimo.

self-satisfied adj. satisfecho de sí mismo, pagado de sí mismo. || suficiente.

self-seeking adj. egoísta.

self-service adj. autoservicio.

self-starter n. (aut.) arranque automático.

self-styled adj. supuesto, sediciente.

self-sufficient adj. independiente. || autosuficiente. || seguro de sí mismo.

self-willed adj. terco, voluntarioso.

sell vt. (pret. y pp. **sold**.) vender (t. fig.). || trabajar con, comerciar. || (fig.) entregar, traicionar. || **to s. at a loas**, vender con pérdida. || **to s. off/out**, liquidar. || **to s. up**, vender todo. || — n. (fam.) engaño, estafa.

seller n. vendedor. || (com.) **good s.**, artículo que se vende bien. || **best s.**, éxito de librería.

selling price n. precio de venta.

sellout n. traición. || abandono. || (teat., dep., etc.) **lleno**.

selves pl. de **self**.

semblance n. apariencia, aspecto.

semicircle n. semicírculo.

semicolon n. punto y coma.

semiconscious adj. semiconsciente.

semiquaver n. semicorchea.

semitone n. semitono.

semivowel n. semivocal.

semolina n. sémola.

sempstress n. costurera.

senator n. senador.

send vt. (pret. y pp. **sent**; enviar, mandar. || tirar, arrojar. || volver: **this noise is sending me mad**, este ruido me está volviendo loco. || — vi. mandar a. || mandar un recado. || (rad.) emitir, trasmitir. || **to s. along**, enviar. || **to s. away**, echar, despedir. || escribir pidiendo. || **to s. down**, hacer bajar. || **to s. in**, devolver. || mandar. || presentar. || **to s. off**, mandar. || echar al correo. || **to s. on**, mandar, expedir. || **to s. out**, echar, expedir. || **to s. round**, hacer circular. || **to s. up**, satirizar. || hacer subir.

sender n. remitente. || (elec.) transmisor.

send-off n. despedida.

senile adj. senil.

senior adj. senior: **Mr. John Smith s.**, el señor John Smith padre. || mayor. || de mayor rango. | (E. U.) del último año de la universidad. || — n. el de más rango o categoría. || mayor. || superior, jefe. || estudiante del último año.

seniority n. antigüedad.

sensation n. sensación (dolor, calor, etc.). || sensación, sentimiento. || excitación.

sense *n.* sentido (órgano). || sentido, entendimiento: **he is a man of s.**, es un hombre prudente. || **common s.**, sentido común. || sensación. || significado. || *pl.* **senses**, habilidad para pensar. || **to talk s.**, hablar razonablemente. || **to make s.**, tener sentido. || — *vt.* sentir, percibir.

senseless *adj.* estúpido, insensato. || *(med.)* sin sentido, sin conocimiento.

sensibility *n.* sensibilidad.

sensible *adj.* juicioso, sensato, razonable. || apropiado. || *(fam.)* notable, marcado. || *(fam.)* consciente.

sensitive *adj.* sensible. || sensitivo, impresionable. || susceptible. || delicado.

sensitize *vt.* sensibilizar.

sensuality *n.* sensualidad.

sensuous *adj.* sensual, sensorio.

sentence *n.* *(gram.)* frase. || oración. || *(der.)* sentencia, fallo. || **death s.**, condena a muerte. || **life s.**, cadena perpetua. || — *vt.* sentenciar, condenar.

sentient *adj.* sensitivo, sensible.

sentiment *n.* sentimiento. || opinión, sentir. || sentimentalismo, sensiblería. || *pl.* **sentiments**, *(fam.)* opinión.

sentinel *n.* centinela.

sentry *n.* centinela, guardia.

sepal *n.* sópalo.

separate *adj.* diferente. || individual. || ajeno.

separate *vt.* separar. || dividir, desunir. || — *vi.* separarse, divorciarse.

separatist *adj.*, *n.* separatista.

sepoy *n.* cipayo.

September *n.* septiembre.

septic *adj.* séptico.

sepulchre *n.* *(lit.)* sepulcro.

sequel *n.* consecuencia. || continuación.

sequence *n.* sucesión, orden de sucesión. || serie. || *(cartas)* serie, escalera. || *(cine)* secuencia.

sequestered *adj.* aislado, remoto.

sequestrate *vt.* secuestrar.

sequin *n.* lentejuela.

sequoia *n.* secoya.

seraph *n.*, *pl.* **seraphim**, serafín.

sere *adj.* seco, marchito.

serenade *n.* serenata. || — *vt.* dar serenata a.

serenity *n.* serenidad, tranquilidad.

serf *n.* siervo de la gleba.

sergeant *n.* sargento.

serial *adj.* consecutivo, en serie. || de serie. || por entregas. || — *n.* serial, novela por entregas.

serialize *vt.* publicar como serial, publicar por entregas.

series *n.*, *pl.* series, serie. || sucesión. || progresión. || ciclo.

serious *adj.* serio. || grave, formal. || de peso, significativo. || peligroso, de cuidado.

seriously *adv.* seriamente. || en serio.

sermonize *vi.* sermonear.

serous *adj.* seroso.

serpent *n.* serpiente.

serrated *adj.* serrado, dentellado.

serried *adj.* apretado.

serum *n.* suero.

servant *n.* criado. || empleado. || servidor.

serve *vt.* servir. || ser útil. || proveer, suministrar. || atender, despachar. || pasar, cumplir. || (semental, etc.) servir, cubrir. || — *vi.* servir. || *(tenis)* sacar. || — *n.* *(tenis)* saque.

server *n.* *(tenis)* saque. || (para pescado, etc.) pala. || *(igl.)* acólito.

service *n.* (en general) servicio. || empleo. || servicio (transporte, etc.). || favor. || utilidad. || servicio, vajilla. || *(igl.)* servicio divino. || misa. || atención (tienda, bar, etc.). || *(tenis)* saque. || — *vt.* hacer un servicio.

serviceable *adj.* servible, utilizable, útil.

serviceman *n.*, *pl.* —**men** militar.

serviette *n.* servilleta.

servitude *n.* servidumbre.

session *n.* sesión.

sestet *n.* sexteto.

set *n.* conjunto. || serie. || juego. || grupo. || categoría. || calda (de telón). || escenografía: **a s. designer**, un escenógrafo. || porte. || estuche. || dispositivo. || *(tenis)* set. || marcado (de pelo). || — *adj.* señalado. || establecido. || determinado. || firme. || arraigado. || estereotipado. || dispuesto. || listo. || — *vt.* *(pret.* y *pp.* set) colocar, poner. || fijar, señalar. || plantear. || poner (mesa). || poner (despertador). || dirigir. || afinar. || *(teat.)* montar. || plantear. || *(coc.)* dejar reposar. || *(med.)* reducir (hueso). || — *vi.* ponerse (sol, etc.). || (hueso) componerse. || cuajarse, coagularse. || establecerse. || **to s. against**, enemistar. || **to s. apart**, poner al costado. || separar. || **to s. back**, frenar. || retrasar. || **to s. down**, poner por escrito. || poner en el suelo. || hacer bajar. || **to s. in**, engastar. || encajar. || empezar. || **to s. off**, ponerse en camino. || hacer resaltar. || hacer estallar. || **to s. out**, ponerse en camino. || declarar. || proponerse. || **to s. to**, ponerse a trabajar. || **to s. up**, establecerse. || poner, abrir (un negocio).

setback n. revés, contratiempo.

settee n. canapé, sofá.

setting n. (sol) puesta. || colocación. || (alhaja) engaste, montadura. || *(teat., etc.)* escena, escenario. || marco, alrededores. || (hueso) reducción, composición. || *(impr.)* composición. || *(mús.)* arreglo, versión.

setting-up n. fundación, establecimiento. || *(impr.)* composición.

settle n. banco. || — vt. colocar. || asentarse. || prepararse para. || poblar, colonizar. || establecer, casar bien (hijos). || fundar. || aclarar (disputa, etc.). || tranquilizar. || decidir, arreglar. || — vi. asentarse. || establecerse. || calmarse. || volver a la normalidad. || pagar. || **to s. down**, sentarse cómodamente. || afincarse. || **to s. for**, contentarse con. || **to s. in**, instalarse. || sentirse cómodo. || **to s. into**, acostumbrarse a. || **to s. on** o **upon**, decidirse por. || ponerse de acuerdo en. || **to s. up**, ajustar, saldar cuentas.

settlement n. establecimiento. || *(com.)* ajuste, pago, liquidación. || *(der.)* asignación. || convenio. || colonización. || colonia, caserío.

settler n. colono. || colonizador.

setup n. tinglado, sistema, organización. || estructura. || plan.

seven adj., n. siete.

sevenfold adj. séptuplo. || — adv. siete veces.

seventeen adj., n. diecisiete.

seventh n. séptimo.

seventy adj., n. setenta.

sever vt. cortar. || separar, dividir. || romper.

several adj. varios, algunos. || diversos. || *(lit., fam.)* respectivos, distintos. || — pron. algunos.

severance n. corte. || separación. || división.

severe adj. fuerte. || duro, riguroso. || (tiempo) inclemente, riguroso. || exacto, estricto. || austero, sin adornos.

severity n. severidad. || rigor. || gravedad. || intensidad, agudeza. || aspereza. || austeridad.

sew vt. *(pret.* **sewed**, *pp.* **sewn)** coser. || **to s. up**, remendar. || — vi. coser.

sewage n. aguas residuales.

sewer n. albañal, alcantarilla, cloaca.

sewing n. costura. || labor de costura.

sewn ver **sew**.

sex n. sexo. || **the fair s.**, el bello sexo. || — vt. determinar el sexo de.

sex appeal n. atractivo sexual.

sexless adj. desprovisto de instinto sexual. || desprovisto de atractivo sexual. || asexual.

sextet(te) n. sexteto.

sexton n. sacristán. || sepulturero.

sexy adj. que atrae sexualmente. || erótico. || verde, escabroso. || actual, interesante, excitante.

shabby adj. pobremente vestido, desharrapado. || raído, gastado. || de aspecto pobre, en mal estado. || injusto. || vil, malo.

shack n. casucha, choza. || — vt. **to s. up with**, vivir juntos sin estar casados.

shackles n. pl. grillos, grilletes. || *(fig.)* trabas.

shad n. sábalo.

shade n. sombra. || pantalla. || tono, matiz. || tendencia. || *(fig.)* poquito, pizca. || pl. **shades**, tinieblas. || *(mil.)* aveno. || **shades of Wagner!**, *(fig.)* ¡nada que ver con Wagner! || — vt. sombrear, oscurecer *(t. fig.)*. || *(pint.)* dar sombra, esfumar. || proteger contra el sol. || poner pantalla. || **to s. away**, **off**, degradar (color). || — vi. oscurecerse. || fundirse.

shading n. sombreado. || degradación. || transformación gradual.

shadow n. sombra *(t. fig. y pint.)*. || **worn to a s.**, consumido, un esqueleto. || sombra, pizca.

shady adj. sombreado, umbroso. || *(fig.)* deshonesto.

shaft n. flecha, dardo, saeta. || (columna) caña, fuste. || mango. || (carro) vara. || *(mec.)* eje, árbol. || *(min.)* pozo || rayo (de luz).

shag n. tabaco picado.

shaggy adj. velludo, peludo, lanudo. || **s. dog story** *(fam.)*, chiste largo y pesado.

shake n. sacudimiento. || temblor, conmoción. || *(med.)* escalofrío. || **in two shakes**, en un periquete. || **to be all of a s.**, estar todo tembloroso. || **to be no great shakes**, no valer gran cosa. || — vt. *(pret.* **shook**, *pp.* **shaken)** sacudir. || dar la mano. || esgrimir. || *(fig.)* hacer vacilar. || desconcertar. || **to s. a leg**, apurarse. || — vi. temblar. || agitarse, moverse. || *(mús.)* trinar. || **to s. down**, hacer caer sacudiendo. || esparcir. || **to s. off**, deshacerse de. || **to s. out**, sacudir. || desplegar. || **to s. up**, agitar. || mover. || conmocionar.

shaker *n.* coctelera.

shake-up *n.* conmoción. || reorganización. || sacudida, pinchazo. || infusión de nueva energía.

shaky *adj.* inestable, poco firme. || tembloroso. || vacilante, inseguro. || débil.

shall (ver *t.* **should**) *v. aux.* se usa con la primera persona del *pl.* o *sing.* para formar el futuro: **I shall give you a prize**, te daré un premio. (se usa en preguntas en que el interrogado responde: **I'll go with you, shall I?**, yo iré contigo, ¿puedo?

shallow *adj.* poco profundo, bajo. || superficial, frívolo. || somero. || *pl.* **shallows**, bajío. || — *vi.* hacerse menos profundo.

sham *adj.* fingido, simulado. || de imitación. || de bisutería. || — *n.* impostura, engaño. || — *vt.* fingir, simular. || — *vi.* fingir, simular.

shamble *vi.* andar arrastrando los pies.

shambles *n.* (lugar de) gran desorden.

shame *n.* vergüenza. || deshonra. || *(fam.)* pena: **what as.!**, ¡quépala! || — *vt.* avergonzar. || deshonrar. || **to s. into**, obligar a algo por vergüenza.

shamefaced *adj.* avergonzado. || vergonzoso, tímido.

shameful *adj.* vergonzoso.

shameless *adj.* desvergonzado, descarado. || impúdico. || único.

shammy *n.* gamuza.

shank *n.* (pierna) calla. || tallo. || mango.

shan't = shall not.

shanty *n.* choza, vivienda precaria.

shape *n.* forma *(t. fig.)*. || figura. || estado, forma: **I am in goods**, estoy en buen estado. || *(coc.)* molde. || — *vt.* dar forma, formar. || amoldar. || — *vi.* tomar forma. || formarse, desarrollarse.

shaped *adj.* en forma de.

shapeless *adj.* informe, sin forma definida.

shapely *adj.* bien formado, bien proporcionado. || de buen talle.

shard *n.* tiesto, casco, fragmento (de loza, *etc.*).

share *n.* parte, porción *(t. fig.)*. || **to go shares with**, compartir con, pagar a medias. || cuota, contribución. || *(com.)* participación. || acción. || — *vt.* partir, dividir. || compartir. || — *vi.* participar. || compartir.

sharecropper *n.* aparcero.

shareholder *n.* accionista.

share-out *n.* reparto.

shark *n.* tiburón. || estafador.

sharp *adj.* afilado. || puntiagudo. || repentino, brusco. || nítido, claro. || agudo, rápido. || fuerte, agudo: **I felt a s. pain on my back, sent!** una punzada en mi espalda. || áspero, severo. || *(mús.)* sostenido. || — *n.* *(mús.)* sostenido. || — *adv.* exactamente, en punto.

sharp-edged *adj.* afilado, de filo cortante.

sharpen *vt.* afilar. || sacar punta. || *(fig.)* aguzar. || avivar, acentuar.

sharpener *n.* afilador. || sacapuntas.

sharper *n.* estafador.

sharp-eyed *adj.* de vista aguda.

sharpshooter *n.* tirador apostado.

sharp-witted *adj.* listo, perspicaz.

shatter *vt.* romper, hacer pedazos. || quebrantar. || destrozar. || — *vi.* romperse. || hacerse pedazos. || estrellarse.

shattering *adj.* demoledor. || contundente. || profundamente conmovedor.

shatterproof *adj.* inastillable.

shave *n.* afeitada. || — *vt.* afeitar. || acepillar *(t. fig.)*: **to s. off the price**, abaratar. || *(fam.)* pasar rozando.

shaver *n.* máquina de afeitar.

shaving *n.* afeitada. || *pl.* **shavings**, virutas, acepilladuras.

shaving brush *n.* brocha (de afeitar).

shawl *n.* chal.

she *pron.* ella. || (usado a veces con países, barcos, etc., tenidos por femeninos). || — *n.* hembra.

sheaf *n.* gavilla. || haz. || fajo, lío.

shear *vt.* *(pret.* **sheared**, *pp.* **shorn**) esquilar. || rapar. || *(fig.)* privar, despojar. || *(fig., fam.)* desplumar. || tundir (tela). || — *vi.* esquilar.

shears *n. pl.* tijeras grandes. || tijeras de jardín.

sheath *n.* vaina. || funda, cubierta. || *(bot., etc.)* vaina.

sheathing *n.* revestimiento, cubierta.

sheath knife *n.* cuchillo de monte.

sheaves *pl.* de **sheaf**.

shed *vt.* *(pret.* y *pp.* **shed**) quitarse, despojarse. || deshacerse de. || *(zool.)* cambiar la piel. || derramar. || verter. || — *vi.* *(zool.)* pelechar. || — *n.* cobertizo. || barraca.

she'd = she would, she had.

sheen n. lustre. || brillo.

sheep n. oveja. || ganado lanar. || (fam.) carnero.

sheepdog n. perro pastor.

sheep farming n. cría de ovejas.

sheepfold n. redil, aprisco.

sheepish adj. tímido, vergonzoso.

sheepskin n. piel de carnero.

sheepwalk n. dehesa.

sheer adj. completo. || total, absoluto. || puro. || escarpado. || fino, trasparente. || — adv. perpendicularmente. || a pico. || completamente. || — vi. (naveg.) desviarse.

sheet n. sábana. || hoja (de papel, etc.). || periódico. || extensión de agua. || cubierta.

sheik(h) n. jeque.

shelf n. estante, anaquel. || banco de arena, bajo.

she'll = she will.

shell n. cáscara. || (zool.) concha. || caparazón. || **to come out of one's s.**, (fig.) estar fuera de sí. || madreperla. || (mil.) granada, obús. || cápsula. || armazón, esqueleto (casa, etc.). || — vt. pelar (chauchas, etc.). || descascarar. || (mil.) bombardear.

shellac n. goma laca.

shellfish n. (zool.) crustáceo. || mariscos.

shell shock n. neurosis de guerra.

shelter n. refugio, abrigo. || cobertizo. || albergue. || (mil.) garita. || — vt. abrigar. || resguardar. || dar hospedaje. || — vi. resguardarse.

shelve vt. poner en estante. || (fig.) archivar. || dejar de lado. || caer gradualmente.

shelves pl. de shelf.

shepherd n. pastor. || — vt. guiar, conducir.

shepherdess n. pastora.

sherd ver shard.

sherry n. jerez.

she's = she is, she has.

shield n. escudo. || rodela. || blindaje. || (fig.) escudo, defensa. || — vi. proteger, amparar. || blindar.

shift n. cambio. || turno. || (ant.) expediente, recurso. || camisola. || (comput.) desplazamiento. || — vt. cambiar. || trasladar. || pasar. || (fig.) echar: **to s. the blame to**, echar la culpa a. || quitarse de encima. || — vi. cambiar de sitio. || moverse. || desplazarse.

shift key n. tecla de mayúsculas.

shiftless adj. vago, holgazán. || informal.

shift work n. trabajo por turno.

shifty adj. tramposo, taimado. || sospechoso.

shilling n. chelín.

shimmer n. reflejo trémulo, resplandor trémulo. || — vi. rielar, relucir.

shin n. (anat.) canilla. || — vi. s. down, bajar a gatas. || **s. up**, trepar.

shine n. brillo, lustre. || lucimiento, esplendor. || **to take the s. out** (fig.), quitar el brillo, ensombrecer. || lustre (zapatos). || — vt. lustrar, limpiar. || — vi. (pret. y pp. **shone**) brillar. || relucir, resplandecer. | (fig.) destacarse. || reflejar.

shingle n. tablilla (para techar). || corte a la garçon. || playa de guijarros.

shingles n. pl. (med.) herpes.

shiny adj. brillante, lustroso.

ship n. buque, barco, navío. || — vt. enviar por barco. || — vi. embarcarse.

shipboard n. **on s.**, a bordo.

shipbuilding n. construcción de buques, construcción naval.

shipload n. cargamento de un buque.

shipment n. embarque. || transporte. || envío, remesa.

shipowner n. naviero.

shipping n. embarque. || transporte (por vía marítima). || buques, barcos. || flota, marina.

shipshape adj. limpio, prolijo. || en orden.

shipwreck n. naufragio (t. fig.).

shipwright n. carpintero de navío. || naviero.

shipyard n. astillero, varadero.

shire n. condado.

shirk vt., vi. escabullir(se).

shirt n. camisa. || **to put one's s. on** (fam.), apostar todo su dinero a.

shirt sleeves n. pl. **in shirt sleeves**, en mangas de camisa.

shirty adj. (fam.) malhumorado, enojado.

shiver n. temblor, estremecimiento. || escalofrío. || astilla (de madera). || fragmento. || — vt. hacer añicos, astillas. || hacer flamear (velas). || — vi. tiritar. || estremecerse. || hacerse añicos.

shoal n. banco de arena. || cardumen. || multitud. || montón.

shock n. golpe, sacudida (t. fig.). || choque. || **shock** (nervioso). || conmoción. || (med.) electroshock. || mechón de pelo. || — vi. chocar. || sobresaltar, dar un susto.

shocking adj. chocante. || muy ofensivo. || (fam.) espantoso.

shockproof adj. a prueba de choques.

shod ver **shoe**.

shoddy adj. de bajísima calidad. || poco noble.

shoe n. zapato. || herradura. || **to step in someone's shoes**, meterse en las cosas de otro. || — vt. (pret. y pp. **shod**) calzar. || herrar.

shoeblacking n. betún.

shoebrush n. cepillo para zapatos.

shoehorn n. calzador.

shoemaker n. zapatero.

shoeshop n. zapatería, tienda de calzado.

shoetree n. horma.

shone ver **shine**.

shook ver **shake**.

shoot n. renuevo, retoño, vástago. || partida de caza, cacería. || coto, vedado. || — vt. (pret. y pp. **shot**; lanzar. || disparar. || **he shot his way**, se escapó a los tiros. || matar, cazar. | (sl.) inyectarse (droga). || — vi. precipitarse, lanzarse. || cazar. || tirar. || (cine) rodar. || fotografiar. || brotar. || **to s. a line** (fam.), mandarse la parte. || **to s. one's month off**, decir disparates. || **to s. down**, derribar. || rebatir. || **to s. through** (sl.), morirse. || **to s. up**, ascender. || crecer rápidamente.

shooting n. tiros. || tiroteo, cañoneo. || caza con escopeta. || (cine) rodaje.

shooting star n. estrella fugaz.

shop n. tienda. || almacén. || (fam.) negocios. || oficina. || taller. || — vt. (fam.) denunciar, delatar. || — vi. hacer compras.

shopkeeper n. tendero.

shoplifter n. ratero de tiendas.

shopping n. el comprar en tiendas. || compras.

shopping centre n. shopping center, centro de compras.

shop-soiled adj. deteriorado.

shop window n. escaparate, vidriera.

shore n. playa. || orilla. || puntal. || — vt. apuntalar.

shorn ver **shear**.

short adj. corto. || bajo. || apocopado: **"Pat" is s. for "Patricia"**, "Pat" es la forma abreviada de "Patricia". || breve. || **at s. notice**, no mucho antes. || escaso. || seco. || tajante. || (rad.) corta (onda). || **short-tempered**, irascible. || **nothing s. of**, nada menos que. || **s. and**

sweet (fam. o hum.), breve, conciso. || — adv. repentinamente. || abruptamente. || — n. (cine) corto. || (fam.) trago corto. || (fam.) cortocircuito.

shortage n. escasez, falta. || carestía.

short-change vt. dar menos vuelto que lo debido.

short-circuit n. cortocircuito. || — vi. poner en cortocircuito.

shortcoming n. defecto, deficiencia.

shorten vt., vi. acortar(se). || abreviar(se). || reducir(se).

shortfall n. déficit.

shorthand n. taquigrafía.

short-handed adj. falto de personal.

shorthand typist n. taquidactilógrafo.

short n. lista de candidatos escogidos.

short-lived adj. efímero.

shortly adv. en breve. || impacientemente. || en pocas palabras.

short-range adj. de corto alcance.

short-sighted adj. miope, corto de vista.

short-term adj. a plazo corto.

short-time adj. de jornadas reducidas.

shortwave adj. de onda corta.

shot n. disparo (t. fig.). || **to fire the opening shots**, abrir el debate. || balazo. || perdigones. || tirador. || (dep.) tiro. || golpe. || (fam.) tentativa, conjetura. || fotografía: **I got some good shots**, hice unas buenas tomas. || (med.) inyección. || (fig.) indirecta, **shot firer** n. pegador.

shotgun n. escopeta. || **s. wedding** (hum.), casamiento de apuro.

should v. aux. que forma el condicional, etc.: **I s. do it if I could**, lo haría si pudiera. || **if he s. come**, en caso que venga. || deber: **he shouldn't have done it**, no debía haber hecho eso. || **you s. come earlier**, tienes que venir más temprano.

shoulder n. hombro. || espaldas. || lomo (colina). || estribación (montaña). || **to rub shoulders with**, codearse. || — vt. llevar al hombro.

shoulder blade n. omóplato.

shouldn't = should not.

shout n. grito. || **s. of laughter**, carcajada. || **shouts of applause**, aclamaciones. || — vt. gritar. || **to s. someone down**, hacer callar a gritos. || — vi. gritar. || **to s. at someone**, gritar a alguien.

shove n. empujón. || — vt. empujar, hacer a un lado. || apartar, esconder. || — vi. empujar. || **to s. off**, largarse.

shovel n. pala. || excavadora con pala.

S

shovelboard *n.* juego de tejo.

show *n.* exhibición. || apariencia. || boato. || manifestación. || función, espectáculo. || *(sl.)* negocio, empresa. || **to put up a poor s.**, hacer un mal papel. || — *vi. (pp.* **shown**) mostrar, enseñar. || **to s. someone the door**, echar a alguien. || probar, demostrar. || (filme) proyectar. || exhibir. || indicar, registrar. || — *vi.* aparecer, ser visible. || (filme) exhibir. || **to s. around**, hacer recorrer, guiar. || **to s. off**, fanfarronear. || **to s. up**, hacer subir. || poner en evidencia.

show business *n.* el mundo del espectáculo, el negocio del espectáculo.

showcase *n.* vitrina (de exposición).

showdown *n.* confrontación. || conflicto. || crisis, momento decisivo.

shower *n.* chubasco, aguacero. || *(fig.)* lluvia. || ducha. || *(fam.)* gentuza. || — *vt.* arrojar, echar sobre. || *(fig.)* colmar.

show girl *n.* corista.

showing *n.* actuación. || presentación. || exposición.

show jumping *n.* concurso de saltos y de hipismo.

showman *n.* director de espectáculos. || animador. || *(fig.)* comediante. artista.

shown ver **show**.

showpiece *n.* pieza de colección.

showplace *n.* lugar de gran atractivo, centro turístico.

showroom *n.* sala de exposición.

show window *n.* escaparate.

shrank ver **shrink**.

shred *n.* fragmento, pedazo. || triza, jirón. || — *vt.* hacer trizas. || desmenuzar.

shrew *n. (zool.)* musaraña. || *(fig.)* arpía, fiera.

shrewd *adj.* sagaz. || prudente, astuto.

shriek *n.* chillido. || alarido. || — *vt.* gritar. || — *vi.* chillar, gritar.

shrill *adj.* chillón, agudo, estridente.

shrimp *n. (zool.)* camarón. || *(fig.)* enano.

shrine *n.* lugar de veneración. || santuario. || relicario. || tumba (de un santo).

shrink *vt. (pret.* **shrank**, *pp.* **shrunk**) encoger. || reducir, disminuir. || — *vi.* encogerse.

shrivel *vt., vi.* secar(se), marchitarse.

shroud *n.* sudario, mortaja. || *(fig.)* velo. || — *vt.* cubrir, ocultar.

Shrove Tuesday *n.* martes de carnaval.

shrub *n.* arbusto.

shrug *n.* encogimiento de hombros. || — *vt.* encoger los hombros. || **to t. off**, no dar importancia.

shrunk ver **shrink**.

shrunken *adj.* encogido. || seco. || marchito. || reducido.

shuck *n.* vaina, hollejo. || — *vt.* desenvainar.

shudder *n.* estremecimiento, escalofrío. || — *vi.* estremecerse.

shuffle *n.* barajada de cartas. || arrastramiento de los pies. || — *vt.* revolver, mezclar. || barajar (cartas).

shun *vt.* rehuir. || evitar.

shunt *vt. (f. c.)* maniobrar. || **to s. someone aside**, apartar a uno.

shunter *n.* guardaagujas.

shut *vt. (pret.* y *pp.* **shut**) cerrar. || encerrar. || — *vi.* cerrarse. || **to s. away**, aislar, recluir. || **to s. down**, cerrar, clausurar. || **to s. off**, cortar *(electricidad, etc.)*, desconectar. || **to s. out**, dejar fuera. || excluir. || encerrar: **he has been s. up, in prison**, lo han encerrado en prisión. || callar. || hacer callar.

shutoff *n.* interruptor.

shut-out *n.* cierre patronal.

shutter *n.* postigo. || *(fot.)* obturador.

shuttle *n. (cost.)* lanzadera. || *(f. c., etc.)* servicio corto de ida y vuelta. || — *vt.* transportar (en servicios cortos y regulares).

shuttlecock *n.* volante.

shy *adj.* tímido. || huraño, espantadizo. || discreto, reservado. || — *vt.* tirar, lanzar. || — *vi.* espantarse, asustarse. || — *n.* tiro, y lanzamiento. || respingo.

sibilant *n., adj.* sibilante.

sick *adj.* enfermo. || indispuesto, mareado. || *(fig)* enfermo, **s. with envy**, enfermo de envidia. || morboso. || — *vt.* **to s. up**, vomitar. || — *n. (fam.)* vómito.

sick bay *n.* enfermería.

sicken *vt.* dar náuseas, enfermar. || — *vi.* ponerse mal, enfermarse. || marearse.

sickle *n.* hoz.

sick leave *n.* licencia por enfermedad.

sickness *n. (med.)* enfermedad, mal. || *(fig.)* malestar.

side *n.* lado. || **by the s. of** *(fig.)*, comparado con. || **be is on his right s.**, está en buenas relaciones con él. || lado, flanco. || aspecto. || partido, equipo, bando. || línea, costado. || — *adj.* lateral. || secundario. || — *vi.* (con **with** o **against**) ponerse a favor o en contra de.

sideboard *n.* aparador.

sideboards, sideburns *n. pl.* patillas.

side dish *n.* entremés.

side glance n. mirada de soslayo.

sidekick n. compinche.

sidelight n. (aut., etc.) luz lateral. | (fig.) detalle incidental.

sideline n. (f. c.) apartadero. || (dep.) línea lateral. || (fig.) empleo suplementario.

sidelong adj. lateral. || oblicuo. || de soslayo.

sidesaddle n. silla de mujer. || — adv. **to ride s.**, montar a la inglesa.

side show n. atracción secundaria.

side slip n. (aer.) deslizamiento lateral.

side-splitting adj. divertidísimo.

side-step vt. (fig.) evitar, esquivar.

sidetrack n. (fig.) cuestión secundaria. || — vt. pers. desviar del asunto principal.

sidewalk n. acera.

sidewards, **sideways** adv. de lado. || hacia un lado. || oblicuamente.

siding n. (f. c.) apartadero, vía muerta.

sidle vi. ir serpenteando. || **to s. away**, escurrirse. || **to s. up**, acercarse tímidamente.

siege n. cerco, sitio.

sieve n. tamiz, cedazo || (coc.) colador.

sift vt. tamizar, cerner, cribar. || (fig.) escudriñar, examinar.

sifter n. cedazo.

sigh n. suspiro. || — vi. suspirar. || **sighed-for**, anhelado.

sight n. vista. || **within s.**, a la vista. || mirada: **of firsts.**, a primera vista. || (arma) mira. || escena, espectáculo. || pl. **sights**, cosas dignas de verse. || — vt. divisar, avistar. || observar. || (arma) apuntar.

sighted adj que ve, de vista normal.

sightless adj. ciego.

sight-reading n. lectura sin preparación. || (mús.) ejecución a la primera vista.

sightseeing n. turismo, visita de puntos de interés.

sign n. signo, símbolo. || señal, gesto. || letrero. || advertencia. || — vt. firmar: **signed and sealed**, firmado y lacrado. || **to s. away**, ceder la propiedad. || **to s. off**, acabar el programa. || terminar. || **to s. up** (mil.), alistarse.

signal n. señal. || (rad.) sintonía. || (f. c.) señal. || — vt. dar la señal. || indicar con señales. || — vi. hacer señales. || indicar.

signalize vt. distinguir, señalar.

signalman n. (f.c.) guardavía, señalero.

signatory adj., n. firmante, signatario.

signature n. firma.

signature tune n. sintonía.

signboard n. letrero, muestra.

signet n. sello.

significant adj. significativo. || trascendente, importante.

signify vt. significar, denotar. || hacer saber, manifestar. || importar, tener importancia. || — vi. tener importancia. || hacer saber: **please, s.**, le ruego dar su opinión.

sign language n. lenguaje mímico, mímica.

signpost n. poste indicador. || — vt. señalizar.

silage n. ensilaje.

silence n. silencio (t. fig.). || —vt. hacer callar, acallar. || silenciar.

silent adj. silencioso. || callado. || mudo.

silhouette n. silueta.

silica n. sílice.

silicon n. silicio.

silk n. seda.

silk raising n. sericultura.

silkworm n. gusano de seda.

silky adj. sedoso.

sill n. antepecho. || alféizar. || umbral.

silly adj. tonto. || ridículo. || absurdo.

sill n. sedimento, aluvión.

silver n. plata. || — adj. de plata, plateado. || — vt. platear (t. fig.). || azogar.

silver birch n. abedul (plateado).

silver fox n. zorro plateado.

silver gilt n. plata dorada.

silver-grey adj. gris perla.

silver-haired adj. de pelo entrecano.

silver paper n. papel de plata.

silver-plate vt. platear.

silversmith n. platero.

silverware n. plata, vajilla de plata.

silvery adj. plateado.

simian adj. símico.

similarity n. parecido, semejanza.

simmer n. fuego lento. || — vt. cocer a fuego lento. || — vi. hervir a fuego lento. || **to s. down**, calmarse.

simpering adj. afectado. || bobo.

simple adj. sencillo. || simple || (fam.) bobo.

simple-hearted adj. candoroso, ingenuo.

simple-minded adj. candoroso, ingenuo. || estúpido.

simpleton n. inocentón.

simplicity n. sencillez. || simpleza, ingenuidad, credulidad.

simplify vt. simplificar.
simulate vt. simular.
simulator n. (comput.) simulador.
simultaneous adj. simultáneo.
sin n. pecado. || — vi. pecar.
since adv., desde entonces, después. || **a long time s.**, hace mucho tiempo. || — prep. desde: **I haven't seen her since last week**, no la veo desde hace una semana. || — conj. desde que. || ya que: **s. you can't come**, ya que no puedes venir.
sincerely adv. sinceramente: **yours s.**, le saluda afectuosamente.
sine n. (mat.) seno.
sinew n. tendón. || pl. **sinews**, (fig.) fuerza, soporte.
sinful adj. pecador. || pecaminoso. || (fam.) malo, lamentable.
sing vt. (pret. **sang**, pp. **sung**) cantar. || **to s. a baby to sleep**, arrullar a un niño. || cantar, alabar. || — vi. cantar. || zumbar.
singe vt. chamuscar. || quemar las puntas de.
singer n. cantor. || cantante.
singing n. canto, cantos.
single adj. único, solo. || simple. || **I want a s. room**, quiero una habitación individual. || soltero. || — n. billete de ida. || soltero (gen. pl.): **a singles bar**, un bar para solteros.
single-handed adj., adv. sin ayuda (de nadie).
single-minded adj. resuelto, firme.
singleness n. concentración (de mente, esfuerzos, etc.).
singlet n. camiseta.
single-track adj. (f.c.) de vía única.
singsong n. sonsonete. || tonada.
singular adj. (gram.) singular. || raro, extraño. || — n. singular.
sinister adj. siniestro.
sink vt. (pret. **sank**, pp. **sunk**) hundir, sumergir. || hincar. || meter. || grabar en hueco. || echar abajo. || echar tierra sobre. || — vi. hundirse. || decaer. || desaparecer. || amainar. || — n. fregadero. || sumidero. || (fig.) cloaca. || (comput.) receptor de datos.
sinker n. (pesca) plomo.
sinking fund n. fondo de amortización.
sinner n. pecador.
sinuous adj. sinuoso.
sinus n. (anat.) seno.
sip n. sorbo. || — vt. sorber, beber a sorbitos.

siphon n. sifón. || — vt. (**off, out**) sacar con sifón. || (fig.) reducir gradualmente.
sir n. señor. || sir. || (mil.) yes, s., sí, mi capitán (etc.). || **Dear S.**, muy señor mío.
sire n. semental. || (ant.) Sire, Majestad.
siren n. sirena.
sirloin n. solomillo, lomo.
sister n. hermana. || (med.) enfermera.
sisterhood n. hermandad.
sister-in-law n. cuñada.
sit vt. (pret. y pp. **sat**) sentar. || montar. || tener cabida. || dar un examen escrito. || — vi. sentarse. || estar sentado. || empollar. || estar ubicado. || **to s. about**, estar sentado sin hacer nada. || **to s. back**, recostarse en la silla. || **to s. by**, permanecer sin actuar. || **to s. down**, estar sentado. || **to s. in**, suplir a alguien. || **to s. up**, incorporarse.
sit-down n. sentada. || paro. || **sit-down strike**, huelga de brazos caídos.
site n. sitio, local. || solar. || — vt. situar.
sitter n. modelo de pintor. || (sl.) cosa fácil.
sitting adj. miembro (del parlamento, etc.). || — n. sesión. || turno de comida. || (pintura) sesión.
sitting room n. sala de estar.
situation n. situación. || puesto, empleo.
sis adj., n. seis. || **at sixes and sevens**, indeciso. || confuso.
sixteen adj.. n. dieciséis.
sixth adj., n. sexto.
sixty adj., n. sesenta.
size n. tamaño, medida, formato, capacidad. || número (zapato, etc.). || (fig.) dimensión. || cola, apresto. || — vt. encolar, aprestar. || **to s. up**, formarse una opinión de.
sizeable adj. bastante grande, importante.
sizzle vi. chisporrotear, churruscar, crepitar.
skate n. patín. || — vi. patinar.
skating n. patinaje.
skein n. madeja.
skeleton n. esqueleto. || estructura. || esquema. || (pintura) sesión.
skeleton key n. llave maestra, ganzúa.
sketch n. esbozo, boceto, bosquejo, croquis. || dibujo, diseño. || (teat.) pieza corta, sketch. || — vt. esbozar. || bosquejar, dibujar.
sketchy adj. incompleto, superficial.
skew adj. oblicuo. || sesgado. || asimétrico. || — n. oblicuidad, sesgo. || — vt. sesgar, tergiversar.

skewer n. broqueta, espetón. || — vt. espetar.

ski n. esquí. || **water s.**, esquí acuático. || — vi. esquiar.

skid n. (aut.) patinada. || cuña. || rampa. || — vt. hacer deslizar. || poner una cuña. || — vi. patinar.

skier n. esquiador.

skiff n. esquife.

skijump n. pista para saltos de esquí.

skilift n. telesilla.

skill n. habilidad, destreza. || pericia. || arte, técnica.

skilled adj. hábil, diestro. || cualificado, especializado.

skim vt. espumar. || desnatar. || rozar, rasar. || — vi. pasar rasando. || **to s. through**, hojear.

skimp vt. escatimar. || chapucear. || — vi. economizar.

skimpy adj. escaso, pequeño. || muy abreviado, muy corto.

skin n. piel. || cutis. || cuero. || (bot.) corteza, piel. || nata. || **s. and bones**, muy delgado. || — vt. despellejar. || **to s. alive**, (fam.) comer vivo. || desollar. || pelar (fruta). || — vi. cicatrizarse.

skin-deep adj. superficial.

skin diving n. natación submarina, exploración submarina, pesca submarina.

skinner n. peletero.

skinny adj. flaco, magro, escuálido, descarnado.

skintight adj. muy ajustado.

skip n. brinco, salto. || (mina) montacargas. || — vt. omitir, pasar por alto. || — vi. ir dando saltos. || brincar. || saltar la cuerda. || rebotar. || (fam.) largarse.

skirmish n. escaramuza.

skirt n. falda. || faldón. || ceñir, rodear. || orillar. || evitar.

skit n. sátira, parodia.

skittish adj. irresponsable. || frívolo.

skittle n. bolo.

skive vi. (fam.) evitar el trabajo o abandonarlo sin permiso.

skulk vi. estar escondido. || acechar sin ser visto.

skull n. calavera.

skullcap n. casquete.

skunk n. (zool.) zorrino. || (fam.) canalla.

sky n. cielo.

sky blue n., adj. azul celeste.

sky-high adv. por las nubes.

skylark n. alondra.

skylight n. tragaluz, claraboya.

skyline n. horizonte. || silueta, perfil.

skyrocket n. cohete. || — vi. subir (como un cohete).

skyscraper n. rascacielos.

skyward(s) adv. hacia el cielo.

slab n. bloque. || plancha, tabla. || losa. || tajada (gruesa). || porción. || (chocolate) tableta.

slack adj. flojo. || descuidado, negligente. || desaplicado. || (período) de inactividad. || — n. lo flojo. || pl. **slacks**, pantalones flojos. || — vi. = **slacken**. || — vi. holgazanear.

slacken vt. (**off**) aflojar. || disminuir. || — vi. aflojarse. || disminuirse.

slag n. escoria.

slain ver **slay**.

slake vt. apagar.

slam n. golpe || portazo || vt. golpear. || dar un portazo. || poner con fuerza. || censurar severamente.

slander n. calumnia, difamación. || — vt. calumniar, difamar.

slanderous adj. calumnioso, difamatorio.

slang n. argot, eslang. || jerga. || — vt. llenar de insultos. || poner como un trapo.

slant n. inclinación. || (fig.) giro. || punto de vista, opinión. || — vt., vi. inclinar(-se). || sesgar(se).

slap n. bofetada. || palmada. || zurra. || — adv. de lleno. || justo. || — vt. abofetear. || dar una palmada. || poner con fuerza.

slapdash adv. descuidado. || de brocha gorda.

slapstick n. payasadas.

slap-up adj. (fam.) elegante. || excelente.

slash n. cuchillada. || latigazo. || — vt. acuchillar. || rasgar. || azotar. || reducir radicalmente. || atacar, criticar.

slat n. tablilla, hoja.

slate n. (min., arq., etc.) pizarra. || (fig.) **to have a clean s.**, tener una conducta intachable. || **to clean the s.**, olvidar el pasado. || — vt. cubrir (lecho) con pizarras. | designar, nombrar. || censurar, criticar.

slater n. pizarrero.

slaughter n. matanza, masacre. || matanza (animales). || — vt. matar, masacrar. || sacrificar (animal). || (fam.) dar una paliza (juego, etc.).

slaughterman n. matarife.

slave n. esclavo.

slaver n. baba. || — vi. babear.

S

slavery n. esclavitud.
slave trader n. traficante en esclavos.
slavey n. fregona.
slavish adj. servil.
slay vt. (pret. **slew**, pp. **slain**) matar, asesinar.
slayer n. asesino.
sleazy adj. desaseado, desaliñado. || asqueroso.
sled, **sledge** n. trineo. || — vt. transportar por trineo. || — vi. ir en trineo.
sledgehammer n. mazo.
sleek adj. liso y brillante, lustroso. || pulcro, muy aseado. || — vt. alisar, pulir.
sleep n. sueño. || **the last s.**, la muerte. || **to get some s.**, echar un sueño. || — dormir.
sleeper n. durmiente. || coche-cama.
sleepiness n. somnolencia. || (fig.) letargo.
sleeping car n. coche-cama.
sleeping pill n. somnífero.
sleeplessness n. insomnio.
sleepwalker n. sonámbulo.
sleepy adj. soñoliento. || soporífero.
sleet n. aguanieve. || nevisca.
sleeve n. manga. || (mec.) manguito, enchufe.
sleeveless adj. sin mangas.
sleeve links n. pl. gemelos.
sleigh ver **sled**.
sleight n. escamoteo, prestidigitación.
slender adj. delgado, tenue. || esbelto. || escaso, limitado. || remoto. || poco convincente.
slept ver **sleep**.
sleuth n. detective.
slew ver **slay**. || vt. torcer. || — vi. torcerse.
slice n. rebanada. || lonja. || tajada. || rodaja. || (coc.) paleta para servir. || (fig.) parte. || — vt. cortar en rebanadas, etc.
slicer n. rebanadora, máquina de cortar.
slick adj. hábil, diestro. || rápido. || astuto.
slid ver **slide**.
slide n. deslizamiento. || superficie resbaladiza. || tapa corredizá. || tobogán. || diapositiva. || desprendimiento. || (microscopio) portaobjetos. || — vi. (pret. y pp. **slid**) correr, pasar, deslizar. || — vi. resbalar. || deslizarse.
slide rule n. regla de cálculo.
sliding adj. corredizo.
slight adj. flaco, delgado. || débil. || leve, tenue. || insignificante. || superficial. || — n. ofensa, desaire. || — vt. desairar, ofender, insultar.

slightly adv. un poco: **yes, s.**, sí, un poco.
slim adj. delgado, esbelto. || escaso, insuficiente. || — vi. adelgazar.
slime n. limo, cieno. || (caracol) baba.
slimy adj. limoso. || baboso. || viscoso. || rastrero.
sling n. honda. || (med.) cabestrillo. || portafusil. || (naveg.) eslinga. || — vt. (pret. y pp. **slung**) lanzar, tirar. || colgar.
slingshot n. honda.
slink vi. (pret. y pp. **slunk**) irse furtivamente.
slip n. resbalón. || traspié, tropezón (t. fig.). || (fig.) descuido, lapsus. || falta, error. || (prenda) combinación. || pl. **slips**, pantalones de baño. || (almohada) funda. || papeleta, papelito. || — vt. pasar. || poner, meter. || ponerse. || soltar. || (mar.) soltar, largar (cable, etc.). || — vi. resbalar. || escurrirse. || equivocarse. || **to s. away**, marcharse, largarse. || **to s. back**, volver sin hacerse notar. || **to s. out**, salir un momento. || **to s. through**, colarse. || **to s. up** (fig.), equivocarse.
slipcase n. estuche de libro.
slipknot n. nudo corredizo.
slip-on adj. que se pone por la cabeza. || de quitaipón. || — n. prenda que se pone por la cabeza.
slipper n. zapatilla. || babucha, chinela.
slippery adj. resbaladizo. || viscoso. || evasivo.
slipshod adj. descuidado, poco correcto.
slip-up n. falta, error, equivocación. || desliz.
slipway n. (naveg.) grada, gradas.
slit n. hendedura, raja. || resquicio. || corte largo: || — vt. (pret. y pp. **slit**) hender, rajar. || cortar.
slither vi. deslizarse. || ir rodando.
sliver n. raja. || astilla.
slobber n. baba. || — vi. babear.
slog n. golpetazo. || (fam.) pesadez. || trabajo: **it was a s.**, me costó trabajo. || — vt. golpear torpemente. || — vi. afanarse, sudar tinta.
slop vt. derramar, verter. || — vi. derramarse.
slope n. cuesta, pendiente, declive. || ladera. || — vi. inclinarse. || (fam.) andar. || (fig., fam.) **to s. off**, largarse.
sloppy adj. poco sólido, casi líquido. || lleno de charcos, lleno de barro. || mojado. || descuidado. || sensiblero.

slosh vt. agitar, salpicar. || (fam.) pegar. || — vi. agitarse, salpicar. || chapotear (en el barro, etc.).

slot n. muesca, ranura. || — vt. hacer una ranura. || encajar. || — vi. encajarse.

sloth n. pereza. || (zool.) perezoso, **slot machine** n. aparato vendedor automático. || máquina tragamonedas.

slouch n. andar desganado y flojo. || (fam.) holgazán, flojo. || — vi. estar sentado, andar, etc., desgarbadamente.

slough n. fangal, cenegal. || (fig.) abismo.

slough n. (zool.) camisa, piel vieja (que muda la serpiente). || (med.) escara. || — vt. mudar. || — vi. caerse (piel).

slovenly adj. desgarbado, desaseado. || dejado, descuidado. || chapucero.

slow adj. lento. || pausado. || (reloj) retrasado. || torpe, lerdo. || aburrido. || — adv. despacio. || lentamente. || — vt., vi. **to s. down** o **up**, aminorar la velocidad.

slowly adv. despacio, lentamente.

slow motion adj. en cámara lenta.

sludge n lodo, fango. || sedimento fangoso.

slug n. (zool.) babosa. || (fam.) bala. || — vi. dar un golpe. || aporrear.

sluggish adj. perezoso. || lento. || inactivo.

sluice n. compuerta, esclusa. || dique de contención. || — vt. echar agua sobre. || lavar con chorros (**out** o **down**). || — vi. salir a chorros.

sluiceway n. canal.

slum n. t. pl. **slums**, villa miseria, barrio pobre. || tugurios.

slumber n. t. pl. **slumbers**, estado de sueño. || soñolencia. || — vi. dormir. || estar profundamente dormido.

slump n. depresión económica. || (com.) caída de los precios. || — vi. desplomarse. || (com.) caer verticalmente (precios).

slung ver **sling**.

slunk ver **slink**.

slur n. pronunciación incorrecta. || (mús.) ligato. || infamia, calumnia. || — vt., vi. pasar por alto, omitir. || ocultar. || pronunciar incorrectamente. || (mús.) ligar.

slush n. nieve a medio derretir. || fango, lodo. || (fam.) sentimentalismo, cursilería.

slut n. mujer sucia. || mujerzuela. **sluttish** adj. puerco, desaliñado.

sly adj. astuto. || taimado. || sigiloso. || **on the s.**, secretamente. || disimuladamente.

slyness n, astucia. || sigilo. || malicia.

smack n. tortazo, bofetada. || palmada. || sabor, gusto. || (fam.) beso sonoro. || — adv. de lleno. || — vt. dar una bofetada. || dar una palmada. || (fam.) besar sonoramente. || — vi. saber a.

smacking n. zurra, paliza.

small adj. chico, pequeño. || poco. || insignificante. || modesto. || (voz) débil. || mezquino. || — n parte pequeña. || pl. **smalls**, paños menores.

smallholding n. parcela, granja pequeña. || minifundio.

small-minded adj. de miras estrechas. || intolerante.

smallpox n. viruela.

small talk n. conversación fácil, sin importancia.

small-time adj. (fam.) de poca monta.

small-town adj. pueblerino.

smart adj. elegante. || rápido. || ingenioso. || fuerte. || punzante, agudo. || de moda. || — n. punzada. || escozor. || (fig.) resentimiento. || — vi. escocer. || tener puntadas, doler (t. fig).

smarten vt. arreglar. || hermosear. || — vi. arreglarse. || mejorarse de aspecto.

smash n. rotura. || choque, colisión. || accidente. || (com.) crisis. || quiebra. || (dep.) mate, (tenis) smash. || — vi. romper. || destrozar. || aplastar. || estrellar. || (fig.) arruinar. || — vi. chocar. || estrellarse. || (com.) quebrar. || hacerse pedazos.

smasher n. (fam.) algo muy fino o admirable. || persona muy atractiva.

smashing adj. (fam. algo ant.) muy bueno, excelente.

smattering n. conocimientos elementales, nociones.

smear n. mancha. || (fig.) calumnia. || — vt. manchar. || untar, embadurnar. || (fig) calumniar, difamar.

smell n. olor (t. fig.). || perfume. || olfato. || — vt. oler. || olfatear. || — vi. oler. || tener olfato. || apestar.

smelling salts n. pl. sales (aromáticas).

smelly adj. que huele mal, de mal olor.

smelt ver **smell**. || — vi. fundir.

smelting n. fundición.

smile n. sonrisa. || **all smiles**, de aspecto feliz. || — vt. expresar con una sonrisa. || — vi. sonreír, sonreírse.

smirk *n.* sonrisa satisfecha. || sonrisa afectada.

smith *n.* herrero.

smithereens *n. pl.* añicos.

smitten *adj.* *(hum.)* enamorado, enloquecido.

smock *n.* blusa. || delantal. || bata.

smog *n.* niebla espesa con humo.

smoke *n.* humo. || **to go up in s.** *(fam.)*, fracasar. || cigarrillo, tabaco. || — *vt.* fumar. || ahumar. || — *vi.* humear.

smoker *n.* fumador. || *(f. c.)* coche para fumadores.

smoke screen *n.* cortina de humo.

smokestack *n.* chimenea.

smoking *n.* práctica o hábito de fumar.

smoky *adj.* humeante. || lleno de humo. || ahumado.

smooth *adj.* liso, llano. || suave. || pulido. || *(día, mar, etc.)* tranquilo. || — *vt.* alisar. || igualar. || pulir. || cepillar (madera). || *(fig.)* calmar.

smother *vt.* sofocar. || asfixiar. || sofocar (fuego). || colmar, abrumar. || echar tierra.

smoulder *vi.* arder sin llama, arder lentamente. || *(fig.)* estar latente, estar sin apagarse.

smudge *n.* mancha, tiznón. || — *vt.* manchar. || tiznar.

smug *adj.* pagado de sí mismo. || presumido.

smuggle *vt.* pasar de contrabando *(t. fig.)*.

smuggler *n.* contrabandista.

smugly *adv.* con aire de suficiencia.

smut *n.* hollín. || mancha de tizne. || *(fam.)* libros, chistes, etc., inmorales. || *(bot.)* tizón.

smutty *adj.* *(fam.)* inmoral, grosero.

snack *n.* bocadillo, tentempié, piscolabis.

snack bar *n.* cafetería, bar.

snag *n.* nudo. || tocón. || raigón. || *(fig.)* dificultad, obstáculo, pero.

snail *n.* caracol.

snake *n.* culebra, serpiente.

snaky *adj.* serpentino, tortuoso.

snap *n.* chasquido. || crujido. || *(fot.)* instantánea. || bizcocho. | *(fam.)* ánimo, brío. || — *vt.* partir. || romper. || castañetear. || *(fot.)* tomar una instantánea. || decir airadamente. || — *vi.* partirse, romperse. || regañar, y chasquear. || morder.

snap fastener *n.* broche de presión.

snappish *adj.* brusco, abrupto. || irritable.

snappy *adj.* *(fam.)* elegante, a la moda. || **make it s., look s.,** apúrate.

snapshot *n.* *(fot.)* foto, instantánea.

snare *n.* lazo, trampa *(t. fig.)*. || — *vt.* atrapar.

snarl *n.* gruñido. || — *vt.* enredar, enmarañar.

snatch *n.* arrebatamiento. || fragmento. || rato: **in snatches,** a ratos. || — *vt.* arrebatar, raptar. || agarrar.

snazzy *adj.* *(fam.)* muy elegante. || *(Arg.)* pintón. || — *vt.* robar a escondidas. || — *vi.* pasar inadvertido.

sneaking *adj.* secreto, oculto.

sneaky *adj.* furtivo, sigiloso. || soplón.

sneer *n.* desprecio. || burla. || sonrisa de desprecio. || — *vi.* hablar con desprecio. || reír burlonamente.

sneeze *n.* estornudo. || — *vi.* estornudar.

snick *n.* corte, tijereteada. || — *vt.* cortar (un poco), tijeretear. || (pelota) desviar ligeramente.

sniff *n.* aspiración. || husmeo. || — *vi.* aspirar por la nariz, sorber. || **not to be sniffed at** *(fig.)*, no es para despreciar.

sniffle = **snuffle.**

sniffy *adj.* *(fam.)* estirado, desdeñoso.

snigger *n.* risa disimulada. || — *vi.* reírse con disimulo.

snip *n.* tijeretada. || recorte. || *(fam.)* ganga. || — *vt.* cortar a tijeretazos.

sniper *n.* tirador escondido, francotirador.

snippet *n.* *(t. fig.)* retazo.

snitch *n.* *(fam., hum.)* naso. || — *vt.* *(fam., hum.)* criticar, chusmear.

snivel *vi.* lloriquear.

snob *n.* (e)snob.

snook *n.* *(fam.)* **to cock a s. at someone,** burlarse de alguien, tomarle el pelo.

snoop *n.* entrometido. || fisgón. || *(fam.)* detective. || — *vi.* entrometerse. || andar curioseando.

snooty *adj.* *(fam.)* fachendoso, presumido.

snooze *n.* siestecita, sueñecillo.

snore *n.* ronquido. || — *vi.* roncar.

snort *n.* bufido. || — *vi.* bufar.

snorter *n.* *(fam.)* cosa especialmente fina, difícil, etc.

snotty *adj.* *(fam.)* mocoso. || presumido.

snout *n.* hocico, morro.

snow *n.* nieve. || *(sl.)* cocaína. || — *vi.* nevar.

snowball *n.* bola de nieve. || — *vi.* *(fig.)* aumentar rápidamente.

snow blindness *n.* ceguera causada por los reflejos de la nieve.

snowbound adj. aprisionado por la nieve.

snow-capped adj. coronado de nieve.

snowdrift n. ventisquero, nieve amontonada.

snowfall n. nevada.

snowflake n. copo de nieve.

snowman n. figura de nieve.

snowplough n. quitanieves.

snowslide n. alud de nieve.

snowstorm n. nevada, nevasca.

snow-white adj. blanco como la nieve. || níveo, cándido.

snub n. desaire. || repulsa. || — vt. desairar, ofender. || rechazar con desdén.

snuff n. rapé. || — vt. apagar una vela. || inhalar.

snuffbox n. tabaquera.

snuffer n. despabiladera.

snuffle n. ruido de la nariz. || gangueo. || — vi. respirar con ruido. || ganguear.

snug adj. placentero, cómodo. || acogedor, abrigado. || agradable. || bueno, holgado. || (ropa) ajustada. || — n. rincón apartado e íntimo en un bar, etc.

snuggle vi. arroparse, abrigarse (en la cama).

so adv. así, de tal manera. || **so great a man**, tan gran hombre. || tan: **I'm so glad!**, ¡estoy tan contento! || **and so on**, etcétera. || **is that so?**, ¿en serio? || eso: **I think so**, es lo que pienso. || — conj. así, por lo tanto: **it was necessary so we did it**, era necesario, por eso lo hicimos.

soak n. remojo, remojón. || (fam.) borrachín. || remojar. || empapar. || cobrar caro. || — vi. estar en remojo. || **to s. in, through**, calar, penetrar.

soaking adj. **to be s. wet**, estar hecho sopa.

so-and-so n. fulano de tal.

soap n. jabón. || — vt. jabonar, enjabonar.

soapbox n. caja vacía empleada como tribuna (en la calle): **s. orator**, orador de barricada.

soap opera n. (fam.) serie televisiva o radiofónica. || telenovela.

soapy adj. jabonoso. || (fig.) zalamero.

soar vi. remontarse, elevarse. || volar, planear. || (com.) elevarse (precios).

sob n. sollozo. || — vt., vi. sollozar.

sober adj. sobrio, no ebrio. || ponderado, solemne. || (fam.) sobrio, no recargado. || — vt. calmar. || quitar los efectos de la bebida. || — vi **to s. down**, calmarse.

sobersides n. (fam.) aguafiestas.

sobriety n. sobriedad, moderación.

sobriquet n. apodo, mote.

so-called adj. llamado, denominado. || supuesto, presunto.

soccer n. fútbol.

sociable adj. sociable.

socialism n. socialismo.

socialite n. persona mundana.

socialize vt. socializar.

social worker n. asistente social.

society n. sociedad: **high s.**, alta sociedad. || asociación. || compañía.

sociology n. sociología.

sock n. calcetín. || **to pull one's socks up** (fam.), esforzarse, superarse. || (fam.) trompada. || — vt. (fam.) pegar con fuerza.

socket n. (ojo) cuenca, órbita. || (diente) alvéolo. || (elec.) enchufe.

sod n. césped. || (sl, vulg.) idiota. || algo que causa problemas.

sodden adj. empapado, mojado, saturado.

sodomy n. sodomía.

sofa bed n. sofá-cama.

soft adj. blando. || menos duro. || suave. || débil. || tenue. || suave, delicado. || (fam.) descansado. || benigno.

soft-boiled adj. pasado por agua (huevo).

soften vt. ablandar. || amortiguar. || atenuar. || destemplar. || — vi. ablandarse. || templarse. || (med.) reblandecerse.

soft-hearted adj. compasivo, bondadoso.

softness n. blandura. || flojedad. || suavidad. || ductilidad.

software n. (comput.) programas.

softy n. (fam.) sentimental. || manejable.

soggy adj. empapado, saturado. || esponjoso.

soil n. tierra, suelo. || — vt. ensuciar. || manchar.

soiled adj. sucio.

sojourn n. permanencia, estancia. || — vi. permanecer, residir.

solace n. consuelo. || — vt. consolar.

sold ver **sell**.

solder n. soldadura. || — vt. soldar.

soldier n. soldado. || — vi. servir en un ejército.

soldiery n. soldadesca.

sole adj. único. || exclusivo. || — planta del pie. || suela. || base. || lenguado (pez). || — vt. poner suela.

solemn *adj.* solemne.
solemnize *vt.* solemnizar.
solicit *vt., vi.* solicitar. || importunar. || abordar (prostituta). || incitar.
solicitor *n.* (*der.*) abogado. || procurador. || notario.
solicitous *adj.* solícito. || preocupado. || atento.
solid *adj.* sólido, firme. || fuerte, estable. || macizo. || seguro, de confianza. || solidario. || compacto. || tridimensional. || — *n.* sólido.
solidarity *n.* solidaridad.
solidify *vt., vi.* solidificad(se).
solidity *n.* solidez. || unanimidad.
solitary *adj.* solitario. || solo. || aislado. || — *n.* solitario.
solitude *n.* soledad.
solo *n.* (*mús.*) solo. || (cartas) solitario. || — *adj.* solo. || — *adv.* a solas.
solve *vt.* resolver, solucionar.
solvent *adj., n.* solvente.
sombre *adj.* sombrío. || pesimista.
some *adj.* algún. || unos: **s. few coins**, unas pocas monedas. || algo: **have you s. money?**, ¿tienes algo de dinero? || un poco: **take s. more**, tome un poco más. || más o menos: **a village of s. twenty houses**, un pueblo de unas veinte casas. || — *pron.* algún: **s. of these days**, alguno de estos días. || algo: **s. of this paper**, algo de este papel. || algunos || parte: **s. of the time**, parte del tiempo. || — *adv.* alrededor, casi.
somebody *pron.* alguien. || **s. else**, algún otro, otra persona. || — *n.* personaje.
someday *adv.* algún día.
somehow *adv.* de algún modo, de un modo u otro.
someone *pron.* ver **somebody**.
someplace *adv.* (*E. U.*) = **somewhere**.
somersault *n.* salto mortal. || vuelco, vuelta de campana.
something *n.* algo: **s. or other**, cualquier cosa. || **a certain s.**, un no se qué. || **s. of**, algo, un poco: **he is s. of a liar**, es algo mentiroso. || — *adv.* **s. like**, algo como, más o menos.
sometime *adv.* algún día. || alguna vez. || — *adj.* antiguo.
sometimes *adv.* algunas veces. || a veces.
somewhat *adv.* algo, algún tanto.
somewhere *adv.* en alguna parte. || a alguna parte. || unos: **s. between nine and ten people**, unas nueve o diez personas.

somnolence *n.* somnolencia.
son *n.* hijo. || **S. of God**, Hijo de Dios.
song *n.* canción. || canto (arte). || **for a s.** (*fam.*), muy barato.
songbird *n.* pájaro cantor.
songbook *n.* cancionero.
song hit *n.* canción de moda.
songster *n.* pájaro cantor.
son-in-law *n.* yerno, hijo político.
sonnet *n.* soneto.
sonny *n.* (*fam.*) hijito.
son-of-a-bitch *vulg.* hijo de puta.
sonorous *adj.* sonoro.
soon *adv.* pronto, inmediatamente. || rápido. || temprano. || gustoso: **I'd sooner say...**, yo más bien diría.
soot *n.* hollín.
soothe *vt.* tranquilizar, calmar. || (dolor) aliviar.
soothsayer *n.* adivino.
sop *n.* regalo, dádiva. || soborno. || compensación. || — *vt.* **to s. up**, absorber.
sophist *n.* sofista.
sophomore *n.* (*E. U.*) estudiante de segundo año.
soporific *adj.* soporífero.
sopping *adj.* empapado.
soppy *adj.* (*fam.*) bobo, tonto. || sentimental.
sorcery *n.* hechicería, brujería.
sordid *adj.* asqueroso, sucio. || miserable.
sore *adj.* inflamado, dolorido. || (*fig.*) sensible. || **I'm s. at heart**, me duele en el alma. || — *n.* llaga, úlcera. || (*fig.*) dolor, pena.
sorority *n.* (*E. U., Univ.*) club femenino de estudiantes.
sorrow *n.* pesar, pena, dolor. || — *vi.* apenarse, afligirse. || **to s. over**, sentir pena por algo. || **to s. for**, añorar.
sorrowful *adj.* afligido, triste, pesaroso.
sorry *adj.* triste, afligido. || **I'm s.**, lo siento, perdón. || arrepentido: **I am s. for what I did**, me arrepiento de lo que hice. || (*desp.*) triste, lastimoso.
sort *n.* clase, género, especie. || manera: **after a s.**, en cierta manera. || **something of the s.**, algo por el estilo. || tipo: **he is a good s.**, es un buen tipo. || especie, modo: **he has a s. of naivety**, tiene una especie de ingenuidad. || **of sorts/a s.**, de pobre o dudosa calidad: **it's a painting of sorts**, es una pintura mediocre. || **s. of** (*fam.*), en cierto modo. || — *vt.* seleccionar. || clasificar. || ordenar. || separar. || tener claro: **have**

you sorted out how to get there yet?, ¿tiene claro cómo llegar allá? || tranquilizar. || *(fam.)* ajustarle a uno las cuentas.

sorter *n.* clasificador.

sortie *n. (mil.)* breve ataque. || *(fam.)* salida, primer intento.

so-so *adv.* regular, así así.

sottish *adj.* embrutecido (por el alcohol).

sough *n.* susurro. || — *vi.* susurrar.

sought ver **seek**.

sought-after *adj.* codiciado. || solicitado, que tiene mucha demanda.

soul *n.* alma. || sentimiento: **you've got no s.!**, ¡no tienes alma! || lo más importante: **he's the life and s. of any party**, es el que da vida a cualquier fiesta. || persona *(lit. o ant.)*: **he is a very good s.**, es un alma muy buena.

soulful *adj.* sentimental. || conmovedor.

soul-stirring *adj.* conmovedor, inspirador.

sound *adj.* sano. || bueno. || válido. || lógico. || sólido. || — *n.* sonido. || ruido. || *(mar.)* estrecho. || *(med.)* sonda. || — *vt.* sonar. || pronunciar. || *(med.)* auscultar. || sondear. || — *vi.* sonar. || parecer: **it sounds as if he were lost**, parece que estuviera desconcertado.

sounding board *n.* caja de resonancia.

soundly *adv.* sólidamente. || razonablemente, lógicamente. || **to sleep s.**, dormir profundamente.

soundproof *adj.* insonorizado, a prueba de sonidos. || — *vt.* insonorizar.

sound track *n.* banda sonora.

sound wave *n.* onda sonora.

soup *n.* sopa. || **to be in the s.** *(fam.)*, estar en apuros. || — *vt.* aumentar la potencia de un motor. || *(fam.)* hacer más atractivo.

soup kitchen *n.* comedor gratuito para los pobres, olla popular.

soupspoon *n.* cuchara sopera.

sour *adj.* ácido. || agrio. || poco amistoso.

source *n.* fuente, nacimiento (río). || *(fig.)* fuente, origen. || *(comput.)* fuente de datos.

sourness *n.* amargura, acidez. || *(fig.)* acritud, desabrimiento.

souse *n.* escabeche.

south *n.* sur. || mediodía. || — *adj.* del sur, meridional. || — *adv.* al sur, hacia el sur.

south-east *n.*, *adj.* sudeste.

south-eastern *adj.* sudeste.

southern *adj.* del sur, meridional.

southward(s) *adv* hacia el sur.

south-west *n.*, *adj.* sudoeste.

south-western *adj.* sudoeste.

souvenir *n.* recuerdo.

sou'wester *n.* sueste, sombrero impermeable de marinero.

sovereign *adj.*, *n.* soberano.

soviet *n.* soviet. || — *adj.* soviético.

sow *vt.* (*pret.* **sowed**, *pp.* **sown**) sembrar *(t. fig.)*. || esparcir.

sow *n.* cerda, marrana.

sowing *n.* siembra.

sown ver **sow**.

soya *n.* soja.

spa *n.* baños termales.

space *n.* espacio. || *(mús.)* espacio. || *(impr.)* espacio: **s. line**, interlínea. || — *vt.* espaciar, separar. || distanciar. || *(mil.)* escalonar.

spacecraft *n.* nave espacial.

spaceman *n.* astronauta, cosmonauta.

spacesuit *n.* traje espacial.

spacing *n.* espaciamiento.

spacious *adj.* espacioso, amplio. || extenso.

spade *n.* pala. || **to call a s. a s.**, al pan pan y al vino vino. || *pl.* **spades**. (cartas) piques. || (cartas españolas) espadas.

spadeful *n.* palada.

span *n.* palmo (medida). || lapso, duración. || *(arq.)* tramo. || — *vt.* formar un arco, atravesar. || tender sobre. || durar. || *pret. de* **spin**.

spangle *n.* lentejuela.

spaniel *n.* perro de aguas.

spank *n.* azote, zurra. || — *vt.* zurrar. || dar un azote. || — *vi.* ir volando, ir a toda marcha.

spanking *adj.* grande, rápido. || — *n.* paliza.

spanner *n.* llave (inglesa), llave de tuercas.

spar *n.* *(naveg.)* palo, verga. || *(min.)* espato. || — *vi.* (boxeo) hacer fintas, entrenarse.

spare *adj.* sobrante. || disponible: **have you got a s. moment?**, ¿tienes un momento disponible? || (pieza) de huéspedes. || de repuesto. || — *n.* pieza de repuesto. || — *vt.* reservar. || perdonar la vida. || no herir, tener consideración. || escatimar. || ahorrar. || prescindir. || dar: **can you s. five dollars?**, ¿me puedes dar cinco dólares? || disponer de. || — *vi.* ser frugal. || tener piedad.

sparing *adj.* escaso. || económico. || limitado.

S

spark *n.* chispa. || traza. || — *vt.* estimular. || **to s. off**, desatar, hacer estallar. || — *vi.* producir chispas.

sparkle *n.* centelleo, destello. || *(fig.)* brillo, viveza. || — *vi.* centellear, chispear. || brillar, relucir.

sparkling *adj.* centelleante. || brillante. || (vino) espumoso. || (conversación) chispeante.

sparrow *n.* gorrión.

sparrowhawk *n.* gavilán.

sparse *adj.* disperso, esparcido. || poco denso. || escaso.

spasm *n.* espasmo.

spastic *adj., n.* espástico.

spat ver spit. || *n.* polaina. || *(fam.)* riña, disputa (sin trascendencia).

spate *n.* avenida, crecida. || *(fig.)* torrente. || **to be in s.**, estar crecido.

spatter *vi.* salpicar, rociar.

spawn *n.* huevas (de peces, ranas, etc.). || — *vt. (fam.)* engendrar, producir. || — *vi.* desovar.

speak *vt. (pret.* **spoke,** *pp.* **spoken)** decir. || hablar. || *(fig.)* expresar. || **it speaks volumes,** lo dice todo. || — *vi.* hablar. || **to s. for,** recomendar. || **to s. out,** hablar claro. || **to s. to,** garantizar, confirmar.

speaker *n.* el que habla. || orador. || conferenciante. || *(radio, TV)* locutor.

spear *n.* lanza. || arpón. ||— *vt.* alancear. || arponear.

spearhead *n.* punta de lanza.

spec *n.* on s. *(fam.),* por si acaso.

special *adj.* especial. || particular. || extraordinario. || — *n.* algo especial. || tren especial. || oferta extraordinaria. || *(E. U.) (coc.)* plato del día.

speciality, specially *n.* especialidad.

specialize *vi.* especializarse.

specific *adj.* específico. || expreso, explícito. || — *n.* específico.

specify *vt.* especificar. || concretar.

specimen *n.* ejemplar, espécimen. || tipo raro.

specious *adj.* especioso.

speck *n.* pequeña mancha. || mota. || punto.

speckle *n.* punto, mota. || — *vt.* salpicar, motear.

spectacle *n.* espectáculo: **he gave a sad s.,** hizo un triste papel. || *pl.* **spectacles,** anteojos.

spectacular *adj.* espectacular. || impresionante.

spectator *n.* espectador.

spectre *n.* espectro, fantasma.

speculate *vi.* especular.

speculum *n. (med.)* espéculo. || *(fig.)* espejo.

sped ver **speed.**

speech *n.* habla. || lengua, dialecto. || conferencia. || discurso. || pronunciación. || *(gram.)* oración.

speechify *vi.* perorar, hablar pomposamente.

speechless *adj.* mudo, estupefacto.

speed *n.* velocidad. || **full s. ahead,** a toda máquina. || *(fot.)* velocidad. || *(fam.)* droga, estimulante. || — *vt (pret. y pp.* **sped)** apurar. || — *vi.* pasar rápido. || apurarse.

speedboat *n.* motora, lancha rápida.

speeding *n.* exceso de velocidad.

speedometer *n.* velocímetro, cuentakilómetros.

speed-up *n.* aceleración.

speedway *n.* pista de carreras de motocicleta.

speedy *adj.* veloz, rápido. || pronto.

speleology *n.* espeleología.

spell *n.* turno. || rato: **to have a s. at.** ocuparse un rato en algo. || descanso. || acceso, ataque. || sortilegio. || encanto. || *vt (pret. y pp.* **spelled** o **spelt)** escribir. || deletrear. || *(fig.)* significar. || — *vi.* escribir. || tomar su turno.

spellbound *adj.* embelesado, hechizado.

spelling *n.* ortografía.

spelt ver spell.

spend *vi. (pret. y pp.* **spent;** gastar (dinero). || pasar el tiempo. || agotar. || — *vi.* gastar dinero.

spendthrift *n.* derrochador, pródigo.

spent ver **spend.**

sperm *n.* esperma.

sperm whale *n.* cachalote.

spew *vt.* vomitar. || *(fig.)* arrojar, echar fuera.

sphere *n.* esfera. || *(fig.)* esfera, campo.

sphinx *n.* esfinge.

spice *n.* especia. || *(fig.)* sabor, sal. || — *vt.* especiar. || condimentar.

spick-and-span *adj.* impecablemente limpio. || pulcro, acicalado.

spicy *adj.* condimentado, picante.

spider *n.* araña.

spidery *adj.* delgado. || de patas de araña: **s. writing,** garabatos.

spike *n.* punta. || clavo. ||y pincho. || espiga. || — *vt.* atravesar con un pincho. || sujetar con un clavo.

spill *n.* derramamiento. || derrame. || cuida. || pajuela (para encender el fuego). || — *vt.* (*pret.* y *pp.* **spilled** o **spilt**) derramar. || hacer caer. || — *vi.* derramarse. || **to s. the beans**, descubrir el pastel.

spin *n.* vuelta, revolución. || efecto (pelota). || *(aer.)* barrena. || *(fam.)* paseo en coche. || — *vt.* (*pret.* **spun** o **span**, *pp.* **spun**) hilar. || hacer girar. || *(tec.)* tornear. || — *vi.* girar. || perturbarse. || *(fig.)* dar vueltas. || *(aut.)* patinar.

spinach *n.* espinaca.

spindle *n.* huso. || *(tec.)* eje.

spindly *adj.* largo y delgado.

spin-drier *n.* secador centrífugo.

spine *n.* *(anat.)* espinazo, columna vertebral. || *(zool.)* púa. || *(bot.)* espina. || (libro) lomo.

spineless *adj.* débil, flojo, falto de voluntad.

spinning *n.* hilado. || hilandería. || arte de hilar.

spinning wheel *n.* torno de hilar, rueca.

spinster *n.* solterona.

spiny *adj.* con púas. || espinoso.

spiral *adj.* espiral, helicoidal. || en espiral. || — *n.* espiral. || — *vt.* dar vueltas en espiral.

spire *n.* aguja.

spirit *n.* espíritu. || cualidad esencial. || vigor. || valor. || *gen. pl.* **spirits**, alcohol. || — *vt.* *(ant.)* alentar, animar. || tomar por la fuerza, raptar.

spirited *adj.* animoso, brioso. || vigoroso. || bravo.

spiritual *adj.* espiritual. || — *n.* *(mús.)* negro espiritual.

spiritualism *n.* espiritismo.

spit *n.* escupitajo, salivazo. || esputo. || *(coc.)* asador. || — *vt.* (*pret.* y *pp.* **spat** o **spit**) escupir. || soltar, proferir. || *(fam.)* **s. it out!**, ¡desembucha! || — *vi.* escupir. || chisporrotear. || llover un poco.

spite *n.* rencor, despecho. || **in s. of**, a pesar de, a despecho de. || — *vi.* mortificar, herir.

spiteful *adj.* rencoroso, malévolo.

spittle *n.* saliva, baba.

spittoon *n.* salivadera.

splash *n.* salpicadura. || mancha. || chapoteo. || chorro. || *(fig.)* grandes titulares. || *(fam.)* sensación: **to make a s.**, causar sensación. || — *vt.* salpicar. || rociar. || *(fig.)* poner en primera plana. || — *vi.* chapotear.

splay *vi.* extender (sin gracia).

splayfoot *n.* pie aplastado y torcido.

spleen *n.* *(anal.)* bazo. || *(fig.)* spleen, rencor.

splendid *adj.* espléndido.

splendour *n.* esplendor. || magnificencia. || brillo, gloria.

splice *n.* empalme, junta. || — *vt.* empalmar, juntar. || *(sl.)* casar.

splint *n.* tablilla. || — *vt.* entablillar.

splinterbone *n.* peroné.

split *n.* desgarrón. || grieta, hendidura. || escisión. || *(coc.)* postre con helado. || — *vt.* (*pret.* y *pp.* **split**) agrietar. || desgarrar. || dividir. || desintegrar. || — *vi.* partirse. || dividirse. || agrietarse. || romper.

splodge, splotch *n.* mancha, borrón.

splutter *n.* chisporroteo. || farfulla. || — *vi.* chisporrotear. || farfullar, balbucear.

spoil *n.* *gen. pl.* spoils, despojos, botín. || — *vt.* (*pret.* y *pp.* **spoiled** o **spoilt**) estropear. || echar a perder. || cortar (apetito). || consentir, mimar. || — *vi.* echarse a perder.

spoilsport *n.* aguafiestas.

spoilt ver **spoil**.

spoke ver **speak**. || *n.* rayo, radio.

spokesman *n.* portavoz.

spoliation *n.* despojo.

sponge *n.* esponja. || *(coc.)* bizcochuelo. || vividor, pedigüeño. || — *vt.* limpiar con esponja. || *(fam.)* sablear. *(Arg.)* garronear. || **to s. off** o **out**, quitar con una esponja. || *(fam.)* **to s. on**, vivir a costa de alguien.

sponge cake *n.* bizcochuelo.

spongy *adj.* esponjoso.

sponsor *n.* patrocinador (t. radio, TV). || padrino. || garante. || — *vt.* patrocinar. || *(radio, TV)* patrocinar, costear. || apadrinar.

sponsorship *n.* patrocinio.

spontaneous *adj.* espontáneo.

spoof *n.* *(fam.)* parodia.

spooky *adj.* *(fam.)* fantasmal, espectral. || misterioso.

spool *n.* *(en gen.)* carrete, carretel.

spooling *n.* *(comput.)* acumulación para despacho.

spoon *n.* cuchara.

spoonerism *n.* juego de palabras.

spoon-feed ver **feed**. || *vt.* dar de comer con cuchara. || *(fig.)* hacer fácil las cosas a alguien.

spoonful *n.* cucharada.

spoor *n.* pista, rastro.

S

sporadic *adj.* esporádico.

sport *n.* deporte. || *(fam.)* persona dispuesta. || *(biol.)* mutación. || *(fig.)* presa.

sporting *adj.* deportivo. || caballeroso.

sportsman *n.* deportista. || persona honrada, caballero.

sportsmanship *n.* deportividad.

sporty *adj.* *(fam.)* deportista. || alegre. || desenvuelto.

spot *n.* mancha. || lunar. || sitio, lugar. || marca. || punto *(fig.)*: **you have touched a tender s.**, has tocado un punto sensible. || — *vt.* cubrir con manchas. || manchar, salpicar. || reconocer, divisar. || — *vi.* (lluvia) chispear.

spotless *adj.* nítido. || sin manchas, impecable.

spotlight *n.* *(teat.)* foco, reflector. || *(aut.)* faro auxiliar orientable. || *(fig.)* atención, figuración. || — *vt.* iluminar. || destacar, subrayar.

spotter *n.* *(aer., etc.)* observador.

spotty *adj.* manchado, lleno de manchas.

spouse *n.* cónyuge.

spout *n.* pico. || caño. || chorro (de agua). || *(arq.)* canalón. || — *vt.* arrojar en chorros. || *(fam.)* hablar incansablemente. || — *vi.* echar a chorros.

sprain *n.* torcedura. || — *vt.* torcer.

sprang ver **spring**.

sprat *n.* arenque pequeño, sardineta.

sprawl *vi.* dejarse caer. || echarse. || extenderse.

spray *n.* ramita. || rociada. || espuma. || riego por aspersión. || atomizador. || pulverizador. || — *vi.* rociar, regar. || atomizar, pulverizar.

sprayer *n.* pulverizador.

spread *n.* extensión. || propagación, difusión. || (alas) envergadura. || *(fam.)* comilona. || — *vt.* *(pret. y pp.* **spread***)* extender. || exponer. || cubrir. || difundir. || — *vi.* espaciarse. || extenderse. || ensancharse. || propagarse.

spree *n.* *(fam.)* juerga, parranda.

sprig *n.* ramita.

sprightly *adj.* vivo, enérgico, animado.

spring *n.* salto. || primavera. || manantial. || resorte. || *(fig.)* fuente. || — *vt.* *(pret.* **sprang***, pp.* **sprung***)* saltar. || torcer, combar. || volar. || — *vi.* saltar. || descender. || surgir. || torcerse, combarse.

springboard *n.* trampolín.

spring-clean *vt., vi.* limpiar a fondo.

spring mattress *n.* colchón de muelles.

spring tide *n.* marea viva.

springtime *n.* primavera.

springy *adj.* elástico. || muelle, muy molido.

sprinkle *n.* rociada. || salpicadura. || llovizna. || — *vt.* rociar. || asperjar. || desparramar. || *(fig.)* salpicar. || — *vi.* chispear. || lloviznar.

sprinkling *n.* rociada, salpicadura. || aspersión.

sprinter *n.* (e)sprínter, corredor de cortas distancias.

sprite *n.* duende. || hada.

sprout *n.* brote, retoño. || — *vt.* echar hojas. || dejarse: **he has sprouted a moustache**, se ha dejado bigote. || — *vi.* brotar. || echar brotes. || *(fig.)* crecer rápidamente.

spruce *adj.* aseado, pulcro. || — *vt.* **to s. up**, arreglar, componer. || acicalar.

sprung ver **spring**.

spry *adj.* ágil, activo.

spume *n.* espuma.

spun ver **spin**.

spur *n.* espuela. || *(zool.)* espolón. || vía muerta. || (montaña) estribación. || *(mar.)* espolón. || *(fig.)* estímulo. || **on the s. of the moment**, improvisadamente. || — *vt.* espolear. || poner espuelas. || *(fig.)* estimular. || — *vi.* **to s. on**, hincar las espuelas.

spurious *adj.* falso.

spurn *vt.* desdeñar, rechazar.

spurt *n.* gran esfuerzo. || arrebato. || chorro. || — *vt.* echar líquido. || — *vi.* hacer un gran esfuerzo. || *(dep.)* acelerar. || salir a chorros.

sputter ver **splutter**.

spy *n.* espía. || — *vt.* divisar, columbrar. || lograr ver. || observar. || — *vi.* espiar, ser espía.

spyglass *n.* catalejo.

spyhole *n.* mirilla.

squabble *n.* riña, disputa. || — *vi.* reñir, disputar, pelearse.

squad *n.* pelotón. || brigada.

squadron *n.* *(mil.)* escuadrón. || *(aer.)* escuadra.

squalid *adj.* miserable, vil, asqueroso.

squall *n.* chillido, grito, berrido. || ráfaga. || *(fig.)* tormenta. || — *vi.* chillar, gritar, berrear.

squalor *n.* miseria. || suciedad.

squander *vt.* malgastar, derrochar. || disipar.

square adj. cuadrado. || en ángulo recto. || (mat.) cuadrado. || honesto: **a s. deal**, un trato honesto. || categórico. || a mano: **we are s.**, estamos a mano. || — n. cuadrado. || (mat.) escuadra. || casilla (ajedrez). || cristal (ventana). || plaza. || — vt. (mat., tec., etc.) cuadrar, poner en escuadra. || cuadricular. || ajustar, pagar. || (sl.) sobornar. || persuadir. || — vi. cuadrar. || conformarse con: **it doesn't s. with your principles**, eso no se conforma con tus principios. || empatar. || **to s. up**, ponerse en actitud de defensa. || saldar las cuentas.

square dance n. danza de figuras.

squarely adv. || **square**, en cuadro. || rotundamente. || honradamente. || de lleno, directamente.

squash n. apiñamiento, agolpamiento. || (dep.) squash. || zumo, jugo. || (E. U.) calabaza, (Arg.) zapallo. || — vt. aplastar. || meter a la fuerza. || — vi. aplastarse, entrar apretadamente.

squashy adj. blando y algo líquido, muelle y húmedo.

squat adj. (persona) rechoncho, achaparrado. || — vi. agacharse, sentarse en cuclillas. || (fam.) sentarse. || establecerse sin derecho.

squatter n. colono usurpador, intruso.

squaw n. india norteamericana, piel roja.

squawk n. graznido, chillido.

squeak n. chirrido. || crujido. || chillido. || — vi. chirriar. || crujir. || chillar. || raspear.

squeal n. chillido. || (fam.) protesta. || (sl.) denuncia. || — vt. **to s. out something**, decir algo gritando. || — vi. chillar. || (fam.) protestar, quejarse. || **to s. on** (sl.), delatar a la policía.

squeamish adj. remilgado, delicado. susceptible. || aprensivo.

squeeze n. apretón. || abrazo. || unas gotas: **a s. of lemon**, unas gotas de limón. || (fam.) exacción. || — vt. apretar. || estrujar. || exprimir. || abrazar. || sonsacar. || — vi. **to s. into**, meter con dificultad. || **to s. out**, salir con dificultad. || **to s. through**, abrirse paso.

squelch vt. aplastar, despachurrar. || — vi. chapotear, ir chapoteando.

squid n. calamar.

squint n. estrabismo, bizquera. || (fam.) ojeada, vistazo. || — vi. bizquear. || mirar de reojo. || mirar entrecerrando los ojos.

squire n. propietario, hacendado. || (hist.) escudero.

squirm vi. retorcerse, revolverse.

squirrel n. ardilla.

squirt n. chorro, jeringazo. || jeringa. || (fam.) farolero, farsante. || — vt. arrojar un chorro de, arrojar a chorros. || — vi. salir a chorros.

stab n. puñalada. || puntada, dolor agudo. || (fam.) tentativa: **I'll make a s. at it**, lo intentaré. || — vt. apuñalar. || — vi. **to s. at**, tratar de apuñalar.

stabbing n. puñalada. || muerte a puñaladas.

stabilize vt., vi. estabilizar(se).

stabilizer n. estabilizador.

stable adj. estable, firme. || — cuadra, caballeriza. || — vt. guardar en una cuadra.

stack n. pajar. || pila. || montón (t., fig.) (gen. pl. **stacks**) || estante (libros). || (mil.) pabellón de fusiles. || cañón de chimenea. || — vi. amontonar. || apilar. || llenar, atiborrar.

stadium n. estadio.

staff n. personal, empleados. || bastón (pl. **slaves**) || (relig.) báculo. || (fig.) sostén. || (mús.) pentagrama. || — vt. proveer de personal.

stag n. (zool.) ciervo, venado. || especulador.

stage n. (teat.) escenario. || **to go on the s.**, llegar a ser actor. || etapa. || jornada. || — vi. representar, poner (en escena). || efectuar, lograr. || arreglar. || organizar.

stagecoach n. diligencia.

stage door n. entrada de artistas.

stage fright n. miedo al público.

stagehand n. tramoyista.

stage manager n. director de escena.

stagey adj. teatral, dramático.

stagger n. tambaleo. || — vt. hacer tambalearse. || asombrar. || escalonar. || — vi. tambalearse, titubear. || vacilar.

staggering adj. asombroso, pasmoso.

staghound n. perro de caza, sabueso.

staghunting n. caza de venado.

stagnant adj. estancado. || (fig.) paralizado, inmóvil.

stagnate vi. estancarse. || estar estancado. || (fig.) estar paralizado.

stagnation n. estancamiento || (fig.).

stag party n. (fam.) tertulia de hombres solos.

stagy adj. teatral, dramático.

staid adj. serio, formal.

stain n. mancha (t. fig.). || (microscopio) colorante. || tinte. || — vt. manchar. || teñir, colorar. || — vi. mancharse.

stained glass n. vidrio de color.

stainless adj. inmanchable. || inoxidable.

stair n. peldaño, escalón. || pl. **stairs**, escalera.

staircase n. escalera. || caja de escalera.

stairwell n. hueco de escalera.

stake n. estaca, poste. || intereses. || **to be at s.**, estar en juego. || — vt. estacar. || amarrar a un poste. || arriesgar, jugar. || **to s. off** o **out**, jalonar.

stale adj. pasado, rancio. || duro. || viejo. || **s. old jokes**, chistes reviejos. || aburrido, cansado.

stalemate n. (ajedrez) tablas por ahogado. || (fig.) paralización, estancamiento. || — vt. (ajedrez) dar tablas por ahogado a. || (fig.) paralizar.

stalk n. (bot.) tallo. || pedúnculo. || pie (de vaso). || — vt. cazar al acecho. || acechar. || hacer cundir. ||— vi. andar majestuosamente. || cundir.

stall n. pesebre. || establo. || (com.) puesto de mercado. || stand. || (relig.) silla de coro. || (teat.) butaca. || — vt. poner en el establo. || atascar. || parar (auto, etc.). || — vi. calarse, pararse. || atascarse.

stallion n. caballo padre, semental.

stalwart adj. fornido, robusto. || leal. || valiente. || incondicional. || — n. partidario leal.

stamina n. resistencia, nervio, vigor.

stammer n. tartamudeo, balbuceo. || — vt. balbucir, decir tartamudeando. || vi. tartamudear, balbucir.

stamp n. sello de correos, estampilla. || sello. || marca (t. fig.). || — vt. golpear con el pie. || sellar, poner estampilla. || (fam.) fichar, poner la marca de. || — vi. patear, golpear con los pies.

stampede n. estampida. || fuga precipitada. || — vt. hacer huir espantado. || (fig.) ahuyentar, precipitar. || — vi. huir espantado.

stamping ground n. (fam.) lugar favorito, guarida.

stance n. postura.

stanch vt. restallar.

stanchion n. puntal, montante.

stand n. parada, alto: **to come to as.**, pararse, detenerse. || posición, postura. || (fig.) posición. || (bus, taxi) parada. || stand. || pie (lámpara). || percha. || (teat.) representación, función. || — vt. (pret. y pp. **stood**) poner, colocar. || aguantar, tolerar. || soportar. || invitar. || — vi. estar parado (t. fig.). || mantenerse: **to s. firm**, mantenerse firme. || estar. || figurar. || ponerse de pie. || medir: **it stands six feel**, mide seis pies. || estar en pie (fig.). || vigilar. || **to t. a chance**, tener perspectivas. || estar de pie, esperar de pie. || **to s. aside**, apartarse. || **to s. back**, retroceder. || **to s. by**, estar preparado. || estar dispuesto. || quedarse sin hacer nada. || **to s. down**, retirarse. || **to s. for**, significar. || representar. || **to s. in**, unirse. || compartir los gastos. || **to s. off**, apartarse. || **to s. on**, dar importancia. || valerse de. || **to s. out**, sobresalir. || destacarse. || **to s. over**, vigilar. || quedar pendiente. || **to s. to**, estar alerta. || **to s. up**, levantarse, ponerse de pie.

standard n. patrón. || pauta, norma. || nivel: **s. of living**, nivel de vida. || modelo, ejemplo. || exigencias. || nivel, grado. || estandarte. || — adj. normal, corriente. || **this word is hardly s.**, esta palabra es apenas de uso corriente. || estándar, tipo. || de ley (oro). || (com.) estándar, corriente.

standard bearer n. abanderado. || (fig.) jefe, adalid.

standardize vt. normalizar, regularizar, estandarizar, uniformar.

stand-by n. recurso. || persona segura, con quien se puede contar. || alerta, aviso para partir.

stand-in n. suplente. || (cine) doble.

standing adj. permanente. || de pie. || — n. posición. || reputación. || importancia. || duración.

standing room n. sitio para estar de pie.

stand-offish adj. poco amistoso, formal.

standpoint n. punto de vista.

standstill n. parada: **to bring to a s.**, parar (auto). || paro. || paralización.

stank ver **stink**.

stanza n. estrofa, estancia.

staple adj. básico. || principal. || (fig.) clásico, principal. || — n. producto principal. || elemento básico. || materia prima. || grapa, broche. || (fig.) tema principal. || — vt. sujetar con grapas.

stapler, **stapling machine** n. máquina grapadora.

star *n.* estrella. || figura estelar. || destino: **to be born under a lucky s.**, nacer con estrella. || — *vt.* tener como actor principal. || sembrar de estrellas. || marcar con asteriscos.

starboard *n.* estribor.

starch *n.* almidón. || fécula. || — *vt.* almidonar.

starchy *adj.* feculento. || *(fig.)* estirado, tieso.

stardon *n.* estrellato.

stare *n.* mirada fija.|| mirada de asombro. || — *vt.* mirar fijamente. || **it is staring you in the face**, salta a la vista. || — *vi.* mirar fijamente.

starfish *n.* estrella de mar.

stargaze *vi.* mirar las estrellas. || *(fig.)* distraerse, mirar las telarañas.

stark *adj.* rígido. || completo, puro. || escueto, severo. || — *adv.* totalmente.

starlet *n.* estrella joven, estrella en ciernes.

starling *n.* estornino.

starlit *adj.* iluminado por las estrellas.

starry *adj.* estrellado, sembrado de estrellas.

starry-eyed *adj.* inocentón, ingenuo.

star-spangled *adj.* estrellado.

start *n.* principio, comienzo *(t. fig.)*. || salida (carrera). || partida. || ventaja. || sobresalto. || — *vi.* empezar, comenzar. || entablar. || emitir. || poner en marcha. || *(fig.)* lanzar. || provocar. || — *vi.* empezar, comenzar. || partir. || aflojarse (tornillo).

starter *n.* juez de salida. || competidor. || motor de arranque.

starting point *n.* punto de partida.

startle *vi.* asustar, sobrecoger.

startling *adj.* asombroso, sorprendente. || alarmante. || sobrecogedor.

starvation *n.* hambre. || inanición.

starve *vt.* matar de hambre. || hacer pasar hambre. || *(fig.)* privar a uno de algo. || — *vi.* morir de hambre. || pasar hambre. || estar privado.

starving *adj.* hambriento, famélico.

stash *vt.* *(fam.)* acumular secretamente. || ocultar.

state *n.* Estado: **Church and S.**, Iglesia y Estado. || estado, condición: **she was in a very poor s.**, estaba en un estado muy pobre. || gran pompa. || *(fís., quím.)* estado: **solid s.**, estado sólido. || **to lie in s.**, estar de cuerpo presente. || — *vi.* declarar, afirmar, decir. || manifestar. || hacer constar. || exponer, explicar.

statecraft *n.* arte de gobernar.

statehood *n.* categoría de Estado, dignidad de Estado.

stateless *adj.* desnacionalizado, sin patria.

stalely *adj.* majestuoso. || imponente.

statement *n.* declaración. || afirmación. || testimonio. || exposición. || comunicado. || *(com.)* balance.

statesman *n.* estadista, hombre de Estado.

statesmanship *n.* arte de gobernar. || habilidad de estadista.

static *adj.* inactivo, inmóvil, estancado. || *(fís.)* estático.

station *n.* puesto, lugar || sitio. || estación. || posición social. ||— *vt.* colocar, situar. || *(mil.)* estacionar, apostar.

stationary *adj.* estacionario. || inmóvil.

stationery *n.* papelería, papel de escribir, efectos de escritorio.

statistics *n.* estadística. || estadísticas.

statue *n.* estatua.

statuesque *adj.* estatuario, escultural.

stature *n.* estatura, talla. || valor, carácter.

status *n.* posición, condición. || rango. || estado: **marital s.**, estado civil casado. || prestigio.

statute *n.* ley, estatuto.

statutory *adj.* estatutario. || legal.

staunch er **stanch**. || — *adj.* leal, firme, incondicional.

stave *n.* peldaño. || *(mús.)* pentagrama. || *(lit.)* estrofa. ||— *vt.* (pret. y pp. **stove** o **staved**; romper, quebrar. || desfondar. || abrir a golpes. || **to s. off**, rechazar. || apartar. || evitar, conjurar.

staves *n. pl.* de **staff**.

stay *n.* estadía, permanencia. || *(der.)* aplazamiento. || sobreseimiento. || *(fam.)* aguante, y apoyo. || *pl.* **stays**, corsé. || — *vi.* *(der.)* aplazar, diferir. || alojarse, hospedarse. || permanecer. || esperar, quedarse. || resistir, aguantar. || durar. || **to s. put** *(fam.)*, quedarse en un lugar.

stay-at-home *n.* persona casera.

stead *n.* **in his s.**, en su lugar.

steadfast *adj.* fiel, leal. || quieto. || tenaz.

steady *adj.* firme, fijo. || bien controlado: **s. nerves**, nervios de acero. || regular, constante. || estable. || serio, de confianza. || continuo, persistente. || — *vt.* asegurar, sujetar. || estabilizar. || uniformar. || calmar. || — *vi.* estabilizarse. || sentar cabeza. || calmarse.

steak *n.* biftec. *(S. A.)* bife.

steal vt. (pret **stole**, pp. **stolen**) robar, hurtar. || — vi. robar, hurtar. || **to s. away**, escabullirse.

stealthy adj. cauteloso, sigiloso, furtivo. || clandestino.

steam n. vapor. || **full s. ahead**, a todo vapor (t. fig.). || (fam.) presión. || — vt. (coc.) cocer al vapor. || limpiar con vapor. || empañar. || abrir al vapor. || — vi. humear. || echar vapor. || navegar, marchar.

steam engine n. máquina de vapor.

steamer n. vapor, buque de vapor.

steamroller n. aplanadora (t. fig.). || — vi. pasar la aplanadora. || (fig.) arrollar.

steam shovel n. pala mecánica de vapor, excavadora.

steel n. acero. || (lit.) espada, puñal. || — vt. endurecer, fortalecer.

steelworks n. fábrica siderúrgica.

steely adj. acerado. || (fig.) inflexible, duro.

steep adj. escarpado, abrupto. || (esp. precio) irrazonable, excesivo. || — vt. remojar. || (fig.) empapar, impregnar. || — vi. estar en remojo.

steeple n. aguja, campanario, torre.

steeplechase n. carrera de obstáculos.

steeplejack n. reparador de chimeneas, torres, etc.

steer n. buey. || novillo. || — vt. dirigir, encaminar. || guiar, conducir. || — vi. llevar el timón. || conducir. || conducirse.

steering n. (aut., etc.) conducción. || (naveg.) gobierno.

steering committee n. comisión de iniciativas, comisión planificadora.

stellar adj. estelar.

stem n. tallo, tronco, pedúnculo. || (de copa) pie. || — vt. refrenar. || rechazar. || restañar. || — vi. **to s. from**, provenir de, resultar de.

stench n. hedor.

stencil n. patrón picado, estarcido. || cliché, clisé || vt. estarcir, hacer un cliché de.

stenography n. taquigrafía.

step n. paso. || paso, pisada. || paso, huella. || peldaño, escalón. || grado. || — vi. dar un paso: **he stepped aside**, dio un paso al costado. || ir, caminar: **kindly s. this way**. por favor, venga por aquí. || **to s. down**, bajar. || **to s. in**, intervenir. || **to s. up**, aumentar (producción, etc.).

stepbrother n. hermanastro.

stepchild n. hijastro.

stepdaughter n. hijastra.

stepfather n. padrastro.

stepladder n. escalera de tijera.

stepmother n. madrastra.

steppe n. estepa.

stepsister n. hermanastra.

stepson n. hijastro.

stereophonic adj. estereofónico.

stereotype n. clisé, estereotipo.

sterile adj. estéril.

sterilize vt. esterilizar.

sterling adj. esterlina. || (fig.) excelente, auténtico. || — n. libra esterlina. || plata de ley.

stern adj. severo. || austero. || — n. popa.

sternum n. esternón.

stet interj. (impr.) vale lo tachado.

stevedore n. estibador.

stew n. estofado. || guiso. || vivero (peces). || (fam.) agitación, ansiedad. || desorden. || — vt. estofar. || cocer a fuego lento. || — vi. cocerse a fuego lento.

steward n. administrador. || mayordomo. || (aer., naveg., club, etc.) camarero.

stewardess n. camarera. || (aer.) azafata.

stick n. rama. || estaca. || (fam.) tipo. || vara. || varilla. || (fam.) reprimenda. || tallo. || — vi. (pret. y pp. **stuck**) pinchar, clavar (fig.). || poner. || meter. || soportar, aguantar. || — vi. clavarse. || hincarse. || atascarse. || pararse. || pegarse. || **to s. around**, quedarse. || **to s. at**, tropezar con. || seguir con. || **to s. by** (fam.), ser fiel. || **to s. out**, sacar. || asomar. || sobresalir. || **to s. together**, mantenerse juntos. || **to s. up**, fijar (posters). || aguzar.

sticker n. persona perseverante. || etiqueta engomada.

stickler n. rigorista, persona etiquetera.

stick-up n. (sl.) atraco, asalto.

straightforward adj. honrado. || franco. || sencillo.

strain n. tensión, tirantez. || esfuerzo grande. || (mec.) deformación. || (med.) torcedura. || agotamiento nervioso. || pl. strains, aire, melodía. || linaje, raza. || vena (de locura). || tono, estilo. || — vi. estirar. || torcer. || deformar. || colar, tamizar. || — vi. esforzarse. || estar tirante.

strainer n. colador. || filtro.

strait n. (geog.) || straits, estrecho. || (fig.) estrecheces.

strait jacket n. camisa de fuerza.

strait-laced adj. puritano, moralista.

strand n. (lit.) playa, costa. || hilo, piolín. || hebra. || sarta. || — vt., vi. varar, encallar.

strange adj. desconocido. || nuevo, no acostumbrado. || extraño, raro.

stranger n. desconocido. || forastero.

strangle vt. estrangular. || (fig.) ahogar.

stranglehold n. (dep.) collar de fuerza.

strangulate vi. estrangular.

strap n. correa, tira, banda. || — vt. atar con correa.

strapping adj. robusto, fornido.

stratagem n. estratagema.

strategy n. estrategia.

stratify vt., vi. estratificar(se).

stratum n. estrato.

straw n. paja. || **it's the last s.!**, ¡es el colmo! || pajita (para bebidas). || **not care a s. for**, no importársele nada.

strawberry n. fresa, (Arg.) frutilla.

stray adj. perdido. || extraviado. || abandonado. || — n. animal perdido. || perro callejero. || niño abandonado. || — vi. desviarse. || extraviarse.

streak n. raya. || lista. || vena. || señal. || rayo. || — vt. rayar. || vetear. || — vi. pasar como un rayo.

streaky adj. rayado, listado. || entreverado. || afortunado.

stream n. arroyo, riachuelo. || río. || corriente. || chorro, flujo. || (fig.) torrente. || serie, sucesión. || desfile. || — vt. hacer correr. || verter. || — vi. correr, fluir. || manar. || ondear.

streamer n. gallardete. || serpentina.

streamlined adj. aerodinámico.

street n. calle. || cuadra. || **to walk the streets**, ejercer la prostitución. || **streets ahead of**, mucho mejor que.

streetcar n. (E. U.) tranvía.

strength n. fuerza. || vigor. || poder. || intensidad. || (mil.) número, efectivos.

strengthen vt. vi. fortalecer(se). reforzar(se). || consolidar(se).

strenuous adj. enérgico, vigoroso. || arduo. || agotador. || tenaz.

stress n. esfuerzo. || presión, compulsión. || (med.) fatiga, stress. || (tec.) tensión, carga. || (ret.) énfasis. || (gram.) acento. || **to lay s. upon**, insistir. || — vt. (tec.) cargar. || (ret.) insistir en, recalcar.

stretch n. alargamiento. || elasticidad. || trecho, tramo. || envergadura. || (sl.) tiempo de cárcel. || — vt. estirar, ensan-

char. || tender. || extender. || forzar. || sobrepasar. || — vi. estirarse, alargarse. || desperezarse.

stretcher n. bastidor. || (med.) camilla.

strew vt. (pret. **strewed**, pp. **strewed** o **strewn**) esparcir. || derramar || sembrar.

stricken adj. (fam.) golpeado, afectado, enfermo. || **s. by doubts**, lleno de dudas.

strict adj. estricto. || severo. || terminante.

stride n. zancada, tranco. || — vt. (pret. **strode**, pp. **stridden**) montar a horcajadas. || — vi. **to s. along**, andar a trancos.

strident adj. estridente. || chillón.

strife n. lucha. || contienda. || disensión.

strike n. golpe. || huelga. || (fam.) golpe de suerte. || (mil.) ataque. || — vt. (pret. y pp. **struck**) golpear. || pelear. || (fig.) impresionar. || (fig.) dar con. || arriar. || frotar, encender. || acuñar, descubrir (petróleo). || echar (raíces). ||**to s. a chord**, hacer recordar, resultar familiar. || — vi. golpear, dar un golpe || dar la hora. || chocar. || caer. || tropezar. || echar raíces. || **to s. back**, devolver el golpe. || **to s. down**, derribar. || **to s. on**, ocurrírsele a uno: **he struck on a good idea**, se le ocurrió una buena idea || **to s. out**, borrar, tachar. || **to s. up**, comenzar a cantar o tocar.

strikebreaker n. rompehuelgas.

striker n. huelguista.

striking adj. notable, impresionante. || sorprendente.

string n. cuerda. || hilera. || ristra. || pl. **strings**, instrumentos de cuerdas. || — vi. (pret. y pp. **strung**) ensartar, hilvanar. || encordar (violín, etc.). || — vi. ahilarse. || extenderse. || **to s. along with**, acompañar a alguien.

stringent adj. riguroso, severo.

stringy adj. fibroso, lleno de fibras.

strip n. banda, faja. || franja. || tira de historieta, etc. || pista (de aterrizaje). || striptease. || — vt. quitar (ropa). || desnudar. n quitar, sacar. || pelar (cable). || — vi. desnudarse.

strip cartoon n. tira cómica, banda de dibujos.

stripe n. raya, lista, banda. || (mil.) galón. || azote. || — vi. rayar, listar.

stripper n. (fam.) artista de striptease.

strive vi. (pret. **strove**, pp. **striven**) esforzarse, afanarse, luchar.

strode ver **stride**.

stroke *n.* golpe. || campanada. || *(med.)* ataque. || caricia. || pincelada. || raya, trazo. || brazada. || — *vi.* acariciar.

stroll *n.* paseo, vuelta. || — *vi.* pasearse), dar un paseo, callejear.

strong *adj.* fuerte, poderoso. || robusto. || profundo (convicción). || (acento) marcado. || acérrimo. || grande.

strongbox *n.* caja de caudales, caja fuerte.

stronghold *n.* fortaleza, plaza fuerte.

strong-minded *adj.* resuelto. || de carácter.

strongroom *n.* cámara acorazada

strong-willed *adj.* resuelto. || obstinado.

strophe *n.* estrofa.

strove ver **strive**.

struck ver **strike**.

structure *n.* estructura. || construcción.

struggle *n.* lucha. || contienda, conflicto. || esfuerzo. || — *vi.* luchar. || esforzarse.

strum *vt., vi.* rasguear, tocar mal (instrumento).

strung ver **string**.

strut *vi.* pavonearse. || andar pomposamente. || — *n.* pavoneo, ostentación.

stub *n.* tocón. || colilla (de cigarrillo). || cabo (de lápiz). || talón (de cheque). || — *vi.* limpiar de troncos. || desarraigar. || **to s. out**, apagar (cigarrillo).

stubble *n.* rastrojo. || barba de tres días.

stubborn *adj.* tenaz. || resuelto. || terco.

stubby *adj.* achaparrado.

stuck ver **stick**.

stuck-up *adj. (fam.)* engreído, presumido.

stud *n.* caballeriza, stud. || tacha, tachón. || botón de camisa. || — *vi.* tachonar, adornar con clavos. || *(fig.)* sembrar de.

student *n.* alumno. || estudiante. || investigador.

studentship *n.* beca.

studhorse *n.* caballo padre, semental.

studied *adj.* calculado, deliberado. || afectado.

studio *n.* estudio. || taller.

studious *adj.* estudioso. || aplicado, asiduo.

study *n. t. pl.* **studies**, estudio. || investigación. || despacho, estudio. || — *vt.* estudiar. || examinar, consideran. || aprender de memoria. || — *vi.* hacer estudios, estudiar.

stuff *n.* materia, material. || *(ant.)* tela, paño. || *(fig.)* cosas: **give me my painting s.**, déme las cosas para pintar. || *(fig.)* chismes. || **s. and nonsense**, *(fam.)* tonterías. || — *vt.* llenar, atiborrar. || meter (sin orden). || rellenar. || — *vi.* atiborrarse, hartarse, llenarse.

stuffing *n.* relleno.

stuffy *adj.* mal ventilado, cargado, sofocante. || de miras estrechas. || estirado.

stultify *vt.* hacer inútil, quitar valor a, anular. || hacer (parecer) ridículo.

stumble *n.* tropezón, traspié. || — *vi.* tropezar, dar un traspié. || **to s. on**, *(fig.)* encontrar por casualidad.

stumbling block *n. (fig.)* tropiezo, obstáculo.

stump *n.* tronco. || muñón. || colilla. || difumino. || — *vt.* dejar atónito, sin respuesta.

stumpy *adj.* achaparrado. || reducido a casi nada, muy gastado.

stun *vt.* dejar sin sentido. || aturdir de un golpe. || *(fig.)* pasmar, dejar pasmado.

stung ver **sting**.

stunk ver **stink**.

stunning *adj.* que aturde. || pasmoso. || estupendo.

stunt *n.* proera, acto peligroso. || truco publicitario. || — *vt.* atrofiar, impedir el desarrollo de.

stunted *adj.* enano, mal desarrollado.

stuntman *n. (cine)* doble.

stupefy *vt.* causar estupor a, dejar sin conocimiento. || *(fig.)* dejar estupefacto.

stupid *adj.* atontado. || estúpido.

stupor *n.* estupor *(t. fig.)*.

sturdy *adj.* robusto. || vigoroso. || enérgico.

sturgeon *n.* esturión.

stutter *n.* tartamudeo. || — *vt., vi.* balbucir, tartamudear.

sty *n.* pocilga, zahúrda.

stye *n. (med.)* orzuelo.

style *n.* estilo. || modo, manera. || *(arte, lit., etc.)* estilo. || tipo, clase. || moda. || *(fam.)* característica.

stylish *adj.* elegante. || a la moda.

stylistics *n.* estilística.

stylized *adj.* estilizado.

suave *adj.* afable, cortés. || zalamero.

suavity *n.* afabilidad, cortesía. || zalamería.

sub *n.* abrev., *fam.* de **submarine**, **substitute**, **subscription**.

subcommittee *n.* subcomisión.

subconscious *adj., n.* subconsciente.

subdivide *vt., vi.* subdividir(se).

subdue *vt.* sojuzgar, dominar, avasallar. || mitigar.

subdued *adj.* templado, suave. || bajo. || tenue. || sumiso, manso.

subheading *n.* subtítulo.

subject adj. sujeto. || subyugado, esclavizado. || — n. súbdito. || (gram.) sujeto. || tema, materia, asunto. || (med.) caso.

subject vt. sujetar. || dominar. || sojuzgar.

subjective adj. subjetivo.

subject matter n. materia. || contenido.

subjoin vt. adjuntar.

subjugate vt. subyugar.

sublease, sublet vt. realquilar, subarrendar.

sub-lieutenant n. (mar.) alférez de fragata.

sublime adj. sublime. || — vt. sublimar.

sublimity n. sublimidad.

submachine gun n. pistola ametralladora, metralleta.

submarine adj., n. submarino.

submerge vt. sumergir. || inundar, cubrir; || — vi. sumergirse.

submissive adj. sumiso.

submit vt. someter. || presentar (evidencia). || aducir. || — vi. someterse, rendirse.

subordinate adj. subordinado (t. gram.). || secundario, menos importante. || — n. subordinado.

suborn vt. sobornar.

subpoena n. comparendo, citación.

subscribe vt. suscribir, contribuir, dar. || firmar, poner su firma en. || — vi. suscribir.

subsequent adj. subsiguiente. || posterior, ulterior.

subserve vt. ayudar, favorecer.

subservient adj. subordinado. || servil.

subsidence n. bajada. || hundimiento.|| asentamiento. || disminución. || apaciguamiento.

subsidiary adj. subsidiario. || secundario. || auxiliar. || afiliado, filial. || — n. filial, sucursal.

subsidy n. subvención, subsidio.

subsistence n. subsistencia. || sustentación. || dietas.

subsoil n. subsuelo.

substance n. sustancia. || esencia, parte esencial.

substandard adj. inferior, inferior al nivel normal, no del todo satisfactorio.

substantial adj. sustancial, sustancioso. || importante. || fuerte. || acaudalado.

substantiate vt. establecer, comprobar, justificar.

substantive adj., n. sustantivo.

substitute n. sustituto, suplente. || (mercadería, etc.) sustituto, reemplazo. || — adj. sucedáneo. || suplente. || — vt. sustituir, reemplazar. || — vi. **to s. for**, suplir a uno, hacer las veces de.

substructure n. infraestructura.

subtitle n. subtítulo. || — vt. subtitular.

subtle adj. sutil. || fino, delicado. || misterioso. || tenue. || astuto.

subtlety n. sutileza. || finura, delicadeza.

subtract vt. sustraer, restar.

suburb n. barrio. || suburbio.

subversive adj., n. subversivo.

subvert vt. subvertir, trastornar.

subway n. paso subterráneo. || (E. U.) metro, subterráneo.

succeed vt. suceder. || seguir. || — vi. tener éxito. || salir bien. || triunfar.

success n. éxito, buen éxito. || triunfo: **to meet with s.**, tener éxito.

successful adj. afortunado, exitoso. || logrado. || próspero.

succession n. sucesión, serie. || descendencia.

succinct adj. sucinto.

succour n. (fam. o lit.) socorro. || — vt. socorrer.

succulent adj. suculento.

succumb vi. sucumbir.

such adj. tal: **there are s. things**, suele pasar. || **s. people as you see here**, gente como la que ves aquí. || semejante: **silk and s. luxuries**, seda y otros lujos por el estilo. || así: **s. is life**, así es la vida. || tal, tan grande. || — adv. tan: **s. good food**, tan buena comida. || — pron. (fam.) tal: || **was not my intention**, no era tal mi intención.

suchlike adj. tal, semejante. || — pron. (fam.) cosas por el estilo.

suck n. succión. || chupada. || mamada. || — vt. sorber. || absorber. || chupar. || mamar. || — vi. chupar. || mamar.

sucker n. (bot.) serpollo. || mamón. || (sl.) bombón. || (sl.) primo, bobo.

suckle vt. amamantar, dar el pecho a. || (fig.) criar. || — vi. lactar.

suckling n. mamón.

suction n. succión.

sudden adj. repentino, súbito. || imprevisto.

suddenly adv. de repente, de pronto. || inesperadamente. || bruscamente.

suds n. pl. jabonaduras.

sue vt., vi. (der.) demandar. || poner pleito.

suéde n. ante. || cabritilla.

suet n. sebo.

suffer vt. sufrir. || tolerar, permitir. || soportar, aguantar. || — vi. sufrir. || ser dañado. || adolecer.

sufferer n. enfermo. || víctima.

suffering n. sufrimiento, padecimiento. || dolor.

suffice vt., vi. satisfacer. || bastar.

sufficient adj. suficiente, bastante.

suffix n. sufijo. || — vt. añadir como sufijo.

suffocate vt., vi. ahogar(se), asfixiar(se).

suffrage n. sufragio. || derecho de votar.

suffuse vt. bañar, cubrir. || difundirse por.

sugar n. azúcar. || — vt. azucarar.

sugar beet n. remolacha azucarera.

sugar bowl n. azucarero.

sugar cane n. caña de azúcar.

sugar loaf n. pan de azúcar.

sugary adj. azucarado. || (fig.) meloso, almibarado. || sensiblero.

suggest vt. sugerir. || indicar. || proponer.

suggestion n. sugestión (t. psic.). || sugerencia.

suicide n. suicidio. || suicida.

suit n. traje. || (der.) pleito, litigio. || petición. || (cartas) palo. || (ant.) petición de mano. || — vt. adaptar, acomodar. || sentar, ir bien: **will it s. you tomorrow morning?**, ¿le viene bien mañana por la mañana?

suitable adj. conveniente, apropiado. || adecuado, idóneo.

suitcase n. maleta.

suite n. séquito, comitiva. || juego, mobiliario. || serie de habitaciones. || (mús.) suite.

suitor n. pretendiente. || (der.) demandante.

sulk vi. estar mohíno, estar de mal humor.

sullen adj. hosco, malhumorado. || resentido. || taciturno.

sulphide n. sulfuro.

sulphur n. azufre.

sultana n. sultana. || pasa de Esmirna.

sultry adj. bochornoso. || sofocante. || (fig) apasionado. || seductor, provocativo.

sum n. suma. || (fig.) resultado. || (fam.) cálculo. || (fig.) compendio. || — vt. to **s. up**, sumar. || resumir.

summarize vt. resumir.

summary adj. sumario. || — n. resumen, sumario.

summer n. verano, estío.

summerhouse n. cenador, glorieta.

summertime n. verano.

summit n. cima, cumbre (t. fig.).

summons n. llamamiento, llamada. || (der.) citación.

sump n. (aut., etc.) cárter, colector de aceite. || (fig.) letrina.

sumptuous adj. suntuoso.

sun n. sol. || — vi. asolear.

sunbaked adj. endurecido al sol.

sunbathe n. baño de sol. || — vi. tomar sol.

sunbeam n. rayo de sol.

sunburnt adj. tostado por el sol, bronceado.

Sunday n. domingo.

sundial n. reloj de sol.

sundown n. puesta del sol.

sundry adj. varios, diversos: **all and s.**, todos y cada uno. || pl. **sundries**, (com.) géneros diversos.

sunflower n. girasol.

sung ver **sing**.

sunglasses n. pl. gafas de sol.

sunk ver **sink**.

sunlight n. luz solar.

sunlit adj. iluminado por el sol.

sun lounge n. solana.

sunny adj. soleado, expuesto al sol.

sunrise n. salida del sol.

sunset n. puesta del sol, ocaso.

sunshade n. quitasol. || sombrilla. || toldo.

sunshine n. sol, luz del sol.

sunspot n. mancha solar.

sunstroke n. insolación.

sup vt. sorber, beber a sorbos. || — vi. cenar.

super adj. (fam.) estupendo, bárbaro. || — n. (fam.) figurante, extra. || superintendente.

superabound vi. sobreabundar.

superannuation n. jubilación.

superb adj. magnífico, espléndido.

supercharged adj. sobrealimentado.

supercilious adj. desdeñoso, arrogante. || suficiente.

superficial adj. superficial.

superfluous adj. superfluo.

superhighway n. autopista.

superhuman adj. sobrehumano.

superimpose vt. sobreponer.

superinduce vt. sobreañadir.

superintend vi. vigilar. || supervisar.

superior adj. superior. || desdeñoso. || satisfecho, suficiente. || — n. (relig.) superior.

superiority n. superioridad.
superman n. superhombre.
supermarket n. supermercado.
supernumerary adj. supernumerario. || — n. supernumerario. || (teat., cine) figurante.
superpose vt. sobreponer, superponer.
superpower n. superpotencia.
supersede vi. reemplazar, sustituir.
superstition n. superstición.
supertanker n. superpetrolero.
supervene vi. sobrevenir.
supervise vi. supervisar.
supervisor n. supervisor.
supine adj. supino. || (fig.) flojo, sin carácter. || — n. (gram.) supino.
supper n. cena.
suppertime n. hora de cenar.
supple adj. flexible.
supplement n. suplemento. || apéndice.
supplement vt. suplir, complementar.
suppliant adj., n. suplicante.
supplicate vt., vi. suplicar.
supplier n. suministrador. || proveedor. || distribuidor.
supply n. provisión. || suministro. || (com.) surtido. || pl. **supplies**, provisiones, víveres. || **to be in short s.**, andar escaso. || (com.) **s. and demand**, oferta y demanda. || — vt. suministrar, facilitar. || surtir. || — vi. sustituir.
supply teacher n. maestro suplente.
support n. soporte, apoyo (t. fig.). || — vt. apoyar, sostener.
supporter n. soporte, sostén. || defensor. || partidario. || (dep.) seguidor, hincha.
supporting adj. secundario.
suppose vt. suponer. || figurarse, imaginarse. || presuponer. || — vi. pensar, creer, suponer.
supposedly adv. supuestamente.
supposititious adj. fingido, espurio.
suppress vt. suprimir. || ahogar. || contener. || hacer callar.
suppurate vi. supurar.
supremacy n. supremacía.
supreme adj. supremo.
surcharge n. sobrecarga, sobretasa.
surd n. número irracional.
sure adj. seguro, convencido. || cierto, seguro. || infalible. || firme. || seguro, confiable. || — adv. seguro. || **s. enough**, como era de suponer.
surety n. garantía. || fianza. || fiador. || garante.
surf n. espuma. || olas. || rompientes.

surface n. superficie. || exterior. || (camino) firme. || — vt. alisar. || recubrir. || — vi. (submarino) salir a la superficie. || aparecer.
surfeit n. hartura, saciedad. || empacho. || exceso. || — vt. hartar, saciar.
surfing n. esquí acuático.
surge n. oleaje, oleada. || (fig.) oleada, ola. || — vi. agitarse, hervir.
surgeon n. cirujano.
surgery n. cirugía. || consultorio.
surgical adj. quirúrgico.
surliness n. hosquedad, mal humor. || aspereza.
surmise n. conjetura, suposición.
surmise vt. conjeturar, suponer.
surmount vt. superar, vencer.
surname n. apellido. || — vt. apellidar.
surpass vt. superar, exceder. || eclipsar.
surplus n., adj. excedente, sobrante.
surprise n. sorpresa. || asombro, extrañeza. || — vt. sorprender. asombrar. || sorprender (ladrón, etc.).
surrealism n. surrealismo.
surrender n. rendición, capitulación. || entrega. || abandono. || (der.) renuncia, cesión. || — vt. rendir, entregar. || ceder. || (der.) ceder, renunciar.
surreptitious adj. subrepticio, clandestino.
surrogate n. sustituto, suplente.
surround n. marco. || borde. || — vt. rodear, cercar. || (mil.) copar, cercar. || sitiar.
surroundings n. pl. alrededores, cercanías, contornos. || ambiente.
surtax n. sobretasa, recargo.
surveillance n. vigilancia.
survey n. inspección, examen. || estudio. || reconocimiento. || medición (tierra). || reportaje, informe.
survey vt. inspeccionar. || reconocer. || hacer una encuesta. || contemplar. || hacer un plano.
surveyor n. agrimensor. || topógrafo.
survival n. supervivencia. || vestigio.
survive vt. sobrevivir. || — vi. sobrevivir. || durar, perdurar, subsistir.
survivor n. superviviente.
susceptible adj. susceptible, sensible. || impresionable.
suspect adj., n. sospechoso.
suspect vt. sospechar. || recelar. || tener impresión de. || — vi. sospechar. || tener sospechas.
suspend vt. suspender (en gen.).

suspender n. liga. || pl. **suspenders** (E. U.), tirantes.

suspense n. incertidumbre, duda. || ansiedad. || (lit., cine, etc.) suspenso.

suspension n. (todos los sentidos) suspensión.

suspicion n. sospecha. || recelo, desconfianza. || pizca, poco.

suspicious adj. receloso. || sospechoso.

sustain vt. sostener, apoyar. || sustentar. || continuar. || confirmar. || tolerar.

sustenance n. sustento.

suture n. sutura. || — vt. suturar, coser.

suzerain n. soberano.

svelte adj. esbelto.

swab n. estropajo, trapo, lampazo. || escobillón. || — vt. limpiar. || pasar estropajo.

swaddle vt. envolver. || envolver en pañales.

swagger n. contoneo, pavoneo. || — adj. (fam.) muy elegante. || — vi. contonearse, pavonearse.

swallow n. golondrina. || deglución. || — vt. tragar. || engullir, deglutir. || (fig., fam.) creerse algo, tragar.

swam ver **swim**.

swamp n. pantano, marisma, ciénaga. || — vt. sumergir. || inundar. || hundir. || abrumar. || — vi. inundarse, empantanarse.

swan n. cisne. || — vi. (fam.) pavonearse.

swank n. (fam.) fachenda. || ostentación. || — vi. darse tono, fachendear.

swap n. (fam.) intercambio, cambalache, canje. || — vt. intercambiar. || canjear.

sward n. césped.

swarm n. enjambre (t. fig.). || — vi. salir en enjambre. || (fig.) hormiguear. || rebosar.

swarthy adj. moreno, atezado.

swashbuckling adj. valentón, fanfarrón.

swastika n. esvástica, cruz gamada.

swat n. palmeta para matar moscas.

swathe vt. envolver. || fajar. || vendar.

sway n. balanceo, oscilación. || sacudimiento. || dominio. || influencia. || — vt. balancear, hacer oscilar. || sacudir. || influir en. || inclinar. || — vi. balancearse, oscilar. || mecerse. || tambalearse.

swear vt. (pret. **swore**, pp. **sworn**) jurar. || (der.) tomar juramento. || declarar bajo juramento. || — vi. jurar, prestar juramento. || decir palabrotas.

swearword n. taco, palabrota.

sweat n. sudor. || trabajo pesado. || — vt.

sudar. || **to s. blood** (fig.), sudar la gota gorda. || explotar (obreros). || — vi. sudar. || trabajar duro.

sweater n. suéter.

sweat shop n. fábrica donde se explota al obrero.

sweaty adj. sudoroso. || cubierto de sudor.

sweep n. barrida, escobada. || (fam.) deshollinador. || redada (policía). || (fig) extensión, recorrido. || (mil.) alcance. || — vt. (pret. y pp. **swept**) barrer. || deshollinar. || recorrer. || arrastrar. || **to s. someone off his feet**, arrebatar, entusiasmar. || — vi. extenderse. || arrastrarse. || barrer. || andar majestuosamente. || **to s. aside**, no tener en cuenta. || **to s. away**, destruir completamente. || **to s. up**, barrer, recoger la basura.

sweeper n. barrendero.

sweeping adj. extenso, amplio. || poco preciso, vago.

sweepings n. pl. barreduras.

sweepstake n. lotería en la cual una persona gana todas las apuestas.

sweet adj. dulce. || azucarado. || suave. || fragante. || fértil. || amable, encantador. || — n. dulce. || caramelo. || pl. **sweets**, dulces, golosinas.

sweetbread n. molleja.

sweeten vt. endulzar (t. fig.). || azucarar.

sweetheart n. novio.

sweetie n. (fam.) chica. || amor, encanto.

sweetish adj. algo dulce.

sweetshop n. bombonería, confitería.

sweet-tempered adj. de carácter dulce.

swell adj. (fam.) elegantísimo. || fenomenal, fabuloso. || — n. inflamiento. || hinchazón. || curvatura. || abultamiento. || marejada. || (mús.) crescendo. || (fam.) persona fina. || pl. **the swells**, la gente bien. || — vi. (pret. **swelled**, pp. **swollen**) hincharse, inflarse. || crecer: **the river swelled**, el río subió. || (mús.) ir in crescendo.

swelling n. hinchazón. || protuberancia.

swelter vi. abrasarse, sofocarse de calor.

swept ver **sweep**.

swerve n. desvío brusco, viraje repentino. || esguince. || (dep.) efecto. || — vt. desviar. || dar efecto (pelota). || — vi. dar un viraje. || desviarse.

swift adj. veloz. || ligero. || pronto.

swig n. (fam.) trago, tragantada. || — vt. beber. || beber a grandes tragos.

swill n. desperdicios, bazofia. || basura. || — vt. enjuagar. || beber a tragos. || — vi. beber a tragos. || emborracharse.

swim n. (Arg.) nadada. || — vt. (pret. **swam**, pp. **swum**) cruzar a nado. || — vi. nadar. || estar lleno. || dar vueltas.

swimmer n. nadador.

swimming pool n. pileta de natación.

swindle n. estafa, timo. || — vt. estafar, timar.

swine n. pl. **swine**, cerdo, puerco. || pl. **swines**, canalla, cochino.

swing n. balanceo, oscilación, vaivén. || (fig.) viraje. || (com.) fluctuación. || (mús.) ritmo. || — vt. (pret. y pp. **swung**) dar vueltas, hacer girar. || hacer oscilar. || balancear, menear || colgar. || — vi. oscilar. || girar. || balancearse. || colgar. || (fig.) dar un giro. || montar de un salto.

swing door n. puerta giratoria.

swinging adj. (fam.) lleno de vida, divertido. || sexualmente muy libre y moderno.

swinish adj. (fig.) cochino, canallesco.

swipe n. golpe fuerte. || — vt. golpear con fuerza. || (fam.) birlar, robar.

swirl n. remolino, torbellino. || — vi. arremolinarse. || girar.

swish adj. muy elegante y caro. || — vi. blandir. || menear. || — vi. silbar. || crujir (la seda).

switch n. vara, varilla. || látigo. || varillazo. || (elec.) conmutador. || (fig.) desvío. || — vi. azotar. || (f. c.) desviar. || (elec.) conectar. || (tlf.) comunicar. || (fig.) encaminar. || **to s. off** (elec.), desconectar. || apagar. || **to s. on**, conectar. || encender. || — vi. cambiar, pasar. || desviarse.

switchboard n. cuadro de distribución. || (tlf.) cuadro de conexión manual. || centralita.

swivel n. eslabón giratorio. || pivote. || — vt., vi. girar.

swizz, swizzle n. (fam.) ver **swindle**.

swollen ver **swell**.

swoon n. desmayo. || — vi. (ant.) desmayarse, desvanecerse.

swoop n. calada, descenso súbito. || — vi. calarse, precipitarse.

swop ver **swap**.

sword n. espada.

swordfish n. pez espada.

swordsmanship n. esgrima.

swordstlck n. bastón de estoque.

swore ver **swear**.

sworn ver **swear**.

swot n. (fam.) tragalibros. || — vt. **to s. up**, estudiar mucho. || — vi. darse al estudio.

swum ver **swim**.

swung ver **swing**.

sycophant n. sicofante, adulador.

syllabicate vt. silabear, dividir en sílabas.

syllable n. sílaba.

syllabus n. programa de estudios.

sylvan adj. (lit., poét.) silvestre, rústico.

symbol n. símbolo.

symbolic(al) adj. simbólico: **symbolic code**, código simbólico.

symbolize vt. simbolizar.

symmetry n. simetría.

sympathetic adj. compasivo. || comprensivo. || favorable.

sympathize vi. compadecerse, condolerse: **I really do s.**, lo siento de verdad. || comprender.

sympathy n. simpatía. || condolencia, pésame. || comprensión. || apoyo.

symphony n. sinfonía.

symptom n. síntoma. || indicio.

synagogue n. sinagoga.

synchronize vt., vi. sincronizarse).

syncopation n. síncopa.

syncope n. (mús.) síncopa. || (gram., med.) síncope.

syndicate n. sindicato.

syndicate vt. sindicar.

syndrome n. síndrome.

synonymous adj. sinónimo.

synoptict(al) adj. sinóptico.

syntax n. sintaxis (t. comput.).

synthesize vt. sintetizar.

syphilis n. sífilis.

syringe n. jeringa. || — vt. jeringar.

syrup n. jarabe. || almíbar.

system n. sistema. || (fil., biol., comput.) sistema: **operating s.**, sistema operativo.

systematic adj. sistemático, metódico.

T

t *n.* t. || **to a T** *(fam.)*, perfectamente.

ta *interj. (fam.)* ¡gracias!

tab *n.* oreja, lengüeta. || etiqueta.

tabby *adj.* atigrado. || — *n.* gato atigrado.

tabernacle *n.* tabernáculo.

table *n.* mesa: **to lay the t.**, poner la mesa. || *(geog.)* meseta. || tablero. || lista, tabla. || — *vt.* presentar: **to t. a motion**, presentar una moción. || posponer indefinidamente.

tableau *n.* cuadro (vivo).

tablecloth *n., pl.* —**cloths** mantel.

table d'hôte *n.* menú a precio fijo.

tableland *n.* meseta.

table linen *n.* mantelería.

tablemat *n.* posafuentes. || posaplatos.

table runner *n.* camino de mesa.

tablespoon *n.* cuchara grande.

tablet *n.* tabla. || tableta. || pastilla (de jabón, etc.). || lápida. || bloque, taco (de papel).

tableware *n.* artículos de mesa.

tabloid *n. (med.)* tableta, comprimido. || periódico de formato reducido.

taboo *adj.* tabú, prohibido. || — *n.* tabú. || — *vt.* declarar tabú, prohibir.

tabulate *vt.* disponer en tablas, exponer en forma de tablas. || resumir en tablas.

tacit *adj.* tácito.

taciturn *adj.* taciturno.

tack *n.* tachuela. || hilván. || *(mar.)* amura. || virada, cambio. || — *vt.* fijar con tachuelas. || hilvanar. || — *vi.* virar de bordo. || cambiar de táctica.

tackle *n.* aparejo. || pertenencias. || (rugby) tackle. || — *vi.* agarrar. || *(fig.)* abordar. || — *vi.* hacer un tackle.

tacky *adj.* pegajoso.

tact *n.* tacto, discreción.

tactful *adj.* discreto, diplomático.

tactic *n.* táctica. || maniobra. || *pl.* **tactics**, tácticas.

tactician *n.* táctico.

tactile *adj.* táctil.

tadpole *n.* renacuajo.

tag *n.* etiqueta. || herrete. || proverbio. || *(fig.)* etiqueta, cartel. || mancha (juego). || — *vt.* poner etiqueta. || marcar. || señalar. || — *vi.* **to t. along**, seguir, venir detrás.

tail *n.* cola (en general). || *pl.* **tails**, cruz (moneda): **heads or tails**, cara o cruz. || frac. || — *vt. (fam.)* seguir de cerca, pisar los talones. || descolar. || — *vi.* **to t. back**, hacer cola.

tail end *n.* cola. || extremo.

taillight *n.* faro trasero.

tailor *n.* sastre. || — *vt.* hacer, confeccionar. || *(fig.)* adaptar.

tailor-made *adj.* de sastre, || a medida.

tailpiece *n.* apéndice, añadidura.

tailwind *n.* viento de cola.

taint *n.* infección. || *(fig.)* mancha, tacha. || — *vt., vi.* corromper(se), inficionar(se), viciar(se).

take *vt. (pret. **took**, pp. **taken**)* tomar. || arrebatar. || aceptar. || aguantar. || contener. || seguir (consejo). || demorar. || ocupar. || — *vi.* pegar. || ser eficaz. || resultar. || *(bot.)* arraigar. || (vacuna) prender. || *(fot.)* salir. **|| to t. after**, parecerse. || **to t. back**, devolver. || recordar. || **to t. in**, recoger. || achicar (vestido). || **to t. off**, sacar, retirar. || **to t. out**, sacar. || **to t. over,** hacerse cargo. || tomar el poder. || — *n. (fot.)* toma.

takeoff *n. (aer.)* despegue. || imitación. || parodia.

takeover *n.* toma de posesión.

taking *adj.* atractivo, encantador.

talcum powder *n.* (polvo de) talco.

tale *n.* cuento. || historia, relación. || chisme.

talebearer *n.* soplón, chismoso.

talent *n.* talento.

talented *adj.* talentoso, de talento.

talent scout, **talent spotter** *n.* cazatalentos.

talk *n.* conversación. || charla. || *(fam.)* chisme. || — *vt.* hablar. || disuadir. || — *vi.* hablar. || expresarse. || charlar. || *(aer.)* dirigir por radio el aterrizaje.

talkative *adj.* locuaz, hablador.

talker *n.* hablador.

talkie *n. (cine)* película sonora.

talking-to *n.* reprimenda.

tall *adj.* alto. || grande. || exagerado, increíble.

tallow n. sebo.

tally n. tarja. || cuenta. || total. || — vi. corresponder. || concordar.

talon n. garra.

tambourine n. pandereta.

tame adj. domesticado. || manso, dócil. || insípido. || inocuo. || aburrido. || — vt. domar, domesticar. || amansar.

tamp vt. apisonar, afirmar.

tamper vi. **to t. with**, forzar. || cambiar a la fuerza. || adulterar (texto).

tampon n. (med.) tampón.

tan n. color tostado. || (sol) tostado. || — vt. (sol) broncear, tostar. || curtir, adobar (cuero). ·

tang n. sabor, sabor fuerte y picante.

tangent n. tangente.

tangerine n. mandarina.

tangible adj. tangible. || (fig.) palpable.

tangle n. enredo (t. fig.). || nudo, maraña. || — vt., vi. enmarañar(se). enredar(se).

tank n. tanque, depósito. || cisterna, aljibe.

tankard n. bock, jarro para cerveza.

tanker n. (naveg.) petrolero. || camión-tanque.

tanner n. curtidor.

tannery n. curtiduría, curtiembre.

tannin n. tanino.

tantalize vt. torturar. || hacer sufrir el suplicio de Tántalo.

tantamount adj. equivalente.

tantrum n. (fam.) rabieta.

tap n. grifo, canilla. || espita (barril). || (tec.) macho de terraja. || golpecito. || **on t.** (fam.), a mano, disponible. || — vt. golpear ligeramente. || (tlf.) escuchar clandestinamente. ||— vi. tamborilear. || taconear.

tap-dance n. zapateado. || — vi. zapatear.

tape n. cinta. || cinta magnetofónica. || cinta métrica. || — vt. pegar con cinta adhesiva. || medir con cinta métrica. || grabar. || — vi. medir.

tape measure n. cinta métrica.

taper n. bujía, vela. || (relig.) cirio. || — vt. afilar, ahusar. || — vi. ahusarse, rematar en punta.

tape-record vt. grabar en cinta.

lape recorder n. grabador (de cinta).

tapestry n. tapiz. || tapicería.

tapeworm n. tenia, solitaria.

tappet n. alzaválvulas.

tar n. alquitrán, brea. || — vt. alquitranar, embrear.

tardy adj. tardío. || lento.

tare n. (bib.) cizaña. || (com.) tara.

target n. (mil.) blanco. || meta.

tariff n. tarifa, arancel.

tarmac n. alquitranado.

tarn n. lago pequeño de montaña.

tamish vt. deslustrar. || — vi. deslustrarse.

tarpaulin n. alquitranado, encerado.

tarragon n. estragón.

tarry adj. alquitranado, embreado.

tarry vi. (lit.) quedarse. || entretenerse, quedarse atrás. || tardar (en venir).

tart n. (coc.) tarta. || (fam.) fulana. || prostituta. || — adj. ácido, agrio. || áspero.

task n. tarea, labor. || empresa, deber.

task force n. (mil.) agrupación de fuerzas (para una operación especial).

taskmaster n. amo. || capataz.

tassel n. borla.

taste n. gusto. || sabor. || degustación. || experiencia, prueba. || agrado. || — vt. gustar, saborear. || saber a. || sentir gusto. || — vi. saber, tener sabor a.

tasteful adj. elegante, de buen gusto.

tasteless adj. insípido, soso. || de mal gusto.

taster n. catador.

tasty adj. sabroso, apetitoso.

tata interj. (fam.) adiós, adiosito.

tattered adj. andrajoso, harapiento.

tatters n. pl. andrajos. || jirones.

tattle n. charla. || chismes, habladurías. || — vi. charlar, parlotear. || chismear, contar chismes.

tattoo n. tatuaje. || (mil.) retreta. || — vt. tatuar.

tatty adj. (fam.) raído, desaseado.

taught ver **teach**.

taunt n. mofa, pulla. || sarcasmo. || — vi. mofarse de. || insultar.

taut tieso, tenso, tirante.

tautology n. tautología.

tavern n. taberna.

tawdry adj. charro. || cursi.

tawny adj. leonado.

tax n. impuesto, contribución. || (fig.) esfuerzo. || — vt. gravar. || poner a prueba. || agotar.

taxation n. impuestos, contribuciones. || sistema tributario, tributación.

tax-collecting n. recaudación de contribuciones.

tax-free adj. exento de contribuciones, no imponible.

taxi n. taxi. || — vi. (aer.) carretear.

taxidermy n. taxidermia.

taxi driver *n.* taxista.
taximeter *n.* taxímetro, contador de taxi.
taxi rank, **taxi stand** *n.* parada de taxis.
taxpayer *n.* contribuyente.
tea *n.* té.
tea bag *n.* sobre o saquito de té.
teach *vt. (prel. y pp.* **taught)** enseñar. ||
predicar. || servir de lección. || — *vi.*
enseñar. || ser profesor.
teacher *n.* preceptor, profesor. || maestro.
teach-in *n.* simposio.
teaching *n.* (acto) enseñanza. || doctrina.
teacloth *n., pl.* —**cloths,** mantel de té.
tea cosy *n.* cubretetera.
teacup *n.* taza para té.
tea garden *n.* café al aire libre. || plantación de té.
teak *n.* teca, madera de teca.
tea leaf *n.* hoja de té. || *(sl., hum.)* ladrón.
team *n.* yunta. || (caballos) tiro. || equipo. || — *vt.* hacer trabajo en equipo. ||
combinar, acompañar. || uncir. || — *vi.*
to t. up, agruparse, asociarse.
teamwork *n.* trabajo en equipo.
teapot *n.* tetera.
tear *n.* rasgón, desgarrón. || — *vt. (pret.*
tore, *pp.* **tom)** desgarrar, romper. ||
arrancar. || *(fig.)* atormentar. || dividir. || — *vi.* desgarrarse, rasgarse. || **to
t. down,** derribar. || **to t. up,** destruir
completamente.
tear *n.* lágrima. || **to burst into tears,**
romper en llanto. || **in tears,** llorando.
tearful *adj.* lloroso, llorón. || lacrimoso.
teargas *n.* gas lacrimógeno.
tear-jerker *n.* canción u obra lacrimógena.
tearoom *n.* salón de té.
tease *n.* bromista. || *(fam.)* provocador
(sexualmente). || — *vt.* fastidiar, molestar. || embromar.
tea service, tea set *n.* servicio de té.
teaspoon *n.* cucharilla, cucharita.
teat *n.* teta. || (mamadera) chupador, tetilla.
tea trolley *n.* carrito para servir el té.
technical *adj.* técnico (en general).
technician *n.* técnico.
technique *n.* técnica.
technology *n.* tecnología.
teddy (bear) *n.* osito **de felpa.**
teddy-boy *n.* petimetre, pituco.
tedious *adj.* aburrido, pesado.
teem *vi.* **to t. (down, with),** llover copiosamente. || **to t. with** *(lit.),* estar colmado de.

teeming *adj. (lit.)* pleno, henchido.
teenage *adj.* de los jóvenes (de 13 a 19
años).
teenager *n.* joven de 13 a 19 años.
teens *n. pl.* edad de 13 a 19 años: **to be
in one's t.,** tener de 13 a 19 años.
teeny(weeny) *adj. (fam.)* chiquito.
teeter *vi.* balancearse, oscilar.
teeth *n. pl.* de **tooth.**
teethe *vi.* endentecer, echar los dientes.
teething *n.* dentición.
teetotal *adj.* abstemio.
teetotaller *n.* abstemio.
telecast *n.* teledifusión.
telecommunication *n.* telecomunicación.
telegram *n.* telegrama.
telegraph *n.* telégrafo. || — *vt., vi.* telegrafiar.
telegraphy *n.* telegrafía.
telepathy *n.* telepatía.
telephone *n.* teléfono. || — *vt., vi.* telefonear.
telephone booth, telephone box *n.* cabina de teléfono.
telephone directory *n.* guía telefónica.
telephone exchange *n.* central telefónica.
telephonist *n.* telefonista.
teleprinter *n.* teletipo.
teleprocessing *n. (comput.)* teleprocesamiento.
telescope *n.* telescopio. || — *vt.* telescopar. || enchufar. || — *vi.* telescoparse.
|| enchufarse.
teletext *n. (comput.)* teletexto.
teletype *n.* teletipo.
televiewer *n.* televidente, telespectador.
televise *vt.* televisar.
television *n.* televisión.
television set *n.* televisor.
tell *vt. (pret. y pp.* **told)** decir. || comunicar. || contar. || ver, notar: **one can
t. she's not intelligent,** uno nota que
no es inteligente. || — *vi.* relatar. || notarse. || tener efecto. || **to t. off** *(fam.),*
reprender. || designar para una tarea.
teller *n.* narrador. || escrutador (votos).
|| cajero.
telling *adj.* de gran importancia. || significante.
telltale *adj.* revelador. || indicador. || delator. || — *n.* soplón.
telly *n. (fam.)* tele.
temper *n.* temple (metal). || cólera, ira:
to fly into a t., montar en cólera. ||
out of t., fuera de sí. ‖ mal genio. || **to**

keep one's t., controlarse. || humor. || — vt. templar (metal). || (mús.) afinar, templar.

temperament n. temperamento, disposición. || excitabilidad. || genio.

temperance n. templanza. || moderación.

temperate adj. templado. || moderado.

temperature n. temperatura.

tempest n. tempestad.

tempestuous adj. tempestuoso.

template n. plantilla.

temple n. templo. || (anat.) sien.

tempo n. (mús.) tiempo. || (fig.) ritmo.

temporal adj. temporal.

temporary adj. temporáneo, provisional. || transitorio, poco duradero. || interino.

temporize vi. contemporizar.

tempt vi. tentar, seducir. || incitar, inducir.

temptation n. tentación (t. fig.).

tempting adj. tentador. || atractivo. || apetitoso, rico. || seductor.

temptress n. tentadora.

ten adj. diez. || — n. diez.

tenable adj. defendible, sostenible.

tenacious adj. tenaz. || porfiado.

tenant n. habitante. || inquilino.

tend vt. (ant.) cuidar, atender. || servir. || — vi. tender. || encaminarse, dirigirse.

tendency n. tendencia, inclinación.

tender n. vigilante. || bote. || (f. c.) ténder. || (com.) oferta, propuesta. || **legal t.**, moneda de curso legal. || — vt. presentar, ofrecer.

tender-hearted adj. compasivo, tierno de corazón.

tenderize vt. ablandar.

tenderloin n. (carne) filete, (Arg.) lomo.

tendon n. tendón.

tendril n. zarcillo.

tenement n. vivienda. || habitación.

tenet n. principio, dogma.

tennis n. tenis.

tennis court n. cancha de tenis.

lenon n. espiga, almilla.

tenor adj. de tenor. || para tenor. || — n. (mús.) tenor. || tenor, tendencia. || curso.

tenpin bowling n. juego de los bolos.

tense n. (gram.) tiempo. || — adj. tenso. || tieso.

tensile adj. tensor. || extensible. || de tensión.

tension n. tirantez. || tensión.

lent n. tienda (de campaña).

tentacle n. tentáculo.

tentative adj. provisional. || experimental.

tenterhooks n. pl. **to be on t.**, estar sobre ascuas.

tenth adj., n. décimo.

tenuous adj. tenue. || insignificante. || ligero.

tenure n. posesión, tenencia, ocupación.

tepid adj. tibio.

term n. término. || período, plazo: **in the short t.**, acorto plazo. || condena. || (univ.) trimestre. || pl. **terms**, condiciones. || relaciones. || — vt. llamar, nombrar. || calificar.

termagant n. arpía, fiera.

terminal adj. terminal, final. || trimestral. || — n. (elec.) borne. || polo. || (f. c.) estación terminal. || (comput.) terminal.

terminate vt., vi. terminar(se).

terminology n. terminología.

terminus n., pl. **termini**, término.

termite n. termita.

terrace n. terraza. || terraplén.

terracotta n. terracota.

terrain n. terreno.

terrestrial adj. terrestre.

terrible adj. terrible. || (fam.) horrible, malísimo, fatal.

terrific adj. (fam.) tremendo. || bárbaro, excelente. (Am.) macanudo.

terrify vt. aterrar, aterrorizar.

territory n. territorio.

terror n. terror, espanto.

terrorism n. terrorismo.

terrorist adj., n. terrorista.

terse adj. breve, conciso, lacónico. || brusco.

tertiary adj. terciario.

tesselated adj. formado con teselas.

test n. prueba. || (med.) análisis. || (quím.) prueba, experimento. || — vi. probar, poner a prueba. || examinar. || comprobar. || (med.) hacer un análisis. || (quím.) probar, ensayar.

testament n. testamento.

testator n. testador.

testatrix n. testadora.

test flight n. vuelo de ensayo.

testicle n. testículo.

testify vt. revelar, atestiguar, testimoniar. || declarar bajo juramento. || — vi. (der.) declarar, atestiguar.

testimonial n. certificado. || recomendación. || regalo, obsequio.

testimony n. testimonio, declaración.

test match n. partido internacional.

test tube *n.* probeta.

tether *n.* atadura. || — *vt.* atar con una cuerda.

text *n.* texto. || tema.

textbook *n.* libro de texto.

textile *adj.* textil: **t. industry**, industria textil.

texture *n.* textura *(t. fig.).*

than *conj.* que: **nothing is more unpleasant t. a braggart**, no hay nada más desagradable que un fanfarrón. || de (números): **he had more t. 20 horses**, tenía más de 20 caballos. || más bien que. || *(fam.)* excepto, fuera de: **other t. that, I don't know what to say**, aparte de eso, no sé qué decir.

thank *vt.* agradecer, dar las gracias: **t. you!**, ¡gracias! || *(irón.)* hacer responsable, echar la culpa.

thankful *adj.* agradecido.

thankles *adj.* ingrato. || ímprobo.

thanks *n. pl.* gracias: **many t.!**, ¡muchas gracias!

thanksgiving *n.* acción de gracias.

that *adj. (pl.* **those)** ése, aquél. || — *pron. (pl.* **those)** ése, aquél: **who told you t. ?**, ¿quién te dijo eso? || — *conj.* que: **he told me t. he would come next week**, me dijo que vendría la semana que viene. || — *adv. (fam.)* tan: **nobody can be t. rich**, nadie puede ser tan rico.

thatch *n.* paja. || techo de paja. || barda. || — *vt.* poner techo de paja a. || bardar.

thaw *n.* deshielo. || — *vt.* deshelar, derretir. || *(fig.)* ablandar. || — *vi.* deshelarse, derretirse.

the *art.* el, la, lo, los, las: para algo ya conocido o único. || **t. sun shines**, el sol brilla. || antes de un adjetivo para convertirlo en nombre: **t. rich and t. poor**, los ricos y los pobres. || con un singular para hacerlo genérico. || para dar énfasis. || antes de medidas. || — *adv.* como término de comparación: **t. more he earns, t. more he wants**, mientras más gana, más quiere.

theatre *n.* teatro *(t. fig., mil., etc.).*

theatregoer *n.* aficionado al teatro.

theatrical *adj.* teatral. || de teatro.

thee *pron. (ant. o poét.)* **you.**

theft *n.* hurto, robo.

their *adj. pos.* su(s).

theirs *pron. pos.* (el) suyo, (la) suya, (los) suyos, (las) suyas.

them *pron. (ac.)* los, las. || *(dat.)* les.

theme *n.* tema.

themselves *pron.* ellos mismos. || se. || sí (mismos).

then *adv.* entonces. || por entonces. || a la sazón. || luego, después. || — *conj.* pues, en ese caso. || por tanto. || entonces. || — *adj.* entonces, de entonces.

thence *adv. (lit.)* de allí, desde allí. || por eso.

thenceforth, thenceforward *adv. (lit.)* desde entonces, de allí en adelante.

theocracy *n.* teocracia.

theology *n.* teología.

theorem *n.* teorema.

theoretic(al) *adj.* teórico.

theory *n.* teoría.

therapeutic(al) *adj.* terapéutico.

therapeutics *n.* terapéutica.

therapist *n.* terapeuta.

therapy *n.* terapia, terapéutica.

there *adv.* allí. || allá. || ahí. || **t. is, t. are**, hay.

thereabouts *adv.* por ahí, allí cerca.

thereafter *adv.* después, después de eso.

thereby *adv.* por eso, de ese modo. || por esa razón.

therefore *adv.* por lo tanto, por consiguiente.

therein *adv.* allí dentro. || en eso, en esto, en este respecto.

thereof *adv.* de eso, de esto. || de lo mismo.

there's, there is. || **there has.**

thereto *adv.* a eso, a ello.

thereupon *adv.* en eso, con eso. || acto seguido, en seguida. || por tanto. || por consiguiente.

thermodynamics *n.* termodinámica.

thermometer *n.* termómetro.

thermonuclear *adj.* termonuclear.

thermostat *n.* termostato.

thesaurus *n.* tesoro.

these *(pl. de* **this)** *adj., pron.* estos.

thesis *n., pl.* **theses** tesis.

they *pron.* ellos, ellas.

they'd = **they would.** || **they had.**

they'll = **they will, they shall.**

they're = **they are.**

they've = **they have.**

thick *adj.* grueso. || espeso. || denso. || viciado. || turbio. || (aire) brumoso. || viscoso. || (voz) apagado. || *(fam.)* estúpido. || — *adv.* espesamente, densamente. || — *n.* parte, lugar, tiempo de gran actividad.

thicken *vt., vi.* es pesar(se).

thicket *n.* matorral, espesura.

thickheaded adj. estúpido, lerdo. || terco.
thickset adj. rechoncho, grueso.
thickskinned adj. (fig.) insensible, duro.
thief n., pl. **thieves**, ladrón.
thieve vt., vi. hurtar, robar.
thieving adj. ladrón. || — n. robo.
thigh n. muslo.
thimble n. dedal.
thin adj. delgado. || flaco. | (abrigo) ligero. || tenue. || chirle. || — vt., vi. adelgazar.
thine pron. (el) tuyo, (la) tuya, etc.
thing n. cosa. || asunto. || actividad, acontecimiento. || persona, animal. || vestido, ropa. || (sl.) gusto. || pl. **things**, pertenencias. || vajilla: **tea things**, servicio de té. || efectos.
thingumabob, thingamajig, thingummy n. (fam.) cosa, chisme.
think vt., vi. (pret. y pp. **thoughts**) imaginarse, creer. || pensar. || acordarse. || esperar. || reflexionar. || **to t. about**, pensar en: **what are you thinking about?**, ¿en qué estás pensando? || **not to t. much of**, tener una pobre opinión de. || **to t. over**, considerar: **I have thought it over well**, lo he considerado bien. || **to t. up**, inventar.
thinker n. pensador.
thinking n. pensamiento. || opinión.
thin-skinned adj. (fig.) sensible.
third adj. tercero. || — n. tercero.
third-rate adj. de baja categoría.
thirst n. sed. || — n. **to t. for** (fig.), tener sed de.
thirsty adj. sediento.
thirteen adj., n. trece.
thirteenth adj., n. decimotercio, decimotercero.
thirtieth adj., n. trigésimo.
thirty adj., n. treinta.
this adj. (pl. **these**) este. || — pron. éste. || — adv. (fam.) así, tan: **why do you come t. early?**, ¿por qué vienes tan temprano?
thistle n. cardo.
thither adv. (ant.) allá.
thong n. correa.
thorns n. tórax.
thorn n. espina (t. fig.).
thorny espinoso. || (fig.) espinoso, erizado de dificultades: **a t. problem**, un problema espinoso.
thorough adj. completo, cabal. || acabado. || minucioso, concienzudo, meticuloso.

thoroughbred adj. de pura sangre. || — n. pura sangre.
thoroughfare n. vía pública. || carretera.
thoroughgoing adj. minucioso. || completo. || ciento por ciento.
thoroughly adv. totalmente, a fondo.
those pl. de **that**.
thou pron. (ant.) tú.
though conj. aunque. || — adv. sin embargo: **it's not so easy, t.**, sin embargo no es tan fácil.
thought (ver **think**) n. pensamiento. || intención. || idea. || consideración: **don't give it a t.**, no le des importancia.
thoughtful adj. pensativo. || considerado.
thoughtless adj. irreflexivo, descuidado. || desconsiderado, inconsciente.
thousand adj., n. mil.
thousandth adj., n. milésimo.
thrall n. esclavo. || esclavitud.
thrash vt. dar una paliza, azotar. || (fig.) derrotar. || **to t. out**, discutir a fondo. || — vi. batir.
thread n. hilo. || hebra, fibra. || (tornillo) filete, rosca. || — vt. enhebrar. || ensartar.
threadbare adj. raído, gastado. || flojo.
threat n. amenaza.
threaten vt., vi. amenazar.
three adj., n. tres.
three-cornered adj. triangular.
three-dimensional adj. tridimensional.
threepence n. tres peniques.
threepenny adj. de tres peniques. || (fig.) de poca monta, despreciable.
three-phase adj. (elec.) trifásico.
three-ply adj. (madera) de tres capas. || (lana) de tres cabos.
threesome n. grupo de tres.
threnody n. lamento. || canto fúnebre.
thresh vt. trillar, separar el grano.
threshold n. umbral: **to be on the t. of** (fig.), estar en los umbrales de, estar al borde de.
threw ver **throw**.
thrice adv. (ant.) tres veces.
thrift n. economía, frugalidad.
thrifty adj. económico, frugal, ahorrativo.
thrill n. emoción. || escalofrío. || estremecimiento. || (med.) temblor. || — vt. conmover. || sobrecoger. || entusiasmar. || encantar. || — vi. temblar. || estremecerse. || entusiasmarse.
thriller n. novela (obra, película) escalofriante.

thrive *vi.* (*pret.* **throve,** *pp.* **thriven**) prosperar, medrar. || florecer. || crecer mucho.

throat *n.* garganta: **to dear one's t.,** aclarar la voz. || cuello.

throb *n.* latido, pulsación. || palpitación. || estremecimiento. || — *vi.* latir. || palpitar. || vibrar.

throes *n. pl.* dolores. || ansias, angustias. || *(fig.)* en medio de (algo desagradable).

thrombosis *n.* trombosis.

throne *n.* trono. || *(fig.)* corona, poder real.

throng *n.* multitud, tropel, muchedumbre. || — *vt.* atestar. || — *vi.* ir en tropel.

throttle *n.* gaznate. || *(tec.)* regulador, válvula. || *(aut.)* acelerador. || — *vt.* ahogar, estrangular.

through *adv.* de punta a punta. || del otro lado. || **to get t.,** pasar (examen). || hasta el fin. || listo, acabado. || pasando por. || — *prep.* a través *(t. fig.).* || por, en. || durante. || con. || por causa de. || — *adj.* directo: a **t. train,** un tren directo.

throughout *adv.* por todas partes. || totalmente. || todo el tiempo. || — *prep.* por todo, por todas partes. || durante todo, en todo.

throughput *n.* cantidad invertida. || *(comput.)* rendimiento efectivo.

throve ver **thrive.**

throw *n.* tirada, tiro, echada. || lanzamiento. || — *vt.* (*pret.* **threw,** *pp.* **thrown**) lanzar, arrojar *(t. fig.).* || sacarse rápido. || proyectar *(t. fig.).* || **to t. away,** librarse, descartar. || **to t. in,** añadir. || dar de más. || **to t. out,** librarse de. || echar. || **to t. over,** acabar las relaciones con.

throwback *n. (biol.)* reversión.

thrown ver **throw.**

thrum = **strum.**

thrush *n.* zorzal. || *(med.)* afta. || *(vet.)* arestín.

thrust *n.* empuje. || estocada. || *(tec.)* propulsión. || *(mil.)* avance. || *(fig.)* empuje. || — *vt.* (*pret.* y *pp.* **thrust**) clavar (daga, etc.). || *(en gen.)* meter, y poner. || arrojar (*t.* en la cárcel, etc.). || **to t. aside,** echar a un lado. || **to t. on,** ponerse algo rápido. || imponer algo. || — *vi.* dar un empujón, empujar. || abrirse paso. || *(dep.)* dar una estocada.

thud *n.* ruido sordo, golpe sordo. || — *vi.* hacer un ruido sordo, caer con un ruido sordo.

thug *n.* asesino, ladrón, criminal. || *(fig.)* bruto.

thumb *n.* pulgar. || **thumbs up,** aprobado, con éxito. || *vt.* hojear. || tocar con el pulgar.

thumbscrew *n.* empulgueras.

thump *n.* golpazo, porrazo. || ruido sordo. || — *vt.* golpear, aporrear. || — *vi.* dar golpes.

thumping *adj. (fam.)* enorme.

thunder *n.* trueno *(t. fig.).* || — *vt.* fulminar (amenazas, etc.). || — *vi.* tronar.

thunderbolt *n.* rayo *(t. fig).*

thunderclap *n.* tronido.

thundercloud *n.* nubarrón.

thundering *adj. (fam.)* enorme.

thunderous *adj.* atronador, ensordecedor.

thunderstorm *n.* tormenta de truenos.

thunderstruck *adj. (fig.)* pasmado, estupefacto.

Thursday *n.* jueves.

thus *adv.* así. || de este modo. || **t. far,** hasta aquí.

thwack = **whack.**

thwart *n. (naveg.)* bancada. || — *vt.* **frustrar, desbaratar.**

thy *adj. (ant.)* tu(s).

thyme *n.* tomillo.

thyroid *adj.* tiroideo. || — *n.* tiroides.

thyself *pron. (ant.)* tú mismo. || te. || ti (mismo).

tiara *n.* diadema.

tick *n.* garrapata. || funda. || *(fam.)* crédito. || momento, instante. || señal, marca. || — *vt.* poner una señal contra. || — *vi.* hacer tictac.

ticker *n. (fam.)* reloj. || corazón.

ticket *n.* billete. || *(teat., etc.)* entrada, localidad. || etiqueta, rótulo. || — *vt.* rotular, poner etiqueta a.

tickle *n.* cosquilleo. || — *vt.* hacer cosquillas. || divertir. || — *vi.* cosquillear, picar.

ticklish *adj.* cosquilloso. || *(fig.)* delicado.

tidal *adj.* de marea.

tide *n* marea: **low t.,** bajamar. || **thigh t.,** pleamar. || *(fig.)* corriente. || marcha.

tidings *n. pl.* noticias.

tidy *adj.* prolijo, ordenado. || lindo, apuesto. || *(fam.)* considerable. || — *vt.* poner en orden, limpiar. || — *vi.* **to t. up,** ordenar.

tie *n.* lazo, vínculo. || corbata. || *(mús.)* ligado. || *(arq.)* tirante. || *(fig.)* estorbo. || *(dep., etc.)* empate. || — *vt.* atar. || liar. || enlazar. || *(mús.)* ligar. || hacer (nudo). || estorbar. || — *vi.* atarse. || *(dep.)* empatar.

tie-in n. (fig.) unión. || relación estrecha.

tiepin n. alfiler de corbata.

tier n. grada, fila. || piso.

tie-up n. enlace. || paralización. || bloqueo.

tiff n. disgusto.

tiffin n. (ant., hum.) tentempié, piscolabis.

tiger n. tigre.

tight adj. apretado. || estrecho. || tirante. || (curva) cerrado. || (situación) difícil. || mezquino, tacaño. || (fam.) borracho. || — adv. firmemente. || apretadamente. || (fam.) totalmente. || bien: **sleep t. !**, ¡que duermas bien!

tighten vt. apretar. || ajustar. || tensar. || hacer estricto (control). || — vi. **tight-listed**, apretarse. || ponerse tenso. || volverse más estricto.

tight-fisted adj. agarrado, tacaño.

tight-lipped adj. (fig.) callado. || hermético.

tightrope n. alambre (de circo, etc.).

lights n. pl. pantalón ajustado. || (teat., circo, etc.) traje de malla.

tigress n. tigresa.

tile n. teja. || baldosa. || azulejo. || — vt. cubrir de tejas. || embaldosar. || adornar con azulejos.

till n. caja registradora. || — prep. hasta. || — conj. hasta que. || — vt. (agr.) labrar, cultivar.

tiller n. (naveg.) caña del timón.

tilt n. inclinación. || torneo, justa. || **at full t.**, a toda velocidad. || — vt., vi. inclinar(se).

timber n. madera (de construcción). || árboles de monte. || bosque. || madero, viga.

time n. tiempo. || tiempo, hora: **what t. is it?**, ¿qué hora es? || duración. || momento. || (gen. pl.) época. || pl. **times**, tiempos, circunstancias. || plazo, término. || embarazo. || oportunidad. || horas de trabajo, jornada. || vez. || (mús.) tiempo. || compás. || **ahead of t.**, antes de lo pensado. || **all the t.**, continuamente.

time exposure n. exposición.

time fuse n. espoleta de tiempo.

time-honoured adj. consagrado, clásico.

timekeeper n. reloj cronómetro. || cronometrador.

time-lag n. intervalo. || retraso.

timeless adj. eterno. || sin limitación de tiempo.

timely adj. oportuno.

timepiece n. reloj.

time signal n. (rad.) señal horaria.

timetable n. horario. || programa.

timeworn adj. deteriorado por el tiempo.

timid adj. tímido.

liming n. medida del tiempo.

timorous adj. temeroso, tímido. || huraño.

tin n. estaño. || hojalata. || lata. || (sl.) dinero. || — adj. de estaño. || de hojalata. || — vt. estañar. || envasar en lata.

tincture n. tintura (todo sentido).

finder n. yesca.

tinderbox n. yesquero.

tinfoil n. papel de estaño.

ting ver **tinkle**.

tinge n. tinte. || (fig.) dejo. || matiz. || — vt. teñir. || (fig.) matizar.

tingle n. comezón. || estremecimiento. || — vi. sentir comezón. || zumbar. || estremecerse.

tinker n. calderero, hojalatero. || (fam.) pícaro. || — vt. componer, arreglar. || — vi. jugar, entretenerse. || cambiar. || arreglar.

tinkle n. tilín, retintín. || campanilleo. || — vt. hacer retiñir. || hacer campanillear. || — vi. retiñir, tintinar. || campanillear.

tinned adj. en lata, de lata.

tin opener n. abrelatas.

tinplate n. hojalata.

tinsel n. oropel (t. fig.).

tint n. tinte, matiz. || — vt. teñir, matizar.

tintack n. tachuela.

tiny adj. pequeñito, diminuto, minúsculo.

tip n. punta, cabo, extremidad. || boquilla (cigarrillo). || propina. || aviso, advertencia. || consejo. || vertedero, basurero. || — vt. poner en la punta. || poner una contera. || poner filtro (cigarrillo). || inclinar, ladear. || volcar. || dar una información. || dar un golpecito. || — vi. volcar, volcarse. || inclinarse, ladearse. || dar una propina.

tip-cart n. volquete.

tip-off n. advertencia (clandestina), aviso.

tipple n. bebida (alcohólica). || — vi. beber más de la cuenta.

tipster n. pronoslicador.

tipsy adj. achispado, algo borracho.

tiptoe n. punta de pie: **on t.**, de puntillas.

tiptop adj. de primera, excelente.

tirade n. invectiva, diatriba.

tire vt., vi. cansar(se), fatigar(se). || aburrir(se).

tired adj. cansado. || harto.

tireless adj. infatigable, incansable.

tiresome adj. molesto, fastidioso. || (persona) pesado.

tissue n. tisú, lama. || (anat., etc.) tejido.

tissue paper n. papel de seda

tit n. (orn.) herrerillo. || (vulg.) teta.

titanic adj. titánico. || inmenso, gigantesco.

titbit n. golosina (t. fig.).

tithe n. (relig.) diezmo.

titivate vt., vi. ataviar(se), emperifollar(se).

title n. título (en gen.). || letrero. || título nobiliario. || (dep.) campeonato.

title deed n. título de propiedad.

title holder n. (dep.) campeón.

title page n. portada.

title role n. papel principal.

titter n. risa disimulada. || — vi. reírse disimuladamente.

little n. pizca, ápice.

to prep. a. || a, hacia: **t. go to bed**, me voy a la cama. || (fam.) en: **have you ever been to London?**, ¿has estado alguna vez en Londres? || para con. || de. || según. || en comparación con. || hasta: **to this day**, hasta este día. || para: **he came to see me**, vino para verme. || antes de infinitivo: **to be or not to be**, ser o no ser. || con elipsis del verbo: **I don't go because I don't want to**, no voy porque no quiero. || — adv. cerrado. Inconsciente. || **to and fro**, de un lado para otro.

toad n. sapo.

toady n. sicofante. || adulador.

toast n. pan tostado, tostada. || brindis. || — vt. tostar. || (fam.) calentar bien. || brindar por. || — vi. tostarse.

toaster n. tostador, tostadora.

toasting fork n. tostadera.

toastmaster n. oficial que anuncia a los oradores en un banquete.

tobacco n. tabaco: **Virginia t.**, tabaco rubio.

tobacconist n. estanquero, tabaquero.

toboggan n. tobogán. || — vi. deslizarse en tobogán.

tocsin n. campana de alarma.

today adv. hoy. || hoy día, hoy en día.

toddle vi. empezar a andar, dar los primeros pasos. || caminar sin seguridad. || dar un paseo.

toddler n. pequeñito (que aprende a andar).

toddy n. ponche.

to-do n. (fam.) lío, alboroto.

toe n. (anat.) dedo del pie.

toecap n. puntera.

toenail n. uña del dedo del pie.

toff n. (fam.) elegantón, dandi.

toffee n. caramelo.

tog vt. **to t. up** (fam.), ataviar.

together adv. junto. || a la vez, a un tiempo. || consecutivamente.

togetherness n. compañerismo.

toggle n. cazonete de aparejo. || fiador.

toil n. (esp. fam. o lit.) labor, trabajo fatigoso. || — vi. (esp.fam. o lit.) trabajar mucho, esforzarse. || andar lento, con gran esfuerzo.

toilet n. inodoro. || lavabo. || (ant.) tocador. || (ant.) tocado, toilette.

toilet paper n. papel higiénico.

toiletries n. pl. artículos de tocador.

toilet water n. agua de tocador.

token n. prueba, muestra, señal. || recuerdo. || vale. || cospel. || — adj. simbólico.

told ver **tell**.

tolerance n. tolerancia. || paciencia.

tolerate vt. tolerar, soportar, aguantar.

toll n. peaje. || tasa. || bajas, número de víctimas. || — vt. tocar a muertos.

tollgale n. barrera de peaje.

tomato n. tomate.

tomb n. tumba, sepulcro.

tomboy n. muchachota.

tombstone n. lápida sepulcral.

tomcat n. gato (macho).

tome n. (hum.) librote.

tomfoolery n. payasadas.

tommy gun n. metralleta, pistola ametralladora.

tomorrow adv. mañana. || — n. mañana: **the day after t.**, pasado mañana.

ton n. tonelada. || pl. **tons** (fam.) montones.

tone n. (todos los sentidos) tono. || tonalidad. || distinción, buen tono. || tendencia. || — vt. **to t. down**, reducir la fuerza. || moderar. || **to t. up**, fortalecer, tonificar. || — vi. **to t. in**, ir con, armonizar.

tone poem n. poema sinfónico.

tongs n. pl. tenazas. || tenacillas.

tongue n. (anat., t. fig.) lengua. || lengua, idioma: **my mother t. is English**, mi lengua materna es el inglés. || lengüeta (zapato). || badajo.

tongue-lied adj. que tiene dificultad al hablar. || (fig.) tímido, confuso.

tongue twister n. trabalenguas.

tonic adj. tónico. || — n. (mús.) tónica.

tonight adv. esta noche.

tonnage n. tonelaje.

tonsil n. amígdala.

tonsure n. tonsura. || — vt. tonsurar.

too adv. demasiado, muy: **it's t. hard**, es demasiado duro, es muy duro. || también. || además.

took ver **take**.

tool n. instrumento, utensilio. || herramienta. || (fig., desp.) instrumento.

tooting n. estampación en seco. || fileteado.

toolkit n. juego de herramientas.

toot n. sonido breve (de bocina, etc.). || — vt. sonar, tocar. || — vi. sonar (la bocina, etc.). || tocar la bocina, dar un bocinazo.

tooth n., pl. **teeth**, diente. || **to have a sweet t.**, gustarle las golosinas.

toothache n. dolor de muelas.

toothbrush n. cepillo de dientes.

toothpaste n. pasta dentífrica.

toothpick n. palillo mondadientes.

tooth powder n. polvos dentífricos.

toothsome adj. sabroso.

tootle n. sonido breve (de flauta, trompeta, etc.). || — vt. tocar la trompeta. || — vi. hacer una escapada. || tocar la trompeta.

top n. parte superior. || punta. || cima (de una montaña). || copa (de árbol). || techo. || cabecera (de la mesa). || tapa. || **at the t. of one's voice**, a viva voz. || — adj. más alto. || último. || máximo: **t. price**, precio máximo. || **t. secret**, secreto absoluto. || — vt. coronar, rematar. || (árbol) desmochar. || exceder, aventajar. || encabezar, estar a la cabeza.

topaz n. topacio.

topcoat n. sobretodo.

topflight adj. de primera clase.

top hat n. chistera, sombrero de copa.

topic n. asunto, tema.

topical adj. de interés actual, corriente.

topknot n. moño.

topless adj. sin pechera, topless.

topmost adj. más alto, el más alto.

topnotch adj. de primera, estupendo.

topography n. topografía.

topping adj. (fam.) bárbaro, fabuloso.

topple vt. hacer caer, derribar. || — vi. venirse abajo, caerse. || volcarse. || tambalearse.

top-secret adj. de lo más secreto.

topsoil n. capa superficial del suelo.

topsy-turvy adv. en desorden, patas arriba. || — adj. confuso, desordenado.

torch n. antorcha, tea. || linterna eléctrica.

torchlight n. luz de antorcha.

tore ver **tear**.

torment n. tormento. || angustia. || suplicio.

torment vt. atormentar, martirizar.

torn ver **tear**.

tornado n. tornado.

torpedo n. torpedo. || — vt. torpedear.

torpid adj. aletargado, inactivo. || (fig.) torpe.

torpidity, **torpor** n. letargo, inactividad. || (fig.) torpeza, apatía. || aburrimiento.

torrent n. torrente (t. fig.).

torrid adj. tórrido.

torso n. torso.

tort n. agravio, tuerto.

tortoise n. tortuga.

tortoiseshell n. carey.

tortuous adj. tortuoso.

torture n. tortura. || (fig.) tormento. || — vt. torturar. || (fig.) atormentar. || torcer.

Tory adj., n. conservador.

toss n. meneo, sacudida. || acción de arrojar. || (ant.) caída (del caballo). || echada (de moneda). || (fig.) cosa incierta. || — vt. echar, arrojar. || **to t. up**, arrojar (moneda), echar suerte. || — vi. agitarse, sacudirse. || **to t. about**, dar vueltas en la cama.

lot n. (fam.) niñito. || trago.

total adj. (mat., etc.) total. || total, completo, entero. || — n. total. || suma. || cantidad global. || — vt. sumar. || — vi. ascender a.

totalitarianism n. totalitarismo.

totality n. totalidad.

totalizator n. totalizador.

totter vi. bambolearse, tambalearse.

tottering, **tottery** adj. tambaleante.

toucan n. tucán.

touch n. tacto. || toque. || contacto. || (mús.) pulsación. || (pintura) pincelada. || (med.) ataque leve. || (fig.) rasgo. || (fig.) poquito. || — vt. tocar. || palpar. || alcanzar. || (comida, etc.) probar. || conmover, enternecer. || compararse con, igualar. || — vi. estar contiguo. || tocarse. || pasar rozando. || **to t. down** (aer.), tocar tierra. || amerizar. || (rugby) hacer un ensayo.

touch-and-go adj. decisión difícil.

touchdown n. (aer.) aterrizaje. || amerizaje. || (dep.) tocado en tierra.

T

touching adj. conmovedor, patético. || — prep. tocante a.

touchline n. línea de banda, línea de toque.

touchstone n. piedra de toque (t. fig.).

touch-typing n. mecanografía al tacto.

touchy adj. susceptible, quisquilloso. || (tema) delicado, espinoso.

tough adj. duro. || resistente. || (carne) duro. || (tarea) difícil. || (fam.) malo. || — n. machote, gorila. || (Arg.) malevo.

toughen vt., vi. endurecerse.

tour n. viaje largo. || excursión. || — vi. hacer un tour.

tourism n. turismo.

tourist n. turista.

tournament n. torneo. || concurso.

tourney n. (ant. o pomp.) torneo.

tourniquet n. torniquete.

tousle vt. ajar, desarreglar. || despeinar.

tout n. pregonero. || revendedor. || pronosticador. || — vt. (mercadería) ofrecer, pregonar.

tow n. remolque. || estopa. || — vt. remolcar, llevar a remolque.

toward(s) prep. hacia. || mirando a. || cerca, antes. || en relación con. || con el fin de.

towel n. toalla. || — vt. secar con toalla.

tower n. torre. || campanario. || — vi. elevarse. || encumbrarse.

towering adj. encumbrado. || elevado, elevadísimo. || destacado, dominante.

town n. ciudad (menor que **city**). || pueblo, población. || centro comercial de una ciudad.

town planning n. urbanismo.

township n. municipio, término municipal.

townsman n., pl. **—men**, ciudadano. || hombre de la ciudad, habitante de la ciudad.

townspeople n. pl. ciudadanos.

towpath n. camino de sirga.

towrope n. remolque, cable de remolque.

toxic adj. tóxico.

toxin n. toxina.

toy n. juguete. || — adj. de juguete. || (perro) pequeño, enano. || — vi. jugar con, divertirse con. || acariciar (idea).

trace n. huella. || rastro. || indicio. || vestigio. || pizca. || — vt. trazar, dibujar. || calcar. || seguir (rastro). || rastrear. || localizar. || hacer remontar (familia).

trachea n. tráquea.

tracing n. calco.

tracing paper n. papel de calco.

track n. huella. || pista. || senda. || (f. c.) vía. || trayectoria. || — vt. rastrear. || averiguar el origen de. || **to t. down**, encontrar rastreando.

tracking n. rastreo.

trackless adj. sin caminos, impenetrable.

track race n. carrera en pista.

tract n. hoja de propaganda. || opúsculo. || región, zona. || extensión. || (med.) tracto.

traction n. tracción.

tractor n. tractor.

trade n. (com.) comercio. || industria. || oficio, profesión. || empleo. || pl. **trades**, vientos alisios. || — vt. vender. || — vi. comerciar.

trademark n. marca registrada.

trade name n. razón social.

trader n. comerciante. || traficante.

trade school n. escuela de artes y oficios.

tradesman n. tendero. || repartidor, proveedor. || artesano.

trade union n. sindicato, gremio.

trade unionist n. sindicalista.

tradition n. tradición.

traduce vt. calumniar, denigrar.

traffic n. tráfico, circulación, tránsito. || comercio, tráfico. || — vi. traficar, comerciar.

traffic jam n. embotellamiento.

trafficker n. traficante.

traffic lights n. pl. luces de tráfico, señales luminosas, semáforo.

traffic sign n. señal de tráfico.

tragedian n. trágico.

tragedy n. tragedia.

tragic adj. trágico.

trail n. rastro, pista. || cola. || estela. || sendero. || — vt. rastrear, seguir la pista. || arrastrar. || — vi. arrastrarse. || rezagarse.

trailer n. remolque. || (cine) trailer, avance.

train n. tren. || **by t.**, por tren. || serie, sucesión: **a t. of thoughts**, una sucesión de pensamientos. || cola (de vestido). || séquito, comitiva. || — vt. educar, adiestrar. || amaestrar. || — vi. adiestrarse. || ejercitarse.

trainee n. aprendiz (profesional).

trainer n. (dep.) entrenador. || amaestrador (de animales). || domador (de caballos).

training n. adiestramiento. || formación (profesional). || instrucción. || (mil.) instrucción, ejercicios. || (dep.) entrenamiento, preparación (física). || capacitación.

training college n. escuela normal.

trail n. rasgo.

traitor n. traidor.

trajectory n. trayectoria.

tram, tramcar n. tranvía.

trammels n. pl. trabas.

tramp n. marcha pesada. || caminata. || vagabundo. || (fam.) ramera. || — vt. andar por, correr a pie. || — vi. andar pesadamente. || ir a pie.

trample vt. pisar, pisotear, hollar. || — vi. pisar fuerte, andar con pasos pesados.

trance n. rapto, arrobamiento, éxtasis. || (med.) catalepsia. || trance. || estado hipnótico.

tranquil adj. tranquilo.

tranquillize vt. tranquilizar.

tranquillizer n. (med.) tranquilizante.

transact vt. hacer, despachar || tramitar.

transaction n. negocio. || transacción, operación. || (comput.) movimiento.

transcend vt. exceder, superar, rebasar.

transcribe vt. transcribir, copiar.

transcript n. trasunto, copia.

transcription n. transcripción.

transept n. (arq.) crucero.

transfer n. transferencia, traspaso. || (der.) transferencia, cesión. || traslado.

transfer vi. transferir, traspasar. || (der.) transferir, ceder. || transbordar. || trasladar. || — vi. trasladarse || hacer transbordo.

transfigure vt. transfigurar, transformar.

transfix vt. traspasar.

transform vt. transformar, convertir.

transformer n. (elec.) transformador.

transfusion n. transfusión.

transgress vt. traspasar, exceder. || infringir. || pecar contra. || — vi. pecar.

tranship vt. transbordar.

transient adj. pasajero, transitorio, fugaz.

transistor n. transistor.

transit n. tránsito, paso.

transitive adj. transitivo.

transitory adj. transitorio.

translate vt. traducir. || (fig.) interpretar. || trasladar.

translating program n. (comput.) traductor.

translation n. traducción. || traslado.

translator n. traductor.

transliterate vt. transcribir.

translucent adj. translúcido.

transmission n. transmisión.

transmit vt. transmitir.

transmitter n. transmisor.

transmogrify vt. (hum.) transformar como por arte de magia.

transmute vt. transmutar.

transom n. travesaño.

transparency n. transparencia. || (fot.) diapositiva, proyección.

transparent adj. transparente.

transpire vt. transpirar. || — vi. transpirar. || saberse. || (fam.) suceder.

transplant vt. trasplantar (t. med.).

transport n. transporte. || acarreo || tráfico. || envío por barco. || medio de transporte. || (fig., lit.) transporte, éxtasis.

transport vt. transportar. || llevar, acarrear. || deportar. || (fig.) transportar, embelesar.

transportation n. transporte, transportación. || deportación.

transpose vt. transponer. || (mús.) transportar.

transship vt. transbordar.

transverse adj. transverso, transversal.

transvestite adj., n. travestido.

trap n. trampa (t. fig.). || (sl.) boca. || (tec.) sifón. || esclusa. || — vt. agarrar, coger con trampa (t. fig.). || (mil.) cercar.

trap door n. escotilla, trampa.

trapeze n. trapecio (de circo, de gimnasia).

trapezium n. (mat.) trapecio.

trapezoid n. trapezoide.

trapper n. cazador (esp. de animales de piel).

trappings n. pl. atuendo, galas, insignias.

trash n. baratija. || basura. || gentuza.

travail n. (ant. o hum.) dolores del parto.

travel n. viaje. || (mee.) recorrido. || — vt. recorrer (t. com.). || — vi. viajar, hacer un viaje. || (com.) ser viajante. || (ast., fís., mec.), moverse, desplazarse. || (fig.) recorrer (con la vista).

traveller n. viajero. || (com.) viajante.

travelling adj. ambulante. || de viaje.

travelogue n. película de viajes. || documental de interés turístico.

traverse n. escalada oblicua. || — vt. atravesar, cruzar. || recorrer.

travesty n. parodia, (t. fig.). || — vt. parodiar.

trawl n. red barredera. || — vt. rastrear. || dragar. || — vi. pescar al arrastre, rastrear.

trawler *n.* barco de pesca a la rastra.

tray *n.* bandeja. || platillo (de balanza). || cajón, batea. || cubeta.

treacherous *adj.* traidor, traicionero. || falso. || *(fig.)* engañoso, incierto, nada seguro.

treachery *n.* traición, perfidia. || falsedad.

treacle *n.* melaza.

tread *n.* paso. || pisada. || huella. || pescante. || (aves) cópula. || *vt.* (*pret.* **trod**, *pp.* **trodden**) pisar. || hollar. || pisotear. || *(fig.)* abrir. || — *vi.* pisar. || entrar. || comenzar (discurso, etc.). || (aves) aparearse.

treadle *n.* pedal. || — *vi.* pedalear.

treadmill *n.* rueda de andar. || *(fig.)* rutina.

treason *n.* traición.

treasonable *adj.* traidor, desleal.

treasure *n.* tesoro. || joya, preciosidad. || — *vt.* **to t. up**, atesorar. || guardar.

treasurer *n.* tesorero.

treasury *n.* tesoro, tesorería.

treat *n.* convite. || regalo, invitación. || *(fig.)* placer, gusto. || — *vt.* tratar. || considerar. || invitar, convidar: **may I t. you to a whisky?**, ¿te puedo convidar con un whisky? || — *vi.* **to t. of**, tratar de.

treaty *n.* tratado.

treble *adj.* triple. || *(mús.)* tiple. || — *n.* *(mús.)* tiple. || — *vt., vi.,* triplicar(se).

tree *n.* árbol.

tree-lined *adj.* bordeado de árboles.

treetop *n.* copa, cima de árbol.

trefoil *n.* trébol.

trek *n.* viaje penoso. || *(fig.)* largo viaje. || — *vi.* hacer un viaje penoso (esp. a pie).

trellis *n.* enrejado. || *(bot.)* espaldera, espaldar.

tremble *n.* temblor, estremecimiento. || — *vi.* temblar, estremecerse. || vibrar. || agitarse.

tremendous *adj.* tremendo, inmenso, formidable. || *(fam.)* estupendo.

tremor *n.* temblor. || estremecimiento. || vibración.

trench *n.* zanja, foso. || *(mil.)* trinchera. || refugio antiaéreo.

trenchant *adj.* mordaz, incisivo.

trench coat *n.* trinchera. *(Arg.)* campera.

trend *n.* tendencia. || curso, dirección. || moda.

trepan *vi.* trepanar.

trepidation *n.* turbación, agitación.

trespass *n.* intrusión. || entrada ilegal. || entrada sin derecho. || infracción, violación, ofensa. || *(relig.)* pecado. || — *vi.* entrar en propiedad ajena.

tress *n.* trenza. || *pl.* **tresses**, cabellera.

trestle *n.* caballete.

trial *n.* intento. || prueba. || *(mat.)* método empírico. || *(der.)* proceso, juicio. || prueba, aflicción.

triangle *n.* triángulo *(t. mús.)*.

tribalism *n.* organización en tribus.

tribe *n.* tribu. || *(fig.)* tropel, masa.

tribesman *n.* miembro de una tribu.

tribulation *n.* tribulación.

tribunal *n.* tribunal.

tribune *n.* tribuna. || tribuno.

tributary *adj., n.* tributario.

tribute *n.* tributo. || *(fig.)* homenaje.

trice *n.* **in a t.**, en un santiamén.

trick *n.* engaño, truco. || estafa. || trampa, ardid. || peculiaridad. || hábito, maña. || juego de naipes. || juego de manos. || (cartas) baza. || — *vi.* **to t. into**, inducir con engaño.

trickery *n.* astucia, superchería, mañas. || *(der.)* fraude.

trickle *n.* chorro delgado, goteo. || *(fig.)* pequeña cantidad. || — *vt.* dejar caer gota a gota. || — *vi.* gotear, caer gota a gota *(t. fig.)*.

trickster *n.* estafador, embustero.

tricky *adj.* astuto. || mañoso, tramposo. || (situación, etc.) difícil. || (problema) espinoso.

tricolour *n.* tricolor, bandera tricolor.

tricycle *n.* triciclo.

trident *n.* tridente.

tried *adj.* probado, de toda garantía.

triennial *adj.* trienal.

trifle *n.* *(coc.)* tipo de budín inglés. || *(fam.)* bagatela, fruslería. || — *vi.* **to t. with** *(fam.)*, tratar de cualquier manera, sin respeto.

trifling *adj.* insignificante, sin importancia.

trigger *n.* gatillo (de un arma). || *(tec.)* disparador. || — *vi.* **to t. off**, hacer estallar.

trigonometry *n.* trigonometría.

trilingual *adj.* trilingüe.

trill *n.* trino, gorjeo. || *(mús.)* trino, quiebro. || — *vt.* pronunciar con vibración. || — *vi.* trinar, gorjear.

trillion *n.* *(Ingl.)* trillón. || *(E.U.)* billón.

trilogy *n.* trilogía.

trim *adj.* elegante. || aseado. || en buen estado. || — *n.* disposición. || (buena) condición. || recorte. || orientación (de las velas).|| — *vt.* arreglar. || adornar. || componer. || podar. || (velas) orientar. || — *vi.* nadar entre dos aguas, ser oportunista.

trimming *n.* adorno, guarnición. || orla. || *pl.* **trimmings**, accesorios.

Trinity *n.* Trinidad.

trinket *n.* dije, chuchería. || baratijas.

trip *n.* viaje. || excursión. || traspié. || *(fig.)* desliz, tropiezo. || (droga, *sl.*) viaje. || — *vi.* hacer tropezar, hacer caer.

tripe *n.* (coc.) callos, (Arg.) mondongo. || *(fam.)* tonterías, pavadas.

triple *adj.* triple. || — *vt.*, *vi.* triplicar(se).

triplet *n.* (*más.*) tresillo. || *(poét.)* terceto.

triplicate *adj.*, *n.* triplicado.

triplicate *vt.* triplicar.

tripod *n.* trípode.

tripper *n.* excursionista. || turista.

tripping *adj.* ligero, airoso.

triptych *n.* tríptico.

trisect *vi.* trisecar.

trite *adj.* vulgar, trivial. || gastado, trillado.

triumph *n.* triunfo. || éxito. || — *vi.* triunfar.

triumphant *adj.* triunfante. || victorioso.

triumvirate *n.* triunvirato.

trivia *n. pl.* trivialidades, banalidades.

trivial *adj.* trivial, insignificante y banal.

triviality *n.* trivialidad, insignificancia.

trod ver **tread**.

trodden ver **tread**.

troll *n.* gnomo, duende.

trolley *n.* carretilla. || mesita de ruedas. || carretón. || carrito para las compras, *(Arg.)* changuito.

trolley bus *n.* trolebús.

trollop *n.* (*ant.*) ramera, puta.

trombone *n.* trombón.

troop *n.* banda, grupo. || *(mil.) pl.* **troops**, tropas. || *(mil.)* escuadrón. || compañía. || — *vi.* ir en grupo. || marcharse en tropel.

troop carrier *n.* transporte.

trooper *n.* soldado de caballería.

trophy *n.* trofeo.

tropic *n.* trópico. || *pl.* **tropics**, trópicos.

tropic(al) *adj.* tropical.

trot *n.* trote. || — *vt.* hacer trotar. || — *vi.* trotar.

troth *n.* (*ant.*) **by my t.!**, ¡a fe mía!

trotter *n.* trotón. || *(coc.)* patita de cerdo.

troubadour *n.* trovador.

trouble *n.* aflicción, congoja. || inconveniente, apuro: **to get into** estar en apuro. || dificultad, disgusto. || problema. || sinsabor. || molestia. || *(med.)* mal. || *(tec.)* falta, falla. || — *vt.* turbar. || trastornar. || afligir. || molestar, fastidiar. || incomodar. || — *vi.* preocuparse. molestarse.

troublemaker *n.* alborotador, elemento perturbador.

troubleshooter *n.* investigador de conflictos laborales, árbitro de conflictos laborales.

troublesome *adj.* molesto, fastidioso. || importuno. || dificultoso.

trouble spot *n.* centro de fricción.

trough *n.* abrevadero. || comedero. || depresión, hoyo. || (entre las olas) seno *(t. fig.)*.

trounce *vt.* pegar, zurrar, dar una paliza a.

troupe *n.* (teat., etc.) compañía, grupo.

trousers *n. pl.* pantalones, pantalón.

trousseau *n.* ajuar (de novia).

trout *n.* trucha.

trowel *n.* transplantador. || paleta, llana.

truant *n.* que hace novillos o rabona. || haragán. || **to play t.**, hacer novillos, hacerse la rabona.

truce *n.* tregua. || *(fig.)* suspensión, cesación.

truck *n.* trueque, cambio. || *(fam.)* trato. || carrito. || vagoneta. || *(E. U.)* camión.

trucker *n.* (E. U.) camionero.

trucking *n.* acarreo, transporte.

truckload *n.* carretada.

truculent *adj.* agresivo. || malhumorado, áspero.

trudge *n.* caminata (difícil, penosa). || — *vi.* recorrer a pie (penosamente).

true *adj.* verdadero. || genuino, auténtico. || real. || fiel. || exacto: **a t. weight**, un peso exacto. || legítimo: **a t. heir**, un heredero legítimo. || adecuado. || — *adv.* exactamente.

true-blue *adj.* leal, acérrimo. || conservador.

true-hearted *adj.* fiel, leal. || sincero.

truelove *n.* novio. || fiel amante.

truffle *n.* trufa.

truism *n.* perogrullada, tópico.

truly *adv.* verdaderamente. || exactamente. || fielmente. || **yours t.**, le saluda atentamente.

trump *n.* triunfo. || — *vt.* (cartas) fallar. || **to t. up**, forjar, falsificar.

trumpery adj. frívolo. || inútil, sin valor.

trumpet n. trompeta. || — vt. trompetear. || pregonar (a son de trompeta). || — vi. (elefante) barritar.

truncate vt. truncar.

truncheon n. porra.

trundle vi. hacer rodar.

trunk n. (anat., bot.) tronco. || baúl. || trompa.

trunks n. pl. taparrabo.

truss n. lío, paquete. || haz. || (arq.) entramado. || (med.) braguero. || — vt. liar, atar. || espetar. || (arq.) apuntalar, apoyar con entramado.

trust n. confianza. || seguridad, esperanza. || crédito. || obligación, cargo. || (der.) fideicomiso. || agrupación industrial. || — vt. confiar, fiarse de: **don't you t. me?**, ¿no confías en mí? || (com.) dar al fiado. || esperar. || — vi. confiar, esperar.

trustee n. síndico. || fideicomisario, depositario. || administrador.

trusteeship n. cargo de síndico, cargo de fideicomisario. || administración fiduciaria.

trustful, trusting adj. confiado.

trustworthy adj. formal, honrado, confiable, de confianza. || (noticia, fuente) fidedigno.

trusty adj. fiel, leal. || — n. (fam.) preso que ha dado pruebas de buena conducta.

truth n., pl. **truths**, verdad.

truthful adj. verídico, exacto. || veraz.

try n. (fam.) tentativa, intento: **to have a t.**, hacer un intento. || (rugby) try. || — vt. intentar, probar: **to t. one's best**, hacer lo posible. || hacer sufrir, afligir. || (der.) ver. || procesar. || — vi. probar, intentar: **t. again!**, ¡intenta de nuevo! || esforzarse. || **to t. on**, probarse (vestido, etc.). || **to t. out**, probar, experimentar.

trying adj. molesto. || difícil.

tryst n. (lit., hum.) cita. || lugar de una cita.

tsar n. zar.

T-shirt n. camiseta.

T-square n. regla T.

tub n. tina. || cuba. || bañera. || (naveg.) carcamán.

tube n. tubo. || (aut.) cámara de aire. || metro, subterráneo.

tuber n. tubérculo.

tubing n. tubería. || tubos.

tub-thumper n. orador demagógico.

tuck n. (cost.) ruedo. || alforza. || pliegue. || (ant.) dulces, golosinas. || — vt. (cost.) alforzar. || acortar. || meter: **t. your shirt into your trousers**, mete la camisa en el pantalón. || esconder.

tuck-shop n. (colegio) confitería.

Tuesday n. martes.

tuft n. copete. || mechón. || penacho. || manojo.

tug n. tirón: **give it a t.**, déle un tirón. || tracción. || remolcador. || — vt., vi. tirar de.

tugboat n. remolcador.

tug-of-war n. lucha de la cuerda. || tira y afloja.

tuition n. enseñanza, instrucción.

tulip n. tulipán.

tulle n. tul.

tumble n. caída. || voltereta. || revoltijo. || — vt. derribar, abatir, tumbar. || (fig.) derrocar. || — vi. caerse. || agitarse, revolverse (en la cama). || (fam.) entender. || **to t. down**, derribar. || caerse. || venirse abajo. || **to t. into**, tropezar con.

tumbledown adj. destartalado, ruinoso.

tumbler n. vaso. || (cierre) fiador. || volatinero.

tummy n. (fam.) estómago, vientre.

tumour n. tumor.

tumult n. tumulto.

tuna n. atún.

tune n. aire, tonada. || armonía. || tono. || **in t.**, templado, afinado. || **out of t.**, destemplado, desafinado. || — vt. (mús.) afinar, acordar, templar. || — vi. **to t. in**, (rad.) sintonizar.

tuner n. afinador. || (rad., etc.) sintonizador.

tunic n. túnica.

tuning n. (mús.) afinación. || (rad.) sintonización.

tuning fork n. diapasón.

tunnel n. túnel. || (min.) galería. || — vt. cavar. || — vi. construir un túnel.

tunny n. atún.

turban n. turbante.

turbine n. turbina.

turbojet n. turborreactor.

turboprop n. turbohélice.

turbot n. rodaballo.

turbulent adj. turbulento. || revoltoso.

tureen n. sopera.

turf n. césped. || pan de césped. || turba. || **the T.**, el turf, las carreras de caballos.

turgid adj. turgente. || (fig.) hinchado.

turkey n. pavo.

turmeric n. (bol.) cúrcuma.

turmoil n. confusión. || alboroto. || tumulto.

turn n. vuelta. || (coc.) punto. || turno: **by turns**, por turnos. || crisis, momento álgido. || giro (t. fig.): **the thing has taken a good t.**, la cosa ha tornado un giro favorable. || viraje. || cambio. || ataque. || (teat.) número. || manera. || favor: **to do someone a good t.**, hacer un favor a alguien. || ocasión. || propósito. || forma. || — vt. girar, hacer girar. || dar vuelta. || revólver: **it turns my stomach**, me revuelve el estómago. || volver. || dirigir (mirada, pasos, etc.). || cambiar (tema, conversación). || intercambiar (cumplidos, etc.). || formar: **a well turned body**, un cuerpo bien formado. || (tec.) tornear. || cambiar, transformar. || — vi. girar, dar vueltas. || volver, volverse. || (aer., naveg.) virar. || cambiar, cambiarse. || convertirse. || **t. against**, oponerse. || **to t. down**, bajar (radio). || volcar. || poner boca abajo. || **to t. in**, devolver. || entregar. || (fam.) dejar. || **to t. off**, cerrar. **|| to t.** apagar (radio, etc.). || sacar del horno, etc. || salir de. **|| to t. on**, encender (luz, etc.). || (fam.) excitar (esp. sexualmente). || **to t. out**, apagar (luz, etc.). || volver hacia afuera. || resultar. **|| to t. over**, dar la vuelta. || pasar la página. || pensar cuidadosamente. **|| to t. up**, poner más fuerte, subir (radio, etc.).

turncoat n. renegado.

turning n. vuelta. || ángulo. || recodo.

turning point n. (fig.) punto decisivo, coyuntura crítica.

turnip n. nabo.

turnout n. concurrencia. **||** número de asistentes. || entrada, público. || (fam.) atuendo.

turnover n. (com.) volumen de ventas. || número de transacciones. || (coc.) pastel con repulgo.

turnpike n. autopista de peaje.

turnstile n. torniquete.

turntable n. (f. c.) placa giratoria. || (tocadiscos) plato giratorio.

turpentine n. trementina.

turpitude n. (lit.) infamia, vileza.

turquoise n. turquesa.

turret n. (arq.) torreón. || (mil.) torre.

turtle n. tortuga marina. **||** (naveg.) zozobrar. || (aut., etc.) volcarse.

turtledove n. tórtola.

tusk n. colmillo.

tussle n. lucha. || pelea, agarrada. || — vi. luchar. || pelearse, reñir.

tut (t. **tut-tut**) interj. ¡vamos!, ¡eso no!

tutelage n. tutela.

tutor n. profesor particular. || (der.) tutor. || — vt. enseñar. || dar clase particular a.

tuxedo n. (E. U.) smoking, esmoquin.

twaddle n. tonterías, bobadas.

twang n. tañido, punteado. || timbre nasal. || — vt. (mús.) puntear.

tweak n. pellizco. || — vt. pellizcar (retorciendo).

tweeter n. altavoz para altas audiofrecuencias.

tweezers n. pl. pinzas.

twelfth adj., n. duodécimo.

twelve adj., n. doce.

twentieth adj., n. vigésimo.

twenty adj., n, veinte.

twice adv. dos veces.

twiddle n. vuelta (ligera). || — vi. girar, hacer girar. || jugar con. || revólver ociosamente.

twig n. ramita. || pl. **twigs**, ramas, leña menuda.

twilight n. crepúsculo. || (fig.) crepúsculo, ocaso. || — adj. crepuscular.

twill n. tela cruzada.

twin adj., n. gemelo. || — vt. hermanar (ciudades).

twine n. hilo, piolín, bramante. || — vi. retorcer. || trenzar, entretejer. || — vi. enroscarse, enrollarse.

twinge n. punzada, dolor agudo. || (fig.) remordimiento.

twinkle n. centelleo, parpadeo. || **in a t.**, en un instante. || — vi. centellear, parpadear, titilar.

twinset n. (cost.) conjunto.

twirl n. vuelta (rápida), giro. || pirueta. || — vt. dar vueltas rápidas a. || voltear. || — vi. girar rápidamente, dar vueltas rápidas. || piruetear.

twist n. torcedura (t. med.). || torsión. || rollo (tabaco, etc.). || torzal. || vuelta, recodo. || sesgo. || — vt. torcer. || retorcer. || enroscar. || trenzar, entrelazar. || — vi. torcerse. || retorcerse. || enroscarse.

twister n. (fam.) tramposo, estafador.

twit n. (fam.) imbécil, tonto. || — vt. embromar.

twitch n. sacudida repentina, tirón. || tic, contracción nerviosa. || — vt. tirar bruscamente de. || (manos) crispar, retorcer. || sacudir nerviosamente. || — vi. crisparse. || moverse nerviosamente.

twitter n. gorjeo. || (fig.) agitación, inquietud. || — vi. gorjear. || (fig.) agitarse, estar nervioso.

two adj., n. dos.

two-edged adj. de doble filo.

two-faced adj. (fig.) doble, falso.

twofold adv. dos veces. || — adj. doble.

twopence n. pl. 2 peniques. || **not to care t.**, no importársele nada.

twopenny adj. de 2 peniques. || (fig.) insignificante, miserable, despreciable.

two-piece adj. de dos piezas.

two-ply adj. de dos capas.

twosome n. pareja. || grupo de dos.

two-time vt. (fam.) engañar. || ser infiel.

tycoon n. magnate.

type n. tipo, clase. || tipo, sujeto, individuo. || modelo. || (impr.) tipo. || — vt. escribir a máquina. || clasificar. || tipificar. || — vi. escribir a máquina.

typeface n. = **type**, tipografía.

typescript adj., n. mecanografiado.

typesetter n. cajista. || máquina de componer.

typewriter n. máquina de escribir.

typhoid n. tifoidea, fiebre tifoidea.

typhoon n. tifón.

typical adj. típico. || característico. || clásico.

typify vi. tipificar. || simbolizar.

typing n. mecanografía.

typist n. mecanógrafo.

typography n. tipografía.

tyrannic(al) adj. tiránico.

tyrannize vt., vi. tiranizar.

tyranny n. tiranía.

tyrant n. tirano.

tyre n. neumático, llanta, (S. A.) cubierta. || cámara (de aire). || llanta.

tyre-burst n. pinchazo, reventón.

tzar n. zar.

U

u *n*. u. || — *adj*. *(Fam.* o *hum.)* típico de la clase alta.

ubiquitous *adj*. ubicuo, omnipresente.

U-boat *n*. submarino alemán.

udder *n*. ubre.

ugh *interj*. ¡puf!

ugly *adj*. feo. || *(fig.)* peligroso. || ofensivo.

ulcer *n*. úlcera. || *(fig.)* llaga.

ulcerate *vt., vi.* ulcerar(se).

ulterior *adj*. ulterior.

ultimate *adj*. último. || esencial. || *(fam.)* máximo. || — *n. (fam.)* lo último. || lo máximo.

ultramarine *adj*. ultramarino. || — *n*. azul de ultramar.

ultra-red *adj*. infrarrojo.

ultraviolet *adj*. ultravioleta.

ululate *vi*. ulular.

umber *n*. tierra de sombra. || — *adj*. color ocre oscuro, pardo oscuro.

umbilical *adj*. umbilical.

umbrage *n*. resentimiento. || **to take u.**, ofenderse, resentirse.

umbrella *n*. paraguas. || *(fig.)* protección, amparo. || *(mil.)* cortina de fuego antiaéreo.

umbrella stand *n* paragüero.

umpire *n*. árbitro. || — *vt., vi.* arbitrar.

umpteen *adj*. *(fam.)* tantísimos, muchísimos.

unabashed *adj*. descarado, desvergonzado. || desenfadado.

unabated *adj*. sin disminución, no disminuido.

unable *adj*. incapaz.

unabridged *adj*. íntegro: **the u. text**, la versión integra.

unacceptable *adj*. inaceptable.

unaccompanied *adj*. solo, no acompañado. || *(mús.)* sin acompañamiento.

unaccountable *adj*. inexplicable.

unaccustomed *adj*. desacostumbrado.

unadulterated *adj*. sin mezcla, puro.

unadvisable *adj*. poco aconsejable.

unaffected *adj*. sin afectación.

unalloyed *adj*. sin mezcla, puro.

unalterable *adj*. inalterable.

unanimity *n*. unanimidad.

unanimous *adj*. unánime.

unanswerable *adj*. incontestable. || irrebatible, irrefutable.

unapproachable *adj*. inaccesible. || intratable, inabordable.

unarmed *adj*. desarmado. || inerme.

unascertained *adj*. no averiguado.

unashamed *adj*. desvergonzado.

unassuming *adj*. modesto, sin pretensiones.

unattached *adj*. sin atar. || suelto. || libre.

unattainable *adj*. inasequible. || inalcanzable.

unattended *adj*. sin guardia, sin personal.

unauthorized *adj*. desautorizado.

unavailable *adj*. indisponible.

unavailing *adj*. inútil, vano, infructuoso.

unavoidable *adj*. inevitable, ineludible.

unaware *adj*. ignorante.

unawares *adj*. de improviso, inopinadamente.

unbalance *n*. desequilibrio.

unbar *vt*. destrancar (puerta). || *(fig.)* abrir.

unbearable *adj*. inaguantable, insufrible.

unbeaten *adj*. no pisado. || inexplorado.

unbecoming *adj*. indecoroso, impropio.

unbelievable *adj*. increíble.

unbelieving *adj*. incrédulo.

unbend (ver **bend**) *vt*. desencorvar, enderezar. || — *vi. (fig.)* suavizarse. || hacerse más afable.

unbending *adj*. inflexible, rígido.

unbias(s)ed *adj*. imparcial.

unbidden *adj*. no rogado. || no invitado.

unbind (ver **bind**) *vi. desatar*. || desvendar.

unblemished *adj*. sin tacha, intachable.

unborn *adj*. no nacido aún, nonato.

unbosom *vr. (lit. o fam.)* desahogarse de algo, confesar algo.

unbounded *adj*. ilimitado, infinito.

unbreakable *adj*. irrompible.

unbridled *adj. (fig.)* desenfrenado.

unbuckle *vt*. deshebillar.

unburden *vt.* aliviar. || *vr.* **to u. oneself of something**, desahogarse de algo.

unbutton *vt.* desabotonar, desabrochar.

uncalled-for *adj.* gratuito, inmerecido. || impertinente.

uncanny *adj.* misterioso, extraño, extraordinario.

uncap *vt.* destapar.

unceremonious *adj.* descortés, brusco, poco formal.

uncertain *adj.* incierto. || indeciso.

unchangeable *adj.* inalterable, inmutable.

uncharitable *adj.* poco caritativo, duro.

uncharted *adj.* inexplorado, desconocido.

unchecked *adj.* libre, descontrolado. || *(com.)* no comprobado.

unchristian *adj.* poco cristiano. || *(fam.)* poco afable. || inadecuado.

unclasp *vt.* desabrochar. || soltar, separar.

uncle *n.* tío.

unclean *adj.* sucio, inmundo.

unclog *vt.* desobstruir, desatrancar.

uncoil *vt.*, *vi.* desenrollar(se).

uncomfortable *adj.* incómodo, poco confortable. || molesto. || inquietante.

uncommitted *adj.* no comprometido, no alineado.

uncommon *adj.* poco común, nada frecuente. || extraño, insólito.

uncompromising *adj* intransigente.

unconcealed *adj.* no disimulado.

unconcerned *adj.* tranquilo. || indiferente, despreocupado.

unconditional *adj.* incondicional.

unconquerable *adj.* inconquistable.

unconscionable *adj.* desmedido, desrazonable.

unconscious *adj.* inconsciente. || no intencional.

unconsciousness *n.* *(med.)* insensibilidad, pérdida de conocimiento, falta de sentido.

unconsidered *adj.* desatendido.

unconstitutional *adj.* inconstitucional.

unconstrained *adj.* libre, no franco.

uncontrolled *adj.* incontrolado, libre.

unconventional *adj.* poco convencional. ||| poco formalista, extravagante, original.

unconvincing *adj.* poco convincente.

uncork *vt.* descorchar, destapar.

uncountable *adj.* incontable.

uncouple *vt.* desacoplar, desenganchar.

uncouth *adj.* grosero, ineducado, inculto.

uncover *vt.* descubrir. || destapar.

uncrowned *adj.* sin corona.

unction *n.* unción *(t. fig.)*. || *(ant. fig.)* efusión, fervor. || *(relig.)* unción de los enfermos, **t. extreme u.**, extremaunción.

unctuous *adj.* *(fig.)* afectadamente fervoroso. || sobón, zalamero.

uncut *adj.* sin cortar. || sin labrar. || en bruto, sin tallar.

undamaged *adj.* indemne, intacto. || sin sufrir desperfectos.

undaunted *adj.* impávido, impertérrito.

undeceive *vt.* desengañar, desilusionar.

undecided *adj.* pendiente, no resuelto. || indeciso.

undecipherable *adj.* indescifrable.

undefined *adj.* indefinido.

undeniable *adj.* innegable.

under *adv.* debajo. || abajo: **all of them are ten or u.**, todos son de diez años o menos. || abajo. || menos. || bajo: **u. Louis XIV**, bajo el reinado de Luis XIV. || con arreglo, de acuerdo.

underact *vi.* no dar de sí, hacer un papel sin el debido brío.

underarm *adj.*, *adv.* sin levantar el brazo por encima del hombro.

underbelly *n.* *(fig.)* parte indefensa, parte más expuesta al ataque.

underbrush *n.* maleza, monte bajo.

undercarriage *n.* *(fam.)* tren de aterrizaje.

underclothes *n.* ropa interior.

undercoat *n.* primera capa (de pintura).

undercover *adj.* secreto, clandestino.

undercurrent *n.* corriente submarina, contracorriente. || *(fig.)* nota callada.

underdeveloped *adj.* subdesarrollado.

underdog *n.* desvalido. || el más débil.

underdone *adj.* poco hecho, medio asado.

underestimate *vt.* subestimar.

underfed *adj.* subalimentado.

undergarment *n.* *(fam., ant.)* prenda interior.

undergo (ver **go**) *vt.* sufrir, experimentar. || someterse a.

undergraduate *n.* estudiante no graduado.

underground *adj.* subterráneo. || en secreto, oculto. || clandestino. || — *n.* tren subterráneo.

undergrowth *n.* maleza, monte bajo.

underhand *adj.* secreto. || clandestino. || bajo cuerda, bajo mano. || — *adv.* secretamente.

underlie (ver **lie**) *vt.* estar debajo de, extenderse debajo de. || servir de base a.

underline *vt.* subrayar (*t. fig.*).

underling *n.* subordinado. || secuaz.

underlying *adj.* subyacente. || (*fig.*) fundamental, esencial.

undermanned *adj.* falto de personal.

undermentioned *adj.* abajo citado.

undermine *vt.* socavar, minar || (*fig.*).

underneath *prep., adv.* abajo. || — *n.* la parte inferior.

undernourished *adj.* desnutrido.

underpants *n. pl.* calzoncillos.

underpass *n.* paso inferior.

underpay (ver **pay**) *vt.* pagar mal.

underpin *vt.* apuntalar.

underplay *vt., vi.* representar mal.

underpopulated *adj.* poco poblado.

underprivileged *adj.* desvalido, desamparado.

underrate *vt.* menospreciar. || subestimar.

underscore *vt.* subrayar.

undersea *adj.* submarino. || — *adv.* bajo la superficie del mar.

undersecretary *n.* subsecretario.

undersell (ver **sell**) *vt.* vender a precio más bajo que. || malvender.

undersigned *adj.* abajo firmante. || infrascrito.

understand (ver **stand**) *vt.* entender, comprender. || ser entendido en. || llevarse bien. || oír decir. || — *vi.* comprender.

understandable *adj.* comprensible.

understanding *adj.* comprensivo, compasivo. || — *n.* entendimiento, inteligencia. || conocimiento. || acuerdo.

understate *vt.* exponer incompletamente.

understatement *n.* exposición incompleta, descripción insuficiente. || moderación.

understudy *n.* suplente. || — *vt.* aprender un papel para poder suplir a.

undertake (ver **take**) *vt.* (*fam.*) emprender. || aceptar. || prometer, comprometerse.

undertaker *n.* director de pompas fúnebres. || **undertaker's**, funeraria.

undertaking *n.* empresa. || garantía.

undertone *n.* voz baja, sonido suave. || matiz suave. || nota callada.

undertow *n.* resaca.

undervalue *vt.* valorizar incompletamente. || (*fig.*) subestimar.

underwater *adj.* submarino.

underwear *n.* ropa interior.

underweight *adj.* de peso insuficiente.

underworld *n.* infierno. || hampa, inframundo. || bajos fondos.

underwrite (ver **write**) *vt.* asegurar, asegurar contra riesgos. || reasegurar.

underwriter *n.* asegurador, reasegurador.

undeserved *adj.* inmerecido.

undesirable *adj.* indeseable.

undeveloped *adj.* subdesarrollado.

undies *n. pl.* (*fam.*) paños menores.

undignified *adj.* indecoroso.

undisclosed *adj.* no revelado.

undisguised *adj.* sin disfraz. || (*fig.*) franco, abierto.

undivided *adj.* indiviso, íntegro, entero.

undo (ver **do**) *vt.* anular. || deshacer. || desatar. || desabrochar.

undoing *n.* ruina, perdición.

undoubted *adj.* indudable.

undreamt-of *adj.* no soñado.

undress *n.* traje de entrecasa. || (*mil.*) traje de cuartel. || — *vt., vi.* desnudarse.

undrinkable *adj.* no potable.

undue *adj.* indebido, excesivo.

undulate *vi.* ondular, ondear.

undying *adj.* (*fig.*) imperecedero.

unearned *adj.* no ganado.

unearth *vt.* desenterrar. || (*fig.*) descubrir.

unearthly sobrenatural. || inverosímil.

uneasy *adj.* preocupado. || incierto.

uneconomic(al) *adj.* antieconómico.

unedifying *adj.* indecoroso.

uneducated *adj.* ineducado, ignorante.

unemployed *adj.* sin empleo, desempleado.

unemployment *n.* desempleo, desocupación.

unending *adj.* interminable, sin fin.

unenlightened *adj.* ignorante.

unenviable *adj.* poco envidiable.

unequal *adj.* desigual.

unequalled *adj.* inigualado, sin par.

unequivocal *adj.* inequívoco.

unerring *adj.* infalible.

uneven *adj.* desigual.

uneventful *adj.* sin incidentes notables.

unexceptionable *adj.* intachable, impecable.

unexceptional *adj.* usual, normal.

unexciting *adj.* poco emocionante.

unexpected *adj.* inesperado.

unexpressed *adj.* no expresado. || tácito.

unfading *adj.* (*fig.*) inmarcesible.

unfailing *adj.* infalible. || inagotable.

U

unfair adj. injusto, sin razón. || (competición) desleal.

unfaithful adj. infiel.

unfaltering adj. resuelto, firme.

unfamiliar adj. desconocido, nuevo.

unfasten vt. desatar. || desabrochar. || abrir. || soltar. || aflojar.

unfathomable adj. insondable.

unfavourable adj. desfavorable.

unfeeling adj. insensible.

unfettered adj. sin trabas.

unfinished adj. incompleto, inacabado, sin terminar.

unfit adj. inútil. || incompetente. || (mil.) no apto. || inapropiado. || indispuesto.

unflagging adj. incansable.

unflappable adj. imperturbable.

unflinching adj. impávido, resuelto.

unfold vt., vi. desplegar(se), desdoblar(se).

unforeseeable adj. imprevisible.

unforeseen adj. imprevisto.

unforgettable adj. inolvidable.

unforgivable adj. imperdonable.

unfortunate adj. desgraciado, desdichado. || malogrado. || — n. (fam., lit.) desafortunado.

unfounded adj. infundado.

unfrequented adj. poco frecuentado.

unfruitful adj. infructuoso.

unfulfilled adj. incumplido.

unfurl vt. desplegar.

unfurnished adj. desamueblado.

ungainly adj. desgarbado, torpe.

ungentlemanly adj. poco caballeroso.

ungodly adj. impío, irreligioso. || (fam.) atroz.

ungovernable adj. ingobernable. || incontrolable, irrefrenable.

ungrateful adj. desagradecido, ingrato.

unguarded adj. descuidado, imprudente.

unguent n. ungüento.

unhappily adv. infelizmente. || desgraciadamente.

unhappy adj. infeliz, desdichado. || descontento, molesto.

unharmed adj. ileso, incólume.

unhealthy adj. enfermizo. || malsano, insalubre. || morboso.

unheard-of adj. inaudito.

unhindered adj. libre, sin estorbos.

unhinge vt. desquiciar. || (fig.) trastornar.

unhitch vt. desenganchar.

unholy adj. impío. || (fam.) atroz.

unhook vt. desenganchar. || descolgar (de la pared). || desabrochar.

unhoped-for adj. inesperado.

unhorse vt. desarzonar.

unhurt adj. ileso, incólume.

unicorn n. unicornio.

unidentified adj. sin identificar.

unification n. unificación.

uniform adj. uniforme. || igual, constante. || — n. uniforme.

uniformed adj. uniformado.

unify vt. unificar, unir.

unilateral adj. unilateral.

unimpaired adj. no disminuido. || no afectado. || intacto, entero.

unimpeachable adj. irrecusable, intachable.

unimpeded adj. sin estorbo.

uninformed adj. poco instruido, ignorante.

uninhabitable adj. inhabitable.

uninhibited adj. desinhibido.

uninspired adj. sin inspiración.

unintelligible adj. ininteligible.

uninterested adj. sin interés.

uninterrupted adj. ininterrumpido.

union n. unión. || sindicato, gremio.

unionize vt., vi. agremiar(se).

Union Jack n. bandera del Reino Unido.

unique adj. único.

unison n. armonía. || (mús.) unisonancia.

unit n. (en gen.) unidad. || (com.) unidad. || aparato, máquina. || equipo.

unite vt., vi. unir(se), juntar(se). || casar(se).

united adj. unido.

unity n. unidad.

universal adj. universal.

universe n. universo.

university n. universidad.

unjust adj. injusto.

unjustified adj. injustificado.

unkempt adj. desaseado. || despeinado.

unkind adj. poco amable. || despiadado.

unknown adj. desconocido, ignorado. || — n. desconocido.

unlawful adj. ilegal, ilícito.

unlearn vt. desaprender, olvidar.

unleash vt. dar salida, dar rienda suelta.

unleavened adj. ázimo, sin levadura.

unless conj. a menos que. || a no ser que.

unlettered adj. indocto.

unlike adj. desemejante, distinto.| (mat.) de signo contrario. || — prep. a diferencia de.

unlikely adj. improbable. || inverosímil.

unlimited adj. ilimitado, sin límite.

unlined adj. sin forro. || sin amigas. || (papel) sin rayar.

unlisted adj. que no figura en una lista.

unload *vt., vi.* descargar.

unlock *vt.* abrir (con llave). || resolver (misterio, *etc.*).

unlooked-for *adj.* inesperado, inopinado.

unloose, **unloosen** *vt.* aflojar, soltar.

unlucky *adj.* desgraciado. || funesto, nefasto.

unmake (ver *make*) *vt.* deshacer.

unmanageable *adj.* inmanejable. || indócil, ingobernable.

unmanly *adj.* afeminado. || cobarde.

unmannerly *adj.* descortés, mal educado.

unmarried *adj.* soltero.

unmask *vt.* desenmascarar *(t. fig.)* || — *vi.* quitarse la máscara.

unmatched *adj.* incomparable, sin par.

unmentionable *adj.* que no se puede mencionar. || indescriptible. || — *n. pl.* **unmentionables** *(ant., hum.)*, prendas íntimas.

unmerciful *adj.* despiadado.

unmindful *adj.* descuidado.

unmistakable *adj.* inconfundible, inequívoco.

unmitigated *adj.* no mitigado, absoluto.

unmortgaged *adj.* libre de hipoteca.

unmoved *adj.* impasible.

unnamed *adj.* sin nombre.

unnatural *adj.* antinatural, no natural. || anormal. || afectado.

unnecessary *adj.* innecesario, inútil.

unnerve *vt.* acobardar.

unnoticed *adj.* inadvertido.

unnumbered *adj.* sin numerar. || innumerable.

unobtrusive *adj.* discreto, modesto.

unoccupied *adj.* deshabitado. || despoblado. || vacante. || desocupado.

unofficial *adj.* extraoficial, no oficial.

unorthodox *adj.* poco ortodoxo, nada convencional, heterodoxo.

unpack *vi.* desembalar. || desempacar.

unpaid *adj.* por pagar, no pagado.

unpalatable *adj.* incomible. || *(fig.)* desagradable, intragable.

unparalleled *adj.* incomparable, sin par.

unpardonable *adj.* imperdonable.

unparliamentary *adj.* antiparlamentario.

unpatriotic *adj.* antipatriótico.

unpaved *adj.* sin pavimentar.

unpick *vi.* descoser.

unpin *vi.* desprender. || quitar los alfileres de.

unpleasant *adj.* desagradable. || repugnante.

unplug *vi.* desenchufar, desconectar.

unpolluted *adj.* impoluto.

unpopular *adj.* impopular.

unpractical *adj.* poco práctico.

unprecedented *adj.* sin precedentes, inaudito.

unpredictable *adj.* impredecible, imprevisible, voluble, desconcertante.

unprepared *adj.* no preparado. || improvisado.

unpretentious *adj.* modesto, sin pretensiones.

unprincipled *adj.* poco escrupuloso, cínico, sin conciencia.

unprofessional *adj.* indigno de su profesión. || contrario a la ética profesional.

unprofitable *adj.* improductivo. || infructuoso. || inútil. || poco provechoso.

unprovided *adj.* imprevisto. || desamparado, desvalido.

unpublished *adj.* inédito.

unpunctual *adj.* impuntual, poco puntual.

unpunished *adj.* impune.

unqualified *adj.* incompetente. || no cualificado. || incondicional.

unquenchable *adj.* *(fig.)* inextinguible. || inapagable. || insaciable.

unquestionable *adj.* incuestionable, indiscutible.

unquestioning *adj.* incondicional.

unquiet *adj.* inquieto.

unravel *vt.* desenmarañar. || *(fig.)*.

unreadable *adj.* ilegible. || *(fig.)* imposible de leer, de lectura muy pesada.

unreal *adj.* irreal. || imaginario, ilusorio.

unreasonable *adj.* irrazonable, poco razonable. || excesivo.

unrecognizable *adj.* irreconocible.

unrecorded *adj.* no registrado, que no hay constancia.

unrefined *adj.* no refinado. || *(fig.)* inculto.

unregenerate *adj.* empedernido.

unrelated *adj.* inconexo.

unrelenting *adj.* inexorable, implacable.

unreliable *adj.* informal, de poca confianza. || nada fidedigno. || en lo que no se puede confiar del todo.

unrelieved *adj.* absoluto, monótono, total.

unremitting *adj.* infatigable, incansable.

unrepentant *adj.* impenitente.

unrepresentative *adj.* poco representativo. || poco típico, nada característico.

unrequited *adj.* no correspondido.

unreserved *adj.* no reservado, libre.

unresisting adj. sumiso.
unrest n. malestar, inquietud.
unrestrained adj. desenfrenado, desembarazado.
unrestricted adj. sin restricción, libre.
unrevealed adj. no revelado.
unrewarding adj. sin provecho, infructuoso, inútil.
unrighteous adj. malo, perverso.
unrivalled adj. sin par, incomparable.
unroll vf., vi. desenrollar(se).
unrope vt., vi. desatar(se).
unruffled adj. imperturbable, ecuánime.
unruly adj. revoltoso, ingobernable.
unsaddle vi. desarzonar. || desensillar.
unsafe adj. inseguro. || peligroso, arriesgado.
unsaid adj. sin decir, sin expresar.
unsal(e)able adj. invendible.
unsatisfied adj. insatisfecho.
unsavoury adj. desagradable, repugnante.
unscathed adj. ileso.
unschooled adj. indocto. || no instruido.
unscramble vt. descifrar.
unscrew vt. destornillar.
unscrupulous adj. poco escrupuloso.
unseal vt. desellar, abrir.
unseemly adj. indecoroso.
unseen adj. invisible. || secreto, oculto.
unselfish adj. desinteresado. || abnegado.
unsettle vt. perturbar, agitar, inquietar.
unshakeable adj. inquebrantable.
unshaken adj. impertérrito.
unshaven adj. sin afeitar.
unsheathe vi. desenvainar.
unshod adj. descalzo. || desherrado (caballo).
unshrinkable adj. inencogible.
unsightly adj. feo, repugnante.
unsinkable adj. insumergible.
unskilled adj. no cualificado.
unskil(l)ful adj. inexperto, desmañado.
unsociable adj. insociable.
unsophisticated adj. sencillo, cándido.
unsound adj. defectuoso. || podrido. || falso, erróneo.
unsparing adj. generoso. || incansable.
unspeakable adj. indecible. || horrible.
unspecified adj. no especificado.
unstable adj. inestable.
unsteady adj. inestable, inseguro. || inconstante. || movedizo, poco firme.
unstinted adj. generoso. || incansable.
unstop vt. desobstruir, desatascar.
unstuck adj. despegado.
unstudied adj. natural, sin afectación.

unsubdued adj. indomado.
unsuccessful adj. fracasado. || inútil.
unsuitable adj. inapropiado. || inconveniente. || inadecuado. || inoportuno.
unsullied adj. inmaculado, no corrompido.
unsung adj. desconocido, que no recibe los elogios que merece.
unsurpassed adj. insuperado, sin par.
unswerving adj. inquebrantable. || firme. || sin vacilar.
untainted adj. inmaculado.
untamed adj. indomado.
untangle vi. desenmarañar.
untarnished adj. sin tacha, inmaculado.
untenable adj. insostenible.
unthinkable adj. inconcebible, impensable.
untidy adj. desaliñado. || en desorden.
untie vi. desatar.
until prep. hasta. || — conj. hasta que.
untimely adj. inoportuno. || prematuro.
untiring adj. incansable.
unto prep. (ant.) ver **to**, **towards**.
untold adj. nunca contado, inédito. || nunca revelado. || incalculable. || indecible.
untouchable adj., n. (India) intocable.
untoward adj. desfavorable. || adverso. || fatal, funesto.
untrained adj. inexperto. || no entrenado, no adiestrado.
untransferable adj. intransferible.
untranslatable adj. intraducible.
untrodden adj. no trillado.
untroubled adj. tranquilo.
untrue adj. falso. || ficticio. || infiel.
untrustworthy adj. informal, indigno de confianza. || no fidedigno.
untruth n., pl. —**truths**, mentira.
unused adj. nuevo, sin usar y sin estrenar.
unusual adj. insólito, poco común.
unutterable adj. indecible.
unvaried adj. sin variación, constante.
unvarnished adj. sin barnizar, || (fig.) sencillo, llano, sin adornos.
unveil vi. quitar el velo a.
unversed adj. poco ducho en.
unvoiced adj. no expresado. || (gram.) sordo.
unwanted adj. superfluo. || no deseado.
unwarily adv. imprudentemente, incautamente.
unwariness n. imprudencia.
unwarranted adj. injustificado.
unwary adj. imprudente, incauto.

unwavering adj. inquebrantable, firme.
unwearying adj. incansable.
unwelcome adj. importuno, molesto.
unwell adj. indispuesto.
unwholesome adj. insalubre, nocivo.
unwieldy adj. pesado, difícil de manejar.
unwilling adj. desinclinado. || desinteresado.
unwind (ver **wind**) vt., vi. desenvolver(se). || desovillar(se).
unwise adj. imprudente.
unwonted adj. insólito, inusitado.
unworldly adj. poco mundano.
unworthy adj. indigno.
unwrap vi. desenvolver.
unwritten adj. no escrito.
unyielding adj. inflexible.
unzip vt. abrir la cremallera de.
up adv. arriba. || hacia arriba. || en el aire. || levantado. || de pie. || (tiempo) expirado. || totalmente. || — prep. en lo alto. || encima de. || hacia arriba. || — adj. ascendente. || **to be up** (fam.), suceder. || — n. **ups and downs** (fam.), vicisitudes. || — vt. (fam.) levantar, aumentar. || — vi. levantarse.
up-and-coming adj. prometedor.
up-and-down adj. variable.
upbraid vt. reprender, censurar.
upbringing n. educación, crianza.
upcountry adv. tierra adentro. || — adj. del interior.
update vt. modernizar, actualizar.
upgrade vt. ascender. || valorar en más.
upheaval n. (geol.) solevantamiento. || (fig.) cataclismo, trastorno.
uphill adv. cuesta arriba. || — adj. arduo, penoso.
uphold (ver **hold**) vi. sostener, apoyar.
upholster vt. tapizar.
upholstery n. tapicería, tapizado.
upkeep n. conservación. || mantenimiento.
upland n. tierra alta, meseta. || — adj. del altiplano.
uplift n. sustentación. || (fig.) inspiración.
uplift vt. (fig.) inspirar, edificar.
upon prep. ver **on**.
upper adj. superior, más alto. || de arriba.
upper-class adj. de la dase alta.
uppercut n. (boxeo) golpe de abajo arriba.
uppermost adj. lo más alto. || (fig.) principal.
uppish, uppity adj. (fam.) engreído.
upright adj. vertical. || derecho. || || (fig.) recto, probo. || — n. montante.

uprising n. alzamiento, sublevación.
uproar n. alboroto, tumulto.
uproarious adj. tumultuoso, estrepitoso.
uproot vt. desarraigar, arrancar. || extirpar.
upset n. vuelco. || indisposición, malestar. || trastorno. || dificultad.
upset (ver **set**) vt. volcar. || derramar. || preocupar. || afectar.
upsetting adj. inquietante, desconcertante.
upshot n. resultado.
upside n. **u. down**, al revés. || patas para arriba. || (fig.) en confusión.
upstage adv. en el fondo de la escena.
upstairs adv. arriba. || — adj. de arriba.
upstart adj., n. arribista. || advenedizo.
upstream adv. aguas arriba, río arriba.
upsurge n. acceso, aumento grande.
upswing n. movimiento hada arriba.
uptake n. (fam.) **to be quick** (**slow**) **on the u.**, ser muy listo (torpe).
up-to-date adj. moderno, actual.
uptown adv. hacia o en la parte alta de la ciudad. || — adj. de la parte alta de la ciudad.
upturn n. mejora, aumento.
upturned adj. vuelto hacia arriba. || (nariz) respingada.
upward adj. ascendente, ascensional.
upward(s) adv. hacia arriba.
upwind adv. en la dirección del viento.
uranium n. uranio.
urban adj. urbano.
urbane adj. urbano, cortés, fino.
urbanize vt. urbanizar.
urchin n. diablillo. || rapaz. || zaparrastroso.
urge n. instinto. || impulso. || deseo. ||— vt. exhortar. || impulsar. || recomendar.
urgent adj. urgente. || apremiante.
urinal n. servicios públicos. || mingitorio.
urinary adj. urinario.
urinate vi. orinar.
urine n. orina, orines.
urn n. urna. || tetera.
urology n. urología.
us pron. nos. || nosotros (después de prep.)
usable adj. utilizable, aprovechable.
usage n. uso, costumbre.
use n. uso: **out of u.**, fuera de uso. || manejo, empleo. || sentido, finalidad. || costumbre. || — vt. usar. || **can u.** (fam), disfrutar, gustar. ||emplear. || manejar. || consumir, || acostumbrar, soler. || **to u. up**, acabar completamente.

used *adj.* usado, de segunda mano. || **u. to**, acostumbrado.
useful *adj.* útil. || provechoso.
useless *adj.* inútil. || inservible. || inepto.
user *n.* usuario.
usher *n.* ujier, portero. || *(teat.)* acomodador. || — *vt.* *(fam.)* acomodar. || mostrar el camino. || abrir camino *(fig.).* **usherette** *n.* acomodadora.
usual *adj.* usual, corriente, normal. || habitual. || **as u.**, como de costumbre.
usually *adv.* por lo general, por regla general.
usurer *n.* usurero.
usurious *adj.* usurario.
usurp *vt.* usurpar.
usury *n.* usura.

utensil *n.* utensilio.
uterus *n.* útero.
utilitarian *adj.* utilitario.
utilitarianism *n.* utilitarismo.
utility *n.* utilidad.
utility room *n.* trascocina.
utilize *vt.* utilizar.
utmost *adj.* supremo. || extremo. || mayor. || — *n.* máximo.
utter *adj.* completo. || total. || empedernido. || — *vt.* pronunciar. || soltar. || dar (suspiro, etc.). || proferir.
utterance *n.* pronunciación. || declaración.
utterly *adv.* completamente, totalmente.
U-turn *n.* viraje en U.
uvular *adj.* uvular.

U

V

v *n.* v.

vacancy *n.* vacío. || lugar libre. || *(fig.)* laguna. || vacante. || *(fig.)* vaciedad.

vacant *adj.* (lugar, habitación) libre. || disponible. || (sitio) vacío, desocupado. || (mirada, etc.) distraído, vago.

vacate *vi.* desocupar. || dejar vacante.

vacation *n.* vacación, vacaciones.

vaccinate *vi.* vacunar.

vaccine *n.* vacuna.

vacillate *vi.* oscilar, vacilar, dudar.

vacuity *n.* vacuidad.

vacuum *n.* vacío.

vacuum cleaner *n.* aspirador.

vacuum flask *n.* termo.

vacuum pump *n.* bomba al vacío.

vagabond *adj., n.* vagabundo.

vagary *n.* capricho, extravagancia.

vagrancy *n.* vagancia, vagabundaje.

vagrant *adj., n.* vagabundo.

vague *adj.* vago. || poco claro, nebuloso, confuso *(t. fig.)*. || incierto.

vain *adj.* vano, inútil. || **in v.,** en vano. || vanidoso. || presumido, engreído.

vainglory *n.* vanagloria.

valance *n.* cenefa, doselera.

vale *n. (lit.)* valle.

valedictory *adj.* de despedida.

valency *n.* valencia.

valentine *n.* tarjeta de amor sin firma para el día de San Valentín.

valet *n.* ayuda de cámara.

valiant *adj. (lit.)* esforzado, denonado.

valid *adj.* válido. || valedero. || *(der.)* vigente.

validate *vi.* validar.

validation *n.* validación *(t. comput.)*.

valise *n.* portamantas.

valley *n.* valle.

valour *n.* valor, valentía.

valuable *adj.* valioso. || estimable. || costoso. || *pl.* **valuables**, objetos de valor.

valuation *n.* valuación. || tasación.

value *n. (fig., mat., quím., fís., etc.)* valor. || estimación. || *(com.)* precio. || *(com.)* poder adquisitivo. || valor de la moneda. || *pl.* **values**, valores (culturales, morales). || — *vt.* valorar. || fijar el precio.

valuer *n.* tasador.

valve *n. (anat., mec., rad.)* válvula. || *(bot., zool.)* valva.

vamp *n.* (zapato) empella. || remiendo. || vampiresa. ||— *vt.* poner empella a. || remendar. || *(mús.)* improvisar. || coquetear con, flirtear con.

vampire *n.* vampiro. || vampiresa.

van *n. (mil., fig.)* vanguardia. || camioneta, furgoneta. || camión de mudanzas.

Vandal *adj., n.* vándalo.

vandalize *vt.* destruir, estropear.

vane *n.* veleta, y paleta (molino).

vanguard *n.* vanguardia.

vanilla *n.* vainilla.

vanish *vi.* desaparecer, desvanecerse.

vanity *n.* vanidad.

vanity case *n.* neceser de belleza.

vanquish *vt. (lit.)* vencer, derrotar.

vantage point *n* posición ventajosa.

vapid *adj.* insípido, soso.

vaporize *vt.* vaporizar(se), volatilizarse).

vapour *n.* vapor. || vaho, exhalación.

variable *adj., n.* variable.

variance *n.* **to be at v.,** estar en desacuerdo.

variant *adj., n.* variante.

varicose *adj.* varicoso: **v. veins,** várices.

varied *adj.* variado.

variegated *adj.* abigarrado. || jaspeado.

variety *n.* variedad. || diversidad. || multiplicidad. || *(com.)* elección, surtido.

various *adj.* vario, diverso: **for v. reasons,** por diversas razones.

varmint *n.* bicho. || *(fam.)* golfo, bribón.

varnish *n.* barniz. || esmalte para las uñas. || *(fig.)* capa, apariencia. || — *vt.* barnizar. || laquear, esmaltar. || **to v. over** *(fig.)*, disimular, paliar.

varsity *n. (fam.)* universidad.

vary *vt.* variar (decisión, etc.), cambiar, modificar. || — *vi.* variar. || estar en desacuerdo.

vase *n.* florero, jarrón.

vaseline *n.* vaselina.

vassal *n.* vasallo.

vast *adj.* vasto. || inmenso, enorme.

vat n. tina, tinaja.

vault n. (arq.) bóveda. || sótano. || bodega. || cripta. || (banco) cámara. || — vt. saltar. || (arq.) abovedar. || — vi. saltar.

vaunt vt., vi. jactarse, alardear.

veal n. ternera.

vector n. vector.

veer n. (mar.) virada. || cambio de dirección. || (fig.) viraje. || — vi. (mar.) virar. || cambiar de dirección. || cambiar (viento). || torcer.

vegetable adj. vegetal: **v. kingdom**, reino vegetal. || — n. (bot.) vegetal. || legumbre, hortaliza.

vegetarian adj., n. vegetariano.

vegetate vi. vegetar (t. fig.).

vegetation n. vegetación.

vehement adj. vehemente. || violento.

vehicle n. vehículo.

veil n. velo (t. fot. y fig.). || **to draw a v. over**, correr un velo sobre. || — vt. velar.

veiled adj. velado: **with v. irony**, con velada ironía.

vein n. (anat., bot.) vena. || (min.) filón, veta. || fibra. || hebra. || (fig.) rasgo.

veined adj. veteado.

vellum n. vitela.

velocity n. velocidad.

velvet n. terciopelo.

velveteen n. pana.

velvety adj. aterciopelado.

vend n. vender.

vending n. venta, distribución.

vendor n. vendedor.

veneer n. chapa, enchapado. || (fig.) barniz, apariencia. || vt. chapear.

venerate vt. venerar, reverenciar.

venereal adj. venéreo.

vengeance n. venganza. || revancha. || **with a v.** (fam.), con toda el alma, como loco. || a más no poder.

vengeful adj. (lit.) vengativo.

venison n. carne de venado.

venom n. veneno. || (fig.) malignidad.

venomous adj. venenoso. || (fig.) maligno.

vent n. respiradero. || salida. || (tec.) válvula de purga. || (orn.) cloaca. || **to give v. to** (fam.), desahogarse. || — vt. (tec.) purgar. || (fig.) desahogar.

ventilate vt. ventilar (t. fig.).

ventilator n. ventilador.

ventricle n. ventrículo.

ventriloquism n. ventriloquía.

venture n. empresa (arriesgada). || riesgo. || especulación. || — vt. aventurar. || — vi. aventurarse a.

venturesome adj. atrevido, audaz.

venue n. punto de reunión.

veracious adj. veraz.

veracity n. veracidad.

veranda(h) n. veranda, terraza, galería.

verb n. verbo.

verbalize vtr., vi. expresar(se) en palabras.

verbatim adv., adj. palabra por palabra.

verbiage n. verbosidad, palabrería.

verbose adj. verboso, prolijo.

verdant adj. (lit., poét.) verdeante.

verdict n. (der.) veredicto, fallo, sentencia.

verdigris n. cardenillo, verdín.

venture n. verdura.

verge n. (gen. fig.) borde: **on the v. of despair**, al borde de la desesperación. || — vi. **to v. on**, rayar en. || estar a punto de.

verger n. sacristán.

verify vi. comprobar, verificar.

veritable adj. verdadero.

verity n. verdad.

vermicelli n. fideos.

vermilion n. bermellón. || — adj. bermejo.

vermin n. bichos, sabandijas. || parásitos.

vernacular adj. vernáculo, vulgar. || — n. lengua vernácula. || (fig.) lenguaje corriente.

versatile adj. versátil, polifacético. || adaptable, flexible. || universal.

verse n. poesías. || verso. || (Biblia) versículo.

versed adj. versado.

versification n. versificación.

version n. versión. || traducción (Biblia).

vertebrate adj., n. vertebrado.

vertex n., pl. **vertices**, vértice.

verve n. energía, empuje. || brío. || entusiasmo.

very adv. muy. || — adj. mismo. || solo: **the v. fact of his presence**, el solo hecho de su presencia.

vesicle n. vesícula.

vespers n. pl. vísperas.

vessel n. (anat., bot., fig.) vaso. || vasija, recipiente. || (naveg.) buque, barco.

vest n. camiseta. || — vt. investir. || **to v. in**, conferir derechos.

vestige n. vestigio. || (biol.) rudimento.

vestment n. vestidura.

vestry n. sacristía.

vet n. (fam.) veterinario. || — vt. repasar, revisar.

vetch n. arveja.

veteran adj., n. veterano.
veterinary adj. veterinario.
veto n., pl. **vetoes** veto. || — vt. vedar, vetar, prohibir.
vex vt. (ant.) molestar, fastidiar, irritar. || afligir. || impacientar.
vexation n. irritación, contrariedad.
via prep. por, por vía de.
viaduct n. viaducto.
vial n. ver **phial**.
viands n. pl. (lit.) manjares, comida.
vibrate vt., vi. vibrar.
vibration n. vibración.
vicar n. vicario. || párroco, cura.
vicarious adj. delegado, vicario. || (fig.) experimentado por otros.
vice n. vicio. || (mec.) tomo de banco.
vice prep. en lugar de, sustituyendo a.
vice-chancellor n. (univ.) rector.
viceroy n. virrey.
vice versa adv. viceversa, a la inversa.
vicinity n. vecindad, región. || proximidad.
vicious adj. cruel, dañino. || peligroso.
vicissitudes n. pl. vicisitudes. || altibajos.
victim n. víctima.
victimize vt. hacer víctima de.
victor n. vencedor.
victorious adj. victorioso.
victory n. victoria, triunfo.
victuals n. pl. víveres, provisiones, vitualla.
video n. vídeo.
vie vi. competir, ser rivales.
view n. vista. || perspectiva. || aspecto. || (fot.) panorama. || paisaje. || opinión. || — vt. mirar. || examinar. || contemplar. || considerar.
viewer n. espectador. || (TV) televidente.
viewfinder n. (fot.) visor de imagen.
viewpoint n. mirador. || (fig.) punto de vista.
vigil n. vigilia: **to keep v.,** velar.
vigilance n. vigilancia.
vigilant adj. vigilante. || desvelado, alerta.
vignette n. (impr., fot., etc.) viñeta.
vigour n. vigor, energía.
vile adj. vil. || infame. || horrible, asqueroso.
vilify vt. vilipendiar.
villa n. villa. || chalet. || casa de campo, quinta.
village n. aldea, pueblecito.
villager n. aldeano.
villain n. (teat. o hum.) villano. || malvado.

villainous adj. malvado, vil, infame.
villainy n. maldad, vileza.
vim n. energía, empuje, vigor.
vindicate vt. vindicar, justificar.
vindictive adj. vengativo, rencoroso.
vine n. vid. || parra.
vinedresser n. viñador.
vinegar n. vinagre.
vine grower n. viticultor, viñador. || bodeguero.
vineyard n. viña, viñedo.
vintage n. vendimia. || cosecha.
vintner n. vinatero.
viol n. viola.
viola n. (bot.) viola. || (mús.) viola.
violate vt. (todos los sentidos) violar.
violence n. violencia. || daño, injusticia.
violent adj. fuerte, violento. || (fig.) acalorado.
violet n. violeta. || color violeta. || — adj. violado.
violin n. violín.
viper n. víbora.
virago n. fiera, arpía.
virgin n. virgen. || **the Blessed V.,** la Santísima Virgen. || — adj. virginal, intacto.
virginity n. virginidad.
virility n. virilidad.
virology n. virología.
virtual adj. virtual. || (comput.) **v. memory,** almacenamiento virtual.
virtually adv. virtualmente. || casi.
virtue n. virtud. || rectitud. || ventaja.
virtuosity n. virtuosismo.
virtuous adj. virtuoso.
virulent adj. virulento.
virus n. virus.
visa n. visa, visado. || — vt. hacer visar.
visage n. (lit.) semblante.
vis-a-vis prep. respecto de, con relación a.
viscera n. pl. vísceras.
viscount n. vizconde.
viscountess n. vizcondesa.
viscous adj. viscoso.
visibility n. visibilidad.
visible adj. visible.
vision n. visión. || vista. || clarividencia. || sueño.
visionary adj., n. visionario.
visit n. visita. || — vt. visitar. || ira. || conocer. || — vi. hacer visitas.
visitation n. visitación. || inspección.
visiting card n. tarjeta de visita.
visitor n. visitante. || visita. || turista.
visor n. visera.

vista *n.* vista, panorama. || *(fig.)* perspectiva.

visual *adj.* visual.

visualize *vt.* representarse. || imaginarse.

vital *adj.* vital. || esencial. || decisivo. || lleno de vida. || — *n. pl.* **vitals**, partes vitales.

vitality *n.* vitalidad, energía.

vitamin *n.* vitamina.

vitiate *vi.* viciar *(t. der.).* || estropear, destruir.

viticulture *n.* viticultura.

vitreous *adj.* vitreo.

vitriol *n.* vitriolo.

vitriolic *adj. (fig.)* mordaz.

vituperation *n.* vituperio, injurias.

vituperative *adj.* vituperioso, injurioso.

vivacious *adj.* animado, vivaz, alegre.

vivarium *n.* vivero.

viva voce *n. (univ.)* examen oral.

vivid *adj.* intenso. || gráfico, enérgico.

vivisection *n.* vivisección.

vixen *n.* zorra, raposa. || *(fig.)* arpía.

vizier *n.* visir.

vocabulary *n.* vocabulario, léxico.

vocal *adj.* vocal. || ruidoso. || gritón.

vocalist *n.* cantante.

vocation *n.* vocación.

vocative *n.* vocativo.

vociferate *vt., vi.* vociferar, gritar.

vociferous *adj.* vocinglero, clamoroso.

vogue *n.* boga, moda.

voice *n.* voz.

voiceless *adj. (gram.)* sordo.

void *adj.* vacío. || desocupado. || vacante. || *(der.)* nulo, inválido. || — *n.* vacío. || hueco, espacio. || **the v.**, la nada. || — *vt.* evacuar, vaciar. || *(der.)* anular.

volatile *adj.* volátil *(t. fig.).* || **v. file** *(comput.)* archivo volátil.

volcanic *adj.* volcánico.

volcano *n.* volcán.

volition *n.* volición.

volley *n. (mil.)* descarga. || lluvia (de piedras, etc.). || salva (aplausos). || (tenis) voleo. || — *vt., vi.* lanzar descarga. || (tenis) volear.

volleyball *n.* balonvolea, vóleibol.

volt *n.* voltio.

voltage *n.* voltaje.

volte-face *n.* viraje, cambio súbito de opinión, tergiversación.

voluble *adj.* locuaz, hablador.

volume *n.* volumen. || tomo. || cantidad.

voluminous *adj.* voluminoso.

voluntary *adj.* voluntario. || espontáneo. || libre. || — *n.* solo de órgano.

volunteer *n.* voluntario. || — *vt.* ofrecer (servicios). || — *vi.* ofrecerse. || *(mil.)* alistarse.

voluptuous *adj.* voluptuoso.

vomit *n.* vómito. || — *vt., vi.* vomitar.

voodoo *n.* vudú.

voracious *adj.* **voraz**.

vortex *n., pl.* **vortices**, vórtice.

votary *n. (relig.)* devoto. || *(fig.)* partidario.

vote *n.* voto. || sufragio. || votación. || — *vt., vi.* votar.

voter *n.* votante.

votive *adj.* votivo.

vouch *vt.* garantizar, atestiguar. || confirmar. || — *vi.* **to v. for**, responder de, garantizar.

voucher *n. (com.)* comprobante.

vouchsafe *vt.* conceder, otorgar.

vow *n.* voto *(t. relig.).* || promesa solemne. || — *vt.* jurar. || prometer. || — *vi.* jurar.

vowel *n., adj.* vocal.

voyage *n.* viaje (por mar, en barco). || travesía. || — *vi.* viajar (por mar). || navegar.

voyager *n.* viajero.

vulcanize *vt.* vulcanizar.

vulgar *adj.* común, corriente. || vulgar, ordinario. || de mal gusto. || cursi.

vulgarity *n.* vulgaridad. || grosería.

vulnerable *adj.* vulnerable.

vulture *n.* buitre.

vulva *n.* vulva.

V

W

w *n.* w.

wacky *adj. (sl.)* chiflado. || tonto.

wad *n.* taco, tapón. || bolita de algodón. || lío (de papeles). || fajo de billetes, etc. || — *vt.* rellenar.

wadding *n.* taco, tapón. || relleno. || entretela.

waddle *n.* anadeo. || — *vi.* anadear.

wade *vt.* vadear. || — *vi.* andar con dificultad. || **to w. in**, meterse en el agua.

wader *n. (orn.)* ave zancuda.

wafer *n.* barquillo. || oblea. || *(relig.)* hostia.

waffle *n.* especie de buñuelo, waffle || — *vi. (fam.)* hablar o escribir sin sentido.

waft *n.* ráfaga de olor. || — *vt.* llevar por el aire. || mecer, mover. || — *vi.* moverse. || ser llevado por el aire.

wag *n.* meneo, movimiento. || coletazo. || guasón. || bromista. || — *vt.* agitar. || menear.

wage *n.* salario. || jornal. || *(fig.)* premio. || — *vt.* hacer (guerra).

wager *n.* apuesta. || — *vt., vi.* apostar.

waggish *adj.* zumbón.

wag(g)on *n.* carro. || *(f. c.)* vagón.

wagtail *n. (orn.)* lavandera.

waif *n.* niño o animal abandonado.

wail *n.* lamento, gemido. || vagido. || queja. || — *vi.* lamentarse, gemir. || gimotear.

wainscot *n.* friso. || entablado, revestimiento (de la pared).

waist *n.* cintura, talle. || *(naveg.)* combés.

waistband *n.* pretina, cinturilla.

waistcoat *n.* chaleco.

waist-high *adv.* hasta la cintura.

waistline *n.* talle.

wait *n.* espera. || pausa, intervalo. || acecho. || — *vt.* esperar. || retrasar. || atender, servir. || — *vi.* esperar. || **to w. on**, servir, atender.

waiter *n.* camarero.

waiting list *n.* lista de solicitudes no atendidas, lista de aspirantes.

waiting room *n.* sala de espera.

waitress *n.* camarera.

waive *vt.* renunciar a.

waiver *n.* renuncia.

wake *n.* velatorio. || *(mar.)* estela. || *(fig.)* huella. || — *vt. (pret.* **woke**, *pp.* **woken, waked**) despertar. || velar (un muerto). || — *vi.* despertarse.

wakeful *adj.* despierto. || vigilante. || desvelado. || insomne.

waken *vt., vi.* despertar.

walk (work) *n.* paseo. || andar, paso. || condición *(fig.)*: **people from all walks of life**, gente de toda condición. || — *vt.* pasear (niño, etc.). || llevar al paso (caballo). || recorrer a pie. || hacer caminar. || — *vi.* andar. || caminar. || pasear. || ir a pie. || **to w. away**, marcharse. || **to w. into**, entrar. || **to w. off**, irse, marcharse. || **to w. out**, salir. || declararse en huelga.

walker *n.* paseante. || peatón.

walkie-talkie *n.* transmisor-receptor portátil.

walking *adj.* ambulante.

walking stick *n.* bastón.

walk-on *adj. (teat.)* **walk-on part**, papel de figurante.

walkout *n.* salida, retirada. || huelga.

walkover *n. (fig.)* triunfo fácil.

walk-ups *n. pl.* pisos sin ascensor.

wall *n.* muro, pared. || muralla. || tapia. || — *vi.* murar, cerrar con un muro. || amurallar.

wallah *n. (India)* agente. || hacedor.

wallet *n.* cartera, billetera.

wallflower *n.* alhelí. || *(fig., fam.)* chica que nadie saca a bailar.

wallop *n.* golpe, golpazo. || — *vt. (fam.)* golpear fuertemente.

walloping *adj. (fam.)* colosal, grandote.

wallow *vi.* revolcarse. || **to w. in money**, nadar en la opulencia.

wallpaper *n.* papel de paredes.

wall socket *n.* enchufe de pared.

walnut *n.* nuez. || nogal.

walrus *n.* morsa.

waltz *n.* vals. || — *vi.* valsar.

W

wan *adj.* pálido, macilento. || triste.

wand *n.* vara. || varita mágica. || *(mús.)* batuta.

wander *vt.* errar, vagar. || extraviarse. || *(fig.)* divagar.

wanderer *n.* hombre errante. || vagabundo.

wanderlust *n.* pasión de viajar.

wane *n. (asir.)* cuarto menguante. || reflujo. || *(fig.)* ocaso. || — *vi. (astr.)* menguar. || bajar (marea). || *(fig.)* decaer, declinar.

wangle *n. (fam.)* chanchullo. trampa. || — *vt. (fam.)* arreglárselas.

want *n.* falta, ausencia. || necesidad. || carencia. || — *vt.* querer. || requerir. || necesitar. || — *vi.* necesitar, carecer.

wanting *adj.* defectuoso. || deficiente. || falto.

wanton *adj.* excesivo. || promiscuo. || licencioso, lascivo.

war *n.* guerra.

warble *n.* trino, gorjeo. || — *vi.* trinar, gorjear.

ward *n.* pupilo. || tutela, custodia. || sala (hospital): **the maternity w.**, la sala de maternidad. || — *vt.* **to w. off**, desviar, parar.

warden *n.* guardián. || *(univ.)* etc.) director. || alcaide.

wardrobe *n.* vestidos, trajes. || *(teat.)* vestuario. || guardarropa, armario.

wardroom *n. (naveg.)* cuarto de oficiales.

ware *n.* loza. || *pl.* **wares,** mercaderías.

warehouse *n.* almacén, depósito.

warfare *n.* guerra. || arte militar.

warhead *n. (mil.)* cabeza de proyectil.

warily *adj.* cautelosamente.

warlike *adj.* guerrero, belicoso.

warm *adj.* tibio. || caliente. || cálido. || acogedor, agradable. || *(fig.)* cariñoso, afectuoso. || entusiasta. || — *n.* calentamiento. || — *vt.* calentar. || *(fig.)* alegrar. || — *vi.* calentarse.

warm-blooded *adj.* de sangre caliente. || *(fig.)* ardiente, apasionado.

warm-hearted *adj.* bondadoso, afectuoso.

warming pan *n.* calentador (de cama).

warmonger *n.* belicista.

warmth *n.* calor. || lo cálido, lo caluroso. || *(fig.)* efusión. || afecto. || entusiasmo.

warn *vt.* avisar. || advertir. || prevenir.

warning *n.* aviso, advertencia: **without w.**, sin dar aviso, sin previo aviso. || **to give advance w.**, dar preaviso. || — *adj.* de aviso, de advertencia.

warp *n.* urdimbre. || comba. || *(fig.)* sesgo. || — *vt., vi.* (madera, *etc.*, t. *fig.*) deformar(se), torcer(se).

warpath *n.* **to be on the w.**, estar en pie de guerra. || *(fig.)* estar dispuesto a armar un lío.

warrant *n.* autorización legal. || *(der.)* mandamiento judicial. || **search w.**, orden de allanamiento. || *(fam.)* justificación.

warrant officer *n. (mil.)* suboficial.

warren *n.* madriguera de conejos. || *(hist.)* coto. || *(fig.)* laberinto.

warrior *n.* guerrero.

warship *n.* buque de guerra.

wart *n.* verruga.

wartime *n.* tiempo de guerra.

wary *adj.* cauteloso, cauto.

was ver **be.**

wash *n.* lavado. || ropa (para lavar). || tendido. || *(naveg.)* estela, remolinos. || — *vt.* lavar. || fregar (platos). || bailar. || — *vi.* lavarse. || bañarse. || **to w. up,** fregar (platos, etc.).

washable *adj.* lavable.

washbasin, **washbowl** *n.* palangana, jofaina.

washer *n.* arandela, | lavadora.

washerwoman *n.* lavandera.

washing *n.* lavado. || ropa sucia. || tendido.

washing machine *n.* lavadora.

washing-up *n.* fregado, el fregar (los platos). || platos para lavar. || platos lavados.

wash-out *n. (fam.)* fiasco. || desastre.

washstand *n.* lavabo, lavamanos.

washtub tina de lavar. || bañera.

wasn't = was not.

wasp *n.* avispa.

waspish *adj.* irascible.

waste *adj.* yermo. || baldío. || de desecho. || sobrante. || — *n.* pérdida. || desgaste, deterioro. || *(coc.)* desperdicios. || basura. || — *vt.* derrochar, despilfarrar. || perder (tiempo). || desaprovechar. || consumir. || enflaquecer.

wasteful *adj.* pródigo, despilfarrador.

wasteland *n.* tierra baldía.

wastepaper basket *n.* papelera.

waste pipe *n.* tubo de desagüe.

wastrel *n.* derrochador.

watch *n.* reloj. || vigilia. || vigilancia. || *(mil.)* guardia. || *(mar.)* vigía. || — *vt.* observar, mirar. || vigilar. || tener cuidado. || — *vi.* mirar, observar. || velar. || **to w. out,** tener cuidado. || **to w. over,** vigilar.

watchdog *n.* perro guardián.
watchful *adj.* vigilante. || observador.
watchmaker *n.* relojero.
watchman *n.* guardián. || sereno.
watchtower *n.* atalaya, vigía.
watchword *n. (mil., etc.)* santo y seña. || lema, consigna.
water *n.* agua. || **in deep waters** *(fig.),* en dificultades, en apuros. || **to hold w.** *(fig.),* parecer verdadero. || tener fundamento. || **to make w.** *(fam.),* orinar. || *pl.* **waters,** aguas termales. || — *vt.* mojar. || humedecer. || regar. || dar de beber, abrevar. || — *vi.* llorar. || hacerse agua.
waterborne *adj.* llevado por barco.
water closet *n.* wáter, inodoro.
watercolour *n.* acuarela.
watercourse *n.* arroyo. || lecho, cauce.
watercress *n.* berro.
waterfall *n.* cascada, salto de agua.
waterfowl *n. pl.* aves acuáticas.
waterfront *n.* terreno ribereño.
water ice *n.* sorbete, helado.
watering *n.* riego.
watering can *n.* regadera.
watering place *n.* balneario. || playa, ciudad marítima de veraneo.
water lily *n.* nenúfar.
waterline *n.* línea de flotación.
watermark *n.* filigrana.
watermelon *n.* sandía.
water pipe *n.* caño de agua.
water power *n.* fuerza hidráulica.
waterproof *adj., n.* impermeable.
watershed *n.* divisoria de las aguas. || cuenca.
waterside *n.* orilla del agua, ribera.
water-skiing *n.* esquí acuático.
waterspout *n.* tromba marina.
watertight *adj.* estanco. || hermético. || *(fig.)* irrecusable.
waterway *n.* vía fluvial. || canal.
waterwheel *n.* rueda hidráulica. || noria.
water wings *n. pl.* nadaderas, flotadores.
waterworks *n.* central depuradora.
watery *adj.* acuoso. || húmedo. || lagrimoso. || lluvioso. || (vino, etc.) flojo.
watt *n.* vatio.
wattage *n.* vataje.
wattle *n.* acacia. || *(orn.)* barba (esp. del pavo).
wave *n.* ola. || **onda** *(t. fís., rad.).* || (cabello) ondulación. || *(fig.)* oleada. || señal, ademán. || — *vi.* agitar. || blandir. || hacer señas. || agitar. || — *vi.* hacer señas. || ondear, flamear.

wavelength *n.* longitud de onda.
waver *vi.* oscilar. || vacilar.
wavy *adj.* ondulado. || ondulante.
wax *n.* cera. || cerumen (en la oreja). || — *vt.* encerar. || — *vi.* (luna) crecer. || ponerse, hacerse.
waxed paper *n.* papel encerado.
waxwork *n.* figura de cera. || *pl.* **waxworks,** museo de cera.
way *n.* camino. || vía. || dirección, sentido. || distancia, trayecto. || viaje. || paso. || costumbre, estilo. || aspecto. || estado. || progreso. || manera. || **do it this w.,** haga esto así. || **by the w.,** de paso. || **out of the w.** *(fam.),* fuera de lo común. || **to go out of the w. to do something** *(fam.),* hacer un esfuerzo por hacer algo. || — *adv. (fam.)* allá por: **w. back in the 20s.,** allá por los años 20.
waybill *n.* hoja de ruta.
wayfarer *n.* caminante. || viajero.
waylay (ver **lay**) *vi.* acechar. || salir al paso a.
way-out *adj. (fam.)* ultramoderno, audaz.
wayside *n.* borde del camino.
wayward *adj.* voluntarioso. || rebelde. || caprichoso. || variable.
we *pron.* nosotros.
weak *adj.* débil. || flojo. || desabrido.
weaken *vi.* debilitar. || reducir. || mitigar. || — *vi.* debilitarse. || flaquear.
weakling *n.* persona débil. || cobarde. || persona enfermiza.
weak-minded *adj.* vacilante, sin carácter. || mentecato.
weakness *n.* debilidad. || flojedad. || lado débil. || falta de voluntad.
weal *n. (med.)* verdugón.
wealth *n.* riqueza. || abundancia.
wealthy *adj.* rico. || acaudalado, pudiente.
wean *vt.* destetar. || to **w. from,** apartar de.
weapon *n.* arma *(t. fig.).*
wear *n.* desgaste, deterioro, uso. || durabilidad. || ropa. || — *vt. (pret.* **wore,** *pp.* **worn)** llevar (ropa). B|| calzar. || tener (mirada, sonrisa). || — *vi.* gastarse. || desgastarse. || resistir, durar. || **to w. on,** pasar lentamente (tiempo). || **to w. out,** gastar completamente. || cansar, agotar.
wearisome *adj.* cansado, pesado. || fatigoso, agotador.
weary *adj.* cansado. || hastiado. || aburrido. || fastidioso. || — *vt., vi.* cansar(se), fatigar(se).

weasel n. comadreja.

weather n. tiempo. || **w. permitting**, si el tiempo lo permite. || — vt. exponer a la intemperie. || pasar la tormenta (t. fig.).

weather-beaten adj. curtido por la intemperie.

weather-bound adj. bloqueado por el mal tiempo.

weather bureau n. oficina meteorológica.

weather cock n. veleta.

weather forecast n. parte meteorológico.

weatherman n. meteorólogo.

weather station n. estación meteorológica.

weather strip n. burlete.

weather vane n. veleta.

weave n. tejido. || textura. || — vi. (pret. **wove**, pp. **woven**) tejer (t. fig.). || trenzar. || — vi. tejer.

weaver n. tejedor.

web n. tela, tejido, y telaraña. || membrana.

webfooted adj. palmípedo.

wed vt., vi. casar(se).

we'd = we would. || **we had**.

wedding n. casamiento. || bodas.

wedding night n. noche de boda.

wedding ring n. anillo de boda.

wedge n. cufia. || calce. || porción. || pedazo. || — vt. poner cuñas. || (fig.) apretar.

wedlock n. (ant.) matrimonio.

Wednesday n. miércoles.

wee adj. (fam.) pequeñito, diminuto.

weed n. mala hierba. || (fam.) cigarrillo. || — vt., vi. arrancar las hierbas.

weed-killer n. herbicida.

weedy adj. lleno de malas hierbas.

week n. semana.

weekday n. día laborable.

weekend n. fin de semana. || — vi. pasar el fin de semana.

weekly adj. semanal. || — adj. semanalmente. || — n. semanario.

weep vi. (prel. y pp. **wept**) llorar. || lamentarse. || chorrear, gotear. || — vt. llorar, lamentar.

weepy adj. lloroso. || que llora por poca cosa.

weevil n. gorgojo.

weft n. trama. || (fig.) red.

weigh vt. pesar. || sopesar. || (fig.) ponderar. || (mar.) **to w. anchor**, levar el ancla. || (fig.) zarpar. || — vi. pesar. || (fig.) tener peso, ser decisivo.

weighbridge n. báscula-puente.

weighing machine n. báscula, balanza.

weight n. peso (t. fig.): **weights and measures**, pesos y medidas. || **to put on w.**, engordar. || — vt. cargar. || sujetar con un peso. || ponderar (estadísticamente).

weightless adj. ingrávido.

weight lifting n. levantamiento de pesos.

weighty adj. pesado. || (fig.) influyente.

weir n. vertedero. || presa.

weird adj. misterioso, fantástico, sobrenatural. || raro, extraño.

welcome adj. bienvenido. || **you are w. to it**, está a su disposición. || grato, agradable. || — n. bienvenida, buena acogida. || — vt. dar la bienvenida. || acoger, recibir. || aprobar.

weld vt. soldar. || — vi. soldarse.

welder n. soldador.

welfare n. bienestar. || asistencia social.

well n. pozo. || caja (de escalera, ascensor, etc.). || — vi. **to w. out** o **up**, brotar, manar.

well adv. bien. || acertadamente: **couldn't very w. say**, no sabría decir acertadamente. || **as w.**, de la misma manera, también. || — adj. bien, sano. || satisfactorio. || bien, en buen estado || — interj. **w., such is life!**, bueno, ¡así es la vida!

we'll = we will, we shall.

well-attended adj. muy concurrido.

well-behaved adj. bien educado, formal.

well-being n. bienestar.

well-bred adj. bien educado, culto, cortés.

well-disposed adj. benévolo.

well-informed adj. enterado, instruido.

wellingtons n. pl. botas de goma.

well-intentioned adj. bienintencionado.

well-known adj. conocido.

well-mannered adj. educado, cortés.

well-meaning adj. bienintencionado.

well-nigh adv. (fam.) casi.

well-off adj. acomodado. || pudiente. || rico.

well-preserved adj. de buen aspecto.

well-read adj. leído, instruido. || culto.

well-spoken adj. bienhablado.

well-timed adj. oportuno.

well-to-do adj. acomodado, pudiente.

well-worn adj. raído. || trillado, manoseado.

welsh vi. no cumplir con lo prometido.

well n. (zapato) vira. || verdugón.

welter n. confusión, mezcla confusa.

wen n. lobanillo, quiste sebáceo.

wench (ant. o lit.) jovencita, moza.

wend vt. **to w. one's way to,** dirigirse a.

went ver **go.**

wept ver **weep.**

were ver **be.**

we're = we are.

weren't = were not.

werewolf n. hombre lobo.

west n. oeste, occidente. || — adj. del oeste, occidental.

western adj. occidental, del oeste. || — n. película de cowboys.

westernmost adj. (el) más occidental.

westward(s) adv. hacia el oeste.

wet adj. húmedo. || mojado. || **w. paint!,** ¡cuidado con la pintura! || — n. humedad. || tiempo lluvioso. || — vt. mojar, humedecer.

wet-nurse n. nodriza.

we've = we have.

whack n. golpe fuerte. || (fam.) tentativa, intento. || — vt. golpear. || (fam.) dar una paliza.

whacking adj. (fam.) enorme, imponente. || — n. zurra.

whale n. ballena. || **to have a w. of a time** (fam.), divertirse en grande.

whalebone n. ballena (de corset, etc.).

wham interj. **w.!,** ¡zas!

wharf n., pl. **wharfs** o **wharves** muelle.

what adj. que, cual. || todo: **w. money I had.** todo el dinero que tenía. || — pron. qué, cuál: **w. is her name?,** ¿cuál es su nombre? || qué cosa: **he claims lo be a w.?,** ¿qué es lo que pretende ser? || — pron. rel. lo que.

what-d'ye-call-him pron. fulano.

whatever pron. todo lo que. || lo que. || cualquiera. || (fam.) algo así, algo como: **give me a box or w.,** dame una caja o algo por el estilo. || — adj. cualquiera que.

whatnot n. estantería para exponer pequeños objetos.

whatsoever pron., adj. = **whatever.**

wheat n. trigo.

wheedle vt. engatusar. || conseguir con halagos.

wheel n. rueda (en gen.). || timón. || círculo, rueda. || pl. **wheels,** engranaje. || — vi. girar. || rotar. || dar vueltas.

wheelbarrow n. carretilla.

wheelbase n. batalla, distancia entre ejes.

wheelchair n. silla de ruedas.

wheeled adj. de ruedas: **three-w.,** de tres ruedas.

wheelwright n. ruedero, carretero.

wheeze n. respiración jadeante. || resuello. || — vt., vi. resollar, jadear.

wheezing adj., **wheezy,** adv. ruidoso, difícl. || sibilante.

whelp n. cachorro.

when adv. cuándo. || — conj. cuando. || teniendo en cuenta que.

whence adv. (lit.) ¿de dónde?, y (fig.) por lo cual.

whenever adv. cuando quiera que, todas las veces que. || cuándo.

where adv. dónde. || de donde. || en qué.

whereabouts adv. ¿dónde?

whereabouts n. paradero.

whereas conj. visto que, por cuanto, mientras. || considerando que.

whereby adv. por lo cual, por donde.

wherefore adv. por qué. || por lo cual.

wherein adv. en donde.

whereof adv. de que.

whereon adv. en que.

wheresoever adv. dondequiera que.

whereupon adv. con lo cual, después de lo cual.

wherever adv. dondequiera que. || adondequiera que.

wherewithal n. (hum.) medios, recursos.

whet vi. afilar, amolar. || estimular, despertar.

whether conj. si. || **w. or not,** de todos modos.

whetstone n. piedra de amolar, afiladera.

whew interj. ¡vaya!

whey n. suero.

which adj. ¿qué? || ¿cuál? || — pron. cuál. || que. || el que.

whichever adj. cualquier. || — pron. cualquiera. || el que.

whiff bocanada. || soplo (viento). || olorcillo.

while n. rato. || **quite a w.,** hace bastante tiempo. || **once in a w.,** de vez en cuando. || — conj. mientras. || aunque, bien que. || mientras. || — vi. **to w. away,** pasar el rato.

whim n. capricho, antojo.

whimper n. quejido. || — vi. lloriquear.

whimsical adj. caprichoso.

whine n. quejido. || gimoteo. || — vi. quejarse, gimotear.

whinny n. relincho. || — vi. relinchar.

whip n. látigo. || azote. || (parlamento) llamada. || — vi. azotar. || fustigar (t. fig.). || batir (crema). || — vi. moverse rápidamente. || **to w. off**, quitarse rápidamente.

whipcord n. tralla.

whip hand n. control. || poder.

whippersnapper n. (ant.) mequetrefe.

whippet n. perro lebrel.

whipping n. azotamiento. || paliza.

whipping boy n. cabeza de turco.

whirl n. giro, vuelta. || remolino. || serie vertiginosa. || — vt. hacer girar. || agitar. || llevar rápidamente. || — vi. arremolinarse, y girar, y dar vueltas.

whirligig n. molinete. || (fig.) vicisitudes.

whirlpool n. torbellino, remolino. || (fig.) vorágine.

whirlwind n. torbellino, manga de viento.

whirr n. zumbido, y rechino. || — vi. zumbar.

whisk n. escobilla, y matamoscas. || (coc.) batidor, batidora. || movimiento brusco. || — vt. batir. || sacudir, mover. || llevar rápidamente.

whisker n. pelo (de la barba). || pl. **whiskers**, patillas.

whiskered adj. bigotudo.

whisk(e)y n. whisky.

whisper n. cuchicheo. || susurro. || rumor, voz. || — vt. decir en tono muy bajo. || — vi. cuchichear, hablar muy bajo. || susurrar (hojas).

whistle n. silbido, silbo. || silbato, pito. || — vt. silbar. || — vi. silbar. || pitar.

Whit n. Pentecostés.

whit n. pizca: **not a w.**, ni pizca.

white adj. blanco. || cano. || pálido. || puro. || — n. blanco. || color blanco. || clara (huevo).

white-collar adj. profesional, de oficina.

white-haired adj. de pelo blanco.

white-hot adj. candente.

whiten vt., vi. blanquear.

whitening n. tiza. || blanco para zapatos.

whitewash n. jalbegue. || (fig.) excusas, argumentos con que se intenta encubrir una falta. || — vt. enjalbegar, blanquear. || (fig.) (falta) encubrir.

whither adv. (lit.) ¿adónde?

whiting n. tiza. || blanco para zapatos.

whitlow n. panadizo.

Whitsuntide n. Pentecostés.

whittle vt. cortar pedazos a (con un cuchillo).

whizz n. silbido, zumbido. || — vi. silbar, zumbar. || (flecha) rehilar.

who pron. quién: **w. is that man over there?**, ¿quién es ese hombre que está allí? || (= **whom**) **w. are you looking for?**, ¿a quién estás buscando?

whoa interj. ¡so!

whoever pron. quienquiera que, cualquiera que. || (interrog.) ¿quién?: **w. can have told you that?**, ¿quién diablos te dijo eso?

whole adj. todo. || entero. || (med.) sano. || — n. todo. || total. || conjunto, totalidad: **on the w.**, en conjunto, en la totalidad.

wholehearted adj. entusiasta, incondicional.

wholesale n. venta al por mayor. || — adj. mayorista.

wholesaler n. comerciante al por mayor.

wholesome adj. sano, saludable.

wholly adv. enteramente, completamente.

whom pron. interrog. y rel. quién, a quién.

whoop n. alarido, grito. || — vt. **to w. it up** (fam.), divertirse ruidosamente, echar una cana al aire. || — vi. gritar.

whooping cough n. tos ferina, coqueluche.

whopper n. (fam.) cosa enorme o gigantesca.

whopping adj. (fam.) enorme, grandísimo.

whore n. puta. || — vi. putañear, putear.

whorehouse n. prostíbulo.

whose pron. ¿de quién? || cuyo.

whosoever ver **whoever**.

why adv. ¿por qué? || por qué. || — n. porqué: **the whys and wherefores**, los cómos y los porqués. || — interj. ¡vaya!

wick n. mecha.

wicked adj. malo, malvado. || perverso. || (fig.) muy mordaz, cruel.

wicker n. mimbre.

wickerwork n. artículos de mimbre.

wicket n. postigo, portillo. || (criqui) palos.

wide adj. ancho. || extenso. || amplio. || — adv. lejos. || extensamente.

wide-angle adj. granangular.

wide-awake adj. despabilado.

wide-eyed adj. con los ojos desorbitados.

widen vt. ensanchar.

widespread adj. extendido. || (fig.) extenso, amplio. || muy difundido, general.

widow n. viuda.

widower n. viudo.

widowhood n. viudez.

width n. anchura. || extensión, amplitud.

wield vt. (poder, influjo) ejercer. || (ant. o lit.) empuñar, manejar.

wife n., pl. **wives**, mujer, esposa.

wig n. peluca.

wiggle n. meneo rápido. ||— vt. menear rápidamente.

wigwam n. tienda de pieles rojas, tipi.

wild adj. salvaje. || no domesticado. || **to run w.**, vivir sin control. || (paisaje) primitivo, agreste. || incivilizado. || temerario. || (fam.) furioso.

wildcat n. gato montés.

wilderness n. desierto, yermo, soledad.

wildfire n. **to spread like w.**, propagarse como la pólvora.

wild-goose chase n. empresa desatinada, búsqueda inútil.

wildlife n. fauna.

wiles n. pl. engaños, tretas, ardides.

wilful adj. voluntarioso. || testarudo. || travieso. || deliberado.

wiliness n. astucia.

will n. voluntad. || **against his w.**, en contra de su voluntad. || placer. || (der.) testamento. || — v. aux. (que forma el futuro, abrev. **'ll**, forma negat. **won't**): **he will come**, vendrá. || — vi. (der.) legar. || querer. || lograr por fuerza de voluntad.

willing adj. servicial. || complaciente. || de buena voluntad. || dispuesto.

will-o'-the-wisp n. fuego fatuo. || (fig.) quimera, ilusión, sueño imposible.

willow n. sauce. || **weeping w.**, sauce llorón.

willowy adj. (fig.) esbelto, cimbreño.

willy-nilly adv. de grado o por fuerza.

wilt vt. marchitar. || (fig.) debilitar, hacer decaer. || — vi. marchitarse. || (fig.) debilitarse, decaer.

wily adj. astuto, mañoso.

wimple n. (monja) toca.

win n. victoria. || ganancia. || — vi. (pret. y pp. **won**) ganar. || llevarse (victoria). || conseguir. || (simpatía) atraer. || — vi. ganar. || triunfar. || tener éxito. || **to w. back**, recuperar. || **to w. over** o **round**, ganarse, poner de su lado. || **to w. out**, ganar, salir victorioso.

wince n. mueca de dolor. || — vi. hacer una mueca de dolor, estremecerse. || asustarse.

winch n. cabrestante, torno.

wind n. viento. || (med.) flatulencia, gas. || (mús.) instrumentos de viento. || aliento, resuello. || — vi. dejar sin aliento, quitar el resuello.

wind vt. (pret. y pp. **wound**) enrollar, envolver. || enroscar. || dar vueltas a (manija). || dar cuerda (reloj). || devanar, ovillar (lana). || sonar (cuerno). || (com.) liquidar. || — vi. serpentear. || dar vueltas. || **to w. up**, terminar, concluir. || (com.) liquidar.

windbag n. saco de aire. || charlatán.

windbreak n. abrigada, mampara.

windcheater n. chaqueta forrada.

windfall n. fruta caída. || (fig.) ganancia inesperada, cosa llovida del cielo.

winding adj. tortuoso, sinuoso, serpentino.

winding sheet n. mortaja.

wind instrument n. instrumento de viento.

windlass n. torno, maquinilla.

windmill n. molino (de viento). || (juguete) molinete.

window n. ventana (t. comput.). || escaparate, vidriera. || ventanilla (coche, etc.).

window dresser n. vidrierista.

window dressing n. decoración de escaparates.

window pane n. cristal.

window-shop vi. mirar los escaparates de las tiendas (sin tener intención de comprar).

windowsill n. alféizar.

windpipe n. tráquea.

windscreen n. parabrisas.

windscreen wiper n. limpiaparabrisas.

windstorm n. ventarrón, huracán.

windward adj. de barlovento. || — n. barlovento.

windy adj. de mucho viento. || (lenguaje, estilo) pomposo, hinchado.

wine n. vino. || — vt. **to w. and dine someone**, invitar a comer y a tomar vino.

wine cellar n. bodega.

wine grower n. viñador, vinicultor.

wine press n. prensa de uvas, lagar.

winery n. lagar.

wineskin n. pellejo, odre.

wing n. ala (t. pol., mil., arq.). || **under someone's w.**, bajo la protección de alguien. || (fam.) brazo. || pl. **wings** (teat.), bastidores. || — vt. herir en el ala. || herir en el brazo. || — vi. volar.

W

winged *adj.* alado. || con alas.
wing nut *n.* tuerca mariposa.
wingspan, wingspread *n.* envergadura (de alas).
wink *n.* guiño. || pestañeo. || **not to get a w. of sleep** *(fam.)*, no pegar un ojo. || — *vi.* guiñar. || — *vi.* pestañear. || guiñar || (luz, estrella, etc.) titilar.
winner *n.* ganador, vencedor. || obra premiada.
winning *adj.* vencedor. || (libro, etc.) premiado. || atractivo. || *pl.* **winnings**, ganancias.
winnow *vt.* aventar.
winsome *adj.* atractivo, encantador.
winter *n.* invierno. || — *adj.* invernal.
wintry *adj.* frío, glacial.
wipe *n.* limpión, limpiadura. || — *vt.* limpiar, repasar. || enjugar. || **to w. out**, borrar completamente.
wire *n.* alambre. || **to pull wires**, tocar resortes. || *(fam.)* telegrama. || — *vt.* instalar el alambrado.
wire gauze *n.* tela metálica.
wire-haired *adj.* de pelo áspero.
wireless *n. (ant.)* radio. || radiofonía.
wire netting *n.* red de alambre, alambrada de tela metálica.
wiretap *vi.* intervenir las conexiones telefónicas.
wiretapping *n.* intervención de las conexiones telefónicas.
wiring *n.* alambrado.
wiry *adj.* delgado pero fuerte.
wisdom *n.* sabiduría. || saber. || juicio.
wise *adj.* sabio. || prudente. || sensato. || — *n. (ant.)* manera, modo.
wisecrack *n.* chiste. || ocurrencia, salida. || — *vi.* tener una ocurrencia. || decir en broma.
wish *n.* deseo. || votos. || ruego. || — *vt.* desear. || querer: **I wish I were rich**, ¡ojalá yo fuera rico! || — *vi.* **to w. for**, desear.
wishbone *n.* espoleta.
wishful *adj.* deseoso. || ilusionado.
wishy-washy *adj. (fam.)* soso, flojo.
wisp *n.* pedazo menudo. || brizna. || mechón.
wisteria *n. (bot.)* glicina.
wistful *adj.* triste, melancólico, || pensativo.
wit *n.* agudeza, ingenio. || gracia. || dicho agudo. || inteligencia. || persona ingeniosa. || *pl.* **wits**, juicio. || — *vi.* **to w.** *(ant. o der.)*, a saber, esto es.

witch *n.* bruja, hechicera.
witchcraft *n.* brujería.
witch doctor *n.* hechicero.
with *prep.* con. || en compañía de. || para con. || de. || en favor de.
withal *adv. (ant.)* además, también.
withdraw (ver **draw**) *vt.* retirar. || sacar. || retractar. || — *vi.* retirarse.
withdrawal *n.* retirada. || retiro.
withdrawn *pp.* de **withdraw**. || — *adj.* reservado, encerrado en sí mismo, introvertido.
wither *vt.* marchitar, secar. || *(fig.)* fulminar. || — *vi.* marchitarse, secarse.
withering *adj.* que hace sentir desconcertado, inseguro, avergonzado. || lleno de desprecio.
withhold (ver **hold**) *vt.* retener. || negar. || ocultar. || no revelar.
within *adv.* dentro. || — *prep.* dentro de. || no más allá.
without *adv.* fuera. || — *prep.* sin: **w. difficulty**, sin dificultad.
withstand (ver **stand**) *vt.* resistir a. || oponerse a. || aguantar.
witless *adj.* estúpido, tonto.
witness *n.* testigo. || testimonio. || **in w. whereof** *(der.)*, en testimonio de lo cual. || prueba. || — *vi.* asistir, presenciar. || certificar. || ser señal o prueba de.
witness box *n.* barra de los testigos.
witticism *n.* agudeza, dicho gracioso.
witty *adj.* ingenioso, chistoso.
wives *n. pl. de* **wife**.
wizard *n.* hechicero, brujo. || *(fam.)* genio.
wizardry *n.* hechicería, brujería
wizened *adj.* seco, marchito. || (piel, etc.) arrugado, apergaminado.
wobble *n.* bamboleo, tambaleo. || — *vi.* tambalear. || vacilar *(t. fig.)*. || temblar (voz, etc.).
wobbly *adj.* inseguro, poco firme.
woe *n. (lit.)* aflicción, dolor. || mal, infortunio.
woebegone *adj.* desconsolado.
woeful *adj.* triste, afligido, desconsolado.
woke ver **wake**.
wolf *pl.* **wolves**, lobo. || *(fam.)* seductor, tenorio. || **a w. to sheep's clothing**, un lobo con piel de oveja. || — *vt.* **to w. down**, comer vorazmente, devorar.
wolfhound *n.* perro lobo.
wolfram *n.* volframio, tungsteno.

wolves ver **wolf**.

woman n., pl. **women** mujer. || esposa. || — adj. femenino, mujer.

womanhood n. mujeres, sexo femenino. || edad adulta (de mujer). || feminidad.

womanish adj. mujeril. || afeminado.

womankind n. sexo femenino.

womanly adj. femenino.

womb n. matriz, útero. || (fig.) seno.

women pl. de **woman**.

womenfolk n. pl. las mujeres.

won ver **win**.

wonder n. maravilla, prodigio, admiración. || — vt. preguntarse: **I w. what to do next**, me pregunto qué haré después. || pensar. || llamar la atención. || — vi. admirarse, asombrarse: **I don't w.**, no me extraña. || pensar.

wonderful adj. maravilloso. || estupendo.

wonderland n. mundo maravilloso.

wondrous adj. maravilloso.

wonky adj. (fam.) poco firme, poco seguro.

won't = will not.

wont adj. acostumbrado. || — n. costumbre: **as is his w.**, como es su costumbre.

wonted adj. acostumbrado.

woo vt. (lit.) pretender, cortejar.

wood n. madera. || t. pl. **woods**, bosque.

woodbine n. madreselva.

woodcut n. grabado en madera.

woodcutter n. leñador.

wooded adj. arbolado, enselvado.

wooden adj. de madera. || de pato. || (fig.) sin expresión, inexpresivo. || poco imaginativo.

woodland n. bosque, monte, arbolado.

woodpecker n. pájaro carpintero.

wood shavings n. pl. virutas.

woodshed n. leñera.

woodwind n. instrumentos de viento de madera.

woodwork n. maderaje. || carpintería, ebanistería.

woodworm n. carcoma.

woody adj. leñoso.

woof n. trama.

wool n. lana. || (fam.) pelo.

woollen adj. de lana. || lanar, lanero. || — n. pl. **woollens**, ropa de lana.

woolly adj. lanudo, lanoso. || de lana. || borroso. || confuso.

word n. palabra. || **w. for w.**, palabra por palabra. || **in other words**, en otras palabras. || **the last w.**, la última palabra. || la última moda. || vocablo.

|| voz. || aviso, mensaje: **to leave w.**, dejar dicho. || (relig.) the W., el Verbo. || pl. **words**, palabras, discurso. || — vt. redactar. || expresar: **how shall I w. it?**, ¿cómo lo expresaré?

wording n. fraseología, estilo. || términos.

wordplay n. juego de palabras.

wordy adj. verboso.

wore ver **wear**.

work n. trabajo. || obra. || labor. || mecanismo. || (lit., etc.) obras. || vt. labrar, trabajar. || efectuar, realizar. || hacer trabajar. || manejar (negocios). || — vi. trabajar. || funcionar: **the radio doesn't w.**, la radio no funciona. || obrar, tener efecto. || resultar, salir bien. || **to w. in**, incluir. || **to w. off**, librarse de algo con esfuerzo. || **to w. out**, solucionar, resolver. || salir bien: **it worked out very well**, eso salió muy bien.

workable adj. práctico, factible.

workbench n. obrador, banco de trabajo.

workbook n. libro de trabajo. || cuaderno.

workday n. día laborable.

worker n. trabajador. || obrero. || operario.

workhouse n. asilo de pobres.

working adj. de trabajo. || trabajador: **w. people**, los trabajadores.

working-class n. clase obrera.

working party n. comisión de investigación.

workman n. obrero. || trabajador.

workmanship n. hechura. || arte, artificio. || destreza, habilidad.

workout n. (dep.) entrenamiento, ejercicios.

workroom n. taller, sala de trabajo.

workshop n. taller.

world n. (en gen.) mundo. || tierra. || universo. || (fig.) humanidad. || ambiente, medio. || **to bring into the w.**, traer al mundo. || **not for the w.**, por nada del mundo.

worldliness n. mundanidad.

worldly adj. mundano.

wordly-wise adj. que tiene mucho mundo.

world-weary adj. cansado de la vida.

world-wide adj. mundial, universal.

worm n. gusano. || lombriz. || (fig.) persona vil. || (mec.) tornillo sin fin. || — vt. insinuarse, introducirse subrepticiamente. || **to w. out**, obtener a fuerza de preguntas. || — vi. introducirse, arrastrarse.

worm-eaten *adj.* carcomido. || apolillado.

wormwood *n.* ajenjo. || *(fig.)* hiel, amargura.

wormy *adj.* agusanado. || carcomido. || apolillado.

worn *ver* **wear**.

worn-out *adj.* gastado. || inservible. || agotado, rendido.

worried *adj.* inquieto, preocupado.

worrisome *adj.* inquietante. || aprensivo.

worry *n.* inquietud, preocupación. || problema. || — *vt.* inquietar, intranquilizar. || — *vi.* inquietarse, preocuparse.

worse *adj. comp. de* **bad**, peor. || **so much the w.**, tanto peor. || **to go from bad lo w.**, ir de mal en peor. || — *adv.* peor. || — *n.* el peor, lo peor: **to change for the w.**, cambiar para peor.

worsen *vt.* agravar, hacer peor. || hacer más difícil. || — *vi.* empeorar, hacerse peor. || agravarse.

worship *n. (relig.)* adoración *(t. fig.)*. || culto. || servicio divino. || **His W.**, su señoría. || — *vt.* adorar *(t. fig.)*. || reverenciar. || venerar.

worshipful *adj.* excelentísimo.

worst *adj. superl. de* **bad,** (el) peor: **the w. book I've read**, el peor libro que he leído. || — *adv.* peor. || — *n.* lo peor. || **to get the w. of it**, salir perdiendo, llevar la peor parte.

worsted *n.* estambre.

worth *adj.* que vale, equivalente. || — que merece: **it's w. a try**, vale la pena intentarlo. || — *n.* valor. || *(fig.)* valía, mérito.

worthless *adj.* sin valor. || inútil.

worthwhile *adj.* valioso, útil. || digno de consideración. || que vale la pena.

worthy *adj.* digno de: **w. of admiration**, digno de admiración. || meritorio. || benemérito. || — *n. (gen. hum.)* personaje.

would *v. aux. (pret. de* **will**) quería(s): **he w. not go**, no quería ir. || tenía(s): **you w. do that!**, ¡tenías que hacer eso! || podría(s): **w. you pass me the sail, please?**, ¿me podrías pasar la sal, por favor? || **probabilidad: that w. be 3 dollars**, serían 3 dólares. || *condicional:* **she w. do it if she could**, lo haría si pudiera.

would-be *adj.* supuesto, presunto. || *futuro:* **wouldn't** = **would not**.

wound *n.* herida. || — *vt.* herir *(t. fig.)*.

wound *ver* **wind**.

wounding *adj.* hiriente, mordaz.

wove *ver* **weave**.

woven *ver* **weave**.

wow *n. (sl.)* **it's a w.!**, ¡es tremendo!

wrack *ver* **rack**.

wraith *n.* fantasma.

wrangle *n.* altercado, riña (indecorosa). || — *vi.* reñir (indecorosamente).

wrap *n.* chal. || manta. || envoltura || — *vt.* envolver. || **to w. up**, envolver, empaquetar. || — *vi.* **to w. up**, abrigarse.

wrapper *n.* envoltura, envase. || sobrecubierta.

wrath *n. (lit.)* cólera, ira.

wreak *vt. (lit.)* tomar venganza. || descargar (ira).

wreath *n., pl.* **wreaths**, guirnalda, corona fúnebre. || espiral (humo).

wreathe *vt.* trenzar. || hacer una guirnalda de. || enguirnaldar. || — *vi.* subir en espirales (humo).

wreck *vt.* hacer naufragar. || estropear. || — *n.* naufragio *(t. fig.)*. || restos (de un accidente). || ruina *(fig.)*. **wrench** *n.* tirón. || *(med.)* torcedura. || *(tec.)* llave inglesa. || — *vt.* torcer. || *(fig.)* desvirtuar. || arrancar.

wrest *vt.* arrancar, arrebatar.

wrestle *n.* lucha. || partido de lucha. || — *vi.* luchar.

wrestling *n.* lucha libre.

wretch *n.* desgraciado, miserable.

wretched *adj.* desgraciado. || miserable. || pobre. || horrible. || malo, enfermo.

wriggle *n.* meneo. || serpenteo, culebreo. || — *vt.* mover, menear (caderas, etc.). || — *vi.* menearse.

wring *vt. (pret. y pp.* **wrung**) retorcer, escurrir (ropa). || **to w. out**, retorcer (ropa). || arrancar por la fuerza.

wringer *n.* escurridor, máquina de exprimir.

wrinkle *n.* arruga. || pliegue. || *(fam.)* truco, idea. || — *vt., vi.* arrugar(se). || fruncir(se).

wrist *n.* muñeca.

wristband *n.* puño (de camisa).

wrist watch *n.* reloj de pulsera.

writ *n. (der.)* orden, mandato.

write *vt. (pret.* **wrote**, *pp.* **written**) escribir. || poner por escrito. || **nothing to w. home about** *(fam.)*, nada digno de mención, nada que valga la pena. || componer (libro, música). || — *vi.* escribir. || ser escritor. || **to w. back**, responder por carta. || **to w. up**, hacer un reportaje. || poner por escrito.

W

write-off *n.* desecho, *n (com.)* cancelación.

writer *n.* escritor. || autor.

write-up *n.* crónica, reportaje. || descripción exagerada, descripción muy elogiosa.

writhe *vi.* retorcerse, contorcerse.

writing *n.* escritura, letra. || escrito. || profesión de autor.

writing pad *n.* taco de papel, bloque.

writing paper *n.* papel de escribir.

written ver **write**.

wrong *adj.* erróneo, incorrecto, equivocado. || injusto. || malo. || inoportuno. || impropio. || **to get the w. end of the stick** *(fam.)*, entender al revés. || —*adv.* mal. || al revés. || injustamente. || —*n.* mal. || perjuicio. || injusticia, agravio. || — *vt. (ant.)* agraviar, ofender. || ser injusto con.

wrongdoing *n.* maldad. || pecados.

wrong-headed *adj.* obstinado, terco.

wrote ver **write**.

wrought *adj.* trabajado. || labrado. || (hierro) forjado.

wrought-up *adj.* agitado, nervioso.

wrung ver **wring**.

wry *adj.* torcido, doblado. || (humor) retorcido.

X

x *n.* x. || *(mat., fig.)* x, incógnita.
xenon *n.* xeno, xenón.
xenophobe *n.* xenófobo.
xenophobia *n.* xenofobia.
Xmas *n. (fam.) abrev.* de Christmas.
X-ray *n.* radiografía. || *pl.* **X-rays**, rayos X.
|| — *vi.* radiografiar: **they X-rayed his chest**, le tomaron radiografía de pecho.

xylograph *n.* xilografía, grabado en madera.
xylography *n.* xilografía.
xylophone *n.* xilófono.

Y

y *n.* y.
yacht *n.* yate.
yachting *n.* deporte de la vela.
yachtsman *n.* deportista náutico.
yak *n.* yac, yak.
yarn *n.* batata.
yank *n.* tirón. || — *vt.* tirar de.
Yankee *adj., n.* yanqui *(fam.)*
yap *n.* ladrido agudo. || — *vi.* dar ladridos agudos. || *(fam.)* charlar.
yard *n.* patio. || corral. || yarda. || *(mar.)* verga.
yardarm *n.* verga, penol.
yardstick *n.* *(fig.)* criterio, norma.
yarn . hilo, hilaza. || cuento, historia. || — *vi.* contar historias.
yaw *n.* *(naveg.)* guiñada. || — *vi.* guiñar.
yawl *n.* yola.
yawn *n.* bostezo. || — *vi.* bostezar.
ye *pron.* *(ant.)* vosotros.
yea *adv.* *(ant.)* sí.
yeah *adv.* *(fam.)* = **yes**.
year *n.* año. || curso. || **all the y. round**, durante todo el año. || **y. in, y. out**, año tras año.
yearbook *n.* anuario.
yearling *adj., n.* primal.
yearly *adj.* anual. || — *adv.* anualmente.
yearn *vi.* suspirar. || **to y. for**, anhelar, ansiar.
yearning *adj.* ansioso, anhelante.|| — *n.* ansia, anhelo, añoranza.
yeast *n.* levadura.
yell *n.* grito, alarido. || — *vt.* decir a gritos. || — *vi.* gritar.
yellow *adj.* amarillo. || de raza amarilla. || — *n.* color amarillo. || — *vt.* volver amarillo. || — *vi.* amarillear, ponerse amarillo.
yellowback *n.* novelucha.
yellowish *adj.* amarillento.
yelp *n.* gañido. || — *vi.* gañir. || gritar.
yeoman *n.* labrador rico. || **y. of the guard**, alabardero de la Casa Real.
yes *adv.* sí. || —*n.* sí.
yes man *n.* *(sl.)* obsecuente. *(Arg.)* chupamedias.
yesterday *adv.* ayer. || *n.* ayer.

yesteryear *adv.* *(poét.)* antaño.
yet *adv.* hasta ahora, aún. || después, todavía: **we can win y.**, todavía podemos ganar. || todavía, hasta el momento *(fam.)*: **he is v. a child**, todavía es un niño. || **as y.**, hasta ahora. || — *conj.* con todo, a pesar de todo.
yew *n.* tejo.
yield *n.* producción. || *(agr.)* cosecha. || *(com.)* rendimiento, rédito. || — *vt.* producir. || rendir. || ofrecer. || — *vi.* rendirse, someterse. || ceder.
yoghourt *n.* yogur.
yoke *n.* yunta. || yugo *(t. fig.).* || — *vt.* uncir.
yokel *n.* palurdo, patán.
yolk *n.* yema (de huevo).
yonder *adj.* *(ant.)* aquél. || — *adv.* allá, a lo lejos.
yore *n.* *(ant.)* **of y.** *(lit.)*, de antaño.
you *pron.* tú, vosotros. || te, os *(objeto directo o indirecto).* || ti, vosotros *(con prep.).* || usted, ustedes (formal, respetuoso). || le, la, les *(objeto directo o indirecto).* || usted, ustedes *(con prep.).* || **with y.** *(reft.),* contigo. || se *(como verbo impersonal).*
you'd = **you would, you had**.
you'll = **you will, you shall**.
young *adj.* joven. || — *n.* gente joven. || cachorros.
youngster *n.* joven, jovencito.
your *adj.* tu(s). || vuestro(s).
you're = **you are.**
yours *pron.* *(posesivo* de **you**) (el) tuyo, (el) vuestro. || al fin de una carta: **y. sincerely, y. faithfully**, lo saluda atentamente.
yourself *pron.* (reflexivo de **you,** tú mismo, usted mismo) || *pl.* **yourselves**, vosotros mismos, ustedes mismos.
youth *n.* juventud. || joven. || jóvenes.
youthful *adj.* juvenil. || joven.
you've = **you have.**
yowl *n.* aullido, alarido. || — *vi.* aullar.
Yule(tide) *n.* *(lit.)* Navidad.
yuppie, yuppy *n.* joven profesional con altos ingresos, *yuppy.*

Z

z *n.* z.

zany *adj.* tomo. || absurdo, estrafalario.

zeal *n.* celo, entusiasmo, ardor.

zealot *n.* fanático.

zealous *adj.* celoso, entusiasta. || apasionado.

zebra *n.* cebra.

zebra crossing *n.* paso de peatones.

zenith *n.* cenit. || *(fig.)* cenit, apogeo.

zephyr *n.* céfiro.

zero *n.* cero.

zest *n.* gusto, entusiasmo. || cáscara de limón.

zigzag *n.* zigzag. || — *vi.* zigzaguear.

zip *n. (fam.)* zumbido. || cremallera, cierre relámpago. || *(fam.)* energía, vigor. || — *vi.* correr la cremallera. || — *vi.* pasar corriendo. || zumbar. || cerrarse con cremallera.

zip code *n. (E. U.)* código postal.

zipper *n.* cremallera, cierre relámpago.

zither *n.* cítara.

zodiac *n.* zodíaco.

zone *n.* zona.

zoo *n.* zoo, jardín zoológico.

zoologist *n.* zoólogo.

zoology *n.* zoología.

zoom *n.* zumbido. || *(aer.)* empinadura. || — *vi.* zumbar. || *(aer.)* subir verticalmente.

zygote *n.* cigoto.

How to use this dictionary

This dictionary is composed of two parts: English-Spanish, Spanish-English, and some additional material intended to complement the information offered to the reader.

Entries have been shaped in this way: the key word, in **bold** face type; grammatical function, abbreviated and in *italics*. If needed, usage and the science or field it corresponds to, between brackets, abbreviated and in italics; its equivalent in the second language in roman type, separated by a full stop and two vertical bars from other equivalents and definitions, as well as from derivatives, metaphorical and idiomatic expressions which appear in bold face type.

When the key word performs more than one grammatical function each of them is separated from the other by means of a full stop, two vertical bars, a hyphen and the abbreviation of the function. When these functions can be rendered by the same translation, the labels are grouped, separated by a comma.

The abbreviations used in the entries are listed alphabetically at the beginning of this dictionary.

Bearing in mind that most readers want to get as much information as possible, this dictionary contains the following material:

a. Notes on elementary grammar.
b. Most usual Spanish irregular verbs.
c. Syntactic and dialectal variations.

Abreviations

a.	also	*chem.*	chemistry
excl.	exclamation	*interrog.*	interrogative
abbr.	abbreviated	*cine.*	cinemotography
f.	feminine	*invar.*	invariable
Acad.	Academy	*Col.*	Colombia
fam.	familiar	*Ir.*	Ireland
adj.	adjective	*comm.*	commerce
fig.	figurative	*iro.*	ironic
adv.	adverb	*comp.*	comparative
fin.	finance	*irr.*	irregular
aer.	aeronautics	*conj.*	conjunction
f. pl.	feminine plural	*ling.*	linguistics
agr.	agriculture	*cook.*	cooking
gall.	gallicism	*lit.*	literature, literary
anat.	anatomy	*CR.*	Costa Rica
gen.	generally	*m.*	masculine
angl.	anglicism	*Cu.*	Cuba
geog.	geography	*math.*	mathematics
Ant.	Antilles, West Indies	*def.*	definite
geol.	geology	*mech.*	mechanics
approx.	approximately	*dem.*	demonstrative
ger.	gerund	*med.*	medicine
arch.	archaic	*Ec.*	Ecuador
gram.	grammar	*metal.*	metallurgy
archit.	architecture	*eccl.*	ecclesiastical
Guat.	Guatemala	*Mex.*	Mexico
Arg.	Argentina	*econ.*	economics
her.	heraldry	*m.f.*	masculine & feminine
art.	article	*e.g.*	(exempli gratia) for example
hist.	history	*mil.*	military
astron.	astronomy	*elec.*	electricity
Hond.	Honduras	*min.*	mining
attr.	attributive	*ent.*	entomology
hort.	horticulture	*m.pl.*	masculine plural
aut.	automobiles	*esp.*	especially
hum.	humorous	*mus.*	music
Bib.	Bible	*etc.*	etcetera
i.e.	(id est) that is	*myth.*	mythology
bio.	biology *impers.* impersonal	*euph.*	euphemism
Bol.	Bolivia	*n.*	noun
indef.	indefinite	*naut.*	nautical
bot.	botany	*relig.*	religion
indic.	indicative	*neg.*	negative
Brit.	British	*RPl.*	River Plate Region
infin.	infinitive	*Nic.*	Nicaragua
C.Am.	Central America	*Salv.*	El Salvador
inlerj.	interjection	*opt.*	optics

S. Am.	Spanish America	*physiol.*	physiology
orn.	ornithology	*typ.*	typography
Scot.	Scotland	*pl.*	plural
Pan.	Panama	*Univ.*	University
SD.	Dominican Republic	*poet.*	poetry
Par.	Paraguay	*Urug.*	Uruguay
sew.	sewing	*pol.*	politics
Parl.	Parliament	*US.*	United States
sing.	singular	*poss.*	possessive
pej.	pejorative	*v. aux.*	auxiliary verb
sl.	slang	*pp.*	past participle
pers.	personal	*Ven.*	Venezuela
subj.	subjunctive	*PR.*	Puerto Rico
pharm.	pharmacy	*vet.*	veterinary
superl.	superlative	*prep.*	preposition
philos.	philosophy	*vi.*	intransitive verb
tech.	technical	*pron.*	pronoun
phon.	phonetics	*v. impers.*	impersonal verb
tel.	telephone	*psych.*	psychology
phot.	photography	*vr.*	reflexive verb
theat.	theatre	*rail.*	railways
phys.	physics	*vt.*	transitive verb
TV.	television	*ret.*	relative
		zool.	zoology

Notes on Spanish Grammar

Spanish grammar is the grammar of the Spanish language (español, castellano), which is a Romance language that originated in north central Spain and is spoken today throughout Spain, some twenty countries in the Americas, and Equatorial Guinea.

Spanish is an inflected language. The verbs are potentially marked for tense, aspect, mood, person, and number (resulting in some fifty conjugated forms per verb). The nouns form a two-gender system and are marked for number. Pronouns can be inflected for person, number, gender (including a residual neuter), and case, although the Spanish pronominal system represents a simplification of the ancestral Latin system.

The Real Academia Española (RAE) traditionally dictates the normative rules of the Spanish language, as well as its orthography.

Formal differences between Peninsular and American Spanish are remarkably few, and someone who has learned the dialect of one area will have no difficulties using reasonably formal speech in the other; however, pronunciation does vary, as well as grammar and vocabulary.

The Noun
Gender
1.a. Masculine are most Spanish words ending in *o, i, u, j, r: circo* (circus), *ají* (pep-per), *iglú* (igloo), *reloj* (watch/clock), *telar* (loom).

b. Also most words of Greek origin ending in -*ma: clima* (climate), *diagrama* (diagram), *idioma* (language).

c. Also names of rivers, lakes, seas and mountains: Amazonas, Titicaca, Atlántico (Atlantic) and Andes.

d. Also names of the days of the week, months of the year, numbers, cardinal points.

e. Also words naming a male (human being or animal) or an activity or profession carried out by males in which case it may end in a: *hombre* (man), *caballo* (horse), *atleta* (athlete).

2.a. Feminine are most Spanish nouns ending in *a, d, -ción, -sián, -xión*: *cama* (bed), *cocina* (kitchen), *pared* (wall), *canción* (song), *tensión* (tension), *reflexión* (reflection).

b. Also the names of the letters of the alphabet and the names of female persons and animals.

Number

Formation of the plural

The rules to form the plural are common both to nouns and adjectives. There are two suffixes for the plural: *s* and *es*.

a. S is added to the singular nouns ending in unstressed vowel and in stressed *e* and *o*: *mapa/mapas* (map/maps), *café/cafés* (coffee/coffees), *dominó/dominós* (domino/dominoes).

b. *ES* is added to the nouns ending in consonant and in stressed *-á, -I, -ú*: *pizarrón/pizarrones* (blackboard/blackboards), *jacarandá/jacarandaes* (jacaranda/jacarandas), *rubí/rubíes* (ruby/rubies), *iglú/iglúes* (igloo/igloos).

Mamá, papá, and *sofá* are exceptions since they form their plural by adding *s*.

c. The nouns ending in *z* change *z* into *c* before the suffix *-es*: *cruz/cruces* (cross/crosses).

Adjetive

Spanish generally uses adjectives in a similar way to English and most other Indo-European languages. However, there are three key differences between English and Spanish adjectives.

• In Spanish, adjectives usually go after the noun they modify. The exception is when the writer/speaker is being slightly emphatic, or even poetic, about a particular quality of an object (rather than the mundane use of using the quality to specify which particular object they are referring to).

• *Mi casa roja* could either mean that there are many red houses in the world but I wish to talk about the one that I happen to own, or that I have many houses but am referring to the red one. Mi casa roja = My house, the red one.

• *Mi roja casa* means that I am stressing how red my particular house is (probably the only house I have). Mi roja casa = My house, which is obviously red.

• In Spanish, adjectives agree with what they refer to in terms of both number (singular/plural) and gender (masculine/feminine). For example, *taza* (cup) is feminine, so "the red cup" is *la taza roja*, but *vaso* (glass) is masculine, so "the red glass" is *el vaso rojo*.

• In Spanish, it is perfectly normal to let an adjective stand in for a noun or pronoun—with (where people are involved) no implication of condescension or rudeness. For example, los altos means "the tall ones" or "the tall men". El grande means "the big one" or "the big man".

Determiners

Spanish uses determiners in a similar way to English. The main difference is that they "agree" with what they refer to in terms of both number (singular/plural) and gender (masculine/feminine).

Articles

Definite article: equivalent to "the". Indefinite article: equivalent to "a/an, some".

ARTICLES	Definite Singular	Indefinite Plural	Singular	Plural
Masculine	el	los	un	unos
Femenine	la	las	una	unas
Neuter	lo	–	uno	–

The "neuter article" lo is used before a masculine singular adjective to form an expression equivalent to an abstract noun, e.g. lo interesante 'the interesting thing, the interesting part'. Lo may also be used adverbially before an adjective that shows agreement with a noun, being equivalent to the relative adverb 'how', as in lo buenas que son 'how good they (f.pl.) are'.

When the article el follows either of the prepositions a or de, the sequence of two words forms a contraction, al ('to the') or del ('of the, from the') respectively. Examples: Vamos al parque ('We're going to the park'). Él regresa del cine ('He returns from the movie theater'). One never says a el or de el in Spanish.

The feminine singular definite article la is replaced by el when directly before a noun that begins with a stressed [a] sound (with or without silent h). Thus el agua, el hambre. The noun remains feminine, as shown by el agua fría. Likewise, the feminine indefinite article una is usually replaced by un in the same circumstances, thus un águila mexicana. When these words are in plural, the feminine articles are used. Example: el agua, las aguas.

Demonstratives

Spanish has three kinds of demonstrative, whose use depends on the distance between the speaker and the indicated thing/person. The demonstrative equates to the English terms "this" and "that", although in Spanish the word used must agree for number and gender.

DEMONSTRATIVES	Proximal	Medial	Distal
Masculine singular	este	ese	aquel
Masculine plural	estos	esos	aquellos
Femenine singular	esta	esa	aquella
Femenine plural	estas	esas	aquellas
Neuter singular	esto	eso	aquello

NOTE: When standing before the noun they qualify — i.e. when used as adjectives — demonstratives never take an accent: *esta casa* (this house), *esos días* (those days).

But demonstratives may also stand on their own, instead of the noun they refer to — i.e. as demonstrative pronouns. In that case, they usually carry a written accent: *Quiero éste* (I want this one).

Neuter demonstratives have the meaning of "this (or that) thing, concept or idea": *Eso está bien* (That is okay). In certain cases, neuter demonstratives can convey a pejorative connotation: *Quita eso de ahí* (Take that out of there).

Neuter demonstratives, because of their use, are never used as adjectives, which makes it unnecessary for them ever to take an accent. Moreover, for their indefinite meaning they do not have plural forms.

Possessive

The possessive words agree in gender and number with the thing possessed. The possessive pronoun is formed by putting the agreeing definite article before the "long form" of the possessive adjective. Each cell in the table below shows the indicated adjective, followed by the corresponding pronoun. When the possessor is usted or ustedes, the third-person (possessor) form is used.

POSSESSIVES	1st-person singular (possessor)	2nd-person singular (possessor)	3rd-person singular (possessor)
Masculine singular (thing possessed)	mi, el mío	tu, el tuyo	su, el suyo
Masculine plural (things possessed)	mis, los míos	tus, los tuyos	sus, los suyos
Feminine singular (thing possessed)	mi, la mía	tu, la tuya	su, la suya
Feminine plural (things possessed)	mis, las mías	tus, las tuyas	sus, las suyas

	1st-person plural (possessors)	2nd-person plural (possessors)	3rd-person plural (possessors)
Masculine singular (thing possessed)	nuestro, el nuestro	vuestro, el vuestro	su, el suyo
Masculine plural (things possessed)	nuestros, los nuestros	vuestros, los vuestros	sus, los suyos
Feminine singular (thing possessed)	nuestra, la nuestra	vuestra, la vuestra	su, la suya
Feminine plural (things possessed)	nuestras, las nuestras	vuestras, las vuestras	sus, las suyas

Notice particularly that the gender here refers to that of the thing possessed, rather than to the possessor. Therefore, if a man has a house (Spanish "*casa*", which is a feminine noun) we can say that "*La casa es suya*" (The house is his), with a feminine possessive, according to the gender of the object this man possesses.

Similarly, if a woman has a dog (in Spanish, "*perro*", a masculine noun), then we can say that "*El perro es suyo*" (The dog is hers), with a masculine possessive to agree with the noun "*perro*".

Also note that if a noun is used with the long form, the noun goes between the article and possessor. For example, one could say "*El coche mío consume mucha gasolina.*" (My car consumes a lot of gas.)

Other determiners

• **Indefinite quantity**: poco ('little'), mucho ('a lot'), bastante ('enough')...
• **Cardinals**: un/una ('one'), dos ('two'), tres ('three')...

- **Ordinals**: primero ('first'), segundo ('second'), tercero ('third')...

Cardinal and ordinal numbers are adjectives of amount (like mucho and poco) and precede nouns (dos animales = 'two animals', primera persona = 'first person'). Primero and tercero drop their final -o before a masculine singular noun, thus el primer libro ('the first book'), el tercer año ('the third year').

- **Interrogative**: qué ('what'), cuál ('which').

The cardinal numbers greater than un/una and the interrogative qué are indeclinable. The indefinite quantifiers, ordinals, un, and cuál are declined as adjectives.

The Adverb

Adverbs of manner

Most of them are formed by adding the suffix -mente to the feminine singular form of the adjective: cómodo/cómodamente.

When several adverbs appear together only the last one bears the suffix -mente: abrió la correspondencia rápida y ansiosamente (she opened the correspondence fast and anxiously).

Other adverbs have the same form of the adjective: lo dijo muy claro (he said it clearly).

Adverbs of quantity

May be simple words such as: bastante (enough), cuanto (as much), demasiado (too much), menos (less), much (a lot), poco (little), tanto (so much). They may also be adverbial phrases such as: poco más o menos (about), al menos (at least), etc.

Adverbs of place

The most frequently used are: acá (here), adentro (inside), ahí (there), cerca (near), detrás (behind), dondequiera (wherever), encima (over), lejos (far), etc.

Adverbs of time

The most common are: ahora (now), anoche (last night), antes (before), aún (yet), después (after), entonces (then), jamás (never), mañana (tomorrow), pronto (soon), siempre (always), tarde (late), temprano (early), todavía (still), últimamente (lately), etc.

The Pronoun
Personal Pronouns

Subject	Object	Prepositional
yo (I)	me (me)	mí (me)
tú (you)	to (you)	ti (you)
él (he)	lo, le (him, it)	él (him)
ella(she)	la, le (her, it)	ella (her)
ello (it)	nos (us)	ello (it)
nosotros/as (we)	los (you)	nosotros/as (us)
vosotros/as (you)	os (us)	vosotros/as (us)
ellos/as (they)	los, las, les (them)	ellos/as (them)

Personal pronouns may have a reflexive function. The forms of *reflexive pronouns* are:

me	(myself)	nos	(ourselves)
te	(yourself)	os	(yourself)

se	(himself) (herself) (itself)	se	(themselves)

Relative Pronouns

The most frequently used are: que (who, whom, which, that); quien, quienes (who, whom, that); cuyo, cuya, cuyos, cuyas *(whose);* el que, la que, los que, las que and el cual, la cual, los cuales, las cuales sometimes replace *quien* and *que* as the subject pronoun.

Lo que, lo cual are used when the antecedent is a verb or clause.

Demonstrative Pronouns

éste-ésta-esto (this); éstos-éstas (these); ése-ésa-eso-(that); ésos-ésas (those); aquél-aquélla-aquello (that); aquéllos-aquéllas *(those).*

Possessive Pronouns

el mío, la mía; los míos, las mías (mine).
el nuestro, la nuestra; los nuestros, las nuestras (ours).
el tuyo, la tuya; los tuyos, las tuyas (yours).
el suyo, la suya; los suyos, las suyas (yours) (formal).
el vuestro, la vuestra; los vuestros, las vuestras, (yours).
el suyo, la suya; los suyos, las suyas (his, hers).
el suyo, la suya; los suyos, las suyas (theirs).

They agree in number and gender with the thing or things possessed and not with the possessor.

Interrogative Pronouns

quién, quiénes (who); *qué* (what); *cuál* (which, which one, what); *cuáles* (which, which ones); *cuánto, cuánta* (how much); *cuántos, cuántas* (how many).

The Verb

Verbs ending in *-ar, -er, -ir* found in the dictionary without an asterisk are regular and are conjugated according to the following conjugation schemes.

Modo indicativo
Presente

1a. CONJUGACIÓN	2a. CONJUGACIÓN	3a. CONJUGACIÓN
amar	*temer*	*partir*
Yo amo	Yo temo	Yo parto
Tú amas	Tú temes	Tú partes
Él ama	Él teme	Él parte
Nosotros amamos	Nosotros tememos	Nosotros partimos
Vosotros amáis	Vosotros teméis	Vosotros partís
Ellos aman	Ellos temen	Ellos parten

Pretérito imperfecto

amaba	temía	partía
amabas	temías	partías
amaba	temía	partía
amábamos	temíamos	partíamos
amabais	temíais	partíais
amaban	temían	partían

Pretérito perfecto simple

1a. CONJUGACIÓN	2a. CONJUGACIÓN	3a. CONJUGACIÓN
amé	temí	partí
amaste	temiste	partiste
amó	temió	partió
amamos	temimos	partimos
amasteis	temisteis	partisteis
amaron	temieron	partieron

Futuro

amaré	temeré	partiré
amarás	temerás	partirás
amará	temerá	partirá
amaremos	temeremos	partiremos
amareis	temeréis	partiréis
amarán	temerán	partirán

Condicional

amaría	temería	partiría
amarías	temerías	partirías
amaría	temería	partiría
amaríamos	temeríamos	partiríamos
amaríais	temeríais	partiríais
amarían	temerían	partirían

Modo subjuntivo
Presente

ame	tema	parta
ames	temas	partas
ame	tema	parta
amemos	temamos	partamos
améis	temáis	partáis
amen	teman	partan

Imperfecto

amaré o amase	temiera o temiese	partiera o partiese
amaras o amases	temieras o temieses	partieras o partieses
amara o amase	temiera o temiese	partiera o partiese
amáramos o amásemos	temiéramos o temiésemos	partiéramos o partiésemos
amarais o amaseis	temierais o temieseis	partierais o partieseis
amaran o amasen	temieran o temiesen	partieran o partiesen

Futuro

amare	temiere	partiere
amares	temieres	partieres
amare	temiere	partiere
amáremos	temiéremos	partiéremos
amareis	temiereis	partiereis
amaren	temieren	partieren

Modo imperativo
Presente

ama tú	teme tú	parte tú
amad vosotros	temed vosotros	partid vosotros

Formas no personales
Infinitivo

1a. CONJUGACIÓN	2a. CONJUGACIÓN	3a. CONJUGACIÓN
amar	tener	partir

Gerundio

amando	temiendo	partiendo

Participio

amado	temido	partido

Compound tenses are formed with the auxiliary verb *haber* and the past participle of the verb being conjugated.

Modo indicativo
Pretérito perfecto compuesto

| he amado | he temido | he partido |

Pretérito pluscuamperfecto

| habré amado | había temido | había partido |

Futuro perfecto

| habré amado | habré temido | habré partido |

Condicional perfecto

| habría amado | habría temido | habría partido |

Modo subjuntivo
Pretérito perfecto

| haya amado | haya temido | haya partido |

Pretérito pluscuamperfecto

| hubiera o hubiese amado | hubiera o hubiese temido | hubiera o hubiese partido |

Futuro perfecto

| hubiere amado | hubiere temido | hubiere partido |

Condicional perfecto

| habría amado | habría temido | habría partido |

Formas no personales compuestas
Infinitivo

| haber amado | haber tenido | haber partido |

Gerundio

| habiendo amado | habiendo tenido | habiendo partido |

Passive Voice

The Passive Voice is formed with the verb *ser* and the past participle which agrees in number and gender with the subject: *estas flores fueron cortadas ayer* (these flowers were cut yesterday).

The Passive is much less used in Spanish than in English.

Spanish Irregular Verbs

The following are the principal irregular Spanish verbs listed by alphabetic order. The complete conjugation of the tenses where the irregularities appear is included for most of them.

Acordar: *Indicativo, Presente* acuerdo, acuerdas, acuerda, acordamos, acordáis, acuerdan; *Subjuntivo, Presente* acuerde, acuerdes, acuerde, acordemos, acordéis, acuerden; *Imperativo, Presente* acuerda, acordad.

Andar: *Indicativo, Pretérito perfecto simple* anduve, anduviste, anduvo, anduvimos, anduvisteis, anduvieron; *Subjuntivo, Pretérito imperfecto* anduviera o anduviese, anduviera o -ses, anduviera o -se, anduviéramos o -semos, anduvierais o -seis, anduvieran o -sen; *Futuro* anduviere, anduvieres, anduviere, anduviéremos, anduviéreis, anduvieren.

Caber: *Indicativo, Presente* quepo, cabes, cabe, cabemos, cabéis, caben; *Pretérito perfecto simple* cupe, cupiste, cupo, cupimos, cupisteis, cupieron; *Futuro imperfecto* cabré, cabrás, cabrá, cabremos, cabréis, cabrán; *Condicional* cabria, cabrías, cabría, cabríamos, cabríais, cabrían; *Subjuntivo, Presente* quepa, quepas, quepa, quepamos, quepáis, quepan; *Pretérito imperfecto* cupiera o cupiese, cupieras o -ses, cupiera o -se, cupiéramos o -semos, cupierais o -seis, cupieran o -sen.

Caer: *Indicativo, Presente* caigo, caes, cae, caemos, caéis, caen; *Pretérito perfecto simple* cal, caíste, cayó, caímos, caísteis, cayeron; *Subjuntivo, Presente* caiga, caigas, caiga, caigamos, caigáis, caigan; *Pretérito imperfecto* cayera o cayese, cayeras o -ses, cayera o -se, cayéramos o -semos, cayerais o -seis, cayeran o -sen; *Futuro* cayere, cayeres, cayere, cayéremos, cayéreis, cayeren; *Gerundio* cayendo.

Comenzar: *Indicativo, Presente* comienzo, comienzas, comienza, comenzamos, comenzáis, comienzan; *Subjuntivo, Presente* comience, comiences, comience, comencemos, comencéis, comiencen; *Imperativo, Presente* comienza, comenzad.

Conocer: *Indicativo, Presente* conozco, conoces, conoce, conocemos, conocéis, conocen; *Subjuntivo, Presente* conozca, conozcas, conozca, conozcamos, conozcáis, conozcan.

Dar: *Indicativo, Presente* doy, das, da, damos, dais, dan; *Pretérito perfecto simple* di, diste, dio, dimos, disteis, dieron; *Subjuntivo, Presente* dé, des, dé, demos, deis, den; *Pretérito imperfecto* diera o -se, dieras o -ses, diera o -se, diéramos o -semos, dierais o -seis, dieran o -sen; *Futuro* diere, dieres, diere, diéremos, diéreis, dieren.

Decir: *Indicativo, Presente* digo, dices, dice, decimos, decís, dicen; *Pretérito perfecto simple* dije, dijiste, dijo, dijimos, dijisteis, dijeron; *Futuro* diré, dirás, dirá, diremos, diréis, dirán; *Condicional* diría, dirías, diría, diríamos, diríais, dirían; *Subjuntivo, Presente* diga, digas, diga, digamos, digáis, digan; *Pretérito imperfecto* dijera o dijese, dijeras o -ses, dijera o -se, dijéramos o -semos, dijerais o -seis, dijeran o -sen; *Futuro* dijere, dijeres, dijere, dijéremos, dijereis, dijeren; *Imperativo, Presente* di, decid; *Gerundio* diciendo; *Participio* dicho.

Dormir: *Indicativo, Presente* duermo, duermes, duerme, dormimos, dormís, duermen; *Pretérito perfecto simple* dormí, dormiste, durmió, dormimos, dormisteis, durmieron; *Subjuntivo, Presente* duerma, duermas, duerma, durmamos, durmáis, duerman; *Pretérito imperfecto* durmiera o durmiese, durmieras o -ses, durmiera o -se, durmiéramos o -semos, durmierais o -seis, durmieran o -sen; *Futuro* durmiere, durmieres, durmiere, durmiéremos, durmiereis, durmieren; *Imperativo Presente* duerme, dormid; *Gerundio* durmiendo.

Encontrar: *like* acordar.

Haber: *Indicativo, Presente* he, has, ha, hemos, habéis, han; *Pretérito perfecto simple* hube, hubiste, hubo, hubimos, hubisteis, hubieron; *Futuro* habré, habrás, habrá, habremos, habréis, habrán; *Condicional* habría, habrías, habría, habríamos, habríais, habrían; *Subjuntivo, Presente* haya, hayas, haya, hayamos, hayáis, hayan; *Pretérito imperfecto* hubiera o hubiese, hubieras o -ses, hubiera o -se, hubiéramos o -semos, hubierais o -seis, hubieran o -sen; *Futuro* hubiere, hubieres, hubiere, hubiéremos, hubiereis, hubieren.

Hacer: *Indicativo, Presente* hago, haces, hace, hacemos, hacéis, hacen; *Pretérito perfecto simple* hice, hiciste, hizo, hicimos, hicisteis, hicieron; *Futuro* haré, harás, haré, haremos, haréis, harán; *Condicional* haría, harías, haría, haríamos, haríais, harían; *Subjuntivo, Presente* haga, hagas, haga, hagamos, hagáis, hagan; *Pretérito imperfecto* hiciera o hiciese, hicieras o -ses; hiciera o -se, hiciéramos o -semos; hicierais o -seis, hicieran o -sen; *Futuro* hiciere, hicieres, hiciere, hiciéremos, hiciereis, hicieren; *Imperativo, Presente* haz, haced; *Participio* hecho.

Ir: *Indicativo, Presente* voy, vas, va, vamos, vais, van; *Pretérito imperfecto* iba, ibas, iba, íbamos, ibais, iban; *Pretérito perfecto simple* fui, fuiste, fue, fuimos, fuisteis, fueron; *Subjuntivo, Presente* vaya, vayas, vaya, vayamos, vayáis, vayan; *Pretérito imperfecto* fuera o fuese, fueras o -ses, fuera o -se, fuéramos o -semos, fuerais o -seis, fueran o -sen; *Futuro* fuere, fueres, fuere, fuéremos, fuereis, fueren; *Imperativo, Presente* ve, id; *Gerundio* yendo.

Jugar: *Indicativo, Presente* juego, juegas, juega, jugamos, jugáis, juegan; *Subjuntivo, Presente* juegue, juegues, juegue, juguemos, juguéis, jueguen; *Imperativo, Presente* juega, jugad.
Llover: (unipersonal) *Indicativo, Presente* llueve; *Subjuntivo, Presente* llueva.

Morder: *Indicativo, Presente* muerdo, muerdes, muerde, mordemos, mordéis, muerden; *Subjuntivo, Presente* muerda, muerdas, muerda, mordamos, mordáis, muerdan; *Imperativo, presente* muerde, morded.

Morir: like dormir except *Participio* muerto.

Negar: *Indicativo, Presente* niego, niegas, niega, negamos, negáis, niegan; *Subjuntivo. Presente* niegue, niegues, niegue, neguemos, neguéis, nieguen; *Imperativo, Presente* niega, negad.

Oír: *Indicativo, Presente* oigo, oyes, oye, oímos, oís, oyen; *Pretérito perfecto simple* oí, oíste, oyó, oímos, oísteis, oyeron; *Subjuntivo, Presente* oiga, oigas, oiga, oigamos, oigáis, oigan; *Imperfecto* oyera u oyese, oyeras u -ses, oyera u -se, oyéramos u -semos, oyerais u -seis, oyeran u -sen; *Futuro* oyere, oyeres, oyere, oyéremos, oyereis, oyeren; *Imperativo, Presente* oye, oíd; *Gerundio* oyendo.

Pedir: *Indicativo, Presente* pido, pides, pide, pedimos, pedís, piden; *Pretérito perfecto simple* pedí, pediste, pidió, pedimos, pedisteis, pidieron; *Subjuntivo, Presente* pida, pidas, pida, pidamos, pidáis, pidan; *Pretérito imperfecto* pidiera o pidiese, pidieras o -ses, pidiera o -se, pidiéramos o -semos, pidierais o -seis, pidieran o -sen; *Futuro* pidiere, pidieres, pidiere, pidiéremos, pidiereis, pidieren; *Imperativo, Presente* pide, pedid; *Gerundio* pidiendo.

Perder: *Indicativo, Presente* pierdo, pierdes, pierde, perdemos, perdéis, pierden; *Subjuntivo, Presente* pierda, pierdas, pierda, perdamos, perdáis, pierdan; *Imperativo, Presente* pierde, perded.

Poder: *Indicativo, Presente* puedo, puedes, puede, podemos, podéis, pueden; *Pretérito perfecto simple* pude, pudiste, pudo, pudimos, pudisteis, pudieron; *Futuro* podré, podrás, podrá, podremos, podréis, podrán; *Condicional* podría, podrías, podría, podríamos, podríais, podrían; *Subjuntivo, Presente* pueda, puedas, pueda, podamos, podáis, puedan; *Pretérito Imperfecto* pudiera o pudiese, pudieras o -ses, pudiera o -se, pudiéramos o -semos, pudierais o -seis, pudieran o -sen; *Futuro* pudiere, pudieres, pudiere, pudiéremos, pudiereis, pudieren; *Imperativo, Presente* puede, poded; *Gerundio* pudiendo.

Poner: *Indicativo, Presente* pongo, pones, pone, ponemos, ponéis, ponen; *Pretérito perfecto simple* puse, pusiste, puso, pusimos, pusisteis, pusieron; *Futuro* pondré, pondrás, pondrá, pondremos, pondréis, pondrán; *Condicional* pondría, pondrías, pondría, pondríamos, pondríais, pondrían; *Subjuntivo, Presente* ponga, pongas, ponga, pongamos, pongáis, pongan; *Pretérito imperfecto* pusiera o pusiese, pusieras o -ses, pusiera o -se, pusiéramos o -semos, pusierais o -seis, pusieran o -sen; *Futuro* pusiere, pusieres, pusiere, pusiéremos, pusiereis, pusieren. *Imperativo, Presente* pon, poned; *Participio* puesto.

Querer: *Indicativo, Presente* quiero, quieres, quiere, queremos, queréis, quieren; *Pretérito perfecto simple* quise, quisiste, quiso, quisimos, quisisteis, quisieron; *Futuro* querré, querrás, querrá, querremos, querréis, querrán; *Condicional* querría, querrías, querría, querríamos, querríais, querrían; *Subjuntivo, Presente* quiera, quieras, quiera, queramos, queráis, quieran; *Imperfecto* quisiera o quisiese, quisieras o -ses, quisiera o -se, quisiéramos o -semos, quisierais o -seis, quisieran o -sen; *Futuro* quisiere, quisieres, quisiere, quisiéremos, quisiereis, quisieren; *Imperativo, Presente* quiere, quered.

Reír: *Indicativo, Presente* río, ríes, ríe, reímos, reís, ríen; *Pretérito perfecto simple* reí, reíste, rió, reímos, reisteis, rieron; *Subjuntivo, Presente* ría, rías, ría, ríamos, ríais, rían; *Imperfecto* riera o riese, rieras o -ses, riera o -se, riéramos o -semos, rierais o -seis, rieran o -sen; *Futuro* riere, rieres, riere, riéremos, riereis, rieren; *Imperativo, Presente* ríe, reíd; *Gerundio* riendo.

Saber: *Indicativo, Presente* sé, sabes, sabe, sabemos, sabéis, saben; *Pretérito perfecto simple* supe, supiste, supo, supimos, supisteis, supieron; *Futuro* sabré, sabrás, sabrá, sabremos, sabréis, sabrán; *Condicional* sabría, sabrías, sabría, sabríamos, sabríais, sabrían; *Subjuntivo presente* sepa, sepas, sepa, sepamos, sepáis, sepan; *Pretérito imperfecto* supiera o supiese, supieras o -ses, supiera o -se, supiéramos o -semos, supierais o -seis, supieran o -sen; *Futuro* supiere, supieres, supiere, supiéremos, supiereis, supieren.

Salir: *Indicativo, Presente* salgo, sales, sale, salimos, salís, salen; *Futuro* saldré, saldrás, saldrá, saldremos saldréis, saldrán; *Condicional* saldría, saldrías, saldría, saldríamos, saldríais, saldrían; *Subjuntivo, Presente* salga, salgas, salga, salgamos, salgáis, salgan; *Imperativo, Presente* sal, salid.

Sentir: *Indicativo, Presente* siento, sientes, siente, sentimos, sentís, sienten; *Pretérito perfecto simple* sentí, sentiste, sintió, sentimos, sentisteis, sintieron; *Subjuntivo, Presente* sienta, sientas, sienta, sintamos, sintáis, sientan; *Pretérito imperfecto* sintiera o sintiese, sintieras o -ses, sintiera o -se, sintiéramos o -semos, sintierais o -seis, sintieran o -sen; *Futuro* sintiere, sintieres, sintiere, sintiéremos, sintiereis, sintieren; *Imperativo, Presente* siente, sentid; *Gerundio* sintiendo.

Ser: *Indicativo, Presente* soy, eres, es, somos, sois, son; *Pretérito imperfecto* era, eras, era, éramos, erais, eran; *Pretérito perfecto simple* fui, fuiste, fue, fuimos, fuisteis, fueron: *Subjuntivo, Presente* sea, seas, sea, seamos, seáis, sean; *Pretérito imperfecto* fuera o fuese, fueras o -ses, fuera o -se, fuéramos o -semos, fuerais.

Prepositions

Spanish has a relatively large number of prepositions, and does not use postpositions. The following list is traditionally recited:

A, ante, bajo, cabe, con, contra, de, desde, en, entre, hacia, hasta, para, por, según, sin, so, sobre, tras.

Lately, two new prepositions have been added: "durante" and "mediante", usually placed at the end to preserve the list (which is usually learnt by heart by Spanish students).

This list includes two archaic prepositions (so and cabe), but leaves out two new Latinisms (vía and pro) as well as a large number of very important compound prepositions.

Prepositions in Spanish do not change a verb's meaning as they do in English. For example, to translate "run out of water" "run up a bill" "run down a pedestrian" "run in a thief" into Spanish requires completely different verbs, and not simply the use of "correr" ("run") plus the corresponding Spanish prepositions. This is more due to the nature of English phrasal verbs rather than an inherent function of Spanish verbs or prepositions.

Conjunctions

The Spanish conjunctions y ('and') and o ('or') alter their form in both spoken and written language to e and u respectively when followed by an identical vowel sound. Thus, padre e hijo ('father and son'), Fernando e Isabel ('Ferdinand and Isabella'), sujeto u objeto ('subject or object'), vertical u horizontal ('vertical or horizontal').

The change does not take place before the (h)i of a diphthong, as in acero y hierro ('steel and iron'). Nor does the conjunction y change when initial in a question (where it serves to introduce or reintroduce a name as a topic, rather than to link one element with another), as in ¿Y Inés? ('What about Inés?').

When the conjunction o appears between numerals, it is usually spelled with an accent mark (ó), in order to distinguish it from zero (0); thus, 2 ó 3 ('2 or 3') in contrast to 203 ('two-hundred three').

Syntactic variation
Cleft sentences

A cleft sentence is one formed with the copular verb (generally with a dummy pronoun like "it" as its subject), plus a word that "cleaves" the sentence, plus a subordinate clause. They are often used to put emphasis on a part of the sentence. Here are some examples of English sentences and their cleft versions:

- "I did it."→"It was I who did it." or colloquially "It was me that did it."
- "You will stop smoking through willpower."→"It is through willpower that you will stop smoking."

Spanish does not usually employ such a structure in simple sentences. The translations of sentences like these can be readily analyzed as being normal sentences containing relative pronouns. Spanish is capable of expressing such concepts without a special cleft structure thanks to its flexible word order. For example, if we translate a cleft sentence such as "It was Juan who lost the keys", we get Fue Juan el que perdió las llaves. Whereas the English sentence uses a special structure, the Spanish one does not. The verb fue has no dummy subject, and the pronoun el que is not a cleaver but a nominalising relative pronoun meaning "the [male] one that". Provided we respect the parings of "el que" and "las llaves", we can play with the word order of the Spanish sentence without affecting its structure – although each permutation would, to a native speaker, give a subtly different shading of emphasis. For example, we can say Juan fue el que perdió las llaves ("Juan was the one who lost the keys") or El que perdió las llaves fue Juan ("The one who lost the keys was Juan"). As can be seen from the translations, if this word order is chosen, English stops using the cleft structure (there is no more dummy "it" and a nominalising relative is used instead of the cleaving word) whilst in Spanish no words have changed. Here are some examples of such sentences:

- Fue Juan el que perdió las llaves. = "It was John who lost the keys."
- Son solo tres días los que te quedan. = "It is only three days that you have left."
- Seré yo quien se lo diga. = "It will be I who tells him."
- Son pocos los que vienen y se quedan. = lit. "It is not many who come and stay."

Note that it is ungrammatical to try to use just que to cleave such sentences as in English, but using quien in singular or quienes in plural is grammatical.

- Fue Juan que perdió las llaves. (incorrect)
- Fue Juan quien perdió las llaves. (correct)

When prepositions come into play, things become complicated.

Structures unambiguously identifiable as cleft sentences are used. The verb ser introduces the stressed element and then there is a nominaliser. Both of these are preceded by the relevant preposition. For example:

• Fue a mí a quien le dio permiso. = "It was me to whom he gave permission", lit. "It was to me to whom he gave permission."

• Es para nosotros para quienes se hizo esto. = "It is us for whom this was made", lit. "It is for us for whom this was made"

• Es por eso por lo que lo hice. = "That is why I did it", more literally: "It is because of that that I did it", or completely literally: "It is because of that because of which I did it."

• Es así como se debe hacer = "It is this way that it must be done", lit. "It is this way how it must be done" (como replaces longer expressions such as la forma en que).

This structure is quite wordy, and is therefore often avoided by not using a cleft sentence at all. Emphasis is conveyed just by word order and stressing with the voice (indicated here within bolding):

• Me dio permiso a **mí**. = "He gave permission to me"

• Se hizo esto para **nosotros**. = "This was done for us"

• Por **eso** lo hice. = "I did it because of that"

• Se debe hacer **así** = "It must be done this way"

In casual speech, the complex cleaving pronoun is often reduced to que, just as it is reduced to "that" in English. Foreign learners are advised to avoid this.

• Es para nosotros que se hizo esto.

• Es por eso que lo hice.

• Fue a mí que le dio permiso. (preferred: a quien)

• Es así que se debe hacer (preferred: como)

In the singular, the subordinate clause can agree either with the relative pronoun or with the subject of the main sentence, though the latter is seldom used. However, in the plural, only agreement with the subject of the main sentence is acceptable. Therefore:

Singular

• Yo fui el que me lo bebí = "I was the one who drank it" (agreement with subject of main sentence).

• Yo fui el que se lo bebió (preferred form with same meaning, agreement with el que).

• La que lo sé soy yo = "I am the one who knows" (agreement with subject of main sentence).

• La que lo sabe soy yo = (preferred form with same meaning, agreement with la que).

Plural

• Somos los únicos que no tenemos ni un centavo para apostar = "We are the only ones who do not have
even a cent to bet" (agreement with subject of main sentence)

• Vosotras sois las que lo sabéis = "You girls are the ones who know" (agreement with subject of main sentence).

Dialectal variations

Forms of address

The use of usted and ustedes as a polite form of address is universal. However, there are variations in informal address. Ustedes replaces vosotros in much of Andalusia, the Canary Islands and Latin America, except in the liturgical or poetic of styles. In some parts of Andalusia, the pronoun ustedes is used with the standard vosotros endings.

Depending on the region, Latin Americans may also replace the singular tú with usted or vos. The choice of pronoun is a tricky issue and can even vary from village to village. Travellers are often advised to play it safe and call everyone usted.

A feature of the speech of the Dominican Republic and other areas where syllable-final /s/ is completely silent is that there is no audible difference between the second and third person singular form of the verb. This leads to redundant pronoun use, for example, the tagging on of ¿tú ves? (pronounced tuvé) to the ends of sentences, where other speakers would say ¿ves?.

Voseo

Vos was used in medieval Castilian as a polite form, like the French vous and the Italian voi, and it used the same forms as vosotros. This gave three levels of formality:

• Tú quieres
• Vos queréis (originally queredes)
• Vuestra merced quiere (today usted)

Whereas vos was lost in standard Spanish, some dialects lost tú, and began using vos as the informal pronoun.

The exact connotations of this practice, called voseo, depend on the dialect. In certain countries there may be socioeconomic implications. El voseo uses the pronoun vos for tú, but maintains te as an object pronoun and tu and tuyo as possessives.

In voseo, verbs corresponding to vos in the present indicative (roughly equivalent to the English simple present), are formed from the second person plural (the form for vosotros). If the second person plural ends in áis or éis, the form for vos drops the i:

• Vosotros habláis - vos hablás.
• Vosotros tenéis - vos tenés.

Similarly the verb ser (to be) has:

• Vosotros sois - vos sos.

If the second person plural ends in -ís (with an accent on the í), then the form for vos is identical:

• Vosotros vivís - vos vivís.
• Vosotros oís - vos oís.
• Vosotros huís - vos huís.

In the imperative, the form for vos is also derived from the second person plural. The latter ends always in -d. So for the form for vos this d is removed, and if the verb has more than one syllable, an accent is added to the last vowel:

• Tened (vosotros) - tené (vos)
• Dad (vosotros) - da (vos).

The only exception to these rules is in the verb ir (to go), which does not have an imperative form for vos and uses the analogous form of the verb andar, which has a similar meaning, and is regular:

• Andad - andá.

In the present subjunctive, the same rules as for the present indicative apply, though these forms coexist in Argentina with those for the pronoun tú:

• Que vosotros digáis - que vos digás.

OR

• Que tú digas - que vos digas.

Other tenses always have the same form for vos as for tú. Outside Argentina, other combinations are possible. For instance, people in Maracaibo may use standard vosotros endings for vos (vos habláis, que vos habléis).

Vosotros imperative: -ar for -ad

In Spain, colloquially, the infinitive is used instead of the normative imperative for vosotros. This is not accepted in the normative
language.

- ¡Venir! instead of ¡Venid!
- ¡Callaros! instead of ¡Callaos! (¡Callarse! in some dialects)
- ¡Iros! or ¡Marcharos! instead of ¡Idos!

Third-person object pronoun variation

The third-person direct-object and indirect-object pronouns ex-
hibit variation from region to region, from one individual to another, and even within the language of single individuals. The
Real Academia Española prefers an "etymological" usage, one
in which the indirect object function is carried by le (regardless
of gender), and the direct object function is carried by la or lo
(according to the gender of the antecedent, and regardless of its
animacy).

The Academy also condones the use of le as a direct object form
for masculine, animate antecedents (i.e. male humans). Devia-
tions from these approved usages are named leísmo (for the use
of le as a direct object), and laísmo and loísmo (for the use of la
and lo as indirect objects).

A

a *f.* a.

a *prep.* to. || direct object: *amo a mi madre,* I love my mother. || destination, place (at, in, on): *a la mesa,* at the table. || *caer al agua,* to fall into the water. || direction: *voy a la iglesia,* I go to the church. || time (when): *a la noche,* at nightfall. || manner: *a la francesa,* in the French fashion. || *a pedazos,* by pieces. || mode, way: *a mano,* by hand. || *a pie,* on foot. || means, instrument: *hecho a mano,* hand made. || finality: *voy a dormir,* I go to sleep.

abad *m.* abbot.

abadía *f.* abbey. || (office, rank) abbacy.

abajo *adv.* under, underneath, below, down. || downwards, downstairs. || — *prep.* beneath.

abalanzar *vt.* to balance. || to throw. || — *vr.* to rush. || to pounce.

abandonado *adj.* abandoned. || deserted. || derelict. || neglected.

abandonar *vt.* to leave. || to abandon. || to desert, to forsake. || to give up. || — *vi.* to give up.

abandono *m.* abandonment. || dereliction. || desertion. || giving up. || (sport) retirement.

abanicar *vt.* to fan. || — *vr.* to fan oneself.

abanico *m.* fan. || (naut.) derrick.

abaratar *vt.* to make cheaper, to reduce the price of. || (price) to lower.

abarcar *vt.* to include, to embrace, to take in. || to contain. || (comm.) to monopolize, **abarrotar** *vt.* to bar. || (naut.) to stow. || to overstock.

abarrote *m.* (naut.) packing. || pl. **abarrotes** (S. Am.), groceries.

abastecer *vt.* to supply, to provide (de with).

abastecimiento *m.* supplying, provision. || provisioning, catering. || supply.

abatido *adj.* depressed, dejected, downcast, crest fallen.

abatir *vt.* to knock, to pull down, to demolish. || to shoot (bird). || — *vi.* to drop, to fall. || (bird, plane) to swoop. || (fig.) to be depressed, to get discouraged.

abdicar *vt.* to renounce, to relinquish. || — *vi.* to abdicate, **abecedario** *m.* alphabet. || primer, spelling book.

abedul *m.* birch. || **a. plateado,** silver birch.

abeja *f.* bee. || **a. reina,** queen bee. || **a. macho,** drone. || **a. obrera,** worker, **aberración** *f.* aberration, **abertura** *f.* opening. || gap, hole. || crack, slit. || (geog.) cove, creek.

abeto *m.* (tree) fir. || **a. blanco,** silver fir.

abierto *pp.* of **abrir.** || — *adj.* open. || opened. || frank.

abigarrado *adj.* multicoloured, variegated. || (fig.) motely, mixed.

abismar *vt.* to depress, to humble, to destroy. || (fig.) to get absorbed.

abismo *m.* abyss (a. fig.), chasm.

abjurar *vt., vi.* to abjure, forswear.

ablandar *vt.* to soften. || to melt (snow). || to make tender (meat). || — *vi.* to get soft.

ablande *m.* (aut.) running-in.

abnegación *f.* self-denial, abnegation. || unselfishness.

abnegarse *vr.* to deny oneself, to sacrifice oneself.

abobado *adj.* silly. || stupid-looking.

abocar *vt.* to seize in one's mouth. || (wine) to pour out, to decant. || — *vr.* to arrive at, to come to. || — *vr.* to meet.

abochornar *vr.* to make flushed, to overheat. || — *vr.* (fig.) to be ashamed. ||to blush.

abofetear *vr.* to slap. || (fig) to insult.

abogado *m.* lawyer. || solicitor, barrister, attorney-at-law.

abogar *vr.* to plead. || to mediate.

abolengo *m.* ancestry, lineage.

abolición *f.* abolition, abolishment.

abolir (defective) *vr.* to abolish. || to cancel, to annul.

abollar *vt.* to dent. || to raise a bump on. || to emboss. y — *vr.* to get dented.

abominar *vt.* to detest, to loathe.

abonado *adj.* paid. || fertilized, manured. || — *m., f.* (tel., etc.) subscriber.

aborigen *adj., m.* aboriginal. || native.

aborrecer *vr.* to hate, to detest.

aborto *m. (med.)* miscarriage. || abortion. || monster. || (comput.) abend.

abotonar *vr.* to button up, to do up. || — *vr.* (bot.) to bud.

abovedado *adj.* vaulted. || domed, arched.

abrasador *adj.* burning, scorching. || *(fig.)* withering.

abrasar *vr.* to burn (up), y to parch. || — *vr.* to burn. || to be parched.

abrazar *vt.* to embrace. || to hug. || *(fig.)* to include.

abrazo *m.* embrace, hug.

abrelatas *m.* tin opener, can opener.

abrevar *vt.* (animal) to water. || — *vr.* to drink.

abreviar *vr.* to abbreviate. || to abridge. || to shorten. II — *vr.* to be quick, to be short.

abreviatura *f.* abbreviation. || contraction.

abrigo *m.* shelter. || protection. || coat, etc. || (naut.) harbour.

abril *m.* April.

abrir *vt.* to open (a fig.). || to unlock. || (hole) to make. || (path, road) to clear, to make. || — *vr.* to open. || to open out. || to unbosom oneself.

abrochar *vr.* to button. || to fasten. || to clasp, y *(S. Am.)* (papers) to staple.

abrogar *vr.* to abrogate, to repeal.

abroquelarse *vr.* to shield oneself, to protect oneself.

abrumador *adj.* crushing. || exhausting. || overwhelming.

abrupto *adj.* (slope) steep, abrupt.

absoluto *adj.* absolute. || utter, complete. || **en a.,** absolutely. || not at all.

absolver *vr.* to absolve. || *(law)* to acquit, to clear.

absorber *vr.* to absorb, y to suck up. || — *vr.* to become absorbed.

absorto *adj.* absorbed, engrossed. || astonished.

abstemio *adj.* abstemious. || teetotal.

abstenerse *vr.* to abstain. || to refrain.

abstinencia *f.* abstinence. || fasting. || restraint.

abstracción *f.* abstraction. || absent-mindedness.

abstraer *vt.* to abstract, y to remove, to consider separately. || — *vr.* **a. de,** to leave aside, to exclude. || — *vr.* to be abstracted, to be absorbed.

absuelto *pp.* of absolver.

absurdo *adj.* absurd, ridiculous, preposterous.

abuela *f.* grandmother. || *(fig.)* old woman, old lady.

abuelo *m.* grandfather. || *(fig.)* old man. || ancestor. || *pl.* **abuelos,** grandparents.

abultar *vt.* to enlarge. || *(fig.)* to exaggerate. || — *vr.* to be bulky.

abundante *adj.* abundant, plentiful (crop, etc.). || heavy, copious.

abundar *vr.* to be plentiful, to abound. || to be rich in.

aburrido *adj.* boring, tedious, dull. || bored.

aburrir *vr.* to bore. || to tire, to weary. || — *vr.* to be bored, to get bored.

abusar *vi.* to go too far, to take an unfair advantage. || **a. de** to abuse.

abuso *m.* abuse. || unfair demand. || misuse, y misapplication.

abyecto *adj.* wretched, abject. || degraded. || servile.

acá *adv.* here. || **¡ven a.!,** come here! || around here, over here. || a. || **allí,** here and there. || de **a. para allí,** to and fro. || **más a.,** nearer.

acabar *vt.* to finish, to complete. || to kill off. || — *vr.* to finish, to come to an end. || to destroy. || to die. || (word) to end with. || to have just.: **acabo de leer la carta,** I have just read the letter.

academia *f.* academy. || learned society. || (private) school.

acaecimiento *m.* happening, occurrence.

acalorado *adj.* heated, hot. || tired. || *(fig.* (argument, words) heated, excited.

acallar *vr.* to silence. || to quieten. || *(fig.)* to pacify.

acampar *vr.* to camp. || to encamp.

acanalar *vr.* to groove, to furrow. || to flute.

acantilado *adj.* (cliff) steep, sheer. || (coast) rocky. || — *n.* cliff.

acantonar *vt.* (mil.) to quarter.

acaparar *vt. (comm.)* to monopolize. || to corner (market, etc.). || to hoard. || to command (attention).

acariciar *vt.* to caress, to fondle. || (animal) to stroke. || to brush. || *(fig.)* to cherish.

acarrear *vt.* to transport, to convey, to carry. || *(fig.)* to cause, to bring about.

acaso *adv.* perhaps, maybe. || by chance. || **por si a.,** just in case. || — *m.* chance, accident. || **al a.,** at random.

acatar vt. to respect. || to hold in awe, to revere. || to treat with deference. || (law) to obey, to observe.

acatarrarse vr. to catch a cold.

acaudillar vr. to lead, to command.

acceder vi. to accede, to agree.

accesible adj. accessible. || approachable.

acceso m. admittance. || (way) access, approach. || (comput.) access.

accesorio adj. accessory. || dependent, subordinate. || incidental. || — n. accessory, attachment.

accidentado adj. (surface) uneven. || (fig.) troubled, agitated. || eventful. || (person) injured. || damaged.

accidente m. accident. || mishap, misadventure. || **por a.**, by accident, by chance.

acción f. action. || (comm.) share. || (mil.) action, engagement. || (theat.) action, plot. || pl. **acciones**, shares, stock.

accionar vt. (mech.) to work, to drive, to propel. || — vi. to gesticulate. || to wave one's hands about.

accionista m., f. shareholder, stockholder.

acecho m. spying, watching. || ambush. || **estar al a.**, to lie in wait, to be on the watch.

acedo adj. acid, sour. || (fig.) unpleasant, disagreeable.

aceitar vt. to oil, to lubricate.

aceite oil. || (perfume) essence.

aceitera f. oilcan.

aceituna f. olive.

acelerar vt. to accelerate. || (fig.) to speed up. || — vr. to hurry, to hasten.

acento m. accent. || accent, stress, emphasis.

acentuar vt. to accent, to stress. || to emphasize. || to accentuate. || — vr. to be accentuated.

acepción f. sense, meaning. || preference.

aceptación f. acceptance. || approval. || (comm.) acceptance. || success.

aceptar vt. to accept. || to approve. || to take on, to undertake.

acera f. pavement, sidewalk (U. S.). || row (of houses).

acerbo adj. (taste) sharp, bitter, sour. || (fig.) harsh.

acerca de prep., about, on, concerning.

acercar vt. to bring near, to bring up. || — vr. to approach, to draw near.

acero m. steel (a. fig.).

acérrimo adj. (fig.) (supporter, etc.) very strong, staunch, out-and-out.

acertado adj. (opinion) right, correct. || wise, fitting.

acertar vt. (target) to hit. || to get right. || to manage. || — vi. to get right. || to find, to hit on. || to happen.

acertijo m. riddle, puzzle.

acervo m. heap, pile.

aciago adj. ill-fated, ill-omened, fateful.

acíbar m. aloes. || (fig.) sorrow, bitterness.

acicalar vt. (metal) to polish. || (person, etc.) to adorn. || — vr. to get dressed up.

acicate m. spur. || (fig.) spur, incentive.

ácido adj. sharp, sour, acid. || — n. acid.

acierto m. success. || good shot, hit. || good guess. || sensible choice, wise move. || ability.

aclamar vt. to acclaim. || to applaud.

aclaración f. rinse, rinsing. || clarification, explanation, elucidation. || (meteorol.) brightening, clearing up.

aclimatación f. acclimatization.

acobardar vt. to daunt, to intimidate, to cow, to. || — vr. to be frightened, to get frightened.

acoger vt. to welcome. || to take in, to give refuge to. || to shelter, to protect. || (fig.) to receive, to take. || — vr. to take refuge. || to resort to.

acogida f. welcome, reception. || acceptance, admittance. || shelter, refuge.

acolchar vt. to quilt, to pad.

acometer vt. to assail. || j to attack. || to charge at. || to begin, to start.

acometida f. attack, assault. || (tech., elec.) connection.

acomodado adj. suitable, convenient. || arranged, prepared. || well-to-do, well-off. || moderate (price).

acomodador m. (theat., etc.) usher.

acomodar vt. to arrange. || to suit, to adapt. || to apply. || to adjust. || (theat.) to show to a seat. || to make comfortable. || — vi. to suit, to fit. || to be suitable. || — vr. to adapt oneself. || to settle down to.

acomodo m. arrangement. || agreement. (pej.) secret deal. || post, job. || (S. Am., pej.) soft job, job obtained by influence. || (S. Am.) bribe.

acompañar vt. to go with, to accompany. || to escort. || (mus.) to accompany.

acompasado adj. rhythmic, measured.

acondicionar vr. to arrange, to prepare, to make suitable. || (tech.) to condition. || to air-condition.

acongojar vt. to distress, to grieve. ‖ — vr. to become distressed, to get upset.

aconsejar vt. to advise, to counsel. ‖ to recommend. ‖ — vr. to seek.

acontecer vi. to happen, to occur.

acontecimiento m. event, happening, occurrence.

acopiar vt. to gather. ‖ to store. ‖ to collect.

acoplado m. (S. Am.) trailer.

acoplar vt. (tech.) to couple. ‖ to join. ‖ to connect. ‖ to mate, to pair.

acorazado adj. armour-plated. ‖ ironclad. ‖ armoured. ‖ — m. battleship.

acordar vt. to agree, to resolve. I to decide. ‖ to remind. ‖ (mus.) to tune. ‖ to grant. ‖ — vr. to remember.

acorde adj. in agreement. ‖ (mus.) in harmony, in tune. ‖ — n. (mus.) chord.

acordeón m. accordion.

acorralar vt. (animals) to round up, to corral. ‖ (person) to corner.

acortar vt. to shorten, to cut down, to reduce. ‖ to abbreviate.

acosar vr. to pursue relentlessly. ‖ (fig.) to hound. ‖ to harass, to obsess.

acostar vt. to lay down. ‖ (child, etc.) to put to bed. ‖ — vr. to lie down. ‖ to go to bed.

acostumbrado adj. usual, customary, habitual.

acostumbrar vr. to accustom, to get used. ‖ to be used to, to be accustomed to. ‖ — vr. to become accustomed, to get used.

acotación f. boundary mark. ‖ (geog.) elevation mark. ‖ marginal note. ‖ (theat.) stage direction.

acre adj. (taste) sharp, bitter, tart. ‖ sour. ‖ biting, mordant. ‖ — m. (measure) acre.

acrecentar vt. to increase. ‖ to advance, to promote.

acreditar vr. to do credit to, to add to the reputation of. ‖ to vouch for. ‖ to prove. ‖ to authorize. ‖ — vr. to get a reputation.

acreedor adj. deserving. ‖ — m., **acreedora** f. creditor.

acribillar vt. to pepper, to riddle (with shots). ‖ (fig.) to pester, to harass (with questions).

acrisolado adj. pure. ‖ tried, tested. ‖ unquestionable.

acrobacia f. acrobatics.

acta f. (of meeting) minutes, record. ‖ certificate of election. ‖ **a. notarial**, affidavit. ‖ **a. de bautismo**, certificate of baptism.

actitud f. posture, position, attitude, pose.

activar vi. to activate. ‖ (work) to expedite, to speed up. ‖ (fire) to brighten up.

actividad f. activity. ‖ promptness. ‖ bustle, movement. ‖ **en a.**, in action. ‖ (volcano) in eruption. ‖ **en plena a.**, in full swing.

activo adj. active. ‖ lively. ‖ prompt. ‖ energetic. ‖ — m. (comm.) assets.

acto m. act, action. ‖ ceremony, function. ‖ **a. seguido**, immediately afterward. ‖ **en el a.**, at once.

actor m. (theat.) actor. ‖ (fig.) protagonist. ‖ (law) plaintiff.

actriz f. actress.

actuación f. action. ‖ performance, conduct, behaviour. ‖ (S. Am.) role. ‖ pl. **actuaciones**, legal.

actualidad f. present time. ‖ **en la a.**, at the present time, nowadays. ‖ **ser de a.**, to be current. ‖ pl. **actualidades**, current events. ‖ (film) newsreel.

actualizar vr. to update, to modernize.

actualmente adv. at present. ‖ now, nowadays.

actuar vt. to actuate. ‖ to set in motion, to operate. ‖ to work. ‖ — vi. to act. ‖ (tech.) to operate.

acuarela f. watercolour.

acuario m. aquarium.

acuático adj. aquatic, water (attr.).

acuatizar vi. to land on the sea.

acuciar vr. to urge on, to goad. ‖ to harass.

acuchillar vr. to slash. ‖ to stab, to knife.

acudir vr. to come, to turn up. ‖ to go to see (the doctor).

acuerdo m. agreement, understanding. ‖ harmony. ‖ (pari.) resolution. ‖ **¡de a.!** agree! ‖ **de a. con**, in accordance with. ‖ **estar de a. con**, to agree with.

acumulador adj. **accumulative.** ‖ — m. accumulator, storage battery.

acumular vr. to accumulate. ‖ to gather, to collect. ‖ to pile (up).

acunar vt. to rock (to sleep).

acuñar vr. (money) to coin, to mint. ‖ (medal) to strike. II (wheel, etc.) to wedge.

acuoso adj. watery. ‖ (fruit) juicy, runny.

acurrucarse vr. to crouch. ‖ to huddle up, to curl up.

A

acusador adj. accusing, reproachful. || — m., acusadora f. accuser.

acusar vr. to accuse, to charge. || to blame. || to show, to reveal, to reflect. || to tell tales. || — vr. to confess.

acuse m. acknowledgement. || **a. de recibo**, acknowledgement of receipt.

acústica f. acoustics.

achacar vt. to attribute. || to put on, to lay on.

achaque m. (med.j infirmity. || ailment. || pretext.

achatar vt. to flatten. || — vr. to get flat. || (Arg.) to grow weak, to decline.

achicar vt. to make smaller. || (sew.) to take in. || (naut.) to bale out. || — vr. to get smaller. || (fig.) to humble oneself.

achicoria f. chicory.

achicharrar vt. to fry crisp. || (too much) to overcook, to burn. || to scorch. || (infml.) to plague.

achura f. (S. Am.) guts, offal.

adagio m. adage, proverb. **||** (mus.) adagio.

adalid m. leader, champion.

adaptar vr. to adapt. || to fit, to make suitable. || — vr. to adapt oneself.

adecentar vt. to tidy up, to make decent.

adecuado adj. adequate. (fit, suitable. || appropriate.

adelantar vt. to move forward. || to advance. || to overtake. || — vr. to progress, to improve. || — vr. to go forward, to go ahead. || (watch) to be fast. || to overtake.

adelante adv. ahead. || forward(s), onward(s). || **¡a.!**, go ahead!, go on! || **más a.**, further on, later.

adelgazar vt. to make thin, to make slender. || to slim, to reduce. || — vr. to grow thin, to lose weight.

ademán m. gesture. || attitude. || **en a. de** + inf.|| as if to + inf. || pl. **ademanes**, manners.

además adv. besides. || moreover. || **a. de** prep., besides, in addition to.

adentro adv. = **dentro**. || **tierra a.**, inland. || pl. **adentros**, innermost being.

adepto m. follower, supporter.

aderezo m. preparation. || dressing. || mixing. || blending. || (cook.) seasoning, dressing. || adornment. || set of jewels.

adeudar vt. to owe. || to be liable for. || — vr. to run into debt.

adherir(se) vi., vr. to adhere, to stick (a to). || **a. a** (fig.), to adhere to, to espouse, to follow.

adhesión f. adhesion. || (fig.) adherence, support.

adición f. addition. || adding up. || (R. Pl.) bill.

adicto adj. devoted, addicted. || — m. addict.

adiestramiento m. training. || drilling. || practice.

adinerado adj. wealthy, moneyed, well-off.

¡adiós! interj. good-bye! || (on passing in street) hullo! || — m. good-bye, farewell.

adiposo adj. adipose, fat.

adivinanza f. riddle, conundrum.

adivinar vt. to prophesy, to foretell, to guess.

adivino m., **adivina** f. fortuneteller.

adjetivo adj. adjectival. || — m. adjective.

adjudicar vr. to award. || to sell, to knock down (at auction). || — vr. to appropriate.

adjunto adj. joined on. || (fig.) attached. || enclosed.

administración f. administration. || management. || running. || headquarters.

administrador m., **administradora** f. administrator. || manager. || (of estate) steward, factor.

administrar vr. to administer. || to manage. || to run.

admirar vr. to admire. || to look up to. || to cause surprise. || to astonish.

admisible adj. admissible. || (excuse, etc.) plausible, credible, legitimate.

admisión f. admission. || acceptance. || (mech.) intake.

admitir vt. to admit. || to accept. || to allow.

admonición f. warning.

adobar vr. to prepare, to dress. || to pickle. || (hides) to tan.

adobe m. adobe, sun-dried brick.

adoctrinar vt. to indoctrinate.

adolecer vr. to fall ill. || **a. de**, to suffer from (a. fig.).

adolescente adj. adolescent. || — m., f. adolescent.

adonde conj. where.

adónde adv. interrog. where? || — conj. where.

adoptar vt. (all senses) to adopt.

adoquín m. paving stone, wooden paving block.

adoquinar vr. to pave.

adorar vt. to adore. || to worship.

adormecer vt. to make sleepy, to send to sleep. || (fig.) to calm. || — vr. to fall asleep, to drowse.

adorno m. adornment. || decoration, embellishment. || (sew.) trimming. || (cook.) garnishment.

adquirir vt. to acquire. || to obtain. || to buy, to purchase. || (habit) to get into, to form.

adquisitivo adj. acquisitive. || **poder a.**, purchasing power.

adrede adv. on purpose, purposely.

adscribir (pp. **adscrito**) vt. to attribute, to ascribe. || to assign, to appoint.

aduana f. customs. || customs house. || customs duty. || **libre de a.**, duty-free.

aducir vt. to adduce, to bring forward. || (proof) to furnish.

adueñarse vr. a. de, to take possession of.

adulación f. flattery, adulation.

adulterar vt. to adulterate. || — vi. to commit adultery.

adulterio m. adultery.

adulto adj. adult, grown-up. || — m., **adulta** f. adult, grown-up.

adusto adj. austere, severe. || stern.

advenedizo adj. newly arrived. || upstart. || — m., **advenediza** f. foreigner, outsider. || newcomer. || upstart.

advenimiento m. advent, arrival.

adverbio m. adverb.

adversario m. **adversaria** f. adversary, opponent.

adversidad f. adversity. || setback, mishap.

adverso adj. opposite, facing. || adverse, untoward.

advertencia f. warning. || piece of advice. || reminder. || (in book) preface, foreword.

advertir vt. to warn, to inform. || to notice.

advocación f. (relig.) name, dedication.

adyacente adj. adjacent.

aéreo adj. aerial. || air (attr.). || (rail, etc.) overhead, elevated.

aeronáutica f. aeronautics.

aeronave f. airship; **a. espacial**, spaceship.

aeropuerto m. airport.

afable adj. affable, genial. || pleasant.

afán m. industry, exertion. || anxiety. || zeal, desire.

afanar vt. to press, to harass. || — vr. to strive.

afanoso adj. hard, laborious. || industrious.

afear vt. to make ugly, to disfigure. || to censure.

afección f. affection, fondness. || (med.) disease.

afectado adj. affected. || stilted, precious. || (med.) **estar a. del corazón**, to have heart trouble. || **estar a.** (Arg.), to be hurt. || to be ill.

afectar vt. to affect, to have an effect on. || to affect, to move. || to pretend, to feign.

afecto adj. affectionate. || **a. a**, fond of, attached to. || — m. affection, fondness.

afeitadora f. electric razor, electric shaver.

afeitar vt., vr. to shave.

afeminado adj. effeminate.

aferrado adj. stubborn.

aferrar vt. to seize, to grasp, to clutch. || to anchor, to moor. || to grapple. || — vr. to cling.

afianzar vt. to strengthen, to fasten, to secure. || to guarantee. || — vr. to steady oneself. || (fig.) to become established.

aficionado adj. amateur. || fond of, with a taste for. || (sport) keen on. || — m., **aficionada** f. amateur. || enthusiast. || fan, follower.

aficionar vt. to make someone keen. || to inspire affection in.

afiche m. (Peru, R. Pl.) poster.

afilado adj. sharp. || tapering, sharp.

afilar vt. to sharpen, to put an edge on. || to whet, to grind. || (razor) to strop. || (R. Pl.) to court.

afiliar vt. to affiliate. || — vr. to become affiliated to.

afín adj. bordering, adjacent. || related, similar. || — m.,f. relation by marriage.

afinar vt. to perfect, to complete. || to refine. || (mus.) to tune. || — vi. to sing in tune, to play in tune.

afincarse vr. to establish oneself, to settle (in a town).

afinidad f. affinity. || relationship, similarity, kinship.

afirmar vt. to secure, to strengthen, to make firm. || to state, to say. || — vr. to steady oneself.

afirmativo adj. affirmative, positive.

afligido adj. grieving, sorrowing, heartbroken. || **a. por**, stricken with.

aflojar vt. to slacken. || to loosen, to undo. || to relax. || — vi. to slacken. || to let up, to die down. || to grow slack. || to grow weak.

aflorar vi. to crop out, to outcrop.

afluencia f. inflow, influx, flow. || rush. || crowd. || abundance. || eloquence.

afluir vi. to flow (a into). || (persons) to flow, to flock (a into, to).

afónico adj. hoarse, voiceless.

afortunado adj. fortunate, lucky.

afrancesado adj. francophile. || (infml.) gallicized, frenchified.

afrenta f. affront, insult, outrage.

africano adj. African. || — m., africana f. African.

afrontar vt. to bring face to face. || to confront, to face. || to face up to.

afuera adv. out, outside. || **la parte de a.**, the outside. || — m. pl. **afueras**, outskirts, outer suburbs.

agachar vt. to lower, to bow, to bend. || — vr. to bend down. || to crouch. || (S. Am.) to give in, to yield.

agalla f. (bol.) gall, gallnut. || (anat.) tonsil. || (fish) gill. || pi. agallas (infml.), pluck, guts.

agarradera f., **agarradero** m. handle, grip. || lug.

agarrar vt. to grasp, to seize, to grab. || to catch. || — vi. to take (vaccine, ink, plant). || to stick. || — vr. to hold on, to cling.

agarrotar vt. to tie tight. || to squeeze tight. || to garrotte. || — vr. (med.) to stiffen. || (tech.) to seize up.

agasajo m. good treatment, kindness. || royal welcome, lavish hospitality, entertainment.

agazapar vt. (infml.) to grab, to grab hold of, to nab. || — vr. to hide. || to crouch down.

agencia f, agency. || office, bureau. || **a. de noticias**, news agency. || **a. de publicidad**, advertising agency. || **a. de turismo, a. de viajes**, tourist office, travel agency.

agenda f, diary, notebook. || agenda.

agente m. agent. || policeman. || public service employee. || **a. de bolsa**, stockbroker. || **a. inmobiliario**, estate agent. || **a. marítimo**, shipping agent. || **a. de negocios**, business agent, broker.

ágil adj. agile, nimble, quick.

agilitar vt. to make agile. || (fig.) to help, to make it easy for. || (S. Am.) to activate. || — vr. to limber up.

agitador m. agitator, shaker.

agitar vt. to wave. || to flap. || to whirl. || to shake up, to stir. || (fig.) to stir up. || to make anxious. || — vr. to shake, to wave to and fro. || (naut.) to get rough. || (fig.) to get excited.

aglomerar vt., vr. agglomerate, to crowd together.

agobiar vt. to weigh down, to bow down. || to oppress, to overwhelm.

agolparse vr. to crowd, to rush, to throng.

agonía f. agony. || death throes.

agonizar vi. to be dying, to be in one's death agony.

agorero adj. prophetic. || ominous. || — m., agorera f. soothsayer, fortuneteller.

agostar vt. to parch. || — vr. to dry up.

agosto m. August. || (fig.) harvest.

agotar vt. to exhaust, to use up. || to deplete, to drain. || to tire out. || — vr. to become exhausted. || to be used up. || to go out of print.

agraciado adj. graceful. || nice, attractive. || lucky.

agradable adj. pleasant, agreeable, nice. || enjoyable.

agradar vt. to please. || — vr. to like each other.

agradecer vt. to thank. || to be grateful, to be obliged.

agradecido adj. grateful. || appreciative. || **muy a.**, thanks a lot, thanks for everything.

agrado m. affability. || taste, liking.

agrandar vt. to make bigger, to enlarge. || to exaggerate. || — vr. to get bigger.

agrario adj. agrarian. || land (attr.): **reforma agraria**, land reform.

agravar vt. to aggravate, to worsen. || to increase (penalty, tax). || — vr. to worsen, to get worse.

agravio m. wrong, injury. || offence, insult. || (law) grievance, injustice.

agredir (defective) vt. to attack, to assault.

agregado m. aggregate. || addition. || assistant. || attaché.

agregar vr. to add (a to). || to join (a to). || to gather, to collect. || to appoint, to attach (a to, to the staff of).

agremiar vt. to form into a union, to unionize. || — vr. to form a union.

agresión f, aggression. || attack, assault.

agreste adj. rural, country (attr.). || wild.

agriar vt. to sour, to turn sour. || — vr. to turn sour.

agricultura f, agriculture, farming.

agridulce adj. bittersweet.

agrietar vt. to crack, to crack open. || — vr. to crack. || to get chapped.

agrimensura f. surveying.

agrio adj. sour, tart, bitter. || disagreeable.

agrónomo *adj.* agricultural, farming *(attr.).* || — *m.* agronomist, agricultural expert.

agrupar *vt.* to group (together). || to gather. || — *vr.* to form a group. || to gather.

agua *f.* water. || rain. || (naut.) wake. || leak. || (arch.) slope of a roof. || **a. bendita**, holy water. || **a. blanda**, soft water. || **a. corriente**, running water. || **de a. dulce** (fish, etc.), freshwater. || **a. abajo**, downstream. || **a. arriba**, upstream.

aguacate *m.* avocado pear. || avocado pear tree.

aguacero *m.* (heavy) shower, downpour.

aguada *f.* (naut.) water supply. || (min.) flooding. || (paint.) water colour, wash.

aguador *m.* water carrier, water seller.

aguafiestas *m. f.* spoilsport, killjoy.

aguafuerte *f.* etching.

aguamar *m.* jellyfish.

aguantar *vr.* to put up with, to bear, to tolerate. || — *vr.* to last, to hold out.

aguante *m.* patience. || endurance, fortitude.

aguar *vt.* to water (down). || (fig.) to spoil, to mar.

aguardar *vt.* to wait for, to await. || to expect.

aguardiente *m.* brandy, liquor.

aguatero *m.* (S. Am.) water carrier, water seller.

agudo *adj.* sharp, pointed. || acute. || (mus.) highpitched. || (sound) piercing. || (taste) pungent. || witty.

agüero *m.* omen, sign. || prediction, forecast.

aguerrido *adj.* hardened, veteran.

aguijón *m.* goad. || sting. || prickle, spine. II (fig.) spur, stimulus.

águila *f.* (orn.) eagle. || (fig.) superior mind, genius.

aguileño *adj.* (nose) aquiline. || (face) sharp-featured. || hawk-nosed.

aguinaldo *m.* Christmas box, New Year gift.

aguja *f.* (sew.) needle. || (blunt) bodkin. || hand (of a watch). || (arch.) spire. || *pl.* **agujas** (anat.), ribs. || (rail.) points.

agujerear *vt.* to make holes in, to pierce. || to perforate.

agujero *m.* hole. || (sew.) needle case. || pincushion.

agusanarse *vr.* to get maggoty.

aguzanieves *f.* wagtail.

aguzar *vt.* to sharpen, to whet. || to arouse, to excite.

aherrojar *vt.* to put in irons, to fetter, to shackle.

aherrumbrarse *vr.* to rust, to get rusty.

ahí *adv.* there, just there. || **de a. que**, with the result that. || **por a.**, over there, that way. || somewhere around. || (fig.) more or less.

ahijado *m.* godson. || (fig.) protégé.

ahínco *m.* earnestness, intentness. || emphasis.

ahogar *vt.* to drown. || to suffocate. || to smother. || to put out. || — *vr.* to drown, to drown oneself.

ahogo *m.* (med.) shortness of breath. || lightness of the chest. || (comm.) stringency, embarrassment.

ahondar *vt.* to deepen, to make deeper, to dig out. || (fig.) to penetrate, to go deeply into. || — *vi.* **a. en**, to penetrate, to go deep into.

ahora *adv.* now. || just now. || a moment ago. || **desde a.**, from now on. || **hasta a.**, up till now. || as yet. || hitherto. || **por a.**, for the present. || — *conj.* now. || now then, well now. || **a. bien**, now then.

ahorcar *vt.* to hang. || — *vr.* to hang oneself.

ahorrar *vt.* to save. || to put by. || to avoid. || — *vr.* to spare oneself, to save oneself.

ahorro *m.* economy, saving. || thrift.

ahuecar *vt.* to hollow (out), to make a hollow in. || (voice) to deepen. || — *vi.* (infml.) to vamoose. || — *vr.* to give oneself airs.

ahumar *vt.* to smoke, to cure. || to make smoky. || to fill with smoke. || — *vr.* (food) to acquire a burnt taste. || (room) to be smoky, to get smoked up.

ahuyentar *vt.* to drive away, to frighten away. || to keep off. || (doubts, etc.) to banish, to dispel. || — *vr.* to run away.

airado *adj.* angry. || wild, violent. || (life) immoral, depraved.

aire *m.* air. || wind, draught. || (mus.) tune, air. || (fig.) humour, mood. || gait. || **a. de famllia**, family resemblance. || a. viciado, stale air. || **al a. libre**, outdoor. || **darse aires**, to put on airs.

airear *vt.* to air, to ventilate.

airoso *adj.* airy. || windy. || (fig.) graceful, elegant. || successful.

aislamiento m. isolation. || loneliness. || (elec., etc.) insulation. || insulating material.

ajar vt. to crumple. || to spoil. || (fig.) to abuse. || — vr. to get crumpled. || (bot.) to wither.

ajedrez m. chess.

ajeno adj. somebody else's, other people's. || alien, foreign. || inappropriate.

jetreo m. bustle. || fuss. || drudgery, hard work.

ají m. chili, red pepper. || chili sauce.

ajo m. garlic. || clove of garlic. || (infml.) swear word.

ajuar m. household furnishings. || trousseau. || **a. de niño**, layette.

ajustado adj. right, fitting. || tight, close fitting.

ajustar vt. (tech.) to fit. || to fasten. || to adjust. || (account) to settle. || (servant) to hire, to engage. || (typ.) to make up.

ajusticiar vt. to execute.

al contraction of **a** and **el**, **al llegar**, on arriving.

ala f. wing. || (archit.) eaves. || (of hat) brim. || (anat.) of heart. || leaf (of the table).

alabanza f. praise. || eulogy.

alabar vt. to praise. || — vr. to boast.

alacena m. cupboard.

alacrán m. scorpion. || (Arg.) gossip, scandalmonger.

alado adj. winged, with wings.

alambicar vt. to distil. || (fig.) to subtilize, to polish. || (pej.) to overrefine, to exaggerate.

alambique m. still.

alambrado m. wire netting. || wire fence.

alambre m. wire. || **a. de púas**, barbed wire.

alameda f. poplar grove. || avenue, tree-lined walk.

álamo m. poplar. || **á. temblón**, aspen.

alancear vt. to spear.

alarde m. (mil.) review. || (fig.) show, display.

alardear vi. to boast, to brag.

alargar vt. to lengthen, to let down (dress). || to prolong. || to spin out (tale, speech). || — vr. to lengthen, to get longer. || (of speech, etc.) to drag out.

alarido m. shriek, yell.

alarma f. alarm. || **a. aérea**, air-raid warning.|| **a. de incendios**, fire alarm. || **voz de a.**, warning note.

alazán adj. horse sorrel. || — m. sorrel (horse).

alba f. dawn, daybreak: **al a.**, at dawn.

albacea m., f., executor, executrix.

albañal m. drain, sewer.

albañil m. bricklayer, mason.

albedrío m. free will. || whim, fancy. || pleasure: **al a. de uno**, at one's pleasure, just as one likes.

alberca f. cistern, tank, reservoir.

albergar vt. to harbour, to shelter. || to lodge, to put up. || — vr. to (find) shelter, to lodge.

alborada f. dawn, daybreak. || (mus.) aubade, dawn song. || (mil.) reveille.

albornoz m. burnous(e). || bathing wrap, bathrobe.

alborotar vt. to disturb, to agitate, to stir up. || — vi. to make a racket, to make a row. || — vr. (person) to get excited. || (mob, etc.) to riot. || (sea) to get rough.

alboroto m. disturbance, racket, row, uproar. || brawl, y riot. || scare, shock alarm.

alborozar vt. to gladden, to fill with joy. || — vr. to be overjoyed, to rejoice.

albricias f. pi. reward (to someone bringing good news), y (as interj.) good news! || congratulations!

albur m. chance, risk.

alcachofa f. artichoke.

alcahuete m. procurer, pimp. || go-between.

alcaide m. (of castle, prison) governor. || warder, jailer.

alcalde m. mayor.

alcance m. reach (a. fig.). || (mil.) range. || scope, grasp. || (fin.) adverse balance, deficit. || (typ.) stop-press.

alcancía f. moneybox.

alcantarilla f. sewer, drain. || culvert, conduit.

alcanzar vt. to reach. || to catch up. || to come to. || to attain. || (R. Pl.) to pass, to hand over. || — vi. to reach. || to be enough, y to have a range, to carry.

alcázar m. fortress, citadel. || royal palace. || (naut.) quarter-deck.

alcoba f. bedroom.

alcohol m. alcohol. || **a. de quemar**, methylated spirit. || **lámpara de a.**, spirit lamp.

alcornoque m. cork tree, cork oak. || (infml.) idiot.

aldaba f. knocker, y bolt, latch, crossbar.

aldea f. (small) village, hamlet.

aldeano adj. village (attr.). || (fig.) rustic, rude. || — m., aldeana f. villager, the village people.

aleación f. alloy.

aleatorio adj. accidental, fortuitous. || uncertain.

aleccionar vt. to instruct, to enlighten, to teach a lesson to. || to train.

aledaño adj. adjoining, bordering. || — m. boundary, limit.

alegar vt. to plead (a. law), y to allege. || to quote, to bring up. y (difficulties) to plead.

alegato m. allegation, claim. || plea, argument.

alegoría f. allegory.

alegrar vt. to gladden, to cheer. || to brighten up. y to stir up, to brighten up (fire). || — vr. to be glad, to rejoice.

alegría f. happiness, joy. || gladness. || cheerfulness, y gaiety, merriment. || brightness.

alejamiento m. removal. || withdrawal. || remoteness.

alejar vt. to move away. || to remove. || — vr. to move away (de from). || to go away. || to recede.

alelado adj. stupefied, bewildered. || foolish, stupid.

alemán adj. m., German.

alentar vt. to encourage. |j to raise (hopes, etc.). || — vr. to cheer up, to take heart. || (med.) to recover.

alergia f. allergy.

alero m. (archit.) eaves. || gable-end. || (aut.) mudguard, fender.

alerta adv. alertly. || on the alert, alert. || — m. alert. || — interj. watch out!

aleta f. (orn., etc.) wing, small wing. || (aut.) mudguard. || (of propeller) blade. || (of fish) fin.

aletargar vr. to benumb, to drug. || — vr. to become lethargic.

aletear vi. to flutter, to flap its wings. || to move its fins.

alevosía f. treachery.

alfabeto m. alphabet.

alfalfa f. lucerne, alfalfa.

alfanumérico adj. (comput.) alphameric.

alfarería f. pottery. || pottery shop.

alférez m. (mil.) second lieutenant, subaltern.

alfil m. (chess) bishop.

alfiler m. pin. || brooch, clip.

alfombra f. carpet. || rug, mat.

alforja f. saddlebag. || knapsack.

alforza f. pleat, tuck. || (fig.) slash, scar.

alga f. seaweed, alga.

algarabía f. arabic. || (fig.) double Dutch. || racket, row.

algarrobo m. carob tree, locust tree.

álgido adj. icy, cold. || culminating, decisive.

algo pron. something. || **a. es a.**, something is better than nothing. || **tomar a.**, to have a drink. || **¿pasa a.?**, is anything the matter? || — adv. rather, somewhat.

algodón m. cotton. || (med.) swab. || (bot.) cotton plant. || **a. hidrófilo**, cotton wool. || **a. en rama**, raw cotton.

ALGOL m. (comput.) ALGOL (algorithmic language).

algoritmo m. (comput.) algorithm.

alguacil m. governor. || bailiff, constable.

alguien pron. someone, somebody. || anybody.

alguno adj. **algún** (before m. sing. noun) some, any (for emphasis following a noun), not any: **no tengo esperanza alguna**, I have no hope at all. || **alguna que otra vez**, sometimes, once in a while. || — pron. some. || one. || someone, somebody.

aliado adj. allied. || — m., aliada f. ally.

aliar vt. to ally, to bring into an alliance. || — vr. to ally oneself. || to become allied.

alicates m. pl. pliers, pincers.

aliciente m. incentive, inducement. || attraction.

alienación f. alienation.

aliento m. breath. || breathing. || **sin a.**, out of breath.

aligerar vt. to lighten (a. fig.). || to shorten. || to ease, to alleviate.

alimentar vt. to feed, to nourish (a. fig.). || — vr. to feed (de, con on).

alimenticio adj. nourishing, nutritive. || food (attr.). || **artículos alimenticios**, foodstuffs.

alimento m. food. || nourishment. || (fig.) encouragement, support. || incentive. || (of passion) fuel. || pl. **alimentos** (law), alimony.

alineación f. (tech.) alignment. || (sport, etc.) line-up.

alinear vt. to align, to line up, to put in line. || (mil.) to form up (troops). || (fig.) to bring into lines.

aliñar vt. to adorn, to embellish. || to prepare. || (cook.) to dress, to season.

aliño m. adornment, embellishment. || preparation. || (cook.) dressing, seasoning.

alisar vt. to smooth. || to polish.

alistar vt. to enroll (member). || (mil.) to enlist. || (naut.) to clear (for action). || — vr. to enroll. || (mil.) to enlist.

aliviar vt. to lighten (a. fig.). || (fig.) to relieve, to soothe. || — vr. (of pain) to diminish. || (of patient) to recover.

alivio m. alleviation, relief. || mitigation. || improvement.

aljibe m. cistern, tank.

alma f. soul. || spirit. || crux, heart (of a matter). || (bot.) pith. || (tech., elec.) core. || **a. de Dios**, good soul. || **con toda el a.**, heart and soul.

almacén m. warehouse, store. || shop. || department store. || (mil.) magazine. || (S. Am.) grocer's (shop).

almacenamiento auxiliar m. (comput.) auxiliary memory.

almacenar vt. to store (a. comput.), to put into storage. || to stock up (with).

almanaque m. almanac.

almeja f. shellfish, clam.

almenas f. pl. battlements.

almendra f. almond. || pl. **almendras**, pendants, drops (of a chandelier). || **almendras garrapiñadas**, praline.

almíbar m. syrup.

almidón m. starch.

almirante m. admiral.

almohada f. pillow. || bolster, cushion. || pillowcase.

almohadilla f. small cushion, small pillow. || (sew.) pincushion. || (tech.) pad, cushion. || **a. de entintar**, inkpad.

almohadón m. large pillow, bolster. || (eccl.) hassock.

almorzar vt. to have for lunch, to lunch on. || — vr. to lunch, to have lunch.

almuerzo m. lunch, luncheon. || wedding breakfast.

alocado adj. crazy, mad, wild. || distracted.

alojamiento m. lodging(s). || housing. || (mil.) billeting. || (house) billet, quarters.

alondra f. lark, skylark.

alpargata f. rope-soled sandal, canvas shoe.

alpinismo m. mountaineering, climbing.

alquilar vt. to rent out, to let (house). || to hire out (car, coach). || to rent. || — vr. (house) to be let. || **"se alquila"**, "to let", "for rent".

alquiler m. letting, renting. || hire, hiring. || rent, rental. || hire charge.

alquitrán m. tar.

alrededor adv. round, around. || — prep. **a. de**, around, about. || — m. pl. **alrededores**, outskirts, environs.

alta f. (med.) (certificate of) discharge from hospital. || (mil.) to pass someone (as) fit.

altanero adj. haughty, disdainful, arrogant. || (bird) high-flying.

altar m. altar. || a. mayor, high altar.

altavoz m. loudspeaker.

alteración f. alteration. || change for the worst. || agitation. || quarrel.

altercar vi. to argue, to quarrel, to wrangle.

alternar vt. to alternate (con with). || to interchange. || — vi. to alternate. || to take turns.

alternativa f. service by rotation. || shift work. || alternative choice. || pl. **alternativas**, ups and downs, fluctuations.

alteza f, height. || sublimity. || **a. de miras**, high-mindedness. || Highness: **Su Alteza Real**. His Royal Highness.

altibajos m. pl. ups and downs (a. fig.).

altiplanicie f., **altiplano** m. (S. Am.) high plateau.

altísimo adj. very high. || — m. el **Altísimo**, the Almighty.

altitud f. height. || altitude, elevation.

altivo adj. haughty, arrogant.

alto adj. tall. || high. || upper: **la clase alta**, the upper class. || (mus.) alto. || (hours) late. || (sea) high, deep, open. || **en lo a. de**, up, on lop of. || **por lo a.**, overhead. || — m. height. || hill. || high floor. || (mus.) viola. || contralto. || (mil.) halt. || **¡a. ahí!**, halt!, stop! || **¡a. al fuego!**, cease fire!

altoparlante m. (esp. S. Am.) loudspeaker.

altura f, height. || tallness, stature. || depth (of water). || altitude. || (geog.) latitude. || (naut.) high seas. || (mus.) pitch.

alucinar vt. to hallucinate, to deceive.

alud m. avalanche.

aludir vi. to allude to, to mention.

alumbrado adj. (sl.) lit up. || — m. lighting, illumination.

alumbrar vt. to light up, to illuminate. || (blind) to give sight to. || (fig.) to enlighten. || — vi. to give birth.

alumno m. alumna f., pupil, student. || **a. externo**, day pupil. || **a. interno**, boarder.

alunizaje m. landing on the moon.

alusión f. allusion, mention, reference.

alza f. (fin.) rise, advance.

alzar vt. to raise. || to lift. || — vr. to rise in rebellion. || to appeal (to a higher court).

allá adv. there, over there. || **a. arriba**, up there. || **más a.**, further away, further over. || further on. || **más a. de**, beyond.

allanar vt. to level (out), to flatten. || to even. || to smooth down. || (land) to subdue. || (house) to break into. || — vr. to level out. || to submit, to give in. || to agree, to comply.

allegado adj. near, close. || allied. || (person) closely related, near. || — m., **allegada** f. relation, relative.

allegar vt. to collect. || to solicit, to procure. || — vr. to come near, to approach. || to adhere (to a sect).

allí adv. there. || **por a.**, over there, round there. || (down) that way.

ama f. lady of the house, mistress. || owner. || foster mother. || **a. de leche**, wet nurse. || **a. de llaves**, housekeeper.

amable adj. kind, nice, pleasant, amiable.

amado adj. dear, beloved. || — m., **amada** f. lover, sweetheart.

amaestrar vt. to train, to coach.

amagar vt. to threaten. || — vi. to feint.

amainar vt. (naut.) to lower or shorten (sail). || vi., vr. to moderate.

amalgamar vt. to amalgamate. || to combine, to mix.

amamantar vt. to suckle, to nurse.

amanecer m. dawn, daybreak. || — vi. to dawn.

amanerado adj. mannered, affected.

amansar vt. (animal) to tame. || (horse) to break in. || — vr. (person) to calm down.

amante adj. fond. || — m., f. lover. || — f. lover, mistress.

amapola f., poppy.

amar vt. to love.

amargar vt. to make bitter, to sour. || (fig.) to embitter. || — vr. to get bitter.

amargo adj. bitter (a. fig.). || (fig.) embittered.

amarillo adj. yellow. || (traffic light) amber. || — m. yellow.

amarrar vt. to fasten, to hitch, to tie up. || (naut.) to moor. || (rope) to lash, to belay.

amasar vt. (dough) to knead. || (plaster, flour) to mix, to prepare. || (potatoes) to mash. || (infml.) to cook up.

amatista f. amethyst.

amazona f. (hist.) amazon. || horsewoman, rider. || (pej.) horsy woman.

ambages m. pl. circumlocutions, roundabout style. || **sin a.**, in plain language.

ámbar m. amber. || **á. gris**, ambergris.

ambición f. ambition. || (pej.) ambitiousness, self-seeking, egotism.

ambicioso adj. ambitious. || (pej.) pretentious, grandiose. || — m., **ambiciosa** f. ambitious person. || careerist, pushful sort.

ambientar vt. to give an atmosphere to. || to adapt to. || (lit., etc.) to set. || — vr. to adapt oneself.

ambiente adj. ambient, surrounding. || — m. atmosphere. || climate. || (biol.) environment. || (R. Pl.) room, unit of living space.

ambiguo adj. ambiguous. || doubtful, uncertain.

ámbito m. compass, ambit, field. || boundary, limit. || (fig.) scope, sphere, range.

ambos adj., pron. both. || **a. a dos**, both (of them), both together.

ambulancia f. ambulance. || (mil.) field hospital.

ambulante adj. ambulant. || shifting. || roving. || strolling.

amedrentar vt. to scare, to frighten. || to intimidate. || — vt. to get scared.

amenaza f. threat, menace.

amenazar vt. to threaten, to menace. || — vi. to threaten. || to loom, to impend.

amenguar vt. to lessen, to diminish. || (fig.) to belittle. || to dishonour.

ameno adj. pleasant, agreeable, nice. || (book) light. || (writer) delightful.

americana f. coat, jacket.

americano adj. American. || Latin American. || — m., f. American.

amerizaje m. landing (on the sea).

ametralladora f. machine gun.

amígdala f. tonsil.

amigo adj. friendly. || fond of, given to. || — m., f. amiga, friend. || supporter. || lover. || **hacer amigos**, to make friends.

aminorar vt. to reduce, to decrease, to lessen, to diminish.

amistad f. friendship. || friendly relationship, friendly connection. || pl. **amistades**, friends.

amistoso adj. friendly, amicable.

amnistía f. amnesty.

amo m. master (of the house, etc.). || head of the family. || owner, proprietor.

amoblar vt. to furnish.

amodorrarse vr. to get sleepy, to get drowsy.

amojonar vt. to mark out, to mark the boundary of.

amolador adj. boring, tedious. || — m. knife-grinder.

amolar vt. to grind, to sharpen. || (fig., infml.) to annoy, to pester, to get on someone's nerves.

amoldar vt. to mould (a. fig.). || to fashion. || to adapt, to adjust.

amonestación f. warning. || piece of advice. || (law) caution. || (eccl.) marriage banns.

amontonar vt. to heap (up), to pile (up). || to hoard, to store up.

amor m. love. || amour propre, self esteem. || pl. **amores**, love affairs, amours.

amoratado adj. purple, purplish. || livid. || blue (with cold).

amordazar vt. to gag. || to muzzle. || (fig.) to gag, to silence.

amorfo adj. amorphous, formless, shapeless.

amoroso adj. loving, affectionate. || amorous. || (letter, etc.) love (attr.).

amortajar vt. to shroud.

amortiguador adj. deadening, muffling. || — m. damper. || (mech.) shock absorber. || (rail) buffer. || (aut.) bumper.

amortización f. (law) amortization. || (fin.) redemption. || paying-off, repayment.

amotinar vt. to stir up, to incite to riot (or mutiny, etc.). || — vr. to riot.

amparo m. help. || favour, protection. || refuge, shelter. || defense.

ampliar vt. to amplify, to extend. || (phot.) to enlarge.

amplificar vt. to amplify.

amplio adj. spacious, wide,|| extensive. || roomy.|| (skirt, etc.) full. || broad, ample.

ampolla f. (med.) blister. || bubble. || flask.

ampuloso adj. bombastic, pompous.

amputar vt. to amputate, to cut off.

amueblar vt. to furnish (de with).

amuleto m. amulet, charm.

ánade m. duck.

anales m. pl. annals.

analfabeto adj. illiterate. || — m., **analfabeta** f. illiterate (person).

análisis m. analysis. || (comput.) parsing.

analista m. analyst (chem., compel.): **a. de sistemas**, systems analyst.

analogía f. analogy. || similarity.

ananá(s) m. pineapple.

anaquel m. shelf.

anarquía f. anarchy.

anatomía f. anatomy.

anca f. haunch. || rump, croup (of horse).

ancestro m. (S. Am.) ancestor. || ancestry.

anciano adj. old, aged. || — m. old man. || (relig.) elder.

ancla f. anchor. || **levar anclas**, to weigh anchor. || **echar anclas**, to drop anchor.

ancho adj. broad, wide. || (sew.) big. || loose. || **a sus anchas**, comfortably, without restraint. || — m. width, breadth.

anchoa f. anchovy.

anchura f. width, breadth. || wideness. || (sew.) bigness, looseness.

andadura f. walking.

andamio m. scaffold. || stage, stand.

andanada f. (mil.) broadside. || reproof, reprimand.

andanza f. fortune, fate.|| pl. **andanzas**, deeds, adventures.

andar vt. to walk. || to go, to move. || to travel. || (watch, machine, etc.) to go, to work. || **a. a tientas**, to grope in the dark. || — m. walk. || gait, pace.

andariego adj. wandering. || fond of travelling. || restless.

andén m. bridle path. || (rail) platform.

andrajo m. rag, tatter. || dirty person.

anécdota f. anecdote, story.

anegar vt. to flood, to drown. || — vr. to flood. || to drown. || to sink (ship).

anejo adj. attached. || dependent. || annexed.

anestesia f. anaesthesia.

anexar vt. to annex. || to attach, to append. || to enclose.

anexo adj. (document, building) attached.

anfiteatro m. amphitheatre.

ángel m. angel. || **á. custodio, á. de la guarda**, guardian angel.|| **tener á.** (infml.), to have grace or charm.

angelical, angélico adj. angelic(al).

angosto adj. narrow.

anguila f. eel.

ángulo m. angle (a. math.). || corner, turning. || (mech.) knee, bend.

angustia f. anguish, distress.

angustiar vt. to distress, to grieve. || — vr. to be distressed, to feel anguish. || to worry.

anhelar vt. to breathe with difficulty. || to desire anxiously. || to long for.

anhelo m. eagerness. || longing, yearning, desire.

anidar vi. to nest. || to nestle. || to dwell.

anillo m. ring (a. astr.). || cigar band. **|| a. de boda**, wedding ring.

ánima f. (relig.) soul. || pl. **ánimas**, ringing of sunset bell.

animado adj. lively, gay. || sprightly, vivacious. || (party) gay, merry.

animal adj. animal. || (fig.) stupid. || — m. animal. || (fig.) block head.

animar vt. (biol.) to give life to, to animate. || (fig.) to cheer up. || to brighten up. || to encourage. || — vr. to brighten up, to cheer up. || to feel encouraged.

ánimo m. soul. || spirit (a. fig.). || courage, nerve.

aniñado adj. childlike. || (pej.) childish, puerile.

aniquilar vt. to annihilate. || to waste away, to wipe out.

aniversario m. anniversary.

anoche adv. last night.

anochecer vi. to get dark. || to arrive at nightfall. || — m. nightfall, dusk. || **al a.**, at nightfall.

anonadar vt. to annihilate, to destroy. || to overwhelm. || to astound.

anónimo adj. anonymous. || nameless. || (company) limited. || — m. anonymity. || anonymous letter.

anormal adj. abnormal.

anotar vt. to annotate. || to note (down), to jot down. || (comm.) to book. || (S. Am.) to score.

ansia f. (med.) anxiety, tension. || anguish || longing. || pl. **ansias** (med.) nausea.

antagónico adj. antagonistic. || opposed, contrasting.

antaño adv. last year. || long ago, formerly.

ante prep. in front of, before. || with regard to. || before, in presence of.

anteanoche adv. the night before last.

anteayer adv. the day before yesterday.

antebrazo m. forearm.

antecedente adj. antecedent, foregoing. || prior. || previous. || — m. antecedent. || pl. **antecedentes**, antecedents, background.

antecesor adj. preceding, former. || — m., **antecesora** f. predecessor. || ancestor, forbear.

antedicho adj. aforesaid, aforementioned.

antelación f. precedence, priority.

antemano: de a. adv. in advance, beforehand.

antena f. (zool.) feeler, antenna. || (naut.) lateen yard. || (radio, etc.) aerial, antenna.

anteojera f. spectacle case. || pl. **anteojeras**, blinkers.

anteojo m. telescope, spyglass.|| eye glass. || pl. **anteojos**, spectacles, glasses. || goggles. || **a. binóculo**, binoculars, field glasses. || **a. prismático**, prism binoculars. || **a. de teatro**, opera glasses.

antepasado adj. (of time) passed, elapsed. || before last. || — m. ancestor, forbear, forefather.

antepenúltimo adj. last but two, antepenultimate.

anteponer vt. to prefer. || to place before.

anteproyecto m. preliminary sketch, preliminary plan. || (esp. fig.) blueprint.

anterior adj. anterior. || preceeding, previous.

antes adv. before. || first: **yo lo vi a.**, I saw it first. || earlier: **lo podrías haber dicho a.**, you could have said it earlier. || rather, better. || — conj. on the contrary.

antesala f. anteroom, antechamber. || lobby.

antiaéreo adj. anti-aircraft.

anticipar vt. (date, etc.) to advance, to bring forward. || (fin.) to advance. || to predict, to foretell: **a. con placer**, to look forward to. || — vr. to be early. || to arrive before. || to anticipate, to be one step ahead.

anticonceptivo adj., m. contraceptive.

anticuado adj. antiquated, old-fashioned, out-of-date. X obsolete.

anticuerpo m. antibody.

antifaz m. mask. || veil.

antigüedad f. antiquity. || seniority. || antiquity, age. || pl. **antigüedades**, antiques. || antiquities (monuments, etc.).

antiguo adj. antique. || ancient, old. || former, one-time.

antílope m. antelope.

antipatía f. antipathy, dislike. || unfriendliness. || aversion.

antojarse vr. to take a fancy to. || to occur (to the mind).

antojo m. whim. || capricious desire. || fancy. || **a su a.**, as one pleases.

antorcha f. torch. || (fig.) torch, lamp.

antro m. cavern. || **a. de corrupción** (fig.), den of iniquity.

antropófago adj. man-eating, anthropophagous. || — m. cannibal.

A

antropología f. anthropology.

anual adj. annual. || — m. (bot.) annual.

anualidad f. (fin.) annuity. || annual payment.

anuario m. yearbook. || trade directory.

anudar vt. to knot. || to join, to unite.

anular vi. to annul, to cancel. || (law) to revoke, to repeal.

anular adj. ring-shaped, annular. || — m. ring finger.

anunciante m., f. (comm.) advertiser.

anunciar vt. to announce. || to proclaim. || (comm.) to advertise.

anverso m. obverse.

anzuelo m. fishhook. || (fig) lure, bait.

añadidura f. addition. || (comm.) extra measure.

añadir vt. to add. || to increase. || (charm, interest, etc.) to add, to lend.

añejo adj. old. || (wine) mellow, mature.

añicos m. pi bits, pieces, fragments. || splinters.

añil m. (bot.) indigo. || indigo blue.

año m. year. || **a. en curso**, current year. || **el a. verde** (S. Am.), never.

añoranza f. longing, nostalgia (de for).

apacentar vt., vr. to pasture, to graze.

apacible adj. gentle, mild. || even, peaceable. || calm, quiet.

apaciguar vt. to pacify, to appease, to mollify. || to calm down.

apadrinar vt. (enterprise) to sponsor. || to act as godfather to. || to favour.

apagar vt. (fire) to put out, to extinguish. || (light) to turn off, to turn out. || (sound) to muffle. || (thirst) to quench. || (affection, pain) to kill. || — vr. to become extinguished, to go out.

apagón m. (mil.) blackout. || (elec.) power cut.

apalabrar vt. to agree to bespeak. || to engage. || — vr. to come to an agreement (con with).

apalear vt. to beat, to thrash. || (carpet) to beat. || (agr.) to winnow.

aparador m. sideboard. || showcase. || shop window.

aparato m. apparatus. || (mech.) device. || signs, symptoms. || pomp, show. || (anat.) system. || (TV, radio) set. || **aparatos sanitarios**, bathroom fittings.

aparatoso adj. showy, ostentatious. || pretentious. || (fall, function, etc.) spectacular.

aparcar vr., vi. (out.) to park.

aparear vt. (animals) to pair, to mate. || (fig.) to match. || — vr. to form a pair. || (animals) to mate, to pair.

aparecer vi., vr. to appear. || to show up, to turn up. || to come into sight. || to loom up.

aparecido m. ghost.

aparejo m. preparation. || (horse) harness. || (naut.) rigging. || pl. **aparejos**, tools, gear, equipment.

aparentar vr. to feign, to affect. || (age) to seem to be; to look. || **a. + inf.**, to make as if to inf.

aparente adj. apparent, seeming. || visible, evident. || outward. || fit, proper.

aparición f. appearance. || publication. || (spectre) apparition.

apariencia f. appearance. || look(s). || outward appearance.

apartado adj. distant, retired. || aloof. || out of the way. || — m. spare room. || post office box. || (typ.) paragraph, heading.

apartar vr. to separate, to take away (de from) to remove, to move away. || to put aside. || to take aside. || (S. Am.) (cattle) to separate, to sort out. || (rail.) to shunt. || (der.) to set aside, to waive. || to remove. || to push aside, to knock aside. || — vr. (two people) to separate. || to move away. || to withdraw, to retire. || to turn off.

aparte adv. apart, aside. || separately. || — prep. **a. de**, apart from. || — conj. **a. de que**, apart from the fact that. || — m. (theat.) aside. || **punto y a.**, full stop, new paragraph.

apasionado adj. passionate. || impassioned, intense. || fervent, enthusiastic, keen. || partial, biassed, prejudiced. || — m., apasionada f. admirer, enthusiast, devotee.

apasionar vt. to fill with passion. || — vr. to get excited. || to fall madly in love **with.**

apatía f. apathy. || (med.) listlessness.

apeadero m. halt, wayside station.

apearse vr. to dismount. || to alight. || to get out (from a car). || (fig. and infml.) to back down.

apedrear vt. to stone, to pelt with stones.

apego m. attachment, devotion, fondness.

apelación f. (law) appeal.

apelar vi. (law) to appeal. R (fig.) to resort to, to have recourse to.

apellido m. surname, family name. || **a. de soltera**, maiden name.

apenar vt. to grieve. || to cause pain to. || — vr. to grieve, to distress oneself.

apenas adv. hardly, scarcely. || — conj. as soon as, no sooner. than.

apéndice m. (anat., lit.) appendix. || (fig.) appendage.

apercibimiento m. preparation. || warning. || (law) summons.

aperitivo m. appetizer. || (drink) aperitif.

apertura f. opening. || (will) reading. || beginning.

apesadumbrar vt. to sadden, to distress. || — vr. to be grieved, to distress oneself.

apestar vt. (med.) to infect (with the plague). || (fig.) to corrupt, to spoil. || to stink out. || — vi. to stink.

apetecer vt. to crave, to long for, to take one's fancy.

apetecible adj. attractive, tempting.

apetito m. appetite. || **abrir el a.**, to whet one's appetite. || (fig.) desire, yearning.

apiadar vt. to move to pity. || — vr. to take pity on.

ápice m. apex, top. || (fig.) crux. || (fig.) whit, iota.

apilar vt. to pile up, to heap up. || — vr. to pile up.

apiñar vt. to pile up. || — vr. to crowd together.

apio m. celery.

aplacar vt. to appease. || to calm down.

aplanamiento m. smoothing, levelling.

aplastar vt. to flatten, to crush. || (fig.) (enemy, etc.) to overwhelm.

aplauso m. applause. || (fig.) approval.

aplazar vt. to postpone, to put off. || to defer. || (Arg.) to fail (a candidate at exam).

aplicado adj. diligent, industrious. || studious.

aplicar vt. to apply (a to). || to devote, to assign (a to). || — vr. to devote oneself. || to apply.

aplomo m. self-possession, assurance, aplomb. || (pej.) nerve, cheek.

apocar vt. to diminish, to reduce. || to belittle. || to humiliate. || — vr. to feel small, to feel humiliated.

apoderado m. agent, representative. || (law) proxy, (sport) manager. || attorney.

apoderar vt. to authorize, to empower. || (law) to grant power of attorney to. || — vr. to get hold of, to seize.

apodo m. nickname.

apogeo m. (astron.) apogee. || (fig.) peak, summit, top. || at one's height.

apología f. defence. || eulogy. || (S. Am.) apology.

apoltronarse vr. to get lazy. || to loaf around.

aporrear vt. to beat. || to thump (on), to pound (on), to bang away at.

aportar vt. to bring. || to furnish, to contribute. || to bring forward (evidence, etc.). || (law) to bring as a dowry. || — vi. (naut.) to reach port.

aposento m. room. || lodging.

apostadero m. station, post.

apostar vt. to station, to post. || (money) to lay, to stake, to bet (a on). || — vi. to bet (a, por on; a que that). || — vr. to compete (con with).

apostilla f. note, comment.

apóstol m. apostle.

apóstrofe gen. m. apostrophe. || insult. || rebuke.

apostura f. neatness, elegance. || bearing.

apoyar vt. to lean, to rest. || to hold up. || to support. || to base. || — vr. be supported by. || to lean on.

apoyo m. support. || prop. || (fig.) support, backing. || help. || approval.

apreciar vt. to value, to assess. || to evaluate. || to esteem.

aprehensión f. apprehension, capture. || seizure. || (philos.) understanding. || conception.

apremiar vt. to urge (on), to press. || to force, to compel. || — vi. to press, to be urgent.

apremio m. urgency, pressure. || compulsion. || (law) writ. || judicial constraint.

aprender vt., vi. to learn.

aprendizaje m. apprenticeship. || training period.

aprensión f. apprehension. || nervousness. || (med.) hypochondria. || odd idea.

apresar vt. to seize, to grab. || to capture.

apresto m. preparation. || priming, sizing.

apresurar vt. to hurry (along). || to hustle. || to speed up. || — vr. to hurry, to hasten.

apretar vt. to tighten (up). || to press. || to squeeze. || to pack. || — vi. (clothing) to be too tight. || to insist. || — vr. to crowd together.

apretón m. squeeze, pressure. || hug. || **a. de manos**, handshake. || crush, jam. || difficulty, jam, fix. || dash, sprint.

A

apretujar vt. to press hard, to squeeze hard. || to hug.

aprieto m. crowd, crush. || (fig.) difficulty, fix.

aprisa adv. quickly, hurriedly.

aprisionar vt. to imprison. || to trap. || to shackle (a. fig.). || (mech.) to hold fast.

aprobación f. approval. || consent. || (univ., etc.) pass mark.

aprontar vt. to get ready quickly.

apropiado adj. appropriate (a, para to), suitable.

apropiar vt. to adapt, to fit (a to). || — vr. to appropriate something.

aprovechado adj. diligent, hard-working. || thrifty. || (pej.) unscrupulous. || well-spent (time, etc.).

aprovechar vt. to make (good) use of. || to exploit. || to take advantage of. || to profit from. || — vr. to take advantage of something.

aprovisionamiento m. supply, supplying.

aproximado adj. approximate. || rough.

aproximar vt. to bring near(er). || — vr. to come near, to approach. || (fig.) to approach, to approximate to.

aptitud f. suitability, fitness (para for). || aptitude, ability.

apuesta f. bet, wager.

apuesto adj. neat, elegant, spruce. || nice-looking.

apuntalar vt. (archit.) to prop up, to shore up.

apuntar vt. to aim, to point. || to note down. || (sport) to score. || (theat.) to prompt. || to sharpen (tool). || to stake (money). || — vi. (day) to dawn, to break. || (beard, etc.) to begin to show, to appear. || — vr. to begin to turn sour (wine). || to enrol.|| (infml.) to get tipsy.

apunte m. note. || jotting. || (comm.) entry. || (art) sketch. || (Arg., comm.) list of debts. || (theat.) cue. || prompter. || prompt book. || pl. **apuntes**, notes.

apuñalar vt. to stab.

apurado adj. needy. || difficult. || dangerous. || hurried: **estar a.**, to be in a hurry.

apurar vt. to drain, to drink up (liquid). || to exhaust (supply). || to annoy. || (esp. S. Am.) to hurry, to press. || — vr. to worry, to upset. || to hurry.

apuro m. want. || distress. || jam, fix, difficulty. || haste, urgency.

aquel dem. adj. m., **aquella** f. that. || **aquellos** m. pl., aquellas f. pl. those.

aquél dem. pron. m., **aquélla** f. that. || **aquél me gusta**, I like that one. || **aquéllos** m. pl., **aquéllas** f. pl. those. || that one, those (ones).

aquello dem. pron. ("neuter") that: **a. no me preocupa**, I don't care about that.

aquí adv. (place) here: a. dentro, in here. || **a. mismo**, right here. || (time) then, at that moment. || **de a. que.**, hence. || **de a. en adelante**, from now on, henceforth. || **hasta a.**, this far, as far a here. || **por a.**, round here. || this way.

ara f. altar. || altar stone. || **en aras de**, in honour of.

árabe adj. Arab, Arabian, Arabic. || — m., f. Arab.

arado m. plough.

arancel m. tariff, duty.

araña f. (zool.) spider. || **a. de luces**, chandelier.

arañar vt. to scratch. || to scrape together.

arar vt. to plough.

arbitrar vt. to arbitrate in. || (sport) to umpire. || to referee. || to work out, to find. || (funds) to raise, to collect. || — vi. to arbitrate. || (sport) to umpire to referee. || (philos.) to judge freely.

arbitrio m. free will. || means, expedient. || (law) adjudication, decision. || pl. arbitrios (fin.), excise taxes.

árbitro m. arbiter, arbitrator. || (sport, tennis, etc.) umpire. || (boxing, football, etc.) referee.

árbol m. (bot.) tree. || (mech.) axle, shaft. || spindle. || (naut.) mast.

arboleda f. grove, wood, copse.

arbusto m. shrub, bush.

arca f. chest, coffer. || safe, strongbox. || ark (Bib.): **A. de la Alianza**, Ark of the Covenant. || pl. **arcas**, vaults.

arcada f. (archit.) arcade. || (of bridge) arch, span. || pl. **arcadas** (med.), retching.

arcaico adj. archaic.

arcilla f. clay.

arco m. (archit., anat.) arch: **a. de herradura**, horseshoe arch, Moorish arch. || (mat., elec.) arc: **a. voltaico**, arc lamp. || (mus., mil.) bow. || (barrel) hoop. || **a. iris**, rainbow.

archipiélago m. archipelago.

archivo m. archive(s). || registry. || pl. **archivos**, files. || archives, records.

ardid m. ruse, trick, stratagem.

ardiente adj. burning. || (love) ardent, passionate. || **capilla a.**, mortuary chapel.

ardilla f. (zool.) squirrel.

ardor m. heat, warmth. || (fig.) ardour. || **a. de estómago**, heartburn.

arduo adj. arduous, hard, difficult.

área f. area. || (math.) are, square, decameter.

arena f. sand. || (med.) **arenas**, stones, gravel. || arena (Roman circus). || bull-ring.

arenga f. harangue, speech. || (infml.) sermon.

arenque m. herring.

arete m. earring.

argamasa f. mortar, plaster.

argentino adj. silvery. || Argentinian. || m **argentina** f. Argentinian.

argolla f. ring. || doorknocker. || serviette ring. || (S. Am.) wedding ring. || (sport) croquet.

argucia f. sophism, fallacy, hair-splitting.

argüir vt. to argue. || to indicate. || to deduce. || — vi. to argue.

argumento m. argument (a. law). || (lit., theat.) plot.

árido adj. arid, dry (a. fig.). || — m. pl. **áridos** (comm.), dry goods.

arisco adj. shy. || surly, unsociable.

arista f. (bol.) beard. || (geom.) edge. || edge of rock.

aritmética f. arithmetic.

arma f. arm, weapon (a. fig.). || **a. arrojadiza**, missile. || **a. atómica**, atomic weapon. || **a. blanca**, steel blade, knife, sword. || **a. de fuego**, firearm, gun. || pl. (mil.) **armas**, forces.

armada f. fleet, navy, armada.

armador m. shipowner. || assembler.

armadura f. armour. || framework. || skeleton. || armature. || (mus.) key signature.

armar vt. to arm. || to set (trap). || (mech.) to assemble, to fit together. || to arrange. || (naut.) to fit out, to equip. || to cause trouble, to start a row. || **a. caballero**, to knight. || — vr. to arm oneself. || to prepare for war. || to break out.

armario m. cupboard. || **a. (ropero)**, wardrobe. || **a. empotrado**, built in cupboard.

armazón m., f. trame, framework. || (aer., aut.) body, chassis. || (archit.) shell, skeleton.

armería f. museum of arms. || gunsmith's (shop).

armonía f. harmony. || **en a.**, in harmony (con with), in keeping (con with).

armonizar vt. to harmonize (a. fig.). || to reconcile. || — vi, to harmonize (con with).

arnés m. armour. || pl. **arneses**, harness, trappings. || (fig.) gear, outfit.

aro m. ring, hoop. || rim. || (S. Am.) earring.

aroma m. aroma, scent, fragrance. || bouquet.

arpa f. harp.

arpón m. harpoon. || gaff.

arqueo m. (archit., etc.) arching. || (naut.) tonnage. || (comm.) checking.

arquero m. (mil.) bowman, archer. || (comm.) cashier. || (S. Am.: sport) goalkeeper.

arquitecto m. architect.

arrabal m. suburbs. || outskirts.

arraigado adj. deep(ly) rooted. || (fig.) established.

arrancar vt. to pull up, to uproot. || to extract, to pull out. || to snatch. || to wrest. || to eradicate. || — vi. to start (car). || to set off. || to begin.

arranque m. start, jerk. || starting point. || (fig.) fit. || sally. || (comput.) boot strap.

arrasar vt. to level, to flatten. || to demolish. || to devastate. || to fill up. || — vi., vr. to clear (sky).

arrastrado adj. poor, wretched. || (S. Am.) servile. || — m. rogue, rascal.

arrastrar vt. to drag, to drag along. || to pull. || (dress, etc.) to trail along the ground. || to carry away, to sweep away. || — vr. to crawl, to creep. || to drag oneself.

arrayán m. myrtle.

¡arre! interj. get up!, gee up!

arrear vt. to drive, to urge on. || to harness. || to steal (cattle). || — vi. to hurry along.

arrebatado adj. hasty, violent. || rash, impetuous.

arrebatar vt. to snatch (a from). || (fig.) to captivate. || — vr. to get carried away. || to get excited. || (cook.) to overcook.

arrebato m. fit of rage, fury. || ecstasy, rapture.

arrebol m. rouge. || (of sky) red glow.

arreciar vi. to get more severe. || to increase in intensity. || to get stronger.

arrecife m. (naut.) reef.

arreglar vt. to arrange. || to settle. || to adjust (a to), to regulate. || to put right. || (mech., etc.) to repair. || to tidy up. || — vr. to reach an understanding. || (comm.) to settle with someone. || to be solved. || to manage.

A

arrellanarse, *vr.* to lounge, to sprawl.

arremangado *adj.* turned up, tucked up.

arremeter *vt.*, *vi.* to attack, to assail, to rush.

arremolinarse *vr.* to mill around. || to swirl, to eddy. || to whirl.

arrendatario *m.*, **arrendataria** *f.* tenant. || lessee, leaseholder. || hirer.

arreo *m.* adornment, dress. || piece of harness. || *pl.* **arreos**, harness, trappings. || drove (of cattle).

arrepentimiento *m.* regret, sorrow. || *(eccl.)* repentance.

arrepentirse *vr.* to repent, to regret, to be sorry.

arresto *m.* arrest. || imprisonment. || **a. domiciliario**, house arrest. || *(fig.)* boldness, daring.

arriar *vt. (naut.)* (flag) to lower. || (sail) to haul down.

arriba *adv.* above. || overhead. || on top. || high. || *(naut.)* aloft. || upstairs. || up, upwards. || **aguas o río a.**, upstream, upriver. || **cuesta a.**, uphill. || *(fig.)* from God, free, for nothing. || **de a. abajo**, from top to bottom. || up and down. || — *interj.* up you get!

arribar *vi.* to arrive. || *(naut.)* to put into port.

arriero *m.* muleteer.

arriesgar *vt.* to risk, to endanger. || to hazard, to venture. || (money) to stake. || — *vr.* to take a risk. || to put one's life (or chances, etc.) in danger.

arrimar *vt.* to bring close. || to put, to lean (a against). || — *vr.* to come near. || to lean (a on, against).

arrinconado *adj. (fig.)* secluded, remote. || neglected.

arrodillarse *vr.* to kneel down.

arrogante *adj.* arrogant. || proud. || brave.

arrogarse *vr.* to arrogate to oneself.

arrojadizo *adj.* for throwing. || **arma arrojadiza**, missile.

arrojar *vt.* to throw. || to hurl. || (sport) to bowl, to pitch. || (fish) to cast. || (smoke etc.) to send out, to emit. || *(esp. S. Am.)* to vomit. || *(comm., fin., math.)* to give, to yield. || to show. || — *vr.* to throw oneself, to hurl oneself (a into, on; por out of, through).

arrollar *vt.* to roll up. || to sweep away. || *(sport)* lo overwhelm, lo crush. || (out., rail., etc.) to run over, to knock down.

arropar *vt.* to cover. || to wrap up (with clothes). || to tuck up (in bed). || *(fig.)* to protect. || — *vr.* to wrap oneself up. || to tuck oneself up (or in).

arrostrar *vt.* to face. || to face up to, to brave. || — *vr.* to throw oneself into the fray.

arroyo *m.* stream, brook. || gutter.

arroz *m.* rice.

arruga *f.* wrinkle, line. || (clothes) crease, fold.

arruinar *vt.* to ruin. || to wreck, to destroy. || — *vr.* to be ruined (a. fin.).

arsenal *m.* (naut.) naval dockyard. || *(mil.)*

arsenal. || *(fig.)* storehouse, mine.

arte *m. (f. m. gen. in sing., f. in pl.)* art. || **bellas artes**, fine arts. || skill, craft. || artistry, workmanship. || trick.

artefacto *m. (tech.)* appliance, device, contrivance. || artefact.

arteria *f.* artery (a. fig.). || (elec.) feeder.

artesanía *f.* craftsmanship. || handicraft.

Ártico *adj.* Arctic. || **el Á.**, the Arctic.

articulación *f.* articulation, joint.

articular *adj.* articular. || — *vt.* to articulate, to join together. || *(law)* to article.

artículo *m.* article, thing. || *(comm., etc.)* commodities, goods. || (dictionary) entry. || (in newspaper, etc.) article: **a. de fondo**, editorial.

artífice *m.* craftsman. || maker. || *(fig.)* architect.

artificio *m.* art, skill. || *(pej.)* artifice. || device, appliance. || cunning, sly trick.

artillería *f.* artillery: **a. antiaérea**, antiaircraft guns.

artimaña *f.* trap, snare.

artista *m.*, *f.* (art) artist.

arveja *f.* vetch. || *(S. Am.)* pea.

arzobispo *m.* archbishop.

as *m.* ace. || one. || *(infml.)* ace, star.

asa *f.* handle. || *(fig.)* pretext.

asado *adj.* roast, roasted. || — *m.* roast. || *(S. Am.)* barbecued beef.

asalariado *adj.* wage-earning. || — *m.* **asalariada** *f.* wage earner. || employee. || *(pej.)* hireling.

asaltar *vi.* (person) to attack, to assail. || *(mil.)* to storm. || (bank, shop, etc.) to raid, to rcb || to cross one's mind.

asamblea *f.* assembly. || meeting.

asar *vt.* to roast. || **a. al horno**, to bake. || **a. a la parrilla**, to broil. || — *vr. (fig.)* to be terribly hot, to roast.

ascendencia *f.* ancestry, descent, origin. || *(S. Am.)* ascendancy.

ascender *vt.* to promote. || — *vr.* to ascend, to rise. || to be promoted. || *(comm.)* to amount to.

ascensor *m.* lift, elevator (U.S.).

ascetismo *m.* asceticism.

asco *m.* disgust, revulsion.

ascua *f.* live coal, ember. || **estar en ascuas**, to be on tenterhooks.

asear *vr.* to wash. || to clean. || to tidy up.

asechanza *f.* trap, snare *(a. fig.).*

asedio *m.* (mil.) to siege. || blockade. || *(fig.)* nuisance.

asegurar *vt.* to secure, to fasten. || to make firm. || to make secure. || *(rights)* to safeguard, to guarantee. || to assure. || *(comm.)* to insure.

asemejar *vt.* liken, to compare (a to). || — *vr.* to be alike, to be similar.

asentaderas f. pi. *(infml.)* seat, buttocks.

asentar *vr.* to place, to seat. || to note down, to enter (an account). || to establish. || — vi. to sit down. || to settle.

asentimiento *m.* assent.

aseo *m.* cleanliness. || neatness, tidiness. || *pl.* **aseos**, cloakroom, toilet, rest room *(U. S.)*.

asequible *adj.* obtainable, accessible. || feasible.

aserradero *m.* sawmill.

aserrín *m.* sawdust.

asesinar *vt.* to murder. || (pot.) to assassinate.

asesor *m.*, **asesora** *f.* adviser, consultant.

asestar *vr.* (weapon) to aim (a at). || to fire, to shoot. || (blow) to deal, to strike.

aseveración *f.* assertion, asseveration, contention.

así *adv.* so, in this way, thus. || by this means, like this. || even if. || **a. como**, as well as. || **a. .como**, both. and: **a. los alumnos como los profesores**, both the students and the teachers. || **a. como a.** just like that. || **a. de**, so, as. as. as that: **a. de grande**, so big, as big as that. || **a. sea**, so be it, let it be so. || **¿no es a.?**, isn't it so? || **por decirlo a.**, so to speak.

asidero *m.* hold. || handle. || *(fig.)* pretext, excuse. || *(Arg.)* basis, support.

asiduo *adj.* assiduous. || frequent, regular. || — *m.*, **asidua** *f.* regular, habitué.

asiento *m.* seat, chair. || place. || site, location. || sediment. || setting. || settlement, establishment. || *(comm.)* entry. || good sense.

asignar *vr.* to assign. || to allot. || to appoint.

asignatura *f. (univ., etc.)* subject.

asilo *m.* asylum. || sanctuary. || *(fig.)* shelter, refuge. || home, institution.

asimilación *f.* assimilation.

asimismo *adv.* likewise, in the same way.

asir *vt.* to seize, to grasp, to catch, to take hold of.

asistenta *f.* assistant. || charwoman. || **a. social**, social worker.

asistir *vt.* to attend. || to serve. || to help, to assist. || — *vi.* to be present (a at), to attend.

asno *m.* donkey. || *(fig.)* ass, fool.

asociación *f.* association. || society. || *(comm., fin.)* partnership.

asolar *vt.* to raze, to destroy. || to lay waste. || — *vr.* (liquid) to settle.

asolear *vt.* to put in the sun. || — *vr.* to bask in the sun. || *(Arg., Mex.)* to get sunstroke.

asomar *vt.* to show, to stick out. || — *vi.* to appear. || — *vr.* to appear. || to show oneself. || to peep through.

asombro *m.* amazement, astonishment. || fright.

asomo *m.* appearance. || hint, sign, indication.

aspa *f.* cross. || sail, arm. || *(tech.)* reel, winding frame. || *(Arg., Ven.)* horn.

aspecto *m.* look, appearance. || aspect *(a. geog., archit.).* || *(fig.)* aspect. || side.

áspero *adj.* rough. || uneven. || sour. || harsh.

aspirante *adj.* suction: **bomba a.**, suction pump. || — *m.*, *f.* candidate, applicant (a for).

aspirar *vt.* to breathe in, to inhale. || to suck up. || *(tech.)* to suck in, to take in. || *(ling.)* to aspirate. || — vi. to inhale, to breathe in. || *(fig.)* to aspire.

asquear *vt.* to sicken, to nauseate. || — *vi., vr.* to feel disgusted.

asqueroso *adj.* disgusting, loathsome, sickening.

asta f. lance, spear. || flagstaff. || handle. || shaft. || *(zool.)* horn, antler. || **a media a.**, at half mast.

astilla *f.* splinter, chip. || *pl.* **astillas**, firewood, kindling.

astillero *m.* shipyard, dockyard.

astro *m.* star. *(a. fig.).*

astrólogo *m.* astrologer.

astronomía *f.* astronomy.

astucia *f.* astuteness. || *(pej.)* guile, cunning.

asueto *m.* time off, short holiday: **día de a.**, day off.

asumir *vt.* to assume, to take on. || to adopt.

A

asunto m. matter, subject. || affair, business. || (lit.) theme, subject. || **asuntos exteriores**, foreign affairs.

asustar vt. to frighten, to scare. || — vr. to be frightened, to get scared.

atacar vt. to attack. || to assail, to assault. || to ram home. || to fasten.

atadura f. tying, fastening. || bond, tie.

atajar vt. to intercept. || to cut off. || (sport) to tackle. || to interrupt. || — vi. to take a short cut.

atajo m. short cut. || (sport) tackle.

atalaya f. watchtower. || observation point. || (fig.) vantage point. || — m. lookout, sentinel.

ataque m. attack. || raid.

atar vt. to tie, to bind. |||| to fasten, to knot. || (animal) to tether. || (fig.) to step. || to paralyze. || **a. cabos**, to put two and two together. || — vi. **no a. ni desatar**, to settle or decide nothing. || — vr. to get tied up. || to stick to.

atardecer vi. to get dark, to get late. || — m. late afternoon, dusk, evening.

atareado adj. busy.

atascar vr. to block, to plug. || to obstruct. || — vr. to get stuck. || (aut.) to get into a jam. || (engine) to stall.

ataúd m. coffin.

ataviar vt. to array, to adorn. || to dress up (con, de in). || — vr. to dress up.

atemorizar vt. to frighten, to scare. || — vr. to get scared (de, por at).

atemperar vt. to temper, to moderate. || to adjust, to accommodate (a to). || — vr. to restrain oneself.

atención f. attention. || care. || interest. || look out!, careful! || pl. **atenciones**, respect sing., consideration sing. || kindness, civility. || affairs, duties. || **poner a.**, to pay attention.

atender vt. to attend to. || to serve, to see to. || to look after, to care for. || (mech.) to service, to maintain. || to heed, (advice, warning). || to meet, to satisfy (request). — vi. to pay attention to.

atenerse vr. to abide by, to hold to, to stand by. || to rely on.

atentado m. illegal act, offence. || crime. || assault. || attempt on someone's life.

atento adj. attentive (a to). || polite. || obliging. || — prep. in view of, in consideration of.

atenuar vt. to attenuate || (law) to extenuate. || to lessen. || to tone down. || — vr. to attenuate.

ateo adj. atheistic. || — m., **atea** f. atheist.

aterido adj. numb with cold.

aterrizaje m. (aer.) landing.

aterrorizar vt. to terrify (mil., pot., etc.) to terrorize.

atesorar vt. to hoard, to accumulate. || (virtues, etc.) to possess.

atestar vt. (law) to attest, to testify to. || to pack, to cram. || to fill up (de with). || to crowd. || — vr. to stuff oneself.

atestiguar vt. (law) to testify to, to bear witness to. || (fig.) to prove, to bear witness to.

atiborrado adj. full of, stuffed with, crammed with.

atildado adj. neat, elegant, smart.

atinar vt. to hit upon, to find. || to guess right. || to succeed.

atisbo m. spying, watching. || peep. || (fig.) slight sign, indication. || flash, spark.

atizar vt. (fire) to poke, to stir. || to fan, to rouse. || — vi. (sl.) ¡atiza!, gosh! (sl.).

atletismo m. athletics.

atmósfera f. (phys. and fig.) atmosphere.

atolondrado adj. bewildered. || thoughtless.

atomizador m. atomizer. || spray.

átomo m. atom (fig.).

atónito adj. amazed, astounded (con, de, por at, by).

atontar vt. to stun, to stupefy. || — vr. to get bewildered.

atormentar vt. to torture, to torment (a. fig.) to plague. || — vr. to torment oneself.

atornillar vt. to screw on.

atorrante m. (S. Am.) tramp, loafer, bum. (U. S.).

atrabiliario adj. bad-tempered.

atracar vt. to hold up.   to attack. || (naut.) to tie up, to bring alongside. || (infml.) to stuff. || — vr. to stuff oneself.

atracción f. attraction. || attractiveness. || appeal, charm. || pl. **atracciones** (theat.), attractions, entertainment.

atragantarse vr. to choke (con on). || (fig.) to get mixed up.

atrapar vt. to trap. || to catch.

atrás adv. behind. || back. || rear. || backwards. || ago. || earlier, previously. || (aut.) **marcha a.**, reverse.

atraso m. delay. || slowness. || backwardness. || pl. **atrasos**, arrears. || backlog.

atravesar vt. to cross. || to go through, to pass through. || to pierce. || (object) to lay across, to put across. || — vr. (obstacle) to come in between. || to interfere.

atrayente adj. attractive.

atreverse vr. to dare.

atrevimiento m. boldness, daring. || insolence. || impudence, forwardness.

atribuir vt. to attribute (a to). || to impute to. || to confer. || — vr. to assume or claim a right.

atribular vi. to grieve, to afflict. || — vr. to be grieved, to be distressed.

atributo m. attribute. || emblem.

atrincherar vt. to entrench. || — vr. to entrench oneself.

atrio m. atrium. || (eccl.) vestibule. || portico.

atrocidad f. atrocity, outrage. || enormity.

atropellar vt. to trample on. || to knock down. || to push violently past. || to run over. || to insult. || — vr. to act hastily.

atropello m. accident, knocking down, running over. || (fig.) outrage (de upon). || abuse (de of).

atroz adj. atrocious, cruel, inhuman. || awful.

atún m. tunny, tuna. ‖ (sl.) fool, nitwit (sl.).

aturdir vt. to stun. || to deafen. || to bewilder. || — vr. to be stunned. || to get bewildered.

audaz adj. bold, audacious.

audiencia f. audience, hearing. || audience chamber. || (law) high court.

auditor m. judge-advocate. || auditor.

auditorio m. audience. || auditorium, hall.

auge m. peak, summit. || (astron.) apogee. || increase (de of) || development. || (comm.) boom.

augurar vt. to augur. || to predict, to foretell.

aula f. (school) classroom. ‖ (univ.) lecture room. || **a. magna**, main hall.

aullido, **aúllo** m. howl.

aumentar vt. to increase, to augment. || (price) to put up. || to magnify. || to enlarge. || to amplify. || — vi., vr. to increase. || to multiply. || to rise.

aun adv. even. || **a. así**, even so.

aún adv. still, yet.

aunque conj. though, although, even though, even if.

áureo adj. (lit.) golden.

aureola, **auréola** f. halo, aureole.

auricular adj. auricular, aural. || (anat.) little finger. || (tel.) earpiece, receiver. || pl. **auriculares**, headphones, earphones.

aurora f. (lit.) dawn (a. fig.). || **a. boreal(is)**, aurora borealis, northern lights.

auscultar vt. (med.) to sound, to auscultate.

ausentarse vr. to go away, to absent oneself (de from).

auspiciar vt. (S. Am.) to foster, to sponsor. || to wish success to.

austero adj. austere. || stern.

autarquía f. autarchy. || national self-sufficiency.

auténtico adj. authentic, genuine, real.

auto m. taut.) car, automobile (U. S.). || (law) edict, judicial decree. || writ, order. || pl. **autos**, proceedings. ‖ **estar en autos**, to be in the know. || (eccl., theat.) mistery play.

autobús m. bus, omnibus. || motor coach.

autodeterminación f. self-determination.

autodidacta, **autodidacto** adj. self-taught. || — f., m. self-taught person.

autógrafo adj. autographic. || — m. autograph.

autómata m. automaton, robot.

automóvil adj. self-propelled, self driven. || — m. car, motorcar, automobile (U. S.).

autonomía f. autonomy. || self-government.

autopista f. motorway. || highway, turnpike (U. S.).

autor m., **autora** f. (lit.) author, writer. || creator, inventor.

autoridad f. authority. || official. || expert. || pl. **autoridades**, authorities.

autorizado adj. authorized, official. || authoritative. ‖ reliable. || approved.

autoservicio m. self-service (restaurant).

autostop m. hitch-hiking. ‖ **hacer a.**, to hitch-hike.

autosuficiente adj. self-sufficient.

auxiliar adj. auxiliary. || assistant. || — m., f. assistant, auxiliary. || — vt. to help, to assist.

auxilio m. help, aid, assistance. || relief. || **primeros auxilios** (med.), first aid.

aval m. (comm.) endorsement.

avance m. advance. || (comm.) balance. || balance sheet. || (elec.) lead. || (cine.) trailer. || preview.

avanzar vt. to advance (a. comm.). || to move forward. || (plan) to progress. || — vi. to advance (a. mil.). ‖ to draw on.

avaricia f. avarice. || greed.

avasallar vt. to subjugate. || to dominate. || to enslave. || — vr. to submit, to yield.

A

ave f. bird. || **aves de corral,** poultry, fowl. || **a. de rapiña,** bird of prey. || **a. zancuda,** wader.

avejentar vt., vr. to age (before one's time).

avellana f. hazelnut.

avena f. oats.

avenida f. avenue. || flood.

avenir vt. to reconcile, to bring together. || — vr. to come to an agreement.

aventajar vt. to surpass, to beat. || to outstrip. || to be ahead of, to lead.

aventar vt. to fan, to blow (on). || to winnow.

aventura f. adventure. || daring enterprise. || (pej.) escapade. || chance. || **a la a.,** at random. || risk, danger.

aventurado adj. risky, hazardous.

aventurar vt. to venture, to risk.

aventurero adj. adventurous. || enterprising. || — m. adventurer. || (pej.) social climber.

avergonzar vt. to shame. || to embarrass. || — vr. to be ashamed. || to be embarrassed.

avería f. (comm., etc.) damage. || (mech.) breakdown, fault, failure. || (naut.) average.

averiguar vt. to find out, to ascertain. || to check, to verify. || to investigate.

aversión f. aversion. || disgust, loathing.

avestruz m. (orn.) ostrich.

avezado adj. accustomed. || inured, experienced.

aviación f. aviation. || air force.

aviador m., **aviadora** f. (aer.) aviator, flyer. || pilot.

ávido adj. avid, eager (de for). || greedy (de for).

avinagrado adj. sour, acid.

avión m. (aer.) aeroplane, plane, aircraft, airplane (U. S.). || **a. de bombardeo,** bomber. || **a. de caza,** fighter. || **a. de chorro, a. de reacción,** jet plane.

avisado adj. sensible, wise. || **mal a.,** rash, ill-advised.

avisar vt. to inform, to notify, to tell. || to warn. || to advise. || to send for, to call.

aviso m. piece of information. || piece of advice. || notice. || warning. || (comm., fin.) demand note. || announcement. || **andar o estar sobre a.,** to be on one's guard, to be on the alert.

avispa f. wasp.

avispado adj. sharp, clever, wide-awake. || sly.

avistar vt. to sight, to glimpse. || — vr. to meet.

avivar vt. to stoke (up). || to brighten. || to intensify. || to revive. || — vr. to revive, to acquire new life.

avocar vt. to remove to a higher court.

¡ay! interj. ouch! || oh!, oh dear! || **¡ay de mí!,** poor me! || — m. sigh. || cry, moan.

aya f. governess.

ayer adv. yesterday. || (fig.) formerly, in the past. || — m. yesterday, past.

ayuda f. help, aid, assistance. || (med.) enema. || — m. page. || **a. de cámara,** valet.

ayudante m., **ayudanta** f. helper, assistant. || (mil.) adjutant. || (tech.) mate. || technician. || (school, univ.) assistant.

ayunar vi. to fast.

ayuno adj. fasting. || **estar a.,** deprived, lacking. || — m. fast, fasting.

ayuntamiento m. town council, city council. || town hall, city hall. || (a. **a. sexual**) sexual intercourse.

azada f. hoe.

azafata f. (aer.) air hostess, stewardess.

azafrán m. (bot.) saffron, crocus.

azahar m. orange blossom.

azar m. chance, fate. || misfortune, accident. || **al a.,** at random. || **por a.,** accidentally, by chance.

azogue m. mercury, quicksilver.

azotar vt. to whip, to flog. || to spank, to smack. || to beat against, to lash.

azotea f. flat roof, terrace roof.

azúcar m., f. sugar. || **a. en terrón,** lump sugar. || **a. morena, a. negra,** brown sugar.

azucarera f. sugar bowl. || sugar factory.

azucena f. white lily, Madonna lily.

azufre m. sulphur.

azul adj. blue. || — m. blue. || blueness. || **a. celeste,** sky blue. || **a. marino,** navy blue.

azulejo m. tile, glazed tile.

azumbre m. liquid measure = 2.016 litres.

azuzar vt. to set the dogs on someone. || (fig.) to urge on. || (fig.) to irritate.

B

b *f.* b.

baba *f.* drivel, saliva, spittle. || *(biol.)* mucus.

babear *vi.* to slobber, to drivel. || *(infml.)* to be sloppy, to drool (over women).

babel *m., f.* bedlam. || confusion, mess.

babero *m.* bib.

babor *m.* port, port side, larboard. || **a b.,** on the port side.

babucha *f.,* slipper.

bacalao *m.* cod, codfish.

bacanal *adj.* bacchanalian. || — *f.* bacchanalia.

bacante *f.* bacchante.

bacilo *m.* bacillus, germ.

bacteria *f.* bacterium, germ.

báculo *m.* walking stick, staff. || support, relief.

bache *m.* rut, hole. || sweating place for sheep.

bachiller *adj.* garrulous, talkative. || — *m., f.* bachelor.

bachillerato *m.* school-leaving examination, baccalaureate. || bachelor's degree.

badajo *m.* clapper (of a bell). || *(infml.)* chatterbox.

badana *f.* dressed sheepskin.

bagaje *m. (mil.)* baggage. || beast of burden.

bagatela *f.* trinket, knick-knack. || trifle. || *pl.* **bagatelas,** trivialities.

bagazo *m.* chaff, husks. || husks of sugar cane.

bahía *f. (geog.)* bay.

bailar *vt.* to dance. || — *vi.* to dance. || (top) to spin. || *(fig. and infml.)* to swim.

bailarín *m.* (professional) dancer. || balle dancer.

baile *m.* dance. || dancing. || ball, dance. || *(theat.)* ballet. || **b. de etiqueta,** dress ball, formal dance.

baja *f. (comm.)* drop, fall. || *(mil.),* casualty. || vacancy. || **dar de b.,** to report missing. || to strike off someone. || **ir en b.** *(comm.),* to lose value.

bajada *f.* slope. || descent, inclination.

bajar *vt.* to lower. || to take down. || — *vi* to go down, to come down. || (prices temperature) to fall, to drop. || — *vr.* to bend down. || to get off, to get out.

bajío *m. (naut.)* shoal, sandbank. || shallows.

bajo *adj.* low, shallow. || short. || humble || (of colour) dull, faint. || (of sound) low, soft. || coarse, ordinary. || — *m.* deep place. || *(mus.)* bass. || *(archit.),* ground floor. || — *adv.* underneath below. || — *prep.* under, below.

bajorrelieve *m.* bas-relief.

bala *f. (mil.)* bullet: **b. de cañón,** cannon ball. || *(comm.)* bale.

baladí *adj.* trivial, paltry, worthless. || trashy.

balance *m.* to and fro motion. || racking swinging. || *(naut.)* rolling. || *(comm.),* balance. || stocktaking.

balancear *vt.* to balance. || — *vi., vr.* to rock, to swing. || *(naut.)* to roll. || *(fig.),* to hesitate, to waver.

balanza *f.* scales. || balance. || *(fig.)* comparison.

balazo *m.* shot. || bullet wound.

balbuceo *m.* stammering, stuttering. || babbling.

balcón *m.* balcony. || railing. || *(fig.)* vantage point.

baldado *adj.* crippled, disabled. || — *m.,* **baldada** *f.* cripple, disabled person.

balde *m.* bucket, pail. || *(fig.)* **en b.,** in vain, for nothing.

baldío *adj.* (land or ground) waste. || vain, useless. || — *m.* waste ground. || uncultivated land.

baldón *m.* affront, insult. || blot, stain, disgrace.

baldosa *f.* floor tile. || paving stone.

balear *vt. (S. Am.)* to shoot.

balido *m.* bleat, bleating.

balística *f.* ballistics.

baliza *f.* (lighted) buoy, marker. || beacon.

balneario *adj.* thermal, medicinal. || health, spa *(attr.).* || — *m.* spa, health resort. || seaside resort.

balón m. ball, football. ‖ (meteorol.) balloon. ‖ bale.

baloncesto m. basketball.

balsa f. raft. ‖ pond, pool. ‖ (bot.) balsa.

bálsamo m. balsam, balm.

baluarte m. bastion. ‖ bulwark.

ballena f. whale. ‖ whalebone. ‖ (of corset) bone, stay.

bamboleo m. swinging, swaying. ‖ wobbling.

bambolla f. (infml.) show, ostentation.

banal adj. banat. ‖ trivial, ordinary.

banano m. banana tree.

banca f. bench. ‖ (fin.) banking. ‖ (in games) bank. ‖ (R.Pl.) pull, influence.

bancada f. stone bench. ‖ (mech.) bench, bed.

bancario adj. bank (attr.), banking (attr.). ‖ financial.

bancarrota f. bankruptcy. ‖ failure.

banco m. bench, seat. ‖ (in school) form. ‖ (comm.) bank. ‖ (naut.) bank, shoal. ‖ (geol.) stratum. ‖ **b. de datos** (comput.), data bank.

banda f. sash, band. ‖ ribbon. ‖ zone, strip. ‖ (radio, etc.) band. ‖ (billiards) cushion. ‖ (birds) flock.

bandada f. (of birds) flock. ‖ (of fish) shoal.

bandeja f. tray, salver.

bandera f. flag, banner. ‖ (mil.) colours. ‖ **b. de paz,** white flag, flag of truce.

banderilla f. (bullfight) banderilla.

banderola f. banderole. ‖ (mil.) pennant, pennon.

bandido m. bandit. ‖ outlaw. ‖ rogue, rascal.

bando m. edict, proclamation. ‖ faction, party. ‖ (at games) side.

bandolero m. brigand, bandit.

banquero m. banker.

banquete m. banquet, y dinner party. ‖ **b. de boda,** wedding breakfast. ‖ **b. de gala,** state banquet.

banquillo m. bench. ‖ footstool.

bañar vt. to bath, to bathe. ‖ to dip. ‖ to wash. ‖ to coat, to cover. ‖ — vr. to bathe, to have a swim. ‖ to take a bath, to bathe.

baño m. bath, bathtub. ‖ bathing. ‖ coating. ‖ toilet. ‖ pl. **baños,** bath, spa.

baqueta f. ramrod. ‖ pl. **baquetas** (mus.), drumsticks.

baquiano adj. (S. Am.) experienced, expert. ‖ — m. (S. Am.) pathfinder.

baraja f. pack of cards.

barajar vt. to shuffle. ‖ (fig.) to mix up, to shuffle around. ‖ (R. Pl.) to catch in the air.

baranda f. rail, railing. ‖ (billiards) cushion.

baratija f. trinket, bauble. ‖ (fig.) trifle. ‖ pl. **baratijas,** junk, rubbish.

barato adj. cheap, inexpensive. ‖ — adv. cheaply. ‖ inexpensively.

barba f. chin. ‖ beard (a. bot.) ‖whiskers. ‖ (orn.) wattle.

barbacoa f. (S. Am.) barbecue.

barbado adj. bearded, with a beard.

bárbaro adj. barbarian, barbarous. ‖ cruel. ‖ rough. ‖ terrific, tremendous.

barbecho m. fallow, fallow land.

barbero m. barber, hairdresser.

barbilla f. (tip of the) chin.

barbitúrico m. barbiturate.

barca f. boat, small boat.

barcaza f. barge, lighter. ‖ punt. ‖ ferry.

barco m. boat. ‖ ship, vessel. ‖ **b. de carga,** freighter, cargo ship. ‖ **b. de guerra,** warship.

bardo m. bard.

barítono m. baritone.

barniz m. varnish. ‖ glaze. ‖ (fig.) venner, gloss.

barómetro m. barometer.

barquero m. boatman. ‖ ferryman, waterman.

barquinazo m. jolt. ‖ overturning, roll.

barra f. (in general) bar. ‖ rod. ‖ lever, crowbar. ‖ (Arg.) band, gang.

barraca f. hut, cabin. ‖ (S. Am.) large shed.

barranca f. gully, ravine.

barranco m. gully, ravine. ‖ (S. Am.) steep riverbank.

barrenar vt. to drill, to bore. ‖ (naut.) to scuttle.

barrer vt. to sweep. ‖ (fig.) to sweep away, to carry away. ‖ — vi. to sweep.

barrera f. barrier, gale. ‖ obstacle.

barriada f. quarter, district. ‖ (S. Am.) slum quarter.

barricada f. barricade.

barriga f. belly. ‖ paunch. ‖ bulge.

barril m. barrel. ‖ cask, keg. ‖ **cerveza de b.,** draught beer, beer on draught.

barrilete m. small barrel. ‖ (gun) chamber. ‖ (Arg.) kite.

barrio m. district, area. ‖ quarter. ‖ suburb. ‖ **barrios bajos,** poorer quarters. ‖ shantytown, slums.

barro m. mud. ‖ clay. ‖ earthenware. ‖ (med.) pimple.

barroco adj. baroque. || (fig.) ornate, extravagant. || — m. baroque style. || baroque period.

barrote m. heavy bar, thick bar. || crosspiece. || rung.

barruntar vt. to guess, to conjecture. || to suspect.

bártulos m. pl. things, belongings, odds and ends.

barullo m. row, uproar, din.

basar vt. to base. || (fig.) to base, to ground. || — vr. to base oneself on, to rely on.

basca f. sick feeling, nausea. || squeamishness.

báscula f. (platform) scales, weighing machine.

base f. base, basis. || foundation.

BASIC m. (comput.) BASIC, commonly used computer language.

básquetbol m. basketball.

bastante adj. enough, sufficiently. || long enough: **ya ha vivido b.,** he has lived long enough. || (iron.) immensely.

bastar vi. to be sufficient, to be enough, to suffice. || — vr. to be self-sufficient.

bastardilla f. italic type, italics.

bastardo adj. bastard. || hybrid, mixed. || — m., **bastarda** f. bastard.

bastidor m. frame. || (of a window) sash. || embroidery frame. H (aut.) chassis. || (theat.) wing. || **entre bastidores,** behind the scenes.

basto adj. coarse, rough. || (fig.) rude, coarse. || — m. packsaddle. || (cards) ace of clubs.

bastón m. stick. || staff. || walking stick. || baton.

basura f. rubbish, refuse. || (fig.) rubbish, trash.

basurero m. dustman, garbage man. || scavenger. || rubbish dump.

bata f. dressing gown. || robe. || negligee.

batahola f. (infml.) hurly-burly, bustle, hullabaloo.

batalla f. battle. || struggle.

batallón m. battalion.

batata f. sweet potato. || (R. Pl.) bashfulness, embarrassment.

bate m. (baseball) bat.

batea f. tray. || deep trough.

batería f. (mil., elec., etc.) battery. || (naut.) range of guns. || (mus.) percussion instruments.

batido adj. (silk) shot, chatoyant. || (path) beaten, trodden. || — m. (cook.) batter.

batidora f. (cook.) beater, whisk, mixer. || (tech.) beater.

batir vt. to beat. || to strike. || (hands) to clap. || to comb. || to vanquish.

batracio m. batrachian.

batuta f. (mus.) baton. || **llevar la b.** (fig.), to be the boss, to be firmly in command.

baud m. (comput.) baudio.

baúl m. trunk. || (aut.) boot.

bautismo m. baptism, christening.

bautizar vt. to baptize. || (fig.) to name, to give a name to. || (infml.) to water (wine).

bayo adj. bay. || — m. bay (horse).

bayoneta f. bayonet.

baza f. (cards) trick. || (infml.) **meter b.,** to butt in, to shove one's oar in.

bazar m. bazaar.

bazo adj. yellowish-brown. || — m. (anat.) spleen.

bazofia f. offal, waste meat, pigswill, remnants.

beato adj. happy, blessed. || pious. || prudish, bigoted.

bebé m. baby.

bebedero m. drinking fountain. || drinking trough. || spout.

beber m. drink, drinking. || — vt., vi. to drink. || to swallow. || to toast.

bebida f. drink, beverage. || **darse a la b.,** to take to drink.

beca f. scholarship, grant. || fellowship. || award.

becerro m. yearling calf. || calfskin.

bedel m. (univ.) beadle, porter.

beduino adj. Bedouin. || harsh, uncivil.

befa f. jeer, taunt.

befo adj. thick-lipped. || knock-kneed. || — m. lip.

béisbol m. baseball.

beldad f. beauty. H (person) beauty, belle.

belén m. nativity scene, crib. || (fig.) confusion, bedlam.

belga adj. Belgian. || — m., f. Belgian.

belicista adj. warmongering, militaristic. || — m., f. warmonger.

bélico adj. warlike, martial.

beligerante adj., m., f. belligerent.

bellaco adj. sly, cunning. || — m. rogue, villain.

belleza f. beauty, loveliness. || (woman) beauty.

bello adj. beautiful, lovely. || fine. || noble. || fair, gentle.

bemol m. (mus.) flat.
bendecir vt. to bless. || **b. la mesa,** to say grace.
bendición f. blessing. || (relig.) benediction.
beneficencia f. beneficence, doing good. || charity.
beneficiar vt. to benefit, to be of benefit to. A lo cultivate. || — vr. to profit.
beneficio m. benefit. || profits. || favour, kindness. || (agr.) cultivation. || (min.) exploitation.
benemérito adj. worthy, meritorious. || notable.
beneplácito m. approval, consent.
benevolencia f. benevolence, kindness, kindliness.
benigno adj. kind, kindly. || gentle. || mild. || benign.
benjamín m. baby of the family, youngest child.
beodo adj. drunk. || — m. drunk, drunkard.
berenjena f. aubergine, eggplant.
bermejo adj. red, bright red. || reddish.
berrear vi. (calf) to low. || (fig.) to bowl, to howl.
berrinche m. (infml.) rage, tantrum.
besamanos m. royal audience, levée.
besar vi. to kiss. || to graze. || — vr. to kiss each other.
beso m. kiss. || **tirar un b.,** to blow a kiss.
bestia f. beast, animal. || — m. f. (fig.) beat, brute.
besuquear vt. to cover with kisses, to keep on kissing.
betún m. bitumen. || shoe polish. blacking.
biberón m. feeding bottle.
Biblia f. Bible. || **la Santa B.,** the Holy Bible.
bibliografía f. bibliography.
bibliorato m. (R. Pl.) book file, box file.
biblioteca f. library. || bookcase, bookshelves.
bibliotecario m., **bibliotecaria** f. librarian.
bicicleta f. bicycle, cycle. || **andar en b.,** to cycle.
bicolor adj. two-colour, in two colours.
bicho m. little animal. A hug. || ugly person.
bien adv. well. || all right. || right, uprightly. || happily. || very. || perfectly, fully. || **mis b.,** rather, somewhat. || **no b.,** as soon as, just as. || **tener a b.,** to be so

kind as **to.** || — m. good. || advantage, profit. || Pl. **bienes,** property, possessions. **A bienes de fortuna,** wordly possessions. || **bienes reales,** real estate.
bienal adj. biennial. || — f. biennial exhibition.
bienaventurado adj. happy, fortunate. || (eccl.) blessed. || simple, naive.
bienestar m. wellbeing, welfare. || comfort.
bienhechor adj. beneficent, beneficial. || — m. benefactor.
bienintencionado adj. well-meaning.
bienvenida f. welcome. || greeting.
bienvenido adj. welcome. || **¡b.!,** welcome!
bifásico adj. (elec.) two-phase.
bife m. (S. Am.) steak, beefsteak. || (P.Pl.) slap.
biftec m. steak, beefsteak.
bifurcar vf. (comput.) to branch. || — vr. to branch, to fork, to bifurcate.
bígamo adj. bigamous. || — m., **bígama** f. bigamist.
bigote m. moustache. || (of cat, etc.) whiskers.
bilingüe adj. bilingual.
bilis f. bile. A (fig.) bile, spleen.
billar m. billiards. || billiard room. || billiard table.
billete m. note, brief letter. A love letter. || ticket. || **b. de banco,** bank note. || **b. de ida y vuelta,** round-trip ticket.
billetera f. wallet, notecase.
billón m. billion, (U.S.) trillion.
bimensual adj. twice-monthly. || bi-monthly.
bimestre adj. bimonthly, two-monthly. || — m. period of two months.
bimotor adj. twin-engined.
binario adj. binary. || (mus.) time two-four.
binóculo m. binoculars. || opera glasses. || pince-nez.
biografía f. biography, life.
biología f. biology.
biombo m. folding screen.
bióxido m. dioxide.
birlar vt. (infml.) to snatch away. A to rob, to pilfer.
birrete m. biretta. A (mil.) cap. || (law) judge's cap. || (univ.) cap, (infml.) mortarboard.
bis adv. twice. || **¡b.!** (theat.). encore!
bisabuela f. great-grandmother.
bisabuelo m. great-grandfather.

bisagra *f.* hinge.

biselar *vt.* to bevel.

bisemanal *adj.* twice-weekly, bi-weekly.

bisiesto *adj.* **año b.,** leap year.

bisílabo *adj.* two-syllabled.

bisnieta *f.* great-granddaughter.

bisonte *m.* bison.

bisoño *adj.* green, inexperienced. || (recruit) raw.

bisturí *m.* scalpel.

bisutería *f.* imitation jewellery, paste.

bit *m. (comput.)* bit (the smallest unit of information).

bizarro *adj.* gallant, brave. || generous.

bizco *adj.* cross-eyed, squinting.

bizcocho *m.* sponge, sponge cake. || biscuit.

blanco *adj.* white (bread, wine, etc.). || (page, space) blank. || pale. || (race) white. || — *m.* white, whiteness. || white man, white person. || interval, gap. || *(mil., fig.)* target.

blancura *f.* whiteness.

blandir *vt.* to brandish, to flourish.

blando *adj.* soft. || tender, mild.

blanquear *vt.* to whiten, to whitewash. || to bleach.

blasfemia *f.* blasphemy. || insult. || curse.

blasón *m.* coat of arms. || *(fig.)* honour, glory.

blindado *adj. (mil.)* armoured, armour-plated. || *(tech.)* shielded, protected, encased.

bloc *m.* writing pad. || calendar pad.

bloque *m.* block (of stones, etc.). || *(pol.)* bloc, group.

bloqueo *m.* blockade. || *(comm.)* freezing, blocking.

blusa *f.* blouse. || overall.

boato *m.* show, ostentation. || pomp.

bobería *f.* silliness, idiocy.

bobina *f.* reel. || *(tech.)* bobbin, spool. || coil.

bobinar *vt.* to wind.

bobo *adj.* simple. || silly. || naive. || — *m.,* **boba** *f.* fool, dolt.

boca *f.* mouth. || muzzle (of gun, cannon, etc.). || opening. || flavour, taste (of wine). || **a b. de jarro,** point blank, at close range.

bocacalle *f.* entrance to a street. || intersection.

bocadillo *m.* snack. || meat (or cheese, etc.) roll.

bocado *m.* mouthful. || morsel. || (horse) bit, bridle.

bocanada *f.* puff (of smoke). || mouthful, swallow.

boceto *m.* sketch. || design.

bocina *f.* trumpet, buglehorn. || *(aut.)* horn.

bocha *f.* bowl. || **juego de las bochas,** bowls.

bochinche *m.* uproar, din. || riot. || commotion.

bochorno *m.* sultry weather. || scorching heat. || embarrassment.

boda *f.* wedding, marriage.

bodega *f.* wine cellar. || storeroom, warehouse. || *(naut.)* hold.

bodegón *m.* cheap restaurant, dive *(infml.).* || *(art)* still life.

bofe *m. (zool.)* lung.

bofetada *f.* slap in the face *(a. fig.).* || cuff, punch.

boga *f. (naut.)* rowing. || *(fig.)* fashion, vogue. || *m., f.* rower.

bohemio *adj., m.* **bohemia** *f.* Bohemian. || leading a bohemian life. || gypsy.

boicot *m.* boycott.

boina *f.* beret.

bol *m.* bowl. || punch bowl. || *(S. Am.)* finger bowl.

bola *f.* ball. || globe, sphere. || marble. || (bridge) grand slam. || *(infml.)* lie, fib. || *(sl.)* nut.

bolchevique *adj.* Bolshevik. || — *m., f.* Bolshevik.

boleadoras *f. pl.* (Chile, R. Pl.) **bolas,** lasso with balls.

bolear *vt.* (Arg.) to catch with bolas. || (Arg.) to confuse. || — *vi.* to play billiards. || to bowl.

boleta *f.* admission ticket. || lodging billet. || pay order.

boletín *m.* bulletin. || newsletter. || *(comm.)* price list.

boleto *m. (S. Am.)* ticket.

boliche *m.* tin bowls jack. || (game) bowling, skittles. || (Arg.) cheap snack bar.

bolígrafo *m.* ball-point pen.

bolita *f.* small ball. || pellet. || *(Arg., Chile)* marble.

bolo *m.* ninepin, skittle.

bolsa *f.* bag, sack, purse, pouch. || stock exchange. || stock market. || *(anat.)* bursa, sac.

bolsillo *m.* pocket. || *(fig.)* pocket, money, income.

bollo *m. (cook.)* bun, roll. || boss caused by a blow.

bomba f. (tech.) pump. || (mil.) bomb. || globe (of lamp). || (fig.) bomb shell, unexpected news.

bombacha f. (R. Pl.) loose trousers of the gauchos.

bombardear vt. (mil.) to bombard, to shell. || to bomb.

bombardero adj. bombing. || — m. (aer.) bomber.

bombear vt. to shell, to bomb. || to make curved or convex. || (S. Am.) to pump.

bombero m. fireman.

bombilla f. lamp glass, chimney (of a lamp). || bulb.

bombo m. large drum, bass drum. || (naut.) barge, lighter. || (infml.) exaggerated praise.

bombón m. sweet. || chocolate. || (infml.) beauty, gem. || (girl) peach (infml.).

bonachón adj. good-natured, kindly. || easy-going. || (pej.) simple, naive.

bonanza f. fair weather. || (fig.) bonanza, prosperity.

bondad f. goodness. || kindness, helpfulness. || **tener la b. de** (with infin.), to be so kind as to.

bonificación f. rise, increase. || (comm.) allowance.

bonito adj. pretty. || nice. || — m. tuna (fish).

bono m. voucher, certificate. || (fin.) bond.

boquear vi. to gape, to gasp. || to breathe one's last.

boquete m. gap, opening. || hole, breach.

boquiabierto adj. open-mouthed. || gaping.

boquilla f. (mus.) mouthpiece. || (tech.) nozzle. || cigarette-holder.

borbotón m. bubbling. || **hablar a borbotones,** to gabble.

borda f. (naut.) gunwale, rail. || mainsale. || hut.

bordado m. embroidery, needlework.

bordar vt. to embroider (a. fig.).

borde m. edge. || hem. || border. j|| brim.

bordear vt. to skirt, to go along the edge. || (Arg.) to border. || — vi. (naut.) to tack.

bordo m. (naut.) side. || tack. || **a b.,** on board.

boreal adj. northern.

borla f. tassel. || pompon. || powder puff.

borne m. (elec.) terminal.

borra f. fluff. || sediment.

borracho adj. drunk, tipsy. || (fig.) blind, inflamed. || — m., **borracha** f. drunkard, drunk.

borrador m. first draft, rough copy. || scribbling pad. || rubber, eraser.

borrar vt. to rub out, to erase. || to scratch out, to cross out.

borrasca f. storm, tempest, squall.

borrego m., **borrega** f. lamb. || (fig.) simpleton.

borrico m. donkey (a. fig.).

borrón m. blot, blotch, smudge.

borroso adj. blurred, indistinct, fuzzy. || muddy.

bosque m. wood, woodland, forest. || woods.

bosquejo m. sketch, outline. || rough model. || draft.

bosta f. dung, droppings. || manure.

bostezar vi. to yawn.

bota f. boot. || wineskin, leather wine bottle. || cask.

botadura f. (naut.) launching.

botánica f. botany.

botar vt. to throw, to cast, to fling. || (S. Am.) to squander.

botarate m. madcap, wild fellow. || idiot.

bote m. jump. || bounce. || thrust. || can, tin. || pot, jar. || boat.

botella f. bottle.

botica f. chemist's (shop), pharmacy.

botín m. spat. || bootee, ankle boot. || (mil.) booty, loot.

botiquín m. first-aid kit. || medicine cabinet.

botón m. (sew., elec., etc.) button. || sprout, bud. || (fencing) tip. || knob (of door, window).

botones m. buttons. || bellboy.

bóveda f. vault. || dome. || crypt.

bovino adj. bovine.

boxeador m. boxer.

boxear vi. to box.

boya f. (naut.) buoy.

boyar vi. to float.

bozo m. down (on the upper lip). || mouth, lips.

bracear vt. to move or swing the arms. || (naut.) to brace, to fathom.

bracero m. labourer, navvy. || farm labourer.

braga f. breeches. || child's diaper. || hoisting rope.

bragueta f. fly (of trousers). || (hist.) codpiece.

bramar vi. to roar, to bellow. || (fig.) to howl.

brasa f. live coal, hot coal.

brasero m. brazier. || (S. Am.) hearth, fireplace.

brasileño adj. Brazilian. || — m., **brasileña** f. Brazilian.

bravata f. threat. || boast, piece of bravado.

bravío adj. wild, untamed. || fierce, ferocious.

bravo adj. brave. || angry. || savage, wild. || fine. || — interj. ¡**b.!,** bravo!

braza f. (naut.) fathom. || brace.

brazada f. stroke (of arms, of oars). || (swimming) stroke, style. || armful.

brazalete m. (jewel) bracelet, wristlet. || armlet, armband.

brazo m. arm. || (zool.) foreleg. || branch. || pl. **brazos,** hand, workers. || **a b. partido** (fig.), tooth and nail. || **con los brazos cruzados,** idly, doing nothing.

brebaje m. potion, mixture. || (hum.) nasty drink.

brecha f. breach, opening. || gap.

bregar vi. to contend, to struggle.

brete m. fetters, shackles. || perplexity, difficulties.

breve adj. brief, short, concise. || **en b.,** shortly, in a little while. || — f. (mus.) breve.

bribón adj. idle. || lazy. || — m. vagabond, rascal, rogue.

brigada f. (mil.) brigade. || gang. || squad.

brillante adj. brilliant, bright. || shining, sparkling. || — m. brilliant, diamond.

brillar vi. to shine. || to sparkle, to glitter, to gleam.

brincar vt. to skip. || (child) to jump up and down. || — vi. to leap, to jump.

brinco m. jump, hop, leap. || bound.

brindar vt. to offer. || — vi. to drink, to drink a toast.

brindis m. toast.

brío m. vigour, enterprise, courage. || dash, verve.

brioso adj. spirited, dashing.

brisa f. breeze.

británico adj. British. || — m., **británica** f. British person, Britisher.

brocha f. paintbrush. || shaving brush. || powder puff.

broche m. clip, clasp, fastener. || brooch.

broma f. joke. || prank, trick, practical joke. || **b. de mal gusto,** joke in bad taste, y **ni en b.,** not on any account.

bronca f. quarrel, row, fight.

bronce m. bronze. || copper coin.

broncear vt. to tan, to bronze, y — vr. to bronze, to get a sun tan.

bronco adj. rough, coarse, gruff. || harsh.

bronquitis f. bronchitis.

brotar vi. to sprout, to spring up. || (sprout) to bud, to shoot. || (med.) to break up.

brote m. (bot.) bud, shoot. || (med.) outbreak.

broza f. brushwood. ||j (fig.) rubbish, trash.

bruces caer de b., to fall flat.

bruja f. witch. || sorceress. || (infml.) hag, shrew.

brujo m. sorcerer. || wizard, magician.

brújula f. compass. || (fig.) guide.

bruma f. mist, fog.

bruñir vt. to polish, to burnish, to shine.

brusco adj. rude, rough, crude. || sudden, brusque.

brutalidad f. brutality. || brutishness. || stupidity.

bruto adj. stupid. || coarse, rough. || (stone, diamond) rough, uncut. || brutal, brutish. || **en b.,** gross. || — m. brute, beast.

bucal adj. oral, of the mouth.

bucear vi. to dive. || to swim underwater.

buche m. (orn.) crop, craw. || maw. || belly. || (sew.) bag, pucker.

budín m. pudding. || mould, pie.

budismo m. Buddhism.

buenaventura f. good luck. || fortune.

bueno adj. (**buen** before sing.) good. || kind, benevolent. || excellent. || well, healthy. || (iron.) fine, pretty. || **a las buenas,** voluntarily, willingly. || **de buenas a primeras,** suddenly. || right away.

buey m. bullock, steer. || ox.

bufanda f. scarf, muffler.

bufar vi. to snort.

bufete m. writing desk. || lawyer's office.

bufón adj. funny. || — m. funny man, buffoon.

buhardilla f. dormer window. || attic, garret.

búho m. (long-eared) owl.

buhonero m. pedlar, hawker.

buitre m. vulture.

bujía f. candle. || candlestick. || (elec.) candlepower. || (aut., etc.) spark plug.

bula f. (papal) bull.

bulbo m. (bot., med.) bulb.

bulto m. volume, bulk, bulkiness. || shape, form. || lump, swelling. || package. || piece of luggage. || **de mucho b.,** bulky. || **de poco b.,** small.

bulla f. noise, uproar. || fuss, confusion.

bullir vt. to stir, to move. || — vi. to boil. || to bubble. || to bustle.

buñuelo m. fritter, bun. || (infml.) failure, mess.

buque m. vessel, ship. || steamer. || **b. de guerra,** man-of-war. || **b. de vela,** sailing vessel.

buque-escuela m. training ship.

burbuja f. bubble.

burdel m. brothel.

burdo adj. coarse, rough. || common, ordinary.

burgués adj. middle-class, bourgeois. || — m., **burguesa** f. member of the middle-class, bourgeois.

burla f. gibe, jeer, taunt. || joke.

burlador adj. mocking. || — m. scoffer, mocker. || practical joker. || seducer.

burlar vr. to deceive, to trick. || — vi., vr. to mock, to ridicule. || to joke.

burlesco adj. funny, comic. || burlesque.

burlón adj. mocking. || teasing.

burocracia f. civil service. || bureaucracy.

burra f. (she-)donkey. || (fig.) stupid woman.

burro m. donkey, ass. ft sawhorse. || (R. Pl., infml.) race horse. || (infml.) ass, dunce, fool. || lout, brute.

bursátil adj. stock-exchange (attr.).

busca f. search, hunt (de for). || pursuit.

buscahuella m. (aut.) spotlight.

buscar vt. to look for, to search for, to seek. || — vr. to look, to search.

buscavidas m., f. busybody. || hustler. || go-getter.

buscón adj. thieving. || — m. petty thief.

buscona f. whore.

búsqueda f. search.

busto m. bust.

butaca f. armchair, easy chair. || (theat.) stall.

buzo m. diver.

buzón m. letterbox, pillar box.

byte m. (comput.) byte, unit of information.

B

C

cabal adj. complete, full, thorough. || faultless.

cábala f. cab(b)ala. || (fig.) cabal, intrigue. || pl. **cábalas**, conjecture, supposition.

cabalgadura pl. mount, horse. || beast of burden.

cabalgar vt. (of person) to ride. || (of stallion) to cover, to serve. || — vi. to ride. || to go riding.

caballa pl. mackerel.

caballería pl. riding animal. || cavalry. || horsemanship. || chivalry. || knighthood.

caballeriza pl. stable. || stud, horse-breeding establishment.

caballero m. nobleman. || knight. || gentleman. || Sir.

caballete m. ridge of a roof. || easel. || sawhorse.

caballo m. horse. || knight (in chess). || (cards) the queen. || **c. de batalla** (fig.), forte, speciality.

cabaña f. cabin, cottage, hut. || (R. Pl.) cattle-breeding ranch.

cabecear vi. to nod. || to shake the head. || to pitch.

cabecera pl. head of a bed. || seat of honour. || (typ.) headline. || capital of province.

cabecilla m., f. wrong-headed person. || ring-leader.

cabello m. hair. || hair of the head (a. pl.). || corn silk.

caber vi. to go, to fit. || to hold, to be enough room for. || to fall to: **me cupo el honor de acompañarlo**, the honour of accompanying him fell to me. || **no cabe en mi cabeza**, it doesn't enter my mind. || **no cabe duda**, there is no doubt.

cabestrillo m. sling.

cabestro m. halter.

cabeza pl. head. || chief, leader. || upper part. || seat (of a district). || **c. dura**, stubborn person. || **romperse la c.** (fig.), to rack one's brains. || **levantar c.**, to get on one's feet again.

cabezada pl. butt. || blow on the head. || nod. || head shake. || headgear (of harness).

cabezudo adj. bigheaded. || (fig.) pigheaded.

cabida f. capacity. || place.

cabildo m. (eccl.) chapter. || chapter house.

cabina f. cabin. || cockpit. || **c. telefónica**, telephone box.

cabizbajo adj. crestfallen, dejected, downcast.

cable m. (naut., etc.) cable, rope, hawser.

cablegrama m. cable, cablegram.

cabo m. end (a. fig.). || (geog.) cape. || handle. || (naut.) cable, rope. || (mil.) corporal. || **al fin y al c.**, in the end. || **llevar a c.**, to carry out.

cabotaje m. coasting trade, coastal traffic.

cabra f. goat. || (Chile, infml.) girl.

cabrío adj. goatish. || **macho c.**, he-goat, billy goat. || — m. herd of goats.

cabriola pl. caper. || gambol. || hop, skip, prance.

cabritilla pl. kid, kidskin.

cabrito m. kid. || pl. **cabritos** (Chile), popcorn.

cabrón m. buck, he-goat. || acquiescing cuckold.

cacahuete m. peanut, monkey nut.

cacao m. (S. Am.) (tree, seed) cacao. || cocoa.

cacarear vi. (fig. and infml.) to make a big noise about, to boast about. || — vi. to cluck. || to cackle.

cacería f. hunting, shooting. || hunt.

cacerola f. pan, saucepan. || casserole.

cacique m. (S. Am.) chief, headman, local ruler. || local boss, party boss. || (fig.) petty tyrant, despot.

cacumen m. acumen, brains, insight.

cachafaz adj. (S. Am.) rogue, scoundrel.

cachalote m. sperm whale.

cachar vi. to break, to smash. || to split. || (Arg., Urug.) to scoff at, to deride.

cacharro m. coarse earthen pot. || worthless thing.

cachaza pl. slowness. || calmness, phlegm.

cachear vt. to search, to frisk (for weapons).

cachetada f. (S. Am.) slap, box on the ear. || beating.

cachete m. (fat) cheek. || punch in the face, slap.

cachiporra pl. truncheon. || club, big stick, cosh.

cachivache m. utensil. || useless thing.

cacho adj. piece, bit, chunk. || bunch (of bananas).

cachorro m., **cachorra** pl. pup, puppy. || cub.

cada adj. invar, every, each: **c. día.** every day. || **c. uno**, each one, every one.

cadalso m. scaffold.

cadáver m. body, dead body, corpse, cadaver.

cadena pl. chain. || bond, tie. || series. || range (of mountains). || (law) **c. perpetua**, life imprisonment.

cadencia pl. cadence, rhythm. || measure.

cadera pl. hip.

cadete m. cadet.

caduco adj. decrepit, senile. || (fig.) expired, invalid. || (bot.) deciduous. || (law) null and void.

caer vt. to fall, to drop, to tumble down. || to lighten. || to fall off. || to understand, to see, to realize. || to like: **no me cayó bien lo que dijo**, I didn't like what he said. || to suit (a dress). || **c. enfermo**, to be taken ill. || **c. en la cuenta**, to think, to take note of.

café m. coffee. || café. || coffee house. || (bot.) coffee-tree. || **c. con leche**, café au lait, white coffee.

cafetal m. coffee plantation.

cafetera pl. coffee pot. || (infml.) old car, flivver.

cafetería pl. café, coffee house. || (rail.) buffet.

cafeto m. coffee tree.

cáfila pl. group, flock, large number.

cagar vt. (vulg.) to shit. || (fig.) to die. || — vr. **cagarse en alguien**, to despise someone.

caída pl. fall. || falling. || downfall. || drop. || descent.

caimán m. alligator, caiman.

caja pl. box. || case. || safe. || body (of a carriage, etc.). || (comm.) cash, funds. || well (of a staircase).

cajero m., **cajera** pl. cashier. || (bank) teller.

cajón m. box, case, chest. || coffin. || drawer. || shelf space. || **c. de herramientas**, toolbox.

cal pl. lime. || **c. muerta**, slaked lime. || **c. viva**, quicklime.

calabaza pl. (bot.) pumpkin. || gourd, calabash.

calabozo m. jail, prison. || (mil., infml.) glasshouse.

calada f. soaking. || (of net) lowering.

calado m. openwork embroidery. || (naut.) depth (of water). || draught (of ship).

calamar m. squid.

calambre m. cramp.

calamidad pl. calamity, disaster. || (fig. and infml.) **ser una c.** to be useless, to be a dead loss.

calandria f. (orn.) calandra lark.

calada pl. model, pattern. || (fig.) nature, kind, stamp.

calar vr. to soak through, to soak, to drench. || to penetrate, to pierce. || to sample, to plug (fruit). || to jam on (hat). || to fix (bayonet). || — vi. (of liquid) to sink in, to soak in.

calavera pl. skull. || — m. gay dog. || mad cap.

calcar vt. to trace, to make a tracing of.

calceta f. stocking. || fetters. || **hacer c.**, to knit.

calcetín m. sock.

calcificar vr. to calcify. || — vr. to calcify.

calcinar vt. to calcine. || to burn, to blacken.

calcio m. calcium.

calco m. tracing. || (fig.) copy.

calculadora f. calculating machine, computer.

cálculo m. calculation. || estimation || estimate. || (math.) calculus. || caution, care. || (med.) gallstone.

caldear vt. to warm (up), to heat (up). || — vr. to get overheated.

caldera f. boiler. || cauldron, caldron.

caldero m. small boiler, cooper. || drum, boiler.

caldo m. stock, broth. || soup. || consommé. || dressing sauce.

calefacción pl. heating. || **c. central**, central heating.

calefón m. (Arg.) gas or electric boiler.

calendario m. calendar.

calentador m. heater. || warming pan.

calentar vi. to heat, to warm. || (Arg.) to provoke, to irritate. || — vr. to warm oneself. || (vulg.) to get randy.

calentura f. (med.) fever, (high) temperature. || (Peru, R. Pl.) randiness, sexual desire.

calera pl. limestone quarry. || lime kiln.

calesita pl. (Arg., Peru) merry-go-round.

caleta pl. (geog.) cove, small bay, inlet.

calibre m. calibre. || bore (of a cylinder, etc.). || gage.

calidad f. quality. || capacity.

cálido adj. warm. || (climate) hot, warm.

caliente adj. warm, hot. || heated. || fiery. || hot, randy.

calificado adj. qualified, competent. || (worker) skilled. || well-known, eminent.

calificar vr. to qualify (a. gram.). || to rate, to class. || to pass on, to judge.

caligrafía pl. calligraphy, penmanship.

cáliz m. calyx. || chalice, communion cup.

calma pl. calm, calmness, tranquility. || lull, slack period. || composure.

calor m. heat. || glow. || warmth, ardour.

calorífero adj. heat-producing, heat-giving. || — m. heating system. || furnace, stove. || heater, radiator.

calumnia pl. calumny. || slander.

caluroso adj. warm, hot. || (fig.) warm, enthusiastic.

Calvario m. (relig.) Calvary, Way of the Cross.

calvo adj. bald (head, person).

calzada f. road, roadway.

calzado adj. shod, wearing shoes. || — m. footwear.

calzar vt. to put on (shoes, spurs, etc.). || to scot or scotch (a wheel). || (of firearm) to carry, to take. || — vi. to wear shoes.

calzón m. breeches, shorts. || pl. **calzones**, panties, underpants, underdrawers.

calzoncillos m. pl. pants, underpants (U. S.), shorts (U. S.).

callado adj. quiet, reserved, reticent. || quiet, silent.

callar vr. to conceal (a thought, etc.). || to keep something secret. || to omit, to refrain from stating. || — vi., vr. to be silent, to keep silent. || to stop (speaking, singing, etc.). || **callarse la boca**, to shut up.

calle pl. street. || walk in a garden. || passage, way. || c. **abajo**, down the street.

callejear vi. to wander about the streets.

callejón m. alley, alleyway, passage. || c. **sin salida**, cul-de-sac. || blind alley (a. fig.).

callejuela pl. narrow street, side street. || alley, passage.

callo m. corn, callosity, callus. || pl. **callos** (cook.), tripe.

cama f. bed. || bedstead. || straw bed. || c. **de dos plazas**, double bed. || c. **de una plaza**, single bed. || **guardar c.**, to be sick in bed.

camada pl. litter, brood (of animals). || layer. || class, year, group (of students, cadets, etc.).

camaleón m. chameleon.

cámara pl. hall. || parlour. || chamber. || (pol., etc.) chamber, house. || cabin of a ship. || (aut., etc.) tyre, inner tube. || (phot.) camera. || **C. de los Comunes**, House of Commons. || **C. de los Lores**, House of Lords. || **C. de Diputados**, Chamber of Deputies.

camarada m. comrade, companion. || chum, pal, mate.

camarera f. (in hotel) maid, chambermaid. || waitress. || stewardess.

camarero m. waiter. || steward.

camarilla pl. small room. || clique. || (pot.) caucus.

camarón m. shrimp, prawn.

camarote m. (naut.) cabin, stateroom.

cambalache m. swap, exchange. || (S. Am.) secondhand shop.

cambiar vt. to change. || to barter || to exchange. || — vi. to change, to shift.

cambio m. change, alteration. || barter. || exchange. || recompense. || (fin.) change, small change.

camello m. camel.

camilla pl. sofa, couch. || cot. || (med) stretcher.

caminar vt. to walk. || — vi. to **walk.** || to go, to travel.

caminata f. long walk. || hike. || excursion, jaunt.

camino m. path, track. || road. || route, itinerary. || way, means. || (R. Pl.) runner, strip of carpet.

camión m. lorry, truck (U. S.). || c. **de bomberos**, fire engine.

camionero m. lorry driver, truckdriver (U. S.).

camioneta pl. van, light truck.

camión-tanque m. tanker.

camisa pl. shirt. || skin (of fruit). || slough of a serpent. ¡| jacket, case. || c. **de fuerza**, straightjacket. || c. **de dormir**, nightdress, nightie (infml.) (of women). || nightshirt (of men).

camiseta pl. vest, undershirt (U. S.). || (sport) shirt.

camisón m. nightdress, nightgown.

camote m. (S. Am.) sweet potato. || infatuation, love, crush (infml.). || (Chile) bore, tedious person.

campamento m. camp. || encampment. || **c. de veraneo**, holiday camp.

campana pl. bell. || mantelpiece. || (R. Pl.) look-out man.

campanario m. belfry, bell tower, church tower.

campanilla pl. small bell, handbell, electricbell. || bubble. || (anat.) uvula. || (hot.) bell flower.

campaña f. plain. || (mil.) campaign. || (fig.) campaign. || **hacer c. en contra**, to campaign against.

campear vi. to graze in the fields. || (fig.) to abound. || to stand out. || (S. Am.) to scour the countryside.

campeón m., **campeona** f. champion.

campeonato m. championship.

campera pl. (Arg.) windjammer (jacket).

campesino adj. country (attr.), rural. || rustic. || — m. countryman. || peasant.

campiña pl. countryside, open country.

campo m. country, countryside. || **c. abierto, c. raso**, open country. || (agr., comput., mil., etc.) field. || (sport) field, ground, pitch. || (golf) course. || **tener c. libre**, to have a clear field.

camposanto m. cemetery, churchyard.

camuflaje m. camouflage.

cana f. gray hair, white hair. || (S. Am.) jail. || police, policeman.

canadiense adj. Canadian. || — m., f. Canadian.

canal m. canat. || channel, ditch. || (TV) channel.

canaleta pl. (agr.) pipe, conduit.

canalizar vt. to canalize. || to channel.

canalla pl. rabble, mob, riffraff. || — m. swine, rotter.

canapé m. sofa, settee, couch. || (cook.) canapé.

canario adj. canarian. || — m., **canaria** f. native of the Canary Islands. || — m. (orn.) canary.

canasta pl. (round) basket. || hamper. || crate. || **c. para desperdicios**, wastepaper basket. || (cards) canasta.

canasto m. large basket. f. hamper. || crate.

cancel m. storm door. || screen partition.

cancelar vt. to cancel. || to annul. || to settle, to pay off.

cáncer m. (med.) cancer.

canciller m. chancellor.

canción pl. song. || **c. de cuna**, lullaby.

cancionista m., f. songwriter. || ballad singer. || singer, vocalist, crooner.

cancha f. (sport) ground. || court (tennis). || **tener c.** (Arg.), to be experienced.

candado m. padlock.

candela pl. candle. || fire.

candelabro m. candelabrum, candelabra.

candelero m. candlestick. || oil lamp. || (naut.) stanchion. || (fig.) **estar en el c.**, to be at the top, to be high up.

candente adj. red-hot, white-hot. || glowing, burning.

candidato m. candidate. || applicant.

cándido adj. simple, ingenuous. || naive. || (pej.) stupid. || (poet.) snow-white.

candil m. oil lamp, kitchen lamp.

candileja f. small oil lamp. || pi. **candilejas**, (theat.) footlights.

candor m. innocence, simplicity. || frankness, candidness.

canela f. cinnamon.

cangrejo m. crab. || crayfish.

canguro m. kangaroo.

caníbal adj. cannibal. || cannibalistic, man-eating. || (fig.) fierce, savage || — m. cannibal.

canilla pl. (anat.) long bone. || shin bone. || tap, faucet.

canillita m. (S. Am.) newsvendor, newspaper boy.

canino adj. canine. || dog (attr.). || **hambre canina**, ravenous hunger. || — m. canine (tooth).

canjear vt. to exchange. || to swap || to change over, to interchange.

canoa f. canoe. || boat, launch.

canon m. canon. || norm. || model, perfect example. || pl. **cánones** (eccl.), canon law.

canónigo m. canon.

canonizar vt. to canonize.

canotaje m. boating.

cansado adj. tired, weary. || tedious, boring. || tiresome.

cansancio m. tiredness, weariness. || fatigue.

cansar vt. to tire, to make tired, to weary. || (fig.) to bore. || — vr. to tire, to get tired. || to get bored.

cantante adj. singing. || — m., f. (professional) singer, vocalist.

cantar vt. to sing. || to sing of. || (birds) to sing, to chirp. || (infml.) to talk, to sing, to confess.

cántaro *m.* pitcher. || pitcherful. || **llover a cántaros**, to rain cats and dogs.

cantera *pl.* quarry. || *(fig.)* breeding ground, nursery.

cántico *m. (eccl.)* canticle. || *(fig.)* song.

cantidad *pl.* quantity. || amount, number.

cantilena *pl.* ballad, song, chant.

cantina *pl. (rail.)* buffet. || wine cellar. || canteen. || bar. || *(Arg.)* cheap restaurant. || lunch box.

cantinela *pl.* = cantilena.

canto *m.* song. || canto **(of a poem).** || singing. || edge. || rim, border. || back (of a knife). || pebble, stone. || **de c.**, on edge.

cantón *m.* corner. || *(her., pol.)* canton.

cantor *adj.* singing, that sings. || **ave cantora**, songbird. || — *m.*, **cantora** *pl.* singer.

canturrear *vi.* to hum, to sing softly. || to drone.

caña *pl.* cane: **c. de azúcar**, sugar cane. || reed. || *(S. Am.)* rum, brandy. || stem, stalk. || bone (of arm, leg). || leg (of boot).

cañada *pl.* gully, ravine. || glen. || cattle track.

cañamazo *m.* (coarse) canvas. || burlap.

cáñamo *m.* hemp. || **c. indio**, Indian hemp, cannabis.

cañería *pl.* pipe, length of piping. || pipeline, conduit. || drain.

caño *m.* pipe. || jet (of a fountain). || sewer. || *(naut.)* navigation channel.

cañón *m.* tube, pipe. || *(mil.)* gun, cannon. || shaft (of feather). || *(geog.)* canyon, gorge.

cañonear *vt.* to shell, to bombard.

caoba *f.* mahogany.

caos *m.* chaos.

capa *f.* cape, cloak, mantle. || *(eccl.)* cope. || coat, coating (of paint). || layer. || cover, covering. || pretext.

capacidad *pl.* capacity. || *(law)* capacity, legal competency.

capacitar *vt.* to train. || to qualify, to entitle.

capar *vt.* to castrate. || *(fig.)* to curtail.

caparazón *m. (hist.)* caparison. || horse blanket. || nosebag. || *(zool.)* shell.

capataz *m.* foreman, overseer.

capaz *adj.* able, capable, competent. || large, spacious. || **c. para**, qualified for, hit for, apt for.

capcioso *adj.* wily, deceitful.

capear *vt. (taur.)* to play with the cape. || *(naut. and fig.)* (storm) to ride out, to weather. || to shirk, to dodge.

capellán *m.* chaplain. || **c. castrense**, army chaplain.

caperuza *pl.* pointed hood or cap.

capilar *adj.* capillary. || hair *(attr.)*. || **tubo c.**, capillary. || — *m.* capillary.

capilla *pl.* chapel. || **c. ardiente**, funeral chapel. || *(mus.)* chapel, choir. || hood, cowl. || *(fig. and inf. ml.)* clan.

capital *adj.* capital (city, punishment). || mortal (sins). || principal, major. || fundamental. || — *m. (fin., comm.)* capital. || — *pl.* capital (city).

capitalista *adj.* capitalist(ic). || — *m., f.* capitalist.

capitán *m. (mil., naut., sport, etc.)* captain. || leader, chief, commander.

capitolio *m.* capitol. || statehouse, parliament building.

capitulación *f. (mil.)* capitulation, surrender. || agreement, pact.

capítulo *m.* chapter.

capó *m. (out.)* bonnet, hood (U. S.).

capón *m.* castrated animal. || — *adj.* castrated, gelded.

caporal *m.* chief, leader.

capota *f.* (woman's) bonnet. || (of carriage, pram) hood. || leather top of some vehicles.

capote *m.* capote, cape. || *(mil.)* greatcoat.

capricho *m.* whim, fancy, caprice. || fancy wish.

cápsula *f.* capsule *(in gen.).* || top, cap (of bottle, etc.). || case (of cartridge).

captar *vt. (radio)* to pick up, to receive (waves). || to grasp. || (person) to win over.

capture *pl.* capture. || seizure. || arrest.

capucha *f.* hood. || *(eccl.)* hood, cowl.

capullo *m. (zool.)* cocoon. || *(bot.)* bud. || (of acorn) cup.

cara *f.* face. || countenance, look. || facade, front (of building, etc.). || surface. || head, obverse (of coins). || **a c. descubierta**, publicly, openly. || **dar la c.**, to take the responsibility. || **poner mala c.**, to take badly.

carabela *pl.* caravel.

carabina *pl. (mil.)* carbine, rifle. || *(infml.)* chaperon.

caracol *m. (zool.)* snail. || winkle. || *(anat.)* cochlea. || **escalera de c.**, spiral staircase. || — *interj.* ¡**caracoles!**, goodness me!, damn it!

carácter *m.* character. || kind, nature. || characteristic. || (*typ.*) character, letter.

característica *pl.* characteristic. || trait, attribute.

caracterizar *vi.* to characterize. || to typify. || to confer (a) distinction on. || — *vr.* (*theat.*) to make up, to dress for the part.

¡caramba! *interj.* well!, good gracious!, very odd!

carambola *pl.* carom, cannon (in billiards). || **por c.**, by chance.

caramelo *m.* sweet, toffee. || caramel.

caramillo *m.* (*mus.*) pipe, shawm. || pile, heap. || (*infml.*) piece of gossip.

carátula *f.* mask. || (*S. Am.*) title page.

caravana *pl.* caravan. || long line or queue (of cars, etc.). || *pl.* **caravanas**, long earrings.

carbón *m.* coal. || carbon paper. || (*elec.*) carbon. || **c. de leda**, charcoal. || **copia al c.**, carbon copy.

carbonero *adj.* coal (*attr.*). || charcoal (*attr.*). || **barco c.**, collier. || — *m.* coal merchant, coalman.

carbonizar *vt.* to carbonize. || to char. || (wood) to make charcoal of. || (*elec.*) to be electrocuted.

carbono *m.* (*chem.*) carbon.

carburador *m.* carburettor.

carcaj *m.* quiver.

carcajada *pl.* (loud) laugh, peal of laughter, guffaw. || **soltar la c.**, to burst out laughing.

carcamán *m.* (*naut.*) old tub, hulk. || (*S. Am.*) decrepit old person, wreck.

carcasa *pl.* casing, framework.

cárcel *pl.* prison, jail. || **c. modelo**, model prison.

carcelero *adj.* prison (*attr.*). || — *m.* warder, jailer.

carcomer *vt.* to eat away, to eat into. || (*fig.*) to consume. || — *vr.* to get worm eaten. || (*fig.*) to decay.

cardar *vt.* to card. || to back-comb.

cardenal *m.* (*eccl.*) cardinal. || (bird) cardinal. || (*med.*) bruise, weal.

cárdeno *adj.* purple, violet. || livid.

cardíaco *adj.* cardiac, heart (*attr.*).

cardinal *adj.* (all senses) cardinal.

cardiólogo *m.* cardiologist.

cardo *m.* thistle.

cardume(n) *m.* (fish) shoal.

carecer *vi.* to lack, to be in need of. || **c. de sentido**, to make no sense.

carencia *pl.* lack, shortage. || deficiency.

careo *m.* confrontation, meeting (face to face).

carestía *pl.* scarcity, shortage. || high price(s), high cost.

careta *f.* mask. || **c. antigás**, gas mask.

carga *f.* load. || burden. || freight, cargo. || charge (of cannon, etc.). || (*fin.*) duty. tax. || (*mil.*) charge, attack. || **volver a la c.**, to keep it, to return to the attack.

cargar *vt.* to load (*in gen.*). || to charge (a price). || (*law*) to accuse. || to burden. || (*fig. and infml.*) to annoy. || (*Arg., infml.*) to pull someone's leg. || **c. la cuenta** (*infml.*), to overcharge, to add to the bill. || — *vi.* to load. || to fall (accent). || to take upon oneself, to be responsible for.

cargo *m.* load, weight. || obligation, duty. || charge, care. || post || **hacerse c. de**, to take charge of.

carguero *m.* (*naut.*) freighter, cargo boat. || (*aer.*) freight plane, transport plane.

caricatura *pl.* caricature. || cartoon.

caricia *f.* caress, petting. || endearing expression.

caridad *pl.* charity. || charitableness.

caries *pl.* (*med.*) dental decay, caries.

cariño *m.* affection. || loving care. || (*fig.*) caress. || *pl.* **cariños** love (in a letter). || **¡c. mío!**, my darling!

carisma *m.* charisma.

caritativo *adj.* charitable (*con, para* to).

cariz *m.* look, aspect. || outlook. || **mal c.**, scowl.

carmesí *adj.* crimson. || — *m.* crimson.

carmín *m.* carmine. || rouge.

carnada *pl.* bait, live bait.

carnal *adj.* carnal, sensual. || related by blood. || **hermano c.**, full brother. || **primo c.**, first cousin. || **relaciones carnales**, sexual relations.

carnaval *m.* carnival (*a. fig.*), (*eccl.*) Shrovetide. || **martes de c.**, Shrove Tuesday.

carne *pl.* meat. || flesh. || pulp (of fruit). || **c. de gallina** (*infml.*), goose pimples, gooseflesh.

carné *m.* = **carnet**.

carnear *vt.* (*Chile, R. Pl.*) to slaughter. || (*fig.*) to murder, to butcher.

carnero *m.* sheep. || ram. || (*cook.*) mutton. || (*Chile, R. Pl.*) weak-willed person. || strikebreaker.

carnet *m.* (*gall.*) notebook. || bank book. || **c. de conductor**, driving licence.

carnicería *pl.* butcher's (shop). || meat market.

carnicero adj. carnivorous. || — m. butcher (a. fig.).

carnívoro adj. carnivorous, flesh-eating. || — m. carnivore.

carnoso adj. beefy, fat.

caro adj. dear, beloved. || (comm.) dear, expensive. || — adv. dear, dearly.

carozo m. cob of maize, corncob (U. S.). || (S. Am.) stone, core (of fruit).

carpa f. carp (fish). || (S. Am.) tent. || big top (circus).

carpeta pl. folder, file. || portfolio. || table cover.

carpintería pl. carpentry, joinery, woodwork. || carpenter's shop.

carpir vi. (S. Am.) to weed, to hoe.

carraspera pl. hoarseness, frog in the throat.

carrera pl. race. || run. || running. || course. || trajectory. || career, profession. || **hacer c.**; to be successful as.

carreta pl. cart.

carrete m. reel. || spool, bobbin. || (elec.) coil.

carretel m. reel, spool, bobbin.

carretera pl. (main) road, highway.

carretilla pl. small cart. || wheelbarrow, push cart. || squib, cracker. || (Chile, R. Pl.) jaw, jawbone.

carril m. rut, cartway. || narrow road. || furrow. || (rail.) rail.

carrillo m. cheek. || jowl.

carro m. cart. || cartload. || (S. Am.) car. || (typ.) press carriage. || (mil.) tank.

carrocería f. shop where carriages are made or repaired. || (aut., etc.) bodywork, coachwork.

carroña pl. carrion.

carroza pl. (state) coach, carriage. || **c. fúnebre**, hearse.

carruaje m. carriage. || vehicle.

carrusel m. (gall.) merry-go-round, roundabout.

carta pl. letter, epistle. || charter, constitution. || chart, map. || playing card. || menu. || **c. blanca**, carte blanche, full powers. || **c. de ciudadanía**, naturalization papers. || **tomar cartas**, (infml.) to intervene, to take part in.

cartel m. poster, placard. || cartel, trust. || coalition.

cartelera pl. hoarding, billboard. || notice board. || (in newspaper) list of plays, theatre section.

cartera pl. wallet. || lady's handbag. || portfolio. || office of a cabinet minister.

carterista m. pickpocket.

cartero m. postman.

cartílago m. cartilage.

cartilla pl. first reading book. || (fig.) primer.

cartografía f. cartography, mapmaking.

cartomancia pl. fortunetelling.

cartón m. cardboard, pasteboard. || (art.) cartoon.

cartucho m. cartridge. || paper cone. || **c. de dinamita**, dynamite stick.

cartulina pl. fine cardboard, pasteboard.

casa pl. house. || building. || home. || line, family. || **a c.**, home. || c. **de empeños**, pawnshop.

casaca pl. dress coat.

casamiento m. marriage, wedding (ceremony). || **c. por amor**, love match.

casar vt. to marry, to join in marriage. || to marry off. || (fig.) to match. || — vr. to marry, to get married.

cascabel m. bell. || **serpiente de c.**, rattlesnake.

cascada pl. waterfall. || cascade.

cascajo m. gravel. || fragments. || rubbish. || old car.

cascar vt. to crack, to split. || — vr. to crack, to split, to break open.

cáscara pl. shell (of egg, nut, etc.). || husk (of grain). || skin, peel (of fruit). || bark (of tree).

cascarrabias m., f. (infml.) grouse, irritable person.

casco m. skull. || helmet. || head (of a barrel). || broken piece, fragment (of a bottle, etc.). || hoof (of a horse).

cascote m. (piece of) rubble, (piece of) debris.

casera pl. housekeeper.

caserío m. country house. || hamlet, settlement, group of dwellings.

casero adj. domestic, household (attr.). || homemade. || — m. landlord (owner). || caretaker. || concierge.

casete m., pl. (comput.) cassette.

casi adv. almost, nearly. || **c. nada**, next to nothing.

casilla pl. small house, cottage. || lodge, hut. || cabin. || stall, booth. || (chess, etc.) square. || (S. Am.) post-office box.

casimir m. cashmere.

casino m. club. || social club, political club. || casino.

caso m. case, event, circumstance. || happening, occasion. || affair, question. || **en el mejor de los casos** or **peor de**

los casos, at best, *or* worst. || **en todo c.**, in anycase, anyway, anyhow. || **no venir al c.**, to be irrelevant, to have nothing to do with the question.

caspa *pl.* dandruff, scurf.

casquillo *m.* tip, cap. || cartridge case.

casta *pl.* caste. || breed, race. || *(fig.)* class. || quality. || **de c.**, of quality, of breeding.

castaña *pl.* chestnut || (of hair) bun, chignon.

castañazo *m.* bash, punch.

castañetear *vt.* to rattle the castanets. || — *vt.* (of teeth) to chatter. || (of knees) to creak.

castaño *adj.* chestnut (coloured), brown. || — *m.* chestnut tree.

castañuelas *f. pl.* castanets.

Castellano *adj.* Castilian. || Spanish. || — *m.*, **castellana** *f.* Castilian. || Spaniard. || — *m.* (language) Castilian, Spanish.

castidad *pl.* chastity, purity.

castigar *vt.* to punish. || *(sport)* to penalize. || (flesh) to mortify. || *(fig.)* to castigate, to chastise.

castigo *m.* punishment, chastisement. || punishing, chastising. || *(sport, etc.)* penalty. || correction.

castillo *m.* castle. || (of elephant) howdah. || **c. de naipes** *(fig.)*, house of cards. || **c. de proa**, forecastle.

castizo *adj.* (ling.) pure, correct. || (bio.) purebred, pedigree. || pureblooded.

casto *adj.* chaste, pure.

castor *m.* beaver.

castrar *vt.* to castrate. || to doctor (a cat). || to geld (a horse).

casual *adj.* fortuitous, accidental, chance.

casualidad *pl.* chance, accident. || coincidence. || **dar la c.**, to just happen.

casuca, **casucha** *pl.* hovel, shack. || slum.

cataclismo *m.* cataclysm.

catacumbas *pl.* catacomb.

catadura *pl.* tasting, sampling, blending. || (infml.) mug, looks.

catalán *adj.* Catalan, Catalonian. || — *m.*, **catalana** *f.* Catalan. Catalonian. || — *m.* (language) Catalan.

catalepsia *pl.* catalepsy.

catalizador *m.* catalyst.

catalogar *vt.* to catalogue *(a. comput.)*.

cataplasma *pl.* (med.) cataplasm, poultice.

calar *vr.* to taste, to sample || *(fig.)* to examine, to have a look at.

catarata *f.* waterfall. || cataract.

catarro *m.* cold. || catarrh.

catástrofe *pl.* catastrophe.

catecismo *m.* catechism.

cátedra *pl.* chair. || *(school)* senior teaching post. || lecture room.

catedral *pl.* cathedral.

catedrático *m.* (univ.) professor, lecturer.

categoría *pl.* category. || class.) rank, standing. || quality. || **de c.**, important.

categórico *adj.* categorical. || downright, outright. || strict, express.

católico *adj.* catholic, universal. || Roman Catholic.

catorce *adj., m.* fourteen.

catre *m.* cot. || **c. de campaña**, campbed.

cauce *m.* riverbed.

caución *pl.* guarantee, security. || caution. || *(law)* bail.

caucho *m.* rubber. || **c. sintético**, synthetic rubber.

caudal *m.* wealth. || flow (of a river). || *(fig.)* great amount. || abundance. || *pl.* **caudales**, fund, capital.

caudillo *m.* leader, chief. || *(fig.)* boss.

causa *pl.* cause, origin. || *(law)* trial, lawsuit. || **por mi c.**, for my sake.

causar *vt.* to cause, to occasion. || to sue.

cautela *f.* caution, cautionness.

cauteloso *adj.* cautibus, wary, careful. || *(pej.)* cunning, crafty.

cautiverio *m.*, **cautividad** *pl.* captivity. || *(fig.)* bondage, serfdom.

cautivo *adj.* captive. || — *m.*, **cautiva** *pl.* captive.

cauto *adj.* cautious, wary, careful.

cavar *vt.* to dig. || to sink (well).

caverna *pl.* cave, cavern.

cavidad *pl.* cavity. || hollow, space.

cavilar *vt.* to ponder, to consider closely.

cayado *m.* shepperd's crook. || *(eccl.)* crozier.

caza *pl.* hunting. || hunt, chase. || (wild) game. || bag (animals caught). || **c. mayor**, big game.

cazador *m.* hunter. || huntsman. || *(mil.)* chasseur.

cazar *vt.* to hunt. || to catch, to bag. || *(fig.)* to track down.

cazuela *pl.* casserole. || stewpan. || *(theat.)* gods.

cebada *f.* barley.

cebar *vt.* to fatten (up), to feed (up) *(con on).* || to bait (a fishhook). || to start up (a machine). || *(fig.)* to excite, to incite. || *(S. Am.)* to make, to prepare and serve the mate. || — *vr.* to set upon (a victim).

cebo *m.* feed, food (for animals). || (fish) bait. || (gun) primer.

cebolla *f.* onion. || bulb (of tulip).

cebra *pl.* zebra.

cebú *m.* zebu.

ceceo *m.* lisp. || pronunciation of s as z.

cedazo *m.* sieve.

ceder *vt.* to give up, to hand over. || to transfer. || to give: c. *el paso,* to give way. || to cede. || — *vi.* to yield, to give in. || to abate. || *(med.)* to yield.

cedro *m.* cedar.

cédula *pl.* document. || (slip of) paper, certificate. || **c. de identidad**, identity card.

cegar *vt.* to blind. || to fill in (a well), to seal up (a door), to block (a path). || — *vi.* to go blind. || — *vr.* to be blinded (by passion).

ceguedad, ceguera *pl.* blindness *(a. fig.).*

ceja *pl.* brow, eyebrow. projection. || flange, rim.

cejar *vi.* to move back, to back up. || to draw back.

celada *pl.* ambush, ambuscade. || *(fig.)* snare, trap.

celador *m.* watchman, guard. || custodian, curator.

celar *vt.* to supervise (school). || to guard, to keep watch over. || to hide, to conceal. || — *vi.* **por** *or* **sobre**, to watch over.

celda *pl.* cell.

celdilla *pl.* (of beehive) cell. || *(archit.)* niche.

celebrar *vt.* to celebrate. || to praise. || to hold (a meeting). || — *vi.* to be glad.

célebre *adj.* famous || (person) witty, facetious. || (event) funny, amusing.

celeridad *f.* speed, swiftness.

celestial *adj.* celestial, heavenly. || *(fig.)* delightful.

celibato *m.* celibacy.

célibe *adj.* single, unmarried. || celibate || — *m., f.* unmarried person, bachelor, spinster.

celo *m.* zeal, fervour. || *(zool.)* rut, heat. || *pl.* **celos**, jealousy.

celosía *f.* lattice (window). || blind, shutter.

celoso *adj.* zealous *(de* for). || eager. **||** jealous *(de* of).

célula *f.* cell.

celuloide *m.* celluloid.

celulosa *pl.* cellulose.

cementar *vt. (lech.)* to case-harden, to cement.

cementerio *m.* cemetery, graveyard.

cemento *m.* cement. || concrete. || c. **armado**, reinforced concrete.

cena *f.* supper. || evening meal. || dinner. || **la Ultima C.**, the Last Supper.

cenáculo *m.* group, coterie. || literary group, cenacle.

cenagal *m.* bog, quagmire, morass.

cenar *vt.* to have for supper. || — *vi.* to have dinner, to dine.

cencerro *m.* cowbell.

cenicero *m.* ashtray. || ash pan. || ash pit, ash tip.

cenit *m.* zenith.

ceniza *f.* ash, ashes. || cinder. |*pl.* **cenizas**, ashes, mortal remains.

censo *m.* census. || annual rent. || mortgage.

censura *pl.* censorship. || censoring. || censure, criticism.

censurar *vr.* to censor. || to censure, to condemn, to criticize, to disapprove.

centavo *adj.* hundredth. || — *m.* hundredth, hundredth part. || (coin) cent.

centella *pl.* spark *(a. fig.).* || flash of lightning.

centelleo *m.* sparkle. || gleam(ing). || glinting.

centenar *m.* hundred. || **a centenares**, by the hundred, by hundreds.

centenario *adj., m.* centenary, centennial.

centeno *m.* rye.

centésimo *adj.* hundredth. || — *m.* hundredth (part).

centímetro *m.* centimetre.

céntimo *adj.* hundredth. || — *m.* cent, centime. || **no tener un c.**, not to have a penny.

centinela *m., f.* sentry, guard, sentinel. || look-out man. || **eslar de c.**, to be on guard.

centolla *pl.* spider crab.

central *adj.* central, centric || **casa c.**, head office. || — *pl.* power station: **c. nuclear**, nuclear power station. || *(tel.)* exchange, switchboard.

centrar *vi,* to centre.

centrifugar *vt.* to centrifuge.

centro *m.* centre. || middle, midst. || innermost part, core. || **c. de mesa**, centrepiece. || *(comput.)* **c. de computación**, computer centre.

C

ceñir vt. to gird, to engirdle. || to encircle, to surround. || to fit tight or closely (clothes). || — vr. to limit oneself, to cut down. || to adapt oneself, to conform.

cedo m. frown, scowl.

cepa f. stump, stub. || stock, origin (of family lineage).

cepillo m. brush. || **c. de dientes**, toothbrush.

cepo m. branch, bough. || stocks, pillory (instrument of torture). || trap.

cera pl. wax. || **c. de abejas**, beeswax. || **c. de lustrar**, wax polish. || **c. de los oídos**, earwax.

cerámica pl. ceramics, pottery.

cerca f. fence, wall. || **c. viva**, hedge.

cerca adv. near, nearby, close: **por aquí c.**, nearby, hereabouts, somewhere round here. || **c. de**, about. || **de c.**, closely, from close up.

cercano adj. near, close. || nearby, neighbouring, next.

cercenar vr. to clip. || to cut down, to reduce (expenses).

cerciorar vt. to assure. || to convince. || — vr. to make surer || to find out.

cerco m. enclosure. || (S. Am.) fence, hedge. || (mil.) blockade, siege.

cerda pl. bristle (of pig). || horsehair. || sow.

cerdo m. pig. || (fig. and infml.) pig, dirty person. || **carne de c.**, pork.

cereal adj. cereal. || grain (attr.). || — m. cereal. || pl. **cereales**, cereals, grain. || cereals, cornflakes.

cerebro m. brain. || cerebrum. || (fig.) brains, intelligence.

ceremonia pl. ceremony. || rite. || pomp, display, show.

cereza pl. cherry. || bright red.

cerilla f. match. || wax taper. || (anat.) earwax.

cerner vt. to sift, to sieve. || (fig.) to scan, to keep watch on. || — vi. (bot.) to blossom. || to drizzle. || — vr. to hover.

cernidor m. sieve.

cero m. nothing. || nought. || (phys., etc.) zero. || (sport) nil. || (tennis) love.

cerrado adj. shut, closed. || overcast, dark (sky). || sharp, (curve). || obstinate. || (fig. and infml.) reticent. || broad, with a marked accent.

cerradura pl. locking, shutting, closing. || lock.

cerrajero m. locksmith.

cerrar vr. to shut, to close (box, door, etc.). || to bolt. || to enclose. || to block. || to bar. || to turn off (tap). || — vi. to close, to shut. || (of night) to come down, to set in. || (of winter) to close in. || — vr. to close. || (mil.) to close ranks. || to cloud over (sky, horizon).

cerro m. hill.

cerrojo m. bolt, latch. || **echar el c.**, to bolt the door.

certamen m. competition, contest.

certero adj. good, accurate. || (hunter) skilful.

certeza pl. certainty.

certificado adj. certified. || (post) registered. || — m. certificate.

certificar vr. to certify. || to guarantee, to vouch for.

cervato m. fawn.

cervecería pl. brewery. || bar, public house.

cerveza pl. beer. || **c. en botella**, bottled beer.

cervical adj. neck (attr.), cervical.

cerviz f. nape of the neck, cervix.

cesante adj. out of a job. || — m. suspended official.

cesar vr. to stop, to suspend (payment). || — vi. to cease. || to quit. || **sin c.**, unceasingly, ceaselessly.

cesión f. (pol.) etc.) cession. || (law) cession, granting, transfer. || **c. de bienes**, surrender of property.

césped m. lawn. || grass, turf, turf sod.

cesta pl. basket.

cesto m. basket. || hamper.

cetáceo adj. cetacean. || — m. cetacean.

cetro m. sceptre. || (fig.) sway, power, dominion.

chabacanería pl. (quality) vulgarity, bad taste. || vulgar or coarse thing.

chacal m. jackal.

chacarero m. (S. Am.) peasant, farmer, grower.

chacota pl. banter, joking, kidding. || noisy merriment.

chacra f. (S. Am.) small farm. || cultivated land.

cháchara f. chatter, idle talk, small talk.

chaflanar vt. to bevel, to chamfer.

chaguar vt. (Arg.) to wring out (wet clothes, etc.).

chaira pl. cobbler's knife. || steel knife, sharpener.

chal m. shawl.

chala pl. (Chile, Peru) corn husk. || (Arg.) money.

chalán m. dealer, (esp.) horse dealer.

chalé m. see chalet.

chaleco in. waistcoat, vest (U. S.). || **ch. salvavidas**, life jacket. || **ch. de fuerza**, straight jacket.

chalet m. chalet, summerhouse.

chalina pl. cravat(e). || (S. Am.) small shawl.

chalupa f. launch, shallop, boat. || (Mex.) corn pancake. || (Mex.) canoe.

chamaca pl. (Mex., etc.) girl. || girlfriend.

chamaco m. (Mex., etc.) boy, child. || lad, young man.

chamarra pl. sheepskin jacket.

chambelán m. chamberlain.

chambergo m. broad-brimmed soft hat.

chambón adj. (infml.) awkward, clumsy. || — m. bungler. || botcher.

champaña f. champagne.

champiñón m. mushroom.

champú m. shampoo.

chamullar vt., vi. (sl.) to speak, to talk.

chamuscar vt. to singe, to scorch. || to sear.

chance m. chance. || good luck.

chancear vi., **chancearse** vr. to jest, to joke, to fool.

chanclo m. clog. || rubber overshoe, galosh.

chancha pl. (S. Am.) sow.

chanchada pl. (S. Am.) filth, dirt. || obscenity. || dirty trick.

chancho adj. (S. Am.) dirty, filthy. || — m. (S. Am.) hog, pig.

chanchullo m. (infml.) fiddle (infml.), wangle (infml.). || dirty business.

changador m. (Bol., R. Pl.) porter. || odd-job man.

chango m. (Arg., Mex., Urug.) young boy. || kid. || (Arg.) shopping trolley.

chantaje m. blackmail(ing).

chanza pl. joke. || piece of tomfoolery.

chapa pl. plate, sheet of metal. || panel of wood.

chapalear vi. to splash. || to clatter.

chaparral m. thicket (of kermes oaks).

chapitel m. capital. || (of tower) spire.

chapotear vt. to moisten, to dampen. || — vi. to splash water with the feet or hands.

chapucear vt. to botch, to bungle, to make a mess of.

chapucero adj. shoddy, slipshod (work). || — m., **chapucera** pl. bungler, clumsy workman.

chapulín m. (C. Am.) locust, grasshop (infml.).

chapurr(e)ar vr. to speak badly (a foreign language). || (drinks) to mix.

chapuzón m. dip, swim. || ducking. || dive.

chaqueta f. jacket.

charada f. charade.

charanga f. (infml.) hullabaloo. f. brass band. || fanfare.

charango m. a small five-stringed guitar.

charca f. pond, pool.

charco m. pool, pond, puddle.

charla f. (infml.) chat, conversation, prattle.

charlar vi. to chat, to talk (de about)

charlatán adj. talkative. || gossipy. || — m., **charlatana** f. charlatan, fast talker.

charol m. varnish. || patent leather.

charqui m. (S. Am.) dried beef, jerked meat.

charretera f. (mil.) epaulette. || shoulder flash.

charro adj. uncouth, coarse, rustic. || flashy, gaudy. || — m., f. peasant. || (Mex.) horseman, cowboy.

chascarrillo m. funny story.

chasco m. trick, ruse. || disappointment.

chasqui m. (S. Am.) messenger, courier.

chasquido m. crack (of a whip). || snap, crackle.

chata f. bedpan. || barge. || flat car.

chatarra f. scrap iron. || iron scoria. || junk.

chato adj. flat-nosed, snub-nosed. || flat. || (R. Pl.) ordinary, commonplace. || — m. glass of wine.

chau interj. (R. Pl.) so long!

chaucha f. (Arg.) string bean, haricot.

chauvinismo m. chauvinism.

chaval m. (infml.) lad, youngster, young lad.

che f. name of the letter ch. || — interj. hey!, eh, you!

chelín m. shilling.

cheque m. cheque, check (U. S.). || **ch. de viajero**, traveller's cheque.

chequeo m. check. || checking-up. || (med.) check-up.

chequera f. (S. Am.) cheque book.

chica f. girl || maid, servant.

chicana f. (S. Am. gall.) chicanery, quibbling.

chicle m. chewing gum.

chico adj. little, small. || — m. boy, youngster, lad.

chicote m. cigar || (S. Am.) whip, lash.

chicharra f. harvest bug, cicada. || (fig.) chatterbox. || (dec.) bell, buzzer.

chicharrón m. cracklings, crisp pork.

chichón m. bump, lump, swelling.

chiflado adj. (infml.) crazy. || daft, barmy (sl.).

chiflar vi. to hiss at. || — vi. to blow a whistle. || — vr. (infml.) to go crazy.

chiflido m. whistle. || hiss.

chile m. chili, all variety of red, green peppers.

chileno adj. Chilean. || — m., **chilena** f. Chilean.

chillar vi. to scream, to shriek. || (of wild animals) to howl. || (of birds) to squeal. || (of door) to creak. || (fig.) to shout, to protest.

chillido m. scream, screech, shriek.

chimenea f. chimney. || fireplace, hearth.

china f. pebble. || porcelain. || china silk. || (S. Am.) Indian woman. || (R. Pl.) servant, girl. || (S. Am., pej.) mistress, concubine.

chinche f. (ent.) bedbug, bug. || drawing pin, thumbtack (U. S). || bore, boring person. || pest, nuisance.

chinchilla f. chinchilla.

chinchorro m. net, dragnet, trawl. || rowing boat.

chinchulín m. (Arg.) barbecued tripe.

chinela f. slipper, mule. || dog.

chingar vi (Arg.) to fail. || to deviate. || to miscarry.

chino adj. Chinese. || — m., **china** f. Chinese. || — m. Chinese (language).

chino m. (S. Am.) Indian. || half bred, half caste person.

chiquero m. pigsty. || (taur.) bull pen.

chiquillo m., **chiquilla** f. kid (infml.), youngster, child.

chiquito adj. very small, tiny, weeny. || — m., **chiquita** f. infant, tot, kiddy.

chirimbolo m. (infml.) thingummyjig. || pl. **chirimbolos,** pots and pans. || tools, gear.

chirinada f. (R. Pl.) failure, disaster.

chiripa f. fluke (in billiards). || (infml.) lucky chance.

chiripá m. (Bol., Chile, R. Pl.) kind of blanket worn as trousers.

chirle adj. (infml.) insipid. || wishy washy.

chirola f. (S. Am.) coin of little value.

chirriar vi. to sing out of tune. || to chirp. || to screech, to squeal. || (S. Am.) to shiver.

chisme m. piece of gossip, rumour. || (fig. and infml.) thingamabob. || pl. **chismes**, gossip, tittle-tattle.

chismoso adj. gossiping, scandalmongering. || — m., **chismosa** f. gossip, scandalmonger.

chispa f. spark. || sparkle. || small diamond. || wit.

chispeante adj. (fig.) sparkling, scintillating.

chisporrotear vi. to splutter, to throw out sparks.

chistar vi. to mumble, to mutter.

chiste m. joke, funny story.

chistera f. fish basket. || top hat, silk hat.

chistoso adj. funny, amusing. || witty. || — m., **chistosa** f. wit, amusing person.

chito, chitón interj. sh!

chiva f. (S. Am.) goat, nanny goat. || (S. Am.) goatee.

chivo m. (zool.) kid. || goat. || billy goat. || **ch. expiatorio** (fig.), scape goat.

chocante adj. shocking. || (S. Am.) tiresome, annoying.

chocar vi. to shake (hands). || to shock, to surprise. || — vi. to collide, to crash. || (mil.) to clash.

chocarrería f. coarseness, vulgarity.

choclo m. (S. Am.) corn cob, ear of corn.

chocolate adj. (S. Am.) chocolate-coloured. || dark red. || — m. chocolate || drinking chocolate, cocoa.

chocha f. woodcock.

chocho adj. doting. || doddering (because of age).

chófer, chofer m. driver, chauffeur.

cholga f. (Chile) small mussel.

chopo m. (bol.) black poplar.

choque m. clash, collision. || dispute. || shock.

chorizo m. sausage. || (R. Pl.) rump steak. || (infml.) thief.

chorra f. (sl.) luck, jam.

chorrear vi. to pour. || — vi. to flow, to run.

chorrillo m. (fig.) constant stream, steady trickle.

chorro m. jet, spurt (of liquid). || (fig.) stream. || **a chorros** (infml.), abundantly, in floods.

chotear vi. (Ant., C. Am., Mex., Peru) to make fun of, to mock, to jeer at.

choza f. hut, shack.

chozno m., **chozna** f. great great-grandchild.

chubasco m. cloudburst, downpour, shower.

chúcaro adj. (S. Am.) (animal) wild, untamed || (person) shy.

chucear vi. (S. Am.) to prick, to goad.

chuchería f. trinket, trifle, bauble.

chueca f. stump (of a tree) || (anat.) rounded bone. || (infml.) joke, trick.

chueco adj. (S. Am.) bowlegged. || crooked, bent.

chuleta f. chop, cutlet. || pork or mutton chop. || (infml.) slap. || pl. **chuletas** (infml.), side whiskers.

chulo adj. natty, flashy. || (S. Am.) pretty, elegant. || — m. gay and lively person. || bullfighter's assistant.

chumbar vi. to set on (the dogs).

chupada f. suck || (at pipe, etc.) pull, puff.

chupar vt. to suck, to absorb. || (S. Am.) to drink. || — vi. to suck. || — vr. (S. Am.) to get drunk.

chupete m. dummy, pacifier (U. S.). || teat (of bottle).

chupetín m. lollipop.

churrasco m. (Bol., Chile, R. Pl.) barbecued meat. || (Arg.) steak, choice piece of meat.

churrero m., **churrera** f. fritter maker, fritter seller.

churrete m. grease spot, dirty mark.

churro adj. (cook.) fritter, cruller || (Arg.) handsome man. || — m., **churra** f. (Arg.) handsome.

chusco adj. witty || (person) coarse but amusing.

chusma f. rabble, mob, riffraff.

chuzo m. pike.

cianuro m. cyanide.

cicatriz f. scar (a. fig.).

cicatrizar vi. to heal. || — vr. to heal, to cicatrize.

ciclismo m. cycling. || (sport) cycle racing.

ciclo m. cycle (a. comput.). || (of lectures, etc.) course, programme. || (school) term.

ciclón m. cyclone.

ciego adj. blind. || **a ciegas**, blindly.

cielo m. sky. || (relig.) heaven. || (archit.) ceiling.

ciempiés m. centipede.

cien adj. (apocopated form of **ciento**, before n.) a hundred.

ciénaga f. marsh, bog, swamp.

ciencia f. science. || knowledge, learning. || **a c. cierta**, with certainty, knowingly.

cieno m. mud, mire, silt, ooze. || slime.

científico adj. scientific. || — m. scientist.

ciento adj., m. hundred, one hundred. || **porc.**, percent. || **c. por c.**, one hundred per cent.

cierne m. blossoming, budding. || **en ciernes**, in blossom.

cierre m. shutting. || closing. || fastener (of a dress). || **c. de cremallera**, zip, zip fastener. || **c. patronal**, lockout.

cierto adj. certain. || sure. || true. || pl. **ciertos**, some, certain. || — adv. of course, certainly. || **por c.**, of course, indeed.

ciervo m. deer. || stag.

cierzo m. north wind.

cifra pl. figure. || number. || code, cipher. || abbreviation.

cifrar vt. to write in code, to code. || to summarize. || (hope) to place in.

cigarra f. cicada.

cigarrera pl. cigar case. || cigar maker. || cigar seller.

cigarrillo m. cigarette.

cigarro m. cigar. || cigarette.

cigüeña pl. stork. || (tech.) crank.

cilindro m. (math., tech., typ.) cylinder. || (of type writer) roller. || (S. Am.) top hat.

cima pl. top, summit (of tree, mountain).

cimbr(e)ar vt. to bend. || to swing. || to shake. || to brandish. || — vr. to sway.

cimentar vt. (archit.) to lay the foundations of. || to cement. || (fig.) to strengthen, to consolidate.

cimiento m. foundation, groundwork. || (fig.) basis, source. || pl. **cimientos**, foundations.

cinc m. zinc.

cincel m. chisel.

cinco adj. five. || fifth (date). || — m. five. || fifth.

cincuenta adj., m. fifty.

cincha pl. girth, cinch.

cinchar vr. to girth, to secure the girth of.

cine m. cinema. || movies, pictures. || **c. sonoro**, talkies. || **estrella de c.**, movie star.

cinematógrafo m. cinema. || cine projector, film projector.

cínico adj. cynical. || brazen, shameless, impudent. || — m. cynic. || brazen individual.

cinta pl. ribbon. || tape. || band, strip. || measuring tape. || film, picture.

cinto m. belt, girdle, sash.

cintura pl. waist. || waistline. || belt.

cinturón m. belt. || swordbelt. || (fig.), cordon (of walls, etc.). || **c. ecológico**, green belt.

ciprés m. cypress (tree).

circo m. circus, amphitheatre. || (show) circus.

circuito m. circuit. || circumference, distance round (the outside). || **c. cerrado**, closed circuit, loop. || **c. integrado**, (comput.) integrated circuit.

circulación f. circulation | traffic. || **poner en c.** (comm.), to issue, to put into circulation.

circular adj. circular, round. || (ticket) return. || — f. circular. || — vi. to flow, to circulate. || to walk about. || (fin.) to be in circulation. || (aut.) to drive. || (of transport) to run.

círculo m. circle (a. fig.). || club. || social gathering.

circundar vt. to surround.

circunferencia pl. circumference.

circunlocución pl., **circunloquio** m. circumlocution, roundabout expression.

circunscribir vr. to circumscribe. || (fig.) to confine, to limit. || — vr. to confine oneself, to limit oneself.

circunspecto adj. circumspect, cautious, prudent.

circunstancia pl. circumstance. || situation.

circunstante adj. surrounding. || — m., f. person present, bystander.

cirio m. feed.) (wax) candle.

ciruela f. plum. || **c. pasa**, prune.

cirugía f. surgery.

cirujano m. surgeon.

cisma m. schism. || (fig.) discord. || (pol.) split.

cisne m. swan. || (R. Pl.) powder puff.

cisterna pl. cistern. || tank. || reservoir.

cita pl. appointment. || date. || meeting. || quotation, quote. || **casa de citas**, house of call.

citar vi. to make an appointment with. || to quote, to cite. || (law) to cite, to summon.

ciudad f. city, town.

ciudadano adj. civic, urban. || — m., **ciudadana** f. citizen. || burgher.

ciudadela f. citadel, fortress.

cívico adj. civic. || domestic. || (fig.) patriotic.

civil adj. civil, civilian. || polite, sociable. || **derechos civiles**, civil rights. || — m., f. civilian.

civilizar vi. to civilize. || — vr. to become civilized.

cizaña pl. (bot.) darnel. || (Bib.) tares. || (fig.) discord.

clamar vt. to cry out, to clamour. || to beseech. || — vi. to cry out, to clamour.

clamor m. cry, shout. || noise, clamour. || (fig.) protest.

clan m. clan. || (fig.) faction, group.

clandestino adj. clandestine, secret.

clara f. white of an egg.

claraboya f. skylight.

clarear vt, vi, to dawn, to break (day). || to clear up, to brighten up. f. — vr. to be transparent.

claridad f. brightness. || light. || clearness, clarity.

clarificar vt. to clarify.

clarín m. bugle, trumpet. || (esp. fig.) clarion.

clarinete m. clarinet.

clarividente adj. far-sighted, far-seeing. || —m., f. clairvoyant(e).

claro adj. clear. || bright, light. || thin, sparse. || evident. || illustrious. || **c. está**, of course, evidently. || **a las claras**, in the open, openly. || — adv. clearly. || — m. skylight. || gap. || clearing. || **c. de luna**, moonlight.

clase f. class. || classroom. || **c. alta**, upper class. || **c. obrera**, working class. || **toda c. de**, all kinds of.

clásico adj. classical, classic. || (fig.) typical.

clasificar vr. to classify, to class. || to sort. || — vr. to qualify, to classify (in sports).

claudicar vi. (arch., lit.) to limp. || to abandon one's principles. || to give in, to yield.

claustro m. (eccl., etc.) cloister. || (univ.) staff, faculty (U.S.). || (anat.) **c. materno**, womb.

cláusula f. clause.

clausura pl. closing, closure. || (eccl.) monastic life.

clavar vr. to nail, to fasten with nails. || to drive in, to stick in. || (infml.) to deceive.

clave m. clavichord. || — f. key of a code. || (archit.) keystone of an arch. || (mus.) clef, key.

clavel m. carnation.

clavetear vr. to stud (with nails).

clavícula pl. collar bone, clavicle.

clavija f. peg, dowel, pin. || (mus.) peg.

clavo m. nail. || (min.) bunch of rich ore. || (med.) corn.

clemencia pl. mercy, clemency. || feniency.

clérigo m. priest, clergyman.

clero m. clergy.

cliché m. (typ.) stereotype. || (lit.) cliché.

cliente m., pl. client, customer.

clima m. climate.

clínica pl. clinic. || private hospital, nursing home.

clisé m. (typ.) stereotype. || (lit.) cliché.

cloaca pl. drain. || sewer.

clorhídrico adj. hydrochloric.

cloro m. chlorine.

club m. club. || **c. nocturno**, night club.

clueco adj. (of birds) broody. || (infml.) sickly, unwell.

coacción pl. coercion, compulsion. || duress.

coágulo m. coagulated mass. || clot. || congealed lump.

coalición pl. coalition.

coartada f. alibi.

coartar vt. to limit, to restrict.

cobarde adj. cowardly. || fainthearted, timid. || — m., pl. coward.

cobaya pl., **cobayo** m. guinea pig.

cobertura pl. cover, covering. || bedspread.

cobija pl. (S. Am.) blanket. || pl. **cobijas**, bedclothes.

cobijar pl. to cover. || (fig.) to shelter. || — vr. to take shelter.

COBOL m. (comput.) COBOL (common business oriented language).

cobrador m. collector. || (bus) conductor.

cobrar vt. to collect. || to recuperate. || to charge. || to cash (cheque). || **c. ánimo**, to take courage. || — vr. to draw one's pay. || (infml.) to cop it.

cobre m. copper. || pl. **cobres**, brass (instruments).

cobrizo adj. coppery.

cobro m. recovery, retrieval. || (fin.) collection. || payment. || **c. a la entrega**, collect on delivery.

cocaína pl. cocaine.

cocear vi. to kick.

cocer vt. to cook. || to boil. || to bake. || — vt. to ferment (wine). || to boil. || to cook.

cociente m. quotient. || **c. intelectual**, intelligence quotient, IQ.

cocina pl. kitchen. || cooker, stove. || **c. de gas**, gas stove, gas cooker.

cocinar vt., vi. to cook.

cocinero m., **cocinera** pl. cook.

coco m. coconut palm. || coconut. || bogeyman.

cocodrilo m. crocodile.

cocotero m. coconut palm.

coche m. coach, carriage. || car, automobile. || pram, perambulator. || (rail.) carriage, coach, car. || **c. cama** (rail.), sleeping car. || **c. comedor** (rail.), dining car. || **c. fúnebre**, hearse.

cochera pl. carriage house. || (rail.) car house, barn. || garage.

cochero adj., m. coachman.

cochino adj. filthy, dirty, slovenly. || mean, stingy. || — m. pig. || (fig.) hog, swine.

codear vr. to elbow, to jostle, to nudge. || — vr. **c. con**, to hobnob with.

códice m. manuscript, codex.

codicia pl. greed, covetousness.

codiciar vr. to covet.

codificador m. (comput.) coder.

código m. (law, tel.) code. || **c. de barras**, (comput.) bar code. || **c. simbólico**, (comput.) symbolic code.

codo m. elbow. || (zool.) knee. || (tech.) elbow (joint).

coeficiente m. coefficient. || **c. de Inteligencia**, inteligence quotient, IQ.

coerción pl. coercion, constraint. || restraint.

coetáneo adj. contemporary (con with).

cofradía pl. brotherhood, fraternity.

cofre m. chest || case (for jewels, etc.).

coger vr. to catch. || to seize, to grasp, to take hold of. || (Arg., Mex., vulg.) to have sexual intercourse with. || — vr. to catch || to take, to take for oneself.

cogestión pl. co-partnership.

cogote m. back of the neck, nape.

cohabitar vi. to live together, to cohabit.

cohecho m. bribe, bribery.

coheredero m. coheir, joint heir.

coherente adj. coherent.

cohete m. rocket. || **al c.** (R. Pl.), in vain.

cohibir vi. to restrain. || to inhibit. || to embarrass.

coima pl. (S. Am.) bribe.

coincidencia pl. coincidence. || agreement.

coincidir vi. to coincide || to agree.

coito m. intercourse, coitus.

cojear vi. to limp, to hobble. || to wobble, to rock.

cojín m. cushion.

cojo adj. lame. || crippled || wobbly (chair). || — m., **coja** pl. lame person, cripple.

col pl. cabbage. || **c. de Bruselas**, (Brussels) sprouts.

C

cola pl. tail. || (of dress) train. || queue. || glue, gum. || **a la c.**, behind, at the rear || **hacer c.**, to queue up.

colaborar vi. to collaborate. || to help, to assist. || (lit., etc.) to contribute to, to write for.

colación pl. (eccl.) collation. || (univ.) conferring of a title. || snack, light meal, collation.

colapso m. (med.) collapse. || breakdown.

colar vt. to strain. || to filter (coffee). || to cast (metal). || — vi. to filter. || to slip, to squeeze. || — vr. (infml.) to slip. || to gatecrash (in a party).

colcha pl. bedspread, counterpane.

colchón m. mattress.

colear vi. to wag the tail.

colección f. collection.

coleccionista m., f. collector.

colecta pl. collection (for charity). || (eccl.) collect.

colectividad pl. sum, total, whole. || community.

colectivo adj. collective (a. gram.). || — m. (R. Pl.) small bus.

colector m. collector. || main sewer.

colega m. colleague.

colegio m. college. || school, academy, seminary. || body of students. || association.

colegir vt. to collect. || to infer, to gather, to conclude.

cólera pl. anger, rage. || — m. (med.) cholera.

colérico adj. angry, furious, irate || irascible.

coletazo m. wag of the tail. || swish or flick of the tail. || sway (of vehicle). || (fig.) death throe.

colgar vt. to hang up, to suspend. || to adorn with hangings. || to attribute, to charge with. || — vi. to hang, to be suspended (de, from).

colibrí m. hummingbird.

coliflor f. cauliflower.

coligarse vr. to unite, to join together, to make common cause (con with).

cotilla f. fag end. || butt, stub.

colina pl. hill.

colindar vi. to adjoin, to be adjacent.

colisión pl. collision. || crash, smash. || (fig.) clash.

colmar vt. to fill to the brim. || to fulfill, to satisfy (hopes, ambitions).

colmena pl. beehive. || (fig.) hive.

colmillo m. eye tooth, canine tooth. || tusk.

colmo m. height, summit. || **para c., para c. de males**, to top it all, to make matters worse.

colocar vt. to place, to put. || to invest. || (mil.) to position. || to give work or a job to. || — vr. to find a job. || (sport) to be placed.

colombiano adj. Colombian || — m., **colombiana** f. Colombian.

colonia pl. colony. || plantation. || eau de Cologne.

coloniaje m. (S. Am.) colonial period. || system of colonial government. || (pej.) slavery, slave status.

colonización f. colonization. || settlement.

colono m. colonist, settler. || tenant farmer.

coloquio m. conversation, talk || conference.

color m. colour. || paint. || rouge. || pretext || **tomar c.**, to ripen (fruit, vegetables).

colorado adj. coloured, red. || rosy, ruddy || **ponerse c.**, to blush.

colorear vt. to palliate, to excuse. || — vi. to redden.

colorido m. colour(ing).

colosal adj. colossal.

columna pl. column || supporter || **c. vertebral**, spine, spinal column.

columpio m. swing || (S. Am.) rocking chair.

collar m. necklace || ornamental chain || collar.

coma m. (med.) coma || — f. (typ.) comma.

comadre pl. midwife || mother and godmother with respect to each other.

comadreja pl. weasel.

comandante m. commandant, commander. || **c. en jefe**, commander-in-chief.

comandar vt. to command, to lead.

comanditario adj. **socio c.**, sleeping partner, silent partner (U. S.).

comando m. (mil.) command. || pl. **comandos**, controls.

comarca f. region, area, part.

combar vt. to bend (wood, metal). || — vr. to warp, to bulge, to sag.

combate m. fight, combat, battle.

combatir vr. (mil.) to attack. || to combat, to fight.

combinación *pl.* combination. || *(chem.)* compound. || slip (woman's underwear). || measure, step.

combinar *vr.* to combine. || to unite, to join. || *(chem.)* to compound.

combustible *adj.* combustible. || — *m.* fuel.

combustión *pl.* combustion.

comedia *f.* play. || comedy. || *(fig.)* farce.

comediante *m.* (comic) actor. || *(pej.)* hypocrite.

comedirse *vr.* to be moderate, to be controlled. || to be willing, to offer oneself.

comedor *adj.* greedy, gluttonous. || — *m.* dining room. || restaurant.

comentar *vr.* to comment on. || *(infml.)* to talk about.

comentario *m.* commentary, remark. || comment, gloss. || *pl.* **comentarios**, commentaries.

comenzar *vr., vr.* to start, to begin.

comer *vr.* to eat, to dine. || **dar de c.**, to feed. || — *vr.* to eat, to dine. || to take (in chess, checkers, etc.). || — *vr.* to eat up.

comercial *adj.* commercial. || business *(attr.)*, trading *(attr.)*. || — *m.* *(TV)* commercial.

comerciante *m.* trader, merchant. || **c. al por mayor**, wholesaler. || **c. al por menor**, retailer.

comerciar *vi.* to trade. || to do business with.

comercio *m.* trade, business, commerce. || dealings.

comestible *adj.* eatable. || edible. || — *m.* *pl.* **comestibles**, foodstuffs, provisions.

cometa *m.* *(astron.)* comet. || —*pl.* kite.

cometer *vt.* to commit. || to make (mistake). || to entrust, to charge (task).

cometido *m.* task, assignment. || commitment.

comezón *pl.* itch, itching. || tingle, tingling sensation.

comicios *m. pl.* elections, voting.

cómico *adj.* comic, comical, funny, amusing. || — *m.* comedian. || actor. || player.

comida *pl.* *(in general)* food. || meal, dinner.

comienzo *m.* beginning, start. || birth, inception. || *(med. etc.)* onset. || **al c.** at the start, at first.

comillas *f. pl.* quotation marks, inverted commas.

Comisaría *pl.* police station.

comisario *m.* commissary. || delegate, deputy. || manager. || **c. de policía**, *(S. Am.)* chief of police.

comisión *pl.* trust. || commission. || committee.

comisionado *m.* commissioner. || *(parl., etc.)* committee member.

comité *m.* committee.

comitiva *pl.* suite, retinue. || train. || procession.

como *adv.* as. || like. || as if, as though. || something like, about. || — *conj.* as, since, because. || if.

cómo *adv.* how. || what. || — *interj.* **¡c.!**, how!, what!, what did you say! || **¡c. no!**, of course!

comodidad *pl.* comfort. || convenience.

comodoro *m.* commodore.

comoquiera *conj.* *(lit.)* anyway, anyhow. || **c. que**, since, in view of the fact that.

compacto *adj.* compact. || dense.

compadecer *vt.* to pity. || to sympathize with. || — *vr.* to agree with each other.

compadre *m.* godfather *or* father (with respect to each other). || *(infml.)* friend, pal. || *(Arg.)* braggart.

compaginar *vt.* to arrange in proper order. || *(typ.)* to make up.

compañero *m.*, **compañera** *f.* companion. || partner. || **c. de clase**, schoolmate. || **c. de viaje**, fellow traveller.

compañía *f.* company. || **c. anónima** *(comm.)*, stock company.

comparación *pl.* comparison. || **en c. con**, in comparison with, beside. || *(lit.)* simile.

comparar *vt.* to compare. || to check. || to collate.

comparecer *vi.* *(law)* to appear (in court).

compartimiento *m.* division, sharing. || distribution. || *(naut., rail., etc.)* compartment.

compartir *vi.* to divide (up), to share (out).

compás *m.* compasses. || dividers. || calipers. || *(mus.)* measure, time. || *(naut., etc.)* compass.

compasión *pl.* pity, compassion. || sympathy.

compasivo *adj.* compassionate, full of pity. || sympathetic, understanding.

compatible *adj.* compatible.

compatriota *m., f.* compatriot, fellow, countryman.

compeler vt. to compel. || to constrain, to force.

compendio m. resumé, summary. || abridgement.

compenetrarse vr. to pervade, to inter-mix. || **c. de**, to share the feelings of.

compensación pl. compensation. || (law) redress.

competencia pl. competition, rivalry. || competence, aptitude. || (law) jurisdiction. || domain, field.

competente adj. competent, capable. || suitable.

competir vi. to compete, to contest, to vie. || to match, to be on a par.

compilar vt. to compile.

complacer vt. to please, to humour, to accommodate. || — vr. to be pleased, to delight. || **complacerse en**, to take pleasure in.

complaciente adj. obliging, complaisant. || agreeable.

complejo adj. complex, complicated. || — m. (psych.) complex.

complemento m. complement.

completar vt. to complete. || to round off, to finish.

completo adj. complete, perfect. || full. || finished, completed. || **por c.**, completely.

complexión pl. constitution, make-up. || temperament.

complicación pl. complication, complexity.

complicar vt. to complicate. || — vr. to get complicated. || to become involved or mixed up.

cómplice m., f. accomplice.

complot m. plot. || conspiracy. || intrigue.

componenda pl. compromise. || (provisional) settlement. || (pej.) shady deal.

componer vt. to form, to make up, to compose. || to repair, to mend. || to decorate, to arrange. || to reconcile. || — vr. to consist, to be composed. || (woman, etc.) to dress up.

comportamiento m. behaviour, conduct.

composición pl. composition. || repair, mending.

compra pl. purchase, buying. || shopping, marketing.

comprar vt. to buy, to purchase.

compraventa pl. buying and selling, dealing. || (law) contract of sale.

comprender vt., vi. to understand. || to comprise, to include. || to realize. || to see.

comprensión pl. comprehensiveness. || understanding. || tolerance, kindness.

comprensivo adj. comprehensive, inclusive. || understanding. || sympathetic.

compresión pl. compression.

comprimido m. (med.) pill, tablet.

comprimir vt. to compress, to condense. || to repress, to restrain.

comprobación pl. checking, verification. || proof.

comprobante adj. verifying, proving. || — m. proof, evidence. || voucher.

comprobar vt. to check. || to observe. || to prove.

comprometer vt. to compromise. || to engage, to bind. || to endanger. || — vr. to commit oneself. || to become engaged.

compromiso m. compromise. || obligation, commitment. || engagement. || agreement. || difficult situation. || **por c.**, out of a sense of duty.

compuesto adj. compound. || composed, made up. || repaired. || arranged. || — m. compound.

compulsión f. compulsion.

compungido adj. remorseful, contrite, sorry.

computador m., **computadora** pl. computer.

computar vt. to calculate, to compute, to reckon.

comulgar vi. to receive communion.

común adj. common, public. || usual, customary. || current. || vulgar, mean, low. || **de c. acuerdo**, by common consent. || **fuera de lo c.**, out of the ordinary. || **lugar c.**, cliché, common place. || **el c.**, the community.

comuna pl. commune.

comunicación pl. communication, intercourse. || communiqué, official statement.

comunicar vt. to communicate, to convey. || to transmit, to impart. || — vr. to communicate. || to connect.

comunidad pl. community. || society, corporation.

comunismo m. communism.

con prep. with (company) (having or possessing) (by means of, using).

cóncavo adj. concave. || hollow.

concebir vt. to conceive, to become pregnant. || to have an idea of. || to understand.

conceder vt. to grant. || to concede, to admit.

concejal m. town councillor.

concejo m. council.

concentrar vt. to concentrate. || to focus, to center.

concepción pl. conception.

concepto m. concept, idea. || opinion, judgment.

concerniente adj. concerning, relating to. || **en lo c. a**, with regard to, as for.

concertar vt. to arrange, to agree upon, to fix. || to reconcile. || to coordinate. || — vi. (mus.) to harmonize.

concertista m., f. soloist, solo performer.

concesión pl. concession. || grant(ing). || allowance.

conciencia pl. conscience. || consciousness, awareness. || **a c.**, conscientiously, honestly.

concienzudo adj. conscientious, painstaking.

concierto m. good order. || concert, harmony. || agreement.

conciliación pl. conciliation. || reconciliation.

concilio m. (eccl.) council.

conciso adj. concise, brief, terse.

concluir vt. to finish. || to close. || to conclude, to infer. || — vi. to finish, to end.

conclusión pl. conclusion. || settlement.

concluyente adj. conclusive. || decisive.

concordancia pl. concordance, conformity. || (gram.) concord, agreement. || pl. **concordancias**, concordance (of a book, an author).

concordia pl. concord, harmony, agreement. || conformity.

concretar vi. to make concrete. || to state explicitly. || to specify. || — vr. to become more definite. || to confine oneself to.

concreto adj. concrete. || actual, particular, specific. || — m. concretion. || (S. Am.) concrete.

concubinato m. concubinage.

concupiscencia pl. greed. || lustfulness, concupiscence.

concurrencia pl. concurrence. || gathering. || public, audience. || (comm.) competition.

concurrir vi. to go (to a place). || to meet, to gather. || to contribute. || to concur. || (comm.) to compete.

concurso m. concourse, confluence of persons. || (sport, etc.) competition, contest. || coincidence, concurrence.

concha pl. shell. || shellfish. || (theat.) prompt box. || conch, the external ear. || (S. Am., vulg.) cunt.

conde m. earl, count.

condecoración pl. decoration, medal. || badge. || insignia.

condena pl. (law) conviction, sentence. || condemnation (to death).

condenar vt. to convict. || to condemn, to sentence.

condensar vt. to condense.

condescendencia pl. helpfulness, willingness (to help). || affability. || acquiescence.

condición pl. condition. || stipulation. || social status. || pl. **condiciones**, aptitudes. || conditions, circumstances. || **condiciones requeridas**, requirements, requisites.

condicionar vt. to condition. || to determine.

condimento m. seasoning, flavouring. || dressing.

condolencia pl. condolence, sympathy.

condominio m. (law) joint ownership. || (pol.) condominium.

condonar vt. to condone. || to cancel (a debt).

cóndor m. condor.

conducir vt. to convey. || to lead. || to drive (car, etc.). f| to conduct. || — vr. to behave.

conducta pl. conduct, behaviour. || management. || convoy.

conducto m. channel, conduit, pipe. || (anat.) duct, canat.

conductor adj. conducting. || — m. driver (of a car). || (phys.) conductor. || **c. a tierra**, ground wire.

conectar vt. to connect. || to couple. || to plug in.

conejera f. warren, burrow. || rabbit hutch.

conejillo m. young rabbit. || bunny. || **c. de Indias**, guinea-pig.

conejo m. rabbit.

conexión pl. connection. || plug. || joint.

confabulación pl. plot. || intrigue. || dubious scheme.

confección pl. any handwork. || workmanship. || readymade article.

confeccionar vt. to make, to prepare. || to make (a dress). || (pharm.) to confect, to compound.

confederación pl. confederation, confederacy, league.

conferencia f. lecture, talk. || conference. || discussion. || meeting, assembly.

conferir vt. to confer, to award, to grant, to bestow.

confesar vt. to confess, to acknowledge. || — vr. to confess. || (eccl.) to make confession.

confesión pl. (all senses) confession.

confesionario m. confessional.

confiado adj. trusting || confident. || (pej.) presumptuous.

confianza pl. confidence. || trust, faith. || conceit. || **amigo de c.**, close friend. || **de c.**, trustworthy, reliable.

confiar vt. to entrust. || to confide. || — vi. to rely on, to trust in.

confidencia pl. secret, confidence.

confidente m., **confidenta** f. confidant. || informer. || secret agent.

configurar vt. to shape, to form, to fashion.

confín m. bordering, limit. || pl. **confines**, border. || limits, boundaries.

confinar vt. to confine. || to banish, to exile. || — vi. **c. con**, to border on (a. fig.).

confirmar vt. to confirm. || to corroborate.

confiscación pl. confiscation.

confitería pl. confectionery, confectioner's (shop). || (Arg.) pastry shop. || café, tearoom.

conflagración pl. conflagration. || (fig.) outbreak.

conflicto m. (mil.) conflict. || struggle, strife, combat.

confluencia f. confluence.

confluir vi. to converge, to come together (river, etc.). || to meet (people).

conformar vt. to shape. || to adapt, to adjust. || — vi. to agree. || to conform. || vr. **conformarse con**, to conform to. || to resign oneself to.

conforme adj. alike. || agreed, in agreement. || **c. con**, resigned to. || in agreement with. || — adv. in due proportion. || accordingly.

conformidad pl. conformity. || agreement. || concordance.

confortar vt. to comfort, to console.

confrontación pl. confrontation. || comparison.

confundir vt. to confound. || to perplex, to confuse. || — vr. to mix. || to make a mistake.

confusión pl. (all senses) confusion.

confuso adj. mixed up. || confused. || blurred.

congelador m. freezer. || freezing unit.

congelar vt. to freeze. || to congeal (blood). || — vr. to freeze, to congeal.

congeniar vi. to get along together.

congestionado adj. congested. || (med.) flushed.

conglomeración pl. conglomeration.

congoja pl. anguish, distress, grief.

congraciar vt. to win over. || — vr. to ingratiate oneself (con with).

congratular vt. to congratulate (por on).

congregación pl. gathering, assembly. || congregation.

congresista m., f. delegate, member (of a congress).

congreso m. congress. || assembly. || conference.

congruencia pl. congruence, congruity, fitness.

conjetura pl. guess, conjecture, surmise.

conjugar vr. to conjugate, to join, to fuss.

conjunción f. (all senses) conjunction.

conjunto adj. joined, joint. || related, allied. || — m. whole, entirety. || ensemble. || **en c.**, as a whole.

conjurar vt. to exorcise. || to ward off. || — vi. to plot, to conspire.

conmemoración f. commemoration.

conmigo pron. with me. || with myself.

conminar vt. to threaten, to menace. || (law) to warn.

conmoción pl. shock. || tremor, earthquake. || upheaval.

conmover vt. to disturb. || to move, to touch. || — vr. to be shaken.

conmutador m. (elec.) switch.

conmutar vt. to commute (a sentence). || to change, to exchange.

connivencia pl. collusion. || connivance.

connotación pl. connotation, implication.

cono m. (all senses) cone.

conocedor adj. expert, knowledgeable. || skilled. || — m., **conocedora** pl. expert, connoisseur.

conocer vt. to know. || to be or become acquainted with. || — vi. **c. de**, to know about. || — vr. to know one another, to get acquainted. || to know oneself.

conocido adj. known, well known. || — m., **conocida** pl. acquaintance.

conocimiento m. knowledge. || understanding. || (med.) consciousness. || acquaintance. || (naut.) bill of ladding.

conque conj. so, then, well, now then.

conquista f. conquest. || (infml.) seduction.

conquistar vt. to conquer. || to win, to win over.

consagrar vt. to consecrate. || to devote, to dedicate (to God, study, etc.).

consanguíneo adj. related by blood, consanguineous.

consciente adj. conscious: **estar c. de**, to be conscious of, to be aware of. || — m. conscious, conscious mind.

conscripción pl. (S. Am.) conscription.

consecución f. obtaining, acquisition. || attainment.

consecuencia pl. consequence. || consistency. || **en c.**, accordingly, therefore.

consecuente adj. consequent. || consistent.

conseguir vt. to obtain, to attain, to get.

consejero m., **consejera** f. adviser. || consultant. || councillor.

consejo m. counsel, advice. || council. || (comm.) board. || **c. de guerra**, court martial.

consenso m. accord. || assent. || consensus.

consentimiento m. consent.

consentir vr. to consent to. || to permit. || to spoil, to pamper. || — vi. to agree, to consent.

conserje m. porter. || doorman. || caretaker.

conserva pl. (cook.) conserve, preserve. || candied fruit. || pickle. || **conservas alimenticias**, tinned foods.

conservador adj. preservative. || conservative. || — m., **conservadora** pl. conservative. || (of museum) curator, keeper.

conservar vt. to preserve, to conserve. || to keep (friends, secrets, etc.). || — vr. to be preserved. || to keep for oneself.

consideración pl. consideration. || respect. || pl. **consideraciones**, kindness.

considerar vt. to consider. || to treat with consideration. || to take into account.

consigna pl. watchword. || order, instruction.

consignar vt. to consign. || to deposit.

consigo pron. with him, with her. || with you. || with one(self). etc.

consiguiente adj. consequent (a upon) || resulting. || **por c.**, and so, therefore, consequently.

consistencia pl. consistence, consistency.

consistir vi. to consist. || to be composed.

consocio m. fellow member. || (comm.) co-partner.

consolar vt. to console, to comfort, to solace.

consolidar vt. to consolidate, to strengthen.

consonante adj. consonant, harmonious. || — m. rhyming word, rhyme. || — pl. (gram.) consonant.

consorte m., f. consort, spouse. || partner, associate. || Pl. **consortes** (law), co-litigants. || accomplices.

conspicuo adj. eminent, famous.

conspiración pl. conspiracy.

conspirar vi. to conspire, to plot.

constante adj. constant. || persevering. || faithful.

constar vi. to be clear, to be obvious. || to be composed of.

consternado adj. dismayed, shattered.

constipado adj. **estar c.**, to have a cold. || — m. (med.) cold, catarrh.

constitución pl. (all senses) constitution.

constituir vt. to constitute. || to make up. || to establish, to set up, to form.

constituyente adj. constituent.

constreñir vt. to constrain, to compel, to force.

construcción pl. construction, building.

construir vt. to construct, to build, to erect.

consuelo m. consolation, solace, comfort.

consuetudinario adj. habitual, customary.

cónsul m. consul.

consulado m. consulship (post). || consulate.

consulta pl. consultation. || opinion, advice. || **c. a domicilio**, home visit.

consultorio m. information bureau. || (med.) consulting room.

consumar vt. to consummate. || to commit (a crime).

consumición pl. consumption. || (in restaurant, etc.) meal. || drink. || **c. mínima**, cover charge.

consumir vt. to consume, to destroy. || to waste away. || — vr. to waste away. || to be consumed.

consumo m., **consunción** pl. (all senses) consumption. || **sociedad de c.**, consumer society.

contabilidad pl. accounting, book-keeping. || accountancy.

contacto m. contact. || touch. || (aut.) switch, contact breaker. || estar **en c. con**, to be in touch with.

C

contado *adj.* counted. || scarce, few. || —*m.* instalment. || **al c.**, cash.

contador *m.* counter (of café). || *(comm.)* accountant, book-keeper. || *(tech.)* meter. || *(math.)* abacus.

contagiar *vt.* (disease) to pass on, to transmit. || to infect (con with). || *(fig.)* to contaminate (con with). || to corrupt. || — *vr.* to become infected.

contagio *m.* infection, contagion.

contaminación *pl.* contamination. || infection. || pollution. || *(lit.)* influence.

contar *vt.* *(math.)* to count. || to tell about. || — *vr.* to count. || — *vr.* to be said, to be told. || **c. con uno**, to rely on someone.

contemplación *pl.* contemplation. || meditation.|| *pl.* **contemplaciones**, indulgence, leniency.

contemplar *vt.* *(a. fig.)* to contemplate. || to meditate.

contemporáneo *adj.* contemporary. || coetaneous. || contemporaneous.

contemporizar *vi.* to temporize, to comply.

contención *pl.* dispute, contention, rivalry. || *(law)* suit.

contender *vi.* to contend, to fight. || to compete.

contener *vt.* to contain, to hold. || to restrain, to check. || to refrain.

contenido *adj.* restrained. || moderate. || equable. || (emotion) suppressed. || — *m.* contents. || content.

contentar *vt.* to please, to gratify, to satisfy. || — *vr.* to be content or pleased.

contento *adj.* contented, satisfied. || pleased.

contestación *pl.* answer, reply. || **c. a la demanda** *(law)*, defense plea.

contestar *vt.* to answer, to reply.

contexto *m.* *(lit., etc.)* context. || *(tech.)* web, tangle.

contextura *pl.* contexture. || *(anat.)* build, physique.

contienda *f.* contest. || struggle, fight.

contigo *pron.* with you.

contiguo *adj.* contiguous, adjacent, adjoining.

continencia *pl.* continence.

continente *adj.* continent. || containing. || — *m.* *(geog.)* continent. || container. || *(fig.)* air, mien.

contingencia *pl.* contingency. || possibility. || hazard.

continuación *f.* continuation. || **a c.**, then, next.

continuar *vt.* to continue, to go on. || — *vi.* to continue, to persist.

continuo *adj.* continuous, uninterrupted. || steady. || — *m.* continuum.

contonearse *vr.* to swagger, to strut.

contorno *m.* contour, outline. || *pl.* **contornos.** environs, neighbourhood.

contorsión *f.* contortion.

contra *prep.* against. || in opposition to, contrary to. || **viento en c.**, head wind. || — *m.* con, opposing vote. || — *f.* *(infml.)* difficulty, opposition.

contraalmirante *m.* rear admiral.

contraataque *m.* counter-attack.

contrabajo *m.* double bass, contrabass.

contrabando *m.* contraband. || smuggled goods. || smuggling.

contracción *pl.* contraction. || shrinkage. || abridgment.

contradecir *vt.* to contradict.

contradicción *pl.* contradiction. || *(fig.)* opposition. || **espíritu de c.**, contrariness.

contraer *vt.* to contract, to shrink. || to catch (illness) || to acquire (habit). || **c. deudas**, to get into debts.

contrafuerte *m.* *(archit.)* buttress. || *(geog.)* spur.

contragolpe *m.* counterblow. || *(fig.)* backlash.

contrahacer *vt.* to imitate, to copy. || to forge, to counterfeit.

contramarcha *pl.* *(mil.)* countermarch. || *(aut., etc.)* reverse.

contrapelo: a c. *adv.* against the natural direction, against the grain (of fur, hair).

contrapeso *m.* counterbalance, counterweight.

contraposición *pl.* contrast, clash, opposition.

contraproducente *adj.* self-defeating. || counter-productive.

contrariar *vt.* to oppose. || to impede. || to vex.

contrario *adj.* opposed, contrary. || opposite (direction). || adverse. || contrary, hostile || **al c.**, on the contrary. || **de lo c.**, otherwise.

contrarrestar *vt.* to counteract, to check. || to stop, to resist.

contrasentido *m.* contradiction. || mistranslation, misinterpretation.

contraseña *pl.* countersign, secret mark. || watchword, password.

contrastar *vt.* to resist. || (metal) to assay, to hallmark. || (measures) to check. || — *vi.* to contrast *(con with).*

contratar vt. to contract for. || to hire, to engage.

contratiempo m. set back, mishap.

contratista m., f. contractor.

contrato m. contract (de for).

contravención pl. contravention, violation.

contraveneno m. antidote (de to).

contravenir vi. to contravene, to violate.

contribución pl. contribution. || tax.

contribuyente m. contributor. || taxpayer.

contrincante m. opponent, rival.

control m. control. || check, inspection.

controversia pl. controversy.

contumaz adj. obstinate. || stubborn.

contundente adj. offensive, blunt. || conclusive, overwhelming.

contusión pl. bruise, bruising, contusion.

convalecencia pl. convalescence.

convalecer vi. to convalesce. || to recover (de from).

convencer vt. to convince. || — vr. to become convinced.

convención pl. (all senses) convention.

conveniente adj. convenient. || suitable, fit. || useful. || proper.

convenio m. agreement, treaty, pact.

convenir vi. to agree (con with, en about) || to suit. || to be advisable. || **el día convenido**, on the appointed day. || — vr. to agree (en on).

conventillo m. (Arg., Chile) tenement house.

convento m. monastery. || c. (de monjas). convent, nunnery.

converger, convergir vi. to converge.

conversación pl. conversation, talk.

conversión pl. conversion || (mil.) wheel.

conversor m. (radio) converter.

convertidor m. (elec., etc.) converter.

convertir vt. to convert. || to change. || to turn, y — vr. to become converted.

convexo adj. convex.

convicción pl. conviction.

convicto adj. convicted, guilty. || — m. (S. Am.) convict.

convidado m., **convidada** pl. guest.

convidar vt. to invite, to treat. || to induce.

convite m. invitation. || banquet, feast.

convivencia pl. living together. || coexistence.

convivir vi. to cohabit, to live together. || to coexist.

convocar vt. to summon, to call (together), to convoke.

convoy m. convoy, escort, guard.

convulsión pl. convulsion, spasm.

convulso adj. convulsed (de with).

conyugal adj. conjugal. || married.

cónyuge m., f. spouse. || partner. || husband or wife.

cooperar vi. to cooperate. || **c. en**, to collaborate in, to work together on.

cooperativa pl. cooperative, mutual association.

coordinación pl. coordination.

copa pl. goblet, cup. P glass. || drink (of liquor), y tree top. || crown of a hat. || pl. **copas** (cards), "copas".

copar vt. to cover the bank. || to win. || (mil.) to cut off the retreat.

copartícipe m., f. partner. || fellow participant.

copete m. tuft (of hair). || crest, crown (of bird). || top (of furniture). || (fig.) haughtiness.

copetín m. (Arg., Peru, Urug.) cocktail, aperitif.

copia f. copy. || replica, reproduction. || duplicate. || **c. carbónica** (Arg.), carbon copy. || abundance, plenty.

copiar vt. to copy (de from) || to imitate.

copiloto m. (aut.) co-driver. || (aer.) co-pilot.

copioso adj. copious, abundant.

copista m., f. copyist.

copla pl. verse. || popular song, ballad.

copo m. tuft, small bundle, y **c. de algodón**, cotton ball. || **c. de nieve**, snowflake.

coproducción pl. (cine., etc.) joint production.

copropietario m., **copropietaria** pl. co-owner, joint owner, co-proprietor.

cópula pl. copulation, sexual intercourse.

coquetear vi. to flirt (con with).

coraje m. courage, bravery. || anger.

coral adj. choral. || — m. chorale. || (zool.) coral.

coraza pl. cuirass, armour. || (naut.) armour-plating. P (zool.) shell.

corazón m. heart. || centre, core. || **de c.**, sincerely. || **de buen c.**, kind hearted. || **sin c.**, heartless.

corazonada f. presentiment, hunch. || rash impulse.

corbata pl. tie, necktie. || cravat(e), scarf.

corcovado adj. hunchbacked. || — m. pl. hunchback.

corcovear vi. to buck, to curvet (a horse).

corchete m. hook and eye. || hook. || (typ.) overrun. || pl. **corchetes** (typ.), brackets.

corcho m. cork. || cork bark.

cordaje m. cordage. B (of racquet) strings.

cordel m. cord, line.

cordero m. **cordera** pl. lamb. || lambskin.

cordialidad pl. warmth, cordiality.

cordillera pl. range, chain (of mountains), cordillera.

cordón m. cord, cordon. || braid. || ring (of police, etc.). B (Arg.) curb of sidewalk.

cordura f. good sense, prudence, wisdom.

corear vt. to say in chorus. || to accompany with a chorus. || (fig.) to acclaim.

coreografía f. choreography.

corifeo m. (hist.) coryphaeus. || (fig.) leader.

cornada pl. butt, thrust (with the horns), goring.

cornamenta pl. horns. || antlers.

cornear vt. to butt, to gore.

corneta pl. cornet, bugle. || (mil.) pennant.

cornisa f. cornice.

coro m. chorus, choir.

corona pl. crown. || wreath, garland.

coronar vt. to crown (a sovereign). || to finish, to top.

coronel m. colonel.

coronilla pl. crow, top of the head. || (eccl.) tonsure.

corpiño m. bodice. || brassiere.

corporación f. corporation. || association, group.

corporal adj. corporal, bodily.

corpulento adj. corpulent. || stout.

corral m. yard. || stockyard, corral. || **aves de c.**, domestic fowl.

correa f. leather strip, thong, strap. || (tech.) belt.

corrección pl. correction. || rebuke, punishment.

correcto adj. correct (a. fig.), right.

corrector m., **correctora** pl. (typ.) proofreader.

corredor m. (sport) runner. || (comm.) broker. || corridor, gallery. || **c. de bolsa**, stockbroker. || **c. de coches**, racing driver.

corregir vr. to correct. || to rectify (behaviour). || to adjust (instrument). || (typ.) to read (proof). || — vr. to mend one's ways.

correlativo adj. correlative. || — m. correlative.

correo m. courier. || mail, mail services. || post office. || postman. || **apartado de correos**, post-office box. || **a vuelta de c.**, by return of post. || **c. certificado**, registered post.

correr vt. to run, to race (a horse). || to draw (curtains). || to have (an adventure). || — vi. to run. || to hurry. || to flow. || **c. la voz**, to be said or rumoured. || **c. por cuenta de uno**, to be one's affair. || **a todo c.**, at full speed. || — vr. to slide, to move up.

correspondencia pl. correspondence. || mail, letters. || intercourse. || agreement.

corresponder vi. to correspond. || to return (a favour, an affection). || to repay (amiability) || to belong. || **a quien corresponda**, to whom it may concern.

correspondiente adj. corresponding. || respective. || — m. (of academy, etc.) correspondent.

corresponsal m. (newspaper) correspondent. || agent.

corretaje m. brokerage.

corretear vt. (S. Am.) to pursue relentlessly, to chase. || (Arg.) to sell on someone else's behalf. || — vi. to run about.

corrida f. race. || **c. de toros**, bullfight.

corrido adj. embarrassed. || wordly experienced. || continuous.

corriente adj. running, flowing. || current. || ordinary, common. || average standard. || fluent (style) || — m. **estar al c. de**, to be informed about. || — pl. current (of water). || flow, stream. || (elec.) current. || (fig.) trend. || **c. de aire**, draught. || **c. sanguínea**, blood stream.

corroborar vt. to corroborate.

corroer vt. to corrode. || (fig.) to eat away (grief or remorse).

corromper vt. to corrupt. || to bribe. || to seduce. || — vr. to rot. || to become corrupted.

corrosión pl. corrosion. || (geol.) erosion.

corrupción pl. corruption. || (law) seduction.

corso adj., m., **corsa** pl. Corsican. || — m. privateering. || (S. Am.) parade (for carnival).

cortado adj. cut. || (style) disjointed. || (milk) sour. || (fig.) embarrassed. || — m. white coffee.

cortador adj. cutting. || — m. cutter (a. tech.).

cortante adj. cutting, sharp.

cortapapeles m. paper knife. || letter opener

cortaplumas m. penknife.

cortar vt. to cut. || (water, gas) to turn off. || (elec.) to switch, y to interrupt. || — vi. to cut. || — vr. to cut oneself. || to be embarrassed || (milk) to curdle || **cortarse el pelo**, to have one's hair cut.

corte m. cut, cutting || dress or suit length. || edge (book). || (tech.) section. || **c. transversal**, cross section. || **c. y confección**, dressmaking. || — pl. (royal) court. || (S. Am.) (law) court.

cortejar vt. to court, to woo (a. fig.).

cortejo m. suite, retinue. || procession. || courtship.

cortés adj. courteous, polite.

cortesana pl. courtesan.

cortesano adj. of the court. || courtly || —m. courtier.

cortesía pl. courtesy.

corteza pl. (tree) bark. || (fruit) peel || (bread) crust.

cortina pl. curtain. || screen, flap || **c. de fuego**, (mil.) barrage. || **c. de humo**, smoke screen.

corto adj. short. || scant(y). || (fig.) bashful, timid || of limited intelligence. || **c. de oído**, hard of hearing || **c. de vista**, shortsighted. || **quedarse c.**, to fall short.

cortocircuito m. short-circuit.

cortometraje m (cine.) short.

cosa f. thing, y matter. || affair, business. || **alguna c.**, something. || **¿alguna c. más?**, anything else? || **como si tal c.**, just like that.

cosaco adj., m., **cosaca** pl. Cossack.

cosecha pl. crop, harvest (a. fig.). || (wine) vintage. || **de su propia c.**, home-grown.

cosechadora pl. combine-harvester.

cosechar vt. to harvest, to gather, to reap.

coser vt. to sew (up). || to stitch.

cosmético adj., m. cosmetic.

cosmonauta m., f. cosmonaut, astronaut.

cospel m. blank coin (before minting). || token.

cosquillas f. pl. tickling, tickles. || **hacer c. a uno**, to tickle someone.

costa pl. coast || seashore. || (R. Pl.) riverbank. || cost || **a c. de**, at the expense of. || **a toda c.**, at any price. || pl. **costas**, (law) costs.

costado m. side. || (mil.) flank. || por los **cuatro costados**, through and through.

costanera pl. side, flank. || (Arg.) jetty. || paved area beside the sea (or river).

costar vt., vi. to cost (a. fig.). || **cueste lo que cueste**, cost what it may.

coste m. cost, price.

costilla f. (naut., anat.) rib. || (cook.) chop.

costo m. cost: c., **seguro y flete** (csf), cost, insurance and freight (cif).

costra f. crust. || (med.) scab.

costumbre f. custom, habit. || (law) usage. || **como de c.**, as usual. || **de c.**, usual, usually.

costura f. seam. || sewing. || needlework.

costurera pl. dressmaker, seamstress.

cotejar vt. to compare, to collate.

cotidiano adj. daily.

cotización pl. (fin.) quotation, price.

cotizar vt. (fin.) (share) to quote, to price (en at). || (Arg., P. R.) to value (en at). || — vr. to sell at. || (stock exchange) to be quoted at.

coto m. (agr.) enclosed pasture. || hunting or fishing reserve. || boundary stone. || (fig.) stop, end.

cotorra pl. (orn.) parrot. || magpie. || (infml.) chatterbox.

cotorreo m. chatter, prattle.

coyuntura f. (anat.) joint. || (fig.) moment, occasion.

coz f. kick. || butt of gun. || recoil.

cráneo m. (anat.) skull, cranium.

craqueo m. (tech.) cracking.

craso adj. fat. || greasy. || (fig.) gross, crass.

cráter m. crater.

creación pl. creation.

creador adj. creative. || — m., **creadora** pl. creator. || inventor. || **el C.**, the Creator.

crear vt. to create. || to make. || to institute.

crecer vi. to grow. || to increase. || to rise, to swell. || (days) to get longer.

crecida pl. (of river) rise. || spate, flood.

creciente adj. growing. || increasing. || **luna c.**, crescent moon. || — m. (her.) crescent. || — pl. (river) spate.

credencial adj. credential. || — pl. accredition, letter of credit. || pl. **credenciales**, credentials.

crédito m. credit. || belief. || credence. || prestige. || **a c.**, on credit. || **créditos activos**, assets.

credo m. creed.

crédulo adj. credulous.

creencia f. belief.

creer vt., vi. to think, to believe. || **creo que no**, I don't think so. || (infml.) ¡**ya lo creo!**, of course! || — vr. to believe oneself to be.

creíble adj. believable, credible.

crema pl. cream. || (cook.) custard. || (fig.) élite.

cremallera pl. zip fastener, zipper.

crepitar vi. to crackle. || to splutter.

crepúsculo m. twilight, dusk.

crespo adj. curly. || frizzy. || irritable.

crespón m. crape, crêpe.

cresta pl. (orn.) crest, comb. || tuft. || (geog.) crest.

cretino adj. cretinous (a. fig.). || — m., cretin.

creyente m., f. believer.

cría pl. rearing, breeding. || baby animal.

criada pl. servant, maid. || **c. por horas**, charwoman.

criadero m. (bot.) nursery. || (zool.) breeding place. || **c. de peces**, fish hatchery.

criado adj. bred, reared. || — m. servant.

crianza pl. rearing, breeding. || (med.) lactation.

criar vt. to suckle, to feed. || to breed (animals). || to grow (plants). || to bring up. || — vr. to grow up.

criatura pl. creature. || baby, small child.

criba pl. sieve, screen.

cribar vt. to sieve, to sift, to screen.

crimen m. crime (a. fig.).

criminal adj., m., f. criminal.

crin m. horsehair. || mane.

crío m. baby. || child. || (infml.) kid.

criollo adj., m., **criolla** pl. creole. || (S. Am.) native (of America).

crisantemo m. chrysanthemum.

crisis pl. crisis. || fit: **c. de llanto**, fit of weeping. || **c. nerviosa**, nervous breakdown.

crisma m. (eccl.) chrism. || — pl. (infml.) head.

crisol m. crucible. || (fig.) melting pot.

crispar vi. (muscle) to contract. || (nerves) to set on edge. || to contort. || — vt. to contract, to twitch.

cristal m. crystal (a. fig.). || glass. || a pane of glass.

cristalino adj. crystalline. || (fig.) clear. || — m. (eye) crystalline lens.

cristianismo m. Christianity.

cristiano adj., m., **cristiana** f. Christian. || — m. person, soul.

criterio m. criterion. || judgement.

crítica f. criticism. || review. || censure.

criticar vt. to criticize.

crítico adj. critical. || — m. critic.

croar vr. to croak.

cromo m. (chem.) chromium. || chrome.

crónica pl. chronicle. || newspaper report or column.

crónico adj. chronic.

cronista m., f. chronicler. || feature writer, columnist.

cronología pl. chronology.

cronometraje m. timing.

croquis m. sketch.

cruce m. crossing. || crossroads. || crossbreeding.

crucero m. cruiser || (archit.) transept || crossroads. || (eccl.) crossbearer. || (astron.) Southern Cross.

crucificar vt. to crucify. || (fig.) to torment.

crucifijo m. crucifix.

crucigrama m. crossword.

crudo adj. raw, || uncooked. || unripe. || crude. || — m. crude oil.

crueldad pl. cruelty.

cruento adj. (lit.) bloody.

crujido m. rustle. || creak || crack.

crujir vi. to creak. || to rustle. || to crackle. || to grind, (teeth).

cruz pl. cross. || hill (sword). |j tai)s (coin). || (fig.) burden.

cruzada pl. crusade.

cruzado adj. crossed. || crosswise. || — m. (hist.) crusader.

cruzamiento m. crossing.

cruzar vt. to cross. || — vr. to pass each other.

cuaderno m. notebook. || exercise book. || folder.

cuadra f. stable. || ward (hospital) || (mil.) hut. || (S. Am.) city block.

cuadrado adj. square (a. fig.). || broad-shouldered. || — m. square.

cuadrante m. quadrant. || dial.|| (clock) face. || **c. solar**, sundial.

cuadrar vt. to square. || to make square. || — vi. to tally. || to agree. || — vr. (mil.) to stand to attention.

cuadricular vt. to divide into squares.

cuadrilla pl. party. || gang. || (taur.) quadrille.

cuadro m. square. || picture, painting. || frame. || (theat.) scene. || **a cuadros**, checked, chequered.

cuádruple *adj.* quadruple. || fourfold.

cuajada *pl.* curd. || cottage cheese.

cuajado *adj.* curdled, coagulated. || **c. de**, *(fig.)* filled with. || covered with.

cuajar *vt.* to thicken. || to curdle. || to congeal, to coagulate. || to fill with. || — *vi.* to settle (snow). || to materialize. || to be acceptable.

cual *pron.* el, **la c.**, who, whom, which. || **lo c.**, which, a fact which. || **cada c.**, each one. || — *adv.* like, as. || just as. || — *conj.* **c. si**, as if. || **tal c.**, just as.

cuál *pron.* which (one)?, what: **¿c. quieres?**, which (one) do you want?

cualidad *pl.* quality. || attribute, characteristic.

cualquier(a), *pl.* **cualesquier(a)** *adj.* any. || whatever. || whichever. || **c. cosa**, anything. || **c. otro**, anyone else. || **en c. otra parte**, anywhere else. || — *(pron.)* anybody, anyone. || whatever. || whoever. || whichever. || **un cualquiera**, a man of no account, a nobody.

cuán *adv.* how: **¡c. difícil fue!**, how difficult it was!

cuando *conj.* when, whenever. || if. || even if, although. || — *prep.* at the time of.

cuándo *interrog. adv. and conj.* when.

cuantioso *adj.* abundant. || numerous.

cuanto *adj.* all that, as much as, whatever. || — *pron.* all that, as much as. || — *adv., conj.*, **en c. a**, as for, with regard to. || **c. antes**, as soon as possible. || **c. más, tanto más**, the more, the more.

cuánto *adj. pron., adv.* how. || how much? || *pl.* **¿cuántos?**, how many?

cuarenta *adj., m.* forty.

cuarentena *f. (med., etc.)* quarantine.

cuarentón *adj.* forty-year old, fortyish. || — *m.* **cuarentona** *pl.* person of about forty.

cuaresma *f.* Lent.

cuarta *f.* fourth, fourth part. || hand's breadth. || span.

cuartear *vr.* to quarter. || to cut up. || — *vr.* to crack.

cuartel *m.* quarter. || district. || *(mil.)* barracks. || **c. general**, headquarters.

cuarteto *m. (mus.)* quartet(te). || *(lit.)* quatrain.

cuartilla *pl.* sheet (of paper). || (of horse) pastern.

cuarto *adj.* fourth. || — *m.* quarter, fourth part. || *(infml.)* money. || *pl.* **cuartos**, (animal) legs, limbs. || room. || small flat.

cuarzo *m.* quartz.

cuatrero *m. (R. Pl.)* cattle rustler, horse thief.

cuatro *adj.* four. || (date) fourth. || — *m.* four.

cuatrocientos *adj., m.* four hundred.

cuba *pl.* cask, barrel. || tub. || vat. || *(infml.)* drunkard.

cubano *adj., m.*, **cubana** *pl.* Cuban.

cúbico *adj.* cubic. || cube: **raíz cúbica**, cube root.

cubierta *f.* cover, covering. || *(typ.)* cover, jacket. || *(aut., etc.)* tyre. || envelope. || *(naut.)* deck.

cubierto *adj.* covered. || (sky) overcast. || filled. || — *m.* cover. || place at table. || **ponerse a c.**, to take cover *(de* from).

cubo *m. (math.)* cube. || bucket. || tub. || millpond. || (wheel) hub.

cubrecama *f.* coverlet, bedspread.

cubrir *vt.* to cover. || *(fig.)* to satisfy, to meet. || to hide. || to repay. || to fill. || — *vr.* to cover oneself. || to become overcast.

cucaracha *pl. (ent.)* cockroach.

cuclillas: en **c.** *adv.* squatting, crouching. || **sentarse en c.**, to squat.

cuco *adj.* shrewd || sly. || cute. || — *m. (orn.)* cuckoo.

cucurucho *m.* paper cone, cornet.

cuchara *pl.* spoon. || scoop. || **c. sopera**, tablespoon.

cucharada *pl.* spoonful.

cucharón *m.* ladle. || *(tech.)* scoop, bucket.

cuchicheo *m.* whispering.

cuchilla *pl.* knife. || cleaver. || blade. || *(geog.)* ridge. || *(S. Am.)* line of low hills.

cuchillada *f.* slash, cut, gash, knife wound.

cuchillo *m.* knife.

cuello *m. (anat.)* neck. || throat. || collar.

cuenca *pl.* hollow. || *(anat.)* eye socket. || *(geog.)* bowl, deep valley. || (river) basin.

cuenta *f.* count, counting. || calculation. || *(esp. fig.)* bill. || *(comm., fin.)* account. || (of necklace, rosary) bead. || **caer en la c.**, to realize. || **c. regresiva**, countdown. || **mis de la c.**, too much, too many. || **por c. de**, on behalf of. || **tener en c.**, to bear in mind. || **tomar en c.**, to take into account.

cuentagotas *m. (med.)* dropper.

cuentakilómetros m. speedometer.

cuentero m. (R. Pl.) confidence trickster.

cuento m. story, tale. || (lit.) short story. || funny story, joke. || **c. del tío**, (S. Am.) confidence trick. || **c. chino**, tall story. || pl. **cuentos** (fig.), trouble, difficulties. || upsets.

cuerda f. rope. || string, cord. || chord. || (watch) spring. || clockwork mechanism. || **tener c. para rato**, to have still a long way to go. || pl. **cuerdas**, (boxing) ropes. || (mus.) strings (instruments).

cuerdo adj. sane. || wise, sensible, prudent.

cuerear vt. (S. Am.) to skin, to flay. || (Cuba, R. Pl.) to criticize mercilessly.

cuerno m. horn. || antler. || (ent.) feeler, antenna. || (fig. and infml.) **irse al c.**, to fall through. || **poner los cuernos a uno**, to cuckold. || **¡vete al c.!**, go to hell!

cuero m. (zool.) skin, hide. || (rabbit, etc.) pelt. || leather. || **c. cabelludo**, scalp.

cuerpo m. (anat., etc.) body. || figure. || corps. || corpus. || main part. || body. || (mil.) force, corps. || (typ.) size. || (sport) length: **ganar por 3 cuerpos**, to win by 3 lengths. || **c. a c.**, hand-to-hand. || (law) **c. del delito**, corpus delicti. || **de c. entero**, full length. || **cobrar c.**, to take shape.

cuervo m. (zool.) raven. || crow.

cuesta f. slope. || hill. || gradient, incline. || **c. abajo**, downhill. || **c. arriba**, uphill. || **a cuestas**, on one's back.

cuestión pl. matter, question, issue. || (math., etc.) problem. || **la c. es que**, the thing is that.

cuestionar vi. to question, to dispute. || — vi. to argue.

cueva pl. cave. || cellar, vault.

cuidado m. care, worry, concern. || solicitude. || carefulness. || **andar con c.**, to be careful. || **¡c.!**, look out!, watch out! || **¡pierda c.!**, don't worry!

cuidar vt. to take care of, to look after. || to pay attention to. || — vr. to look after oneself. || **cuidarse de**, to worry about.

culata pl. (gun) butt. || cylinder head. || (horse) rump.

culebra pl. snake.

culebrear vi. to wriggle. || (river, etc.) to meander.

culinario adj. culinary, cooking.

culminar vi. to reach its highest point. ||

to culminate.

culpa pl. fault. || blame. || guilt. || sin, offence. || it's his fault. || **tener la c. de**, to be to blame for.

culpable adj. guilty. || **declararse c.**, to plead guilty. || — m. f. (law) culprit.

culpar vt. to blame, to accuse.

cultivar vt. to cultivate, to till. || (crop, etc.) to grow.

cultivo m. cultivation, growing. || crop. || culture.

culto adj. cultivated, cultured. || learned. || — m. cult. || worship.

cultura pl. culture. || refinement.

cumbre pl. summit, top. || (fig.) height, pinnacle.

cumpleaños m. birthday.

cumplido adj. complete, perfect. || full. || fulfilled. || courteous.) — m. compliment. || pl. **cumplidos**, courtesy, attentions.

cumplimentar vt. to pay a courtesy call on. || to congratulate.

cumplimiento m. fulfilment. || completion.

cumplir vt. to carry out, to fulfil. || to comply with. || to obey. || (sentence) to serve. || to reach the age of: **hoy cumple 21 años**, he is 21 today. || — vt. to keep one's promise. || to perform one's duty. || to carry out. || (period) to expire. || (payment) to fall due. || — vr. to be fulfilled.

cúmulo m. pile, heap, accumulation. || (fig.) pile, lot.

cuna f. cradle. || cot. || origin. || **canción de c.**, lullaby, cradlesong.

cundir vi. to spread. || to swell, to increase in volume.

cuña pl. wedge. || (S. Am.) influence.

cuñada pl. sister-in-law.

cuñado m. brother-in-law.

cuota pl. quota. || share. || fee, dues.

cupo m. quota. || share. || (mil.) contingent.

cupón m. coupon. || (comm.) trading stamp. || **c. de dividendos**, dividend voucher.

cúpula pl. (archil.) dome, cupola.

cura m. priest. || father. || **c. párroco**, parish priest.

curación pl. cure, healing. || treatment. || recovery.

curandero m. quack. (archil.) bonesetter. || witch-doctor.

curar vr. (med.) to cure. || to treat. || (wound) to dress. || to salt. || to tan. ||

— *vr.* to recover, to get better.

curiosear *vt.* to glance at. || to look round. || to pry into. || — *vi.* to wander round. || to nose about. || *(pej.)* to snoop.

curioso *adj.* curious. || — *m.,* **curiosa** *pl.* bystander, onlooker.

cursar *vt.* to study, to take a course on. || (message) to send. || (order) to send out

cursi *adj.* in bad taste, vulgar. || affected.

cursillo *m.* short course.

cursiva(s) *pl. (typ.)* italics.

curso *m.* course. || direction. || school year, academic year. || (time) passage. || **c. legal**, legal tender. || **en c.**, under-

way in process.

curtir *vt.* to tan. || to harden, to inure. || — *vr.* to become tanned.

curva *pl.* curve. || bend. || **c. de nivel**, contour line.

curvo *adj.* curved. || crooked, bent.

cúspide *m. (geog.)* summit, peak. || *(fig.)* pinnacle.

custodiar *vt.* to take care of, to look after. || to guard.

cutis *m.* skin, complexion.

cuyo *rel. adj.* whose. || of whom, ol which. || **a c. efecto**, **con c. objeto**, **para c. fin**, to which end, for which. || **en c. caso**, in which case.

D

d *f.* d.

dable *adj.* possible, feasible, practicable.

dactilógrafo *m.*, **dactilógrafa** *f.* typist.

dádiva *f.* gift, present. || donation.

dadivoso *adj.* generous, open-handed.

dado *adj.* given. || addicted. || — *conj.* **d. que**, provided that…, so long as. || — *m.* die *(pl. dice).*

dador *m.*, **dadora** *f.* giver, donor. || (of letter) bearer.

daga *f.* dagger.

daltonismo *m.* colour blindness. || daltonism.

dama *f.* dame, lady, mistress. || lady's maid. || *pl.* **damas**, draughts, checkers.

damajuana *f. (S. Am.)* demijohn.

damasco *m.* damask. || *(bol.)* damson. || *(S. Am.)* apricot.

damisela *f. (hist.)* damsel. || *(pej.)* courtesan, prostitute.

damnificado *m.*, **damnificada** *f.* victim.

damnificar *vt.* to injure, to harm. || to disable.

danés *adj.* Danish. || — *m.* **danesa** *f.* Dane.

danza *f.* dance. || dancing.

danzar *vt., vi.* to dance *(a. fig.).*

danzarín *m.*, **danzarina** *f.* dancer, artistic dancer.

dañar *vt.* to damage. || to injure, to harm. || to spoil.

dañino *adj.* harmful. || damaging. || injurious.

daño *m.* damage. || harm, injury.

dar *vt.* to give. || to grant. || to set (example). || to produce. || to deal (cards). || to deliver (blows). || to utter (cry). || (clock) to strike the hour. || to mean, to signify. || to show (the movies). || *(theat.)* to perform. || to go (for a walk). || to hand. || **d. gusto**, to please. || **d. la mano**, to shake hands. || **¡dale!**, go on! || **da lo mismo**, it doesn't matter. || **d. a luz**, to give birth to. || **d. las gracias**, to thank for. || **d. muerte a**, to kill. || **¿qué más da?**, what does it matter? || — *vi.* to hit. || to strike. || to overlook. || to face

|| **d. con**, to meet. || **d. de comer**, to feed. || — *vr.* to surrender, to give in. || to devote oneself to. || to grow. || **darse por vencido**, to surrender, to give up.

dardo *m.* dart, shaft.

dársena *f.* dock. || basin, inner harbour.

data *f*, date. || *(comm.)* item.

datar *vt.* to date. || — *vi.* **d. de**, to date from.

dátil *m. (bot.)* date.

dato *m.* datum *(a. comput.)*, fact. || *pl.* **datos**, data.

de *prep.* (possession) of, 's: *un hombre de honor*, a man of honour. || *el palco del rey*, the king's loge. || (superlative) of. || (origin, precedence) from. || (matter, composition) of. || about, on.

deambular *vi.* to stroll, to saunter.

deán *m. (eccl.)* dean.

debajo *adv.* underneath, below.

debate *m.* debate *(a. Parl).* || discussion, argument.

debe *m.* debit. || **d. y haber**, debit and credit.

deber *vt.* to owe. || — *vt.* must, ought to + *inf.* || — *vr.* to have a duty towards. || to be due to. || — *m. (fin.)* debt. || *pl.* **deberes**, homework, task, assignment.

debidamente *adv.* duly, properly, well done.

debido *adj.* due, proper. || **d. a**, due to, because of.

débil *adj.* weak. || feeble, frail. || dim.

debilidad *f.* weakness, debility. || *(fig.)* liking.

debilitar *vt.* to weaken, to debilitate. || to enervate.

débito *m. (comm.)* debit. || debt.

década *f.* decade. || set of ten, series of ten.

decadencia *f.* decadence, decline, decay.

decaer *vi.* to decay, to decline. || to weaken, to sink.

decaimiento *m.* decay. || decline. || weakening.

decálogo *m.* decalogue.

decanato *m.* deanship. || deanery.

decano *m.* dean (of a university, etc.). || *(fig.)* doyen.

decapitar vt. to behead, to decapitate.

decena f. ten (group of ten).

decencia f. decency, honesty. || cleanliness. || dignity.

decenio m. decade.

decente adj. decent. || seemly, proper. || respectable.

decepción f. disappointment.

decepcionar vt. to disappoint.

deceso m. (S. Am.) decease, passing.

decidir vt. to decide, to settle, to resolve. || — vi. to decide, to determine.

decimal adj. decimal. || — m. decimal.

décimo adj., m. tenth.

decimoctavo adj. eighteenth.

decimocuarto adj. fourteenth.

decimonono, decimonoveno adj. nineteenth.

decimoquinto adj. fifteenth.

decimoséptimo adj. seventeenth.

decimosexto adj. sixteenth.

decimotercio, **decimotercero** adj. thirteenth.

decir vt. to say. || to tell. || to give, to express (opinion). || **como quien dice** (infml.), as it were, so to speak. || **mejor dicho**, to put it more exactly. || in other words. || **querer d.**, to mean. || — m. saying.

decisión f. decision, ruling, resolution. || verdict.

decisivo adj. decisive. || conclusive.

declamación f. declamation, oration, speech.

declaración f. declaration, statement.

declarar vt. to declare. || (law) to pronounce, to find, to testify. || — vt. to make a statement, to depose. || — vr. to declare oneself. || to break out (a fire). || **declararse a**, to unbosom oneself to, to open one's heart to.

declinación f. decline, falling-off. || decay. || (astron., naut.) declination. || (gram.) declension.

declinar vt. to decline, to refuse. || — vt. to decline. || to decay. || to draw to an end (day).

declive m. slope, declivity, drop, fall.

decolorar vt. to discolour, to fade. || to bleach.

decomisar vt. to seize, to confiscate.

decoración f. decoration.

decorado m. decoration, ornaments. || (theat.) scenery.

decorar vt. to decorate, to adorn (de with).

decoro m. decorum, propriety. || respect. || purity.

decrecer vt. to decrease, to diminish.

decrépito adj. decrepit.

decretar vt. to decree. || to resolve, to decide.

decreto m. decree, order.

dechado m. pattern, sample. || (fig.) model.

dedal m. thimble. || (fig.) thimbleful.

dedicación f. dedication. || **d. plena**, full time.

dedicar vt. to dedicate, to consecrate. || to devote. || — vr. to dedicate or devote oneself to.

dedicatoria f. inscription, dedication.

dedillo m. **saber algo al d.**, to have something at one's fingertips.

dedo m. finger. || toe. || digit (measure).

deducción f. deduction. || inference.

deducir vt. to deduce, to infer. || to subtract.

defecar vi. to defecate.

defectivo adj. defective.

defecto m. defect, fault. || imperfection, flaw.

defectuoso adj. defective, faulty.

defender vt. to defend, to protect. || — vr. to defend oneself. || to manage in something.

defensa f. defence. || protection.

deferencia f. deference.

deferir vt. (law) to refer, to relegate (a to).

deficiencia f. deficiency, shortcoming, defect.

déficit m. (comm., fin.) deficit. || (fig.) lack, shortage.

definición f. definition. || **por d.**, by definition.

definido adj. definite.

definir vt. to define. || to clarify. || to determine.

definitivo adj. definitive. || final, ultimate.

deformación f. deformation. || distortion (TV).

deforme adj. deformed, misshapen.

deformidad f. deformity, malformation.

defraudación f. defrauding, deceit. || (fig.) disappointment. || fraud. || swindle.

defunción f. decease, demise.

degenerar vi. to degenerate (person, animal, etc.).

deglutir vt., vi. to swallow.

degolladero m. throat, windpipe. || slaughterhouse.

D

degollar vt. to behead, to decapitate.

degradar vt. to degrade. || (mil.) to demote.

degustar vt. to taste, to sample.

dehesa f. pasture, meadow. || pastureland, range.

deidad f. deity. || divinity.

dejadez f. untidiness, slovenliness. || negligence.

dejar vt. to leave, to forget. || to bequeath (heritage). || to abandon, to forsake. || to stop. || to let.|| to designate. || **d. atrás**, to leave behind. || **d. de lado**, to leave aside. || — vi. **d. de**, to stop. || **no d. de**, not to fail, not to neglect to. || — vr. to neglect oneself. || to let or allow oneself. || to lose heart.

dejo m. aftertaste, tang. || accent, special inflection.

del = contraction of **de** and **el**.

delación f. accusation. || denunciation. || information.

delantal m. apron. || **d. de niña**, pinafore.

delante adv. before, in front, ahead. || **d. de**, in front of. || in the presence of. || opposite.

delantera f. front, front part.

delantero adj. front, fore. || — m. (sport) forward.

delatar vt. to denounce, to inform against, to accuse.

delator m., **delatora** f. informer, accuser. || betrayer.

delectación f. delight, delectation.

delegación f. delegation. || local office. || branch.

delegado m., **delegada** f. delegate. || (comm.) agent.

deleitar vt. to delight, to please, to charm.

deleite m. delight, pleasure. || joy.

deletrear vt. to spell (out). || (fig.) to decipher.

deletreo m. spelling. || decipherment, interpretation.

deleznable adj. crumbly. || slippery. || fragile.

delfín m. (zool.) dolphin.

delgado adj. thin. || slim, slender. || (fig.) sharp.

deliberar vt. to decide, to resolve. || to determine. || — vi. to deliberate. || to discuss, to confer.

delicadeza f. delicacy. || frailness. || refinement. || tactfulness. || subtlety.

delicado adj. delicate, gentle. || fine, exquisite. || fragile. || difficult, ticklish. || subtle, sharp (remark).

delicia f. delight, delightfulness.

delictivo adj. criminal, punishable.

delimitar vt. to delimit.

delincuencia f. delinquency, criminality.

delincuente adj., m., f. delinquent, criminal.

delinear vt. to delineate. || to outline. || to sketch.

delinquir vi. to offend, to transgress.

delirar vi. to be delirious. || (fig.) to rave, to rant.

delirio m. delirium. || (fig.) craze, rapture.

delito m. crime, offence.

delusorio adj. delusive.

demacrado adj. emaciated, wasted away.

demacrarse vr. to become emaciated, to waste away.

demagogia f. demagogy, demagoguery.

demanda f. request, appeal. || quest. || (law) claim.

demandado m., **demandada** f. defendant.

demandante m., f. claimant. || (law) plaintiff.

demandar vt. to request. || to demand. || (law) to sue.

demarcar vt. to demarcate.

demás adj. other, the rest of. || — pron. **lo d.**, the rest. || **los d.**, the others, rest (of them). || — adv. = **además**. || **por d.**, in vain. || too.

demasía f. excess, surplus. || superfluity. || **en d.**, too much, excessively. || (fig.) outrage. || insolence.

demasiado adj. too much. || excessive. || pl. **demasiados**, too many. || — adv. too. || too much.

demente adj. mad, insane. || — m., f. lunatic.

democracia f. democracy.

democrático adj. democratic.

demográfico adj. demographic. || population.

demoler vt. to demolish. || to pull down.

demonio m. devil, demon. || **como el d.**, like hell.

demorar vt. to delay. || — vr. to take time.

demostración f. demonstration, show. || display.

demostrar vt. to demonstrate, to show. || to prove.

demostrativo *adj., m.* demonstrative.

demudar *vt.* to change. || — *vr.* to change suddenly (one's colour, expression, etc.).

denegación *f.* refusal. || rejection. || denial.

denegar *vt.* to refuse, to reject. || to deny.

dengue *m.* affectedness. || coyness. || *(med.)* fever.

denigrante *adj.* insulting. || degrading.

denigrar *vt.* to denigrate, to revile. || to insult.

denodado *adj.* bold, dauntless, intrepid, brave.

denominación *f.* naming. || denomination.

denominado *adj.* named, called. || so-called.

denostar *vt.* to insult, to abuse.

denotar *vt.* to denote. || to indicate, to show.

densidad *f.* density. || compactness. || thickness.

denso *adj.* dense. || thick. || *(fig.)* dark.

dentado *adj.* toothed. || cogged (wheel).

dentadura *f.* set of teeth, teeth. || denture.

dentellada *f.* bite, nip. || tooth mark.

dentellear *vt.* to bile, to nibble.

dentición *f.* teething.

dentífrico *adj.* tooth *(attr.)*. || — *m.* toothpaste.

dentista *m., f.* dentist.

dentro *adv.* inside. || indoors. || **d. de**, inside, within, in. || **d. de poco**, soon, shortly.

denuedo *m.* boldness, daring. || bravery.

denuesto *m.* insult. || affront, abuse.

denuncia *f.* report. || denunciation. || *(law. etc.)* accusation.

denunciar *vt.* to report. || to proclaim. || to denounce.

deparar *vt.* to afford. || to give, to provide with.

departamento *m.* province, district, department. || section (of a shop). || *(Arg.)* flat, apartment *(U. S.)*.

dependencia *f.* dependence, reliance. || dependency.

depender *vt.* to depend. || to be under.

dependienta *f.* salesgirl, saleswoman, shop assistant.

dependiente *adj.* dependent *(de* on). || — *m.* employee.) clerk. || salesman, shop assistant.

depilar *vt.* to depilate. || (eyebrows) to pluck.

deplorable *adj.* deplorable. || lamentable, regrettable.

deplorar *vt.* to deplore, to regret, to condemn.

deponer *vt.* to put aside. || to depose. || to lower. || — *vi.* to defecate, to evacuate the bowels.

deportación *f.* deportation.

deporte *m.* sport. || game. || outdoor recreation.

deportista *m.* sportsman. || — *f.* sportswoman.

deportivo *adj.* sporting, sporty, sport *(attr.)*.

deposición *f.* deposition. || defecation.

depositar *vt.* to deposit. || to place. || to lay aside. || to store. || to entrust. || — *vr.* (liquid) to settle.

depositario *m.*, **depositaria** *f.* trustee. || repository.

depósito *m.* deposit. || storeroom. || warehouse. || tank. || depot. || down payment.

depravación *f.* depravity, depravation, corruption.

depreciar *vt., vr.* to depreciate.

depredar *vt.* to pillage. || to commit outrages against.

depresión *f.* depression. || lowering. || hollow.

deprimir *vt.* to depress. || — *vr.* to get depressed.

depurar *vt.* to purify. || to cleanse, to purge. || *(comput.)* to debug.

derecha *f.* right *(a. pol.)*. || right hand side.

derechista *adj., m., f.* rightist.

derecho *adj.* straight. || upright. || standing, erect. || — *adv.* straight. || — *m.* right. || claim. || privilege. || *(law)* law. || *(fin.)* due, tax. || right side. || **derechos humanos**, human rights.

deriva *f. (naut.)* drift. || **ir a la d.**, to drift.

derivado *adj.* derived. || — *m.* by-product.

derivar *vt.* to derive. || — *vt., vr.* to derive from.

derogar *vt.* to repeal, to abolish.

derramamiento *m.* spilling. || shedding. || squandering.

derramar *vt.* to spill. || to spread, to scatter. || — *vr.* to spread, to scatter. || to overflow.

derrapar *vi. (aut.)* to skid. || *(naut.)* to yaw.

derredor adv., prep. surroundings. || **en d.**, around, about.

derretido adj. melted. || molten. || (snow) thawed.

derretir vt. to melt, to dissolve. || (fig.) to squander.

derribar vt. to pull down. || to shoot down.

derrocar vt. to hurtle, to throw. || to overthrow.

derrochador adj., m. spendthrift.

derrochar vt. to waste, to squander.

derrota f. defeat. || track. || (naut.) ship's course.

derrotar vt. to defeat, to beat (an army). || to rout.

derrotero m. (naut.) course, route. || (fig.) means.

derruir vt. to demolish, to tear down.

derrumbamiento m. landslide. || collapse. || downfall.

derrumbar vt. to hurl. || to demolish. || — vr. to fall down.

derrumbe m. precipice, crag. || (min.) cave-in.

desabotonar vr. to unbutton. || — vr. (bot.) to blossom.

desabrido adj. tasteless, insipid, flat.

desabrigar vt. to uncover. || to undress. || (fig.) to leave without shelter. || — vr. to undress.

desabrir vt. to give a nasty taste to. || (jig.) to embitter.

desabrochar vt. to unclasp, to unbutton, to unfasten. || — vr. to unbosom oneself.

desacatar vt. to show disrespect, to disregard.

desacato m. disrespect. || insulting behaviour. || (law, etc.) contempt, act of contempt.

desacertar vi. to be mistaken, to be wrong.

desacierto m. mistake, error. || unfortunate remark.

desacomodar vt. to inconvenience. || to dismiss.

desaconsejar vt. to advise against, to dissuade.

desacorde adj. (mus.) discordant. || incongruous.

desacostumbrado adj. unusual. || unaccustomed.

desacostumbrar vt. to break someone of a habit.

desacreditar vt. to discredit.

desacuerdo m. discordance, disagreement. || error.

desafectar vt. (comput.) deallocate.

desafecto adj. disaffected. || opposed. || — m. dislike.

desaferrar vt. to let go, to release. || to weigh (anchor).

desafiar vt. to challenge. || to dare. || to defy.

desafilar vt. to blunt. || — vr. to become blunt.

desafinar vi. (mus.) to play out of tune.

desafío m. challenge. || duel. || rivalry.

desaforado adj. huge, enormous. || illegal.

desafortunado adj. unfortunate, unlucky.

desafuero m. outrage, excess.

desagradable adj. disagreeable, unpleasant.

desagradar vt. to displease, to cause displeasure.

desagradecido adj. ungrateful.

desagraviar vt. to make amends to. || to apologize to.

desagravio m. amends. || compensation.

desaguadero m. drain, ditch, outlet (a. fig.).

desaguar vt. to drain (liquid). || to empty.

desagüe m. drainage. || outlet.

desahogado adj. clear, free. || (life) comfortable.

desahogar vt. to ease the pain of, to relieve. || — vr. to umbosom oneself.

desahogo m. ease. || umbosoming oneself.

desahuciar vt. to deprive of hope. || to give over.

desairar vt. to disregard, to slight, to ignore.

desaire m. ungracefulness. || rebuff.

desajustar vt. to disarrange. || — vr. to get out of order.

desalentar vt. to make someone breathless. || (fig.) to discourage. || — vr. to get discouraged.

desalinización f. desalination.

desalisado adj. slovenly, untidy. || unkempt.

desaliño m. slovenliness. || carelessness.

desalmado adj. cruel, heartless.

desalojar vt. (mil.) to dislodge. || to evacuate.

desalquilado adj. vacant, untenanted.

desamarrar vt. to untie. || (naut.) to unmoor.

desamor m. coldness, indifference. || dislike. || enmity.

desamparar vt. to forsake, to abandon, to leave.

desamueblado adj. unfurnished.

desandar vt. **d. lo andado**, to retrace one's steps.

desangrar vt. to bleed. || (lake) to drain. || (fig.) to impoverish. || — vr. to bleed. || to bleed to death.

desanimado adj. downhearted, dispirited, dejected.

desanimar vr. to discourage. || to depress, to sadden. || — vr. to get discouraged, to lose heart.

desanudar vt. to untie. || to disentangle.

desapacible adj. harsh. || unpleasant, unsettled (weather).

desaparecer vi. to disappear. || to vanish.

desaparecido adj. missing. || extinct.

desapasionado adj. dispassionate, impartial.

desapego m. (fig.) coldness, indifference.

desapercibido adj. unnoticed. || unprepared.

desaplicado adj. slack, lazy.

desapretar vt. to loosen, to slacken, to undo.

desaprobar vt. to disapprove of. || to frown on.

desaprovechar vt. to fail to take advantage of.

desarmar vt. to disarm. || to dismount. || to take apart.

desarme m. disarmament.

desarraigar vt. to uproot. || to extirpate.

desarreglado adj. (tech., etc.) out of order. || disorderly. || slovenly, untidy.

desarrollar vt. to develop. || to unroll, to unfold. || to improve. || to expound. || — vr. to develop. || to take plaice.

desarrollo m. development. || (sport) run, course.

desarroparse vr. to undress. || to uncover oneself.

desarrugar vt. to smooth (out), to remove the wrinkles from.

desarzonar vt. to throw, to unsaddle.

desaseado adj. slovenly, dirty. || untidy, unkempt.

desaseo m. slovenliness, dirtiness. || untidiness.

desasir vt. to release, to let go. || — vr. to come off.

desasosegar vt. to disturb, to make uneasy.

desasosiego m. disquiet. || restlessness.

desastrado adj. dirty. || unlucky. || wretched.

desastre m. disaster. || (mil.) defeat.

desastroso adj. disastrous, calamitous.

desatar vt. to untie, to undo, to unfasten. || — vr. to come untied. || to break loose.

desatascar vt. to put out of the mud. || (pipe) to clear.

desatender vt. to disregard. || to ignore. || to neglect.

desatento adj. careless. || inattentive. || discourteous.

desatinar vt. to perplex, to bewilder. || — vi. to act foolishly. || to talk nonsense, to rave.

desatrancar vt. to unbar. || to unclog (pipe, etc.).

desautorizado adj. unauthorized. || unwarranted.

desavenencia f. disagreement. || friction.

desavenir vt. to bring discord between. || — vr. to disagree.

desayunar vi., **desayunarse** vr. to breakfast, to have breakfast.

desayuno m. breakfast.

desazón f. tastelessness, insipidity. || indisposition, upset.

desbancar vr. to win the bank from. || (fig.) to supplant (in someone's affections).

desbandada f. rush. || rout, disorderly flight.

desbandarse vr. (mil.) to disband. || (fig.) to flee.

desbarajuste m. confusion, chaos, disorder.

desbaratar vt. to destroy, to ruin. || to waste. || to impede. || — vi. to talk nonsense. || — vr. (mech.) to get out of order.

desbarrancar vt. (S. Am.) to fling over a precipice.

desbastar vt. to smooth down. || (fig.) to polish.

desbloquear vt. to break the blockade of. || (comm., fin.) to unfreeze, to unblock.

desbocado adj. broken lipped (jar, jug). || (infml.) foul-mouthed. || run away (horse).

desbordar vt. to overflow. || (fig.) to overwhelm.

desbrozar vt. to clear (of rubbish). || to clear of scrub.

descabellado adj. (fig.) wild, crazy, preposterous.

descabezado adj. headless. || (fig.) wild, crazy.

descabezar vt. to behead. || (tree) to lop. || — vr. to rack one's brains.

descalabrar vt. to damage. || to hurt. || (fig.) to harm.

descalabro m. setback. || misfortune, calamity.

descalificar vt. to disqualify.

descalzar vt. to pull off the shoes. || to undermine. || — vr. to take off one's shoes.

descalzo adj. barefooted, shoeless, unshod.

descamarse vr. to flake off, to scale off.

descaminado adj. (fig.) misguided. || ill-advised.

descamisado adj. (fig.) ragged, shabby. || wretched. || — m. ragamuffin. || (Arg.) proletarian.

descampado m. open space, piece of empty ground.

descansado adj. restful, quiet. || unworried.

descansar vt. to aid. || to rest. || — vi. to rest. || to lean upon. || to trust.

descanso m. rest. || landing (of a staircase).

descapotable adj., m.(aut.) convertible.

descarado adj. brazen. || cheeky. || blatant.

descarga f. unloading. || (mil., elec.) discharge.

descargar vt. to unload. || to unburden, to ease (conscience). || to discharge. || — vi. to flow (river into the sea). || — vr. to resign. || to unburden oneself.

descargo m. unloading. || discharge. || (comm.) acquittance, release. || (law) evidence.

descarnado adj. thin. || emaciated. || (fig.) bare.

descarnar vi. to remove the flesh from.

descaro m. brazeness. || cheek. || effrontery.

descarriar vt. to put on the wrong road. || (fig.) to lead astray. || — vr. to lose one's way. || to stray.

descarrilar vi. to get derailed. || (fig.) to go astray.

descartar vt. to discard. || to put aside. || to reject.

descarte m. (cards) discard. || discarding, rejection.

descascarar vt. to shell, to peel. || — vr. to peel off.

descastado adj. alienated from one's family.

descendencia f. descent, origin. || offspring.

descendente adj. descending, downward.

descender vt. to bring down, to lower. || to descend, to go down. || — vi. to go down, to descend. || to flow or run down.

descendiente m., f. descendant.

descenso m. descent. || lowering. || decrease. || fall.

descentralizar vt. to decentralize.

descerrajado adj. (infml.) raving mad. || wicked.

descerrajar vt. to force the lock of. || to fire.

descifrar vt. to decipher. || to decode.

descolgar vt. to take down. || to pick up (telephone). || to lower. || — vr. to come down. || to slip. || (fig. and infml.) to drop. || to come out.

descolorar vt. = **decolorar**.

descolorido adj. discoloured, faded. || pale.

descollante adj. outstanding.

descollar vi. to stand out, to be outstanding.

descomedido adj. immoderate. || rude, impolite.

descomedirse vr. to go too far. || to be rude.

descompasado adj. excessive, out of all proportion.

descomponer vt. to disarrange, to disturb. || to put out of order. || (chem.) to decompose. || — vr. to decompose. || to get out of order. A to become disarranged. || to lose one's temper.

descompostura f. (mech.) breakdown. || slovenliness. || discomposure. || impudence.

descompuesto adj. out of order. || (face) twisted. || (fig.) brazen. || rude.

descomunal adj. huge, enormous, colossal.

desconcentrar vt. (industry, etc.) to decentralize.

desconcertar vt. to disconcert. || to baffle. || to put out of order. || to upset.

desconcierto m. disconcert. || disorder. ||

desconectar vt. (elec.) to disconnect. || to turn off, to switch off (radio, etc.). || to unplug.

desconfianza f. distrust, mistrust, lack of confidence.

desconfiar vi. to mistrust. || to have no confidence in.

descongelar vt. to defrost.

desconocer vt. not to know. || to fail to recognize.

desconocido adj. unknown. || strange, desconsiderado adj. inconsiderate, thoughtless.

desconsolado adj. disconsolate. || sod, woebegone.

desconsuelo m. affliction, distress, grief. || sadness.

descontar vt. to discount, to deduct. || to take for granted.

descontento adj. discontent. || — m. displeasure.

descontinuar vt. to discontinue.

descontrolado adj. (S. Am.) upset, irritated.

descorazonar vt. to discourage, to dishearten.

descorchador m. corkscrew.

descorchar vt. to uncork (bottle).

descorrer vt. to draw, to open (curtain).

descortés adj. discourteous, rude, impolite.

descoser vt. to unstitch. || to separate.

descoyuntar vt. (med.) to dislocate.

descrédito m. discredit. || disrepute.

descreer vt. to disbelieve. || to deny due credit to.

descremar vt. (milk) to skim.

describir vt. to describe.

descripción f. description.

descuajar vt. to liquefy, to dissolve.

descuartizar vt. to carve up. || to quarter.

descubierto adj. uncovered, bareheaded. || — m. (comm.) deficit, shortage.

descubrimiento m. discovery. || detection.

descubrir (pp. **descubierto**) vt. to discover. || to uncover, to reveal. || — vr. to reveal oneself. || to take off one's hat.

descuento m. discount. || rebate, reduction.

descuerar vt. to skin. || to defame.

descuidar vt. to neglect. || to disregard, to overlook. || — vi. to be careless. || not to bother or worry. || — vr. to be forgetful of duty.

descuido m. carelessness, negligence, neglect. || mistake.

desde prep. from, since, after. || **d. ahora**, from now on. || **d. entonces**, since then, ever since. || **d. hace poco**, for a short time. || **d. luego**, of course, naturally.

desdecir vi. to be unworthy of. || — vr. to retract.

desdén m. scorn, disdain.

desdeñar vt. to disdain, to scorn.

desdicha f. unhappiness. || misfortune. || misery.

desdoblar vt. to unfold. || to split.

desdorar vt. to ungild. || to tarnish (a. fig.).

desdoro m. (fig.) blot, blemish, stigma, dishonour.

desear vt. to want, to desire, to wish.

desecar vt. to dry up. || to drain. || to desiccate.

desechar vt. to reject, to cast aside. || to scorn.

desecho m. remainder. || cast-off. || contempt.

desembalar vt. to unpack.

desembarazar vt. to clear or free of obstacles. || — vr. to get rid of something.

desembarcadero m. quay, landing stage, pier.

desembarcar vt. to disembark. || to unload. || — vi. to go ashore.

desembarco m. landing.

desembocadura f. outlet, exit. || mouth (of river).

desembocar vi. (of river), to flow into, to empty into. || (of street) to meet, to join.

desembolso m. payment. || disbursement.

desembragar vt. (mech.) to declutch, to disengage.

desembrague m. disengagement. || (aut.) declutching.

desembrollar vt. to unravel, to disentangle.

desemejante adj. dissimilar, unlike.

desempacar vt. to unpack.

desempañar vt. to clean, to de-mist (glass).

desempaquetar vt. to unpack, to unwrap.

desempatar vi. to run or shoot off a tie.

desempate m. play-off (to resolve an earlier tie).

desempeñar vt. to redeem (pawned goods). || to fulfill. || to fill (an office, etc.). || to perform.

desempeño m. redemption. || performance.

desempleo m. unemployment.

desencadenar vt. to unchain. || (fig.) to start.

desencajar vt. to take apart. || — vr. to come apart. || (face) to become distorted.

desencanto m. disillusion(ment), disenchantment.

desencolar vt. to unglue, to unstick.

desenchufar vt. to disconnect, to unplug.

desenfadado adj. free, uninhibited. || disrespectful.

desenfado m. lack of inhibition. || disrespect.

desenfocado adj. out of focus.

desenfrenado adj. wild. || unbridled, licentious.

desenfreno m. wildness. || licentiousness.

desenganchar vt. to unhook. || (mech.) to disengage.

desengañar vt. to disillusion. || to enlighten. || to undeceive. || to disappoint.

desengaño m. disillusion, disillusionment.

desenlace m. outcome. || (lit.) ending. || denouement.

desenlazar vt. to unlace, to undo. || to unravel.

desenredar vt. lo disentangle. || (fig) to cleat up.

desenredo m. unravelling, disentanglement.

desenrollar vt. to unroll, to unwind. || — vr. to unroll.

desensillar vt. to unsaddle.

desentenderse vr. to feign ignorance.

desenterrar vt. to disinter. || (fig.) to dig up.

desentonar vi. to be out of tune. || to be out of place.

desentono m. (fig.) rudeness, disrespect.

desentrañar vt. to disembowel. || (fig.) to unravel.

desentumecer vt. to rid of numbness.

desenvainar vt. (sword) to draw, to unsheathe.

desenvoltura f. ease, naturalness. || confidence.

desenvolver vt. to unwrap (packet). || to unwind, to unroll. || to clear up. || to develop.

desenvuelto adj. easy, natural. || confident.

deseo m. desire, wish. || appetite. || sexual urge.

deseoso adj. desirous. || anxious.

desequilibrar vt. to unbalance. || to overbalance.

desertar vt. to desert. || to abandon.

desesperación f. desperation, anger, passion, fury.

desesperado adj. desperate. || in despair. || hopeless.

desesperanzar vt. to deprive of hope. || — vr. to lose hope, to despair.

desestimar vt. to scorn. || to underestimate.

desfachatado adj. brazen, impudent. || cheeky.

desfachatez f. brazenness, impudence. || cheek, nerve.

desfalcar vt. to embezzle.

desfalco m. embezzlement.

desfallecer vt. to weaken. || — vi. to get weak.

desfallecido adj. weak. || faint.

desfavorable adj. unfavourable.

desfigurado adj. disfigured. || deformed.

desfigurar vt. to disfigure. || to distort (meaning). || (fig.) to disguise, to alter (voice).

desfiladero m. defile, pass. || gorge.

desfilar vi. to parade. || to march past. || to file by.

desfile m. parade, march. || procession.

desflorar vt. to deflower, to violate, to rape.

desfondar vt. to break the bottom of. || — vr. (naut.) to bilge.

desgajar vt. to tear off, to break off. || — vr. to come off.

desganado adj. without appetite. || half hearted.

desganarse vr. to lose one's appetite.

desgarbado adj. ungainly. || uncouth.

desgarrado adj. torn. || tattered. || (fig.) brazen. || (fig.) vicious, licentious.

desgarrador adj. heartbreaking, heart-rending.

desgarrar vt. to tear, to rend. || (heart) to break.

desgastar vt. to wear away. || to corrode, to eat away. || (fig.) to tire out. || — vr. to wear away, to erode.

desgaste m. wear and tear. || wearing away.

desgobierno m. misgovernment. || dislocation.

desgracia f. misfortune. || mishap. || disgrace.

desgraciado adj. unfortunate. || unattractive. || wretched. || — m., **desgraciada** f. unfortunate person.

desgraciar vt. to displease. || to spoil. || — vr. to spoil.

desgranar vt. to remove the grain. || (corn) to thresh. || to pick the grapes from. || — vr. to come unstrung (beads).

desgreñar vt. to dishevel, to rumple, to tousle.

deshabitado adj. uninhabited. || deserted. || vacant.

deshacer vt. to undo, to unmake. || to destroy. || to cut to pieces. || to wear away. || to rout. || — vr. to come undone. || **deshacerse de algo**, to get rid of something.

desharrapado adj. ragged, tattered, shabby.

deshecho adj. undone. || broken. || (infmt.) exhausted. || dissolved.

deshelar vt. to de-ice (car, plane). || to defrost. || to melt, to thaw. || — vr. to thaw out. || to melt.

desheredar vt. to disinherit.

deshidratar vt. to dehydrate.

deshielo m. thaw.

deshilachar vt. to fray. || — vr. to get worn, to fray.

deshilvanado adj. (fig.) disjointed, disconnected.

deshinchar vt. to deflate, to let down. || to reduce the swelling. || — vr. to go flat, to go down.

deshojar vt. to strip the leaves or petals off.

deshollejar vt. to peel, to skin.

deshollinador m. (chimney) sweep.

deshonesto adj. indecent, improper, lewd.

deshonra f. disgrace, dishonour. || shame.

deshonrar vt. to disgrace, to dishonour.

deshonroso adj. dishonourable, disgraceful.

deshora f. inconvenient time.

deshuesar vt. to bone (meat, fish). || to remove the pits from (fruit).

desidia f. laziness, idleness. || neglect. || slovenliness.

desierto adj. deserted. || — m. desert, wasteland.

designar vt. to designate, to appoint, to name.

designio m. plan, design.

desigual adj. unequal. || uneven. || (fig.) difficult.

desigualdad f. inequality. || variableness.

desilusión f. disillusion(ment), disappointment.

desilusionar vt. to disillusion. || to disappoint. || — vr. to get disillusioned. || to be disappointed.

desinfectante m. disinfectant.

desinfectar vt. to disinfect.

desinflar vt. to deflate, to let the air out of.

desintegrar vt. to disintegrate. || (fig.) to break up.

desinterés m. disinterestedness. || unselfishness.

desinteresado adj. disinterested, impartial. || unselfish.

desistir vi. (law) to desist, to waive a right.

desleal adj. disloyal, faithless.

desleír vt. to dissolve, to liquefy, to melt.

deslenguado adj. foul-mouthed.

desligar vt. to untie, to unfasten. || (fig.) to free. || to excuse, to release. || to clear up.

deslindar vt. to mark out, to fix the limits of.

desliz m. slip, slide. || lapse. || indiscretion.

deslizadero m. slide. || slippery spot. || (tech.) chute, slide.

deslizar vt. to slide. || to let slip, to let out (a secret). || — vr. to slide. || to slip. || (time) to pass.

deslucido adj. tarnished. || dull, lacklustre.

deslucir vt. to spoil, to ruin, to damage. || to tarnish.

deslumbramiento m. glare, dazzle. || brilliance.

deslumbrar vt. to dazzle. || to blind. || to bewilder.

deslustrar vt. to tarnish, to dim, to make dull.

desmán m. excess, outrage. || piece of bad behaviour.

desmanchar vt. (S. Ant.) to clean, to remove the spots (or stains, etc.) from.

desmandarse vr. to go too far. || to run wild.

desmantelar vt. to dismantle. || (naut.) to unmast.

desmañado adj. clumsy, awkward. || slow, helpless.

desmayado adj. wan, fainted, weak. || languid.

desmayar vi. to get discouraged. || to falter. || — vr. (med.) to faint.

desmayo m. faint, swoon.

desmedido adj. excessive. || immoderate. || unbounded.

desmedirse vr. to forget oneself, to go too far.

desmedro m. decline, deterioration. || wasting away.

D

desmejorar vt. to spoil, to impair, to damage.

desmembrar vt. to dismember, to separate, to break up.

desmemoriado adj. forgetful, absent-minded.

desmentir vt. to prove false. || to deny. || to conceal. || — vi. to deviate, to stray away.

desmenuzar vt. to crumble. || to chop up (meat). || to break into small pieces. || (fig.) to examine minutely.

desmerecer vt. to be unworthy of. || — vi. to deteriorate, to be less good. || to lose value.

desmesurado adj. excessive, inordinate. || enormous.

desmigajar vt. to crumble.

desmilitarizar vt. to demilitarize.

desmochar vt. to lop off the top (of a tree, etc.). || to dehorn. || to cut (a literary work, etc.).

desmonetizar vt. to demonetize. || (Arg.) to devalue.

desmontable adj. detachable. || sectional. || collapsible.

desmontar vt. to remove. || to dismantle, to disassemble. || to clear of trees. || to dismount.

desmoralizar vt. to demoralize. || — vr. to become demoralized.

desmoronamiento m. crumbling, decay. || collapse (a. fig.).

desmoronar vt. to wear away. || (fig.) to corrode, to erode. || — vr. to crumble, to decay, to fall to pieces.

desmovilizar vt. lo demobilize.

desnacionalizar vr. lo denationalize.

desnalar vt. lo skim, lo remove the cream of (milk).

desnaturalizado adj. (chem.) denatured. || inhuman.

desnaturalizar vr. (chem.) to denature. || to pervert. || (text., etc.) to distort. || to misrepresent.

desnivel m. unevenness. || (fig.) inequality, gap.

desnivelar vt. to make uneven, y (fig.) to unbalance.

desnucar vt. to break the neck of. || — vr. to break one's neck.

desnudar vt. to undress, to strip. || to bare. || (fig.) to ruin. || — vr. to strip, to get undressed.

desnudo adj. naked, nude, undressed. || bare. || (fig.) dispossessed. || — m. (art, etc.) nude.

desnutrición f. malnutrition, undernourishment.

desobedecer vt., vi. to disobey.

desobediente adj. disobedient.

desocupación f. unemployment. || idleness.

desocupar vt. to clear (a space). || to vacate. || to empty.

desodorante m. deodorant.

desodorizar vt. to deodorize.

desoír vt. to disregard. || to turn a deaf ear to.

desolación f. desolation. || (fig.) grief, distress.

desollar vt. to skin, to flay.

desorbitado adj. disproportionate, excessive.

desorden m. disorder, confusion, jumble, y turmoil.

desordenar vt. to disarrange, to mess up.

desorganizar vt. to disorganize, to disrupt.

desorientar vt. to mislead, to disorientate.

desovar vi. (fish) to spawn. || (insect) to lay eggs.

desovillar vt. to unravel, to unwind, y to disentangle.

despabilado adj. wide-awake, y watchful. || sharp.

despabilar vt. to trim (a candlewick). || (fig.) to wake up. || to sharpen the wits of.

despacio adv. slowly, y gently. || (S. Am.) softly.

despachante m. (Arg.) clerk, y **d. de aduanas**, customs agent.

despachar vt. to dispatch, to send off. || (infml.) to dismiss (from employment). || (infml.) to kill. || — vi. to hurry up. || to serve (in a shop).

despacho m. dispatch. || study. || office, bureau.

despampanante adj. (infml.) stunning, extremely attractive y beautiful.

desparejado, desparejo adj. odd.

desparpajo m. (infml.) ease, confidence, assurance.

desparramar vt. to scatter. || (fig.) to squander.

despatarrar vt. to open the legs wide.

despavorido adj. terrified.

despectivo adj. contemptuous, scornful. || derogatory.

despecho m. spite, y indignation. || despair. || **a d. de**, in spite of.

despedazar vt. to tear to pieces. || to lacerate.

despedida f. good bye, farewell. || send off. || (letter) closing formula.

despedir vt. to hurl. || to dismiss, y to exhale, y to emit. || to see off. || — vr. to say goodbye.

despegar vt. to unstick. || to take off. || — vi. (aer.) to take off.

despeinar vt. to dishevel. || to tousle.

despejado adj. clear, free, y spacious. || lucid.

despejar vt. to clear away. || to vacate. || to explain. || (math.) to resolve, to solve. || — vr. (sky) to clear up. || to relax.

despellejar vt. to skin, to flay. || (fig.) to slander.

despensa f. pantry, larder. || food store.

despeñadero m. (geog.) cliff, precipice.

despeñar vt. to fling down, to throw over a cliff.

desperdiciar vt. to waste. || to squander (money).

desperdicio m. waste, y pl. desperdicios, rubbish.

desperdigar vt. to scatter, to disperse. || to divide.

desperezarse vt. to stretch (oneself).

desperfecto m. flaw, blemish. || slight damage.

despertador m. alarm clock.

despertar vt. to wake up. || to awaken.

despiadado adj. cruel. || merciless, relentless.

despido m. dismissal, sacking.

despierto adj. awake, y sharp. || alert.

despilfarrar vt. to waste, to squander.

despilfarro m. wasting, squandering. || extravagance.

despintar vt. to take the paint off. || (fig.) to misrepresent, to alter, to distort.

despistado adj. (infml.) all at sea. || absent minded.

despistar vt. to throw off the track. || (fig.) to put off the scent. || to mislead.

desplante m. bad stance. || act of defiance, insolence.

desplazamiento m. displacement. || moving. || journey.

desplazar vt. to move, to shift. || (naut., phys.) to displace. || — vr. to move. to travel.

desplegar vt. to spread out. || to unfurl. || to display.

despliegue m. unfolding. || (fig.) display.

desplomarse vr. to lean, to tilt. || to collapse.

desplumar vt. to pluck. || (infml.) to fleece, to skin.

despoblado m. deserted spot, uninhabited place.

despoblar vt. to depopulate. || to lay waste.

despojar vt. to strip. || to rob. || to despoil. || to deprive, to dispossess. || — vr. to take off, to strip.

despojo m. depriving. || stripping. || plundering. || pl. **despojos**, offal. || remains.

desposar vt. to marry, to wed. || — vr. to get engaged.

desposeer vt. to dispossess. || to oust (from a post).

déspota m. despot.

despótico adj. despotic.

despreciable adj. despicable. || worthless.

despreciar vt. to despise. || to depreciate. || to snub.

desprecio m. contempt. || scorn. || disregard. || snub.

desprender vt. to let loose, to detach. || to untie. || (gas, etc.) to give off. || — vr. to come loose. || to become detached. || to be deduced or inferred.

desprendimiento m. loosening, detachment. || unfastening. || unselfishness.

despreocupación f. unconcern. || carefree nature. || nonchalance. || indifference. || looseness.

despreocupado adj. unconcerned, carefree. || unconventional. || absentminded. || casual.

desprestigiar vt. to disparage. || to discredit.

desprevenido adj. unready, unprepared. || **tomar a uno d.**, to catch someone unawares.

desproporcionado adj. disproportionate.

despropósito m. absurdity, nonsense. || oddity.

desprovisto adj. lacking, without, devoid, wanting.

después adv. afterwards, later. || then, next.

desquiciar vt. (door) to unhinge. || (fig.) to distress.

desquitarse vr. to recoup. || to take revenge.

desquite m. satisfaction. || compensation. || revenge.

destacable, **destacado** adj. notable, outstanding.

destacar vt. to underline. || (art) to highlight. || — vi. to stand out. || — vr. to stand out.

destajar vt. to settle, to specify (conditions).

destajo m. piecework. || job. || **a d.**, by the job.

destapar vt. to uncork. || to take the top or cap off. || to unplug. || to open.|| to uncover.

destartalado adj. untidy, in disorder. || (house, etc.) ruinous, tumbledown, dilapidated. || rickety, shaky.

destejer vt. to undo, to unravel. || (fig.) to upset.

destellar vi. to flash. || to sparkle. || (stars) to twinkle.

destemplado adj. inharmonious. || out of tune.

destemplanza f. unsettledness. || intemperance.

destemplar vt. to disorder, to alter. || to upset, to disturb. || — vr. to get out of tune.

desteñir vt., vi. to fade. || to discolour. || — vr. to fade, to lose colour, to get discoloured.

desterrado m., **desterrada** f. exile. || outlaw.

desterrar vt. to banish, to exile.

destetar vt. to wean.

destiempo m. **a d.**, at the wrong time.

destierro m. exile, banishment. || (fig.) wilderness.

destilación f. distillation.

destilar vt. to distil. || to filter. || — vi. to distil.

destilería f. distillery. || **d. de petróleo**, oil refinery.

destinar vt. to destine. || to assign. || to allot.

destinatario m., **destinataria** f. addressee.

destino m. destiny. || fate. || **con d. a**, bound for.

destituir vt. to deprive. || to dismiss.

destornillador m. screwdriver.

destornillar vt. to unscrew.

destrabar vt. to loosen, to detach. || to unfetter.

destreza f. skill, dexterity. || cleverness. || handiness.

destronar vt. to dethrone. || (fig.) to overthrow.

destrozar vt. to destroy, to shatter. || to squander.

destrozo m. destruction, havoc, ruin. || rout, defeat.

destrucción f. destruction.

destructor adj. destructive. || — m. (naut.) destroyer.

destruir vt. to destroy. || — vr. (math.) to cancel out.

desunir vt. to separate, to sever to detach.

desusado adj. obsolete. || (fig.) unusual.

desuso m. disuse. || **caer en d.**, to fall into disuse.

desvaído adj. pale, faded. || (fig.) dull.

desvalido adj. helpless. || destitute. || needy.

desvalijar vt. to rob, to plunder.

desvalorar vt. to devaluate. || to devalue.

desvalorizar vt. to devalue.

desván m. loft, attic. || garret.

desvanecer vt. to dispel, to make disappear. || to banish. || — vr. to vanish. || (med.) to faint away.

desvanecimiento m. dizziness. || fainting fit. || fading.

desvariar vi. to be delirious. || (fig.) to rave.

desvarío m. delirium. || raving. || (fig.) absurdity.

desvelado adj. sleepless, wakeful. || (fig.) watchful.

desvelar vt. to keep awake. || — vr. to stay awake.

desvelo m. sleeplessness. || (fig.) watchfulness.

desvencijado adj. ramshackle, rickety.

desventaja f. disadvantage. || handicap, liability.

desventura f. misfortune.

desventurado adj. unfortunate, wretched. || poor.

desvergonzado adj. shameless. || impudent, brazen.

desvestir vt., vr. to undress.

desviar vt. to deviate, to deflect. || to divert. || (fig.) to dissuade. || — vr. to turn off. || to derivate.

desvío m. deviation, deflection. || (road) detour.

desvirtuar vt. to impair, to spoil. || to adulterate.

detallado adj. detailed. || circumstantial. || detailed, intimate.

detallar vt. to detail. || (comm.) to retail.

detalle m. detail. || kind thought. || (comm.) retail.

detallista adj. retail. || — m., f. retailer.

detección f. detection.

detectar vt. to detect.

detective m. detective.

detención f. stopping. || delay. || (law) arrest.

detener vt. to stop. || to arrest. || — vr. to stay.

detenidamente adv. carefully, thoroughly.

detenido adj. minute, thorough, detailed. || (law) arrested. || — m., **detenida** f. person under arrest.

detenimiento m. care, thoroughness.

detentar vt. (law) to detain, to retain.

detergente adj., m. detergent.

deteriorar vt., vr. to deteriorate, to spoil.

deterioro m. deterioration. || impairment. || damage.

determinación f. determination. || decision. || courage.

determinado adj. certain. || (ling.) definite.

determinar vt. to determine. || to set. || to decide. || — vr. to decide.

detestar vt. to detest, to hate, to loathe.

detonar vi. to detonate, to explode, to go off.

detraer vt. to detract, to take away. || to defame.

detrás adv. behind. || on the back. || at the back.

detrimento m. harm, damage. || detriment.

deuda f. debt. || trespass, offence, sin.

deudo m. relative.

deudor adj. indebted. || — m., **deudora** f. debtor.

devaluación f. (fin.) devaluation.

devanar vt. to wind, to reel.

devaneo m. delirium. || nonsense. || idle pursuit. || flirtation.

devastar vt. to devastate.

devengar vt. to be owed. || to yield.

devoción f. devotion, devoutness, piety. || loyalty.

devolución f. return. || refund. || restitution.

devolver vt. to return, to give back. || to restore. || to refund. || (infml.) to throw up, to vomit.

devorar vt. to devour. || to eat up. || to consume.

devoto adj. devout. || revered. || devoted. || — m. **devota** f. (relig.) devout person.

día m. day. || daylight, daytime. || **poner al d.**, to bring up to date. || **al otro d.**, on the following day. || **cualquier d.**, any day. || **d. de ayuno**, fast day.

diabético adj., m., **diabética** f. diabetic.

diablo m. devil, demon. || (fig.) scamp. || rogue. || monster. || **¡váyase al d.!**, go to hell!

diabólico adj. diabolical, devilish, fiendish.

diácono m. deacon.

diadema f. diadem. || crown. || tiara.

diáfano adj. diaphanous, transparent. || filmy.

diagnosticar vt. to diagnose.

diagonal adj., f. diagonal.

diagrama m. diagram.

dialecto m. dialect.

diálogo m. dialogue.

diamante m. diamond.

diámetro m. diameter.

diana f. (mil.) reveille. || bull's-eye, bull.

diapositiva f. (phot.) slide.

diario adj. daily. || — m. diary. || newspaper, daily. || (comm.) journal, daybook. || — adv. daily.

diarrea f. diarrhoea.

dibujante m. sketcher, draftsman.

dibujar vt. to draw, to sketch. || (tech.) to design. || — vr. to be outlined (contra against).

dibujo m. drawing. || sketch. || description, depiction. || **dibujos animados**, cartoons.

dicción f. (in general) diction. || style. || word.

diccionario m. dictionary.

diciembre m. December.

dictado m. dictation.

dictador m. dictator.

dictadura f. dictatorship.

dictamen m. opinion, dictum. || judgement. || report.

dictar vt. to dictate. || to command. || to inspire.

dicha f. happiness. || bliss. || good luck.

dicho adj. said. || — m. saying. || statement.

dichoso adj. happy, blissful. || lucky, fortunate.

diecinueve adj., m. nineteen. || (date) nineteenth.

dieciocho adj., m. eighteen. || (date) eighteenth.

dieciséis adj., m. sixteen. || (date) sixteenth.

diecisiete adj., m. seventeen. || (date) seventeenth.

diente m. tooth. || tusk, fang. || cog.

diestro adj. right. || skilful, deft. || shrewd. || — m. swordsman. || (taur.) bullfighter.

dieta f. (med.) diet. || daily expense, allowance.

dietista m., f. dietician.

diez adj., m. ten. || (date) tenth.

diezmar vt. to decimate (a. fig.).

diezmo m. tithe.

difamación f. slander, defamation. || libel.

difamar vt. to defame, to slander. || to libel.

diferencia f. (all senses) difference.

diferenciar vt. to differentiate. || — vi. to differ, to disagree. || — vr. to differ, to be different.

diferente adj. different. || dissimilar.

diferir vt. to defer, to postpone. || — vi. to differ.

difícil adj. difficult, hard.

dificultad f. difficulty, obstacle, impediment.

dificultar vt. to impede, to render difficult.

difundir vt. to diffuse. || to spread. || to divulge.

difunto adj. deceased. || — m., **difunta** f. dead person.

difuso adj. (style) diffuse, wordy. || hazy, blurred.

digerir vt. to digest. || (fig.) to bear, to endure.

digestión f. digestion.

digesto m. (law, etc.) digest.

dígito m. (math., astron.) digit.

dignarse vr. to deign, to vouch safe, to condescend.

dignatario m. dignitary.

dignidad f. dignity, honour. || rank, office.

dignificar vt. to dignify.

digno adj. deserving. || worthy. || fitting.

dije m. trinket, charm. || amulet. || locket.

dilación f. delay.

dilapidar vt. to squander, to waste.

dilatar vt. to dilate, to expand. || to defer. || — vr. to expand. || (med.) to dilate.

dilección f. affection.

diligencia f. diligence, care, y speed. || stagecoach.

diligente adj. diligent. || industrious. || quick.

dilucidar vt. to elucidate, to explain, to clarify.

diluir vt. to dilute, y to water down, to weaken.

diluvio m. deluge, flood (a. fig.).

dimanar vi. lo arise from, to spring from.

dimensión f. dimension. || size, measure, bulk.

diminutivo adj., m. diminutive.

diminuto adj. tiny, minute. || defective.

dimisión f. resignation.

dimitir vt., vi. to resign.

dinamita f. dynamite.

dinamo, dínamo f. (often m. in S. Am.) dynamo.

dinastía f. dynasty.

dinero m. money. || wealth, fortune.

dintel m. lintel. || (S. Am.) threshold.

diócesi(s) f. diocese.

Dios m. god. || idol.

diosa f. goddess.

diplomado adj. qualified, trained, having a diploma.

diplomático adj. diplomatic. || — m. diplomat.

diptongo m. diphthong.

diputado m. **diputada** f. deputy. || delegate.

dique m. dike, dam. || mound, bank. || jetty, dock.

dirección f. direction, course. || management. || order. || address (for letters, etc.). || board of directors, executive board.

directivo adj. (board, etc.) managing, governing.

directo adj. direct. || straight. || through (train).

director adj. controlling. || guiding. || — m., **directora** f. director, manager (of a firm, business). || headmaster, principal .(of a school). || conductor (of an orchestra). || editor (of a newspaper).

dirigente adj. leading. || — m. (pol., etc.) leader.

dirigir vt. to direct. || to manage (a business). || to lead. || to guide. || to steer (a boat), to drive (a car). || to address (a letter). || (mus.) to conduct. || — vr. to go to. || to speak to.

dirimir vt. to settle (dispute). || to annul, to dissolve.

discernir vt. to discern, to distinguish.

disciplina f. (in most senses) discipline.

disciplinar vt. to discipline. || to school, to train.

discípulo m., **discípula** f. disciple. || follower. || pupil.

disco m. disk, disc. || record. || (comput.) disk. || (tel.) dial. || (med.) disc.

díscolo adj. uncontrollable, unruly. || rebellious.

disconforme adj. differing. || in disagreement.

discontinuidad f. lack of continuity.

discordancia f. discord (a. fig.).

discorde adj. (mus.) discordant. || out of tune.

discordia f. discord, disagreement.

discoteca f. record library. || discotheque.

discreción f. discretion. || tact, prudence.

discrepancia f. discrepancy. || divergence.

discreto adj. discreet. || prudent. || sober. || (position) unobtrusive. || moderate.

discriminar vi. to discriminate.

disculpa f. excuse. || plea. || apology.

disculpar vt. to excuse, to pardon. || — vr. to apologize.

discurrir vt. to invent. || — vi. to roam. || to flow. || to reason. || to discourse.

discurso m. speech, discourse. || (time) passage.

discusión f. discussion. || argument.

discutible adj. debatable, arguable || questionable.

discutir vt. to discuss. || — vi. to discuss. || to argue.

disecar vt. to dissect. || (animal) to stuff.

diseminar vt. to disseminate, to spread, to scatter.

disensión f. dissension.

disentir vi. to dissent (de from). || to differ.

diseñar vt. to design. || to draw, to sketch.

diseño m. design. || drawing, sketch.

disertar vi. to speak (**sobre** on). || to discourse.

disfraz m. disguise. || mask. || fancy dress.

disfrazar vt. to disguise. || — vr. to disguise oneself as.

disfrutar vt. to enjoy. || to make use of. || — vi. to enjoy oneself, to have a good time.

disgregar vt. to disintegrate. || to break up.

disgustar vt. to annoy, to displease. || — vr. to be displeased. || (2 persons) to fall out.

disgusto m. displeasure. || sorrow. || quarrel.

disidente adj., m., f. dissident.

disimulado adj. furtive. || underhand.

disimular vt. to hide. || to conceal. || to excuse. || to tolerate. || — vi. to dissemble.

disimulo m. furtiveness. || pretence. || tolerance.

disipación f. dissipation.

disipado adj. dissipated. || spendthrift.

disipar vt. to dissipate. || — vr. to vanish.

dislate m. absurdity. || blunder.

dislocar vt., vr. to dislocate.

disminuir vt. to diminish, to decrease, to lessen.

disociar vt. to dissociate.

disolución f. dissolution. || (moral) dissoluteness.

disoluto adj. dissolute. || — m. debauchee.

disolver vt. to dissolve. || (meeting) to break up.

disonancia f. (mus.) dissonance. || (fig.) discord.

dispar adj. unlike, different, disparate.

disparada f. (S. Am.) sudden flight.

disparador m. (gun) trigger. || (phot.) shutter release.

disparar vt. to shoot, to fire. || to throw. || — vi. to shoot, to fire. || — vr. (gun) to go off. || (horse) to bolt.

disparatado adj. absurd, nonsensical. || unreasonable.

disparatar vi. to talk nonsense. || to do something silly.

disparate m. absurd thing. || blunder. || nonsense.

disparidad f. disparity.

disparo m. shot. || firing.

dispendio m. wasted, squandering. || extravagance.

dispensar vt. to dispense. || to give. || to excuse.

dispensario m. dispensary. || clinic.

dispersar vt., vr. to disperse, to scatter.

displicente adj. disagreeable. || unenthusiastic.

disponer vt. to arrange, to dispose. || to prepare. || to decide. || — vi. to dispose of. || — vr. to prepare.

disponible adj. available. || on hand, spare. || vacant.

disposición f. arrangement, disposition. || order. || layout. || (law) provision. || inclination. || **a su d.**, at your disposal.

dispositivo m. device. || appliance. || gadget.

dispuesto adj. arranged, disposed. || ready. || helpful.

D

disputa f. dispute. || argument. || controversy.

disputar vt. to dispute. || to fight for. || — vi. to debate, to argue.

distancia f. distance.

distante adj. distant (a. fig.). || far-off, remote.

distar vi. to be distant. || (fig.) to be far.

distender vt. to distend. || to stretch.

distensión f. distension. || stretching. || (med.) strain.

distinción f. distinction. || distinctness. || refinement. || **a d. de**, unlike, in contrast to.

distinguido adj. distinguished. || refined.

distinguir vt. to distinguish. || to make out. || to honour. || — vr. to be distinguished. || to stand out.

distintivo adj. distinctive. || — m. badge, emblem.

distinto adj. distinct. || different. || pl. **distintos**, several, various.

distorsión f. distortion.

distracción f. distraction. || amusement. || (fin.) embezzlement.

distraer vt. to distract. || to divert. || to amuse. || (fin.) to embezzle.

distraído adj. absent-minded. || amusing. || dissolute.

distribuidor m. distributor (a. aut.). || dealer.

distribuir vt. to distribute. || to deliver. || to lay out.

distrito m. district. || **d. electoral**, constituency.

disturbio m. disturbance. || commotion.

disuadir vt. to dissuade, to deter (de from).

disyuntiva f. dilemma. || alternative.

disyuntor m. (elec.) circuit breaker.

dita f. surety. || bond. || (S. Am.) small debt.

diurno adj. diurnal, day (attr.).

divagación f. digression.

divagar vi. to digress. || to wander.

diván m. divan, couch.

divergir vi. to diverge. || to disagree.

diversidad f. diversity, variety.

diversificar vt. to diversify.

diverso adj. diverse. || different. || pl. **diversos**, various.

divertido adj. entertaining, amusing. || funny.

divertir vt. to amuse, to entertain. || — vr. to amuse oneself.

dividir vt. to divide. || to split (up). || to share out.

divino adj. divine (a. fig.).

divisa f. emblem. || device. || pl. **divisas**, (fin.) foreign exchange, currency.

divisar vt. to make out, to descry.

división f. division. || split. || (of country) partition.

divisor m. (math.) divisor, factor.

divisoria f. dividing line. || (geog.) divide.

divorciar vt. to divorce. || — vr. to gel divorced.

divorcio m. divorce. || (fig.) separation.

divulgar vt. to spread. || to popularize. || to divulge.

dobladillo m. hem. || (of trousers) turn-up(s), cuff(s).

doblado adj. (sew., etc.) double. || folded. || sly.

doblaje m. (cine.) dubbing.

doblar vt. to double. || to fold, to crease. || to turn. || (film) to dub. || — vi. to turn. || to toll. || — vr. to fold. || to double.

doble adj. double. || dual. || two-faced. || — m. double (quantity). || **el d.**, twice as much. || (sew., etc.) fold, crease. || toll. || knell. || pl. **dobles**, (sport) doubles. || — adv. double: **ver d.**, to see double.

doce adj., m. twelve. || twelfth. || — f. pl. **son las doce**, it's twelve o'clock.

docena f. dozen.

docente adj. educational. || teaching.

dócil adj. docile. || obedient. || mild.

docto adj. learned, erudite. || — m. scholar. || learned person.

doctor m. doctor. || (eccl.) father, saint.

doctorado m. doctorate.

doctorar vt. to confer a doctor's degree on. || — vr. to take one's doctor's degree (or doctorate).

doctrina f. doctrine. || teaching. || catechism.

documentación f. documentation. || papers.

documental adj., m. (cine., etc.) documentary.

documento m. document. || paper. || record. || certificate. || **d. nacional de identidad**, identity card.

dogal m. halter. || hangman's noose.

dogmático adj. dogmatic.

dólar m. dollar.

doler vt., vi. to hurt, to pain. || to ache. || (fig.) to grieve, to distress. || — vr. to feel sorry.

dolo m. fraud, deceit.

dolor m. pain. || ache. || pang. || **d. de cabeza**, headache. || *(fig)* sorrow, grief.

dolorido adj. sore, aching. || *(fig)* distressed.

doloroso adj. painful. || *(fig)* grievous.

domador m., **domadora** f. trainer. || tamer. || **d. de caballos**, horse-breaker.

domar vt. to tame. || to train. || (horse, etc.) to break in. || *(fig.)* to master, to control. || to repress.

domesticar vt. to tame, to domesticate. || to train.

doméstico adj. domestic. || home *(attr.)*, family *(attr.)*.

domiciliar vt. to domicile. || — vr. to take up residence.

domicilio m. home. || domicile, residence, abode.

dominante adj. dominant *(a. mus.)*. || ruling. || prevailing. || governing. || domineering.

dominar vt. to dominate. || to control. || to subdue. || to master. || to know well. || to overlook. || — vi to dominate. || — vr. to control oneself.

domingo m. Sunday.

dominio m. dominion. || command. || domain.

dominó m. domino. || a set of dominoes.

domo m. *(archit.)* dome, cupola.

don m. title equivalent to Mr. or (on letters) Esquire, used before Christian name alone.

don m. gift. || present. || knack. || talent *(de* for).

donación f. donation. || *(law)* gift.

donador m., **donadora** f. donor.

donaire m. charm, wit. || elegance.

donar vt. to donate. || to bestow.

doncel m. *(hist.)* page. || squire. || chaste youth.

doncella f. lady's maid, maidservant. || virgin. || maid.

donde rel. adv. where. || *(fig.)* wherein. || in which.

dónde interrog. adv. where?: **¿a d. vas?**, where are you going (to)? || **¿Por d.?**, which way?

dondequiera adv. anywhere. || — conj. wherever.

doña f. courtesy title, used before Christian names, roughly equivalent to Mrs., mistress.

doquier adv. *(arch, or lit.)* = **dondequiera.**

dorado adj. golden. || gilt. || — m. gilding, gilt.

dorar vt. *(tech.)* to gild. || *(cook.)* to brown.

dormilón adj. sleepy. || — m., **dormilona** f. sleepyhead. || **dormilona** f. reclining chair.

dormir vi. to sleep. || to spend the night. || — vt. to put or to send to sleep. || — vr. to go to sleep.

dormitorio m. bedroom. || (school, etc.) dormitory.

dorso m. back *(a. fig.)*.

dos adj., m. two. || (date) second. || **d. veces**, twice. || **los d.**, both.

doscientos adj., m. two hundred.

dosis f. dose. || dosage, amount. || shot.

dotación f. endowment. || staff, personnel. || crew.

dotar vt. (woman) to endow. || to provide staff (etc.) for. || *(mech.)* to supply, to fit. || (ship) to man.

dote f. dowry, marriage portion. || pl. **dotes**, gifts, talent.

dozavo adj., m. twelfth.

dragar vt. to dredge. || (mines) to sweep.

dragón m. dragon. || *(mil.)* dragoon.

dramático adj. dramatic *(a. fig.)*. || — m. dramatist.

dramatizar vt. to dramatize.

dramaturgo m. dramatist, playwright.

drenaje m. *(esp. agr., med.)* drainage.

drenar vt. to drain.

droga f. drug. || medicine. || dope. || *(infml.)* trick.

drogado adj. drugged, doped. || — m. *(sport)* doping.

drogar vt. to drug. || *(sport)* to dope. || — vr. to drug oneself.

droguería f. druggist's (shop).

dromedario m. dromedary.

dualidad f. duality.

ducado m. duchy, dukedom. || (coin) ducat.

dúctil adj. ductile, soft. || *(fig.)* easy to handle.

ducha f. shower, shower bath. || *(med.)* douche.

duchar vt. to douche. || — vr. to have or take a shower.

ducho adj. well versed *(en* in). || skilled *(en* at).

duda f. doubt. || **sin d.**, no doubt, doubtless.

dudar vt. to doubt. || — vi. to be in doubt. || **d. de**, to mistrust. || **d. en** (entre), to hesitate.

dudoso *adj.* doubtful, dubious, uncertain. || hesitant.

duelo *m.* duel. || grief, sorrow. || mourning.

duende *m.* imp, goblin, elf.

dueña *f.* owner, proprietress. || landlady. || duenna.

dueño *m.* owner, proprietor. || landlord. || employer.

dulce *adj.* sweet. || (water) fresh. || (metal, voice, sound) soft. || gentle. || — *adv.* gently, softly. || — *m.* sweet, candy *(U. S.)*.

dulcería *f.* confectioner's shop, candy store.

dulcificar *vt.* to sweeten. || *(fig.)* to soften.

dulzaina *f. (mus.)* flageolet, smalkflute.

dulzarrón, dulzón *adj.* sickly-sweet, too sugary.

dulzura *f.* sweetness. || softness. || mildness.

duna *f.* dune.

dúo *m.* duet, duo.

duodécimo *adj., m.* twelfth.

duplicado *adj., m.* duplicate. || **por d.,** in duplicate.

duplicar *vt.* to duplicate. || to double.

duplicidad *f.* duplicity, double-dealing.

duplo *adj., m.* double.

duque *m.* duke.

duquesa *f.* duchess.

durable *adj.* durable, lasting.

duración *f.* duration. || length of time. || life.

duradero *adj.* hard-wearing, durable. || lasting.

durante *prep.* during. || in. || for.

durar *vi.* to last. || to endure. || to wear (well).

durazno *m.* peach. || peach tree.

dureza *f.* hardness. || toughness. || stiffness.

durmiente *adj.* sleeping. || — *m., f.* sleeper.

duro *adj.* hard. || tough. || (bread) stale. || stiff. || cruel. || (look) stony, stern. || difficult. || stubborn. || *(sport)* rough. || (style) harsh. || — *adv.* hard.

E

e *f.* e.

e *conj.* (used instead of *y* before words beginning with *i* or *hi*).

¡ea! *interj.* hey! || come on!

ebanista *m.* cabinetmaker, carpenter.

ebanistería *f.* cabinetmaking. || woodwork, carpentry.

ébano *m.* ebony.

ebrio *adj.* drunk, inebriated, tipsy.

ebullición *f.* boiling. || *(fig.)* activity. || ferment.

ecléctico *adj.* eclectic. || — *m.*, **ecléctica** *f.* eclectic.

eclesiástico *adj., m.* ecclesiastic,

eclipsar *vt.* to eclipse. || *(fig.)* to outshine.

eclosión *f.* bloom, blooming. || **hacer e.,** to bloom.

eco *m.* echo. || *(fig.)* response.

ecología *f.* ecology.

economía *f.* economics. || economy. || saving.

económico *adj.* economic. || inexpensive. || thrifty.

economizar *vt.* to economize (on), to save. || — *vr.* to economize, to save. || to save up.

ecónomo *m.* trustee, guardian.

ecuación *f.* equation.

ecuador *m.* equator.

ecuánime *adj.* equable, calm, serene.

ecuatoriano *adj., m.,* **ecuatoriana** *f.* Ecuador(i)an.

ecuestre *adj.* equestrian.

ecuménico *adj.* ecumenical.

echado *adj.* lying down. || indolent, lazy.

echar *vi.* to pitch, to toss. || to dump. || to emit (sparks). || to exhale (odour). || to dismiss, y to apply (lotion, etc.). || to put out (roots). || **e. abajo,** to demolish, to knock down. || **e. a perder,** to spoil. || **e. a pique,** to sink. || **e. de menos,** to miss. || **e. mano,** to reach for. || — *vr.* to throw oneself. || to lie down. || (fowl) to brood. || **echarse a perder,** to spoil.

echarpe *m.* scarf, sash.

edad *f.* age, era, epoch, time. || **de e.,** elderly. || **llegar a la mayoría de e.,** to come of age.

edecán *m.* aide-de-camp.

edición *f.* publication. || edition, issue.

edicto *m.* edict, proclamation.

edificante *adj.* edifying. y improving. || ennobling.

edificar *vr.* to build, to construct. || *(fig.)* to edify.

edificio *m.* building, y edifice.

editar *vt.* to publish. || *(comput.)* to edit.

editor *adj.* publishing. || — *m.* publisher. || editor.

editorial *adj., m.* editorial. || — *f.* publishing company.

edredón *m.* eiderdown. || feather quilt.

educación *f.* education, training, instruction.

educado *adj.* well-mannered. || nicely behaved. || cultivated. || **mal e.,** ill-mannered

educador *m.* educator, teacher.

educando *m.* pupil.

educar *vr.* to educate. || to instruct, to teach. || to rear.

edulcorante *m.* sweetener.

efectivamente *adv.* really. || in fact. || exactly.

efectivo *adj.* effective, y real. || permanent, regular. || — *m.* cash. || *pl.* **efectivos** *(mil.),* troops, forces.

efecto *m.* effect, result. || end, purpose. || spin (given to a ball). || *pl.* **efectos,** effects. || goods.

efectuar *vt.* to carry out. || — *vr.* to take place.

efervescencia *f.* effervescence. || fizziness.

efervescente *adj.* effervescent || fizzy, bubbly.

eficaz *adj.* efficacious, effective. || telling. || efficient.

eficiencia *f.* efficiency.

efigie *f.* effigy.

efímero *adj.* ephemeral, fleeting, short-lived.

E

efusivo adj. effusive. || warm, expressive.
egipcio adj. Egyptian. || — m., **egipcia** f. Egyptian.
egoísmo m. egoism. || selfishness.
egoísta adj. egoistical. || selfish. || — m., f. egoist.
egotista adj. egotistic(al). || — m., f. egotist.
egregio adj. eminent, distinguished,
egresar vi. (S. Am.) to pass out. || (univ.) to graduate.
eje m. axis. || (mech.) axle, shaft. || crux, main point.
ejecutante m., f. (mus.) performer.
ejecutar vt. to execute. || to perform.
ejecutivo adj., m. executive.
ejemplar adj. exemplary. || — m. example. || specimen. || copy (of book). || number, issue (of journal).
ejemplificar vr. to exemplify, to illustrate.
ejemplo m. example, instance. || **por e.**, for example, for instance. || **dar e.**, to set an example.
ejercer vt. to exert. || to exercise. || to practise.
ejercicio m. practice. || exercise. || (mil.) training, drill.
ejército m. army.
el def. art. the: el maestro, the teacher.
él pers. pron. m. (person) he, (thing) it. || (after prep: person) him, (thing) it.
elaboración f. elaboration. || manufacture.
elaborar vt. to elaborate. || to make. || to work out (plan).
elasticidad f. elasticity. || spring, sponginess. || give.
elástico adj. elastic. || (fabric) stretch. || — m. elastic.
elección f. choice, selection. || (poi) election.
electorado m. electorate. || voters.
electricidad f. electricity.
electricista m. electrician.
electrificar vt. to electrify.
electrizar vt. to electrify (a. fig.).
electrocardiograma m. electrocardiogram.
electrocutar vt. to electrocute.
electrodo m. electrode.
electroimán m. electromagnet.
electrónica f. electronics.
electrónico adj. electronic.
elefante m. elephant.
elegancia f. elegance. || gracefulness. || stylishness.
elegante adj. elegant, stylish, smart. || graceful.

elegía f. elegy.
elegible adj. eligible.
elegir vt. to choose, to select. || (pol., etc.) to elect.
elemental adj. elementary. || elemental.
elemento m. element. || unit, section. || ingredient.
elenco m. catalogue, list. || (theat.) cast.
elevación f. raising. || height. || rapture.
elevador m. elevator, hoist. || (S. Am.) lift, elevator.
elevar vt. to raise, to lift. || to erect, to put up. || — vr. to rise, to go up. || to soar.
eliminar vt. to eliminate. || to remove. || to expel.
elipsis f. ellipsis.
elocuente adj. eloquent. || (fig.) telling. || significant.
elogiar vt. to praise, to eulogize.
elogioso adj. eulogistic, laudatory.
elucidar vt. to elucidate.
eludir vt. to elude, to avoid, to evade.
ella pers. pron. f. she, (thing) it. || (after prep: person) her, (thing) it: vino con ella, she came with her.
ello neuter pers. pron. it: **e. es obvio**, it is obvious.
emanar vi. to emanate. || to result.
emancipar vt. to emancipate. || to free,
embajada f. embassy. || (fig.) errand.
embajador m. ambassador.
embalar vt. to pack, to wrap. || to rev (motor).
embaldosar vt. to tile, to pave with tiles,
embalsamar vt. to embalm.
embalsar vt. to dam, to dam up. || to retain, to collect.
embalse m. dam. || reservoir.
embanderar vt. to deck with flags.
embarazada adj. pregnant. || — f. pregnant woman.
embarazar vt. to embarrass. || to make pregnant.
embarazo m. obstacle, hindrance. || pregnancy.
embarazoso adj. awkward. || embarrassing.
embarcación f. boat, craft, (small) vessel.
embarcadero m. (naut.) landing stage. || quay, jetty.
embarcar vt. to embark. || to ship. || (infml.) to involve.
embargar vt. (fig.) to overcome. || (law) to seize.
embargo m. (law) seizure. || (comm., etc.) embargo. || **sin t.**, however, nevertheless.

embarque *m*. shipment, loading.

embarrar *vt*. to smear. || to splash with mud. || *(S. Am.)* to damage someone's standing. || — *vr*. to get dirty.

embarullar *vt*. to bungle, to mess up.

embale *m*. (of waves) dashing, breaking.

embaucar *vt*. to trick, to swindle. || to fool.

embeber *vt*. to absorb, to soak up. || to take in.

embelecar *vt*. to deceive, to cheat.

embelesar *vt*. to enchant, to entrance, to enrapture.

embellecer *vt*. to embellish, to beautify.

embestida *f*. assault, onrush, onslaught. || charge.

embestir *vt*. to attack, to assail, to assault. || to charge.

embetunar *vt*. to impregnate with pitch. || to black.

emblanquecer *vt*. to whiten. || to bleach.

emblema *m*. emblem.

embobar *vt*. to amaze. || — *vr*. to be fascinated.

embocadura *f*. mouth (of river). || taste (of wine).

embocar *vt*. to put into the mouth. || to insert.

embolia *f*. *(med.)* clot. || embolism.

émbolo *m*. plunger. || *(mech.)* piston.

embolsar *vt*. to pocket.

emborrachar *vt*. to intoxicate. || — *vr*. to get drunk.

emborronar *vr*. to blot. || to scribble on.

emboscada *f*. ambush.

emboscarse *vr*. to lie in ambush, to ambush.

embotar *vt*. to dull, to blunt *(a. fig.)*.

embotellado *adj*. bottled. || — *m*. bottling.

embotellamiento *m*. traffic jam. || bottleneck *(a. fig.)*. || bottling.

embotellar *vt*. to bottle. || *(fig.)* to jam (the traffic).

embovedar *vt*. to arch, to vault.

embozar *vt*. to muffle (up), to wrap (up).

embozo *m*. fold, flap. || muffler. || *(fig.)* disguise.

embragar *vt*. *(aut., mech.)* to engage. || to connect.

embrague *m*. *(aut., mech.)* clutch.

embravecer *vt*. to enrage. || — *vr*. (of sea) to get rough.

embriagar *vt*. to make drunk, to intoxicate. || to get drunk. || — *vr*. to get drunk.

embriaguez *f*. drunkenness. || *(fig.)* rapture.

embrión *m*. embryo.

embrollar *vt*. to muddle, to tangle up, to mix up.

embrujar *vt*. to bewitch. || to haunt (place).

embrutecer *vt*. to brutalize, to deprave. || to coarsen. || — *vr*. to become brutalized.

embudo *m*. funnel.

embuste *m*. trick, fraud. || lie.

embustero *adj*. lying. || deceitful. || — *m*., **embustera** *f*. liar.

embutido *m*. sausage. || *(lech.)* inlay, inlaid work.

embutir *vt*. to inlay. || to stuff, to cram (with food).

emergencia *f*. emergence. || appearance. || emergency.

emigración *f*. emigration. || migration.

emigrante *adj*., *m*., *f*. emigrant.

emigrar *vi*. to emigrate. || to migrate.

eminencia *f*. height, eminence. || eminent person.

emisario *m*. emissary.

emisión *f*. emission. || issue. || *(radio)* broadcasting.

emisor *m*. transmitter.

emisora *f*. radio station. || broadcasting station.

emitir *vt*. to emit. || to issue. || to broadcast.

emoción *f*. emotion. || feeling. || excitement. || thrill.

emocionar *vt*. to move. || to thrill. || — *vr*. to be moved.

empacar *vt*. to crate, to pack. || — *vr*. *(S. Am.)* to get stubborn. || (animal) to stop dead.

empachado *adj*. clogged. || (stomach) upset. || clumsy.

empachar *vt*. to surfeit. || to upset (stomach). || *(fig.)* to hinder. || — *vr*. to have indigestion.

empadronar *vr*. to take a census of. || to register.

empalagar *vt*. to pall on, to surfeit, to cloy.

empalagoso *adj*. cloying. || overrich. || boring.

empalizada *f*. fence. || palisade, stockade.

empalmar *vi*. to connect, to join. || to splice.

empalme *m*. joint, connection. || splice. || *(rail.)* junction. || (road) intersection, junction.

E

empanada f. turnover pie, patty.

empanar vt. to coat in breadcrumbs, to bread.

empantanar vt. to flood, to swamp. || to bog down.

empañado adj. misty, steamy. || dim, blurred.

empañar vt. to swaddle. || to steam up. || to tarnish. || — vr. (window) to mist up. || (voice) to falter.

empapar vt. to soak, to drench. || — vr. to soak.

empapelado m. papering, paperhanging.

empapelar vr. to paper, to line with paper.

empaque m. packing. || (infml.) look, appearance.

empaquetar vt. to pack. || (comm.) to package.

emparedado m. sandwich.

emparejar vt. to match. || to make level.

emparentar vi. to become related by marriage.

emparrado m. trained vine. || vine arbour.

empastar vt. to paste. || to bind. || to fill (tooth).

empatar vi. to draw, to tie. || (sport) to equalize.

empavesar vt. to deck, to adorn. || to dress (a ship).

empavonar vt. to blue (metal). || (S. Am.) to grease.

empecinado adj. stubborn, pigheaded.

empedernido adj. heartless. || hardened, inveterate.

empedrado adj. paved. || cobbled. || — m. paving.

empeine m. groin. || instep.

empellón m. push, shove.

empenachar vt. to adorn with plumes.

empeñar vt. to pawn. || to oblige, to compel. || — vr. to commit or bind oneself.

empeño m. pledge. || pawning. || desire. || insistence.

empeorar vt. to make worse, to worsen. || — vi., vr. to get worse, to worsen, to deteriorate.

empequeñecer vt. to dwarf. || to belittle.

emperador m. emperor.

emperatriz f. empress.

emperifollar vt. to adorn. || — vr. to dress up.

empero conj. but. || yet, however.

emperrarse vr. to get stubborn, to be obstinate.

empezar vt., vi. to begin, to start.

empinado adj. steep. || high, lofty. || (fig.) proud.

empinar vt. to set straight. || to raise, to tip up (a bottle to drink).

empírico adj. empiric(al). || — m. empiricist.

emplasto m. (med.) plaster.

emplazamiento m. (law) summons. || site, location.

emplazar vt. to summon. || to site, to locate.

empleado m. employee. || clerk,

emplear vt. to employ, to engage, to hire. || to use.

empleo m. use, employment. || job.

emplomar vt. to line with lead. || (Arg.) to fill (tooth).

emplumar vt. to feather. || to decorate with feathers.

empobrecer vt. to impoverish. || — vr. to become poor.

empolvar vt. to cover with dust. || to powder (face).

empollar vt. (of hen) to brood. || to sit on. || to swot.

emponzoñar vt. to poison. || to corrupt.

empotrar vt. to embed, to bed. || (cupboard) to fix in.

emprendedor adj. enterprising. || go-ahead, pushful.

emprender vt. to undertake, to set about, to begin.

empresa f. enterprise, undertaking, venture. || company, firm, concern. || management.

empresario m. contractor. || employer. || manager.

empréstito m. (public) loan.

empujar vt. to push, to shove. || (fig.) to press.

empuje m. push, shove. || pressure. || (fig.) energy.

empuñadura f. hilt (of a sword). || grip, handle.

empuñar vt. to grip, to grasp, to take hold of.

emular vt. to emulate, to rival.

émulo adj. emulous. || — m., **émula** f. rival.

emulsión f. emulsion.

emulsionar vt. to emulsify.

en prep. in. || on. || at. || at, for. || by. || to.

enagua f. petticoat. || underskirt.

enajenación f., **enajenamiento** m. alienation. || estrangement. || absentmindedness. || rapture.

enajenar vi. to alienate. || (fig.) to drive mad. || to enrapture. || — vr. to be driven mad.

enaltecer vt. to exalt. || to praise, to extol.

enamorado adj. in love, lovesick.

enamorar vt. to win the heart of. || to court. || — vr. to fall in love with.

enangostar vt., vr. to narrow.

enano adj. dwarf. || stunted. || — m. dwarf.

enarbolar vt. (flag, etc.) to hoist. || to flourish.

enardecer vr. (fig.) to kindle, to fire, to inflame. || — vr. to become inflamed or excited.

encabezamiento m. heading. || headline. || caption. || (comm.) bill head. || (comput.) header.

encabezar vt. to lead, to head (a rebellion). || (paper, document) to title, to head. || to introduce (a book).

encadenar vt. to chain, to shackle, to fetter.

encajar vr. to fit in, to insert. || to force or push in. || to fit closely (as a lid). || (infml.) to give, to deal (a blow). || — vi. to fit. to fit well.

encaje m. lace. || fitting. || setting. || inlay.

encajonar vt. to box, to crate, to case, to pack.

encalar vt. to whitewash. || to lime.

encalvecer vi. to go bald.

encallar vi. (naut.) to run aground. || (fig.) to founder.

encamar vt. to spread out. || — vr. to take to one's bed.

encaminar vt. to guide. || to direct. || — vr. to set out for.

encandecer vt. to make white-hot.

encandilar vr. to dazzle. || to stimulate.

encanecer vi., **encanecerse** vr. to go grey-haired.

encantado adj. delighted, enchanted. || bewitched.

encantar vt. to bewitch. || to charm, to delight.

encanto m. enchantment, bewitchment, charm, spell. || pl. **encantos**, natural talents, personal charms.

encañar vt. (water) to pipe. || (plant) to stake.

encañizado m. wire netting, protective fence.

encañonar vt. to channel. || to pipe. || to aim (a gun).

encapotar vt. to cover with a cloak. || — vr. to frown.

encapricharse vr. to set one's mind on. || (infml.) **e. por**, to get infatuated with.

encaramar vt. to raise, to lift up. || to praise, to extol. || — vr. to perch. || **e. a**, to climb.

encarar vt. to face, to confront.

encarcelar vt. to imprison, to jail.

encarecer vt. to raise the price of. || to praise excessively.

encarecidamente adv. insistently, earnestly, strongly.

encargado m., **encargada** f. agent, representative.

encargar vt. to entrust. || to recommend. || to request. || — vr. to take charge of.

encargo m. errand, task, job. || assignment. || order.

encariñarse vr. **e. con**, to grow fond of, to get attached to.

encarnación f. incarnation. || embodiment.

encarnado adj. incarnate. || red, blood-red.

encarnar vt. to embody. || (fish) to bait. || — vi. to become incarnate. || to be ingrowing (a nail).

encarnizado adj. bloodshot. || fierce.

encarnizar vt. to anger, to infuriate, to set against.

encarrilar vt. to put back on the rails. || (fig.) to put on the right track. || to direct, to guide.

encasillado m. set of pigeonholes, pigeonholes.

encasillar vt. to pigeonhole. || to sort out. || to file.

encastillado adj. castellated. || (fig.) haughty.

encastillar vt. to fortify with castles. || — vr. to shut oneself up in a castle. || to be headstrong.

encauchar vt. to rubberize, to waterproof.

encausar vt. (law) to prosecute, to sue.

encauzar vt. to channel. || (fig.) to direct, to guide.

enceguecer vt. to blind.

encendedor m. lighter,

encender vt. to light. A to set fire to, to ignite. || to kindle. || (match) to strike. || to turn on, to switch on, to put on. || (fig.) to inflame. || to provoke. || — vr. to light.

encendido *adj.* lit. || on. || burning. || (wire) live. || purple. A fiery. || — *m.* lighting. || *(aut.)* ignition.

encerado *adj.* waxed. || — *m.* waxing. || blackboard. || oilcloth. || *(naut.)* tarpaulin.

encerar *vt.* to wax, to polish.

encerrar *vt.* to shut up. || to lock in. || to enclose. || to contain. || to imply. || — *vr.* to go into seclusion.

encía *f.* *(anat.)* gum.

encíclica *f.* encyclical.

enciclopedia *f.* encyclopaedia.

encierro *m.* seclusion. || confinement. || prison.

encima *adj.* above. || overhead. || on top. || besides. || in addition. || — *prep.* **e. de,** above, over. || on. || on top of. || besides. || **por e. de,** over. || in spite of. || beyond.

encinta *adj.* pregnant.

enclaustrar *vt.* to cloister. || *(fig.)* to hide away.

enclavar *vt.* to nail. || to pierce. || to set, to place.

enclave *m.* *(pot., etc.)* enclave. || small area. || situation.

enclenque *adj.* *(S. Am.)* terribly thin. || sickly.

encoger *vt., vr.* to shrink, to contract. || **encogerse de hombros,** to shrug one's shoulders.

encogido *adj.* shrunken. || shrivelled. || *(fig.)* timid.

encolar *vr.* to glue. || to size. || (wine) to clarify.

encolerizar *vr.* to anger. ||| — *vr.* to get angry.

encomendar *vt.* to entrust, to commend. || — *vr.* to entrust oneself.

encomiar *vt.* to praise, to extol.

encomienda *f.* *(hist.)* grant of land. || commission. || commendation. || *(S. Am.)* parcel, package.

enconar *vt.* *(med.)* to inflame. || *(fig.)* to anger.

encono *m.* rancour. || ill-feeling.

encontrado *adj.* contrary, conflicting. || opposing.

encontrar *vt.* to find. || to come across. || to meet. || to encounter. || — *vr.* to meet, to meet each other. || to be. || to be situated.

encontrón, encontronazo *m.* collision, crash.

encopetado *adj.* of noble birth. || haughty, conceited.

encordar *vt.* *(mus., ele.)* to string. || to bind, to tie.

encorralar *vt.* to pen.

encorvada *f.* stoop, bend,

encorvar *vt.* to bend. || to stoop. || — *vr.* to bend.

encrespar *vt.* (hair) to curl. || (feathers) to ruffle. || (water) to make rough or choppy. || *(fig.)* to anger, to irritate. || — *vr.* to curl. || (sea) to gel rough.

encrucijada *f.* crossroads. || intersection.

encuadernación *f.* binding. || bookbinding.

encuadernar *vr.* to bind (en in).

encuadrar *vr.* to frame *(a. comput.).* || to fit, to insert.

encuadre *m.* *(phot., comput., etc.)* setting, frame.

encubierta *f.* fraud.

encubrimiento *m.* concealment. || *(law)* complicity.

encubrir *(pp.* **encubierto)** *vr.* to conceal.

encuentro *m.* meeting, encounter. || *(aut., etc.)* collision. || *(sport)* match, game. || *(mil.)* skirmish. || clash.

encuesta *f.* *(law)* inquiry. || poll, survey.

encuestador *m.* pollster.

encumbrado *adj.* lofty, high. || eminent.

encumbrar *vt.* to raise, to elevate. || to exalt (a to). || *(fig.)* to extol, to praise. || — *vr.* to rise.

encurtido *m.* pickle.

enchapado *m.* plating. || veneer.

enchilado *adj.* *(C. Am., Mex., cook.)* seasoned with chili. || — *m.* *(Cuba, Mex.)* stew with chili sauce.

enchufar *vr.* *(tech., etc.)* to join, to connect, to fit together. || *(elec.)* to plug in.

enchufe *m.* *(tech., etc.)* joint, connection. || *(elec.)* plug point, socket. || *(infml.)* connection, useful contact.

ende *adv.* *(arch, or lit.)* **por e.,** hence, therefore.

endeble *adj.* *(med.)* feeble, weak, frail. || *(fig.)* flimsy.

endecha *f.* dirge.

endémico *adj.* endemic. || *(fig.)* chronic.

endemoniado *adj.* possessed of the devil. || *(fig.)* devilish. A diabolical. || damned.

endentecer *vi.* to teethe, to cut one's teeth.

enderezar *vr.* to straighten. || to set upright. || *(fig.)* to put in order. || *(fig.)* to direct. || — *vr.* to straighten up.

endeudarse vr. to get into debt (con with).

endiablado adj. devilish. || wicked. || (S. Am.) difficult. || complicated.

endibia f. endive.

endilgar vr. (infml.) to send, to direct. || to unload something on to someone.

endiosado adj. stuck-up, conceited. || deified.

endiosar vt. to deify. || — vr. to grow conceited.

endomingado adj. all dressed up.

endosante adj. endorsing. || — m., f. endorser.

endosar vt. (comm.) to endorse.

endosatario m. endorsee.

endoscopia f. (med.) endoscopy.

endoso m. endorsement. || sin e., unendorsed,

endrino adj. blue-black. || — m. (bot.) blackthorn.

endulzar vt. to sweeten. || (fig.) to soften, to mitigate.

endurecer vt. to harden. || to stiffen. || (fig.) to inure. || — vr. to harden. || to stiffen. || (fig.) to become cruel.

endurecido adj. hard. || tough. || inured to. || cruel.

ene f. n. (name of the letter n).

enemigo adj. enemy, hostile. || — m., enemy. || foe.

enemistar vt. to make enemies of. || — vr. to become enemies.

energético adj. energy. || — m. pl. **energéticos,** fuels.

energía f. energy. || drive. || (tech., elec.) power.

enérgico adj. energetic. || vigorous. || forceful.

enero m. January.

enervar vt. to enervate.

enésimo adj. (math.) n^{th}, n. || (fig.) umpteenth.

enfadar vt. to anger, to irritate, to annoy. || — vr. to get angry, to get cross, to get annoyed.

enfado m. irritation, anger. || trouble, bother.

enfardar vt. to bale. || to pack.

énfasis m. emphasis (a. fig.). || stress.

enfatizar vt. to emphasize, to stress.

enfermar vt. to make ill. || — vi. to fall ill.

enfermedad f. illness, sickness. || disease. || complaint.

enfermera f. nurse. || **e. jefa,** matron.

enfermería f. infirmary. || (of school, etc.) sick bay.

enfermizo adj. sickly, unhealthy. || (mind) morbid.

enfermo adj. ill, sick. || **caer e., ponerse e.,** to fall ill. || — m., **enferma** f. patient. || invalid, sick person.

enfilar vt. to line up. || to string (beads). || to direct.

enflaquecer vt. to make thin. || to weaken. || — vi., vr. to get thin, to lose weight.

enfocar vt. (phot., etc.) to focus. || to approach.

enfoque m. (phot., etc.) focus. || approach.

enfrascar vt. to bottle. || — vr. to get involved.

enfrentar vt. to put face to face. || to face, to confront. || — vi. to face. || — vr. to meet. || to face up to.

enfrente adv. opposite, in front, facing. || — prep. **e. de,** opposite, facing. || (fig.) against.

enfriar vt. to cool, to chill. || (fig.) to cool down. || to dampen (enthusiasm, etc.). || (S. Am.) to kill. || — vr. to cool off. || to catch a cold.

enfundar vt. to sheathe. || to put in its case. || to cover.

enfurecer vt. to enrage, to madden. || — vr. to get furious, to fly into a rage. || (sea) to get rough.

enfurruñarse vr. (infml.) to get angry. || to sulk.

engalanar vt. to adorn, to deck out.

enganchar vt. to hook. || to hitch. || to recruit. || (mech.) to couple. || — vr. to get caught.

enganche m. hooking (up). || hitching. || coupling, connection (a. mech., rail.). || (mil.) recruitment.

engañar vt. to deceive. || to cheat. || to fool. || to mislead. || (fig.) to deceive. || (time) to while away. || — vi. to be deceptive. || — vr. to deceive oneself.

engaño m. deceit, deception. || fraud. || sham. || mistake.

engañoso adj. deceitful. || deceptive.

engarzar vt. to set, to mount (jewel). || to thread (beads). || (fig.) to link, to connect.

engastar vt. to set, to mount.

engatusar vt. to coax, to wheedle. || to get round.

engendrar vt. to beget. || (math.) to generate.

E

engendro m. (biol.) foetus. || stunted child. || monster. || brainchild.

engomar vt. to gum, to glue.

engordar vt. to fatten (up). || — vi. to get fat. || to put on weight. || to be fattening.

engorro m. bother, nuisance.

engorroso adj. bothersome. || awkward.

engranaje m. gear. || gears. || cogs. || connection.

engranar vt. to gear. || to put into gear. || — vi. to interlock. || (mech.) to engage, to mesh.

engrandecer vt. to enlarge, to magnify. || (fig.) to extol. || to exalt.

engrapar vt. (archil.) to-cramp. || to staple (papers).

engrasar vt. to grease, to oil. || to make greasy.

engrase m. greasing, lubrication.

engreído adj. vain, conceited. || (S. Am.) spoiled.

engreimiento m. vanity, conceit.

engreír vt. to make vain, to make conceited.

engrosar vt. to fatten. || to enlarge. || to thicken. || — vi. to get fat. || — vr. to increase, to expand.

engrudar vt. to paste.

engrudo m. paste.

engullir vt. to gobble, to bolt, to gulp (down).

enharinar vt. to flour. || to sprinkle with flour.

enhebrar vt. to thread.

enhiesto adj. erect, straight, upright.

enhorabuena f. congratulations.

enigmático adj. enigmatic. || puzzling. || mysterious.

enjabonar vt. to soap. || to lather.

enjaezar vt. to harness, to saddle up.

enjambre m. swarm (a. fig.).

enjaular vt. to cage. || to pen in. || (infml.) to jail.

enjoyar vt. to adorn with jewels.

enjuague m. mouthwash. || rinse, rinsing. || (fig.) scheme, intrigue.

enjugar vt. to wipe (off). || to dry.

enjuiciamiento m. judgement. || (law) lawsuit. || trial.

enjuto adj. lean, thin, dry. || shrivelled up.

enlace m. connection, link. || marriage, union. || (mil.) liaison. || **e. de datos** (comput.), data link.

enladrillar vt. to pave with bricks.

enlatar vt. to can, to tin.

enlazar vt. to bind. || to tie. || to lasso. || — vi. (rail., etc.) to connect. || — vr. to be linked.

enlodar, enlodazar vt. to muddy. || (fig.) to defame.

enloquecer vt. to drive mad. || — vi. vr. to go mad.

enlosar vt. to pave (with flagstones).

enlozado adj. (S. Am.) enamelled, glazed.

enlutar vt. to dress in mourning. || to sadden.

enmarañar vt. to entangle. || (fig.) to muddle up.

enmarcar vt. to frame. || to surround.

enmascarar vt. to mask. || — vr. to put on a mask.

enmendar vt. to emend, to amend. || to reform, to correct. || — vr. to mend one's ways.

enmienda f. emendation. || (law, pol., etc.) amendment.

enmohecer vt. to make mouldy. || to rust, to make rusty. || — vr. to become mouldy. || to go rusty.

enmudecer vt. to silence. || — vi. to become dumb.

ennegrecer vt. to blacken. || to dye black.

ennoblecer vt. to ennoble. || to dignify.

enojado adj. angry, cross.

enojar vt. to anger. || to annoy, to irritate. || — vr. to get angry, to lose one's temper.

enojo m. anger. || annoyance, vexation.

enorgullecer vr. lo fill with pride. || — vr. to be proud.

enorme adj. enormous, huge, vast. || tremendous.

enramada f. bower, arbour, grove.

enrarecer vt. to rarefy. || to make scarce. || — vr. to become rarefied. || to become scarce.

enredadera f. (bot.) climbing plant, creeper.

enredador adj. trouble-making, mischief-making.

enredar vt. to entangle. || (fig.) to complicate. || to involve. || — vr. to get entangled || (affair) to get complicated.

enredo m. tangle. || (fig.) muddle. || mess. || involvement. || (theat.) plot.

enrejado m. railing, grating. || trellis, lattice.

enriquecer vt. to enrich. || — vr. to get rich.

enriscado adj. craggy, rocky.

enrojecer vt. to redden. || to make blush. || — vi., vr. to blush, to redden.

enrolar vt. to enrol. || (mil.) to enlist.

enrollar vt. to roll (up), to wind (up). || lo coil.

enronquecer vt. to make hoarse. || — vi., vr. to get hoarse.

enroque m (chess) castling.

enroscar vt., vr. to coil, lo wind. || to twine, to twist.

enrular vt. (R. Pl.) to curl.

ensalada f. salad. || hodge podge, medley.

ensalmo m. spell, charm. || (med.) quack remedy.

ensalzar vt. to exalt. || to praise, to extol.

ensamblar vt. to join. || to assemble.

ensanchar vt. to widen, to broaden. || to stretch. || (fig.) to give oneself airs.

ensangrentado adj. bloodstained. || bloody, gory.

ensañar vt. to enrage. || — vr. to be merciless.

ensartar vt. to string (beads). || to thread (a needle). || to pierce, to run through, to penetrate.

ensayar vt. to try, to test. || to rehearse.

ensayo m. test, trial. || experiment. || attempt. || practice, exercise. || essay. || (mus., theat.) rehearsal.

enseguida adv. at once, immediately.

ensenada f. inlet, cove. || creek.

enseña f. ensign, standard,

enseñado adj. trained. || informed. || educated.

enseñanza f. teaching. || education. || doctrine. || example, lesson.

enseñar vt. to teach. || to show.

enseres m. pi. goods and chattels. || equipment.

ensillar vt. to saddle (up), to put a saddle on.

ensimismamiento m. absorption. || reverie.

ensimismarse vr. to get lost in thought.

ensoberbecer vt. to make proud. || — vr. to become proud.

ensombrecer vt. to darken, to cast a shadow over. || — vr. to darken, to get dark. || (fig.) to get gloomy.

ensoñación f. (S. Am.) fantasy, fancy, dream.

ensordecer vt. to deafen. || (noise) to muffle.

ensuciar vt. to soil, to dirty. || to foul. || (fig.) to defile, to pollute. || — vr. to get dirty.

ensueño m. dream, fantasy, illusion. || reverie.

entablado m. boarding, planking. || floorboard.

entablar vt. to initiate.

entablillar vt. (med.) to splint, to put in a splint.

entalladura f. sculpture, carving. || engraving. || slot.

entallar vt. to notch. || to sculpture, to carve. || — vi. to fit well (of a dress).

entarimado m. floorboarding, roof boarding.

entarimar vt. to board, to plank.

ente m. being, entity. R (comm.) firm, company.

entenada f. stepdaughter.

entenado m. stepson. || stepchild.

entendederas f. pl. (infml.) brains, understanding.

entendedor m. understanding person.

entender vt. to understand. || to consider. || to intend. || — vi. to understand. || — vr. to make oneself understood. || to be understood. || to get on.

entendido adj. understood. || agreed. || well informed. || clever, skilled.

entendimiento m. understanding. || grasp.

entenebrecer vt. to darken, to obscure. || (fig.) to fog.

enterado adj. informed, posted, up-to-date.

enterar vt. to inform, to acquaint. || — vr. to find out, to come to know. R to learn,

entereza f. completeness. || (fig.) integrity. || fortitude.

enterizo adj. in one piece, one-piece (attr.).

enternecedor adj. touching, moving.

enternecer vt. to soften. || to move (to pity). || to make tender. || — vr. to be moved.

entero adj. entire, whole. || — m. (math.) integer.

enterrador m. gravedigger.

enterrar vt. to bury, to inter. || (fig.) to abandon.

entibiar vt. to cool. || — vr. to cool down.

entidad f. society, firm, concern. || company.

entierro m. burial, interment. || funeral.

entintar vt. to ink. || to ink in. || to stain with ink.

E

entoldar vt. to put an awning over.

entonación f. (ling.) intonation. || (fig.) conceit.

entonar vt., vi. (mus.) to intone. || — vr. to put on airs.

entonces adv. then. || at that time. || so. || **desde e.**, since then. || **por aquel e.**, at that time, then.

entornar vt. to half-close, to leave ajar.

entorno m. environment (a. comput.).

entorpecer vt. to dull, to (be) numb. || to obstruct.

entrada f. entrance, door. || entry. || admission. || (mech.) inlet, intake. || (comput.) input. || (cook.) entrée. || (theat.) ticket.

entramado m. lattice, trellis.

entrante adj. next, coming.

entraña f. (anat.) entrails, bowels. || (fig.) core, root.

entrañable adj. close, intimate. || beloved.

entrar vt. to introduce. || to pul inside. || (infml.) to influence. || (comput.) to input. || — vi. to enter.

entre prep. between. || among, amongst, amid, amidst. || **e. tanto**, in the interim, meanwhile.

entreabrir (pp. **entreabierto**) vt. to half-open, to open halfway. || to leave ajar.

entreacto m. interval, **entr'acte**.

entrecano adj. greyish, greying.

entrecejo m. space between the eyebrows. || frown.

entrecortado adj. intermittent. || (sobs, voice) broken.

entrecortar vt. to cut into, to cut halfway through.

entrecruzar vt. to interlace, to interweave. || (biol.) to cross, to interbreed.

entrechocarse vr. to collide, to crash. || to clash.

entredicho m. prohibition. || (relig.) interdict.

entrega f. handing over. || delivery. || fascicle, instalment. || devotion. || surrender.

entregar vt. to deliver. || to surrender. || to hand over. || (comm.) to transfer, to pay. || — vr. to deliver oneself up, to surrender, to give in. || to devote or dedicate oneself.

entrelazar vt. to intertwine, to interlace, to interweave.

entremés m. (cook.) hors d'oeuvre. || (theat.) interlude.

entremeter vt. to insert, to put in. || to put between.

entremezclar vt., vi. to intermingle.

entrenador m. (sport) trainer, coach.

entrenamiento m. training, coaching.

entrenar vt. (sport) to train, to coach. || vr. to train.

entrepierna f. (a. pl.) crotch, crutch.

entresacar vt. to pick out, to select. || to prune (tree). || to thin out (hair, plants).

entresuelo m. mezzanine, entresol.

entretanto adj. meanwhile, meantime.

entretejer vt. to interweave. || to intertwine.

entretela f. (sew.) interlining. || (typ.) surfacing.

entretener vt. to entertain, to amuse. || to keep busy. || — vr. to pass the time. || to linger.

entretenimiento m. entertainment, amusement. || pastime. || maintenance.

entretiempo m. period between seasons.

entrever vt. to glimpse. || to make out. || to foresee.

entreverar vt. to mix, to intermingle. || to mix up.

entrevista f. interview. || meeting, conference.

entrevistar vt. to interview. || — vr. to have an interview, to meet.

entristecer vt. to sadden, to grieve. || — vr. to grow sad, to grieve.

entrometerse vr. to meddle, to interfere (en in, with).

entrometido adj. meddlesome, interfering. || — m., **entrometida** f. busybody, meddler. || intruder.

entroncar vt. to link. || — vr. to be related.

entronizar vt. to enthrone. || (fig.) to exalt.

entuerto m. wrong, injustice.

entumecer vt. to numb, to make numb.

enturbiar vt. to make cloudy. || to muddle up.

entusiasmar vt. to make enthusiastic. || to excite. || — vr. to get enthusiastic.

entusiasmo m. enthusiasm. || excitement. || zeal.

enumerar vt. to enumerate. || to count, to reckon up.

enunciación f. enunciation. || statement, declaration.

envainar vt. to sheathe, to put in a sheath.

envanecer vt. to make conceited.

envanecimiento m. conceit, vanity.

envasar vt. to put into a container.

envase m. container. || tin, can. || box. || bottle. || sack.

envejecer vt. to age, to make old. || — vi. to age.

envejecido adj. old, aged. || old-looking.

envenenar vt. to poison. || — vr. to take poison.

envergadura f. (naut.) breadth. || span, wingspan.

envés m. wrong side, back (of cloth).

enviado m. envoy.

enviar vt. to send. || to dispatch, to ship, to mail.

enviciar vt. to corrupt. || — vr. to get corrupted.

envidia f. envy, jealousy. || desire. || bad feeling.

envidiar vt. to envy. || to desire, to covet.

envilecer vt. to debase, to degrade.

envío m. sending. || shipment. || remittance.

envión m. push, shove.

enviudar vi. to become a widow(er), to be widowed.

envoltura f. wrapping. || wrapper. || cover. || coating. || (biol., bot.) envelope.

envolver vt. to wrap, to pack. || to cover. || to swaddle. || to wind. || to envelop. || (mil.) to encircle. || to involve.

enyesar vt. to plaster. || (med.) to put in a plaster cast.

enyugar vt. to yoke.

enzima f. enzyme.

épico adj. epic.

epidemia f. epidemic.

epígrafe m. epigraph. || title. || quotation.

epigrama m. epigram.

epilepsia f. epilepsy.

epilogar vt. to sum up. || to round off.

epílogo m. epilogue.

episodio m. episode. || incident. || instalment (of a book, television show, etc.).

epístola f. epistle.

epitafio m. epitaph.

epíteto m. epithet.

epítome m. summary, abstract, résumé.

época f. epoch, age, era, time. || season. || period.

epopeya f. epic (a. fig.).

equidad f. equity. || justice, fairness, impartiality.

equilibrar vt. to balance. || to equilibrate.

equilibrista m., f. tightrope walker. || acrobat.

equinoccio m. equinox.

equipaje m. luggage, baggage. || (naut.) crew.

equipar vt. to equip, to furnish, to fit up.

equiparar vt. to consider equal. || to compare.

equipo m. team. || equipment. || outfit. || trousseau. || **e. de comunicación de datos** (comput.), data terminal equipment.

equis f. name of the letter x. || (math.) any number.

equitación f. horse riding. || horsemanship.

equitativo adj. equitable, fair, reasonable.

equivalente adj. equivalent (a to). || — m. equivalent.

equivocación f. mistake, error. || oversight.

equivocar vt. to get wrong, to mistake. || — vr. to make a mistake, to be mistaken.

equívoco adj. equivocal, ambiguous. || — m. equivocation, ambiguity. || quibble. || pun.

era f. era. || (fig.) age. || threshing floor. || (hort.) patch, bed.

erario m. exchequer, treasury.

erección f. erection. || establishment, founding.

erguir vt. to raise. || to straighten. || — vr. to stand or sit erect. || to straighten oneself up.

erial adj. uncultivated, untilled. || — m. common.

erigir vt. to erect, to build, to construct. || — vr. to establish oneself, to set oneself up.

erizar vt., vr. to bristle.

erizo m. (zool.) hedgehog. || **e. de mar**, sea urchin.

ermitaño m. hermit.

erogación f. distribution. || (S. Am.) expenditure.

erosionar vt. to erode. || — vr. to erode, to be eroded.

erotismo m. eroticism.

erradicar vt. to eradicate.

errado adj. mistaken, wrong. || wide of the mark.

errante adj. wandering. || itinerant. || nomadic.

errar vt. to miss. || to fail. || — vi. to wander, to rove.

errata f. misprint, erratum. || *(comput.)* mistake.

erre f. name of the letter r.

erróneo adj. mistaken, erroneous. || false, untrue.

error m. error, mistake. || misconception.

eructar vi. to belch.

erudito adj. scholarly, learned, erudite. || — m., **erudita** f. scholar, erudite.

erupción f. (geol.) eruption. || (med.) rash.

esbelto adj. slim, slender. || lithe, willowy. || graceful.

esbozar vt. to sketch, to outline.

escabeche m. marinade, pickle, souse.

escabroso adj. rough. || rugged. || risky, risqué.

escabullirse vr. to slip away, to slip off, to clear out.

escafandra f. diving suit.

escala f. ladder, stepladder. || stopping place. || port of call. || (mus.) scale. || **en gran e.**, on large scale.

escalador m. climber. || mountaineer. || burglar.

escalafón m. promotion list, promotion roster, roll.

escalar vt. to scale (mountain, etc.). || to escalade. || to break into, to burgle.

escaldado adj. wary, cautious.

escaldar vt. to scald. || to make red hot. || — vr. to scald oneself, to get scalded.

escalera f. stairs, staircase, stairway. || ladder. || steps, flight of steps. || (cards) run, sequence.

escalfar vt. to poach (egg).

escalinata f. steps, flight of steps. || outside staircase.

escalofrío m. chill, shiver (of fever).

escalón m. step, stair. || rung (of ladder). || (fig.) step.

escalonar vt. to spread out, to space out. || to stagger.

escalpar vt. to scalp.

escalpelo m. scalpel.

escama f. (bot., etc.) scale. || (of soap, etc.) flake.

escamar vt. to scale. || (fig.) to create distrust in.

escamoso adj. scaly. || flaky.

escamoteador m. Conjurer, juggler. || (pej.) swindler.

escamot(e)ar vt. to make disappear, to whisk away. || (fig. and infml.) to pinch. || (fig.) to shirk (difficulty).

escampar vt. to clear out. || — vi. (of sky) to clear. || (of rain) to stop.

escanciar vt. to serve, to pour (wine).

escandalizar vt. to scandalize. || — vr. to get scandalized.

escándalo m. scandal. || licentiousness. || commotion.

escandaloso adj. scandalous, outrageous. || rowdy.

escaño m. bench. || settle. || (Parl.) seat.

escapada f. escape, flight. || escapade.

escapar vt. to ride hard. || — vi. to escape, to flee, to run away. || — vr. to escape, to flee, to run away.

escaparate m. shop window. || showcase, display case.

escapatoria f. escape, flight. || (infml.) way out.

escape m. escape. || leak. || (fig.) way out. || **caño de e.**, exhaust pipe.

escarabajo m. (ent.) beetle.

escaramuza f. (mil.) skirmish, brush. || (fig.) brush.

escarapela f. cockade, rosette. || (infml.) brawl.

escarbadientes m. toothpick.

escarbar vt. to scratch, to scrape, to dig (the ground). || to pick (teeth, ears). || (fig.) to investigate.

escarcha f. frost, hoarfrost.

escardar vt. to weed, to weed out.

escardillo m. weeding hoe.

escariar vt. to ream.

escarlata adj. scarlet. || — f. scarlet.

escarlatina f. scarlet fever.

escarmentar vt. to teach a lesson, to punish severely. || — vi. to learn one's lesson.

escarmiento m. punishment. || lesson, warning.

escarnecer vt. to scoff at, to mock.

escarnio m. jibe, taunt. || derision, ridicule.

escarola f. (bot.) endive.

escarpa f. slope. || (geog., mil.) scarp, escarpment.

escarpado adj. steep, sheer. || craggy.

escarpín m. pump. || sock. || (S. Am.) baby's booties.

escasear vt. to skimp. || vi. to be scarce. || to fall short.

escasez f. scarcity, shortage. || poverty. || meanness.

escaso adj. scarce. || very little, scant, scanty. || poor.

escatimar vt. to skimp, to give sparingly. || to curtail.

escena f. scene, scenery. || stage (of theatre).

escenario m. (theat.) stage, scenery. || (fig.) setting.

escénico adj. scenic.

escéptico adj. sceptical. || — m., **escéptica** f. sceptic.

escisión f. scission. || fission. || (med.) excision.

esclarecer vt. to light up. || (fig.) to explain, to elucidate. || (fig.) to ennoble. || — vi. to dawn.

esclarecido adj. illustrious, distinguished.

esclavitud f. slavery, servitude, bondage.

esclavizar vt. to enslave.

esclavo m. slave (a. fig.). || (comput.) slave.

esclusa f. lock, sluice. || floodgate.

escoba f. broom. || brush. || (bot.) broom.

escobar vt. to sweep, to sweep out.

escobilla f. brush. || small broom. || (bot.) teasel.

escocer vt. to annoy, to upset. || — vi. to smart, to sting. || — vr. to chafe, to get chafed.

escocés adj. Scotch, Scots, Scottish. || — m., **escocesa** f. Scot, Scotswoman. || — m. (dialect) Scots.

escofina f. rasp, file.

escoger vt. to choose, to pick, to select.

escolar adj. scholastic. || school. || — m. schoolboy, pupil.

escoltar vt. to escort. || to convoy.

escollera f. breakwater, jetty.

escollo m. reef. || (fig.) difficulty, stumbling block.

escombros m. pl. debris, wreckage, rubble. || rubbish.

esconder vt. to hide. || to conceal. || — vr. to hide.

escondite m. hiding place. || hide-and-seek.

escopeta f. shotgun. || **e. de aire comprimido,** popgun.

escoplo m. chisel.

escorbuto m. scurvy.

escoria f. (metal) slag, dross. || (fig.) scum, dregs.

escorial m. dump, slag heap, tip. || bed of lava.

escorpión m. scorpion.

escotado adj. (dress) low-cut, low-necked.

escotar vr. to cut, to fit. || to drain.

escote m. low neck, décolletage. || (fin.) share.

escotilla f. (naut., etc.) hatch, hatchway.

escozor m. smart, sting. || burning pajn. || (fig.) grief.

escribanía f. writing desk. || writing materials. || (law) clerkship. || clerk's office.

escribano m. court clerk. || lawyer's clerk.

escribiente m. copyist, amanuensis. || clerk.

escribir vt., vr. to write. || to compose (music). || **e. a máquina,** to type. || — vr. to write to each other.

escrito pp. of **escribir**. || — adj. written, said, stated. || — m. writing, work. || document. || (law) writ.

escritor m., **escritora** f. writer.

escritorio m. desk, bureau. || writing case. || office.

escritura f. writing. || script. || handwriting. || document. || (law) deed: **e. de propiedad,** title deed. || bill.

escriturar vi. (law) to execute by deed.

escrúpulo m scruple. || conscientiousness. || **escrúpulos de conciencia,** qualms of conscience.

escrutar vt. to scrutinize. || to count (votes).

escrutinio m. counting of the votes. || scrutiny.

escuadra f. (tech.) square. || angle iron. || (mil.) squad. || (fig.) gang of workers. || (naut.) squadron, fleet.

escuadrilla f. (aer.) wing, squadron.

escualidez f. paleness, weakness, emaciation.

escualo m. shark, dogfish.

escuchar vr. to listen to. || to heed. || — vi. to listen. || — vr. to speak with affected pauses.

escudar vt. to shield. || (fig.) to protect.

escudilla f. bowl, basin.

escudo m. shield. || **e. de armas** (her.), coat of arms.

escudriñar vt. to investigate. || to scrutinize.

escuela f. school. || training. || teaching.

escuerzo m. toad.

escueto adj. plain, unadorned, bare. || bald.

esculpir vt. to sculpture. || to carve, to engrave.

escultura f. sculpture, carving.

escupir vt. to spit. || — vi. to spit.

E

escurreplatos *m.* plate rack.

escurridizo *adj.* slippy, slippery. || *(fig.)* elusive.

escurridor *m.* wringer. || plate rack. || *(cook.)* colander, strainer.

escurrir *vt.* to drain. || to wring (clothes). || — *vi.* to drip. || to slip. || — *vr.* to slip. || to drip. || to sneak off.

ese *f.* name of the letter s.

ese *dem. adj. m.*, **esa** *f.* that. || **esos** *m. pl.* **esas** *f. pl.* those.

ése *dem. pron. m.*, **ésa** *f.* that. || that one. || **ésos** *m. pl*, **ésas** *f. pl.*

esencia *f.* essence. || heart, core.

esencial *adj.* essential, ft main. || — *m.* essential.

esfera *f.* sphere. || globe. || dial. || face (of watch).

esfinge *f.* sphinx.

esforzado *adj.* vigorous. || tough. || brave.

esforzar *vt.* to encourage, to strengthen. || — *vr.* to make an effort to, to exert oneself. || to try hard.

esfuerzo *m.* effort. || endeavour. || *(lech.)* stress.

esfumar *vt. (art)* to shade (in). || — *vr.* to fade away.

esgrima *f. (sport)* fencing. || *(mil.)* swordsmanship.

esgrimir *vt.* to wield. || to brandish (argument).

esgrimista *m.*, *f. (S. Am.)* fencer.

esguazar *vt.* to ford.

esguince *m. (med.)* sprain, twist. || dodge. || frown.

eslabón *m.* link. || steel. || *(naut., lech.)* shackle.

eslabonar *vr.* to link together. || *(fig.)* to join.

eslavo *adj.* Slav, Slavonic. || — *m.*, **eslava** *f.* Slav.

eslora *f. (naut.)* length.

esmaltar *vt.* to enamel, t to varnish, to paint (nails).

esmalte *m.* enamel. || **e. de uñas**, nail varnish.

esmerado *adj.* carefully done, neat. || polished.

esmeralda *f.* emerald.

esmerar *vt.* to tidy up. || — *vr.* to take pains.

esmeril *m.* emery.

esmero *m.* care, carefulness. || neatness. || polish.

eso *dem. pron. neuter,* that. || that thing, that affair. || **a e. de**, at about. || **a pesar de e.**, in spite of that.

espaciador *m.* spacing key, spacing bar.

espacial *adj.* spacial. || space *(attr.).*

espaciar *vt.* to space (out) *(a. typ.).* || — *vr.* to spread.

espacio *m.* space. || room. || period (of time). || distance.

espacioso *adj.* spacious, roomy, ample. || slow.

espada *f.* sword. || *(fig.)* swordsman. || *pl.* **espadas** (cards), spades.

espadón *m.* broad sword. || *(infml.)* top person.

espalda *f. (a. pl.)* back. || back part.

espaldar *m.* back (of chair). || trellis, espalier.

espaldarazo *m.* slap on the back. || *(hist.)* accolade.

espantada *f.* sudden scare, sudden fear. || stampede.

espantadizo *adj.* shy, timid, easily scared (off).

espantajo *m.* scarecrow. || sight, fright.

espantapájaros *m.* scarecrow.

espantar *vt.* to frighten, to scare. || to frighten off. || — *vr.* to be frightened, to be scared.

espanto *m.* terror, fright. || awe. || threat.

espantoso *adj.* frightful, dreadful. || terrifying.

español *adj. Spanish.* || — *m.*, **española** *f.* Spaniard. || — *m.* (language) Spanish.

esparadrapo *m.* sticking plaster. || adhesive tape.

esparcimiento *m.* spreading, scattering. || relaxation.

esparcir *vt.* to spread, to scatter. || *(fig.)* to amuse.

espárrago *m.* asparagus.

espartano *adj.* Spartan *(a. fig.).* || — *m.*, **espartana** *f.* Spartan.

espasmo *m.* spasm.

espasmódico *adj.* spasmodic.

espástico *adj.* spastic. || — *m.*, **espástica** *f.* spastic.

espátula *f.* spatula. || *(art)* palette knife.

especia *f.* spice.

especial *adj.* special, especial. || **en e.**, especially.

especialidad *f.* speciality. || special branch, line.

especialista *m.*, *f.* specialist.

especializarse *vr.* to specialize (*en* in),

especie *f.* species. || kind, sort. || matter. || pretext.

especificar *vt.* to specify. || to itemize.

|| to state.
específico adj. specific. || — m. (med.) specific.
espécimen m. specimen.
espectacular adj. spectacular.
espectáculo m. spectacle, sight. || (theat.) show.
espectador m. spectator. || onlooker, looker-on.
espectro m. spectre, ghost, spook. || (phys.) spectrum.
especular vt. to examine, to inspect. || — vi. to speculate.
espejismo m. mirage.
espejo m. looking glass, mirror. || model, example.
espeluznante adj. hair-raising, horrifying.
espera f. waiting. || pause. || (mus.) interval. || (law) respite, adjournment.
esperanza f. hope. || expectation. || prospects.
esperanzar vt. to give hope, to encourage.
esperar vt. to hope. || to expect. || to wait for. || to be in store. || — vi. to wait. || to hope.
esperma f. sperm.
espesar vr. to thicken. || to knit closer. || — vr. to thicken.
espeso adj. thick. || dense.
espesura f. thickness. || density. || (hot.) thicket.
espetar vt. to skewer. || to pierce. || to read (sermon).
espía m., f. spy.
espiar vt. to spy on. ft to watch out for. || — vi. to spy.
espichar vt. to prick with a pin. || — vi. (Arg.) to die.
espiche m. peg, plug, ft (S. Am.) speech.
espiga f. (hot.) ear, spike. || (tech.) tenon. || peg.
espigar vt. (agr.) to glean. || — vt. (agr.) to ear.
espina f. thorn. || splinter. || bone (of a fish). || **e. dorsal**, spine, backbone.
espinaca f. spinach.
espinar vt. to prick.
espinazo m. spine, backbone.
espinilla f. (anat.) shin, shinbone. || (med.) blackhead.
espino m. hawthorn.
espinoso adj. thorny, spiny. || (fig.) difficult.
espionaje m. spying, espionage.
espiral adj. spiral. || — f. hairspring (of a watch).

espirar vt. to breathe out, to exhale. || — vi. to breathe.
espiritoso adj. (liquor) spirituous. || (person) spirited.
espíritu m. spirit. || soul. || courage. || energy. || mind.
espiritual adj. spiritual. || witty.
espita f. faucet, spigot. || (infml.) drunkard, boozer.
esplendidez f. splendour, magnificence. || generosity.
espléndido adj. splendid, magnificent. || generous.
esplendor m. splendour. || magnificence, grandeur.
esplendoroso adj. magnificent. || brilliant, radiant.
espliego m. lavender.
esplín m. (angl.) melancholy, depression, the blues.
espolear vt. to spur (a horse). || to urge, to spur on.
espolón m. spur. || fetlock (of horse). || dike.
espolvorear vf. to dust, to sprinkle (de with).
esponja f. sponge.
esponjar vt. to make spongy. || to make fluffy. || — vr. to become fluffy. || to get spongy.
esponsales m. pl. betrothal.
espontáneo adj. spontaneous, unprepared.
esporádico adj. sporadic.
esposa f. wife. || pl. **esposas**, handcuffs, manacles.
esposo m. husband. || **los esposos**, husband and wife.
espuela f. spur (a. fig.).
espuma f. foam. || froth (of beer, etc.). || lather (of soap). || surface scum. || (fig.) cream.
espumadera f. skimmer, skimming ladle.
espumajear vi. to foam at the mouth.
espumar vt. to skim off. || — vi. to froth, to foam.
espumoso adj. frothy, foamy. || (wine) sparkling.
esputar vt. to spit, to expectorate.
esquela f. note. || **e. amorosa**, love letter, billet doux. || notice, announcement. || **e. mortuoria**, death notice.
esqueleto m. (anat.) skeleton. || (fig.) outline, sketch.
esquema m. diagram, plan. || scheme.

|| sketch.

esquí m. ski. || (sport) skiing.

esquiar vi. to ski.

esquila f. bell, cowbell. || shearing, clipping.

esquilar vt. to shear. || to clip, to crop.

esquilmar vt. (agr.) to harvest. || (soil) to exhaust.

esquimal adj. Eskimo. || m., f. Eskimo.

esquina f. corner.

esquirla f. splinter.

esquivar vt. to avoid, to evade. || to dodge. || — vr. to make oneself scarce, to withdraw.

esquivo adj. aloof, cool, disdainful. || unsociable.

estabilidad f. stability.

estabilizar vt. to stabilize. || — vr. to become stabilized.

estable adj. stable, steady. || firm. || regular.

establecer vt. to establish. || to institute. || — vr. to settle. || (comm.) to start a business.

establecimiento m. establishment, setting up.

establo m. cowshed, stall. || barn.

estaca f. stake, post. || stick, cudgel. || (agr.) cutting.

estacada f. stockade, palisade. || paling, fence.

estación f. season, period of time. || station. || resort.

estacional adj. seasonal.

estacionamiento m. stationing. || (aut.) parking.

estacionar vt. to station. || to park (a car).

estacionario adj. stationary. || motionless.

estadía f. stay. || (comm.) demurrage.

estadio m. stadium. || stage, phase.

estadista m. statesman. || statistician.

estadística f. statistics. || official returns. || figure.

estado m. condition, state. || (social, etc.) status. || rank, class, estate. || state, nation, country.

estadounidense adj. United States (attr.), American. || — m., f. United States citizen (etc.), American.

estafar vt. to swindle, to cheat. || to defraud.

estafeta f. courier, post, runner. || post office.

estallar vi. to explode. || to shatter. || to break loose.

estambre m. worsted, woollen yarn. ||

(bot.) stamen.

estampa f. (typ.) print, engraving. || (fig.) appearance.

estampado adj. (fabric) stamped, embossed. || — m. printing, stamping. || impression.

estampar vt. to stamp, to print. || to engrave. || to impress.

estampida f. (S. Am.) stampede (of cattle).

estampido m. report. || detonation. || bang, boom.

estampilla f. stamp, seal. || (S. Am.) postage stamp.

estampillar vt. to stamp, to put a stamp on.

estancado adj. stagnant. || (fig.) static.

estancar vt. to check, to dam (up). || to bring to a standstill (negotiation). || (fig.) to delay. || — vr. to become stagnant.

estancia f. stay. || dwelling. || (S. Am.) farm, cattle ranch.

estanciero m. (S. Am.) farmer, rancher.

estanco adj. watertight. || — m. state tobacco shop.

estandarizar vr. to standardize.

estandarte m. banner, standard.

estanque m. lake. || reservoir. || pond, pool.

estante m. shelf. || bookcase. || rack, stand.

estañar vr. (lech.) to tin. || to solder.

estaquillar vt. to ping, to peg (down, out).

estar vi. to be, to exist. || to be in a place. || to be in a mood, state or condition. || to be about to. || **e. a oscuras** (fig. and infml.), to be in the dark. || **e. de más**, to be superfluous. || **e. a**, to cost. || **e. con**, to have: **e. con fiebre**, to have fever. || to agree. || **e. en**, to consist of. || **e. para**, to be in the mood or disposition for. || **e. por**, to be for, to be in favour of. || (**e. por** + inf.) to be about.

estatal adj. state (attr.).

estático adj. static.

estatizar vt. (S. Am.) to nationalize.

estatua f. statue.

estatuir vt. to establish, to enact. || to arrange.

estatura f. stature, height.

estatuto m. (law) statute. || ordinance, law.

este adj. east. || easterly. || — m. east. || east wind.

este dem. adj. m., **esta** f. this. || **estos** dem. adj. m. pl., **estas** f. p. these, **éste** dem. pron. m., **ésta** f. this. || this one. || the latter. || **éstos** dem. pron. m. pl.,

éstas f. pl. these. || the latter.

estela f. (naut.) wake. || (aer.) trail. || (bot.) stele.

estelar adj. stellar, sidereal. || (theat.) star (attr).

estenografía f. shorthand, stenography.

estera f. mat, matting.

estercolero m. manure heap, dunghill.

estereofónico adj. stereophonic.

estereotipo m. stereotype.

estéril adj. sterile, barren, infertile. || futile, unfruitful.

esterlina adj. sterling (pound). || sterling (silver).

esternón m. breastbone, sternum.

estero m. mat laying. || estuary. || inlet. || (S. Am.) bog.

estertor m. death rattle.

estética f. aesthetics. || aesthetic doctrine.

estetoscopio m. stethoscope.

estibador m. stevedore.

estibar vt. to pack tightly. || (naut.) to stow, to load.

estiércol m. dung, manure.

estigma m. stigma. || (fig.) stigma, disgrace. || mark.

estilar vt. (law) to draw up (in due form). || to be in the habit of, to use. || — vr. to be used, to be in use.

estilo m. style. || **manner.** || skill. || (swimming) stroke.

estilográfica f. fountain pen.

estimar vt. to esteem. || to value. || to consider, to deem.

estimulante adj. stimulating. || — m. stimulant.

estimular vt. to stimulate. || to encourage. || to promote.

estío m. summer.

estipular vt. to stipulate.

estirado adj. stretched. || lofty, haughty. || stiff.

estirar vt. to stretch. || to draw. || to iron lightly.

estirón m. pull, tug, wrench, jerk.

estirpe f. stock, lineage. || race.

estival adj. summer (attr.), estival.

esto dem. pron. neuter, this. || this thing, this matter. || **en e.,** at that point, then. || **por e.,** for this reason.

estofa f. brocade. || quality. || type, class.

estofado adj. stewed. || quilted. || — m. stew.

estoico adj. stoic(al). || — m. stoic.

estola m. stole.

estólido adj. stupid.

estómago m. stomach. || **dolor de e.,** stomachache.

estopa f. tow. || burlap. || (naut.) oakum.

estoque m. rapier, sword. || (bol.) gladiolus.

estorbar vt. to obstruct. || to hinder. || to annoy.

estorbo m. hindrance. || obstruction. || nuisance.

estornudar vi. to sneeze.

estrado m. platform. || pl. **estrados,** court rooms.

estrafalario adj. outlandish, eccentric. || sloppy.

estrago m. ruin, destruction. || corruption, perversion.

estrambótico adj. odd, outlandish, eccentric.

estrangular vt. to strangle. || (mad.) to strangulate. || (mech.) to throttle. || to choke.

estrapontín m. back seat. || side seat, extra seat.

estratagema f. stratagem.

estrategia f. strategy. || generalship.

estratificar vt., vr. to stratify.

estrato m. stratum, layer.

estratósfera f. stratosphere.

estraza f. rag. || **papel de e.,** brown paper.

estrechar vt. to take in (a dress). || to narrow. || to squeeze. || (fig.) to compel. || to harass. || to embrace, to hug. || — vr. to become narrower. || to squeeze together. || (fig.) to grow tighter. || to intimate.

estrecho adj. narrow. || tight. || cramped. || short (of money). || (fig.) close: **una estrecha amistad,** close friendship. || (moral) strict. || — m. (geog.) straits.

estregar vt. to rub. || to scrape. || to scrub, to scour.

estrella f. star. || (zool.) blaze, white patch. || (typ.) asterisk. || (mil.) pip. || (fig.) fate. || **e. de mar** (zool.), starfish. || **e. fugaz,** shooting star.

estrellado adj. star-shaped. || (sky) starry. || smashed. || (cook.) fried (egg).

estrellar vt. to spangle or cover with stars. || (infml.) to smash. || (cook.) to fry (egg). || — vr. to smash.

estremecer vt. to shake, to make tremble. || — vr. to shake, to tremble, to quiver.

estrenar vt. to wear for the first time. || to

present for the first time (a film or play).

estreno m. premiere, first performance. || debut, inauguration.

estrenuo adj. vigorous, energetic. || enterprising.

estreñimiento m. constipation.

estrépito m. noise, row. || tremendous din. || fuss.

estría f. groove. || (archil.) flute. || (biol.) striation.

estriar vt. to groove. || to flute. || to striate.

estribación f. (geog., etc.) spur.

estribar vi. to rest. || (fig.) to lie. || to be based on.

estribillo m. (lit.) refrain. || chorus. || pet word.

estribo m. stirrup. || step. || buttress. || abutment. || **perder los estribos** (fig.), to lose one's temper.

estribor m. starboard.

estricto adj. strict. || severe.

estridente adj. strident, shrill, unpleasant sounding.

estro m. inspiration.

estrofa f. verse, stanza, strophe.

estropajo m. scourer. || (bol.) loofah. || (fig.) useless person, dead loss. || useless thing.

estropear vt. to spoil. || to maim. || — vr. to spoil.

estropicio m. breakage. || (fig.) rumpus. || turmoil.

estructura f. structure. || frame, framework.

estruendo m. roar, din. || racket. || clash. || uproar.

estrujar vt. to squeeze, to crush. || (fig.) to drain.

estuario m. estuary.

estuco m. stucco, plaster.

estuche m. case. || set.|| sheath. || casket.

estudiado adj. (fig.) studied, elaborate.

estudiante m., f. student.

estudiar vt., vi. to study. || to read. || to think about.

estudio m. study. || study room. || studio. || sketch.

estudioso adj. studious. || — m. scholar.

estufa f. stove, heater. || greenhouse, hothouse.

estupefaciente adj. stupifying. || — m. narcotic.

estupefacto adj. astonished, speechless.

estupendo adj. marvellous, wonderful, fantastic.

estúpido adj. stupid, silly.

estupor m. stupor. || (fig.) astonishment, amazement.

estupro m. rape.

estuque m. stucco.

esturión m. sturgeon.

etapa f. stage, step, era. || stop. || (fig.) phase.

eternidad f. eternity.

eternizar vt. to eternize. || to prolong indefinitely.

eterno adj. eternal, everlasting

ético adj. ethical. || (med.) consumptive.

etimología f. etymology.

etiqueta f. etiquette. || ceremony. || label. || tag.

etnografía f. ethnography.

etnología f. ethnology.

eucalipto m. eucalyptus, gum tree.

Eucaristía f. Eucharist.

eufemismo m. euphemism.

euforia f. euphoria. || exuberance.

eunuco m. eunuch.

europeo adj., m., **europea** f. European.

eutanasia f. euthanasia, mercy killing.

evacuar vt. to evacuate. || to drain. || to carry out.

evadido m. fugitive, escaped prisoner.

evadir vt. to avoid, to evade. || — vr. to escape.

evaluar vt. to evaluate.

Evangelio m. Gospel.

evangelista m. gospeller. || evangelist.

evangelizar vt. to evangelize.

evaporar vt. to evaporate. || — vr. to evaporate.

evasión f. escape. || evasion, avoidance.

evasiva f. evasion. || loophole, way out. || excuse.

evasivo adj. evasive, non-committal, ambiguous.

evento m. event, contingency, happening.

eventual adj. possible. || temporary. || incidental.

evidenciar vr. to prove, to show. || to make evident.

evidente adj. obvious, clear, evident.

evitar vr. to avoid. || to escape. || to prevent. || to shun.

evocar vr. to evoke, to recall, to call forth.

evolución f. (biol.) evolution. || (fig.) change.

evolucionar vi. to evolve. || (fig.) to change.

ex prep., ex, out, out of. || formerly.

exabrupto m. sudden attack. || rebuff.

exacción f. exaction, extortion. || demand. || levy.

exacerbar vr. to irritate, to provoke.

exacto adj. exact. || accurate. || precise. || punctual. || right, correct. || — adv. (infml.) exactly, quite.

exagerar vr. to exaggerate. || to overdo.

exaltado adj. exalted. || over-excited. || hot-headed.

exaltar vt. to extol, to exalt, to praise. || to overexcite.

examen m. examination. || consideration.

examinar vr. to examine. || to inspect, to scan, to go over, to go through. || to test.

exangüe adj. bloodless. || anaemic. || (fig.) weak.

exánime adj. lifeless. || (fig.) weak, exhausted, lifeless.

exasperar vt. to exasperate. || — vr. to get exasperated.

excarcelar vt. to release (from prison).

excavar vt. to excavate, to dig out.

excedente adj. excess, surplus. || excessive. || — m. excess, surplus.

exceder vt. to exceed, to surpass. || to outdo, to excel.

excelencia f. excellence. || superiority.

excelente adj. excellent. || superior.

excelso adj. lofty, exalted, sublime.

excéntrico adj. eccentric. || erratic. || — m eccentric.

excepción f. exception.

excepto prep. except (for), excepting.

exceptuar vt. to except, to exclude. || to exempt.

excesivo adj. excessive. || unreasonable, undue.

exceso m. excess. || surplus. || surfeit.

excitante adj. exciting. || (med.) stimulating. || — m. stimulant.

excitar vt. to excite. || to stimulate. || to incite, to stir up. || to arouse. || — vr. to get excited.

exclamar vi. to exclaim.

excluir vt. to exclude. || to shut out. || to throw out.

exclusive adv. exclusively. || — prep. exclusive of, not counting.

exclusividad f. exclusiveness. || snobbery.

exclusivo adj. exclusive.

excomulgar vr. to excommunicate. || (fig.) to ban.

excoriar vt. to chafe, to excoriate. || to graze.

excremento m. excrement.

exculpar vt. to exculpate. || (law) to acquit.

excursión f. trip, excursion, outing.

excursionista m., f. tripper. || sightseer. || hiker.

excusa f. excuse. || apology.

excusado adj. excused. || — m. lavatory, toilet.

excusar vt. to excuse, to pardon. || to avoid, to prevent. || — vr. to excuse oneself. || to apologize.

execrar vt. to execrate, to loathe, to abominate.

exención f. exemption. || immunity, freedom.

exento adj. free, exempt. || open. || **e. de aduanas**, duty free.

exequias f. pi. funeral rites. || obsequies.

exhalación f. exhalation, giving off. || fumes.

exhalar vt. to exhale. || to heave (sigh).

exhaustivo adj. exhaustive.

exhausto adj. exhausted.

exhibición f. exhibition, display, show.

exhibir vt. to exhibit. || — vr. to show oneself.

exhortar vt. to exhort. || to warn.

exhumar vt. to exhume, to disinter.

exigente adj. demanding, exacting, exigent.

exigir vt. to demand, to exact. || to require.

exiguo adj. meagre, small, scanty, exiguous.

exiliado adj. exiled, in exile. || — m., **exiliada** f. exile.

eximio adj. distinguished, eminent.

eximir vt. to exempt, to free, to exonerate. || to excuse.

existencia f. existence. || pl. **existencias** (comm.), stock.

existente adj. existing. || (comm.) in stock.

existir vi. to exist.

éxito m. success. || hit. || outcome, result.

Éxodo m. exodus, emigration. || (Bib.) Exodus.

exonerar vt. to exonerate. || to discharge. || to dismiss,

exorbitante adj. exorbitant.

exorcizar vt. to exorcise.

exótico adj. exotic.

expansión f. expansion. y enlargement.

E

|| extension. || *(comput.)* add-on.

expansivo *adj.* expansive. || affable. || communicative.

expatriado *m.* expatriate. || exile.

expectación *f.* expectation. || suspense. || anticipation.

expectativa *f.* expectation. || hope, prospect. || **estar a la e.**, to wait and see (what will happen).

expectorar *vt.* to expectorate, to spit out. || to cough.

expedición *f.* expedition. || shipment. || speed, dispatch.

expediente *m.* expedient. || promptness. || dossier, records. || *(law)* proceeding.

expedir *vt.* to send, to dispatch. || to issue.

expedito *adj.* expeditious, quick. || ready, free, clear.

expeler *vt.* to expel, to eject.

expender *vt.* to sell, to retail. || to sell on commission.

expensas *f. pl.* expenses. || *(law)* cost.

experiencia *f.* experience. || *(phys., chem.)* experiment.

experimentar *vt.* to experience. || to undergo. || to feel. || to test.

experimento *m.* experiment, test.

experto *adj.* expert. || — *m.*, **experta** *f.* expert.

expiar *vt.* to expiate, to atone for.

explanada *f.* esplanade. || terrace, platform.

explanar *vt.* to level, to grade. || to explain.

explayar *vt.* to spread out. || — *vr.* to speak at length.

explicar *vt.* to explain. || to expound, to set forth. || — *vr.* to explain oneself. || to understand.

explorar *vt.* to explore. || to investigate, to search into. || *(mil.)* to scout. || *(comput.)* to scan.

explosión *f.* explosion. || blast. || *(fig.)* outburst.

explosivo *adj.* explosive *(a. fig.).* || *(gram.)* plosive. || — *m.* *(gram.)* plosive.

explotar *vt.* to work, to exploit. || to farm. || to manage. || to operate. || to explode. || — *vi.* to explode.

exponente *adj.* exponent. || — *m.* *(math.)* exponent, index. || representative. || prooff, example.

exponer *vt.* to expose. || to exhibit. || to abandon (a child).

exportación *f.* exportation, exporting.

exportar *vt.* to export.

exposición *f.* exposition. || exhibition. || exposure.

expósito *m.*, **expósita** *f.* foundling.

exprés *m.* *(S. Am.)* express train.

expresado *adj.* above-mentioned.

expresamente *adv.* expressly. || on purpose.

expresar *vt.* to express. || — *vr.* to express oneself.

expresión *f.* expression. || *pl.* **expresiones**, regards.

expresivo *adj.* expressive. || tender, affectionate.

expreso *adj.* expressed. || express.

exprimidor *m.* squeezer. || lemon squeezer.

exprimir *vt.* to squeeze. || to wring.

expropiar *vt.* to expropriate. || to commandeer.

expuesto *pp.* of **exponer.** || on display. || dangerous.

expulsar *vt.* to eject, to throw out. || to expel.

expulsión *f.* expulsion, ejection. || *(sport)* sending-off.

expurgar *vt.* to expurgate.

exquisito *adj.* exquisite. || delicious. || excellent.

extasiar *vt.* to enrapture. || — *vr.* to become ecstatic.

éxtasis *m.* ecstasy. || rapture.

extender *vr.* to extend. || to spread out. || to stretch out. || to draw up (a document). || — *vr.* to extend. || to spread. || to stretch out.

extensión *f.* extension, y extent. || length. || range.

extenso *adj.* extensive. || large. || widespread.

extenuar *vt.* to exhaust. || to weaken.

exterior *adj.* outer, external, exterior. || foreign. || — *m.* exterior, outside. || appearance.

exteriorizar *vt.* to show, to manifest, to externalize.

exterminar *vt.* to exterminate.

externo *adj.* external, outside. || outward. || — *m.*, **externa** *f.* day pupil.

extinción *f.* *(all senses)* extinction.

extinguir *vt.* to extinguish. || to exterminate, to wipe out. || — *vr.* to go out. || to become extinct.

extinto *adj.* extinct. || extinguished. || dead.

extintor *m.* fire extinguisher.

extirpar *vt.* to extirpate. || to uproot. || to extract.

extra *adj.* remarkable, extraordinary. || — *m.* extra.

extracción *f.* extraction.

extracto *m.* extract, excerpt. || summary.

extradición *f.* extradition.

extraer *vt.* to extract. || to take out. || to excerpt.

extralimitarse *vr.* to overdo, to overstep, to go too far.

extramuros *adv.* outside the city.

extranjerismo *m.* foreign word (or phrase etc.).

extranjero *adj.* foreign. || alien. || — *m.*, **extranjera** *f.* foreigner. || alien, foreigner. || — *m.* foreign countries. || **del e.,** from abroad.

extrañar *vt.* to surprise. || to find strange. || to miss. || to exile. || — *vr.* to be surprised. || to go into exile.

extraño *adj.* strange, peculiar. || foreign.

extraordinario *adj.* extraordinary. || uncommon.

extrasensorial *adj.* extrasensory.

extraterrestre *adj.* extramundane, extraterrestrial.

extravagancia *f.* extravagance. || strangeness.

extravagante *adj.* extravagant. || eccentric, odd.

extrovertido *adj.* extrovert. || outgoing.

extraviar *vr.* to lead astray, to mislead. || to lose, to misplace. || — *vr.* to go astray *(a. fig.).*

extravío *m.* going astray. || loss, mislaying. || misconduct. || disorder.

extremar *vt.* to carry to an extreme, to overdo.

extremaunción *f.* extreme unction.

extremidad *f.* end, tip, extremity. || edge.

extremista *adj.* extremist. || — *m.*, *f.* extremist.

extremo *adj.* extreme, last. || furthest. || utmost. || dire. || **en caso e.,** as a last resort. || — *m.* end. || point. || extreme.

extrínseco *adj.* extrinsic.

exuberante *adj.* exuberant. || *(bol.)* luxuriant, lush.

exudar *vt. vi.* to exude, to ooze.

exultar *vi.* to exult.

eyector *m. (tech.)* ejector.

eyacular *vt. (physiol.)* to ejaculate.

F

f *f*. r.

fábrica *f*. factory. || mill. || manufacture. || building. || **marca de f.**, trademark. || **precio de f.**, factory price.

fabricación *f*. manufacture, making. || make. || **de f. casera**, home-made. || **f. en serie**, mass production.

fabricar *vt*. to manufacture, to make. || to build, to construct. || *(fig.)* to fabricate, to invent.

fabril *adj*. manufacturing.

fábula *f*. fable. || *(fig.)* invention. || piece of gossip.

fabuloso *adj*. fabulous. || *(infml.)* extremely good.

facción *f*. faction. || band. || *pl*. **facciones**, features.

fácil *adj*. easy. || probable, likely. || docile, easily managed.

facilidad *f*. facility, ease. || ability, aptitude. || opportunity. || **f. de palabra**, fluency in speech. || **facilidades de pago**, easy terms.

facilitar *vt*. to facilitate, to make easy. || to provide. || to arrange.

factible *adj*. feasible. || workable. || practical.

factor *m*. factor, element. || *(comm.)* agent.

factoría *f*. trading post. || agency. || factory.

factura *f*. *(comm.)* bill. || invoice. || *(Arg.)* buns, cakes.

facultad *f*. faculty. || *(univ.)* faculty school. || *pl*. **facultades**, faculties, powers.

facultar *vt*. to authorize, to empower.

facundia *f*. eloquence.

facha *f*. *(infml.)* appearance, look, looks.

fachada *f*. *(archit.)* facade, front. || title page.

faena *f*. task, job. || work. || *(infml.)* dirty trick.

faenar *vt*., to slaughter (cattle).

fagot *m*. bassoon. || bassoonist.

faja *f*. girdle, corset. || strip, band (of cloth). || sash, belt. || *(post)* wrapper.

fajar *vt*. to bind, to wrap. || to bandage. || to swaddle (a child). || *(S. Am.)* to attack.

fajina *f*. *(agr.)* shock. || job, task, chore. || *(mil.)* mess call. || **ropa de f.** *(Arg.)*, working clothes.

fajo *m*. sheaf (of papers). || roll, wad (of notes).

falacia *f*. deceit, fraud. || deceitfulness.

falange *f*. *(anat.)* phalange. || *(mil.)* phalanx.

falaz *adj*. deceitful. || fallacious. || deceptive.

falda *f*. skirt. || lap, knees. || side (of a mountain).

faldón *m*. shirttail, coat tail. || *(sew.)* flap.

falencia *f*. deceit. || error, mistake. || *(S. Am.)* bankruptcy.

falible *adj*. fallible.

fálico *adj*. phallic.

falsedad *f*. *(in general)* falseness. || falsity. || insincerity. || deceit. || falsehood.

falsificar *vt*. to falsify. || to forge, to counterfeit (money).

falso *adj*. false. || untrue, not true. || (coin) counterfeit. || (person) insincere. || **jurar en f.**, to commit perjury.

falta *f*. lack, want, absence, shortage. || fault, defect. || misdemeanour. || **a f. de**, for want of. || **cometer una f.**, to makes mistake. || **sin f.**, without fail.

fallar *vi*. to be lacking, to be wanting. || to be missing or absent. || to fail: **f. a una promesa**, to break a promise. || to lack, to be short of.

falla *f*. fault, defect, deficiency. || failure.

fallar *vt*. to ruff (cards). || *(law)* to pronounce sentence. || — *vi*. to fail. || (cards) to trump, to ruff. || to break, to give way. || not to work.

fallecer *vi*. to die, to expire, to pass away.

fallecimiento *m*. decease, demise, passing.

fallido *adj*. vain, frustrated. || *(comm.)* bankrupt.

fallo *m*. verdict, decision, ruling judgment. || fault, mistake. || (cards) void.

fama f. fame. || reputation, name. || prestige.

famélico adj. starving, famished.

familia f. family. || household.

familiar adj. family (attr.). || familiar. || homely, domestic. || informal. || (ling.) colloquial. || — m., f. relative. || member of the household. || intimate friend.

famoso adj. famous. || (infml.) fantastic, great.

fanático adj. fanatic, fanatical. || — m., **fanática** f. fanatic. || (cine., sport) fan.

fanega f. grain measure.

fanfarrón adj. blustering, boastful. || — m. braggart.

fango m. mud, mire. || slush. || (fig.) mire, dirt.

fantasía f. imagination, fantasy, fancy. || (infml.) vanity, conceit.

fantasma m. ghost, phantom, apparition.

fantástico adj. fantastic, fanciful. || great.

farándula f. (theat.) show business. || (infml.) humbug, claptrap.

fardo m. bundle. || bale, pack. || (fig.) burden.

faringe f. pharynx.

fariseo m. Pharisee, hypocrite. || smug sort.

farmacéutico adj. pharmaceutical. || — m. chemist, pharmacist.

farmacia f. pharmacy. || chemist's (shop), drugstore.

faro m. lighthouse. || beacon. || (out.) headlamp.

farol m. lamp. || street-lamp. || lantern.

farra f. (S. Am.) spree, carousal.

farsa f. (theat.) farce. || (fig.) humbug, sham.

fascículo m. fascicle, part.

fascinar vt. to fascinate, to bewitch. || to captivate.

fascismo m. fascism.

fase f. phase, stage. || (astron., biol., etc.) phase.

fastidiar vt. to annoy. || to bother. || to bore. || — vr. to get bored.

fastidio m. nuisance. || annoyance. || boredom.

fastuoso adj. magnificent, splendid. || pompous.

fatal adj. fatal. || deadly, mortal. || unfortunate. || (fig.) horrible.

fatalidad f. fatality, destiny. || misfortune.

fatiga f. fatigue, tiredness, weariness.

fatigar vt. to tire, to fatigue. || to annoy. || to bore. || — vr. to get tired.

fatuo adj. fatuous. || vain. || **fuego f.**, will-o-the-wisp.

fauces f. pl. (anat.) fauces. || mouth (of an animal).

fausto m. splendour, pomp, magnificence.

favor m. favour. || grace. || **hágame el f.**, be kind or good enough to. || **¡por f.!**, please!

favorable adj. favourable. || auspicious.

favorecer vt. to favour. || to become, to flatter.

favorito adj. favourite. || — m., **favorita** f. favourite.

faz f. face. || obverse, head (of a coin).

fe f. faith. || certificate: **f. de bautismo**, baptism certificate. || fidelity, loyalty. || **dar f.**, to attest, to certify.

fealdad f. ugliness, hideousness.

febrero m. February.

febril adj. feverish, febrile. || (fig.) anxious.

fécula f. starch.

fecundar vt. to fertilize.

fecundo adj. fertile, fecund. || (fig.) prolific.

fecha f. date. || **a esta f.**, by now, by this time. || **hasta la f.**, to date.

fechoría f. misdeed, villainy.

federación f. federation.

federal adj. federal.

feérico adj. fairy (attr.).

fehaciente adj. reliable, authentic.

felicidad f. happiness, felicity. || good luck.

felicitar vt. to congratulate, to felicitate.

feligrés m. parishioner.

felino adj. feline, catlike.

feliz adj. happy. || successful.

felonía f. felony, crime.

felpudo adj. plushy, velvety. || — m. doormat.

femenino adj. feminine. || (Mol., bol.) female: **sexo f.**, female sex. || — m. (gram.) feminine.

feminista m., f. feminist.

fenecer vi. to come to an end, to cease. || (euph.) to die.

fénix m. phoenix. || (jig.) marvel.

fenómeno m. phenomenon. || (jig.) freak, monster. || — adj. (infml.) great, marvellous.

feo adj. ugly. || not nice. || foul, nasty.

féretro m. coffin. || bier.

feria f. fair, market. || (relig.) feria. || holiday, day of rest.

feriado adj. **día f.,** holiday, day off.

fermentar vi. to ferment.

fermento m. ferment. || leaven, leavening.

ferocidad f. fierceness, ferocity, savageness. || cruelty.

feroz adj. ferocious, savage, cruel.

férreo adj. iron, made of iron. || ferrous.

ferretería f. ironmongery, hardware. || hardware store.

ferrocarril m. railway, railroad.

ferroviario adj. railway, rail (attr.). || — m. railwayman, railway worker.

fértil adj. fertile, fruitful. || rich.

fertilizar vt. to fertilize. || to make fruitful. || to enrich.

ferviente adj. fervent.

fervor m. fervour, ardour, passion.

fervoroso adj. fervent, ardent. || pious.

festejar vi. to celebrate. || to court, to woo (a woman).

festejo m. entertainment, feast. || courting, wooing.

festín m. feast, banquet.

festividad f. festivity. || (eccl.) feast. || holiday.

festivo adj. feast, festive. || witty, humorous.

fetichismo m. fetishism.

fétido adj. foul-smelling, stinking, rank.

feto m. foetus. || (infml.) ugly girl.

fiable adj. reliable, trustworthy.

fiado m. **al f.,** on trust, (comm.) on credit.

fiador m. (comm., etc.) surety, guarantor. || tumbler (of lock).

fiambre adj. cold (food). || — m. (cook.) cold meat.

fianza f. surety, security, bond.

fiar vt. to guarantee. || to sell on credit. || — vr. to trust. || **fiarse de,** to rely on someone.

fibra f. fibre. || (wood) grain.

ficción f. fiction, invention. || (lit., law) fiction.

ficticio adj. fictitious. || imaginary.

ficha f. counter. || token. || filing card. || (elec.) plug.

fichar vt., to file, to index (card). || to put on an index card. || — vi. (sport) to sign up, to sign on. || to clock in (at work).

fichero m. file, filing cabinet. || card index. || (police) records.

fidedigno adj. reliable, trustworthy.

fideicomiso m. trust.

fidelidad f. faithfulness, fidelity, accuracy.

fideo m. (gen. pl.) noodle.

fiebre f. (med.) fever, high temperature. || (fig.) fever, excitement.

fiel adj. faithful, loyal. || reliable. || accurate, exact. || — m. (relig.) faithful person. || (tech.) needle, pointer.

fiera f. wild animal or beast. || brute, cruel man.

fiero adj. fierce, ferocious. || cruel. || frightful. || ugly.

fiesta f. party. || celebration. || (relig.) holy day, feast. || pl. **fiestas,** celebrations, festivities.

figura f. figure, form, shape. || aspect, countenance. || musical note. || (cards) picture card.

figurar vt., to represent, to depict. || — vi. to figure. || to be important. || — vr. to imagine.

fijación f. setting, fixing. || fastening. || posting.

fijar vt., to fix. || to stick. || to fasten. || to secure. || to set (prices, etc.). || to determine. || — vr. to become fixed. || to pay attention.

fijo adj. firm, stable, secure. || fixed.

fila m. line, row, tier. || file. || rank.

filamento m. filament.

filántropo m. philanthropist.

filarmónico adj. philharmonic.

filatelia f. philately, stamp collecting.

filete m. (cook.) sirloin. || (fish) fillet. || (archit.) fillet. || (sew.) narrow hem, edging.

filiación f. filiation. || particulars. || description.

filial adj. filial. || (comm.) subsidiary, affiliated.

filigrana f. filigree. || (typ.) watermark.

film m. film. || picture, movie (U. S.).

filmar vt., to film, to shoot.

filme m. (Acad.) = film.

filo m. cutting edge (of knife). || ridge, dividing line.

filología f. philology.

filón m. (min.) vein, seam.

filoso adj. (S. Am.) sharp, sharp-edged.

filosofía f. philosophy.

filósofo m. philosopher.

filtrar vt. to filter. || — vr. to filter. || to dwindle. || to leak out.

filtro m. filter. || philtre, love potion.

fin m. end, finish. || aim. purpose. || object, goal: || **a f. de que,** so that, in order that. || **al f.,** at last, finally. || **al f. y al cabo,** at long last. || after all. || **sin f.,** innumerable, countless.

final *adj.* final, last. || ultimate. || — *m.* end. || conclusion. || *(sport, etc.)* final.

finalidad *f.* aim, purpose, object. || *(phil.)* finality.

finalizar *vt., vi.* to end, to finish.

financiar *vt.,* to finance.

financiero *adj.* financial.

financista *m. (S. Am.)* financier. || financial expert.

finanzas *f. pl.* finances.

finca *f.* property, real estate. || farm. || country house.

fincar *vt.* to lie, to rest.

fineza *f.* fineness. || courtesy, kindness. || gift.

fingimiento *m.* pretence. || simulation, feigning.

fingir *vt.* to feign, to simulate. || — *vr.* to pretend to be.

finiquitar *vt.* to close (an account). || to end.

fino *adj.* fine. || delicate. || slender. || (person) polite, refined. || shrewd. || (gold) pure.

finta *f.* feint. || **hacer fintas**, to feint, to spar.

firma *f.* signature. || signing. || *(comm., fin.)* firm.

firmamento *m.* firmament.

firmar *vt.* to sign.

firme *adj.* firm, steady, stable. || resolute. || **mantenerse f.** *(fig.),* to stand fast, to hold one's ground.

firmeza *f.* firmness. || steadiness, stability. || solidity.

fiscal *adj.* fiscal, financial. || tax *(attr.)*. || — *m. (law)* prosecutor, district attorney *(U. S.).*

fiscalizar *vt.* to supervise. || *(infml.)* to pry into. || to keep an eye on.

fisco *m.* treasury, exchequer.

fisgonear *vt. (infml.)* to be always prying into, to spy continually on.

física *f.* physics. || **f. nuclear**, nuclear physics.

físico *adj.* physical. || — *m. (anat.)* Physique. || face, features. || appearance, looks.

fisiología *f.* physiology.

fisión *f.* fission. || **f. nuclear**, nuclear fission.

fisonomía *f.* physiognomy, face. || features.

fláccido *adj.* flaccid. || soft, flabby.

flaco *adj.* lean, skinny. || weak, feeble.

flacura *f.* thinness, skinniness. || weakness, feebleness.

flagelo *m.* whip, scourge. || *(fig.)* scourge, calamity.

flagrante *adj.* flagrant. || **en f.,** in the act, red-handed.

flamante *adj.* brilliant, flaming. || *(fig.)* brandnew.

flamear *vi.* to blaze, **to** flame. || (sail) to flutter.

flamenco *adj.* Flemish. || flamenco: **baile flamenco** dance. || — *m., f.* fleming, flemish. — *m.* Flemish (language).

flan *f.* cream caramel, caramel custard.

flanco *m. (anat.)* side, flank. || *(mil.)* flank.

flaqueza *f.* thinness, leanness. || weakness. || feebleness, frailty.

flatulencia *f.* flatulence.

flauta *f.* flute.

fleco *m.* fringe, flounce. || tassel.

flecha *f.* arrow. || *(archit.)* fleche, a slender spire.

flequillo *m.* fringe.

fletar *vt.* to charter (a ship). || to load (merchandise). || *(S. Am.)* to hire (vehicle).

flete *m.* freight, cargo. || freight, freightage.

flexible *adj.* flexible. || soft, pliable.

flexión *f.* flexion. || *(ling.)* inflexion.

flirteo m. flirting, flirtation.

flojo *adj.* slack, loose. || limp. || lazy, indolent. || poor, weak.

flor *f. (bol.)* flower. || bloom. || blossom. || *pl.* **flores**, compliments, bouquets. || **a f. de piel**, skin-deep. || **en la f. de la edad** *(fig.),* in the prime of life. || **la f.** y **nata**, the cream, the pick, the best.

flora *f.* flora.

florecer *vi. (hot.)* to flower, to bloom. || *(fig.)* to flourish, to thrive.

florecimiento *m. (hot.)* flowering, blooming. || flourishing, thriving.

floreo *m. (fencing, mus.)* flourish. || witty but insubstantial talk. || compliment.

florero *adj.* flattering. || — *m.,* **florera** *f.* florist. || — *m.* flowervase.

floresta *f.* wood, grove. || glade || beauty spot.

florete *m. (fencing)* foil.

florido *adj.* flowery. || *(fig.)* select. || *(lit.)* florid.

flota *f. (naut.)* fleet. || **f. mercante,** merchant navy.

flotar *vi.* to float. || to hang, to hang loose.

flote *m.* floating, floatation. || **a f.,** afloat. || **sacar a f.,** to refloat.

fluctuación f. fluctuation. || (fig.) vacillation.

fluctuar vi. to fluctuate. || to waver, to vacillate.

fluidez f. fluidity. || (fig.) fluency, smoothness.

fluido adj. fluent, free-flowing, fluid. || — m. fluid. || (elec.) current, power.

fluir vi. to flow, to run. || to pass.

flujo m. flow, stream. || discharge. || rising tide.

fluorescente adj. fluorescent.

fluvial adj. fluvial, river (attr.). || **vía f.**, waterway.

foca f. seal.

foco m. centre, focal point, focus. || floodlight.

fofo adj. spongy, soft. || flabby, plump.

fogata f. blaze, bonfire.

fogón m. hearth. || kitchen range. || cooker, stove.

fogoso adj. fiery, spirited, ardent.

foliar vt. to foliate, to number the pages of.

folio m. leaf. || (typ.) folio. || running head, running title.

folklórico adj. folklore (attr.), popular, traditional.

follaje m. foliage, leaves. || (fig.) adornments.

folletín m. newspaper serial.

folleto m. pamphlet. || folder, brochure, leaflet.

fomentar vi. to warm. || to foment. || to foster, to encourage.

fonda f. (arch.) tavern, inn. || (rail.) buffet.

fondeadero m. anchorage. || berth.

fondear vt. to anchor (ship). || to sound, to take soundings in. || — vt. (naut.) to drop anchor.

fondo m. bottom. || rear, back. || depth. || (fin.) fund. || **a f.**, thoroughly. || **bajos fondos**, underworld.

fonética f. phonetics.

fonógrafo m. phonograph, gramophone.

forajido m. outlaw, bandit. || desperado.

foráneo adj. foreign, strange.

forastero adj. outside. || foreign, alien. || — m., **forastera** f. stranger, newcomer. || visitor.

forcej(e)ar vi. to struggle. || to make violent efforts.

forense adj. forensic. || — m. (med.) forensic surgeon.

forestal adj. forest (attr.).

forja f. forge. || foundry. || forging.

forjar vt. to forge. || to make, to form. || (fig.) to make up (lies, etc.). || — vr. to forge oneself.

forma f. shape. || form. || manner. || way || **en debida f.**, in correct manner. || **de todas formas**, anyway, at any rate.

formación f. formation. || training, education.

formal adj. formal. || official. || (fig.) reliable. || serious.

formalidad f. formality. || seriousness. || reliability.

formar vt. to form. || to shape. || to educate. || — vi. to form (in a procession). || — vr. to form. || to develop.

formato m. (typ.) format. || size.

formidable adj. formidable, redoubtable. || forbidding. || (infml.) wonderful.

fórmula f. formula. || method. || solution.

formular vt. to formulate. || (question) to frame, to pose.

formulario m. formulary. || form, blank, application.

fornicar vi. to fornicate.

fornido adj. well-built, strapping, hefty.

foro m. (hist.) forum. || (law) court of justice. || (fig.) bar, legal profession. || (heat.) back of the stage.

forraje m. forage, fodder.

forro m. (sew.) lining. || cover.

fortalecer vt. to fortify, to strengthen.

fortaleza f. strength, vigour. || (mil.) fortress.

fortificar vi. to fortify. || (fig.) to strengthen.

fortuito adj. fortuitous. || accidental.

fortuna f. fortune, fate, destiny. || luck. || wealth. || **por f.**, luckily, fortunately.

forzar vt. to force, to compel. || to break into. || to rape. || (mil.) to take by force.

forzoso adj. inevitable, unavoidable. || forced, compelled. || obligatory, compulsive.

fosa f. grave, pit. || (anat.) fossa, cavity.

fosforescente adj. phosphorescent.

fósforo m. (chem.) phosphorus. || match.

fósil adj. fossil, fossilized. || — m. fossil.

foso m. ditch. || hole, pit. || (mil.) fosse.

fotocopia f. photocopy, print.

fotografía f. photography. || photograph || f. instantánea, snapshot, snap.

fotógrafo m. photographer.

fotómetro m. exposure meter, photometer.

frac *m.* dress coat, tails.

fracasar *vi.* to fail, to be unsuccessful.

fracaso *m.* failure, downfall, ruin. || crash, noise.

fracción *f.* fraction. || part, fragment. || division, breaking-up.

fraccionar *vt.*, to divide, to break up, to split up.

fractura *f.* fracture, break. || *(med., geol.)* fracture.

fragancia *f.* fragrance, sweet smell, perfume.

fragata *f.* frigate.

frágil *adj.* fragile, frail. || *(fig.)* delicate.

fragmento *m.* fragment. || piece, bit.

fragor *m.* din, clamour. || uproar. || crash.

fragoso *adj.* rough, uneven. || brambly.

fragua *f.* forge.

fraguar *vt.* to forge. || *(fig.)* to concoct, to hatch. || — *vi,* to harden.

fraile *m.* friar. || monk.

frambuesa *f.* raspberry.

francés *adj.* French. || — *m.* Frenchman.

francesa *f.* Frenchwoman. || — *m.* (language) French.

francmasón *m.* (free) mason.

franco *adj.* frank, generous. || open. || exempt, free. || *(hist.)* frankish. || **f. de porte**, post paid. || — *m.* Frankish (language). || *(fin.)* franc.

francotirador *m.* sniper, sharpshooter.

franela *f.* flannel.

franja *f.* trimming, border. || fringe. || band, stripe.

franquear *vt.* to exempt, to free. || to cross, to pass. || to frank, to stamp (a letter). || — *vr.* to unbosom oneself.

franqueo *m.* postage. || franking.

franqueza *f.* frankness, openness. || generosity.

franquicia *f.*, exemption.

fiasco *m.* small bottle. || vial, flask. || powder flask.

frase *f.* sentence. || phrase, expression.

fraternal *adj.* brotherly, fraternal.

fraternidad *f.* brotherhood, fraternity.

fraude *m.* fraud. || cheating, dishonesty.

fraudulento *adj.* fraudulent. || dishonest, deceitful.

fray *m.* brother, friar (only used before names).

frazada *f.* blanket.

frecuencia *f.* frequency. || **con f.**, frequently, often. || **f. modulada**, frequency modulation.

frecuentar *vt.* to frequent. || to haunt.

frecuente *adj.* frequent. || common.

fregadero *m.* kitchen sink. || basin. || scullery.

fregar *vt.* to scrub, to scour. || to wash (dishes). || *(infml.)* to annoy. || — *vr.* *(infml.)* to become annoyed or vexed.

fregona *f.* kitchen maid, dishwasher.

freír *vt.* *(cook.)* to fry. || to bother, to exasperate.

frenar *vt.* to brake. || *(fig.)* to check, to curb.

frenesí *m.* frenzy.

frenético *adj.* frantic, frenzied. || furious, wild.

freno *m.* bit (of harness). || *(aut., mech., etc.)* brake. || **f. de mano**, hand brake.

frente *m.* front, front part. || facade. || **al f.**, at the head. || **f. a f.**, opposite. || — *f.* forehead, brow. || *(fig.)* countenance.

fresa *f.* *(bot.)* strawberry. || *(tech.)* milling cutter.

fresar *vt.* *(mech.)* to mill.

fresco *adj.* fresh, cool. || new. || cottage (cheese). || *(infml.)* bold. || calm. || — *m.* fresh air. || *(archil., art)* fresco.

frialdad *f.* coldness. || *(fig.)* coolness. || indifference.

fricción *f.* rub, rubbing. || massage. || *(tech.)* friction.

friega *f.* rub, rubbing. || *(med.)* massage. || *(S. Am.)* annoyance. || bother.

frígido *adj.* frigid *(a. med.)*.

frigorífico *adj.* refrigerating, freezing. || — *m.* refrigerator, fridge. || meat-packing depot.

frijol, fríjol *m.* *(bot.)* kidney bean, French bean.

frío *adj.* cold, frigid. || cool. || detached, objective. || — *m.* cold, coldness.

frisar *vt.* to frizz (cloth). || to be close to.

frito *adj.* *(cook.)* fried. || **estar f.** *(infml.)*, to be fed up. || **patatas fritas**, chips.

frívolo *adj.* frivolous.

frondoso *adj.* leafy. || luxuriant.

frontera *f.* frontier, border. || *(fig.)* limit, bounds.

frontón *m.* *(archit.)* pediment, fronton. || *(sport)* pelota court.

frotar *vt.* to rub. || (match) to strike. || — *vr.* to rub, to chafe.

fructífero *adj.* fruit-bearing. || *(fig.)* fruitful.

fructificar *vi.* *(bol.)* to produce, to bear fruit. || *(fig.)* to yield a profit.

frugal *adj.* frugal. || thrifty. || parsimonious.

fruición f. enjoyment. || satisfaction, delight.

fruncir vt. to gather, to shirr. || to pucker (lips). || **f. el ceño**, to frown, to knit one's brow.

frustrar vt. to frustrate, to thwart. || to disappoint. || — vr. to fail, to come to nothing. || to be frustrated.

fruta f. fruit.

fruticultura f. fruit growing.

frutilla f. (S. Am.) strawberry.

fruto m. (bot.) fruit. || result. || (law) utility, benefit. || pl. **frutos**, fruits, products.

fuego m. fire. || burner, ring. || (fig.) ardour. || passion. || **a sangre y f.**, mercilessly. || **fuegos artificiales**, fireworks.

fuelle m. bellows. || pucker, fold (in dress).

fuente f. spring of water. || fountain. || source. || (fig.) origin. || dish, platter.

fuera adv. outside. || out. || away. || outside of. || (fig.) in addition to, besides. || **¡fuera!**, get out! || **f. de eso**, apart from that. || **por f.**, outside, on the outside.

fuero m. law, statute. || jurisdiction, power. || code of laws. || privilege.

fuerte adj. strong. || loud. || resistant. || intense. || vigorous. || — m. fort, fortress. || forte, strong point. || — adv. strongly.

fuerza f. strength. || power, might. || force, violence, compubion. || pl. (mil.) forces. || **a f. de**, by dint of. || **a viva f.**, by sheer force. || **cobrar fuerzas**, to convalesce, to recover.

fuga f. flight. || escape. || elopement. || (mus.) fugue. || **f. de cerebros** (fig.), brain d'ain.

fugarse vr. to escape. || to run away. || to elope.

fugaz adj. fleeting, short-lived, brief. || elusive. || **estrella f.**, shooting star.

fugitivo adj. fugitive, fleeing. || — m., **fugitiva** f. fugitive, run away.

fulano m. so-and-so, what's his name.

fulgor m. brilliance, radiance, glow.

fulminar vt. to strike by lightning. || to thunder forth. || — vr. to fulminate, to explode.

fullero m. cardsharper, cheat. || crook.

fumar vt., vi. to smoke. || — vr. (money) to dissipate, to squander.

fumigar vr. to fumigate.

función f. function. || duty. || (theat.) performance, show.

funcionamiento m. functioning, operation. || working. || performance. || **entrar en f.**, to come into operation.

funcionar vr. to function, to run, to work, to operate.

funcionario m. official, functionary. || employee. || civil servant.

funda f. cover. || (pillow) case, slip. || sheath.

fundación f. foundation.

fundamental adj. fundamental, basic. || essential.

fundamento m. foundation. || (fig.) basis, grounds. || **sin f.**, unfounded, groundless.

fundar vt. to found, y to base, to ground || — vr. to be founded.

fundición f. melting. || smelting, casting. || foundry. || cast iron. || (typ.) fount, font.

fundir vt. to cast. || to melt, y to smelt. || (S. Am., infml.) to ruin, to make bankrupt. || — vr. to fuse together. || (colours) to blend.

fúnebre adj. funeral, y (fig.) mournful, gloomy. || **coche f.**, hearse.

funeral adj. funeral (attr.). || — m. funeral. || pl. **funerales**, funeral, obsequies.

funeraria f. undertaker's, undertaker's establishment.

funesto adj. ill-fated, unfortunate. || baneful. || fatal.

furgón m. wagon, van, truck.

furia f. fury, rage. || frenzy.

furibundo adj. furious. || frenzied.

furioso adj. furious. || violent, y frantic, raging.

furor m. fury, rage. || frenzy.

furtivo adj. furtive. || clandestine. || sly, stealthy.

fuselaje m. fuselage.

fusible m. fuse.

fusil m. rifle, gun.

fusilar vt. to shoot, to execute.

fusión f. fusion, y (fig.) amalgamation merging.

fusionar vt. to fuse. || (comm.) to merge, to amalgamate.

fustigar vt., to whip, to lash.

fútbol m. football.

futbolista m. footballer, football player.

fútil adj. trifling, trivial.

futuro adj. future. || **en lo f.**, in the future. || **la vida futura**, the life to come, y — m. future. || (infml.) fiancé.

G

g *f*. g.

gabán *n*. overcoat, topcoat.

gabardina *f*. gabardine (cloth). || raincoat.

gabela *f*. tax, duty. || *(fig.)* burden.

gabinete *m*. study, library. || sitting room. || office. || laboratory. || *(art)* studio. || **g. de lectura**, reading room. || *(pol.)* cabinet.

gaceta *f*. gazette, official journal. || *(S. Am.)* newspaper.

gacetilla *f*. gossip column. || section of miscellaneous news items.

gacho *adj*. bent down, turned downward. || (ears, etc.) drooping. || **ir a gachas**, to go on all fours.

gafa *f*. grapple. || clamp. || *pl*. **gafas**, glasses, spectacles. y goggles. || **gafas de sol**, sunglasses.

gaita *f*. *(mus.)* flute, flageolet. || bagpipe (gallega).

gajes *m. pl*. emoluments, remuneration. || **g. del oficio** *(hum.)*, occupational hazards.

gajo *m*. (torn-off) branch, bough. || (grapes) cluster, bunch. || (orange, etc.) segment.

gala *f*. full dress. || best dress. || *pl*. **galas**, finery. || regalia. || *(fig.)* elegance. || pomp, display: **hacer g. de**, to display, to show off.

galán *m*. handsome fellow. || ladies' man. || gallant. || *(theat.)* male lead. || **joven g.**, juvenile lead.

galano *adj*. smart, spruce. || elegant, tasteful.

galante *adj*. (man) gallant. || attentive (to women). || polite. || (woman) flirtatious.

galanteo *m*. courting, wooing. || flirting.

galardón *m*. *(lit.)* reward, prize.

galera *f*. *(naut., typ.)* galley. || covered wagon. || *(S. Am.)* top hat.

galerada *f*. *(typ.)* galley proof.

galería *f*. gallery. || passage, corridor. || verandah. || **g. de columnas**, colonnade.

galgo *m*. greyhound.

galicismo *m*. gallicism.

galo *adj*. Gallic. || — m., **gala** *f*. Gaul.

galocha *f*. clog. || overshoe.

galón *m*. *(sew.)* braid, y *(mil.)* stripe. || (measure) gallon.

galopar *vi*. to gallop.

galope *m*. gallop: **a g., al g.** *(S. Am.)*, at a gallop, *(fig.)* in great haste.

galpón *m*. *(S. Am.)* (large) shed, storehouse.

galvanizar W. to galvanize *(a. fig.)*, electroplate.

galladura *f*. (egg) tread. || germinating point.

gallardete *m*. pennant.

gallardía *f*. gracefulness, elegance. || bravery.

gallego *adj*. Galician. || — m., **gallega** *f*. Galician. || — m. (dialect) Galician.

galleta *f*. biscuit. || wafer. || *(naut.)* hardtack.

gallina *f*. hen, fowl. || **g. clueca**, broody hen. || **g. ponedora**, laying hen. || — m., f. *(infml.)* coward.

gallinero *m*. henhouse, henroost. || poultry dealer. || *(theat.)* gods, gallery.

gallineta *f*. coot. || woodcock. || *(S. Am.)* guinea fowl.

gallo *m*. *(orn.)* cock, cockerel, rooster. || **g. de riña**, gamecock, fighting cock. || *(mus.)* false note. || *(sport)* **peso g.**, bantamweight.

gama *f*. *(mus.)* scale. || *(fig.)* range, scale, gamut. || (letter) gamma. || *(zool.)* doe (of fallow deer).

gambeta *f*. (horse) prance, caper. || *(Bol., Peru, R. Pl.)* dodge, avoiding action.

gamo *m*. buck (of fallow deer).

gamuza *f*. *(zool.)* chamois, izard. || chamois leather.

gana *f*. desire, wish *(de* for). || appetite *(de* for). || inclination, longing *(de* for). || **de buena g.**, willingly. || **hacer lo que le da la g.**, to do just what one likes.

ganadero *adj*. cattle, stock. || cattleraising. || — m. stockbreeder, cattle raiser, rancher *(U. S.)*.

ganado m. stock, livestock. || cattle. || **g. lanar**, sheep. || **g. mayor**, cattle, horses and mules. || **g. menor**, sheep, goats and pigs. || **g. porcino**, pigs. || **g. vacuno**, cattle.

ganancia f. gain. || increase. || *(comm., fin.)* profit. || *pl.* **ganancias**, earnings. || profits, winnings.

ganancioso adj. profitable. || winning. || — m., **gananciosa** f. gainer. || winner.

ganar vt. to gain. || to get, to obtain. || *(comm., fin.)* to earn. || to win. || to beat, to defeat. || to surpass. || to reclaim (land): **tierras ganadas al mar**, land reclaimed from the sea. || — vi. *(sport)* to win. || to gain.

gancho m. hook. || hanger, y *(S. Am.)* hairpin.

ganga f. *(min.)* gangue, waste material. || *(comm.)* bargain. || *(infml.)* cushy job.

gangoso adj. *(speech)* nasal.

gangrena f. gangrene.

ganoso adj. anxious, keen.

gansa f. *(orn.)* goose. || *(infml.)* silly girl.

ganso m. *(orn.)* goose, gander. || *(infml.)* idiot, dimwit, simpleton.

ganzúa f. picklock. || — m., f. burglar, thief.

garabato m. hook. || **g. de carnicero**, meat hook. || (writing) pothook. || scribble, scrawl.

garaje m. garage.

garante adj. responsible. || — m., f. guarantor, surety.

garantía f. guarantee. || pledge, security. || *(law)* warranty.

garantizar vt. to guarantee, to warrant. || to assure. || to vouch for.

garbanzo m. *(bol.)* chickpea.

garbo m grace, elegance. || graceful bearing.

garete m. **estar al g., ir al g.**, to be adrift, to go adrift.

garfio m. hook. || gaff, y *(tech.)* grappling iron.

gargajo m. phlegm, spit.

garganta f. *(anat.)* throat, gullet *(a. fig.)*. || neck. || *(geog.)* gorge. || narrow pass.

gargantilla f. necklace.

gárgara f. gargle, gargling. || **hacer gárgaras**, to gargle.

garita f. cabin, hut, box. || *(mil.)* sentry box.

garito m. gambling den, gaming house.

garlopa f. jack plane.

garra f. *(zool.)* claw, y talon. || *(fig.)* hand, paw. || *(tech.)* claw, tooth, hook.

garrafa f. carafe, decanter.

garrafal adj. enormous, terrific. || monumental.

garrapata f. *(zool.)* tick.

garrapatear vi. to scribble, to scrawl.

garrapato m. pothook, y *(fig.)* scribble, scrawl.

garrocha f. goad. || *(laur.)* spear. || *(sport)* vaulting pole.

garrote m. stick, club, cudge. || *(law)* garotte, garrotte.

gárrulo adj. garrulous, talkative, y (bird) twittering.

garúa f. *(S. Am.)* drizzle.

garza f. heron. || **g. imperial**, purple heron.

garzo adj. blue, bluish. || blue-eyed.

gas m. gas. || **petrol**, gas *(U. S.)*. || **gases de escape**, exhaust (fumes).

gasa f. gauze *(a. med.)*.

gaseosa f. fizzy drink, y lemonade, y soft drink.

gaseoso adj. gaseous. || aerated. || gassy y fizzy.

gasificar vt. to gasify.

gasoducto m. gas pipeline.

gasolina f. *(aut.)* petrol, gasoline *(U. S.)*.

gas *(U. S., infml.)*. || **surtidor de g.**, petrol pump.

gastado adj. spent, y worn (out). || threadbare, shabby. || (saying, subject) hackneyed, trite.

gastar vt. to spend, y to use up, to exhaust. || to waste. || to wear out. || to wear away. || — vi. to spend. || — vr. to wear out. || to become exhausted.

gasto m. spending, expenditure. || expense. || *pl.* **gastos**, expenses, costs, charges. || **gastos e ingresos**, outgoings and incomings.

gatas (a) adv. on all fours: **andar a g.**, to go on all fours. || to crawl. || barely, hardly.

gatear vt. to scratch. || — vi. to climb. || *(infml.)* to go on all fours, to crawl.

gatillo m. trigger. || *(med.)* dental forceps.

gato m. *(zool.)* cat, tomcat. || *(aut.)* jack. || *(Arg.)* a popular folk dance.

gauchada f. *(R. Pl.)* gauchos. || gaucho exploit/t. || favour.

gaucho m. *(S. Am.)* gaucho. || cowboy. || good rider. || — adj. gaucho. || crafty.

gaveta f. drawer. || locker.

gavilán m. *(orn.)* sparrowhawk. || (of sword) quillon.

gavilla f. (agr.) sheaf. || (infml.) gang, band.

gaviota f. (orn.) seagull, gull.

gazapo m. (zool.) young rabbit. || sly fellow. I (typ.) meaningful misprint.

gazmoñería f. hypocrisy. || prudery, priggishness.

gaznate m. gullet. || windpipe.

gelatina f. gelatin(e), jelly.

gélido adj. (poet.) gelid, icy.

gema f. gem, jewel. || (bol.) bud.

gemelo adj. twin, g — m., **gemela** f. twin. || pl. **gemelos**, binoculars. || opera glasses. || cufflinks. || (astr.) Gemini, the Twins.

gemido m. groan, moan. || wail.

gemir vi. to groan. || to moan. || to wail. || (wind, etc.) to howl. || (fig.) to lament.

gendarme m. policeman, gendarme. || guard.

genealogía f. genealogy. || family tree. || pedigree.

generación f. generation. || progeny.

general adj. general. || common. || **en g., por lo g.**, in general, generally. || — m. (mil.) general.

generalidad f. generality. || majority. || vague answer, generalization.

generalizar vt., vi. to generalize. || to bring into general use. || — vr. to become general.

generar vi. to generate.

género m. kind, type, sort. || race. || style, way. || (biol.) genus. || genre. || (comm.) cloth, material, stuff. || pl. **géneros**, goods, merchandise.

generoso adj. generous (con, para to). || noble, magnanimous. || (wine) full-bodied.

genética f. genetics.

genial adj. inspired, brilliant, full of genius. || characteristic. || genial.

genio m. disposition, nature. || character, temper. || genius. || (myth., relig.) spirit. || genie.

gente f. people. || folk. || race, nation. || (infml.) relatives, folks: **¿cómo está tu g.?**, how are your folks? || **g. bien**, the best people, nice people. || **la mayoría de la g.**, most people.

gentileza f. elegance, gracefulness. || charm. || kindness. || courtesy.

gentío m. crowd, throng.

genuino adj. genuine. || real, pure, true.

geodesia f. geodesy.

geografía f. geography.

geología f. geology.

geometría f. geometry. || **g. del espacio**, solid geometry.

geranio m. geranium.

gerencia f. management. || managership.

gerente m. manager, director. || — f. manageress, directress.

germanía f. thieves' slang, cant.

germano adj. German, Germanic. || — m., f. German.

germen m. (biol., med.) germ. || (fig.) seed. || source, origin.

germinar vi. to germinate. || to sprout.

gerundio m. gerund. || present participle.

gesta f. heroic deed, epic achievement. || (lit.) epic, epic poem.

gestar vt. to gestate.

gesticular vi. to gesticulate, to gesture. || to grimace.

gestión f. (comm., etc.) management, conduct. || negotiation. || measure, step.

gesto m. face, expression on one's face. || grimace, (wry) face. || gesture, gesticulation.

gestor adj. managing. || — m. manager. || administrator. || business agent.

giba f. hump. || hunchback.

gigante adj. giant, gigantic. || — m. giant.

gimnasia f. gymnastics. || physical training.

gimnasio m. gymnasium, gym.

gimoteo m. whining, whimpering.

ginebra f. gin.

ginecólogo m. gynaecologist.

gira f. (mus., theat., etc.) tour. || trip.

girar vt. to turn, to turn round, to rotate. || to spin. || (comm.) to draw. || — vi. to revolve. || to turn round, g to spin. || to swing. || (comm., fin.) to draw. || **g. en descubierto**, to overdraw.

girasol m. sunflower.

giratorio adj. revolving, rotatory. || swivel.

giro m. turn. || revolution, rotation. || (fig.) trend, tendency. || (ling.) turn of phrase. || (comm.) draft. || **g. postal**, money order, postal order.

gitano adj. gipsy. || (fig.) wheedling, cajoling. || — m., **gitana** f. gipsy.

glacial adj. glacial. || (fig.) icy.

glándula f. gland.

glasear vt. to glaze.

global adj. global. || overall. || comprehensive. || (amount) total, aggregate. || (sum) lump.

globo *m.* globe, sphere. || **g. del ojo**, **g. ocular**, eyeball. || **g. (aerostático)**, balloon. || **en g.**, as a whole, all in all.

glóbulo *m.* globule. || *(anat.)* corpuscle.

gloria *f.* glory. || *(fig.)*glory, delight, bliss. || *(relig.)* heaven, paradise, glory.

gloriarse *vr.* to boast, to glory.

glorieta *f.* bower, arbour. || roundabout.

glorificar *vt.* to glorify, to extol, to praise. || — *vr.* to boast of, to glory in.

glorioso *adj.* glorious. || *feed.)* blessed. || **la Gloriosa** *(eccl.)*, the Virgin. || boastful.

glosa *f.* gloss. || comment, note, annotation.

glosario *m.* glossary.

glotón *adj.* gluttonous, greedy. || — *m.*, **glotona** *f.* glutton. || — *m. (zool.)* glutton.

gnomo *m.* gnome.

gnomon *m.* gnomon, sundial.

gobernador *adj.* governing, ruling. || — *m.* governor, ruler.

gobernar *vt. (pot.)* to govern, to rule. || to direct. || *(naut.)* to steer. || — *vi.* to govern.

gobierno *m. (pot.)* government. || control, management. || *(naut.)* steering. || **para su g.**, for your information.

goce *m.* enjoyment. || possession.

gol *m. (sport)* goal.

golear *vt.* to score a goal against.

golfo *m. (geog.)* gulf, bay. || *(fig.)* abyss. || street urchin. || scoundrel, rogue.

golondrina *f.* swallow.

golosina *f.* titbit, delicacy, dainty. || sweet.

goloso *adj,* sweet-toothed, fond of dainties.

golpe *m.* blow. || hit, knock. || shot, stroke. || (heart) beat, throb. || *(fig.* blow, misfortune. || fit, attack. || coup. || **a golpes**, by force, in fits and starts. || **de g.**, suddenly. || **g. de vista**, glance.

golpear *vt.* to strike, to knock, to hit. || to beat. || — *vi.* to knock.

golpeteo *m.* tapping. || rattling. || knocking.

golpismo *m.* putschism.

golpiza *f. (S. Am.)* bashing *(infml.),* beating-up.

goma *f.* gum. || rubber.) *(sew.)* elastic. || glue. || rubber band. || *(aut.)* tyre. || **g. de borrar**, rubber, eraser. || **g. de mascar**, chewing gum.

góndola *f. (naut.)* gondola. || *(rail.)* goods wagon, freight truck *(U. S.).* || *(Chile)* bus.

gordo *adj.* (person) fat, stout, plump. || (cloth, thread, etc.) thick, coarse. || (event) important, big. || (prize) first, big. || — *m.*, **gorda** *f.* fat man, fat woman.

gordura *f.* fat, fatness. || *(S. Am.)* cream.

gorgojo *m. (ent.)* weevil. || *(fig.)* dwarf.

gorila *f. (zool.)* gorilla. || — *m. (infml.)* tough.

gorjeo *m.* chirping, twittering. || *(mus.)* warble.

gorra *f.* cap. || (baby's) bonnet. || *(mil.)* bearskin. || — *m. (infml.)* sponger, scrounger. || **de g.**, at someone else's expense.

gorrión *m. (orn.)* sparrow.

gorro *m.* cap. || bonnet.

gorrón *m.* round pebble. || sponger, scrounger.

gota *f.* drop. || bead. || *(med.)* gout. || *(archit.)* gutta.

gotear *vi.* to drip. || to trickle. || to leak. || *(meteorol.)* to rain lightly.

gotera *f.* drip. || trickle. || leak.

gozar *vt.* to enjoy. || to possess. || — *vi.* to enjoy oneself. || to have. || — *vr.* to rejoice.

gozne *m.* hinge.

gozo *m.* enjoyment, pleasure. || delight. || joy.

gozoso *adj.* glad, joyful.

grabación *f.* recording.

grabado *adj. (mus., etc.)* recorded. || on tape. || — *m.* engraving. || (in book) illustration, picture. || **g. al aguafuerte**, etching.

grabador *m.* engraver. || *(Am.)* tape recorder.

grabar *vt. (art)* to engrave. || to carve. || (on disc, tape) to record. || *(fig.)* to impress.

gracia *f.* grace, gracefulness. || favour. || wit, humour. || *(law)* pardon. || *(infml.)* name: **¿cuál es su g.?**, what's your name? || *pl.* **gracias**, thanks. || **de g.**, free, gratis. || **¡gracias a Dios!**, thank God! || **tener g.**, to be amusing.

grácil *adj.* graceful. || slender. || small, delicate.

gracioso *adj.* graceful. || gracious. || funny, amusing. || witty. || — *m. (theat.)* comic character.

grada *f.* step, stair. || tier, row (of seats). || *pl.* **gradas**, flight of steps.

gradación *f.* gradation. || graded series. || (rhetoric) climax.

gradería f. gradarlo m. (flight of) steps. || tiers, rows (of seats). || **g. cubierta**, grandstand.

grado m. step. || degree. || quality. || willingness. || *(mil.)* rank. || (school) class, year, form, grade *(U. S.)*. || **de g. o por fuerza**, willy-nilly. || **de mal g.**, unwillingly.

graduación f. gradation, grading. || graduation. || rating. || (of drink) alcoholic strength. || *(mil.)* rank.

graduar vt. to grade. || to gauge. || *(tech.)* to calibrate. || to graduate. || *(unit.)* to confer a degree on. || *(mil.)* to confer a rank on. || — vr. to graduate, to take one's degree.

gráfico adj. graphic. || illustrated. || — m. *(math., etc.)* graph. || diagram. || chart.

gramática f. grammar. || **g. parda**, native wit.

gramo m. gramme, gram *(U. S.)*.

grana f. *(bol.)* small seed. || *(zool., etc.)* cochineal. || (colour) scarlet.

granada f. *(bot.)* pomegranate. || *(mil.)* shell, y grenade.

granadero m. *(mil.)* grenadier.

granado adj. grainy. || choice, select. || distinguished. || **lo más g. de**, the cream of, the pick of. || — m. pomegranate tree.

granate adj. garnet (colour). || — m. *(min.)* garnet.

grande adj. (size) big, large. || (stature) tall. || (number, speed, etc.) high, great. || *(fig.)* great: *un gran hombre*, a great man. || grand, impressive. || **a lo g.**, on a grand scale. || — m. **los grandes**, the great. || grandee. || — f. *(Arg.)* first prize, big prize (lottery).

grandeza f. bigness. || size. || greatness, grandness. || grandeur, magnificence. || status of grandee.

grandioso adj. grand, magnificent. || grandiose.

granel m. heap of com. || — adv. in bulk. || loose: **naranjas a g.**, loose oranges. || in abundance.

granero m. granary, barn.

granizo m. hail, hailstones.

granja f. farm. || farmhouse. || dairy. || country house.

granjear vt. to gain, to earn. || — vr. to win for oneself.

granjero m. farmer.

grano m. grain. || seed. || bean. || *(med.)* pimple, spot. || pl. **granos**, grain, cereals.

granuja m. urchin, ragamuffin. || rogue.

grapa f. staple. || *(mech.)* clamp. || *(Arg.)* alcoholic drink.

grasa f. grease. || fat. || suet.

graso adj. fatty. || greasy. || oily. || — m. fattiness. || greasiness. || oiliness.

gratificación f. reward, recompense. || tip. || bonus (on wages). || *(S. Am.)* gratification, pleasure.

gratis adv. gratis, tree, for nothing.

gratitud f. gratitude.

grato adj. pleasing. || agreeable. || welcome, gratifying. || *(S. Am.)* grateful.

gratuito adj. free. || (remark) gratuitous. || (accusation) unjustified.

gravamen m. burden, obligation. || *(fin.)* tax, impost.

gravar vt. to burden, to encumber. || to tax.

grave adj. heavy. || grave, serious. || severe, grievous. || *(mus.)* low, deep. || (accent) grave.

gravedad f. *(phys.)* gravity. B *(fig.)* seriousness. || importance. || dignity.

gravitar vi. *(phys.)* to gravitate *(***hacia** towards)*. || **g. sobre**, to rest on. || *(fig.)* to be a burden to.

graznido m. squawk. || caw. || cackle. || quack.

greda f. *(geol.)* clay. || *(tech.)* fuller's earth.

gregario adj. gregarious. || **instinto g.**, herd instinct.

gremio m. *(hist.)* guild, corporation. || (trade) union.

greña f. shock of hair, mat (or mop) of hair. || *(fig.)* tangle, entanglement.

gresca f. uproar, hubbub. || row.

grey f. flock *(a. eccl.)*.

griego adj. Greek, Grecian. || — m. **griega** f. Greek. || (language) Greek.

grieta f. fissure, crack. || chink. || crevice.

grifo m. tap, faucet *(U. S.)*. || gas station *(U. S.)*. || marijuana, pot *(sl.)*. || marijuana addict *(sl.)*.

grillete m. fetter, shackle.

grillo m. *(ent.)* cricket. || *(bol.)* shoot, sprout. || pl. **grillos**, fetters, shackles.

grima f. horror, disgust. || aversion. || displeasure.

gringo adj. foreign. || — m., **gringa** f. *(pej.)* foreigner. || yankee. || *(R. Pl.)* Italian, gripe f. influenza, flu.

gris adj. grey, gray *(U. S.)*. || *(fig.)* dull. || — m. grey.

gritar *vt., vi.* to shout, to yell. || to scream, to cry out.

grito *m.* shout, yell. || scream, cry. || hoot. || **pedir a gritos**, to clamour for.

grosella *f.* (red)currant. || **g. espinosa**, gooseberry. || **g. negra**, blackcurrant.

grosero *adj.* rude. || coarse, vulgar. || rough. || (error, etc.) gross, stupid.

grosor *m.* thickness.

grotesco *adj.* grotesque. || bizarre, absurd.

grúa *f. (tech.)* crane. || derrick.

gruesa *f.* gross, twelve dozen.

grueso *adj.* thick. || bulky. || big, heavy. || (person) stout. || coarse. || — *m.* thickness. || bulkiness. || density. || main body.

grulla *f. (orn.)* crane.

grumete *m.* cabin boy, ship's boy.

grumo m. clot, lump. || **g. de leche**, curd.

gruñido *m.* (pig) grunt. || (dog) growl. || (stomach) rumble.

grupa *f.* crupper. || hindquarters, rump (of horse).

grupo *m.* group. || (of trees, etc.) cluster, clump. || *(elec., tech., etc.)* unit, set, plant. || **g. sanguíneo**, blood group, blood type *(U. S.)*.

gruta *f.* cavern, grotto.

guacho *adj.* orphaned, abandoned. || odd. || — *m.* orphan, foundling. || abandoned child.

guadaña *f.* scythe.

guajiro *m.* Cuban peasant. || — *f.* Cuban peasant song.

gualicho *m.* devil, evil spirit. || *(Art)* powerful talisman.

guanaco *m. (tool.)* guanaco. || *(S. Am.)* simpleton, dimwit *(infml.)*. || rustic.

guano *m.* guano. || *(S. Am.)* palm tree. || palm leaf.

guante *m.* glove. || **g. de boxeo**, boxing glove. || **g. de cabritilla**, kid glove.

guapo *adj.* good-looking. || (girl) attractive. || (man) handsome. || smart. || — *m.* lover, gallant. || *(pej.)* bully. || braggart, boaster.

guarda *m.* guard. || keeper. || **g. nocturno**, night watchman. || — *f.* guard, guarding. || custody. || *(law)* observance. || *(typ.)* flyleaf, endpaper. || *(S. Am. sew.)* ribbing, trimming.

guarda(a)gujas *m. (rail.)* switchman.

guardabarrera *m. (rail.)* (person) crossing keeper.

guardabosque(s) *m.* gamekeeper. || ranger, forester.

guardacostas *m.* coastguard vessel, revenue cutter.

guardaespaldas *m.* bodyguard.

guardapolvo *m.* dust cover. || overalls.

guardar *vt.* to guard. || to watch over. || to maintain, to preserve. || to keep. || to put by, to store away. || to observe (laws). || **g. silencio**, to be or to keep silent. || — *vr.* to be on one's guard. || to avoid something.

guardarropa *m.* cloakroom, checkroom *(U. S.).* || wardrobe. || — *m., f.* cloakroom attendant.

guardería *f.* guarding. || guard-duty. || **g. infantil**, creche, day nursery.

guardia *f.* custody, care. || defence, protection. || *(mil., etc.)* guarding. || **estar de g.**, to be on guard, to be on duty || (body of men) guard. || police. || — *m. (mil.)* guard, guardsman. || policeman.

guardián *m.* guardian, keeper. || warden || watchman.

guarecer vt. to protect, to give shelter to. || — *vr.* to take refuge *(de* from).

guarida *f. (tool.)* den, lair. || *(fig.)* refuge, shelter.

guarismo *m.* figure, numeral.

guarnecer *vt.* to provide (de with). || to adorn (de with), y *(cook.)* to garnish || *(sew.)* to trim. || *(tech.)* to reinforce. || (jewel) to set, to mount. || *(mil.)* to garrison.

guarnición *f.* adornment. || *(sew.)* trimming. || (jewel) setting, mount. || *(mil.)* garrison. || *pl.* **guarniciones**.

guasón *adj.* witty. || joking. || dull. || — *m.,* **guasona** *f.* wit. || joker.

guayaba *f. (bol.)* guava. || guava jelly.

guayabera *f.* light blouse.

gubernativo *adj.* governmental.

guedeja *f.* long hair, lock. || (lion's) mane.

guerra *f.* war. || warfare. || conflict. || *(fig and infml.)* **dar g.**, to be a nuisance to, to annoy. || **hacer la g.**, to wage war, to make war.

guerrero *adj.* fighting. || war. || warring. || warlike, martial. || — *m.* warrior, soldier, fighter.

guerrilla *f.* guerrilla band. || guerrilla warfare.

guerrillero *m.* guerrilla (fighter). || partisan.

guía f. guidance, guiding. || guideboook. || directory. || pl. **guías**, reins. || ends (of a moustache). || — m., f. (person) guide. || leader.

guiar vt. to guide. || (aut. etc.) to drive. || (naut.) to steer. || — vr. **g. por**, to be guided by.

guija f. pebble. || cobble.

guijarro m. pebble. || cobble, cobblestone.

guillotina f. guillotine. || paper cutter.

guinche m. (S. Am.) winch, hoist. || crane.

guinda f. mazzard cherry, morello cherry.

guindado m. liquor made of cherries.

guiñapo m. rag, tatter. || ragamuffin. || reprobate.

guiñar vt., vi. to wink. || to blink.

guiño m. wink. || grimace. || (aer., naut.) yaw.

guion m. (zool.) leader. || (typ.) hyphen, dash. || (lit.) summary, outline. || (cine.) script.

guionista m., f. (cine.) scriptwriter.

guirnalda f. garland. || wreath.

guisa f. manner, way. || **a g. de**, like, in the manner of.

guisado m. stew.

guisante m. pea.

guisar vt. (cook.) to cook. || to stew.

guiso m. cooked dish. || (S. Am.) stew.

guita m. twine. || packthread. || (sl.) dough (sl).

guitarra f. guitar.

gula f. greed, gluttony.

gusano m. maggot, worm. || caterpillar. || **g. de luz**, glow-worm. || **g. de seda**, silkworm.

gustar vt. to taste, to try, to sample. || — vi. to please, to be pleasing. || to like. || **g. de**, to enjoy, to like. || **como usted guste**, as you wish. || **¿gusta usted?**, would you like some?

gusto m. taste. || flavour. || style, fashion. || pleasure: **con mucho g.**, with pleasure. || liking: **ser del g. de uno**, to be to someone's liking. || fancy, whim: **a g.**, at will, according to one's fancy. || **a g.**, at ease, comfortable. || **mucho g.** o **tanto g. en conocerte**, pleased to meet you.

gustoso adj. tasty, savoury. || pleasant. || willing, glad.

H

haba *f.* (broad) bean.

habano *m.* Havana cigar.

haber *v. aux.* to have: **he oído su voz.** || have heard his voice. || **h. de** + *inf.* to have, must, to be due: **ha de llegar hoy,** he is due to arrive today. || — *v. impers.* there is, there are: **hay libros a granel,** there are books galore. || to be necessary, to be convenient + *inf.:* **hay que ser prudente,** it is necessary to be prudent. || **no hay de qué,** don't mention it. || — *m.* income, salary. || *(comm.)* assets. || *pl.* **haberes,** assets, property, goods.

hábil *adj.* clever, skilful, able. || capable. || working (day).

habilidad *f.* ability. || skill.

habilitación *f. (law)* qualification. || authorization. || fitting out.

habilitar *vt.* to qualify, to enable. || to equip. || *(law)* to authorize.

habitación *f.* dwelling, habitation. || room.

habitante *m., f.* inhabitant.

habitar *vt.* to live in, to inhabit. || — *vi.* to live.

hábito *m.* habit, custom. || dress, garb, attire.

habitual *adj.* habitual, customary, usual.

habituar *vt.* to accustom (*a* to). || — *vr.* to become accustomed to, to get used to.

habla *f.* speech. || language.

hablador *adj.* talkative. || chatty. || gossipy. || — *m.,* **habladora** *f.* talkative person, chatterbox. || gossip.

habladuría *f.* rumour, gossip.

hablar *vt., vi.* to speak, to talk. || **h. sin ton ni son,** to talk without rhyme or reason. || **h. claro,** to speak out.

hablilla *f.* rumour, story. || (piece of) gossip.

hacedero *adj.* practicable, feasible.

hacendado *m.* landowner, property owner. || *(S. Am.)* rancher.

hacendoso *adj.* industrious, hard-working.

hacer *vt.* to make. || to do. || to shape. || to cause. || to give, to cast (shadow). || to cut, to trim (beard, nails, etc.). || to pack (a trunk, valise). || to gain, to earn || — *vi.* to act, to behave.) to pretend. || to do. || — *vr.* to make oneself. || to become. || to grow. || to get: **hacerse tarde,** to get late. || **hacerse el tonto,** to make a fool of oneself, to act the fool.

hacia *prep.,* towards, toward. || about (of time). || **h. abajo,** downwards. || **h. ade- lante,** forwards. || **h. arriba,** upwards.

hacienda *f.* farm, ranch. || country property. || fortune, wealth. || cattle, livestock. || **Ministerio de H.,** Exchequer, Ministry of Finance.

hacinamiento *m.* heaping (up). || stacking || *(fig.)* crowding, overcrowding.

hacha *f.* torch. || axe. || hatchet.

hachar *vt.* = **hachear.**

hachear *vt.* to hew, to cut (down, etc.). || — *vi.* to wield an axe.

hachero *m.* torch stand. || woodcutter, lumberjack.

hada *f.* fairy. || **cuento de hadas,** fairy tale.

hado *m.* fate, destiny.

halagar *vt.* to flatter. || to please, to gratify.

halago *m.* piece of flattery, flattering word.

halagüeño *adj.* pleasing, alluring, attractive.

halcón *m.* falcon. || *(fig.)* hawk.

hálito *m.* breath. || vapour, exhalation.

hallar *vt.* to find. || to discover. || to locate (a person). || — *vr.* to be. || to find oneself.

hallazgo *m.* finding, discovery. || find. || reward.

hamaca *f.* hammock. || *(Arg.)* swing.

hamacar *vt., vr.* to rock, to swing.

hambre *f.* hunger. || famine. || starvation.

hambrear *vt., vi.* to starve.

hambriento *adj.* starving, hungry, famished.

hambruna *f. (Arg., Col.)* ravenous hunger.

hamburguesa *f.* hamburger, hamburg steak.

hampa *f.* underworld, low life, criminal classes.

hampón *m.* rowdy, bully, tough.

haragán *adj.* idle, lazy, good-for-nothing. || — *m.*, **haragana** *f.* idler, layabout, good-for-nothing.

harapo *m.* rag, tatter.

harina *f.* flour. || meal. || powder. || **h. de maíz**, corn flour.

harpillera *f.* sacking, sackcloth.

hartar *vt.* to satiate. || to fill. || to tire, to bore. || — *vr.* to fill oneself, to gorge oneself. || *(fig.)* to get fed up.

hartazgo *m.* surfeit, satiety. || repletion. || glut.

harto *adj.* full, satiated. || *(fig.)* fed up. || — *adv.* enough. || very, quite.

hasta *prep.* until, till. || up to. || down to. || as far as. || up to. || **h. la vista**, **h. luego**, so long. || **h. que**, until, till. || **h. tal punto**, to such a point that. || — *adv.* even: **h. me insultó**, he even insulted me.

hastiar *vt.* to weary, to bore. || to disgust. || — *vr.* **hastiarse de**, to get fed up with.

hastío *m.* weariness. || boredom. || disgust, loathing.

halo *m.* flock, herd. || provisions. || shepherd's hut. || belongings.

haya *f.* beech, beech tree.

haz *m.* bundle, bunch. || *(phys.)* beam. || faggot, bundle (of wood). || — *f.* face. || *(fig.)* surface. || *pl.* **haces** *(hist.)*, fasces.

hazaña *f.* exploit, feat, deed. || achievement.

he *adv.* look, behold. || **he aquí**, here is, here are.

hebilla *f.* buckle, clasp.

hebra *f.* thread, strand. || fiber (of textile). || string (of vegetables). || grain (of wood).

hebreo *adj.* Hebrew. || — *m.*, **hebrea** *f.* Hebrew. || — *m.* (language) Hebrew.

hectárea *f.* (measure) hectare.

hechicero *adj.* magic, bewitching, enchanting. || — *m.* sorcerer, wizard. || charmer.

hechizar *vt.* to bewitch, to cast a spell on. || *(fig.)* to charm.

hecho *pp.* of **hacer.** || — *adj.* done, finished. || accustomed, inured. || **h. a mano**, hand-made. || **un hombre h. y derecho**, a real man. || — *m.* act, deed. || fact. || matter. || event. || **de h.**, in fact, as a matter of fact. || **h. consumado**, *fait accompli*.

hechura *f.* make, making. || creation. || form, shape. || (sew.) cut. || making up. || workmanship.

heder *vi.* to stink, to smell. || *(fig.)* to be unbearable.

hedor *m.* stink, stench, smell.

helada *f.* frost. || freeze, freeze-up.

heladera *f.* refrigerator.

heladería *f.* ice-cream parlour.

helado *adj.* freezing, icy, very cold. || *(fig.)* chilly, cold. || — *m.* ice cream.

helar *vt.* to freeze, to ice. || *(fig.)* to astonish. || to discourage. || — *vi.*, *vr.* to freeze.

helecho *m.* bracken, fern.

hélice *f.* helix, spiral. || propeller.

helicóptero *m.* helicopter.

hembra *f.* female, she (of animals). || female, hen (of birds). || *(infml.)* girl. || woman.

hemisferio *m.* hemisphere.

hemorragia *f. (med.)* haemorrhage.

henchir *vt.* to fill up, to stuff.

hendedura *f.* crack, fissure, crevice. || split.

hender *vt.* to cleave, to split. || to crack.

hendir *vt. (S. Am.)* = **hender**.

heno *m.* hay.

hepático *adj.* hepatic, liver *(attr.)*.

heraldo *m.* herald.

herbicida *m.* weed-killer.

heredad *f.* landed property. || country estate, farm.

heredar *vt.* to inherit *(a. fig.)*.

heredero *m.* heir, inheritor. || **h. forzoso**, heir apparent.

hereje *adj.* heretic. || — *m.*, *f.* heretic. || *(Arg.)* sanguinary man or woman.

herencia *f.* inheritance, estate, legacy. || *(fig.)* heritage. || *(bio.)* heredity.

herida *f.* wound, injury.

herir *vt.* to wound. || to injure, to hurt. || to knock, to strike.

hermana *f.* sister. || *(fig.)* other half (of a pair). || **h. política**, sister-in-law.) **prima h.**, first cousin.

hermanar *vt.* to match, to put together. || to join.

hermanastra *f.* stepsister.

H

hermanastro m. stepbrother.
hermandad f. brotherhood, fraternity. || sisterhood, sorority. || close relationship.
hermano m. brother. || **h. carnal**, full brother. || **h. político**, brother-in-law. || **medio h.**, half-brother.
hermético adj. hermetic, airtight. || impenetrable.
hermoso adj. beautiful, lovely. || (man) handsome. || fine, splendid.
hermosura f. beauty, loveliness. || handsomeness.
héroe m. hero.
heroico adj. heroic.
heroína f. heroine. || (pharm.) heroin.
heroísmo m. heroism.
herradura f. horseshoe.
herraje m. ironwork, iron fittings. || (Arg.) horseshoe.
herramienta f. tool, instrument, implement.
herrar vt. (agr.) to shoe (a horse). || to brand (cattle).
herrero m. blacksmith, smith.
herrumbre f. rust. || iron taste. || (bot.) rust.
hervidero m. boiling. || bubbling, seething. || hot spring. || (fig.) swarm, crowd.
hervir vt. to boil. || — vi. to boil, to seethe. || to swarm, to teem with.
hervor m. boiling, ebullition. || fervour.
hexágono m. hexagon.
hez f. fesp. **heces** (pl.) dregs, lees (of liquid). || faeces, excrement. || (fig.) scum, dregs.
hibernación f. hibernation.
híbrido adj. hybrid. || — m., **híbrida** f. hybrid.
hidalgo adj. noble. || (fig.) gentlemanly. || generous. || — m. nobleman, hidalgo.
hidratar vt. to hydrate. || to moisturize.
hidráulica f. hydraulics.
hidroavión m. seaplane, flying boat.
hidrófobo adj. hydrophobic.
hidrógeno m. hydrogen.
hiedra f. ivy.
hiel f. (anat.) bile, gall. || (fig.) bitterness.
hielo m. ice. || frost. || cold, indifference.
hiena f. hyena.
hierba f. grass. || small plant. || (med.) herb, medicinal plant. || pl. **hierbas**, grass, pasture.

hierbabuena f. mint.
hierro m. iron. || brand (mark of cattle). || weapon. || instrument. || pl. **hierros**, irons, fetters, shackles.
hígado m. (anat.) liver. || pl. **hígados**, guts, pluck.
higiénico adj. hygienic. || sanitary.
higienizar vt. to clean up.
higo m. (bot.) fig, green fig.
higuera f. fig tree.
hija f. daughter. || child.
hijo m. son. || child. || pl. **hijos**, children, sons and daughters. || **h. de puta** (vulg.), bastard, son of a bitch.
hilacha f. ravelled thread. || shred. || pl. **hilachas**, rags, tatters.
hilado m. spinning. || yarn, thread.
hilandería f. spinning. || spinning mill.
hilar vt. to spin. || (fig.) to reflect on. || to infer. || to hatch, to weave.
hilaridad f. hilarity. || merriment, mirth.
hilaza f. yarn, coarse thread.
hilera f. row, line. || fine thread. || (mil.) rank, file.
hilo m. thread, yarn. || filament. || string. || linen cloth. || trickle, thin stream.
hilvanar vt. to tack, to baste. || (fig. and infml.) to throw together.
himno m. hymn. || **h. nacional**, national anthem.
hincapié m. digging one's feet in.
hincar vt. to thrust into. || to sink one's teeth into. || — vr. to kneel down.
hincha adj. (Arg.) annoying, troublesome. || — f. (infml.) hate, enmity. || — m., f. (sport) fan, supporter.
hinchar vt. to swell. || to inflate, to blow up. || to exaggerate. || (Arg.) to annoy, to be a nuisance for, to bore. || — vr. to swell up.
hinchazón f. swelling. || (fig.) arrogance, conceit. || (of style, etc.) pomposity.
hinojo m. fennel. || **de hinojos**, on one's knees.
hipersensible adj. hypersensitive.
hípico adj. horse (attr.). || equine.
hipnotismo m. hypnotism.
hipnotizar vt. to hypnotize, to mesmerize.
hipo m. hiccup, hiccough. || grudge, dislike, aversion.
hipocresía f. hypocrisy.
hipócrita adj. hypocritical. || — m., f. hypocrite.

hipódromo *m.* racetrack, racecourse.
hipopótamo *m.* hippopotamus.
hipoteca *f.* mortgage.
hipótesis *f.* hypothesis, supposition.
hirsuto *adj.* hairy, hirsute. || bristly. || *(fig.)* brusque, gruff, rough.
hispánico *adj.* Hispanic, Spanish.
hispanista *m., f.* Hispanicist, Spanish scholar.
hispano *adj.* Spanish, Hispanic. || — *m.* Spaniard.
hispanoamericano *adj., m.,* Spanish-American, Latin-American.
histeria *f.* hysteria.
historia *f.* history. || story, tale. || *pl.* **historias** *(infml.),* gossip, tattle.
historiador *m.* Historian. || chronicler, recorder.
historial *m.* history, record, dossier.
histórico *adj.* historical. || historic.
historieta *f.* short story, tale. || anecdote. || strip, cartoon, comic strip.
histrión *m.* actor, player. || *(pej.)* play-actor. || buffoon.
hilo *m.* signpost, milestone. || landmark, boundary stone. || target, point of aim.
hocicar *vi.* to fall on one's face. || to nuzzle.
hocico *m.* snout, muzzle. || *(infml.)* mouth. || face.
hogaño *adv. (arch, or lit.)* this year. || nowadays.
hogar *m.* hearth, fireplace. || home. || *(tech.)* furnace.
hogareño *adj.* home loving. || homey, domestic.
hoguera *f.* bonfire. || blaze.
hoja *f. (bol.)* leaf, petal. || leaf, sheet (of paper). || leaf, page (of book). || sheet, thin plate (of metal). || blade (of knife, etc.). || leaf (of door).
hojalata *f.* tin, tinplate.
hojaldre *m. (cook.)* puff pastry.
hojarasca *f.* fallen leaves. || *(fig.)* trash. || empty verbiage.
hojear *vt.* to leaf through, to skim through.
¡hola! *interj.* hello!, hullo!
holandés *adj.* Dutch. || — *m.* Dutchman. || (language) Dutch.
holgado *adj.* loose, roomy, spacious (clothes). || comfortable.
holgar *vi.* to rest. || to be idle. || to be loose (clothes). || to be unnecessary. || — *vr.* to amuse oneself, to enjoy oneself.

holgazán *adj.* idle, lazy. || — *m.,* holgazana *f.* idler, loafer.
holgura *f. (sew., etc.)* looseness. || toominess, bagginess. || leisure. || ease, comfort. || comfortable living, luxury.
holocausto holocaust, burnt offering.
hollar *vt.* to tread on. holocaust *(fig.)* to trample on.
hollín *m.* soot.
hombre *m.* man. || mankind. || *(infml.)* husband. || *(infml.)* fellow, old chap, old boy. || **h. de pelo en pecho** *(infml.)* real man. || **h. rana,** frogman.
hombría *f.* manliness. || **h. de bien,** honesty.
hombro *m.* shoulder || **arrimar el h.** *(fig. and infml.),* to lend a hand, to help.
homenaje *m.* homage. || *(law)* allegiance. || *(fig.)* tribute. || **rendir h. a,** to pay homage to.
homicida *adj.* murderous, homicidal. || — *m.* murderer, *f.* murderess.
honda *f.* sling.
hondo *adj.* deep. || low. || — *m.* bottom. || depth.
hondonada *f.* hollow. || dip, depression. || gully, ravine. || lowland.
honestidad *f.* decency. || modesty. || purity, chastity.
honesto *adj.* chaste, modest. || decent. || honest.
hongo *m. (bot.)* fungus. || mushroom. || bowler hat.
honor *m.* honour, glory. || *pl.* **honores,** rank, dignity.
honorario *adj.* honorary. || — *m. pl.* **honorarios,** fees, fee, emoluments.
honra *f.* self-esteem, dignity. || (of woman) honour, virtue. || chastity. || reputation.
honradez *f.* honesty. || integrity.
honrado *adj.* honest, honourable, upright.
honrar *vt.* to honour. || — *vr.* to be honoured.
hora *f.* hour. || time. || **a buena h.,** opportunely, in good time. || **en mala h.,** unfortunately.
horadar *vt.* to drill, to bore, y to pierce, to perforate.
horario *adj.* hourly || hour *(attr.).* || time *(attr.).* || — *m.* hour hand. || timetable. || **llegar a h.,** *(S. Am.)* to arrive on time, to be on schedule.

H

horca f. gallows, gibbet. || pitchfork.
horda f. horde. || (fig.) gang.
horizonte m. horizon (a. fig.).
horma f. form, mould. || last, shoe block.
hormiga f. ant. || pl. **hormigas**, itch, pins and needles.
hormigón m. concrete. || **h. armado**, reinforced concrete.
hormiguear vi. to swarm, to teem.
hormigueo m. itch, itching. || tingling. || (fig.) anxiety.
hormiguero adj. ant-eating. || **oso h.**, anteater. || — m. ant-hill. || (fig.) swarm of people.
hornada f. batch (of loaves, etc.), baking.
hornear vt. to cook, to bake. || — vi. to bake.
horno m. furnace. || kiln. || oven.
horquilla f. (agr.) pitchfork. || hairpin. || fork (of bicycle).
horrible adj. horrible, dreadful, ghastly.
horror m. horror, fear, dread. || (fig.) atrocity.
horrorizar vt. to horrify. || to terrify. || — vr. to be horrified or terrified.
hortaliza f. vegetable. || pl. **hortalizas**, vegetables.
hortelano m. gardener. || market gardener.
hosco adj. dark. || gloomy. || (person) sullen.
hospedaje m. (cost of) board and lodging.
hospedar vt., vr. to stay, to put up, to lodge.
hospicio m. poorhouse. || orphanage.
hospital m. hospital. || infirmary.
hospitalidad f. hospitality.
hostería f. inn, hostelry.
hostia f. host. || (infml.) bash, punch.
hostigar vt. to lash, to whip. || to harass, to pester.
hostil adj. hostile.
hostilizar vt. (mil.) to harry, to harass, to worry.
hotel m. hotel. || mansion, villa.
hotelero adj. hotel (attr.). || — m. hotel-keeper, hotel manager.
hoy adv. today. || now, nowadays. || **de h. en adelante**, from now on. || **por h.**, for the time being.
hoya f. pit, hole. || grave. || (geog.) valley.
hoyo m. hole, pit. || grave.

hoz f. sickle, scythe. || narrow pass, ravine.
hucha f. moneybox. || chest. || (fig.) savings.
hueco adj. hollow. || empty, pompous (words, etc.). || frivolous. || — m. hollow. || hole.
huelga f. strike. || rest, leisure. || **h. de brazos caídos**, sit down strike.
huelguista m., f. striker.
huella f. footprint, track. || trace.
huérfano adj. orphan, orphaned. || (fig.) unprotected. || — m., **huérfana** f. orphan.
huerta f. garden, vegetable garden. || orchard.
huerto m. orchard. || kitchen garden. || market garden.
hueso m. bone. || stone, pit (of fruit).
huésped m. guest. || lodger, boarder, resident. || host.
huevera f. eggcup.
huevo m. egg. || **h. frito**, fried egg. || **h. pasado por agua**, soft boiled egg. || **huevos revueltos**, scrambled eggs.
huída f. flight, escape. || (of horse) shy, bolt.
huidizo adj. fugitive. || illusive, evasive.
huir vt., vi. to flee, to escape. || to fly.
hule m. rubber. || oilskin, oilcloth.
hulla f. coal, soft coal.
humanidad f. humanity, mankind. || humaneness. || pl. **humanidades**, humanities.
humanitario adj. humanitarian. || humane.
humanizar vt. to humanize, to make more human. || — vr. to become more human.
humano adj. human. || humane. || — m. human, human being.
humear vi. to smoke, to steam.
humedad f. humidity. || damp, dampness || moisture.
humedecer vt. to moisten, to dampen, to wet. || — vi. to become moist or wet.
humildad f. humbleness, humility. || meekness.
humilde adj. humble, meek. || lowly.
humillar vt. to humiliate. || to humble. || — vr. to humble oneself.
humo m. smoke. || fumes. || vapour. || pl. **humos**, conceit, pride.

humor *m*. mood, humour, temper.
|| estar de **buen h.**, to be in a good
mood. || **estar de mal h.**, to be in a
bad mood.

humorada *f*. witticism, pleasantry. ||
caprice.

humorismo *m*. humour. || humorous-
ness.

hundimiento *m*. sinking. || collapse. ||
cave-in.

hundir *vt*. to sink. || to submerge. || —
vr. to fall down, to collapse. || to cave.
|| to collapse. || to sink (a ship, etc.).

húngaro *adj*. Hungarian. || — *m*.,
húngara *f*. Hungarian. || (language)
Hungarian.

huracán *m*. hurricane.

huraño *adj*. shy. || unsociable. ||
reticent.

hurgar *vt*. to poke. || to stir up.

hurón *adj*. unsociable. || — *m. (zool.)*
ferret. || *(fig.)* shy person, unsociable
person.

hurtadillas: a h., *adv*. stealthily, on the
sly.

hurtar *vt*. to steal. || — *vr. (fig.)* to hide,
to withdraw.

hurto *m*. theft, robbery. || *(in general)*
thieving.

husmear *vt*. to smell out, to scent. ||
(infml.) to pry into. scent. || — *vi*. to
nose about, to snoop around.

huso *m. (tech.)* spindle. || bobbin.

I

i *f.* i.
ibérico *adj.* Iberian.
íbero, ibero *adj.* Iberian. || — *m.*, **íbera, ibera** *f.* Iberian.
iberoamericano *adj.* Latin American. || — *m.*, **iberoamericana** *f.* Latin-American.
ícono *m.* ikon, icon.
ida *f.* going, departure. m. **billete de i. y vuelta,** round trip ticket. || **idas y venidas,** comings and goings.
idea *f.* idea. || concept, notion.
ideal *adj.* ideal. || — *m.* ideal.
idear *vt.* to think up. || to plan, to design.
ideario *m.* set of ideas. || ideology.
ídem *pron.* idem, the same, ditto.
idéntico *adj.* identical. || the same, the very same.
identidad *f.* identity. || sameness, similarity.
identificar *vt.* to identify. || — *vr.* to be identified.
idilio *m.* idyll.
idioma *m.* language.
idiota *adj.* idiotic, stupid. || — *m.*, *f.* idiot.
idólatra *m.*, idolater, *f.* idolatress.
ídolo *m.* idol.
idóneo *adj.* suitable, fit, fitting.
iglesia *f.* church.
ígneo *adj.* igneous.
ignominia *f.* ignominy, shame, disgrace.
ignorante *adj.* ignorant. || uninformed. || — *m.*, *f.* ignoramus.
ignorar *vt.* not to know, to be unaware. || to ignore.
igual *adj.* equal. || same, alike. || even, consistent. || — *m.* equal.
igualar *vt.* to make equal, to equalize. || to match, y to level, to smooth off. || — *vt.*, *vr.* to be equal.
igualdad *f.* equality. || sameness. || evenness. || uniformity.
igualitario *adj.* egalitarian.
ijar *m.* flank, side.
ilación *f.* inference. || connection. || sequence.
ilegal *adj.* illegal, unlawful.

ilegible *adj.* illegible, unreadable.
ilegítimo *adj.* illegitimate. || unlawful. || false.
ileso *adj.* unhurt, uninjured, unscathed. || untouched.
ilícito *adj.* illicit, illegal, unlawful.
ilimitado *adj.* unlimited, limitless, unbounded.
iluminación *f.* illumination, lighting. || *(fig.)* enlightenment.
iluminar *vt.* to illuminate, to light. || to enlighten.
ilusión *f.* illusion. || delusion. || *(fig.)* dream. || hopefulness.
ilusionista *m.* conjurer, illusionist.
iluso *adj.* easily deceived, deluded. || — *m.*, **ilusa** *f.* dreamer, visionary.
ilustración *f.* illustration. || picture, drawing. || learning, erudition. || enlightenment.
ilustrar *vt.* to illustrate. || to make clear. || to enlighten. || — *vr.* to acquire knowledge.
ilustre *adj.* illustrious, famous.
imagen *f.* image. || picture.
imaginación *f.* imagination. || fancy.
imaginar *vt.* to imagine. || to think up. || to suppose. || — *vr.* to imagine.
imaginario *adj.* imaginative.
imán *m.* magnet *(a. fig.)*.
imbécil *adj.* imbecile. || stupid, silly. || idiot.
imberbe *adj.* beardless.
imborrable *adj.* ineffaceable, indelible.
imbuir *vt.* to imbue, to inculcate, to instil.
imitar *vt.* to imitate. || to mimic, to ape.
impaciente *adj.* impatient. || anxious. || fretful.
impacto *m.* impact. || *(fig.)* repercussion.
impago *adj.* unpaid, still to be paid.
impar *adj.* *(math.)* odd, uneven. || unpaired.
imparcial *adj.* impartial, unbiassed, fair.
impartir *vt.* to give, to impart (teaching, etc.).
impasible *adj.* impassive, unmoved.

impávido adj. intrepid. || dauntless, undaunted. || (S. Am.) cheeky.

impecable adj. impecable, faultless.

impedimento m. impediment, obstacle. || disability.

impedir vt. to impede, to hinder, to prevent.

impeler vt. to propel, to drive forward.

impenetrable adj. impenetrable. || impervious. || (fig.) incomprehensible.

impensado adj. unexpected, unforeseen. || random, chance (attr.).

imperar vi. to reign, to rule. || to command.

imperativo adj. imperative. || imperious, dictatorial.

imperceptible adj. imperceptible, undiscernible.

imperdonable adj. unpardonable, unforgivable.

imperecedero adj. imperishable, undying.

imperfecto adj. imperfect, faulty.

imperialismo m. imperialism.

impericia f. unskilfulness. || inexperience.

imperio m. empire. || emperorship. || (fig.) domination, authority.

imperioso adj. imperious. || urgent. || **necesidad imperiosa,** absolute necessity, pressing need.

impermeable adj. impervious, waterproof. || — m. raincoat.

impersonal adj. impersonal.

impertinencia f. irrelevance. || impertinence.

imperturbable adf. imperturbable. || impassive.

ímpetu m. impetus, impulse. || violence. || vehemence.

impío adj. impious, ungodly.

implacable adj. implacable, relentless, inexorable.

implantar vt. to implant. || to introduce.

implemento m. means. || tool, implement.

implicar vt. to involve, to implicate. || to imply, to mean. || — vr. to become involved.

implícito adj. implicit, implied.

implorar vt. to implore, to beg.

imponderable adj. imponderable, beyond praise.

imponente adj. imposing, impressive. || grand.

imponer vt. to impose. || to command (fear, respect). || — vr. to command respect. || to prevail.

imponible adj. (Jin.) taxable, subject to duty.

importación f. importation, importing. || import.

importancia f. importance, significance. || moment. || **darse i.,** to put on airs. || **asunto de i.,** matter of consequence.

importar vr. to import. || to amount to. ||to concern. || — vr. to be important. || to concern. || **¿qué importa?,** what does it matter?

importe m. amount. || value cost.

importunar vr. to importune, to bother, to pester.

importuno adj. troublesome, annoying.

imposibilidad f. impossibility. || (law) disability.

imposibilitado adj. (med.) invalid, maimed, disabled.

imposible adj. impossible. || intolerable, unbearable.

imposición f. imposition. || setting (of a task). || (fin.) deposit.

impositiva f. (S. Am.) tax office.

impositivo adj. tax (attr.), of taxes. || **sistema i.,** taxation, tax system.

impostor m. impostor, fraud. || slanderer.

impotente adj. powerless, impotent.

impreciso adj. imprecise, vague.

impregnar vt. to impregnate. || (fig.) to cover.

imprenta f. printing. || press, printing house. || print, letterpress.

imprescindible adj. essential, indispensable.

impresión f. printing. || print. || impression, edition. || (comput.) print out. || **i. dactilar**, fingerprint.

impresionante adj. impressive. || striking.

impresionar vt. to impress, to move, to affect. || (phot.) to expose. || — vr. to be impressed or moved deeply.

impreso adj. printed. || — m. printed paper, printed book (etc.). || form.

impresora f. (comput.) printer.

imprevisible adj. unforeseeable. || (person) unpredictable.

imprevisión f. improvidence. || lack of foresight.

imprevisto adj. unforeseen, unexpected. || — m. pl. **imprevistos**, incidentals, unforeseen expenses.

imprimir vt. to print, to stamp, to publish.

improbable *adj.* improbable, unlikely.
improcedente *adj.* wrong, not right. || inappropriate.
impropiedad *f.* impropriety (of language). || incorrectness.
impropio *adj.* improper. || inappropriate.
improvisar *vi.* to improvise. || *(mus., etc.)* to extemporize.
improviso *adj.* unforeseen. || **de i.,** suddenly.
imprudente *adj.* unwise. || imprudent. || indiscreet.
impúdico *adj.* immodest, shameless.
impuesto *m.* tax, duty. || rate. || **i. a las ganancias,** income tax.
impugnar *vt.* to oppose, to contest, to challenge. || (theory, etc.) to impugn, to refute.
impulsar *vt.* **impeler.**
impulsión *f.* impulsion. || *(mech.)* propulsion, drive.
impulso *m.* impulse. || impetus, momentum. || **dar i.,** to set off.
impune *adj.* unpunished.
impureza *f.* impurity. || *(fig.)* unchastity, lewdness.
imputar *vt.* to impute, to charge with. || to attribute. || *(comm.)* to allocate, to assign.
inaccesible *adj.* inaccessible.
inacción *f.* inaction. || inactivity, idleness. || drift.
inaceptable *adj.* unacceptable.
inactivo *adj.* inactive. || lazy, idle. || dull.
inadaptado *adj.* maladjusted. || — *m.*, **inadaptada** *f.* misfit.
inadecuado *adj.* inadequate. || unsuitable, inappropriate.
inadvertencia *f.* inadvertence, inattention. || oversight. || **por i.,** inadvertently.
inagotable *adj.* inexhaustible.
inaguantable *adj.* intolerable, unbearable.
inalámbrico *adj.* wireless.
inalcanzable *adj.* unattainable.
inalterable *adj.* unalterable, unchangeable, immutable.
inamovible *adj.* fixed, immovable. || undetachable.
inanición *f.* starvation. || *(med.)* inanition.
inanimado *adj.* inanimate.
inapetente *adj.* inappetent.
inapreciable *adj.* invaluable, inestimable.
inasequible *adj.* unattainable. || unobtainable.

inasistencia *f.* absence.
inaudito *adj.* unheard-of. || unprecedented.
inauguración *f.* inauguration. || opening. || unveiling.
incandescente *adj.* incandescent. || glowing.
incansable *adj.* tireless, untiring, unflagging.
incapaz *adj.* incapable (de of). || unfit. || incompetent.
incautarse *vr.* *(law)* to seize, to confiscate.
incauto *adj.* unwary, incautious.
incendiar *vt.* to set on fire, to set fire to. || — *vr.* to catch fire.
incendio *m.* fire. || conflagration.
incentivo *m.* incentive.
incertidumbre *f.* uncertainty, doubt.
incesante *adj.* incessant, unceasing.
incidente *adj.* incidental. || — *m.* incident.
incidir *vi.* to fall (en, into). || to affect.
incierto *adj.* uncertain, doubtful. || inconstant.
incipiente *adj.* incipient.
incisivo *adj.* sharp, cutting. || *(fig.)* incisive.
inciso *m.* *(gram.)* clause, sentence. || comma.
incitar *vt.* to incite, to rouse. || to induce. || to provoke.
incivil *adj.* uncivil, rude.
inclemencia *f.* harshness, severity. inclemency.
inclemente *adj.* harsh, severe, inclement.
inclinación *f.* inclination, incline, slope || bent, leaning. || bow, nod.
inclinar *vt.* to bow, to incline. || to persuade. || — *vr.* to bow. || to bend down, to stoop.
incluir *vt.* to include. || to incorporate. || to enclose.
inclusive *adv.* inclusive. || — *prep.* including.
incluso *adj.* included. || enclosed. || — *adv.* including. || even.
incógnita *f.* unknown quantity. || unknown factor.
incógnito *adj.* unknown. || — *m.* incognito.
incoherencia *f.* incoherence. || disconnectedness.
incoloro *adj.* colourless.
incólume *adj.* safe. || unhurt, unharmed.
incomodar *vt.* to inconvenience, to bother, to disturb. || to annoy. || — *vr.* to get or become annoyed.

incómodo adj. uncomfortable. || cumbersome.

incomparable adj. incomparable.

incompatible adj. incompatible.

incompetencia f. incompetence.

incompleto adj. incomplete, unfinished.

incomprensible adj. incomprehensible.

inconcebible adj. inconceivable, unthinkable.

inconcluso adj. unfinished, incomplete.

incondicional adj. unconditional. || (friend) staunch. || wholehearted.

inconexo adj. unconnected. || disconnected.

inconfundible adj. unmistakable.

incongruencia f. incongruity.

inconmensurable adj. immeasurable, vast. || incommensurate.

inconmovible adj. unshakeable.

inconsciente adj. (med.) unconscious. || thoughtless, irresponsible. || — m. (psych.) unconscious.

inconsecuencia f. inconsistency. || inconsequence.

inconsiderado adj. inconsiderate, thoughtless. || rash, hasty.

inconsistencia f. lack of firmness. || unevenness.

inconstante adj. inconstant, changeable. || fickle.

inconstitucional adj. unconstitutional.

incontenible adj. uncontrollable, unstoppable.

incontestable adj. unanswerable. || undeniable, unchallengeable, indisputable.

inconveniente adj. unsuitable, inappropriate. || impolite. || — m. objection. || disadvantage. || obstacle.

incorporar vi. to incorporate, to unite. || — vr. to join (a society). || to sit up (in bed).

incorrecto adj. incorrect, wrong. || improper.

incorregible adj. incorrigible.

incorrupto adj. uncorrupted. || (fig.) pure, chaste.

incrédulo adj. incredulous, unbelieving, sceptical. || — m. **incrédula** f. unbeliever, sceptic.

increíble adj. incredible, unbelievable.

incremento m. increase, increment. || rise, addition.

increpar vr. to reprimand, to rebuke.

incruento adj. bloodless.

incrustación f. incrustation. || (geol.) sinter. || (art) inlay, inlaying.

incubar vt. to incubate. || to hatch.

inculcar vt. to instil, to inculcate (en in, into).

inculpar vt. to inculpate, to blame, to accuse.

inculto adj. uncultured, uneducated. || unrefined. || uncultivated.

incumbencia f. obligation, duty, concern.

incumbir vr. to be incumbent, to be of concern.

incumplimiento m. non-fulfilment, unfulfilment. || breach (of contract, promise, etc.).

incurable adj. incurable. || hopeless, irremediable.

incurrir vi. to incur. || **i. en**, to commit.

incursión f. raid, incursion, attack.

indagar vt. to investigate, to inquire into. || to find out, to ascertain.

indebido adj. undue. || improper. || illegal, wrongful.

indecente adj. indecent, improper. || obscene.

indecible adj. unspeakable. || indescribable.

indeciso adj. undecided. || indecisive. || hesitant.

indefectible adj. unfailing, infallible.

indefenso adj. defenceless.

indefinido adj. indefinite. || undefined, vague.

indeleble adj. indelible.

indemnización f. indemnity, compensation. || **i. por despido**, severance pay.

independencia f. independence.

independiente adj. independent. || self-sufficient.

indescriptible adj. indescribable.

indeseable adj. undesirable, unwanted.

indeterminado adj. indeterminate. || inconclusive. || (gram.) indefinite.

indicación f. indication. || suggestion, hint.

indicador m. indicator. || gauge, meter. || pointer.

indicar vt. to indicate, to show. || to register. || to read (of thermometer). || to point out.

índice m. sign, index. || table of contents. || index finger, forefinger. || pointer, needle.

indicio m. indication, sign. || trace, clue.

indiferencia f. indifference. || apathy, lack of interest.

indiferente adj. indifferent. || uninterested.

indígena *adj.* indigenous, native. || *(S. Am.)* Indian. || — *m.*, *f.* native. || *(S. Am.)* Indian.

indigente *adj.* destitute, needy, poor.

indigestión *f.* indigestion.

indigesto *adj.* undigested. || indigestible.

indignación *f.* indignation, anger.

indignar *vt.* to anger. || — *vr.* to get angry.

indigno *adj.* unworthy. || contemptible, mean, low.

indio *adj.* Indian. H blue. || — *m.*, **india** *f.* Indian.

indirecta *f.* hint. || insinuation, innuendo.

indirecto *adj.* indirect. || roundabout.

indisciplinado *adj.* undisciplined. || lax.

indiscreción *f.* indiscretion. || tactless thing, gaffe.

indiscutible *adj.* indisputable, unquestionable.

indispensable *adj.* indispensable, essential.

indisponer *vt.* to upset, to indispose. || to make upset. || — *vr. (med.)* to become ill, to fall ill. || to fall out.

indispuesto *adj. (med.)* indisposed. || disinclined.

indisputable *adj.* indisputable, unquestioned.

indistinto *adj.* indistinct. || vague. || dim.

individual *adj.* individual, personal. || characteristic.

individuo *adj.* individual. || — *m.* individual. || member, fellow.

indocilidad *f.* headstrong character. || disobedience.

índole *f.* nature. || disposition. || class, kind.

indolente *adj.* indolent, lazy. || apathetic.

indomable *adj.* indomitable. || untameable. || unmanageable.

indómito *adj.* = **indomable**.

indonesio *adj.*, *m.*, **indonesia** *f.* Indonesian.

inducir *vt.* to lead. || to induce. || to infer.

indudable *adj.* undoubted, indubitable. || unquestionable.

indulgencia *f.* indulgence, leniency, forbearance.

indulto *m. (law)* pardon, reprieve. || exemption, excusal.

indumentaria *f.* clothing, apparel, dress.

industria *f.* industry, manufacturing. || skill, ingenuity, cleverness.

industrial *adj.* industrial. || — *m.* industrialist, manufacturer.

industrioso *adj.* industrious. || skilful, resourceful.

inédito *adj. (lit.)* unpublished. || *(fig.)* new. || not known hitherto.

inefable *adj.* indescribable, inexpressible, ineffable.

ineficaz *adj.* ineffective, ineffectual. || inefficient.

ineludible *adj.* unavoidable, inescapable.

inenarrable *adj.* inexpressible.

inepto *adj.* inept, incompetent. || stupid.

inequívoco *adj.* unequivocal. || unmistakable.

inercia *f. (phys.)* inertia. || *(fig.)* passivity.

inerme *adj.* unarmed. || defenceless, unprotected.

inesperado *adj.* unexpected, unforeseen. || sudden.

inestable *adj.* unstable, unsteady.

inestimable *adj.* inestimable, invaluable.

inevitable *adj.* inevitable, unavoidable.

inexacto *adj.* inaccurate. || incorrect, untrue.

inexorable *adj.* inexorable.

inexperto *adj.* inexperienced. || unskilled, inexpert.

inexplicable *adj.* inexplicable, unaccountable.

inextinguible *adj.* inextinguishable, unquenchable.

infalible *adj.* infallible. || certain, sure. || unerring.

infame *adj.* infamous, odious, wicked.

infamia *f.* infamy. || disgrace.

infancia *f.* infancy, childhood. || children.

infante *m.* infant. || infante, son of the king of Spain.

infantería *f.* infantry. || **i. de marina**, marines.

infantil *adj.* infant. || child's, children's. || childlike, innocent. || *(pej.)* infantile, childish.

infatigable *adj.* tireless, untiring.

infausto *adj.* unlucky. || ill-starred, ill-fated.

infección *f.* infection.

infectar *vt.* to infect, to contaminate. || — *vr.* to become infected.

infecundo *adj.* infertile. || sterile, barren.

infeliz *adj.* unhappy. || unfortunate, luckless. || miserable. || *(infml.)* simple, good-hearted.

inferior *adj.* inferior, lower. || less. || — *m.* inferior, subordinate. || underling.

inferir *vt.* to infer, to deduce. || to inflict.

infernal *adj.* infernal. || *(fig.)* hellish, devilish.

infestar vt. to infest. || to overrun. || to plague.

infidelidad f. infidelity, unfaithfulness.

infiel adj. unfaithful. || disloyal. || inaccurate. || (relig.) infidel.

infierno m. hell, inferno, hades.

infiltrar vt. to infiltrate (en into). || (fig.) to inculcate (en in). || — vr. to infiltrate (en, into, a fig.).

ínfimo adj. lowest. || (fig.) very poor. || vile.

infinidad f. infinity. || great quantity, **infinitivo** adj. infinitive. || — m. infinitive (mood).

infinito adj. infinite. || boundless, limitless. || — adv. infinitely. || — m. (math.) infinity.

inflación f. inflation (a. econ.). || swelling.

inflador m. (S. Am.) bicycle pump.

inflamar vt. to set on fire, to inflame. || — vr. to catch fire. || to become inflamed.

inflar vt. to inflate, to blow up. || (fig.) to exaggerate. || — vr. to swell. || (fig.) to get conceited.

inflexible adj. inflexible. || unbending, unyielding.

infligir vt. to inflict (a on).

influencia f. influence (**sobre** on).

influir vt. to influence. || — vr. to influence. || to bear (en upon).

influjo m. influence (**sobre** on).

influyente adj. influential.

información f. information, data. || report. || inquiry. || account.

informal adj. unmannerly, incorrect. || unreliable. || irregular.

informar vt. to inform. || to report on. || to give form. || (law) to plead. || — vr. to find out. || to inquire.

informática f. (comput.) informatics.

informe adj. shapeless. || — m. report, account.

infortunado adj. unfortunate, unlucky.

infracción f. infraction, infringement.

in fraganti adv. in the act, red-handed.

infrahumano adj. subhuman.

infranqueable adj. impassable. || (fig.) unsurmountable.

infrarrojo adj. infrared.

infrascrito adj. undersigned. || undermentioned.

infrecuente adj. infrequent.

infringir vt. to infringe, to break, to contravene.

infructuoso adj. fruitless, unsuccessful.

ínfulas f. pl. conceit. || **darse i.**, to put on airs.

infundado adj. unfounded, baseless.

infundir vt. to infuse, to fill, to inspire with.

ingeniar vt. to invent, to devise, to think up || — vr. to manage.

ingeniero m. engineer.

ingenio m. ingenuity, genius. || (tech.) mill, plant.

ingenioso adj. ingenious, clever, resourceful. || witty.

ingenuo adj. ingenuous, candid. || simple, unaffected.

ingerir vt. to ingest, to swallow, to consume.

inglés adj. English. || British.

ingrato adj. ungrateful. || unpleasant. || thankless.

ingravidez f. weightlessness.

ingrediente m. ingredient. || (Arg.) dish of hors d'oeuvres accompanying a drink.

ingresar vt. to deposit. || — vi. to come in, to enter. || to join, to become a member.

ingreso m. entrance. || joining, admission. || entry. || pl. **ingresos**, earnings. || revenue.

inhábil adj. incompetent. || clumsy, unskilful.

inhabilitar vt. to disqualify. || to disable.

inhabitable adj. uninhabitable.

inhalar vt. to inhale.

inherente adj. inherent.

inhibir vt. to inhibit, to restrain.

inhóspito adj. inhospitable.

inhumación f. burial, inhumation.

inhumano adj. inhuman.

inicial adj. initial. || — f. initial.

iniciar vt. to initiate. || to begin, to start.

iniciativa f. initiative, enterprise. || lead, leadership.

inicuo adj. wicked, iniquitous.

ininterrumpido adj. uninterrupted. || continuous.

injerencia f. interference, meddling (en in).

injertar vt. (agr., med.) to graft (en on, on to). || to inject (en into).

injuria f. insult, affront, offence. || wrong, injustice.

injusticia f. injustice. || unfairness.

injusto adj. unjust, unfair. || wrong, wrongful.

inmaculado adj. immaculate.

inmadurez f. immaturity.

inmediaciones f. pl. neighbourhood, surroundings, environs.

inmediato adj. immediate. || next, adjoining.

inmejorable adj. unsurpassable. || unimprovable.

inmenso adj. immense, huge, vast.

inmersión f. immersion. || dive, plunge.

inmigrar vi. to immigrate.

inminente adj. imminent, impending.

inmobiliario adj. real-estate (attr.).

inmoderado adj. immoderate, excessive.

inmolar vt. to immolate.

inmoral adj. immoral. || unethical.

inmortal adj. immortal. || — m., f. immortal.

inmóvil adj. immobile, motionless, unmoving. || fixed.

inmovilizar vt. to immobilize. || to paralyse. || — vr. to become motionless.

inmueble adj. **bienes inmuebles**, real estate, landed property. || — m. property.

inmundicia f. filth, dirt. || indecency, nastiness.

inmunidad f. immunity. || exemption.

inmutable adj. immutable, changeless.

inmutarse vr. to change countenance, to turn pale.

innato adj. innate, inborn. || inbred.

innecesario adj. unnecessary.

innegable adj. undeniable.

innocuo adj. innocuous, harmless.

innovación f. innovation. || novelty, new thing.

innovar vt. to introduce, to innovate.

innumerable, innúmero adj. innumerable, countless.

inobjetable adj. (S. Am.) unobjectionable.

inobservancia f. inobservance, non-observance.

inocencia f. innocence.

inocente adj. innocent. || simple. || guiltless. || — m., f. innocent.

inocular vr. to inoculate. || (fig) to infect.

inodoro adj. odourless. || — m. lavatory, toilet.

inofensivo adj. inoffensive, harmless.

inolvidable adj. unforgettable.

inoperante adj. ineffective. || inoperative. || unworkable.

inoportuno adj. inopportune, untimely. || inconvenient.

inoxidable adj. rustless. || stainless.

inquietud f. anxiety, uneasiness. || restlessness.

inquilino m., **inquilina** f. tenant. || lessee.

inquirir vt. to enquire into, to investigate, to look into. || — vi. to inquire.

inquisición f. inquiry, investigation.

insaciable adj. insatiable.

insalubre adj. unhealthy, insalubrious. || insanitary.

insano adj. insane, mad. || unhealthy.

inscribir (pp. **inscripto**) vr. to inscribe. || to register. || to enrol. || — vr. to enrol. || to register.

inscripción f. inscription. || enrolment. || registering, recording.

insecto m. insect.

inseguro adj. unsafe. || insecure. || uncertain.

insensato adj. senseless, foolish, stupid.

insensibilidad f. insensitivity. || lack of feeling, callousness. || unconsciousness.

insensible adj. insensitive, impassive. || insensible.

insertar vt. to insert.

inservible adj. useless.

insidia f. snare, trap. || ambush.

insigne adj. distinguished. || notable, famous.

insignia f. badge. || decoration. || flag. || pennant.

insignificante adj. insignificant. || trivial, tiny, petty.

insinuar vt. to insinuate, to hint at. || to suggest.

insípido adj. insipid, tasteless.

insistir vr. to insist. || to persist.

insolación f. sunstroke, insolation.

insolente adj. insolent, impertinent. || arrogant.

insólito adj. unusual, unwonted.

insolvente adj. insolvent, bankrupt.

insomnio m. sleeplessness, insomnia.

insondable adj. bottomless. || (fig.) impenetrable.

insoportable adj. unbearable, intolerable.

inspección f. inspection, examination. || check.

inspector m. inspector. || superintendent, supervisor.

inspiración f. inspiration. || (med.) inhalation.

inspirar vr. to inspire. || to inhale. || — vr. to be inspired.

instalación f. installation. || (tech.) plant. || **i. sanitaria**, sanitation, plumbing.

instancia f. request, petition. || **en última i.**, as a last resort.

instantánea f. (phot.) snap, snapshot.

instantáneo adj. instantaneous, instant.

instante m. instant, moment. || **al i.**, instantly, at once. || **en un i.**, in a flash.

instar vr., vr. to urge, to press.

instauración f. restoration, renewal. || establishment, setting-up.

instigar vt. to provoke, to incite, to instigate.

instinto m. instinct. || impulse, urge.

institución f. institution, establishment || pl. **instituciones**, institutions. || principles.

instituir vt. to institute, to establish. || to found.

instituto m. institute, society. || high school. || principle, rule.

instrucción f. instruction. || education, leaching. || (mil.) drill, training. || **recibir instrucciones**, to be briefed.

instructor m. instructor, teacher. || (sport) coach, trainer.

instruir vt. to instruct, to leach. || to educate. || (mil., etc.) to train, to drill. || (sport) to coach. || — vr. to learn, to teach oneself.

instrumental adj. instrumental. || — m. instruments, set of instruments.

instrumento pl. instrument. || implement, tool.

insubordinación f. Insubordination. || unruliness.

insuficiente adj. insufficient, inadequate. || incompetent.

insufrible adj. unbearable, insufferable.

insulso adj. tasteless, insipid. || (fig.) flat, dull.

insultar vt. to insult.

insuperable adj. insuperable, unsurmountable.

insurgente adj. insurgent. || — m., f. insurgent.

insurrección f. revolt, insurrection.

insurrecto adj., m. rebel, insurgent.

intacto adj. untouched. || whole, intact, undamaged.

intachable adj. irreproachable. || exemplary, faultless.

integración f. integration.

integral adj. integral. || (mech., etc.) built-in. || (bread) wholemeal.

integrante adj. integrant, constituent. || — m., f. member.

integrar vt. to compose, to make up. || to integrate.

íntegro adj. whole, complete. || honest, upright.

intelectual adj. m., f. intellectual.

inteligencia f. intelligence, intellect. || ability.

inteligente adj. intelligent. || clever, talented.

intemperancia f. intemperance, excess.

intemperie f. inclemency (of weather). || **a la i.**, outdoors, in the open.

intención f. intention, aim. || purpose. || **con i.**, deliberately.

intencionado adj. meaningful. || deliberate. || **bien i.**, well-meaning. || **mal i.**, ill-disposed. || malicious.

intendencia f. intendance, intendancy. || (mil.) service corps. || (Arg.) mayoralty.

intendente m. intendant. || (mil.) quartermaster general. || (Arg.) mayor.

intensidad f. intensity. || power, strength. || deepness.

intenso adj. intense, acute. || (fig.) vehement.

intentar vt. to attempt, to try, to endeavour.

intento m. intent. || intention. || attempt.

interacción f. interaction, interplay.

intercalación f. intercalation. || (comput.) interleaving.

intercambio m. interchange. || exchange. || swap.

interceder vi. to intercede. || to mediate.

interceptar vt. to intercept, to cut off.

intercesión f. intercession. || mediation.

intercomunicación f. intercommunication.

interconectar vt. to interconnect.

interdicto m. prohibition, ban, interdict.

interés m. interest. A self-interest.|| (fig.) inclination.

interesado adj. interested, concerned. || biassed, prejudiced. || selfish, self-interested.

interesante adj. interesting.

interesar vt. to interest. || to be of interest to. || — vr. to be interested, to take an interest (en, por in).

interferir vt. to interfere with, to affect, to upset. || to jam.

ínterin adv. meanwhile. || — conj. while, until. || — m. interim. || **en el í.**, in the interim, in the meantime.

interino adj. temporary, provisional.

interior adj. interior. || inner. || domestic, internal. || **ropa i.**, underclothing. || — m. interior, inside. || mind, soul. || pl. **interiores,** insides, entrails.

interjección f. interjection.

interlocutor m. speaker, interlocutor.

intermediario adj. intermediary. || — m., **intermediaria** f. intermediary. || mediator. || (comm.) middleman.

intermedio adj. intermediate. || — m. interval.

interminable adj. endless, interminable.

intermitente adj. intermittent. || **luz i.**, flashing light.

internacional adj. international.

internado m. boarding school.

internar vt. to intern. || to confine. || — vr. to penetrate.

interno adj. internal, interior. || boarding (student).

interpelar vt. to implore. || (parl.) to question formally.

interponer vt. to interpose. || **i. recurso de apelación** (law), to give notice of appeal. || — vr. to intervene.

interposición f. insertion. || lodging, formulation.

interpretación f. interpretation. || (mus., theat.) performance. || translation.

Interpretar vt. to interpret, to explain, to decipher. || to translate. || (mus.) to perform.

interrogación f. interrogation. || question mark.

interrogar vt. to question, to interrogate. || (law) to examine.

interrogatorio m. questioning. || (law) examination.

interrumpir vt. to interrupt, to discontinue.

interrupción f. interruption. || stoppage, holdup.

interruptor m. (elec.) switch.

intersticio m. interstice, gap, space. || interval.

intervalo m. interval. || break. || (mus.) interval. || gap.

intervenir vt. (comm.) to audit. || (med.) to operate on. || (lei.) to tap. || — vi. to participate. || to intervene.

interventor m. inspector, supervisor.

intestino adj. internal. || domestic, civil. || — m. intestine. || gut.

intimar vt. to notify, to summon. || to order. || — vi. to become intimate, to become friendly.

intimidad f. intimacy, closeness. || privacy.

intimidar vt. to intimidate, to cow, to threaten.

íntimo adj. intimate. || (relationship) close. || (thoughts) inner, innermost. || (life, etc.) private.

intolerable adj. intolerable, unbearable.

intolerancia f. intolerance. || narrow-mindedness.

intoxicación f. poisoning.

intranquilidad f. worry, uneasiness, disquiet, anxiety.

intransigencia f. intransigence. || uncompromising attitude.

intratable adj. unsociable. || rude. || unruly.

intrépido adj. intrepid, dauntless.

intriga f. intrigue, plot, machination. || scheme.

intrigar vt. to intrigue, to puzzle, to perplex. || — vi. to plot, to intrigue, to scheme.

intrincado adj. tangled. || intricate. || complicated.

introducción f. introduction. || insertion. || creation.

introducir vt. to insert, to introduce. || — vr. to get into, to interfere.

intromisión f. Introduction, insertion. || interference, meddling.

intruso adj. intrusive. || — m., **intrusa** f. intruder.

intuición f. intuition. || **por i.**, by intuition, intuitively.

intuir vt. to know by intuition. || to sense. || to feel.

inundación f. flood, flooding.

inusitado adj. unusual, unwonted, rare. || obsolete.

inútil adj. useless. || fruitless, pointless. || needless.

inutilizar vt. to make useless. || to put out of action. || to disable.

invadir vt. to invade. || to overrun.

inválido adj. invalid, crippled, disabled. || (law) invalid, null and void.

invariable adj. invariable.

invasión f. invasion. || (fig.) encroachment.

invencible adj. invincible. || unsurmountable, insuperable.

invención f. invention. || discovery, finding.

inventar vt. to invent, to discover. || to imagine, to think up. || to fabricate.

inventario *m.* inventory. || stocktaking.

inventiva *f.* inventiveness. || ingenuity.

invernáculo *m.* greenhouse, hothouse. || conservatory.

invernadero *m.* *(S. Am.)* winter quarters || conservatory, greenhouse.

invernar *vi.* to hibernate, to winter.

inverosímil *adj.* unlikely, improbable. || implausible.

inversión *f.* inversion. || investment.

inverso *adj.* inverse, inverted. || reverse, contrary.

inversor *m.* investor. || *(comput.)* inverter.

invertido *adj.* inverted. || reversed. || homosexual.

invertir *vt.* to invert, to reverse. || to spend (time, etc.). || *(comm.)* to invest.

investigación *f.* investigation, exploration. || research study.

investigar *vt.* to investigate. || to do research into.

invicto *adj.* unconquered, unbeaten.

invierno *m.* winter, wintertime.

inviolable *adj.* inviolable.

invisible *adj.* invisible. || — *m.* *(Arg.)* hairpin.

invitado *m.* guest.

invitar *vt.* to invite. || to call on. || *(fig.)* to tempt.

invocar *vt.* to invoke, to call on. || to appeal.

involucrar *vi.* to introduce. || to involve, to implicate.

inyección *f.* injection, shot.

inyectar *vt.* to inject.

ir *vi.* to go, to walk. || to suit. || *(in continuous lenses)* **van caminando**, they are walking. || **ir a** + *inf* : **fui a comer.** || went to eat. || **¿cómo le va?**, how are **you?**, how's it going? || — *vr.* to go away, to leave.

ira *f.* anger, rage, wrath. || fury, violence.

iracundo *adj.* irate. || irascible.

iraní *adj. m.,* *f.* Iranian, Persian.

iraquí *adj.* Iraqui. || — *m.,* *f.* Iraqui.

iris *m.* rainbow. || *(anat.)* iris.

irisado *adj.* iridescent.

irlandés *adj.* Irish. || — *m.* Irishman.

ironía *f.* irony.

irracional *adj.* irrational. || absurd. || — *m.* brute.

irradiar *vt.* to irradiate, to radiate.

irreal *adj.* unreal.

irrecuperable *adj.* irrecoverable, irretrievable.

irreflexivo *adj.* thoughtless, unthinking. || rash.

irregular *adj.* irregular. || abnormal.

irremediable *adj.* irremediable. || incurable.

irreprochable *adj.* irreproachable.

irresistible *adj.* irresistible.

irresoluto *adj.* irresolute, hesitant, undecided.

irrespetuoso *adj.* disrespectful.

irresponsable *adj.* irresponsible.

irrevocable *adj.* irrevocable, irreversible.

irrigar *vt.* to irrigate, to water.

irrisión *f.* derision, ridicule. || laughing stock.

irrisorio *adj.* derisory, ridiculous.

irritar *vt.* to irritate, to anger, to exasperate. || — *vr.* to get angry.

irrompible *adj.* unbreakable.

irrupción *f.* irruption. || inrush. || invasion.

isla *f.* island, isle. || block (of houses).

isleño *adj.* island *(attr.)*. || — *m.,* **isleña** *f.* islander.

israelí *adj.* Israeli. || — *m.,* *f.* Israeli.

israelita *adj.* Israelite. || — *m.,* *f.* Israelite.

istmo *m.* isthmus. || neck.

italiano *adj.* Italian. || — *m.,* **italiana** *f.* Italian. || — *m.* (language) Italian.

iteración *f.* repetition. || *(comput.)* iteration.

itinerante *adj.* travelling. || (ambassador) roving.

itinerario *m.* itinerary, route.

izar *vt.* *(naut.)* to hoist. || to haul up. || to heave.

izquierda *f.* left hand. || left. || *(pol.)* left wing.

izquierdista *adj.* leftist, left-wing.

izquierdo *adj.* left. || left-handed.

J

j *f.* j.

jabalí *m.* wild boar.

jabalina *f. (sport)* javelin.

jabón *m.* soap. || **j. en escamas**, soap-flakes. || **j. en polvo**, soap powder. || *(S. Am.)* fright, scare.

jabonar *vt.* to soap. || to wash. || to lather.

jaca *f.* pony, small horse.

jacinto *m. (bol.)* hyacinth. || *(min.)* jacinth.

jactancia *f.* boasting, bragging. || boastfulness.

jactarse *vr.* to boast, to brag.

jadear *vt.* to pant, to gasp for breath.

jaez *m.* harness, piece of harness. || *(fig.)* kind, sort. || **jaeces**, trapping.

jaguar *m. (zool.)* jaguar.

jalar *vt.* to pull, to haul. || *(naut.)* to heave.

jalbegar *vt.* to whitewash.

jalea *f.* jelly.

jaleo *m.* spree *(infml.)*, binge *(si.)*. || row, uproar. || **armar j.**, to kick up a row.

jalón *m.* stake, pole. || surveying rod. || *(fig.)* stage.

jamaicano, jamaiquino *adj.* Jamaican. R — *m.*, **jamaicana, jamaiquina** *f.* Jamaican.

jamás *adv.* never. || (not) ever: **¿se vio j. tal cosa?**, did you ever see such a thing?

jamón *m.* ham.

japonés *adj.* Japanese. || — *m.*, **japonesa** *f.* Japanese. || — *m.* (language) Japanese.

jaque *m.* (chess) check. || **j. mate**, checkmate. || **tener en j.**, to check. || *(fig.)* to hold a threat over.

jaqueca *f.* (severe) headache, migraine.

jarabe *m.* syrup: **j. para la tos**, cough syrup, cough mixture. || sweet drink. || **de pico** *(fig)*, mere words, blarney, gift of the gab.

jarana *f.* spree *(infml.)*, binge *(sl.)* rumpus *(infml.)*, row.

jardín *m.* garden. || **j. de infante(s)** kindergarten. || **j. zoológico**, zoo.

jardinero *m.* gardener.

jarra *f.* jar, pitcher. R churn. || mug tankard. || en jarras, with arms akimbo.

jarro *m.* jug, jar, pitcher.

jarrón *m.* vase. || (archil.) urn.

jaspeado *adj.* mottled, marbled, streaked.

jauja *f.* promised land, earthly paradise.

jaula *f.* cage *(a. min.)*. || crate. || cell (ftmad people). || *(rail.)* cattle truck.

jauría *f.* pack of hounds.

jazmín *m.* jasmine.

jefatura *f.* leadership. || chieftainship, managership, management, headquarters.

jefe *m.* chief, head, boss. || leader. || **comandante en j.**, commander-in-chief.

j. de cocina, chef. || **j. de estación**, station master. || **j. de redacción**, editor-in-chief.

jerarca *m.* hierarch. || chief, leader.

jerarquía *f.* hierarchy. || rank. || scale, dignity.

jerárquico *adj.* hierarchic(al).

jerez *m.* sherry.

jerga *f.* coarse cloth. || jargon. || slang.

jerigonza *f.* gibberish. || jargon.

jeringa *f.* syringe. || annoyance, bother.

jeroglífico *adj.* hieroglyphic. || — hieroglyph(ic). || *(fig.)* puzzle.

jesuita *adj. m. (eccl.)* Jesuit.

jíbaro *adj. (Am., Mes.)* peasant, rustic. — *m.*, **jíbara** *f.* peasant. || **jívaro** (indian).

jilguero *m. (orn.)* goldfinch.

jinete *m.* horseman, rider. || *(mil.)* cavalryman.

jinetear *vi.* to ride around. || — *vt. (S. Am.)* to break in (a horse).

jira *f.* (of cloth) strip. || excursion, outing. || picnic.

jirafa *f.* giraffe. || (of microphone, etc.) || jib, boom.

jirón *m.* rag, shred, tatter. || **en jirones**, in shreds.

jocoso *adj.* humorous, comic, jocular.

jolgorio *m.* fun, merriment. || spree *(infml.)*, binge *(sl.)*.

jornada f. day's journey. || stage (of a journey). || working day. || (fig.) lifetime. || (mil.) expedition. || (theat.) act.

jornal m. day's wage. || **j. mínimo**, minimum wage. || **a j.**, by the day.

jornalero m. (day) labourer.

joroba f. hump, hunched back. || (fig.) nuisance.

jorobado adj. hunchbacked. || — m., **jorobada** f. hunchback.

jota f. name of the letter j. || Spanish dance and tune. || (cards) jack, knave. || (fig.) jot, iota bit, scrap.

joven adj. young. || youthful. || — m. young man, youth. || — f. young woman, young lady, girl.

jovial adj. jolly, cheerful, jovial.

joya f. jewel, gem, piece of jewellery. || **joyas**, jewels, jewellery.

joyero m. jeweller. || jewel case.

jubilación f. retirement. || pension.

jubilado adj. retired, pensioned off. || — m., **jubilada** f. pensioner, retired person.

júbilo m. joy, jubilation, rejoicing.

judaísmo m. Judaism.

judía f. Jewess, Jewish woman. || (bot.) kidney bean.

judicial adj. judicial.

judío adj. Jewish. || — m. Jew.

juego m. play. || **j. limpio**, fair play. || **j. sucio**, foul play. || fun, amusement. || game, sport. || gambling. || (cards) hand. || set, kit. || set, service. || **j. de té**, tea set. || (mech.) play, movement. || **entrar en el j.** (fig.), to play someone's game. || **estar fuera de j.**, to be offside. || **hacer j.**, to match. || **j. de palabras**, pun, play on words. || **poner en j.**, to bring into play, make use of.

juerga f. binge (sl), spree (infml.), good time.

jueves m. Thursday. || **J. Santo**, Maundy Thursday, Holy Thursday.

juez m. (law) judge (a. fig.). || **j. árbitro**, arbitrator, referee. || **j. de instrucción**, examining magistrate. || **j. de línea**, linesman. || **j. de paz**, justice of the peace. || (tennis) umpire.

jugada f. play. || playing. || move. || stroke, shot. || throw. || **hacer una j.**, to make a move, to make a shot. || **mala j.**, dirty trick.

jugador m. player. || gambler.

jugar vt to play. || to gamble. || to stake, to bet. || — vi. to play. || to play, to make a move. || to gamble. || (fin.) to speculate. || — vr. to risk.

juglar m. minstrel. || juggler, entertainer.

jugo m: juice. || sap. || (cook.) gravy. || (fig.) essence, substance, pith.

jugoso adj. juicy, succulent. || (fig.) substantial, meaty.

juguete m. toy. || (theat.) sketch. || (fig.) plaything.

juguetón adj. playful. || frisky, frolicsome.

juicio m. judgement, reason. || sanity, reason, mind. || good sense, wisdom. || common sense. || opinion. || (law) trial. || (law) verdict, judgement.

juicioso adj. judicious, wise. || prudent, sensible.

julio m. July.

jumento m. donkey. || pack animal.

junco m. rush, reed. || (naut.) junk.

jungla f. jungle.

junio m. June.

junta f. meeting, assembly. || session. || board. || council. || (hist.) junta. || (tech.) joint, coupling. || gasket. || junction.

juntamente adv. together, jointly. || at the same time.

juntar vt. to join, to unite. || to assemble, to put together. || to collect. || — vr. to join. || to meet, to assemble. || to live together.

junto adj. joined, united. || together. || adv. near, close. || together. || **j. a**, close to, next to, against.

juntura f. join, junction.

jurado adj. sworn. || — jury. || panel (of judges). || juryman. || member of a panel.

juramentar vt. to swear in. || vr. to be sworn in.

juramento m. oath. || **bajo j.**, on oath. **prestar j.**, to take the oath. || swearword, curse.

jurar vt., vi. to swear. || to curse.

jurisconsulto m. jurisconsult, legal expert.

jurisdicción f. jurisdiction. || district.

jurisprudencia f. jurisprudence.

jurista m., f. jurist, lawyer.

justicia f. justice. || rightness, fairness. || court (of justice).

justiciero adj. just, righteous. || — m., **justiciera** f. just or fair person.

justificar vt. to justify. || to verify. || — vr. to clear oneself. || to prove oneself innocent.

justipreciar vt. to evaluate, to appraise.

justo *adj.* just, fair, right. || exact, right, correct. || (garment) tight. (sufficient, enough. || legitimate (anger). || **más de lo j.**, more than enough. || — *m.* righteous person. || — *adv.* just: **llegar j.**, to arrive just. || justly. || right. || tightly.

juvenil *adj.* youthful, juvenile.
juventud *f.* youth. || young people.
juzgado *m.* court, tribunal.
juzgar *vt.* to judge. || to consider, to deem, to think. || **a j. por**, judging by or from.

J

K

k *f.* k.

karting *m. (S. Am. angl.)* go-kart. || go kart racing.

kermese *f.* charity fair, bazaar.

kerosén, kerosene *m.* kerosene, paraffin.

kilo *m.* kilo, kilogram, kilogramme.

kilogramo *m.* kilogramme, kilogram *(U. S.).*

kilolitro *m.* kilolitre, kiloliter *(U. S.).*

kilometraje *m.* distance in kilometres. || mileage.

kilómetro *m.* kilometre, kilometer *(U. S.).*

kilovatio *m.* kilowatt.

kinesiterapia *f.* massage, kinesitherapy.

kiosco *m.* kiosk. || *(mus.)* bandstand. || newsstand, newspaper stall.

L

l f. l.

la def. art. f. the. || — pers. pron. f. her: **la vi (a ella) en el teatro,** I saw her at the theatre. || you: *no* **la vi (a Ud.) en la fiesta,** I did not see you at the party.

laberinto m. labyrinth, maze.

labia f. fluency, blarney. || *(pej.)* glibness. || **tener mucha l.,** to have the gift of the gab.

labio m. lip. || edge, rim (of a cup, etc.). || *(anat., bot., ent.)* labium. || *(med.)* **l. leporino,** harelip. || pl. **labios,** mouth.

labor f. labour, work. || job, task. || *(agr.)* farm work. || *(sew.)* needlework, embroidery. || pl. **labores de la casa,** housework.

laborable adj. workable. || working. || *(agr.)* arable.

laborar vt. to work, to till. || — vi. *(Am.)* to work.

laboreo m. *(agr.)* cultivation, tilling. || *(min.)* working.

laborioso adj. hard-working, industrious. || tough.

laborista adj. *(S. Am.)* labour. || *(Brit. pol.)* Labour *(attr.)*. || **Partido L.,** Labour Party.

labrador m. farmer. || ploughman. || peasant.

labranza f. farming. || cultivation. || farm. || farmland.

labrar vt. to work. || (wood etc.) to carve. || (land) to farm, to till. || (cloth) to embroider. || *(fig.)* to cause. || — vr. to build, to forge.

labriego m. farmhand, labourer. || peasant.

laca f. *(a.* **goma l.)** shellac. || lac, lacquer.

lacayo m. footman, groom. || *(fig.)* lackey, flunkey.

lacio adj. (hair) lank, straight. || *(fig.)* limp, languid.

lacrar vt. *(med.)* to injure the health of. || *(fig.)* to harm. || to seal with wax.

lacre adj. *(S. Am.)* bright red. || — m. sealing wax.

lactante adj. nursing, suckling.

lactar vt., vi. to suckle. || to feed on milk.

lácteo adj. lacteal, milk *(attr.)*. || *(fig.)* milky, lacteous.

lacustre adj. lake, lacustrine.

ladear vt. to tilt, to tip. || to incline (to one side). || — vr. to lean, to incline *(a. fig.)*.

ladera f slope, (hill) side, mountainside.

ladino adj. cunning. || shrewd. || *(C. Am.)* Spanish-speaking (Indian). || *(S. Am., C. Am., Mex.)* half-breed, mestizo.

lado m. side. || *(mil.)* flank. || *(fig.)* hand: **por otro l.,** on the other hand. || aspect || **al l.,** close by, near by. || **dejar de l.,** to leave or to put aside. || **de un l. para otro,** up and down. || **hacerse a un l.,** to step or to stand aside.

ladrar vi. to bark. || to yap. || to growl.

ladrido m. bark, barking. || *(fig.)* growl.

ladrillo m. brick. || tile. || **l. refractario,** firebrick.

ladrón adj. thieving. || — m., **ladrona** f. thief.

lagaña f. sleep, rheum.

lagar m. wine press. || oil press. || apple press.

lagarto m. *(zool.)* lizard. || **l. de Indias,** alligator.

lago m. lake.

lágrima f. tear. || drop of sap. || *(fig.)* drop.

lagrimear vi. (person) to shed tears. || (eyes) to water, to fill with tears.

laguna f. *(geog.)* pool. || lagoon. || gap, lacuna.

laico adj. lay. || — m. layman.

laja f. *(Arg., Chile, Hond.)* sandstone. || slab, flagstone.

lamentable adj. regrettable. || lamentable. || pitiful.

lamentar vt. to regret. || to lament. || to mourn. || — vr. to wail, to moan. || to complain.

lamento m. lament. || moan, wail, lamer vt. to lick. || to lap.

lámina f. sheet. || plate. || illustration, picture. || engraving.

laminar vt. to laminate. || *(tech.)* to roll.

lámpara f. lamp, light. || bulb. || *(radio)* valve, tube *(U. S.)*. || **l. de bolsillo**, torch. || **l. de pie**, standard lamp.

lampazo m. *(naut.)* swab. || *(Arg.)* floor mop.

lampiño adj. hairless. || clean-shaven. || beardless.

lana f wool. || fleece. || woollen cloth. || **de l.**, wool *(attr.)*, woollen.

lanar adj. wool *(attr.)*,wool-bearing. || **ganado l.**, sheep.

lance m. (of net, etc.) throw, cast. || (in games, etc.) stroke, move. || incident, event, occurrence. || accident. || critical moment. || **de l.**, second hand. || **l. de honor**, affair of honour, duel.

lancha f. launch. || (small) boat. || motor launch, motorboat. || **l. de desembarco**, landing craft. || **l. salvavidas**, lifeboat. || **l. torpedera**, torpedo boat.

lanchón m. lighter, barge.

lanero adj. wool *(attr.)*. || — m., **lanera** f. wool dealer, wool seller.

langosta f. *(tool.)* lobster. || *(em.)* locust.

langostín, langostino m. prawn.

languidecer vi. to languish, to pine.

lánguido adj. languid. || listless.

lanza f. *(mil.)* lance, spear.

lanzar vt. to throw, to cast. || *(sport,* ball) to pitch, to bowl. || (weight) to put. || *(law)* to evict. || to launch. || *(med.)* to vomit. || — vr. to throw oneself. || to rush. || to jump. || *(fig.)* to launch oneself.

lapicera f. *(Chile, R. Pi)* penholder. || see **lapicero**.

lapicero m. propelling pencil. || pencil-holder.

lápida f. stone, stone tablet, memorial tablet. || **l. mortuoria**, headstone, gravestone.

lapidar vt. to stone, to throw stones at.

lápiz m. pencil. || crayon. || **l. de labios**, lipstick. || *(min.)* blacklead, graphite.

lapso m. lapse.

lar m. lar. || hearth. || *(fig.)* home.

largamente adv. for a long time. || at length, fully.

largar vt. to let go, to release. || to loosen. || (blow) to give, to deal. || to throw. || *(naut.)* (flag, sail) to unfurt. || to launch. || — vr. *(infml.)* to beat it. || *(naut.)* to set sail. || *(S. Am.)* to start.

largo adj. long. || lengthy. || tall. || generous. || abundant. || **a l. plazo**, long term. || **a lo l. de**, along. || **a lo l. y a lo**

ancho, up and down, to and fro. || **pasar de l.**, to go straight past. || — m. length || *(mus.)* largo. || — adv. abundantly. || at length.

larguero m. *(archil.)* main. || beam. || jamb (of door).

largueza f. generosity.

laringe f. larynx.

larva f, larva. || grub.

lascivo adj. lewd, lascivious. || lustful.

láser m. *(tech.)* laser: **rayo láser**, laser beam.

lasitud f. lassitude, weariness.

lástima f. pity. || compassion. || **¡qué l.!**, what a pity!, what a shame! || complaint. || **dar l.**, to be pitiful.

lastimar vt. to hurt, to injure. || to wound. || to offend. || — vr. to injure oneself, to get hurt.

lastimoso adj. pitiful, pathetic. || lamentable.

lastre m. ballast. || dead weight.

lata f. (metal) tinplate. || tin, can. || *(infml.)* nuisance. || **¡qué l.!**, what a bore!

latente adj. latent.

lateral adj. lateral, side *(attr.)*. || — m. *(theat.)* wings.

latido m. (heart) beat, beating. || throb.

latifundio m. large estate.

latigazo m. lash. || crack (of a whip). || *(fig.)* harsh reproof.

látigo m. whip. || crack (of a whip). || whip (in fun fair).

latín m. Latin.

latino adj. Latin. || *(naut.)* lateen (sail).

latinoamericano adj. Latin-American.

latir vi. (heart) to beat, to throb, to palpitate.

latitud f. breadth. || extent. || latitude.

lato adj. broad, wide, extensive.

latón m. brass.

latrocinio m. robbery, theft.

laucha f. *(S. Am.)* mouse. || *(fig.)* thin person.

laúd m. *(mus.)* lute.

laudable adj. laudable, praiseworthy.

laudo m. *(law)* award, decision, finding.

laureado adj. honoured. I — m. laureate.

laurel m. laurel. *(fig.)* laurel. || honour, reward.

lava f *(geol.)* lava. || *(min.)* washing.

lavabo m. washbasin. || washstand. || washroom.

lavadero m. laundry. || wash house.

lavado m. wash, washing. || **l. de cerebro**, brainwashing. || **l. en seco**, dry cleaning.

lavadora f. washing machine.
lavamanos m. washbasin.
lavandera f. laundress, washerwoman.
lavandería f. laundry. || **l. automática**, launderette.
lavaplatos m. dishwasher.
lavar vt., vi. to wash.
lavatorio m. washstand. || lavatory, washroom.
laxante adj., m. laxative.
laxo adj. lax, slack. || (fig.) loose.
lazada f. bow, knot.
lazareto m. lazaretto, lazaret.
lazarillo m. blind man's guide.
lazo m. bow, knot. || lasso. || snare, trap. || (fig.) tie, bond. || **l. corredizo**, slip-knot. || **l. de zapato**, shoelace.
le pers. pron. (acc.) him: **no** le **veo**, I don't see him. || you, to you: **¿le ayudo?**, shall I help you? || (dative) (to) him, (to) her, (to) it: **le vi**, I saw him, I'saw her. || (to) you: **quiero hablar**le **de esto**, I want to talk to you about this.
leal adj. loyal, faithful, trustworthy. || — m. loyalist.
lealtad f. loyalty, fidelity. || faithfulness.
lebrel m. greyhound.
lección f. lesson. || reading lesson, class, lecture.
lector m. reader. || (school, univ.) assistant.
lectura f. reading. || reading matter.
leche f. milk. || **l. en polvo**, powdered milk. || **ama de l.**, wet nurse. || **café con l.**, white coffee.
lechera f. milkmaid. || milk can. || (S. Am.) cow.
lechería f. dairy, creamery.
lechero adj. milk, dairy: **vaca lechera**, milk cow. || — m. milkman. || dairyman.
lecho m. bed. || couch. || bottom. || (geol.) layer, **l. mortuorio**, deathbed.
lechón m. piglet, sucking-pig.
lechoso adj. milky.
lechuga f. lettuce.
lechuza f. (orn.) owl.
leer vt., vi. to read. || **l. en los labios**, to lip-read. || **l. entre líneas**, to read between the lines.
legado m. legate. || (law) legacy, bequest.
legajo m. file, bundle (of papers). || dossier.
legal adj. legal, lawful. || trustworthy, truthful.
legalizar vt. to legalize. || (document) to authenticate.

legar vt. to bequeath (a. law, fig.), to leave (a to).
legible adj. legible.
legión f legion. || **L. Extranjera**, Foreign Legion.
legislar vi. to legislate.
legislatura f. (S Am.) legislature, legislative body.
legitimar vt. to legitimize. || to legalize.
legítimo adj. legitimate. || authentic, genuine. || pure.
lego adj. lay. || secular. || (fig.) ignorant. || — m. layman.
legua f. league. || **a la l.**, far away, a mile away.
legumbre f. pod vegetable, legume. || vegetable.
leguminoso adj. leguminous.
leído adj. (person) well-read.
lejano adj. distant, remote, far off.
lejía f. bleach. || lye. || (infml.) dressing down.
lejos adv. far, far away. || **a lo l.**, in the distance. || **de l.**, from afar. || by far: **es de l. la mejor**, she's by far the best.
lelo adj. silly, stupid.
lema m. motto. || theme. || (pol., etc.) slogan.
lencería f. linen, drapery. || draper's (shop).
lengua f. tongue. || (ling.) language. || (geog.) spit, tongue. || **l. materna** o **nativa**, mother or native tongue.
lenguaje m. language. || idiom, (mode of) speech. || (lit.) style, diction.
lenguaraz adj. talkative. || (pej.) foul-mouthed.
lengüeta f. tab, small tongue. || (carp., mus., of shoe) tongue. || (of balance, etc.) needle, pointer.
lengüetazo m. lick.
lenitivo adj. lenitive, soothing. || — m (med.) lenitive.
lente m., f. lens. || eyeglass. || pl. **lentes**, glasses, spectacles.
lenteja f. lentil.
lentejuela f spangle, sequin.
lento adj. slow.
leña f. firewood. || kindling. || (infml.) beating.
leñador m. woodcutter, woodman.
leñera f. woodshed. || woodpile.
leño m. log. || timber, wood. || (infml.) blockhead.
león m. lion (a. fig.). || **l. marino**, sea lion.

leonera f. lion's cage. || lion's den. || (infml.) gambling den, dive.

leopardo m. (zool.) leopard.

lepra f leprosy.

lerdo adj. slow. || heavy, dull. || clumsy.

les pers. pron. (acc.) them. || (relating to **Uds.**) you. || (dative) (to) them. || (relating to **Uds.**) (to) you.

lesión f. wound, lesion. || injury. || damage.

lesionar vt. to hurt, to injure. || to wound. || — vr. to get hurt.

letanía f. (eccl.) litany. || (fig.) long list.

letargo m. lethargy.

letra f. (typ.) character, letter. || writing, handwriting. || (comm.) letter, bill, draft. || (mus.) words, lyrics (of a song). || (fig.) letter, literal meaning: **a la l.** o **al pie de la l.**, to the letter. || pl. **letras**, letters, learning. || Arts: **licenciado en letras**, arts graduate. || **de su puño y l.**, by his own hand. || **l. de imprenta**, print, block letter. || **l. mayúscula**, capital letter. || **l. minúscula**, small letter.

letrado adj. learned. || — m. letrada f. lawyer.

letrero m. sign. || notice. || poster. || label.

leudante adj. **harina l.**, self-raising flour.

leva f. weighing anchor. || (mil.) levy. || (mech.) lever.

levadura f yeast. || leaven.

levantamiento m. raising, lifting. || elevation. || (pol.) rising, revolt. || **l. de pesos**, weight lifting. || survey.

levantar vt. to lift up. || to raise. || to elevate. || to pick up. || (plan) to draw up. || (table) to clear. || (person) to hearten. || (revolt) to stir up. || **l. cabeza**, to get better. || — vr. to rise. || to stand up. || to get up (out of bed). || (pot.) to revolt.

levante m. (geog.) east. || east wind.

levar vt. to weigh (anchor).

leve adj. light. || slight. || trivial, unimportant.

levita f. frock coat.

léxico m. lexicon, dictionary. || vocabulary.

ley f. law. || (parl.) act, bill. || (sport) rule. || (metal) standard. || (fig.) loyalty. || — pl. **leyes**, law: **estudiar leyes**, to study law. || **al margen de la l.** o **fuera de la l.**, outside the law. || **en buena l.**, rightly, justly. || **plata de l.**, stirling silver.

leyenda f. legend. || inscription.

liar vt. to tie. || to bind. || to wrap up. || (cigarette) to roll. || (fig.) to embroil. || — vr. to wrap oneself up. || (fig. and infml.) to become involved.

libar vt. to suck. || to sip.

libelo m. lampoon, satire. || (law) petition.

libélula f. dragonfly.

liberación f. liberation. || release.

liberal adj. (pol.) liberal. || generous. || lavish. || — m., f. liberal.

liberar vt. to free, to liberate. || to exempt.

libertad f. liberty, freedom. || licence. || **l. bajo fianza**, bail. || **l. bajo palabra**, parole. || **l. condicional**, probation.

libertar vt. to set free, to liberate, to release (de from). || to exempt. || to emancipate (from slavery).

libertino m. libertine, rake.

libidinoso adj. lustful, libidinous.

libra f. pound (weight, coin). || l. (astron.) Libra.

libranza f. (comm.) draft, bill of exchange.

librar vt. to save, to free. || (law) to exempt. || to relieve. || to issue (edict). || to engage (battle). || (comm.) to draw, to make out. || — vr. to escape. || to free oneself. || to get rid of.

libre adj. free (de from, of)- || open: **al aire l.**, in the open air. || outspoken. || licentious, immoral. || independent. || **entrada l.**, admission free. || **l. albedrío**, free will. || **l. de impuestos**, tax free.

librecambio m. free trade.

librería f. bookshop. || bookcase. || (personal, private) library.

librero m., **librera** f. bookseller. || (Am.) bookcase.

libreta f. notebook. || memorandum, agenda.

libro m. book. || **l. de bolsillo**, paperback. || (comm.) **l. de caja**, cash book. || **l. de consulta**, reference book. || **l. de lectura**, reader. || **l. de texto**, textbook. || (comm.) **l. diario**, diary. || (comm.) **l. mayor**, ledger. || llevar los libros, to keep the accounts.

licencia f. licence (U. S. license, permission. || licence, permit: **l. de conductor**, driving licence. || (mil.) leave. || licentiousness.

licenciado adj. dismissed, discharged. || — m., **licenciada** f. graduate, licenciate, bachelor.

licenciatura f. degree, licentiate. || graduation.

liceo m. lyceum. || secondary school.

licitación f. bidding (at auction). || bid.

licitar vt. to bid for. || (S. Am.) to sell by auction.

lícito adj. lawful, legal, licit. || permissible.

licor m. liquid. || (alcoholic) liquor, spirits. || liqueur.

licuadora f. blender.

licuar vt. to liquefy. || (tech.) to liquate.

lid f fight, combat. || dispute, controversy.

líder m. leader.

liderato, liderazgo m. leadership.

lidiar vt. (bull) to fight. || — vi. to combat.

liebre f. hare. || (fig.) coward.

lienzo m. linen. || (art) canvas.

liga f. league. || (sew.) band. || garter. || (metal) alloy. || birdlime.

ligadura f. bond, tie. || (naut.) lashing. || (med., mus.) ligature.

ligar vt. to tie, to bind. || (metal) to alloy. || (fig.) to join. || — vi. to mix (well). || to get on. || to pick up. || — vr. to commit oneself. || to unite.

ligereza f. lightness. || swiftness. || flippancy.

ligero adj. light. || thin. || swift, quick. || slight. || flippant. || **l. de manos**, light-fingered. || **peso l.**, lightweight. || — adv. fast, quickly. || **a la ligera**, superficially. || quickly.

lija f. (zool.) dogfish. || (tech.) **papel de l.**, sandpaper.

lila f (hut.) lilac. || — m. (infml.) twit.

lima (tech.) file. || **l. de uñas**, nail file. || polishing.

limar vt (tech.) to file. || to smooth (over). || (fig.) to polish (up).

limitación f limitation. || limit.

limitar vt. to limit, to restrict. || to cut down. || — vi. **l. con**, to border on. || — vr. to limit oneself.

límite m. limit. || end. || boundary, **limo** m. slime, mud.

limón m. lemon. || (archit.) string, **limonada** f. lemonade.

limonero m. lemon tree.

limosna f. alms. || charity. || **pedir l.**, to beg.

limpiabotas m. bootblack.

limpiadora f. cleaner.

limpiaparabrisas m. windscreen wiper, windshield wiper (U. S.).

limpiar vt. to clean. || to cleanse. || to wipe. || (fig.) to purify. || **l. en seco**, to dry-clean. || — vr. to clean oneself.

límpido adj. limpid.

limpio adj. clean. || neat, tidy. || pure. || (sport) fair, clean. || — adv. fairly: **jugar l.**, to play fairly.

linaje m. lineage, family. || kind, type.

lince m. linx. || sharp-eyed person.

linchamiento m. lynching.

lindar vi. to adjoin. || **l. con**, to border on.

linde m., f. boundary. || edge.

lindo adj. pretty. || nice. || **de lo l.**, a lot. || wonderfully. || — adv. nicely, prettily, well.

línea f. line. || lineage, family. || figure: **guardar la l.**, to keep one's figure. || **en líneas generales**, in broad outline, roughly. || (aer.) **l. aérea**, airline. **l. de flotación**, waterline. || **l. delantera** o **de ataque**, forward line. || **l. derivada** (tel.) extension. || (sport) **l. de saque**, service line (tennis).

lineal adj. linear. || **dibujo l.**, line drawing.

lingüística f. linguistics.

linimento m. liniment.

lino m. (bot.) flax. || linen. || canvas.

linotipo m. linotype.

linterna f, lantern. || lamp. || (elec.) spotlight.

lío m. bundle. || mess, confusion, muddle || love affair. || **armar un l.**, to make a fuss.

liquidación f. liquidation. || (of account) settlement. || sale, clearance sale.

liquidar vt. (chem.) to liquefy. || (comm., fin.) to liquidate. || (account) to settle. || (stocks) to sell off. || to kill.

liquidez f. liquidity. || fluidity.

líquido adj. liquid. || (comm.) net. || **dinero l.**, ready money, cash. || — m. liquid. || (comm.) net amount.

lira f. (mus.) lyre. || lira, Italian monetary unit. R (urn.) lyrebird.

lírico adj. (lit.) lyric(al). || (theat.) musical || — m. **lírica** f. lyric poet, lyrist. || (Arg.) dreamer.

lirio m. (hot.) iris. || **l. de los valles**, lily of the valley.

lirismo m. lyricism. || (S. Am.) fantasy, dreams.

lisiado adj. injured, hurt. || lame, crippled. || — m., **lisiada** f. cripple.

liso adj. smooth, even. || (hair) straight. || (sea) calm. || (fig.) plain, unadorned.

lisonja f. flattery.

lista f. list. || catalogue. || roll. || *(school)* roll, register: **pasar l.**, to call the roll || stripe, band. || **l. de espera**, waiting list || **l. de platos**, menu. || **l. de pagos**, payroll.

listado adj. striped. || — m. *(comput.)* listing.

listo adj. ready, prepared. || clever, smart.

listón m. *(sew.)* ribbon. || (wood) strip lath.

litera f. litter. || *(naut., rail.)* berth.

literario adj. literary.

literato m. man of letters, writer.

literatura f. literature.

litigar vi. flaw) to litigate, to go to law.

litigio m. litigation, lawsuit. || *(fig.)* dispute.

litografía f. *(art)* lithography. || (picture) lithograph.

litoral m. seaboard, littoral, coast.

litro m. litre, liter *(U. S.)*.

liviano adj. light. || fickle. || frivolous, trivial. || lewd.

lívido adj. livid. || black and blue. || pale.

llaga f. wound, sore, ulcer. || *(fig.)* pain, sorrow.

llama f. flame. || *(fig.)* burning passion. || *(zool.)* llama. || **en llamas**, ablaze, aflame, in flames.

llamada f. call. || knock, ring. || signal, sign.

llamado adj. so-called. || — m. *(S. Am.)* = **llamada**.

llamador m. caller. || door-knocker. || bell.

llamar vt. to call. || to summon. || to convoke. || to name. || **ll. la atención**, to attract attention. || — vi. to call. || to knock, to ring.

llamarada f. flare-up, sudden blaze. || sudden flush.

llamativo adj. gaudy, flashy, showy. || (colour) loud.

llamear vi. to blaze, to flame, to flare.

llano adj. level, flat, even. || *(fig.)* plain, simple. || straightforward. || — m. plain, flat ground.

llanta f. tyre. || tread, wheel band.

llanto m. weeping, crying. || tears. || *(fig.)* lamentation.

llanura f. flatness, evenness. || *(geog.)* plain.

llave f. key. || spanner. || *(elec.)* switch. || winder (of a clock). || *(mus.)* clef. || lock (of a gun). || *(fig.)* key.

llegada f. arrival, coming.

llegar vt. to gather up. || to draw up, to bring over. || — vi. to reach, to arrive. || to amount. || — vr. to go round, to come round. || to approach, to come near.

llenar vt. to fill. || to stuff. || to satisfy. || to overwhelm (with favours). || — vr. to fill.

lleno adj. full *(de* of), filled *(de* with). || — m. abundance, plenty. || *(theat.)* full house.

llevadero adj. bearable, tolerable.

llevar vt. to take, to carry. || to wear. || to lead. || to keep (books, accounts, etc.). || to live (a certain kind of life). || to bear (a name, a title). || *(math.)* to carry (a number). || **ll. a cabo**, to carry out. || — vr. to take away, to carry off. || to take with one. || **llevarse bien con alguien**, to get on well with someone.

llorar vt. to weep. || to mourn. || — vi. to cry.

lloriquear vi. to snivel, to whimper.

llorón adj. weeping, tearful. || snivelling, whining.

llover vi. to rain. || — vr. to leak (roof).

llovizna f. drizzle.

lloviznar vi. to drizzle.

lluvia f. rain, rainwater. || rainfall. || *(fig.)* shower.

lluvioso adj. rainy, wet.

lo *"neuter"* def. art. the: **lo bello**, the beautiful. || — pron. pers. m. him: **lo veo**, I see him. || it: **lo tengo aquí**, I have it here. || — pron. rel. **lo que**, that which. || what. || whatever: **haz** lo **que quieras**, do whatever you like. || **a lo sumo**, at most. || **en lo alto**, in or at the highest part. || **lo cual**, which. || **más. de lo que**, more. || t**odo lo que**, everything which or that.

loable adv. praiseworthy, commendable, laudable.

loar vt. to praise.

lobo m. wolf. || **l. de mar**, sea dog. || **l. marino**, seal.

lóbrego adj. dark, murky, gloomy.

lóbulo m. *(anat.)* lobe.

locación f. lease.

local adj. local. || — m. place. || site. || premises.

localidad f. locality. || location. || *(theat.)* seat, ticket.

localizar vt. to locate. || to place, to site. || to find, to track down. || to localize.

loción f lotion. || wash. || **l. capilar**, hair restorer.

L

loco *adj.* mad, crazy. || **a tontas y a locas**, without rhyme or reason. || **estar l. con** o **por**, to be mad or crazy about. || **volver l. a uno**, to drive someone mad. || — *m.* madman. || lunatic, maniac.

locomoción *f* locomotion.

locomotora *f.* *(rail.)* engine, locomotive.

locuaz *adj.* loquacious, talkative.

locución *f.* expression, phrase *(a. gram.).*

locura *f.* madness, lunacy, insanity. || mad thing, crazy thing.

locutor *m.*, locutora *f.* *(radio)* announcer. || commentator. || *(TV)* newscaster, newsreader.

lodo *m.* mud, mire. || *(min.)* sludge.

logaritmo *m.* logarithm.

logia *f.* (masonic, etc.) lodge. || *(archit.)* loggia.

lógico *adj.* logical. || natural, reasonable. || — *m.*, *f.* logician. || **lógica** *f.* logic.

lograr *vt.* to get, to obtain. || to achieve. || to manage to. || to gain. || to satisfy. || — *vr.* to succeed.

logro *m.* achievement, attainment. || success. || accomplishment. || *(comm., fin.)* profit.

loma *f.* hillock, low ridge.

lombriz *f* worm, earthworm. || **l. solitaria**, tapeworm.

lomo *m.* *(anat.)* back. || *(of meat)* loin. || *(agr.)* ridge. || *(of book)* spine. || *pl.* **lomos**, ribs.

lona *f.* canvas. || sailcloth. || big top (circus).

longaniza *f.* long pork sausage.

longevo *adj.* long-lived, longevous.

longitud *f.* length. || **l. de onda**, wavelength. || *(geog., astr.)* longitude.

lonja *f* slice. || (of bacon) rasher. || strip of leather. || *(comm.)* market, exchange.

lontananza *f.* background. || **en l.**, far away.

loro *m.*, **lora** *f.* parrot. || *(S. Am.)* chatterbox.

los *def. art. m. pl.*, **las** *def. art. f.* pl. || — *pron.* them: **los he visto**, I have seen them.

losa *f.* slab. || flagstone. || **l. sepulcral**, gravestone.

lote *m.* portion, share. || *(comm., etc.)* lot.

lotería *f.* lottery. || lotto (children's game).

loza *f.* crockery. || earthenware. || **i. fina**, china, chinaware.

lozano *adj.* luxuriant. || vigorous, lusty. || lively.

lubricar *vt.* to lubricate.

lúbrico *adj.* lubricious, lewd.

lucero *m.* *(astron.)* bright star, *(esp.)* Venus. || **l. del alba**, morning star. || **l. vespertino**, evening star.

lucidez *f.* lucidity, clarity.

luciérnaga *f.* glow-worm.

lucimiento *m.* brilliance, splendour. || success.

lucir *vt.* to illuminate, to light up. || to show off. || — *vi.* to shine. || to look nice (dress). || — *vr.* to dress up. || to shine, to excel oneself.

lucrativo *adj.* lucrative, profitable, remunerative.

lucro *m.* profit, gain. || **l. cesante** *(law)* loss of profits.

luctuoso *adj.* mournful, sad, tragic.

lucha *f.* fight, struggle. || conflict. || dispute. || *(sport)* wrestling.

luchar *vi.* to fight, to struggle. || *(sport)* to wrestle.

luego *adv.* then, next. || soon. || later (on), afterwards. || later. || — *conj.* therefore. || **desde l.**, of course, certainly. || **¡hasta l.!**, see you later! || **l. que**, as soon as.

lugar *m.* place, spot. || position. || room, space: **¿hay l.?**, is there any room? || village, town. || scene: **el l. del crimen**, the scene of the crime. || cause, reason: **no hay l. para preocupaciones**, there is no cause for concern. || **dar l. a**, to give rise to. || **en l. de**, instead of, in place of. || **l. común**, commonplace. || **tener l.**, to take place.

lugareño *adj.* village *(attr.)*. || — *m.*, **lugareña** *f* villager.

lúgubre *adj.* lugubrious, dismal.

lujo *m.* luxury. || *(fig.)* profusion, abundance. || **de l.**, de luxe.

lujuria *f.* lust, lechery. || lewdness.

lumbre *f.* fire. || (for cigarette) light. || brightness.

lumbrera *f.* luminary. || *(archit.)* skylight. || *(mech.)* vent, port.

luminoso *adj.* bright, luminous, shining. || brilliant.

luna *f* moon. || mirror, glass. || **l. creciente**, waxing moon, crescent moon. || *(fig.)* **l. de miel**, honeymoon. || **l. llena**, full moon. || **l. menguante**, waning moon.

lunar *adj.* lunar. || — *m.* *(anat.)* mole spot. || *(fig.)* blemish.

lunes *m.* Monday.

lunfardo *m.* *(Peru, R. Pl.)* thief. || thieves slang. || slang.

lupa *f.* lens, magnifying glass.
lustrabotas *m. (esp. S. Am.)* bootblack.
lustrar *vt.* to shine, to polish.
lustre *m.* polish, shine, gloss, lustre. ||
(fig.) glory.
luterano *adj., m.,* **luterana** *f.* Lutheran.
luto *m.* mourning. || grief, sorrow.
luz *f. (in general)* light. || daylight. ||
electricity. || lamp. || *(archit.)* light win-
dow, opening. || (of bridge) span. || *pl.*
luces *(fig.)* enlightenment: **el Siglo de**
las Luces, the Age of Enlightenment. ||
intelligence: **de pocas luces**, dim, stu-
pid. || **apagar la l.**, to switch off or to
put off the light. || *(fig.)* **a todas luces**,
obviously, clearly. || **dar a l.**, to give
birth, to publish. || **encender la l.**, to
switch on or to put on, or to turn on the
light. || **en plena l.**, in broad daylight.
|| **salir a l.**, to come to light. || (book) to
be published.

M

m f. m.

maca f. flaw, defect. || spot. || (on fruit) bruise.

macabro adj. macabre.

macaco adj. (S. Am.) ugly, misshapen. || foolish.

macana f. (S. Am.) club. || cudgel. || blunder.

macanudo adj. (S. Am.) smashing, terrific, great.

macarrón m. macaroon. || pl. **macaroni**.

macear vt. to hammer, to pound.

macerar vt. to macerate. || to mortify.

maceta f. flowerpot. || mallet, small hammer.

macilento adj. wan, haggard. || gaunt. || emaciated.

macizo adj. solid, firm. || — m. mass. || massif. || bed (of plants).

macroprocesador m. (comput.) macroprocessor.

mácula f. stain, spot, blemish.

machacar vt. to crush, to pound, to beat, to mash. || — vi. (fig.) to pester, to bore, to bother.

machete m. (S. Am.) machete, cane knife, big knife.

machihembrar vt. to dovetail.

macho adj. male. || manly, virile. || — m. male. || pilaster. || sledge hammer. || he-man.

machona f. (S. Am.) mannish woman.

machorra f. barren female.

machucar vt. to crush. || to bruise. || to dent.

madeja f. hank, skein. || mass, mop (of hair).

madera f. wood. || timber. || horny part (of a hoof).

madero m. log, piece of timber. || (fig.) ship, bark.

madrastra f. stepmother. || (fig.) unloving mother.

madre f. mother. || matron (of hospital). || bed (of river). || **m. patria**, mother country. || **salirse de m.**, (river) to go off.

madreperla f. mother-of-pearl.

madreselva f. honeysuckle.

madriguera f. burrow, hole. || (fig.) den, haunt.

madrina f. godmother. || patroness. || matron of honour (at a wedding). || lead mare. || prop.

madrugada f. early morning. || dawn, daybreak.

madrugador adj. early rising. || — m., **madrugadora** f. early riser. || (fig.) early bird.

madrugar vr. (Arg.) to get the better of, to forestall someone. || — vi. to get up early. || to be ahead.

madurar vt., vi. to ripen, to mature.

maduro adj. ripe. || mature. || experienced. || aging.

maestra f. teacher (a. fig.). || school-teacher.

maestranza f. arsenal, armoury.

maestría f. mastery. || skill, expertise.

maestro adj. master, main, principal. || — m. teacher, master. || (mus.) maestro. || craftsman.

magia f. magic.

mágico adj. magic, magical. || — m. magician.

magisterio m. teaching. || teaching profession.

magistrado m. magistrate, judge.

magistral adj. magisterial. || (fig.) masterly.

magnánimo adj. magnanimous.

magnesio m. magnesium. || (phot.) flashlight.

magnetismo m. magnetism.

magnetofón m. tape recorder.

magnificar vi. to praise, to extol.

magnífico adj. magnificent. || excellent. || splendid.

mago m. magician, wizard.

magro adj. lean, thin, gaunt.

magullar vt. to bruise, to contuse.

maicena f. (S. Am.) cornflour.

maíz m. maize.

majada f. sheepfold. || dung, manure.

majadero adj. stupid, foolish. || irritating, annoying.

majar vt. to crush, to pound. || (infml.) to bother.

majestad f. majesty. || stateliness.

majestuoso adj. majestic, stately, imposing.

majo adj. showy. || smart. || — m. dandy.

mal adv. badly, poorly. || wrongly. || hardly. || — adj. (apocopated form of **malo** used before a masculine sing. noun): **m. humor**, bad temper. || — m. evil. || wrong. || harm, damage. || illness.

mala f. (post.) mailbag. || mail post.

malabarista m., f. juggler, conjurer.

malacate m. winch, capstan.

malaconsejado adj. ill-advised.

malagradecido adj. ungrateful.

malandanza f. misfortune.

malandrín m., **malandrina** f. (arch, or hum.) scoundrel, rogue.

malaventura f. misfortune.

malbaratar vt. to undersell (an article). || to squander.

malcontento adj. discontented. || — m., **malcontenta** f. malcontent.

malcriado adj. rude, bad-mannered, coarse.

malcriar vt. to spoil, to pamper.

maldad f. evil, wickedness.

maldecir vt. to curse. || — vi. to curse, to damn.

maldispuesto adj. ill-disposed. || (med.) ill.

maldito adj. damned, accursed. || bad, wicked, mean.

maleabilidad f. malleability.

maleante adj. corrupting. || perverse. || wicked.

malear vt. to, spoil. || to corrupt. || — vr. to go bad.

malecón m. pier, jetty, mole.

maledicencia f. slander, scandal.

maleficio m. curse, spell. || witchcraft.

malentendido m. misunderstanding.

malestar m. (med.) malaise. || uneasiness.

maleta f. suitcase. || boot (of a coach). || **hacer la m.**, to pack one's bags.

maletero m. boot (of a coach). || porter.

malevolencia f. malevolence, malice, spite, ill will.

maleza f. (agr.) weeds. || undergrowth, underbrush.

malgastar vt. to squander, to waste, to misspend.

malhablado adj. coarse, rude. || foul-mouthed.

malhechor m. malefactor, criminal, wrongdoer.

malhumorado adj. bad-tempered, cross, peevish.

malicioso adj. evil. || malicious. || vicious. || sly.

maligno adj. malignant, evil. || pernicious.

malintencionado adj. ill-disposed. || malicious.

malo adj. bad, poor. || harmful. || nasty. || defective. || sick, ill. || — m. **el M.**, the Devil.

malogrado adj. ill-fated, unfortunate. || abortive.

malograr vt. to waste. || to miss. || to ruin, to spoil. || — vr. to come to nothing.

maloliente adj. stinking, smelly.

malón m. (Chile, R. Pl.) Indian raid. || rowdy party.

malparado adj. damaged. || **salir m.**, to come off badly.

malparir vt. to have a miscarriage.

malquerencia f. dislike.

malsano adj. unhealthy. || sick, morbid.

malsonante adj. ill-sounding. || obnoxious, nasty.

malta f. malt.

maltraer vt. to insult, to abuse. || to illtreat.

maltratar vt. to maltreat, to illtreat. || to damage.

maltrecho adj. battered, damaged. || injured.

malva f. mallow. || **color de m.**, mauve.

malvado adj. wicked. || — m., **malvada** f. evildoer.

malversar vt. to embezzle, to misappropriate.

malvinense adj. Malvinas Islands (attr.). || — m., f. native of the Malvinas Islands.

malla f. mesh. || network.

mama f. mammary gland. || breast. || udder.

mamá f. (infml.)mummy, mum, mamma.

mamadera f. breast pump. || (S. Am.) feeding bottle.

mamar vt. to suck. || to-learn as a small child. || — vi. to suck. || — vr. (infml.) to get drunk.

mamarracho m. ninny, nincompoop. || puppet. || sight.

mamífero adj. mammalian. || — m. mammal.

M

mamón *adj.* unweaned. || — *m.* suckling.
mampara *f.* screen. || partition.
mampostería *f.* masonry. || rubblework.
manada *f.* herd, flock, drove, pack. || handful.
manantial *m.* spring (of water). || origin, source.
manar *vt.* to run with. || — *vi.* to flow, to run.
mancar *vt.* to maim, to cripple.
mancebo *m.* youth. || bachelor. || shop assistant.
mancillar *vt.* to spot, to stain, to blemish.
manco *adj.* one handed. || one armed. || defective.
mancomún, de m. *adv.* jointly, together. || in common.
mancomunar *vt.* to unite. || — *vr.* to merge.
mancha *f.* stain, spot. || blot. || mark. || *(fig.)* blemish.
manchar *vt.* to stain, to spot. || to blot. || to blemish.
mandadero *m.* messenger. || errand boy, office boy.
mandado *m.* order. || commission, errand, job.
mandamás *m. (infml.)* bigshot, big wig.
mandamiento *m.* order, command. || *(law)* writ. || *(eccl.)* commandment.
mandar *vt.* to order. || to command. || to send, to mail. || *(law)* to bequeath. || — *vi.* to be in command.
mandarina *f.* tangerine, mandarin.
mandatario *m.* agent, mandatary. || *(S. Am.)* president.
mandato *m.* order. || mandate, term of office.
mandíbula *f.* mandible, jaw.
mandil *m.* apron. || *(Arg. Chile)* horse blanket.
mando *m.* command. || *(mech.)* drive, control.
mandolina *f.* mandolin(e).
mandón *adj.* bossy, domineering.
mandrágora *f.* mandrake.
mandril *m. (zool.)* mandrill. || *(tech.)* mandrel.
manear *vt.* to hobble.
manecilla *f.* clasp, catch. || hand (of watch).
manejar *vt.* to manage. || to handle. || *(S. Am.)* to drive (a car). || — *vr.* to behave. || to get around.
manejo *m.* handling. || operation. || management. || tricks.

manera *f.* way, manner. || *pl.* **maneras**, manners, habits. **|| de todas maneras**, anyway.
manga *f.* sleeve. || hose. || (bridge) game. || *(S. Am.)* swarm. || **en mangas de camisa**, in shirt sleeves.
mangana *f.* lasso, lariat.
manganeso *m.* manganese.
mango *m.* handle, haft. || *(bot.)* mango.
mangosta *f.* mongoose.
manguera *f.* hose, hosepipe. || pipe, tube.
manguito *m.* muff. || sleeve protector.
maní *m.* peanut.
manía *f.* mania. || fad, obsession. || oddity.
maniabierto *adj.* lavish, generous.
maníaco *adj.* maniac(al). || — *m.* **maníaca** *f.* maniac.
maniatar *vt.* to manacle, to handcuff.
maniático *adj.* maniacal. || odd, eccentric. || stubborn. || — *m.,* **maniática** *f.* maniac.
manicomio *m.* lunatic asylum, mental hospital.
manicura *f.* manicure.
manido *adj.* stale, trite. || high, bad (meat, fish, etc.).
manifestación *f.* manifestation. || demonstration.
manifestar *vt.* to declare. || to manifest. || to show.
manifiesto *adj.* manifest. || plain. || — *m.* manifesto.
manija *f.* handle, haft. || hobble, fetters.
manilla *f.* bracelet. || handcuff, manacle.
maniobra *f.* manoeuvring. || operation. || *(fig.)* trick.
manipulador *m.* manipulator. || handler || *(elec.)* key.
manipular *vt.* to manipulate, to manage.
maniquí *m.* (tailor's) dummy, manikin. || *(fig.)* puppet. || — *f.* mannequin, model.
manirroto *adj.* lavish, extravagant, prodigal.
manivela *f.* crank.
manjar *m.* (tasty) dish, special dish.
mano *f.* hand. || forefoot. || forepaw || claw. || (cards) hand round. || game. **alzar a uno la m.**, to menace someone || **dar una m. a alguien**, to help someone || **de m. en m.**, from hand to hand. || de primera m. *(fig.)*, firsthand. || **escrito a m.**, written by hand, handwritten. || **estar m. a m.**, to be all square. || **tener buena m.**, to be very skillful. || **traer entre manos**, to plot.

manojo m. handful, bunch.

manopla f. flannel, face flannel. || gauntlet.

manosear vt. to handle. || to muss. || to fondle.

manotear vt. to slap. || — vi. to gesticulate.

manquedad, manquera f. disablement.

mansalva: a m. (adv.) without any risk.

mansedumbre f. gentleness, meekness. || tameness.

mansión f. mansion, stately home.

manso adj. gentle, mild, meek. || tame.

manta f. blanket. || travelling rug, plaid.

manteca f. (animal) fat. || (S. Am.) butter. || **m. de cerdo**, lard.

mantel m. tablecloth. |j (eccl.) altar cloth.

mantelería f. table linen.

mantener vt. to keep. || to support. || — vr. to maintain oneself. || to stand or remain firm. || (price) to hold steady.

mantenimiento m. maintenance. || upkeep. || support.

mantequera f. chum. || butter dish.

mantillo m. humus, mould.

manto m., cloak, mantle. || shawl. || ceremonial robe.

manuable adj. handy, easy to handle.

manual adj. manual. || — m. manual, handbook.

manubrio m. crank. || handle.

manufacturar vt. to manufacture.

manuscrito adj., m. manuscript.

manutención f. maintenance. || upkeep.

manzana f. apple. || block, block of buildings.

maña f. skill, ability. || cunning. || bunch. || **darse m. para**, to manage to.

mañana f. future. || — f. morning. || **por la m.**, in the morning. **‖ —** adv. **hasta m.**, so long. || **m. por la m.**, tomorrow morning. || **pasado m.**, the day after tomorrow.

mañoso adj. clever. || (pej.) sharp. || vicious. || obstinate.

mapa m. map.

mapamundi m. globe. || world map.

maqueta f. model, scale model, mock-up, maquette.

maquillaje m. make-up. || cosmetics.

maquillar vt., vr. to make up.

máquina f. machine. || (rail.) engine. || plane. || car.

maquinar vt. to scheme, to machinate, to plot.

maquinaria f. machinery. || plant. || (of watch, etc.) mechanism, works.

maquinista m. (rail.) engine driver. || machinist.

mar m., f. sea. || **en alta m.**, on the high seas.

maraña f. (bol.) thicket, brush. || tangle, mess.

maravilla f. marvel, wonder.

maravillar vt. to amaze. || — vr. to be astonished.

maravilloso adj. wonderful, marvellous.

marbete m. label. || tag, ticket, docket.

marca f. mark. U stamp. || brand. || make. || standard. || sign. || **m. registrada**, trade mark.

marcado adj. marked, strong, pronounced. || distinct.

marcar vt. to mark. || to stamp. || to brand (cattle). || to label. || (sport) to score. || to indicate. || (tel.) to dial.

marciano adj. Martian. || — m. **marciana** f. Martian.

marco m. frame. || mark (currency). || (fig.) setting.

marcha f. march. || (sport) walk. || trek. || speed. || demonstration. || (fig.) progress. || (aut., mech.) gear.

marchar vi. to depart. || (mil.) to march. || (mech., etc.) to go. || to function. || — vr. to leave.

marchitar vt. to wither, to wilt, to dry up, to fade.

marchito adj. withered, faded. || in decline.

marea f. tide. || soft sea breeze. || drizzle. || **m. alta**, high tide. || **m. baja**, low tide.

mareado adj. sick. || seasick. || drunk.

marear vt. to navigate. || to make someone feel sick. || — vr. to feel sick. || to become dizzy.

marejada f. heavy sea. || undercurrent.

marfil m. ivory.

margarina f. margarine.

margarita f. (bol.) daisy, marguerite. || pearl.

margen m. margin. || border. || edge. || verge. **‖** fringe. **‖ dar m. para**, to give occasion for.

maricón m. (infml.) queer, pansy.

marido m. husband.

marimacho m. (infml.) mannish woman, tomboy.

marina f. navy, marine. || seamanship.

marinar vr. (cook.) to marinade, to marinate.

M

marinero *adj.* seaworthy. || — *m.* sailor, seaman.

marino *adj.* sea, marine. || — *m.* sailor, seaman.

marioneta *f.* marionette, puppet.

mariposa *f.* butterfly. || *(tech.)* wing or butterfly nut.

mariquita *f. (ent.)* ladybird. || sissy, pansy, **marisabidilla** *f. (infml.)* bluestocking. || know-all.

mariscal *m.* marshal. || blacksmith.

mariscos *m. pl.* shellfish, seafood.

marisma *f.* marsh, swamp.

marítimo *adj.* maritime. || sea *(attr.)*, marine.

marmita *f.* saucepan, pot, boiler.

mármol *m.* marble.

marmóreo *adj.* marble. || marmoreal.

maroma *f.* rope. || *(S. Am.)* tightrope.

marqués *m.* marquis.

marquesina *f.* marquee, canopy (over an entrance).

marrano *adj.* filthy, dirty. || — *m. (zool.)* pig, boar.

marrón *adj.* brown. || maroon. || — *m.* brown colour. || candied chestnut.

marsopa *f.* porpoise.

martes *m.* Tuesday.

martillazo *m.* (heavy) blow with a hammer.

martillero *m. (S. Am.)* auctioneer.

martillo *m.* hammer. || scourge. || auction room.

martín pescador *m. (orn.)* kingfisher.

mártir *m., f.* martyr.

martirio *m.* martyrdom. || *(fig.)* torture, torment.

marxista *adj.* Marxist. || — *m., f.* Marxist.

marzo *m.* March.

más *adv. neg.* no longer, no more: **ya no lo necesito m.**, I no longer need it. || **no hay m. pan**, there is no more bread. || **m. que**, only, nothing but. || — *adv. comp.* more *(than que)*. || *a m. de*, in addition. || — *adv. sup.* most. || **m. adelante**, further on. || — *m. (math.)* plus, plus sign.

mas *conj.* but.

masa *f.* dough. || mortar. || mass. || whole. || the people.

masacre *f.* massacre.

masaje *m.* massage.

masajista *m.* masseur. || — *f.* masseuse.

mascar *vt.* to chew, to masticate.

máscara *f.* mask. || masquerade. || *(fig.)* pretence.

mascarilla *f.* half mask. || death mask.

masculino *adj.* masculine, manly. || *(biol.)* male. || — *m. (gram.)* masculine.

mascullar *vt.* to mumble, to mutter.

masilla *f.* putty.

masita *f. (Arg., Bol., Urug.)* small cake, petit four.

masonería *f.* (free) masonry.

masoquista *adj.* masochistic. || — *m., f.* masochist.

masticar *vt.* to masticate, to chew.

mástil *m.* mast. || pole, post. || shaft. || *(mus.)* neck.

mastín *m.* mastiff.

masturbarse *vr.* to masturbate.

mala *f.* bush, shrub. || sprig, blade. || grove.

matadero *m.* slaughterhouse, abattoir.

matador *m.* killer. || *(taur.)* matador.

matafuego *m.* fire extinguisher.

matamoscas *m.* fly swat. || flypaper.

matanza *f.* butchering, slaughtering. || slaughter.

matar *vt.* to kill. || to slaughter (animals). || to put out (light, fire). || *(fig.)* to exhaust. || to tone down (colour). || to cancel. || — *vr.* to kill oneself.

matasellos *m.* cancellation, postmark.

matasiete *m.* braggart, bully.

mate *adj.* matt, dull. || — *m.* (chess) check mate. || *(S. Am.)* maté. || maté (gourd).

matemáticas *f. pl.* mathematics.

matemático *adj.* mathematical. || — *m.* mathematician.

materia *f.* matter. || material, stuff. || (school) subject. || **m. prima**, raw material.

material *adj.* material. || physical. || *(fig.)* crude. || — *m.* material. || ingredient. || materials. || supplies.

materializar *vt., vi.* to materialize.

maternal *adj.* motherly. || maternal.

maternidad *f.* motherhood, maternity. || maternity hospital.

matinal *adj.* morning *(attr.)*.

matiz *m.* hue, tint, shade. || nuance (of meaning).

matizar *vt.* to colour, to tint, to shade. || to blend.

matón *m.* bully, lout, thug.

matorral *m.* thicket. || brushwood, scrub.

matraca *f.* rattle. || *(infml.)* pestering, plaguing.

matrero *adj.* cunning, sly. || — *m. (S. Am.)* bandit.

matriarca f. matriarch.
matricidio m. matricide.
matrícula f. register. || matriculation. || enrollment. || registration number (of a vehicle).
matrimonio m. marriage, matrimony. || married couple. || **contraer m.**, to get married.
matriz adj. main, chief, principal. || — f. matrix, womb. || mold, die. || screw nut.
matrona f. matron. || (med.) midwife.
matutino adj. morning (attr.).
maullar vi. to mew, to miaow.
maxilar adj. maxillary. || — m. jaw, jawbone.
máxima f. maxim.
máxime adv. especially. || principally.
máximo adj. maximum. || top. || — m. maximum.
mayo m. May.
mayonesa f. mayonnaise.
mayor adj. greater, larger. || greatest, largest. || bigger, biggest. || older. || oldest, eldest. || main. || major. || **ser m. de edad.** || — m. (mil.) major. || chief, superior. || pl. **mayores**, elders, ancestors.
mayoral m. (tech., etc.) foreman, overseer.
mayorazgo m. primogeniture. || entailed estate. || eldest son, first-born.
mayordomo m. steward.
mayoría f. majority, greater part. || **alcanzar su m.** (law), to come of age.
mayorista m. wholesaler.
mayúscula f. capital (letter).
maza f. mace. || mallet. || (mus.) drumstick.
mazmorra f. dungeon.
mazo m. mallet. || bunch, handful. || (cards) stack.
mazorca f. (bot.) spike. || (of maize) cob, ear.
me pers. pron. (acc.) me. || (dative) (to) me. || (reflexive) (to) myself.
meadero m. (vulg.) loo. || urinal.
meandro m. meander.
mear vt. (infml.) to pee, to piss. || vr. to wet oneself.
mecánica f. mechanics. || mechanism, works.
mecánico adj. mechanical. || — m. mechanic.
mecanismo m. mechanism. || works, machinery.
mecanizar vt. to mechanize.

mecanografía f. typing, typewriting.
mecer vt., vi. to rock. || to swing. || to sway.
mecha f. wick. || fuse (to detonate). || lock of hair.
mechar vt. (cook.) to lard. || to stuff.
mechero m. cigarette lighter. || burner (of gas, etc.).
mechón m. lock, tuft (of hair).
medalla f. medal.
médano m. sand dune. || sandbank.
media f. stocking. || (S. Am.) sock. || average.
mediación f. mediation. || intercession.
mediado adj. half-full. || **a mediados de**, halfway through, in the middle of (month, year).
medianera f. (R. Pl.) party wall, dividing wall.
mediano adj. medium, average, middling. || mediocre.
medianoche f. midnight.
mediante prep. by means of, through, by.
mediar vi. to be halfway. || to be in the middle. || to intervene. || to come up. || to occur in the mean time.
medicamento m. medicine, drug.
medicina f. medicine. || remedy. || medical system.
médico adj. medical. || — m. doctor. || medical practitioner, physician.
medida f. measurement, y measure. || (poet.) metre. || moderation. || **a m.**, made-to-measure (suit).
medidor m. (S. Am.) meter. || gauge.
medio adj. half, half a. || middle. || mean, average. || (infml.) a bit of a, somewhat of a. || **ir a medias**, to go fifty-fifty. || **término m.**, average. || middle way. || (cook.) medium, not too rare (meat). || — adv. half: **m. dormido**, half asleep. || — m. middle, centre. || half. || medium. || means. || environment. || circle. || course, y pl. **medios**, means, resources.
mediocre adj. middling, average. || mediocre.
mediodía m. midday, noon, y (geog.) south.
medir vt., vi. to measure. || — vr. to measure oneself. || (fig.) to act with moderation.
meditar vt., vi. to meditate.
medrar vi. to grow, to thrive, y to prosper, to flourish.
medroso adj. fearful, timid, fainthearted.

M

médula, medula f. (anat.) marrow, medulla. || (bol.) pith. || (fig.) marrow, essence, pith.

medusa f. jellyfish.

megáfono m. megaphone.

mejicano adj. Mexican. || — m., **mejicana** f. Mexican.

mejilla f. cheek.

mejillón m. mussel.

mejor adj. (comp.) better (que than). || (superl.) best. || **a lo m.**, maybe, perhaps. || — adv. (comp.) better, y (superl.) best.

mejora f. improvement.

mejorana f. marjoram.

mejorar vt. to improve, to make better, to enhance. || — vr. to get better, to improve.

mejoría f. improvement. || recovery.

mejunje m. mixture. || **brew.** || (Arg.) mess, tangle.

melancolía f. (med.) melancholia. || melancholy.

melaza f. molasses. || dregs of honey.

melena f. long hair. || mane (of lion).

melindroso adj. affected. || prudish. || finicky.

melocotón m. peach.

melodía f. melody. || melodiousness.

melodioso adj. melodious, tuneful.

melodramático adj. melodramatic.

meloso adj. honey-like, sweet, syrupy. || (fig.) soft.

mella f. nick, notch. || harm, injury. || **hacer m.**, to make an impression.

mellar vt. to nick, to dent, to notch. || to damage.

mellizo adj. twin. || — m., **melliza** f. twin.

membrana f. membrane. || (orn.) membrane, web.

membrete m. letterhead, heading.

membrillo m. quince. || quince jelly.

memo adj. silly, stupid. || — m. idiot.

memoria f. memory. || account. || (comput.) memory.

memorizar vt. to memorize.

menaje m. furnishing (of a house, etc.). || kitchen utensils.

mencionar vt. to mention. || to name, to refer.

mendaz adj. mendacious. || lying, untruthful.

mendigar vt., vi. to beg.

mendigo m. beggar.

mendrugo m. crust, crumb.

menear vt. to shake, to stir. || to wiggle. || — vr. to move, to shake. || to sway, to swing. || to wag.

meneo m. shake, toss. || wag. || sway(ing).

menester m. need. || want, lack. || occupation, job. || **menesteres**, bodily needs. || tools, implements.

menesteroso adj. needy.

menguante adj. diminishing, decreasing. || waning. || — f. (naut.) ebb tide. || waning (of the moon).

menguar vt. to diminish, to decrease. || to discredit. || — vi. to diminish, to wane.

menor adj. comp, smaller (que than). || less, lesser. || (superl.) smallest. || slightest, least. || (mus., philos.) minor. || — m. minor. || — f. (philos.) minor term.

menos adj. less, least. || — adv. less. || least. || **al m.**, at least. || **de m.**, short, less. || — prep. minus, less. || except, but, barring.

menoscabar vt. to lessen. || to damage. || to discredit.

menoscabo m. lessening, reduction. || damage. || loss.

menospreciar vt. to scorn, to despise. || to underrate.

mensaje m. message. || communication.

mensajero m. messenger.

menstruación f. menstruation.

mensual adj. monthly.

mensualidad f. monthly paynfent.

mensura f. measurement.

menta f. mint. || peppermint.

mentado adj. aforementioned. || well-known. famous.

mente f. mind. || understanding, sense, intellect.

mentecato adj. silly. || — m. **mentecata** f. fool.

mentir vt. to disappoint. || — vi. to lie, to fib.

mentira f. lie, untruth, falsehood. || (lit.) fiction.

mentís m. denial. || **dar el m. a**, to refute, to give the lie to.

mentón m. chin.

menú m. menu.

menudencia f. minuteness. || trifle. || meticulousness. || Pl. **menudencias**, pork products.

menudeo m. (comm.) retail trade.

menudo adj. minute, small. || trifling, unimportant. || **a m.**, often, frequently. || **por m.**, in detail. || — m. small change. || pl. **menudos**, offal. || giblets.

meñique *adj.* tiny, very small. || — *m.* little finger.

meollo *m.* (*anat.*) marrow, brains. || essence.

mequetrefe *m.* good-for-nothing, whippersnapper.

mercader *m.* merchant.

mercadería *f.* commodity. || *pl.* **mercaderías**, goods, merchandise.

mercado *m.* market. || **m. de cambios**, foreign exchange market.

mercante *adj.* merchant. || — *m.* merchantman.

mercantil *adj.* mercantile, trading, commercial.

merced *f.* mercy. || favour. || **m. a**, thanks to.

mercenario *adj., m.* mercenary.

mercería *f.* haberdashery. || haberdasher's (shop).

mercurio *m.* mercury.

merecer *vi.* to deserve. || to be worth. || — *vi.* to deserve.

merecimiento *m.* merit, worth.

merengue *m.* (*cook.*) meringue.

meretriz *f.* prostitute.

meridiana *f.* divan, couch. || chaise longue.

meridiano *m.* meridian.

meridional *adj.* southern. || — *m., f.* southerner.

merienda *f.* snack, light meal.

mérito *m.* merit. || deserts. || worth, value.

meritorio *adj.* meritorious, worthy, deserving.

merluza *f.* (fish) hake.

merma *f.* decrease. || shrinkage. || wastage, loss.

mermar *vt.* to diminish, to reduce, to lessen.

mermelada *f.* jam.

mero *adj.* mere, pure, simple.

merodear *vi.* to maraud. || to prowl (about).

mes *m.* month. || (*med.*) menses. || month's pay.

mesa *f.* table. || food. || meseta. || **levantar la mesa**, to clear the table. || **poner la m.**, to lay the table.

mesarse *vt.* to pull one's hair.

meseta *f.* (*geog.*) meseta, tableland, plateau.

mesón *m.* inn, hostelry, tavern. || (*phys.*) meson.

mesonero *m.*, **mesonera** *f.* (*arch.*) innkeeper.

mestizo *adj.* half-caste, half-breed. || (*zool.*) crossbred. || — *m.*, **mestiza** *f.* half-caste, half-breed. || (*zool.*) crossbred animal.

mesura *f.* dignity. || restraint. || courtesy.

mesurado *adj.* dignified, calm. || moderate.

meta *f.* goal, object, aim. || (*sport*) goal.

meta física *f.* metaphysics.

metáfora *f.* metaphor.

metal *m.* metal. || (*mus.*) brass. || quality, condition.

metálico *adj.* metallic. || — *m.* metal worker. || coin.

metalurgia *f.* metallurgy.

metamorfosis *f.* metamorphosis, transformation.

metano *m.* methane.

meteoro *m.* (*esp. fig.*) meteor.

meteorología *f.* meteorology.

meter *vt.* to put, to place. || to insert. || to smuggle in. || to make. || (*sport*) to score a goal. || (*sew.*) to take in. || **estar muy metido con**, to be very much in love with. || **estar muy metido en**, to be deeply involved in. || — *vr.* to get into, to enter (a profession, etc.). || to get on intimate terms with. || to become. (**meterse uno en todo** (*fig. and infml.*), to be a meddler, a busybody.

meticuloso *adj.* meticulous, scrupulous, thorough.

metido *adj.* abundant. || (*R. Pl.*) meddlesome.

metodista *adj.* Methodist. || — *m., f.* Methodist.

método *m.* method.

metraje *m.* (*cine.*) length. || **película de largo m.**, feature film.

metralleta *f.* submachine gun, tommy gun.

métrica *f.* metrics.

metro *m.* metre. || (*rail.*) underground, tube.

metropolitano *adj.* metropolitan. || — *m.* (*eccl.*) metropolitan. || (*rail.*) underground, tube.

mezcla *f.* mixture, compound. || (*archit.*) mortar.

mezclar *vt.* to mix. || to blend. || — *vr.* to mix. || to mingle. || to meddle.

mezcolanza *f.* hotchpotch, jumble.

mezquinar *vt.* to be stingy with.

mezquindad *f.* meanness, stinginess. || poor spirit.

mezquita *f.* mosque.

M

mi *poss. adj.* my.

mí *pron.* me (used with a preposition).

miau *m.* mew, miaow.

mico *m.* long-tailed monkey. || monkey face, ape.

micro *m. (S. Am.)* bus.

microbio *m.* microbe.

microbiología *f.* microbiology.

microcosmo *m.* microcosm.

micrófono *m.* microphone. || *(tel.)* mouthpiece.

microprocesador *m. (comput.)* microprocessor.

microscopio *m.* microscope.

microsurco *m.* microgroove. || long-playing record.

miedo *m.* fear, dread. || **tener m. a**, to be afraid of.

miedoso *adj.* fearful, fainthearted. || timid, nervous.

miel *f.* honey.

miembro *m.* member, limb. || penis. || part.

miente *f.* mind, thought.

mientras *conj.* while.|| as long as. || *m.* **(que)**, whereas. || — *adv.* meanwhile, meantime.

miércoles *m.* Wednesday.

mierda *f. (vulg.)* shit. || *(infml.)* muck, filth.

mies *f.* grain, harvest time. || *pl.* **mieses**, cornfields.

miga *f.* crumb. || bit. || substance. || **hacer buenas migas con**, to get along well with.

migratorio *adj.* migratory.

mil *adj. m.* thousand.

milagro *m.* miracle. || wonder, marvel.

milenio *m.* millennium.

milésimo *adj., m.* thousandth.

milicia *f.* militia. || soldiery. || warfare.

miligramo *m.* milligramme.

mililitro *m.* millilitre.

milímetro *m.* millimetre.

militar *adj.* military. || — *m.* soldier, army man. || — *vi.* to serve in the army. || to belong to a party.

milla *f.* mile.

millar *m.* thousand. y *pl.* **millares**, large quantity.

millón *m.* million.

millonario *m.* millionaire.

millonésimo *adj.* millionth. || — *m.* millionth.

mimar *vt.* to spoil, to pamper, to indulge.

mimbre *m. (bol.)* osier.

mimeografiar *vt.* to mimeograph.

mímica *f.* sign language. || gesticulation. || mimicry.

mimo *m.* mime. || coddling, petting. || pampering.

mina *f.* mine. || underground passage. || lead, (of pencil). || *(Arg.)* mistress. || young girl.

minar *vt. (min.)* to mine || *(fig.)* to undermine.

mineral *adj.* mineral. || — *m.* mineral. || ore.

mineralogía *f.* mineralogy.

minería *f.* mining.

mingitorio *m.* urinal.

miniatura *f.* miniature.

minifalda *f.* miniskirt.

mínimo *adj., m.* minimum.

ministerio *m.* ministry.

ministro *m.* minister. || **primer m.,** prime minister.

minorar *vt.* to reduce, to diminish.

minoría *f.* minority. || stale of being under age.

minorista *m.* retailer, retail trader.

minucioso *adj.* meticulous. || very detailed. || minute.

minúscula *f.* small letter.

minuta *f.* rough draft. || note, y *(cook.)* menu.

minuto *m.* minute.

mío *adj., pron.* mine, of mine.

miopía *f.* short-sightedness, myopia.

mira *f.* sight (of a firearm, etc.). || aim, object.

mirada *f.* look, glance, gaze, view.

mirado *adj.* cautious, prudent, circumspect.

mirador *m.* watchtower. || bay window, oriel window.

miramiento m. consideration. || *pl.* **miramientos**, respect.

mirar *vt.* to look at, to watch. || to gaze at. || — *vi.* to look. || to watch. || **m. por**, to look after. || — *vr.* to look at oneself. || to look at one another.

mirasol *m.* sunflower.

mirilla *f.* peephole, spyhole. || *(phot.)* viewer.

miriñaque *m.* hoop skirt. || *(Arg.)* cowcatcher.

mirlo *m.* blackbird.

mirto *m.* myrtle.

misa *f.* mass.

misal *m.* missal.

misantropía *f.* misanthropy.

miscelánea f. miscellany.

miserable adj. wretched. || stingy. || despicable.

miseria f. misery, wretchedness, distress. || squalor.

misericordia f. pity, compassion. || mercy.

misil m. missile. || **m. antimisil**, antimissile missile.

misión f. mission.

misionero m. **misionera** f. missionary.

misiva f. missive.

mismo adj. same. || myself, yourself, himself, etc. || very. || — adv. right. || **así m.**, likewise.

misterio m. mystery. || secret. || (theat.) mystery play.

misterioso adj. mysterious. || mystifying, puzzling.

misticismo m. mysticism.

mistificación f. hoax, fl practical joke. || hocus-pocus.

mitad f. half. || middle. || centre.

milico adj. mythical.

mitigar vt. to allay, to mitigate, to alleviate.

mitin m. meeting, rally.

mito m. myth.

mitología f. mythology.

mitón m. mitten.

mitra f. mitre.

mixto adj. (all senses) mixed. || — m. match.

mixturar vt. to mix.

mnemotécnica f. mnemonics.

mobiliario m. furniture. || household goods.

mocedad f. youth. || pl. **mocedades**, youth.

moción f. motion, movement. || (part., etc.) motion.

moco m. mucus. || (vulg.) snot. || burning end of candlewick. || candle dripping, **mocoso** adj. snivelling. || (fig.) ill-bred. || — m. brat.

mochila f. rucksack, knapsack.

mocho adj. blunt, flat. || cropped, shorn. || — m. butt. || blunt end, thick end.

moda f. fashion. || **pasado de m.**, old-fashioned.

modalidad f. way, manner. || kind. || (comput.) mode.

modelar vt. to model. || to shape.

modelo m. model (a. fig.). || pattern.

moderar vt. to moderate, to regulate, to control.

modernizar vt. to modernize.

moderno adj. modern. || present-day. || up-to-date.

modestia f. modesty.

módico adj. reasonable, fair, moderate.

modificar vt. to modify.

modismo m. idiom.

modista f. dressmaker, modiste.

modo m. manner, way. || (gram.) mood. || (mus.) mode. || pl. **modos**, manners. || **a su m.**, in his way. || **de mal m.**, unwillingly. || **de ningún m.**, by no means. || **de todos modos**, by all means.

modorra f. drowsiness, heaviness.

modoso adj. quiet, well-mannered, nicely-behaved.

modular vt. to modulate.

mofa f. mockery, fun, jeer, derision.

mofeta f. (zool.) skunk. || (min.) firedamp, mofette.

moflete m. fat cheek, **mogol** adj., m., **mogola** f. Mongol, Mongolian.

mohín m. grimace, face.

mohína f. annoyance, displeasure. || resentment.

mohíno adj. gloomy, depressed. || sulky, sullen.

moho m. moss. || mold, mildew. || rust. || verdigris.

mojado adj. wet. || damp, moist. || drenched, soaked.

mojar vt. to wet. || to damp. || to moisten. || — vr. to get wet. || to get soaked.

mojiganga f. masquerade, mummery. || farce.

mojigatería f. hypocrisy. || sanctimoniousness.

mojón m. boundary stone. || landmark. || heap, pile.

molde m. mould. || matrix, cast. || pattern, model.

moldear vt. to mould, to shape. || to cast.

mole f. mass, bulk.

molécula f. molecule.

moler vt. to grind, to mill. || to pester. || to tire out.

molestar vt. to annoy, to bother, to vex. || to disturb.

molestia f. annoyance, bother. || discomfort.

molicie f. softness. || luxurious living. || effeminacy.

molido adj. ground, grated. || exhausted.

molienda f. grinding. || milling. || mill.

molinete m. (toy) windmill.

M

molino *m.* mill. || grinder.

molusco *m.* mollusc.

mollar *adj.* soft, tender. || *(infml.)* gullible.

molleja *f.* gizzard. || sweetbread.

mollera *f.* crown (of the head). || *(infml.)* brain.

momentáneo *adj.* momentary.

momento *m.* moment. || circumstance. || present time. || **al m.**, at once. || **en buen m.**, at a good time.

momia *f.* mummy.

momo *m.* funny face, clowning, buffoonery.

mona *f.* female monkey. || *(infml.)* copycat, ape. || *(infml.)* drunk. || hangover.

monacal *adj.* monastic.

monada *f.* cute little thing. || funny face, grimace.

monaguillo *m.* acolyte, altar boy.

monarca *m.* monarch, ruler.

monasterio *m.* monastery.

mondadientes *m.* toothpick.

mondadura *f.* pruning, trimming. || peeling, shelling.

mondar *vt.* to clean. || to trim, to prune. || to shell.

mondongo *m.* guts, insides.

moneda *f.* money, currency. || coin.

monedero *m.* purse.

monería *f.* funny face. || mimicry. || prank. || trifle.

monigote *m.* grotesque figure. || *(infml.)* boob, sap.

monja *f.* nun. || sister.

monje *m.* monk.

mono *adj.* pretty. || lovely. || — *m.* monkey, ape. || (cards) joker. || overalls. || (child's) rompers.

monóculo *m.* monocle.

monocultivo *m.* monoculture, single crop.

monograma *m.* monogram.

monolítico *adj.* monolithic.

monólogo *m.* monologue.

monomio *m.* monomial.

monopolio *m.* monopoly.

monosílabo *adj.* monosyllabic. || — *m.* monosyllaole.

monotonía *f.* monotone. || *(fig.)* monotony.

monseñor *m.* monsignor. || monseigneur.

monserga *f.* gibberish, confused talk.

monstruo *m.* monster *(a. fig.).* || *(biol.)* freak.

monstruoso *adj.* monstruous. || huge. || hideous.

monta *f.* mounting. || total, sum. || *(fig.)* value.

montacargas *m.* service lift, hoist.

montaje *m.* assembling, setting up. || montage.

montante *m.* (tech.) upright. || (archit.) transom.

montaña *f.* mountain. || mountainous area.

montañés *m.,* **montañesa** *f.* highlander.

montaplatos *m.* service lift, dumbwaiter.

montar *vt.* to mount. || to ride. || to set up. || *(cine.)* to edit. || — *vi.* to mount. || to ride. || to get on top. || **m. en cólera**, to get angry.

montaraz *adj.* mountain. || wild, untamed. || rough.

monte *m.* mountain. || mount.

montecillo *m.* mound, hummock, hump.

montepío *m.* public assistance office.

montería *f.* (art of) hunting. || hunt, chase.

montés *adj.* wild. || **gato m.**, wild cat.

monto *m.* total, amount.

montón *m.* heap, pile. || crowd. || *(infml.)* lot.

montonero *m.* (S. Am.) guerrilla fighter.

montura *f.* mount. || harness, saddle. || (mech.) assembly, mounting. || setting (of a jewel).

monumento *m.* monument *(a. fig.).*

monzón *m., f.* monsoon.

moño *m.* bun, chignon, topknot. || (om.) crest.

moquete *m.* punch on the nose.

moquillo *m.* (vet.) distemper. || pip.

mora *f. (bot.)* mulberry || blackberry. || *(law)* delay.

morada *f.* dwelling, abode, home. || stay, sojourn.

morado *adj.* purple, violet.

moral *adj.* moral. || — *f.* morals, morality, ethics.

moraleja *f.* moral.

morar *vi.* to live, to dwell. || to stay.

mórbido *adj.* soft. || *(med.)* morbid.

morboso *adj.* morbid. || unhealthy. || diseased.

morcilla *f.* blood sausage, black pudding. || gag.

mordaz *adj.* biting, scathing, pungent.

mordaza *f.* gag. || (lech.) clamp, jaw.

morder *vt.* to bite. || to gnaw. || to criticize. || — *vi.* to bite.

mordisco m. bite, nip. || nibble. || piece bitten off.

moreno adj. brown. || tanned. || dark (hair). || — m. negro. || f. **morena**, negress, dark woman.

morfina f. morphia, morphine.

morfología f. morphology.

moribundo adj. dying. || (esp. fig.) moribund.

morigerar vt. to restrain, to moderate.

morir vt. to die, to expire, to pass away. || to go out (fire). || **m. de frío**, to freeze to death. || — vr. to die, to expire. || to end. || to go out (fire). || **morirse por algo**, to be crazy about.

moro adj. Moorish. || — m., **mora** f. Moor.

morocho adj. (S. Am.) dark, swarthy. It robust.

moroso adj. tardy, slow, sluggish.

morral m. feed bag. || knapsack. || game bag.

morriña f. depression, depressed state, blues.

morrión m. helmet, bearskin.

morro m. knob. || knoll, hillock || headland.

morsa f. walrus.

mortaja f. shroud.

mortal adj. mortal. || fatal. || lethal || awful. || — m., f. mortal.

mortalidad f. mortality. || toll. || death rate.

mortecino adj. pale, wan. || dying. || dim.

mortero m. mortar.

mortífero adj. deadly, lethal.

mortificar vt. to annoy, to vex. || to mortify.

mosaico m. mosaic. || tessellated pavement.

mosca f. fly. || dough, cash. || pest. || **m. muerta,** hypocrite. || **por si las moscas**, just in case. || **¿qué m. le pica?**, what's the matter with him?

moscón m. large fly. || pest, bore.

mosquete m. musket.

mosquetero m. musketeer. || (theat.) groundling.

mosquito m. mosquito. || gnat.

mostaza f. mustard.

mosto m. must, unfermented grape juice.

mostrador m. counter. || bar (of café, pub, etc.).

mostrar vt. to show. || to indicate. || to exhibit.

mostrenco adj. ownerless. || masterless. || stray.

mota f. spot, speck, mote. || slight flaw. || burl, knot.

mote m. motto, device. || nickname, byname.

motejar vt. to nickname.

motín m. revolt, rising. || riot, disturbance.

motivar vt. to cause, to motivate. || to explain.

motivo adj. motive. || — m. motive, reason. || motif.

motobomba f. fire engine.

motocicleta f. motorcycle.

motonave f. motor ship, motor vessel.

motoniveladora f. bulldozer.

motor adj. motor, motive. || — m. motor, engine. || **m. de reacción**, jet engine.

motorista m. motorcyclist. || motorman.

motorizar vt. to motorize.

motosierra f. mechanical saw.

motriz adj. motive, driving.

movedizo adj. moving, shifting. || shaky. || fickle.

mover vt. to move. || to shift. || to nod. || to wag (the tail). || to induce. || to affect. || — vr. to move. || to stir.

móvil adj. mobile. || changeable. || — m. motive.

movilizar vt. to mobilize. || (Arg.) to unblock, to free.

movimiento m. movement. || (mus.) tempo.

moza f. girl. || servant. || wench. || **buena m.**, good-looking girl or woman.

mozo adj. young, youthful. || — m. youth, lad. || waiter.

mucamo m. (S. Am.) servant.

mucosa f. mucous membrane. || mucus.

muchacha f. girl. || maid, servant.

muchacho m. boy, lad, youth. || servant, manservant.

muchedumbre f. crowd, mass, throng. || mob, herd.

mucho adj. a lot, much. || a long time. || kreat. || — pron. many (people), a lot (of people). || a lot. || much. || — adv. much. || a lot. || a long time.

muda f. change of underwear. || moult, moulting.

mudanza f. change. || moving. || fickleness. || **camión de mudanzas**, removal van.

mudar vt., vi. to change. || to moult. || to break (the voice). || to move. || — vr. to change. || to move. || to break (of voice).

mudo adj. dumb, mute, silent. || speechless. || — m., **muda** f. dumb person.

mueble adj. movable. || — m. piece of furniture. || pl. **muebles**, furniture.

mueca f. grimace, face, grin.

muela f. molar, back tooth. || millstone.

muelle adj. soft. || luxurious. || — m. wharf, dock. || pier. || spring.

muérdago m. mistletoe.

muerte f. death. || murder. || **de mala m.**, crummy.

muerto adj. dead. || deceased. || lifeless. || dull. I — m., **muerta** f. dead person. || — m. corpse, dead body.

muesca f. notch, nick. || groove, slot.

muestra f. sample, specimen. || demonstration. || model. || sign (on a shop, etc.).

mugir vi. to moo (cow), to low. || (bull) to bellow. || (with pain) to roar, to howl. || (of sea, etc.) to roar.

mugriento adj. dirty, filthy, greasy, grimy.

mujer f. woman. || wife.

mujeriego adj. fond of women, wolfish.

mula f. mule, she-mule. || slipper. || stubborn person.

muladar m. dungheap, dunghill, midden.

muleta f. crutch. || (taur.) matador's stick with red cloth attached. || (fig.) prop, support.

muletilla f. cross-handled cane. || pet word, tag.

multa f. fine, traffic ticket.

multicopista m. duplicator.

multiforme adj. manifold, multifarious. || multiform.

multilateral adj. multilateral, many-sided.

múltiple adj. multiple. || many. || — m. manyfold.

multiplicar vt. to multiply. || (mech.) to gear up.

múltiplo adj., m. multiple.

multiprocesador m. (comput.) multiprocessor.

multitud f. multitude. || crowd, populace.

mullido adj. fluffy, soft. || — m. stuffing.

mullir vt. to beat, to soften (wool). || to make fluffy.

mundano adj. wordly, mundane.

mundial adj. world-wide, universal.

mundo m. world. || globe. || universe. || people. || crowd. || **al fin del m.** (fig.), at the back of beyond. || **así anda el m.**, so it goes. || **irse al otro m.**, to pass away. || **venir al m.**, to be born.

munición f. ammunition.

municipal adj. municipal. || — m. city policeman.

municipio m. municipality. || town council.

munificiencia f. munificence.

muñeca f. (anat.) wrist. || doll. || mannequin.

muñón m. (anat.) stump. || (mech.) trunnion.

muralla f. city wall. || rampart.

murciélago m. bat.

murga f. band of street musicians.

murmullo m. murmur(ing). || whisper(ing).

murmurar vi. to murmur. || to whisper. || to rustle (leaves). || to ripple (water). || (fig.) to gossip.

muro m. wall. || **m. de contención**, containing wall.

músculo m. muscle.

musculoso adj. muscular. || tough, brawny.

museo m. museum. || **m. de pintura**, art gallery.

musgo m. moss.

música f. music.

músico adj. musical. || — m. musician, player.

musicología f. musicology.

muslo m. thigh.

mustio adj. sad, gloomy, defected. || faded, withered.

musulmán adj., m., **musulmana** f. Moslem.

mutación f. (sudden) change. || (biol.) mutation.

mutilado adj. mutilated. || disabled, crippled.

mutilar vt. to mutilate. || to cripple, to maim.

mutismo m. dumbness. || (fig.) silence.

mutualidad f. mutuality. || mutual benefit society.

mutuo adj. mutual, reciprocal. || joint.

muy adv. very, much, greatly. || too.

N

n f. n. || (math.) power of n.

nabo m. (bot.) turnip. || (archit.) newel.

nácar m. mother-of-pearl, nacre.

nacer vi. to be born. || to sprout. || to originate.

nacido adj. born. || innate, inborn.

naciente adj. growing. || (sun) rising. || — m. east.

nacimiento m. birth. || origin. || spring (of water).

nación f. nation. || people.

nacional adj. national, native.

nacionalidad f. nationality.

nacionalismo m. nationalism.

nacionalizar vt. to nationalize. || to naturalize.

nada pron. nothing. || **por n.**, don't mention it. || — adv. not at all. || — f. nothing.

nadador m. nadadora f. swimmer.

nadar vi. to swim. || to float.

nadería f. small thing, mere trifle, **nadie** pron. nobody, no-one.

nafta f. naphtha. || (Arg.) petrol.

naipe m. playing card. || pack of cards.

nalga f. buttock. || pi. nalgas, buttocks, rump.

nana f. grandma, granny. || lullaby, cradlesong.

nanosegundo m. (comput.) nanosecond.

naranja f. orange. || media **n.** (fig.), better half.

naranjada f. orangeade, orange squash.

narciso m. narcissus, daffodil. || (fig.) dandy, fop.

narcótico adj., m. narcotic.

narcotizar vt. to narcotize. || to drug, to dope.

narigón adj. big-nosed.

narigudo adj. big-nosed.

nariz f. nose. || sense of smell. || (of wine). bouquet. || pl. **narices,** nose.

narración f. narration, account.

narrar vt. to tell, to narrate, to recount.

nasalizar vt. to nasalize.

nata f. cream (of milk). || skin (on custard). || (fig.) cream, choicest part.

natación f. swimming.

natal adj. natal. || native.

natalicio adj. birthday (attr.). || — m. birthday.

natalidad f. birth rate.

natillas f. pl. custard.

nativo adj. native. || — m., **nativa** f. native.

nato adj. born: **es un actor n.**, he's a born actor.

natural adj. natural. || native. || spontaneous.

naturaleza f. nature. || nationality. || type, kind. || temperament, disposition, character.

naturalizar vt. to naturalize.

naufragar vi. to be shipwrecked.

naufragio m. shipwreck. || (fig.) failure, disaster, ruin.

náusea f. nausea, sickness, retching. || repugnance.

náutica f. navigation, seamanship.

navaja f. razor. || clasp-knife, jack-knife. || (infml.) evil tongue.

naval adj. naval. || **batalla n.**, sea battle.

nave f. ship. || (archit.) nave, aisle.

navegación f. navigation. || sea voyage.

navegar vt. to sail, to navigate. || — vi. to sail.

Navidad f. Christmas.

navío m. ship.

náyade f. naiad.

neblina f. mist. || mistiness. || (fig.) fog.

nebuloso adj. nebulous. || cloudy, hazy, misty.

necesario adj. necessary. || essential, required.

necesidad f. necessity. || need. || want, poverty. || **hacer sus necesidades,** to relieve oneself. || **n. mayor,** defecation. || **n. menor,** urination. || **pasar n.,** to undergo need. || **por n.,** out of necessity.

necesitar vt. to need, to want. || to require.

necio adj. silly, stupid. || (Arg., Col., P. R.) touchy, hypersensitive.

necrología f. obituary (notice), necrology.

nefando *adj.* unspeakable, abominable.

nefasto *adj.* unlucky, ill-fated, inauspicious.

negación *f.* negation. || refusal, denial.

negar *vt.* to deny. || to refuse. || to disown.

negativa *f.* negative. || denial, refusal.

negativo *adj.* negative. || *(math.)* minus. || — *m.* *(phot.)* negative.

negligencia *f.* negligence. || neglect, slackness.

negociado *m.* department, section. || deal. || *(S. Am.)* illegal transaction.

negociante *m.* businessman. || merchant, dealer.

negociar *vt.* to negotiate, to deal.

negocio *m.* business. || business concern. || affair. || job. || shop, store.

negra *f.* Negress, black woman. || *(mus.)* crotchet.

negrero *m.* slave trader. || exploiter of labour.

negrita *f.* *(typ.)* bold face: **en n.**, in bold type.

negro *adj.* black. || dark. || negro. || *(fig.)* gloomy. || **n. humo,** lampblack. || **verlo todo n.**, to be pessimistic. || — *m.* (colour) black. || negro, negrura *f.* blackness.

nene *m.*, **nena** *f.* baby, small child.

nenúfar *m.* water lily.

neologismo *m.* neologism.

neozelandés *adj.* New Zealand. || — *m.*, **neozelandesa** *f.* New Zealander.

nereida *f.* nereid.

nervio *m.* nerve, sinew. || *(mus.)* string. || *(bot.)* vein, nerve. || *(archit.)* rib. || *(fig.)* vigour, strength.

nerviosidad *f.* **nerviosismo** *m.* nervousness.

nervioso *adj.* nervous. || excitable. || energetic.

nervudo *adj.* tough, strong, ty sinewy, wiry.

neto *adj.* pure, genuine. || *(comm.)* net.

neumático *adj.* pneumatic. || air *(attr.)*. || — *m.* tyre.

neurótico *adj.* neurotic. || — *m.*, **neurótica** *f.* neurotic.

neutralizar *vt.* to neutralize.

neutro *adj.* neutral. || *(gram.)* neuter. || intransitive.

nevada *f.* snowstorm. || snowfall.

nevar *vt.* to make snow white. || — *vi.* to snow.

nevera *f.* refrigerator, icebox.

neviscar *vi.* to snow lightly. || to sleet.

nexo *m.* link, connection. || nexus.

ni *cortj.* neither, nor. || not even.

nicaragüense *adj.*, *m.*, *f.* Nicaraguan.

nicotina *f.* nicotine.

nicho *m.* niche. || recess. || hollow.

nidada *f.* nest, nestful (of eggs). || brood.

nido *m.* nest. || *(fig.)* nest, abode, den.

niebla *f.* fog, mist. || *(bot.)* mildew. || fogginess.

nieta || granddaughter.

nieto *m.* grandson. || *pl.* **nietos**, grandchildren.

nieve *f.* snow.

nilón *m.* nylon.

nimbo *m.* nimbus, halo, aureole.

nimiedad *f.* excess, prolixity. || excessive care.

ninfa *f.* nymph.

ningún *see* **ninguno.**

ninguno *adj.* **(ningún,** before *m.* *sing.* noun) no, not one, none, not any. || — *pron.* nobody, no one, none, neither.

niña *f.* child, young girl. || *(anat.)* pupil.

niñera *f.* nursemaid, nanny.

niñería *f.* childishness. || silly thing, triviality.

niñez *f.* , childhood. || infancy.

niño *adj.* childish, childlike. U — *m.* child. || boy.

nipón *adj.* Japanese. || — *m.*, **nipona** *f.* Japanese.

niquelar *vt.* to nickel-plate. || to chromium-plate.

nitidez *f.* brightness. || spotlessness || clarity.

nitrato *m.* nitrate.

nitrógeno *m.* nitrogen.

nivel *m.* level. || *(geog., etc.)* height || *(fig.)* standard. || **n. de vida**, standard of living. || **n. del mar**, sea level. || **n. social**, social level.

niveladora *f.* bulldozer.

nivelar *vt.* to level. || to level up. || to make even.

no *adv.* no. || not. || **no bien**, as soon, no sooner. || no mis, only. || **no sea que**, lest. || no sin, not without.

noble *adj.* noble. || honest. || — *m.* noble, nobleman.

nobleza *f.* nobility. || honesty, uprightness.

noción *f.* notion, idea. || *pl.* **nociones**, rudiments.

nocivo *adj.* harmful, injurious.

nocturno adj. nocturnal. || — m. (mus.) nocturne.

noche f. night. || night time. || (late) evening. || dark, darkness. || la **n. eterna** (poet.), death.

Nochebuena f. Christmas Eve.

nodriza f. wet-nurse.

nódulo m. nodule.

nogal m. walnut. || walnut tree.

nómada adj. nomadic. || — m. ,f. nomad.

nombradía f. fame, renown.

nombrado adj. aforementioned. || (fig) famous.

nombramiento m. appointment. || nomination.

nombrar vt. to name. || to nominate. || to appoint.

nombre m. name. || (gram.) noun. || personage.|| family. || reputation. || **en n. de uno**, in one's name. || **n. de pila**, Christian name or first name. || **por n.**, called.

nomeolvides f. forget-me-not.

nómina f. list, roll. || (comm., fin.) payroll.

nominal adj. nominal, titular.

nominativo adj., m. nominative.

non adj. (number) odd, uneven. || — m. **odd** number.

nonada f. trifle, mere nothing.

nonagésimo adj. ninetieth.

nono adj. ninth.

nordeste adj. north-eastern. || — m. north-east.

noria f. chain pump. || waterwheel.

norma f. norm, standard. || rule. || pattern. || square.

normal adj. normal. || regular, usual, natural.

normalizar vt. to normalize, to restore to normal.

noroeste adj. north-western. || — m. north-west.

norte adj. north, northern. || northerly. || — m. north.

norteamericano adj., m., **norteamericana** f. North American, (esp.) American, **norteño** adj. northern. || — m., **norteña** f. northerner.

noruego adj., m. noruega f. Norwegian.

nos pers. pron. pl. acc. us. || dat. to us. || each other. || refl. ourselves.

nosotros, nosotras pers. pron. pl. (subject) we. || (after prep.) us. || ourselves.

nostalgia f. nostalgia, homesickness. || longing.

nota f. note. || heed, notice. || mark. || (fig.) reputation. || **tomar n. de**, to take note of.

notable adj. noteworthy, notable. || remarkable.

notar vt. to note, to notice. || to point out. || to jot down, to take down. || to criticize.

notario m. notary, notary public.

noticia f. piece of news, news. || notion.

noticiario m. news. || newsreel.

noticioso adj. well-informed. || — m. (Arg.) newsreel.

notificar vt. to notify, to inform.

notoriedad f. fame, renown. || wide knowledge.

novato adj. raw, green, new. || — m. beginner, tyro.

novecientos adj. nine hundred. || — m. nine hundred.

novedad f. novelty, newness. || recent event. || surprise.

novel adj. new. || inexperienced. || — m. beginner.

novela f. novel. || (fig.) story.

novelesco adj. (lit.) fictional. || romantic, fantastic.

novelista m., f. novelist.

novelística f. fiction, novels. || treatise on the novel.

noveno adj. ninth.

noventa adj. ninety. || ninetieth. || — m. ninety.

novia f. girlfriend, sweetheart. || fiancée. || bride.

novicio m., **novicia** f. beginner, novice. || apprentice.

noviembre m. November.

novilunio m. new moon.

novilla f. heifer.

novillada f. drove of young cattle.

novillo m. young bull. || **hacer novillos,** to play truant.

novio m. boyfriend, fiancé. || bridegroom.

nubarrón m. storm cloud.

nube f. cloud. || haze. || **los precios estén por las nubes**, prices are terribly high.

nublado adj. cloudy, overcast. || — m. storm cloud.

nublar vt. to cloud. || — vr. to cloud over (a. fig.)

nubosidad f. cloudiness.

nuboso adj. cloudy.

nuclear adj. nuclear.

núcleo m. nucleus. || core. || (bol.) kernel.

nudillo m. knuckle.

nudo m. knot. || node. || climax (of novel, etc.).

nuera f. daughter-in-law.

nuestro poss. adj. our. || of ours. || — poss. pron. ours.

nueva f. news, piece of news.

nueve adj. nine. || — m. nine. || ninth (in dates).

nuevo adj. new. || de n., anew, again.

nuez f. nut, fesp.) walnut. || Adam's apple. || n. moscada, nutmeg.

nulidad f. (law) nullity. || incompetence, incapacity.

nulo adj. null, void, invalid. || worthless, useless.

numen m. numen, deity. || muse, inspiration.

numeral adj., m. numeral.

numerar vt. to number. || to count.

numérico adj. numerical.

número m. number, numeral. || group. || issue (of a magazine, etc.). || **n. atrasado** (magazine, etc.), back number. || **sin n.**, countless.

nunca adv. never. || ever. || **casi n.**, hardly ever. || **más que n.**, more than ever. || **n. más,** never again.

nupcial adj. wedding (attr.), nuptial.

nupcias f. pl. nuptials, marriage, wedding.

nutria f. otter.

nutrición f. nutrition.

nutrido adj. full, abundant. || large. || nourished.

nutrir vt. to nourish, to feed. || (fig.) to encourage.

N

Ñ

ñ *f.* ñ: this letter doesn't exist in English.

ñame *m.* yam.

ñandú *m. (R. Pl.)* rhea, American ostrich.

ñandubay *m.* ñandubay, a kind of hardwood.

ñanduti m. fine lace made in Paraguay.

ñaña *f. (Arg., Chile)* elder sister. || *(Chile)* nurse-maid. || ailment, complaint.

ñaño *m. (Arg., Chile)* elder brother.

ñaque *m.* junk, worthless stuff. || odds and ends.

ñato *adj. (S. Am.)* fiat-nosed, snub-nosed. || *(Arg.)* ugly. || bent, deformed. || wicked.

ñaupa *adv. (Arg.)* in former times, in olden days.

ñoñería, ñoñez *f.* insipidness. || shyness. || *(Arg., Chile)* senility. || dotage.

ñoño *adj.* timid, shy, intantiie. || tasteless. || senile.

ñoqui *m. (cook.)* gnocchi.

O

o f. o.

o conj. or. || either.

obcecado adj. mentally blinded. || obdurate.

obedecer vt. to obey. || — vi. to be due to.

obediente adj. obedient.

obelisco m. obelisk. || (typ.) dagger.

obertura f. overture.

obesidad f. obesity.

obispo m. bishop.

obituario m. obituary.

objeción f. objection.

objetar vt., vi. to object.

objetivo adj. objective. || — m. objective, aim, end.

objeto m. object, thing. || aim. || subject matter.

oblea f. (eccl., cook.) wafer. || (med.) capsule.

oblicuo adj. oblique. || slanting.

obligación f. obligation. || responsibility, duty.

obligar vt. to oblige, to force, to obligate.

obligatorio adj. obligatory, compulsory. || binding.

obliterar vt. to erase, to efface. || (med.) to obliterate.

oblongo adj. oblong.

oboe m. oboe. || oboist, oboe player.

óbolo m. (fig.) mite, small contribution.

obra f. work. || piece of work; || (mus.) opus. || building, construction. || **o. de misericordia,** charity. || **poner en o.,** to put in action.

obrador m. working table, bench. || workshop.

obrajero m. foreman, overseer. || superintendent.

obrar vt. to work. || to build. || — vi. to act, to proceed.

obrero adj. working, f labour. || — m worker.

obscenidad f. obscenity.

obscurecer vt. to darken. || — vi. to grow dark.

obscuridad f. darkness, obscurity (a. fig.). || gloom.

obscuro adj. dark, cloudy, gloomy. || obscure.

obsequiar vt. to lavish attentions on. || to present with.

obsequio m. present, gift. || attention, kindness.

observación f. observation. || observance.

observar vt. to observe, to watch. || to see, to notice.

observatorio m. observatory.

obsesión f. obsession.

obsesionar vt. to obsess.

obstaculizar vt. to hinder, to hamper. || to prevent.

obstáculo m. obstacle, impediment, hindrance.

obstante: no o., adv. nevertheless, however. || all the same.

obstetricia f. obstetrics.

obstinación f. obstinacy, stubbornness.

obstinarse vr. to become obstinate. || to persist.

obstrucción f. obstruction.

obstruir vt. to obstruct, to block. || (fig.) to hinder.

obtener vt. to obtain, to get.

obturador m. plug. A (out.) choke. || (phot.) shutter.

obtuso adj. blunt, dull. || (math, and fig.) obtuse.

obús m. (mil.) shell, obus. || howitzer.

obviar vt. to obviate, to remove. || to hinder.

obvio adj. obvious.

oca f. goose.

ocasión f. occasion, opportunity. || time. || reason.

ocasionar vt. to cause, to produce.

ocaso m. sunset. || setting (of star). || west. || decline.

occidental adj. western. || — m., f. westerner.

occidente m. west.

océano m. ocean. || (fig.) ocean, sea.

ocio m. idleness. || leisure. || pastime.

ocioso adj. idle. || lazy. || pointless, useless.

oclusión f. (ling., etc.) occlusion.

ocre m. ochre.

octava f. octave. H (poet.) eight-line stanza.

octavo adj., m. eighth.

octogésimo adj. eightieth.

octubre m. October.

ocular adj. ocular. || eye. || — m. eyepiece.

oculista m., f. oculist.

ocultar vt. to hide, to conceal. || (astr.) to occult.

ocupación f. occupation.

ocupado adj. busy, occupied, engaged. || taken.

ocupar vt. to occupy. || to take possession of. || to fill. || — vr. to attend. || to be busy.

ocurrencia f. occurrence. || idea. || witticism.

ocurrir vi. to occur, to happen.

ochenta adj. eighty. || eightieth. || — m. eighty.

ocho adj., m. eight.

ochocientos adj., m. eight hundred.

oda f. ode.

odiar vt. to hate.

odio m. hatred. || aversion. || rivalry.|| dislike.

odisea f. odyssey.

odontólogo m. dentist, dental surgeon, odontologist.

odre m. wineskin. || (fig. and infml.) drunkard.

oeste adj. west, western. || westerly. || — m. west.

ofender vt. to offend. || — vr. to take offence.

ofensa f. offence. || slight. || wrong.

oferta f. offer. || proposal, proposition. || (comm.) tender. || bid. || gift.

oficial adj. official. || — m. skilled workman. || clerk. || (mil.) officer.

oficiar vt. to inform officially. || (eccl.) to officiate.

oficina f. office. || workshop. || laboratory.

oficinista m , f. office worker, clerk.

oficio m. job, work. || craft. || position.

oficioso adj. unofficial. || obliging. || meddlesome.

ofrecer vt. to offer. || to give, to hold (a party).|| — vr. to offer oneself.

ofrecimiento m. offer, offering.

ofrenda f. offering, gift. || (fig.) tribute.

oftalmología f. ophthalmology.

ofuscar vt. to dazzle, to blind, to obfuscate.

ogro m. ogre.

oída f. hearing.

oído m. ear. || hearing. || **ser todo oídos,** to be all ears.

oír vt. to hear. || to listen to.

ojal m. buttonhole.

¡ojalá! interj. I hope so!, would to God!, God willing!, if only it would!

ojeada f. glance.

ojear vt. to eye. || to stare at. || (hunting) to beat up.

ojera f. ring (of the eyes). || eyebath.

ojeriza f. spite, ill will.

ojiva f. ogive, pointed arch.

ojo m. eye. || hole (of cheese, etc.). || spring (of water). || **abrir los ojos** (infml.), to be alert. || **no pegar los ojos,** not to sleep a wink all night. || **o. de buey** (naut.), port hole. || **tener buen o., tener o. clínico,** to have a good or sure eye for. || **tener entre ojos a uno,** to have a grudge against someone.

ojota f. (S. Am.) sandal.

ola f. wave (a. fig.). || crowd (of people).

¡olé! interj. bravo! || well done!, jolly good!

oleaje m. swell, surge. || surf.

óleo m. oil. || holy oil. || oil painting. || **al ó.,** in oils.

oleoducto m. (oil) pipeline.

oler vf., vi. to smell.

olfatear vt. to smell, to sniff, to scent.

olfato m. smell, sense of smell. || (infml.) nose.

oligarquía f. oligarchy.

olímpico adj. Olympian. || (games) Olympic.

oliva f. olive. || olive tree.

olor m. smell. || odour, scent. || (fig.) smell, suspicion.

oloroso adj. sweet-smelling, scented, fragrant.

olvidadizo adj. forgetful. || absent-minded.

olvidar vt. to forget. || to leave. || to omit.

olvido m. forgetfulness. || oblivion.

olla f saucepan, pot. || kettle. || stew.

ombligo m. navel.

ominoso adj. awful, dreadful. || ominous.

omitir vt. to omit, to leave out.

omnipotente adv. omnipotent, all-powerful.

omnisciente *adj.* omniscient, all-knowing.

omnívoro *adj.* omnivorous.

omóplato m. shoulder blade.

once *adj.* eleven. || (date) eleventh. || — m. eleven.

onceno *adj.* eleventh.

onda *f.* wave. || (sew.) scallop.

ondear *vi.* to ripple. || to wave. || — *vr.* to swing.

ondulado *adj.* wavy, curly (hair). || (road) uneven.

ondular *vi.* (hair) to wave. || — *vr.* to sway.

oneroso *adj.* onerous, burdensome.

ónice m. onyx.

onomástico *adj.* onomastic. || — m. onomastics.

onza *f.* ounce.

opaco *adj.* opaque. || gloomy, dull. || (fig.) murky.

ópalo m. opal.

opción *f.* option, choice. || right.

ópera *f.* opera. || opera house.

operación *f.* operation. || calculation.

operando m. (comput.) operand.

operar *vt.* to operate on. || — *vi.* to operate. || to deal.

operario m., **operaría** *f.* operative. || worker, hand.

opinar *vi.* to think. || to have an opinion.

opinión *f.* opinion, view. || **sondeo de o.**, opinion poll.

opio m. opium. || (Arg.) boredom, tedium.

opíparo *adj.* (meal) **sumptuous**.

oponer *vt.* to put up, to offer (resistance, arguments). || — *vr.* to object. || to face.

oporto m. port (wine).

oportunidad *f.* timeliness. || opportunity.

oportunista *adj.* opportunist. || — m., f. opportunist.

oportuno *adj.* suitable. || opportune, timely.

oposición *f.* opposition. || competitive examination.

opositor m., **opositora** *f.* competitor, candidate.

opresión *f.* oppression. || oppressiveness. || (med.) difficulty in breathing, tightness of the chest.

opresor m., **opresora** *f.* oppressor.

oprimir *vt.* to press. || to squeeze. || to oppress.

oprobio m. shame, ignominy, opprobrium.

optar *vi.* to choose, to opt, to decide.

óptica *f.* optics.

óptico *adj.* optic(al). || — m. optician.

optimismo m. optimism.

optimista *adj.* optimistic. || — m., f optimist.

óptimo *adj.* very good, very best. || optimum.

opuesto *adj.* opposed. || opposite, contrary.

opulento *adj.* opulent, rich. || luxurious. || affluent.

oquedad *f.* hollow, cavity. || (fig.) void. || hollowness.

ora *adv.* (apheresis of **ahora**) now, whether.

oración *f.* oration. || prayer. || (gram.) sentence.

oráculo m. oracle.

orador m., **oradora** *f.* speaker, orator.

oral *adj.* oral.

orar *vi.* to pray. || **o. por**, to pray for.

oratoria *f.* oratory.

orbe m. orb, sphere. || (fig.) world.

órbita *f.* (anat., astr., fig.) orbit.

orca *f.* grampus, killer whale.

orden m., *f.* order. || **a la o.** (cheque), to the order. || **hasta nueva o.**, until further orders. || **o. de pago**, order of payment.

ordenado *adj.* orderly. || tidy. || well arranged.

ordenador m. computer.

ordenanza *f.* ordinance. || order, system. || — m. (mil.) orderly. || office boy.

ordenar *vt.* to put in order. || to order. || to ordain. || — *vr.* to take holy orders, to become ordained.

ordeñar *vt.* to milk.

ordinal *adj.* m. ordinal.

ordinario *adj.* ordinary, common. || usual. || vulgar. || — m. daily household expenses. || delivery man.

orear *vt.* to air. || — *vr.* to become aired.

orégano m. marjoram.

oreja *f.* ear. || flap (of shoe). || lug, handle (of vessel).

orejón *adj.* dried peach or apricot.

orfandad *f.* orphanhood. || (fig.) destitution.

orfebre m. goldsmith, silversmith.

orgánico *adj.* organic.

organillo m. barrel organ, hurdy-gurdy.

organismo m. organism. || organization.

organización *f.* organization.

organizar *vt.* to organize.

órgano m. organ. || (tech.) part, member.

orgía f. orgy.

orgulloso adj. proud. || haughty. || arrogant.

oriental adj. oriental. || eastern. || — m., f. oriental.

orientar vt. to orientate. || to guide. || to trim (sails). || — vr. to find one's bearings.

oriente m. east. || east wind. || masonic lodge.

orificio m. orifice, hole. || vent.

origen m. origin. || source. || beginning.

original adj. original. H odd. || — m. original. || copy.

originar vt. to originate. || to start, to cause.

orilla f. bank. || shore. || edge, border, margin.

orín m. urine (usually used in pi.). || rust.

orina f. urine.

orinar vt., vi. to urinate. || — vr. to urinate.

oriundo adj. native, originated, derived.

orla, orladura f. border, fringe, trimming.

ornamento m. ornament, adornment.

omar vt. to adorn (de with).

oro m. gold. || (fig.) riches, fortune. || **la edad de o.**, the golden age. || **o. en polvo** (fig.), pure gold.

oropel m. tinsel.

orquesta f. orchestra. || **o. de cámara**, chamber orchestra.|| **o. sinfónica**, symphony orchestra.

orquestar vt. to orchestrate.

orquídea f. orchid, orchis.

ortodoxo adj. orthodox.

ortografía f. spelling. || orthography.

ortopedia f. orthopaedics.

oruga f. (bot.) rocket. || (ent., tech.) caterpillar.

orujo m. refuse of grapes (or olives) after pressing.

orzuelo m. (med.) stye.

os pers. pron. pl. (dec.) you. || (dative) (to) you. || (reflexive) (to) yourselves. || (reciprocal) (to) each other.

osa f. she-bear.

osadía f. daring, boldness.

osamenta f. bones. || skeleton.

osar vi. to dare.

osario m. ossuary, charnel house.

oscilar vi. to oscillate. || to swing. || to fluctuate.

ósculo m. (lit.) osculation, kiss.

oscurecer see **obscurecer**.

oscuro see **obscuro.**

osificar vt. to ossify. || — vr. to become ossified.

oso m. bear. || **hacerse el o.** (infml.), to play the fool.

ostensible adj. obvious, evident.

ostentar vt. to show. || to show off. || to hold (a title).

ostentoso adj. ostentatious.

osteopatía f. osteopathy.

ostra f. oyster.

ostracismo m. ostracism.

otear vt. to survey, to scan, to observe from a height.

otero m. low hill, hillock, knoll.

otoñal adj. autumnal, autumn. || fall (U. S.).

otoño m. autumn, fall (U. S.).

otorgar vt. to grant, to award. || (law) to execute.

otro adj. other. || another. || a different one. || **otra cosa**, something else. || **otra vez**, again, once more. || **por otra parte**, on the other hand.

ovacionar vt. to applaud, to give an ovation to.

óvalo m. oval.

ovario m. ovary.

oveja f. ewe, female sheep.

ovillar vt. to roll, to wind (yarn, thread).

ovillo m. ball (of wool, etc.). || tangled ball. || heap.

ovino adj. sheep (attr.), ovine.

óvulo m. ovule, ovum.

oxear vt. to shoo (away).

oxidado adj. rusty. || (chem.) oxidized.

oxidar vt. to oxidize. || — vr. to become oxidized.

óxido m. oxide.

oxígeno m. oxygen.

oyente m., f. listener, hearer. || (univ.) unregistered student, occasional student.

ozono m. ozone.

P

p *f.* p.

pabellón *m.* pavilion. || canopy. || flag, banner.

pabilo, pábilo *m.* wick. || snuff.

pacer *vt.* to graze. || to pasture. || — *vi.* to graze.

paciencia *f.* patience, forbearance.

paciente *adj.* patient. || — *m.*, *f.* patient.

pacificar *vt.* to pacify. || to calm. || to appease.

pacífico *adj.* pacific, peaceable. || peace-loving.

pacto *m.* pact. || agreement, covenant.

padecer *vt.* to suffer. || to endure. || — *vi.* to suffer. || to be injured or damaged.

padecimiento *m.* suffering.

padrastro *m.* stepfather. || *(anat.)* hangnail.

padre *m.* father. || *pl.* **padres**, parents.

padrenuestro *m.* Lord's Prayer, paternoster.

padrino m. godfather. || best man. || second (in a duel). || *pl.* **padrinos**, godparents.

padrón *m.* census list. || model, pattern.

paga *f.* pay, fee, wages. || payment.

pagadero *adj.* payable, due.

pagador *m.* payer. || teller, cashier. || paymaster.

pagano *adj.*, *m.*, **pagana** *f.* pagan, heathen.

pagar *vt.* to pay. H to pay for. || to return. || to requite. || — *vi.* to pay. || — *vr.* to be paid. || to cost.

pagaré *m.* promissory note, IOU.

página *f.* page.

pago *m.* payment. || *(fig.)* reward. || *(S. Am.)* country.

país *m.* country, land, nation. || region, territory.

paisaje *m.* landscape, countryside, scenery.

paisano *adj.* of the same country. || *m.* fellow countryman. || peasant.

paja *f.* straw. || rubbish, trash, chaff.

pajar *m.* straw loft. || straw rick.

pajarera *f.* aviary.

pájaro *m.* bird. || sly, crafty fellow. || **p. de cuenta** *(infml.)*, big shot.

paje *m.* page. || *(naut.)* cabin boy.

pajizo *adj.* made of straw. || straw-coloured.

pajonal *m. (S. Am.)* weedy place, scrubland.

pala *f.* shovel, spade. || scoop. || *(cook.)* slice. || *(sport)* bat. || racquet. || (of oar, propeller) blade.

palabra *f.* word, term. || faculty of speech || promise, assurance. || **faltar a su p.**, to fail to keep one's promise. || **no decir p.**, to keep silent. || **no tener p.**, to be unreliable. || **santa p.**, all right, agreed. || **tomarle a uno la p.**, to take something for granted.

palabrota *f.* rude word, swearword.

palacio *m.* palace. || mansion, large house.

palada *f.* shovelful, spadeful. || (of oar) stroke.

paladar *m.* (hard) palate, roof of the mouth.

paladear *vt.* to taste. || to relish, to savour.

paladín m. paladin, champion, knight.

palanca *f.* lever. || crowbar. || *(mech.)* lever. || **p. de cambio**, gear-lever. || *(fig)* pull, influence.

palangana *f.* washbasin. || — *m.*, *f.* boaster, braggart.

palco *m. (theat., etc.)* box.

palenque *m.* paling, fence, palisade. || *(Arg., Bol., Urug.)* hitching post (for horses).

paleta *f.* small shovel. || *(art)* palette. || *(anat.)* shoulder blade. || *(tech.)* blade.

paliar *vt.* to palliate, to extenuate. || to alleviate.

palidez *f.* paleness, pallor. || wanness. || sickliness.

pálido *adj.* pale, palid, wan. || sickly.

palillo *m.* small stick. || toothpick.

paliza *f.* beating, thrashing.

palma *f. (bot.)* palm tree, palm. || palm leaf. || palm (of hand). || glory, triumph.

palmada f. slap, pat. || pl. **palmadas**, clapping, applause.

palmear vi. to clap.

palmera f. palm, palm tree.

palmito m. palm heart (edible sprout).

palmo m. span. || (fig.) few inches, small amount.

palmotear vi. to clap, to applaud.

palo m. stick. || pole. || wood. || handle. || (naut.) mast. || **dar de palos**, to thrash, to beat. || **p. de escoba**, broomstick.

paloma f. pigeon, dove. || (fig.) lamb.

palomar rn. dovecot(e), pigeon loft.

palpable adj. palpable. || (fig.) tangible, concrete.

palpar vt. to feel, to touch, to grope. || to palpate.

palpitar vi. to palpitate. || to throb, to beat.

paludismo m. malaria.

pampero adj. of (or from) the pampas.

pan m. (in general) bread. || loaf. || (fig.) food, bread, sustenance.

pana f. velveteen, corduroy.

panadero m. baker.

panal m. honeycomb.

panameño adj., m., **panameña** f. Panamanian.

panamericano adj. Pan-American.

pancarta f. placard, banner.

pandereta f. tambourine.

pandilla f. gang, band. || clique, party.

panegírico m. panegyric.

panel m. panel. || pl. **paneles** (archit.) panelling.

panfleto m. pamphlet, lampoon.

pánico adj. panic, panicky. || — m. panic.

panoja f. corncob, ear of maize, of wheat, etc.

panqueque m. (S. Am.) pancake.

pantalón m. (gen. pl. **pantalones**) trousers, pants. || breeches.

pantalla f. shade, lampshade. || screen.

pantano m. swamp, marsh. || (fig.) difficulty.

panteísmo m. pantheism.

pantera f. panther.

pantomima f. pantomime, dumb show.

pantorrilla f. calf (of the leg).

pantufla f. slipper.

panza f. belly, paunch.

panzón, panzudo adj. paunchy, fat, potbellied.

pañal m. nappy, diaper (U. S.). || shirttail. || pl. **pañales**, swaddling clothes.

pañero m. draper.

paño m. cloth, fabric. || wall, panel. || **paños menores**, underclothes, underwear.

pañuelo m. handkerchief. || scarf, headscarf, shawl.

papa m. feed.) pope.

papa f. potato. || hoax.

papó m. (infml.) dad, daddy, papa.

papada f. double chin. || dewlap.

papado m. papacy.

papagayo m. parrot. || (fig. and infml.) chatterbox.

papanatas m. simpleton, sucker.

papel m paper. || piece of paper. || document. || (theat.) role, part. || pl. **papeles,** papers, documents, credentials. || **hacer su p.**, to do one's job. || **p. carbónico**, carbon paper. || **p. de calcar**, tracing paper. || **p. higiénico**, toilet paper. || **p. moneda**, paper currency.

papelera f. litter bin. || wastepaper basket.

papelería f. stationery. || stationer's (shop). || mass of papers.

papelero adj. paper (attr.). || — m. stationer. || paper manufacturer.

papeleta f. slip of paper. || card, file card. || (pot.) ballot paper.

papelón m. show-off, bluffer. || ridiculous act, blunder.

papera f. goitre. || pl. **paperas**, mumps.

paquete adj. (S. Am.) spruce, elegant, chic. || — m. package, parcel, bundle. || (naut.) packet boat.

par adj. even. || equal, like. || — m. pair. || peer. || pair, couple. || **abierto de p. en p.**, wide open. || **a la p. que**, at the same time.

para prep. (destination, aim) for. || (direction) towards. || to (relation, comparison) as for, as regards. || **estar p.**, to be about to, to be on the point of. || **p. mí**, in my opinion. || **¿por qué?** why?, what for?, for what use?

parabién m. congratulations.

parabrisas m. windscreen, windshield (U. S.).

paracaídas m. parachute.

parachoques m. bumper, fender.

parada f. stop. || stopping place. || stand (of taxis). || (mil.) parade.

paradero m. whereabouts. || stopping place. || end.

parado adj. slow, dull, inactive, lazy. || stationary. || still, quiet. || (S. Am.) stiff. || upright.

paradoja f. paradox.
parafina f. paraffin wax.
paragolpes m. (R. Pl.) = **parachoques**.
paraguas m. umbrella.
paraguayo adj. m. **paraguaya** f. Paraguayan.
paraíso m. paradise, heaven. || (theat.) upper gallery.
paraje m. place, spot.
paralela f. parallel (line). || pl. **paralelas**, parallel bars.
paralelo adj. parallel. || — m. parallel, comparison.
parálisis f. paralysis. || **p. cerebral**, cerebral palsy.
paralizar vt. to paralyse, to immobilise, to stop.
páramo m. wide barren plain.
parangón m. comparison. || **sin p.**, incomparable.
parapeto m. parapet, breastwork. || defence.
parar vt. to stop, to halt. || — vt. to stop, to halt. || to end. || to end up. || to lodge, to stay. || — vr. to stop. || to stand up. || to straighten up.
pararrayos m. lightning conductor.
parásito adj. parasitic, parasitical. || — m. parasite.
parasol m. parasol, sunshade.
parcela f. plot, piece of ground. || smallholding.
parcial adj. partial, incomplete. || part.
parcialidad f. partiality, prejudice, bias. || partisanship.
parco adj. scanty, frugal. || sparing.
parche m. plaster. || patch. || (mus.) drumhead.
pardo adj. gray. || brown, drab. || dark. || — m., **parda** f. mulatto, half-breed.
parear vt. to match, to put together. || to form pairs of. || (biol.) to mate, to pair.
parecer m. opinion, view. || looks. || **a mi p.**, in my opinion. || **al p.**, apparently. || **de buen p.**, good looking. || — vi. to appear, to seem. || to look like. || **me parece que sí**, it seems so, I think so. || **¿qué le parece?**, what do you think? || — vr. to look alike.
parecido adj. similar, alike. || — m. similarity, likeness, resemblance.
pared f. wall.
pareja f. pair, couple. || other one (of a pair).
parejo adj. equal. || smooth, even, flush. || flat, level. || — adv. (S. Am.) at the same time.

parentesco m. relationship, kinship.
paréntesis m. parenthesis. || bracket.
paridad f. parity, equality. || similarity.
pariente m. relative, relation.
parir vt. to give birth to, to bear. || — vr. to give birth, to have a baby.
parlamentar vi. to converse, to talk. || to parley.
parlamento m. parliament. || parley. || speech.
parlanchín adj. loose-longued, indiscreet.
parloteo m. chatter, prattle.
paro m. slop, stoppage (of work). || lockout.
parodia f. parody, travesty, takeoff.
parpadeo m. blinking, winking. || twinkling.
párpado m. eyelid.
parque m. park, garden. || park (storage depot).
parra f. grapevine, trained vine.
párrafo m. paragraph.
parricida m., f. parricide (person).
parrilla f. gridiron, grill. || grillroom, steak restaurant.
parrillada f. grill. || barbecue.
parroquia f. parish. || parish church.
parroquiano m. parishioner. || customer, client.
parte m. (tel.) message. || report. || (in general) part. || portion, section. || (law) party, side. || **dar p.**, to inform. || **de mi p.**, as far as I am concerned. || **de p. de**, on the side of. || on behalf of. || at the command of. || **en todas partes**, everywhere. || **por mí p.**, as far as I am concerned.
partera f. midwife.
partición f. division, sharing-out. || partition.
participación f. participation, taking part, share. || notification.
participar vt. to inform, to notify of. || — vi. to participate, to take part. || **p. de**, to have a share in.
partícipe m., f. participant.
partícula f. particle.
particular adj. particular. || special, peculiar. || private, personal. || — m. private person, individual. || item, matter.
partida f. departure, leave. || starting, start (of race). || record. (comm.) entry, item. || band. || game. || bet. || party. || **p. doble** (comm.) double entry.
partidario adj. partisan. || — m., **partidaria** f. supporter, follower (de of). || partisan.

partido m. (pot.) party. || side. || support. || team. || match. || **p. judicial**, district under jurisdiction. || **tomar p.**, to side with.

partir vt. to divide, to split. || to share. || to distribute. || to break. || — vi. to set off, to leave. || **a p. de**, as of, from this moment. || — vr. to crack, to split, to break.

partitura f. (mus.) score.

parto m. delivery, childbirth. || labour.

parva f. (heap of) unthreshed corn. || (fig.) heap, pile.

pasa f. raisin. || currant. || sultana.

pasada f. passing, passage. || traverse. || (sew.) tacking stitch. || **mala p.**, dirty trick.

pasadizo m. passage, corridor. || passageway, alley.

pasado adj. past. || last. || old-fashioned. || (food) bad. || (fruit) overripe. || (meat) overdone. || — m. past.

pasaje m. (act) passage. || fare (price). || passengers. || (S. Am.) cul-de-sac.

pasajero adj. passing, fleeting. || — m., **pasajera** f. passenger. || traveller.

pasaporte m. passport.

pasar vt. to pass. || to pass on (message, etc.). || to carry across. || to pass through, to pierce. || to undergo, to suffer. || **p. de largo**, to pass by, to skim through. || **p. el rato**, to while away the time, to kill time. || **p. por alto alguna cosa**, to leave out, to skip, to miss out. || **pasarlo**, to live, to fare, to do, to get along. || — vr. to pass. || to go by. || to happen. || **hacerse p. por**, to pass oneself off as. || **¿qué te pasa?**, what's the matter with you? || — vr. to pass, to pass off. || (flower, beauty, etc.) to fade. || (fruit) to become overripe. || (food) to go bad. || to go over.

pasarela f. footbridge. || catwalk.

pasatiempo m. pastime. || hobby. || amusement.

Pascua f. Passover (in the Jewish religion). || Easter.

pase m. (all senses) pass.

pasear vt. to take for a walk. || (fig.) to parade. || — vi., vr. to go for a walk.

paseo m. walk, stroll, y ride. || drive. || trip, excursion.

pasillo m. passage, corridor.

pasión f. passion. || strong emotion, vehemence.

pasivo adj. passive. || inactive. || — m. liabilities.

pasmar vt. to stun, to astound. || to chill, to freeze. || — vr. to be stunned, to be astounded.

pasmoso adj. amazing, astonishing. || wonderful.

paso adj. dried (fruit). || — m. step, pace. || (horse) gait, walk. || passing, passage. || permit, pass. || **abrir p.**, to make way. || **abrirse p.**, to force one's way. || **a cada p.**, at every turn. || frequently. || **al p. que**, while, at the same time as. || **dar un mal p.**, to take a wrong move, to take a false step. || **dicho sea de p.**, incidentally, by the way. || **estar de p.**, to be just passing by. || **p. a nivel** (rail.) level crossing.

pasparse vr. (S. Am.) to chap, to crack (the skin).

pasquín m. skit, satire, lampoon.

pasta f. (in general) paste. || cardboard. || (cook) dough. || pastry.

pastar vt., vi. to graze.

pastel m. (cook.) pastry. || pie, cake. || pastel (crayon).

pastelería f. cakes, pastries. || pastry shop.

pastilla f. pastille, tablet. || cake (of soap).

pastizal m. pasture.

pasto m. pasture, grass. || nourishment. || grazing.

pastor m. shepherd, herdsman. || feed.) pastor.

pastoso adj. soft. || pasty. || (voice) mellow.

pata f. foot, leg. || paw. || **meter la p.**, to put one's foot in it.

patacón m. patacoon, silver dollar.

patada f. kick, y stamp. || **a patadas** (infml.) abundantly.

pataleo m. stamping. || kicking.

patín m. rustic, yokel. || lout.

patata f. potato. || **p. dulce**, sweet potato.

patear vt. to kick, to stamp on. || to trample. || — vi. to stamp (with rage). || to stamp one's foot.

patente adj. patent, obvious. || — f. licence. || (naut.) sea letter. || (aut.) licence plate.

paternidad f. fatherhood, parenthood. || paternity.

patético adj. pathetic, moving, poignant.

patíbulo m. scaffold. || gallows, gibbet.

patilla f. whisker.

patín m. skate, ice skate, roller skate.

patinaje m. skating.

patinar vi. to skate. || to skid. || to slide.

patio m. court, courtyard, patio. || (heat.) pit.

pato m. duck. || drake. || **pagar el p.** (infml.) to be the scapegoat.

patológico adj. pathological.

patota f. (R. Pl.) street gang, gang of hooligans.

patraña f. story, fib. || hoax. || long involved story.

patria f. native land, mother country. || fatherland.

patriarca m. patriarch.

patrimonio m. patrimony. || inheritance. || heritage.

patriota m., f. patriot.

patriotismo m. patriotism.

patrocinar vt. to sponsor. || to back, to support.

patrón m. patron. || (naut.) skipper. || (sew.) pattern. || (comm.) employer, boss, chief. || (infml.) master.

patronato m. trust, foundation, institution. || trusteeship. || board of trustees.

patrono m. patron. || sponsor. || protector, supporter. || (eccl.) patron saint.

patrulla f. patrol.

patrullero m. patrol boat. || patrol car.

paulatino adj. gradual, slow.

pausa f. pause, break, interval. || (mus.) rest.

pausado adj. slow, deliberate.

pauta f. ruler, rule. || guideline. || guide, pattern.

pava f (orn.) turkey hen. || (Arg., Bol., Peru, Urug.) kettle. || tea kettle.

pavada f. silly thing. || silliness, stupidity.

pavimento m. pavement. || paving. || flooring.

pavo m. (orn.) turkey. || (infml.) dull, colourless person, idiot. || **p. real**, peacock.

pavonearse vr. to swagger, to strut (about).

pavor m. dread, terror.

payaso m. clown (a. fig.).

paz f. peace. || peacefulness. || tranquility || **dejar en p. a uno**, to leave alone, to leave be.

peaje m. toll.

peatón m. pedestrian, person on foot. || walker.

peca f. freckle.

pecado m. sin.

pecador adj. sinful. || — m., **pecadora** f. sinner.

pecar vi. to sin, to transgress. || **p. de**, to be extremely.

pecera f. fishbowl, fishtank.

peculado m. peculation.

peculiar adj. special, peculiar. || typical, characteristic.

pecuniario adj. pecuniary, money (attr.).

pechar vt. to pay as a tax. || (S. Am.) to push with the chest. R to sponge off, to touch for a loan.

pecho m. (anat.) chest. || breast, bosom. || **tomar uno a pechos una cosa**, to take something to heart.

pechuga f. breast (of a fowl). || (infml.) chest, breast.

pedagogo m. teacher. || educator. || pedagogue.

pedal m. pedal.

pedalear vi. to pedal.

pedante adj. pedantic. || — m. pedant.

pedazo m. piece, bit, portion. || **caerse uno a pedazos**, to fall to pieces, to be exhausted. || **estar hecho pedazos**, to be worn out. || to be heartbroken.

pedernal m. flint.

pedestal m. pedestal, stand, base.

pedestre adj. on foot. || walking. || (fig.) pedestrian.

pediatra m., f. paediatrician.

pedicuro ni., **pedicuro** f. chiropodist.

pedido m. request, petition. || (comm.) order.

pedigüeño adj. insistent, importunate. || demanding.

pedir vt. to ask, to request, to bid. || to ask for, to request.

pedrada f. blow with or from a stone.

pedregullo m. (R. Pl.) crushed stone, grit.

pedrería f. precious stones, jewels.

pegajoso adj. sticky, adhesive. || contagious.

pegar vt. to stick. || to paste, to glue. || to fasten, to attach. || to sew on. || to give (a kick, etc.). || — vi. to stick, to adhere || to match. || to hit, to beat. || — vr. to stick. || to stick together.

peinador m. hairdresser. || peignoir, dressing gown.

peinar vt. to comb. || (horse) to dress. || — vr. to comb one's hair. || to fix, to dress (one's hair).

peine m. comb.

peineta f. ornamental comb.

pelado adj. shorn, hairless. || (field) bare, treeless. || broke, penniless.

pelaje m. hair, fur coat (of an animal).

pelar vt. to peel (a fruit). || to bark (a tree). || to cut the hair. || (infml.) to slander. || — vr. to peel off. || to lose one's hair.

peldaño m. step, stair. || rung (of ladder), pelea f. fight. || struggle. || quarrel. || dispute.

pelear vi. to fight. || to battle. || to quarrel.

pelele m. simpleton, nincompoop.

peletería f. furrier's, fur shop.

peliagudo adj. (subject) tricky, ticklish.

película f. film. || skin. A (cine.) film, movie.

peligro m. danger, peril, risk, hazard.

peligroso adj. dangerous. || risky. || ugly, nasty.

pelirrojo adj. red-haired, red-headed.

pelo m. hair. || fur, coat. || nap (on cloth). || **con pelos y señales**, with full details. || **de medio p.** (S. Am.), lower class. || **ponérsele a uno los pelos de punta**, to stand one's hair on end. || **por un p.**, by a hair's breadth. || **tomarle el p. a uno** (fig. and infml.), to pull someone's leg.

pelota f. ball. || cannon ball. || cowhide boat. || pl. **pelotas** (vulg.), balls, testicles. || **estar en p.** (infml.), to be in one's birthday suit.

pelotón m. large ball. || (mil.) squad, detachment.

peluca f. wig.

peluche m. felt.

peludo adj. hairy, shaggy. || — m. (Arg.) armadillo.

peluquero m. hairdresser, barber. || wigmaker.

pelusa f. down (on fruit). || fuzz (of cloth).

pellejo m. skin. || skin, hide. || wineskin.

pellizcar vt. to pinch, to nip. || to take a small bit of.

pena f. penalty, punishment. || grief. || pain. || embarrassment.|| **a duras penas**, with great difficulty. || **valer la p.**, to be worthwhile.

penacho m. (orn.) tuft, crest. || (on helmet) plume.

penal adj. penal. || criminal. || — m. prison.

penalidad f. trouble, hardship. || (daw) penalty.

penar vt. to punish, to penalize. || — vi. to suffer (pain or sorrow).

pendenciero adj. quarrelsome. || brawling.

pendiente adj. hanging. || pending, unresolved. || (account) outstanding, unpaid. || — m. earring. || pendant. || — f. (geog.) slope.

pendón m. standard, pennon, banner.

pene m. penis.

penetrante adj. penetrating, piercing. || (fig.) acute, keen.

penetrar vt. to penetrate, to pierce. || to fathom (a mystery). || — vi. to go into. || — vr. to become a& way.

península f. peninsula.

penique m. penny.

penitencia f. penitence. || penance.

penitenciaria f. prison. || penitentiary.

penoso adj. painful, distressing. || arduous, laborious.

pensador m. thinker.

pensamiento m. thought. || mind. || (bot.) pansy.

pensar vt. to think. || lo think over, to consider. || — vi. to think. || **sin p.**, without thinking, thoughtlessly.

pensativo adj. thoughtful, pensive.

pensión f. pension. || board. || boarding house.

pensionista m., f. pensioner. || lodger. || boarder.

pentagrama m. (mus.) stave, staff.

Pentecostés m. Whitsun, Whitsuntide.

penúltimo adj. penultimate, last but one, next to last.

penumbra f. penumbra. || half-light, semi-darkness.

penuria f. shortage, dearth.

peña f. rock. || crag. || group, circle.

peñasco m. large rock, boulder. || rock, crag.

peñón m. crag, wall of rock.

peón m. labourer, worker. || spinning top (toy). || (chess) pawn.

peor adj., adv. (comp.) worse. || (superl.) worst. || **en el p. de los casos**, at worst. || **p. que p.**, worse still, worse and worse. || **tanto p.**, too bad, too much the worse.

pepino m. cucumber.

pepita f. pip. || (min.) nugget.

pequeñez f. smallness, littleness. || infancy. || trifle, triviality.

pequeño adj. small, little. || young. || (fig.) low. A — m., **pequeña** f. child.

pera f. (bot.) pear. || goatee. || sinecure, cushy job.

percance m. mischance, misfortune. || accident.

percatarse vr. **p. de**, to notice, to take note of.

percepción f. perception. || notion, idea. || (comm., fin.) collection. || receipt.

P

percibir *vi.* to perceive, to sense. || *(comm., fin.)* to collect, to receive (salary).

percudir *vt.* to tarnish, to dull. || to dirty, to soil.

percusión *f.* percussion.

percha *f.* hanger, fl clothes rack. || perch (of fowl).

perder *vt.* to lose. || to waste. || to miss (train, etc.). || to spoil, to damage. || — *vi.* to lose. || to deteriorate. || — *vr.* to get lost *(a. fig.)*, to lose oneself. || to disappear. || **echarse a p.**, to be spoilt, to be ruined. || **p. de vista**, to lose sight of someone.

perdición *f.* loss. || *(fig.)* ruin. || *(relig.)* perdition, damnation.

pérdida *f.* loss, waste. || damage. || *pl.* **pérdidas** *(mil.)*, casualties.

perdiz *f.* partridge.

perdón *m.* pardon, forgiveness, grace. || **con p.**, by your leave.

perdonar *vt.* to pardon, to forgive. || to exempt, to spare.

perdurable *adj.* lasting, abiding. || everlasting.

perdurar *vi.* to last, to endure. || to still exist.

perecer *vi.* to perish. || to end. || to die. || — *vr.* **perecerse por**, to be dying to, to be dying for + *inf.*

peregrinación *f.* peregrination. || pilgrimage.

peregrino *adj.* wandering. || travelling. || *(fig.)* odd, strange. || rare. || — *m.*, **peregrina** *f.* pilgrim.

perejil *m.* parsley. || *(infml.)* frippery.

perenne *adj.* everlasting, constant, perennial.

perentorio *adj.* urgent, peremptory. || decisive.

pereza *f.* laziness. || sloth. || slowness.

perezoso *adj.* lazy. || slow, sluggish. || — m. *(zool.)* sloth.

perfección *f.* perfection. || **a la p.**, perfectly.

perfeccionar *vt.* to perfect. || to improve. || to finish off.

perfecto *adj.* perfect. || complete, finished. || perfected.

perfidia *f.* perfidy, treachery.

perfil *m.* profile. || outline, silhouette. || *pl.* **perfiles** *(fig.)* features.

perfilar *vt.* to profile. || to outline. || *(fig.)* to shape. || — *vr.* to show one's profile.

perforadora *f.* punch. || drill.

perforar *vt.* to perforate, to pierce. || to drill, to bore.

perfume *m.* scent, perfume.

pergamino *m.* parchment.

pericia *f.* skill, skilfulness. || expertness, expertise.

periferia *f.* periphery. || outskirts (of town).

perilla *f.* knob. || pear-shaped ornament. || goatee. || **de perillas**, just right, just at the right time.

perímetro *m.* perimeter.

periódico *adj.* periodic(al). || *(math.)* recurrent. || — *m.* newspaper. || periodical.

periodismo *m.* journalism.

periodista *m.*, *f.* journalist.

período *m.* period. || sentence, period.

peripecia *f.* vicissitude. || sudden change.

periplo *m.* journey, tour. || wanderings.

perito *adj.* skilled, skilful. || experienced. || — *m.* expert. || technician.

perjudicar *vt.* to harm, to injure, to do harm to.

perjudicial *adj.* harmful, damaging. || detrimental.

perjuicio *m.* damage, harm. || *(fin.)* financial loss. || **en p. de**, to the detriment of.

perjurar *vi.* to perjure oneself, to commit perjury. || to swear a lot.

perjurio *m.* perjury.

perla *f.* pearl. || bead. || jewel.

permanecer *vi.* to remain. || to stay.

permanencia *f.* permanence. || stay.

permanente *adj.* permanent. || constant. || standing.

permeable *adj.* permeable, pervious *(a* to).

permisible *adj.* allowable, permissible.

permiso *m.* permission. || permit. || licence. || *(mil.)* leave, **permitir** *vt.* to permit, to allow. || to tolerate. || **¡permítame!**, excuse me! || — *vr.* to be permitted or allowed.

permutar *vt.* *(math., etc.)* to permute. || to exchange (*con* with, *por* for). || to interchange (*con* with).

pernicioso *adj.* pernicious, harmful, injurious.

perno *m.* bolt.

pernoctar *vi.* to spend the night, to stay for the night.

pero *conj.* but. || yet. || however. || — *m.* objection.

perogrullada f. platitude, truism, **perorar** vi. to make a speech.

perorata f. long-winded speech. || harangue.

perpendicular adj. perpendicular. || at right angles.

perpetrar vt. to perpetrate.

perpetuar vt. to perpetuate.

perpetuo adj. perpetual, y everlasting. || ceaseless. || cadena perpetua, life sentence.

perplejo adj. perplexed. || bewildered. || puzzled.

perra f. bitch, she-dog. || (vulg.) bitch.

perrera f. kennel, doghouse. || badly paid job.

perrería f. pack of dogs. || (fig.) || dirty trick.

perro m. dog. || **tratar como a un p.** (fig. and infml.), to treat someone like dirt.

persecución f. pursuit, hunt, chase. || persecution.

perseguir vt. to pursue. || to persecute, to harass. || to annoy.

perseverar vi. to persevere, to persist, to keep on.

persiana f. (venetian) blind. || slatted shutter.

persistencia f. persistence.

persistir vi. to persist, to continue.

persona f. person. || personage. || **de p. a p.**, man to man, between ourselves. || (tel.) personal call.

personaje m. personage, important person. || celebrity. || (lit., theat., etc.) character.

personal adj. personal. || — m. personnel, staff.

personalidad f. personality. || (law) legal entity.

personificar vt. to personify. || to embody.

perspectiva f. perspective. || panorama. || outlook, prospect.

perspicacia f. keen-sightedness. || (fig.) perspicacity.

perspicaz adj. perspicacious, shrewd. || keen-sighted.

persuadir vt. to persuade. || — vr. to persuade oneself.

persuasión f. persuasion. || conviction.

pertenecer vi. to belong. || to appertain, to concern.

perteneciente adj. pertaining, referring. || belonging.

pertinacia f. persistence. || pertinacity, obstinacy.

pertinente adj. relevant, pertinent. || appropriate.

pertrechos m. pl. (mil.) supplies, stores. || equipment.

perturbación f. disturbance. || perturbation, agitation.

perturbar vt. to disturb, to upset. || to perturb. || — vr. to get disturbed, to become upset.

peruano adj. Peruvian. || — m., **peruana** f. Peruvian.

perverso adj. perverse. || depraved. || wicked.

pervertir vt. to pervert, to corrupt, to deprave. || — vr. to become perverted.

pesa f. weight. || (sport) weight, shot. || dumbbell.

pesadez f. heaviness. || slowness. || drowsiness. || tediousness.

pesadilla f. nightmare, bad dream.

pesado adj. heavy. || sultry. || slow. || dull, tiresome. || hard.

pesadumbre f. grief, sorrow, affliction.

pésame m. expression of condolence, message of sympathy.

pesar vt. to weigh. || to consider. || — vi. to have weight. || to be heavy. || (fig.) to carry weight. || **mal que le pese**, against his wishes. || **pese a**, in spite of. || — m. sorrow, grief. || regret. || **a p. de**, in spite of, despite.

pesca f. fishing, angling. || catch, haul.

pescadería f. fish market. || fish shop.

pescado m. fish.

pescador m. fisherman. || **p. de caña**, angler, fisherman. || **p. a mosca**, fly fisherman.

pescar vt. to fish, to fish for. || to catch unawares. || (infml.) to get catch, to obtain. || — vi. to fish, to go fishing.

pesebre m. manger. || stall. || Nativity scene.

peseta f. peseta.

pesimista adj. pessimistic. || — m., f. pessimist.

pésimo adj. abominable, wretched, vile.

peso m. weight. || importance. || burden.

pesquero adj. fishing (attr.). || — m. fishing boat.

pesquisa f. investigation, inquiry. || search.

pestaña f. eyelash. || fringe, edging.

pestañar vi. to blink, to wink.

peste f. plague, pest. || epidemic disease. || stench.

pesticida *m.* pesticide.
pestilencia *f.* pestilence, plague. || stink, stench.
petaca *f.* leather trunk. || suitcase. || cigarette case.
pétalo *m.* petal.
petardo *m.* firework, firecracker. || *(mil.)* petard.
petición *f.* petition, request. || *(law)* claim, demand.
petirrojo *m.* robin.
petizo *adj.* *(R. Pl.)* short, stubby. || chubby. || — *m.*, **petiza** *f.* small horse. || small person.
petrificar *vt., vr.* to petrify, to turn to stone.
petróleo *m.* petroleum. || **p. crudo,** crude oil.
petrolero *adj.* oil *(attr.),* petroleum *(attr.)* || — *m.* petrol dealer. || oil man. || *(naut.)* tanker.
petulante *adj.* vain, self-satisfied, opinionated.
peyorativo *adj.* pejorative.
pez *m.* fish. || **p. de color(es)**, goldfish. || **p. gordo** *(infml.)*, big shot, big pot.
pez *f.* pitch, tar.
pezón *m.* *(anat.)* teat, nipple. || *(bol.)* stalk.
pezuña *f.* hoof.
piadoso *adj.* *(relig.)* pious, devout. || kind, merciful.
piano *m.* piano. || **p. de cola**, grand piano. || **p. vertical,** upright piano.
piar *vi.* to cheep, to chirp, to peep.
pibe *m.,* **piba** *f.* *(Bol., Chile, R. Pl.)* kid, child.
pica *f.* pike. || pick. || *(taur.)* goad, picador's lance.
picadillo *m.* mince, minced meat.
picador *m.* horse-breaker. || *(taur.)* picador, bullfighter's assistant.
picadura *f.* prick. || sting. || bite. || cut tobacco.
picaflor *m.* hummingbird.
picante *adj.* (food, flavour) hot. || peppery. || highly seasoned. || *(fig.)* stinging.
picaporte *m.* latch. || doorknocker. || latchkey.
picar *vt.* to prick, to puncture, to pierce. || (insect) to sting, to bite. || (bird) to peck. || to chop, to mince. || to peck at (food). || to nibble. || to cut (stones). || — *vi.* *(med.)* to smart. || to itch. || (sun) to burn, to scorch. || *(aer.)* to dive. ||

— *vr.* to become moth-eaten. || (person) to take offence. || (wine) to turn sour, to go off.
picardía *f.* mischievousness, roguishness. || dirty trick.
pícaro *adj.* roguish, mischievous. || crafty. || — *m.* crook. || rogue.
picazón *f.* itch. || sting, stinging feeling.
pico *m.* beak, bill (of bird). || sharp point. || spout (of teapot). || *(geog.)* peak. || small amount, fraction.
picotear *vt.* to peck. || — *vi.* to nibble. || to chatter.
picudo *adj.* beaked. || pointed. || spouted.
pichincha *f.* *(Bol., R. Pl.)* bargain. || low price.
pichón *m.* young pigeon. || *(S. Am.)* young bird.
pie *m.* foot. || base (of column). || occasion. || **a p. junlillas**, firmly, steadfastly. || **al p. de la letra**, literally to the letter. || **con pies de plomo**, very slowly, very carefully. || **de pies a cabeza,** from head to foot.
piedad *f.* piety, piousness. || pity, mercy.
piedra *f.* rock, stone. || millstone. || **a tiro de p.**, a stone's throw away. || **p. de toque**, touch-stone *(a. fig.).* || **p. pómez**, pumice stone.
piel *f.* skin. || hide, pelt. || fur.
pierna *f.* leg.
pieza *f.* part, piece. || room. || *(theat.)* play.
pigmento *m.* pigment.
pigmeo *adj.* pigmy. || — *m.* **pigmea** *f.* pigmy.
pijama *m.* pyjamas.
pila *f.* heap, pile. || trough. || basin. || font. || *(phys.)* battery, cell.
pilar *m.* pillar, column. || *(fig.)* support.
píldora *f.* pill, pellet.
pileta *f.* small basin. || sink. || swimming pool.
pilotar *vi.* to pilot. || to drive. || to steer. || *(fig.)* to guide.
piloto *m.* *(aer.)* pilot. || *(naut.)* first mate. || navigater.
pillaje *m.* pillage, plunder.
pillar *vt.* to plunder, to pillage, to loot. || to catch.
pillo *adj.* villainous. || sly, crafty. || — *m.* rascal, rogue. || scamp.
pimienta *f.* pepper.
pimiento *m.* pimiento, pepper, paprika.
pimpollo *m.* *(bol.)* sprout, shoot. || flower bud.

pinacoteca f. art gallery.

pináculo m. pinnacle.

pincel m. paintbrush, artist's brush. || (fig.) painter.

pincelada f. brush-stroke.

pinchar vt. to prick. || to puncture, to pierce. || (fig.) to stir up, to provoke.

pinchazo m. prick. || puncture. || (fig.) prod.

pingüe adj. greasy, oily, fatty. || plentiful, abundant.

pingüino m. penguin.

pino m. (bot.) pine, pine tree.

pinta f. mark, spot. || drop. || (measure) pint. || (fig.) aspect.

pintar vt. to paint. || to depict, to describe. || — vi. (bot.) to ripen. || — vr. to put on make-up.

pintarraj(e)ar vt. to daub.

pintor m., **pintora** f. painter. || **p. de brocha gorda**, house painter, (fig.) bad painter, **pintoresco** adj. picturesque.

pintura f. paint. || painting. || picture. || (fig.) description. || **p. a la acuarela**, watercolour. || **p. al óleo**, oil painting. || **p. al pastel**, drawing.

pinza f. (tool.) claw. || pl. **pinzas**, tweezers.

piña f. pine cone. || pineapple. || (fig.) group.

pío adj. pious. || charitable.

piojo m. louse.

piojoso adj. lousy, verminous. || (fig.) dirty. || mean.

piolín m. (S. Am.) cord, twine.

pionero adj. pioneering. || — m. pioneer.

pipa f. pipe. || cask, keg (for wine). || (mus.) reed.

pipí m. (infml.) weewee. || **hacer p.**, to go weewee.

pique m. pique, irritation. || spade (in cards). || **irse a p.**, to sink. || to be ruined.

piqueta f. pick, pickaxe.

piquete m. pole, stake, picket. || (mil.) squad, party.

pira f. pyre.

piragua f. canoe. || (sport) shell.

pirámide f. pyramid.

pirata m. pirate. || (fig.) plagiarist.

piratear vi. to buccaneer, to practise piracy. || (fig.) to steal.

piropo m. (infml.) flattering compliment.

pirueta f. pirouette. || caper.

pisada f. footstep, footfall, tread. || footprint.

pisapapeles m. paperweight.

pisar vt. to tread on, to step on. || — vi. to tread, to step, to walk.

piscina f. swimming pool. || fishpond, fishtank.

piso m. floor. || pavement. || fiat, apartment.

pisotear vt. to tread down, to trample (on, underfoot).

pisotón m. stamp on the foot.

pista f. track, trail. || racetrack. || **p. de aterrizaje**, landing strip, runway.

pistola f. pistol. || (tech.) spray, sprayer.

pistolera f. holster.

pistolero m. gunman, gangster.

pistón m. (mech.) piston. || (mus.) key.

pita f. agave. || pita fibre, pita thread.

pitar vt. to whistle at, to boo. || — vi. to whistle. || (infml.) to smoke.

pitillera f. cigarette case.

pito m. whistle. || (rail., etc.) whistle, hooter.

pitonisa f. fortuneteller. || witch, sorceress.

pivote m. pivot.

piyama m. pyjamas.

pizarra f. slate. || shale. || blackboard.

pizca f. pinch, bit. small amount, crumb.

placa f. plate. || badge of an order. || plaque.

placentero adj. pleasant, agreeable.

placer m. pleasure. || will. || amusement, enjoyment. || delight.

placer vi. to like.

plácido adj. placid.

plaga f. plague, calamity. || (fig) abundance.

plagio m. plagiarism. || (S. Am.) kidnapping.

plan m. plan, project. || outline, draft. || programme.

plana f. page. || side, page of paper. || **en primera p.**, on the front page. || **p. mayor** (mil.), staff.

plancha f. sheet, plate. || iron. || (infml.) blunder.

planchado adj. (clothes) ironed. || pressed. || — m. ironing. || pressing.

planchar vt. to iron. || to press (suit, etc.). || — vi. to iron, to do the ironing.

planeador m. glider.

planear vt. to plan. || — vi. (aer.) to glide.

planeta m. planet.

planicie f. plain. A fiat area, level ground.

planificación f. planning.

planificar *vt.* to plan.

planilla *f.* (*S. Am.*) list, roll, table. || application form.

plano *adj.* flat, level, even. || — *m.* plane. || (*cine., phot.*) ground. || shot. || map, plan. || **de p.**, clearly, flatly, flat. || **en primer p.**, in the foreground.

planta *f.* (*bot.*) plant. || sole (of the foot). || (*archit.*) ground plan. || plan.

plantar *vt.* to plant. || to erect, to set up. || **dejar plantado**, to leave in the lurch. || — *vr.* to stand firm.

plantear *vt.* to plan. || to pose (problem).

plantilla *f.* inner sole, insole (of shoe).

plantón *m.* (*bot.*) shoot. || cutting, scion. || (*infml.*) long wait. || **estar de p.**, to be standing around a long time.

plañir *vt.* to mourn, to grieve over.

plasmar *vt.* to mould, to shape, to form. || to create.

plástica *f.* (art of) sculpture, modelling.

plástico *adj., m.* plastic.

plata *f.* silver. || silverware. || money. || wealth.

plataforma *f.* platform. || stage. || (*rail.*) turntable.

plátano *m.* plane tree. || banana. || banana tree.

platea *f.* (*theat.*) stalls, orchestra (*U. S.*).

plateado *adj.* silver. || silvery. || (*tech.*) silver-plated. || — *m.* silver-plating.

platero *m.* silversmith. || jeweller.

plática *f.* conversation, chat, talk. || (*eccl.*) sermon.

platillo *m.* small dish, saucer. || *pl.* **platillos** (*mus.*) cymbals.

plato *m.* plate, dish. || course. || **hacerse el p.** (*infml.*), to have fun. || **p. fuerte**, main course. || **p. sopero**, soup plate.

plausible *adj.* laudable. || admissible, plausible.

playa *f.* beach, shore. || (*fig.*) seaside, seaside resort. || **p. de estacionamiento**, carpark, parking place.

plaza *f.* square. || market place. || (*mil.*) fortified town. || place, space, room. || job, work. || **p. de armas**, parade square.

plazo *m.* period, term. || time. || **a plazos**, on credit, in installments. || **en breve p.**, in a short time.

pleamar *f.* high tide.

plebe *f.* common people, populace. || crowd, rabble.

plebeyo *adj.* plebeian. || (*pej.*) coarse, common. || — *m.*, **plebeya** *f.* plebeian, commoner.

plebiscito *m.* plebiscite.

plegable *adj.* pliable. || folding.

plegar *vr.* to fold. || to bend. || jo pleat. || — *vr.* to bend. || to crease. || to yield, to submit (*a* to).

plegaria *f.* prayer.

pleitesía *f.* homage, reverence.

pleito *m.* (*law*) lawsuit. || quarrel, argument. || **entablar p.**, to bring an action, to bring suit.

plenario *adj.* plenary, full.

plenitud *f.* plenitude, fullness. || abundance.

pleno *adj.* full, complete. || **en plena calle**, right in the middle of the street. || **en p. día**, in broad daylight.

pletórico *adj.* abundant. || **p. de**, abounding in.

pliego *m.* sheet. || folder. || sealed letter, sealed document.

pliegue *m.* fold, crease. || (*sew.*) pleat.

plomero *m.* (*S. Am.*) plumber.

plomo *m.* lead. || lead weight. || (*elec.*) fuse. || bullet.

pluma *f.* feather, plume. || (*naut., lech.*) derrick.

plumafuente *f.* (*S. Am.*) fountain pen.

plumaje *m.* (*orn.*) plumage, feathers. || (adornment) plume, crest.

plumero *m.* feather duster.

plural *adj., m.* plural.

pluralidad *f.* plurality, majority, large number.

plus *m.* extra pay, bonus.

pluvial *adj.* rain (*attr.*).

población *f.* population. || town, city. || village.

poblado *adj.* populated, inhabited. || — *m.* town, village. || settlement.

poblador *m.*, **pobladora** *f.* settler, colonist. || founder.

poblar *vt.* to people, to populate. || to colonize. || to found.

pobre *adj.* poor. || needy, indigent. || — *m.*, *f.* poor person. || beggar.

pobreza *f.* poverty. || work, penury.

pocilga *f.* piggery, pigsty. || (*fig.*) pigsty.

pócima, poción *f.* potion, draught.

poco *adj.* not much, little. || small. || — *m.* small quantity: **un p. de agua**, some water. || — *adv.* little. || not very. || **a p. de**, shortly after. || **p. a p.**, little by little.

poda *f.* pruning. || pruning season.

podar *vt.* to prune. || to trim (off). || (*fig.*) to cut out.

poder *vi.* to be able, can. || may: **puede no venir**, he may not come. || can. || **no p. más**, to be exhausted. || — *m.* power || authority. || possession. || strength. || capacity. || *(law)* power of attorney, proxy. || **en p. de**, in the hands of. || **por poderes**, by proxy.

poderío *m.* power. || might. || authority, jurisdiction.

poderoso *adj.* *(all senses)* powerful.

podredumbre *f.* rottenness, putrefaction || rot, decay.

podrido *adj.* rotten, putrid, putrescent.

podrir = pudrir.

poema *m.* poem.

poesía *f.* poetry. || poem.

poeta *m.* poet.

poética *f.* poetics, art of poetry, theory of poetry.

polaco *adj.* Polish. || — *m.*, **polaca** *f.* Pole. || — *m.* (language) Polish.

polaridad *f.* polarity.

polea *f.* pulley. || *(naut.)* tackle, tackle block.

polémica *f.* polemics. || polemic, controversy.

polen *m.* pollen.

policía *m.* policeman. || *f.* police, police force.

policromo, **polícromo** *adj.* polychromatic. || many-coloured, colourful.

polifónico *adj.* polyphonic.

poligamia *f.* polygamy.

polígono *m.* *(math.)* polygon.

polilla *f.* moth, *(esp.)* clothes moth. || grub.

pólipo *m.* polyp, polypus.

política *f.* politics. || policy.

político *adj.* political. || politic. || tactful. || polite. || (of family relationships) in-law. || — *m.* politician.

póliza *f.* (insurance) policy. || certificate, voucher.

polizón *m.* tramp, vagrant. || stowaway. || **viajar de p.**, to stow away.

polo *m.* pole. || focus, centre. || **ser polos opuestos**, to be poles apart.

poltrón *adj.* idle, lazy.

poltrona *f.* reclining chair, easy chair.

polución *f.* pollution, contamination, fouling.

polvareda *f.* dust cloud, cloud of dust.

polvera *f.* powder compact, vanity case.

polvo *m.* dust. || powder. || **en p.**, powdered. || **estar hecho p.** *(infml.)*, to be worn out, to be a wreck. || **hacer a uno p.**, to knock someone to pieces.

pólvora *f.* gunpowder. || fireworks.

polvorear *vt.* to powder, to dust, to sprinkle *(de)* with.

polvoriento *adj.* dusty. || pulverulent.

polvorín *m.* *(mil.)* powder magazine.

pollera *f.* woman poulterer. || *(S. Am.)* skirt.

pollería *f.* poulterer's (shop).

pollino *m.*, **pollina** *f.* donkey.

polo *m.* chicken. || *(infml.)* young person.

pomelo *m.* grapefruit.

porno *m.* small bottle, vial. || pommel (of sword).

pompa *f.* bubble. || pomp, splendour. || procession. || pageant. || **pompas fúnebres**, funeral.

pomposo *adj.* splendid, magnificent. || pompous.

pómulo *m.* cheekbone. || *(fig.)* cheek.

poncho *m.* *(S. Am.)* poncho, blanket, cape.

ponderación *f.* weighing, consideration.

ponderado *adj.* calm, steady, balanced.

ponencia *f.* (learned) paper, communication. || report.

poner *vt.* to put, to place, to set, to lay. || **p. en claro**, to explain. || **p. en duda**, to doubt, to question. || — *vr.* to put oneself, to place oneself. || to become, to turn. || to put on (clothes). || to set (sun). || **ponerse al corriente**, to get up to date.

poniente *m.* west. || west wind.

pontífice *m.* pope, pontiff. || **el Sumo P.**, His Holiness the Pope.

pontón *m.* pontoon. || pontoon bridge.

ponzoña *f.* poison, venom.

popa *f.* stern. || **a p.**, astern, abaft.

populacho *m.* populace, plebs, mob.

popular *adj.* popular. || of the people. || folk (*attr.*).

por *prep.* by. || for. || through. || across. || about, nearly: **por Pascuas**, about Easter. || during. || on account of: **por causa de enfermedad**, on account of illness. || in order to. || by way of, via. || **está p. llegar**, he is about to arrive. || **p. allá**, over there, that way. || **p. cierto**, of course. || **p. lo tanto**, therefore. || **p. eso mismo**, for that reason. || **p. favor**, please. || **p. si acaso**, just in case. || **p. si solo**, all by himself, all on his own.

porcelana *f.* porcelain. || china, chinaware.

porcentaje *m.* percentage. || proportion, ratio. || rate.

porcino *adj.* porcine, pertaining to pigs. || — *m.* pig.

porción *f.* portion. || part, share. || quantity, amount.

pordiosero *m.,* **pordiosera** *f.* beggar.

porfía *f.* persistence. || obstinacy, stubbornness.

porfiar *vi.* to insist, to persist. || to argue obstinately.

pormenor *m.* detail, particular.

pormenorizar *vt.* to detail. || to particularize.

poroto m. *(Arg., Chile, Peru)* bean. || *(Arg., sport, etc.)* point.

porque *cozy.* *(+ indic.)* because. || since, for. || *(+ subj.)* so that, in order that.

porqué *m.* reason, cause, motive.

porquería *f.* dirt, filth. || thing, trifle. || *(cook.)* nasty food. || dirty trick.

porra *f.* club, bludgeon. || maul, sledgehammer.

porrazo *zn.* thwack, thump, blow. || bump.

porta(a)viones *m.* aircraft carrier.

portada *f.* title page. || cover, jacket (of a book).

portador *m.,* **portadora** *f.* carrier, bearer. || payee.

portaequipajes *m.* luggage rack. || boot (for luggage).

portafolio *m.* briefcase.

portal *m.* portico, porch. || vestibule, entrance.

portar *vi.* to bear, to carry. || — *vr.* to behave.

portátil *adj.* portable.

portavoz *m.* megaphone, loudhailer. || spokesman.

portazo *m.* bang (of a door), slam.

porte *m.* *(comm.)* transport. || *(post)* postage. || conduct, behaviour. || air, appearance.

portento *m.* marvel, wonder, prodigy.

porteño *adj.* of Buenos Aires.

portero *m.* porter, janitor. || doorman. || caretaker.

pórtico *m.* portico, porch. || arcade.

portón *m.* large door, main door. || *(S. Am.)* gate.

portorriqueño *adj., m.,* **portorriqueña** *f.* Puerto Rican.

portugués *adj., m.,* **portuguesa** *f.* Portuguese.

porvenir *m.* future.

pos: en p. de *prep,* after, in pursuit of.

posada *f.* inn. || lodging, boarding house. || shelter.

posaderas *f. pl.* backside, buttocks.

posar *vt.* to put down, to lay down. || — *vi.* to sit, to pose. || — *vr.* (bird, *etc.*) to perch. || to settle.

posdata *f.* postscript.

pose *f.* pose, posture. || affectation. || exposure.

poseedor *m.,* **poseedora** *f.* owner, possessor.

poseer *vt.* to possess. || to own. || to hold. || to master.

posesión *f.* possession. || (of knowledge, etc.) perfect mastery. || **p. de buena fe** *(law),* bona fide possession.

posesivo *adj.* possessive. || — *m.* possessive.

posibilidad *f.* possibility. || chance.

posible *adj.* possible. || **es p. que así sea,** maybe. || **hacer todo lo p.,** to do everything possible.

posición *f.* position. || status, social position. || place.

positivo *adj.* positive. || certain. || — *m.* (gram., phot.) positive.

posponer *vt.* to postpone, to put off, to defer.

posta *f.* relay (of horses). || post stage.

postal *adj.* postal. || postcard.

poste *m.* post, pole. || stake. || pillar.

postergar *vt.* to disregard. || *(esp. S. Am.)* to delay. || to defer, to postpone.

posteridad *f* posterity.

posterior *adj.* (place) back, rear. || posterior. || later. || subsequent.

pos(t)guerra *f.* postwar period.

postigo *m.* wicket, wicket gate. || small door.

postizo *adj.* false, artificial. || detachable.

postración *f.* prostration. || exhaustion. || dejection.

postrar *vt.* to prostrate, to humble. || to cast down.

postre *m.* dessert, sweet.

postremo, postrero *adj.* last. || rear, hindermost.

postulado *m.* postulate, proposition. || hypothesis.

postulante *m., f.* petitioner. || *(eccl.)* candidate.

postular *vt.* to postulate. || to apply for. || to demand.

póstumo *adj.* posthumous.

postura *f.* posture, position, attitude. || bid, offer.

potable *adj.* drinkable. || **agua p.**, drinking water.

potaje *m. (cook.)* stew. || *(fig.)* mixture. || jumble.

pote *m.* pot, jug, jar.

potencia *f.* power. || potency. || horsepower, capacity. || **p. colonial**, colonial power. || **p. mundial**, world power.

potente *adj.* potent, strong, powerful, mighty.

potestad *f.* power, authority, jurisdiction.

potrero *m.* pasture. || *(S. Am.)* cattle ranch.

potro *m.* colt. || rack. || vaulting horse.

pozo *m.* well. || pit, hole. || pool (in games). || fountain.

práctica *f.* practice. || experience, skill. || training.

practicante *m., f.* practitioner. || medical assistant.

practicar *vt.* to practise. || to perform, to carry out.

práctico *adj.* practical. || experienced, skilled, expert. || — *m. (naut.)* pilot.

pradera *f.* meadow, meadowland.

prado *m.* meadow, field. || pasture.

pragmatismo *m.* pragmatism.

preámbulo *m.* preamble, introduction. || digression.

precario *adj.* precarious.

precaución *f.* precaution. || preventive measure.

precaver *vt.* to guard against. || to forestall. || — *vr.* to be on one's guard, to take precautions.

precavido *adj.* cautious, wary.

precedente *adj.* preceding. || former. || — *m.* precedent. || **sin p.**, unprecedented.

preceder *vt., vi.,* to precede, to go before.

precepto *m.* precept. || injunction, order.

preces *f. pl.* prayers, supplications.

preciado *adj.* esteemed, valuable. || presumptuous.

preciarse *vr.* to boast.

precinto *m.* seal.

precio *m.* price. || cost. || value. || worth. || **a cualquier p.**, whatever the price, at any price. || **a p. de costo**, at cost price. || **no tener p.** *(fig.).* to be priceless.

precioso *adj.* precious. || valuable. || lovely, beautiful.

precipicio *m.* cliff, precipice. || *(fig.)* chasm, abyss.

precipitación *f.* precipitation, haste, rush.

precipitado *adj.* hasty, rash, hurried. || impetuous.

precipitar *vt.* to precipitate, to hurl. || to hasten. || — *vr.* to throw oneself.

precisamente *adv.* precisely, exactly, just.

precisar *vt.* to specify, to state precisely. || to need, to require. || to force, to compel. || — *vi.* to be necessary.

preciso *adj.* precise. || exact. || necessary, essential. || clear.

precitado *adj.* above-mentioned.

preconcebido *adj.* preconceived. || **idea preconcebida**, preconception.

preconizar *vt.* to advise, to recommend. || to foresee.

precoz *adj.* precocious. || forward. || premature.

precursor *m.,* **precursora** *f.* predecessor, forerunner.

predecesor *m.,* **predecesora** *f.* predecessor.

predecir *vt.* to predict, to foretell, to forecast.

prédica *f.* sermon. || harangue.

predicador *m.* preacher.

predicar *vt.* to preach. || to sermon, to scold.

predicción *f.* prediction. || forecast.

predilección *f.* predilection.

predilecto *adj.* favourite.

predio *m.* property, estate.

predisposición *f.* predisposition, inclination. || prejudice, bias.

predominar *vt.* to dominate, to predominate over. || — *vi.* to predominate. || to prevail.

predominio *m.* predominance. || prevalence. || sway, influence.

preestreno *m.* preview, press view, private showing.

preexistente *adj.* pre-existent, pre-existing.

prefabricado *adj.* prefabricated.

prefacio *m.* preface, foreword.

prefecto *m.* prefect.

preferencia *f.* preference. || **de p.**, for preference, preferably.

preferible *adj.* preferable (a to).

preferir *vt.* to prefer.

prefijo *m.* prefix.

pregón *m.* public proclamation. || vendor's cry.

pregonar *vt.* to proclaim, to announce. || (secret) to disclose, to reveal.

pregonero *m.* town crier.

preguerra f. prewar period.

pregunta f. question. || **hacer una p.**, to ask a question.

preguntar vt. to ask to inquire. || to question. || — vi. to ask, to inquire. || — vr. to wonder.

prehistoria f. prehistory.

prejuicio m. prejudgement. || (pej.) prejudice, bias.

prejuzgar vt. to prejudge.

preliminar adj. preliminary. || — m. preliminary.

preludio m. prelude.

prematuro adj. premature.

premeditación f. premeditation.

premiar vt. to reward (con with). || to give a prize to.

premio m. prize, award. || reward. || premium, bonus.

prenda f. security, pledge. || article of clothing. || token. || pl. **prendas**, natural gifts, talents.

prendar vt. to pawn, to pledge. || to charm. || — vr. **prendarse de**, to become fond of.

prendedor m. clasp, brooch.

prender vt. to seize. || to arrest, to catch. || to fasten. || to attach. || — vr. to catch fire.

prensa f. press. || clamp, vise. || printing press. || **dar a la p.**, to publish.

prensado m. sheen, shine, gloss.

prensar vt. to press.

preñado adj. pregnant. || (fig.) full.

preñar vt. to make pregnant. || to impregnate.

preocupación f. worry, concern, preoccupation. || prejudice.

preocupar vt. to preoccupy, to worry. || to prejudice. || — vr. to worry. || to concern oneself.

preparación f. preparation. || compound. || preparedness, readiness.

preparar vt., vr. to prepare. || to get ready.

preponderante adj. preponderant. || superior.

prerrogativa f. prerogative, right, privilege.

presa f. seizure, capture. || catch. || fang, tusk. || dam (in river). || **ave de p.**, bird of prey.

presagio m. omen, portent.

presbicia f. long-sightedness.

presbítero m. priest.

prescindible adj. dispensable. || expendable.

prescindir vi. to disregard. || to do without. || to omit.

prescribir (pp. **prescrito**) vt. to prescribe.

presencia f. presence.

presenciar vt. to be present at. || to see, to witness.

presentación f. presentation. || introduction. || **p. en (la) sociedad**, coming-out, début.

presentar vt. to present. || to offer. || to introduce (a person). || — vr. to present oneself. || to arise (a difficulty). || to appear. || to turn up. || to apply (for a job).

presente adj. present. || la **p.**, this letter. || **tener p.**, to keep in mind. || — m. present, gift.

presentimiento m. premonition, presentiment.

presentir vt. to have a presentiment. || to predict.

preservación f. protection, preservation.

presidencia f. presidency. || chairmanship.

presidente m. president. || chairman. || (part.) speaker.

presidiario m. convict.

presidio m. prison, penitentiary. || hard labour.

presidir vt. to preside at, to preside over. || to take the chair at. || (fig.) to dominate, to rule.

presión f. pressure.

presionar vt. to press. || (fig.) to put pressure on.

preso m., **presa**, f. convict, prisoner.

prestado adj. lent, loaned, borrowed. || **pedir p.**, to borrow.

prestamista m. moneylender. || pawnbroker.

préstamo m. loan, lending, borrowing.

prestar vt. to lend, to loan. || to take (oath). || — vr. to lend itself.

presteza f. speed, promptness.|| alacrity.

prestigio m. prestige. || good name.

presto adj. quick, prompt. || ready (para for). || — adv. quickly. || at once, right away.

presumir vt. to presume, to conjecture. || — vt. to be conceited. || to boast.

presunción f. supposition, presumption. || conceit.

presunto adj. supposed, presumed. || so-called.

presuntuoso adj. conceited, presumptuous.

presuponer vt. to presuppose.

presupuesto m. (fin.) budget. || estimate.

presuroso adj. quick, prompt, speedy. || hasty.

preteneioso adj. pretentious, presumptuous.

pretender vt. to try to get, to seek. || to claim, to pretend. || to woo, to court.

pretendiente m. pretender. || suitor. || applicant, candidate.

pretexto m. pretext. || excuse, plea.

prevalecer vi. to prevail, to triumph, to overcome.

prevención f. foresight. || prejudice. || preparedness. || prevention. || precaution. || warning.

prevenido adj. cautious. || farsighted. || **estar p.**, to be prepared, to be ready. || to be forewarned.

prevenir vt. to prepare, to make ready. || to prevent. || to alert. || — vr. to get ready, to prepare.

prever vt. to foresee, to anticipate.

previo adj. previous, prior. || preliminary.

previsión f. foresight, prevision. || forecast.

prima f. (female) cousin. || premium. || bonus.

primacía f. primacy. || priority.

primario adj. primary.

primavera f. spring, spring time. || (bol.) primrose.

primero adj. first. || leading, principal. || former. || **a primera vista**, at first sight.

primitivo adj. primitive. || original. || early.

primo m. cousin.

primogénito adj. first-born.

primordial adj. basic, fundamental, essential.

primoroso adj. exquisite, fine, delicate.

princesa f. princess.

principal adj. principal, main. || — m. chief, principal. || (fin.) principal, capital.

príncipe m. prince.

principiante adj. who is beginning. || novice. || — m., **principianta** f. beginner.

principiar vt., vi. to begin, to start.

principio m. beginning, start. || origin.

pringoso adj. greasy.

prioridad f. priority. || seniority, greater age.

prisa f. haste, hurry, speed. || urgency. || **a p., de p.**, quickly, hurriedly. || **darse p.**, to hurry up. || **tener p.**, to be in a hurry.

prisión f. prison. || imprisonment.

prisionero m. prisoner (of war).

prisma m. prism.

prismático adj. prismatic. || — m. pl. **prismáticos**, binoculars, field glasses.

privación f. privation, lack, want. || deprivation.

privado adj. private. || personal. || — m. favourite. || **en p.**, privately, in private.

privar vt. to deprive. || to forbid. || — vi. to be in favour. || to prevail.

privativo adj. privative, depriving. || exclusive.

privilegio m. privilege. || concession. || exemption.

pro m., f. profit, advantage. || **los pros** || los **contras**, the pros and cons. || — prep. on behalf of, for.

proa f. (naut.) prow. || bow. || (aer.) nose.

probabilidad f. probability, likelihood. || chance.

probable adj. probable, likely.

probar vt. to prove. || to test. || to try. || to lasie. || — vr. to try on (clothes).

probeta f. test tube. || graduated cylinder.

probidad f. integrity, honesty, rectitude.

problema m. problem. || puzzle.

procaz adj. insolent, impudent. || brazen. || indecent.

procedencia f. source, origin. || point of departure.

procedente adj. coming, proceeding. || justified.

proceder vi. to proceed. || to act, to behave. || **p. de**, to come from, to originate. || — m. conduct, behaviour. || action.

procedimiento m. procedure, y process. || method.

prócer m. important person. || great man, leader.

procesador m. (comput.) processor.

procesal adj. (parl., etc.) procedural, y (law) legal.

procesamiento m. (comput.) processing. || **p. de datos**, (comput.) data processing.

procesar vt. to try, to pul on trial. || to prosecute. || to sue. || (comput.) to process.

procesión f. procession.

proceso m. process. || trial. || lapse of time.

proclama f. proclamation, announcement.

proclamar vt. to proclaim.

procurador m. (law) attorney. || (law) proxy.

procurar vt. to try, to endeavour. || to get, to obtain, to secure.

prodigar vt. to squander, to waste, to spend lavishly.

prodigio m. prodigy, y wonder, marvel.

prodigioso adj. prodigious, marvellous.

pródigo adj. lavish, generous. || (pej.) prodigal. || wasteful. || — m., **pródiga** f. spendthrift.

producción f. production. || produce. || output.

producir vt. to produce. || to yield. || to cause, to bring about. || — vr. to be produced. || to happen.

producto m. product. || produce. || yield, profit.

productor adj. producing. || — m., **productora** f. producer (a. cine.).

proeza f. exploit, feat, heroic deed.

profanar vt. to profane, to desecrate, to defile.

profano adj. profane, secular. || irreverent || lay. || — m. layman.

profecía f. prophecy.

proferir vt. to utter, to express, to speak.

profesar vt. to profess. || to practise.

profesión f. profession, declaration. || avowal. || calling, vocation.

profesor m., **profesora** f. teacher. || instructor.

profesorado m. teaching profession.

profeta m. prophet.

profetizar vt., vi. to prophesy.

prófugo m. fugitive. || (mil.) deserter.

profundidad f. depth. || deepness. || profundity.

profundizar vt. to deepen. || to go deeply into. || — vi. **p. en**, to penetrate into.

profundo adj. deep. || low. || profound.

profusión f. profusion. || wealth, extravagance.

progenie f. progeny, offspring.

programa m. programme. || plan. || pl. **programas** (comput.) software.

programador m., **programadora** f. programmer.

programar vt. (for computer, etc.) to program. || (Arg., Ec., Mex.) to plan.

progresar vi. to progress, to make progress.

progresivo adj. progressive. || gradual. || continuous.

progreso m. progress. || advance.

prohibición f. prohibition. || ban.

prohibir vt. to forbid. || to prohibit. || to ban. || **prohibido fumar**, no smoking.

prójimo m. fellow man, fellow creature, neighbour.

proletariado m. proletariat.

proletario adj. proletarian. || — m. **proletaria** f. proletarian.

prolijo adj. prolix, long-winded. || tedious. || excessively detailed.

prólogo m. prologue. || preface, introduction.

prolongar vt. to prolong, to continue, to extend. || — vi. to be prolonged. || to go on. || to last longer.

promedio m. average, mean. || middle, midpoint.

promesa f. promise. || pledge.

prometer vt. to promise. || — vi. to show promise.

prometido adj. promised. || engaged. || — m. fiancé. || promise.

prominente adj. prominent, protuberant.

promiscuidad f. mixture, jumble, confusion.

promoción f. promotion, advancement.

promontorio m. promontory, headland.

promover vt. to promote. || to encourage. || to cause.

promulgar vt. to promulgate. || (fig.) to proclaim.

pronombre m. pronoun.

pronosticar vt. to predict, to foretell, to forecast.

pronóstico m. prediction, forecast.

prontitud f. speed, quickness. || sharpness.

pronto adj. prompt, quick, speedy. || ready. || — m. strong impulse. || — adv. soon. || quickly. || promptly. || **de p.**, all of a sudden. || **por de p.**, for the present.

pronunciación f. pronunciation.

pronunciar vt. to pronounce. || — vr. to declare oneself. || (pol.) to rise, to rebel.

propagación f. propagation. || (fig.) spread(ing).

propaganda f. propaganda. || (comm.) advertising.

propalar vt. to divulge, to disclose.

propasarse vr. to go too far. || (sexually) to take liberties.

propensión f. inclination, propensity, tendency (a to).

propenso adj. prone, inclined, predisposed.

propicio adj. propitious, auspicious. || favourable.

propiedad f. property. || appropriateness (of a word). || possession. || (fig.) attribute. || **de p. de,** belonging to. || **nuda p.** (law), bare ownership. || **p. literaria,** copyright.

propietario adj. proprietary. || — m. owner, proprietor.

propina f. tip, gratuity.

propio adj. one's own. || typical, characteristic. || own. || very. || self: **amor p.,** self-esteem. || himself, herself, themselves: **el p. rey,** the king himself.

proponer vt. to propose. || to put forward. || — vr. to propose, to plan, to intend.

proporción f. proportion. || pl. **proporciones,** size. || extent.

proporcionado adj. proportionate. || medium, middling, just right.

proporcionar vt. to give, to supply, to provide. || to adjust, to adapt (a to).

proposición f. proposition. || proposal.

propósito m. aim, purpose, design. || **a p.,** appropriate, suitable. || by the way. || **de p.,** on purpose. || **fuera de p.,** irrelevant, beside the point.

propuesta f. proposal.

propulsar vt. to drive, to propel. || to promote.

propulsión f. propulsion. || **con p. de chorro,** jet-propelled.

propulsor m. propellent, fuel.

prorrateo m. sharing (in proportion), apportionment.

prórroga f. (comm.) extension. || (mil.) deferment.

prorrogar vt. to prorogue, to extend. || to postpone.

prorrumpir vi. to burst forth, to break out.

prosa f. (lit.) prose.

prosaico adj. prosaic. || (fig.) tedious.

proscribir vt. to proscribe. || to outlaw. || to banish.

proscripción f. ban. || proscription. || banishment.

proseguir vt. to continue, to proceed. || — vi. to continue, to go on.

prosista m., f. prose writer.

prospecto m. prospectus. || (comm., etc.) leaflet.

prosperidad f. prosperity. || success.

próspero adj. prosperous, thriving, flourishing.

prostíbulo m. brothel.

prostitución f. prostitution (a. fig.).

prostituir vt. to prostitute. || — vr. to prostitute oneself, to become a prostitute.

protagonista m., f. protagonist, main character.

protección f. protection.

protector adj. protective, protecting. || — m. protector.

proteger vt. to protect. || to shield. || to defend.

proteína f. protein.

protesta f. protest.

protestante adj. Protestant. || — m., f. Protestant.

protestar vt. to protest, to declare, to affirm. || — vi. to protest against.

protocolo m. protocol. || social etiquette.

prototipo m. prototype.

protuberancia f. protuberance.

provecho m. profit, benefit. || advantage. || **en p. de,** to the benefit of.

provechoso adj. advantageous, profitable. || useful.

proveedor m., **proveedora** f. supplier, purveyor.

proveer (pp. **provisto** and **proveído**) vt. to provide, to supply, to furnish. || to bestow.

provenir vi. to come, to proceed, to originate.

proverbio m. proverb.

providencia f. Providence. || God. || foresight. || (law) judgment, decision.

provincia f. province.

provisión f. provision. || supply. || measure, step.

provisional adj. provisional.

provocar vt. to provoke. || to rouse, to stimulate. || to cause. || to bring about.

provocativo adj. provocative, tempting, exciting.

próximo adj near, close. || next.

proyección f. projection. || (cine., etc.) showing.

proyectar vt. to project, to throw forward. || to plan.

proyectil m. projectile, missile.

proyecto m. project, plan. || **p. de ley,** bill.

proyector m. (cine.) projector. || search light.

prudencia f. wisdom, prudence. || care.
prudente adj. sensible, wise, prudent. || cautious.
prueba f. proof. || tasting. || test, trial. || experiment. || **a p.**, on trial. || **corregir pruebas** (typ.), to proofread.
prurito m. (med.) pruritus, itch. || (fig.) urge, desire.
psicoanálisis m. psychoanalysis.
psicología f. psychology.
psicópata m., f. psychopath.
psicosis f. psychosis.
psicosomático adj. psychosomatic.
psicoterapia f. psychotherapy.
psicótico adj. psychotic.
psique f. psyche. || cheval glass.
psiquiatría f. psychiatry.
psíquico adj. psychic(al).
púa f. barb, prong, prickle. || quill (of hedgehog). || (mus.) plectrum. || gramophone needle.
pubertad f. puberty.
publicación f. publication.
publicar vt. to publish, to issue. || to announce.
publicidad f. publicity. || (comm.) advertising.
público adj. public. || known. || — m. public, audience.
puchero m. pot, cooking pot. || stew. || **hacer pucheros**, to pout.
pucho m. (S. Am.) fag end, cigar stub. || (S. Am.) scrap, left-over(s). || **a puchos**, in dribs and drabs.
púdico adj. modest. || chaste.
pudiente adj. wealthy, well-to-do. || powerful.
pudor m. modesty, shyness. || chastity.
pudrición f. rotting. || rot, rottenness.
pudrir vt. to rot. || (infml.) to vex, to annoy. || — vr. to rot, to decay.
pueblo m. town. || village. || people. || common people. || **p. bajo**, lower class people.
puente m. bridge. || **p. colgante**, suspension bridge. || **p. levadizo**, drawbridge.
puerco m. pig, hog (U. S.). || — adj. dirty, filthy. || nasty, disgusting.
pueril adj. childish, child (attr.). || (pej.) puerile.
puerta f. door. || gate. || doorway. || (esp. fig.) gateway. || **a puertas cerradas** (fig.) behind closed doors. || **p. corrediza**, sliding door. || **p. giratoria**, revolving door.

puerto m. port, harbour. || (fig.) refuge.
puertorriqueño adj., m., **puertorriqueña** f. Puerto Rican.
pues adv. yes. || so. || certainly. || — conj. because, for. || since, inasmuch. || **p. bien**, now then. || **p. que**, since.
puesta f. (astr.) set, setting. || stake (at cards).
puesto adj. put, placed. || **bien p.**, well dressed. || — m. place, position, job. || (mil.) post. || (comm.) stall. || stand. || — conj. **p. que**, since, as.
púgil m. boxer.
pugilato m. boxing.
pugna f. battle, struggle, conflict. || **estar en p. con**, to clash with, to conflict with.
pugnar vi. to fight. || to struggle, to strive.
pujante adj. strong, vigorous. || powerful.
pujar vt. to fight. || to strive, to struggle. || to be opposed to.
pulcro adj. neat, tidy. || exquisite.
pulga f. flea.
pulgada f. inch.
pulgar m. thumb.
pulido adj. neat. || polished. || refined.
pulir vt. to polish. || to polish up (person). || — vr. (fig.) to acquire polish.
pulmón m. lung. || a **pleno p.**, with all the force.
pulmonía f. pneumonia.
pulpa f. pulp. || flesh (of fruit). || mass.
pulpería f. food store. || bar, tavern.
púlpito m. pulpit.
pulpo m. octopus.
pulsación f. beat, pulsation. || throb(bing), beat(ing).
pulsador m. pulsator. || push-button bell.
pulsar vt. to play. || to tap. || (fig.) to sound out (opinion).
pulsera f. wristlet, bracelet. || **reloj de p.**, wrist watch.
pulso m. pulse. || steadiness. || (fig.) tact.
pulverizar vt. to pulverize. || to atomize, to spray.
pulla f. cutting remark. || taunt. || dig. || obscene remark.
pundonor m. self-respect, amour propre. || honour.
punición f. punishment.
punta f. point. || end. || tip. || butt (of a cigarette). || touch, trace. || **de p. a cabo**, from end to end, from tip to toe. || **hacer p.**, to lead, to go first.

puntada f. stitch. || sharp pain.

puntal m. prop, support. || chief supporter.

puntapié m. kick. || **echar a puntapiés**, to kick out.

puntear vt. to mark with dots. || to tick. || to stitch up.

puntería f. aim, aiming. || (fig.) marksmanship.

puntiagudo adj. sharp, sharp-pointed.

puntilla f. (lech.) tack, brad. || (sew.) lace edging.

puntilloso adj. punctilious. || touchy, sensitive.

punto m. dot, point. || (exam) mark. || (sew.) stitch. || spot, place. || question, subject. || **dos puntos** (gram.), colon. || **en p.**, on the dot. || **estar a p. de**, to be about to. || **hasta cierto p.**, up to a point. || **p. de vista** (fig.) viewpoint, point of view. || **p. en boca**, silence, mum's the word. || **p. final**, final full stop. || **puntos suspensivos**, suspension marks.

puntualidad f. reliability. || promptness. || punctuality. || exactness, accuracy.

puntualizar vt. to fix, to stamp. || to detail.

punzada f. prick. || stab. || shooting pain.

punzante adj. sharp, stabbing, shooting (pain).

punzar vt. to puncture, to pierce, to prick. || to punch. || — vi. (pain) to shoot, to stab.

punzón m. (lech.) punch. || graver, burin. || bodkin.

puñado m. handful (a. fig.).

puñal m. dagger.

puñalada f. stab. y (fig.) blow, shock.

puñetazo m. punch. || **a puñetazos**, with one's fists.

puño m. fist. || handful, fistful. || (sew.) cuff. || **apretar los puños** (fig.), to struggle hard.

pupila f. (anat.) pupil. || (law) ward.

pupilo m. inmate. || boarder. y (law) ward.

pupitre m. desk.

puré m. (cook.) puree, thick soup.

pureza f. purity, pureness. || limpidity.

purga f. purgative, laxative. || (pot.) purge.

purgar vi. to purge. || to atone for. || — vr. (med.) to take a purge.

purgatorio m. (relig., fig.) purgatory.

purificar vt. to purify. || to cleanse. || (tech.) to refine.

puritano adj. puritanical. || puritan.

puro adj. pure. || simple, plain. || unadulterated. || sheer. || (S. Am.) only, just.

púrpura f. purple.

purpúreo, **purpurino** adj. purple.

purulento adj. purulent.

pus m. pus, matter.

pusilánime adj. fainthearted, pusillanimous.

puta f. whore, prostitute.

putativo adj. putative, supposed.

putrefacción f. rotting, putrefaction.

pútrido adj. putrid, rotten.

Q

q *n.* q.

que *rel. pron.* (of person) who, that. || whom, that. || (of thing) that, which. || *conj.* that (often omitted): **creo q. va a llamar**, I think (that) she will call. || (comparisons) than. || because (often omitted): **traiga su paraguas q. va a llover**, bring your umbrella (because) it is going to rain. || **tan... q.**, so that. || **ya q.**, since. || **yo q. tú**, if I were you.

¿qué? *adj. (interrog.)* what (+ noun): **¿de q. tamaño es?**, what size is it? || which (+ noun): **¿q. vestido te vas a poner?**, which dress are you going to ware? || how (+ adj. or adv.): **¿q. edad tienes?**, how old are you? || — *(excl.)* what: **¡q. día más espléndido!**, what a lovely day! || how: **¡qué hermoso!**, how beautiful! || — *interrog. pron.*: what: **¿q. pasa?**, what's going on? || **no hay de q.**, (replying to thanks) not at all. || **¿por q.?**, why? || **q. tal?**, how are you? || **¿y a mí q.?**, what's that to me? || **¿y q.?**, so what?

quebrada *f.* gorge, ravine. || gap, pass.

quebradizo *adj.* fragile, brittle. || *(med.)* frail, delicate.

quebrado *adj.* broken. || (voice) faltering. *(med.)* ruptured. || *(fin.)* bankrupt. || *(math.)* fraction.

quebrantar *vt.* to break. || to crush, to bruise. || to weaken. || to unbuild.|| to infringe, to violate, to transgress. || — to break. || to be shattered.

quebranto *m.* damage. || *(comm.)* severe grief, loss || *(med.)* weakness, exhaustion. || broken health. || affliction.

quebrar *vt.* to break, to smash. || to interrupt. || — *vi. (fin.)* to fail, to go bankrupt. || — *vr.* to break, to get broken. || *(med.)* to be ruptured.

quedar *vi.* to stay, to remain. || to be: **q. asombrado**, to be amazed. || to end, to stop. || to be left. || **q. bien**, to look good. || to go well. || **q. en**, to agree to. || — *vr.* to stay, to remain. || to go, to become. || to be left.

quehacer *m.* job, task. || *pl.* **quehaceres (domésticos)**, chores.

queja *f.* complaint. || protest. || grudge. || moan, groan.

quejarse *vr.* to copiplain *(de* about, of). || to protest *(de* about, at). || to moan, to groan.

quemado *adj.* burned, burnt. || burning.

quemadura *f.* burn. || scald. || *(bot.* disease) smut.

quemar *vt.* to burn. || to scorch. || to scald. || to sell cheap. || to squander. || — *vi.* to be burning hot. || — *vr.* to burn up. || to get sunburnt.

quemarropa: a q., *adv.* point-blank (a. *fig)*

quemazón *f.* burn. || burning. || *(fig.)* itch.

querella *f.* complaint (a. law). || dispute, controversy.

querellar *vt.* to scold. || — *vr. (taw)* to file a complaint, to bring an action.

querer *vt.* to want, to wish (for). || to love. || to like: **¿quiere una laza de té?**, would you like a cup of tea? || to try: **me quiso ayudar**, he tried to help me. || to require. || **como quiera**, as you like. || **como quiera que**, since, inasmuch as. || **cuando quiera**, whenever you like. || **quiera que no**, whether he likes it or not. || **sin q.**, unintentionally. || — *vr.* to love each other. || — *m.* affection, love.

querido *adj.* dear, darling, beloved. || — *m.*, **querida** *f.* darling, beloved. || — *f.* *(pej.)* mistress.

querosén, queroseno *m. (Acad.)* kerosene, paraffin.

quesería *f.* dairy. || cheese factory.

queso *m.* cheese. || **q. rallado,** grated cheese.

quicio *m.* hinge, pivot hole.

quiebra *f.* crack, fissure. || slit. || *(fin.)* bankruptcy. || crash, collapse. || *(fig.)* failure.

quien *rel. pron.* (subject) who, *(acc.)* whom. || whoever.

quién *interrog. pron.* (subject) who, *(acc.)* whom: **¿q. tocó el timbre?**, who rang the bell? || **¿a q. le escribes?**, to whom are you writing? || **¿de q.?**, whose?

quienquiera *indef. pron.* whoever.

quieto *adj.* still. || motionless. || calm, placid.

quijada *f. (anat.)* jaw, jawbone.

quijote *m.* quixotic person. || **Don Q.**, Don Quixote.

quilate *m.* carat.

quilla *f.* keel.

quimera *f.* chimera. || fantastic idea.

química *f.* chemistry.

químico *adj.* chemical. || — *m.*, **química** *f.* chemist.

quincalla *f.* hardware, ironmongery.

quince *adj.* fifteen. || (date) fifteenth. || — *m.* fifteen *(a. rugby)*.

quincena *f.* fortnight. || fortnightly pay.

quiniela *f.* pools coupon.

quinientos *adj.* five hundred. || — *m.* five hundred.

quinquenal *adj.* quinquennial.

quinta *f.* villa, country house. || *(S. Am.)* estate on the outskirts of a town.

quintaesencia *f.* quintessence.

quintal *m.* measure of weight. = 46 kg. || **q. métrico** = 100 Kg.

quintillizos *m. pl.*, **quintillizas** *f. pl.* quintuplets.

quinto *adj.* fifth. || — *m. (math.)* fifth.

quiosco *m.* kiosk, stand. || newsstand. || **q. de música,** bandstand.

quirófano *m.* operating theatre.

quiromancia *f.* palmistry.

quirúrgico *adj.* surgical.

quisquilloso *adj.* touchy, oversensitive. || pernickety.

quita *f.* release (from a debt).

quitamanchas *m.* stain remover.

quitar *vt.* to take away, to remove. || to take off. || (pain) to stop. || *(math.)* to subtract. || **de quita y pon**, detachable, removable. || **q. de encima** o **del medio**, to get rid. || — *vr.* to withdraw. || to remove oneself. || (clothing) to take off. || to get rid of. || **¡quítate de ahí!**, get away!

quitasol *m.* sunshade, parasol.

quite *m.* removal. || (fencing) parry.

quizá(s) *adv.* perhaps, maybe.

R

r f. r.

rábano m. radish.

rabia f. (med.) rabies. || (fig.) fury, rage, anger.

rabiar vi. (med.) to have rabies. || (fig.) to suffer terribly. || (fig.) to rage, to rave, to be furious. || **r. por algo,** to long for, to be dying for. || **a r.,** rabid. || wildly, **rabieta** f. fit of temper. || paddy (infml.), tantrum.

rabino m. rabbi.

rabioso adj. (med.) rabid, suffering from rabies. || (fig.) furious. || (pain) terrible, raging, violent.

rabo m. tail. || stalk, stem. || (eye) corner.

rabón adj. short-tailed. || bobtailed. || tailless.

rabona f. hacer r., to play truant.

racial adj. racial, race (attr.).

racimo m. bunch, cluster. || (bot.) raceme.

raciocinio m. (faculty) reason. || (act) reasoning.

ración f. ratio. || portion, helping. || (mil.) ration.

racional adj. rational. || reasonable, sensible.

racionalismo m. rationalism.

racionamiento m. rationing.

racista adj. racial, racialist. || — m., f. racialist.

racha f. (meteorol.) gust of wind. || squall. || spell.

radiactividad f. radioactivity.

radiador m. radiator.

radiar vt. to radiate. || to irradiate. || (radio) to broadcast. || (S. Am.) to delete, to cross off (a list).

radical adj. radical. || — m. (gram., math.) root.

radicar vi. (bot. and fig.) to take root. || to be situated. || to reside, to live. || **r. en** (difficulty), to lie in, to stem from. || — vr. to establish oneself.

radio m. radius. || (radio) wireless or radio operator. || (of wheel) spoke. || (mil.) range. || (chem.) radium. || — f radio, wireless. || radio (set). || broadcasting.

radioaficionado m., **radioaficionada** f. radio ham, radio amateur.

radiodifusión f. broadcasting.

radioemisora f. radio station, transmitter.

radioescucha m., f. listener.

radiofaro m. radio beacon.

radiofonía f. radio, wireless.

radiografía f. radiography, X-ray photography.

radiólogo m., **radióloga** f. radiologist.

radiooperador m. (S. Am.) radio operator.

radiorreceptor m. radio (set), wireless (set), receiver.

radiotelefonía f. radiotelephony.

radiotelegrafía f. radiotelegraphy.

radioyente m., f. listener.

raer vt. to scrape off. || to erase. || to fray.

ráfaga f. gust. || (of shots) burst. || (of light) flash.

raid m. raid, attack. || expedition. || (out.) rally drive.

raído adj. (cloth) frayed, threadbare. || (garment, person) shabby.

raigambre f. mass of roots. || (fig.) tradition.

raíz f. root. || origin, source. || (fig.) **a. r. de,** as a result of. || **arrancar o cortar de r.,** to uproot (tree). N to eradicate. || **echar raíces,** to take root.

raja f. split. || crack. || splinter. || (of fruit) slice.

rajadura f., split, crack.

rajar vt. to split, to crack. || to cleave. || (fruit, etc.) to slice. || — vi. (infml.) to chatter. || to brag. || — vr. to split, to crack. || (esp. S. Am.) to quit.

rajatabla: a r. adv. strictly, rigorously. || exactly.

ralea f. kind, sort, breed. || **de baja r.,** evil, wicked.

ralear vi. to thin out. || to become less dense.

ralo adj. thin, sparse. || rare.

rallado adj. (cheese, etc.) grated.

rallar vt. (cook.) to grate.

rama f., branch (a. fig.). || **en r.,** raw: **algodón en r.,** raw cotton.

ramal *m.* strand (of a rope). || halter. || branch road. || *(rail.)* branch line.

rambla *f.* watercourse. || stream, torrent. || avenue.

ramera *f.* whore, prostitute.

ramificación *f.* ramification. || branch, subdivision.

ramillete *m.* bouquet. || *(bot.)* cluster. || select group.

ramo *m.* branch. || bouquet, bunch.

rampa *f.* ramp, incline.

ramplón *adj.* common, coarse, uncouth.

rana *f.* frog.

rancio *adj.* old, mellow. || rancid, stale. || *(fig.)* ancient.

ranchero *m.* *(US)* rancher, farmer. || mess cook.

rancho *m.* hut. || *(US)* ranch, large farm.|| camp. || *(mil.)* mess.

rango *m.* rank. || standing. || position.

ranura *f.* groove. || slot.

rapar *vt.* to shave. || to crop.|| *(infml.)* to pinch.

rapaz *adj.* rapacious, greedy. || *(zool.)* predatory. || *(orn.)* of prey.

rapaz *m.* lad, youngster. || kid.

rapidez *f.* rapidity, speed. || swiftness.

rápido *adj.* rapid, fast, swift. || — *m.* *(rail.)* express. || *pl.* **rápidos**, rapids (of river). || — *adv.* quickly.

rapiña *f.* robbery, theft (with violence).

raposa *f.* fox (*a. fig.*), vixen.

rapsodia *f.* rhapsody.

raptar *vt.* to kidnap, to abduct. || to carry off.

rapto *m.* kidnapping. || *(fig.)* sudden impulse. || *(fig.)* ecstasy, rapture.

raqueta *f.* racket.

raquítico *adj.* *(med.)* rachitic. || weak, stunted.

rareza *f.* rarity. || oddity, peculiarity. || eccentricity.

raro *adj.* rare, scarce. || odd, strange.|| **rara vez**, seldom, rarely.

ras *m.* **a r. de**, level with. || **a r. de tierra**, at ground level. || **lleno al r.**, full to the brim.

rasante *adj.* grazing, touching. || close to the ground.

rasar *vt.* to level (with the rim). || to skim, to graze.

rascacielos *m.* skyscraper.

rascar *vt.* to scrape. || to scratch. || — *vr.* to scratch oneself.

rasgar *vt.* to tear, to rip, to slash.

rasgo *m.* (with pen) stroke, flourish. || *pl.* **rasgos**, characteristics. || features. || *(fig.)* trait. || **r. de ingenio**, flash of wit, stroke of genius.

rasguño *m.* scratch.

raso *adj.* flat, level. || clear, open. || smooth. || *(mil.)* **soldado r.**, private. || — *m.* satin.

raspadura *f.* scrape, scraping. || scratch. || erasure.

raspar *vt.* to scrape. || to rasp, to file. || to scrape off. || to scratch. || — *vi.* (of skin) to be rough. || (of wine) to be sharp, to have a rough taste.

rasquetear *vt.* *(S. Am.)* (horse) to brush down.

rastra *f.* *(agr.)* rake. || harrow. || (fish) trawl. || track. || **a la r.** o **a rastras**, by dragging. || *(fig.)* unwillingly.

rastreador *m.* tracker. || *(naut.)* trawler.

rastrear *vt.* to track, to trail. || to trace. || to dredge (up), to drag (up). || (mines) to sweep. || — *vi.* *(agr.)* to rake, to harrow || (fish) to trawl.

rastreo *m.* dredging, dragging. || trawling. || (of satellite) tracking.

rastrero *adj.* creeping, crawling. || *(fig.)* mean, despicable. || low, abject.

rastrillar *vt.* to rake.

rastrillo *m.* *(agr., etc.)* rake.

rastro *m.* *(agr., etc.)* rake. || harrow || track, trail. || scent. (*(fig.)* trace, sign.

rastrojo *m.* stubble.

rasurar *vt.* to shave. || *(tech.)* to scrape.

rata *f.* rat.

ratear *vt.* to steal, to pilfer. || — *vi.* to crawl, to creep.

ratero *adj.* thievish, light-fingered. || — *m.* pickpocket.

ratificar *vt.* to ratify.

ralo *m.* (short) time, while. || spell, period || **a cada r.**, all the time. || **al poco r.**, a short time after. || **a ralos**, from time to time.

ratón *m.* mouse.

ratonera *f.* mousetrap. || mousehole.

raudal *m.* torrent, flood. || *(fig.)* plenty, abundance.

raya *f.*, line. || scratch. || (on cloth, pattern) stripe. || (in hair) parting. || boundary. || (fish) ray. || **mantener** o **tener a r.**, to keep in his place.

rayano *adj.* adjacent. || borderline.

rayar *vt.* to line. || to rule lines on. || to scratch, to mark. || to cross out. || to streak. || — *vi.* **r. con**, **en**, *(fig.)* to border on, to verge on. || to be nearly. || **al r. el alba**, at daybreak.

R

rayo m. ray, beam. || shaft (of light). || lightning. || thunderbolt. || spoke.

rayuela f. pitch and toss. (game). || hop-scotch.

raza f. race. || breed. || **de r., de pura r.,** (horse) thoroughbred. || (dog, etc.) pedigree.

razón f. reason. || motive, cause. || **r. social,** trade name. || (math.) ratio. || rate. || **en r. de,** because of. || **no tener r.,** to be wrong. || **tener r.,** to be right.

razonamiento m. reasoning.

razonar vt. to reason, to argue. || — vi. to argue. || to talk.

reabrir vt., vr. to reopen.

reacción f. reaction, y response (a to). || **avión a (o de) r.,** jet plane.

reacio adj. stubborn. || **r. a,** to be opposed to.

reacondicionar vt. to recondition.

reactor m. (phys.) reactor. || (aer.) jet engine.

reagrupación f. regrouping.

reajuste m. readjustment.

real adj. real, actual. || royal. || — m. one quarter of a peseta (coin). || fairground. || (mil.) camp. || **sentar sus reales,** to settle down.

realce m. (tech.) raised work, embossing. || relief. || (art) highlight. || (fig.) lustre, splendour. || **poner de r.,** to enhance the splendour of.

realeza f. royalty.

realidad f. reality. || truth. || **en r.,** in fact, really.

realista adj. realistic. || — m., f. realist.

realizable adj. realizable. || attainable. || feasible.

realización f. realization. || sale. || fulfilment.

realizador m. (TV, etc.) producer.

realizar vt. to carry out. || to achieve. || to fulfil. || to realize (a. fin.). || (journey) to make. || — vr. to come true.

realmente adv. really. || in fact, actually.

realzar vt. to emboss, to raise. || (art) to highlight. || (fig.) to enhance.

reanimar vt., vr. to revive.

reanudar vt. to renew. || to resume.

reaprovisionar vt. to replenish, to re-stock.

rearme m. rearmament.

reasumir vt. to resume, to reassume.

reavivar vt. to revive. || to rekindle.

rebaja f., lowering, reduction. || discount, rebate.

rebajar vt. to lower. || to reduce. || to lessen, to diminish. || (colour) to tone down. || (person) to humble. || — vr. to bow before someone. || **rebajarse a,** to sloop to, to descend to.

rebanada f. slice.

rebaño m. flock, herd.

rebasar vt. to exceed, to surpass. || (aut.) to overtake. || (of water) to overflow.

rebatir vt. to repel. || to parry. || to refute.

rebato m. (mil.) alarm, call to arms.

rebelarse vr. to revolt, to rebel, to rise.

rebelde adj. rebellious. || unruly. || — m., f. rebel. || (law) defaulter.

rebelión f. revolt, rebellion, rising.

rebenque m. (S. Am.) whip.

reblandecer vt. to soften.

reborde m. ledge. || (tech.) flange, rim. || border.

rebosar vt. to overflow, to brim over. || to abound.

rebote m. bounce, rebound.

rebozar vt. to muffle up, to wrap up. || (cook.) to fry in batter.

rebozo m. muffler. || (S. Am.) shawl. || **sin r.,** (adv.) openly, frankly.

rebrote m. shoot. || (fig.) renewal.

rebuscar vt. to search carefully for. || to glean.

rebuzno m. bray. || braying.

recabar vt. to obtain by entreaty. || (S. Am.) to apply for.

recado m. message, y errand. || equipment.

recaer vi. to relapse. || to fall back, y to fall on.

recaída f. relapse (en into). || backsliding.

recalada f., (naut.) landfall.

recalar vt. to saturate, to soak. || — vi. to sight land, to reach port.

recalcar vt. to press down. || (fig.) to stress, to emphasize. || — vr. (S. Am.) **recalcarse el tobillo,** to dislocate an ankle.

recalentamiento m. superheating. || overheating.

recambio m. spare. || refill.

recapacitar vt. to think over. || — vi. to reflect.

recapitulación f. recapitulation, summing-up.

recargar vt. to overload. || (battery) to recharge. || (fin.) to increase. || (fig.) to overburden.

recargo m. additional load. || (fin.) extra charge. || increase.

recatar vt. to hide, to cover up. || — vr. to hide oneself away.

recato m. modesty. || caution. || reserve.

recauchutar vt. (tyre) to retread, to remould.

recaudar vt. (taxes) to collect.

recaudo m. care, protection. || precaution. || (fin.) collection.

recelar vt., vi. to suspect. || to fear. || to distrust.

recelo m. distrust. || suspicion. || fear.

recepción f. reception. || admission.

receptáculo m. receptacle.

receptor m. receiver. || recipient. || receptor. || **r. de control** (TV), monitor.

recesión f. (comm., fin.) recession. || slump.

receta f. (cook.) recipe (de for). || (med.) prescription.

recibimiento m. reception, welcome.

recibir vt. to receive. || to welcome. || to accept. || — vi. to receive. || to entertain. || — vr. to graduate, to qualify as.

recibo m. receipt. || reception. || **acusar r.**, to acknowledge receipt.

reciedumbre f. strength, toughness. || solidity.

recién adv. newly, recently. || (S. Am.) just, recently. || **r. ahora**, right now. || **los r. llegados**, the newcomers. || **r. nacido**, newborn baby.

reciente adj. recent. || new, fresh, newly-made.

recinto m. enclosure. || precincts. || area, place.

recio adj. strong. || tough, robust. || severe. || (weather) harsh. || — adv. hard, strongly. || loudly.

recipiente m. recipient. || receptacle, container.

recíproco adj. reciprocal, mutual. || inverse. || **a la recíproca**, vice versa.

recitar vt. to recite.

reclamar vt. to claim, to demand. || — vi. to protest against, to complain about.

reclamo m. (orn.) call, bird call. || (comm.) advertisement. || (law) claim.

reclinar vt., vr. to lean. || to recline.

recluir vt. to shut away. || to confine.

recluso adj. imprisoned. || **población reclusa**, prison population. || — m., **reclusa** f. recluse. || prisoner.

recluta f. recruitment. || — m. recruit.

reclutar vt. (mil.) to recruit. || (R. Pl.) to engage.

recobrar vt. to recover, to get back. || vr. to recover.

recodo m. turn, bend. || elbow. || loop.

recoger vt. to pick up. || to gather (up). || to collect. || (agr.) to harvest. || to take in. || to shelter. || — vr. to retire. || to go home. || to take shelter.

recogimiento m. seclusion. || retreat.

recolección f. harvesting. || collection. || gathering. || (lit.) compilation. || summary.

recolectar vt. to harvest, to gather in. || to collect.

recomendable adj. recommendable. || advisable.

recomendación f. recommendation. || suggestion. || **carta de r.**, letter of introduction.

recomendar vt. to recommend. || to advise, to suggest.

recompensa f. recompense, reward.

recomponer vt. to mend, to repair. || — vr. to doll up.

reconciliar vt. to reconcile.

recóndito adj. recondite, secret, hidden.

reconfortante adj. comforting. || — m. tonic.

reconocer vt. to recognize. || to identify. || to admit, to acknowledge. || (med.) to examine. || — vr. to be recognized or known.

reconocimiento m. recognition. || admission, acknowledgement. || gratitude. || search(ing) inspection. || (med.) examination, checkup.

reconquista f. reconquest. || recapture.

reconquistar vt. to reconquer. || to recapture (a from).

reconsideración f. reconsideration.

reconstituir vt. to reconstitute. || (law) to reconstruct.

reconstrucción f. reconstruction, rebuilding.

recontar vt. (quantity) to recount, to count again.

reconvención || reprimand. || remonstrance. || (law) countercharge.

reconversión f. reconversion. || retraining.

recopilación f. summary. || compilation. || (law) code.

recopilar vt. to compile, to collect (together). || to summarize. || (law) to codify.

recordación f. recollection. || remembrance.

recordar vt. to remember. || to recall. || to remind. || to wake up. || — vi. to remember.

recordatorio *m.* reminder. || memento.

recorrer *vt.* to go over. || to cross, to travel. || to cover. || to overhaul. || (*text* etc.) to look over, to run through.

recorrido *m.* run, journey. || route, path. || round.

recortar *vt.* to cut away. || (hair) to trim. || to cut out. || — *vr.* to stand out, to be outlined.

recorte *m.* cutting, trimming. || (of hair) trim. || *pl.* **recortes**, trimmings, clippings.

recostar *vt.* to lean (*en* on). || — *vr.* to lie down.

recoveco *m.* turn, bend. || (in house) nook, odd corner. || *pl.* **recovecos** (*fig.*), ins and outs. || subterfuges.

recreación *f.* recreation. || (school) break, playtime.

recrear *vt.* to recreate. || to amuse, to entertain. || — *vr.* to enjoy oneself, to amuse oneself.

recreo *m.* recreation. || amusement. || (school) break, playtime.

recriminar *vt.* to reproach. || — *vi.* to recriminate.

recrudecer *vt., vi., vr.* to break out again. || to worsen.

recrudecimiento *m.*, **recrudescencia** *f.* recrudescence, new outbreak. || worsening.

recta *f.* straight line.

rectángulo *adj.* rectangular. || right-angled. || — *m.* rectangle.

rectificar *vt.* to straighten (out). || to rectify. || to correct. || — *vi.* to correct oneself.

rectitud *f.* straightness. || (*fig.*) rectitude, uprightness.

recto *adj.* straight. || right. || upright. || (*fig.*) honest. || just. || — *m.* (*anal.*) rectum.

rector *adj.* (person) leading. || governing. || — *m.* (*univ.*) rector. || principal.

recua *f.* train of pack animals, drove.

recubrir (*pp.* **recubierto**) *vt.* to cover. || to coat.

recuento *m.* count, recount. || inventory, survey.

recuerdo *m.* memory. || recollection. || souvenir. || *pl.* **recuerdos**, regards, best wishes.

recular *vi.* to go back. || to recoil. || to retreat. || to back down.

recuperar *vt.* to recover, to recuperate. || to make up. || to regain. || — *vr.* to recover, to recuperate.

recurrir *vi.* to resort to, to have recourse to. || to appeal to.

recurso *m.* recourse, resort. || means. || *pl.* **recursos**, resources. || (*law*) appeal.

recusar *vt.* to reject. || (*law*) to recuse.

rechazar *vt.* to push back. || to repel. || to reject. || to turn down.

rechazo *m.* bounce, rebound. || recoil. || (*fig.*) refusal.

rechifla *f.* hissing, hooting, booing. || derision.

rechinar *vi.* to creak. || to squeak.

rechoncho *adj.* thickset, squat. || plump, chubby.

red *f.* (fish etc.) net. || mesh. || network. || (*fig.*) snare, trap. || **echar** o **tender las redes**, to cast one's net (*a. fig.*).

redacción *f.* editing, redaction. || newspaper office. || editorial staff.

redactar *vt.* to draft, to draw up. || to word. || to edit.

redactor *m.* writer. || editor. || **r. jefe**, editor in chief.

redada *f.* (by police) sweep, raid.

redecilla *f.* hairnet.

rededor *m.* surroundings. || — *adv.* **al** o **en r.**, roundabout, around. || about.

redención *f.* redemption.

redentor *adj.* redeeming. || — *m.*, **redentora** *f.* redeemer. || **R.**, Redeemer, Saviour.

redil *m.* sheepfold. || (*fig.*) fold.

redimir *vt.* to redeem.

rédito *m.* interest, yield, return.

redoblar *vt.* to intensify, to redouble. || to bend back. || — *vi.* (*mus.*) to roll (the drum).

redondear *vi.* to round, to round off.

redondel *m.* circle. || bullring, arena.

redondo *adj.* round. || complete. || (refusal) straight. || **caerse r.**, to collapse.

reducción *f.* reduction. || diminution. || (*med.*) setting.

reducido *adj.* reduced. || limited. || small.

reducir *vt.* to reduce. || to diminish. || to limit (a to). || to convert (a into). || — *vr.* to diminish. || to be reduced.

redundante *adj.* redundant, superfluous.

redundar *vi.* to abound. || **r. en**, to redound to.

reedición *f.* reissue, reprint(ing).

reelección *f.* re-election.

reembolsar *vt.* to reimburse, to repay. || to pay back. || to refund.

reembolso *m.* reimbursement, repayment. || refund.

reemplazante *m., f.* replacement, substitute.

reemplazar *vt.* to replace, to substitute.

reemplazo *m.* replacement.

reencarnación *f.* reincarnation.

reentrada *f.,* re-entry.

reestreno *m.* *(theat)* revival. || *(cine.)* reissue.

refacción *f.* refection, refreshment, snack. || *(archit., mech.)* repair(s).

refección *f.* refection, refreshment, snack. || *(archit., mech.)* repairfs).

referencia *f.* reference.

referente *adj.* **r. a**, relating to, about, concerning.

referir *vt.* to recount. || to tell. || to refer, to relate. || — *vr.* to refer. || **por lo que se refiere a eso**, as for that, as regards that.

refilón: **de r.**, *adv.* obliquely, slantingly, sideways.

refinamiento *m.* refinement.

refinar *vt.* to refine. || to polish. || — *vr.* to become refined.

refinería *f.* refinery.

refirmar *vt.* to reaffirm.

reflector *m.* reflector. || spotlight.

reflejar *vt.* to reflect. || to show, to reveal. || — *vr.* to be reflected.

reflejo *adj.* reflected. || reflex. || — *m.* reflection. || reflex.

reflexión *f.* reflection. || meditation.

reflexionar *vt.* to reflect on, to think over. || — *vi.* to reflect. || to think, to pause.

reflexivo *adj.* reflexive. || thoughtful, reflective.

reflujo *m.* ebb.

reforma *f.* reform. || **R.** *(eccl.)* Reformation. || *pl.* **reformas**, alterations, repairs.

reformar *vt.* to reform. || to change, to alter, to improve. || to correct. || to repair. || — *vr.* to reform, to mend one's way.

reformatorio *m.* reformatory.

reforzar *vt.* to reinforce, to strengthen. || *(fig.)* to encourage.

refractario *adj.* *(tech.)* refractory, heat-resistant. || *(fig.)* recalcitrant.

refrán *m.* proverb, saying.

refregar *vt.* to rub (hard). || to scrub.

refrenar *vr.* (horse) to ran in. || to restrain, to hold in check.

refrendar *vt.* to endorse, to countersign. || (passport) to stamp.

refrescar *vt.* to refresh, to cool (down). || *(fig.)* to renew. || — *vr.* *(meteorol.)* to get cooler. || — *vr.* to take some fresh air.

refresco *m.* cool drink, soft drink. || refreshment, snack. || *pl.* **refrescos**, refreshments.

refriega *f.* *(mil.)* skirmish. || scuffle. || affray, brawl.

refrigeración *f.* refrigeration. || air conditioning.

refrigerador *m.* refrigerator. || cooling unit.

refrigerar *vt.* to refrigerate. || to air-condition.

refrigerio *m.* snack. || cooling drink.

refuerzo *m.* reinforcement. || support.

refugiado *adj., m.*, **refugiada** *f.*, refugee.

refugiar *vt.* to give refuge to. || — *vr.* to shelter.

refugio *m.* refuge, shelter.

refulgente *adj.* brilliant, refulgent.

refundición *f.* recasting. || new version.

refundir *vt.* to recast. || to rewrite.

refutar *vt.* to refute.

regadera *f.* sprinkler. || watering can.

regadío *m.* irrigated land, irrigable land.

regalado *adj.* given as a present. || comfortable. || soft. || free.

regalar *vt.* to give, to present. || to give away.

regalo *m.* gift, present. || *(fig.)* pleasure. || comfort.

regañadientes: **a r.**, *adv.* unwillingly, reluctantly.

regañar *vt.* to scold. || — *vi.* to argue, to quarrel. || to growl.

regar *vt.* to water. || to irrigate. || *(fig.)* to sprinkle.

regala *f.* race, boal race. || regatta, **regatear** *vt.* *(comm.)* to haggle over, to bargain over. || — *vi.* to haggle over, **regateo** *m.* haggling, bargaining.

regazo *m.* lap (a. fig.). ·

regeneración *f.,* regeneration.

regentar *vt.* to manage. || *(fig.)* to guide.

regente *adj.* regent. || ruling.|| — *m., f.* regent. || manager.

regiamente *adv.* regally.

régimen *m.* regime. || rule. || *(med.)* diet.

regimiento *m.* administration. || *(mil.)* regiment.

regio *adj.* royal, regal. || *(fig.)* splendid.

región *f.* region. || district, area.

regir *vt.* to rule, to govern. || to manage || *vi.* *(law)* to be in force. || — *vr.* to be ruled by.

registrar *vt.* to register, to record. || to search. || *(mus., etc.)* to record. || to inspect. || — *vr.* to search. || to be recorded. || to enrole. || to register.

R

registro m. registration, recording. || register. || inspection, search. || list, roll || **r. civil**, registry, registrar's office. || **r. de la propiedad**, real estate registry.

regla f. ruler, rule. || regulation. || principle. || (eccl.) order. || moderation. || (med.) menstruation. || **en r.**, in order. || **por r. general**, as a rule, generally.

reglamentación f. regulation. || rules, regulations.

reglamento m. rules, regulations. || by-law.

regocijado adj. jolly, merry. || joyful.

regocijar vt. to gladden, to delight, to cheer (up). || — vr. to rejoice. || to make merry.

regocijo m. joy, happiness. || rejoicing.

regodearse vr. to be glad, to be delighted.

regresar vi. to come back, to go back, to return.

regreso m. return. || **estar de r.**, to be back.

reguero m. trickle. || irrigation ditch.

regulación f. regulation. || adjustment. || control.

regulador m. regulator. || governor. || control, knob.

regular adj. regular, normal, usual. || ordinary. || orderly. || average. || so-so, not too bad. || **por lo r.**, as a rule, generally. || — vt. to regulate. || to control. || to adjust.

regularidad f. regularity. || **con r.**, regularly.

regurgitar vt. to regurgitate.

rehabilitar vt. to rehabilitate. || to reinstate. || to restore.

rehacer vt. to redo. || to repeat. || to remake. || to mend, to repair.

rehén m. hostage.

rehuir vt. to shun, to avoid. || to shrink from.

rehusar vt. to refuse, to decline. || — vi. to refuse.

reimpresión f. reprint. || reprinting.

reina f. queen (a. chess, enl., etc.).

reinado m. reign.

reinante adj. reigning. || (fig.) prevailing, ruling.

reinar vi. (pol.) to reign, to rule. || (fig.) to prevail.

reincidente m., f. recidivist. || backslider.

reincidir vi. to relapse. || to backslide.

reincorporar vt. to reincorporate. ||. — vr. to rejoin.

reingreso m. re-entry, return.

reino m. kingdom.

reintegrar vt. to reinstate. || (fin.) to refund, to repay. || — vr. to rejoin. || to return to.

reintegro m. refund, reimbursement.

reinversión f. reinvestment.

reír vt. to laugh at. || — vi., vr. to laugh.

reiteración f. reiteration. || repetition.

reiterar vt. to reiterate. || to repeat.

reivindicar vt. to claim. || to vindicate. || (law) to recover.

reja f. grating, grid(iron). || bars, grille. || ploughshare.

rejilla f. grating, grille. || lattice. || grid. || wickerwork.

rejuvenecer vt. to rejuvenate.

relación f. relation, relationship. || (math.) ratio. || account, report. || list. || pl. **relaciones**, acquaintances. || **con r. a**, in or with regard to. || **no guardar r. alguna con**, to be out of all proportion to. || **relaciones de parentesco**, kinship, blood relationship.

relacionado adj. related. || concerning, regarding.

relacionar vt. to relate (con to), to connect (con with). || — vr. to be related or connected.

relajación f. relaxation. || slackening. || laxity.

relajado adj. dissolute, loose.

relajar vt. to relax. || to slacken. || to weaken, to corrupt. || — vr. to become lax, to weaken.

relamer vt. to lick repeatedly. || — vr. to lick one's lips.

relamido adj. prim and proper. || affected.

relámpago m. lightning, flash of lightning.

relampaguear vi. to lighten. || to flash. || to sparkle.

rehilar vt. to relate, to tell. || to report.

relativo adj. relative. || regarding, relating to.

relato m. story, tale. || account, report.

relator m. teller, narrator. || (law) court reporter.

relegar vt. (hist.) to exile. || to relegate.

relevante adj. outstanding.

relevar vt. to take the place of. || to remove. || to relieve. || to relay. || to forgive.

relevo m. (mil.) relief. || (sport) relay.

relicario m. (eccl.) shrine. || reliquary. || locket.

relieve m. relief. || embossing. || raised part. || **poner algo de r.**, to emphasize, to bring out.

religión f. religion.

religiosa f. nun.

religioso adj. religious. || punctilious.

relinchar vi. to neigh, to whinny.

reliquia f. relic. || pl. **reliquias**, relics, remains.

reloj m. clock. || watch. || **r. de pulsera**, wristwatch. || **r. de sol**, sundial. || **r. despertador**, alarm clock.

relojero m. watchmaker, clockmaker.

relucir vi. to shine. || to glitter. || to be bright.

relumbrar vi. to shine. || to dazzle. || to glitter.

rellenar vt. to refill. || to stuff. || to pad. || to fill up.

relleno adj. packed, stuffed. || — m. filling. || stuffing. || padding.

remache m. (lech.) rivet. || clinching. || rivetting.

remanente adj. remaining. || remanent, residual. || — m. remainder, remnants. || balance. || surplus.

remanso m. pool. || backwater. || (fig.) quiet place.

remar vi. to row. || (fig.) to toil, to struggle.

rematado adj. complete, out-and-out, utter.

rematar vt. to finish off. || to sell off cheap. || (S. Am.) to sell at auction. || — vi. to end up.

remate m. finishing (off). || end. || tip, point. || sale (by auction). || **de r.**, utter(ly).

remedar vt. to imitate, to copy. || to ape, to mimic.

remediar vt. to remedy. †|| to repair. || to help. || to avoid.

remedio m. remedy. || solution. || help, relief. || (law) recourse. || **como último r.**, as a last resort. || **no tengo más r. que**, I have no alternative but to. || **poner r. a**, to do something about.

remedo m. imitation, copy.

rememorar vt. (lit.) to remember, to recall.

remendar vt. to mend, to repair. || to patch, to darn.

remendón m. cobbler.

remero m., **remera** f. rower, paddler.

remesa f. remittance. || shipment, consignment.

remiendo m. mend. || patch, darn.

remilgo m. prudery. || affectation. || prim look.

reminiscencia f. reminiscence.

remisión f sending. || shipment. || remission. || reference (a to). || (med.) remission, abatement.

remitente m., f. sender.

remitir vt. to send. || to remit. || to refer (a to). || to postpone. || (relig.) to pardon. || — vi. to slacken. || — vr. to abandon oneself. || to leave it. || to refer.

remo m. oar. || paddle. || (sport) rowing.

remoción f. removal. || reshuffle.

remojar vt. to steep, to soak. || to dip.

remojo m. soaking. || dip.

remolacha f. beet, beetroot: **r. azucarera**, sugar beet.

remolcador m. lug. || tow car, breakdown lorry.

remolino m. swirl. || whirlpool. || whirl, whirlwind. || commotion.

remolonear vi. to slack, to shirk.

remolque m. towing. || towrope. || (aut.) tow. || **grúa r.**, breakdown lorry or truck. || **ir a r. de**, to be towed by.

remontar vt. to remount. || to elevate, to raise. || (river) to go up. || — vr. to rise, to soar. || to go back.

rémora f. remora (fish). || hindrance.

remorder vt. to cause remorse, to sting. || to prick (one's conscience). || — vr. to suffer remorse.

remordimiento m. remorse, regret.

remoto adj. remote. || vague.

remover vt. to turn over. || to remove. || to move (about). || to stir.

remozar vt. to rejuvenate. || to polish up.

remplazar vt. see **reemplazar**.

remplazo m. see **reemplazo**.

remunerar vt. to remunerate. || to reward.

renacentista adj. Renaissance (attr.).

renacer vi. to be reborn. || (bot.) to grow again. || to revive.

renaciente adj. renascent.

renacimiento in. rebirth, revival. || **R.**, Renaissance.

renal adj. renal, kidney (attr.).

rencilla f. quarrel. || feud. || ill will. || grudge.

renco adj. lame.

rencor m. rancour. || resentment. || spitefulness.

rencoroso adj. spiteful. || rancorous, resentful.

R

rendición *f.* surrender. || *(Arg.)* trading balance.

rendija *f.*, crack, crevice. || *(fig.)* rift, split.

rendimiento *m.* efficiency, performance. || yield. || *(fin.)* profit(s). || fatigue.

rendir *vt.* to produce, to yield. || to defeat || (homage) to pay. || *(mil.)* to surrender || to exhaust. || *(Am.)* (examination) to sit. || **r. cuentas**, to account for one's actions. || **r. culto**, to worship. || — *vi. to* pay, to yield. || — *vt.* to surrender.

renegado *adj.*, *m.*, renegade.

renegar *vi.* to deny, to renounce. || to curse. || to blaspheme. || to complain.

renglón *m.* line (of writing). || *(comm.)* item. || **a r. seguido**, immediately afterwards.

rengo *adj.* lame. || — *m.*, **renga** *f.* lame person.

renombre *m.* renown, fame.

renovación *f.* renewal. || renovation. || restoration.

renovar *vt.* to renew. || to renovate. || to restore.

renta *f.* income. || (property) rent. || revenue.

rentable *adj.* profitable. || **no r.**, unprofitable.

rentar *vt.* to produce, to yield. || *(Am.)* to let.

rentista *m.*, *f.* stockholder.

renuente *adj.* unwilling, reluctant.

renuevo *m.* renewal. || *(bot.)* shoot, sprout.

renuncia *f.* renunciation. || resignation.

renunciar *vt.* to renounce. || to resign.

reñidero *m.* **r. de gallos**, cockpit.

reñido *adj.* (battle, contest) bitter, hard-fought. || on bad terms.

reñir *vt.* to scold. || to fight. || — *vi.* to quarrel, to fall out.

reo *m.*, *f.* culprit. || criminal. || defendant.

reojo: **mirar a uno de r.**, *adv.* to look at someone out of the corner of one's eye.

reorganizar *vt.*, *vr.* to reorganize.

reparación *f.*, repairing, mending. || repair.

reparar *vt. to* repair. || *(fig.) to* make amends for. || to observe. || — *vi.* to notice. || **r. en**, to pay attention to. || **sin r. en**, regardless of.

reparo *m.* repair. || restoration. || objection. || (fencing) parry. || hesitation.

repartición *f.* distribution. || division.

repartir *vt.* to distribute. || to share (out). || to deliver. || *(theat.)* to cast. || — *vr.* to be distributed.

reparto *m.* distribution. || sharing out. || delivery. || *(theat., cine.)* cast. || casting.

repasar *vt.* to pass (by) again. || to go over again. || to check, to look over. || to revise.

repaso *m.* review, revision. || check. || mending. || overhaul.

repatriar *vt.* to repatriate. || — *vr.* to return home.

repeler *vt.* to repel. || to reject.

repente *m.* sudden movement. || **de r.**, suddenly.

repentino *adj.* sudden. || unexpected.

repercusión *f.* repercussion.

repercutir *vi.* to rebound. || to re-echo. || — *vr.* to reverberate.

repertorio *m.* list. || *(theat.)* repertoire.

repetición *f.* repetition. || recurrence.

repetidor *adj.* repeating. || — *m. (radio, TV)* booster, booster station.

repetir *vt.* to repeat. || (sound) to echo. || (recording) to play back. || — *vi.* to repeat. || — *vr.* to repeat oneself.

repicar *vt.* (bells) to ring, to peal, to sound.

repique *m. (mus.)* peal(ing), ringing. || chime.

repiquetear *vt.* to peal joyfully, to ring merrily. || to drum. || — *vi.* to peal out, to ring.

repisa *f.* ledge, shelf. || bracket. || mantelpiece.

replegable *adj.* folding. || retractable.

replegar *vt.* to fold over. || to retract. || — *vr.* to fall back.

repleto *adj.* replete, full up.

réplica *f.* answer. || retort. || *(art)* replica, copy.

replegue *m.* fold, crease. || *(mil.)* withdrawal.

repollo *m.* cabbage.

reponer *vt.* to replace, to put back. || *(theat.)* to revive (a play). || *(law)* to restore (a case). || — *vr.* to recover. || to calm down.

reportaje *m.* report, article, write up, special feature.

reposado *adj.* quiet. || restful. || calm.

reposar *vi.* to rest. || to lie buried. || — *vr.* (food, liquid) to settle.

reposición *f.* replacement. || revival. || recovery.

reposo *m.* rest, repose.

repostería f. confectioner's (shop). || larder, pantry.

reprender vt. to reprehend, to reprimand. || to scold.

reprensión f. reprehension, reprimand. || scolding.

represa f. recapture. || dam. || weir. || **r. de molino**, millpond.

represalia f., reprisal.

representación f., representation. || **en r. de**, as a representative of. || (theat.) performance.

representante m., f. representative.

representar vt. to represent. || to stand for. || (theat.) to perform. || (part) to act, to play. || (age, etc.) to look. || — vr. to imagine, to picture.

represión f., repression. || suppression.

reprimenda f. reprimand, rebuke, telling-off.

reprimir vt. to repress. || to check.

reprobar vt. to reprove. || to blame. || to damn. || (candidate) to fail.

réprobo adj., m. (eccl.) reprobate, damned.

reprochar vt. to reproach. || — vr. to reproach oneself.

reproche m. reproach, rebuke, reproof.

reproducción f. reproduction. || (med.) recurrence.

reproducir vt. to reproduce. || — vr. to reproduce. || to breed. || to recur.

reptar vi. to slither, to crawl. || to snake along.

reptil adj. reptilian. || — m. reptile.

república f. republic.

repudiar vt. to repudiate. || (law) to renounce.

repudio m. repudiation.

repuesto adj. replaced. || restored. || recovered. || — m. stock. || supply. || spare, spare part. || sideboard.

repugnancia f. disgust, repugnance. || reluctance.

repugnante adj. disgusting, revolting.

repugnar vt. to disgust. || to detest. || — vi. to be disgusting. || — vr. to be in opposition.

repujar vt. to emboss.

repulgo m. (sew.) hem. || (cook.) decorated border.

repulsa || rejection, refusal. || rebuff.

repulsión f. rejection. || repulsion, disgust, aversion.

repulsivo adj. disgusting, revolting, loathsome.

repunte m. (naut.) turn of the tide.

reputación f. reputation. || standing.

reputar vt. to repute. || to deem, to consider.

requemar vt. to scorch. || to parch. || to burn. || — vr. to scorch. || to get parched. || to burn.

requerimiento m. request. || demand. || summons.

requerir vi. to need, to require. || to request, to ask. || to summon. || **r. de amores**, to court, to woo.

requisa f. inspection. || (mil.) requisition.

requisito m. requirement, requisite. || qualification.

requisitoria f. (law) examination, interrogation.

res f. beast, animal. || head of cattle.

resabio m. unpleasant aftertaste. || bad habit.

resaca f. undertow, undercurrent. || hangover.

resaltar vi. to jut out, to stick out, to project. || to stand out. || to emphasize something.

resarcimiento m. indemnification, compensation.

resarcir vt. to repay. || to indemnify, to compensate.

resbaladizo adj. slippery.

resbalar vi., vr. to slip. || to slide. || to skid. || to trickle.

resbalón m. slip. || slide. || skid. || (fig.) error.

resbaloso adj. (S. Am.) slippery.

rescatar vt. to ransom. || to save. || to recover. || to get back. || to redeem.

rescate m. ransom. || recovery. || redemption. || rescue.

rescindir vi. to rescind, to cancel.

rescisión f. rescission, cancellation.

resecar vi. to dry off, to dry thoroughly. || to parch.

resentido adj. resentful. || bitter.

resentimiento m. resentment. || bitterness. || grudge.

resentirse vr. to feel resentment. || to feel hurt. || to begin to weaken.

reseña f. brief description. || review, write up. || account.

reseñar vt. to describe. || to write a review of.

reserva f. reservation. || reserve. || reticence. || caution. || **sin r.**, openly, frankly.

R

reservado adj. reserved. || reticent. || — m. private room.

reservar vt. to reserve. || to keep. || to put aside. || to postpone. || to exempt. || to keep secret. || — vr. to save oneself.

reservorio m. reservoir.

resfriado m. cold, chill, catarrh.

resfriar vi. to cool, to chill. || — vr. to catch a cold.

resfrío m. cold (in the head).

resguardar vt. to protect, to shield. || — vr. to protect oneself.

resguardo m. defence, protection. || (comm.) security, voucher.

residencia f. residence. || mansion, manor || stay, sojourn.

residente adj., m., f. resident.

residir vi. to reside, to live, to dwell. || (fig.) to lie.

residual adj. residual. || **aguas residuales**, sewage.

residuo m. residue. || (math.) remainder. || pl. **residuos**, remains.

resignación f. resignation.

resignar vt. to resign, to renounce. || to hand over. || — vr. to resign oneself.

resina f. resin.

resistencia f. resistance. || opposition. || endurance.

resistente adj. resistant (a to).

resistir vt. to resist, to oppose. || to endure. || — vi. to resist. || to last. || — vr. to resist. || to struggle. || **r. a**, to refuse to.

resma f. ream.

resolución f. resolution, determination, courage. || solution.

resolver vt. to solve, to resolve. || — vi. to resolve, to decide.

resollar vi. to breathe heavily.

resonancia f. resonance. || echo.

resonar vi. to resound, to ring, to echo (de with).

resoplar vi. to snort. || to puff and blow. || to pant.

resorte m. spring. || elasticity. || (fig.) means. || (S. Ant.) elastic band.

respaldar vt. to endorse. || to back, to support. || — vr. to lean back.

respaldo m. back. || endorsement. || support.

respectivo adj. respective.

respecto m. respect. || **al r.**, in the matter, in this respect.

respetable adj. respectable.

respetar vt. to respect.

respeto m. respect, regard, consideration.

respetuoso adj. respectful.

respingado adj. (nose) snub, turned-up.

respiración f. breathing, respiration. || breath.

respirar vt. to breathe. || — vi. to breathe. || to draw breath. || to get one's breath back. || to breathe a sigh of relief. || to ooze: **r. confianza**, to ooze confidence.

respiro m. breathing. || (fig.) respite. || rest.

resplandeciente adj. shining. || glittering, glowing.

resplandor m. brilliance, brightness. || glow.

responder vt. to answer. || to reply to. || — vi. to respond. || to echo back. || to correspond. || **r. de**, to be responsible for, to answer for.

responsabilidad f. responsibility. || liability.

responsabilizar vr. to make oneself responsible.

responsable adj. responsible. || liable. || **hacer a uno r.**, to hold someone responsible.

respuesta f. answer, reply. || response.

resquebrajar vt., vr. to crack, to split.

resquemor m. burn, sting. || misgiving. || resentment.

resquicio m. chink, crack. || (fig.) chance, possibility.

resta f. (math.) subtraction. || remainder.

restablecer vt. to re-establish, to restore. || — vr. to recover.

restablecimiento m. re-establishment. || restoration. || recovery.

restante adj. remaining.

restar vt. to deduct. || to subtract. || — vi. to remain, to be left.

restauración f. restoration.

restaurante m. restaurant.

restaurar vt. to restore.

restitución f. restitution, return.

restituir vt. to return, to give back. || to restore. || — vr. to go back to.

resto m. rest, remainder. || stake. || (sport) return. || pl. **restos**, remains. || ruins.

restorán m. restaurant.

restregar vt. to scrub. || to rub (hard).

restricción f. restriction. || limitation. || restraint.

restringir vt. to restrict, to limit. || — vr. to reduce, to cut down on.

resucitar vt. to resuscitate, to revive. || — vi. to revive, to return to life.

resuello adj. resolute, determined.

resuello m. breath. || breathing.

resulta f. result: **de resultas de**, as a result of.

resultado m. result. || outcome.

resultar vi. to prove (to be), to turn out (to be). || to result, to arise. || to work out. || to happen, to occur. || to seem. || **de esto resulta que**, it follows from this that. || **viene a r. lo mismo**, it amounts to the same thing.

resumen m. summary, résumé. || **en r.** in short.

resumir vt. to sum up. || to summarize. || to abridge.

resurgimiento m. resurgence. || revival. || reappearance.

resurgir vi. to reappear, to revive.

resurrección f. resurrection.

retador adj. challenging. || defiant. || — m. challenger.

retaguardia f. rearguard. || **a r.**, in the rear.

retar vt. to challenge. || to reprimand. || to scold.

retardar vt. to slow down, to retard. || to delay.

retazo m. remnant, piece. || fragment.

retén m. store. || (tech.) catch. ||(mil.) reserve.

retener vt. to retain. || to hold back. || to keep.

reticencia f. insinuation, suggestion. || implication.

retintín m. tinkle, jingle. || (fig.) sarcastic tone.

retirada f. (mil.) retreat, withdrawal.

retirado adj. remote, secluded. || retired.

retirar vt. to retire. || to withdraw, to take away. || to retract. || — vr. to move away. || to retreat, to withdraw. || to retire.

retiro m. retirement. || withdrawal. || retreat.

reto m. challenge. || threat. || reprimand. || scolding.

retobado adj. saucy. || unruly. || obstinate.

retocar vt. to retouch, to touch up. || (clothes) to alter.

retoño m. (bot.) sprout, shoot. || (infml.) kid.

retoque m. retouching. || finishing touch.

retorcer vr. to twist. || to wring. || to twine. || — vr. to twist up. || to twirl. || to writhe.

retorcimiento m. twisting. || wringing. || entwining.

retórica f. rhetoric.

retornar vt. to return, to give back. || — vi. to return, to come back.

retorno m. return. || repayment. || barter.

retortijón m. rapid twist. || cramp.

retozar vt. to romp, to frolic, to frisk about.

retozón adj. playful, frolicsome, frisky.

retracción f. retraction.

retractar vt. to retract, to withdraw. || — vr. to retract.

retráctil adj. retractile. || retractable.

retraer vt. to bring back. || to dissuade. || — vr. to withdraw.

retraído adj. retiring, shy, reserved. || unsociable.

retraimiento m. retirement. || seclusion. || shyness, reserve.

retransmisión f. rebroadcast. || passing on.

retransmitir vt. to pass on. || (radio, TV) to retransmit. || to broadcast live.

retrasado adj. late. || (country) backward, underdeveloped. || (med.) retarded.

retrasar vt. to delay, to postpone. || to retard, to slow down. || — vi., vr. (watch) to be slow. || to be late.

retraso m. delay, slowness. || backwardness. || **llegar con r.**, to arrive late.

retratar vt. to portray. || to paint the portrait of. || to photograph. || (fig.) to depict. || — vr. to have one's picture painted.

retrato m. portrait. || photograph. || (fig.) portrayal, depiction.

retrete m. lavatory, toilet.

retribución f. retribution pay, payment. || reward.

retribuir vt. to pay. || to reward, to compensate.

retroactividad f. retroactivity.

retroceder vi. to move back. || to draw back. || to turn back. || (mil.) to retreat.

retroceso m. backward movement. || (mil.) withdrawal, retreat. || (of gun) recoil.

retrógrado adj. retrograde. || reactionary.

retropropulsión f. (aer.) jet propulsion.

retrospectivo adj. retrospective.

retumbante adj. resounding. || (fig.) bombastic.

retumbar vi. to rumble. || to resound, to echo.

reuma, **reúma** m. rheumatism.

reunificación f. reunification.

reunión f. reunion, meeting. || party.

reunir vt. to reunite. || to assemble, to collect, to gather. || to put together. || — vr. to join together. || to meet.

revalidar vt. to revalidate, to confirm.

revalorar, **revalorizar** vt. to revalue.

revancha f. revenge. || (sport) return match.

revelación f. revelation. || disclosure.

revelar vt. to reveal. || to disclose. || to betray. || (phot.) to develop.

revender vt. to resell. || to retail. || to speculate in. || (tickets) to tout.

reventar vt. to burst, to explode. || to smash. || (person) to exhaust. || to annoy, to bother. || — vi. to explode. || to burst out. || — vr. to burst, to explode. || (infml.) to be exhausted.

reventón m. burst, bursting. || explosion. || (aut.) puncture.

rever vi. to revise, to look over, to review.

reverberación f. reverberation.

reverdecer vi. (bot.) to grow green again. || (fig.) to revive.

reverencia f. reverence. || bow, curtsy.

reverenciar vr. to revere, to venerate.

reverendo adj. respected, revered. || (eccl.) Reverend.

reverso m. reverse. || back, other side.

revertir vi. to revert (a to) (a. law).

revés m. reverse, back. || wrong side. || backhand. || (fig.) setback. || **al r.**, upside down. || (dress, etc.) inside out.

revestir vt. (dress) to put on. || (tech.) to coat, to cover (de with). || — vr. to put on (clothes). || to arm oneself with.

revisar vt. to revise. || to check. || to inspect. || to re-examine.

revisión f. revision, y check. || review. || **r. de cuentas**, audit, auditing.

revisor m. reviser. || inspector. || (rail.) ticket collector.

revista f. magazine, review, journal. || inspection. || re-examination. || (cheat.) revue.

revistar vr. (mil., naut.) to review, to inspect.

revivir vt., vi. to revive.

revocar vt. to revoke, to repeal. || to cancel.

revolcar vt. to knock down. || (infml.) to floor. || to fail. || — vr. to wallow, to roll about.

revoloteo m. fluttering. || (fig.) stir, commotion.

revoltijo, **revoltillo** m. jumble, confusion || mess.

revoltoso adj. rebellious, unruly. || (child) naughty. || — m., **revoltosa** f. rebel. || (pol.) troublemaker, agitator.

revolución f. revolution.

revolucionario adj., m., **revolucionaria** f. revolutionary.

revolver vt. to stir, to mix. || to turn over. || to disturb, to stir up, to upset. || to turn upside down. || — vr. to roll. || to toss and turn. || to writhe.

revólver m. revolver.

revoque m. plastering. || plaster, stucco.

revuelo m. fluttering.). || (fig.) stir, commotion.

revuelta f. turn. || revolt, revolution. || disturbance.

revuelto adj. mixed up, confused. || tangled. || agitated. || turbulent. || mischievous. || **huevos revueltos**, scrambled eggs.

rey m. king. || sovereign. || pl. **los reyes**, the king and queen. || **Noche de Reyes**, Twelfth Night.

reyerta f. quarrel, fight, row, wrangle.

rezagado m. latecomer. || (mil.) straggler.

rezagar vt. to leave behind. || to postpone. || — vr. to lag, to fall behind.

rezar vt. to pray. || to say (the divine office, the Mass, a prayer). || (infml.) to say, to read. || — vt. to pray. || (infml.) to read, to say.

rezo m. prayer(s). || devotions. || praying.

rezongar vi. to grumble, to gripe, to grouch.

rezumar vt., vi., vr. to ooze, to exude.

ría f. estuary. || ria.

riachuelo m. brook, stream.

ribera f. (of river, lake) bank. || (of sea) beach, shore.

ribete m. (sew.) edging, border, trimming.

ribetear vt. to edge, to border, to trim (de with).

rico adj. rich, wealthy. || (food) tasty. || delicious. || — m., **rica** f. rich person. || pl. **los ricos**, the rich.

ridiculizar vi. to ridicule, to deride. || to mock.

ridículo adj. ridiculous, ludicrous. || — m. ridiculous. || ridicule.

riego *m.* watering. || irrigation.

riel *m.* (rail.) rail. || (tech.) ingot, bar.

rienda *f.* rein. || (fig.) restraint. || **dar r. suelta a**, to give free rein to. || **tomar las riendas** (fig.), to take control.

riesgo *m.* risk, danger.

rifa *f.* raffle.

rifle *m.* rifle.

rigidez *f.* rigidity, stiffness. || strictness.

rigor *m.* rigour, severity, harshness. || strictness.

riguroso *adj.* severe, harsh. || strict. || rigorous.

rima *f.* rhyme, consonance. || *pl.* **rimas**, poems, verse.

rimar *vt., vi.* to rhyme (con with).

rimbombante *adj.* resounding, booming. || bombastic.

rincón *m.* corner. || nook. || retreat.

rinoceronte *m.* rhinoceros.

riña *f.* fight, brawl. || quarrel, argument. || **r. de gallos**, cockfight.

riñón *m.* kidney. || heart, core.

río *m.* river. || (fig.) stream, torrent. || **r. abajo**, downstream. || **r. arriba**, upstream.

rioplatense *adj.* of the River Plate region.

ripio *m.* refuse, waste. || rubble. || (lit.) padding.

riqueza *f.* wealth, riches. || resources.

risa *f.* laugh. || laughter. || **soltar la r.**, to burst out laughing.

risco *m.* cliff, crag.

risible *adj.* ludicrous, laughable.

risotada *f.* guffaw, boisterous laugh.

risueño *adj.* smiling. || cheerful, gay.

ritmo *m.* (mus. etc.) rhythm. || (fig.) rate, pace.

rito *m.* rite, ceremony.

rival *adj.* rival, competing. || — *m., f.* rival, contender.

rivalizar *vi.* to rival, to vie, to compete.

rizado *adj.* (hair) curly. || ripply. || wavy. || — *m.* curling.

rizar *vt.* (hair) to curl. || to ripple. || — *vr.* to curl naturally. || to ripple.

rizo *adj.* curly. || — *m.* curl. || ripple. || (aer.) loop.

robar *vt.* to rob. || to steal. || to break into. || to abduct, to kidnap.

roble *m.* oak, oak tree.

robo *m.* robbery, theft. || stolen article.

robustecer *vt.* to strengthen.

robusto *adj.* robust, strong, tough.

roca *f.* rock. || (fig.) rock, stone.

roce *m.* touch. || rub. || friction. || (fig.) contact.

rociar *vt.* to sprinkle, to spray. || — *vi.* to fall (dew).

rocío *m.* dew. || (fig.) sprinkling, spray.

rocoso *adj.* rocky.

rodado *adj.* wheeled. || rounded. || — *m.* boulder, stone. || (Arg., Chile) wheeled vehicle.

rodaja *f.* small wheel, small disc. || slice. || **en rodajas**, sliced.

rodaje *m.* (tech.) wheels, set of wheels. || (cine.) shooting, filming.

rodar *vt.* (vehicle) lo wheel. || to roll. || to travel, over. || (cine.) to shoot, to film. || — *vi.* to roll. || to run (on wheels). || to rotate. || (cine.) to shoot, to film.

rodear *vi.* to surround. || to encircle. || (S. Am.) to round up cattle. || to surround. || — *vi.* to go by a roundabout way. || — *vr.* **rodearse de**, to surround oneself with.

rodeo *m.* roundabout way. || evasion, circumlocution. || rodeo. || cattle roundup. || corral. || **andar con rodeos**, to beat about the bush.

rodilla *f.* (anal.) knee. || **caer de rodillas**, to fall on one's knees. || **de rodillas**, kneeling.

rodillera *f.* knee guard, kneepad.

rodillo *m.* roller. || rolling pin.

roedor *adj.* gnawing. || — *m.* (zool.) rodent.

roer *vt.* to gnaw. || to eat away, to corrode. || (fig.) to torment.

rogar *vt.* to beg, to pray. || to ask. || — *vi.* to beg, to plead. || **"se ruega no fumar"**, "no smoking please".

rojizo *adj.* reddish. || ruddy.

rojo *adj.* red. || ruddy. || **ponerse r.**, to turn red, to blush. || — *m.* red, red colour.

rol *m.* list, roll. || (theat., and fig.) role, part.

rollizo *adj.* round. || plump. || — *m.* round log.

rollo *m.* roll. || coil. || (hist.) scroll. || roll log. || (infml.) bore.

romance *adj.* Romance. || — *m.* (ling.) Romance language. || Spanish language. || (lit.) ballad, tale of chivalry. || romance, love affair.

romano *adj., m.,* **romana** *f.* Roman.

romántico *adj., m.,* **romántica** *f.* romantic.

rombo *m.* rhomb, rhombus.

romería *f.* pilgrimage. || (fig.) trip, excursion.

R

romero *m.,* **romera** *f.* pilgrim. || — *m.* (*bot.*) rosemary.

rompecabezas *m.* puzzle. || jigsaw (puzzle).

rompehuelgas *m.* strikebreaker, blackleg.

rompeolas *m.* breakwater.

romper (*pp.* **roto**) *vt.* to break. || to smash, to shatter. || to tear (up). || to wear out. || (*fig.*) to interrupt. || (*mil.*) to open: **r. el fuego**, to open fire. || — *vi.* to break. || to burst open. || to burst out. || — *vr.* to break. || to smash. || to tear. || to break down.

rompiente *m.* reef, shoal. || *f. pl.* **rompientes**, breakers, surf.

rompimiento *m.* breaking, smashing. || tearing. || breach. || crack.

ron *m.* rum.

roncar *vi.* to snore. || to roar.

ronco *adj.* hoarse. || (sound) harsh, raucous.

roncha *f.* bruise. || (of sting) swelling. || bump or rash.

ronda *f.* patrol. || round. || street serenade. || ring road. || ring-around-a-rosy.

rondar *vt.* to patrol. || to make the rounds of. || to court, to woo. || to be about. || — *vi.* to patrol. || (*fig.*) to prowl.

ronquido m. snore. || snoring. || (*fig.*) roar(ing).

ronronear *vi.* to purr.

roña *f.* (*vet.*) scab, mange. || crust of dirt, filth. || stinginess.

ropa *f.* clothes, clothing. || **a quema r.**, point blank, suddenly. || **r. blanca**, linen.

ropaje *m.* robes. || drapery. || clothing.

ropero *m.* clothier. || wardrobe, clothes cupboard.

roque *m.* (chess) rook, castle.

rosa *f.* (*bot.*) rose. || pink, rose. || **r. de los vientos** o **náutica**, compass card or rose || — *adj.* pink.

rosado *adj.* pink, rosy, rose-coloured. || — *m.* rosé.

rosal *m.* rosebush, rosetree.

rosario *m.* rosary, beads. || string or series of misfortunes.

rosbif *m.* (*cook.*) roast beef.

rosca *f.* coil, spiral. || (*cook.*) ring-shaped roll. || thread (of a screw).

rosedal *m.* (*Arg.*) rosegarden, rosebed.

roseta *f.* (*bot.*) small rose. || rosette. || *pl.* **rosetas**, popcorn.

rosquilla *f.* doughnut. || (*ent.*) grub, small caterpillar.

rostro *m.* face.

rotación *f.* rotation. || turnover.

rotativo *adj.* rotary, revolving.

roto *adj.* broken. || tom. || shattered. || — *m.* (*Chile*) very poor person.

rotograbado *m.* (*typ.*) rotogravure.

rotoso *adj.* (*S. Am.*) ragged, shabby.

rótulo *m.* label, tag. || heading, title. || inscription.

rotundo *adj.* round. || flat. || emphatic.

rotura *f.* opening, breach. || crack. || tear, rip.

roturar *vt.* to break up, to plough.

rozadura *f.* chafing, friction. || (*med.*) abrasion.

rozamiento *m.* rubbing, chafing. || (*mech.*) friction.

rozar *vt.* to rub against. || to chafe. || to graze, to touch lightly. || — *vr.* to rub, to brush. || (*fig.*) to rub shoulders.

rubí *m.* ruby. || (of watch) jewel.

rubicundo *adj.* ruddy, rubicund. || rosy with health.

rubio *adj.* fair, fair-haired, blond(e). || **tabaco r.**, Virginian tobacco.

rubor *m.* blush. || bashfulness, shyness.

ruborizar *vt.* to cause to blush. || — *vr.* to blush.

rúbrica *f.* flourish (of signature). || title, heading, rubric.

rudeza *f.* plainness. || (*pej.*) roughness, coarseness.

rudimento *m.* rudiment.

rudo *adj.* rough. || unpolished. || primitive. || dull.

rueda *f.* wheel. || ring, circle. || spread (of peacock's tail). || round slice. || **r. de prensa**, press conference. || **r. de repuesto** (o **de auxilio**) spare wheel.

ruedo *m.* turn. || edge, border. || (skirt) hem. || (*taur.*) bullring, arena.

ruego *m.* request: **a r. de**, at the request of. || plea.

rufián *m.* ruffian, scoundrel. || pimp. || hooligan.

rugido *m.* roar. || bellow. || howl.

rugir *vi.* to roar. || to bellow.

rugoso *adj.* wrinkled, creased. || rough.

ruido *m.* noise, sound. || din. || commotion, stir.

ruidoso *adj.* noisy, loud. || (*fig.*) sensational.

ruin *adj.* mean. || despicable, base. || small, petty. || vicious.

ruina *f.* ruin, decay. || decline, downfall. || destruction.

ruindad *f.* meanness, baseness. || mean act.

ruinoso *adj.* ruinous. || tumbledown. || disastrous.

ruiseñor *m. (zool.)* nightingale.

rulero *m.* curler.

ruleta *f.,* roulette.

rumbo *m.* route, direction. || course. || bearing. || *(fig.)* course, of events. || pomp, lavishness. || **poner r. a**, to head for.

rumboso *adj.* sumptuous, ostentatious. || generous.

rumiar *vt.* to ruminate, to chew. || to meditate on. || — *vi.* to chew the cud.

rumor *m.* rumour. || report. || gossip. || buzz.

runrún *m.* buzz, murmur. || drone, droning.

rupestre *adj.* rupestrian. || rock.

ruptura *f. (fig.)* rupture. || breaking. || fracture.

rural *adj.* rural, country *(attr.)*.

ruso *adj., m.,* **rusa** *f.* Russian. || — *m.* (language) Russian.

rústico *adj.* rustic, rural. || coarse, uncouth. || **en rústica**, paperback, paperbound. || — *m.* peasant, yokel.

ruta *f.* route. || road, way. || *(naut.)* course.

rutilante *adj. (lit.)* shining, sparkling, scintillating.

rutina *f.* routine.

S

s f. s.
sábado m. Saturday. || (Jewish) Sabbath.
sábalo m. shad.
sabana f. savannah.
sábana f. bed sheet. || (eccl.) altar cloth.
sabandija f. bug, insect. || (fig.) wretch, louse.
sabañón m. chilblain.
saber vt. to know. || **hacer s.**, to inform. || **que yo sepa,** as far as I know. || **quiénsabe,** perhaps. || **sin s. cómo**, unexpectedly. || — vi. s. **a,** to taste of. || — m. knowledge, learning.
sabiduría f. wisdom. || learning, knowledge.
sabiendas: a s., adv. knowingly. || deliberately.
sabihondo adj., m. **sabihonda** f. know-all.
sabio adj. learned. || expert. || (iro.) know-all. || wise. || — m. **sabia** f. wise person. || scholar, expert.
sable m. sabre. || (her.) sable, black.
sabor m. taste, flavour. || savour.
saborear vi. to flavour. || to taste. || (fig.) to relish. || — vr. to savour (a. fig.).
sabotaje m. sabotage.
sabotear vt. to sabotage (a. fig.).
sabroso adj. (food) tasty, delicious. || rich.
sabueso m. (zool.) bloodhound. || (fig.) sleuth.
sacabocados m. (tech.) punch.
sacacorchos m. corkscrew.
sacador m. (tennis) server.
sacapuntas m. pencil sharpener.
sacar vi. to lake out, to get out. || to extract. || to remove. || (tennis) to serve. || to draw. || to elect. || **s. a bailar**, to invite to dance. || **s. adelante**, to carry forward. || **s. en claro, s. en limpio**, to get out of, to solve. || **s. la cuenta,** to figure out. || **s. partido,** to take profit.
sacarina f. saccharin(e).
sacerdocio m. priesthood.
sacerdote m. priest.

saciar vt. to satiate, to sate, to satisfy.
saco m. sack, bag. || plunder. || (Arg.) jacket.
sacramento m. sacrament.
sacrificar vi. to sacrifice. || to slaughter. || — vr. to sacrifice oneself.
sacrilegio m. sacrilege.
sacristán m. sacristan. || sexton.
sacristía f. vestry, sacristy.
sacro adj. sacred, holy. || — m. (anat.) sacrum.
sacudida f. shake, jerk, jolt. || (fig.) shock.
sacudir vt. to shake. || to jolt. || — vr. to shake off.
sádico adj. sadistic.
saeta f. arrow, dart. || needle.
sagaz adj. shrewd, clever, sagacious. || astute.
sagrado adj. sacred. || — m. sanctuary, asylum.
sahumar vi. to perfume (with incense).
sainete m. (theat.) one-act farce. || (cook.) sauce.
sajón adj., m., **sajona** f. Saxon.
sal f. salt.
sala f. drawing room. || room. || hall. || auditorium. || (law) court. || **s. de conferencias**, lecture room.
salado adj. (cook.) salt, salty. || (fig.) witty, amusing.
salar vt. (cook.) to put salt m. || to add salt to.
salario m. wages. || salary.
salchicha f. pork sausage.
saldar vt. lo settle. || to pay up.
saldo m. settlement. || (comm.) balance. || remnant.
salero m. (cook.) saltcellar. || (fig.) wit. || charm.
salida f. exit. || (comput.) output. || (tech.) outlet, vent. || (act) going out, emergence. || (rail., etc.) departure. || rising (of sun). || (mil.) sally, sortie. || outcome, result. || (infml.) joke. || **s. de baño**, bathrobe. || **s. de emergencia**, emergency exit.

saliente adj. projecting. || — m. projection, ledge.

salina f. salt mine. || salt pan. || pl. **salinas**, saltworks.

salir vi. to come out, to go out. || to appear. || to emerge. || (sun) to rise. || to prove to be. || to happen. || to come off. || to leave (train, etc.). || **s. bien**, to succeed, to turn out well. || **s. mal**, to come out badly. || — vr. to get out. || to leak, to ooze. || to go off. || **salirse uno con las suyas** (fig.), to have one's own way.

salitre m. saltpetre, nitre.

saliva f. saliva, spit.

salivar vi. to salivate.

salmo m. psalm.

salmón m. salmon.

salmuera f. pickle, brine.

salobre adj. brackish, briny, salty.

salón m. saloon, drawing room, reception room.

salpicar vt. to splash, to spatter. || to sprinkle.

salpimentar vi. (cook.) to add salt and pepper to.

salpullido m. rash, skin eruption. || flea bites.

salsa f. sauce. || gravy. || dressing (for salad).

salsera f. sauce boat. || gravy boat.

saltar vt. to leap (over), to jump (over). || to vault. || to skip. || — vi. to plunge. || to bounce. || (cork) to pop out. || (button) to come off. || (liquid) to spurt up. || to burst. || **s. a la vista**, to be self-evident.

saltear vt. to hold up, to rob. || to do in fits and starts. || (cook.) to sauté, to fry lightly.

saltimbanqui m. juggler. || acrobat.

salto m. jump, leap. || bound, spring. || vault. || hop, skip. || (geol.) fault. || chasm. || (fig.) gap. || **dar saltos de alegría**, to leap with joy.

salubre adj. healthy, salubrious.

salud f. health. || welfare. || **¡s.!**, your health!

saludar vt. to greet, to salute, to hail.

saludo m. greeting. || bow. || regards. || (mil.) salute.

salva f. (mil., etc.) salute, salvo. || (fig. of applause) storm, volley. || greeting. || oath.

salvación f. rescue, delivery, salvation.

salvado m. bran.

salvador m. rescuer, saviour. || **el S.**, the Saviour.

salvadoreño adj., m., **salvadoreña** f. Salvadoran.

salvaguardar vt. to safeguard.

salvaje adj. wild. || uncultivated. || — m., f. savage.

salvamento m. rescue. || salvage. || (fig.) salvation.

salvar vt. to save, to rescue. || to salvage. || to protect. || to cross. || — vr. to save oneself, to escape.

salvavidas m. lifebelt. || **bote s.**, life boat.

salvedad f. reservation, qualification, proviso.

salvo adj. safe. || saved. || excepted, omitted. || — adv. and prep. except, save. || barring. || **poner a s.**, to rescue, to make safe.

salvoconducto m. safe-conduct.

san m. (apocopated form of **santo**) saint.

sanar vt. to cure, to heal. || — vi. to recover.

sanción f. sanction. || punishment.

sancionar vt. (all senses) to sanction.

sancochar vt. to parboil.

sandalia f. sandal.

sandez f. foolishness, stupidity. || nonsense.

sandía f. watermelon.

saneamiento m. drainage, sanitation. || (fig.) remedy. || cleaning-up. || guarantee.

sanear vt. to put right. || to make healthy. || to remedy,

sangrante adj. bleeding. || (fig.) crying, flagrant.

sangrar vt. to bleed. || (agr.) to drain. || to tap. || to steal, to pilfer.

sangre f., blood (a. fig.). || **a s. fría**, in cold blood. || **llevar en la s.**, to have in one's blood. || **s. de horchata**, apathetic, indifferent. || **s. en el ojo** (fig.), resentment.

sangría f. bleeding. || outflow, drain. || outlet. || ditch. || drainage. || (tech.) tapping. || (cook.) sweetened and chilled drink of red wine with fruit, (approx.) fruit cup. || (typ.) indentation.

sangriento adj. sanguinary, bloody, gory.

sanguijuela f. leech (a. fig.).

sanguinario adj. bloodthirsty, cruel, callous.

sanidad f. health, healthiness. || sanitation.

sanitario *adj.* sanitary. || health *(attr.)*. || sanitation *(attr.)*. || *pl.* **sanitarios**, bathroom fittings.

sano *adj.* healthy. || wholesome. || sound. || honest.

santiamén *m.* **en un s.**, in an instant.

santidad *f.* holiness, sanctity. || saintliness.

santificar *vt.* to sanctify, to hallow. || to consecrate. || (festivity) to keep.

santiguar *vt.* to make the sign of the cross over. || to bless. || — *vr.* to cross oneself.

santo *adj.* holy. || sacred. || venerable. || blessed. || **todo el s. día,** the whole day. || — *m.* saint. || saint's day. || **¿a s. de qué?**, why on earth?, for what reason? || **dar el s. y seña** *(mil)*, to give the password. || **no ser uno s. de devoción** *(fig. and infml.)*, not to be exactly fond of someone.

santuario *m.* sanctuary, shrine.

saña *f.*, anger, rage, fury. || cruelty. || *(fig.)* fury, viciousness.

sañudo *adj.* furious, enraged. || cruel. || vicious.

sapo *m. (zool.)* toad.

saque *m.* (tennis) serve, service. || server.

saquear *vt.* to sack. || to loot, to plunder, to pillage.

sarampión *m.* measles.

sarcástico *adj.* sarcastic.

sardina *f.*, sardine.

sargento *m.* sergeant.

sarmiento *m.* vine shoot.

sarna *f.*, itch, scabies.

sarnoso *adj.* itchy. || *(Arg., Bol.)* contemptible, lousy.

sarro *m.* crust. || fur (on tongue). || tartar (on teeth).

sarta *f.* string (of beads, pearls, etc.). || line, series.

sartén *f.* frying pan.

sastre *m.* tailor. || **hecho por s.**, tailor-made.

satélite *m. (astron.)* satellite.

satinar *vi.* to gloss, to make glossy.

satírico *adj.* satiric(al).

satirizar *vt.* to satirize.

sátiro *m.* satyr.

satisfacer *vt.* to satisfy, to gratify, to please. || — *vr.* to satisfy oneself. || to obtain satisfaction.

satisfecho *adj.* satisfied. || content(ed). || vain, conceited.

saturar *vt.* to saturate. || to permeate.

sauce *m.* willow. || **s. llorón**, weeping willow.

savia *f.* sap.

saya *f.* skirt. || petticoat. || dress,

sazón *f.* seasoning, flavouring. || time, occasion. || ripeness. || **a la s.**, at that time, then.

sazonar *vt.* to ripen, g to season, to flavour.

se *reflexive pron.* himself, herself, itself, oneself, yourself, themselves, yourselves. || each other, one another. || *(with inf.)* oneself. || *(dative use)*: **se lavó la cara,** he washed his face. || *(impersonal use)*: **se espera**, it is expected. || — *pers. pron.* to him, to her, to it, to you, to them.

sebo *m.* tallow. || fat, grease.

seca *f. (agr.)* drought. || *(meteorol.)* dry season.

secador *m.* **s. de pelo**, hair-drier.

secano *m.* dry barren land. || dry sand bank.

secante *m.* blotting paper. || — *f. (math.)* secant.

secar *vt.* to dry. || to wipe dry. || (ink) to blot. || *(fig.)* to annoy. || to bore. || — *vr.* to dry. || to run dry. || (plant) to wither. || to dry oneself.

secarropa *m.* clothes horse.

sección *f.* section, cutting. || department, branch.

secesión *f.* secession.

seco *adj.* dry. || laconic, curt. || indifferent. || withered, g *(fig.)* sterile, arid. || **a secas**, plainly, simply.

secreción *f.* secretion.

secretario *m.*, secretaria *f.* secretary. || **s. particular**, private secretary.

secreto *adj.* secret. || hidden. || — *m.* secret.

secta *f.*, sect. || denomination.

sector *m.* sector, section, quarter.

secuaz *m.* follower, supporter.

secuela *f.* consequence.

secuencia *f. (cine., gram., etc.)* sequence.

secuestrar *vt.* to kidnap, to abduct. || *(law)* to seize.

secular *adj. (eccl.)* secular. || lay. || century-old.

secundar *vt.* to second, to help, to support.

secundario *adj.* secondary. || minor.

sed *f.* thirst. || *(fig.)* longing, eager desire.

seda *f.* silk. || **como una s.**, smooth to the touch. || **estar hecho una s.** *(fig.)*, to be sweet and easy.

sedal *m.* fishing line.

sedante *adj.* sedative. || calming. || — *m.* sedative.

sede *f.* seat. || headquarters. || **Santa S.,** Holy See.

sedentario *adj.* sedentary.

sedicioso *adj.* seditious. || mutinous, rebellious.

sediento *adj.* thirsty. || *(fig.)* eager.

sedimento *m.* sediment, deposit.

sedoso *adj.* silky, silken.

seducción *f.* seduction. || charm. || fascination.

seducir *vt.* to seduce.|| to tempt. || to corrupt. || to charm, to captivate.

segadora *f.* harvester, reaper. || *(mech.)* mower.

segar *vt.* ro reap, to mow, to cut. || to mow down.

seglar *adj.* secular, lay. || — *m.* layman.

segmento *m.* segment.

segregar *vr.* to segregate. || *(anal.)* to secrete.

seguida *f.* succession. || series. || **en s.,** at once, immediately.

seguido *adj.* successive. || straight, direct. || in a row, running: **tres días seguidos,** three days running,

seguir *vt.* to follow. || to pursue, to chase. || to come next to, to come after. || (advice) to follow, to adopt. || — *vi.* to follow. || to come next. || to continue. || to go on being. || — *vr.* to follow. || to ensue.

según *adv. (infml.)* according to circumstances. || — *prep.* according to. || — *conj.* as: **s. me consta,** as far as I know.

segundero *m.* second hand (of a watch).

segundo *adj.* second. || — *m.* second. || second one.

seguridad *f.* safety. || security. || certainty. || **alfiler de s.,** security pin.

seguro *adj.* safe. || secure, steady. || reliable. || sure, certain. || — *m.* safety device. || insurance. || safety catch.

seis *adj.* six. || (date) sixth. || — *m.* six.

seiscientos *adj.* six hundred. || — *m.* six hundred.

seísmo *m.* tremor, shock, earthquake.

selección *f.* selection. || choice.

seleccionar *vt.* to select, to choose.

selva *f.* forest, woods. || jungle.

sellado *adj.* sealed. || stamped. || — *m.* sealing. || *(Arg.)* postage.

sello *m.* seal. || stamp. || signet. || *(med.)* capsule. || *(fig.)* hallmark.

semáforo *m.* semaphore. || signal. || traffic lights.

semana *f.* week. || **S. Santa,** Holy Week.

semanario *adj., m.* weekly.

semántica *f.* semantics.

semblante *m. (lit.)* face, visage. || appearance.

semblanza *f.* biographical sketch.

sembrar *vt.* to sow, to seed. || to scatter.

semejante *adj.* similar, alike. || such. || like that. || ← *m.* fellow man.

semejanza *f.* similarity, resemblance. || **a s. de,** like, as. || **tener s. con,** to look like, to resemble.

semejar *vi.* to seem to be, to be like. || to look like.

semental *adj.* stud, breeding *(attr.).* || — *m.* sire.

semestral *adj.* half-yearly, biannual.

semestre *m.* period of six months. || *(univ.)* semester.

semicírculo *m.* semicircle.

semicorchea *f.* semiquaver.

semidiós *m.* demigod.

semidormido *adj.* half-asleep.

semilla *f. (bot.)* seed. || *(fig.)* source, cause, seed.

semillero *m.* seedbed. || nursery. || *(fig.)* hotbed.

seminario *m. (eccl.)* seminary. || *(univ.)* seminar.

semita *adj.* Semitic. || — *m.,* *f.* Semite.

sempiterno *adj.* everlasting.

senado *m.* senate. || *(fig.)* assembly, gathering.

senador *m.* senator.

sencillez *f.* simplicity, plainness. || naturalness.

sencillo *adj.* simple. || easy. || — *m.* small change.

senda *f.* path, track.

sendos *adj. pl.* each, one each, one to each: **les dieron s. libros,** they each received a book.

senectud *f.* old age.

senilidad *f.* senility.

seno *m.* bosom, breast. || womb. || *(math.)* sine.

sensación *f.* sensation. || feeling.

sensatez *f.* good sense, sensibleness.

sensato *adj.* sensible.

sensibilizar *vt.* to sensitize.

sensible *adj.* sensitive. || delicate. || sensible.

sensitivo *adj.* sensitive. || sentient.

sensorio *adj.* sensory.

sensual *adj.* sensual. || sensuous. || sexy.

sentado *adj.* settled, established. || firm.

sentar *vt.* to seat. || to set, to establish. || to assert. || **s. una denuncia**, to report. || — *vi.* (dress, etc.) to suit. || to fit. || to affect. || — *vr.* to sit, to sit down.

sentencia *f.* *(law)* verdict, sentence. || maxim.

sentenciar *vt.* *(law)* to sentence.

sentido *adj.* deeply felt, heartfelt. || moving. || **s. pésame**, sincere condolences. || — *m.* sense. || meaning. || direction. || **doble s.**, double meaning. || **no tener s.**, not to make sense. || **s. común**, common sense.

sentimiento *m.* feeling, sentiment. || regret, sorrow.

sentir *vt.* to feel. || to experience. || to think. || to sense, to foresee. || **lo siento mucho**, I'm very sorry. || — *vi.* to feel. || to notice. || — *vr.* to feel. || to be offended.

seña *f.*, sign, signal, gesture. || indication. || password, watchword. || **dar señas de**, to show signs of. || **hacer señas**, to make signs, to gesture. || **señas personales**, particulars, personal description.

señal *f.* signal. || sign. || mark. || trace. || token. || scar. || *(tel.)* tone. || buzz. || **en s. de**, as a token of.

señalador *m.* *(comput.)* pointer. || *(Arg.)* bookmark.

señalar *vt.* to point out, to point at. || to indicate, to show. || to designate.

señor *m.* gentleman, man. || master. || lord. || Mister. || sir. || **el S.**, the Lord.

señora *f.* lady. || mistress, owner. || madam. || **Nuestra S.**, Our Lady.

señorear *vt.* to rule, to dominate. || to take control of. || to master.

señoría *f.* rule, sway. || lordship, ladyship.

señorío *m.* dominion, sway, rule. || manor. || majesty. || mastery.

señorita *f.* young lady. || (before proper name) Miss. || schoolteacher.

señorito *m.* young gentleman. || master. || *(pej.)* playboy.

señuelo *m.* decoy. || *(fig.)* bait, lure.

separado *adj.* separate. || **por s.**, separately.

separar *vt.* to separate. || to dismiss, to discharge. || to detach. || — *vr.* to come away. || to leave. || to divorce.

séptico *adj.* septic.

septiembre *m.* September.

séptimo *adj.* seventh. || — *m.* seventh.

septuagésimo *adj.* seventieth.

sepulcro *m.* tomb, grave. || sepulchre.

sepultar *vt.* to bury. || *(fig.)* to hide away.

sepultura *f.* interment, burial. || tomb, grave.

sequedad *f.* dryness. || *(fig.)* bluntness. || curtness.

sequía *f.*, drought. || dry season.

séquito *m.* retinue, suite, entourage. || popularity.

ser *aux.* v. to be (used to form the passive voice): **el ladrón fue sorprendido in fraganti**, the thief was caught red-handed. || — *vi.* to be. || to happen. || to take place. || to belong to. || **a no s. que**, unless. || **así sea**, so be it. || — *m.* being. || life. || essence.

serafín *m.* seraph. || *(fig.)* angel. || cherub.

serenar *vt.* to calm. || to pacify. || — *vr.* to grow calm.

serenata *f.* serenade.

sereno *adj.* calm, serene. || clear, cloudless. || — *m.* evening dew. || night watchman.

serie *f.*, series. || *(fig.)* string. || succession.

seriedad *f.* seriousness. || gravity. || reliability.

serio *adj.* serious. || solemn. || stern. || reliable.

sermón *m.* sermon. || reprimand.

sermonear *(infml.)* *vt.* to lecture. || — *vi.* to sermonize.

serosidad *f.* serosity.

serpentear *vi.* to wind. || to meander. || to snake.

serpentín *m.* coil.

serpentina *f.* *(min.)* serpentine. || paper streamer.

serpiente *f.* snake. || serpent.

serranía *f.* mountainous area. || range of mountains.

serrano *adj.* mountain, highland *(attr.)*. || *(fig.)* coarse, rustic. || — *m.*, **serrana** *f.* highlander.

serrar *vt.* to saw (off, up).

serrín *m.* sawdust.

serrucho *m.* saw, handsaw.

servicial *adj.* helpful, obliging.

servicio *m.* service. || servitude. || set.

servidor *m.*, **servidora** *f.* servant. || worker. || server, waiter, waitress. || **su seguro s.**, yours faithfully.

servidumbre *f.* servitude. || *(fig.)* compulsion. || *(law)* obligation. || (persons) servants, staff.

servil adj. servile, subservient. || abject. || lowly.

servilleta f. serviette, napkin.

servir vt. to serve, to wait on. || to work for. || to favour. || — vi. to serve. || to be useful. || — vr. to help oneself (food, etc.). || to be kind enough to.

sesear vt. to lisp.

sesenta adj., m. sixty. || sixtieth.

seseo m. lisp.

sesgo m. slant, slope. || twist. || (sew.) bias. || (tech.) bevel.

sesión f. session, sitting. || meeting. || (theat.) show.

seso m. brain. || (fig.) intelligence, brains. || **devanarse los sesos**, to rack one's brains. || **perder el s.**, to go mad.

seta f. mushroom.

setecientos adj., m. seven hundred,

setenta adj. seventy. || seventieth. || — m. seventy.

setiembre see **septiembre**.

seto m. fence. || hedge, enclosure.

seudónimo m. pseudonym. || pen name.

severo adj. severe, harsh. || strict, stern. || grim.

sexagésimo adj. sixtieth.

sexo m. sex. || sexual organs. || sex, sexual intercourse.

sexto adj., m. sixth.

sexual adj. sexual. || sex (attr.). || **vida s.**, sex life.

si conj. if. || whether. || **como si**, as if.

si m. (mus.) ti, si, B.

sí adv. yes, yea, aye. || certainly, indeed. || often used as emphasis as an auxiliary verb: **él no habla inglés, pero yo sí**, he doesn't speak English, but I do.

si reflexive pron. (used as object of prepositions) oneself, himself, itself, themselves, yourself, yourselves.

siamés adj., m., **siamesa** f. Siamese.

sida m. (med.) AIDS.

siderurgia f. iron and steel industry.

sidra f. cider.

siega f. reaping, harvesting. || mowing. || harvest (time).

siembra f. sowing. || sowing lime.

siempre adv. always. || all the time, forever. || **como s.**, as usual. || **s. y cuando**, provided that.

sien f. (anal.) temple.

sierpe f. snake, serpent.

sierra f. saw. || sierra, mountain range.

siervo m., **sierva** f. slave. || **s. de la gleba**, serf.

siesta f. hottest part of the day. || siesta, nap. || **dormir la s.**, to have one's afternoon nap.

siete adj. seven. || (date) seventh. || — m. seven.

sifón m. syphon, syphon bottle. || (tech.) trap.

sigilo m. secrecy. || discretion. || stealth. || slyness.

sigla f. symbol. || abbreviation. || acronym.

siglo m. century. || age, era, epoch. || the world.

signar vt. to sign. || to mark with a signet. || — vr. to cross oneself.

significado m. significance. || meaning.

significar vt. to mean, to signify. || to point out. || — vi. to be important.

signo m. sign. || mark. || **s. de admiración**, exclamation mark. || **s. de puntuación**, punctuation mark.

siguiente adj. following. || next.

sílaba f. syllable.

silbar vt. to whistle, to whizz. || — vi. to whistle. || (theat.) to hiss.

silbato m. whistle.

silbido m. whistle, whistling. || hiss. || wheeze. || whizz.

silencio m. silence. || (mus.) rest. || **en s.**, in silence.

silencioso adj. silent, quiet. || noiseless.

silogismo m. syllogism.

silueta f. silhouette. || outline. || profile.

silvestre adj. (bot.) wild. || (fig.) rustic, rural.

silla f. chair, seat. || saddle. || **s. de ruedas**, wheel chair. || **s. giratoria**, swivel chair. || **s. poltrona**, easy chair.

sillón m. armchair. || easy chair.

sima f. abyss, chasm. || pit.

simbolizar vt. to symbolize. || to represent.

símbolo m. symbol.

simetría f. symmetry. || (fig.) harmony.

simiente f. seed.

símil adj. similar. || — m. comparison. || (lit.) simile.

simpatía f. liking, fondness. || congeniality. || charm.

simpático adj. pleasant, nice, likeable. || congenial.

simpatizar vi. to get on. || to hit it off. || to sympathize.

simple adj. simple. || — m. simple. || simpleton.

simpleza f. simpleness, stupidity.

simplicidad f. simplicity, simpleness.

simplificar vt. to simplify.

simulacro m. image, idol. || semblance. || sham.

simular vt. to simulate, to sham, to feign.

simultáneo adj. simultaneous.

sin prep. without. || besides, apart from, not including. || **s. embargo**, however, notwithstanding.

sinagoga f. synagogue.

sinceridad f. sincerity. || **con toda s.**, in all sincerity.

sincero adj. sincere.

síncopa f. (mus.) syncopation, syncope.

síncope m. (gram.) syncope. || faiting fit.

sincronizar vt. to synchronize.

sindicar vt. to form into a trade union. || to denounce.

sindicato m. syndicate. || trade(s) union, labor union.

síndico m. trustee. || (law) official receiver.

sinfonía f. symphony.

singular adj. singular, single. || exceptional, unique. || — m. (gram.) singular.

singularizar vt. to single out, to distinguish.

siniestro adj. (lit.) left. || (fig.) sinister. || evil. || — m. natural disaster, catastrophe. || accident.

sinnúmero m. great number, endless number.

sino m. fate, destiny.

sino conj. but. || except. || only. || **no solo... s.**, not only... but also.

sinónimo adj. synonymous. || — m. synonym.

sinrazón f. wrong, injustice, outrage.

sinsabor m. trouble. || sorrow. || worry.

sintaxis f. syntax.

sintetizar vt. to synthesize.

síntoma m. symptom. || sign, indication.

sintonizar vt. to syntonize, to tune in.

sinuoso adj. sinuous, winding, wavy.

sinvergüenza m., f. scoundrel. || rotter. || brat.

sionismo m. Zionism.

siquiera adv. at least. || even: **ni una palabra s.**, not even a word. || — conj. although, even though.

sirena f. siren. || mermaid. || siren, foghorn signal.

sirio adj. Syrian. || — m., **siria** f. Syrian.

sirvienta f. servant, maid.

sirviente m. servant. || waiter.

sisa f. petty theft, pilfering. || (sew.) dart. || armhole.

sisear vt., vi. to hiss.

sismo m. earthquake.

sismógrafo m. seismograph.

sistema m. system. || method. || **s. de distribución de datos**, (comput.) data distribution system.

sistematizar vt. to systematize.

sitiar vt. to beleaguer, to besiege.

sitio m. place. || site. || space, room. || (mil.) siege.

silo adj. situated, located (en at, in).

situación f. situation, location, site. || position.

situar vt. to put, to situate, to locate. || — vr. to situate oneself, to locate oneself. || to take one's stand.

smoking m. dinner, jacket, tuxedo (U. S.).

so m. (infml) contraction of **señor**): **¡so bruto!**, you brute! || — prep. under: **so color de**, under the excuse of. || — interj. whoa!

sobaco m. (anat.) armpit. || (sew.) armhole.

sobar vt. to knead. || to massage. || to pet. || to slap.

soberano adj., m., **soberana** f. sovereign.

soberbia f. pride. || haughtiness. || magnificence.

soberbio adj. proud. || haughty. || magnificent.

sobornar vt. to suborn, to bribe.

sobra f. excess, surplus. || pl. **sobras**, left-overs, leavings. || **lo sé de s.**, I know it only too well. || **aquí estoy de s.**, I'm not needed here.

sobrante adj. spare, surplus. || — m. surplus.

sobrar vt. to exceed, to surpass || — vi. to be more than enough. || to remain.

sobre m. envelope.

sobre prep. on, upon. || on top of. || over, above. || about, concerning.

sobrecama m. bedspread.

sobrecargar vt. to overload, to overburden.

sobrecoger vt. to startle. || to surprise.

sobrecubierta f. outer cover. || jacket (of book).

sobredicho adj. aforementioned.

sobreentender vt. to understand (something implied). || — vr. to be understood.

sobrehumano adj. superhuman.

sobrellevar vt. to carry, to bear. || to help to carry.

sobremanera adv. exceedingly.

sobremesa *f.* table cover. || dessert. || sitting on after a meal.

sobrenatural *adj.* supernatural. || weird, unearthly.

sobrenombre *m.* by-name, extra name. || nickname.

sobrepeso *m.* extra load. || excess weight.

sobreponer *vt.* to superimpose. || — *vr.* to control oneself.

sobreproducción *f.* overproduction.

sobresaliente *adj.* projecting. || (*fig.*) outstanding. || first class. || — *m.* (*univ., etc.*) highest mark.

sobresaltar *vt.* to startle, to scare, to frighten.

sobrestante *m.* foreman, overseer. || site manager.

sobretodo *m.* overcoat.

sobrevenir *vi.* to happen (unexpectedly), to come up.

sobrevivir *vi.* to survive, to outlive.

sobriedad *f.* soberness. || moderation, restraint.

sobrina *f.* niece.

sobrino *m.* nephew.

sobrio *adj.* moderate, temperate. || sober.

socarrón *adj.* sarcastic. || sly. || crafty, cunning.

socavar *vt.* to undermine. || to dig under, to dig away.

socavón *m.* (*min.*) gallery, tunnel. || hollow. || cavern.

sociable *adj.* sociable, friendly, social *adj.* social. || (*comm., fin.*) company.

socialismo *m.* socialism, **sociedad** *f.* society. || community. || company, firm. || **s. anónima** (*comm.*), stock company.

socio *m.*, **socia** *f.* member, fellow. || partner.

sociología *f.* sociology.

socorrer *vt.* to help, to assist, to relieve.

socorro *m.* help, aid, assistance. || (*mil.*) relief.

soda *f.* soda. || soda water.

soez *adj.* dirty, rude, obscene.

sofá *m.* sofa, settee.

sofisticado *adj.* sophisticated. || (*pej.*) affected.

soflamar *vt.* to scorch. || (*cook.*) to singe. || to shame, to make blush.

sofocar *vt.* to suffocate, to stifle, to choke. || to smother. || to extinguish. || to harass.

sofoco *m.* suffocation. || (*fig.*) embarrassment.

sofrenar *vt.* to rein back sharply (horse). || (*fig.*) to restrain, to control.

soga *f.* rope, cord. || halter. || **estar con la s. al cuello**, to be in imminent danger, to be in a real fix.

soja *f.* soya. || **semilla de s.**, soya bean.

sojuzgar *vt.* to conquer. || to subdue.

sol *m.* sun. || sunshine, sunlight. || **tomar el s.**, to sunbathe.

solamente *adv.* only. || solely. || just.

solana *f.* sunny spot, suntrap. || sun lounge, solarium.

solapa *f.* lapel (of jacket). || pretext, pretence.

solapado *adj.* sly, underhand, sneaky.

solapar *vt.* to overlap. || to put lapels on. || to hide.

solar *adj.* solar, of the sun. || — *m.* lot, plot. || building site. || ancestral home.

solar *vt.* to floor, to tile. || to sole (shoe).

solariego *adj.* manorial, ancestral.

solaz *m.* recreation, relaxation. || solace.

soldado *m.* soldier.

soldadura *f.* soldering, welding. || solder.

soldar *vt.* (*tech.*) to solder, to weld. || — *vr.* (bones) to knit (together).

solear *vt.* to put in the sun. || to bleach.

soledad *f.* solitude. || loneliness. || grieving.

solemne *adj.* solemn. || downright (lie, etc.).

soler *vi.* to be in the habit of, to be accustomed.

solera *f.*, crossbeam. || nether millstone.

solevantar *vt.* to push up. || (*pol., etc.*) to stir up.

solicitante *m.*, *f.* applicant. || petitioner.

solicitar *vt.* to ask for. || to petition. || to apply for.

solícito *adj.* diligent, careful. || solicitous.

solicitud *f.* solicitude. || application. || request.

solidario *adj.* solidary. || shared in common.

sólido *adj.* solid, hard. || sound. || — *m.* solid.

soliloquio *m.* soliloquy, monologue.

solista *m.*, *f.* soloist.

solitario *adj.* solitary. || lonely. || — *m.*, **solitaria** *f.* recluse, hermit. || — *m.* solitaire (diamond). || patience (game).

soliviantar *vt.* to stir up, to incite, to rouse.

soliviar *vt.* to lift, to push up. || — *vr.* to half rise.

S

solo adj. single. || alone. || lonely. || — m. (mus.) solo.

sólo adv. only, solely, merely, just.

solomo m. sirloin. || loin of pork.

solsticio m. solstice.

soltar vt. to release. || to let go of. || to free, to release (a prisoner). || to untie. || to loosen. || — vr. to get loose. || to come undone. || to become fluent (in a language). || to loosen up.

soltera f., single woman, spinster.

soltero adj. single, unmarried. || — m. bachelor.

solterona f., spinster, maiden lady. || (pej.) old maid.

soltura f. looseness. || agility. || fluency, ease.

solución f. solution.

solucionar vt. to solve. || to resolve, to settle.

solventar vt. to settle, to pay (debts).

solvente adj., m. (chem.) solvent.

sollozar vi. to sob.

sombra f. shadow. || shade. || (fig.) ignorance. || **ni por s.,** by no means whatsoever.

sombrear vt. to shade. || to cast a shadow upon.

sombrerera f., milliner. || hatbox.

sombrero m. hat. || headgear. || **s. de copa,** top hat.

sombrilla f. parasol, sunshade.

sombrío adj. shaded. || (fig.) sombre. || gloomy.

somero adj. superficial. || shallow.

someter vt. to subdue. || to subject. || to submit. || — vr. to submit. || to undergo.

somier m. spring mattress.

somnámbulo m., **somnámbula** f. sleepwalker.

somnífero adj. sleep-inducing. || — m. sleeping pill.

somnolencia f. sleepiness, drowsiness, somnolence.

son m. sound. || tune. || rumour. || manner. || **en s. de,** as, by way of.

sonado adj. talked-of. || famous. || sensational.

sonajero m. rattle.

sonar vt. to sound. || to ring (a bell). || (mus.) to play. || to blow (the nose). || (fig.) to sound familiar. || — vr. to blow one's nose. || to be rumoured.

sond(e)ar vt. (naut.) to sound. || (fig.) to explore.

soneto m. sonnet.

sonido m. sound.

sonoro adj. sonorous. || resonant. || (ling.) voiced.

sonreír vi., vr. to smile.

sonrisa f. smile.

sonrojar vt., vr. to blush.

sonrosado adj. rosy, pink.

sonsacar vt. to entice away. || to coax, to cajole.

sonsonete m. tapping. || rattle. || singsong.

soñar vt., vi. to dream. || **s. despierto,** to daydream.

soñoliento adj. sleepy, drowsy, somnolent.

sopa f. soup. || sop. || **hasta en la s.,** everywhere.

sopesar vt. to heft. || to test the weight by lifting.

sopetón m. punch. || **de s.,** suddenly, unexpectedly.

soplar vt. to blow away. || to blow up. || to prompt. || to huff (in checkers). || — vi. to blow. || (infml.) to squeal.

soplete m. blowlamp, torch.

soplo m. breath, blowing, gust. || (fig.) moment.

sopor m. (med.) drowsiness. || (fig.) torpor, lethargy.

soportal m. porch. || portico.

soportar vt. to support, to hold up. || to bear.

soporte m. support. || base, stand, mounting.

sor f. (before names) Sister.

sorber vt. to sip. || to suck. || to absorb, to soak up.

sorbete m. sherbet. || iced fruit drink, water ice.

sorbo m. sip. || gulp, swallow.

sordera f. deafness.

sórdido adj. dirty, squalid. || (word, etc.) nasty. || mean.

sordo adj. deaf. || silent. || muffled. || (gram.) voiceless. || — m., **sorda** f., deaf person.

sordomudo adj. deaf and dumb. || — m. **sordomuda** f. deaf-mute.

sorna f. slyness. || sarcasm. || slowness.

sorprender vt. to surprise, to astonish. || to discover.

sorpresa f. surprise. || astonishment.

sortear vt. to draw lots for. || to avoid. || — vi. to draw lots.

sorteo m. raffle, casting of lots. || dodging, evasion.

sortija f. ring. || curl, ringlet.

sortilegio m. sortilege, sorcery. || magic spell, charm.

sosegar vt. to calm, to quieten. || — vi. to rest.

sosiego m. calm(ness), quiet(ness). || peacefulness.

soslayo adj. oblique, slanting. || **de s.**, obliquely.

soso adj. (cook.) tasteless, insipid. || (fig.) dull.

sospechar vt., vi. to suspect.

sostén m. support. || sustenance. || brassiere, bra.

sostener vt. to support, to hold up, to sustain. || to maintain. || to bear.

sostenido adj. sustained. || — m. (mus.) sharp.

sota f. (cards) jack.

sotana f. (eccl.) cassock, soutane.

sótano m. basement. || cellar. || (of bank, etc.) vault.

soto m. thicket. || grove, copse.

soviético adj. Soviet (attr.).

su pass. adj. your, his, her, its, their, one's.

suave adj. smooth, soft. || gentle, mild. || mellow.

suavizar vt. to smooth, to soften. || to mollify.

subalterno adj. minor, auxiliary. || — m. subordinate.

subasta f. auction, auction sale. || **en s.**, for auction.

subastar vt. to auction, to auction off, to sell at auction.

subcampeón m. runner-up.

subconsciente adj. subconscious. || — m. **el s.**, the subconscious.

subdesarrollado adj. underdeveloped.

súbdito adj. subject. || — m., **súbdita** f. (pol.) subject.

subdividir vt., vr. to subdivide.

subestimar vt. to underrate, to underestimate.

subida f. rise. || ascent. || climb. || accession (to the throne).

subido adj. loud, bright (colour). || high (price).

subir vt. to go up, to climb. || to take up. || to raise the price. || — vt. to rise, to go up. || to climb. || to get (on a bus, etc.).

súbito adj. sudden. || unexpected.

subjetivo adj. subjective.

subjuntivo adj. subjunctive. || — m. subjunctive.

sublevación f. revolt, rising.

sublevar vt. to incite to rebellion. || — vr. to revolt.

sublimar vt. to exalt, to praise. || to sublimate.

sublime adj. sublime. || noble, lofty, grand.

submarino adj., m. submarine.

suboficial m. non-commissioned officer.

subordinado adj., m., **subordinada** f. subordinate.

subrayar vt. to underline. || (fig.) to emphasize.

subrepticio adj. surreptitious.

subsanar vt. to excuse. || to repair

subscribir vt. to subscribe. || — vr. to subscribe to.

subsecretaría f. undersecretaryship.

subsidio m. subsidy, grant. || aid, financial help.

subsiguiente adj. subsequent.

subsistir vi. to subsist. || to survive,

substancia f. substance. || essence. || matter.

substancioso adj. substantial. || wholesome.

subterráneo adj. underground. subterranean. || — m. (S. Am.) underground railway, subway (U. S.). || tube.

subtítulo m. subtitle, subheading.

suburbio m. suburb, outlying area. || slum quarter.

subvención f. subsidy, subvention, grant,

subvertir vi. to subvert. || to undermine.

subyugar vt. to subjugate, to subdue. || to charm.

succionar vt. to suck. || (tech.) to absorb.

suceder vi. to succeed, to follow. || to inherit. || — v. imp. to happen.

sucesivo adj. successive. || **en lo s.**, henceforth.

suceso m. event, happening. || incident. || (infml.) success.

suciedad f. dirt, filth, grime. || dirtiness. || filthiness.

sucio adj. dirty. || dishonest. || filthy. || vile, mean.

sucursal f. branch, branch office. || subsidiary.

sud m. south.

sudafricano adj., m., **sudafricana** f., South African.

sudamericano adj., m., **sudamericana** f. South American.

sudar vt. to sweat. || — vi. to sweat, to perspire.

sudario m. shroud.

sudeste adj. south-east(em). || — m. south-east.

sudoeste adj. south-west(ern). || — m. south-west.

sudor m. sweat.

sueco adj. Swedish. || — m., **sueca** f., Swede.

suegra f., mother-in-law.

suegro m. father-in-law.

suela f. sole (of shoe). || piece of strong leather.

sueldo m. salary, pay.

suelo m. soil, earth. || ground, floor, pavement. || land.

suelto adj. loose. || untied. || free, released, out. || fluid. || (fig.) isolated. || free and easy.

sueño m. sleep. || drowsiness, sleepiness. || dream. || (fig.) charm. || **tener s.**, to be sleepy, to be tired.

suero m. (med.) serum.

suerte f. fate. || luck. || lot.|| quality. || lottery ticket. || kind, sort. || **buena s.**, good luck. || **de s. que**, so that.

suficiente adj. sufficient. || adequate. || competent. || fit. || capable. || self- important.

sufijo m. suffix.

sufragar vt. to help, to support. || to defray. || vi. (S. Am.) to vote.

sufragio m. suffrage, vote. || help, assistance, aid.

sufrido adj. long-suffering, patient, enduring. || (colour) that doesn't show the dirt.

sufrir vt. to suffer. || to undergo, to experience. || to bear, to endure. || — vi. to suffer.

sugerir vt. to suggest. || to hint.

sugestión f. suggestion. || hint. || prompting. || fascination.

sugestionar vt. to influence.

sugestivo adj. stimulating. || attractive.

suicida adj. suicidal. || — m., f. suicidal case.

suicidarse vr. to commit suicide, to kill oneself.

suicidio m. suicide.

suizo adj. Swiss. || — m., **suiza** f. Swiss.

sujeción f. subjection. || fastening. || seizure.

sujetar vt. to secure, to fasten. || to hold. || to seize. || (fig.) to restrain. || — vr. to hold on. || (fig.) to abide by.

sujeto adj. fastened. || firm. || subject to. || liable to. || — m. subject. || individual. || fellow.

sultán m. sultan.

suma f. sum, amount. || aggregate. || addition. || summa. || **en s.**, to sum up, in short.

sumamente adv. extremely, exceedingly, highly.

sumar vt. to add. || to amount to.

sumario adj. brief, concise. || — m. summary.

sumergir vt. to submerge, to submerse. || to sink, to plunge. || — vr. to submerge. || to dive.

sumidero m. drain, sewer. || sink. || (tech.) sump.

suministrar vt. to supply, to provide, to furnish.

sumir vt. to sink, to submerge. || to plunge. || — vr. to submerge, to sink.

sumiso adj. submissive, docile, obedient.

sumo adj. great, supreme. || highest. || **a lo s.**, at most.

suntuoso adj. sumptuous, magnificent. || lavish, rich.

supeditar vt. to subject. || to hold down.

superar vt. to surpass. || to excel. || to overcome.

superávit m. surplus.

superchería f. fraud, trick, swindle.

superficial adj. superficial. || shallow. || brief.

superficie f. surface. || area.

superfluo adj. superfluous.

superhombre m. superman.

superintendente m. supervisor, superintendent.

superior adj. upper. || superior, better. || higher.

superlativo adj. superlative. || — m. superlative.

supermercado m. supermarket.

superpoblación f., overpopulation.

superponer vt. to superimpose, to superpose.

superproducción f. overproduction.

supersónico adj. supersonic.

superstición f. superstition.

supersticioso adj. superstitious.

supervisar vt. to supervise.

supervivencia f. survival.

suplantar vt. to supplant. || to alter (document).

suplemento m. supplement.

suplencia f. substitution, replacement.

suplente *adj.*, *m.*, *f.* substitute. || deputy. || reserve.

súplica *f.* request. || supplication. || *(law)* petition.

suplicar *vt.* to beg for. || to implore,

suplicio *m.* torture. || execution, punishment. || anguish.

suplir *vt.* to make up for. || to supplement.

suponer *vt.* to suppose. || to entail, to imply.

supositorio *m.* suppository.

supradicho *adj.* aforementioned.

supremo *adj.* supreme.

supresión *f.* suppression. || elimination. || deletion.

suprimir *vt.* to suppress, to eliminate.

supuesto *(pp. of* **suponer***) adj.* supposed. assumed. || — *m.* assumption, hypothesis. || **¡por s.!**, of course!

supurar *vi.* to suppurate.

sur *adj.* south, southern. || — *m.* south.

surcar *vt.* to plow, to furrow. || *(fig.)* to cut through.

surco *m.* furrow. || rut. || wrinkle. || groove (on record).

surgir *vt.* to spring up, to arise. || to spout. || to come up.

surtido *adj.* assorted. || — *m.* assortment, range. || supply.

surtidor *m.* jet, spout. || fountain. || **s. de gasolina**, petrol pump.

surtir *vt.* to provide, to furnish. || — *vi.* to spout.

susceptible *adj.* susceptible. || touchy, sensitive.

suscitar *vt.* to stir up. || to provoke (scandal, etc.).

susodicho *adj.* above-mentioned.

suspender *vt.*, to suspend, to hang. || to interrupt. || to remove temporarily. || to fail (in an examination).

suspenso *adj.* hanging, suspended. || *(univ., etc.)* failed. || — *m. (univ., etc.)* fail, failure. || **en s.**, pending. || suspense.

suspensores *m. pl. (S. Am.)* braces, suspenders *(U. S.)*.

suspicaz *adj.* suspicious, distrustful.

suspirar *vi.* to sigh. || to sigh for.

suspiro *m.* sigh. || *(fig.)* breath, rustle, whisper.

sustantivo *adj.* substantive. || *(gram.)* substantival, noun *(attr.)* || — *m.* noun, substantive.

sustentar *vi.* to support. || to sustain. || to maintain, to feed. || to defend (theory).

sustento *m.* support. || sustenance, food.

sustituir *vi.*, to substitute, to replace.

sustituto *m.*, **sustituta** || substitute. || deputy.

susto *m.* scare, fright, shock, startle.

sustraer *vf.* to steal. || to remove. || *(math.)* to subtract. || to deduct.

susurrar *vi.* to murmur, to whisper. || to rustle.

susurro *m.* whisper. || hum. || murmur.

sutil *adj.* subtle, delicate, tenuous. || keen, cunning.

suturar *vt.* to suture. || to stitch.

suyo *poss. pron.* (never used before a noun) his, hers, yours, theirs, its, one's. || his own, her own, your own, their own, its own, one's own. || **de s.**, naturally, by its own. || **hacer de las suyas**, to be up to one's old tricks. || **salirse con la suya**, to have one's way.

T

t *f.* t.

taba *f.* anklebone. || (game) knucklebones.

tabaco *m.* tobacco. || snuff. || cigar.

tábano *m.* horsefly.

tabaquera *f.* snuffbox. || bowl (of pipe). || tobacco jar. || tobacco pouch.

tabaquero *adj.* tobacco. || — *m.* tobacconist.

tabarra *f.* bore, nuisance. || tiring speech.

taberna *f.* bar, pub. || tavern, saloon.

tabernáculo *m.* tabernacle.

tabernero *m.* landlord. || barman, bartender.

tabique *m.* thin wall, partition (wall).

tabla *f.* board, plank. || slab. || (sew.) broad pleat. || (fig.) table. || index. || *pl.* **tablas** (theat.) stage. || (chess) draw. || **pisar bien las tablas** (theat.), to act well. || **por tablas** (infml.), by a narrow escape. || **t. de lavar**, wash board. || **t. de planchar**, ironing board. || **t. de salvación** (fig.), last resort, sole hope.

tablado *m.* plank floor. || platform. || (theat.) stage.

tablear *vt.* to cut into boards. || (sew.) to pleat.

tablero *m.* planks. || (chess, etc.) board. || blackboard. || (elect.) switchboard.

tableta *f.* small board. || tablet. || (of chocolate) bar, stick.

tabletear *vi.* to clatter, to rattle.

tablón *m.* plank, large board.

tabú *m.* taboo.

tabular *vt.* to tabulate. || — *adj.* tabular.

taburete *m.* stool.

tacaño *adj.* mean, stingy. || crafty.

tácito *adj.* tacit. || unspoken. || (law) unwritten.

taciturno *adj.* taciturn, silent. || moody, sullen, sulky.

taco *m.* plug. || wedge. || cue (of billard). || wad (of notes). || snack. || drink of wine. || heel (of shoe). || (infml.) swearword.

tacón *m.* heel. || **tacones altos**, high heels.

taconear *vi.* to lap one's heels. || to strut.

táctica *f.* tactics. || method. || gambit.

tacto *m.* touch, sense of touch. || (fig.) tact.

tacha *f.* flaw, blemish, fault. || (tech.) large tack, brad.

tachar *vt.* to cross out. || to criticize.

tacho *m.* (S. Am.) bin, container. || deep metal bowl. || **t. para la basura**, dustbin, garbage can (U. S.).

tachonar *vt.* to stud, to adorn with studs.

tachuela *f.* tack, tintack.

tahona *f.* bakery, bakehouse. || flourmill.

tahúr *m.* gambler. || (pej.) cardsharper, cheat.

taimado *adj.* sly, crafty, slick. || sullen.

tajada *f.* slice. || chunk. || **sacar t.**, to get one's share.

tajamar *m.* cutwater (of bridge). || (Arg.) dam, pond.

tajante *adj.* sharp, cutting. ||(fig.) incisive, sharp.

tajar *vt.* to cut, to slice, to chop.

tajo *m.* cut, slash, gash. || chopping block

tal *adj.* such. || certain fellow called. || **t. vez**, perhaps. || — *pron.* such a thing || someone, something. || — *adv.* thus, so, in such a way. || **¿qué t.?**, how do you do?

talabartero *m.* saddler, harness maker.

taladrar *vt.* to drill, to bore. || (fig.) to pierce the ears.

taladro *m.* drill, auger, borer, gimlel. || drill hole.

tálamo *m.* marriage bed.

talante *w.* mood, disposition. || will. || mien.

talar *adj.* full length. || — *vt.* to fell.

talco *m.* talcum powder. || (min.) talc.

talega *f.* bag, sack. || bagful, sackful.

talento *m.* talent. || ability, gift.

talón *m.* (anat.) heel. || stub, counterfoil (of cheque, etc.). || (rail.) receipt for luggage.

talonario *m.* stub book. || book of tickets.

talonear vt. to spur along. ||— vi. to walk briskly.

talud m. slope, bank. || (geol.) talus.

tallar vi. to carve, to engrave. || to cut (precious stones). || to deal (cards). || — vi. (Arg.) to chat.

tallarín m. (cook.) noodle.

talle m. waist, bodice. || shape, figure. || fit.

taller m. shop, workshop. || laboratory. || (art) studio.

tallo m. stem, stalk. || (of grass) blade, sprig. || shoot.

tamaño adj. so big, such a big. || huge. || so small. || — m. size, dimension. || **t. natural**, full size.

tambalearse vr. to stagger, to totter, to reel.

también adv. also, as well, too, likewise.

tambo m. (Arg.) dairy farm.

tambor m. (mus., mech., comput.) drum. || (sew., archit.) tambour. || (anat.) ear-drum. || drummer.

tamborilear vi. to drum.

tamizar vt. to sieve, to sift.

tampoco adv. neither, not either, either.

tampón m. ink pad. || (med.) tampon.

tan adv. so, as.

tanda f. turn, go. || shift (of work). || task.

tangente f. tangent.

tanque m. tank. || reservoir. || (aut.) tanker.

tantear vt. to compare. || to examine. || to size up. || to sound. || — vi. (sport) to keep the score.

tanto adj. so much, as much. || so many, as many. || — pron. so much. || so many. || — adv. so much. || such a long time, so long. || so often. || — m. point (in game). || (sport) goal. || chip (in poker). || percentage, part. || **al t.**, aware, up-to-date. || **en t.**, **entre t.**, meanwhile. || **otro t.**, the same thing. || **por lo t.**, therefore. || **t. por ciento**, percentage.

tañer vt. (mus.) to play. || to toll (bells).

tañido m. (mus.) sound. || strains, notes. || ringing.

tapa f. lid, top, cap, cover. || hard cover (of a book).

tapado m. (S. Am.) woman's coat.

tapar vi. to put the lid on. || to put the cap on. || to cover up. || to muffle up. || to stop up. || to obstruct. || — vr. to wrap oneself up.

taparrabo m. loincloth. || bathing trunks.

tapera f. (S. Am.) ruined farm, tumble-down house.

tapete m. table runner, table cover.

tapia f. garden wall. || mud wall, adobe wall.

tapicería f. upholstery. || tapestry.

tapiz m. tapestry. || carpet.

tapizar vt. to hang with tapestries. || to upholster.

tapón m. stopper, cork, cap. || bung, plug.

taponar vi. to plug, to stop up. || (med.) to tampon.

taquigrafía f. shorthand, stenography.

taquígrafo m., **taquígrafa** f. shorthand writer, stenographer.

taquilla f. box-office. || ticket window.

taracea f. inlay, marquetry.

tarascón m. (S. Am.) bite. || snap.

tardanza f. slowness. || delay.

tardar vi. to be long. || to delay. || to be late.

tarde adv. late. || **de t. en t.**, now and then. || — f. afternoon. || evening. || **buenas tardes**, good afternoon, good evening.

tardío adj. late. || overdue, belated.

tarea f. task, job. || chore. || assignment.

tarifa f. tariff. || rate. || price list, list of charges.

tarima f. platform. || stand. || stool. || bunk.

tarjeta f. card. || **t. de crédito**, credit card. || **t. postal**, postcard.

tarro m. jar. || tin, can, pot. || (Arg.) stroke of luck.

tarta f. cake. || tart. || sponge.

tartajear vi. to stammer.

tartamudear vi. to stutter, to stammer.

tartamudo m. **tartamuda** f. stutterer, stammerer.

tarugo m. lump, chunk (of wood, etc.). || wooden peg.

tasa f. rate. || measure, moderation. || fixed price.

tasación f. valuation, assessment. || (fig.) appraisal.

tasar vt. to price. || to value, to assess.

tasca f. saloon, tavern.

tata m. (Arg.) dad, daddy. || protector.

tatarabuelo m. greal-greal-grandfather.

tataranieto m. great-great-grandson.

tatuaje m. tattoo. || (act) tattooing.

tauromaquia f. (art of) bullfighting, tau-romachy.

taxi *m.* taxi, cab, taxicab.

taxista *m.* taxidriver, taxiroan.

taza *f.* cup. || cupful. || basin (of fountain).

te *pers. pron.* you, thee: **te amo**, I love you. || to you, from you, for you: **te to di**, I gave it to you. || yourself, to yourself, for yourself.

té *m.* tea. || tea party. || **dar un té**, to give a tea party.

tea *f.* torch, firelighter.

teatral *adj.* theatre *(attr.)*, theatrical.

teatro *m.* theatre. || dramatic works. || acting. || stage.

teca *f.* teak.

tecla *f.* key. || **t. de ingreso** *(comput.)*, enter key.

teclado *m. (mus., comput., etc.)* keyboard.

teclear *vi.* to finger the keyboard. || to type. || — *vi. (mus.)* to strum, to play a few chords.

técnica *f.* technique. || method. || craft, skill.

técnico *adj.* technical. || — *m.*, **técnica** *f.* technician. || expert.

tecnología *f.* technology.

techo *m.* roof. || ceiling. || *(aer.)* ceiling.

tedio *m.* boredom, tedium. || depression.

teja *f.* tile.

tejado *m.* roof, tile roof.

tejedor *m.*, **tejedora** *f. weaver.*

tejer *vt.* to weave. || to knit. || (a spider) to spin.

tejido *m.* weave. || web. || fabric. || *(anat.)* tissue.

tejo *m.* disk, quoit. || (game) quoits. || *(bot.)* yew tree.

tela *f.* cloth, fabric. || *(anat.)* membrane. || skin (of an onion, etc.). || *(art)* canvas, painting. || film (of liquid). || **t. de araña**, cobweb.

telar *m.* loom.

telaraña *f.* spider's web, cobweb.

tele *f. (infml.)* telly.

telecontrol *m.* remote control.

teledifusión *f.* telecast.

telefonear *vt., vi.* to telephone, to phone.

telefonista *m., f.* (telephone) operator, telephonist.

teléfono *m.* telephone, phone.

telegrafiar *vt., vi.* to telegraph.

telegrama *m.* telegram.

teleimpresor *m. (comput.)* teleprinter.

teleobjetivo *m.* telephoto lens.

teleprocesamiento *m. (comput.)* teleprocessing.

telescopio *m.* telescope.

telesilla *m.* skilift, chairlift.

telespectador *m.*, **telespectadora** *f.* viewer, televiewer.

teletipo *m.* teletype, teleprinter. || *(comput.)* teletype.

televidente *m., f.* viewer, televiewer.

televisar *vt.* to televise.

televisión *f.* television. || **t. en color**, colour television.

televisor *m.* television set.

telón *m. (theat.)* curtain. || **t. de boca**, front curtain.

tema *m.* subject, theme. || *(gram.)* stem. || — *f.* fixed idea, mania, obsession.

temario *m.* set of themes. || agenda.

temblar *vi.* to tremble, to shake. || to shiver.

temblor *m.* shaking. || *(S. Am.)* earthquake.

temer *vt.* to fear, to dread, to be afraid of. || to suspect.

temerario *adj.* rash, reckless, bold, daring. || hasty.

temeroso *adj.* timid. || fearful, frightened.

temible *adj.* fearsome, dread, frightful. || redoubtable.

témpano *m.* ice floe. || *(mus.)* small drum.

temperamento *m.* temperament, nature. || compromise.

temperar *vt.* to soothe, to calm. || to temper.

temperatura *f.* temperature.

tempestad *f.* storm, tempest.

tempestuoso *adj.* stormy *(a. fig.).*

templado *adj.* temperate, moderate. || (water) lukewarm. || (climate) mild. || *(mus.)* in tune.

templar *vt.* to temper. || to soften. || *(mus.)* to tune (up). || to warm up (room, etc.).

temple *m.* courage, dash. || temper. || *(mus.)* tuning.

templo *m.* temple. || church.

temporada *f.* season. || period, spell.

temporal *adj.* temporary. || temporal. || — *m.* storm. || rainy weather.

temprano *adj.* early. || — *adv.* early. || too early.

tenacidad *f.* toughness. || tenacity. || persistence.

tenaz *adj.* tenacious, unyielding, firm. || persevering.

tenaza *f.* squeeze. || *pl.* **tenazas**, pliers, pincers. || tongs. || forceps.

tendedero m. clothesline, frame for drying clothes.

tendencia f. tendency. || trend, drift.

tender vt. to stretch. || to spread (out), to lay out. || to build (railway, bridge). || to hang out (clothes). || to set (a trap). || — vi. to tend. || — vr. to lie down.

tendero m., **tendera** f. shopkeeper, (esp.) grocer.

tendón m. tendon, sinew.

tenebroso adj. dark, gloomy, tenebrous. || shady.

tenedor m. holder. || bearer. || owner. || fork.

tenencia f. tenure, holding, tenancy. || occupation.

tener vt. (general sense) to have. || ¿esas **tenemos?**, is that so? || ¿qué tienes?, what's the matter with you? || **t. uno presente una cosa**, to have something in mind. || — vr. to stand. || to consider oneself. || — aux. v. to have. || **t. que** + inf., to have to + inf.: **tienes que dormir**, you have to sleep.

tenería f. tannery.

teniente m. lieutenant.

tenis m. tennis. || **t. de mesa**, table tennis.

tenor m. tenor. || meaning, sense, purport.

tensión f. tension. || stress, strain. || tautness, tightness. || **t. arterial**, blood pressure.

tentación f. temptation.

tentáculo m. tentacle. || feeler.

tentar vt. to touch. || to try, to attempt. || to tempt.

tentativa f. attempt. || effort. || (law) criminal attempt.

tentempié m. (infml.) bite, snack.

tenue adj. faint, subdued. || soft. || tenuous.

teñir vt. to dye. || to stain. || (fig.) to tinge (de with).

teología f. theology.

teorema m. theorem.

teoría f. theory.

teosofía f. theosophy.

terapéutica f. therapeutics. || therapy.

terapia f. therapy.

tercero adj. (tercer before m. sing, noun) third. || — m. mediator, arbitrator. || (law) third party.

terceto m. (mus.) trio. || (poet.) tercet.

terciado adj. tilted. || **madera terciada**, plywood.

terciar vt. to slope, to slant. || (math.) to divide into three. || — vi. to arbitrate, to mediate.

tercio m. third. || third part.

terciopelo m. velvet.

terco adj. obstinate, stubborn. || (material) hard.

tergiversar vt. to twist, to distort.

termas f., pl. hot springs, hot baths.

térmico adj. thermic, heat (attr.).

terminación f. termination, ending, completion.

terminal adj., m. terminal.

terminar vt. to finish, to complete. || to conclude. || — vi. to finish, to end. || to close.

término m. end, finish, conclusion. || limit, boundary. || term. || **dar t. a una cosa**, to finish something. || **en buenos términos**, in good terms. || **en primer t.**, in the first place. || **t. medio**, average.

termo m. thermos (bottle, flask).

termodinámica f. thermodynamics.

termómetro m. thermometer.

termonuclear adj. thermonuclear.

termostato m. thermostat.

ternera f. calf. || (cook.) veal.

terno m. set of three. || three-piece suit.

ternura f. tenderness. || fondness, affection.

terquedad f. obstinacy, stubbornness. || hardness.

terraplén m. embankment. || terrace. || rampart.

terrateniente m., f. landowner.

terraza f. (archit.) flat roof. || balcony. || terrace.

terremoto m. earthquake.

terreno adj. terrestrial. || earthly, worldly. || — m. land, ground. || plot of land. || soil, earth. || field.

terrestre adj. terrestrial, earthly.

terrible adj. terrible, dreadful, awful (a. infml.).

territorio m. territory.

terrón m. clod (of earth). || lump (of sugar, etc.).

terror m. terror. || **t. pánico**, panic.

terrorismo m. terrorism.

terruño m. lump, clod. || plot. || (fig.) native soil.

terso adj. smooth. || glossy, polished, shining.

tertulia f. social gathering. || (theat.) upper gallery.

tesis f. thesis.

tesón m. tenacity, perseverance, firmness.

tesorero m., **tesorera** f. treasurer.

tesoro m. treasure. || hoard. || treasury.

testa f. head. || (*infml.*) brains, intelligence.

testaferro m. figurehead, straw man, from.

testamento m. will, testament.

testar vi. to make a will. || — vt. to erase, to cancel.

testarudo adj. stubborn, pigheaded.

testículo m. testicle.

testificar vt., vi. to testify, to bear witness to.

testigo m., f. (*law, etc.*) witness.

testimonio m. testimony, evidence. || affidavit.

testuz m. forehead (of certain animals).

teta f. teat. || nipple. || (*infml.*) breast.

tetera f. teapot. || tea urn.

tétrico adj. somber, gloomy, sullen, grave.

textil adj., m. textile.

texto m. text. || **libro de t.**, text-book.

textura f. texture. || weaving.

tez f. complexion, skin. || colouring.

ti pron. you. || yourself. || (*arch.*) thee, thyself.

tía f. aunt. || (*infml*) rustic, coarse woman.

tibio adj. lukewarm, tepid. || (*fig.*) cool, indifferent.

tiburón m. shark.

tiempo m. (*in general*) time. || age, era. || season. || ages. || weather. || (*gram.*) tense. || **a su debido t.**, in due course. || **a t.**, opportunely. || **abrir, despejar el t.** (*fig.*), to clear up (weather).

tienda f. (*comm.*) shop, store. || **t. de campaña**, tent.

tienta f. shrewdness, sagacity. || **andar a tientas**, to grope in the dark.

tiento m. feel, touch. || caution. || blindman's walking stick. || (*S. Am.*) thin strip of leather.

tierno adj. affectionate, tender. || soft, delicate.

tierra f earth, world. || land, soil, ground. || country. || territory. || **a ras de t.**, on ground level. || **echar por t.** (*fig.*), to wreck. || **¡trágame t.!**, shame on me!

tieso adj. stiff, rigid. || tight, taut. || strong. || firm.

tiesto m. sherd, brokenpiece of pottery. || flowerpot.

tifón m. typhoon. || waterspout.

tigre m. tiger. || (*infml.*) tiger, bloodthirsty person.

tijera f. scissors. || **silla de t.**, folding chair.

tijeras f pl. scissors. || shears, clippers.

tijeretear vt. to snip, to snick. || — vi. to meddle.

tildar vi. (*typ.*) to put a tilde over. || (*fig.*) to brand.

tilo m. (*bot.*) lime tree.

timar vt. to swindle, to cheat.

timbal m. (*mus.*) kettledrum. || (*cook.*) meat pie.

timbre m. stamp, seal. || tax stamp. || doorbell. || timbre.

tímido adj. timid, shy, nervous. || bashful.

timón m. rudder, control, stick. || pole (of carriage)

timonear vt., vi. (*naut.*) to steer.

timonel m. (*naut.*) steersman, helmsman.

timonera f. wheelhouse.

tímpano m. (*anat.*) eardrum. || (*mus.*) kettledrum.

tina f. vat, tub. || bathtub.

tinaja f. large earthen jar.

tinglado m. shed. || temporary platform.

tinieblas f. pl. darkness. || shadows. || (*fig.*) confusion.

tino m. common sense. || knack. || good aim. || tact.

tinta f. ink. || (*tech.*) dye. || (*art*) colour.

tinte m. dyeing. || hue, tint, colour. || (*fig.*) gloss.

tintinear vi. to jingle. || to clink.

tinto adj. dyed. || red (wine). || — m. red wine.

tintorería f. dyeing. || dyer's (shop). || dry cleaner's.

tintura f. tincture. || tint, dye.

tío m. uncle. || (*infml*) old fellow. || guy.

tiovivo m. roundabout, merry-go-round.

tipear vt., vi. (*S. Am.*) to type.

típico adj. typical. || characteristic.

tiple m. treble. || soprano (voice). || — f. soprano.

tipo m. type. || standard. || pattern. || (*infml.*) fellow. || (*comm., fin.*) rate. || (*anat.*) build, physique.

tipografía f. typography. || printing.

tira f. narrow strip. || **t. cómica**, comic strip.

tirabuzón m. corkscrew.

tirada f. throw. || distance. || stretch. || (fig.) series. || time. || (typ.) printing, edition.

tirador m. marksman, shot. || thrower. || pl. **tiradores**, braces, suspenders (U. S.).

tiraje m. number of copies printed of a book, etc. || (S. Am.) chimney flue.

tiranía f. tyranny.

tirano adj. tyrannical. || — m., **tirana** f. tyrant.

tirante adj. tense, taut. || — m. (archit.) tie, brace. || pl. **tirantes**, braces, suspenders (U. S.).

tirar vt. to throw. || to cast, to toss. || to drop. || to knock down (building). || to throw away (rubbish). || to waste, to squander (fortune). || to deal (blow, etc.). || — vi. to shoot, to fire. || **t. a**, to tend to. || — vr. to throw oneself, to hurl oneself. || **t. al blanco**, to shoot at a target. || **t. la chancleta** (Arg.), to lose one's shame (of a woman). || **tirárselas de** (infml.), to make oneself out to be.

tirilla f. band, strip. || (sew.) neckband.

tiritar vi. to shiver. || **t. de frío**, to shiver from cold.

tiro m. throw. || shot. || rifle range. || team of horses. || (sew.) length (of cloth, etc.) y (archit.) flight of stairs. || draught (of chimney). || **como un t.**, like a shot. || **errar uno el t.** (fig.), to miss the mark. || **ni a tiros** (fig. and infml.), by no means. || **t. al blanco**, target shooting.

tirón m. pull, tug, jerk. || hitch. || **de un t.**, all at once.

tirotear vr. to shoot at. y to blaze away at.|| to snipe at. || — vr. to exchange shots.

tirria f. dislike. || ill will. || **tener t. a**, to dislike.

tisana f. tisane, infusion.

tisis f. consumption, tuberculosis.

títere m. puppet, marionette. || (fig.) nicompoop.

titilar vi. to quiver. || to flutter. || to twinkle.

titubear vi. to totter. || to stagger. || (ling.) to stammer. || to hesitate.

titular adj. titular. || regular (professor, etc.). || — m. (typ.) headline. || — m., f. holder, occupant. || — vr. to title, to entitle. || — vr. to be entitled.

título m. title, name. || (typ.) headline, caption, heading. || title. || professional qualification. || (univ.) degree. || (comm.) bond, security.

tiza f. chalk. || whitening. || **una t.**, a piece of chalk.

tiznar vt. to soil with soot. || (fig.) to stain, to tarnish. || — vr. to become soiled or blackened.

tizne m. soot. || black smear. || grime. || smut.

tizón m. firebrand, half-burned log. || (bot.) smut.

toalla f. towel: **t. de baño**, bath towel, **tobillo** m. ankle.

tobogán m. toboggan.

tocadiscos m. record player.

tocado adj. touched. || — m. headdress, headgear.

tocador m. dressing table, boudoir. || toilet case.

tocar vt. to touch. || to feel. || to handle. || to hit. || (mus.) to play. || to ring (bell). ||— vr. **t. a**, to knock at (the door). || to fall to one's lot. || to concern. || — vr. to touch each other.

tocino m. bacon.

todavía adv. still, yet. || **t. no**, not yet.

todo adj. all, whole. || every, each. || — adv. completely, entirely. || — m. whole. || **ante t.**, first of all. || **del t.**, entirely. || **sobre t.**, above all.

todopoderoso adj. almighty, all-powerful.

toga f. (hist.) toga. || (univ) gown.

toldo m. awning. || lilt, cover. || sunshade.

tolerar vt. to tolerate, to suffer, to endure.

toma f. (general sense) taking. || assumption. || capture, seizure. || amount, portion. || (cine.) shot. || (elec.) plug, socket. || outlet (of water). || **t. de conciencia**, awareness. **t. de hábito**, taking of vows.

tomacorriente m. (elec.) plug.

tomadero m. handle. || inlet, intake. || tap.

tomar vt. to take. || to catch (a train, a bus, etc.). || to go by. || (mil.) to capture. || to eat, to drink, to have. || **¡toma!**, here!, here you are! || **t. a mal**, to resent. || **t. en cuenta**, to take into account. || — vi. (bot.) to take, to take root. || — vr. to take. || to go rusty.

tomate m. tomato.

tomillo m. thyme.

tomo m. volume. || (fig.) size. || importance.

ton m. **sin t. ni son**, without rhyme or reason.

tonada *f.* iune, song, air. || *(S. Am.)* accent.

tonel *m.* barrel, cask, keg.

tonelada *f.* ton.

tonelaje *m.* tonnage.

tónico *adj.* tonic. || invigorating. || — *m.* *(med.)* tonic.

tonificar *vt.* to tone up. || to invigorate, to fortify.

tono *m.* tone. || pitch. || key. || *(mus.)* tuning fork. || *(mus.)* slide. || **darse t.** *(infml.)*, to put on airs. || **de buen t.**, elegant, stylish. || **ponerse uno a t.**, to adapt oneself. || **subido de t.**, improper, off-colour.

tonsurar *vt.* *(eccl.)* to tonsure. || to clip, to shear.

tontear *vi.* to talk nonsense, to act the fool. || to flirt.

tontería *f.* silliness, foolishness, stupidity. || triviality.

tonto *adj.* silly, foolish, stupid. || **a tontas y a locas**, haphazardly. || — *m.*, **tonta** *f.* fool, dolt.

topacio *m.* topaz.

topar *vi.* to bump into, to knock against. || — *vi.* **t. con**, to run into, to bump into. || to stumble. || — *vr.* **toparse con**, to run up against.

tope *adj.* top, maximum. || — *m.* butt, end. || bump, knock. || *(mech.)* check. || *(fig.)* difficulty. || limit. || **hasta el t.**, to the brim, to the limit.

topetar *vt.* to butt, to bump. || *(fig.)* to bump into.

topetazo *m.* butt. || *(infml, fig.)* butt, bump.

tópico *adj.* *(wed.)* local. || — *m.* commonplace. || catchphrase. || topic.

topo *m.* *(zool.)* mole. || *(fig. and infml.)* awkward person, blunderer.

topografía *f.* topography.

toque *m.* touch. ||*(art)* touch. || dab (of colour). || detail. || particular way of doing things. || *(chem.)* test. || ringing. || *(mil.)* bugle, call. || **t. de queda**, curfew.

toquetear *vr.* to fiddle with, to finger. || *(infml.)* to pet.

torbellino *m.* whirlwind. || dust cloud. || *(fig.)* whirl.

torcedura *f.* twist(ing). || *(med.)* sprain, strain.

torcer *vt.* to twist. || to bend. || to wring. || *(med.)* to sprain. || — *vi.* to turn. || —*vr.* to twist. || to bend. || to go astray.

torcido *adj.* crooked. || twisted. || bent. || dishonest.

torear *vt.* (bull) to fight. || *(fig.)* to plague, to confuse. || *(Arg.)* to infuriate. || — *vi.* to fight bulls.

torero *m.* bullfighter.

tormenta *f.* storm, tempest. || *(fig.)* adversity.

tormento *m.* torture. || torment, anguish.

tornadizo *adj.* changeable. || fickle, **tomar** *vt.* to give back. || to transform *(en* into). || — *vi.* to go back, to come back. ||— *vr.* to return. || to become.

tornasol *m.* sunflower. || litmus. || *(fig.)* sheen.

tornasolado *adj.* iridescent, sheeny.

torneado *adj.* *(tech.)* turned (on a lathe). || shapely.

tornear *vt.* to turn (on a lathe).

torneo *m.* tournament, competition. || *(hist.)* tourney.

tornillo *m.* screw. || bolt.

torniquete *m.* turnstile. || *(med.)* tourniquet.

torno *m.* lathe. || winch, windlass. || **en t. a**, round, about.

toro *m.* *(zool.)* bull. || *(fig.)* strong man, he man. || **corrida de toros**, bullfight.

torpe *adj.* clumsy, awkward. || dull, slow. || indecent.

torpedear *vt.* to torpedo *(a. fig.)*.

torrar *vt.* to toast, to roast.

torre *f.* tower. || *(chess)* rook, castle. || turret.

torrente *m.* rush. || *(fig.)* plenty.

torreón *m.* tower. || *(archit.)* turret.

tórrido *adj.* torrid.

torrija *f.* slice of fried vegetables, bread, etc.

torsión *f.* twist(ing). || warp(ing). || *(mech.)* torsion.

torta *f.* cake. || tart, flan. || *(infml.)* slap. || **t. de reyes** *(cook.)* Twelfth-Night-cake.

tortícolis *m.* crick in the neck, stiff neck, **tortilla** *f.* omelet, omelette.

tórtola *f.* turtledove.

tortuga *f.* tortoise. || **t. marina**, turtle.

tortuoso *adj.* winding, tortuous. || *(fig.)* devious.

torturar *vt.* to torture.

torvo *adj.* grim, stern, fierce, **tos** *f.* cough. || coughing. || **t. ferina**, whooping cough.

tosco *adj.* coarse, rough, crude *(a. fig.)*.

toser *vi.* to cough.

tosquedad *f.* coarseness, roughness, crudeness.

tostada f. toast, piece of toast.

tostador m. toaster. || roaster.

tostar vt. to roast. || to toast. || to scorch. || to tan. || — vr. to become tanned or sunburnt.

total adj., m. total. || — adv. in short. || so. || after all.

totalidad f. whole. || totality. || **en su t.**, as a whole.

totalizar vt., vi. to totalize, to add up, to sum up.

tóxico adj. toxic, poisonous. || — m. poison.

toxicomanía f. drug addiction.

toxicómano adj. addicted to drugs. || — m., **toxicómana** f. drug addict.

toxina f. toxin.

tozudo adj. obstinate.

traba f. hobble. || lock. || (fig.) bond, tie.

trabajador adj. hard-working, industrious. || — m. worker, workman. || labourer.

trabajar vt. to work, to shape, to form. || to till (soil). || — vi. to work. || to be employed. || to act.

trabajo m. work, labour. || job. || chore, task. || employment, post. || thesis. || trouble. || **trabajos forzados**, hard labour.

trabajoso adj. hard, difficult, laborious, **trabalenguas** m. tongue twister.

trabar w. to join. || to lock. || to fasten. || to seize.|| (fig.) to start (up) (conversation, discussion, etc.). || **t. amistad**, to become friends. || — vr. to get entangled. ||(S. Am.) to get tongue-tied.

tracción f. traction. || haulage. || (mech.) drive.

tractor m. tractor. || **t. de oruga**, caterpillar tractor.

tradición f. tradition.

traducción f. translation. || (fig.) rendering.

traducir vr. to translate. || (fig.) to render.

traductor m., **traductora** f. translator. || — m. (comput.) translating program.

traer vt. to bring, to fetch. || to attract. || to have, to carry. || to bring about.

tráfago m. (comm.) traffic, trade. || drudgery, toll.

traficante m. trader, dealer.

traficar vi. to traffic, to deal, to trade.

tráfico m. (comm.) trade, business. || traffic.

tragaluz m. skylight.

tragaperras m. slot machine.

tragar vr. to swallow. || to drink up. || to gulp down. || to absorb (of land, etc.). || to tolerate. || to consume, to use, to take up. || — vr. to swallow. || **tragarse el an- zuelo**, to believe a lie, to be deceived.

tragasables m. sword-swallower.

tragedia f. tragedy.

trágico adj. tragic(al). || — m. tragedian.

trago m. drink. || draught, swig.

traición f. treachery. || (law, etc.) treason. || betrayal.

traicionar vt. to betray (a. fig.).

traidor adj. treacherous. || — m., **traidora** f. traitor.

traílla f. dog leash.

traje m. dress, costume. || suit. || gown. || **t. de baño**, bathing suit. || **t. de noche**, evening dress.

trajear vt. to dress, to clothe, to costume.

trajín m. haulage. || coming and going. || bustle.

trajinar vt. to bustle about, to rush about. || to work.

trama f. weft, woof. || tram. || plot, scheme.

tramar vt. to weave (cloth). || to hatch (a scheme).

tramitar vt. to transact. || to negotiate. || to handle.

trámite m step, stage. || negotiation, transaction.

tramo m. section, span, stretch. || flight (of stairs).

tramoya f. (theat.) stage machinery. || trick, scheme.

tramoyista m. (theat.) stagehand, scene shifter.

trampa f. trap. || snare. || trapdoor. || hatch.

trampear vt. to cheat, to swindle. || — vi. to cheat.

trampolín m. springboard, diving board.

tramposo adj. cheating. || — m., **tramposa** f. swindler.

tranca f. club. || pole, beam. || bar. || (S. Am.) drunken spree.

trance m. moment, juncture. || critical juncture.

tranco m. stride, long step. || threshold.

tranquera f. palisade. || (S. Am.) large gate in a fence.

tranquilizante adj. tranquilizing. || — m. tranquilizer.

tranquilizar vt. to calm, to quieten. || to reassure. || — vr. to calm down. || to stop worrying.

tranquilo adj. still, calm, tranquil, quiet, peaceful.

transacción f. transaction. || deal. || settlement.

transatlántico adj. transatlantic. || — m. (naut.) liner.

transbordar vt. to transship. || to transfer.

transcripción f. transcription.

transcurrir vr. to pass, to go by, to elapse.

transcurso m. course, passage (of time).

transeúnte adj. transient. || — m., f. passer-by.

transferencia f. transference. || (law, sport) transfer.

transferir vt. to transfer. || to postpone.

transformador m. (elec.) transformer.

transformar vt. to transform. || to change.

tránsfuga m. fugitive. || (pol.) turncoat. || (Arg.) rascal.

transfusión f. transfusion: **t. de sangre**, blood transfusion.

transgredir vt., vi. to transgress.

transición f. transition.

transido adj. overcome (de with).

transigente adj. compromising. || tolerant.

transigir vr. to compromise. || **t. con**, to agree to.

transistor m. transistor.

transitar vi. to travel, to journey, to pass, **transitivo** adj. transitive.

tránsito m. transit, passage. || traffic.

translúcido adj. translucent.

transmigrar vi. to migrate, to transmigrate.

transmisión f. transmission. || broadcast(ing).

transmisor adj. transmitting. || — m. transmitter.

transmitir vt., vi. to transmit. || (radio) to broadcast.

transparencia f. transparency. || clarity, clearness.

transparentar vt. to reveal. || — vr. to transparent, to show through.

transparente adj. transparent. || clear. || see-through.

transpirar vi. to perspire. || (bot.) to transpire.

transponer vt. to transpose. || to disappear behind.

transportar vt. to transport. || (naut.) to ship. || (mus.) to transpose. || — vr. (fig.) to get carried away.

transporte m. transport. || carriage. || (mus.) transposition. || rapture, ecstasy.

transvasar vt. to decant.

transversal adj. transverse, cross. || oblique.

tranvía m. tram, tramcar, streetcar (U. S.). || tramway.

trapacear vi. to cheat. || to make mischief.

trapear vt. (S. Am.) to mop (the floor).

trapecio m. trapeze. || (math.) trapezium.

trapero m. ragman.

trapiche m. olive-oil press. || sugar mill.

trapisonda f. (infml.) hubbub. || brawl. || plot.

trapisondista m. schemer, intriguer. || fiddler.

trapo m. rag. || tatter. || **a todo t.**, under full sail.

tráquea f. trachea, windpipe.

traquetear vt. to shake, to jerk. || — vi. to rattle.

tras prep. after. || behind. || in search of, in pursuit of. || **uno t. otro**, one after the other.

trascendencia f. importance. || transcendence.

trascendental adj. momentous. || (philos.) transcendental.

trascender vi. to smell (a of). || to become known, to leak out. || to have a wide effect. || (philos.) to trascend.

trascocina f. scullery.

trasegar vt. to decant. || to transfer. || to upset.

trasero adj. back, rear. || — m. rump, buttocks.

trasgo m. goblin, imp.

trashojar vt. to scan, to leaf through (a book).

trashumante adj. nomad, migrating.

trasiego m. move, switch. || decanting. || upset.

traslación f. (astron.) passage. || (lit.) metaphor.

trasladar vt. to transfer, to move. || to translate (into another language). || to copy, to transcribe. || — vr. to go, to move.

traslado m. move. || removal. || transfer. || copy.

traslucir vt. to guess. || — vr. to be translucent.

trasluz m. diffused light. || glint, gleam.

trasmano: a t., adv. out of reach. || out of the way.

trasnochada f. vigil, watch. || sleepless night.

trasnochado adj. haggard, run-down. ||
stale.

trasnochar vi. to stay up late, to keep late
hours.

traspapelar vt. to mislay. || — vr. to get
mislaid.

traspasar vt. to pierce. || to transfix. || to
transfer. || — vr. to go loo far, to over-
step the mark.

traspié m. slip, stumble. || trip. || (fig.)
blunder.

trasplantar vt. (bot., med.) to transplant.

trasportín m. extra seat, pillion seat.

traspunte m. (theat.) callboy. || prompter.

trasquilar vt. to shear (sheep). || to dip.
|| to crop.

traste m. (mus.) fret. || bottom. || **dar al
t. con algo** (infml.), to spoil something.

trastienda f. backroom (of a shop).

trasto m. piece of furniture. || old or use-
less object. || (infml.) nuisance, good
for nothing.

trastocar vt. to upset, to disturb.

trastornado adj. mad, crazy.

trastornar vt. to overturn, to upset. || to
turn topsy-turvy. || to confuse (ideas). ||
to turn mad.

trastorno m. upsetting. || (fig.) distur-
bance. || disorder.

trasuntar vt. to copy, to transcribe. || to
summarize.

trasvasar vt. to pour into another container, to decant.

trata f. slave trade. || **t. de blancas**, white
slave traffic.

tratado m. treatise. || treaty.

tratamiento m. treatment. || title, style
(of address).

tratante m. dealer, trader (en in).

tratar vt. to treat, to handle. || to behave
towards. || to address as. || to deal with
(a subject). || — vi. **t. de** + inf., to try
to + inf. || to deal with. || **t. en**, to deal
in. || to live (well or badly). ||
tratarse de, to be a question of. || to
treat each other (two persons).

trato m. dealings || relationship. || treat-
ment. || behaviour. || agreement. ||
tener t. agradable, to have a pleasant
personality. || **¡t. hecho!**, it's a deal!

travesaño m. (archit.) crosspiece. || bol-
ster (of bed).

travesear vi. to be mischievous. || to
romp, to frolic.

travesía f. cross-Street. || crossing, voy-
age. || distance. || (naut.) crosswind.

travesti m., f. transvestite.

travesura f. prank, lark, piece of mis-
chief. || trick.

traviesa f. (archit.) tie, rafter. || (rail.)
sleeper.

travieso adj. naughty, mischievous. ||
restless. || lively. || **a campo traviesa**
(adj., adv.), cross-country.

trayecto m. way, road, journey. || stretch,
section.

trayectoria f. trajectory, path. || (fig.)
evolution.

traza f. appearance. || plan, design. ||
scheme. || trace.

trazar vt. to draw. || to sketch. || to trace,
to plot.

trazo m. line, stroke. || outline. || fold in
drapery.

trebejos m. implements, tools. || toys. ||
chessmen.

trébol m. (bot.) clover, trefoil. || (cards)
club.

trece adf., m. thirteen. || thirteenth.

trecho m. stretch, period.

tregua f. (mil.) truce. || rest, respite.

treinta adj., m. thirty. || thirtieth.

tremendo adj. tremendous, dreadful,
terrible.

tremolar vt., vi. to wave (flag, banner).

trémulo adj. quivering, tremulous. ||
flickering.

tren m. (rail.) train. || (mil.) convoy. ||
(mech.) set. || equipment. || retinue.
|| pomp. || **t. de vida**, way of life. || **t.
expreso**, fast train. || **t. rápido**, express.

trenza f. plait, braid. || tress. || twist. ||
(Arg.) tricks.

trenzar vt. to braid, to plait. || — vi. to
prance.

trepador adj. climbing. || — m. (bot.)
climber.

trepar vt., vi. to climb. || to scale. ||
(infml.) to make one's way by pushing
(socially, etc.).

trepidar vi. to shake, to vibrate, to trem-
ble.

tres adj. three. || — m. three. || third.

trescientos adj. three hundred. || m.
three hundred.

treta f. trick, ruse, stratagem, scheme.

triángulo m. triangle (a. mas.).

tribu f. tribe.

tribuna f. tribune, platform. || (eccl.) gal-
lery. || stand.

tribunal m. court, tribunal. || board of
examiners.

tributar vt. to pay (taxes). || **to render** (homage).

tributo m. tribute. || tax. || price.

triciclo m. tricycle.

tricornio m. three-cornered hat.

tridente m. trident.

tridimensional adj. three-dimensional.

trienio m. period of three years, **trifásico** adj. (elec.) three-phase, triphase.

trifulca f. (infml.) row, rumpus, **trigo** m. (bot.) wheat.

trigonometría f. trigonometry.

trigueño adj. olive-skinned. || dark blond (hair).

trilogía f. trilogy.

trillado adj. threshed. || worn-out, hackneyed.

trilladora f. threshing machine.

trillar vt. (agr.) to thresh, to thrash.

trillizos m. pl., **trillizas** f. pl. triplets.

trillón m. trillion (Brit.), quintillion (U. S.).

trimestre m. quarter. || (univ.) term.

trinar vi. to warble. || (mus.) to trill.

trincar vt. to break up.|| to tie up. || (naut.) to lash.

trinchar vt. to carve, to cut.

trinchera f. trench. || (rail.) cutting. ft (S. Am.) fence.

trineo m. sledge, sleigh.

trino m. (mus.) trill. || (orn.) warble.

trinquete m. (naut.) foresail. || (mech.) pawl.

tripa f. gut, intestine. || (infml.) belly, tummy.

triplicado adj. triplicate. || **por t.**, in triplicate.

triplicar vt., vr. to treble, to triple.

trípode m. tripod.

tripulación f. crew.

tripulante m. crew member, crewman.

tripular vt. to man (ship, etc.). || to drive (car).

triquiñuela f. trick, trickery.

tris m. crack. || tearing noise. || pop. || swish. || tinkle.

triscar vt. to mix up. || — vi. to stamp one's feet about. || to gambol, to frisk about (of lambs, etc.).

trisílabo adj. trisyllabic. || — m. trisyllable.

triste adj. sad. || sorrowful. || melancholy. || dismal. || miserable. || — m. plaintive love song.

tristeza f. sadness. || misery. || gloominess.

tritón m. (zool.) newt.

trituradora f. grinder, crushing machine.

triturar vt. to grind, to crush, to triturate.

triunfal adj. triumphal. || triumphant.

triunfante adj. triumphant. || winning. || exultant.

triunfar vr. to triumph. || to win. || to be successful.

triunfo m. triumph. || victory. || success.

trivial adj. trivial, trite, commonplace.

triza f. fragment, shred.

trocar vi. to exchange, to barter. || — vr. to change (en into).

trocha f. trail, narrow path. || (rail.) gauge.

trofeo m. trophy. || (fig.) victory, success, triumph.

troj(e) f. granary, barn.

trole m. (elec.) trolley, trolley pole.

trolebús m. trolley bus.

tromba f. whirlwind.

trombón m. trombone. || trombonist.

trompa f. (mus.) horn. || trunk (of elephant).

trompada f., **trompazo** m. bump, bang. || punch.

trompear vt. to punch, to sock, to box.

trompeta f. (mus.) trumpet.|| clarion. bugle. || — m. trumpeter, bugler.

trompo m. spinning top.

trompudo adj. (S. Am.) thick-lipped. || ill-humoured.

tronar vi. to thunder. || (infml.) to go ruined.

tronco m. trunk. || stem, stalk, origin.

tronchar vr. to split, to crack. || to bring down (tree).

tronera f. (mil.) loophole. || (billiards) pocket.

tronido m. thunderclap. || bang, detonation.

trono m. throne. || (fig.) the king, the sovereign.

tropa f. (mil.) army, military. || troop, crowd.

tropel m. crowd, throng. || jumble. || rush.

tropelía f. outrage, abuse, injustice.

tropero m. (R. Pl.) cowboy. || carter.

tropezar vi. to stumble, to trip. || (fig.) to slip up. || (fig.) **t. con**, to run into, to come across.

trópico m. tropic, the tropics.

tropiezo m. obstacle. || stumbling block. || slip.

tropilla f. (R. Pl.) drove, flock, herd.

trotar vi. to trot. || to travel about. || to hustle.

trote *m.* trot. || **al t.**, quickly, right away.

trovador *m.* troubadour.

trozo *m.* piece, bit, fragment. || excerpt, passage.

truco *m.* trick. || knack. ||*(R. Pl.)* card game.

truculento *adj.* cruel. || horrifying, terrifying.

trucha *f. (fish)* trout.

trueno *m.* thunder. || thunder clap.

trueque *m.* exchange. || *(comm.)* barter.

trufa *f. (bot.)* truffle. || *(infml.)* fib, lie.

trabón *m.* cheat, trickster, swindler, crook, scoundrel.

truncar *vt.* to truncate. || to mutilate. || to cut short.

tu *pass. adj.* your. || *(arch., to God)* thy.

tú *pers. pron.* you. || *(arch., to God)* thou.

tubérculo *m. (bot.)* tuber. || *(anat., med.)* tubercle.

tubería *f.* pipes, piping. || tubes, tubing. || pipeline.

tubo *m.* tube *(a. anal., TV, etc.)*. || pipe. || **t. digestivo**, alimentary canal. || **t. de órgano**, organ pipe.

tucán, tucano *m. (Arg., Ven.)* toucan.

tuerca *f.* nut. || **t. mariposa**, wingnut.

tuerto *adj.* twisted. || one-eyed. || — *m.*, **tuerta** *f.* one-eyed person.

tuétano *m. (anat.)* marrow. || **hasta los tuétanos**, through and through, head over heels.

tufo *m.* vapour. || bad smell, stink. || body odour.

tugurio *m.* hovel, shack. || small room. || joint, hole.

tulipa *f.* lampshade.

tulipán *m.* tulip.

tullido *adj.* crippled. || — *m.* **tullida** *f.* cripple.

tumba *f.* tomb, grave.

tumbar *vt.* to knock down. || — *vi.* to fall down. || *(naut.)* to capsize. || — *vr.* to lie down.

tumbo *m.* tumble, fall. || shake, jolt (of vehicle).

tumor *m.* tumour, growth.

tumulto *m.* turmoil, uproar, tumult. || riot.

tunante *m.* rogue, villain, crook.

túnel *m.* tunnel.

túnica *f.* tunic. || robe, gown, long dress.

tupido *adj.* thick, dense. || *(S. Am.)* blocked.

turba *f.* peat, turf. || crowd. || mob, rabble.

turbado *adj.* disturbed. || embarrassed.

turbante *m.* turban.

turbar *vt.* to disturb, to upset. || to worry, to trouble.

turbina *f.* turbine.

turbio *adj.* cloudy, turbid. || dishonest. || confused.

turbopropulsor, turborreactor *adj.* turbojet. || — *m.* turbojet (aeroplane).

turbulencia *f.* turbulence, storminess. || unruliness.

turbulento *adj.* turbulent. || troubled. || unruly.

turco *adj.* Turkish. || — *m.*, **turca** *f.* Turk.

turismo *m.* tourism. || touring. || tourist trade.

turista *m., f.* tourist.

turnar *vi vr.* to take turns, to alternate.

turno *m.* turn. || shift. || **por t.**, in turn.

turquesa *f.* turquoise.

tusar *vt. (S. Am.)* to cut, to clip, to shear.

tutear *vt.* to address someone with **tu**.

tutela *f. (law)* guardianship. || *(fig.)* protection.

tutor *m.*, **tutora** *f. (law)* guardian.

tuyo *poss. pron.* yours, of yours. || *(arch., to Cod)* thy, of thine.

U

u *f.* u.

u *conj.* (used before words beginning with **o** or **ho**) or.

ubicación *f.* placing. || siting. || location.

ubicar *vt.* (*S. Am.*) to locate, to situate, to place. || — *vi., vr.* to be located, to be situated.

ubre *f.* udder. || teat.

ucraniano, ucranio *adj., m.* **ucrania, ucraniana** *f.* Ukrainian.

ufanarse *vr.* to boast, to pride oneself.

ufano *adj.* proud. || cheerful. || confident.

ujier *m.* usher. || doorkeeper, attendant.

úlcera *f.* ulcer, sore.

ulcerar *vt.* to ulcerate. || — *vr.* to ulcerate, to fester.

ulterior *adj.* ulterior, beyond. || subsequent.

últimamente *adv.* lastly, finally. || recently, lately.

ultimar *vt.* to finish, to conclude. || (*S. Am.*) to finish off.

último *adj.* last. || final. || latest. || latter. || farthest. || **a la última moda**, in the latest fashion. || **por ú.**, finally.

ultrajar *vt.* to outrage, to affront, to offend. || to rape.

ultraje *m.* outrage. || insult.

ultramar *m.* countries. || overseas.

ultramarino *adj.* overseas. || foreign. || — *m. pl.* **ultramarinos**, imported goods. || foodstuffs.

ultranza: a u. *adv.* at all costs. || out and otit.

ultrarrojo *adj.* infrared, ultrared.

ultrasónico *adj.* ultrasonic.

ultravioleta *adj.* ultraviolet.

ulular *vi.* to howl (animal, wind). || to hoot (owl).

umbral *m.* threshold. || doorstep. || (*archit.*) lintel.

umbrío, umbroso *adj.* shady.

un, una *indefinite article,* an. || — *adj.* one.

unánime *adj.* unanimous.

unción *f.* anointment, anointing, unction.

undécimo *adj.* eleventh.

undoso *adj.* wavy, undulating.

ungir *vt.* to anoint, to put ointment on.

ungüento *m.* ointment, unguent. || (*fig.*) salve, balm.

únicamente *adv.* only. || solely.

único *adj.* only, sole. || unique, singular. || rare.

unicornio *m.* unicorn.

unidad *f.* unity, oneness. || (*math., mil., tech.*) unit. || (*comput.*) drive. || **u. de almacenamiento** (*comput.*), storage unit. || **u. de disco** (*comput.*), disk drive.

unido *adj.* joined, linked. || (*fig.*) united.

unificar *vt.* to unite, to unify.

uniformar *vt.* to make uniform. || to level up. || to put into uniform.

uniforme *adj.* uniform. || level. || — *m.* uniform.

unión *f.* union. || joint. || marriage.

unir *vt.* to unite. || to join. || to mix. || — *vr.* to merge. || to join. || to wed.

unísono *adj.* unisonous. || in harmony.

unitario *adj.* unitary. || — *m.*, **unitaria** *f.* Unitarian.

universal *adj.* universal.

universidad *f.* university.

universitario *adj.* university. || — *m.*, **universitaria** *f.* university teacher. || university student.

universo *m.* universe. || world.

uno *adj.* one. || one and the same, uxoricidio. identical. || *pl.* **unos**, some, a few. || —*pron.* one. || somebody. || **cada u.**, every one, each one. || **u. de tantos**, a very common sort. || **u. tras otro**, one after another. || — *m.* one (numeral).

untar *vt.* to grease. || to smear, to anoint. || to spread (butter). || — *vr.* to smear oneself.

unto *m.* ointment, unguent. || grease, animal fat.

untuoso adj. greasy, oily, sticky.
uña f. nail, fingernail. || toenail. || claw. || hook, sharp point. (**ser u. y carne**, to be bosom friends.
uñero m. whitlow. || ingrowing nail.
uranio m. uranium.
urbanidad f. courtesy, politeness, urbanity.
urbanismo m. town planning. || urban development.
urbanizar vt. to urbanize. || to civilize.
urbe f. large city, metropolis. || capital city.
urdir vr. to warp. || (fig.) to plot, to scheme for.
urgencia f. urgency. || need. || **con a.**, urgently.
urgente adj. urgent. || express. || pressing.
urgir vr. to urge, to press, to entreat. || to be urgent.
urinario adj. urinary. || — m. urinal, public lavatory.
urna f. urn. || glass case. || (pol., etc.) ballot box.
urología f. urology.
urraca f. magpie.
uruguayo adj., m., **uruguaya** f. Uruguayan.
usanza f. usage, custom.
usar vt. to use. || to wear. || — vi. to be accustomed. || — vr. to be used, to be in use. || to be the fashion.

usina f. (R. Pl.) power plant.
uso m. use. || employment. || custom. || wear.
usted, pl. **ustedes** pers. pronoun (normally abbr. **Ud.**, **Uds.**) you (polite or formal address).
usual adj. usual, customary. || ordinary. || regular.
usuario m., **usuaria** f. user. || (comput.) user.
usufructo m. usufruct, use.
usura f. usury. || profiteering. || interest, gain, profit.
usurpación f. usurpation. || seizure, illegal taking.
utensilio m. tool, implement. || (cook.) utensil.
útero m. womb, uterus.
útil adj. useful. || — m. pl. idles, tools, implements.
utilería f. (theat.) properties, props.
utilidad f. usefulness, utility. || benefit. || profit.
utilizar vt. to utilize, to use, lo make use of.
utopía, **utopia** f. Utopia.
uva f. grape. || **estar hecho una u.**, to be drunk as a lord. || **u. blanca**, green grape. || **u. pasa**, raisin.
úvula f. uvula.
uxoricidio m. wife-murder.

V

v f. v.

vaca f. cow. || *(cook.)* beef. || gambling pool. || **v. lechera**, dairy cow.

vacación f. vacation, holiday.

vacacionista m., f. holidaymaker, vacationist *(U. S.)*.

vacante adj. vacant, unoccupied. || — f. vacancy.

vaciadero m. drain. || sump. || dumping ground.

vaciar vt. to empty. *(eccl.)* to drain. || to cast, to mould. *(eccl.)* to excavate. || — vt. to flow, to empty.

vacilante adj. vacillating, hesitant. || unsteady.

vacilar vi. to vacillate, to hesitate, to waver. || to be unsteady. || to flicker (light).

vacío adj. empty. || vacant. || *(fig.)* hollow. || useless. || — m. emptiness. || void. || *(phys.)* vacuum.

vacuidad f. emptiness. || *(fig.)* vacuity. || superficiality.

vacuna f. vaccine. || *(S. Am.)* vaccination.

vacunar vt. to vaccinate.

vacuno adj. bovine. || **ganado v.**, cattle.

vacuo adj. empty. || vacant. || superficial.

vadear vt. to ford, to wade through. || to overcome.

vado m. ford. || *(fig.)* way out, expedient.

vagabundear vi. to wander, to rove. || to loaf.

vagabundo m., **vagabunda** f. wanderer, tramp.

vagancia f. vagrancy. || idleness, laziness.

vagar vi. to roam, to wander. || to be idle. || — m. leisure. || idleness.

vagido m. (baby's) wail, cry.

vago adj. vague. || roving. || — m. tramp.

vagón m. *(rail.)* car, coach, carriage. || **v. de carga**, goods wagon, freight car *(U. S.)*.

vahído m. dizzy spell, queer turn, vertigo.

vaho m. vapour, fumes. || breath. || whiff, smell.

vaina f. sheath, scabbard. || case. || *(bot.)* pod, husk.

vainilla f. vanilla. || *(sew.)* hemstitch.

vaivén m. swinging. || fluctuation. || inconstancy.

vajilla f. dishes, crockery. || china.

vale m. voucher, receipt. || promissory note.

valedero adj. valid. || binding.

valentía f. bravery. || boldness. || exploit.

valentón m., **valentona** f. braggart. || boaster.

valer vt. to be worth. || to be equal. || to cost. || — vi. to be worth. || to cost. || to be valid. || — vr. to look after oneself. || **valerse de**, to make use of. || — m. worth, merit, value.

valeroso adj. brave, valiant.

valet m. jack, knave.

valía f. value, worth. || favour, influence.

validación f. validation. || ratification.

válido adj. valid. || strong, healthy.

valiente adj. brave, courageous, valiant. || fine. || strong. || — m. brave man. || hero.

valija f. case. || valise. || satchel. || *(post)* mailbag.

valioso adj. valuable. || useful. || estimable, wealthy.

valor m. value, worth. || price. || courage, valour. || impudence. || import, meaning. || **v. nominal**, face value.

valorar vr. to value, to appraise.

vals m. waltz.

valuar vr. to valuate.

valva f. *(bot., zool.)* valve.

válvula f. *(mech., elec., anal.)* valve.

valla f. fence. || barricade. || *(sport)* hurdle.

vallar vt. to fence in, to put a fence round, to enclose.

valle m. valley. || vale, dale.

vampiro m. *(zool.)* vampire.

vanagloria f. vainglory.

vanagloriarse vr. to boast.

vándalo adj., m., f. vandal.

vanguardia f. vanguard, van (a. fig.).

vanidad f. unreality. || futility. || vanity.

vanidoso adj. vain, conceited. || smug.

vano adj. vain. || empty. || — m. (archit.) space, gap.

vapor m. steam. || vapour. || faintness.

vaporizar vr. to vaporize. || to spray.

vaporoso adj. vaporous. || steamy. || light, airy.

vapulear vr. to thrash, to beat, to whip, to flog.

vaqueriza f. cowshed. || cattle yard.

vaquero adj. cattle. || — m. cowboy.

vaqueta f. cowhide, leather.

vaquillona f. (S. Am.) heifer.

vara f. rod, staff, pole. || Spanish measure (2.8 feet).

varadero m. shipyard.

varadura f. stranding, running aground.

varar vr. (naut.) to beach. || — vi., vr. (naut.) to be stranded, to run aground.

varear vr. to strike with a rod. || to goad.

vareta f. twig, small stick. || (sew.) stripe. || taunt.

variable adj., f. (math.) variable.

variado adj. varied, diverse.

variar vt. to vary. || — vi. to vary, to change.

varicela f. chickenpox.

várices f. pl. varicose veins.

variedad f. variety. || pl. **variedades**, variety show.

varilla f. small stick, rod. || rib (of fan, umbrella).

vario adj. varied, various. || variable. || fickle.

varita f. wand. || **v. mágica**, magic wand.

varón adj. male. || — m. man. || male. || adult man.

vasallo m. vassal.

vasco adj., m., **vasca** f. Basque.

vaselina f. vaseline, petroleum jelly.

vasija f. vessel. || container, recipient.

vaso m. glass, tumbler. || vase. || (med.) vessel.

vástago m. scion, shoot. || rod, stem. || offspring.

vasto adj. vast, huge, immense.

vate m. bard, poet. || prophet, seer.

vaticinar vt. to prophesy, to predict.

vado m. watt.

vecindad f. neighbourhood, vicinity. || residents.

vecino adj. neighbouring. || — m., **vecina** f. neighbour.

veda f. prohibition. || close season.

vega f. fertile lowland.

vegetación f. vegetation (a. med., bot.).

vegetal adj. vegetable. || — m. plant, vegetable.

vegetarianismo m. vegetarianism.

vehemencia f. vehemence. || passion. || eagerness.

vehículo m. vehicle. || (med.) carrier, transmitter.

veinte adj. twenty. || (date) twentieth. || — m. twenty.

vejamen m. maltreatment, abuse. || insult, affront.

vejar vt. to vex, to hurt, to annoy.

vejez f. old age. || oldness.

vejiga f. (anal.) bladder. || blister.

vela f. (naut.) sail. || candle. || vigil, watch (of a dead).

velada f. (evening) party, social gathering, soirée.

velado adj. veiled. || dull (voice). || (phot.) blurred.

velador m. watchman. || candlestick. || night light.

velar vt. to watch over. || to stand vigil over. || to veil.

velatorio m. funeral wake.

veleidad f. fickleness. g whim. || strange fancy.

velero adj. (ship) fast. || — m. (naut.) sailing ship.

veleta f. weather vane. || — m., f. fickle person.

velo m. veil. || (fig.) shroud. || confusion.

velocidad f. velocity, speed. || (tech., aut.) gear.

velódromo m. cycle track.

velorio m. funeral wake, vigil. || (Arg.) dull party.

veloz adj. fast, quick, swift.

vello m. (anal.) down. || fuzz (on fruit).

vellón m. fleece. || tuft of wool.

velludo adj. hairy, shaggy.

vena f. vein. || (min.) seam, lode. || grain (in stone).

venado m. deer, stag. || (cook.) venison.

venalidad f. venality, corruptness.

vencedor adj. m., **vencedora** f. winner, victor.

vencer vt. to conquer, to defeat. || (sport) to beat. || to overcome. || — vi. to win. || (comm.) to expire.

vendaje m. (med.) dressing, bandaging.

vendar vr. to bandage. || (fig.) to bind, to hoodwink.

vendaval m. gale, strong wind, hurricane.

vendedor m. seller, vendor. || retailer.

vender vt. to sell. || (fig.) to betray.

vendimia f. vintage, wine harvest.

veneno m. poison, venom.

venerar vt. to venerate, to revere. || to worship.

venéreo adj. venereal.

venezolano adj., m., **venezolana** f. Venezuelan.

venganza f. vengeance, revenge. || retaliation.

vengar vt. to avenge. || — vr. to take revenge.

venia f. pardon. || consent. || salute.

venida f. coming. || arrival. || return.

venidero adj. coming, future.

venir vi. to come. || to arrive. || to happen. || **en lo por v.**, in the future. || **venga lo que viniere**, come what may. || one's capabilities. || — vr. to come, to return.

venoso adj. venous (blood). || veined, veiny.

venta f. sale. || roadside inn. || **v. al por mayor**, wholesale. || **v. al por menor**, retail.

ventaja f. advantage. || extrapay. || (sport) odds.

ventana f. window. || **v. de la nariz**, nostril.

ventarrón m. strong wind, gust of wind.

ventero m., **ventera** f. innkeeper.

ventilado adj. draughty, breezy.

ventilador m. ventilator. || fan.

ventilar vt. to ventilate. || to air. || (fig.) to discuss.

ventisca f. blizzard, snowstorm.

ventisquero m. blizzard, snowstorm. || glacier.

ventolera f. gust of wind. || (toy) windmill.

ventosa f. (med.) cupping glass. || (zool.) sucker.

ventoso adj. windy.

ventrílocuo m., **ventrílocua** f. ventriloquist.

ventura f. happiness. || luck, (good) fortune. || chance.

ver vt., vi. to sec. || to look at. || (law) to hear, to try. || **no tener nada que v.**, not to have anything to do. || **vamos a v.**, let's see. || **v. venir**, to guess, to foresee. || **veremos**, we'll see. || **ya se ve**, that's obvious. || — vr. to be seen. || to see oneself. || to see each other. || **verse en un apuro**, to be in a jam.

vera f. edge, verge, border. || **a la v. de**, near, beside.

veracidad f. truthfulness, veracity.

veraneante m., f. holidaymaker.

veranear vi. to spend the summer (holiday).

verano m. summer.

veraz adj. truthful, veracious.

verbigracia adv. for example, e. g.

verbo m. (gram.) verb. || **el V.** (relig.), the Word.

verdad f. truth. || truthfulness. || **decir la v.**, to tell the truth. || **faltar uno a la v.**, to lie.

verdadero adj. true, real. || genuine. || truthful.

verde adj. green. || unripe (fruit). || young. || immature, undeveloped. || off-colour.

verdín m. (bot.) moss.

verdor m. greenness. || (bol.) verdure, lushness.

verdugo m. hangman. || executioner.

verdugón m. weal. || bruise. || (bot.) twig, shoot.

verdulero m. greengrocer.

verdura f. verdure, greenness. || pl. **verduras**, vegetables.

verecundia f. bashfulness, sensitivity.

vereda f. path, footpath. || (S. Am.) pavement, sidewalk (U. S.).

veredicto m. verdict.

vergonzoso adj. bashful, shy. || shameful.

vergüenza f. shame. || embarrassment. || shyness.

vericueto m. rough part, rough track.

verídico adj. true, truthful.

verificación f. check. || testing. || verification. || (comput.) check. || **v. de datos** (comput.) data verification.

verificadora f. (comput.) verifier.

verificar vt. to check, to inspect. || to test. || to verify. || — vr. to occur. || to be held. || to come true.

verja f. grating, grille. || railing(s). || iron gate.

vernáculo adj. vernacular.

verosímil adj. likely, probable.

verruga f. (med., bot.) wart. || (infml.) bore, pest.

versado adj. **v. en**, versed in. || expert in.

versal (typ.) adj. capital. || — f. capital (letter).

versar vi. to go round. || **v. sobre**, to deal with.

versátil adj. mobile. || (fig.) versatile. || fickle.

versículo m. (Bible) verse.

versificar vt., vi. to versify, to put into verse.

versión f. version. || translation.

verso m. verse. || line (of a poem). || versicle.

vertebrado adj. vertebrate. || — m. vertebrate.

vertedero m. sink. || dumping place, dumping ground.

verter vt. to pour, to empty. || to dump. || to translate.

vertical adj. vertical, upright. || — f. vertical.

vértice m. vertex, apex.

vertiente f. slope. || (Col., Chile, Méx., R. Pl.) spring.

vértigo m. (med.) vertigo, dizziness. || (fig.) frenzy.

vesícula f. vesicle. || blister.

vespertino adj. evening (attr.).

vestíbulo m. vestibule, hall, foyer, lobby.

vestido m. dress, costume, clothing. || suit.

vestigio m. vestige, trace. || pl. **vestigios**, remains.

vestimenta f. dress, clothes, garments.

vestir vt. to dress, to clothe. || to wear (a dress, etc.). || to cover. || to adorn. || — vi. to dress.

vestuario m. wardrobe, clothes. || (theat.) costumes. || cloakroom. || (theat.) dressing room.

veta f. vein. || grain (in wood). || streak (in stone).

vetar vt. to veto.

veteado adj. grained, veined, streaked.

veterano adj., m. veteran.

veterinario m. veterinary surgeon, veterinarian (U. S.).

vetusto adj. very old, ancient, venerable. || decrepit.

vez f. time, occasion. || instance. || **a la v.**, at the same time. || **de v. en cuando**, from time to time. || **tal v.**, perhaps, maybe.

vía f. road, route. || street. || (rail.) track. || way. || **en vías de** (fig.), in process of. || **por v. marítima**, by sea.

viable adj. viable. || feasible.

viajar vi. to travel (a. comm.). || to journey.

viaje m. journey, trip. || tour, travel.

viajero m., **viajera** || traveller. || passenger.

vial adj. (esp. S. Am.) road. || traffic.

vianda f. food, viand. || (Chile, R. Pl.) lunch tin.

viandante m., f. traveller, wayfarer. || passer-by.

viático m. (eccl.) viaticum. || (fin.) travel allowance.

víbora f. viper (a. fig.).

vibración f. vibration. || shaking. || throbbing.

vibrar vt., vi. to vibrate. || to shake, to rattle.

vicario m. vicar, deputy, substitute.

vicepresidente m. (pol.) vice-president.

viciado adj. foul, polluted, vitiated.

viciar vt. to make foul (air). || to taint (food). || to corrupt. || — vr. to take to vice. || to warp.

vicio m. vice, bad habit. || corruption. || defect, flaw. || luxuriance.

vicisitud f vicissitude.

víctima f. victim (a. fig.).

victimar vt. (S. Am.) to wound. || to kill.

victoria f. victory. || triumph.

vid f. vine.

vida f. life. || lifetime. || way of life. || biography. || **de toda la v.** (fig. and infml.), lifelong. || **ganarse uno la v.**, to earn one's living. || **pasar a mejor v.** (infml.), to pass away. || **seguro de v.**, life insurance.

vidente m., f. seer, prophet. || clairvoyant(e).

videodisco m. (comput.) videodisc.

videotexto m. (comput.) videotext.

vidriera f. glass window. || shop window.

vidrio m. glass. || glassware.

vidrioso adj. glassy. || brittle. || delicate (matter).

vieja f. old woman. || (Arg., infml.) mother.

viejo adj. old. || — m. old man.

viento m. wind. || air. || (naut.) course, direction.

vientre m. belly, abdomen. || womb. || bowels.

viernes m. Friday. || **V. Santo**, Good Friday.

viga f. beam, rafter. || girder. || balk, timber.

vigente adj. valid, applicable, in force. || prevailing.

vigésimo adj. twentieth. || — m. twentieth.

vigilante adj. vigilant, watchful. || — m. watchman, guard. || policeman.

vigilar *vf.* to watch (over). || — *vi.* to be vigilant.

vigilia *f.* vigil. || wakefulness. || eve. || *(eccl.)* fast.

vigor *m.* force, effect. || vigour. || **en v.**, in force.

vigorizador, vigorizante *adj.* invigorating. || bracing.

vigoroso *adj.* vigorous, strong, energetic.

vil *adj.* vile, base, despicable.

vilipendiar *vt.* to vilify. || to scorn, to despise.

vilo: en v. *adv.* suspended, in the air. || unstable.

villa *f.* villa. || town. || **v. miseria** *(Arg.)*, shanty town.

villancico *m.* (Christmas) carol.

villano *adj.* rude. || base, low. || — *m.*, **villana** *f.* peasant. || *(fig.)* low individual, cad.

vinagre *m.* vinegar.

vinagrera *f.* vinegar bottle. || *pl.* **vinagreras**, cruet stand.

vincular *vt.* to connect. || to link. || *(law)* to entail.

vínculo *m.* bond, tie, link. || *(law)* entail.

vindicar *vt.* to avenge. || to vindicate.

vinicultura *f.* wine growing, wine production.

vinilo *m.* vinyl.

vino *m.* wine. || **v. blanco**, white wine. || **v. tinto**, red wine.

viña *f.* vineyard.

viñador *m.* vine grower. || wine grower.

viñedo *m.* vineyard.

viñeta *f.* vignette. || emblem, badge, device.

violación *f.* violation. || rape. || offence, infringement.

violado *adj., m.* violet (colour).

violar *vt.* to violate. || to rape. || to infringe *(law)*

violencia *f.* violence (a. fig.). || *(fig.)* fury.

violentar *vt.* to force, to break open. || to break into.

violento *adj.* violent. || rash. || furious.

violeta *f. (bot.)* violet. || — *adj.* violet (colour).

violín *m.* violin. || violinist.

violón *m.* double bass.

virago *f.* mannish woman.

viraje *m. (naut.)* tack. || turn. || swerve. || bend, curve.

virar *vt. (naut.)* to turn, to veer. || *(phot.)* to tone. || — *vt. (naut.)* to tack. || to turn.

virgen *adj., f.* virgin.

virilidad *f.* virility. || manliness. || manhood.

virola *f.* metal tip, ferrule.

virología *f.* virology.

virrey *m.* viceroy.

virtual *adj.* virtual. || potential. || future, possible.

virtud *f.* virtue. || power. || **en v. de**, by virtue of.

viruela *f.* smallpox.

virulencia *f.* virulence.

virus *m.* virus.

viruta *f.* shaving.

visaje *m.* (wry) face, grimace.

visar *vt.* to visa. || to endorse.

vísceras *f. pl.* viscera, entrails. || *(fig.)* guts, bowels.

viscosa *f.* viscose.

viscoso *adj.* viscous, sticky.

visera *f.* visor (of helmet, cap, etc.). || eyeshade.

visión *f.* vision, sight. || view. || foresight.

visita *f.* visit. || call. || inspection. || visitor, caller.

visitante *adj.* visiting. || — *m.* visitor.

visitar *vt.* to visit, to call on. || (officially) to inspect.

vislumbrar *vt.* to glimpse. || to conjecture.

viso *m.* gleam. || appearance, aspect. || *(sew.)* slip.

visón *m.* mink.

visor *m. (phot.)* viewfinder. || *(mil.)* sight (on gun).

víspera *f.* eve, day before.

vista *f.* sight, vision. || view. || vista, landscape. || look, glance. || appearance, look. || *(law)* hearing, trial. || **a primera v.**, at first sight. || **conocer de v.**, to know by sight. || **corto de v.**, short sighted (a. fig.). || **en v. de (que)**, in view of, considering. || **¡hasta la v.!**, good bye!

vistazo *m.* look, glance. || **echar un v.**, to glance at.

visto *(pp. of ver.)* || *adj.* considering, in view of. || **bien v.**, approved. || **nunca v.**, unheard of. || **v. bueno**, approval.

vistoso *adj.* showy. || gay, attractive. || gaudy.

visual *adj.* visual. || — *f.* visual line, line of sight.

vital *adj.* living, life. || vital, essential.

vitamina *f.* vitamin.

viticultura *f.* vine growing, viticulture.

vitorear vt. to cheer, to acclaim.

vítreo adj. glassy, vitreous. || glass-like.

vitrina f. glass showcase. || (S. Am.) shop window.

vitrola f. (S. Am.) gramophone.

vitualla f. provisions, victuals.

vituperar vt. to condemn, to inveigh against.

viuda f. widow.

viudo adj. widowed. || — m. widower.

viva m. cheer.

vivacidad f. liveliness, vivacity. || keenness.

vivaque m. bivouac.

vivar vi. (S. Am.) to cheer.

vivar adj. long-lived. || enduring, lasting. || (bot.) perennial. || lively. || keen.

víveres m. pl. food, foodstuffs. || stores.

vivero m. fishpond. || (zool.) vivarium. || (hort.) seedbed. || tree nursery. || (fig.) hotbed.

viveza f. quickness, liveliness, briskness. || smartness.

vivienda f. housing, accommodation. || dwelling.

viviente adj. living, alive.

vivificar vt. to vivify, to enliven. || (fig.) to revitalize.

vivir vt. to live. || to inhabit. || — vi. to live. || to be alive. || to last, to endure. || — m. life. || living.

vivo adj. living. || live, alive. || (fig.) lively, vivid, graphic. || intense (pain, desire). || sharp. || bright. || **herir en lo v.**, to hurt to the quick.

vizconde m. viscount.

vocablo m. word. || term.

vocabulario m. vocabulary.

vocación f. vocation, calling.

vocal adj. vocal. || — m. member (of a council, committee, etc.). || — f. (gram.) vowel.

vocalista m., f. vocalist, singer.

vocear vi. to shout out. || — vi. to bawl.

vocero m. spokesman.

vociferar vt. to vociferate, to shout, to clamour.

vocinglero adj. vociferous, loud, loudmouthed.

volado adj. (typ.) superior. || — m. ruffle.

volador adj. flying. || — m. rocket. || flying fish.

voladura f. blowing up, demolition. || blast.

volante adj. flying. || — m. flywheel. || balance (of watch). || (aut.) steering wheel. || (sport) shuttle cock.

volar vt. to blow up. || to anger. || — vi. to fly. y to hover. || to blow away. || to hurry. || — vr. to fly away. || to get angry.

volátil adj. volatile. || (fig.) changeable, inconstant.

volatinero m. **volatinera** f. acrobat, tightrope walker.

volcán m. volcano.

volcar vt. to tilt, to overturn, to upset. || to knock down. || to empty out. || (comput.) to dump. || — vi. to overturn (of car).

voleo m. volley. || **al v.**, haphazardly.

volquete m. tipcart. i| dumping lorry, dumper.

voltaje m. voltage.

voltear vt. to turn over. || to capsize.

voltereta f. somersault. || roll, tumble.

voluble adj. changeable, fickle. || voluble. || erratic.

volumen m. volume, bulk, mass. || size. || book.

voluntad f. will, y wish. || choice, decision. || liking. || **a v.**, at will. || **buena v.**, good will.

voluntario adj. voluntary. || wilful. || — m., **voluntaria** f. volunteer.

voluptuoso adj. voluptuous. || sensual.

voluta f. spiral, volute. || (archit.) volute, scroll.

volver (pp. **vuelto**) vt. to turn. || to turn round. || to turn (over). || to turn upside down. || to return, to give back, to send back. || — vi. to return, to go back. || to turn. || **v. en sí**, to come to. || — vr. to turn round, to turn over, to turn upside down. || **volverse loco**, to go mad.

vomitar vt. to vomit, to bring up. || vi. to vomit.

vómito m. vomit. || vomiting.

voracidad f. voracity, voraciousness.

vorágine f. whirlpool, vortex, maelstrom.

voraz adj. voracious, greedy.

vórtice m. whirlpool, vortex. || cyclone.

vos pers. pron. sing. and pl. (arch.) you, ye. || in many parts of Latin America vos has replaced tú.

vosotros, vosotras pers. pron. pl. you.

votar vt. to vote. || to vow. || — vi. to vote.

voto m. vote. || ballot. || opinion. || (eccl.) vow. || **hacer votos**, to wish, to hope.

voz f. voice. || sound, note. || voice. || singer. || **aclarar la v.**, to clear one's throat. || **en alta v.**, aloud.

V

vuelco *m.* overturning. || upset. || *(comput.)* dump. || **v. dinámico** *(comput.)*, dynamicdump. || **v. de la memoria** *(comput.)*. memory dump.

vuelo *m.* flight, fullness (of dress). || *(sew.)* lace, frill.

vuelta *f.* turn. || turning. || *(fig.)* change. || bend, curve. || loop. || *(sew.)* row of stitches. || back, reverse, other side. || stroll, walk. || **a v. de correo**, by return mail. || **andar con vueltas** *(fig.)*, to be complicated. || **de v.**, on the way back. || **estar de v.** *(fig. and infml.)*, to know already. || **media v.**, about turn.

vuelto (pp. of **volver**.) || — *m.* change (money).

vuestro *poss. adj.* your. || — *poss. pron.* yours.

vulcanizar *vi.* to vulcanize.

vulgar *adj.* vulgar, common. || ordinary.

vulgarismo *m.* popular form (of a word).

vulgarizar *vt.* to popularize. || to spread.

vulgo *m.* common people. || — *adv.* commonly.

vulnerar *vi.* to harm, to injure, to damage.

vulpeja *f.* fox. || vixen.

vulpino *adj.* vulpine. || *(fig.)* foxy.

W

w f. w.
waffle m. (cook.) waffle.
wáter m. (angl.) lavatory, water closet.

wéiter m. (angl.) welterweight.
whisk(e)y m. (angl.) whisk(e)y.
wólfram, wolframio m. wolfram.

X

x *f.* **x.** || **el señor X**, Mister X. || **rayos X**, X rays.

xenofilia *f.* friendliness towards strangers.

xenofobia *f.* xenophobia.

xenófobo *m.* xenophobe.

xenón *m.* xenon.

xerografía *f.* xerography.

xilófono m. xylophone.

xilografía *f.* xylography.

xilográfico *adj.* xylographic.

Y

y f. y.

y conj. and.

ya adv. already. || now, nowadays. || later, later on. || right away, at once. || **ya no**, no longer. || **¡ya lo creo!**, of course! || **ya que**, since, seeing that. || — conj. **ya... ya**, now... now, whether... or.

yacaré m. (S. Am.) alligator.

yacente adj. (statue) reclining, recumbent.

yacer vi. (mostly arch.) to lie. || to lie buried.

yacimiento m. bed, deposit.

yanqui adj., m., f. (infml.) yankee, American.

yapa f. (S. Am.) extra, extra bit, bonus.

yarará f. (Bol., R. Pl.) pit viper.

yarda f. (angl.) yard.

yate m. yacht.

yaz m. (Acad.) jazz.

yegua f. mare.

yeguarizo m. (R. Pl.) stud, group of breeding mares.

yelmo m. helmet.

yema f. bud. || yolk (of egg). || tip (of finger).

yerba f. (S. Am.) grass. || herb. || maté.

yerbal m. (R. Pl.) maté plantation. || pastures.

yermo adj. uninhabited. || uncultivated. || — m. waste land.

yerno m. son-in-law.

yerta f. (S. Am.) cattle branding. || branding season.

yerro m. error, mistake.

yesca f. punk, tinder. || (Arg.) flint. || (fig.) fuel.

yesero m. plasterer.

yeso m. gypsum. || plaster. || chalk.

yesquero m. (S. Am.) cigarette lighter.

yeta f. (Méx.. R. Pl.) bad luck, misfortune.

yo pers. pron. I: **yo mismo**, I myself.

yodo m. iodine.

yoga m. yoga.

yóquey m. (Acad.) jockey.

yugo m. yoke (a. fig.).

yugo(e)slavo adv. Yugoslavian, Jugoslavian. || — m., **yugo(e)slava** f. Yugoslav, Jugoslav.

yugular adj. jugular.

yungla f. jungle.

yunque m. anvil.

yunta f. yoke, team (of oxen).

yute m. jute.

yuxtaponer vt. to juxtapose.

yuyero m. (Arg.) herbalist.

yuyo m. (Arg., Chile) weed. || (R. Pl.) medicinal plant.

Z

z *f.* z.

zafado *adj.* *(S. Am.)* brazen, bold.

zafar *vt.* to untie. || to free, to clear. || — *vr.* to escape. || to slip off.

zafiro *m.* sapphire.

zaga *f.* rear. || **a la z.**, **en z.**, at the rear, behind.

zaguán *m.* vestibule, hallway, entry.

zaherir *vt.* to criticize. || to wound. || to reproach, to censure.

zaino *adj.* (horse) chestnut. || treacherous. || vicious.

zalamero *m.*, flatterer. || cajoler.

zamarrear *vt.* to shake. || to handle roughly.

zamba *f.* *(esp. S. Am.)* samba.

zambo *adj.* knock-kneed. || — *m.*, **zamba** *f.* half-breed, zambo, offspring of an Indian and a Negro.

zambullida *f.* dive, plunge. || dip. || ducking.

zambullir *vt.* to plunge, to dip. || to duck. || — *vr.* to go for a dip. || to hide, oneself.

zampar *vt.* to hide, to put away. || to hurl. || to gobble (food). || — *vr.* to gobble. || to gate-crash (a party).

zampoña *f.* shepherd's pipes, rustic flute.

zanahoria *f.* carrot. || *(Arg.)* fool, dimwit.

zancada *f.* stride.

zancadilla *f.* trip. || *(fig.)* stratagem, trick.

zanco *m.* stilt. || **en z.**, in a high position.

zancudo *adj.* long-legged. || **ave zancuda**, wader, wading bird. || — *m.* *(S. Am.)* mosquito.

zanganear *vi.* to loaf about, to idle. || to fool around.

zángano *m.* drone. || idler, slacker.

zangoloteo *m.* shaking, jiggling.

zanguango *adj.* *(infml)* idle, slack. || — *m.*, **zanguanga** *f.* slacker, shirker.

zanja *f.* ditch. || trench. || grave. || *(S. Am.)* gully, watercourse.

zanjar *vt.* to ditch. || to dig trenches. || to get around (difficulty).

zapa *f.* spade. || sapping, trenching, digging.

zapallo *m.* *(S. Am.)* gourd, pumpkin.

zapar *vt.*, *vi.* to sap, to mine.

zapateado *m.* tap-dance.

zapatear *vt.*, *vi.* to tap with one's feet.

zapatería *f.* shoemaking. || shoeshop. || shoe factory.

zapatero *m.* shoemaker. || cobbler.

zapatilla *f.* slipper. || pump. || sneaker *(U. S.).*

zapato *m.* shoe.

zar *m.* tzar, czar.

zarandear *vt.* to shake about. || to sieve. || — *vr.* to bustle about, to rush about.

zarcillo *m.* earring. || *(bot.)* tendril.

zarco *adj.* light blue.

zarpa *f.* paw. || *(archit.)* footing. || spatter of mud.

zarpar *vi.* to weigh anchor, to get under way.

zarpazo *m.* blow with a paw. || clawing, pawing.

zarrapastroso *adj.* shabby, dirty, rough-looking.

zarza *f.* bramble, blackberry (bush).

zarzamora *f.* blackberry.

zarzuela *f.* operetta, light opera.

zigzag *m.* zigzag.

zócalo *m.* *(archit.)* socle, base, footing.

zona *f.* zone, area. || band. || *(med.)* shingles.

zoncera *f.* foolishness, silliness.

zoncería *f.* silliness, stupidity. || dullness.

zonda *f.* *(Arg., Bol.)* hot northerly wind.

zonzo *adj.* foolish, silly, stupid.

zoología *f.* zoology.

zoológico *adj.* zoological. || — *m.* zoo.

zopenco *adj.* *(infml)* dull, stupid.

zoquete *m.* chunk, block (of wood). || chunk of bread. || squat person. || blockhead.

zorra *f.* fox. || vixen. || *(infml.)* whore, tart.

zorrillo, zorrino *m.* (Arg.) skunk.

zorro *m.* fox. || fox fur. || *(infml.)* foxy fellow.

zorzal *m.* *(orn.)* thrush. || *(fig.)* shrewd person.

zote *adj.* dense, dim, stupid. || — *m.* dimwit.

zozobra *f.* worry, anxiety. || *(naut.)* sinking.

zozobrar *vi.* (ship) to be in danger of (foundering). || to sink, to founder, to capsize. || to fail. || to worry, to fret.

zueco *m.* clog, wooden shoe.

zumbar *vt.* to tease. || to make fun of. || — *vi.* to buzz, to hum.

zumbido *m.* buzz(ing), hum(ming). || whirl(ing).

zumbón *adj.* *(infml.)* waggish, joking. || — *m.*, **zumbona** *f.* wag, jester, joker.

zumo *m.* juice. || profit, gain, advantage.

zurcir *vt.* to darn, to mend. || to join, to unite.

zurdo *adj.* left-handed. || *(infml.)* leftist.

zurra *f.* *(tech.)* dressing, tanning. || *(infml.)* tanning, hiding, thrashing, beating.

zurrar *vt.* to dress (leather). || *(infml.)* to beat.

zurriago *m.* whip, lash.

zurrón *m.* pouch, bag.

zutano *m.*, **zutana** *f.* (Mr., etc.) So-and-so. || *see* **fulano**.